長安年鑒

CHANG'AN YEARBOOK

2011

西安市长安区人民政府主办
西安市长安区地方志办公室编

陕西出版集团
陕西人民出版社

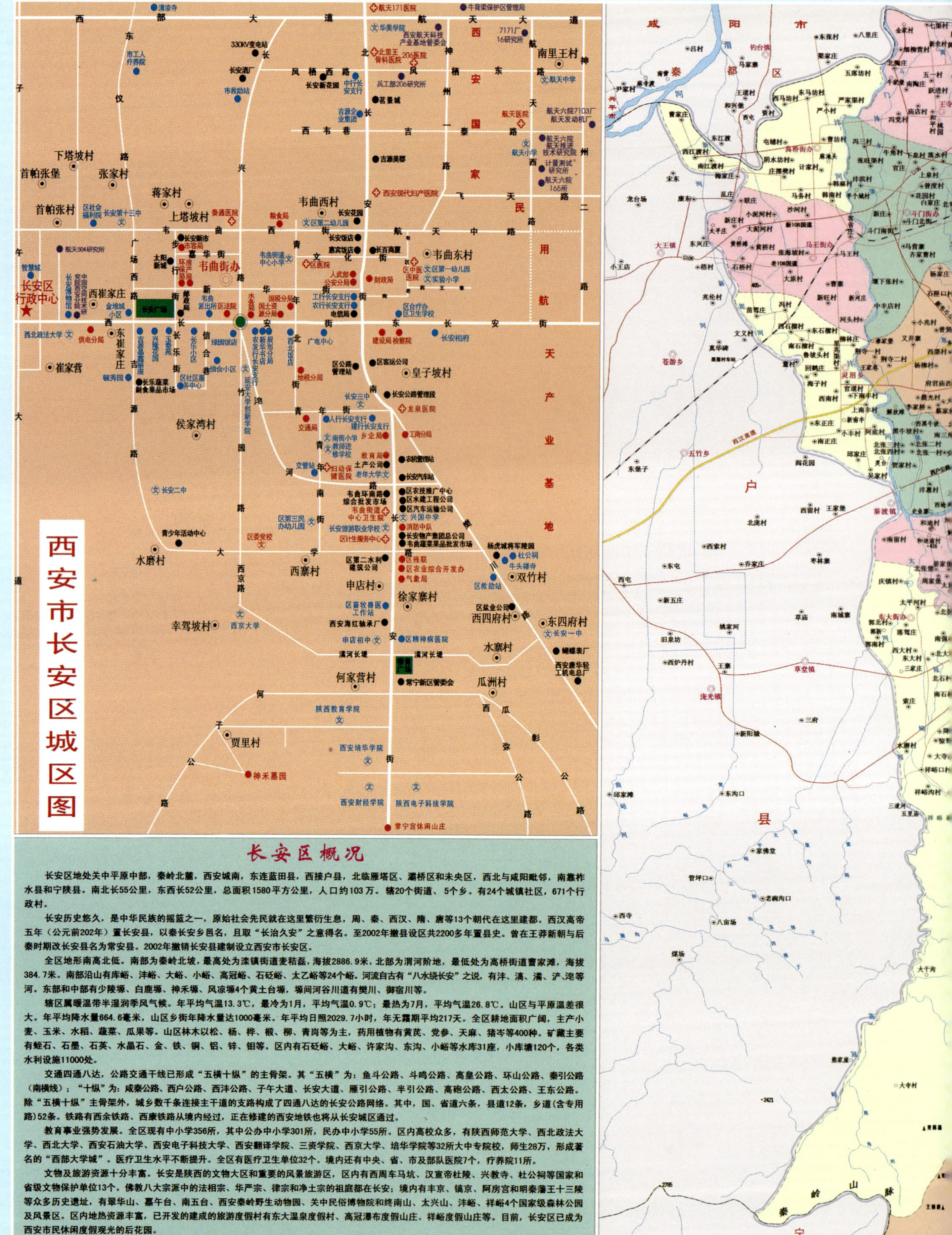

长安区概况

长安区地处关中平原中部，秦岭北麓，西安城南，东连蓝田县，西接户县，北临雁塔区、灞桥区和未央区，西北与咸阳毗邻，南靠柞水县和宁陕县。南北长55公里，东西长52公里，总面积1580平方公里，人口约103万。辖20个街道、5个乡。有24个城镇社区，671个行政村。

长安历史悠久，是中华民族的摇篮之一，原始社会先民就在这里繁衍生息，周、秦、西汉、隋、唐等13个朝代在这里建都。西汉高帝五年（公元前202年）置长安县，以秦长安乡邑名，且取“长治久安”之意得名。至2002年撤县设区共2200多年置县史。曾在王莽新朝与后秦时期改长安县名为常安县。2002年撤销长安县建制设立西安市长安区。

全区地形南高北低。南部为秦岭北坡，最高处为滦镇街道麦秸磊，海拔2886.9米，北部为渭河阶地，最低处为高桥街道曹家滩，海拔384.7米。南部沿山有库峪、沣峪、大峪、小峪、高冠峪、石砭峪、太乙峪等24个峪。河流自古有“八水绕长安”之说，有沣、滈、潏、浐、涝等河。东部和中部有少陵塬、白鹿塬、神禾塬、风凉塬4个黄土台塬，塬间河谷川道有樊川、御宿川等。

辖区属暖温带半湿润季风气候。年平均气温13.3℃，最冷为1月，平均气温0.9℃；最热为7月，平均气温26.8℃。山区与平原温差很大。年平均降水量664.6毫米，山区乡街年降水量达1000毫米。年平均日照2029.7小时，年无霜期平均217天。全区耕地面积广阔，主产小麦、玉米、水稻、蔬菜、瓜果等。山区林木以松、杨、桦、椴、柳、青岗等为主，药用植物有黄芪、党参、天麻、猪苓等400种。矿藏主要有蛭石、石墨、石英、水晶石、金、铁、铜、铝、锌、钼等。区内有石砭峪、大峪、许家沟、东沟、小峪等水库31座，小库塘120个，各类水利设施11000处。

交通四通八达，公路交通干线已形成“五横十纵”的主骨架。其“五横”为：鱼斗公路、斗鸣公路、高皇公路、环山公路、秦引公路（南横线）；“十纵”为：咸秦公路、西户公路、西沣公路、子午大道、长安大道、雁引公路、半引公路、高砲公路、西太公路、王东公路。除“五横十纵”主骨架外，城乡数千条连接主干道的支路构成了四通八达的长安公路网络。其中，国、省道六条，县道12条，乡道(含专用路)52条。铁路有西余铁路、西康铁路从境内经过，正在修建的西安地铁也将从长安城区通过。

教育事业强势发展。全区现有中小学356所，其中公办中小学301所，民办中小学55所。区内高校众多，有陕西师范大学、西北政法大学、西北大学、西安石油大学、西安电子科技大学、西安翻译学院、三资学院、西京大学、培华学院等32所大中专院校，师生28万，形成著名的“西部大学城”。医疗卫生水平不断提升。全区有医疗卫生单位32个。境内还有中央、省、市及部队医院7个，疗养院11所。

文物及旅游资源十分丰富。长安是陕西的文物大区和重要的风景旅游区，区内有西周车马坑、汉宣帝杜陵、兴教寺、杜公祠等国家和省级文物保护单位13个。佛教八大宗派中的法相宗、华严宗、律宗和净土宗的祖庭都在长安；境内有丰京、镐京、阿房宫和明秦藩王十三陵等众多历史遗址，有翠华山、嘉午台、南五台、西安秦岭野生动物园、关中民俗博物院和终南山、太兴山、沣峪、祥峪4个国家级森林公园及风景区。区内地热资源丰富，已开发的建成的旅游度假村有东大温泉度假村、高冠瀑布度假山庄、祥峪度假山庄等。目前，长安区已成为西安市民休闲度假观光的后花园。

长安区委、区政府以科学发展观统揽全局，以建设“经济、生态、文化、科教”强区为奋斗目标，倾力打造三个共建园区（西安高新区、民用航天产业基地、沣渭新区）和四个区属园区（郭杜教育科技产业开发区、常宁新区、斗门新型工业园区、引镇现代物流园区）。连续三年荣获陕西省县域经济发展十佳区县第三名及全市目标综合考评优秀等次，先后获得中国全面小康成长型百佳县市、全国科技进步先进区、全国推进义务教育均衡发展工作先进区、全省高水平高质量普及九年义务教育区和陕西省教育强区、陕西旅游强区等50多项荣誉称号。

二〇一〇年

西安市长安区行政区划图

西安市长安区行政区划图

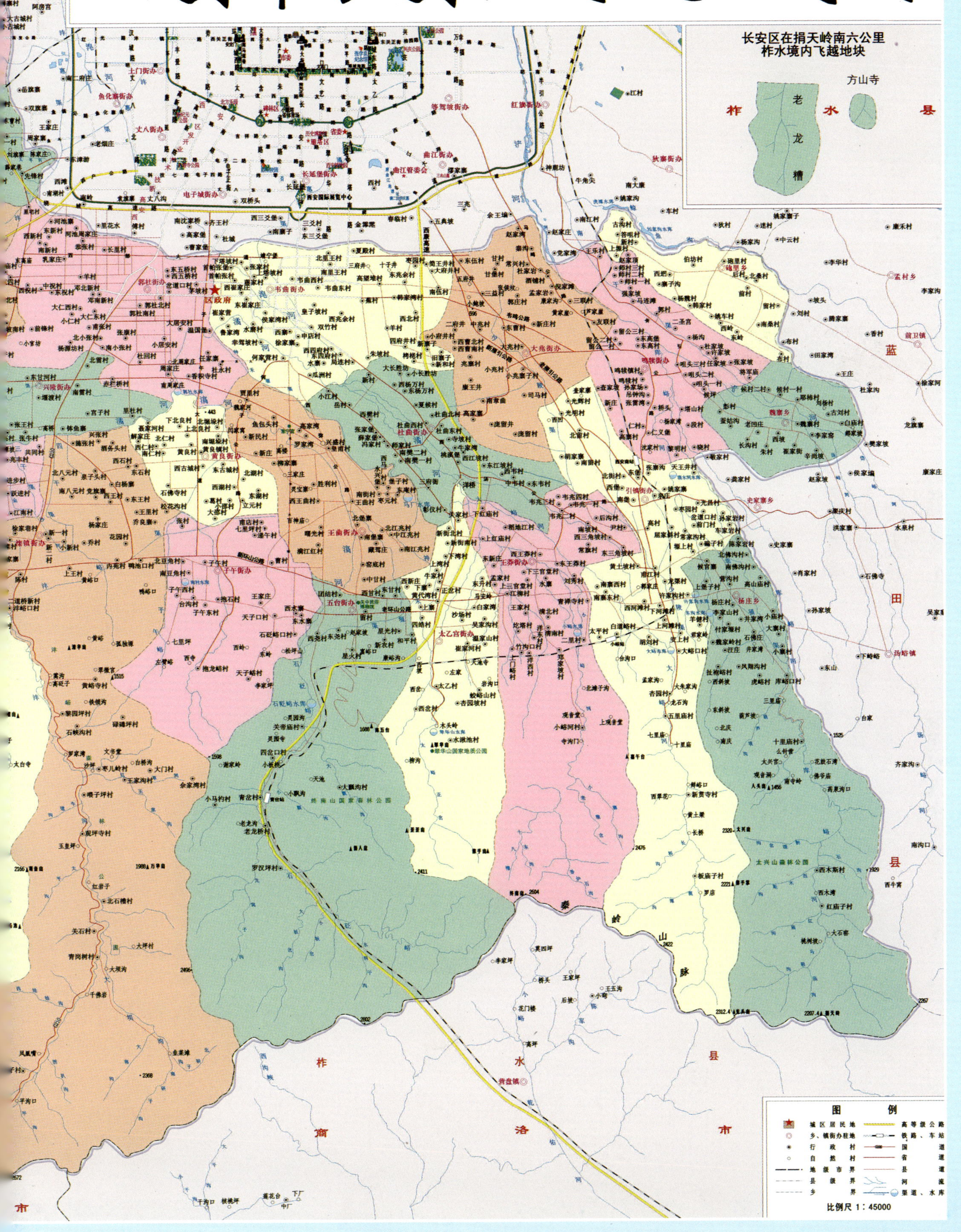

长安区城区鸟瞰图

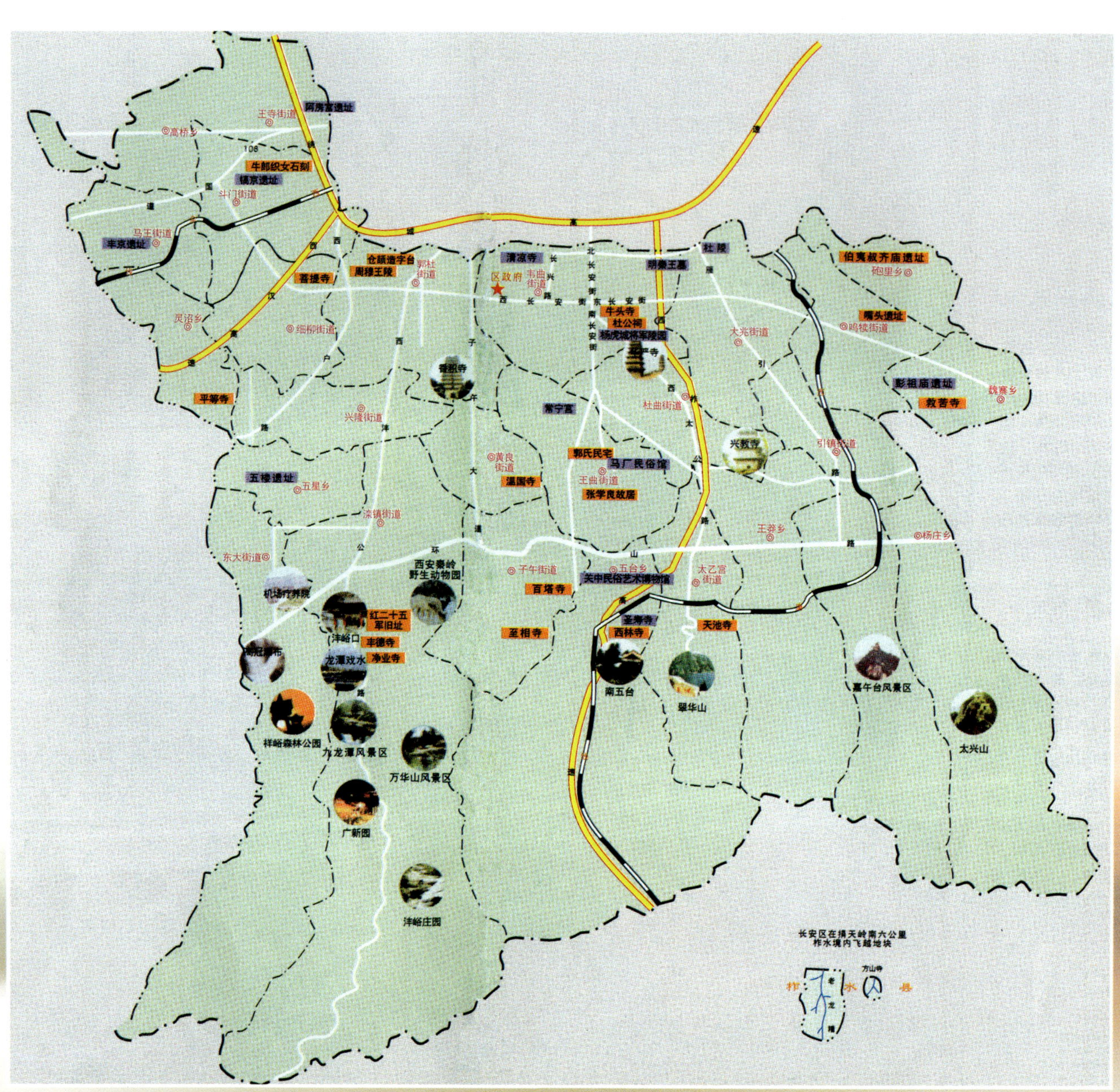

长安区旅游路线图

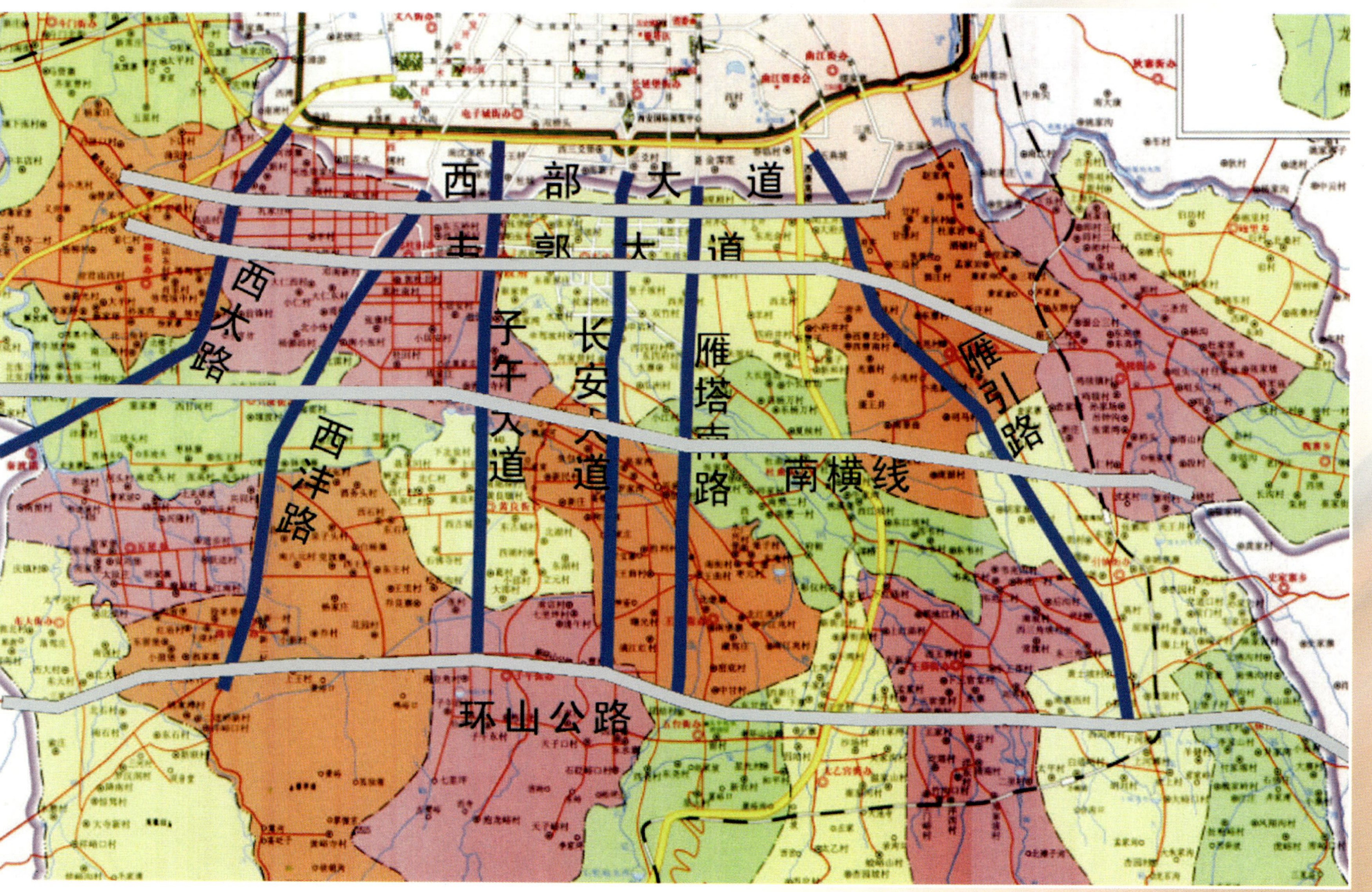

长安区“四横六纵”城区路网图

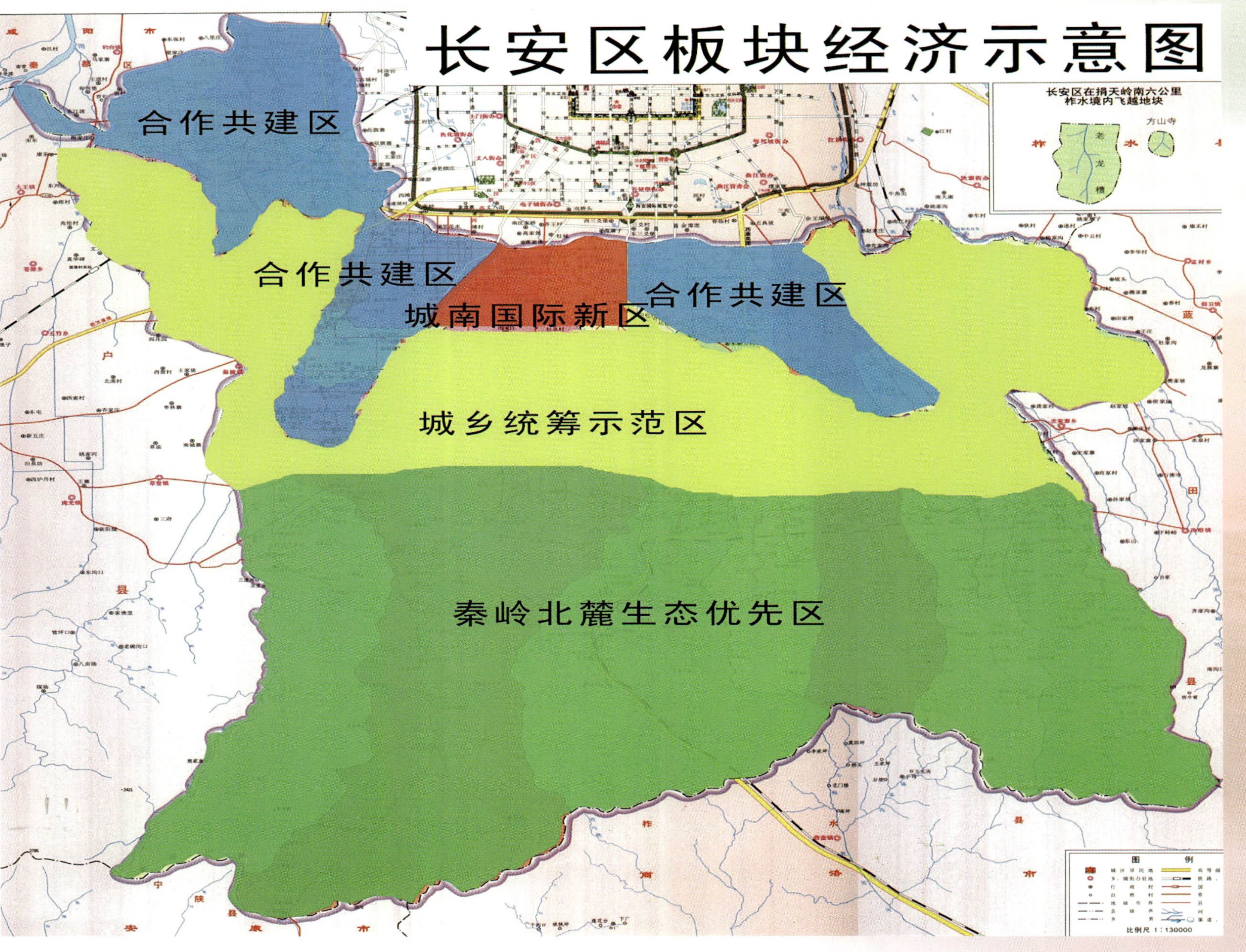

长安区板块经济示意图
长安区在捐天岭南六公里
柞水境内飞越地块
合作共建区
合作共建区
城南国际新区
合作共建区
城乡统筹示范区
秦岭北麓生态优先区
图例
比例尺 1：130000

长安区板块经济示意图

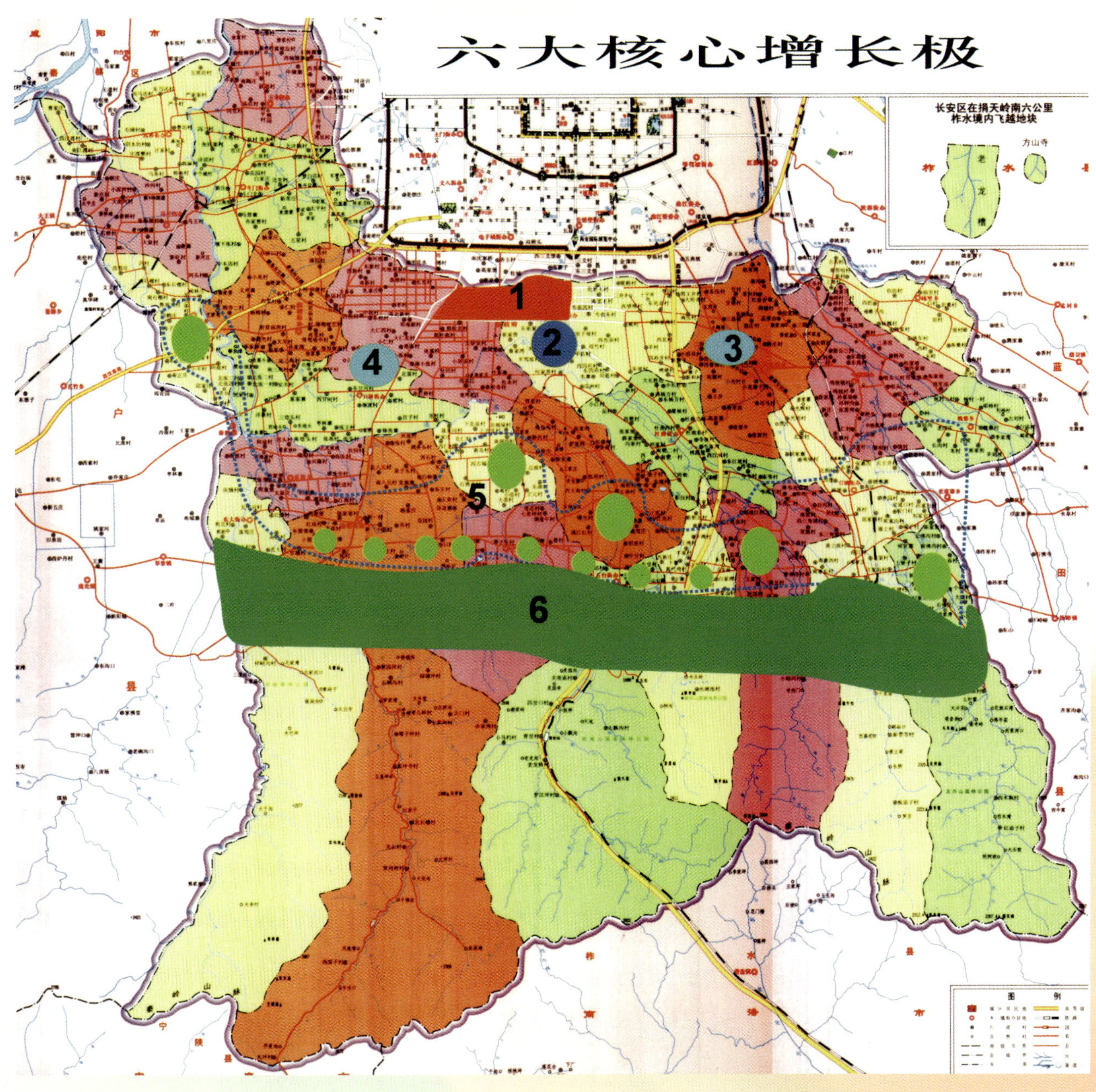

长安区六大核心增长极

注：1、长安新城；2、常宁新区；3、航天长安产业园；4、长安通讯产业园；5、国家现代农业示范区；6、秦岭北麓休闲旅游带。

西安市长安区地方志（《长安年鉴》）编纂委员会

主　任　杨建强

副主任　徐树安　钱虎威　孙杏娟　王福林　李映昭　李　红
　　　　王百忍　王建都

委　员　张利学　薛随亚　张景新　何演宏　田措施　李国栋
　　　　胡民升　张军省　雷　鸣　辛小权　聂小林　王小虎
　　　　张逢侠

西安市长安区地方志办公室

主　任　王建都

副主任　赵信辈

《长安年鉴》编辑部

主　　编　王建都

执行主编　张振琪

副 主 编　赵信辈　吴春茂

编　　辑　杨宗茂　谭增会　陆步轩　王水娥　宋　蕊

总面积：1580平方公里

城区面积：74平方公里

全区常住人口：108.33万人（全国第六次人口普查）

户籍人口：980803人

全区生产总值：274.41亿元

第一产业：24.5亿元

第二产业：137.24亿元

第三产业：112.67亿元

人均生产总值：26509元

地方财政一般预算收入：132207万元

地方财政一般预算支出：244637万元

全社会固定资产投资：302.26亿元

社会消费品零售总额：89.24亿元

实际利用外资：1680万美元

商品房施工面积：91万平方米

商品房竣工面积：65万平方米

商品房销售面积：121万平方米

全社会货物运输量：1903万吨

全社会旅客运输量：2450万人次

旅游业总收入：2.67亿元

普通高等院校：33所

中等学校：19所

医院病床：2413张

卫生技术人员：1297人

供电总量：11.23亿千瓦时

城市供水总量：1500万立方米

人民币存款余额：2466100万元

人民币贷款余额：771436万元

城乡居民储蓄存款余额：1698596万元

城镇居民人均可支配收入：19557元

城镇居民人均消费性支出：13885元

农村居民人均纯收入：7389元

农村居民人均消费支出：5491元

（注：除人口外，其余均为2010年末统计数据。）

党和国家领导人在长安

2010年1月，中共中央总书记、国家主席、中央军委主席胡锦涛视察中国航天科技集团公司第六研究院。

2009年6月，国务院总理温家宝到长安区斗门街道中丰店村视察农业和农村工作。

2009年5月，中共中央政治局常委李长春(中)视察长安区广播电视“村村通”工程。

2011年9月，中共中央政治局委员、国务委员刘延东(中)视察长安区东大街道彩色童年幼儿园。

2010年11月，中共中央书记处书记、中央纪律检查委员会副书记何勇（右一），与参加全国深化村务公开和民主管理“难点村”治理工作会议的代表，到长安区滦镇街道上王村观摩。

2011年6月，全国政协副主席孙家正（左二）视察长安区太乙宫街道水湫池村广播电视“村村通”工程。

省市领导视察调研

2010年10月，中共陕西省委书记赵乐际（前排左一）视察西安国家民用航天产业基地光伏企业。

2011年3月，中共陕西省委副书记、省长赵正永（左三），省委常委、副省长江泽林（左一）调研长安区经济适用房——圣合家园二期工程项目进展及全区保障性住房项目建设情况。

2010年9月，中共陕西省委常委、西安市委书记、市人大常委会主任孙清云（左二）到长安区慰问教师。

2011年5月，陕西省副省长祝列克（前排左二）调研长安区粮食生产情况。

2010年11月，中共西安市委副书记、市长陈宝根（左三）检查长安区沿山旅游景区综合整治工作。

2011年4月，西安市政协主席程群力（左二）视察长安区现代农业发展情况。

2011年6月，中共西安市委副书记董军（右二）检查长安区“三夏”工作。

2011年3月，西安市人大常委会党组书记、副主任王启文（中）视察长安现代农业基地建设。

2011年5月6日，中共西安市委常委、政法委书记丁健（中）调研长安区政法系统主题教育实践活动。

2011年6月，中共西安市委常委、副市长李秋实（右二）检查长安二中高考考点工作。

2011年6月，中共西安市委常委、常务副市长岳华峰（左一）调研长安区产业发展和常宁新区规划建设。

2009年6月，中共西安市委常委、统战部部长张雷（前排左三）到长安区调研统战工作。

2011年6月，中共西安市委常委、市公安局局长杜航伟（前排左二）调研长安区公安系统重点项目建设。

2011年4月，中共西安市委常委、组织部部长钟健能（前排右二）看望长安区大学生“村官”。

2008年6月，西安市副市长段先念（左一）视察西安奥辉纸业公司。

2010年5月，西安市副市长钱引安（前排左二）调研长安区环境集中整治工作。

2011年3月，西安市副市长张宁（右二）调研长安区设施农业建设。

2011年7月，西安市政府咨询员、西安建工集团党委书记、董事长杨广信（中）考察长安区清凉山公园项目规划、建设。

重要会议

中国共产党西安市长安区第二次代表大会

区委书记吕健作工作报告

区委副书记、区长杨建强主持大会

会场全景

中国共产党西安市长安区第二次代表大会

大会主席团会议

与会人员听取报告

投票选举

第一次全体会议

新当选的区委常委

西安市长安区第十六届人民代表大会第五次会议

会场全景

区人大常委会主任兰竹英作工作报告

大会主席团会议

西安市长安区第十六届人民代表大会第五次会议

分组讨论

主席团成员投票选举

代表投票

审议报告

政协西安市长安区第十二届委员会第五次会议

会场全景

区政协主席成德奇作工作报告

区级领导出席会议

政协西安市长安区第十二届委员会第五次会议

大会主席台

表彰优秀委员

听取报告

分组讨论

投票选举

通过议案

重要活动

长安区庆祝建国60周年歌咏比赛

长安区纪念中国共产党成立90周年红歌会

2009年3月，长安区召开深入学习实践科学发展观动员大会。

2007年5月，长安区召开"讲学习 强纪律 树形象 促发展"作风建设动员大会。

2011年2月，长安区召开"抓落实年"活动动员大会。

2011年4月1日，"奉献世园 创先争优 十大先锋行动"启动。

长安区领导干部延安精神学习班

长安区年终目标综合考评

长安区学习型党组织建设活动

反腐倡廉

长安区落实“一事一议”财政奖补政策

重点项目

2009年7月，长安新城项目签约。

2010年9月，长安区政府与西安建工集团签约。

2010年1月，全球IT百强企业——中兴通讯入驻五星。

引镇现代物流园区铁路仓储中心一角

2009年12月，长安区廉租房封顶

比亚迪股份有限公司西安生产基地

西安法士特汽车传动有限公司

铸造企业一角

长安污水处理厂

2009年6月，西安华新联合科技有限公司在郭杜产业园奠基。

2011年3月，长安区保障性住房项目集中开工。

2010年4月，城中村改造项目签约仪式。

2011年6月，长安区重点建设项目集中开工。

2008年4月8日，西安国家民用航天产业基地揭牌。

2010年8月，西安市二级公路网化工程开工典礼在长安举行。

2009年9月，电子正街长安段道路工程通车。

雅居乐小区

西安郭杜教育科技产业开发区

区级领导抓落实 促发展剪影

2010年7月，区委书记吕健(左一)检查区级重点建设项目——长安大道施工情况。

2007年7月，区人大常委会主任兰竹英（右三）、副主任王作兆（左二）到佛教净土宗祖庭——香积寺调研。

2010年8月，区委副书记、区长杨建强（中，时任代区长）在雅居乐施工工地现场办公。

2010年6月，区政协主席成德奇（中）到王寺街道检查“三夏”工作。

2009年9月，区委副书记徐树安（中）在魏寨乡调研农业产业结构调整情况。

2009年3月，区委常委、常务副区长钱虎威（右三）检查电子正街长安段工程建设情况。

2010年4月，区委常委、副区长杨根民（左二）在华美什字现场协调解决地铁2号线长安段建设中的问题。

2010年8月，区委常委、宣传部部长孙杏娟（右一）为执勤交警“送清凉”。

2008年10月，区委常委、组织部部长王福林（前排右二）调研基层组织建设情况。

2011年6月，区委常委、政法委书记李洪涛（左一）慰问黄良街道南仁村党员贫困户。

2010年10月，区委常委、统战部部长柴根科（左一）向宗教界人士赠书。

2009年10月，区委常委、纪委书记王印郎（右二）检查砲里乡落实科学发展观情况。

2011年4月，区委常委、人武部政委安强（前排右一）检查韦曲街道民兵工作。

2010年10月，区人大常委会副主任李映昭(左四)视察兴隆街道重点项目落实情况。

2010年5月，区人大常委会副主任温德厚（前排右二）视察王寺街道整治小轧钢、小炼油情况。

2010年6月，区人大常委会副主任孙水池（左二）检查王曲街道防汛工作。

2009年5月，区人大常委会副主任陈振军（前排左三）视察长安博物馆文物保护、利用工作。

2009年10月，副区长刘明军（右二）调研引镇现代物流园区项目建设。

2010年10月，副区长贺乐军（左二）检查新农村建设工作。

2010年9月，副区长李红（前排右二）检查“双节”市场供应与食品安全。

2010年3月，副区长兰东明（中）检查武警黄金第五支队安全生产工作。

区政府巡视员苗玉瑞在工作中

2007年4月，区政府副巡视员张新民（中，时任副区长）在西洽会上。

2011年5月，区长助理、公安长安分局局长周荣生（左一）在长安步行街向过往市民讲解群防群治知识。

2011年9月，区政协副主席王百忍（中）视察检察工作。

2009年4月，区政协副主席智王萌（左一）检查大兆街道普法宣传工作。

2010年10月，区政协副主席孙朝朝（前排右四）视察万科城规划建设。

2010年12月，区政协副主席王永平（左二）慰问鸣犊街道老干部。

2011年7月，区政协副主席杨育民（右二）视察区级重点建设项目——长安大道施工情况

2009年11月，区总工会主席李文艺（右二）调研斗门红星搪瓷厂经营情况。

2007～2010年任职长安的区级领导活动掠影

2007年2月，中共长安区委书记钱引安（2007年4月离任）慰问环卫工人。

2006年6月，中共长安区委副书记、区长杨立（中，2007年4月离任）检查“三夏”工作。

2008年1月，中共长安区委副书记、区长汪文展（中，2010年7月离任）检查百姓菜篮子工程。

2007年5月，区委副书记薛振虎（前排右二，2009年2月离任）率队赴周至参观交流。

2007年6月，区委常委、副区长陈选良（2007年9月离任）在西安郭杜教育科技产业开发区调研。

2009年5月，区委常委、区人武部部长刘军邦（左一，2011年3月离任）检查子午街道基层武装部建设。

2007年6月，副区长石丹（前排左二，2007年7月离任）参加工作会议。

2007年6月，区长助理崔锦绣（2007年7月离任）在工作中。

现代农业

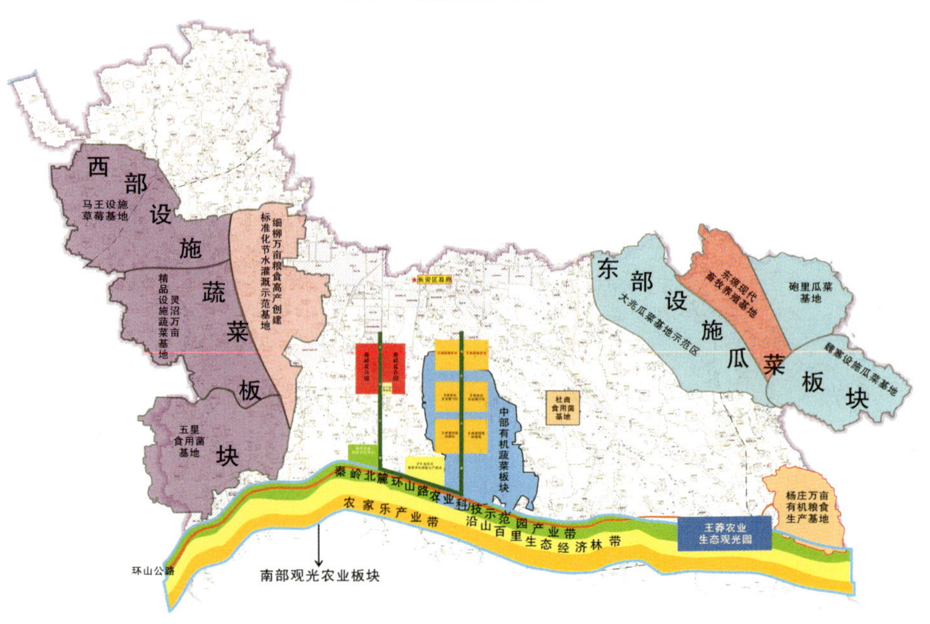

长安区国家现代农业示范区总体规划图

大峪灌区

阳光雨露现代农业观光示范园

王莽生态农业观光园

大兆有机蔬菜基地

滦镇葡萄采摘节

王莽鲜桃采摘节

马王草莓采摘节

砲里无公害西瓜

养殖示范基地

文化遗存

千年古刹——兴教寺

净土宗祖庭——香积寺

华严寺双塔

石颡

西周车马坑

明“十三王陵”石刻

青华山卧佛

伎乐俑

2009年6月，联合国教科文组织的两位专家考察秦岭终南山世界地质公园。

关中民俗艺术博物院

山水清秀

太兴山

观音山

王莽荷塘

杨庄油菜

杨庄胜景

翠华山

光秃山

高山流水

科技教育

067基地生产的发动机应用于航天发射

长征三号甲火箭发射升空

2010年10月，民居建筑抗震技术及结构安全讲座。

向农资超市发放科技图书、电脑。

长安区被陕西省科技厅授予“星火科技大荔模式建设区”称号

太空小麦新品种——血麦在长安试种喜获成功

2010年3月，西安市首批山区标准化寄宿制学校落成典礼在长安举行。

2008年6月，美国中小学校长代表团参观访问长安区——青少年活动中心。

小学生“蛋奶工程”

2009年11月，陕西省督导评估"双高普九"暨评估考核和复查验收教育强区工作总结大会在长安召开。

2008年3月，"素质教育百校行"启动仪式在长安区第一民办初中举行。

职业学校学生实习现场

长安区聋哑学校老师用手语授课

长安二中新校区

西安市长安区第一小学

西北工业大学长安校区

西安电子科技大学长安校区

西安财经学院长安校区

文化活动

诗歌朗诵

残疾人文化艺术节

“王老七”新歌会

集体婚礼

美在长安第二届赏花节

2008年10月，苗春生的泥塑在文博会上展出。

“牛老爷”社火

奥运火炬传递

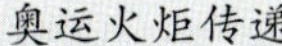

元旦越野赛

乡村青年文化节

七夕文化节

平安创建

普法宣传

平安创建进校园

规范执法

治安巡逻

创建平安小区

城区新貌

北长安街

长安广场

金长安广场

长安城区夜景

圣合家园小区

富力城小区

文明创建活动签名仪式

擦靓长安

文明劝导

常宁新区

郭杜街景

步行街夜景

街景美化

西沣路景观

浇花洒水

修剪绿化带

防滑保通畅

新农村建设

滦镇街道上王村

郭杜街道举办烹饪技能培训

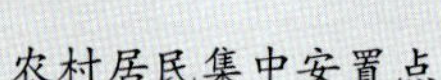

农村居民集中安置点

文娱活动

五台古镇

交通建设

河池寨立交

西汉高速

韦鸣——雁引路立交

西柞高速五台隧道

西康铁路浐河特大桥

西部大道

4-12路公交车开通

“巴士春风”活动

2010年冬季，长安区“百日行车安全”活动启动仪式。

出租汽车更新

西安火车南站

民生工程

2010年2月，陕西省人力资源和社会保障厅副厅长赵云（右一）为长安区参保老人发放养老金。

2009年5月，西安市第十二医院在长安区医院挂牌。

共产党员为支援抗震救灾缴纳特殊党费

2010年3月，“红十字温暖长安行动”募捐启动仪式。

廉租房小区

爱心企业家与资助“红凤生”及家长亲切交谈

干部职工向地震灾区捐款

驻区部队向玉树运送救灾物资

2010年长安区“春风行动”就业援助洽谈会

下岗职工免费技能培训

劳务输出

检查幼儿园校车安全

社区保健

新农保发放

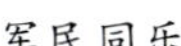

军民同乐

市民晨练

招商引资

2011年4月，中共陕西省委常委、西安市委书记、市人大常委会主任孙清云参观西洽会长安展区。

2011年2月，长安国际商会揭牌。

2011年4月，西洽会长安区项目集中签约。

2009年5月，华商传媒落户长安。

2010年8月，长安区政府代表团外出招商。

先进人物

2010年5月，区领导慰问市级劳动模范。

区上领导与王俊、马龙、王锁利、贾富过、杨齐英、薛拓、刘华伟、胡民升、董建梅、朱朝新、张娟萍、左强、刘保平、付合理、李前进、梁希峰、刘新志、周小利等获得2010年西安市劳动模范暨先进集体代表合影。

2008年全国供销社系统劳动模范李智奇

全国“三八红旗手”、西安妇女创业十大明星——黄秀英

2007年陕西省劳动模范刘智

2007年陕西省劳动模范许志成

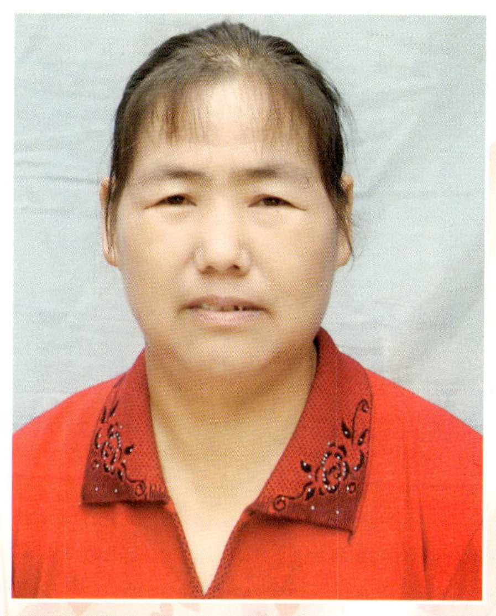
陕西省“三八红旗手”郭导线

2009年4月，区妇联主席、陕西省“三八红旗手”王沛侠带领长安区女企业家向玉树地震灾区捐款。

2009年6月，郝永康、高伟、马岗、李文辉、韩亚薇、强军、王炜、李鹏、周卫锋、李平仓获长安区十大杰出青年称号。

2011年9月，郭育民、付合理等获得长安区杰出民营企业家称号。

对外交流

2007年8月，区领导会见来长安的新加坡客商。

2010年10月21日，江苏省盐城市委书记率团来长安考察。

2011年3月，区长杨建强带领相关部门负责人前往广州，实地考察雅居乐花园项目。

2008年10月，朝鲜花卉协会会长河新国来到长安区考察鲜花港。

2009年春，韩国客商在郭杜考察投资环境。

供稿单位主审

（按内容顺序排列）

张利学　韩艾军　李本健　王润年　何演宏　田晓利
冯银虎　郝民仓　宋其正　王盈盈　柏利民　师新宁
董兴民　王作兆　王建都　郭新利　薛随亚　乔日辉
李国栋　田学让　李遵席　李　瑛　刘晓洲　冯建龙
冯俊明　孙雪峰　权改利　田措施　周爱琴　王小妮
李新良　韩和平　张继锋　杨克胜　张　宁　安　强
陈争刚　田亚利　高立平　陆　海　方和平　陈俊民
刘小平　李朝喜　杨高智　张逢侠　高春勇　张宏涛
侯生慧　薛旭明　赵永武　李智奇　闫小安　邱　宏
毋　辉　韩联合　窦小龙　曹吉锋　关奎元　李峰波
刘智理　王元杰　雷　鸣　毛舍平　毛建勋　柳　明
王　华　孙翠萍　张东亚　蒋国强　罗　昌　胡民升
张崇喜　曹中胜　左刚利　胡新胜　王小健　李保平
韩西满　强晓卫　刘宏林　任和平　周军荣　孙小团
尹红梅　常新元　刘　茜　李志明　邵　晔　王正权
刘沛民　王治涛　潘政权　贺金田　郭建利　万勤辉
杨建勋　杜炳缠　滑军涛　王　平　程　恺　聂小林
王小虎　孙志敏　郭　峰　范阿利　李　辉　刘尚平
孟航海　马耀东　王立安　童建宇　骆　虎　吴建波
姜鹏懿　张　平　贺　君　李鹏程　董军利　陈奇中
刘省海　程小艳　王　浩　李孝斌　成延青　贺志银
方有为　强波民　杨新利

编辑说明

一、《长安年鉴》是由西安市长安区人民政府主办，长安区地方志办公室编辑、出版的地方综合年鉴，全面、系统地记述时限内长安区经济社会发展的基本情况，为社会各界人士了解、认识、研究长安提供基本地情资料，为长安建设国际化大都市新型城区服务。

二、《长安年鉴（2011卷）》记述时间从2007年1月1日～2010年12月31日。

三、本卷年鉴采用分类条目体，设类目、分目、条目3个层次。其中类目36个，分目226个，条目1738个；不同层次的标题、字体、字号和版式设计有明显区别。条目是记载信息的基本单位，其标题用黑体加【】号；内容繁复的条目分子目，其标题加粗。类目下增加“综述”，分目下设“概况”，旨在探索行业、门类发展规律，为本卷年鉴的特色之一。

四、本年鉴对单位、机构名称等，原则上第一次出现时用全称，以后用习惯性简称。

五、领导名录除区级领导外，均以2010年末为准。荣誉录中的信息资料，由于实行分级分类管理，虽尽力从多渠道收集，但因时间仓促，仍难免有遗误之憾。

六、本年鉴采用的稿件，均由各区级部门、事企业单位、乡街、驻区单位提供，经主管领导审定、签章，《长安年鉴》编辑部编辑，编纂委员会审查同意出版。

《长安年鉴》编辑部

2011年11月

目 录

特 载

大事记

专 记

长安概览

基本情况

国民经济和社会发展

构建和谐社会

民主党派·工商联

人民团体

政　法

军 事

农 业

综述

粮食生产

蔬菜

观光农业

果业

畜牧业

农产品质量安全

农业机械化

农村能源建设

农业综合开发

农民专业合作经济组织

农业区划

林 业

综述

水　利

工　业

商贸服务业

开发区建设

信息服务业

旅游业

经济管理与监督

保 险

城乡建设与管理

建筑与房地产业

公用事业

国土资源管理

环境保护

教　育

文学艺术

书法绘画

摄影雕刻

群团活动

卫生·体育

社会民生

乡·街道

滦镇街道

东大街道

马王街道

斗门街道

驻区单位

人　物

附 录

领导名录

荣誉录

统计资料

规范性文件

城乡居民生活便览

名牌产品 著名商标

长安特色旅游景点介绍

索 引

彩色插页

实施追赶战略　谋求跨越发展 全力推进西安国际化大都市新型城区建设

——2011年10月10日在中国共产党西安市长安区第二次代表大会上的报告

中共西安市长安区委书记　吕　健

各位代表、同志们：

这次大会的主要任务是：以党的十七大和十七届四中、五中全会以及胡锦涛总书记建党90周年重要讲话精神为指导，回顾总结过去五年工作，研究确定今后五年目标任务，选举产生中国共产党西安市长安区第二届委员会和纪律检查委员会，动员全区各级党组织、全体共产党员和广大干部群众，实施追赶战略，谋求跨越发展，全力推进西安国际化大都市新型城区建设。

现在，我代表一届区委向大会作报告，请予审议。

过去五年工作回顾

区第一次党代会以来，区委在市委的正确领导下，以科学发展观为指导，以“推进科学发展、建设四强新区、造福长安人民”为目标，团结和带领全区广大党员干部群众，解放思想，真抓实干，顽强拼搏，全力推进区域经济社会又好又快发展。地区生产总值、财政一般预算收入、全社会固定资产投资、农民人均纯收入、城镇居民人均可支配收入分别以年均15%、30%、35%、15%和20%以上的速度递增，2010年，地区生产总值达到274.4亿元，是2006年的2.5倍；财政一般预算收入达到13.2亿元，是2006年的3.4倍；全社会固定资产投资达到302.3亿元，是2006年的3.5倍；农民人均纯收入达到7389元，是2006年的2.2倍；城镇居民人均可支配收入达到19557元，是2007年的1.85倍，经济总量实现历史性突破。先后荣获全国推进义务教育均衡发展先进区、陕西省旅游强区、全市领导科学发展好班子等100多项荣誉称号，连续四年进入全市目标综合考核优秀行列。

一、经济建设又好又快，跨越发展的内生力显著增强

经济是全局工作的命脉。区委始终坚持以经济建设为中心不动摇，在转变方式、优化结构、提升总量上不遗余力。项目建设成效显著。出台《重点建设项目管理办法》，项目评审程序不断完善，跟踪服务、挂牌保护措施有效落实；引进万科长安城、南洋迪克、奥特莱斯国际商务社区等重大项目189个，启动重点项目509个，完成投资227.1亿元，有力推动区域经济持续快速增长。优势产业发展壮大。现代农业加速发展，长安区被确定为国家现代农业示范区；商贸服务业有序发展，真爱、太平洋影城等知名企业引进步伐不断加快；旅游业长足发展，翠华山、南五台国家5A级景区建设取得实质性进展；房地产业稳步发展，建成商品房479万平方米，销售391万平方米。园区建设突飞猛进。出台《支持开发区建设的意见》，协助高新区、航天开发区、沣渭新区加快实施中兴通讯、中电投、中建股份基础设施建设等一批重大项目。郭杜教育科技产业开发区47个重点项目完成投资35.2亿元，常宁新区总体规划通过市政府审批，引镇现代物流园区被批准为全省重点建设县域工业园区，航天长安产业园、长安新型工业园、东部建材生产基地前期工作进展顺利。新农村建设扎实推进。投资近4亿元完成223公里超龄油路改造、通村路建设和334个村村内道路硬化，提前实现平原地区村村通水泥（油）路；投资2.12亿元解决569个村72万人饮水安全问题；投资5.28亿元完成178个市级新农村重点村建设；广大农村群众生产生活条件明显改善。

二、城市建设全面提速，跨越发展的承载力显著增强

城市化是跨越发展的必由之路。区委始终坚持城市化道路不动摇，在拉伸骨

架、丰富内涵、提升品位上不遗余力。城市建设步伐加快。西太公路全面竣工，西成高铁和地铁、西康铁路二号线等国家、省、市重点工程进展顺利；投资20亿元完成西部大道、神禾大道、子午大道北段、东仪路延伸段和老韦斗路等15条道路建设，电子正街、朱雀大街延伸段和长安大道、城南大道等工程迅速推进，城区交通更加便捷安全；投资4亿元加快小城镇建设，街道建制增加到20个，7个乡街列入“关中百镇”建设计划；城市建成区面积由“十五”末的12.8平方公里扩展到28平方公里。城市功能逐步完善。西长安街和南长安街街景提升工程全面完成，绕城高速、西沣路等道路景观建设成效显著；金长安广场、柳青广场等5个广场建成开放，清凉山城市公园和城市文化主题公园启动建设，新增绿化面积20.3万平方米；茅坡村等5个城中村拆迁顺利完成；城市功能不断完善，美誉度显著增强。城市品位明显提升。城市总体规划和专业详规编制基本完成；“四城联创”有序开展，成功创建国家卫生城市；“城市建设管理提升年”活动不断深入，广大市民对城市管理的满意度明显增强；《进一步加强城市管理工作的若干意见》出台，“两级政府、三级管理”机制逐步完善，城市管理制度化、规范化、精细化水平大幅提升。

三、文化建设成效显著，跨越发展的软实力显著增强

文化是软实力。区委始终坚持文化强区不动摇，在夯实基础、培育产业、塑造品牌上不遗余力。文化事业蓬勃发展。文化体制改革顺利完成，投资8900万元建成长安广电中心和影视大厦，15个乡街文化站、178个村体育健身广场和341个农家书屋提前建成，广播电视“村村通”建设取得新成效，长安文化广场前期工作进展顺利，国家二级档案馆创建成功，布局合理、覆盖城乡的公共文化体系初步形成。文化产业不断壮大。关中民俗艺术博物院建成营业，荣获“国家级文化产业示范基地”称号；投资6000余万元建成五台民俗古镇，成为全省民俗文化新亮点；引进陕西省档案馆、陕西新闻大厦等文化产业项目，投资规模达到30亿元，内涵丰富、特色鲜明的文化产业链条基本形成。文化品牌影响深远。西安凤栖原西汉家族墓地入选全国2010年十大考古新发现，何家营鼓乐、侯官寨“牛老爷”迎春社火和沣峪口传统榨油技艺等10个项目分别被列入世界、国家、省、市非物质文化遗产保护名录，北张村古造纸技艺在北京奥运会期间成功展出，承古开新、异彩纷呈的文化品牌正在形成。

四、环境优势日益凸显，跨越发展的竞争力显著增强

生态环境是长安最宝贵的自然资源。区委始终坚持生态立区不动摇，在生态保护、环境治理、效能建设上不遗余力。生态建设成效显著。集体林权制度改革顺利通过市上验收，完成植树造林0.79万公顷，子午大道景观林带、环山百里绿色走廊、雁引路绿化带和40个环村林带等成为一道道靓丽风景线，全区森林覆盖率达到33.98%。环境保护全面加强。浐河、太平河、沣河综合治理成效显著，区污水处理厂和11所高校污水处理设施建成使用；全区空气良好以上天数达到300天，万元GDP能耗累计下降25%；《农村环境卫生管理办法》等6项制度制定出台，“三级管理、四级网络”长效机制逐步形成。投资环境不断优化。区政务服务中心建设全面加强，一厅式办公、一条龙服务受到群众好评；严厉打击破坏投资环境的人和事，重点部门和热点开发地区综合治理取得阶段性成效；大力开展主题教育活动，在全区形成了人人都是投资环境、事事关系长安形象的浓厚氛围。

五、民生工程深入人心，跨越发展的原动力显著增强

保障和改善民生是各项工作的出发点、落脚点。区委始终坚持以人为本不动摇，在加大投入、破解难题、共建共享上不遗余力。教育事业快速发展。长安一中被评为陕西省普通高中示范学校，投资1.7亿元的长安二中新校区建成使用，投资5600万元建成标准化寄宿制学校9所，投资5亿元改善教学基础设施，长安一小建成使用，区第三幼儿园建设稳步推进。就业形势明显好转。新增就业再就业5.49万人次，新开发公益性岗位5300个，城镇登记失业率保持在4.5%以内，培训劳动力22.47万人次，转移输出44.6万人次，长安区被评为全省劳务输出先进区。社保体系逐步健全。帮助4000余户农村困难群众建成新房，保障性住房建设进展顺利；长安区被列入全国新农保试点区，为9万余名农村老人发放养老金8318万元；城镇居民养老保险试点工作有序推进；发放各类救助资金2.76亿元，为1090名农村离任干部发放生活补贴145万元。卫生工作切实加强。11所乡街卫生院、8个社区卫生服务中心、606个标准化村卫生室建成使用；投资5.4亿元的区医院迁建工程积极实施；城镇居民医疗保险全面启动；新型农村合作医疗工作受到省市表彰。长安区被评为全国科技进步先进区、人口和计划生育优质服务先进区，其他社会事业同步协调发展。

六、稳定大局得到巩固，跨越发展的影响力显著增强

社会稳定是头等大事。区委始终坚持抓稳定是第一责任不动摇，在加强领导、健全机制、强化措施上不遗余力。体制机制逐步完善。制定《关于进一步加强维稳信访工作规范化建设的实施意见》和《社会稳定风险评估工作实施办法》等一系列文件，在全市率先建立乡街维稳、信访、综治、司法“四位一体”工作机制，维稳信访基层基础工作不断加强。排查化解扎实有效。区信访接待中心建成使用；在全市率先实行区级党政领导接访下访制度，经验做法受到中央、省、市领导充分肯定；北京奥运会、上海世博会、广州亚运会和西安世园会期间全区社会和谐稳定；长安区被评为省级“三无”区。平安创建深入开展。始终保持对违法犯罪活动的高压态势；投资450万元购置3台新型指挥车和13辆流动警务车，安装红外线监控探头2410个；着力构建群防群治工作网络，组建3000余人群防队伍；安全生产形势进一步好转；长安区被评为省级平安区。加强和创新社会管理工作进展顺利。认真贯彻中央、省、市关于加强和创新社会管理各项决策部署，科学制定《加强和创新社会管理“142”工程实施方案》，积极构建大综治、大信访、大调解、大安全四大工作格局，加强和创新社会管理工作整体推进，取得重点突破。

七、政治建设稳步推进，跨越发展的凝聚力显著增强

政治建设是扩大民主、增进团结的

根本举措。区委始终坚持依法治区不动摇，在全力支持、凝心聚力、发挥优势上不遗余力。积极支持人大依法履行职责。支持区人大常委会对11部法律法规进行执法检查，听取审议区政府专项工作报告43个，依法决定任命国家机关工作人员120人次，“代表活动日”、“双先双优”等活动受到省、市人大表彰和肯定。充分发挥政协优势和作用。支持区政协围绕壮大非公经济、加强招商引资等方面开展调查研究，为区委、区政府科学决策提供了重要依据。爱国统一战线逐步壮大，民主党派工作得到加强。西安市统战系统服务科学发展实践基地建设进展顺利。依法治区步伐加快。“五五”普法规划全面完成。全国推进村务公开民主管理难点村治理现场会在长安区上王村召开。党管武装工作得到加强，长安区连续六次被评为省、市“双拥”模范区。工会、共青团、妇联、工商联、残联、文联、红十字会等群团工作明显加强。宣传工作和精神文明建设取得新成绩。宣传工作围绕中心、服务大局；创建省级文明城区进展顺利，“推进乡风文明、构建和谐家园”等精神文明创建活动成效显著；纪念改革开放30周年、建国60周年、建党90周年系列庆祝活动圆满成功，共产党好、社会主义好、伟大祖国好、改革开放好思想深入人心。

八、党的建设基础牢靠，跨越发展的创造力显著增强

党的建设是富民强区全部创造力的基础。区委始终坚持党要管党、从严治党不动摇，在强基固本、激发活力、提升效能上不遗余力。思想政治建设不断加强。学习实践科学发展观和保持共产党员先进性教育活动圆满完成，创建学习型党组织活动深入开展，各级党组织中心组学习制度逐步健全，出台《关于加强领导班子思想政治建设的若干规定》，思想政治工作武装头脑、指导实践、推动发展的作用进一步发挥。干部队伍建设不断加强。建立健全“一体两翼”模式，培训干部4万余人次；选派52名优秀年轻干部到急难险重岗位及偏远乡街进行综合锻炼；在全市率先出台后备干部选拔“两推两考一公示”新举措和《不胜任现职领导干部调整办法》，有效解决了干部“能上难下难流动”的问题，广大干部领导科学发展能力明显提高。基层组织建设不断加强。“三级联创”、互联共建等活动顺利开展，“创先争优”、“升级晋档、科学发展”、“双评晋级、科学发展”活动走在全市前列；农村两委会换届圆满完成，村级组织活动场所实现全覆盖；发展党员4810名；基层党组织推动发展、服务群众、凝聚人心、促进和谐的作用有效发挥。机关作风建设不断加强。制定《领导干部行为规范》和《车辆配备管理制度》等26项规章制度；强化效能建设，积极推行首问负责制、限时办结制、服务承诺制；按照一年一个主题、一次一个重点的要求，在全区领导干部中先后开展五次系列主题教育活动，机关作风明显改进，对外形象明显提升。反腐倡廉建设不断加强。在全市率先推行“量体裁衣”式党风廉政建设责任制；廉政文化墙受到中央、省、市纪委领导好评，革命传统教育和警示教育成效明显；“十项制度”深入贯彻；立案127件，结案127件，结案率达100%，给予党政纪处分138人，党风、政风和社会风气进一步好转。班子自身建设不断加强。严格执行民主集中制，健全集体领导与个人分工负责相结合的制度；认真落实区级领导包抓重点工作和重点项目制度，形成率先垂范、狠抓落实的良好氛围；切实履行一岗双责，班子成员带头贯彻党风廉政建设责任制，自重、自省、自警、自励。

各位代表，同志们，过去的五年，是长安大地焕发勃勃生机的五年，也是全区大事多、好事多、喜事多的五年，更是我们不甘落后、奋勇争先、超越自我的五年。

——长安实现了经济总量和质量“双丰收”。综合实力稳居全市前列，三次产业不断发展壮大，五大主导产业相互支撑，我们告别了财力明显不足、结构比较单一的历史，进入厚积薄发、产业兴旺的崭新时期！

——长安实现了城市规模和品位“双提升”。城市骨架迅速拓展，城市功能日趋完善，城市管理科学有序，城市品位大幅提升，我们告别了亦城亦乡、相对落后的历史，进入日新月异、全面升级的崭新时期！

——长安实现了区域环境和形象“双改善”。生态环境更加优美，行政效能不断增强，亲商、安商、扶商、富商的氛围愈来愈浓，我们告别了依靠资源、能耗较高的历史，进入招商选资、有序开发的崭新时期！

——长安实现了民生工程和投入“双加强”。民生工程投入逐年增加，基本实现学有所教、劳有所得、病有所医、老有所养、住有所居全覆盖，我们告别了生产条件差、生活水平低的历史，进入成果共享、走向富强的崭新时期！

——长安实现了社会管理和稳定“双保障”。解决实际问题的力度越来越大，平安建设、安全生产和维稳信访工作的措施务实管用，我们告别了积案陈案较多、信访形势严峻的历史，进入心齐气顺、团结有为的崭新时期！

成绩来之不易，奋斗充满艰辛。我们要衷心感谢市委的正确领导，衷心感谢历届区（县）委励精图治奠定的坚实基础，衷心感谢全区广大党员干部群众心系长安、发展长安、建设长安的满腔热忱和辛勤努力，衷心感谢各位老领导、老干部、老同志以及社会各界人士的关心、理解和支持。在此，我代表中共西安市长安区委向大家表示亲切的问候，并致以崇高的敬意！

五年来，我们积累了宝贵的工作经验：一是必须科学谋划、准确定位。实施追赶战略、谋求跨越发展、建设四强新区，既是形势所指，也是民心所向，更是责任所系，必须一张蓝图绘到底，不变调、不动摇、不懈怠、不折腾。二是必须以身作则、真抓实干。一级干给一级看，一级带着一级干，一级督着一级办，以更快更好的落实保证更好更快的发展。三是必须精诚团结、凝心聚力。以区委常委会一班人的同心同德推进区级各大班子的紧密协作，汇聚各级各部门、广大党员干部群众的巨大合力。四是必须以人为本、维护稳定。把改革的力度、发展的速度和社会的可承受度统一起来，以为民的实绩赢得群众信任、促进社会和谐。五是必须从严治党、强基固本。进一步提高领导科学发展的能力，为推进经济社会又好又快发展提供有力的思想、政治和组织保障。

在肯定成绩的同时，必须清醒地看到：长安区面临的最核心问题是经济发展的速度不够快、结构不够优、效益不够好。经济发展方式亟需转变，与先进区县、发达地区和全区人民群众的期盼还有较大差距。长安区面临的最突出问题是城乡发展不平衡。城镇化水平比较滞后，基础设施建设欠账较多；农民增收渠道较为单一；少数群众在教育、医疗、就业和住房等方面存在一定困难。长安区面临的最关键问题是维护社会稳定形势比较严峻。社会管理体制机制尚不完善，少数地区异常访、越级访、重复访时有发生，个别单位安全生产责任落实不到位。长安区面临的最紧要问题是对追赶发展、跨越发展的思想、能力和组织准备不够充分。少数干部不思快发展，因循守旧、理念不新；不敢大发展，坐等靠要、信心不足；不善谋发展，作风漂浮、能力不强；一些群众文明素质不高；个别农村基层组织软弱涣散。这些问题都是前进中的问题，只要我们找准症结、强化措施、攻坚克难，就一定能够排除障碍、轻装上阵、勇往直前。

今后五年工作任务

进入“十二五”，长安的发展正逢天时、又享地利、更具人和。国家实施新一轮西部大开发和《关中—天水经济区规划》、省市建设西安国际化大都市都为长安提供了千载难逢的发展机遇，山青水秀的生态环境、幅员广阔的发展空间、传承千年的人文积淀和大西安主城区的区位优势得天独厚，全区上下团结、稳定、和谐、发展的氛围令人鼓舞、催人奋进！

结合“十二五”规划的实施，区委确定今后五年全区发展的总体思路是：以科学发展为主题，实施追赶战略，谋求跨越发展；以加快转变经济发展方式为主线，做大做强四大板块、五大主导产业、六大核心增长极；以实施项目带动、优化发展环境、统筹城乡发展、保障改善民生、维护社会稳定、加强党的建设和基层政权建设为重点，圆满完成“十二五”各项目标任务，为把长安建设成最具发展活力、最有竞争实力、最富人文魅力的西安国际化大都市新型城区而努力奋斗！

今后五年的工作目标

——经济实力更强。经过五年努力，全区生产总值年均增长14%以上，达到570亿元；地方财政一般预算收入年均增长18%以上，达到30亿元；全社会固定资产投资年均增长20%以上，达到730亿元；社会消费品零售总额年均增长16%，达到190亿元；综合实力稳居全市前列。

——产业结构更优。经过五年努力，全区非公有制经济持续快速发展，占GDP比重达到50%以上；第三产业比重持续提高，占GDP比重达到50%以上；主导产业不断壮大，占GDP比重达到53%；三次产业占GDP比重由“十一五”末的8.2：50.1：41.7调整为6：44：50。

——生态环境更美。经过五年努力，区域生态环境进一步改善，人居环境进一步提升，万元GDP能耗五年累计下降10%，化学需氧量和二氧化硫排放量持续下降，森林覆盖率达到40%以上，城镇污水、生活垃圾、工业固体废物及农村固体垃圾基本实现无害化处理。

——幸福指数更高。经过五年努力，长安区社会各项事业蓬勃发展，建立健全广覆盖、保基本、多层次、可持续的社会保障体系，城镇居民人均可支配收入和农民人均纯收入分别达到40000元和14000元，广大人民群众更好更快地共享改革发展成果。

做好未来五年工作，要坚持以下几项基本原则：

——必须解放思想创新发展。坚持把创新发展作为建设国际化大都市新型城区的首要任务，不僵化、不停滞、不保守，用改革的办法破解难题、谋划发展、推动工作，在全区形成创新胸襟再开放、意识再解放、能量再释放的生动局面。

——必须调整结构转型发展。坚持把转型发展作为建设国际化大都市新型城区的关键环节，不冒进、不松劲、不缺位，进一步整合资源，盘活存量促升级，不断巩固发展原有优势，做大增量挖潜力，以增量带动存量调整优化。

——必须统筹兼顾协调发展。坚持把协调发展作为建设国际化大都市新型城区的有效举措，不偏废、不盲目、不跟风，实现全区东部与中部、西部发展相协调，经济与政治、文化、社会、生态文明建设相促进。

——必须攻坚克难跨越发展。坚持把跨越发展作为建设国际化大都市新型城区的重要抓手，不退缩、不等待、不观望，不为任何风险所惧，不为任何困难所绊，不为任何干扰所惑，不断开辟前进道路，实现科学发展新跨越。

——必须以人为本和谐发展。坚持把和谐发展作为建设国际化大都市新型城区的最终目标，不骄傲、不浮躁、不负民，始终把群众当亲人，始终把群众放在心中最高位置，始终把为群众解难事、办实事、做好事作为第一追求。

围绕以上总体思路、工作目标和基本原则，今后五年重点抓好以下八个方面工作：

一、坚持发展板块化，努力开创经济建设新局面

认真贯彻区委、区政府《关于加快培育产业的指导意见》和《关于促进中小企业发展的若干意见》，优先配套基础设施、优先配置生产要素、优先配备扶持资金，把“四大板块”建成项目集中、土地集约、产业集群、活力集聚的跨越发展新航母。

（一）以合作共建区为重点，大力发展新型工业。按照“优势互补、共建共赢”的思路，全力以赴支持高新区、航天开发区、西咸新区建设，进一步完善相互融合、共同发展的体制，理顺经济指标划转、财税收入分成、项目建设服务等机制；加强社会管理服务向开发区延伸，积极做好环境保障和群众稳定等工作。主动承接开发区辐射带动作用，按照规划同步、资源同享、产业同兴的要求，规划建设航天长安产业园、长安新型工业园、东部建材基地，紧紧围绕装备制造、通讯设备、太阳能光伏新材料等产业，积极发展上、下游配套产业，促进优势产业转型升级。到2015年，力争引进一批技术含量高、税收贡献大、市场前景好的大项目，形成高新技术产业集群，带动全区工业协调快速发展。

（二）以城南国际新区为重点，大力发展现代服务业。围绕“三点三线”，加快发展与工业化相配套、城市化相协调、市场化相适应的现代服务业。围绕长安新城积极引进一批高档餐饮娱乐、商贸服务、宜居地产项目，加快万科长安城、奥特莱斯国际商务社区建设，着力打造城市新地标。围绕郭杜核心区积极发展教育文化、科技研发、商业金融产业，建设几条特色商业街，着力打造城市发展新亮点。围绕常宁新区积极发展科技研发、文化创意、现代服务等产业，着力打造功能齐

全、产业强劲、生态优美的西安南部现代山水田园新城。围绕西部大道沿线引进建设一批高档外向型住宅、国际学校、商务办公项目，着力打造特色鲜明、功能完备的财富金街。围绕西长安街沿线积极发展商贸服务、新闻出版、影视传媒等产业，着力打造活力时尚、文明现代的景观路、商业街。围绕长安大道沿线积极引进一批商贸金融、休闲娱乐、科研办公项目，着力打造西安南北中轴线上最靓丽的富民大道、景观大道。到2015年，力争把城南国际新区建设成为人才聚集、产业繁荣、引领全局的政治、经济、文化中心。

（三）以统筹城乡示范区为重点，大力发展现代农业。加快国家现代农业示范区建设，以基地+项目+农户为路径，以加快土地流转为突破，以政策扶持、科技服务、市场建设为支撑，着力打造一批“万字头”现代农业基地，在东、中、西部加快形成布局合理、功能完备的“三带三园八基地”。大力发展“一乡一业、一村一品”，加快打造一批农业产业化专业村、样板村。积极做好无公害、绿色和有机农产品认证工作，加强农产品质量安全体系建设，不断提高优势特色农产品知名度和竞争力。到2015年，力争建成国家现代农业示范区，形成规模化发展、集约化经营、产业化开发的现代农业发展新局面。

（四）以秦岭北麓生态优先区为重点，大力发展休闲旅游业。抢抓省、市打造大秦岭中央国家公园的历史机遇，大力发展生态观光旅游，着力把翠华山和南五台打造成世界闻名、全国一流的国家5A级景区，把祥峪森林公园打造成全省知名、特色鲜明的生态旅游景区；大力发展田园农家旅游，加快沿山10个现代观光农业示范园建设，着力打造一批以“九大农家”为代表的特色山水、人文、农家旅游示范村；大力发展宗教文化旅游，深入挖掘四大祖庭、八大寺院等宗教文化内涵；大力发展民俗文化旅游，依托关中民俗博物院和何家营鼓乐、北张村古造纸技艺等非物质文化遗产，积极打造传统特色文化产业旅游基地；大力发展温泉度假休闲旅游，依托东大丰富的地热、生态资源，着力打造集洗浴康体、休闲度假、会议接待为一体的休闲旅游产业聚集区。到2015年，力争把秦岭北麓长安段打造成市民走进自然、体验人文、享受生活的首选目的地！

二、坚持区域城市化，努力开创主城区建设新局面

坚持规划、建设与管理并举，加快北进南拓、中部提升，着力打造与国际化大都市相媲美的大西安城市新区。

（一）高起点规划。按照“三规合一”的要求，尽快完成《长安区城市总体规划》修编，适时调整《全区土地利用总体规划》，进一步完善城市给水排水、热力通讯、医疗卫生、商业布点等相关专业规划，使各项规划更具有前瞻性、针对性、操作性。到2015年，力争形成环境艺术与特色建设兼收并蓄、历史传统与现代风貌相得益彰、自然风光与人工景观珠联璧合的城市特色。

（二）高标准建设。拉大骨架，以“四横六纵”为依托，完成长安大道、南横线长安段和雁南路、朱雀大街、电子正街延伸段等道路建设工程，构筑起覆盖全区、畅通快捷的城市主干交通网络体系。丰富内涵，确保潏河滨河大道、潏河公园、清凉山城市公园、城市文化主题公园等重点工程如期竣工，大力实施气化、绿化、美化、亮化工程，进一步完善城市综合服务功能。提升品位，坚定不移推进城中村改造，着力打造一批新的经济带、文化带和景观带。到2015年，力争形成功能完备、内涵丰富、适宜人居的城市发展新格局，让每一位市民都能共享城市建设带来的成果。

（三）高水平管理。理顺体制，建立健全行政执法管理、公共事务管理、社区基层管理相结合的城市综合管理机制。转变职能，加快由管理型向服务型转变，刚性执法向刚柔相济转变，事后处罚向前置预防转变，努力实现城市管理信息化、科学化、人性化。综合整治，着力营造规范有序、靓丽文明的城市环境。加强教育，积极引导广大市民人人关心城市建设、个个支持城市管理。到2015年，基本形成科学规范、运转高效的城市管理新体系。

三、坚持生态品牌化，努力开创环境建设新局面

始终把投资环境建设作为长安跨越发展的生命线工程抓紧抓牢，让环境催生出新的生产力、竞争力、发展力。

（一）狠抓生态建设。以创建国家生态园林城市为动力：实施秦岭北麓浅山直观坡面绿化、天然林保护等生态工程，着力构建大西安“绿肺”和水源涵养地；加快沿山百里果林带、环村林带和少陵原直观坡面绿化步伐，完成2000公顷绿化任务；扎实推进沣河、浐河、滈河、潏河综合治理工程，配合市上早日启动昆明湖建设。到2015年，力争把长安建成山水相融、林城辉映、天人合一的人居福地。

（二）严格环境保护。以创建国家低碳示范省为契机：夯实基础，加快污水和垃圾处理设施建设，健全农村环境卫生长效管理机制；综合整治，逐步将秦岭北麓各峪口打造成生态优美、环境整洁、配套完备的环境保护新亮点；今后，凡是不符合环保要求的项目一律不引进，凡是破坏环境的行为要坚决打击。到2015年，力争把长安建成清洁低碳、环保节能、经济循环的绿色城区。

（三）加强效能建设。以巩固西部最具投资潜力百强区创建成果为抓手：完善效能建设各项制度，努力形成有规可依、有章可循的工作机制；规范行政服务中心职能，建立健全高效便捷的审批系统；积极构建多渠道、宽范围、深层次的监督体系，严厉打击破坏投资环境的人和事，着力营造亲商、富商、扶商、安商的浓厚氛围。到2015年，力争把长安建成广大客商流连忘返、安心创业、真情奉献的财富宝地。

四、坚持城乡一体化，努力开创统筹发展新局面

坚持以城带乡、以工促农、城乡一体，集中优势人力、物力、财力向偏远落后地区倾斜，积极构建城乡优势互补、东中西部互动、协调持续发展的新格局。

（一）加快基础设施建设。完成61个村饮水安全工程，实现全区村村通自来水；实施新一轮农村电网改造升级工程，完成剩余村改造任务；抓好农村二级公路网络和村内村际道路建设，确保自然村出村路硬化全覆盖；健全农村综合信息服务体系，实现信息服务点所有自然村全覆盖；加快广播电视入户工程建设，实现广播电视“村村通”。到2015年，全区农村生产生活条件大幅度改善。

（二）加快新农村建设。按照“五

个一体化”要求，加快176个重点村、57个样板村建设，着力打造一批标准高、辐射广、带动强的新农村示范村。按照“三集一化”模式，稳步推进新型农村社区建设，努力完成茅坡等15个新型社区建设任务。加大培训力度，积极培育有文化、懂技术、会经营的新型农民。到2015年，力争全区95%以上的行政村达到“六新”标准，建成农民群众幸福生活的美好家园。

（三）加快重点城镇建设。以滦镇、太乙宫省级重点镇建设为核心，以引镇、东大、五台市级重点镇建设为带动，以细柳、大兆、郭杜、子午、杨庄市级优先发展镇为突破，高标准实施道路交通、污水处理、公共卫生、文化教育等基础设施建设，着力打造一批各具特色、设施完善、环境优美的小城镇，在全区加快形成主城区、小城镇、新农村梯度发展、相互衔接、功能协调的城镇化建设体系。到2015年，力争全区城镇化水平达到60%以上。

五、坚持公共服务均等化，努力开创社会事业新局面

改善民生既是发展的目的，也是发展的动力，更是推动经济发展方式转变的重大举措。要像抓经济工作那样抓民生改善，使全区人民成为跨越发展的积极参与者和最大受益者。

（一）优先发展教育事业。规划建设3所区级幼儿园和21所乡街中心幼儿园，深入推进校舍安全工程，加快农村寄宿制学校、义务教育学校标准化建设，大力实施名师名校创建工程，统筹发展职业教育。到2015年，人均受教育年限达到9.5年以上。

（二）加强就业创业工作。健全就业创业服务体系，扩大农村转移劳动力、城镇就业困难人员就业，积极促进家庭创业、自主创业，努力做到让无业者有业、就业者乐业、有志者创业。到2015年，新增就业人口7万人，实现再就业2万人，城市登记失业率控制在4.5%以下。

（三）深化医疗卫生改革。建立健全布局合理、功能完善、管理科学的社区卫生服务体系，完成区医院整体搬迁及区卫生监督所、新农合经办中心新建工程，加快标准化村卫生室内涵建设，加强医疗队伍医德医风医术建设，提高医疗服务质量，有效解决群众看病难、看病贵问题。

（四）健全社会保障体系。全面推进新型农村社会养老保险和城镇居民养老保险试点制度建设，逐步形成区、乡街、社区（村）三级养老服务网络，加大保障性住房建设和农村危房改造力度，健全社会救助体系，加强老龄工作，进一步提高社会保障工作水平。

六、坚持政治民主化，努力开创依法治区新局面

进一步扩大社会主义民主，加快建设社会主义法治国家，大力发展社会主义政治文明。

（一）积极推进政治建设。支持区人大及其常委会履行宪法和法律赋予的职责，依法实行民主选举、民主决策、民主管理、民主监督。坚持和完善中国共产党领导的多党合作和政治协商制度，支持区政协履行政治协商、民主监督、参政议政职能。充分发挥统一战线独特优势，加强同各民主党派、工商联和无党派人士的合作共事。加强工会、共青团、妇联、残联、文联、红十字会等群团工作。

（二）加快依法治区步伐。全面推进依法行政，维护社会公平正义。完善司法体制机制，积极发展法律服务，切实做好法律援助和司法救助工作。深入实施“六五”普法规划，广泛开展法制宣传教育，提高领导干部依法办事的能力，增强广大群众法制观念，形成全民自觉学法、守法、用法的良好社会风气。

（三）强化精神文明建设。认真落实《关于加强新形势下全区农村精神文明建设的实施意见》；加强文化惠民工程建设，完善公共文化体系，全面完成22个乡街和各行政村文化站（室）建设，实现乡街、行政村文化站（室）全覆盖；深入开展形式多样的精神文明创建活动，不断满足广大群众多渠道、多层次、多样化的精神文化需求。

七、坚持社会和谐化，努力开创维稳工作新局面

正确处理改革发展稳定关系，最大限度激发社会活力，最大限度增加和谐因素，最大限度减少不和谐因素。

（一）加强维稳信访工作。以创建“三无”区和“四无”乡街为目标，深入开展矛盾纠纷大排查大化解和领导干部大接访大下访活动；进一步完善维稳、信访、综治、司法“四位一体”网络体系；健全社会稳定风险评估机制，今后，凡是没有经过社会稳定风险评估的项目一律不准开工，凡是手续不全的项目一律不准开工。

（二）加强社会治安综合治理。以解决影响社会和谐稳定的突出问题为重点，加强社会治安防控网络建设，积极构筑上下联动、各尽其责、相互支撑的治安防控体系；持续开展严打整治活动，维护良好社会治安秩序；加大安全隐患治理力度，加快公共安全保障能力建设，加强公共安全教育与管理，坚决杜绝重大安全事故发生。

（三）加强和创新社会管理。按照“党委领导、政府负责、社会协同、公众参与”的原则，进一步加强和完善社会管理格局、维护群众权益机制、特殊人群管理和服务政策、基层社会管理和服务体系。积极实施“142”工程，健全大综治、大信访、大调解、大安全工作格局，不断提高社会管理工作的规范化、科学化、人性化水平。

八、坚持党建科学化，努力开创执政能力建设新局面

坚持党要管党、从严治党，以改革创新精神全面推进党的建设新的伟大工程，不断提高党的建设科学化水平。

（一）以科学的理论武装人。全体党员干部都要把学习作为一种精神追求，深入学习和掌握马克思列宁主义、毛泽东思想，深入学习和掌握中国特色社会主义理论体系，牢固树立辩证唯物主义和历史唯物主义世界观、方法论，用科学的理论武装头脑、指导实践、推动工作，真正做到学以立德、学以增智、学以创业。

（二）以正确的导向激励人。不断深化干部人事制度改革，坚持以德修身、以德服众、以德领才、以德润才、德才兼备的用人导向，支持鼓励敢抓善管、勇于创新的干部，关心爱护不图虚名、埋头苦干的干部，大力使用坚持科学发展有韧劲、谋划科学发展有思路、推动科学发展有激情、实现科学发展有贡献的干部。积极做好人才工作，努力形成人才辈出、人尽其才、才尽其用的生动局面。

（三）以先进的组织凝聚人。深入

开展“创先争优”、“升级晋档、科学发展”、“双评晋级、科学发展”等活动；稳步推进机关、学校、非公有制企业党的建设；圆满完成农村两委会换届工作，加大村组干部教育培训力度；进一步提高党员发展质量，优化党员队伍结构；使基层党组织成为推动发展、服务群众、凝聚人心、促进和谐的坚强战斗堡垒。

（四）以过硬的作风塑造人。牢固树立马克思主义群众观点，真诚倾听群众呼声，真实反映群众愿望，真情关心群众疾苦。坚持和完善党的领导制度，严格执行民主集中制，进一步增强党的创造活力。大力倡导敬业、勤业、精业、专业、创业、兴业精神，坚决反对形式主义、官僚主义，努力做出经得起历史、实践和人民检验的成绩。

（五）以良好的品行取信人。坚持标本兼治、综合治理、惩防并举、注重预防的方针，认真执行党风廉政建设责任制；建立健全反腐倡廉工作体制机制，努力形成用制度管权、按制度办事、靠制度管人的良好氛围；加强领导干部廉洁自律，始终做到立身不忘做人之本、为政不移公仆之心、用权不谋一己之私，永葆共产党人政治本色；坚决查处各类违纪违法案件，以反腐倡廉的新成效取信于民。

各位代表、同志们，长安正站在历史与未来的交汇点上，蓝图已经绘就，目标令人鼓舞，形势催人奋进。让我们紧密团结在以胡锦涛同志为总书记的党中央周围，在中共西安市委的正确领导下，高举中国特色社会主义伟大旗帜，深入贯彻落实科学发展观，在抢抓机遇中抢攻高地，在奋进拼搏中奋发有为，在大干快上中大步跨越，为把长安建设成最具发展活力、最有竞争实力、最富人文魅力的西安国际化大都市新型城区而努力奋斗！

长安区委被评为“西安市领导科学发展好班子”

西安市长安区人民代表大会常务委员会工作报告

——2011年1月6日在西安市长安区第十六届人民代表大会第五次会议上

西安市长安区人大常委会主任　兰竹英

各位代表：

我受区人大常委会委托，向大会报告工作，请予审议。

过去一年的主要工作

2010年，是长安区实施追赶战略，谋求跨越式发展的重要一年，区人大常委会在区委的正确领导下，坚持以邓小平理论和“三个代表”重要思想为指导，认真贯彻党的十七大和十七届三中、四中、五中全会精神，深入落实科学发展观，以服务改革发展大局为根本，以推进民主法制建设为己任，以强化监督工作为重点，紧紧围绕建设具有国际竞争力的经济、生态、文化、科教城市新区目标，积极依法行使职权，各项工作取得新进展。全年共召开常委会8次，主任会议12次；开展执法检查2次、专项视察5次；听取审议“一府两院”专项工作报告12次；作出决议、决定、审议意见书12个，提出审议意见建议23条；形成调研报告22篇、送阅件4份。通过有效发挥地方国家权力机关作用，为推动全区科学发展，实现率先发展做出了积极贡献。

一、坚持围绕中心突出重点，在依法监督上取得明显成效。

2010年，区人大常委会坚持围绕中心、突出重点，把推动全区改革发展和改善民生作为人大监督的重中之重，综合运用各种监督形式，督促和支持“一府两院”按照年初提出的目标任务做好工作，确保全年发展任务的顺利完成。

——着力加强对经济工作的监督。

重点建设项目是全区经济发展的重要支撑，区人大常委会高度重视重点项目建设，积极组织市人大代表和常委会组成人员两次视察调研全区重点项目建设情况，提出建议意见。针对2009年区人大常委会批准的投资2.5亿元的融资代建项目，组织了专项视察活动，提出主动适应政策变化，加强资金协调，确保项目落实；积极筹措资金，按期偿还贷款以及加强工程管理，确保工程质量等建议。

——着力加强对依法行政的监督。

推进民主法治建设是人大的重要职责。一年来，常委会开展了两次大的执法检查活动。通过开展《中华人民共和国环境保护法》实施情况的执法检查，促进了环保法律法规的进一步贯彻落实，强化了全区群众的环保法律意识，完善了环境保护的长效机制，促进了高校生活污水排放、重点燃煤企业污染空气等难点问题的解决，使全区执行环保工作上升到新的水平。通过对《中华人民共和国物业管理条例》实施情况的执法检查，充分肯定了区人民政府所做的相关工作。同时，针对薄弱环节提出4项建议。随后，区政府及有关部门采取切实措施认真研究落实审议意见，将成立业主大会和业主委员会职责依法纳入乡街工作范围。区房管局组织了多次法律法规宣传活动，加强了对物业服务企业的指导和监管，落实了任务，明确了责任，促进了物业管理法规的贯彻落实。

——着力加强对民生问题的监督。

保障和改善民生是贯彻落实科学发展观的内在要求，也是发展经济的最终目的。常委会按照倾听民声、体察民情、反映民意、改善民生的思路不断加强监督工作。专门听取并审议了区人民政府关于全区农村医疗卫生服务体系建设情况的专项工作报告，关于全民创业和促进就业的专项工作报告。先后听取了区人民政府关于计划生育服务工作的专项工作报告，关于流动人口管理的专项工作报告，关于林权制度改革情况的专项工作报告，关于加强教师队伍建设，促进教育均衡发展的专项工作报告。重点安排了对全区农村生活垃圾三级网络体系建设的专项视察，对全区“双十乱”整治工作的专项视察。区人民政府高度重视人大审议、视察过程中提出的建议意见，主要领导亲自批示，亲自主持召开会议研究措施，积极督促有关部门加强落实，取得显著效果。如，在农村卫生服务体系建设方面解决了多年来的难点问题。从2011年起，长安区所有乡街卫生院全部纳入财政全额预算；2010年11月起，所有乡街卫生院、社区卫生服务中心和村卫生室药品实行“三统一”政策，保障药品质量，降低药品价格，惠及广大农村群众；区医院迁建项目列入工作计划。全区农村医疗卫生水平有了新的提升。全民创业和促进就业工作也被纳入“十二五”发展规划，全区14个乡街、23个社区的人力资源市场信息网络已经接通启用，劳动力市场综合大楼建成投入使用，成为开展就业和创业培训的重要基地。

——着力开展调研工作。

区人大常委会把调研作为监督工作的重要内容抓紧抓好，对调研中发现的问题和不足，及时与“一府两院”沟通，提出建议。去年，多次组织专门力量，先后对全区生态环境建设、构建大信访格局、“五五”普法工作、全民创业和促进就业工作、科技服务三农情况以及区人民法院基层法庭建设等课题进行专题调研，形成了有情况、有分析、有对策的调研报告，为区委、区政府决策提供了重要依据。生态环境建设、构建大信访格局两个调研报告受到了省、市有关专家好评。生态环境建设调研报告在市委研究室主办的《西安调研》刊载。

在搞好区级人大监督工作同时，还积极配合上级人大开展工作。参与、配合省人大三秦环保世纪行和市人大、市政府接待全国人大农委在长安区开展的返乡农民工创业情况调研工作；为市人大常委会调研制定秦岭保护条例、调研长安区沣河流域水环境治理情况、视察长安区三夏禁烧做了大量工作；向市人大推荐调研文章、通讯报道两篇，获优秀纪念奖；为市人大城市管理工作研讨会征集城市管理论文三篇等。

二、坚持依法行使重大事项决定权，在促进科学发展方面发挥积极作用

依法决定重大事项。5月份，区人大常委会及时听取并审议了区人民政府关于2009年度财政决算情况的报告，以及2009年度财政预算执行情况的审计报告，常委会组成人员对有关重点内容进行了认真的审议和讨论，提出了具体意见建议，同时，表决通过了《关于批准2009年财政决算的决议》。9月份，听取并审议了区人民政府关于全区2010年1～8月份国民经济和社会发展计划、财政预算执行情况及部分变更的报告，在充分肯定预算执行总体良好的同时，审查了追加预算科目，作出了关于批准调整财政预算的决定，并要求政府把有限财力向基础设施建设倾斜、向民生工程倾斜、向重点乡街倾斜，推动科学发展、协调发展。“十二五”规划是全区经济社会发展的指南，常委会高度关注，积极组织人大代表和常委会组成人员参加规划制定的讨论工作。12月份，还专门听取并审议了区人民政府制定“十二五”规划纲要的专项工作报告，提出了完善规划的具体建议，并决定提交区十六届人代会第五次会议审查批准。

依法决定人事任免。及时召开常委会，表决通过了区人民政府代区长的任命。依法搞好中层干部任免工作，全年先后决定任命干部34名。其中，政府部门领导9名，人大常委会委办领导2名，街道人大工委领导8名，法院工作人员15名。在任免工作方面，坚持党管干部原则，把贯彻党委意图与发扬民主有机结合起来；坚持依法办事原则，严格按法律规定进行人事任免，不符合规定的人事任免一律不予上会决定；坚持注重程序原则，把任命表决和任后监督结合起来，在任命表决前拟任干部要作表态发言，在任命决定后将受任干部承诺通过新闻媒体向社会公开，接受群众监督，有力增强了受任干部的责任意识、服务意识。

三、坚持尊重人大代表主体地位，代表作用得到进一步发挥

做好人大工作，离不开代表作用的充分发挥。区人大常委会始终把提高代表履职能力和发挥代表主体作用放在重要地位，坚持尊重代表的主体地位，坚持为代表服务的工作理念，进一步完善机制、搭建平台，全力支持和保障代表依法履职，使长安区各级人大代表作用得到进一步发挥。

积极搭建代表履职平台。为切实推动代表履职，常委会把2010年4月3日的人大代表活动日主题定为“充分发挥代表作用，深化‘双先双优’活动，造福长安人民群众”。活动期间，全区省、市、区、乡四级人大代表和工作人员上千人参加，宣传《代表法》，察民情、听民声，共收集各类意见、建议79条。常委会还坚持每次邀请10名左右的区人大代表和基层人大负责人列席常委会会议，参加常委会调研视察，近百名代表通过直接参与常委会工作，提高了履职能力。同时，为进一步促进代表执行职务，常委会决定，于12月份在全区集中开展区人大代表向选民述职活动，各基层人大积极行动，认真组织，先后有88名区人大代表向选民述职，报告工作，接受选民评议，增强了代表履职的积极性、主动性，提高了代表的责任心和使命感。区人大常委会还指导各乡召开人代会，指导各街道人大召开政情通报会，让代表了解政府工作、监督政府工作、促进政府工作。

继续深入开展“双先双优”活动。为了促进“双先双优”活动的深入开展，区人大常委会召开了全区乡街人大工作会议，在总结前几年工作基础上，适应新的形势要求，对下一步活动开展作出了部署安排。为了支持代表开展活动，常委会有关领导深入基层，到大兆等乡街对武润祥、张青、徐养正、屈养池等代表履职情况进行了调研考察，对他们心系选民、造福群众的成绩和做法给予充分肯定，对代表履职提出了新的期望和要求。通过“双先双优”活动的深入开展，提高了代表履职积极性，促进了代表作用的进一步发挥，增强了代表察民情、听民声、解民困的主动性。2010年有4名基层人大代表入选省人大编辑出版的《代表风采》一书。刘旭东、薛栓群代表被市人大评为履职积极分子，雷鸣代表被市人大评为专题调研活动先进个人。11名人大代表为群众送温暖捐款13万元。

全力督办代表建议意见。代表建议意见办理情况关乎着代表履职积极性和履职效果。常委会对此高度重视，常抓不懈。人大四次会议期间，代表提出了79件建议，常委会领导和有关委办采取责任制的形式，分片包干、逐件回访、跟踪督办，一抓到底。区委书记吕健对代表建议办理高度重视，亲自批示要求迅速办理，给代表一个满意答复。区人民政府也把代表建议意见办理作为工作的重中之重，杨建强代区长、钱虎威副区长等主要领导亲自主持召开督办会，有关单位一把手亲临现场办理，有力推动了代表建议的落实。代表满意率达98.7%。通过办理代表建议意见，解决了一批与群众利益密切相关的现实问题，如区政府针对建议意见办理回访情况，及时安排交通局开展工作，迅速解决了108国道斗门段道路坑洼、难以通行的问题。针对代表反映西汉高速绿化带租地补偿标准过低的问题，区政府召开专门会议研究，从2009年起追加租地款，将每0.07公顷补偿标准由400元提高到500元；从2011年起，在西沣公路，西汉高速公路绿化带租地价格基础上，每0.07公顷提高100元。针对杨庄乡有关代表提出修复幸福渠的建议，区人大主任会议专门研究，安排分管领导深入基层与代表见面，了解情况，解决问题，通过实际考察，提出了新的解决办法，协调区水务局及时予以办理，代表十分满意。

不断加强代表服务保障工作。一年来，共组织65名代表和常委会组成人员参加集中视察，组织86名代表和常委会组成人员参加专题调研，形成调研报告22份。去年，为使代表学习先进经验，开阔眼界，区人大常委会组织21名区人大代表和基层人大领导到发达地区进行学习交流考察。按照区委统一要求，组织常委会领导和各委办主任赴上海参加集中培训，使大家学到新的理念和工作经验，解放了思想，创新了思路，为进一步提高履职水平打下坚实基础。

四、坚持全方位提高人大队伍整体素质，自身建设不断加强

一年来，常委会始终把提高人大队伍

整体素质，不断加强自身建设作为一件大事来抓，做到了“六个”加强。

加强思想建设。通过参加形势报告会、法制讲座、举办各种学习交流会、坚持例会制度等方式，集中学习时事政治、法律法规、中央、省、市、区重大决策和人大最新理论，拓宽知识视野，改善知识结构，提高政策水平和业务素质，增强了大局意识、政治意识、科学发展意识。

加强队伍建设。适应形势变化和工作要求，先后给人大机关选任了2名中层领导，给街道人大工委选任8名主任，不断优化人员结构。同时根据工作需要，及时补选3名区人大代表。

加强作风建设。通过开展“争先创优”活动，着力培养三种工作作风。一是雷厉风行作风。对区委的重要决策部署，区人大常委会的决议、决定都在第一时间予以落实。二是求真务实作风。常委会班子成员全年三分之一时间用于下基层了解情况、督促检查，较出色地完成了包抓乡街重点项目和维稳信访等工作任务。三是调查研究作风。每次在听取和审议“一府两院”专项工作报告前，在检查法律法规实施情况中，都深入一线调查研究，广泛听取群众意见，努力做到言之有物、有的放矢。

加强业务交流。建立了人大工作定期交流机制，全年共参加全国部分县市人大工作交流研讨会两次，参加全市十三区县人大工作座谈会5次。先后接待省市人大、我省阎良、临潼、澄城和新疆托里县等十多个区县人大到长安区调研考察交流。通过加强工作交流，了解了全国区县人大工作的最新动态，学习了外地先进经验，增进了相互之间的友谊，提高了常委会工作水平。

加强宣传工作。在区级媒体播发人大工作消息、稿件56条（篇）；在省、市级媒体刊发消息12条，发表理论文章3篇；两篇稿件获“三秦环保世纪行”好新闻奖，一篇稿件获市人大新闻奖，实现了宣传工作新突破。

加强信访工作。全年共受理群众来信117件，来访183人次，所有信访件都及时转交有关部门办理。常委会班子成员包抓的重点案件也得到较好落实，信访工作受到市人大的表彰。

一年来，常委会工作之所以取得较好的成效，得益于区委的正确领导，得益于“一府两院”对人大工作的高度重视和全力配合，得益于各级人大代表、常委会组成人员及人大工作人员的不懈努力，得益于区级各部门、各乡街和广大群众的大力支持。对此，我代表常委会表示衷心的感谢。

总结过去一年常委会工作，虽然取得一些成绩，但我们也清醒地认识到，常委会的工作还存在不足，主要是监督工作的实效性还需要进一步增强，重大事项决定范围还需要进一步拓展，代表履职能力还需要进一步提高，乡街人大队伍建设还需要进一步加强。对此，我们将在今后工作中认真加以改进，更好地行使宪法和法律赋予的职权。

2011年工作思路

各位代表，2011年，是“十二五”规划实施的开局之年，也是加快转变经济发展方式、全面建设小康社会的重要一年，更是长安抢抓机遇，实施追赶战略，谋求跨越式发展的关键之年。面对新形势、新要求，常委会工作的总体思路是：认真贯彻党的十七大、十七届三中、四中、五中全会精神和全国经济工作会议精神，以邓小平理论和“三个代表”重要思想为指导，深入贯彻落实科学发展观，坚持党的领导、人民当家作主、依法治区有机统一，紧紧抓住西安建设国际化大都市，长安融入西安主城区的大好机遇，以建设“四强”城市新区为目标，以不断创新为突破口，以科学发展为主题，以促进经济方式转变为主线，以提高监督实效为核心，全面履行好宪法和法律赋予的各项职权，为推动长安区科学发展、率先发展、和谐发展提供良好支持，努力把人大工作提高到一个新的水平。

一、进一步深入贯彻落实科学发展观

一是围绕转变经济发展方式，加强对经济发展重点领域的监督。主要听取区人民政府关于合作共建区发展情况的专项报告；对全区商贸业发展情况和旅游业发展情况进行专题调研。对重点项目建设情况进行调研视察；对全区非物质文化遗产保护与利用工作情况进行专项视察。二是紧扣改善民生主题，对改善民生情况进行监督。主要听取并审议区人民政府关于加强学前教育工作的专项报告；听取区人民政府对全区食品安全监督的专项报告；听取区残疾人联合会工作情况报告并进行视察。

二、进一步提高依法监督的实效性

创新监督方式，不断增强监督实效。一是积极探索对常委会审议意见研究落实情况报告的票决制，加大对常委会决议、决定、审议意见的督办力度，实现监督工作的新突破。二是按照《监督法》和全国人大的要求，借鉴其他地方工作经验，选择人民群众普遍关心的问题，积极推进开展专题询问工作，进一步提高监督的力度和实效。

三、进一步推动依法治区工作

开展《中华人民共和国行政诉讼法》、《中华人民共和国公路法》两部法律法规执法检查。听取并审议区人民政府关于“五五”普法工作和“六五”普法规划的汇报并作出决议。听取并审议长安区村民委员换届选举工作情况和村民监督委员会发挥作用情况的报告。

四、进一步依法履行好重大事项决定权

创造条件，全面实施区人大常委会讨论决定重大事项实施细则，积极推进重大事项决策的民主化、科学化、制度化。加强对国民经济和社会发展“十二五”规划执行情况、年度国民经济和社会发展计划以及财政预算执行情况的全面监督，并围绕全区发展目标和发展重点对有关事项作出合理变更和调整。对重大项目、政府重大举措和关系国计民生的重大事项进行调研，提出建议。

五、进一步加大代表履职的服务保障力度

一是加强对“双先双优”活动的指导和宣传，努力在调动基层人大工作积极性，充分发挥代表作用上取得新进展。二是有针对性地加强代表培训，举办专题培训班，组织代表认真学习新修订的《代表法》和《选举法》等法律法规，组织代表外出学习考察交流，进一步提高人大代表的履职能力。办好十三区县人大工作研讨会。三是继续开展代表工作室建设活动，

完善代表工作室各项规章制度，充分发挥代表工作室在倾听民声、反映民意、集中民智方面的优势和作用。四是积极开展形式多样的代表履职活动。在各街道全面实行政情通报会制度；组织好代表向选民述职活动，使所有代表在任期内都向选民述职一次。五是全力做好代表议案、建议、意见督办工作。坚持常委会领导包案、定期回访、跟踪督办、实行问责等方式加大工作力度，提高办理质量。六是完善人大代表列席常委会制度。积极创造条件，扩大代表对人大常委会工作的参与度，促进代表作用发挥。七是关心基层人大工作者和人大代表，帮助他们解决工作生活难题，凝聚人心，提高工作积极性。

六、进一步加强人大队伍自身建设

始终坚持人大工作正确政治方向，牢固树立党的观念、政治观念、大局观念、群众观念和法制观念，大兴学习创新之风、密切联系群众之风、求真务实之风，深入开展调查研究，积极借鉴先进经验，全面提高人大队伍整体素质，不断提高依法履职的能力和水平，促进人大工作取得更大成效。

各位代表，今年是实施“十二五”规划的第一年，我们要实现的目标催人奋进，我们要完成的任务艰巨繁重，历史赋予重托，人民寄予厚望，让我们以邓小平理论和“三个代表”重要思想为指导，深入贯彻落实科学发展观，在区委的坚强领导下，团结一心，拼搏进取，扎实工作，为建设具有国际竞争力的“四强”城市新区，实现“全市领先、全省进位、西部争优”，促进长安经济社会协调快速发展做出新的更大贡献！

政府工作报告

——2011年1月5日在西安市长安区第十六届人民代表大会第五次会议上

西安市长安区人民政府代区长　杨建强

各位代表：

我代表区人民政府向大会作工作报告，请各位代表连同《长安区国民经济和社会发展第十二个五年规划纲要（草案）》一并审议，并请各位政协委员和列席人员提出意见。

一、“十一五”时期经济社会发展回顾

“十一五”时期，是长安经济社会发展跃上新台阶的重要时期。五年来，在市委、市政府和区委的正确领导下，在区人大和区政协的监督支持下，区政府团结和带领全区人民，以邓小平理论和“三个代表”重要思想为指导，认真贯彻落实科学发展观，紧紧围绕建设经济生态文化科教强区目标，抢抓西部大开发和西安建设国际化大都市的历史机遇，全面实施追赶战略，积极应对汶川地震、金融危机等挑战，聚精会神搞建设，和衷共济谋发展，全面超额完成了“十一五”规划确定的各项目标任务，开创了经济社会发展新局面，谱写了强区富民新篇章！

（一）区域经济快速发展，综合实力大幅提升。五年来，我们始终坚持狠抓经济建设不动摇，认真贯彻落实中央及省市各项政策措施，大力发展优势产业，积极培育新的经济增长点，区域经济总量实现新突破，综合实力迈上新台阶。“十一五”期间，全区生产总值保持了16%以上的增速，连续跨越100亿元、200亿元两大台阶，提前两年实现了翻一番，2010年预计达到269亿元，是2005年的2.96倍；地方财政一般预算收入突破了10亿元大关，预计完成13.2亿元，是2005年的4.2倍，实现了五年翻两番；固定资产投资年均增长38.5%，预计达到297亿元，是2005年的4.7倍，实现了五年翻两番；社会消费品零售总额年均增长19.9%，预计达到98.6亿元，是2005年的2.6倍；城镇居民可支配收入达到19557元，同比增长20%；农民人均纯收入达到7389元，同比增长16.5%，是2005年的1.6倍；积极促进产业优化升级，三次产业比例由“十五”末的16.7：46.1：37.2调整到8.2：50.1：41.7，呈现出一产下降、二产发展、三产提升的良好发展态势。长安区连续三年被评为“全市经济发展优秀区（县）”，跻身“西部最具投资潜力百强区”，跃居“中国全面小康成长型百佳县（市）”行列。

（二）统筹发展成效显著，城乡面貌焕然一新。五年来，我们始终坚持统筹城乡发展不放松，加强城市建设管理，积极推进小城镇和新农村建设，城乡面貌发生显著变化。

城市建设全面提速。完成了第四轮城市总体规划修编，投资12.5亿元，相继建成西部大道、神禾大道等城市道路12条，综合改造市政道路15条，打通了老韦斗路等断头路6条，城市骨架不断拉大，城市建成区规模由“十五”末的12.8平方公里扩大到28平方公里。积极实施城市美化、亮化、气化工程，建成污水处理厂、热力公司、垃圾压缩站等重要市政设施，城市服务功能明显增强；全力支持地铁二号线建设，启动了申店村城中村改造，累计完成旧城拆除35.2万平方米；新建金长安广场等城市广场5座，新增绿地20.3万平方米；完成了南长安街立面改造，高标准实施绕城高速、西沣路长安段整治提升，打造了彰显城市魅力、展示长安形象的靓丽风景线。切实加强城市管理，“四城联创”工作扎实推进，国家卫生城市、园林城市先后创建成功，城市形象大幅提升，城市文明程度显著提高，一座充满蓬勃生机和现代气息的都市新区正在迅速崛起！

小城镇建设再谱新篇。坚持把小城镇作为统筹城乡的着力点，抢抓省市“关中百镇”和重点镇建设机遇，完成了16个城镇总体规划编制，累计投资4.7亿元，实施了东大、细柳等11个城镇基础设施综合改造，修筑道路53公里，铺设排水管网41.3公里，安装路灯726盏，城镇综合功能不断完善；全面建成建筑风格鲜明、文化氛围浓厚的五台古镇，成为全省小城镇建设的典范。

新农村建设扎实推进。坚持以新农村建设统领“三农”工作全局，投入4.37亿元，高质量完成178个重点村建设任务，全面达到“六新”标准。大力发展现代农业，全面落实各项强农惠农政策，粮食生产连续七年获得丰收，被评为“全国粮食生产先进区”；农业产业结构调整深入推进，全区设施农业、绿色果业面积分别达到0.3万公顷、0.37万公顷，畜牧业产值达到12.3亿元，被认定为“国家现代农业示范区”；农民收入持续增长，较“十五”末增加2818元。统筹推进农村基础设施建设，新修、改造雁引路、滦东路等公路55条，全区公路总里程较“十五”末增加513公里，“半小时交通圈”顺利建成；硬化通村公路602.9公里，村村通油（水泥）路目标全面实现；扎实开展农村环境卫生综合整治活动，新建垃圾压缩站2座；累计投入2.71亿元，建成农村饮水工程505处，有效解决了72.2万群众饮水安全问题；广大群众喝上了放心水、走上了平坦路，过上了日益富裕的幸福生活！

（三）优势产业加速构建，发展活力日益彰显

五年来，我们始终坚持培育优势产业不松懈，积极承接产业转移，加快推进传统产业改造升级，着力培育壮大优势产业，增强了经济发展的内生动力。

高新技术产业加速聚集。以增强竞

争力为目标，立足全市发展大局，全力支持高新区建设，协助省市成立了航天基地和沣渭新区，中兴通讯等48个项目相继落户，比亚迪等项目建成投产，优势产业加快向区内聚集。“十一五”期间，开发区共为长安区贡献规模以上工业增加值743亿元、地方财政一般预算收入4.54亿元，分别占全区总量的80%和12.8%，共建共赢格局基本形成。

商贸服务业繁荣发展。以促进消费增长为目标，加大商业设施建设力度，长安新天地、长安新市等相继建成，商业步行街、韦曲建材街等先后开街，苏宁电器、秋林商厦等知名企业纷纷入驻，城区新增商业经营面积13.5万平方米，累计增加经营户6726户；扎实推进“新网工程”，新发展农家店及农资超市317家，城乡商业服务网络不断完善，区域消费总量持续扩大。

旅游业长足发展。以做大做强旅游经济为目标，高水平编制了《长安区旅游发展总体规划》，配合省市成功申报秦岭终南山世界地质公园，长安一跃成为全球旅游目的地；关中民俗艺术博物院被认定为国家级文化产业示范基地，成为全国民俗文化旅游新亮点；扎实推进“九大农家”建设，高标准实施了上王村、祥峪沟村农家乐提升改造，全区农家乐经营户达到1030户，被评为“国家农家乐服务标准化示范区”。“十一五”期间，共接待游客1517.6万人次，实现旅游直接收入8.95亿元，荣获“陕西省旅游强区”称号。

房地产业稳健发展。以提升城市品质为目标，引导房地产业规模化开发、品牌化经营，46家房地产企业先后投入资金95.9亿元，累计开发商品房404万平方米，盛世长安、兰乔国际等大盘开发强劲，雅居乐、太阳新城等一批配套齐全、环境优美、品位高尚的新型社区相继建成，诸多房地产精品工程极大地彰显了城市发展魅力，长安日益成为市民创业置家的理想之地！

（四）改革开放深入推进，招商引资成果喜人

五年来，我们始终坚持深化改革开放不停步，把深化改革、扩大开放作为推动加快发展的根本动力，积极稳妥推进各项改革，坚持不懈地扩大对外开放，区域发展活力持续增强。

重点领域和关键环节改革取得新突破。顺利完成新一轮区乡两级政府机构改革，进一步提高了行政效能。平稳完成长安百货公司等5家国有企业改制。积极实施农村综合改革，在全国首创了集体土地承包经营权托管流转模式，集体林权制度主体改革高分通过省级验收。持续深化部门预算改革、区乡财政管理体制改革。文化、水利和农村公路养管等体制改革全面完成，激发了区域发展活力。

招商引资取得新成果。积极实施开放带动战略，抢抓国内产业转移机遇，不断完善招商工作机制，着力优化投资环境，成功引进了长安万科城、奥特莱斯国际商务社区等一批重大项目。“十一五”期间，全区累计引进项目267个，实际利用内资210.5亿元，比“十五”期间增加72亿元；实际利用外资6268万美元，比“十五”期间增加4404万美元；狠抓项目落地建设，累计实施重点项目443个，完成投资285亿元，有力推动了区域经济持续快速增长。

（五）生态建设成绩突出，人居环境明显改善

五年来，我们始终坚持建设生态长安不迟疑，大力实施生态优先战略，着力打造山青、水碧、天蓝、地绿的生态环境。积极实施天然林保护和大绿工程，大力开展“三年植绿大行动”，高水平建成环山公路绿色走廊和雁引路景观林带，创建园林式单位126个、绿色文明小区34个、生态示范村72个，累计造林0.79万公顷，区域绿色生态体系逐步完善。统筹推进水环境治理，整修河道28.6公里，治理水土流失面积19.28平方公里，完成了大峪水库等23座水库除险加固，全区水源涵养、防汛抗洪能力显著增强。创建国家环保模范城市工作深入开展。在全省率先建立乡街环保专干制度、峪口保洁制度，健全了基层环保工作网络；强力整治污染企业，依法关闭取缔造纸厂15家、污染小企业183家，督促29家企业和高校建成污水处理设施，减排COD8125吨、二氧化硫6300吨，万元GDP能耗累计下降25%，连续三年实现秸杆禁烧“零火点”目标，空气良好天数稳定在300天以上，节能减排取得显著成效，区域生态环境持续优化，成为长安最具吸引力的绿色品牌！

（六）社会事业全面发展，人民生活幸福安康

五年来，我们始终坚持着力改善民生不懈怠，把实现好、维护好、发展好人民群众的根本利益作为一切工作的出发点和落脚点，大力实施民生工程，有效提高了人民群众生活水平。

社会保障体系逐步完善。在全国率先推行新农保制度，80万农村群众实现老有所养；启动了城镇居民医疗保险，参保人数达到3.3万人；新农合工作走在全省前列，累计为155.73万人次报销医疗费2.83亿元，有效减轻了农民就医负担；持续加大困难家庭救助力度，累计发放医疗救助金768.45万元、教育救助金6860万元、最低生活保障金1.68亿元，城乡贫困群众生活得到有力保障。建成城镇廉租住房9700平方米，帮助3054户农村困难群众建起新房，极大地改善了城乡困难群众的住房条件，共享改革发展成果成为广大人民群众实实在在的贴身体验！

城乡就业持续扩大。有效整合各类培训资源，广泛开展劳动技能和就业培训，积极引导劳务输出和就业转移，累计培训城乡劳动力22.47万人次、转移输出44.6万人次，总量居全省第一；全面落实各项就业优惠政策，积极开展就业帮扶活动，扎实推动全民创业，累计发放创业小额担保贷款2900万元，带动就业1.25万人，新增城镇就业人员5.56万人，城镇登记失业率控制在4.5%以内。

各项社会事业全面进步。坚持民生优先，将财力保障的重点不断向社会事业和公共服务倾斜，累计投入11.38亿元，改扩建校舍23万平方米，撤并校点98所，新建寄宿制学校7所，长安二中新校建成使用，西区小学启动建设，城乡办学条件明显改善；教育资助和蛋奶补贴等惠民政策全面落实，教学改革深入推进，教育质量稳步提高，荣获“全国推进义务教育均衡发展先进区”称号。改扩建乡街卫生院11所，改造社区卫生服务中心9个，建成标准化村级卫生室606个，在全市率先实现了城乡公共卫生服务全覆盖。计生优质服务体系全面建立，被评为“全国人口和计划生育优质服务先进区”。北张村古法造纸等3个项目被列入国家级非物质文化遗产保护名录；建成乡街综合文化站15座、村级健身广场178个、农家书屋81个，免费为182个山区自然村安装了接收设备，

广播电视“村村通”目标全面实现；争取市级以上科技项目46个，转化科技成果78项，推广实用技术23项，荣获“全国科技进步先进区”称号。

社会秩序和谐稳定。切实加强应急体系建设，公共突发事件应急处置能力不断增强。建立健全维稳、信访、综治、司法“四位一体”工作体制，深入开展矛盾纠纷排查化解活动，有效解决了一批涉及群众利益的具体问题。严格落实安全生产责任制，强化安全生产监管和隐患治理，全区安全生产态势平稳。广泛开展“平安长安”创建活动，累计建成社区、学校等安全技防监控点3410个，扎实推进群防群治，依法打击各类违法犯罪活动，社会治安综合治理成效显著，人民群众的安全感和幸福感普遍增强。

（七）政府自身建设不断加强，行政效能进一步提高

五年来，我们始终坚持加强政府自身建设不停顿，切实转变政府职能，持续优化公共服务，深入推进依法行政、政务公开和廉政建设，群众对政府的满意度稳步提高。自觉接受区人大法律监督和区政协民主监督，认真办理人大代表建议475件、政协委员提案1018件，办结率达到100%。建立健全政府学法制度，全面推行部门依法行政责任制，提高了政府系统依法行政水平。不断深化行政审批制度改革，设立了政务大厅，大力推进信息公开，强化政务督查，行政服务体系建设不断加强。修订了政府工作规则，规范了政府重大事项决策程序，科学民主决策机制进一步完善。强化执政为民理念，积极开展“问计于民”、“问需于民”等活动，有效解决了一批涉及群众生产生活的实际问题。深入推进惩治和预防腐败体系建设，严格执行领导干部廉洁从政规定，加强财政重大投资项目评审，加大社保基金、住房公积金、扶贫救灾资金的监管力度，政府系统廉政建设取得新成效。

过去五年，民主法治建设和精神文明建设深入推进，统计、审计、新闻、档案、文物、气象、人防工作取得新成绩，妇女儿童、残疾人、民族宗教、国防建设等各项事业也都取得了新进展。

各位代表，过去的五年，是发展内涵不断丰富的五年，是城乡面貌不断变化的五年，也是人民群众得到更多实惠的五年。这些成绩的取得，得益于区委的正确领导，得益于区人大和区政协的有力监督，得益于社会各界的积极支持，更得益于全区人民的团结奋斗、顽强拼搏。在此，我代表区人民政府，向为长安建设和发展付出辛勤努力的各位代表和委员，向全区广大干部群众、公安干警、驻区官兵及社会各界人士，表示衷心的感谢和崇高的敬意！

回顾和总结五年的发展，我们深切地体会到：

一是必须坚持以科学发展观为统领。五年来，我们始终坚持从区情实际出发，自觉运用科学发展观分析形势、谋划工作，不断完善发展思路，努力破解发展难题，推动了区域经济社会持续快速发展。今后，我们要继续坚持以科学发展观统领经济社会发展全局，紧紧扭住发展第一要务，进一步加快发展步伐，提高发展质量，努力在又好又快的发展道路上实现新跨越。

二是必须坚持以转型发展为根本。五年来，我们始终坚持围绕建设经济强区，充分发挥比较优势，深入挖掘资源潜力，持续加大产业结构调整，着力培育优势产业，有力推动了经济发展由外延式、粗放型向内涵式、集约型转变。今后，我们要继续坚持走内涵式发展之路，积极顺应大都市经济发展趋势，主动承接产业转移，大力发展现代农业，做大做强高新技术产业，突出发展现代服务业，加快促进经济发展方式转变，努力开创强区富民的新局面。

三是必须坚持以统筹城乡为重点。五年来，我们始终把统筹城乡协调发展作为贯彻落实科学发展观的具体实践，全面推进城乡基础设施建设、产业结构调整、生态环境保护和社会事业发展，提高了区域整体发展水平。今后，我们要继续坚持以城带乡、以工促农的工作方针，积极探索城乡协调发展的新思路、新举措，按照建设国际化大都市的要求，进一步提升城市建设管理水平，着力加强小城镇建设和新农村建设，努力促进城乡协调发展、共同繁荣。

四是必须坚持以优化生态环境为保障。五年来，我们始终把生态建设和环境保护贯穿于经济社会发展的全过程，积极开展绿化造林，持续加大环境污染综合治理，区域人居环境明显改善，发展竞争力不断增强。今后，我们要继续实施生态优先战略，扎实推进生态环境建设，持续加强生态资源保护，全面落实节能减排措施，大力发展绿色循环经济，努力促进区域经济社会可持续发展。

五是必须坚持以改善民生为宗旨。五年来，我们始终把改善民生作为加快发展的根本任务，下力气解决群众生产生活中“不安全、不方便、不丰富”的问题，顺民意，聚民心，促进了全区社会和谐稳定。今后，我们要继续坚持把保障和改善民生放在更加突出的位置，紧紧围绕人民群众最关心、最直接、最现实的利益问题，扎实推进各项民生工程，全面发展社会事业，高度关注困难群体，努力维护社会公平，使发展成果更多地惠及民生。

在总结经验、肯定成绩的同时，我们也清醒地认识到，区域发展中还存在着一些突出的矛盾和问题：一是经济总量偏小，建设经济强区任重而道远；二是经济结构不尽合理，调整产业结构、转变经济发展方式的力度还需加大；三是城乡二元结构矛盾突出，统筹城乡发展的步伐还需进一步加快；四是社会管理、公共服务体系还不完善，改善民生方面的工作还需不断加强；五是优势资源的整合还不到位，把资源优势转化为经济优势的努力还需加大。这些问题，亟待我们在今后的工作中认真加以解决。

二、“十二五”时期的总体要求和目标任务

“十二五”期间，是全面建设小康社会的关键时期。从全国来看，实现科学发展和加快转变发展方式成为时代主题，我国经济社会进入以转型促发展的新阶段。从全省来看，新一轮西部大开发战略深入实施，陕西经济社会发展将进入释放潜能、转型升级的重要时期。从全市来看，《关中—天水经济区发展规划》全面实施、西安国际化大都市建设步伐加快，西安城市发展将进入规模扩张、实力提升、魅力彰显、价值兑现的新时期。综合分析国内形势，未来五年，作为国际化大都市主城区的长安，将迎来一系列重大历史机遇，将进入一个快速提升经济实力、统筹推进城乡建设、持续改善社会民生的加速发展期。

“十二五”期间，长安区经济社会发展的总体要求是：高举中国特色社会主义伟大旗帜，以邓小平理论和“三个代表”重要思想为指导，以科学发展为主题，以转变经济发展方式为主线，以实施追赶发展战略、谋求跨越发展、建设四强新区为目标，按照三产强区、项目带动、板块推进、生态优先的总体要求，加速建设城南国际新区、合作共建区、统筹城乡示范区、秦岭北麓生态优先区“四大板块”，加快推进城市化进程，着力构建城市骨架，着力聚集优势产业，着力优化生态环境，着力统筹城乡发展，努力把长安建设成最具发展活力、最有竞争实力、最富人文魅力的国际化大都市新型城区。

“十二五”期间，区域发展空间布局的总体思路是：

积极顺应国际化大都市快速南融的发展趋势，主动承接大都市功能辐射，按照“北进南拓、东西融合、中部提升”的空间布局，在“四横六纵”城市路网体系下拉大城市骨架，在“四大板块”发展功能区内合理规划产业分布，加快培育五大主导产业，着力打造六大核心增长极。经过五年的努力，基本形成空间布局合理、产业发展强劲、城乡协调推进的城市发展格局。

“十二五”期间，长安区经济社会发展的奋斗目标是：全区生产总值年均增长14%以上，到2015年总量超过570亿元；全社会固定资产投资年均增长20%以上，投资额超过730亿元；地方财政一般预算收入年均增长18%以上，收入突破30亿元；社会消费品零售总额年均增长16%，总量达到190亿元；城镇居民可支配收入年均增长15.5%，收入达到40000元；农民人均纯收入年均增长16%，收入达到14000元；三次产业占GDP比重调整到6：44：50左右，人均受教育年限达到9.5年以上，城镇化水平达到60%以上，万元GDP能耗降低10%，城市绿化覆盖率达到42.5%以上。通过五年奋斗，全区国民生产总值、地方财政一般预算收入、城乡居民收入三项主要经济指标实现“三个翻番”，努力实现经济总量大扩张、经济结构大优化、城乡环境大提升、社会民生大改善、国际化大都市新型城区构架基本形成的发展目标，使城乡居民生活得更加幸福美好！

“十二五”期间，围绕以上发展思路和目标，重点做好以下六个方面工作：

（一）以推进四大板块全面发展为重点，着力建设活力长安

着眼于提高全区整体发展水平，进一步优化空间布局，明确各区域的主体功能和产业发展重点，着力打造四大发展板块。在东至长安路、西至西沣路、北至西部大道、南至南横线的区域内，加大城市开发建设力度，完善城市形态和功能，大力发展商贸服务和房地产业，加快推进城市化进程，着力打造率先发展的城南国际新区。在沣渭新区、高新区和航天基地规划范围内，积极做好配合服务工作，全力支持基础设施和产业项目建设，促进高新技术产业加速聚集，不断完善共建协作机制，推动与开发区融合发展，着力打造错位发展的合作共建区。在南横线到秦岭北麓坡脚线以北区域，以建设国家现代农业示范区为统领，以小城镇建设为支撑，以新农村建设为基础，提升农村经济社会发展水平，着力打造城市与农村协调发展的统筹城乡示范区。在秦岭北麓坡脚线以南区域，加强生态建设和环境保护，整合生态旅游资源，大力发展自然观光和休闲度假旅游，着力打造可持续发展的生态优先区。通过五年努力，形成优势资源加速转化、主导产业发展强劲、四大板块协调互动、整体实力显著增强的区域发展新格局，力争把长安建设成最具发展活力的都市新区。

（二）以统筹城乡协调发展为重点，着力建设和谐长安

把统筹城乡作为构建和谐社会的主要内容，加快建立健全统筹城乡的体制机制，全面推进城乡经济社会协调发展，实现城乡共同繁荣。积极推进城乡规划一体化。科学编制城乡基础建设、产业布局、社会事业发展等各项规划，做到规划全域覆盖、有机衔接、严格落实，有序推进城乡经济社会发展。积极推进城乡建设一体化。以城南国际新区为龙头，按照大都市标准推进城市开发建设，不断增强城市发展实力，引领全区加快发展。以小城镇建设为着力点，按照城市标准完善基础设施，不断强化吸纳人口、聚集产业的功能，增强对农村发展的辐射带动作用。以新农村建设为抓手，按照新型农村社区的标准，着力改善农村生产生活条件，不断缩小城乡差距。积极推进城乡产业一体化。按照以工促农、以城带乡的思路，统筹城乡产业布局，大力发展高新技术、商贸房产、科教文化、休闲旅游和现代农业五大主导产业，加快构建城乡一体、相互补充、相互促进的产业体系；放手发展非公有制经济，促进农村经济加快发展，持续提高农民收入。积极推进城乡社会事业一体化。加快推动公共财政向农村延伸，综合提高农村教育、文化、卫生等公共事业发展水平，逐步建立城乡统一的户籍管理、就业服务、社会保障等制度体系，促进城乡居民基本公共服务均等化。积极推进社会管理一体化。健全基层社会管理机构，强化社会管理和公共服务，加快完善城乡规划、建设、市容、治安等管理机制，实现城乡管理的制度化、规范化。通过五年努力，形成资源同享、功能互补、协调共进的城乡发展新局面，力争把长安建设成和谐幸福的都市新区。

（三）以实施重大项目建设为重点，着力建设财富长安

按照“策划大项目、培育大产业、搞好大配套、推动大发展”的思路，大力实施项目带动战略，深入挖掘资源潜力，加大优势资源整合，以十五大工程为统领，策划包装200个以上、总投资过千亿元的重大项目，进一步完善项目建设推进机制，科学合理规划，逐年分批实施，形成储备一批、建设一批、投运一批的良好局面；优化投资环境，创新招商方式，积极引进客商投资，加快推进项目建成使用；通过重大项目建设，吸引资金、技术、人才等生产要素加速聚集，推动城市加速发展，促进产业加速构建，掀起新一轮区域开发建设热潮。通过五年努力，实现产业快速升级、经济总量大幅增长、社会财富大量聚集的目标，力争把长安建设成最具竞争实力的都市新区。

（四）以优化生态环境为重点，着力建设山水长安

坚持生态优先战略不动摇，加强生态建设和环境保护，增强区域可持续发展竞争力。深入贯彻落实《陕西省秦岭生态环境保护条例》，不断提高秦岭北麓森林覆盖率，构建西安生态屏障；坚持以保护促开发、以开发促保护的原则，科学实施旅游资源整合开发，全面完成十大峪口治理工程，大力发展生态观光和休闲度假旅游，实现生态效益与经济效益的有机统

一。统筹推进塬坡立面、平原路网、城市景观和村庄内外绿化工程，着力构建绿色生态体系。全面推进沣、浐、潏、滈四大河流综合治理，重点实施好沣河梁家滩、潏河城市段综合治理工程，建设城市0.67万公顷生态景观水面。深入开展环保模范城市、环境优美乡镇和生态村创建活动，持续优化人居环境。加大环境污染治理力度，强化资源节约和循环利用，大力发展低碳经济，加快建设环境友好型、资源节约型社会。通过五年努力，力争把长安建设成山水特色鲜明、最富人文魅力的都市新区。

（五）以完善公共服务体系为重点，着力建设乐居长安

统筹促进城乡就业，扎实推进全民创业，重点做好大学生就业、农村人口转移就业、下岗失业人员再就业和退伍转业军人安置就业工作，保持区域就业形势稳定。建立社会保障投入增长机制，持续扩大社会保险覆盖面，逐步提高城乡低保标准，不断加大社会救助力度，完善覆盖城乡的社会保障体系。积极实施农村危房改造工程，加快经济适用房和廉租房建设，改善城乡贫困群众的住房条件；继续实施助残、敬老等民心工程。继续加大教育投入，加快发展学前教育，提升发展高中教育，大力发展职业教育，促进义务教育均衡发展，提升教育教学质量，提高教育现代化水平。加强公共医疗卫生服务体系建设，实施区医院迁建等项目建设，全面完成乡街社区卫生服务中心转型改造，稳步推进医疗卫生体制改革，加强食品药品安全管理，不断提高人民群众健康水平。积极发展公益性文化事业，全面建成长安文化广场，完成所有乡街综合文化站、农家书屋和85%以上农村健身广场建设，不断丰富群众精神文化生活。扩大基层民主，努力维护人民群众依法参与管理社会事务的权利；健全社会安全预警和应急救援体系，加强社会治安综合治理，确保全区社会安全稳定。通过五年努力，使全区人民都过上学有所教、劳有所得、病有所医、老有所养、住有所居的幸福生活，力争把长安建设成社会和谐稳定、人民安居乐业的都市新区！

（六）以深化改革开放为重点，着力建设国际长安

以建设国际化大都市为引领，在管理体制、经济建设、社会发展和居民生活等方面加快与国际惯例接轨，增加区域国际化元素，增强城市的包容性和开放度。进一步深化管理体制改革，加快政府职能转变，不断提高行政效能；加快完善市场经济体制，充分发挥市场在资源配置中的基础性作用，为生产要素的国际流动提供稳定、透明、公平的行政服务和市场服务。按照“走进历史、感受人文、体验山水”的思路，以名山、名水、名寺为载体，加快人文、民俗、宗教、生态等优势资源整合，开发特色旅游产品，提高旅游环境和旅游服务的国际化程度，打造具有世界影响的旅游品牌。鼓励驻区高校和科研院所举办国际学术会议，开展科技文化交流活动，扩大对外交往。以文化资源为依托，创办“长安文化论坛”、“中国佛教文化世界论坛”等国际性会议，积极争取成为“欧亚经济论坛”等会议分会场和实地考察点，扩大长安的国际影响。强化市民素质教育，开展外语日常用语、国际文化、国际礼仪等学习活动，弘扬热情文明、厚德诚信、开拓创新、开放包容的城市精神，塑造城市对外形象；建设高尚住宅、商务办公、休闲度假等设施，支持开办国际俱乐部和国际学校，营造开放多元的国际文化环境。通过五年努力，力争把长安建设成文明进步、开放包容、国际化元素鲜明的都市新区。

三、努力做好2011年的工作

2011年是“十二五”规划的开局之年，也是我们立足新起点，抢抓新机遇，为实现新一轮跨越发展奠定坚实基础的重要一年。机遇与挑战并存，困难和希望同在。要问路在何方？命运其实就掌握在我们手中。新的一年，我们一定要增强加快发展的紧迫感和使命感，鼓足干劲，真抓实干，锐意创新，奋发图强，全力开创经济社会又好又快发展的新辉煌！

2011年，政府工作的指导思想是：以邓小平理论和“三个代表”重要思想为指导，以科学发展为主题，以转变经济发展方式为主线，以建设国际化大都市为引领，围绕实施追赶战略、谋求跨越发展、建设具有国际竞争力的四强新区目标，坚持三产强区、项目带动、板块推进、生态优先，加速建设城南国际新区、合作共建区、统筹城乡示范区、生态优先区“四大板块”，突出抓好城市建管、合作共建、城乡统筹发展、重点项目建设、优势产业培育、生态环境建设、改善社会民生等重点工作，努力促进区域经济社会加快发展、跨越发展。

今年经济社会发展主要预期目标是：生产总值增长14.5%；地方财政一般预算收入增长18%；全社会固定资产投资增长25%；社会消费品零售总额增长20%；规模以上工业增加值增长16%；农民人均纯收入增长16%；城镇居民人均可支配收入增长15.5%；万元GDP能耗降低2.5%；主要污染物减排量完成市上下达目标任务；人口出生率控制在7.2‰以内。各项事业全面发展，社会更加稳定和谐。

（一）加快推进城市基础设施建设，着力提升城市建管水平

加大以市政路网为主的城市基础设施建设力度。加快推进长安大道建设，力争年底全面竣工，打通大都市南北中轴线；配合市级部门实施南横线长安段道路工程建设，启动雁南路南延工程建设，加快完善城市“四横六纵”骨架路网。全力支持地铁二号线长安段建设，力促朱雀大街等3条对接路全线贯通，实现长安与中心城区的全面融合；加快建设府东路北延段市政道路，开工建设城南大道工程，完成凤栖西路综合改造，打通长乐南路断头路，加快实施3条背街小巷整治改造，进一步完善城市路网。启动城区2个变电站、3个天然气加压站建设，加快城市供热中心建设，建成郭杜垃圾压缩站，完成杜陵西路排水管网扩容改造，进一步增强城市综合承载功能。扎实推进城市提升工程，高起点实施西长安街立面改造，抓好学府大道、滈河路等13条道路景观绿化，建成5个城市街头小广场，增设城市雕塑和景观小品，加快推进清凉山公园建设，启动建设长安文化主题公园，着力提升城市品位。

加速推进城市开发建设。运用经营城市理念，集中实施西部大道周边区域综合开发，强力推进城中村改造，年内完成首帕张堡、茅坡村等3个村拆除任务，同步启动群众安置楼建设；积极开展招商引资，力争引进3～5个规模大、品牌亮的商贸企业，加快推进长安万科城、奥特莱斯国际商务社区等项目建设，充实城市产业发展内涵，着力打造长安新城核心增长

极。按照“高起点规划、大规模改造、建设大景观、带动大开发”的思路，引进国内外知名企业投资，启动滈河城市段综合治理工程，建设景色优美、生态良好的城市景观河，带动常宁新区开发建设，着力打造常宁新区核心增长极。

切实加强城市管理。加强文明城市创建工作，积极开展“讲文明、树新风、迎世园”主题活动，倡导文明风尚，弘扬城市精神，提升市民文明素质和城市文明程度；进一步完善城市管理制度，全面推行标准化执法，加快城市管理工作向城镇和农村延伸，完善“二级政府、三级管理”城管工作机制，逐步形成覆盖城乡的城市管理新格局。加大城市街区、城乡结合部、旅游景点、交通主干道等提升美化，依法查处违法建设，加大交通拥堵、渣土车野蛮拉运等整治力度，努力营造规范有序、靓丽文明的城市环境，以崭新的城市面貌喜迎世园会八方来宾！

（二）加快推进与开发区合作共建，着力开创融合发展新局面

遵循“优势互补、共建共赢”的思路，全力支持三大开发区建设。加强与高新区的合作，大力支持美光半导体等产业项目建设，促进高新技术产业聚集发展；加快长安通讯产业园共建步伐，积极做好164公顷土地征用工作，推动中兴通讯一期工程10栋研发楼尽快建成，确保3000名研发人员入驻生产，壮大长安工业经济实力。深化与航天基地的合作，依托开发区的体制和产业优势，在雁引路沿线规划建设13.2平方公里的长安产业园，年内完成总体规划报批、管理机构设置等基础工作，开辟全区工业经济发展新阵地。积极跟进沣渭新区建设，全力支持项目布点，促进生态环保、高端制造等优势产业加速聚集，增加对长安区经济发展的贡献。引导区内企业积极参与开发区产业链构建，大力发展中下游配套产业，加快推动区内产业升级。进一步建立健全与三个开发区的合作共建机制，继续加强在产业培育、劳动就业、社区管理等方面的交流合作，加快推进与开发区融合发展，努力开创合作共建、共同发展的新局面。

（三）加快推进国家现代农业示范区建设，着力统筹城乡一体化发展，大力发展现代农业

深入推进农业产业结构调整，启动杨庄万亩有机粮生产区建设，加大细柳万亩粮食高产示范区创建力度，促进粮食生产稳步发展。大力发展设施农业，积极实施园区引领、基地辐射、龙头带动战略，加快建设王曲万亩蔬菜园，新建智能化温室133.33公顷；启动灵沼万亩蔬菜精品示范园建设，新建标准化设施大棚33.33公顷；建成4个设施农业千亩示范点，辐射带动周边地区蔬菜产业规模化发展；积极推广微生态养殖技术，推动养殖业向东部塬区转移，新建和迁建规模化生猪养殖厂5个、蛋鸡养殖小区2个；积极引进农产品储运、加工和销售企业，规划建设大型农产品交易市场，加速农业产业化发展，确保国家现代农业示范区建设实现新突破。大力发展观光农业，高标准实施鲜桃采摘区、荷塘观赏区等功能区建设，年内建成王莽生态农业观光园；做好133.33公顷土地流转工作，引进2家以上知名花卉企业，加快建设秦岭万亩花卉园；完成环山公路沿线100公顷果树栽植任务，全面建成百里经济林带；加强政策引导，鼓励社会资本投入，在沿山地区8个乡街各建1个观光农业示范园，促进全区农业优化升级，带动农民持续增收。

高水准实施小城镇建设。积极争取省市扶持资金，加快实施引镇、滦镇等6个城镇基础设施提升工程，增强城镇承载功能。高标准实施太乙宫镇区建筑立面改造，针对大学生消费特点，增添商业服务设施，着力打造时尚新颖、商业繁荣的现代青春小镇。遵循提升外观、完善功能的原则，启动子午、杨庄2个小城镇建设，改造城镇建筑外观，完成道路和给排水管网改造，修建生态文化广场，打造小城镇建设新亮点。因地制宜发展城镇二、三产业和特色经济，加快中心社区建设，促进产业和人口向城镇聚集，增强城镇综合实力，辐射带动农村地区加快发展。

扎实推进新农村建设。全力抓好59个重点村建设，修建健身广场5.3万平方米，修筑排水渠250公里，实施改厕3149座，安装路灯2906盏，持续改善村庄环境面貌，积极培育新型农民，鼓励发展“一村一品”特色经济，加快建设产业鲜明、环境整洁、管理规范的新村庄。继续加大农村公路建设，启动实施西汤路、马鸣路改造工程，年内完成路基建设；全面完成何子路、申弥路改造，加快提升农村交通环境。坚持把新农村建设和改善民生相结合，投资2000万元，解决40个村3.7万人饮水困难；积极做好“一事一议”财政奖补工作，扎实推进农村公益性事业发展，完成364个村基础配套设施建设；进一步提高以奖代补标准，硬化村内道路50万平方米，建成通村路46条43.8公里，完成10座危桥重建加固，以执政为民的实际行动，修好群众致富路，架起百姓连心桥，建设百万人民美好和谐的幸福家园！

（四）加快推进重点项目建设，着力支撑经济快速增长

全力抓好重点项目建设。坚持把项目建设作为经济工作的重中之重，围绕完善基础设施、培育优势产业、优化生态环境和持续改善民生等目标，安排重点项目167个，全年计划投资109.77亿元，较上年增长62%。进一步完善重点项目建设推进机制，严格实行重点项目领导包抓、挂牌保护、督查落实和目标考核等制度，层层夯实工作责任，及时协调解决手续办理、资金融通、环境保障等具体问题，大力推进134个在建项目建设，确保全面完成年度投资和形象进度任务。切实加强项目管理，强化项目跟踪服务，推动前期项目加快转化，力争一批项目提前开工建设，扩大固定资产投资规模。积极争取用地指标，加快土地储备和报批，加大已批回土地的投放力度，优先供应重点建设项目、重大产业项目和民生项目用地，保障重点项目顺利落地实施，支撑区域经济快速增长。

突出抓好项目招商。坚持把招商引资作为促进经济加快发展的强大动力，着眼全区“十二五”发展长远目标，深入挖掘资源潜力，积极做好项目收集整理和深度包装，加快生成一批投资量大、辐射面广、带动作用强的项目，充实壮大招商项目库。积极承接国内外产业转移，进一步完善招商工作机制，加强专业化招商队伍建设，以“四大板块”为主阵地，大力开展产业招商、专题招商、委托招商，着力引进科技含量高、市场前景好、税收贡献大的产业项目，加快培育优势产业，不断壮大可持续税源。精心策划包装项目，积极参加省市重大招商引资活动，突出抓好长安新城、常宁新区、长安国际企业总部等重点区域和城中村改造、滈河城市段综合治理等重点项目招商工作，努力扩大招

商引资成果，确保全年引进内资40亿元以上，引进外资1800万美元以上。切实优化投资环境，严厉打击破坏投资环境的人和事，简化办事环节，提高办事效率，强化行政服务，增强区域投资吸引力。充分发挥长安商会作用，加强与发达地区、友好区县的联系，扩大对外经济合作交流，鼓励有条件的企业拓展国际市场，积极发展外向型经济。

（五）加快推进现代服务业聚集提升，着力构建城乡消费新平台

坚持把发展现代服务业作为转变发展方式的着力点，大力发展商贸服务、休闲旅游等优势产业，促进经济增长从投资拉动为主向投资消费双轮驱动转变，努力实现内涵式发展。

加快发展商贸服务业。围绕满足城乡居民消费需求，加快商贸服务设施建设。遵循城市分区规划，科学编制《长安区商贸业发展规划》，明确全区商业设施和商业中心布局。充分调动韦郭路沿线高校和项目单位的积极性，加快建设商务宾馆、星级酒店、购物中心，建成商业服务设施10万平方米以上，带动商贸业聚集发展。结合地铁二号线建设，加快推动地铁站点周边商业设施开发，打造地铁沿线商业带；针对高校师生消费特点，高标准规划建设学府路时尚商业街。以樱花广场、商业步行街、韦曲建材街周边区域为主要空间，积极引进一批品牌亮、规模大、实力强的商业企业，大力发展大型连锁超市、知名专营店、特色品牌店，实施好侯家湾综合市场等5个市场建设改造，加快构建区域商业服务平台。积极推广连锁经营、物流配送、电子商务等新型流通方式，培育汽车、家居、休闲娱乐等消费增长点。继续推进“万村千乡市场工程”、“新网工程”，重点抓好滦镇综合市场改造工作，新发展农村商品配送中心3个、农资超市5个、标准化农家店50个，进一步完善农村商贸服务网络；认真做好“家电下乡”工作，不断活跃城乡消费市场，促进区域消费总量快速增长。

提升发展旅游业。按照构建大景区、发展大旅游、建设大产业的思路，创新旅游资源管理和开发机制，加强与有实力的旅游企业集团合作，围绕建设秦岭终南山世界地质公园核心景区，大手笔实施翠华山、南五台景区整体开发，加快建设国家5A级山水旅游景区，着力打造国际闻名、国内一流的旅游品牌；以“丝绸之路”申遗为契机，启动兴教寺及周边区域综合开发，建设佛教文化旅游景区，提高旅游消费层次。大力实施峪口治理工程，加大造林绿化，建设完善停车场、公厕、导示牌等配套设施，全面完成小峪、子午峪等十大峪口治理工程，加强峪口日常管理和服务，着力打造沿山休闲旅游新亮点。推动实施大祥峪旅游景区开发，完善景区基础设施，提升旅游服务水平，建设全省知名的生态旅游景区。加快推进关中民俗艺术博物院二期工程建设，建成北张村古法造纸博物馆，积极发展民俗文化旅游；加快推进“九大农家”建设，重点抓好杨庄大寨村、王莽清北村等5个村提升改造，规范发展一批农家乐经营户，大力发展乡村旅游。规划建设长安游客服务中心，抓住西安举办世园会机遇，加大旅游宣传促销，力争全年接待游客超过550万人次、旅游直接收入3.5亿元。通过提升旅游产品、丰富旅游内涵，进一步增强旅游吸引力，使更多的都市居民来长安休闲度假、在长安购物消费，扩大区域旅游消费规模。

大力发展房地产业。强化房地产市场管理服务，落实好国家调控政策，稳定房地产市场价格；加大经济适用房建设，增加保障性住房供给，规范二手房市场，促进房地产业健康发展。全力推动31个在建房地产项目建设，确保完成42亿元年度投资；加快推进长安万科城、兰乔国际等大型楼盘开发，建成一批设施齐全、环境优美的中高档城市社区，为到长安创业置家的群体提供优质消费产品，在提升城市形象品位的同时，扩大区域住房消费。

（六）加快推进生态建设，着力改善人居环境

继续实施生态优先战略，积极实施好秦岭北麓迎面坡绿化、天然林保护等绿化工程，完成造林0.1万公顷，不断提高秦岭北麓森林覆盖率；加强小流域综合治理，严格控制项目建设和“三废”排放，切实保护好秦岭北麓良好的生态环境。深入开展“三年植绿大行动”，完成大绿工程二期造林333.33公顷，统筹抓好河道沿岸、中小学校园、城乡社区等绿化工作，加快构建全区绿色生态体系。加强水环境保护和治理，积极做好梁家滩生态治理和西安国际商务社区项目建设的保障工作，加快沣河生态水系建设；启动实施小峪河综合治理工程，打造沿山峪口综合治理典范；完成正岔水库除险加固工程，进一步提高全区防洪保安能力；启动子午水厂项目建设，加快实施秦沣水厂供水管网延伸工程，实现城市供水双回路保障。持续加大环境污染治理力度，依法关闭取缔“十五小”污染企业，拆改城市建成区燃煤锅炉6台，督促驻区高校建设污水处理设施，加强对重点能耗企业的监管，积极推广节能新技术，全面完成节能减排任务；继续抓好扬尘治理和秸秆禁烧工作，力争全年空气质量二级以上天数达到300天，确保顺利通过“国家环保模范城市”验收。统筹抓好农村卫生整治和环境保护工作，创建2个环境优美乡镇和5个生态示范村，努力建设青山绿水交相辉映、人与自然和谐相处的生态新区。

（七）加快推进各类民生工程，着力提高人民群众幸福指数

牢固树立以人为本、执政为民理念，积极实施民生工程，加快发展社会事业，不断提高城乡居民的生活质量，使广大人民群众生活得更加方便、更有尊严、更加幸福。

积极促进城乡就业。以稳定就业、扩大就业、扶持创业为抓手，重点做好毕业大学生、下岗失业人员和失地农民就业工作；大力开展劳动技能培训，积极组织劳务输出和就近就地转移就业，全年培训劳动力3万人次、转移就业7万人次；进一步优化创业环境，深入开展全民创业活动，全力推进创业带动就业；积极开展就业再就业帮扶和援助活动，确保全年新增城镇就业岗位6000个以上，城镇登记失业率控制在4.5%以内。

加快构建城乡社会保障体系。协调推进养老、医疗、失业、工伤、生育等社会保险，积极争取城镇居民养老保险试点，重点做好非公有制企业职工、高校大学生、灵活就业人员的参保工作，实现城乡社会保险全覆盖。全面推行新型农村养老保险制度，确保参保率达到96%以上，有效解决农村居民的养老问题。加强城乡低保动态管理，切实做到应保尽保。加快推进养老事业发展，完成区敬老中心建设，提高五保集中供养率。深入实施好农村危房改造工程，帮助900户农村贫困群众建

成新房；加快廉租房二期工程建设，建成廉租房9000平方米，着力改善城乡贫困群众的住房条件。

大力发展各项社会事业。坚持教育优先发展，加快西区小学建设，确保9月份一座师资精良、设施一流的现代化小学建成投入使用；年内完成西区幼儿园建设，有效缓解城区入学难问题。完成22所中小学危房重建加固任务，着力改善城乡办学条件。全力推进名校创建活动，将长安一中打造成全省一流的示范高中。全面推进学前教育，扩大职业教育规模，促进各类教育均衡发展。加快公共卫生服务体系建设，启动区医院迁建工作，加快乡街社区卫生服务中心建设，继续扩大新合疗覆盖范围，实施好妇幼保健、农村孕产妇免费住院分娩等公共卫生服务项目，全面推进药品“三统一”工作，切实提高群众健康保障水平。加强人口计生综合治理，健全流动人口服务管理机制，持续稳定低生育水平。积极实施“人才强区”战略，大力引进高层次人才，加快人才队伍建设。以创建全国科普先进区为目标，广泛开展科普宣传和科技培训，推进以企业为主的科技创新，大力扶持和培育科技示范村，提高科技对经济发展的贡献。启动长安文化广场建设，完成4个乡街综合文化站建设，建成30个农民体育健身广场、260个农家书屋，扩大基层群众文化活动阵地；加强非物质文化遗产保护和开发，鼓励各类文学艺术创作，广泛开展文化下乡活动，营造和谐文明的社会风尚。新建社区服务中心3个、社区服务站3个，加快完善社区管理服务体系，积极创建管理有序、服务完善、文明和谐的新型社区。完成第八次村民委员会换届选举工作。加大残疾人无障碍设施建设力度，促进残疾人事业发展。深入开展双拥共建活动，扎实推进国防建设。积极做好统计、审计、司法、新闻、档案、气象、人防、妇女儿童等各项工作，齐心协力促进区域经济社会全面快速发展。

全力维护社会安全稳定。建立健全突发公共事件应急机制，不断提高政府保障公共安全和处置突发事件的能力。进一步完善信访维稳“四位一体”工作体制，深入开展社会矛盾纠纷排查化解活动，切实处理好涉及群众利益的具体问题。深入推进“平安长安”创建活动，进一步构建和完善区、乡街、村组三级维稳网络，加强社会治安大防控体系建设，严厉打击各类违法犯罪活动，提高群众的安全感。全面落实安全生产责任制，加大安全生产监督管理，扎实开展道路交通、建筑工地、烟花爆竹等专项治理，坚决杜绝重特大事故发生，确保城乡安全、社会安定、人民安居。

（八）加快推进政府职能转变，着力建设人民满意政府

主动顺应人民群众的新期盼，切实加强政府自身建设，下力气转变政府职能，不断提高社会管理、公共服务和依法行政水平。

着力提高行政效能。不断强化政府的社会管理和公共服务职能，把更多的公共资源投入到加强社会建设和促进公共事业发展上来，促进基本公共服务均等化。减少和规范行政审批事项，加强政务大厅建设，改进“一厅式”服务，加强电子政务建设，优化工作流程，提高办事效率，为基层、为群众、为企业提供优质高效的服务，努力营造良好的经济社会发展环境。加强行政效能建设，强化政务督查和绩效考评，建立完善首问责任制、限时办结制、行政责任追究制等制度，努力提高政府系统执行力，确保政令畅通和工作落实。

着力提高依法行政水平。自觉接受人大的法律监督和政协的民主监督，广泛听取各民主党派、工商联和人民团体的意见，主动接受社会公众监督和新闻舆论监督。进一步完善政府工作程序和议事规则，坚持重大事项公众参与、专家论证和集体讨论制度，推进政府决策的科学化、民主化。深入开展省级依法行政示范区创建活动，进一步健全规范性文件备案审查制度，深化完善行政执法责任制，建立健全行政执法考评机制和行政执法责任追究制度，不断规范政府部门行政执法行为，加快推进依法治区进程。

切实改进工作作风。不断强化宗旨意识，时刻把实现群众愿望、满足群众需要、维护群众利益，作为一切工作的出发点和落脚点，勤政为民，造福百姓；进一步强化加快发展意识，紧紧围绕全区发展大局，以更大的魄力定位发展，以更宽的视野谋划发展，以更快的速度推动发展，奋发作为，全力赶超；大力弘扬求真务实、真抓实干的工作作风，坚持深入一线、深入群众，解决实际问题，狠抓工作落实；始终保持昂扬向上的创业激情和脚踏实地的干事精神，埋头苦干，创优争先，努力推动区域经济社会跨越式发展。

切实加强廉政建设。认真落实党风廉政建设责任制，不断建立健全各项廉政制度，坚持用制度管权、管人、管事。加强对工程招投标、国有土地出让、政府采购、公务消费等重点领域的监督管理，从源头上防止腐败产生。继续推进重点部门和行业的政风行风建设，坚决纠正部门和行业不正之风。严格执行领导干部问责制、经济责任审计制，加强对财政资金、重大投资项目的审计和监察。严肃查处以权谋私、侵害群众利益的违法违纪案件，营造风清气正、廉洁高效的政务环境。凡发现违纪行为，一经查实，坚决予以惩处，绝不姑息迁就！政府系统所有领导干部和公务人员都要切实增强廉洁自律意识，不折不扣地执行廉洁从政的各项规定，防微杜渐，警钟长鸣，不断筑牢思想道德防线；坚持艰苦奋斗，勤俭办事，自觉做到克己奉公，清正廉洁，树立良好的政府形象。

各位代表，回首过去，我们信心倍增；展望未来，我们豪情满怀。新年伊始，长安已经踏上奋发作为、跨越发展的新征程，让我们在市委、市政府和区委的坚强领导下，在区人大和区政协的监督支持下，深入贯彻落实科学发展观，团结和带领全区人民，解放思想，同心同德，开拓创新，锐意进取，为实现“十二五”规划任务、加快建设国际化大都市新区而努力奋斗！

名词解释：

1、四大板块：在东至长安路、西至西沣公路、北至西部大道、南至南横线的区域内，建设率先发展的城南国际新区板块；在沣渭新区、高新区和航天基地规划范围内，建设错位发展的合作共建区板块；在南横线到秦岭北麓坡脚线以北区域，建设城市与农村协调发展的统筹城乡示范区板块；在秦岭北麓坡脚线以南区域，建设可持续发展的生态优先区板块。

2、四横六纵：“四横”指环山公路、南横线、韦斗韦鸣公路、西部大道；

“六纵”指雁南路、雁引公路、长安大道、子午大道、西沣公路、西太公路。

3、五大主导产业：高新技术产业、商贸房产业、科教文化产业、休闲旅游业和现代农业。

4、六大核心增长极：长安新城核心增长极、常宁新区核心增长极、长安通讯产业园核心增长极、航天长安产业园核心增长极、国家现代农业示范区核心增长极、秦岭北麓休闲旅游带核心增长极。

5、十大峪口：库峪、大峪、白道峪、小峪、石砭峪、子午峪、小五台、抱龙峪、天子峪、祥峪。

6、十五大工程：区政府谋划在“十二五”期间实施的，推动经济社会发展的15项重大工程，即：城市交通网络工程、城市设施配套工程、城市品位提升工程、三产强区工程、城乡公路桥梁工程、文化旅游发展工程、教育优先发展工程、医疗卫生保障工程、河道治理工程、现代农业发展工程、社会保障工程、秦岭北麓开发保护工程、小城镇建设工程、城中村改造工程、工业发展工程。

7、“一事一议”奖补政策：以村民民主决策、自愿出资出劳为前提，政府给予奖励补助，使政府投入和农民出资出劳相结合，共同推进村级公益事业建设。

8、万村千乡市场工程：商务部2005年2月开始启动，通过安排财政资金，以补助或贴息的方式，引导城市连锁店和超市等流通企业向农村延伸发展“农家店”，构建以城区店为龙头、乡镇店为骨干、村级店为基础的农村现代流通网络，使标准化农家店覆盖全国50%的行政村和70%的乡镇，满足农民消费需求，改善农村消费环境，促进农业产业化发展。

9、新网工程：全国供销合作总社实施的新型农村现代流通服务网络工程的简称。

10、“十五小”企业：1996年《国务院关于加强环境保护若干问题的决定》中明令取缔关停的十五种重污染小企业，具体包括小造纸、小制革、小染料、土炼焦、土炼硫、土炼砷、土炼汞、土炼铅锌、土炼油、土选金、小农药、小电镀、土法生产石棉制品、土法生产放射性制品、小漂染。

11、丝绸之路“申遗”：丝绸之路跨国联合申报世界文化遗产的简称。丝绸之路“申遗”是在联合国教科文组织世界遗产中心的协调下，由中国和乌兹别克斯坦等中亚五国联合提出的，中国丝绸之路沿线的陕西、甘肃、新疆、青海、宁夏、河南6省区共同参与。西安作为丝绸之路起点城市，有汉长安城遗址、鸠摩罗什舍利塔、隋唐长安城遗址（含大明宫、大唐西市、延平门、明德门、含光门、兴庆宫、天坛遗址和大雁塔、小雁塔）、兴教寺塔、大秦寺塔、西安清真寺6处14个点列入“申遗”预备名单。

12、农村危房改造：国家根据《农村危险房屋鉴定技术导则（试行）》规定，对居住在被确定为整栋危房（D级）和局部危房（C级）的农村分散供养的五保户、低保户和其他农村贫困户，通过中央、省、市、区各级财政分别补助的办法进行危房改造。

13、药品“三统一”：按照“政府主导、企业承担、竞标竞价、合同配送、依法监督、公平公正”的基本原则，对全区所有政府举办的乡街卫生院、社区卫生服务中心（站）和农村卫生室使用的基本药物实行统一采购、统一价格、统一配送，建立规范有序、安全有效的药品供应模式，保障药品质量，降低药品价格。

14、城南大道工程：该道路南起南横线，经东崔家庄西侧，北至西长安街，全长4350米，规划红线宽50米。

西安国家民用航天科技产业开发区规划图

政协西安市长安区第十二届委员会常务委员会工作报告

——2011年1月4日在区政协第十二届委员会第五次会议上

西安市长安区政协主席　成德奇

各位委员、同志们：

我受政协西安市长安区第十二届委员会常务委员会委托，向大会做报告，请审议，并请列席会议的同志提出意见。

2010年工作回顾

2010年是实施“十一五”规划的最后一年，也是长安区经济社会快速发展的一年。一年来，在区委的正确领导下和市政协的指导下，区政协坚持以邓小平理论、“三个代表”重要思想和科学发展观为指导，牢牢把握团结和民主两大主题，紧紧围绕全区中心工作，认真履行政治协商、民主监督、参政议政职能，为推动长安建设经济、生态、文化、科教四强区建设做出了积极贡献。

一、协商议政日趋活跃

一年来，常委会牢牢抓住科学发展观这一时代主脉，紧紧围绕长安区经济社会发展的重大问题，积极开展全委会议整体协商、常委会议专题协商、主席会议重点协商和专委会议对口协商，使协商议政工作日益活跃。

在十二届四次全委会议上，全体委员重点围绕“一府两院”、财政和社会发展工作等报告进行了充分的协商讨论，对全区经济和社会发展计划，调整经济结构，促进民生事业发展，加快城中村改造，加大交通道路建设，关注环境保护、加大社保投入等重大问题，提出了30多条建设性的意见和建议。在小组讨论时，区委、区政府的领导同志深入到小组讨论会场，与委员进行面对面的交流，认真听取委员的意见和建议，与委员共同探讨解决问题的具体措施。委员们的意见和建议会后大多得到了采纳和落实，协商议政取得实效。

全年共召开常委会议四次，主席会议十二次，分别就环村林带建设、文明创建、重点项目建设等课题进行了重点协商。在三月份召开的十二届十一次常委会上，副区长贺乐军同志就长安区林业、农业和农村工作向委员们进行了通报。在7月份召开的十二届十二次常委会上，区委常委、常务副区长钱虎威同志向委员们通报了上半年全区经济和社会发展各项工作的进展情况，并认真听取了委员们对政府工作的意见和建议。九月份召开的十三次常委会上，兰东明副区长就重点建设项目和十二五规划的制定与委员们进行了面对面的交流。

多层次的政治协商，加强了区委、区政府与各人民团体、社会各界人士的联系与沟通，使“下情上达，上情下达”的渠道更加畅通，促进了区委、区政府重大决策的科学化、民主化。

二、民主监督稳步推进

一年来，区政协密切关注民主、民生、民情、民意，始终把人民群众的呼声作为第一信号，把人民群众的满意作为第一标准，民主监督工作得到进一步加强。

一是提案工作的民主监督作用进一步凸显。十二届四次会议以来，区政协共收到提案171件。经审查，立案154件。这些提案涉及经济、政治、文化、社会生活等各个方面。多数提案分析客观，建议具体，办法可行，体现了政协委员参政议政水平的不断提高。为了加大提案的办理力度，我们采取上门督办、媒体督办、召开重点提案答复座谈会等方式，开展灵活多样的督促办理。截止去年年底，立案的154件提案全部得到办理和答复，提案工作取得明显的经济和社会效益。

二是利用反映社情民意的形式加强民主监督。区政协十分注重调动各界别委员在反映社情民意方面的积极性，充分发挥《长安政协》会刊和政协《送阅件》的阵地优势，加大了反映社情民意工作力度。全年共编发《长安政协》会刊10期、《送阅件》3期，所提意见、建议得到区委、区政府和有关部门的高度重视，促进了一批事关群众生产生活的热点、难点问题的顺利解决。

三是探索总结民主监督的新形式，积极开展民主评议活动。在总结经验的基础上，去年我们完善了民主评议办法，在区委组织召开的“创先争优”、目标考评、民意测评、行风监督等多项活动中向数十个区级部门和乡、街选派近百名政协委员作为民主监督员。参加监督的委员在活动中各抒已见，畅所欲言，做到了成绩讲到位而不拔高，问题说透彻而不回避，在分析问题的基础上，提出切合实际的建议和对策，受到了广大群众的普遍赞誉，有效促进了部门职能和作风的转变。

三、参政议政成效显著

一年来，我们充分发挥人民政协“智囊团”、“人才库”的优势，努力提高参政议政水平。

一是紧紧围绕区委、区政府的中心工作，深入开展调查研究，撰写高质量调研报告。去年，共组织委员开展大型专题调查研究八次，形成了《关于长安区招商引资工作的调研报告》、《关于围绕建设国际化大都市打造长安旅游品牌的思考》、《长安区停车难问题现状及对策浅析》、《城区居民天然气、冬季采暖的现状与思考》、《长安区中心城区小学教育发展现状及对策》、《关于长安区医疗卫生事业发展的调研报告》、《做文明市民、建文明新区》等八篇有针对性的调研报告，提出了多条切实可行的意见、建议。为区委、区政府掌握实情、科学决策提供了重要参考，得到了区委、区政府领导的高度重视，受到有关部门的欢迎。在区委组织的实施追赶战略谋求跨越发展座谈会上，区委书记吕健、代区长杨建强同志都对区政协的调研报告给予了高度评价，并要求有关部门把报告中的建议纳入十二五规划之中。

二是通过实际视察进行建言献策。 全年共进行4次专题视察活动，分别对引镇现代物流产业园、新型农村合作医疗工作、农村环境百日整治活动、村务公开等工作进行了视察，还对王寺、高桥、滦镇、马王、魏寨、大兆、王莽等乡街工作进行了视察。每次视察完毕后，委员们都能针对存在的问题提出中肯的意见和建议。

四、日常工作扎实有效

一是继续做好文史资料的征集、出版和发行工作。 长安区的文史资料工作，多年来新作不断，成果丰厚，走在全省、全市前列，受到省市政协和社会各界的关注和好评。根据四次全委会的安排，2010年我们早动手、早准备，做好了《长安百村》（第二期）和《唐诗咏长安》的撰稿、征编工作。经过相关人员近一年的辛勤努力，这两书已正式出版。

二是继续做好各项公益事业。 关注民生，促进和谐，是政协工作的优良传统和一贯作风。年初，青海玉树发生地震灾害，区政协积极响应，及时发出《关于开展为安居工程和青海玉树地震灾区捐款活动的通知》，号召全体委员为灾区群众献爱心。4月23日，薛天牢、郝随年、程战良、刘新浩等20多位委员到区政协办公室现场捐款7万余元；张来奎委员组织第十七委员学习活动组捐款2万多元；曹战学委员通过西安红十字会捐赠床垫1500个，价值29万元。其他委员也通过各种渠道积极向灾区捐款捐物献爱心。7月底，区政协组织部分委员购买了消暑用品，对酷暑中奋战在一线的公安民警和城建交通工人进行了慰问。8月份，我们又组织部分委员和全体机关干部为陕南洪涝灾区进行了捐款。据不完全统计，委员们全年共为各类公益事业捐款100余万元，体现了全体政协委员心系群众回报社会的高尚情怀。

三是广泛开展各项联谊活动。 首先，认真组织召开好区政协庆祝国际劳动妇女节100周年联谊会。3月8日上午，我们组织全体女委员并邀请区委、区人大、区政府的女领导参加举办了庆祝国际劳动妇女节100周年联谊会。其次，积极组织人员赴福建、河北参加全国省会城市政协工作联席会，赴蓝田、高陵参加西安市十三区县政协主席联谊会。再次热情接待外地政协的来访交流，全年先后接待了新疆乌苏市政协、重庆大足县政协、广西良庆区政协、云南寻甸县政协、安徽凤阳县政协以及我省洛南县等政协的参观交流。四是接待好上级政协的检查视察，全年先后接待了省政协副主席张生朝、刘新文、周卫健等领导关于新型农村合作医疗、宗教工作、环境保护等方面的视察检查，市政协主席程群力，副主席陈振虎、陈广善等领导关于都市观光农业、政协工作、基础教育等方面的视察和检查。通过以上这些活动的开展，促进了信息交流，学习了先进经验，扩大了长安影响。

五、自身建设不断加强

一是加强学习培训，建设学习型政协，进一步提高委员和机关工作人员素质。 去年，我们以建设学习型政协为目标，努力做到以环境文化励志，以书香文化怡情，以团队文化凝心。首先是加强机关工作人员的学习。除继续做好每周一集体学习外，区政协全体领导和各专委会主任参加区委组织的上海党校培训班，组织干部参加省政协组织的保密工作培训会，市政协理论研讨会和全区机关公务礼仪培训会。去年我们还给每个专委会和科室统一配备了电脑，并购置了3个书柜和500余册图书，创办了“政协书屋”，为干部和委员学习提供了更好的平台和条件。其次是注重常委会带头学习。十七届五中全会召开后，我们组织部分常委和各委员学习活动组组长进行了集中学习和传达。在十二届十三次常委会上，邀请专家就十二五规划的有关情况进行了讲解。再次是强化委员学习。去年我们除加强了对委员区域学习活动组的督查，督促广大委员积极开展学习活动外，还于5月份邀请西安口语学院陈家戎教授为全体委员进行“自信与口才”等培训。

二是强化制度建设。 去年配合区委组织的创先争优活动，我们对各项制度进行了完善和健全，政协工作制度化、规范化、程序化建设得到进一步发展。

三是积极配合区委、区政府完成各项中心工作。 根据区委安排，区政协领导班子和政协机关积极主动地做好了联系重点项目、包抓乡街和部门等工作，在维稳信访、夏秋禁烧、植树绿化、防洪减灾等方面出色完成了各项工作任务。特别是在区委组织的创先争优活动中，我们重点对董颖夫委员进行了宣传推介，董委员的先进事迹被省政协机关报《各界导报》以《一名基层委员的参政情怀》为题在去年10月15日该报头版进行了长篇报道，并被多家媒体转载，在各级政协委员和读者中引起强烈反响。

各位委员，在过去的一年里，区政协的各项工作都取得了长足的发展。这些成绩的取得，是区委正确领导的结果，是区人大、区政府及社会各界大力支持的结果，是全体委员和机关工作者共同努力的结果。在此，我代表区政协常委会向大家表示崇高的敬意和衷心的感谢！

回顾一年来的工作，我们虽然取得了一定的成绩，但与新形势、新任务的要求，和群众的期望相比，还有诸多不足之处。比如，在全委会议闭幕期间，如何进一步发挥全体委员的作用；在参政议政过程中，如何进一步提高建言立论的水平；在履行民主监督的职能中，如何进一步增强监督的实效等等，都需要在今后的工作中认真加以改进。

2011年工作的总体要求和主要任务

2011年是十二五规划的开局之年，也是长安进入主城区，实施追赶战略，谋求跨越发展关键的一年。做好今年的工作，保持良好的发展态势对长安今后的发展至关重要，意义重大。根据区委全年工作的总体部署，区政协今年工作的指导思想是：以邓小平理论和“三个代表”重要思想和党的十七届五中全会精神为指导，深入贯彻落实科学发展观，围绕中心，服务大局，发挥优势，履行职能，为推进长安科学发展，加快发展，早日实现经济、生态、文化、科教强区目标做出新的贡献。

一、为长安发展树立新观念

区政协要在长安发展中有所作为，就要始终坚持把促进发展作为第一要义，深入理解以人为本的发展理念，用全面、联系、发展的眼光认识问题、解决矛盾，做到用科学发展的理念谋划思路、指导实践、推动工作。

一是树立"核心"观念。不断巩固各民主党派、工商联、人民团体和无党派人士的共同思想政治基础，积极引导各民主党派和各界人士，在中国特色社会主义伟大旗帜的指导下，心往一处想，智往一起聚，力往一块使，做到在政治上、思想上和行动上与区委保持一致。

二是树立"大局"观念。把区政协工作放在区委、区政府工作大局中来谋划和开展，自觉与区委、区政府目标同向、工作合拍、行动一致，在关键时刻顶得上去、帮得上忙、管得上用。围绕区委、政府中心工作，就事关改革发展稳定大局的重大问题、难点问题和涉及人民群众切身利益的现实问题，精心思考论证，积极建言献策，为区委、区政府科学决策、民主决策提供广泛的民意基础和雄厚的智力支持。

三是树立"和谐"观念。充分发挥政协联系群众的桥梁和纽带作用，协助区委、区政府多做协调关系、理顺情绪、化解矛盾、凝聚人心、鼓舞士气、团结鼓劲工作。把以人为本的观念贯穿于履行职能的各个方面，始终以群众利益为重，以群众疾苦为念，多建顺民意真言，多献遂民愿良策，多办得民心实事。

二、为长安建设凝聚新力量

长安建设需要团结和谐的社会环境和发展氛围，需要全区各阶层的共同努力。人民政协的性质、特点和优势决定了在促进团结、营造和谐氛围方面有着其他组织不可替代的作用。

一是充分发挥党派团体作用。继续加强与各民主党派、工商联、人民团体和无党派人士的联系和沟通，扩大知情范围和参与程度，在政协各种会议和活动中鼓励他们大胆议政建言，邀请他们联合开展相关专题调研、视察活动，积极营造民主和谐、团结共事的政治局面。通过召开座谈会、茶话会、联谊会等形式，加强与社会各阶层联系，增进他们对做好各项工作的认同感和向心力，为经济社会发展营造良好的社会氛围，努力形成团结民主、和谐稳定的社会基础。

二是进一步彰显界别特色。继续注重发挥政协界别民主渠道优势，扩大各界别群众有序政治参与。组织各界别围绕党政工作大局，以界别关心、专业性强的课题认真开展研究论证和咨询服务，使参政议政内容与界别优势结合互动；依托界别优势，深入开展为民服务活动，真心诚意帮助群众解决困难和问题，树立新时期政协委员的良好形象。

三是努力拓展交流联系。利用视察调研的机会，积极呼吁帮助解决区域经济社会发展中的重大问题，推介在改革发展进程中的经验做法，努力提升对外形象。通过联谊、交流等办法，不断加强对外交流联系，吸取兄弟区县政协的好经验、好做法。

四是进一步丰富委员区域学习活动组的活动。通过组织活动、开展调研视察、反映社情民意、撰写提案等方式，谏言献策，积极履职，调动基层委员参政议政热情，扩大政协组织的联系面和团结面，积极推进基层民主政治建设。

三、为长安繁荣增创新优势

一是充分发挥人才荟萃、智力密集优势，在推动科学发展中献计出力。充分发挥政协"人才库"、"智囊团"作用，抓住机遇不丧失，开拓进取不守旧，从更高的站位研究工作，进一步融入全局、服务全局，增强谋划发展的责任感和紧迫感。围绕经济社会发展的重大问题，开展调查研究，组织协商讨论，积极建言献策，真正做到参政参到关键处，议政议到点子上。全年重点做好对平安创建，区、乡街财政管理，社会保障、重点工程建设等工作的调研视察。

二是充分发挥位置超脱、渠道通畅优势，坚持在关注民生中做好工作。人民政协的血脉在人民，根基在人民，力量之源在人民。要遵循"人民政协为人民"的宗旨，把协助党委、政府解决民生问题作为政协应尽的职责，把重大民生问题作为政治协商的重点议题，把群众反映强烈的民生问题作为监督的重要内容，把改善民生问题作为参政议政的重要内容，多办一些顺民心、谋民利的实事好事，推动社会保障、文化教育、医疗卫生、社会治安、环境保护等群众最关心、最直接、最现实利益问题的有效解决。同时，积极引导和推动委员中先富起来的非公有制经济代表人士回报社会，大力弘扬人文关怀精神，力所能及地为群众干实事、解难事、做善事、办好事，重点组织1—2次有针对性的捐赠活动。

三是充分发挥联系广泛、沟通各界的优势，在促进社会和谐中发挥作用。建设和谐社会，政协有着独特的优势。要充分发挥包容性强，团结面大、联系面广的优势，把促进和谐作为政协各项工作的出发点和着力点。围绕群众思想认识上的"困惑点"、矛盾"易发点"，多做化解矛盾、"活血化瘀"的工作，多做鼓舞士气、团结鼓劲的工作，努力成为化解社会矛盾的"减震器"和维护社会稳定的"润滑剂"。全体政协委员要发挥在群众中影响大、威望高的优势，多做凝聚人心、促进稳定工作，多做通报情况、沟通思想的工作，增进社会各阶层和不同利益群体的和谐相处，使政协组织成为建设和谐社会的一支重要力量。

四、为履行职能拓展新作为

一要不断拓展工作新领域。要以科学的态度、创新的精神、实事求是的作风，认真分析和研究新时期政协工作的规律和特点，着眼于政协工作实际需要，做到理性思考和大胆实践相结合，在拓展工作新思路、实现工作新突破、创造工作新格局上下功夫，努力使政协工作体现时代性、把握规律性、富于创造性。

二要努力提高履行职能新水平。针对如何把政治协商作为科学决策的一个重要环节和发扬民主的一条重要渠道；如何完善民主监督机制，充分发挥人民政协在推进政治文明进程中的重要作用；如何在规范化、制度化的基础上，逐步实现履行职能的程序化等课题，用新的观点，从新的视觉来认真研究，集思广益，想出新办法，提出新举措，使政协工作不断实现新的突破。

三要积极探索履行职能新途径。进一步完善民主监督、舆论监督、群众监督有效结合的途径，赋予其新的内涵。不断深化委员活动工作，从提高委员活动的实效出发，积极探索新形势下委员活动的新思路、新办法、新内容，不断推进委员活动的创新发展。

五、为服务大局谋求新跨越

一是在推进协商议政上谋求新跨越。

继续完善"全委会议整体协商、常委会议专题协商、主席会议重点协商、专门委员会对口协商"形式，通过讨论、座谈、内部沟通等方式，实现协商内容有新的充实、形式有新的发展、成果有新的提升。按照"选题求准、调研求深、论证求精、效果求实"要求开展调研视察，为经济社会发展多提前瞻性意见。探索走精品化道路开展提案工作，从追求数量向注重质量转化，实实在在提出有份量的提案，坚持以委员满意、社会效果明显为目标，继续完善政协领导领衔督办制度，通过建立提案通报制度、工作责任制、互动机制、跟踪督办机制，推进提案办理。

二是在推进民主监督上谋求新跨越。进一步增强监督意识、责任意识、创新意识，运用会议监督、提案监督、视察监督和民主评议、政情交流、听取党政领导通报工作等方式强化跟踪监督。围绕区委、区政府工作重点和群众关注的热点难点问题，坚持在监督中体现服务、在服务中实施监督，履行政协民主监督职能。逐步扩大特邀监督员的覆盖面，推进监督员工作的规范化、制度化、程序化建设。全年重点做好对城管执法、人事管理、供电、烟草专卖等工作的监督性视察。

三是在体察民情、反映民意上谋求新跨越。将反映社情民意工作作为重点，使其成为更富实效、更具特色、更具前景的履行职能的重要工作。注重发挥政协委员、专委会、党派团体、工商联和委员学习活动组以及《长安政协》会刊的重要作用，利用渠道畅通优势，直接反映群众呼声。进一步健全社情民意信息舆情汇集机制、分析机制、反馈机制和激励机制，提高信息质量，并广泛宣传社情民意办理后产生的良好效果，不断扩大社会影响。重点做好对征地拆迁和城中村改造工作中的矛盾和问题进行调查研究，提出既有利于推动工作进展，有利于发展大局，又能切实维护群众利益，顺应群众心愿的意见、建议。

四是在自身建设上谋求新跨越。充分发挥专委会基础作用，进一步增强专委会工作的计划性、目的性、组织性、灵活性，做到年初有计划，年中有检查，年底有总结。积极推进发挥专委会成员作用的途径和办法，量化专委会工作，把工作由软任务变成硬指标，全年每个专委会要坚持督办一批提案、推动开展一次界别活动、完成一篇调研报告、组织一次视察活动、发表一篇宣传报道稿，进一步建立和完善专委会工作制度。进一步加强委员队伍建设。发挥委员主体作用，加强委员服务管理，积极为委员履行职责、发挥作用创造条件。注重委员界别特点，不断建立和完善界别活动机制和措施。继续做好文史资料的征编工作，今年重点做好《长安百村》（第三期）和《山水秦岭·神奇铁顶——太兴山》两书的编撰出版。进一步加强政协机关自身建设。提高政协机关服务和保障能力，深入开展机关效能和绩效考评工作，切实增强机关干部的大局意识、责任意识和服务意识，保证机关工作协调统一、规范有效、充满活力。加强政协机关规范化建设，不断完善按制度办事、靠制度管人的有效机制。

各位委员、各位同志：新的时期，长安面临新的机遇和新的挑战。同样，新的时期也对人民政协事业的发展带来了新的机遇，对人民政协工作提出了新的要求。让我们在区委的正确领导下，同心同德，群策群力，为促进经济、生态、文化、科教四强区建设做出新的更大的贡献。

谢谢大家！

西安市长安区2010年国民经济和社会发展统计公报

2010年，是“十一五”收官之年，也是全区经济发展方式逐渐转型、结构不断优化的关键之年。一年来，全区人民在区委、区政府的坚强领导下，紧紧围绕建设经济生态文化科教强区的目标，深入贯彻落实科学发展观，抢抓机遇，开拓创新，全区经济呈现持续、快速发展势头，经济效益和质量显著提升，经济实力不断增强，人民生活不断改善，社会事业全面进步。

一、综合

经济发展迈上新台阶。2010年，全区生产总值274.41亿元，同比增长16.1%。其中第一产业增加值24.5亿元，同比增长7.5%；第二产业增加值137.24亿元，同比增长19.2%；第三产业增加值112.67亿元，同比增长14.8%。三次产业结构由上年的8.6∶48.6∶42.8调整为8.9∶50∶41.1，一、二、三产业对经济增长的贡献率分别为3.9%、51.2%和44.9%，分别拉动经济增长0.62、8.22和7.22个百分点。按常住人口计算，人均生产总值为26546元，比上年增加4822元。

二、农业

2010年农林牧渔业总产值可比完成327074万元，增长7.3%。其中农业产值207070万元，增长8.1%；林业产值1869万元，减少6.8%；牧业产值89287万元，增长3.9%；渔业产值2325元，增长14.3%；农林牧渔服务业产值26523万元，增长12.4%。全年粮食播种面积79982公顷，比上年减少1382公顷；全年粮食总产量414802吨，比上年减少954吨；全区耕地面积46265公顷，灌溉面积27092公顷。

主要农产品产量表

名　称	绝对值（吨）	比上年增长（%）
粮　食	414802	-0.2
其中：水稻	4744	-11.3
小麦	201962	4.7
玉米	206111	-4.4
大豆	479	12.4
蔬　菜	512466	7.3
水　果	65277	10.3

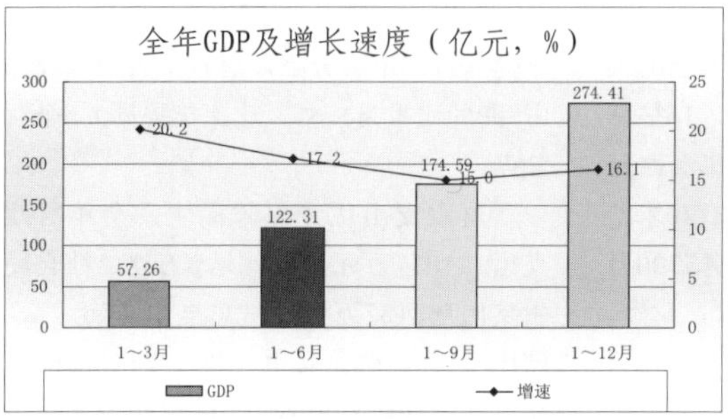

全年GDP及增长速度（亿元，%）

	1～3月	1～6月	1～9月	1～12月
GDP	57.26	122.31	174.59	274.41
增速	20.2	17.2	15.0	16.1

2010年全年GDP及增速情况表

主要畜产品和牲畜存栏表

	计量单位	绝对值	比上年增长%
肉类总产量	吨	17807	11.1
其中：猪肉	吨	10808	9.9
牛肉	吨	473	17.7
羊肉	吨	233	9.4
禽肉	吨	5747	8
鲜蛋产量	吨	34532	8.3
奶类产量	吨	20206	14.8
其中：牛奶	吨	17219	14.6
大牲畜年末存栏	头	7683	6.4
其中：奶牛	头	3685	7.9
猪存栏	头	95140	8.5
羊存栏	只	14462	3.5
家禽存栏	万只	276.2	6.2

农业生产力继续增强：年末全区拥有农业机械总动力44.29万千瓦。拥有农用拖拉机3506台；农村用电量24489万千瓦小时，增长5.4%。

农业产业化步伐加快。全年投资5900万元新增节水灌溉面积1000公顷，改造中低产田600公顷；被农业部确定为全省唯一的国家现代农业示范区，引进总投资5.3亿元的阳光雨露农业示范园、西安鲜花港、西安现代农业科技展示中心等17家观光农业企业。

三、工业和建筑业

工业生产较快发展。全区完成工业增加值112.09亿元，同比增长19.4%，占GDP比重为40.9%，比上年提高1.4个百分点，拉动经济增长6.65个百分点，对经济增长贡献率为41.4%。2010年全区规模以上工业企业个数达99家，共完成工业增加值92.04亿元，同比增长22%。工业产销率为97.1%，主营业务收入310.8亿元，同比增长10.7%。

建筑业稳步发展。2010年区内具有资质等级的建筑业企业17家，从业人员12227人，完成建筑业总产值23.40亿元，比上年增加5.15亿元，同比增长28.2%。房屋建筑施工面积187.81万平方米，比上年减少25.9万平方米；房屋竣工面积10.93万平方米。全区建筑业增加值为25.15亿元，可比增长18.2%。

四、固定资产投资

固定资产投资快速增长。2010年，全区完成全社会固定资产投资302.26亿元，同比增长33.5%，增长速度比上年提高0.3个百分点。其中：城镇固定资产投资274.23亿元，房地产开发投资56.18亿元。

重点项目投资带动效用明显。全区139个重点在建项目完成投资73.78亿元，其中，关中民俗艺术博物院、关中民俗古镇等5个市级重点建设项目完成投资4.17亿元。

房地产开发高速发展。2010年，全区有房地产开发企业44家，比上年增加12家，共完成投资56.2亿元，同比增长73.69%。房地产施工房屋面积90.69万平方米，商品房屋销售面积131.44万平方米，同比增长30.1%。

长安区2000～2010年全社会固定资产投资完成情况

单位：亿元、%

指　标	2000年	2001年	2002年	2003年	2004年	2005年	2006年	2007年	2008年	2009年	2010年
全社会固定资产投资	4.63	12.78	24.17	26.56	41.24	62.83	86.84	125.40	169.98	226.4	302.26
固定资产投资完成额比上年增加	2.01	8.15	11.39	2.39	14.65	21.62	24.01	38.56	44.58	56.42	75.86
同比增长	76.72	176.03	89.12	9.90	84.30	52.40	38.20	44.40	35.55	33.2	33.5

五、内外贸易、招商引资和旅游

消费市场持续繁荣。2010年全区实现社会消费品零售总额89.24亿元，同比增长19.6%。其中：批发和零售业零售额74.48亿元，同比增长19.2%；住宿和餐饮业零售额14.76亿元，同比增长21.1%。城镇零售额49.29亿元，同比增长19.2%，乡村零售额39.95亿元，同比增长19.9%。商业企业规模逐步扩大，截止2010年底，全区限额以上批发零售企业30家，住宿餐饮企业62个，其中星级饭店2个，客房655间。

招商引资形势良好。2010年长安区不断完善招商工作机制，大力开展产业招商、上门招商和走出去招商，成功引进了长安万科城、奥特莱斯国际商务区等一批重大项目。新签约项目56个，签约资金1196625万元，实际利用内资33.45亿元，同比增长10.9%；直接利用外资1680万美元，同比增长37.8%。

旅游业加快发展。配合省市成功申报秦岭终南山世界地质公园，长安一跃成为全球旅游目的地；关中民俗艺术博物院被认定为国家级文化产业示范基地，成为全省民俗文化旅游新亮点。生态观光和都市休闲旅游蓬勃发展，2010年全年接待游客448.47万人次，创旅游综合收入2.67亿元，同比分别增长23.2%和33.6%。获“陕西省旅游强区”称号。

长安区2000～2010年社会消费品零售总额完成情况示意图

单位：亿元

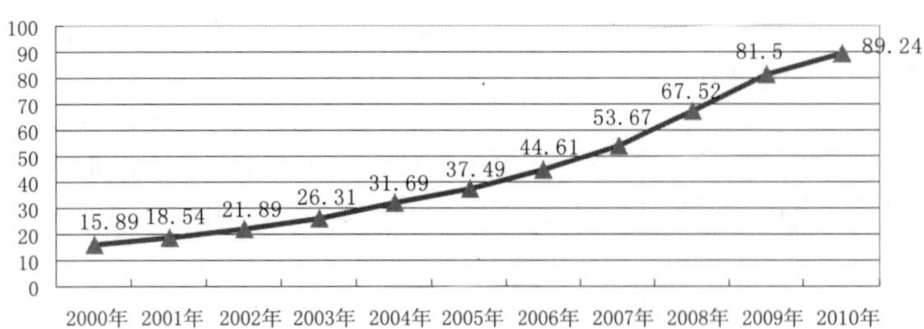

六、交通和邮政

交通事业阔步前进。2010年全区大力推进交通基础设施建设，投资1.15亿元的神禾大道全面竣工通车；完成韦斗路延伸段道路工程。敷设雨污水管道3770米，铺设沥青路面7.6万平方米，投资5700万元，长安段道路工程全部竣工。

2010年完成邮政业务总量5341.2万元。国内邮资机函件达24.63万件，报纸累计份数979.15万份，报纸流转额达939.86万元，兑付汇票金额达13476万元，全年邮政储蓄平均余额16.48亿元。

七、财政和金融

财政收入较快增长。全年完成大口径财政总收入595612万元，同比增长34.1%，完成地方财政一般预算收入132207万元，同比增长39%。在全区财政收入中，国税系统完成14240万元，同比增长37.4%，地税系统完成63248万元，同比增长32.7%，财政系统完成54719万元，同比增长47.5%。税收收入达118895万元，占财政总收入的比重为89.9%，比上年提高17.3个百分点，财政一般预算收入占GDP的比重为4.8%，比上年提高0.5个百分点。

财政支出优先保障民生。全年财政支出244637万元，同比增长55%。社会民生支出163137万元，占总支出的66.7%，同比增长64.4%。其中，教育支出56099万元，社会保障和就业支出45486万元，医疗卫生支出23345万元，农林水事务支出34093万元，住房保障支出2910万元，文化体育与传媒支出2801万元，科学技术支出1313万元。

金融运行形势良好。2010年末，金融机构各项存款余额246.61亿元，较年初增长24.1%，其中，城乡居民储蓄存款余额169.86亿元，较年初增长21.4%；各项贷款余额77.14亿元，较年初增长24%。

八、科学技术和教育

科技事业取得新成效。全年共下达带动区域经济发展的科技计划项目49个，安排经费1036万元，争取国家、省市各级科技项目23项，经费178余万元。对长安区大兆大棚西瓜、高桥设施蔬菜、微生物发酵床养猪模式、王莽仙桃、马王草莓、农资双连锁等项目，平均每项投入扶持资金20万元以上，充分发挥了科学技术的扶持引导作用。

教育事业稳步发展。年末拥有中小学校幼儿园269所，在校学生109808人，教职工人数9560人，其中：普通高中11所，在校学生22528人，教职工人数4534人；初中41所，在校学生28401人；小学211所，在校学生52562人，教职工人数4251人。校舍安全工程成效显著，11个加固项目改造面积38352平方米，15个新建项目，建筑面积16116平方米的校安工程全面完成；投入47.6万元，完成教育网络升级，55所学校接入省基础教育专网，17所学校建成多媒体教室，6所学校建成“班班通”。全年高考录取4609人，录取率较上年提高5.2个百分点，二本上线2027人，上线率较上年提高6.4%，5名学生被清华、北大录取。小学招生8300人，初中招生11000人，全区幼儿入园（班）率达到98%，农村达到85%。

九、文化、卫生和体育

文化事业健康推进。2010年末，完成9个乡街的文化站主体建设工程；建设行政村广播室88个，配备直播卫星电视接收设备88套。乡街健身广场建设有序推进，42个农民体育健身广场全面完成，并投入使用；新建农家书屋60个，配送图书近10万册，书柜300个，图书报刊架60个。成功举办2010年元旦越野赛、“2010长安区邮储银行杯”电视歌手大赛；组织开展文化下乡进社区活动，举办承办各类文化活动100多场次。娱乐场所、网吧市场、出版市场监管、文物普查和非物质文化遗产申报工作不断加强。

卫生事业加快发展。年末全区共有卫生机构157个(不含卫生室等)，其中，医院14个，卫生院25个，妇幼保健医院1个。卫生机构床位数2413张，卫生技术人员3491人，其中执业医师989人。疾病预防控制中心1个。城乡一体化基本医疗保障制度稳步推进，全年基金使用率保持在98.8%，门诊统筹定点村卫生室达482个，省、市、区实行报销直通车医疗机构112家；2010年全区参合人数77.51万人，较上年增加7668人，参合率达94.4%；共筹集合疗基金11626.595万元。居民卫生保健平台体系不断健全，6个标准化公共卫生科顺利通过市级验收；区医院、区妇幼保健院顺利通过二级甲等医院评审；全区25个乡街卫生院和3个社区卫生服务中心、606个村卫生室全部实行药品统一配送；全年共建立居民健康档案66.05万份，建档率65%；全区0～7岁儿童建证建卡率为100%，七苗全程接种率99.2%。

体育事业蓬勃发展。坚持竞技体育与全民健身活动并重，2010年在西安市健身排舞比赛、区（县）体育部门登山比赛和青年冠军11脚比赛中均获第三名；在社区趣味运动会中，获一等奖。乒乓球、钓鱼、老年体协等协会组织活动的幅射带动，广场保健舞、健身操参与者的日益增加，有效地促进了全民健身活动的蓬勃开展。

十、城市建设和环境保护

城市建设全面提速。西部大道、东仪路长安段等12条市政道路相继建成；综合改造韦曲西街、长兴北路等道路15条，打通了老韦斗路、长乐路等6条断头路；神禾大道建成通车，城市骨架不断拉大。全力支持地铁二号线建设，启动了申店村城中村改造，累计完成旧城拆迁35.2万平方米；新建金长安广场等城市广场5座，新增绿地20.3万平方米；完成了南长安街立面改造，高标准实施绕城高速、西沣公路长安段整治提升。扎实推进“四城联创”，国家卫生城市、园林城市成功创建。

环境保护力度不断加大。实行环境保护“一票否决”，督促2所高校建成污水处理工程，依法取缔污染小企业98家，督促9家企业和高校建成脱硫工程，全区COD减排完成6156吨，SO2减排完成2501吨，均超额完成指标任务；新建成2座农村生活垃圾压缩站，“户分类、村收集、乡转运、区处理”的农村生活垃圾处理网络基本健全，创建达标市级环境优美乡镇2个、生态村5个，国家环保模范城市创建工作通过省级验收，城乡人居环境明显改善。

十一、人口和人民生活

2010年底户籍人口为980803人，比2009年增加了5234人；年底总户数为268173户，比2009年增加了7960户。2010年全区户籍出生人口14281人，比2009年增加了1961人；死亡人口10946人，比2009年增加了6018人。人口出生率11.97‰，出生人口政策符合率达到98.2%，出生人口统计准确率达到99.2%，出生人口性别比为108.6。

城乡居民收入持续提高。2010年，农民人均纯收入7389元，比上年增长23.9%，其中：工资性收入3420.9元，增长31.2%，家庭经营性收入2758.9元，增长8.3%，财产性收入404.3元，增长60.9%；转移性收入804.9元，增长44.1%。农民纯收入快速增长主要依赖于劳务收入、财产性收入和转移性收入三大因素的拉动。2010年，农民人均总支出7604元，较去年增加1779元，增幅为30.5%。人均总支出的高速增长，取决于生产投入的不断加大，经营效益的逐步提高；以及农民经济活动领域的日益扩大和消费观念的改变，用于交通通讯方面的支出日益增加。

2010年，长安区城镇居民人均可支配收入19557元，同比增长18.6%，净增3067元。城镇居民人均家庭总收入20931元，其中：工资性收入11664元，增长27%；经营性收入1427元，增长12.5%；财产性收入1106元，增长1.62%；转移性收入6734元，增长10.8%。2010年，城镇居民家庭总支出17545元，增长速度16.1%，净增加2426元。其中：消费性支出13885元，增长28.3%，增速较上年提高了4.6个百分点，净增加3062元。恩格尔系数22.7%，较上年下降了0.3个百分点，城镇居民生活质量进一步提高。

长安区2000—2010年农民人均纯收入情况统计表

单位：元，%

名称 \ 指标	2000年	2001年	2002年	2003年	2004年	2005年	2006年	2007年	2008年	2009年	2010年
农民人均纯收入	2315	2506	2667	2830	3098	3331	3592	4143	4926	5965	7389
农民人均纯收入比上年增加	206	191	161	163	268	233	261	551	783	1039	1424
农民人均纯收入增长率	9.8	8.3	6.4	6.1	9.5	7.5	7.8	15.3	18.9	21.1	23.9

注释：1、本公报数据为初步统计数。

2、本公报中增加值为现价，增加值增长速度均按可比价格计算。

（翁旺　胡泊）

长安广场

西安市长安区“十一五”期间国民经济和社会发展统计公报

“十一五”是长安经济社会发展的一个重要战略机遇期，五年来，长安区紧紧围绕以实现“经济、生态、文化、科教”“四强区”目标，积极实施项目带动战略，切实抓好重大项目建设和招商引资工作，大力发展高新技术产业，扶持非公有制经济，加快地方特色工业发展，不断加大“三农”投入，深入推进社会主义新农村建设；通过扩大消费需求，在商贸、旅游、房地产等行业的带动下，有力促进第三产业的快速发展。这五年，全区消费结构逐渐升级、产业结构快速优化、城市化进程不断加快、经济总量逐年扩大、城乡居民收入显著提高；地区生产总值、全社会固定资产投资、社会消费品零售总额和地方财政一般预算收入等主要经济指标均实现翻一番，规模以上工业增加值翻三番。全区经济发展潜力不断增强，并跻身西部最具投资潜力百强区。

一、综合

“十一五””期间，长安地区生产总值增长速度分别为15%、15.6%、17.5%、15.8%和16.1%。平均增长超过16%，经济总量实现了翻番，全区生产总值连续跨越100亿元、200亿元两大台阶。

三次产业协调发展。2010年第一产业增加值24.5亿元，第二产业增加值137.24亿元，第三产业增加值112.67亿元；三次产业结构的比重从2006年的15.2：48.0：36.8转变到2010年的8.2：50.1：41.7，呈现出一产持续下降、二、三产提升的良好发展态势，三次产业结构不断优化。

长安区2006～2010年GDP和增速情况示意图

单位：亿元、%

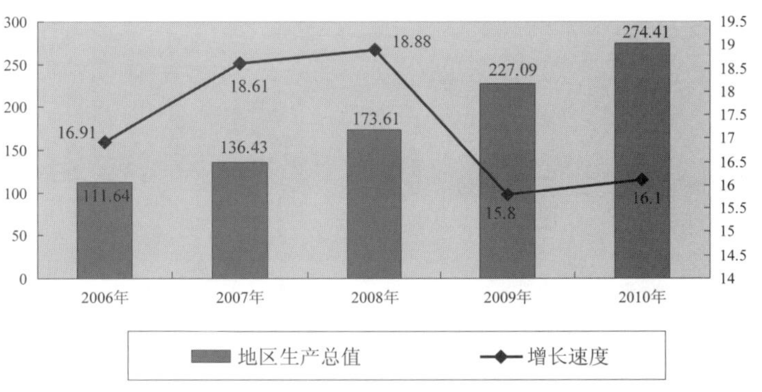

“十一五”期间三次产业在GDP中所占比重示意图

单位：亿元

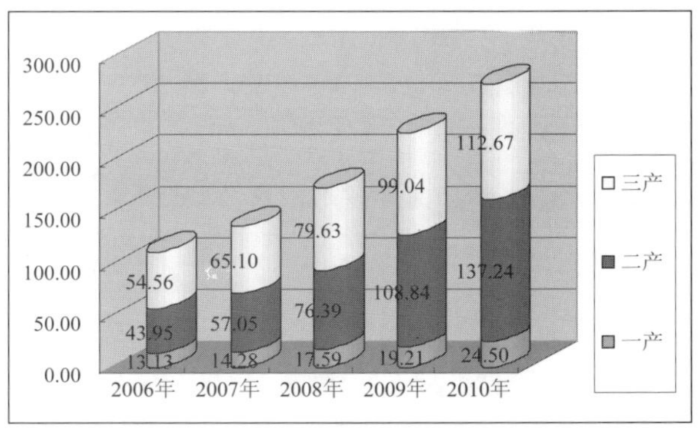

非公经济不断发展。“十一五”以来，长安区认真贯彻落实《中小企业促进法》和省、市关于鼓励支持非公经济加快发展的各项政策措施，主动转换职能，营造发展环境，创新工作思路，转变发展方式，非公经济发展取得显著成绩。截至2010年末，规划建设工业园区6个，入区企业596个；扶持培育“一村一品”小企业群22个，年产值超10亿元。其中，年收入1000万元以上企业43个，5000万元以上企业24个，亿元以上企业5个，科技企业20个。非公经济发展成为多种所有制并存，具有一定规模和水平的实力群，为区域经济提供了有力支撑。

二、固定资产投资

2006～010年，全社会固定资产分别完成86.84亿元、125.4亿元、169.98亿元、226.4亿元和302.26亿元，增长速度分别为38.2%、44.4%、35.5%、33.2%和33.5%。固定资产投资的高速增长为长安经济快速发展奠定了良好的基础。

三、国内贸易

五年来，长安深入开展万村千乡工程，健全农村商业网络，建立各类连锁店120家；积极推进家电下乡和家电以旧换新工作，销售产品43689台（部）；城区新增商业经营面积13.5万平方米，累计增加商业经营户6726户；新发展农村日用品连锁店及农资加盟店317家，城乡商业服务网络不断完善，区域消费总量持续扩大，商贸经济日益兴盛。2010年完成社会消费品零售总额89.24亿元，增速19.6%，与2006年总量相比，实现了翻番，平均增速达20.3%。

“十一五”期间长安固定资产投资完成情况

单位：亿元

指标名称	2006年	2007年	2008年	2009年	2010年
全社会固定资产投资	86.84	125.4	169.98	226.4	302.26
增长速度（%）	38.2	44.4	35.5	33.2	33.5
城镇固定资产投资	49.47	109.1	157.21	205.3	274.23
房地产开发投资	20.48	26.06	46.03	32.34	56.18

“十一五”期间长安社会消费品零售总额完成情况

单位：亿元

指标名称	2006年	2007年	2008年	2009年	2010年
社会消费品零售总额	44.61	53.67	67.52	81.5	89.24
增长速度（%）	19	16	25.8	21.35	19.6
批发零售贸易业	39.29	46.83	58.84	72.02	74.48
住宿餐饮业	4.75	5.3	6.7	8.01	14.76

四、对外经济

2006～2010年，长安实际利用内资分别为23.42亿元、28.54亿元、29.68亿元、30.16亿元和33.45亿元，累计完成145.25亿元；实际利用外资分别为970.7万美元、1212万美元、1166万美元、1219万美元和1680万美元，累计完成6247.7万美元。招商引资成果丰硕，有力推动了区域经济持续快速增长。

五、工业

“十一五”期间，长安新发展各类工业企业500多户，规模以上工业企业106户，对GDP的支撑带动作用不断增强。2006～2010年，长安规模以上工业增加值分别为12.54亿元、28.13亿元、43.97亿元、74.47亿元和92.04亿元，增长速度分别为37.9%、32%、31.5%、29%和22%；规模以上工业增加值从2006年的12.54亿元增加到2010年的92.04亿元，净增了79.5亿元，实现翻三番。规模以下工业企业从5年前的1490家增加到2010年的2374家，规下工业增加值从2006年的16.5亿元增加到2010年的20.05亿元。

六、财政

2006年，长安地方财政一般预算收入为3.56亿元，增长20.4%；2007年和2008年分别为4.48亿元和6.77亿元，增长速度分别是33.6%和23.8%；2009年完成地方财政一般预算收入9.51亿元，增速40.5%；2010年完成13.22亿元，增速39%。“十一五”期间地方财政一般预算收入增长速度在十三区县中名列前茅。

七、金融

“十一五”期间，长安金融业快速发展。2006～2010年，银行存款余额分别为114.56亿元、129.99亿元、158.31亿元、198.79亿元和246.61亿元，增长速度分别为11.7%、13.5%、21.8%、25.6%和24.1%；银行贷款余额分别为29.41亿元、40.78亿元、48.1亿元、62.21亿元和77.14亿元，增长速度分别为10.1%、42.8%、17.9%、29.3%和24%。金融业稳健的运行态势为全区经济发展提供了必要和有力的支撑。

八、农业

“十一五”期间，长安出台了一系列扶持农业的政策，粮食生产连年丰收，5年粮食产量分别为39.94万吨、39.82万吨、40.07万吨、41.6万吨和41.51万吨。累计投入1000多万元专项资金，使高桥、细柳等六大农产品生产基地的规模持续扩大，蔬菜瓜果等主导产业快速发展。2010年全区蔬菜面积达到1.55万公顷，果品面积达到366.67公顷；肉蛋奶产量分别达到1.8万吨、3.5万吨和2.0万吨，农业产业化建设深入推进，农村经济发展取得新的突破，各类农副产品产量均有不同程度增

“十一五”期间长安地方财政一般预算收入和支出示意图

单位：万元

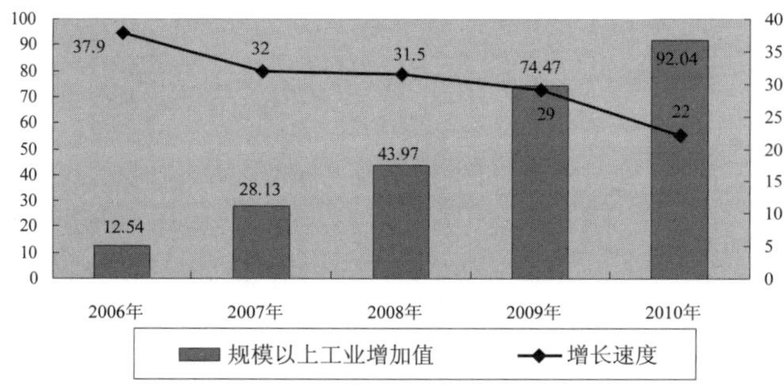

“十一五”期间长安规模以上工业增加值和增长速度示意图

单位：亿元，%

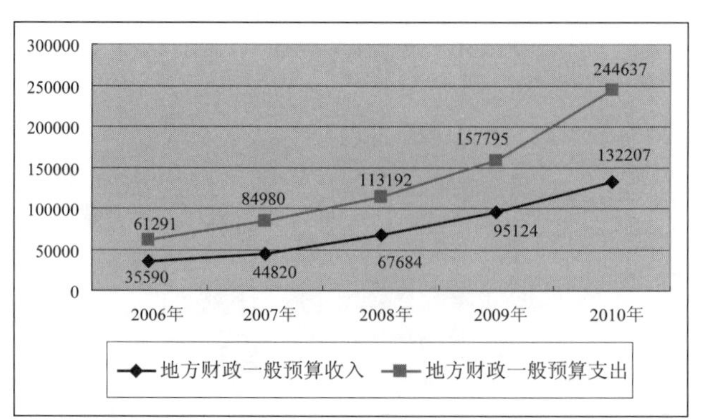

长。2.67万公顷基地获得省级无公害认证，18种蔬菜获得国家级无公害农产品认定，39个农产品注册了商标，都市品牌农业已经成为长安农业发展新的亮点，村庄型、庄园型、田园型等观光农业也成为长安农民增收的新特色。

九、交通

“十一五”期间，长安以公路建设为主的基础设施建设成效显著，实现了规模、速度和质量的跨越式飞跃。穿越长安的国省干线，西汉高速、西安绕城高速、西康高速、关中环线相继通车，目前区境内公路总里程1760公里。其中，国道128公里，省道52公里，区乡道64条534公里，村道814条1029公里。五横十纵的公路网络为全区提供了东西南北各个方向的快捷通道。投资1.2亿元对218.2公里县乡道路实施超龄油路改造工程。建立候车亭562个，经营28条客运线路424辆客车，货运车辆1186辆，出租汽车344辆，全部完成车型换代，统一车身颜色和标志，车容车貌焕然一新，服务质量不断优化。

十、教育

“十一五”期间，长安幼儿教育发展迅猛，全区幼儿园达到62所，3～5周岁学龄前幼儿约2万名，幼儿入园率达到93%以上。义务教育巩固提高，2010年全区有小学221所，在校学生53324人；初中42所，在校学生37372人，初中三年巩固率98.94%；高中教育优质发展，有高中11所，在校学生22248人，高中阶段教育普及率达到87%；职业教育规模进一步扩大，有中职学校7所，在校学生由2006年前的4520名增加到2010年的8000余名；民办教育得到拓展，全区民办学校达到66所。“十一五”期间，长安区为大中专院校输送合格新生3万多名。

十一、人民生活

“十一五”期间，长安群众收入明显提升。2006～2009年，农民人均纯收入分别为3592元、4143元、4926元和5965元，增长速度分别是7.8%、15.3%、18.9%和21.1%。

2010年，农民人均纯收入7389元，比上年净增1424元，增长23.9%。其中：工资性收入3420.9元，增长31.2%，家庭经营纯收入2758.9元，增长8.3%，财产性收入404.3元，增长60.9%；转移性收入804.9元，增长44.1%。

2010年，城镇居民人均可支配收入19557元，同比增长18.6%，净增3067元。其中：工资性收入11663.7元，同比增长27%；经营净收入1427.4元，增长12.5%；财产性收入1106元，增长1.62%；转移性收入6734元，增长10.8%。

随着长安城乡居民收入不断提高，人民生活得到全面改善，消费结构出现较大变化。食品消费比重明显下降，穿、住、用比重基本稳定，文化教育娱乐、医疗保健、交通通讯支出的比重稳步上升。

五年来，长安社会保障事业不断完善。2010年全区城镇新增就业人数15064人，城镇登记失业率控制在4.3%以内；下岗失业人员实现再就业5198人；全区劳动力转移12.44万人，农村劳动力培训4.7万人；办理养老保险3358人，失业保险4.25万人。农村劳动力培训4.7万人，就业培训2653人；创业培训459人；全年引进高层次人才114人，公务员培训2670人。在全国率先推行新农保制度，80万农村群众实现老有所养；启动了城镇居民医疗保险，参保人数达到3.3万人；新农合累计为155.73万人次报销医疗费2.83亿元，有效减轻了农民就医负担；持续加大困难家庭救助力度，累计发放医疗救助金768.45万元、教育救助金6860万元、最低生活保障金1.68亿元，城乡贫困群众生活得到有力保障。建成城镇廉租住房9700平方米，帮助3054户农村困难群众建起新房，极大地改善了城乡困难群众的住房条件。

西安市长安区国民经济和社会发展第十二个五年规划纲要

西安市长安区发展和改革委员会
（2011年1月）

“十二五”时期是长安区全面建设小康社会的关键时期，也是加快转变发展方式的攻坚时期。深刻认识并准确把握国内外新形势、新变化、新特点，科学编制“十二五”规划，对促进长安区经济社会又好又快发展具有重大意义。

一、长安区“十二五”经济与社会发展基础

（一）基本区情分析

长安区地处西安市主城区南部，全区总面积1580平方公里，常住人口103万，辖20个街道办事处、5个乡、24个城市社区、671个行政村。西有沣渭新区、高新技术产业开发区，东有航天经济技术开发区，形成一区多制的独特格局。

1、区位优势明显

长安区是西安国际化大都市南部主城区，东临蓝田，南靠宁陕，西接户县，北连雁塔，距西安市中心钟楼仅8.7公里，区位优势非常明显。随着地铁2号线、西部大道、南横线、子午大道等城区干线道路的贯通和三个共建区的加快发展，长安将成为交通最便捷、生活最方便、功能最齐全、腹地最广阔的西安大都市新板块，成为未来国际、国内资源进入西安的重要集聚地，发展前景极为广阔。

2、文化底蕴深厚

长安区是周、秦、汉、唐等13个王朝的京畿之地，地上地下遗存众多，名胜古迹遍布，672处文物遗址中，有国家级重点文物保护单位6处，省级重点文物保护单位7处，原始社会遗迹8处。以兴教寺、华严寺、香积寺、净业寺等为代表的佛教祖庭文化更是源远流长。深厚的历史文化底蕴为长安厚积薄发、加快发展蓄积了巨大的动力。

3、科教资源丰富

长安区驻区高校32所，师生31万人，是全省高等教育资源最集中的区域；有航天第六研究院、206所、504所、应用光学研究所等10余所国家重点研究机构及国家重点实验室，加之各高校内设科研机构100家以上，众多的包括院士、学科带头人在内的各类中高层专家学者和现代化管理人才汇聚，堪与北京海淀相比肩。丰富的科教资源、卓越的人才资源为长安实现跨越发展增添了无穷的活力。

4、生态环境宜人

长安区生态环境优良，气候温和，四季分明，雨量适宜，日照充足，水体、大气、土壤、植被等环境要素均符合国家一级环境标准，是西安市的水源涵养地和生态屏障；有24个峪口和翠华山等10大自然景观；“八水绕长安”中的沣、滈、潏、浐、浥五大河流皆源于长安；具有发展绿色产业的最佳生态环境条件。

5、经济增长强劲

撤县建区以来，经济社会发展全面驶入快车道，城乡居民收入快速增长，生活质量明显改善，综合实力连续三年进入全市优秀行列。2010年，生产总值、财政一般预算收入、城乡居民收入等主要经济指标增速全市排名前三；已进入2010年中国西部最具投资潜力百强县行列，跃居“中国全面小康成长型百佳县（市）”行列，发展势头强劲。

（二）“十一五”发展回顾

“十一五”以来，在区委、区政府的正确领导下，全区人民以科学发展观为指导，认真贯彻落实中央、省、市工作部署，加快实施新长安战略和“四强”新区建设，经济社会快速发展，生产总值、财政收入、全社会固定资产投资、规模以上工业增加值、社会消费品零售总额、城乡居民收入均实现了翻番，“十一五”规划确定的经济社会发展主要目标全面实现。可以说，“十一五”时期是改革开放以来长安区经济社会发展最快、城乡面貌变化最大、人民群众得到实惠最多的五年。

1、经济结构进一步优化，综合实力显著增强

“十一五”末，全区生产总值达到274亿元，是2005年的2.96倍，年均增长16%，较“十五”的13.3%提高了2.7个百分点；地方财政一般预算收入达到13.2亿元，是2005年的4.2倍，年均增长34.4%，较“十五”的22.5%提高了11.9个百分点；全社会固定资产投资达到302亿元，是2005年的4.7倍，年均增长38.5%，较“十五”的68.5%下降了30个百分点；社会消费品零售总额达到89.24亿元，是2005年的2.6倍，年均增长19.9%，较“十五”的18.7%提高了1.2个百分点。三次产业结构由“十五”末的16.7∶46.1∶37.2调整到“十一五”末的8.2∶50.1∶41.7，经济结构日趋优化。长安区近四年连续获市综合考评优秀区（县）称号，综合实力持续增强。

2、基础设施扎实推进，城市化进程明显加快

交通方面，完成了19.44公里的雁引公路、8.45公里的鱼斗公路建设；建成半引路、大杨路、杜王路等“千亿元工程”；对169公里县乡道路实施了超龄油路改造，基本形成五横十纵的现代交通网络，内外通达性趋于良好。公用设施方面，至2010年底，累计可敷设天然气管道60余公里，新增用户5.8万余户；城区供水管网改造基本完成，城区广电通讯网络建设、公交站点(站棚)改造、公厕新改扩建力度进一步加大；建成日处理5万吨长安区污水处理厂一期工程，使城区90%以上污水得到处理；建设了城市热力公司，

图1-1 长安区“十一五”期间GDP与增速变化情况

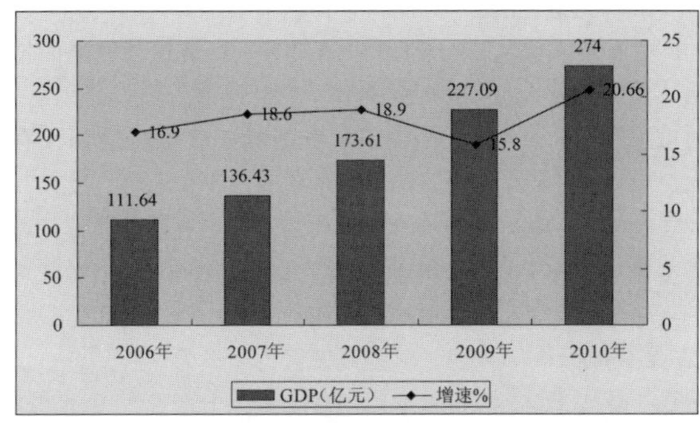

图1-2 长安区“十一五”地方财政收入趋势表

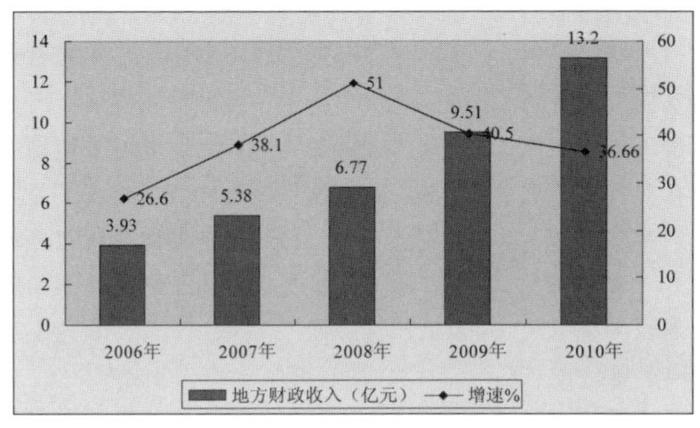

图1-3 长安区“十一五”期间固定资产投资变化情况

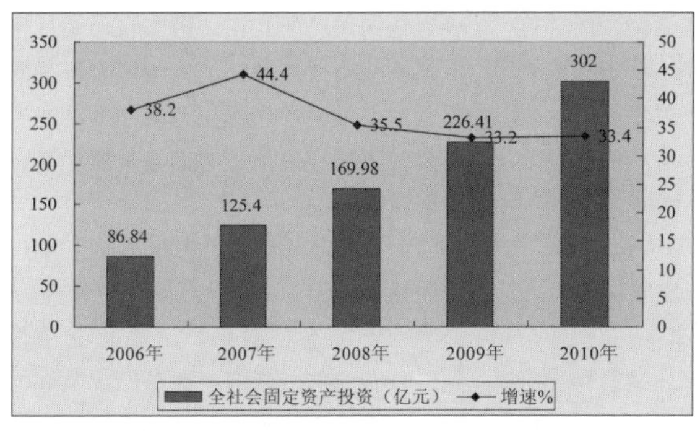

图1-4 长安区“十一五”期间固定资产投资变化情况

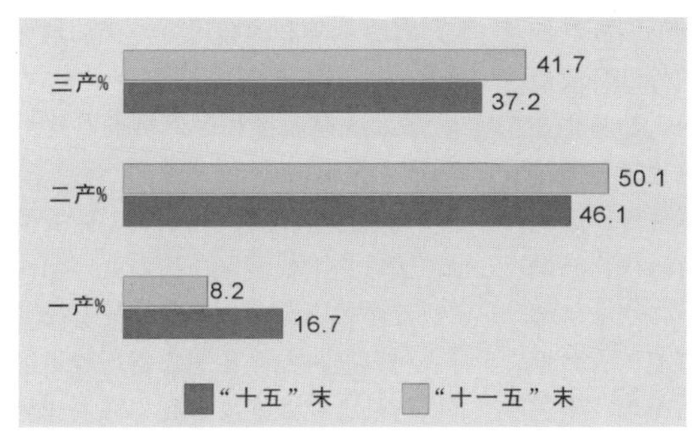

公用设施水平大幅提高。城市基础设施方面，累计投资12.5亿元，完成了西部大道、东仪路长安段、电子正街长安段、长安西街商业街504段道路、南长安街和西长安街立面提升改造、长安西街、建材街等工程任务。城区主干道已达78公里，排水管网总长99公里，绿化覆盖率达到37.4%、人均公共绿地8.34平方米，燃气入户率达到83%，人均住房面积达到38.79平方米，城市基础设施建设各项指标均提前达到或超过“十一五”规划目标，基本达到了绿化、亮化、美化的效果；城市建成区面积由“十五”末12.8平方公里扩展到28平方公里。小城镇建设方面，积极推进郭杜、滦镇、太乙宫镇等省市级重点镇建设，加快“关中百镇”建设，累计投入资金4.7亿元，修筑道路53公里，铺设排水管网41.3公里，安装路灯726盏，增加绿化6.5万平方米，小城镇建成面积达10.2平方公里，人口聚集约50万人以上，小城镇从事二、三产业人员比重达到76.4%；小城镇建设的突飞猛进，有效地促进了城乡统筹工作，为长安区整体推进城乡一体化进程奠定了坚实的发展基础。通过“十一五”努力，长安区交通更加便捷，设施更加完善，城市功能不断增强，城市品位进一步提升。

3、城乡环境不断改善，生态质量持续提升

五年来，长安区大力实施了园林绿化配套工程，完成了西长安街和南环路滈河改造工程、韦郭大道及关中环线长安段绿化带工程，新建了创新广场、步行街、柳青广场、金长安广场等游乐休憩广场；完成了西部大道、韦斗路、竹园路、东仪路长安段、电子正街长安段等新建道路的绿化工程；环村林带建设稳步推进；初步形成了点、线、面相衔接的城市绿地系统。秦岭北麓生态环境明显改善，沣河等重点流域生态治理成效明显，城乡绿化覆盖率持续提高，森林覆盖率达到33.98%。“十一五”期间，完成了大峪库区等46平方公里水土流失治理，辖区内4条主要河流的水质均保持Ⅲ类标准；工业废水排放达标率99.95%；城市空气质量良好天数达到290天；全区万元生产总值能耗预计五年累计下降25%以上，COD、SO2主要污染物排放总量下降8%。

4、社会事业快速发展，人民生活大幅改善

五年来，长安区积极实施教育优先战略。“十一五”末，财政性教育经费支出占全区GDP比重达2.23%，共创建“教育强乡镇”18个，省级示范幼儿园2所，省级标准化高中6所，省级重点职校1所，省级示范农技校7所，市级素质教育优秀学校3所，新建标准化寄宿制小学7所，完成了20所学校的灾后加固工程，投资2亿元建成长安二中，近三年来为高校输送学生近1.5万人。教育现代化水平和教师队伍建设得到进一步加强，与“十五”末相比，教育基础设施更加完善，城乡教育均衡发展，获“全国推进义务教育均衡发展先进区”、全省“两基工作先进区”和“高水平高质量普及九年义务教育区”称号。人口自然增长率持续稳定在7.0‰以内，人口素质明显提高。医疗卫生和医保工作取得新进展。全区医疗机构从2005年726个增加到2010年748个，新建社区卫生服务中心13个。全区新型农村合作医疗参合人数达到77.5万人，参合率达到94.4%，获陕西省新型农村合作医疗制度建设先进区，城镇医疗保险参保率达96.88%。实现了村级卫生服务和社区卫生服务全覆盖，基本实现了人人享有基本卫生服务的目标。就业规模持续扩大，累计新增城镇就业人员55609人，城镇登记失业率始终控制在4.5%以内。社会保险覆盖面进一步扩大，养老、失业、工伤等保险参保人数持续增加，全区新农保参保率达93%。“十一五”末，城镇居民人均可支配收入达到19557元，年均增长19.6%；农民人均纯收入达到7389元，年均增长15.6%，城乡居民生活水平大幅提高。

5、改革创新力度加大，招商引资成效显著

五年来，政府机构改革深入推进，事业单位改革分类实施，实施了绩效工资制度；金融体制改革成效显著，设立了1家小额贷款公司；农村综合改革不断深化，土地承包经营权流转有序开展；集体林权制度改革不断深化。招商引资工作取得新突破，五年累计实际利用外资达到6268万美元；重点项目建设快速推进，五年累计实施重点建设项目443个，完成总投资285亿元，极大地推动了长安经济加快发展。

（三）“十一五”启示

“十一五”时期经济社会发展的实践启示我们：

1、必须始终坚持解放思想不停滞

“十一五”的快速发展，得益于区委、区政府不断解放思想、更新观念，充分汲取国内外先进管理理念，不断突破传统思维模式，教育广大干部群众提高自身素质，以新观念谋划发展，以新思路引领发展，以新措施推动发展，激发了百万长安人民加快发展的动力与活力。

2、必须始终坚持科学发展不动摇

“十一五”的快速发展，得益于区委、区政府认真践行邓小平理论和“三个代表”重要思想，始终坚持科学发展、加快发展、跨越发展不动摇，不断提高抓机遇、解难题、促发展、惠民生的能力，这是长安区实现经济社会又好又快发展最根本的保证。

3、必须始终坚持项目带动不放松

“十一五”的快速发展，得益于区委、区政府一切从实际出发，抓住优势、突出社会民生，紧紧围绕基础设施建设、房地产、商贸服务等重点产业领域，加强调查研究策划大项目，加大招商力度推介大项目，优化投资环境吸引大项目，真抓实干建设大项目，使重大项目建设的辐射带动效应较“十五”更加显现，为区域经济社会加快发展提供了强有力的项目支撑。

4、必须始终坚持改善民生不停顿

“十一五”的快速发展，得益于区委、区政府始终坚持以保障和改善民生、发展社会公共服务为基本出发点和落脚点，始终坚持发展为了人民、发展依靠人民、发展成果由人民共享的思想路线。多措并举，以解决民生为根本，以提高生活质量为目标，努力增加城乡居民收入，最大限度地满足人民群众物质文化与精神文化的需求。

5.必须始终坚持转变方式不懈怠

“十一五”的快速发展，得益于区委、区政府大胆创新发展模式，促进了城乡二元体制向城乡一体化发展转变、数量型增长向质量型增长转变、生产主导型向服务主导型转变、投资贡献为主向内需贡献为主转变的“四大转变”。保持了经济增长方式由单一依靠投资拉动向投资、消费双轮驱动促发展的转型，进一步做大做强经济总量，不断提高经济社会发展的质量和效益。

当前存在的主要问题：（1）经济总量依然偏小，发展方式粗放，建设经济强区任重而道远；（2）经济结构不尽合理，调整产业结构、转变经济发展方式的力度还需加大；（3）城乡二元结构矛盾依然突出，统筹城乡发展的步伐还需进一步加快；（4）城乡基础设施、医疗卫生、社会保障等公共服务体系还不完善，改善民生方面的工作还需不断加强；（5）优势资源的整合还不到位，把资源优势转化为经济优势的努力还需加大。这些问题需要我们在“十二五”期间予以解决。

二、长安区“十二五”发展环境

（一）国际背景

“十二五”时期，国际环境总体上有利于我国和平发展。全球经济会在缓慢曲折中复苏，后金融危机的影响在某些领域持续存在一段时间，世界经济结构进入调整期，世界经济治理机制进入变革期，新兴市场国家力量步入上升期，创新和产业转型处于孕育期，中国发展的外部环境更趋复杂。但全球经济一体化的大趋势仍在发展，世界各主要大国普遍重视通过经济可持续发展谋求综合国力竞争优势，必然更加期待发展与深化对华经贸合作；跨国投资与并购仍会在波浪中前行，产业转移仍在寻求最佳配置地，中国可望更有效地利用外部资源、资金、技术与市场，促进“十二五”规划各项战略目标的实现。

（二）国内背景

1、中国仍处于经济社会发展的重要战略机遇期

中国发展的重要战略机遇期没有因为国际金融危机而改变，和平、发展、合作仍然是时代潮流，工业化、城镇化进程将快速推进，国内投资需求和消费需求有望保持强劲增长态势。中国将抓住战略机遇，以提高发展的质量为核心，进一步加快发展，稳步实施“十二五”规划，全面推进小康社会建设。

2、科学发展成为时代主题

坚持发展是硬道理的本质要求，就是以科学发展为主题。大力发展循环经济、低碳经济、绿色经济，加快转变发展方式，大力推进节能减排、发展无污染的现代产业成为大趋势。这就要求我们加速传统农业向现代农业转变，传统工业向新型工业转变，传统服务业向现代服务业转变，着力保护和改善生态环境，不断提高发展质量。

3、加快转变发展方式成为主线

“十二五”时期，支撑经济发展的条件正在发生变化，提高科技对经济增长贡献率的要求迫切，同时有利于自主创新的条件正在形成，加快转变经济发展方式已成为全国人民的共识。国家将切实加快经济结构战略性调整，加大国民收入分配调整力度，推动产业优化升级，推动发展向主要依靠科技进步、劳动者素质提高、管理创新转变。

4、保障和改善民生成为转变发展方式的抓手

“十二五”时期，民生状况是否得到保障和改善，将成为衡量经济发展方式转变成效大小的根本标准。以保障和改善民生作为转变经济发展方式的根本出发点和落脚点，这就要求各地在发展中必须把发展民生事业作为重点，更加注重社会建设，着力保障和改善民生，推动建设和谐社会。

5、统筹城乡和促进协调发展的力度将不断加强

以城乡居民共享改革发展成果为宗旨，国家将加快发展现代农业，加快小城镇建设步伐，深化农村综合配套改革，完善农村发展机制，拓宽农民增收渠道，加强农村社会事业发展，统筹城乡和促进区

域之间协调发展的力度将不断加强，逐步实现不同区域及城乡公共服务均等化。

6、内需潜力将获释放

“十二五”时期，国家将以扩大内需为首要任务，着力破解制约扩大内需的体制和机制障碍，进一步实施一系列刺激国内需求的政策措施。国内巨大的消费需求潜力将得到有效释放，特别是城镇化过程中将产生巨大的基础设施建设消费和新城市居民、农村居民的消费需求，为中国经济平稳较快发展提供持续的内生动力。

（三）重大机遇

“十二五”时期，长安区主要面临“四大机遇”。

1、新一轮西部大开发带来的新机遇

中央“十二五”规划建议明确提出，“坚持把深入实施西部大开发战略放在区域发展总体战略的优先位置，给予特殊政策的支持”。国家已经出台了新一轮西部大开发的系列政策，对长安区实施追赶战略、谋求跨越发展提供了重大机遇。

2、关天经济区建设和发展的新机遇

长安区作为西安市主城区的重要新功能板块，是“关中—天水经济区”的核心区，亦是打造“全国内陆型经济开发开放战略高地、统筹科技资源改革示范基地、全国先进制造业重要基地、全国现代农业高技术产业基地、彰显华夏文明的历史文化基地”的重要承载平台。“十二五”期间，随着关天经济区建设步伐的逐步加快，必将强力推动长安区城市建设、产业聚集、城乡统筹等加快发展。

3、西安建设国际化大都市的新机遇

西安将加速建设国际化大都市，加快推进城市基础设施建设、产业布局优化调整、城乡统筹发展进程。长安作为大都市南融的纵深腹地，必将更多地承接城市功能辐射，使长安的城乡建设、产业培育、经济社会实现跨越式发展。

4、西安市创建“创新型”城市的新机遇

2010年，西安市被科技部批准为国家创新型试点城市。国家相关政策的出台，将进一步加大对科技创新的支持力度，激发区域创新发展的内生动力，为长安区充分利用丰富的科教资源，加快统筹科教资源示范，建设创新型城市新区提供重大创新发展机遇。

（四）面临挑战

“十二五”期间，长安区面临的挑战主要有：

1、可持续增长压力增大

长安区增长方式比较粗放，受到后金融危机及国家宏观调控政策的影响，土地、环境约束日益刚性化，区域经济运行的不确定性因素增加，经济可持续增长的压力增大。

2、资源配置整合任务艰巨

长安既有秦岭北麓优质的生态旅游资源，又有众多的宗教文化资源；既有32所高校30多万人口的科教资源，又有三个开发区丰富的产业资源，但这些资源对区内发展的带动辐射作用未能得到充分发挥。“十二五”期间，对生态旅游、宗教文化、科教资源等进行有效配置整合的任务十分艰巨。

3、城市建管工作繁重

长安区虽已纳入西安市主城区，但与大都市主城区要求还有较大差距，城市建设与管理水平尚不适应作为主城区的要求。“十二五”时期，按照国际化大都市标准进行城市建设、提升城市管理水平的工作任务将十分繁重。

4、统筹城乡任重道远

长安区城乡二元结构矛盾突出，农业人口占全区总人口80%以上；农村区域占总区域面积80%以上，山区面积接近一半。城乡基础设施差距明显，居民收入差距扩大的趋势并未发生根本改变，实现公共服务均等化的任务仍很艰巨。

“十二五”期间，长安区机遇与挑战并存，希望与困难同在，必须紧紧抓住重大机遇，着力克服各种困难，充分挖掘自身优势，全力推进区域经济社会又好又快发展。

三、指导思想、发展原则与发展目标

（一）指导思想

“十二五”时期，推进全区经济社会发展，必须高举中国特色社会主义伟大旗帜，以邓小平理论和“三个代表”重要思想为指导，以科学发展为主题，以转变经济发展方式为主线，以实施追赶战略、谋求跨越发展、建设“四强新区”为目标，按照三产强区、项目带动、板块推进、生态优先的总体要求，加速建设城南国际新区、合作共建区、统筹城乡示范区、秦岭北麓生态优先区“四大板块”，加快推进城市化进程，着力构建城市骨架，着力聚集优势产业，着力优化生态环境，着力统筹城乡发展，努力把长安建设成为经济繁荣、生态宜人、朝气蓬勃、文明和谐的国际化大都市新型城区。

（二）发展原则

未来五年，面对前所未有的发展新机遇，必须坚持“四项原则”，奋力开创区域经济社会发展的新局面。

1、坚持加快发展

紧紧扭住发展这个第一要务，切实增强不进则退、慢进也是退的忧患意识，把加快发展摆在更加突出的位置，不断强化加快发展的各项举措，竭力做到能快则快、能超则超；在加快发展中破解各种难题，在加快发展中优化结构，在加快发展中增强实力，在加快发展中实现突破，努力推动经济社会发展迈上新台阶。

2、坚持追赶发展

充分认识到长安与国际化大都市的差距，牢固树立争先意识，以兄弟城区为追赶目标，把后发优势转化为发展动力，切实做到在抢抓机遇上先于原有主城区，在工作标准上高于原有主城区，在发展速度上快于原有主城区，奋发作为，全力赶超，努力缩小差距，不断增强发展竞争力，使长安在建设国际化大都市进程中处于领先地位。

3、坚持跨越发展

把跨越发展作为“十二五”工作的主要策略，用世界眼光审视长安发展，站在全市、全省、全国的高度谋划长安发展，采取超常规的举措推动长安发展。大投入完善基础设施，大手笔策划实施项目，大魄力推进改革开放，大力度统筹城乡发展，努力实现经济社会发展的大跨越。

4、坚持和谐发展

把发展的出发点和落脚点放在保障和改善民生上，着力促进城乡发展相协调、人口与资源环境相协调、改革发展与稳定相协调、经济发展与社会进步相协调，不断取得构建和谐社会的新成效，使发展成果更多地惠及民生，使人民群众生活得更加幸福安康。

5、坚持绿色发展

坚持“生态优先、绿色发展”的原则，以建设环境友好型社会为目标，以建设“山水长安”为抓手，加强土地资源、水资源的保护，加强生态环境保护，特别是秦岭北麓的生态环境保护与开发，大力发展绿色经济和低碳经济，增强可持续发展能力，促进人与自然和谐发展。

（三）发展目标

1、战略目标

——以城市核心商业区、重点城镇商业街、环山休闲商业带、农产品批发交易市场建设为支撑，努力把长安区打造成为商业流通网络健全的西安现代商贸物流新区。

——以三个共建区为依托，以长安产业园（航天）和长安通讯产业园（高新）建设为支撑，努力把长安区打造成为高新技术产业集聚新区。

——以绿色蔬菜基地、绿色瓜果基地、现代畜牧业养殖基地、环山果林带、苗木花卉基地建设为支撑，努力把长安区建设成为国家现代农业示范区。

——以秦岭北麓生态观光、旅游、休闲、商贸、农家乐建设为支撑，努力把秦岭北麓建设成为西安国际化大都市的后花园。

2、“十二五”总体目标

“十二五”时期长安区经济社会发展的总体目标是：通过五年的努力，实现经济总量大扩张、经济结构大优化、城乡环境大提升、社会民生大改善，西安国际化大都市新型城区构架基本成型。

3、“十二五”主要经济社会发展目标

“十二五”期间，长安区主要经济指标实现“3个翻番”：即生产总值、财政一般预算收入、城乡居民收入等3项指标较“十一五”末实现翻番，分别达到570亿元、30亿元、40000元和14000元，如图所示。

一是经济实力实现新跨越。全区生产总值年均增长14%以上，2015年达到570亿元；全社会固定资产投资年均增长20%以上，2015年达到730亿元；地方财政一般预算收入年均增长18%以上，2015年达到30亿元。社会消费品零售总额年均增长16%，2015年达到190亿元；规模以上工业增加值年均增长18%，2015年达到240亿元；实际利用内资每年安排40亿元，五年累计200亿元以上；实际利用外资在“十一五”末的基础上，逐年递增200万美元，五年累计11000万美元以上；经济综合实力稳居全市前列。

二是经济结构得到新提升。非公有制经济快速发展，到2015年非公有制经济占GDP比重达到50%以上。第三产业比重持续提高，到2015年第三产业占GDP比重达到50%以上；三次产业占GDP比重由“十一五”末8.2：50.1：41.7调整为6：44：50左右。

三是社会民生达到新水平。规范并加快发展学前教育，巩固提升九年义务教育，全面普及高中教育，人均受教育年限达到9.5年以上。建立覆盖城乡居民的基本医疗卫生体系和社会保障体系，城市登记失业率控制在4.5%以下。城市人均可支配收入、农民人均纯收入持续增加，到2015年，城镇居民人均可支配收入和农民人均收入比2010年翻一番以上，分别达到40000元和14000元。

“十二五”期间经济社会发展主要目标

序号	指标名称	单位	2015年	年均增长（%）
1	地区生产总值	亿元	570	14
2	人均生产总值	美元	≥7000	
3	社会消费品零售总额	亿元	190	16
4	全社会固定资产投资	亿元	730	20
5	地方财政收入	亿元	30	18
6	第三产业占GDP比重	%	≥50	
7	非公有制经济占GDP比重	%	≥50	
8	常住人口	万人	140	
9	城镇居民人均可支配收入	元	40000	15.5
10	农民人均纯收入	元	14000	16
11	五年城镇新增就业人口	万人	10	
12	城镇登记失业率	‰	4.5	
13	新型农村合作医疗覆盖率	%	95	
14	万元GDP综合能耗五年累计下降	%	13	
15	主要污染物排放量减少	%	10	
16	森林覆盖率	%	40	
17	城市绿地率	%	30	
18	污水处理率	%	95	
19	垃圾无害化处理率	%	100	

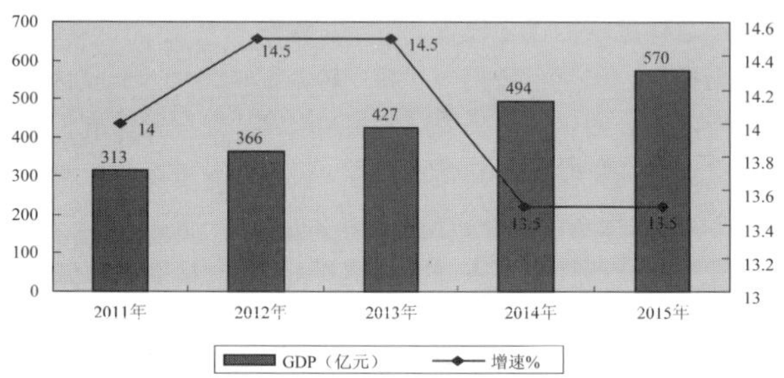

图3—1　长安区“十二五”国内生产总值增长目标

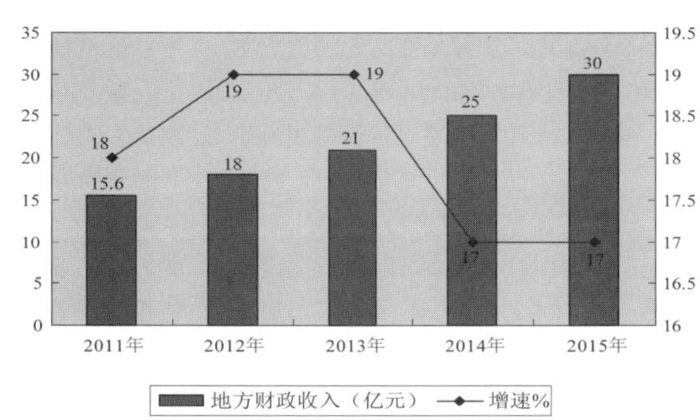

图3—2　“十二五”财政收入增长预测

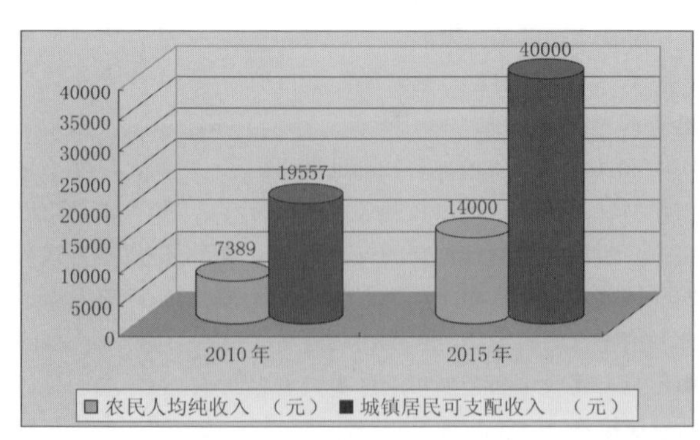

图3—3　城乡居民收入对比图

四是生态建设取得新进展。生态环境质量进一步改善，万元GDP能耗五年持续降低13%，COD和SO2排放量持续下降，城镇污水、生活垃圾、工业固体废物及农村固体垃圾基本实现无害化处理。

四、空间布局与发展思路

（一）空间布局

布局总体思路：“十二五”时期，积极顺应西安国际化大都市快速南融的发展趋势，主动承接大都市功能辐射，按照“北进南拓、东西融合、中部提升”的空间架构，以“四横六纵”的城市路网体系拉大城市骨架，科学划分“四大板块”发展功能区，合理规划产业布局，加快培育五大主导产业，着力打造六大核心增长极，经过五年努力，基本形成空间布局合理、产业发展强劲、城乡协调共进的西安国际化大都市新型城区发展格局。

1、加快完善“四横六纵”的城市路网体系

积极配合市级交通部门，尽快启动南横线长安段道路工程，争取在“十二五”前两年建成通车，与西部大道、韦郭大道、环山公路一起形成四条东西横向交通主干道路。加快长安大道建设，确保在2011年内打通大都市南北中轴线；加强与航天基地协调，启动建设雁南路向南延伸工程，力争用2～3年时间连接到环山公路，与西太公路、西沣公路、子午大道、雁引公路一起形成六条南北纵向交通主干道路，构筑起覆盖全区、畅通快捷的城市主干交通网络体系。

2、加快构建“四大板块”发展格局

根据长安区各区域不同的资源条件、比较优势和发展阶段性特征，坚持按照立足基础、发挥优势、板块推进、协调发展的思路，分别进行功能定位，着力打造“四大板块”。通过五年的努力，逐步形成错位发展、协调发展、加快发展的新格局。

城南国际新区（东至长安路、西至西沣路、北至西部大道、南至南横线以南2公里的区域范围）——以推进城市化为重点，加快提升城市建设与管理水平，着力打造率先发展的国际化大都市新型城区。

合作共建区（西安高新技术开发区、航天科技产业开发区、沣渭新区在长安境内区域）——以优势互补、共建共赢为重点，全力支持“三个开发区”建设，着力打造错位发展的合作共建区。

统筹城乡示范区（南横线以南至秦岭北麓坡脚之间区域）——以建设国家现代农业示范区为带动，以小城镇建设为支撑，以新农村建设为基础，以公共服务均等化为目标，努力消除城乡差距，着力打造农村与城市协调发展的统筹城乡示范区。

秦岭北麓生态优先区（秦岭北麓坡脚以南区域）：——以秦岭北麓保护开发为重点，加强生态建设与环境保护，做好生态旅游资源整合开发，着力打造可持续发展的生态优先区。

3、积极培育五大主导产业

把握全市产业发展大趋势，立足长安产业发展基础，充分发挥资源优势，转变经济发展方式，优化产业结构，加快积极培育优势产业，大力发展高新技术产业、商贸服务业、科教文化产业、休闲旅游产业和现代农业五大主导产业。做大做强产业规模，提升产业发展水平，增强经济发展的内生动力。通过五年努力，形成特色鲜明、布局合理、强劲增长的产业发展新格局，基本建立起一、二产业为基础、第三产业为支撑的产业体系，有力促进区域经济快速发展。

4、着力打造六大核心增长极

按照科学规划、分步实施、重点突破、带动全局的思路，以基础设施建设为中心，以产业发展为重点，率先推动四大板块的核心区建设，集中力量打造长安新城、常宁新区、长安通讯产业园、航天长安产业园、国家现代农业示范区、秦岭北麓休闲旅游带等六大核心增长极，辐射带动全区加快发展。

增长极一：长安新城核心增长极。以加速对接西安原有主城区为目标，在西到西沣路、东到长安路、南至韦郭路、北至西部大道总面积11.5平方公里区域内，按照建设大都市标准，率先实施综合开发。运用经营城市理念，采取市场化手段，加快完善基础设施，强力推进城中村改造，积极聚集发展一批有品牌、上规模的商贸、房地产等服务业项目。将这一区域打造成设施完善、环境优美、产业繁荣的城市建设先行区，大幅提升城市形象，有力支撑城市经济发展，带动长安区城市化进程不断加快。“十二五”期间，力争完成一期（西部大道至老韦斗路之间）5.3平方公里的综合开发，达到主城区标准，实现与大都市的全面融合。

增长极二：常宁新区核心增长极。以潏河、滈河综合治理为带动，高起点实施常宁新区开发建设，着力打造常宁新区增长极。从潏河城市段综合治理入手，按照“高起点规划、大规模改造、建设大景观、带动大发展”的思路，借鉴浐灞生态区运作模式，把潏河打造成景色优美、生态良好的城市景观河，带动常宁新区开发建设，吸引国内外知名大企业集团投资，实施高层次、大规模的商贸、房地产项目。争取到“十二五”末，把常宁新区打造成环境优美、宜居宜业的生态城市新区，使城市规模进一步扩大，城市发展实力明显增强。

增长极三：航天长安产业园核心增长极。加强与航天科技产业开发区的合作，结合开发区扩区，在雁引路两侧规划建设面积为13.2平方公里的长安产业园，全面对接开发区的基础配套设施，主动承接其产业辐射带动，大力发展通讯设备、太阳能光伏新材料、航天民用等配套产业，按照“一年起好步、三年打基础、五年见成效”的思路，到“十二五”末，在园区建成一批技术含量高、税收贡献大、市场前景好的科技企业，形成高新技术产业集群，带动全区工业经济快速发展。

增长极四：长安通讯产业园核心增长极。坚持“优势互补、共建共赢”的发展理念，加强与高新区的合作，加快7平方公里的长安通讯产业园共建步伐。积极发展电子通讯、软件开发及相关信息技术等产业，加速推进高新技术产业向园区聚集，构建以中兴通讯为龙头的高新技术产业集群，不断提高对区域经济发展的贡献，形成新的经济增长极。

增长极五：国家现代农业示范区核心增长极。以建设国家现代农业示范区为目标，以市场为导向，以项目为带动，以发展设施农业、观光农业为重点，高标准做好国家现代农业示范区发展规划，加大政策支持和技术服务，引导农民加大农业产业结构调整，建设万亩有机粮食基地、万亩设施蔬菜基地、万亩蔬菜博览园、万亩花卉基地、万亩设施瓜菜产业带。到“十二五”末，形成区域化布局、规模化发展、集约化经营、产业化开发的现代农业发展局面，促进农业持续增效和农民持续增收，带动农村经济加快发展。

增长极六：秦岭北麓休闲旅游带核心增长极。充分发挥秦岭北麓丰富的生态资源优势，按照构建大景区、发展大旅游的思路，坚持保护与开发并重，吸引有实力的开发商投资。以翠华山、南五台、嘉午台、祥峪森林公园等景区为核心，实施高层次旅游资源整合，进行市场化、商业化开发，打造世界闻名、全国一流的生态旅游景区。以王莽生态园、小峪河综合治理及“九大农家”建设为重点，在沿山地区建设“千亩荷塘、万亩桃花”观赏区，加快发展一批农家乐示范村，推动农家乐特色化、规模化、产业化发展。以佛教四大祖庭、八大寺院建设为抓手，高标准规划中国佛教文化展示区，重点打造以兴教寺为代表的宗教文化游大景区。以关中民俗博物院为核心，加大民俗文化、非物质文化遗产的保护与开发，打造传统特色文化产业旅游基地。以秦岭野生动物园为依托，引进大型游乐项目，发展青春时尚游，打造长安“欢乐谷”。以东大温泉资源综合开发为依托，高标准规划建设休闲健康旅游基地。同时，从峪口综合治理入手，加强各峪口环境卫生保洁管理，加大各峪口造林绿化，完善进入峪口的道路、公厕、停车场等公共服务设施，重点实施好沣峪口、大峪口、小峪口等治理，逐步将各峪口打造成生态环境优美、配套设施完善的旅游亮点。通过五年努力，使秦岭北麓长安段成为城市居民休闲旅游的首选目的地，使休闲旅游业成为支撑区域经济发展的主导产业之一。

（二）产业发展总体思路

1. 以建设国家现代农业示范区为统领，全力打造现代农业

以国家现代农业示范区建设为重点，积极发展设施农业、观光农业、现代畜牧业、循环农业、优质粮业和加工销售业，“十二五”期间重点发展粮食、蔬菜、畜牧三大产业的核心示范区。

粮食产业主要以优质高产标准化集成技术，实现农机与农艺的结合，重点建设有机粮食生产区、绿色生态粮食生产区、有机生态农业休闲观光体验餐饮区等，以小麦、甜玉米、五彩糯玉米等为主。

蔬菜产业主要建设好“两园两带”，即王曲万亩蔬菜园、灵沼万亩设施蔬菜精品园，壮大西部设施蔬菜产业带，扩大东部设施瓜菜产业带。以王曲产地市场为基础，建设创新中心、加工中心、检测中心和蔬菜大观园、有机瓜菜精品园。

畜牧产业主要发展生猪产业、蛋鸡产业和畜产品加工产业，重点建设樊川现代生猪产业示范区、东部塬区现代蛋鸡产业示范区，建设生猪屠宰加工厂和蛋产品加工厂。

2、以优势产业集聚为主线，全力打造现代工业

一是全力支持共建区工业发展，主动承接西安高新技术开发区、航天科技产业开发区和沣渭新区的辐射带动及产业转移，在航天基地内规划建设长安产业园，发展高新技术产业；集中打造长安通讯产业园。

二是以郭杜教育科技产业开发区为重点，积极发展总部经济，吸引国际国内大中型企业、集团企业入驻。

三是放手发展非公经济，在兴隆、五星、滦镇、马王、魏寨、砲里等乡街，建设产业发展聚集区，着力改造提升传统机械加工、食品加工、建材加工等中小企业，加速产业集聚，促进非公有制企业茁壮成长。

3、以大西安南融为契机，加速发展服务业

（1）着力改造提升传统服务业。

——商贸业。重点打造韦郭大道、长安大道两条黄金商业街区；在韦曲、郭杜、常宁新区、万科新城、富力城附近建设多个特色商业街区，积极引进大型超市、大型购物中心及品牌专卖店、连锁经营店；高标准规划西安城南轻工市场；以陕师大、西北大学、外国语大学等高校师生为消费主体，积极筹划在学府大道两侧发展商贸产业；在西安财经学院、西北大学和外国语大学周边分别建立大中型商贸批发市场；在各高校内和重点城镇建设小型超市；加快建设农村商贸服务网络。力争“十二五”末商贸业产值年均增长20%。

——餐饮住宿业。在主城区高标准建设一批高档住宿餐饮设施，积极培育餐饮业品牌和大型餐饮企业；积极引进高档酒店、度假山庄、星级主题宾馆、综合性会议中心；以高校师生为消费主体，加快规范和提升高校周边区域餐饮市场；加快建设集休闲、观光、体验、餐饮于一体的现代农业生态园区。“十二五”末餐饮住宿业产值年均增长20%以上。

——社区服务业。重点发展物业管理、医疗卫生、文体娱乐、家政、洗染、理发、美容保健、洗浴、修理、维护、保洁等社区服务业。

（2）积极发展现代服务业。

——金融业。以三大合作共建区、郭杜科技教育产业开发区、西部大道两侧为重点，吸引国内外金融机构在长安设立分支机构；在重点乡街积极建设各类金融机构营业网点。

——商务服务业。依托区域内众多的高校和科研院所，引进各类研发机构和培训机构；在韦郭大道、西部大道两侧筹划建设高档商务大厦，积极发展工程咨询、法律、会计、审计、税务等现代商务服务企业。

——现代物流业。以建材街为主体，积极发展建材装饰材料仓储式批发市场、家居市场和西安城南建材配送物流节点；以全区农副产品批发市场为依托，建立面向全市的农副产品配送物流节点；以三大共建区和高校为服务对象，建立现代轻工产品物流配送节点。

——商务会展业。“十二五”期间，积极发展会展经济。积极推进国际国内大型学术交流、论坛等在长安举办。

（3）加快发展旅游业。

在发展战略上采取重点突破、以点带面、循序渐进、稳步发展的模式，以旅游品牌的大提升促进旅游产业大发展。“十二五”期间旅游业总体发展思路为，以构建大景区、发展大旅游、建设大产业为目标，着力打造“一山、一寺、一泉、一院、一园、一谷”（即翠华山、兴教寺、东大温泉、关中民俗博物院、王莽生态农业观光园、动物园周边规划欢乐谷），丰富区域旅游业态，提升旅游产品档次，打造国内一流旅游品牌，大幅提升区域旅游业发展的核心竞争力。要以重大项目为支撑，大手笔规划，大范围、大力度整合资源，在更高层次上大规模投入，大范围引进，以自然山水、民俗文化、宗教文化、历史文化资源的深度挖掘为重点，精心打造各景区主题形象，逐步形成自然山水生态游、关中民俗文化游、佛教祖庭文化游、田园农家游、科教文化游、

休闲体验健康游等形式多样、协调发展的旅游产业体系。

（4）加速发展文化产业。

认真组织实施《长安区文化发展规划》，着力打造以丰镐遗址为代表的周文化产业，以大学城为核心的创意文化产业，以秦岭北麓自然景观为依托生态文化产业，以“关中民俗艺术博物院”及五台古镇为基地的民俗文化产业，以兴教寺为代表的长安佛教文化产业。将文化事业与文化产业有机结合，加快建设陕西电视台影视基地等文化产业重大项目，促进文化资源产业化步伐。加快发展丰镐遗址文化功能区，沣峪东大自然风光及温泉度假文化功能区，翠华山、嘉午台、太兴山为主体的东南名山古洞胜景游览文化功能区，“两塬夹一川”的浐河流域文化功能区，当代特色创意文化功能区。以兴教寺为中心，在杜曲、王莽等乡街规划建设中国佛教文化展示区；充分利用引镇、五台、太乙宫、细柳等古镇资源，在中心城区和农村之间打造富有历史文化特色的古镇。通过努力，使文化产业成为长安经济发展的新亮点。

（5）规范和提升房地产业。

以引进全国一流房地产开发企业为目标，以中高档住宅建设为重点，完善住房供应政策及住房供应结构。积极建设高标准、现代化时尚住宅小区和绿色低碳环保社区；改造和建设中小户型以及中低价位的普通商品房及商业用房；加快经济适用房、廉租房、农民工公寓、职工公寓建设；加大商务地产的发展力度，促进商业用房及办公楼市场发展，使房地产业成为长安区经济发展的一大热点。

五、“十二五”主要工作任务

（一）加速板块推进，建设活力长安

“十二五”期间，按照“优化一产、推进二产、做大三产、项目带动、板块推进、生态优先”的总体要求，以提升城市品位、改善城市人口结构为目标，着力打造国际化大都市新型城区、合作共建区、城乡统筹示范区、秦岭北麓生态优先区四大板块，充分利用丰富的高校资源，逐步形成优势资源加速转化、主导产业发展强劲、四大板块协调互动、整体实力显著增强的区域发展新格局，努力建设一个交通便捷、经济发达、商贸繁华、科教兴旺、开拓进取、勇于创新的活力长安。

1、发展城市经济，建设城南国际新区

城南国际新区是长安区的政治、经济、文化中心，主要发展科技研发、教育文化、高档餐饮服务、大中型商贸服务、特色商业街、宜居地产、总部经济等产业。

主城区产业发展的主要任务：迅速发展韦郭大道、长安大道商业街。积极推进韦曲、郭杜、常宁新区城中村改造，加快万科新城、奥特莱斯国际商务广场等项目建设，全力推进城市经济大发展。以大学城科教资源为依托，大力发展商贸服务、科教旅游、新闻出版、影视传媒、动漫软件、文物字画鉴赏、评估拍卖等第三产业；有效整合历史文化遗址、城市公园等城区景点，发展城区旅游。“十二五”末，主城区建设面积达到60.61平方公里以上，人口达到50～60万，绿化覆盖率达到30%以上，人均住房面积达到30平方米，燃气入户率达到95%以上，西安国际化大都市新型城区骨架基本形成。

2、支持共建区发展，主动承接产业辐射

合作共建区主要包括长安区与西安高新技术开发区、航天基地、沣渭新区三个开发区合作共建区域，是长安区高新技术产业发展区。

共建区发展的主要任务：按照“优势互补、共建共赢、错位发展”的思路，全力推动三个开发区建设。一是加快建立和完善与开发区相互融合、共同发展的体制机制，加大在经济建设、城市建设与管理、社会事业发展等方面的合作，进一步理顺经济指标划转、税收分成、项目建设支持等机制，奠定良好的发展基础；二是积极做好开发区建设的配合服务工作，围绕开发区重大基础设施建设、重大产业项目，做好征地拆迁、附着物赔付、群众稳定、环境保障等协调工作，加强医疗卫生、劳动就业、文化体育等社会管理职能向开发区的延伸，促进开发区加快发展；三是努力在产业结构上与开发区错位发展，主动承接开发区在高新技术、装备制造、生物环保等产业方面的辐射带动，发展相关配套产业，打造长安产业园和长安通讯产业园，促进产业结构转型升级。到“十二五”末，合作共建区成为长安区工业增长的支柱，贡献率达到80%以上。

3、发展现代都市农业，建设城乡统筹示范区

城乡统筹示范区以小城镇和新农村建设为支撑，重点发展设施农业、观光农业等现代都市农业。

产业发展的主要任务：粮食产业方面，在东部塬区建设10万亩旱作优质小麦产业带，在中西部灌区建设10万亩节水灌溉高产粮食产业带，在沿山地区建设10万亩绿色粮食产业带；以细柳“万亩高产节水灌溉标准化示范区”、杨庄“杨氏万亩有机农庄”为中心，建设2个万亩粮食高产标准化生产示范区。设施瓜菜产业方面，在灵沼乡建设万亩设施蔬菜精品园，在王曲街道建设万亩蔬菜博览园，在东部塬区建设万亩设施瓜菜产业带；西部以灵沼、马王为中心，积极促进蔬菜向精深加工发展，建设绿色、安全、优质、高效生产经营示范基地；建设产地批发市场，扶持壮大蔬菜产业龙头企业；加快推进以魏寨、大兆为中心的核桃种植基地、东部设施西瓜建设，辐射带动鸣犊、砲里等乡街规模化发展。杂果及苗木花卉产业方面，加快推进以五星为中心的设施草莓基地建设；在环山公路两侧栽植2万亩果林，加快推进滦镇、王莽杂果林带基地建设；中部以黄良为重点，加快发展万亩花卉产业。积极引进大中型农副产品精深加工企业，延伸农业产业链条。

通过“十二五”努力，国家现代农业示范区基本建成，成为引领全区现代农业发展的强大支撑。

4、整合旅游资源，建设秦岭北麓生态旅游区

秦岭北麓生态旅游区重点做好生态环境保护、宗教寺庙建设、流域综合治理、生态旅游。

产业发展的主要任务：整合秦岭北麓旅游资源，重点打造大祥峪生态旅游区。加快旅游基础设施建设，贯通关中环线通往主要峪口的道路建设，抓好峪内各景点环境整治和服务设施建设；发挥秦岭峪口的山水优势，以翠华山、南五台、嘉午台、青华山、祥峪沟、太兴山为重点的生态旅游和九大农家乐为重点，打造具有长安特色的山水、文化、农家旅游产业带，推进大祥峪旅游综合开发、五台国际文化交流中心等重大项目建设；打造集地质景

观、秀美山水、佛教文化于一体的秦岭自然景观园；综合治理秦岭北麓沣峪段，打造沣峪生态休闲旅游长廊，在祥峪、大峪、沣峪、库峪等浅山流域和出山口，建设33.3～66.7公顷以上的生态水面湖泊公园；以新农村建设为支撑，改造秦岭北麓农村面貌，在各大峪口规划建设5～10个旅游综合服务节点，提升旅游服务水平。到“十二五”末，把秦岭北麓生态旅游休闲区打造成为“走进长安、感受人文、体验山水、丰富生活”的核心发展区。

（二）加快城乡统筹，建设和谐长安

按照五个统筹，统一规划、分步实施，以促进产业发展为基础，以加快城镇化进程为突破口，以城乡居民共享改革发展成果为核心，努力打造一个资源同享、功能互补、协调共进、平安和谐的和谐长安。

1、大力推进城乡规划一体化

高起点、高标准完成《长安区城市总体规划》修编。高标准编制重点城镇建设发展规划，加快乡街中心区尤其是关中百镇和省级重点镇的基础设施建设，形成以主城区为核心，以小城镇为节点，农村村庄为基础，相互衔接、功能协调、服务基本完善的城镇化建设体系。统筹城乡空间布局、城乡居民生活空间布局、产业发展空间布局、生态保护空间布局，科学合理的配置区域性公共基础设施与服务设施，促进工业向园区集中，农民向城镇集中，土地向规模经营集中，促进农民生产、生活和居住方式的根本转变。

2、大力推进城乡建设管理一体化

（1）韦郭一体化建设。加快韦曲、郭杜城市公用服务设施建设，重点建设学府大道东段与潏河滨河大道连接工程、老韦斗路延伸工程、大学城南区垃圾处理与污水处理工程、郭杜开发区综合变电站及现有变电站扩容改造、郭杜开发区自来水加压站工程等项目，实现韦曲与郭杜的基础设施一体化。

（2）常宁新区建设。完成长安大道、南横线常宁新区段、区内支路系统等道路建设，形成内外完备的路网系统。加快建设常宁新区供暖、供气、供水等基础设施建设。加快潏河流域长安城区段综合治理及区内生态环境建设，把潏河建设成城内景观河。

（3）城市基础设施建设。全区城市基础设施建设计划投资约15亿元，重点建设潏河滨河大道、大学园东西路等五条主要道路；对城区现有道路、人行道进行彻底整修和改造，加大对背街小巷人行道整治力度；完成朱雀大街长安段、电子正街长安段等城区断头路建设；完成污水处理厂二期建设工程，完成城区供热、供气管网全覆盖建设工程；完成地铁二号线长安段3个站点及1个停车场的拆迁建设任务；加强城市道路绿地系统建设，提升人均绿地率；完成潏河景观带城市设计和城市景观建设，建设潏河公园，建成清凉山公园；进一步完善和扩大城区内的广场、休闲服务场所建设。

（4）加快老街区改造。加快韦曲老街区市容市貌、商业网点改造，提升韦曲西街、青年街、文化街、新华街等市政道路和建筑立面改造。对商业网点进行梳理整合，加快华美十字、三个地铁站、南长安街、西长安街、韦曲西街等商业网点建设。抓好架空线缆地埋工作，实施主要大街夜景点亮工程，增设城市雕塑和景观小品，着力提升城市品位。城市核心区的城中村在五年内全部改造完毕。

（5）完善重点镇公共设施。以重点镇建设为契机，进一步完善镇区基础设施改造及公共服务设施建设，重点实施滦镇、太乙宫、东大、子午、五台、引镇、杨庄等乡街道路建设工程及排水、路灯、绿化、交通标志标线等工程。

（6）提升城市建设管理水平。按照国际化大都市标准，加快城市交通、基础设施、绿化等各项建设，着力改善城市环境、提升城市品位；健全和理顺城市管理体制，重点抓好市容、绿化、环卫、市政管护等方面的改革，实现城乡建设管理一体化。

（7）着力改善农村面貌。调整村庄布局，推进农村新型社区建设，重点抓好大村扩容、小村合并、“空心村”的整合利用，建成一批布局合理、功能完善、服务配套的农村新型社区；选择合适村庄进行土地整理、村庄整治，建设新型农村。完成村内道路建设，使出村路油路（水泥路）达90%以上。对区内58座农村公路危桥进行加固、重建。全面实现广播有线电视“村村通”。以“四改、五通、五化”为重点，改善农村生活条件，使农村卫生厕所普及率和无害化率分别达到80%和50%，实现农村垃圾集中处理全覆盖。村庄绿化覆盖率达到20%～25%。通过五年建设，使全区90%的行政村基本达到“六新”标准，60%的村镇建成生态文明村镇。

3、大力推进城乡产业一体化

完善城镇产业体系，着力发展都市农业。秦岭北麓各街道重点建设生态观光农业。灵沼、马王、五星等镇重点发展设施蔬菜和食用菌产业。大兆、鸣犊、砲里、魏寨等重点发展设施西瓜种植基地和经济杂果林带。王莽、滦镇等地重点发展农副产品加工产业。五星、兴隆、引镇、大兆、马王、细柳等围绕共建区产业链延伸，主要发展装备制造、高新技术产业和生态环保产业、配套服务产业。以产业为支撑，促进城镇功能合理化。

4、大力推进城乡社会事业一体化

——推进城乡教育均衡发展，繁荣城乡文化事业。科学谋划城乡教育、文化设施的建设与发展。调整学校等教育资源布局，形成高中阶段教育向中心城区集聚，农村初中向重点镇集聚、小学及幼儿教育向中心村集聚的学校建设布局。加大文化网络信息传递建设和图书馆、文化馆、活动中心等文化设施建设的力度，让城镇文化、村落文化以及家庭文化相互辐射，相得益彰。

——统筹城乡卫生事业发展。建立城乡一体的公共卫生和基本医疗服务体系，完善社区卫生、计划生育服务机构布局，强化农村三级预防保健网络建设，改善农村卫生机构的基础设施，满足农民群众人人享有初级卫生保健服务需求。

5、大力推进城乡社会管理一体化

——建立城乡统一的新型户籍管理制度。以经常居住地登记户口为基本形式，以合法固定住所和相对稳定的职业或合法生活来源为基本条件，建立城乡统一的户籍管理制度。

——建立城乡统一的就业管理服务制度。实行城乡平等的就业政策，积极推进城乡统筹就业。建立和健全覆盖城乡、统一的职业培训体系、就业服务体系和切实维护城乡劳动者权益的劳动用工管理体系。

——建立城乡一体的社会保险体系。以制定实施被征地农民养老保险政策为抓手，建立完善的城乡统一失业保险制度，把本地户籍农村劳动力一并纳入失业保险范围。

——建立城乡一体的社会救助体系。建立以城乡居民最低生活保障、五保供养和灾害救助制度为基础，以大病、教育、住房、司法等专项救助为辅助的社会救助体系。

——建立城乡一体的社区管理体制。打破行政管理“城乡分治”的局面，调整政府部门的内设机构和行政职能，工作向农村延伸，逐步从制度上将城市和农村管理统一起来。

（三）坚持项目带动，建设财富长安

通过重大项目建设，推动产业发展，提升经济总量，增加城乡居民收入，努力打造一个产业快速升级、经济总量大幅增长、社会财富大量聚集、最具竞争实力的财富长安。

1、积极谋划重大项目

按照“策划大项目、培育大产业、搞好大配套、形成大格局”的发展思路，进一步优化项目和投资结构，解决项目建设中的薄弱环节。以项目推进城市化进程，以项目促进经济结构调整和产业升级，以项目改善社会民生。“十二五”期间，长安区拟实施重大项目198个，总投资1670.9亿元，其中“十二五”期间投资1000亿元以上。重点推进经济社会发展15大工程。

长安区“十二五”重大工程

序号	工程名称	总投资（亿元）	工程目标	工程内容
1	城市交通网络工程	46.44	打通长安向北对接、向南拓展、东西融合、中部崛起的大通道。	配合完成地铁二号线、西成高铁、西康二线建设；建设朱雀大街长安段、东仪路长安段、电子正街南延伸段、城南大道、高压走廊路南延伸段道路工程等道路工程。
2	城市设施配套工程	64.69	完善城市功能，增强城市综合服务能力。	加快常宁新区基础设施，加快韦曲、郭杜等城区天然气、供暖、供水、供电、垃圾处理、公厕等公共服务设施建设，提升改造城区设施水平。
3	城市品位提升工程	27.97	迅速提升城市品位。	重点建设城区文化广场、文化主题公园、清凉山公园、绿地休闲广场、主干道绿化等；加快城区立面改造、架空线缆落地等。
4	三产强区工程	307.72	发展商贸、房地产等第三产业，留住消费，吸引消费，增强活力。	重点打造韦郭大道商业街、长安大道商业街。加快改造提供传统服务业，积极建设星级酒店、企业总部、奥特莱斯国际商务社区等项目建设，积极筹划城南轻工市场，建设学府大道等区域商贸设施。加快万科新城等房地产项目建设。
5	城乡公路桥梁工程	27.95	完善城乡交通，为城乡一体化奠定坚实基础。	建设长安大道、南横线等交通基础设施；加快建设滦镇、太乙宫、东大、子午等23个乡街小城镇道路建设；修复完善主要河流毁损桥梁；加快通村道路建设。加快新农村建设，加快乡街和农村基础设施建设。
6	文化旅游发展工程	66.09	努力实现旅游资源的有效整合，提升长安旅游整体竞争力。	加快秦岭北麓旅游服务基础设施建设，建设秦岭北麓生态旅游产业带；重点推进大祥峪生态旅游区建设、兴教寺宗教文化旅游区建设；建成长安游客集散中心。
7	教育优先发展工程	69.76	切实保障适龄青少年受到应有的良好教育。	包括城乡中小学校舍安全工程、教育资源调整工程，每一个乡街建一个公办幼儿园；中学名校工程；普及高中教育等。
8	医疗卫生保障工程	14.01	扩大医疗机构规模，提升医疗卫生水平，与城市化进程加快的形势相适应。	区医院整体搬迁及部分医疗卫生机构改扩建工程；创建二甲医院等。
9	生态环境治理工程	76.11	充分发挥水资源优势，打造山水长安。	每年治理2个峪口，每个峪口投资5000万元；加强沣河、滈河、浐河等河流综合治理，重点实施滈河城区段治理；积极实施名峪治理工程。实施四大塬畔绿化工程、西安市城市空气污染综合监控与防治工程等。
10	现代农业发展工程	53.21	努力实现国家级现代农业示范区建设目标。	加快万亩粮食高产创建标准化生产示范区、西部设施蔬菜产业带、东部设施瓜菜带、秦岭万亩花卉园、千亩食用菌生产基地、王莽生态农业观光园、樊川生猪养殖示范区、东塬现代蛋鸡产业示范区等项目建设。
11	社会民生保障工程	23.79	改善公共服务水平，增加城乡居民幸福感。	城乡居民养老保险体系建设；增加城乡居民收入；文化广场建设工程、农民安居工程、农民工职业技能培训网络建设工程、廉租房与经济适用房建设工程、平安长安工程、5所区域性敬老院建设、长安区老年公寓建设等。
12	秦岭北麓开发保护工程	34.73	使秦岭北麓成为西安市发展的绿色屏障。	做好天然林保护工程；结合退耕还林后续工程；人工造林工程；做好长安游客服务中心建设、嘉午台景区开发建设等；在太乙宫、五台、滦镇、东大等沿山乡街建设百里经济果林带；恢复浅山荒坡植被，加大森林资源管护工作力度。
13	小城镇建设工程	11.2	缩小城乡差距，加快城镇化步伐	重点实施杨庄、子午、滦镇、太乙宫、东大、王莽6个小城镇的基础设施提升改造工程，做好子午水厂建设、马厂水厂建设、秦沣水厂扩建等项目。
14	城中村改造工程	729.6	改善长安区城市形象，大幅度地增加城中村群众收入，促进长安区城市化进程	长安区城市规划范围内36个村城中村改造项目
15	现代工业发展工程	109.48	促进产业集聚，扩张工业总量	建设长安通讯产业园、中兴通讯西安研发生产基地、小城镇民营工业聚集区、农产品深加工基地、现代家居生产基地等工业项目。

2、加强招商引资工作

认真贯彻落实区委、区政府招商引资工作管理办法，进一步完善招商引资管理机制，创新招商引资方式；突出西部大道、子午大道、长安大道两侧综合开发，通过东大温泉度假区、五台古镇旅游区、秦岭北麓十大峪口开发利用、现代都市农业示范基地建设等热点的交流推介，每年策划包装重大招商项目不少于50个；加强招商软硬环境建设，重点对万科新城、奥特莱斯、中邦动漫、潏河公园等项目做好跟踪、协调、配合、服务等工作，整体推进区域招商引资水平。加大招商引资工作宣传推介力度，“十二五”期间，每年参加外界招商引资活动不少于10次，区委、区政府组织的招商活动不少于10次。

3、着力改善投资环境

积极构建招商引资项目立项、环评、规划、供地、建审、开工、融资等一条龙服务体系。下大力气优化招商引资投资环境，为项目落地提供良好的环境。坚持打击破坏招商引资、影响项目落地建设的人和事，进一步强化招商引资考核奖励机制，确保招商引资工作成为引领区域经济社会快速发展的重要手段。

（四）坚持生态优先，建设山水长安

始终坚持生态优先战略，积极实施人居生态环境工程，加速水资源综合开发，强化城乡环境治理，努力打造一个山水特色鲜明、城市文明与生态文明交相辉映的山水长安。

1、加强秦岭北麓森林资源保护与建设

继续做好天然林保护工程；结合退耕还林后续工程，在太乙宫、五台、滦镇、东大等沿山乡街建设百里经济果林带；根据国家计划，投资637.5万元造林850公顷；着力恢复1000公顷浅山荒坡植被，加大森林资源管护工作力度，使森林资源成为长安区发展的绿色屏障。

2、加强水资源保护与综合治理

一是加快河流综合治理，重点实施潏河城区段综合治理工程，把潏河变成城内景观河；配合省市高标准做好沣河、浐河等流域治理。二是实施名峪治理工程，加快峪口综合治理，重点做好大峪、沣峪、祥峪、高冠峪等10个峪口开发建设工作。三是实施水资源储备工程，重点保护好饮用水源，筹建子午水厂，做好城市备用水源，解决好农村饮水安全问题；投资3000万元，新增一级保护区0.59平方公里；将郭杜、韦曲、常宁列为限制开采区，关闭城区15眼自备井，利用地表水2000万立方米作为大学城高校生态用水，投资2000万元开发凉水井；投资500万元用于地下水动态监测。“十二五”末，生态环境有效提升，成为长安区发展的重要保障。

3、深化城市环境综合整治

加快城市污水、垃圾处理设施建设，解决环境污染扰民问题。着力解决九大农家乐的污水处理；在未纳入区污水处理网络的高校建立独立污水处理系统。2015年底前所有机动车尾气必须达标排放；治理餐饮业油烟污染，加快餐饮业煤改气、油改气工作，城区内取消燃煤锅炉；严格控制建筑施工过程的扬尘污染；加强建筑施工和社会生活噪声的监督管理，综合治理城乡结合部的环境问题。

4、改善农村生产生活环境

全面改善农村生产与生活环境，完成区域内行政村的垃圾治理，农村垃圾处理率达90%以上。积极开展农村污水治理工作。加强村镇环境管理，村镇建设规划中要把环境保护作为重要组成部分，突出生态建设内容，做到村镇建设与生态建设同步实施。

5、做好节能减排工作

推广政府绿色采购、电子政务、绿色办公、低碳公务、节能照明等绿色政务行动；坚决取缔造纸等高耗能企业；鼓励使用绿色节能建筑材料，“十二五”末建筑节能材料使用率达80%以上，主要大道实行太阳能路灯、节能灯具。“十二五”末，全区万元生产总值能耗预计五年累计下降13%以上，S02等主要污染物排放总量下降10%，主城区空气质量良好天数保持在300天以上。

（五）改善社会民生，建设乐居长安

不断加大民生工程建设，大力改善社会民生，科学布局公共服务，通过五年的努力，使全区人民都过上学有所教、劳有所得、病有所医、老有所养、住有所居的幸福生活，努力建设一个社会和谐稳定、人民安居乐业、社会保障有力、文化品位高雅的乐居长安。

1、优先发展教育事业

（1）幼儿教育和特殊教育。规划建设11所区级幼儿园和22所乡街中心幼儿园，形成以区级幼儿园为龙头，乡街幼儿园为骨干，公办幼儿园为主体，公办、民办并举的格局，基本满足广大群众对学前教育的多样化需求。实行学前1年免费教育，入园率100%，学前二年、三年幼儿园入园率分别达到98%和95%。以义务教育为主，不断提高残疾儿童、少年入学率和巩固率。到2015年，三类残疾儿童入学率达到86%以上。做好特殊教育基础设施建设，完成对特殊教育教师的轮训工作。

（2）义务教育。加快中小学布局调整，撤并规模小、条件差的86所学校，全区定点中小学整合为151所。加快薄弱学校改造，建立城乡教育一体化发展机制，推进城乡教育均衡发展。义务段标准化学校达到100%，义务教育完成率达到98%以上。巩固小学适龄儿童100%入学率和零辍学率。初中学龄学生入学率保持在100%，升学率达到95%以上。

（3）高中教育。扩大优质高中教育资源，推进培养模式创新，满足不同潜质学生发展需求，探索发现和培养创新人才的途径，鼓励高中学校办出特色。完成长安一中的改扩建工程，开展示范高中、标准化高中创建活动，打造长安高中教育品牌。“十二五”期间，在现有6所省级标准化高中的基础上，再创建省级标准化高中2所，省级示范高中3所，80%以上学生享受优质高中教育资源；基本普及高中教育。

（4）职业教育。建设4所职业中学。将职教中心创建为“国家级重点职校”。改善职业二中办学条件。建成重点实习实训基地2个，建成区域性、开放式、资源共享型实训基地1个。努力使普高、职高招生比例逐步达到均衡化。

（5）成人教育。实施“人人技能工程”，加快生产、服务一线急需的技能型人才培养。各中小学按要求开足开齐劳技课。在应届初、高中毕业生中开展“三后”培训，尽快使其成为适应现代社会的劳动者。

（6）实施中小学安全工程。全面完成危房改造，使全区中小学校舍安全达标。创建市级“平安校园”20所，省级“平安校园”6所。

2、加快完善医疗卫生服务体系

（1）加快公共卫生体系建设。完成区医院整体搬迁及区卫生监督所、新农合经办中心新建工程；完成滦镇和鸣犊2个卫生院“120”急救点建设。区120急救分站投入并使用GPRS卫星定位系统急救专用救护车。

（2）加强社区卫生基础设施建设，改善群众就医条件。完成王莽、太兆等5个社区卫生服务中心转型改造建设，基本形成服务网络健全、服务功能完善、运行机制科学的社区卫生服务体系。“十二五”末，实现社区卫生服务全覆盖。

（3）进一步提升标准化村卫生室内涵建设标准。强化公共卫生服务职能和村级公共卫生基本医疗服务，实现信息化管理。

（4）加强传染病管理，强化卫生监督。做好传染病疫情监测、预警和上报工作。努力使“七苗、单苗”基础接种率、乙肝首针24小时接种率达到95%以上。健全覆盖全区的卫生监督机构网络，实现卫生监督数据信息共享，进一步加大打击查处各类违法行医行为。

3、加快发展文化体育事业

（1）完善文化体育基础设施建设。重点建设占地面积40亩的长安文化广场，包括文化馆、图书馆、博物馆、旅游馆、健身中心等。完成60%以上行政村的村级文化站建设。

（2）积极开展文化体育活动。以区文化中心、体育健身广场、体育公园及乡镇文化站、村社文化室、农民健身广场为活动平台，以区文化馆、各体育协会、各业余文艺团体及文艺骨干为依托，广泛开展文体活动，促进全民健身，提高全民身体素质，积极争取承办省市重大赛事，满足群众多层次、多样化的精神文化需求。

4、加强科技及信息化工作

重点做好具有长安特色的科技特派员工作，推进新品种和推广新技术100项以上。做好科技110专线服务工作。加强信息化工作，推动信息化与工业化深度融合，加快经济社会各领域的信息化。努力打造全国科普先进区县。

5、做好人口和计生工作

继续稳定低生育水平，不断提高出生人口素质，逐步优化人口结构。“十二五”期间，全区符合政策生育率继续保持在95%以上，出生率预期控制在12.3‰以内，人口自然增长率预期控制在6.5‰以内。与长安区加快城市化进程相适应，“十二五”期间常住总人口规模达到130万人以上。

6、完善社会保障体系

（1）继续扩大社会保障的覆盖面。建立覆盖城乡的社会保障体系，切实做好新型农村社会养老保险试点工作和城镇居民养老保险试点工作，稳步推进养老保险制度改革，切实加强社会保障资金监管工作。完善和扩大失业、工伤、生育等保险制度及其覆盖面，逐步建立城乡统一的养老、就医、优抚、助残等社会化服务体系和管理机制。加强离退休人员社会化管理工作，大力发展养老机构，建设区级敬老中心、区老年公寓和5个区级敬老院（综合性老年福利服务中心），积极吸引社会资金建设15个以上民营敬老院、老年公寓等，鼓励引导民间力量在社区（村）开展居家养老和社区照料服务点，逐步形成区、乡街、社区（村）三级居家养老服务网络。“十二五”末，新型农村合作医疗农民参合率达到95%以上，敬老中心入住率达到80%以上。

（2）促进就业增加居民收入。完善和落实《长安区鼓励全民创业实施意见》，激励全民创业、家庭创业、自主创业。加强就业培训服务，做好劳动力转移培训工作，形成特色和品牌，统筹做好城镇新增劳动力就业、农村人口转移就业、下岗失业人员再就业工作。加强对大学毕业生、退役军人的就业指导和服务。重点抓好长安区人力资源流动市场建设和覆盖各乡街的人力资源信息化网络建设。到“十二五”末，全区累计新增城镇就业10万人，实现再就业5万人，全区城镇登记失业率控制在4.5‰以内。

7、加强公共安全

加大公共安全投入，创建“平安长安”。加强对全区社会不稳定因素的排查，健全巡防网络体系。增强防灾减灾能力，重点加强河流综合治理、水库除险加固、森林火灾防治。加大安全设施投入力度，搞好隐患治理和安全技术改造，提高各类企业的安全生产水平。综合治理城乡结合部、建筑密集区等区域，消除各种火灾隐患。强化公共安全保障能力建设，加强公共安全教育与管理，为加快发展创造良好的环境。

（六）深化改革开放，建设国际长安

以建设国际化大都市为纲领，不断深化改革，扩大开放，理顺体制，优化机制，增加区域国际化元素，增强长安的包容性、开放性，努力建设一个文明进步、开放包容、国际化元素鲜明的国际长安。

1、加快创新管理体制，建设公共服务型政府

加快推进行政许可职能整合与集中改革，规范清理非行政许可审批事项，简化审批手续，探索建立高效、公正透明、便捷顺畅的审批系统，减少审批环节，进一步规范行政服务中心职能，强化对审批的监督。

调整财政支出结构，重点支持基础设施、社会保障、社会事业及环境保护等公共事业发展。继续深化“收支两条线”改革，进一步完善政府采购制度，全面推进部门预算改革，健全国库集中支付体系，强化项目投资评审，完善对财政预算和资金使用的绩效评估。改革公共服务供给模式，逐步引进公共服务市场操作机制。

2、不断深化改革，促进民营经济发展

加快推进教育、医疗和社会保障等方面的改革，加强农村土地流转和集体林权制度改革。以调整国民收入分配关系为核心，完善社会保障和公共服务体系，推进基本公共服务均等化。加快国有企业改革重组，解决中小企业改制遗留问题。加快民营经济发展，进一步扩大规模，提高层次和水平。

3、优化人才结构，创新人才机制

为适应建设国际化大都市对人才结构的要求，要优化人才环境，创新人才机制，建立健全人才引进、评价、激励机制，按照公平、平等、竞争、择优的原则，面向全国选人，优化人才结构，积极选拔人才、使用人才、培养人才，做到人尽其才、才尽其用。在干部选拔中要拓宽视野、加强交流，依据事业发展需要，选拔一批高学历的专业技术人才和现代管理人才，充实到机关和企事业单位，为经济社会发展提供坚实的人才保障和智力支撑。

4、扩大对外开放，打造国际长安

进一步扩大开放，构建开放合作新格局。采取各种有效方式加大招商引资力度，加强对长安区位优势特点和投资环境的推介和宣传，吸引大企业、大财团投

资。把扩大开放与产业结构优化升级紧密结合，引导外资投向，创新利用外资方式，以常宁新区、西部大道等区域为核心，打造一批高档外向型住宅、国际学校、商务办公、休闲度假设施，积极吸引国际投资者，全面提升对外开放水平，打造国际长安。

六、“十二五”规划保障措施

1、强化组织领导。在区委领导下，成立长安区“十二五”规划实施领导小组及办公室，统筹负责“十二五”规划的组织实施，强化规划权威性。各乡街、管委会成立相应的领导机构和工作机构，落实领导责任，层层建立责任机制，负责推动本地规划的实施。各专项规划，要细化分解工作目标和任务，确定责任单位和责任人员，明确工作要求，推动规划有效实施。

2、强化资金保障。积极运用财政资金的引导作用，鼓励社会投资向支撑规划实施的关键领域聚集，参与产业发展、公益事业及重大基础设施建设。充分发挥政府的桥梁纽带作用，深化银企合作，扩大内联外引，推动企业直接融资。

3、强化政策引导。建立健全规划实施推进机制，完善与规划相配套的各项政策措施，鼓励引导企业等社会主体积极参与规划实施。推进依法行政、公正司法，保护公平竞争，切实解决政务环境、招商引资环境、建设施工环境、旅游环境、社会环境等方面的突出问题，营造良好的发展环境。

4、强化宣传监督。采取多种形式宣传解读“十二五”规划，统一思想认识，明确当前中心工作，心往一处想，劲往一处使，更好地支持配合加快经济社会发展。主动接受人大监督，充分发挥政协、民主党派、工商联等的监督作用，自觉接受舆论监督，推进工作，确保规划目标实现。

5、强化人才保障。着力加强党政管理人才、企业经营管理人才、专业技术人才、技能人才和农村实用人才及社会管理人才队伍建设。坚持人才培养和人才引进并重，合理有效地利用好本地人才资源。建立科技创新、科技进步、科技示范工作激励机制，激发科技人员的工作积极性。探索各类人才管理新机制，激发全区各级干部热爱长安、建设长安的工作激情和创业激情，推动长安快速发展。

6、强化应急保障。坚持预防与应急并重、常态与非常态结合、全面布局与重点建设兼顾，重点抓好指挥平台、救援队伍、救援装备、应急物资等建设，提高预防和应对突发公共事件的综合能力，保障公众生命财产安全，维护社会稳定，保障社会主义和谐社会建设。

7、强化安全保障。切实提高对维护稳定工作的思想认识，切实增强维护社会稳定的责任感和紧迫感，把维护稳定作为硬任务来抓，对潜在的风险和隐患进行认真的预警分析研判，确保长安区社会安全和社会政治稳定。加强领导，切实保证维护稳定的责任措施落实到位。

8、强化防灾能力。成立长安区自然灾害综合防治办公室，定期对全区水利重点薄弱环节、地质灾害易发区、城市排洪防震设施等进行综合检查检测，建立地质灾害易发区调查评价体系、监测预警体系、防治体系、应急体系，提高长安区对自然灾害的综合防范和抵御能力。

七、希望被上级采纳的政策建议

第一，建议市上将城市基础设施投资向南部转移。随着市委、市政府的北迁，城市重心北移。但长安区作为西安国际化大都市城南新区，历史文化积淀深厚、发展空间广阔，是西安文化品位的集中体现区域，是展示国际化大都市的重要窗口。然而基础设施、城市建设等方面相对滞后，亟需加快发展，与原有主城区有效对接。因此，建议市上从西安整体布局出发，逐步将城市基础设施投资重点向南部转移。

第二，建议把常宁新区纳入市级层面推进。常宁新区已被确立为西安国际化大都市主城区的重要组团之一，对长安的城市化进程具有重大意义。但仅仅依靠长安区自身的力量难以形成快速发展的局面。建议市上加大投入，把常宁新区列入市一级层面，采取和大兴新区一样的措施强力推进。

第三，建议市上按开发区模式支持长安在郭杜建设国际企业总部。长安国际企业总部目前已具备了一定的发展基础和基本条件，对全市加快国际化进程具有重要意义。但由于长安力量有限，在基础设施建设、国内外知名大企业引进、政策激励、体制机制等方面尚显欠缺。因此，建议市上按开发区模式，全力支持郭杜国际企业总部建设，激发长安国际企业总部加快发展的活力，把长安国际企业总部建设成为西安市经济社会发展的新亮点。

2007年

1月

1日　长安区正式启动第二次全国农业普查现场调查工作。

5日　省国土资源厅、监察厅领导在西北饭店三楼会议室听取长安区违法违规用地整治工作汇报。

12日　区政府召开长安二中新校建设工作协调会。

16日　省教育厅助理巡视员杨生枝一行来长安区检查迎接国家“两基”验收筹备工作情况。

17～19日　政协长安区第十一届五次会议在常宁宫召开。

19～22日　长安区第十五届人民代表大会第五次会议在陕西省军区招待所召开，并完成选举任务。

23日　国家编办副主任黄文平在省编办主任王绪刚、副主任马明华，市编办副主任王永旭陪同下到长安区调研新型农村合作医疗工作机构设置、运行情况。

△　中国残疾人联合会副理事长程凯在省、市残联副理事长杨帆、王旭华陪同下对长安区精神病防治工作进行调研。

31日　市政府“开拓农村市场、连锁万村千乡”送科技、送服务、送商品下乡活动在长安区引镇街道启动。市政协副主席张波出席启动仪式。

2月

2日　长安区政务大厅正式启用。区发改委、招商局、卫生局等19个单位进驻大厅，实行“一厅式”办公。

28日　省法制办副主任张喜栋一行来长安区调研关中民俗艺术博物院项目征地工作行政复议案件落实情况。

3月

14日　省调查总队办公室主任程海洋一行来长安区调研调查队改革工作。

16日　国土资源部执法二处处长陈真一行来长安区检查有关项目用地问题。省国土资源厅执法局副局长申保国、市国土资源局局长田党生等陪同检查。

18日　长安商贸城一期工程盛世商都落成开业。省政府副秘书长梁和平、省委第一巡视组副组长杨景怀、市人大常委会副主任李尊贤、市检察院检察长任高潮、市政协副主席李佐成及区领导钱引安、杨立、成德奇、李映昭等出席开业典礼。

22日　长安区举办“世界水日暨保护母亲河”活动万人签名仪式。

27日　中央党校研修班课题组到长安区调研。

28日　全区新型农民培训暨科技进村入户活动现场会在高桥乡召开。

4月

1日　区委召开全区领导干部大会。市委常委景俊海代表市委宣布吕健任中共西安市长安区委书记，汪文展任区委副书记；免去钱引安中共西安市长安区委书记职务、杨立中共西安市长安区委副书记职务（另有任用）。

4日　副市长黄省身带领市“三排查、三落实”检查组到长安区检查“三排查、三落实”工作进展情况。

△　区政府发文（长政发〔2007〕18号）撤销细柳镇、杜曲镇、大兆乡、兴隆乡、黄良乡乡镇建制，设立细柳街道、杜曲街道、大兆街道、兴隆街道和黄良街道。

6日　区十五届人大第二十八次常委会议任命汪文展为区政府代区长。

9日　第十一届西洽会长安代表团投资环境说明会暨投资项目集中签约仪式举行，总投资39.18亿元的24个项目现场集中签约。副市长岳华峰及吕健、兰竹英、成德奇、汪文展等区级四大班子领导和100多位中外客商出席会议。

12日　“2007年中国和谐城乡游·春满长安”媒体采风活动在长安广场启动。市旅游局副局长余亚民及代区长汪文展等区级领导出席启动仪式。

13日　长安绿色无公害蔬菜批发市场第三届农副产品交流会开幕。

16日　长安区首届领导干部高校培训班在西北大学新校区开班。

28日　长安区群众性专职治安巡逻防范支队正式成立。市委常委、市委政法委书记丁健，市委政法委副书记、市综治办副主任王利民、张乾民，区委书记吕健、代区长汪文展出席成立仪式。

5月

9日　市政府在长安区召开终南山世界地质公园主题广场选址征询意见座谈会。市政府副秘书长李小六、市国土局局长田党生、市旅游局局长周爱全、市规划局局长和红星、总工程师王桢、代区长汪文展及有关专家参加座谈。

10日　区委、区政府召开全区“三夏”工作暨农业产业结构调整工作会议。

17日 区政府召开申报终南山世界地质公园准备工作专题会议。

21日 代区长汪文展、副区长张新民接待广东碧桂园集团客商。

23日 市人大常委会副主任芦猛虎一行到长安博物馆、杜公祠等文物保护单位对长安区文物保护管理利用和打击文物犯罪工作进行调研。

29日 市委书记孙清云、市委秘书长杨殿钟、副市长岳华峰一行到长安区就贯彻落实省第十一次党代会精神，推动科学发展、促进社会和谐进行调研。

△长安区举行六一儿童节庆祝大会暨青少年活动中心落成典礼。

6月

1～12日 区级各大班子领导深入全区各乡镇、街道检查秸杆禁烧及夏收夏播工作进展情况。

4日 市委副秘书长毋辉、市环保局局长罗亚民到长安区检查禁烧工作。

7日 市渭河污染防治办公室领导来长安区检查污水处理厂项目前期准备工作。

13日 省人大副主任刘尊义一行来长安区检查药品监督管理工作。

18日 市人大常委会副主任史南征一行来长安区视察《义务教育法》贯彻执行情况。

20日 市委常委、统战部部长徐自立，市委副秘书长、市综合考评办主任王良民一行到长安区督查1～5月份市考经济指标完成、重点项目进展及“三排查、三落实”工作开展情况。

26日 区委组织部、区委党校在东大街道祥峪沟村举行“农村基层干部培训基地揭牌仪式”。

28日 区委、区政府召开“加快发展、科学发展、率先发展”座谈会。

7月

5日 区委、区政府召开西沣路、沣峪口和动物园门前改造规划设计初步方案专题会议。

11日 香港泰盈地产集团公司董事长夏龙一行考察长安区城中村开发项目。

14日 区委召开一届二次全体（扩大）会议。

19日 长安区污水处理厂举行签约仪式。

△ 陕西省渭河流域水污染治理现场会暨长安区污水处理厂等6家污水处理厂开工奠基仪式在长安区举行。

20日 区委、区政府召开全区残疾人就业工作会议。

30日 区委、区政府召开涉军上访稳控工作会议。

△ 区政府召开专题会安排部署全区城镇住户基本情况抽样调查工作。

30～31日 区委、区政府召开庆祝建军80周年军地座谈会和建军80周年离休老干部座谈会。

8月

3日 区政府召开西安航天产业基地征地领导小组成员会议。

6日 市委副书记王成文、市委副秘书长王炳南、市委政研室主任李宁君一行到长安区调研城乡一体化进程。

9日 市人大环境资源委员会主任李英才一行调研秦岭北麓长安段生态环境保护工作情况。

15日 区委、区政府召开全区招商引资与投资环境报告会。

16日 区政府在行政中心广场举行916、917、918路公交线路开通仪式。

22日 长安区首届七夕文化节在斗门街道“石婆庙”开幕。省民俗协会主席傅功振，市名城研究会会长张富春出席开幕式。

△ 陕西省档案馆新馆项目奠基仪式在郭杜教育科技产业开发区举行。常务副省长赵正永、省委常委魏民洲、省人大副主任桂中岳、副省长罗振江、省政协副主席刘石民、副市长董军等出席奠基仪式。

△ 新加坡星雅集团执行主席吴学光一行对长安区翠华山管理模式和升级开发以及太兴山等旅游项目进行考察。

28日 “陕西省妇联首期农家乐技能培训班”在长安区开班。省妇联主席刘丽鸽、市妇联副主席冯艳阳出席开班仪式。

9月

5日 市委决定任命钱虎威为中共西安市长安区区委委员、常委；免去陈选良中共西安市长安区委常委、委员职务。

△中国国民党荣誉主席连战来长安区清凉山沈太夫人墓祭祖。

6日 省政协常委赵英武一行对长安区农民工法律援助及长安法律援助中心、开业律师事务所等进行实地考察调研。

△ 中央军委总参军务部副部长冷德林一行到长安区检查退伍军人政策落实情况。

11日 区政府召开“黑车”整治专题会议。

△ 区政府召开土地违法违规案件查处专项行动工作会。

20日 区政府召开全区产品和食品安全生产专项整治工作会议。

△ 区政府召开污水处理厂建设工作协调会。

△ 区委、区政府召开全区维稳信访工作会议。

25日 市政府第六督查组来长安检查国庆节前安全生产情况和假日旅游安全准备工作。

26日 区委、区政府与西安航天产业基地管委会召开联席会议，研讨推进基地建设工作。

28日 区政府在滦镇街道上王村举行农家乐示范街综合改造工程竣工暨开业典礼。

10月

1～7日 区政府领导分组检查“黄金周”安全及维稳工作。

11日 区人大常委会组织区人大代表视察全区新农村建设及非公经济发展情况。

18日 区委、区政府召开迎接国家爱卫办技术评估工作动员会。

21～24日 政协长安区十二届一次会议在止园饭店召开。

22～26日 区十六届人民代表大会第一次会议在止园饭店召开。兰竹英当选区人大常委会主任，汪文展当选区人民政府区长。

11月

2日 区委、区政府召开学习贯彻十七大精神报告会，邀请市委讲师团副团长庞江平为全区科级以上干部做学习辅导报告。

6日 省农综办检查验收长安区2006年度农业综合开发项目。

10日 区政府召开滑坡隐患排查整治

工作紧急会议。

10～13日　引镇街道胡刘村湾沟发生山体滑坡灾害；区政府全体领导积极开展救援。

15日　中宣部、民政部、中残联有关领导来长安区调研残疾人医疗救助情况。

15～21日　区长汪文展等领导率团参加陕粤港经贸合作活动。

20日　长安区与广州荔湾区缔结友好城区关系。

19日　中国工程院院士、第四军医大学校长樊代明带领考察组来郭杜教育科技产业开发区进行投资考察。

23日　中纪委宣教处处长陈江华一行视察长安区廉政文化建设工作。

△　区政府召开“黑中巴”整治工作会议。

△　区政府召开幼儿园专项整治工作会议。

24日　长安区与西安航天基地管委会召开联席会议，就进一步优化基地投资环境有关问题进行协商。

27日　省委常委、市委书记孙清云，市委常委、市委宣传部部长王军，市委常委、市委秘书长杨殿钟一行在区委书记吕健、区长汪文展等区级领导陪同下到郭杜街道五四村宣讲十七大精神。

28日　省老干局机关工委副书记白向华，市老干局副局长何平一行检查指导长安区老干部工作。

29日　长安区与西安高新区召开联席会议，就西高新二次创业区开发建设相关问题进行研究。

30日　区政府召开区人大代表议案、区政协委员提案交办会；对2007年度区人大代表议案、区政协委员提案办理先进集体和先进个人进行表彰。

△　区政府召开秦岭北麓各类协议签订情况调查摸底专题会议。

12月

7日～10日　市委常委、市政法委书记丁健带领市委第五检查组检查考评长安区委、区政府领导班子党风廉政建设责任制工作。

12日　国土资源部党组成员、人事司司长王瑞生，土地利用司司长廖永林一行来长安区检查土地执法“百日行动”进展情况。国土资源部西北督查局局长侯海生、省国土资源厅厅长王登记，副市长岳华峰、市政府副秘书长李小六、市国土资源局局长田党生、党委副书记金维新等陪同。

25日　区委、区政府举行《长安区农家乐旅游发展战略规划》评审会。

26日　区委、区政府在行政会议中心举行《长安年鉴（创刊卷）》首发式。

27日　区残疾人工作委员会召开长安区残联第四次代表大会。

28日　国务院产品质量和食品安全专项检查组组长魏长城一行检查长安区产品质量和食品安全情况。

2008年

1月

8日　区政府举行政务大厅一厅式办公启动仪式。

9日　副市长朱智生一行到长安区检查都市农业建设情况。

△　区政府召开违法违规用地上建筑物拆除工作会议。

11日　区委一届三次全体（扩大）会议召开。区委书记吕健作区委常委会工作报告，区长汪文展作经济工作报告。

20～22日　政协西安市长安区委员会第十二届二次会议在西北饭店召开。

20～23日　区十六届人民代表大会第二次会议在西北饭店召开。区长汪文展作政府工作报告。

31日　市政府在滦镇举行“开拓农村市场，服务万村千乡”送年货下乡活动启动仪式。市政协副主席王京书，省商务厅副厅长赵银玉等省、市、区领导参加。

2月

2日　区委、区政府举行西部大道工程开工仪式。区长汪文展讲话，区委书记吕健宣布开工令。市建委主任张永安、市规划局局长和红星、西安航天基地管委会主任赵红专出席开工仪式。

14日　区级四大班子领导分组检查重点项目建设、西部大道开工建设、农业产业化建设及非物质文化遗产保护情况。

19日　区政府在长安广场举行2008年春季就业招聘暨劳动保障政策咨询活动启动仪式。区委书记吕健、区长汪文展到现场查看。

27日　区政府举办“实施民生八大工程”区领导接访日活动。区长汪文展在区政府常务会议室接待上访群众。

29日　全区农业产业结构调整动员大会召开。区长汪文展主持会议，副区长贺乐军做动员讲话，区委常委、常务副区长钱虎威宣读《西安市长安区委、区政府关于加快农业产业结构调整大力发展现代农业的实施意见》，会议对产业化建设带头人和种植、养殖、加工能手进行表彰。市农业局局长张宁，区委书记吕健分别讲话。区人大主任兰竹英、区政协主席成德奇参加会议。

△　区政府召开王曲庙会申请非物质文化遗产研讨会。

3月

5日　区纪委召开第一届三次全体会议暨区政府廉政工作会。

△　区委、区政府召开安全及信访维稳工作紧急会。

6日　区政府召开终南山世界地质公园申报工作专题会议。

11日　西京医院医教研基地项目落户长安，签约仪式在西京医院举行。

18日　市委书记孙清云检查长安污水处理厂建设。

21日　区委、区政府在区行政中心一楼中会议厅召开全区2008年重点建设项目动员大会。常务副区长钱虎威安排部署2008年重点项目建设任务，区长汪文展、区委书记吕健就加快全区重点项目建设提出要求。

25日　区政府在区行政中心召开全区城中村改造工作动员会议，区长汪文展对城中村改造工作提出要求。

△　区政府召开五台民俗一条街设计方案研讨会，区长汪文展等区级领导参加并对设计方案提出修改意见。

26日　区委召开区级领导（扩大）会议，传达学习习近平参加全国人大陕西分团讨论时的讲话精神及省委办公厅转发的省政法委文件。

27日　水利部水库移民局副局长黄凯一行到长安区检查大峪水库和石砭峪水库除险加固工程实施情况。

28日　常务副市长董军到长安区检查城市污水处理厂建设情况。

△ 长安区第十六届“科技之春”示范活动在马王街道举行。

30日～4月1日 区总工会第十次代表大会召开。

31日 市委常委、副市长李秋实一行到长安区调研非物质文化遗产保护及文化场馆建设工作。副区长刘明军代表区政府汇报工作，区委书记吕健、区长汪文展等领导参加座谈。

4月

1日 区政府召开城镇居民医疗保险实施工作专题会议。

7日 副省长景俊海视察西洽会长安展区。

△ 长安区投资环境说明会暨投资项目签约仪式举行。常务副区长钱虎威主持，区长汪文展致辞；副区长兰东明介绍投资环境、推介招商项目，现场签约项目22个。市政协副主席王京书，市政协副秘书长、办公厅主任王益生出席。

11日 省长袁纯清，省委常委、市委书记孙清云、市长陈宝根带领省、市有关部门领导调研五台关中民俗艺术博物院建设工作。区委书记吕健、区长汪文展陪同，汪文展代表区政府汇报全区工作情况。

12日 “翠华山万人登山节”活动在翠华山举行。副区长兰东明致辞。市政协主席程群力、市人大常委会副主任夏仁朝、市政府副秘书长李小六出席。

17日 国家爱卫办专家到长安考核鉴定创卫工作。

20日 全区高校学生思想稳定工作会议召开。

22日 “迎奥运，畅游长安”活动启动仪式在秦岭野生动物园广场举行。

23日 全区涉军维稳工作会议召开。

△ 长安区与西安高新区召开二次创业基地建设联席会议。

△ 宝鸡市陈仓区副区长陈平一行到长安区郭杜教育科技产业开发区参观学习。

25日 全区城乡党的基层组织互联共建活动启动。

△ 全区城镇居民医疗保险工作启动大会召开。

5月

5～8日 区政府全体领导开展集中督查活动，先后对“十大工程”和全区各乡镇、街道及部门承担的重点项目、一般项目及有关综合考评任务完成情况进行集中督查。

7日 区政府召开全区“一村一品”建设推进会。

△ 全区非物质文化遗产第一次联席会议召开。

12日 市委副书记王成文到长安区检查经济发展和维稳工作。

△ 四川汶川发生地震。区政府即时部署全区各地抗震救灾工作。

13日 全区新农村建设推进会召开。

16日 区政府召开全区土地利用总体规划修编工作会议。市国土局副局长刘国元等参加会议。

17日 市委书记孙清云到长安检查教育系统抗震救灾工作。

19日 区政府召开魏寨乡白庙村滑坡隐患治理工作现场会。

20日 区委、区政府召开全区抗震救灾工作会议。

22～23日 国家文物局局长单霁翔一行到长安视察关中民俗艺术博物院项目建设情况。

△ 区长汪文展检查全区抗震救灾捐赠资金和物资管理工作，并对该项工作提出要求。

△ 市国土局局长田党生带队到长安普查滑坡隐患点，实地勘察魏寨乡白庙村滑坡隐患点现状。

26日 市长助理乔高社到长安区调研重点水利项目建设情况。

6月

3日 省长袁纯清到长安区检查指导三夏工作。

5日 区政府分别召开王莽农业生态观光园规划工作汇报会、全区土地利用总体规划修编工作汇报会、西部大道工程拆迁协调会、区污水处理厂项目建设协调会、有关学校规划定点及灾后重建工作会、石砭峪水库库区联防工作会。

10日 区政府领导检查沿山地区计划扩建、新建的9所寄宿制学校规划建设情况。

11日 区政府召开地铁二号线长安段线路及站场规划设计情况座谈会。

13日 区政府召开申报西安秦岭终南山世界地质公园迎检工作会议。

17日 区政府在高陵县通远镇召开西部蔬菜产业带建设工作会。

20日 市委书记孙清云、市长陈宝根到石砭峪水库检查防汛工作。

25日 市参事工作联络员培训会议在区行政中心一楼西会议厅召开。

△ 长安区“复明帮困光明行动”启动仪式在细柳街道举行。

26日 长安区老年科技教育工作者协会成立大会召开。

△ 全省矛盾排查化解和重信重访专项治理工作现场观摩及经验交流座谈会在区行政中心一楼西会议厅召开。

30日 区政府在王莽乡举行“长安王莽鲜桃采摘节”开幕仪式。

7月

1日 市委常委、市公安局局长丁健一行到长安检查维护社会稳定工作。

3日 区政府召开兴教寺申遗及保护工作会。

8日 区委书记吕健听取西安市城市规划设计院关于长安区2008～2020年总体规划阶段性成果汇报。

△ 国家审计署检查组到长安区检查抗震救灾资金和物资使用情况。

△ 区政府召开西部大道绿化规划汇报会。

9日 长安区与勉县黄沙村、菜马河村两地震受灾村开展对口帮建。

14日 长安区第十六届人民政府第二次全体会暨加快重点项目建设动员大会召开。

17日 中央信访工作督导第26组组长郭炎炎一行到长安区督查、调研矛盾纠纷大排查大化解活动、区委书记大接访和党政机关干部大下访活动开展情况。

△ 市民委副主任马新芳一行到长安区检查清真食品生产管理工作。

22日 海南省政府调研组到长安区调研农民人均纯收入情况。

29日 市政府政研室调研长安区支持航天基地建设情况。

8月

1日　陈宝根市长到长安调研农业产业结构调整和都市农业发展情况，并在高桥乡参加座谈会。

8日　市科技局局长徐可为调研长安区农作物秸秆综合利用情况。

12日　区政府听取与西安对接三条市政道路及沿山峪口整治规划设计工作汇报。

20日　省乡村旅游工作办公室主任赵正宁一行考察长安区上王村农家乐建设工作。

21日　区政府在常务会议室召开全区旅游总体规划初稿征求意见会。

22日　区委、区政府召开残疾人劳动力转移就业工作座谈会。

26日　市委常委、市纪委书记刘春燕一行到长安区调研干部大下访活动并召开座谈会。

△　市经贸局副主任贾双社一行到长安区调研工业经济发展和规模以上工业增加值完成情况。

△　区委、区政府召开全区村级党组织领导班子和第七次村民委员会换届选举工作动员会。

27日　区政府举行全区城乡低保户子女教育资助金发放仪式

28日　中央政法委“两排查”检查组到郭杜街道检查“两排查”工作开展情况。

9月

1日　深圳台商协会荣誉会长黄文财等台商到长安区为投资项目选址。省台办处长多林陪同。

5日　市委常委、市纪委书记刘春雁，市纪委副书记赵忠民带领市委机关作风教育整顿活动月区县督导组，检查指导长安区宣传动员阶段各项工作。

△　省水利厅厅长谭策吾、市长助理乔高社调研长安区水务工作。

10日　省政协副主席、省委统战部部长周一波率陕西省政协港澳委员一行视察长安区关中民俗艺术博物院。

△　区政府举办长安区农家乐服务标准化国家示范项目启动仪式。市质监局局长邓宗生、总工程师马洛生，省质监局标准化处处长陈士哲参加启动仪式。

17日　市人大副主任李尊贤、市人大科教文卫委主任尚素霞一行视察长安区标准化寄宿制学校建设工作。

18日　省决策咨询委员会副主任崔林涛调研长安区旅游工作。

25日　在陕十一届全国人大代表到长安区调研非公经济发展情况，并在区行政中心召开座谈会。

27日　西安高新区、长安区联建工作会议召开，研究关于征地拆迁、市政配套设施建设等工作。

28日　西部大道竣工通车仪式在西部大道东端举行。副市长杨广信宣布通车令。市长陈宝根、市人大副主任夏仁朝，市政府秘书长毋晖、副秘书长王德安等领导出席。

10月

7日　长安区首届老年人趣味运动会召开。

15日　全国政协委员杨钊一行到长安区考察佛教文化。

21日　市长助理乔高社调研长安区农业产业结构调整工作，并在区行政中心召开会议。

22日　全国政协副主席陈宗兴一行到长安区参观关中民俗博物院。

11月

4日　由国土资源部等五部委组成的检查组对长安区2007年度耕地保护责任目标履行情况进行检查。市国土资源局局长田党生陪同。

11日　国家农业综合开发验收小组验收长安区2005～2007年农业综合开发项目。

19日　西安市长安区建设发展暨远景规划展厅开展仪式在区行政中心广场举行。

21日　全区农村标准化寄宿制学校开工奠基仪式在子午街道曹村小学举行。

27日　市委副书记王成文到长安区调研农村基层组织建设情况。

△　省政府政策研究室副主任杨三省一行到长安区调研被征地农民就业与养老保险情况。

28日　区政府举行长安区污水处理厂试运行仪式。省环保局局长何发理，副市长杨广信、段先念，长安区四大班子全体领导参加。

12月

1日　长安区现代化农业生猪发展项目专家评审会在常宁宫举行。

9日　长安区职工经济技术创新暨“工人先锋号”表彰大会召开。

11日　市长助理乔高社检查长安区引镇至杨庄段环山旅游绿化工程进展情况。

16日　区政府召开廉租房建设专题会议，区长汪文展对该项工作提出要求。

△　区政府在区行政中心召开长安区旅游总体规划评审会。市旅游局副局长康立峰参加。

19日　长安区第二中学新校落成典礼在长安二中新校举行。市政协主席程群力，副市长杨广信参加落成典礼。

26日　省教育厅评估验收长安四中、六中创建省级标准化高中工作。

2009年

1月

4日　区政府召开全区“家电下乡”活动启动大会。

5日　区委一届五次全体（扩大）会议召开。

6～9日　长安区十六届人民代表大会第三次会议在西安止园饭店召开。

7日　区政协十二届三次会议开幕。

△　国家农业部市场信息司副司长张兴旺一行到长安区调研农业信息进村入户工程和农产品销售体系建设情况。

12日　省、市联合检查组到长安区检查中央1000亿拉动内需投资项目实施情况。

13日　全市春节粮油供应暨放心粮油进社区宣传活动在长安广场举行。

15日　长安区特色农产品展销会在长安广场举行。

△　长安区召开“全区总体规划、分区规划、城区总体城市设计、部分重要地段控制性详细规划”工作汇报会。

2月

1日　市卫生局局长秦鸿学带领局领导班子全体成员到长安区调研卫生工作。

△　电子正街长安段道路、东仪路长

安段道路工程建设正式启动。区级四大班子领导出席启动仪式。

3日 区委、区政府在灵沼乡回鹤庄村举行“百村饮水工程”建设启动仪式，区委书记吕健宣布工程建设正式启动。

6日 市委副书记、市长陈宝根一行检查长安区抗旱工作和农业供水工程建设情况。

16日 新疆乌苏市市委常委许飞一行考察长安区非公有制经济发展情况。

△ 省委常委、市委书记孙清云，市委常委、市委秘书长杨殿钟，副市长杨广信一行到长安区调研经济社会发展情况。区委书记吕健汇报长安区2009年工作设想。

17日 区政府召开专题会议，听取区教育局关于“双高普九”验收、山区寄宿制学校建设、长乐小学建设、中小学灾后重建工作汇报。

18日 区政府会同西安国家民用航天产业基地管委会召开联席会议，就完善机制、加强合作等有关问题进行协商。

△ 市政协副主席陈振虎带队调研长安区三农工作及城乡一体化建设情况。

24日 市长陈宝根、副市长杨广信一行检查五台关中民俗古镇建设工作，并在关中民俗艺术博物院召开座谈会。区委书记吕健、区长汪文展参加检查并汇报五台景区改造提升建设进展情况。

26日 全区村级党组织书记、村委会主任培训举行开班典礼。区委书记吕健作十七届三中全会精神辅导，区人大常委会主任兰竹英、区长汪文展、区政协主席成德奇等领导参加。

3月

5日 市打击违法添加非法食用物质和滥用食品添加剂专项整治督导组到长安区检查专项整治工作。

△ 全区军事工作会议召开。

11日 长安区农民科技培训分校成立暨农业科技宣传活动启动仪式在高桥乡举行。

17日 副省长景俊海调研长安区五台古镇规划建设和旅游发展情况。区长汪文展汇报五台古镇建设规划、古留村旅游开发潜力及2009年各项建设工程进度情况。

△ 副市长杨广信一行调研长安区清凉山公园规划建设情况。

19日 区政府召开乡、街总体规划编制修编工作会。

△ 市监察局、市环保局检查长安区王寺地区大气污染整治工作。

23～26日 市过程督导组组长、市教育局副局长黄新南，市过程督导组副组长、市政府教育督导室主任杨晓霞代表市政府对长安区“双高普九”工作进行督导评估。

4月

2日 韩国未来能源集团等企业考察团考察郭杜开发区投资环境。

△ 区政府召开迎接国际考评部对终南山世界地质公园验收整改任务部署会。

7日 市委常委、副市长李秋实，市政府副秘书长郭艳文一行到长安区调研寄宿制学校建设情况。

16日 市政协副主席袁英信到长安区调研工业园区建设和农村土地流转工作并召开座谈会。

△ 区政府和高新区管委会就合作共建中兴通讯产业园事宜进行友好洽谈。市委常委、高新区管委会主任岳华峰，高新区管委会副主任刘明华、杨念田，区长汪文展参加洽谈。

△ 区政府召开张学良故居保护规划论证会。

23日 长安区首届农家乐节开幕式暨上王村改造竣工典礼在上王村举行。

30日 省卫生厅厅长刘少明，市卫生局副局长李顺德一行到滦镇街道上王村检查食品安全工作。

5月

4日 高新区管委会和区政府合作共建高新区长安通讯产业园框架协议签字仪式在高新区举行。高新区管委会副主任杨明瑞主持签约仪式。市委常委、高新区党工委书记、管委会主任岳华峰出席签字仪式并讲话。

5日 西安市第十二医院在长安区医院正式挂牌。

12日 灞桥区区委书记陆治原、区长聂仲秋一行40余人到长安区考察城市建设情况。区委书记吕健讲话，区长汪文展介绍长安城市规划、项目建设、环境资源及特色产业等方面基本情况。

13日 省文化厅副厅长蒋惠莉一行到长安区检查验收非物质文化遗产普查工作。

19日 中共中央政治局常委李长春视察长安区广播电视村村通工作和五台关中民俗艺术博物院建设情况。

20日 华商传媒产业基地入住长安签约仪式在郭杜教育科技产业开发区管委会举行。

△ 长安区举行长安四中晋升陕西省标准化高中揭牌仪式。

22日 市长助理黄海清一行到长安区调研融资平台建设及融资工作开展情况。

△ 长安区召开深入学习实践科学发展观活动学习调研阶段工作座谈会，总结交流全区深入学习实践科学发展观活动学习调研阶段工作情况，安排部署分析检查阶段工作任务。区长汪文展主持会议。区委书记吕健、区人大主任兰竹英、区政协主席成德奇及全体常委参加。

26日 长安区举行长安六中晋升陕西省标准化高中揭牌仪式。

6月

1日 常务副市长董军到长安区检查秦岭终南山世界地质公园申报工作准备情况。

6日 国务院总理温家宝到斗门街道中丰店村、张村视察夏粮生产工作，并与群众进行亲切座谈。

△ 市委副书记王成文、市长助理乔高社及市农业、林业、水务等部门负责人到长安区调研王莽生态农业观光园建设。

10日 西安华新联合科技有限公司LED项目开工奠基仪式在郭杜街道西安高新技术产业开发区二次创业区举行。省长袁纯清，市委书记孙清云、市长陈宝根出席仪式。

13日 长安区“非物质文化遗产宣传日”主题活动在长安广场举行。

16日 省交通厅厅长曹森、市交通局局长任文斌到长安区调研交通事业发展情况。

18日 省政策咨询委员会副主任崔林涛到长安区调研五台关中民俗古镇建设工作。区长汪文展陪同并就古镇建设规划及进展情况作详细汇报。

19日 省政协常委、人口资源环境委员会主任白灏晨一行到长安区调研秦岭生态环境保护中旅游与房地产开发情况。

28～29日　联合国教科文卫署指派北爱尔兰岩溶地质公园总经理理查德·沃森（Richard Watson）、意大利马东尼地质公园总经理帕斯奎尔·李·普玛（Pasquale Li Puma）两名专家到长安区验收秦岭终南山世界地质公园申报工作，国土资源部地质环境司副司长陈小宁，世界地质公园评委、国家地质公园评审委员会副主任赵逊，市国土资源局局长田党生，区长汪文展等市、区领导和专家陪同。

30日　西太一级公路开工仪式在长安区兴隆街道举行。

7月

1日　陕西电视台影视基地项目签约仪式在区行政中心举行。陕西电视台台长王广群、总编辑顾令阳、副台长徐见、区委书记吕健、区人大常委会主任兰竹英、区长汪文展、区政协主席成德奇等领导出席。

2日　河南省安阳市龙安区区委书记韩力农一行到长安区考察农家乐发展情况。

3日　卫生部和国家广电总局主办的“农村电影放映工程·卫生公益宣传项目”首映式在东大街道东大村隆重举行。卫生部办公厅副主任、中国健康教育中心主任毛群安，广电总局电影局副局长毛羽，中影新农村数字电影放映公司总经理乐可锡，省卫生厅厅长刘少明、副厅长杨芙英出席首映式。

6日　区政府召开西安火车南站改扩建工程协调会。

△　区政府召开西安至成都铁路客运专线建设协调会。

7日　长安区召开农村信息入村工程实施动员会，率先在全市公开招聘农村信息员。

10日　区政府召开第四十次政府常务会议，研究审议区林业局呈报的《西安市长安区集体林权制度改革实施方案》和区发改委呈报的《西安市长安区2009年十大工程进展情况汇报》。

16日　省长袁纯清、副省长郑晓明到常宁新区实地考察陕西省体育运动中心项目拟选地块情况。市委常委、副市长李秋实，区委书记吕健，区长汪文展陪同。

△　香港金马集团董事会主席冯地一行到长安区考察投资环境。

22日　市委常委、副市长韩松带领市国际港务区、市商贸局等部门负责人到引镇现代物流园区调研指导工作。

27日　西安多家主流媒体记者到长安区参观采访五台民俗古镇建设。

8月

6日　省委深入学习实践科学发展观活动第一指导检查组到长安区检查指导学习实践活动。

10日　省政协副主席张伟调研长安区城镇化建设情况。

13日　省农民工工作联席会议办公室到长安区检查创业示范县工作。

△　区政府召开长安区旅游总体规划与陕西省秦岭旅游规划衔接问题讨论会。

18日　省人大常委会副主任李晓东、秘书长桂维民一行到长安区检查《陕西省秦岭生态保护条例》贯彻落实情况。市人大常委会副主任芦猛虎，区人大常委会主任兰竹英陪同。

△　北京市怀柔区区委常委、副区长赵文广一行到长安区考察学习新农村建设和旅游工作。

26日　国家民政部部长李学举到长安区调研关中民俗艺术博物院建设工作。副省长姚引良、省民政厅厅长曹莉莉，副市长朱智生、市民政局局长王尊敬陪同。

9月

5日　原全国人大常委会副委员长顾秀莲视察关中民俗艺术博物院。省、市、区领导李天文，王成文、施启文，汪文展、徐树安等陪同。

8日　国家土地督察西安局督察一室主任白映辉到长安区检查第九次土地卫片执法工作开展情况。

11日　长安区进一步做好甲型H1N1流感防控工作会议召开。

16日　长安区召开庆祝人民政协成立60周年纪念大会。

23日　省十一届人大西安代表团部分代表到长安区调研小城镇发展情况。

26日　农业部副部长牛盾到长安区检查水产养殖工作。

28日　五台民俗古镇竣工暨开街典礼在五台乡举行。

△　区政府举行电子正街、东仪路长安段和韦曲商业建材街竣工仪式。区长汪文展宣布通车令。区人大常委会主任兰竹英、区长汪文展、区政协主席成德奇、区委副书记徐树安为道路竣工通车剪彩。区级四大班子全体领导出席仪式。

10月

10日　副市长朱智生到长安区检查太平河下游段综合治理工程，区长汪文展汇报太平河下游段综合治理进度。

△　区政府在东大街道召开沿山百里果林带建设工作专题会议。

13日　市委常委、副市长李秋实到长安区检查寄宿制学校建设工作。

△　千阳县县委书记景东成带领四大班子全体领导、乡街、部局主要负责人到长安区学习考察农业产业结构调整情况。

14日　市长陈宝根到长安区调研沣河、沣惠渠、昆明池遗址等水系工程进展情况。

△　长安区政风行风现场测评宣传活动在长安广场举行。

15日　国务院法制办行政复议工作专项检查组到长安区检查行政复议和行政诉讼工作。

21日　全市小城镇建设现场会在长安区召开。

27日　区政府召开子午古道开发项目规划研讨专题会议。

28日　市长陈宝根到长安区调研沣河干流综合治理工作。市长助理乔高社，市政府秘书长毋晖，区长汪文展陪同。

△　省农业综合开发（扶贫）办公室副主任郭省洲一行到长安区检查2008年度农业综合开发项目实施情况。

29日　省发改委经贸处处长高伏荣，省铁路建设领导小组办公室副主任、省铁路投资集团有限公司董事长刘强等一行到长安区调研引镇现代物流园区建设工作。

△　区政府召开长安区义务教育阶段“蛋奶工程”动员大会。

△　长安区首家蔬菜育苗中心开园仪式在高桥乡举行。

11月

2日　市委常委、纪委书记刘春雁一行到长安区检查学习实践科学发展观活动进展情况。

11日　全省农村学前教育现场会在长安区召开。省教育厅厅长杨希文讲话。市教育局局长张建国、副局长黄新南，区长汪文展参加。

△　市政府参事室到长安区调研樊川八大寺院旅游开发情况。

12～13日　省卫生厅标准化村卫生室验收组对长安区标准化村卫生室建设工作进行验收。

12～15日　省政府教育检查团对长安区“双高普九”暨党政领导干部教育职责履行情况进行督导评估，对教育强区巩固提高工作进行复查验收。区委书记吕健致辞并作教育工作述职报告，区长汪文展汇报长安区“双高普九”、教育强区巩固提高工作并作教育工作述职报告；副区长李红接受检查团咨问。省政府教育督导团总督学曹普选，市政府副秘书长郭艳文讲话。检查团成员对25个乡街及有关部门、学校“双高普九”工作进行督导评估，对教育强区巩固提高工作进行复查验收。省教育厅厅长杨希文，省政府教育督导团总督学曹普选为长安区授“全国推进义务教育均衡发展先进区”和“高水平高质量普及九年义务教育区”奖牌。市委常委、副市长李秋实，省政府教育督导团总督学曹普选讲话。

16日　区委、区政府召开区级领导干部大会，专题部署千名干部“下基层抗风雪送温暖保民生”活动，并对近期各项工作进行全面安排。区委书记吕健、区人大常委会主任兰竹英、区长汪文展、区政协主席成德奇等四大班子领导出席会议。

28日　西安至安康铁路复线、西安至宝鸡客运专线、西安至合肥铁路复线和黄陵经韩城至侯马铁路等4条铁路工程开工典礼在长安区举行。铁道部党组书记、部长刘志军，省委书记赵乐际，省长袁纯清，省委常委、市委书记孙清云，副市长杨广信，区委书记吕健，区长汪文展等领导参加。

12月

11日　长安区“蛋奶工程”管理中心揭牌仪式在区青少年活动中心举行。区长汪文展为管理中心揭牌。

21日　市人力资源和社会保障局副局长严石一行到长安区检查新型农村社会养老保险工作准备情况。

23日　区委、区政府举行全区2010年招商引资推介会暨项目签约仪式。区委书记吕健致辞，区长汪文展发表主旨演讲。市长助理黄海清、省委巡视组副组长张小健、省工商联副会长李建军、市工商联主席王欢畅、市商务局副局长李志军、市贸促会副会长陈大为、市工商联副主席苟有社，区人大常委会主任兰竹英，区政协主席成德奇参加。

△　市食品药品监督管理局副局长李社教一行检查考核长安区食品药品安全指标完成情况。

24日　区长汪文展、市住房保障中心主任焦健参加长安区廉租房一期工程封顶仪式。

28日　金长安广场竣工并正式开放。省委巡视组组长高存德、区政府全体领导出席竣工仪式。

2010年

1月

5日　区委、区政府召开全区第二批深入学习实践科学发展观活动交流座谈会。

△　区政府召开西康铁路复线征地拆迁工作动员会。

10日　省第十三届乡村青年文化节及团市委“三下乡”活动启动仪式在长安区举行。

12日　区委一届七次全体（扩大）会议召开。区委书记吕健作区委常委会工作报告，区长汪文展作经济工作报告。

13～14日　政协长安区第十二届委员会第四次会议召开。

13～15日　长安区十六届第四次人民代表大会召开。

18日　中兴通讯西安研发生产基地开工奠基仪式在长安区五星乡长安通讯产业园举行。省委常委、市委书记孙清云，副省长吴登昌，市长陈宝根，市委常委、市委秘书长杨殿忠，市委常委、高新区管委会主任岳华峰参加。市长陈宝根与中兴通讯股份有限公司董事长侯为贵共同为项目开工揭牌。市委书记孙清云宣布开工令。

20日　区委常委、区委组织部部长王福林陪同市委组织部副部长辛远英一行到杜曲街道南一村调研城乡党组织结对帮扶工作开展情况。

25日　副区长杨根民安排经济适用房和城中村改造项目融资贷款工作。

29日　长安区政府召开机构改革动员大会。

△　区委举行中心组学习，集中观看《群体性事件警示录》专题纪录片。

2月

1日　区政府召开2010年全区食品药品安全整顿工作会议。

2月5日　长安区“新农保”动员预备会议召开。

6日　原铁道部副部长孙永福一行到长安区调研区域经济建设和社会发展工作情况。

8日　长安区召开新型农村社会养老保险试点工作启动大会。

10日　市委常委、市委组织部部长王启文到长安区看望慰问困难党员群众。市委组织部副部长辛远英陪同。

2月16日　区长杨建强、副区长杨根民与市规划局协商常宁新城及子午小城镇规划有关工作；召开常宁新城及子午小城镇规划专题会。

18日　副区长钱虎威、兰东明会见市供电局领导，研究韦郭变电站、常宁变电站建设启动工作。

20日　区委、区政府举行区级十大工程启动仪式。

△　区政府召开专题会议安排部署终南大道建设工作。

26日　区委召开常委会议，传达学习胡锦涛总书记在第十七届中央纪律检查委员会第五次全体会议上的讲话和《中国共产党党员干部廉洁从政若干准则》，并安排部署当前工作。

28日　区委书记吕健、区长杨建强等领导参加区重点建设项目推介会暨长安国际商会揭牌仪式。

3月

1日　西安市40所农村（山区）标准化寄宿制学校建设工程第一批项目学校竣工典礼在子午街道曹村小学举行。市长陈宝根参观滦镇小学并提出要求。市委常委、副市长李秋实讲话并与省教育厅副厅长张雄强共同为学校揭牌。市政府副秘书长郭艳文主持典礼，市教育局局长张建国介绍全市40所山区标准化寄宿制学校建设情况。

4日 区政府召开区人大十六届四次会议代表议案、区政协十二届四次会议委员提案交办暨政务督查工作会。

△ 区政府召开全区农业产业结构调整动员暨金融支农政策对接会。

9日 全市小城镇建设调研工作会在长安区召开。市委常委、常务副市长董军讲话。

△ 长安区召开深入学习实践科学发展观活动总结大会。

16日 省级县域工业园授牌暨入园企业开工仪式在斗门新型工业园区举行。区委书记吕健，区长汪文展为斗门新型工业园区揭牌。省中小企业促进局副局长党宏忠，市工业与信息委员会副主任刘林萍，区人大常委会主任兰竹英等领导出席仪式。

17日 市政府副秘书长王德安到长安区检查地铁二号线南段拆迁情况并召开座谈会。

△ 区委、区政府举行全区整建村党组织书记培训会。

18日 副区长杨根民召开专题会议安排部署地铁2号线及3条对接路征地拆迁工作。

23日 区政府召开城中村改造工作会议。

25日 区政府举行长安区高校毕业生就业见习基地及见习单位授牌仪式。市人力资源和社会保障局副局长郭小军参加。

29～30日 区政府召开长安区首届“赏花节”筹备工作系列专题会议。

30日 区委、区政府召开2010年度军事工作会议。

△ 区政府召开城区主要街道提升改造设计方案汇报会。

31日 区委、区政府召开省委第二巡视组巡视工作反馈会。区委书记吕健主持并作表态发言，省委第二巡视组组长姚毅反馈巡视工作情况。省委第二巡视组副组长张小健，市纪委常务副书记、监察局局长朱文斌，市委组织部副部长薛振虎出席。

4月

1日 副省长姚引良到长安区调研环村林带建设及现代农业科技展示中心建设工作。市长助理乔高社陪同。

7日 区政府在王莽农业生态观光园举行“美在长安·首届赏花节”开幕式。市政协主席程群力，市长助理乔高社，市农委主任张宁应邀出席仪式。

9日 长安区举行“2010年春季人口计划生育集中整治活动”启动仪式。

10日 区委、区政府隆重举行五台古镇特色餐饮农家乐授牌仪式。

11日 区政府举行“魅力长安行活动暨长安区城中村改造项目签约仪式”。市城改办主任贺登峰参加。

21日 市政府副秘书长、市城乡统筹办主任李元合到长安区调研统筹城乡发展工作开展情况。

23日 区委、区政府召开全区“双拥”工作专题会议。

△ 省人大常委会民族宗教侨务外事工作委员会主任张启钧一行到长安区调研兴教寺、华严寺寺院建设、维护及修缮工作。省文物局局长赵荣，区长汪文展陪同。

27日 区长汪文展听取全区都市农业景观规划设计汇报并提出修改意见。

5月

3日 区委、区政府召开紧急会议，安排部署全区学校及周边安全综合治理工作。

6日 市委副书记王成文调研长安区统筹城乡发展工作。

△ 西安市统战系统科学发展观实践基地揭牌仪式在长安区杨庄乡举行。市委常委、统战部部长张雷出席。

11日 市委、市政府联合督查组到长安区检查中小学、幼儿园及周边安全保卫工作。

14日 区委书记吕健召开全区校园及周边安全综合治理工作会议。

△ 区政府召开全区农家乐产业化建设工作会议。

18日 区委、区政府在长安广场举行全区校园安保群众性巡防队巡逻启动仪式。

19日 市委书记孙清云到长安区检查校园安全保卫工作。

20日 省委副秘书长李广利一行代表省委、省政府到长安区督促检查综治维稳工作。市政府副秘书长冯慧武，区委书记吕健等领导陪同。

21日 市人大常委会副主任夏仁朝到长安区视察森林防火工作。

△ 江苏悦达集团主席陈云华一行到长安区实地考察区域经济发展、招商环境情况。

24日 区政府领导检查张季鸾墓保护工作。

△ 甘肃省张掖市市委书记陈克恭、市长栾克军一行到长安区五台民俗古镇、滦镇街道现代农业科技示范园和上王村农家乐，参观考察长安区旅游产业开发和现代农业等工作。

△ 市人口和计生委在长安区召开创建市级计划生育精品站及村级计划生育规范化管理观摩会。市人口计生委主任魏冬梅，副主任倪广天、李新芳，党组成员、纪检组长王启良，巡视员刘菊香等参加。

26日 副市长钱引安到长安区调研创模动员会落实情况暨城乡结合部专项整治进展情况。

27日 市创建“双拥”模范城检查验收第二检查组到长安区检查验收创建“双拥”模范区工作。

△ 区委、区政府召开全区农村两委会阵地建设工作会议。

28日 市农家书屋工程配送仪式在长安区举行。省新闻出版局副局长陆柯仑、市文化广电新闻出版局副局长陆鹏等出席仪式。

6月

2日 省军区副司令员邱俊本，西安警备区司令员杨国栋、政委胡官平检查长安区军事训练开展情况及安全保密工作。

△ 区政府召开全区“十二五”电网规划初稿论证会。

8日 区政府召开长安区迎接省级环保模范城市考核验收暨加快推进国家环保模范城市创建工作动员会。吕健、兰竹英、汪文展、成德奇等四大班子领导及市四城联创办副主任李成刚出席。

9日 代省长赵正永到长安区检查“三夏”暨禁烧工作。副省长姚引良、市长陈宝根、市长助理乔高社陪同。

10日 区政府召开专题会议，研究长安区丝绸之路申遗晚会筹备工作。

14日 美国密苏里州李斯萨米特学区教育访问团到长安区访问教育工作。

23日 市委常委、统战部部长张雷，副部长常焕良、邓福喜一行到杨庄乡调研市统战系统服务科学发展实践基地规划建设情况。

28日 省双拥办检查验收长安区“双拥”模范区创建工作。

7月

1日 区委召开常委（扩大）会议，宣布杨建强任长安区委副书记并提名其为长安区政府区长人选，汪文展不再担任长安区委副书记、长安区政府区长职务。

3日 区人民代表大会常务委员会召开第十六届人民代表大会常务委员会第二十次会议，决定杨建强任西安市长安区人民政府副区长、代区长。

8日 市长陈宝根、副市长朱智生带领市有关部门负责人到航天六院实验区现场办公。

9日 全区妇女第一次代表大会在西北饭店召开。区人大常委会主任兰竹英，代区长杨建强，区政协主席成德奇等领导出席开幕式。

10日 第三届长安鲜桃节在王莽街道开幕。市供销联社理事会主任冯兆志、代区长杨建强、区政协主席成德奇等领导出席开幕式。

14日 市委副书记王成文到长安区调研农业产业结构调整工作。

△ 区政府召开丝绸之路申遗工作会议。

21日 市政府咨询员、西安建工集团董事长、党委书记杨广信到长安区调研清凉山公园建设和经济适用房项目规划选址工作。

23日 市长陈宝根、常务副市长董军，副市长朱智生，市长助理乔高社，市政府秘书长毋晖、副秘书长冯慧武、王德安一行到长安区调研治山防汛滑坡情况并听取相关情况汇报。

△ 市长陈宝根调研秦阿房宫遗址保护工作并召开座谈会。

28日 代区长杨建强召开专题会议，听取全区“十二五”规划编制工作情况汇报并提出具体要求。

8月

3日 市长陈宝根到沣渭新区调研。

4日 区政府召开西部大道周边土地储备和长安万科城项目二期供地工作汇报会。

6日 区委一届八次全体（扩大）会议召开。区委书记吕健代表区委常委会作工作报告，代区长杨建强总结部署全区经济工作。

10日 市人大常委会副主任夏仁朝及区委书记吕健、区人大主任兰竹英、区政协主席成德奇等出席2010上海世博长安招商推介活动。

11日 市长陈宝根到长安区调研区域经济社会发展情况和秦岭北麓生态资源保护利用情况。

17日 区政府召开专题会议，研究讨论西沣路整治和小城镇建设工作。

20日 区委书记吕健等领导陪同省、市档案馆相关领导和专家对长安区档案馆创建国家二级综合档案馆工作进行测评验收。

24日 吕健、杨建强等区级领导与西安航天基地管委会党工委书记、主任赵红专等领导座谈，研究基地扩展建管区域等工作。

△西安警备区政治部副主任樊毅军检查长安区党管武装工作。

27日 市委统战部副部长乔安涛出席市侨联、市侨商会在杨庄乡扯袍峪村举行“乌鸡生态放养富民项目启动仪式”。

30日 全市二级公路网化工程开工典礼在长安区举行。市政府副秘书长冯慧武主持，市交通局局长任立新介绍工程项目情况，代区长杨建强表态发言，市二级公路网化工程建设指挥部副总指挥、副市长朱智生讲话。省委常委、市委书记孙清云，副省长洪峰，市委副书记、市长陈宝根，省交通厅党组书记曹森共同按下工程开工启动器。市委秘书长杨殿钟，市政府秘书长毋晖，省公路局局长王平及区委书记吕健等领导参加。

9月

1日 区政府召开会议研究西区小学建设工作。

3日 省委常委、省纪委书记郭永平，副省长姚引良一行到上王村，考察观摩点各项筹备工作。市委副书记王成文、副市长朱智生及区委书记吕健等陪同。

6日 区政府召开全区农村环境卫生百日整治活动动员大会。

7日 区委、区政府召开“全国深化村务公开和民主管理‘难点村’治理工作现场会”观摩村筹备工作再动员大会。

8日 副省长郑小明，市委常委、副市长李秋实调研常宁生态体育运动基地项目选址工作。

△ 市委书记孙清云，市委常委、副市长李秋实到长安区检查教师小区住宅建设情况并看望慰问广大教师。市委办公厅秘书长杨殿钟、市教育局局长张建国、市建委主任张永安、市房管局局长延锡铭，区委书记吕健等陪同。

13日 区长杨建强、副区长李红召开专题会议安排部署迎接国家基本单位名录库建设工作。

14日 区委书记吕健等领导参加沣渭新区整体托管的三街一园区领导班子全体成员座谈会。

15日 代区长杨建强召开专题会议，听取全区规划编制工作情况汇报并提出要求。

20日 区委、区政府举行全区2010年秋季22个新开工项目集中开工仪式。

△ 区委、区政府举行全区平安创建宣传暨红袖章巡逻队启动仪式。

26日 区委书记吕健、代区长杨建强检查西沣路两侧景观综合提升工作并听取汇报。

28日 区委书记吕健等领导陪同市委常委、纪委书记刘春雁，副市长朱智生检查上王村民主管理、村务公开“难点村”治理观摩点筹备工作。

△ 区政府与西安建工集团项目合作协议签约仪式在西北饭店举行。

10月

2日 区长杨建强等领导到郭杜街道中祝村现场指挥民房坍塌事故救援工作。

8日 区政府召开全区安全生产工作会议，总结郭杜街道中祝村在建民房坍塌事故教训，建立完善全区安全监管长效管理机制。

9日 副区长钱虎威、兰东明召开航天504研究所卫星有效荷载试验验证中心项目征地拆迁协调会。

12日 区委书记吕健等区级领导参加区总体规划设计工作汇报会。

△ 常务副市长董军调研长安区秦岭北麓生态环境保护工作并听取相关汇报，

对长安区秦岭北麓生态环境保护工作表示肯定，要求长安区继续做好相关规划，与相关区县沟通协调，一步到位做好秦岭北麓生态保护工作。市政府副秘书长宫蒲顺，代区长杨建强陪同。

13日 副市长钱引安出席长安区城管执法车辆发车仪式，并查看滦镇街道农村生活垃圾收集压缩站运营实施情况。

15日 区政府邀请西北工业大学、西安电子科技大学、西北大学、陕西师范大学等14所驻区高等院校主要负责人畅谈共同推动长安加快发展、科学发展、和谐发展大计。代区长杨建强通报区域经济社会发展情况，希望驻区高校在配合区委、区政府重心工作的同时，发挥自身优势，主动融合发展，实现共建共赢。

16日 副省长姚引良，省民政厅厅长曹莉莉，市委常委、市纪委书记刘春雁及区委书记吕健等陪同民政部副部长姜力一行检查上王村观摩点筹备工作。

18日 市委常委、高新区管委会主任岳华峰调研长安通讯产业园基础设施建设和中兴通讯一期工程进展情况。

△ 区政府举行西区小学开工奠基仪式。

△ 区政府举行警用车辆发放仪式并投资450万元，为基层派出所购置现场指挥车、流动警务车、运兵车等3种新型警车18辆，完善基层警用装备，增强警方对辖区治安情况的掌控能力。

27日 区政府召开国家现代农业示范区建设规划评审会，邀请西北农林科技大学教授张保军、李建明，副教授刘建辉、弓弼，市农委副主任张贵生、赵定安等专家，就《西安市长安区国家现代农业示范区建设（粮食）总体规划》、《西安市长安区国家现代农业示范区建设（蔬菜）总体规划》、《西安市长安区国家现代农业示范区建设（畜牧）总体规划》、《西安市长安区秦岭花卉博览园建设规划》进行评议。

28日 区政府召开西安建设国际化大都市长安区实施追赶战略实现跨越发展专家研讨会，邀请省政府金融办副主任、陕西师范大学教授李忠民，市委副秘书长、研究室主任宋毓文，市政府副秘书长肖争光，市社科院院长夏泽民，市发改委主任王学东等专家结合区域经济社会发展特点，就西安建设国际化大都市、长安如何实施追赶战略实现跨越发展建言献策。代区长杨建强出席会议并介绍区情概况。

29日 全市深化村务公开和民主管理难点村治理工作现场会在长安区上王村举行。副市长朱智生带领200余名与会人员察看上王村文体广场、村务公开栏、廉政文化墙、党员活动室和村监督委员会办公室等硬件设施建设情况。

31日 兰州军区副政委李国辉视察子午街道台沟村军民共建点建设情况。

11月

9日 全国深化村务公开民主管理"难点村"治理工作现场会在长安区滦镇街道上王村召开。中央书记处书记、中央纪委副书记何勇，全国各省、自治区、直辖市纪委领导，分管民政工作的主要领导参加观摩。省委书记赵乐际，省委副书记、代省长赵正永，省委常委、纪委书记郭永平，省委常委、西安市委书记孙清云，副省长姚引良，市委副书记王成文，副市长朱智生，区委书记吕健，代区长杨建强陪同观摩。

10日 市委宣传部常务副部长岳少峰一行检查长安区学习型党组织建设工作。

16～17日 省委第一巡视组到长安区巡视召开会议并听取长安区换届以来经济社会发展情况汇报。

24日 市长陈宝根调研沿山旅游景区综合整治工作。副市长段先念，区委书记吕健，代区长杨建强陪同调研。

12月

3日 副省长姚引良，市委副书记王成文，市长助理乔高社一行调研长安创建国家现代农业示范园进展情况。

△ 全市城乡结合部及城中村环境卫生整治现场会在长安区召开。副市长钱引安带领各区县四城联创办、市容园林局负责人观摩郭杜街道西第五桥村和甫张村示范点，并对长安区开展农村环境卫生整治工作取得的成绩给予充分肯定，就下一步工作提出要求。

7日 代区长杨建强会见沣渭新区副主任康军一行，专题研究斗门、王寺、高桥三个街道托管移交有关工作。

13日 代区长杨建强检查兴教寺申报世界物质文化遗产工作，并对下一步工作进行安排部署，要求各有关部门按照"构建大景区、发展大旅游、建设大产业"的发展思路，积极做好申遗各项前期准备工作。

20日 长安区区级全体领导参加全区"千名干部下乡入户送温暖活动"启动仪式。

23日 区委中心学习组举办讲座，邀请省第十届人大常委会副主任、省生态文明建设促进会会长陈再生作《坚持科学发展、建设生态文明》专题报告。

△ 区政府召开2010年政情通报会，听取人大代表和政协委员意见和建议。代区长杨建强向部分代表和委员通报2010年、"十一五"期间全区经济社会发展情况，"十二五"规划目标任务以及2011年全区基本工作思路。

26日 区政府召开会议，贯彻传达全省问题乳粉清查暨食品安全整顿工作电视电话会议精神，安排部署全区问题乳粉清查暨食品安全整顿工作。代区长杨建强出席会议并做重要讲话，要求全区要严格按照省市电视电话会议精神，把问题乳粉清查作为重点工作，精心部署，扎实开展，合力推进，加大清缴工作督促检查力度，确保问题乳粉清查工作扎实推进。

实施追赶战略　谋求跨越发展

2007～2010年，长安区全面落实科学发展观，紧紧围绕建设国际化大都市新型城区目标，抢抓西部大开发和西安建设国际化大都市的历史机遇，应对金融危机挑战，实施追赶战略，大力发展优势产业，优化经济结构，培育新的经济增长点，推动区域经济快速发展。主要经济指标增幅位居全市前茅，城乡基础设施建设、产业园区发展、重点项目建设不断提升，荣获全国科技进步先进区、全国粮食生产先进单位、陕西省旅游强区、陕西省星火技术密集区等荣誉称号，跻身“西部最具投资潜力百强区”，跃居“中国全面小康成长型百佳县（市）”行列。

一、区域经济持续增长

2007～2010年，全区生产总值保持15%以上增速，连续跨越100亿元、200亿元两大台阶，实现三年翻一番，2010年为274.41亿元，是2006年的2.5倍；产业结构不断优化，“三产”构成由2006年的16.7∶46.1∶37.2调整为2010年的8.93∶50.01∶41.06。全区规模以上工业增加值保持25%的增速，由2006年的14.69亿元增加到2010年的92.04亿元，年均增长58.21%。2007年地方财政一般预算收入为5.38亿元，以年均35.4%的速度增长，截至2010年增长到13.2亿元，突破10亿元大关。全区社会固定资产投资年均增长36.6%，2007年为125.4亿元，2010年底为302.26亿元，是2006年的3.5倍。社会消费品零售总额从2007年的53.67亿元增加到2010年的89.24亿元，保持18.9%的年均增长率，基本实现4年翻一番。截至2010年底，城镇居民可支配收入19557元，同比增长20%；农民人均纯收入7389元，同比增长23.9%。

二、基础设施不断完善

2007～2010年，长安区坚持以科学规划为先导，完成第四轮城市总体规划修编，实施一批城市基础设施建设工程，累计投入资金15亿元。**在交通方面**，以对接主城区为目标，实施城市路网对接工程，建成西部大道、子午大道北段、电子正街、雁引公路、鱼斗公路、半引路、大杨路、杜王路、神禾大道等城市道路，综合改造韦曲西街等市政道路9条，打通老韦斗路等断头路6条，将城市建成区规模扩大到28平方公里，实现“三区一基地”有机连通；实施县乡道路超龄油路改造169公里，硬化通村公路94.72公里，实现671个行政村“村村通油（水泥）路”目标，顺利建成“半小时交通圈”，基本形成五横十纵的现代交通网络。**在公用设施方面**，累计铺设天然气管道60余公里，新增用户5.8万余户，燃气入户率83%；城区供、排水设施不断完善，供水管网改造基本完成，建成排水管网99公里，区污水处理厂一期工程竣工，日处理量达5万吨，使城区90%以上污水得到处理；城区广电通讯网络建设、公交站点(站棚)改造、公厕改、扩建力度进一步加大，建成城市垃圾压缩站2座，新建城区公厕10座，免费开放公厕29座；城市绿化面积新增20.3万平方米，人均公共绿地8.34平方米，新建柳青广场等城市广场5个，建成街头绿地小广场13个，绿化覆盖率37.4%；修建农村文体广场12.4万平方米，完成改厕3.8万户，安装路灯1.4万盏，建设农村沼气池1.03万口，区内公用设施进一步完善。

三、产业园区快速发展

长安区一方面坚持“优势互补、共建共赢”思路，全力以赴支持高新区、航天基地开发建设，加速高新技术产业聚集；另一方面将区属园区建设作为区域发展的重中之重，明确区属各园区的产业定位和开发范围，出台《加快园区开发建设的意见》，授予园区行政执法权，按照“独立运作、封闭运行”模式，支持园区发展。

长安区有长安—西安高新技术产业开发区、西安国家民用航天产业基地2个合作共建区和西安郭杜教育科技产业开发区、长安斗门新型工业园区、引镇现代物流园区和常宁新区4个产业园区。西安高新技术产业开发区成立于1991年，长安——高新共建区面积约为42.37平方公里（包括长安通讯产业园7平方公里），涉及长安区郭杜、滦镇、细柳、五星、兴隆5个乡街38个行政村，农村人口4.6万人。西安国家民用航天产业基地成立于2006年11月，2010年6月被国务院批复为国家级陕西航天经济技术开发区，总规划面积86.65平方公里，涉及长安区韦曲、引镇、杜曲、王莽、大兆、鸣犊6个街道93个行政村，人口11.8万人。西安郭杜教育科技产业开发区前身是西安市郭杜工业园区，成立于1995年2月，2006年8月由陕西省政府批准为省级开发区，西安市政府将其更名为“西安郭杜教育科技产业开发区”，总规划面积28平方公里；斗门新型工业园区规划建设于1989年，2007年被区政府批准为长安区唯一一个以工业加工、装备制造为主导产业的工业园区，2009年园区规划面积由2.29平方公里扩展到15.54平方公里，2010年1月被省政府确定为全省重点建设县域工业园区，2010年11月划归沣渭新区；引镇现代物流园区成立于2009年3月，规划面积2.72平方公里；2009年2月，区政府在常宁组团基础上成立常宁新区管理委员会，新区规划面积17.38平方公里。

合作共建区 截至2010年底，长安—高新共建区内建成西部大道、创业大道等22条主要道路，引进各类企业490家，其中工业企业268家（规模以上工业企业34家），企业以通信、软件、先进制造业、生物医药等行业为主；西安国家民用航天产业基地已建成雁塔南路、航天大道、神州三路等28条道路，引进项目100余个，其中，外资项目13个，合同引进内资499亿元，外资33.2亿美元，累计完成固定资产投资88.67亿元，年均增长176%以上，累计注册企业400余家，吸纳就业人口2万余人，已纳入统计企业名录的各类企业143家。在17家工业企业中，年产值500万元以上的有15家，年产值2000万以上企业9家（含2家军工企业）。

2010年，长安—高新共建区和西安国家民用航天产业基地为长安区上缴财税2.596亿元，占区财政年度总收入19.54%；规模以上工业总产值完成312.16亿元，占全区规模以上工业总产值的90.4%；完成投资93.8亿元，占全区完成投资总数31.03%。

西安郭杜教育科技产业开发区 截至2010年末，西安郭杜教育科技产业开发区（前身西安市郭杜工业园区）已建成道路43.16千米并形成基本路网格局，实现开发区道路与西沣公路、绕城高速及西安三环路对接；给水工程、天然气、电力、通讯等配套设施基本完善，开发区综合配套水平达到“八通一平”标准。2007～2010年引进项目48个，总投资112.16亿元，项目涉及文化教育、工业、地产。截至2010年底，投入使用或投产项目29个，总投资额67.6亿元，从业人数20300人，工业总产值35.4亿元，工业增加值10.27亿元，财政收入51700万元。

斗门新型工业园区 长安斗门新型工业园区基础设施建设截至2010年底总投资约7000万元，累计支付工程价款4573万元，已完成科技路西段、文苑路、汇新路铺油。2009～2010年，园区引进项目17个，引资额140391万元，涉及车桥、工业微波炉、熔炉、钢结构、外包装、电器元件制造和家具生产等领域，总征地71.4公顷，总用地63公顷。

引镇现代物流园区 截至2010年末，引镇现代物流园区完成基础设施投入11356万元。先后投资5.2亿元，修建主干道路6.4公里、铺设供排水管道16公里、园区绿化面积30万平方米、安装路灯306盏，基本实现“六通一平”基础设施新布局；引进金源石油长安引镇2.2万平方米成品油库、长安引镇现代物流园区铁路仓储物流中心、中储粮西安物流3个项目，完成投资12.13亿元；入驻延长石油、华润化工、民生燃气等企业16家。入区企业上缴国、地两税1.37亿元。其中：陕西华润化工有限责任公司石油产品仓储物流项目总投资1.9亿元，占地10公顷，主要从事能源化工产品仓储服务业务，2008～2010年，上缴税收968.2万元；陕西延长新能源公司石油管道材料储备加工中心库项目，总投资2.58亿元，占地10公顷，2008～2010年，累计上缴税收1.17亿元。

常宁新区 2009年，常宁新区与西安经发地产、香港金马集团、上海大华地产等企业签订战略合作协议，总投资220亿元，入区高校完成投资4.3亿元。至2010年，新区完成固定资产投资86200万元。其中，陕西教育学院长安校区建设一、二期工程投资40000万元；陕西电子科技学院建设有关项目投资8068万元；西京学院三期建设项目投资8000万元；西安财经学院长安校区8号学生公寓楼投资2300万元；神禾大道投资10290万元。至2010年，建成南北主干道、神禾大道、培华西路等道路。

四、重点项目逐步推进

长安区制定出台《西安市长安区重点建设项目管理办法》、《西安市长安区关于加强项目建设工作的相关规定》等政策，明确项目建设管理责任分工、手续办理流程和服务保障措施，完善项目建设领导包抓、挂牌保护、绿卡、督查、动态管理制度，建立运行规范、保障有力的项目建设管理机制，推动重点项目快速建设。

2007～2010年，全区引进南洋迪克、奥特莱斯国际商务社区等一批重大项目。全区引进项目189个，实际利用内资107.37亿元、外资6366.3万美元；承担市级重点建设项目24个，年度计划投资30.9亿元，实际完成投资42.1亿元；区级重点在建项目303个，年度计划投资195.02亿元，实际完成投资226.74亿元。其中，长安区污水处理厂、关中民俗艺术博物院、国色天香一期、长安相府、西部大道、鱼斗公路等已竣工，西康铁路二线、西安电子科技大学长安校区、陕西省档案馆新馆、东部设施瓜菜带建设项目、西安鲜花港高档花卉示范园、西安市现代农业科技展示中心、君悦花园商住楼、太阳水岸新城等项目正在建设；西北工业大学长安校区、西安旭升金属有限公司、西部蔬菜产业带等67个项目超额完成投资任务。

（尚守玉）

以人为本 持之以恒 抓好作风建设

“房子是应该经常打扫的，不打扫就会积满灰尘；脸是应该经常洗的，不洗也就会灰尘满面。”这是毛泽东同志有关作风建设的经典论述。干部作风建设是一项长期的系统工程，不可能毕其功于一役，唯有坚持不懈地打扫、清洗“灰尘”，才能确保党的肌体健康，战斗力、凝聚力和创造力得到不断增强。

长安区委高度重视干部作风建设。2007～2010年，始终把作风建设作为加强干部队伍建设的“牛鼻子”来抓，精心设计载体，丰富活动内容，每年开展一次主题实践活动，做到年年有创新，年年有提升，年年有成效，干部作风明显转变，心系百姓，真情为民，创先争优，科学发展，全区上下呈现出一幅幅干部与群众水乳交融、鱼水情深的动人画卷。

区委常委会定期听取作风建设工作汇报，区作风建设活动领导小组精心谋划部署，认真组织实施，保证活动的顺利进行。区级领导率先垂范，身体力行，区委书记吕健，区人大主任兰竹英，区长汪文展，区政协主席成德奇等领导经常深入各自的党建联系点检查指导作风建设活动，辅导干部学习；区委组织部始终把作风建设工作摆上重要议事日程。区委常委、组织部部长王福林亲自组织领导，深入基层调研，加强协调指导。25个乡街党（工）委和区直部门党（工）委、党组高度重视，普遍召开专题会议进行部署，成立作风建设领导小组和工作机构，结合实际下发实施意见，做到业务工作与开展作风建设活动紧紧结合，在转变作风中不断改进工作，在推动工作中不断改进作风。

2007年，随着西咸一体化步伐加快和西安地铁、国家航天科技产业基地等一批重大项目的开工建设，长安迎来加快发展的黄金时期。新一届区委领导班子认为，要实现新的跨越式发展，关键取决于各级干部特别是领导干部的思想作风和工作作风，区委顺势而为，开展“讲学习、强纪律、树形象、促发展”机关作风建设活动，制定加强领导干部和机关作风建设的决定，于2007年春召开全区“讲学习、强纪律、树形象、促发展”作风建设千人动员大会，拉开作风建设活动的序幕。活动中领导干部带头学习，带头查找问题，带头制订和落实整改措施。广大党员深入基层访民情、听民声、解民忧，领导干部至少为基层解决1～2个实际问题，机关干部至少为群众办1件实事好事；各级党员干部走村入户，深入基层，调查研究问计于民，攻坚克难为民办事，新风正气扑面而来。

投资环境建设是长安加快发展的生命线。为进一步优化投资环境，提高各部门的服务意识，进一步改进机关作风，2008年，区委开展“亲客商、强服务、抓落实、促发展”主题教育活动。各部门、各单位以党的十七大精神为指导，以继续解放思想为引擎，以优化投资环境为突破口，以思想作风建设为着力点，以实现“四强”新区为目标，认真查找在思想作风、工作作风以及服务方面存在的问题，在全社会营造亲商、安商、富商的良好氛围。9月，又开展为期1个月的干部思想作风和工作作风集中教育整顿活动，重点解决学习质量不高、纪律松懈、敬业精神不强、工作态度差、作风飘浮等5个方面的问题。区委成立6个专项督察小组，通过明察暗访、突击检查等方式，严肃查处上班期间上网聊天、炒股、玩游戏等不良现象；加大惩治力度，对5名违纪干部分别给予免职、停职、行政记过等处理，并在全区进行通报。同时，还从长效机制入手，制定《作风建设奖惩意见》、《工作实绩考核办法》、《不胜任领导干部调整办法》等一系列关于作风建设和强化管理的制度，形成了用制度管权、按制度办事、靠制度管人的长效机制。

2009年，面对国际金融危机对全区经济造成的不利影响，区委、区政府积极应对，适时开展“弘扬良好作风、促进科学发展”主题教育活动。结合学习实践科学发展观活动，区委提出精简会议、改进作风、多做调研，以务实的作风认真落实“保增长、保民生、保稳定”各项政策措施；区财税部门相继出台一系列鼓励企业发展的优惠政策，为企业走出困境、良性发展提供了强有力的政策支持和服务保障；各单位建立完善“全天候、零距离、保姆式”亲商服务体系，全天候办公，方便群众办事，努力把作风建设成果转化为解决好人民群众最关心、最直接、最现实利益问题的实际行动。据不完全统计，2009年全区各级机关帮助企业解决实际问题165个，为企业提供财政扶持专项资金2000万元，简化企业办事措施65条，建立完善服务企业长效机制53项，取消、暂停或降低各类收费项目39项。全区各级领导干部参与调研达235人次，帮助群众解决实际问题358个。

2010年，在区直部门和乡街机关干部中开展“新理念、新境界、新形象、新长安”主题教育实践活动。围绕全区“十二五”发展规划，以“推动科学发展、谋求跨越发展”为主题，集中开展大讨论活动，在全区广大干部中形成勤于学习、善于思考、勇于实践、敢于争先、乐于奉献的良好风气。

2007～2010年，区委紧紧扭住作风建设这个关键，贯彻落实以人为本、执政为民要求，开展深化机关作风建设活动。通过作风建设，既解决群众生产生活困难，使群众得到更多实惠，又解决党员干部对群众的感情问题，进一步密切党群干群关系。各乡街、各部门按照区委部署和要求高度统一认识，领导率先垂范；加强检查指导，把握关键环节；突出工作重点，解决突出问题；坚持边整边改，把加强作风建设与促进发展、深化改革、稳定社会结合起来，与建设“四强”新区目标结合起来，使作风建设活动不断取得实效。**一是区域经济持续快速增长。**4年全区生产总值保持17.8%的增速，连续跨越100亿元、200亿元两个大台阶，是2006年的2.5倍，2010年达到274.4亿元，实现三年翻一番；地方财政一般预算收入2010年完成

13.2亿元，是2006年的3.4倍，实现三年翻一番；全社会固定资产投资年均增长36.6%，2010年达到302.3亿元，是2006年的3.5倍，实现三年翻一番；2010年城镇居民可支配收入19557元，同比增长20%；2010年农民人均纯收入7389元，同比增长16.5%，是2006年的2.2倍，连续四年长安区获全市目标综合考评优秀区县。**二是基层群众的实际困难进一步得到解决**。广大党员干部尤其是领导干部通过蹲点调研、下访约访、结对帮扶、上门服务等方式，深入基层、深入群众，真心实意地倾听群众呼声，实实在在地帮助基层破解一批难点热点问题。2007年作风建设活动中，共为群众办实事好事579件。其中，硬化乡村道路29公里，帮扶贫困户521户，帮扶下岗职工、困难大学生、残疾人667人，对农民进行实用技术培训5276人（次），解决群众生产生活困难773件。**三是作风方面的突出问题进一步得到治理**。针对一些党员干部中存在的工作不实、干劲不足、执行不力、管理不严、“吃、拿、卡、要”等作风方面群众反映强烈的突出问题，深入开展集中治理。如2008年，全区开展明查暗访26次，受理效能投诉53件。通过集中治理，一些党员干部中存在的“庸、懒、散、乱”等现象得到有效遏制，取得明显效果。**四是加强作风建设的机制制度进一步得到完善**。坚持发扬作风建设行之有效的做法，总结提炼作风建设活动中创造的新鲜经验，先后出台《领导干部行为规范》、《车辆配备管理制度》、《领导干部礼仪手册》等20项制度，扩大活动成果，完善作风建设的长效机制。2010年，全区还将作风建设和创先争优活动与创建学习型党组织等结合起来，积极创新形式和载体，形成一些行之有效的做法和经验，不断拓展活动渠道，丰富了活动内容。（丁　浩）

年度目标责任综合考核

2007年，中共长安区委、区人民政府按照省市统一部署，在全区开展年度目标责任综合考核工作。工作开展以来，区委、区政府以实施追赶战略、谋求跨越发展、建设“四强”新区为目标，坚持把目标责任综合考核作为推动长安经济社会又好又快发展的重要抓手和制度保证，不断完善机制，创新方法，严考细核，切实发挥年度目标责任综合考核引领发展方向、衡量发展成果、推动工作落实、促进社会和谐的作用，有力推动了区域经济和社会各项事业持续快速发展。地区生产总值、地方财政一般预算收入、全社会固定资产投资、农民人均纯收入、城镇居民人均可支配收入分别以15%、30%、35%、15%和20%以上的速度递增。2010年，地区生产总值达到274.4亿元，是2006年的2.5倍；财政一般预算收入达到13.2亿元，是2006年的3.4倍；全社会固定资产投资达到302.3亿元，是2006年的3.5倍；农民人均纯收入达到7389元，是2006年的2.2倍；城镇居民人均可支配收入达到19557元，是2007年的1.85倍。连续4年获得“全市目标责任综合考核优秀区县”，先后获得“中国全面小康成长型百佳县（市）”、“全国推进义务教育均衡发展工作先进区”、“国家现代农业示范区”等100多项荣誉称号。

为搞好年度目标责任综合考核工作，4年来，长安区主要采取了以下措施：一**是坚持以科学发展观为指导，确定年度任务**。以实施追赶战略，谋求跨越发展，建设“四强”新区为目标，坚持三产强区、项目带动、板块推进、生态优先，突出抓好城市建管、城乡统筹、项目建设、产业培育、生态环境、民生工程、社会稳定等重点工作；将年度重点工作细化分解，纳入考核指标体系，以科学全面的指标体系引领发展方向，以务实管用的考核机制推动突破发展。**二是建立区级领导、责任单位、责任科室、责任干部四级包抓机制，层层夯实工作责任**。每年初，及时分解细化指标任务，逐一明确目标任务、包抓领导、工作责任、工作标准和完成时限。通过构建自上而下的四级指标责任体系，实行考核指标与各级责任人捆绑式运作，进一步增强各级领导干部抓落实的责任感、紧迫感，形成全区上下抓落实的巨大合力。**三是把狠抓落实作为抓好目标责任考核指标的关键**。区委、区政府连续3年在全区开展“抓落实年活动”，成立由区委、区政府主要领导担任组长的抓落实工作领导小组，下设专门办公室，把强化目标责任考核与转变干部作风结合起来，做到两手抓、两促进，不断完善抓落实体制机制，着力引导各级干部把思想和行动统一到狠抓落实、干事创业上来；每季度开展一次区级领导集中抓落实活动，查项目、定措施、解难题，在全区上下形成团结一心抓落实，上下联动促发展的强劲合力，有力促进了各项任务落实。**四是把切实加强督促检查作为抓目标责任考核指标落实的重要保证**。整合区委、区政府督查力量，加大日常督查考核力度，对目标任务完成情况进行全程跟踪督查，促进落实。区委常委会定期听取考核工作汇报，区综合考核领导小组每月召开市考指标分析会，通报情况、研判形势，制定方案；考核办采取重要事项专题督办、难点问题跟踪督查、滞后指标联合督查等多种形式，及时掌握动态，制定措施，解决问题；对工作不力、缓慢的责任单位，下发督办单、警示单、提示函进行重点督办，限期进行整改。**五是把强化考核结果运用作为做好综合考核的重要保障，真正把方方面面的积极性调动起来**。以考核使用干部，把综合考核结果作为提拔任用中层干部的重要依据，对成绩突出的破格提拔使用或列为后备干部进行培养；对考核结果为后三名的单位一把手由区委主要领导进行诫勉谈话，对连续两年处于后三名的进行组织调整。严格按照《市考指标完成情况责任追究办法》，对工作推进不力、完成任务不好的责任单位进行问责，取消其评优资格；单位未进入良好以上等次不能评为本年度先进集体，主要领导年终考核不得评为优秀，使综合考核的激励鞭策和良好用人导向作用得到充分发挥。

（左小峰）

创建国家现代农业示范区

一、创建起因

创建国家现代农业示范区，是在国家农业部指导下，以各地县（区）、县级市、垦区为单位，整建制推进发展现代农业新模式，是顺应社会主义市场经济条件下现代农业发展趋势，促进农业增产增效、农民持续增收的重大部署。创建国家现代农业示范区，对于探索中国特色农业现代化道路，加快现代农业建设进程，推动社会主义新农村建设，加快城乡一体化进程，有重大现实意义。

长安区地处关中腹地，是西安市新一轮城市发展的新型城区和增长极，更是“菜篮子”工程重点生产基地和陕西省重要的粮、菜、畜生产区；是陕西省粮、菜、肉、蛋、奶主要生产区之一，已被列为国家瘦肉型生猪和优质商品粮生产基地县（区）。全区范围内以粮食、蔬菜、畜牧三大产业为主的产业格局初具规模；农业技术推广、动物疫病防控、质量安全检测等社会化服务体系完备，科技推广力量雄厚，农业科技水平较高，生产规模、单产、出栏率、农机化率、良种覆盖率、质量安全等主要指标均位于全省前列；发展政策环境良好，政府重视支持。尤其是长安位于“八百里秦川”中部，区域代表性强，适宜不同农作物生长，示范作用大，具备创建国家现代农业示范区基础条件。

2009年11月，农业部发布《关于创建国家现代农业示范区的意见》（农计发[2009]33号）及《国家现代农业示范区认定管理办法》，长安区委、区政府以近几年在都市型现代农业发展中取得的成就为新起点，推动现代农业更快发展，在省、市有关领导大力支持下，决定申报首批国家现代农业示范区。

二、申报过程

2009年底，长安区政府聘请省、市农业科技专家、学者与长安区一线农业工作人员，组成专业队伍，着手长安“国家现代农业示范区”申报工作。编制《长安区国家现代农业示范区申报书》，成立《长安区农业发展十二五规划》、《长安区国家现代农业示范区建设规划》课题组，完成两个《规划》草稿，区政府于2010年5月，向陕西省农业厅呈报《长安区国家现代农业示范区申报书》。

2010年6月，《长安区国家现代农业示范区申报书》编制完毕，区政府呈报省农业厅，同时递交《西安市长安区人民政府关于申请创建国家现代农业示范区的函》和《西安市长安区国家现代农业示范区建设规划提纲》。陕西省农业厅会同省水利厅组织管理人员和专家对长安区创建国家现代农业示范区申报资料进行评审，通过查阅资料、质询答疑，认为：长安区创建国家现代农业示范区基础良好，优势明显，发展潜力和空间大；发展政策环境良好，政府重视支持，成立建设领导小组，制定产业发展规划，落实建设配套资金，组织资金保障有力；区域代表性强，示范作用大，代表了区域农业发展的先进水平，基本具备创建国家现代农业示范区的条件，同意申报国家现代农业示范区。6月，省农业厅报请省政府同意后向农业部上报《陕西省农业厅关于推荐西安市长安区申报国家现代农业示范区的报告》。

2010年8月，农业部认定第一批国家现代农业示范区51个，长安区为首批之一。农业部下发《关于认定第一批国家现代农业示范区的通知》（农计发[2010]22号），要求各地农业部门要高度重视，精心组织，周密部署，科学规划，加强引导，积极推进。提高主导产业集中度，突出主导产业发展；创新示范区组织实施机制，明确地方各级政府和部门的创建责任，充分发挥广大农民的主体作用；通过整县整乡推进，带动区域现代农业发展；争取各有关部门的支持，国家和省安排的现代农业发展资金应适当向示范区倾斜，努力形成合力推进国家现代农业示范区建设的良好局面。

三、《规划》评审

2010年10月，长安区副区长贺乐军在区政府行政中心会议厅主持召开《长安区国家现代农业示范区规划》市、区两级评审会，邀请市级农业专家和西北农林科技大学专家教授，以及区发改委、财政、农业、水务、林业、交通局，子午、黄良、王曲、引镇、大兆、王莽、细柳街道和灵沼、杨庄乡的主要领导及规划编制课题组成员60余人参加。评审的规划内容包括《长安区国家现代农业示范区建设（粮食）总体规划》、《长安区国家现代农业示范区建设（蔬菜）总体规划》、《长安区国家现代农业示范区建设（畜牧）总体规划》、《长安区秦岭花卉园建设规划》等，并对这些《规划》按照评审会形成的意见进行修改补充和完善。

2010年12月，省农业厅召开《西安市长安区国家现代农业示范区建设规划》评审会。按照会议提出的意见，区政府组织农业局修改完善了规划内容；12月，《长安区农业发展十二五规划》、《长安区国家现代农业示范区建设规划》由15人课题组编制完成。

四、基本思路

区政府为创建国家现代农业示范区确定的基本思路是：创建活动以区为单位，以农产品供给保障为核心，积极追求全区农业生产水平整体提升。在政策促进和服务机制方面，在产业先进性方面，在产品安全性方面，为全省或全国在某一点或几点起到示范作用。要求农业部门和各相关乡街在创建国家现代农业示范区的实践过程中，都要制订推进措施，建立优质高效的服务保障机制，倾力发展具有长安地方特色的粮、菜、畜、观光4大产业。

依据上述思路，示范区建设围绕主线，坚持3项原则（先进性、保障性、安全性），发展4大产业（粮食、蔬菜、畜牧、观光），打造4大板块建设8大基地

（细柳666.7公顷粮食高产节水灌溉标准化示范基地、杨庄666.7公顷有机粮食生产基地、王曲666.7公顷有机蔬菜生产基地、灵沼666.7公顷设施蔬菜精品基地、杜曲食用菌基地、大兆瓜菜基地、砲里瓜菜基地、鸣犊现代畜牧养殖基地）。通过5年建设，示范区产业优势更加突出，设施、技术及加工水平大幅度提升，推进、保障、产业体系基本完善，效益提高，形成区域化布局、规模化发展、标准化生产、集约化经营、产业化开发的现代农业发展格局。到规划期末，粮食面积2万公顷，经济作物1.33万公顷，生猪存栏50万头，蛋鸡存栏500万只，农产品加工率50%，农业总产值50亿元，农民人均纯收入14000元。

五、发展前景

长安区创建国家现代农业示范区**一是探索农业生产新的组织方式**，借鉴建设工业园区经验，循着发展规模化、区域化生产思路，组织农户建设规模基地，推广在家庭联产承包责任制和土地使用权不变条件下，建设大型生产基地的生产模式；用社会资本，强化服务体系，组织规模化、区域化生产，推广公司+农户的组织模式；探索产业化模式，推进现代农业健康发展，探索现代经营理念在农业发展方面的具体运用。**二是探索运用新品种、新技术、新设施、新模式发展现代农业**。建立健全新品种、新技术引进、推广体系；探索新的茬口结构高效模式和有机生产方式大范围运用等问题。**三是探索建立区级政府主导的推进发展机制**。在区域经济规划中实现现代农业与二、三产业的协调发展、一体化发展，建设好统筹城乡示范区；制定现代农业发展扶持政策；建立区、乡街联动推进和考核机制，建立政府推进和民间合作组织联动推进机制；强化政府职能，建立适应现代农业发展的组织体系。

国家现代农业示范区建设是一项系统工程，不仅需要政府的坚强领导，还需要部门、乡街通力协作，更需要调动农民的积极性，广泛吸引社会资金投入。按照现代农业建设要求，以规模化示范基地为重点，通过努力使示范区建设格局基本形成，各项促进、保障体系基本建立，使长安区在推进国家现代农业示范区的过程中，促进城乡一体化发展。 （赵剑涛）

深化村务公开和民主管理　加强“难点村”综合治理

“在我们村，村里的大事小事都要听取群众意见，群众的事群众说了算……”。长安区滦镇街道上王村村民这样评议本村村务公开。2010年11月9日，参加全国深化村务公开和民主管理“难点村”治理工作会议的代表到上王村现场观摩，对长安区村务公开和“难点村”治理工作给予高度评价。

2000年初，长安区以行政村为单位推行村务公开，经过10年不懈努力，村务公开作为一种制度已基本确立。截至2010年底，全区20个街道、5个乡，671个行政村全部实行村务公开。然而，村务公开实施并非一帆风顺，充满冲撞与磨擦，因此派生一个棘手问题，即村务公开的“难点村”。为确保村务公开这项事关农村民主政治建设的措施落实到位，必须正视并解决好“难点村”的治理问题。

一、基本作法

加强领导，健全机构　实行村务公开是加强民主监督的重要途径，也是广大村民的强烈愿望。按照中央、省、市要求，结合长安实际，成立以区委书记为组长的长安区推行村务公开工作领导小组，下设办公室，实行“区委统一领导，政府部署实施，组织部门协调，纪检监察部门监督检查，民政部门牵头负责，农业部门参与配合”的工作机制。坚持每年从全区各有关部门抽调责任心强和有一定工作能力的干部驻村指导，充实各乡、街及行政村村务公开工作领导小组，要求干部对上负责，对下指导，协调组织，切实加强农村民主管理工作，为村务公开规范推行提供组织保证。出台一系列关于加强规范村务公开工作的文件，把推行村务公开工作列入各级党委、政府重要议事日程，加强领导、精心组织、强化措施、狠抓落实，促进村务公开工作健康有序发展。至2010年，全区671个村委会建立村务公开工作制度，各项村务工作趋于规范。

统一培训，规范程序　历次村委会换届选举后，由区民政局牵头对新一届村委会干部统一培训。首先加强村委会主任对村务公开和民主管理重要性认识；二是学习村务公开工作文件，增强民主管理、民主决策和民主监督意识；三是学习掌握村级管理工作制度、程序，树立清正廉洁、为民谋利的思想。2007～2010年，全区村委会换届选举1次，组织举办村委会干部培训班1期。

加强检查，确保落实　每年7月，区推行村务公开工作领导小组办公室对各乡、街上半年村务公开工作进行检查，要求各乡街有村务公开工作安排文件，有村务公开工作指导小组；各村有村务公开工作制度、组织机构、研究村务公开工作会议记录、村务公开底稿资料。并采取分片集中听取各乡、街分管领导汇报、查看资料、实地抽查等方式进行检查，确保村务公开工作扎实规范，公开率100%。

二、工作成效

长安区推行村务公开，取得一定成效：一是密切了干群关系。实行村务公开，把村财务置于群众监督之下，清了集体“家底”，亮了干部“箱底”，明了群众“心底”，密切了干群关系；二是促进干部廉洁自律。以往农村干群关系紧张的一个重要原因是少数干部办事不公，甚至以权谋私。通过村务公开，群众对干部实行有效监督，从制度上保证干部清正廉洁；三是消除不安定因素，促进社会稳定。实行村务公开、民主管理，有效化解矛盾，凝聚人心；四是增强村民参政意识，促进民主政治建设。全面实行村务公开，让村民了解和参与村级事务管理，把村里的事交给村民去办，增强了农民群众当家作主和参政议政意识。

长安区委、区政府高度重视农村基层民主政治建设，把深化村务公开和民主管理作为事关农村和谐发展大事，以“难点村”、“薄弱村”治理工作为突破口，加强组织领导，创新监督机制，多措并举、综合治理，保障农村群众民主权利，涌现出一批村务公开、民主管理先进村，推动全区农村经济社会发展。

三、典型范例

长安区滦镇街道上王村紧邻西安秦岭野生动物园，以农家乐闻名省内外。全村163户人家，其中128户经营农家乐。2009年，全村农民人均纯收入1.2万多元，是国家级农家乐服务标准化示范村。在上王村各项事业开展过程中，村干部不能及时或不愿详尽公开村务，使村民参与村级重大事项决策和民主监督制度流于形式，群众意见很大，干群关系紧张。使上王村一度成为“问题村”。

“让权力在阳光下运行”是上王村人的共识。2009年4月，上王村在全区率先建立村民监督委员会，充分发挥其监督职能，扎实开展工作，在促进本村两委会健康运行、经济发展等方面收效良好。

村监会成立一年来，列席村委会会议13次，监督各类事项26件，提出合理化建议17条，化解矛盾纠纷5起。“村子供电线路改造、生活用水供给、办公大楼等建设项目和经费全部经过村监会复议审核”。被村民亲切地誉为村里的“人大”和“纪检委”。

在村口的村务公开栏里，包括计划生育、粮补发放、低保申请、村干部报酬等情况都公布其上。“村里的大事小事都在这里公开，大家再也不会私底下议论了”，村民王大虎说。

行走在风景优美的绿色村庄，各地代表纷纷感慨：“真看不出来，这里以前竟是个‘问题村’。村务公开真是一剂良药，村监会是个了不起的创新。”

2010年8月，上王村被确定为全国深化村务公开民主管理“难点村”治理工作会议现场观摩点。区委、区政府高度重视，先后3次把观摩点整治提升工作作为区委常委会和区政府常务会议题进行专题研究。区委、区政府主要领导主持召开专题会议18次，对各项工作安排部署和协调推进。区委书记吕健、区长杨建强及区纪委书记王印郎、副区长贺乐军坚持定期深入工作一线，40余次亲临上王村，指导检查工作。

2010年11月9日，中共中央书记处书记、中纪委副书记何勇，民政部部长李立国和全国各省、市、自治区、纪委及分管民政工作的主要领导到上王村观摩学习村务公开民主管理工作。省委书记赵乐际，省委副书记、代省长赵正永，省委常委、西安市委书记孙清云和区委书记吕健，区委副书记、区长杨建强等陪同。

何勇一行查看上王村文体广场、村务公开栏、廉政文化墙、上王社区服务中心，观看上王村村务公开宣传片《风景这边独好》。何勇书记与村监会、村委会工作人员亲切交谈，了解上王村村务公开、民主管理和民主监督工作并给予肯定。全国深化村务公开和民主管理“难点村”治理工作会议现场观摩活动取得圆满成功。2010年11月，民政部寄来感谢信表扬长安区难点村治理现场会筹备工作。

（肖　攀）

2010年11月，中共中央书记处书记、中纪委副书记何勇，民政部部长李立国在上王村观摩学习村务公开民主管理工作。

土地托管经营探索

2009年6月，中共中央政治局常委、国务院总理温家宝在陕西考察期间，到西安市长安区斗门街道中丰店村调研土地托管这一新事物。陕西长丰现代农业托管有限公司总经理、中丰店村党支部书记薛拓向温总理汇报：公司1073.3公顷托管麦田喜获大丰收。温总理赞扬：你们的土地托管服务很好。替打工农民种地，经营权不变，使农民在外打工没有后顾之忧。

温家宝总理亲临长安考察土地托管的消息，经《人民日报》、新华社、中央人民广播电台、中央电视台、《陕西日报》、陕西电视台等媒体报道。土地托管经营被誉为长安农民的创举。

土地托管的产生

二十世纪八十年代初，全国农村实行以家庭联产承包责任制为基本内容的改革，通过土地经营“大包干”，解决农村吃饭问题，亿万农民实现温饱。如何发挥“大包干”优势，弥补“大包干”局限，推动农业长期稳步发展，是农村改革与发展的新课题。长安农民开始探索。

1995年5月，《陕西日报》以《长安兴起“股份田”》为题报道长安部分农民以土地使用权入股，吸引资金、技术、科技人才，进行“股份田”的尝试。长安“股份田”被评为1995年全国农村经济十大新闻。1997年10月，中央办公厅领导肯定“长安‘股份田’是探索合作农业，深化农业改革的新思路”。2008年10月，“土地入股”被写入党的十七届三中全会文件。

长安农民通过“股份田”土地流转形式探索，实现农业生产规模经营，促进农业产业结构调整和农业产业化，为深化农村改革探索一条新路子。但是，“股份田”形式的土地流转，变更农民土地使用权，同“大包干”长期不变政策相悖；进入土地流转的农田90%以上变为菜果薯药林等经济作物田，影响国家粮食战略安全。如何探索一条既能发挥“大包干”优越性，又能规模经营，还能保证国家粮食战略安全的农业发展模式，土地托管即为应运而生的土地流转形式。薛拓是西安市长安区中丰店村党支部书记，高中毕业后回乡务农，自费到西北大学生物系深造5年，1982年担任村干部。1995年，创办长丰农业生物技术研究所。2005年，创办陕西长丰种业有限公司。面对农村基层科技网络网断、点撤、人散，部分农田撂荒、科技兴农难以落实的现状，他从公司繁育种子为农户提供统一服务实践中，逐步形成将满足农民期盼，解决生产难题和企业快速发展壮大融为一体的发展思路。2008年6月，在省农业厅领导指导支持下，提出“土地托管”，受到农民认同。2008年9月，薛拓以陕西长丰种业有限公司为依托，创办陕西长丰现代农业托管有限公司，开始土地托管实践。

土地托管的发展

2008年9月，陕西长丰现代农业托管有限公司同长安区斗门、灵沼、细柳、马王、滦镇5个乡街15个村3800户农民签订合同，对1073.3公顷耕地实行土地托管。按合同规定，农民每公顷地一料庄稼收获后，向托管公司交450元土地托管费，由托管公司在收购粮食时扣除；因土地托管公司责任造成的粮食减产，由公司负责向农户赔偿。

土地托管公司聘请6名省内知名农业专家、学者，招聘30多名种田能手和土专家，组成1个专家组和4个专业队，对农机、农技、植保、水电提供全程服务。对托管粮田实行良种、化肥、耕种、灌溉、防虫、除草、防病、收割、粮食收购“九个统一”。

2008～2010年，长安土地托管迈出三大步。一是土地托管面积逐年扩大：2008年1073.3公顷，2009年1593.3公顷，2010年2006.7公顷。二是实现三个突破：即走出长安，跨界经营，在户县大王镇大王东村和渭丰乡留南村发展托管粮田133.3公顷；托管规模扩大，在长安区、户县的7个乡镇、街道19个村发展托管粮田2006.7公顷，突破2000公顷；参加土地托管的农户2008年3800户，2010年突破6000户。实行土地托管后，托管土地平均每公顷产量连续两年比长安区平均每公顷产量增产两成以上，实现“七个提高”、“四个降低”：粮食产量提高。经长安区农技推广中心测产，2009年，长安土地托管1073.3公顷粮田，每公顷产12720公斤，比全区平均每公顷增产2490公斤，增产率24%。2010年，1593.3公顷托管粮田，每公顷产15795公斤，比全区平均每公顷增产5220公斤，增产率49%。农民收入提高。土地托管实现粮食增产，农民种粮收入显著提高。2009年，每公顷增产粮食增加收入4950元，1073.3公顷托管粮田增产可增加收入520万元。2010年，每公顷增产粮食增加收入9885元，1593.3公顷托管粮田增产可增加收入上千万元。机械化效率、效益提高。据中丰店村农机户张建平、张随茂介绍：土地托管后连片耕、种、收，农机耕种效率提高5～6成，农机收割效率提高3～5成，农机户效益增加3成以上，1年纯收入增加3000～5000元。规模化经营程度提高。土地托管实现粮食生产从家庭生产到集约经营的转变和经营规模由0.2～0.3公顷到成百上千公顷的飞跃；实现粮食生产产业化运营和从小生产到现代化的发展。科技兴农水平提高。土地托管实行“九统一”，推广良种化、精量播种、配方施肥、科学除草、科学防治病虫害等，解决科技兴农“热衷喊、落实难”问题。科技兴农水平显著提高。劳动生产率提高。土地托管前，外出打工农民，耕、种、管收都得请假。土地托管后，专业托管员1个人管理20～33.3公顷，最高1人管理53.3公顷；粮食生产每公顷1年减少75个工日，劳动生产率成倍提高。水电设施利用率提高。长安区斗门街道中丰店西村66.7公顷耕地“大包干”后，农户自购水泵150台，龙带30000米。土地托管后统一灌溉，仅用20多台水泵，2000～3000米龙带。水电设施利用率成倍提高。粮食生产成本降低。土地托管由于规模经营，批量购买化肥、农药等生产资料，享受农资公司优惠价；由于连片耕种收管，专业队服务价格低于市场价10%以上。每公顷种粮成本价格降低825元。农资用量降低。采用精量播种，每公顷节约种子45公斤以上；配方施肥，每公顷化肥用量减少75公斤以上；统一除草、防虫、防病，规范使用农药，减少农药浪费闲置，保证人畜安全，促进粮食生产向绿色农业发展。机械化成本降低。土地托管提高机械化效率，降低机械化成本。农机户张建平说：以前农忙时，拖拉机、收割机东奔西颠，地里到处是三、五米的绺绺田，把油都耗在路上咧；土地托管连片耕、种、收，油料成本降低3成左右。水电设施投入降低。中丰店村有253.3公顷耕地、80眼机井。土地托管前，农户自购水泵600多台，电线15万米，龙带10万米，户均投资3000元，使用周期约5年，平均每年600元；小麦冬、春灌和玉米灌浆高峰期，600台水泵齐上阵，1眼机井下2台水泵超负荷运转，每年灌溉全村烧毁水泵80～100台，花费水泵修理费2万多元。土地托管后，仅动用水泵百余台，水泵使用量降低六分之五。全村灌溉1年烧毁水泵10余台，较历年降低90%，降低修复水泵费用90%。电线、龙带用量降低半数以上。

土地托管实现粮食生产“九个统一”，“七个提高”，“四个降低”及其显示的优越性，深得农民信赖和支持。2008年冬，土地托管刚刚出现，中共长安区委、区政府、区政协及省农业厅领导及时予以肯定、鼓励、多方扶持。省委、省政府领导多次调研，引导土地托管健康发展。长安区水务局、农业局，西安市农业局、科技局，陕西省农业厅、农技总站、植保总站以及长安区信用联社等部门多方扶助，为土地托管排忧解难。2010年5月，省农业厅向陕西长丰现代农业托管有限公司赠送价值60万元农业机械。

长安土地托管连续3年快速发展，连续两年增产丰收，只是迈出第一步。土地托管这一新生事物处于起步阶段，一些问题亟待解决。首先是资金问题。陕西长丰现代农业托管有限公司每年收购小麦所需资金1000万元。除公司自筹资金和长安区信用联社贷款外，尚有数百万元资金缺口。二是拖拉机、收割机等农机户与托管公司联系不紧密，在农忙耕种收割高峰期“链掉线断”时有发生，托管公司制约乏力。三是地埋线、机井老化失修，带病运行；水泵、龙带等水电设施小型化、家庭化，户自为战，浪费资金加重群众负担，浪费水电设施资源，制约土地托管优势发挥。这些问题应引起相关部门的重视。

土地托管的前景

农村土地大包干后，主要矛盾是小生产方式同社会化现代农业的矛盾；农村家庭联产承包责任制长期不变将会与主要矛盾并存，解决矛盾的根本途径是发展多种形式的土地适度规模经营。土地托管同土地流转既有相同之处，又有根本区别。相同之处都是实现土地规模经营，不同之处在于土地托管是依托农业社会化综合服务体系，实现粮食生产规模经营；土地流转是通过土地租赁、转包、转让、置换、入股等改变农民土地使用权，实现粮食生产规模经营。土地托管与土地流转，是殊途同归。土地托管与多种形式的土地流转相比风险小，推广成本低，社会震荡小。粮食增产，农民增收幅度大，具有生命力及推广价值。（张宝贵）

城乡环境卫生综合整治

2007年以来，长安区委、区政府以巩固国家卫生城市创建成果，提升城市管理水平为主线，以“环境大改善、面貌大改变、管理大提升”为目标，坚持“建管并重、综合治理、长效保护”原则，狠抓环境卫生综合整治，城乡环境卫生面貌发生显著变化，初步实现建设标准化、整治规范化、管理科学化。

一、加强领导，夯实责任

区委、区政府始终把城乡环境卫生综合整治摆在重要位置，成立长安区城乡环境卫生综合整治工作领导小组，由区委、区政府主要领导担任组长，相关区级领导担任副组长，有关职能部门和各乡街党政一把手为成员；各乡街及行政村全部成立环境卫生综合整治工作领导小组，全面建成“三级管理、上下联动”工作网络。区委、区政府召开各类动员会、推进会、观摩会等大型会议80余次，针对城乡环境卫生综合整治工作，制订下发《城市建设管理提升年活动实施方案》和《农村环境卫生综合整治实施细则》等，明确整治目标，细化整治内容，夯实工作责任。

二、广泛宣传，营造氛围

深入开展“志愿服务、文明长安、奉献世园”、“迎世园、讲卫生、争做文明长安人”、“双十千万”、“四进四抓”等群众性精神文明创建和环境卫生综合整治活动。在长安电视台、《长安开发》设立环境卫生综合整治专栏，制作专题片3部，刊登新闻报道93篇，在区政府网设置环境卫生综合整治活动宣传网页，在市级以上媒体报道相关新闻26篇，出动宣传车30台次、悬挂横幅210余条、印发宣传资料9万份、制作展板562块，设置大型户外广告牌6块、灯箱标语500余块。

三、加大投入，保障经费

区财政先后投资2000余万元，用于城市环境卫生保洁和综合整治工作。农村环境卫生综合整治方面，建立以区财政投入为主，乡街配套，村级补充的分级投入机制；按照每个农民每年不低于10元的标准，列支870万元用于环卫设备购置、保洁员工资补助、保洁服务配套、考评奖励等农村环境卫生管理工作；乡街按照每人每年5元的标准筹集配套资金400余万元，行政村通过集体出资、群众集资、村办企业和社会各界募捐等方式筹措资金150余万元，全区筹措资金2900万元，为农村环境卫生综合整治提供了资金保障。

四、强化队伍，完善设施

以确保城乡环境卫生公共服务全覆盖为目标，按照定岗、定时、定人、定路段、定任务的“五定”原则，为城区配备保洁员470名、566个行政村配备保洁员2381名并办理人身保险，对保洁人员实行定期培训、优胜劣汰、动态管理；进一步完善环卫设施，投资160万元为城区购置洒水车、清扫车7台，在乡村设垃圾箱450个、垃圾桶11万个、垃圾台430个、垃圾堆放点280处、垃圾填埋场453处、垃圾压缩站2座、垃圾压缩车4辆、垃圾转运车70辆。

五、综合整治，全面提升

强化道路清扫保洁，坚持城区“四扫全保”和路段包干责任制度，实现城区“六净、六无、一不入”。强化出店占道经营行为整治，查处占道出店经营2042起，行政处罚168例。强化违规门头牌匾整治，拆除大型户外广告557块11380平方米、违规门头牌匾109块，清理灯箱176处。查处违规渣土车209辆次。强化集贸市场管理，实施南街蔬菜和长乐蔬菜等4个批发市场综合改造和扩建工程。强化“六小”行业管理，对全区185家“六小”行业经营户进行全面检查，下发整改通知书70余份，取缔无照经营2户。强化农村环境卫生管理，全区566个行政村坚持“一日两扫、全天保洁”制度，全区一类村从原来的140个增至272个，二类村由原来的227个减少到153个，三类村已全部消灭，树立74个环境卫生示范村、20个环境卫生样板村，在市四城联创办历次检查中名列全市前茅。强化峪口环境卫生管理，20个峪口全部实现环境卫生长效管理，环境卫生面貌焕然一新。强化重大节日期间城乡环境卫生综合整治，2010年为迎接西安世园会召开实施“一、四、五、十四、十五”工程，投入6000余万元，西长安街被打造为迎世园示范街；美化樱花、长安、金长安、柳青4个城市广场；投资1.8亿元实施西沣路、子午大道、环山路、西部大道、雁引路5条景观大道整治工程；在全区设置14处大型主题景观；在城区点亮15座高层建筑物，为迎接西安世园会营造了良好氛围。

六、严格考核，强化督查

区委、区政府把环境卫生综合整治纳入各级各部门综合目标考核之中，强化措施，细化指标，加大赋分力度，严格考核奖惩。加大日常督促检查力度，针对易回潮反复的问题，建立健全区上领导检查，四城联创办、市容园林局督查，责任乡街、部门每日2次巡查4层督导机制，全面加强督导检查，确保高标准整治城市管理难点。全区成立各类巡查队伍50余支，设立环境秩序督察岗20余处，坚持上街巡查、督促整改，全力维护良好的环境容貌秩序。

七、健全制度，长效管理

采取“网格化”模式，分块细化管理区域，落实定岗、定时、定责“三定”制度，形成横向到边、纵向到底的城市环境秩序容貌日常监管网格；建立城市管理快速反应机制，进一步明确环境卫生、道路秩序、门头牌匾、占道经营及“六小”行业等方面管理责任单位和职责。制订《农村环境卫生管理办法》、《农村环境卫生考评办法》和《农村环境卫生监督评议制度》等6项制度，乡街、村建立健全农村环境卫生管理、考核奖惩、保洁员责任、保洁员工资发放、村规民约、农户门前环境卫生“三包”等制度。

通过4年狠抓城乡环境卫生综合整治，城乡环境卫生面貌发生显著变化，人们的生产生活环境明显改善，干部群众的综合素质明显提升，为改善投资环境，建设国际化大都市新型城区创造了有利条件。（王铁平）

常宁新区建设

21世纪初，长安抢抓高校扩招机遇，规划建设西部大学城，设立长安区西部大学城管委会。大学城分为北、西、南3个园区，规划面积25.1平方公里。其中南区位于长安神禾塬，面积13平方公里。2004年9月，撤销长安区西部大学城管委会，设立长安区高校建设协调服务办公室。至2008年末，大学城南区完成基础设施建设投资7000多万元，西京学院、西安财经学院、西安培华学院、陕西教育学院、陕西电子专修学院5校入驻，成为常宁新区雏形。

2008年5月，国务院批复《西安城市总体规划（2008～2020年）》。按照规划，西安将优化主城区布局，凸显“九宫格局，棋盘路网，轴线突出，一城多心”布局特色，实行城乡统一规划管理。其中“多心”指4个组团：六村堡、常宁、新筑、洪庆。常宁被定位为西安外围城镇组团，承担中心市区疏散产业、人口及城市延伸功能。据此，2009年2月，长安区人民政府在常宁组团基础上成立常宁新区管理委员会。

常宁新区位于长安区南部，地处神禾塬，古樊川、御宿川之间，北靠潏河，南邻滈河，东至王曲兴盛村，西接子午大道。最低处是西侧潏河岸边，海拔约420米；最高处在东侧，海拔约520米。规划面积17.38平方公里，其中绿地及保护性绿地3.99平方公里，建设用地13.39平方公里。区域内生态良好，土地、水资源丰富，绕城高速、三环、西部大道、韦郭路、雁环路、环山公路、子午大道、神禾大道构成四通八达的交通网络，长安大道纵贯南北、南横线横亘东西，为区域交通主动脉。

常宁新区发展的基本思路是：发挥区域生态、人文资源优势，借鉴西安浐灞生态区运作模式，以建设“山水长安，魅力常宁”为目标，从潏河、滈河综合治理入手，高起点规划，大项目带动，片区化运作，渐次式推进。突出山水优势，彰显人文特色，把潏河打造成景色优美、生态良好的城市景观河。吸引国内外企业入驻投资兴业，带动新区开发，打造环境优美、宜居宜业的大西安城南现代、时尚、休闲、商贸、生态新城，形成长安新的经济核心增长极。

2009年6月，新区管委会实施土地储备前期工作。8月，向国土资源长安分局呈报270.87公顷土地储备报告，报批建设用地项目12个。项目通过长安区招商引资项目评审，完成项目立项备案手续。9月，国土资源长安分局召开《常宁新区土地利用总体规划局部调整方案》听证会，将调整方案上报西安市国土资源局审批。2010年1月，新区管委会组织专家学者、项目意向单位，召开《西安长安常宁新区控制性详细规划（草案）》论证会，3次调整规划方案，2010年底完成新区控规编制工作。

基础设施建设：2009年，新区管委会在原大学城南区基础上，结合原大学城发展规划和长安区分区规划，修编新区路网规划。至2010年末，建成南北主干道、神禾大道、培华西路等道路。“十二五”期间，将投资27.71亿元，建设道路35.85公里，形成“一环五横七纵”路网格局；投资19377.3万元，新建学子、常宁2个公园，扩建柳青广场，提升新区品位；投资约8000万元，在潏河附近新建占地5公顷的污水处理厂，与正在运行的长安污水处理厂共同承担新区排污任务；投资约6136.78万元，建成8座小型供热站，供热总面积约为1687.52平方米，入区用户天然气气化率100%；投资30122.80万元，完成新区道路31.8公里绿化美化；投资8000万元，建成区域110KV变电站，实施高压走廊落地，减少对景观和土地利用的影响。

项目建设：2009～2010年，新区完成固定资产投资86200万元。其中，陕西教育学院长安校区建设一、二期工程投资40000万元，陕西电子科技学院建设有关项目投资8068万元，西京学院三期建设项目投资8000万元，西安财经学院长安校区8号学生公寓楼投资2300万元，神禾大道投资10290万元建成通车。（薛文涯）

常宁新区规划总图

城中村改造

2008年1月，按照西安市第四轮城市规划，长安区韦曲街道、郭杜街道纳入西安市主城区范围，涉及36个行政村57099人；加上西安高新区、航天产业基地、西咸新区沣东新城和常宁新区规划建设，长安区需要改造城中村206个，占全区671个行政村30.7%，将转移农村人口31万，使长安城市化率提高32个百分点。2010年上半年，配合地铁二号线长安段建设，长安区开始拆迁改造申店村，后陆续启动老城区、西部大道及韦郭路沿线等主城区城中村改造，计划10年内完成。区委、区政府先后出台《关于加快主城区城中村改造工作的意见》、西安市长安区《城中村改造管理实施细则》、《城中村改造工作规则（试行）》、《城中村改造拆迁安置办法（试行）》、《城中村改造开发建设规定（试行）》等10个规范性文件，区城改办编写《城中村改造政策问答》，使城改工作逐步走上有章可循的路子。

长安区城中村有以下特点：1.形成突然，农民缺乏适应能力。2.村域面积明显多于城区。据市城改办统计，长安区城中村人均村域面积0.047公顷，是全市人均0.024公顷的1.94倍；户均宅基地0.016公顷，是全市户均数0.0086公顷的1.85倍；而户均拆迁面积分别是全市平均数73.8%和66.3%（西安市98个村拆除1758.85万平方米，涉及44738户152828人，户均393平方米，人均115平方米；长安区典型调查15个村，拟拆除170.67万平方米，涉及5877户22376万人，户均290平方米，人均76.27平方米。）3.面临城中村改造，不少村民为获取较多拆迁赔偿，在院落空间或低层建筑上加盖抢盖，增加了安置补偿与拆迁成本，导致社会资源浪费。4.长安曾是周秦汉唐等十三个王朝京畿之地，部分村落历史悠久，文化遗存丰富，传承、保护刻不容缓。

长安区在城改工作中按照上级政策，尊重村民权益，最大可能地向村民倾斜。1.根据家庭宅基地大小不一、人口多少不等实际，改产权调换为按人口确定安置面积，人均控制在70～80平方米之间，每人再发5万元安置费，其建筑面积比照评估价格补偿残值。2.为降低拆迁成本，减少资源浪费，长安区《城中村改造拆迁安置办法》规定："拆迁前未突击加建的村民，其宅基地上未建房的空地，拆迁安置时可按照不同区域给予一定数额的奖励。"3.区别情况，适当照顾困难者。对家庭收入明显偏低、家有长期病患者、大龄未婚等倾斜；对孤寡老人，考虑安全因素，完成亲属协商后，尊重老人意愿；对举家离村多年，其祖遗宅基地有合法法律文书的予以承认。4.从社会公平正义出发，区城中村改造工作领导小组下发紧急通知，及时纠正个别村组擅自扩大安置范围，提高安置标准等问题。规定：一是各村组必须严格按照市、区政策规定制订安置补偿方案；二是安置对象必须是本村具有合法宅基地的农业户口居民；三是不得将奖励政策作为安置补偿的普遍规定；四是各村确定的人均住房安置面积、商业面积和货币安置数额可在合理范围内灵活调整，但不能增加安置补偿总量；五是没有合法审批手续的住宅和加盖抢盖的建筑不列入补偿范围；六是各村的安置补偿方案，必须经由村两委会和村民代表讨论。5.区政府办公室下发《关于做好城中村文化遗产保护工作的通知》：一是搞好文化遗产普查、保护，逐一登记村里的祠堂庙宇、石刻碑文、古树名木、古建筑、古墓葬、古遗址等，尽可能原地保护，需要迁移的必须报有关部门审查批准；二是由区城改办组织专业人员全面拍摄村内村际自然人文景观，为村子积累改造前的完整影像资料；三是以村为单位，公开征集本村具有纪念意义的照片和文字；四是由区城改办牵头，以村委会为基础，在有条件的村编撰村史；五是结合村文化阵地建设，建设不少于100平方米的村展览馆；六是提倡新成立的社区委员会，组织群众开展民俗、节庆和民间信仰活动，发挥文化遗产在丰富活跃群众精神文化生活、提高思想道德素质、促进群众情感交流、建设和谐社区等方面的积极作用。至2010年末，区城改办完成2个村房屋、道路、田野、文化教育、古树名木、庙宇祠堂等景观拍摄，城中村古树名木基本得到保护。

长安区在城改中采取的工作措施：一是发挥党员、干部和群众代表带头作用，做好家属、家族、亲友工作，带动一大片；二是选出具有代表性、能够起到上传下达作用的群众代表，做好村民说服工作；三是区领导主动与群众对话，与群众零距离接触，保护群众利益，争取群众配合与支持；四是耐心、细致做好群众工作，尽可能满足其合理诉求，不搞强行拆除拆迁；五是解决群众实际困难；六是坚持"政府主导、区街联动、以街为主"原则，由区城改办在深入调查、认真审查、科学测算的基础上就方案编制、综合用地、安置补偿等提出初步意见，交区城中村改造领导小组或区政府决策，街办承担拆迁主体责任，改造村确定开发企业。韦曲街办成立城中村改造办公室，2010年启动首帕张堡村、蒋家村、张家村整村拆除；郭杜街道茅坡村799户拆除完毕。七是及时启动安置楼建设。2010年完成整村拆除的4个村安置楼建设动工，项目综合用地面积57.66公顷，安置房源8497套，面积91.33万平方米。

在安置楼建设上，根据区政府《关于印发西安市长安区城中村改造开发建设有关规定（试行）的通知》和《关于印发西安市长安区城中村改造工作规则（试行）的通知》，区城改办先后制订《西安市长安区城中村改造拆迁工地管理办法》、《西安市长安区城中村改造项目安置楼建设监督管理办法》、《城中村综合改造项目安置楼建设施工工程招投标实施方案》等4个规范性文件，完善管理办法，严格承建商准入制度，要求承建商资质达到二级以上，并严格按照《城中村综合改造项目安置楼建设施工工程招投标实施方案》施工。区城改办加强项目建设协调工作，定期召开各开发企业碰头会，以“一周一报”的办法，掌握工作动态和进度，共同商讨解决重大问题。2007～2010年建筑质量合格率100%，确保安置楼质量和品质。

（徐大明）

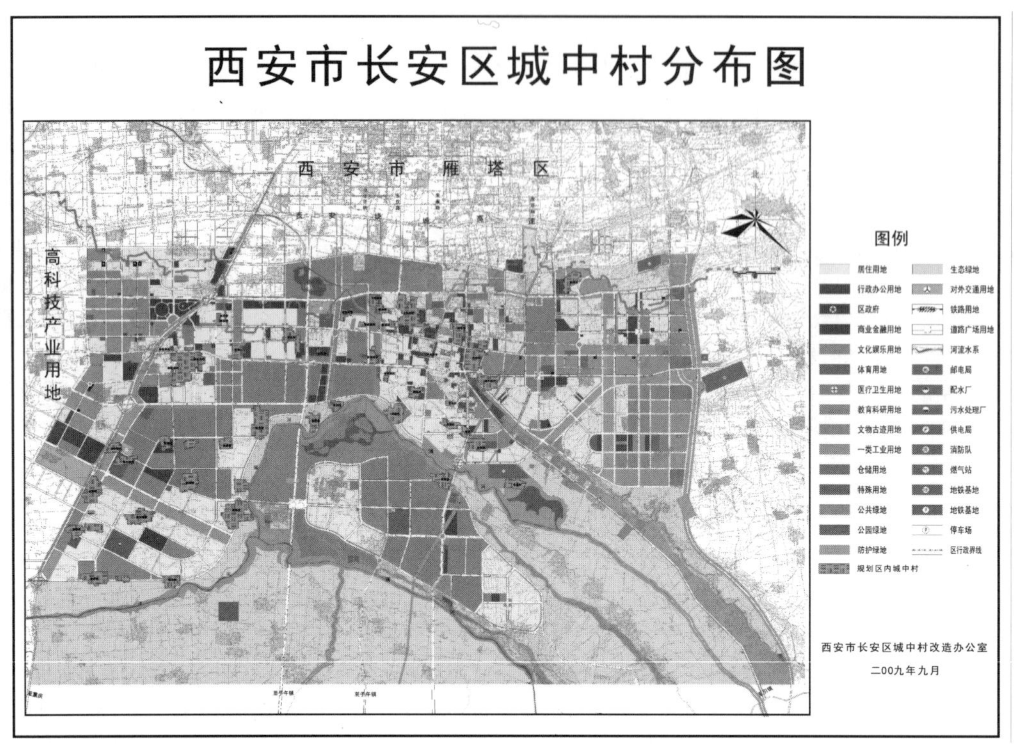

西安地铁二号线长安段建设启动

西安地铁二号线北起西安铁路北客站，沿西安南北中轴线，南至韦曲南站，全长26.4公里，设车站20座，为西安南北公交大动脉。其中长安段北起西安会展中心站，南至终点站—韦曲南站，长6.09公里，设三爻村、凤栖塬、航天城、韦曲南4个站点和1座停车场，计划投资29.1亿元，预计2013年通车。

2008年6月，长安区区长汪文展、副区长杨根民召集区政府办、建设局、规划长安分局及韦曲街办主要领导，召开地铁2号线长安段线路及站场规划座谈会，成立长安区地铁建设领导小组，禁止在规划范围内乱搭乱建，确保地铁建设在全区顺利实施。

2008年10月，区建设局、韦曲街办围绕地铁二号线建设，启动涉及区域的拆迁工作。在开展政策宣传和群众动员工作基础上，与各产权单位及商铺协商沟通，妥善解决有关问题，加快情况摸底、资料登记、拆迁评估及工程概算等工作。年末完成80%的拆迁评估与凤栖站、航天站和韦曲站拆迁的工程概算。2009年，拆除航天城站全部及凤栖塬站的信合集团、韦曲信用社、中国银行北塬营业点；中流商务办公楼拆迁开始实施；韦曲南站拆迁预评工作结束，涉及63户村民房屋和凤栖塬站11户村民房屋，与申店村城中村改造项目一并实施补偿；潏河停车场完成青苗补偿、地面附着物清理、补偿款兑付和围墙砌筑，交付市地铁办。累计完成拆迁投资1.5亿元。2010年，完成凤栖塬站中流商务办公楼和韦曲南站63户村民房屋拆除工作；协调有关部门迁移绿化苗木2.3万株、路灯23盏、电信管线450米，改迁自来水、天然气、雨污水、电力等各种管线2140米；完成西街什字至华美什字的交通围挡建设，协调公安、交通、城管、市容、航天城等单位制作交通导示牌23块，安装红绿灯5处，修建便道150米；拆迁新增加的韦曲南站11户村民房屋。完成投资5800万元，为地铁2号线长安段施工能够紧张有序进行创造条件。

（冯卫东　高　波）

创一流教育品牌　办人民满意教育

西安市长安区地处西安南郊，是陕西省人口大区和教育大区。全区有中小学311所，在校学生14.2万人，教职工9632人。长安区委、区政府以创建全国“两基”工作先进区为契机，实施科教兴区和教育优先发展战略，各类教育均衡发展，全面提升长安教育发展水平。2007年以来，长安区相继获得“全国‘两基’工作先进地区”、“陕西省教育强区”、“陕西省‘两基’工作先进区”等荣誉称号。

一、坚持政策扶持优先，着力推进教育公平

区委、区政府树立抓教育就是抓经济、抓发展、抓根本的理念，把教育作为基础工程，在各项事业发展中努力确保教育优先发展。2007年4月，区委、区政府对教育工作进行全面深入调研，提出三年内实现“双高普九”和通过省级教育强区复查，全面提升长安教育整体实力，始终保持走在全市乃至全省前列的战略部署。同时，坚持山区、川塬、城区教育同步统筹规划，均衡配置资源，分类推进实施，努力实现城乡教育一体化发展。区委、区政府先后制定下发《长安区教育事业“十一五”计划和2010年发展规划》、《长安区中小学布局结构调整方案》、《深化和完善农村义务教育经费投入保障机制改革的实施方案》、《“双高普九”暨教育强区巩固提高工作实施方案》等一系列教育改革发展的政策性文件，编制《长安区教育工作五年发展规划》，出台教育教学质量奖励办法、危房改造奖励政策，使教育工作始终处在区域发展的领航位置。先后10次召开专题会，研究解决教育等相关议题，区委书记、区长、常务副区长及主管教育工作的副区长多次深入学校调研教育工作，现场解决问题，有力保障和推动了全区基础教育整体水平的快速提升。

二、义务教育投入持续加强

“十一五”以来，全区财政预算内教育拨款、生均预算内教育事业费、生均预算内公用经费“三项投入”逐年增长。2006～2008年新增财力用于教育的比例分别为81.4%、68.2%、71.4%，高于20%以上用于教育的标准。2008年一次性偿还“普九”欠债3925万元。从2009年元月起，为义务教育段中小学教师发放绩效工资，教师人均月工资由1999年的850元增加到2009年的2640元，增幅210%，实现教师与公务员工资收入同步增长。

2007年～2010年，长安教育事业投入9.1亿元，占同期财政总支出32.2%。公共财政用于免除义务教育杂费资金9584.4万元，受惠学生30.3万人次；享受免费发放教科书学生29.4万人次，免费金额2141万元；投入寄宿生生活补助552万元，受惠学生8430人次；资助贫困学生1.4万人次，减轻群众教育经济负担1057.7万元。

三、城乡教育资源均衡配置

一是积极实施学校布局调整工程。根据地理、经济和生源分布差异，坚持山区、川塬、城区教育同步统筹规划，先后三次修订《中小学布局调整方案》，采取改建、扩建、新建方式，三年撤并规模小的校点71所，优化教育资源，实现规模办学。二是加快沿山寄宿制学校建设。在沿山规划12所寄宿制学校。投入资金5203.2万元，建成寄宿制小学6所，撤并周边学校28所，复耕土地10万平方米，节约教师300人，每年为政府节约资金80余万元。剩余6所3年内建成，山区学生都将享受到优质教育资源。三是加强农村薄弱学校治理。3年投入资金300万元，为7所学校补充实验仪器和教学设备；加强各学段先进学校和薄弱学校之间对口交流和帮扶工作，每年从城区学校选送20名优秀教师到薄弱学校支教，促进城乡教师教学水平同步提高和教育资源均衡配置。四是不断充实现代教育技术设备。

3年来，长安区投入专项资金4800万元，先后建成长安教育局域网，完成覆盖长安所有学校的现代远程教育工程，建微机室243个，装备微机10245台、多媒体教室395个、电子备课室95个、“校校通”85个，184所学校与互联网接通，全区中学和定点小学部室设施设备达到省颁I类标准。

四、教师队伍建设有的放矢

一是实行校长竞争上岗制度，做到“能者上，平者让，庸者下”。2006年～2010年任命中小学校级领导358名，区内交流142名，有效提升校长队伍管理水平。二是公开选拔后备干部，建立后备干部人才库，为优秀人才脱颖而出搭建平台。三是建立师资培训制度，形成全方位、多层次的教师培训格局。四是实施安居工程，建设教师住宅楼43栋，解决2000多名教师住房问题。投入资金500余万元，率先成立省内第一个师生体质检测中心，每年对教师进行全面体检。五是积极引进优秀人才，在事业编制冻结情况下，按学科需求，3年公开招录优秀教师434人，解决了农村学校结构性缺编问题。六是对边远地区教师职称评定加大指标投放力度，对在山区工作的教师上浮一级工资，鼓励教师在边远地区安心从教。七是师资水平大幅提高，实现小学教师大专化、初中教师本科化。

五、“控辍保学”机制日益完善

一是通过广播、标语、传单、班队会、家长学校等多种形式，大力宣传《义务教育法》。二是建立政府和教育“控辍保学”双线责任制，实行“控辍保学”督导检查、月报制度，建立全区学生学籍电子信息库。三是全面落实“两免一补”政策。四是实施蛋奶工程，受资助学生40760名。五是切实做好农民工子女、城

镇低保户子女、留守儿童教育管理工作，为12380名儿童建立档案和联系卡，使每个少年儿童依法平等享受义务教育。全区小学、初中适龄人口入学率100%，小学无辍学，初中辍学率控制在0.4%以内。

六、学校管理进一步规范

一是大力开展以爱国主义教育为核心主题教育活动，建立一批爱国主义教育基地，形成“学校、家庭、社会”三位一体育人体系。二是建立教研员联系培养骨干教师、上示范课制度，把教学研究引向课堂。2008～2010年，长安区参与国家、省、市课题研究12个。其中，3项获国家一等奖，1700余篇论文在全国及省、市获奖。三是坚持依法治校，不断完善学校各项管理制度，全面开展教育收费示范区和教育收费规范学校创建活动，全区中小学聘请行风监督员122名，无违规违纪现象。四是改革评价机制，倡导以开发智力、培养能力为主的教学方法，建立“等级+特长+表现”的评价体系。五是以“素质教育百校行”活动为载体，推进学校规范管理。教育质量稳步提高，小学毕业合格率100%，初中毕业合格率98%以上。

（李　燕）

非物质文化遗产保护和利用

长安区是中华民族的发祥地之一，原始社会先民就在这里繁衍生息。尤以周秦汉唐13个王朝的京畿之地长达1100多年，是当时中国与世界各国进行经济、文化交流和对外友好往来的中心，文化底蕴博大精深，民情风俗独特淳厚，堪称华夏文明的摇篮。在数千年生产生活实践中，长安人民创造了大量物质文化遗产和丰富的非物质文化遗产。被誉为手工纸工艺演化进程活化石的北张村传统造纸技艺，作为西安市非物质文化遗产唯一入选项目，在北京奥林匹克公园向世界各国人士展示；以打击乐和吹奏乐混合演奏的大型乐种——何家营鼓乐可追溯到1300年前隋唐时期，乐曲包含唐、宋、元、明、清各代曲牌，堪称“中国古代音乐活化石”；中华文字的诞生之地——仓颉造字台，七夕爱情故事发源地——斗门牛郎织女民间故事传说，这些具有浓厚民族风韵和地域特色的历史文化积淀，为长安非遗的生成、发展、兴盛和传承提供了得天独厚的文化空间。非物质文化遗产列入各级非遗名录数据库的有：“何家营鼓乐”、“北张村传统造纸技艺”、“斗门牛郎织女民间故事传说”、“侯官寨迎春社火牛老爷”、“王曲城隍祭祀和庙会”、“长安道情”、“沣峪口老油坊传统榨油技艺”等。

2007～2010年，长安区按照中央、省、市各级政府关于非物质文化遗产保护利用工作安排部署，坚持“保护为主、抢救第一、合理利用、传承发展”工作方针，健全机制、突出重点、强化措施、整体推进。非遗工作虽取得一定成效，但仍有部分非物质文化遗产未列入数据库，需要挖掘、整理、保护利用，诸如：丰镐遗址文化、翠微宫遗址文化、何家营鼓乐文化、杜公祠诗圣文化、王曲城隍祭祀文化、斗门牛郎织女雕像及传说文化、北张村造纸文化、鲸鱼沟传说文化、扯袍峪文化、抱龙裕文化、长安道情文化等，还有在民间广为流传的社火、锣鼓、泥塑、剪纸、民俗、古镇等民间艺术。

2010年末长安区非物质文化遗产保护一览表

级　别	名　称
世界级非遗保护项目	西安鼓乐（何家营鼓乐为其主要分支）
国家级非遗保护项目	西安鼓乐（何家营鼓乐） 北张村传统造纸技艺
省级非遗保护项目	何家营鼓乐 北张村传统造纸技艺 斗门牛郎织女民间故事传说 王曲城隍祭祀和庙会 侯官寨迎春社火牛老爷 长安道情 沣峪口老油坊传统榨油技艺 寺坡村“添碟子”
市级非遗保护项目	何家营鼓乐 北张村传统造纸技艺 斗门牛郎织女民间故事传说 王曲城隍祭祀和庙会 侯官寨迎春社火牛老爷 长安道情 沣峪口老油坊传统榨油技艺 寺坡村“添碟子”
区级非遗保护项目	何家营鼓乐 北张村传统造纸技艺 斗门牛郎织女民间故事传说 王曲城隍祭祀和庙会 侯官寨迎春社火牛老爷 长安道情 沣峪口老油坊传统榨油技艺

长安作为与雅典、开罗、罗马并称的世界四大文明古都之一，非物质文化遗产资源十分丰富，随着非物质文化遗产“世界性”进程步伐的加快，以及外来文化的快速进入与普及，包括高科技支配下应运而生的传媒文化，给长安非遗工作带来巨大挑战。如果根植在长安的某项非物质文化遗产在“申遗”过程中人为失传或消亡，或被他人占有，将愧对历史、愧对祖先，成为地区经济与文化发展的缺憾。因此加强非遗保护和利用工作刻不容缓。

区委、区政府创建文化强区的决策，将把“申遗”与创建文化强区相结合，与实现长安经济与社会发展相统一。

针对长安现状，全区非遗保护工作主要从以下几方面展开。

成立领导机构，落实非遗经费　从2006年起，区政府把非遗保护工作纳入财政预算，截至2010年底，累计投资37万元，中央、省、市各级专项补助资金81万元。2008年，区政府建立区非遗保护工作联席会议制度，成立以主管文化副区长为召集人，政府办、文体广电局、财政局、文物局、旅游局等13个部门为成员的非物质文化遗产保护工作联席会，办公室设在区文体广电局，负责日常工作。2009年，区编委批准成立长安区非遗保护中心，落实有关工作任务。各乡街相继成立非遗保护领导小组，建立乡街非遗信息员制度。按照国家非遗保护工作要求，国家、省、市、区（县）4级非遗保护名录的建立需逐级评审，保护项目的确定经普查整理、专家评审、社会公示、联席会议确定、政府审定公布程序。在普查基础上确定传承人，编制5年保护利用规划，对传承人的传习活动实施补助。

非遗普查　2007年，长安区非遗普查工作全面展开，100多名工作人员深入25个乡街、671个行政村普查非物质文化遗产资源现状，掌握非遗项目103个，内容涉及民间文学、民间音乐、民间戏曲、民间曲艺、民间手工技艺、民间信仰、民间杂技、民间知识8大类。确定重点项目32个，对具有重要价值的项目重点挖掘整理、申报。2008年，区文体广电局对25个乡街普查人员集中培训3次；制订《长安区非物质文化遗产普查工作方案》，通过广泛搜集、筛选，整理非遗基础信息103条，重点项目47个；绘制《长安区非物质文化遗产项目分布图》；编制《长安区非物质文化遗产普查表》；对10个重点项目拍摄专题片，制作宣传碟片300张；为更好传承保护非遗项目，区文化馆成立少儿鼓乐艺术团。2009年，非遗工作以查漏补缺、整理建档和实物收集展示为重点，制作宣传展板，编印项目资料汇编，建立健全非遗项目资料库，收集民间非遗实物作品，设立非遗展览馆，举办多期非遗资源和重点项目集中宣传展示活动，通过省、市检查验收并受到好评。2010年，对非遗项目传承人调查摸底建档，完成7个区级保护项目5年保护利用规划编制工作。截至年底，长安区有非物质文化遗产保护项目25项。其中，列入世界级保护项目1项，列入国家级保护项目2项，列入省级保护项目8项，列入市级保护项目8项，列入区级保护项目7项。

2008年，长安区建立第一批非遗项目保护名录。项目有何家营鼓乐、北张村传统造纸技艺、斗门牛郎织女民间故事传说、王曲城隍祭祀和庙会、侯官寨迎春社火“牛老爷”、长安道情、沣峪口老油坊传统榨油技艺7个。至2010年，7个项目分两批列入省、市保护名录，申报成功率100%。其中何家营鼓乐、北张村传统造纸技艺分2批列入国家保护名录。长安何家营鼓乐作为西安鼓乐的重要组成部分列入联合国教科文组织保护项目。北张村传统造纸项目保护利用工作列入文化部“十二五”保护利用规划。长安仓颉造字传说、南五台观音菩萨传说、郭杜苗春生泥塑技艺、王莽马氏竹编技艺、黄良小部村布袼鞋制作技艺和寺坡村“添碟子”，作为区级第二批保护名录建议项目向社会公示。长安区何家营鼓乐、北张村传统造纸技艺，分别在奥运会等国内外有影响的重大活动中展示，社会效果良好。长安道情作为地方戏剧种，在挖掘中保护，在开发中创新，由区剧团与省、市相关专家编写并由剧团排练搬上舞台的长安道情《祥云谷》在省、市两级会演中均获大奖，显示非遗项目的生命力。

开展深层次挖掘整理 2007～2010年，区文体广电局把“申遗”作为重振长安文化雄风的系统工程，主要在4个环节开展研究分析、挖掘整理、推荐申报。把确有价值的非物质文化遗产项目精心包装后，上报省、市及国家级“申遗”评审机构，并以此带动全区对民间文化艺术的保护。

开展长安文化多元性研究，选择好“申遗”工作切入点。长安文化上下五千年，根植于生息繁衍在此的人民群众之中。在民间广为传承、源远流长的文化具有多元性，既不是简单的吹拉弹唱，也不局限于吟诗绘画。种类之多涵盖了人的整个精神生活领域，诸如：鼓乐文化、祭祀文化、庙会文化、节日文化、宗教文化等，从艺术表演到手工艺制作，从文字记载到语言传播，可谓门类繁多。针对长安区情，区文体广电局在长安丰富的文化资源中，好中选优，优中择佳，确定“申遗”具体项目。

开展长安文化特色性研究，选择好“申遗”工作着力点。长安山川塬坡皆有，包容黄河水系与长江水系的不同风土人情与民俗文化风韵，南北民俗风情，决定了长安文化地域特色性突出。在长安境内，东部塬区与西部平原灌区及南部山区、沿山区与北部城郊区之间的民俗文化、风土人情各有特色。即使是塬区，如神禾塬与少陵塬之间的风土民俗也有区别。研究与分析长安文化地域特色，在不同区域内，筛选珍品，通过追根溯源的分析研究，去粗取精，去伪存真、由表及里、由此及彼，形成可供“申遗”的精品。

开展长安文化源头性研究，选择“申遗”工作支撑点。长安文化主要成分是源头文化，是华夏文化的根、中华民族繁衍生息的根，除了部分宗教文化（如佛教文化）是舶来品外，都是源头性文化资源。如有六千多年历史的五楼文化遗址，仰韶、龙山文化时期的鸣犊沈家村遗址，西周时期的丰镐遗址等。对这些在重要遗址区域孕育并延续至今的非物质文化遗产，从更深层次上分析研究，从中选择出可供“申遗”的项目，通过申报推介，让国内外更多人们能够领略到中华民族博大精深的文化韵律。

开展长安文化不可替代性的研究，选择好“申遗”工作闪光点。长安创建文化强区，推介保护开发文化资源，需要发现和培育其闪光点，看到并评估北张村造纸术、仓颉造字台、杜公祠等非物质文化遗产的不可替代性及其无法估量的文化价值，确定长安“申遗”重量级项目，使全区的“申遗”工作有序推进。

长安区非遗保护和利用工作虽已取得成效，但“申遗”现状与文化资源保护挖掘及合理开发利用之间还不相适应，“申遗”处在起步阶段，与全省先进区县相比，存在较大差距。主要反映在3个环节上：一是有的部门及乡街领导对“申遗”工作认识不到位；二是各级用于开展“申遗”资金偏少，难以满足工作需求；三是“申遗”对外宣传相对滞后，缺乏应有的社会氛围。

针对以上问题，建议各级政府加强非遗宣传工作，向广大群众宣传非遗保护知识。建议区政府设立“长安非遗文化宣传周”，在全区范围内达成非遗保护利国利民共识；加强重点项目策划包装，实现非遗项目社会效益与经济效益有机结合；定期举办长安区非遗项目博览会，在推介与对外交流中，拓展长安非遗保护工作新格局；加强非遗专业人员培训，组建有专业水准的非遗保护机构，同时增加财政投入力度；争取国家、省、市有关部门大力支持，进一步挖掘具有潜力的文化资源项目，扩大区级项目名录库存量，争取更多的项目列入中央、省、市级保护名录，进一步加强项目申报力度。 （李七元）

关中民俗艺术博物院

关中民俗艺术博物院坐落于秦岭终南山隋唐佛教圣地南五台山脚下，东邻翠华山，西依小五台，北望神禾塬。规划用地33.3公顷，建设面积10.8万平方米，计划总投资5.7亿元。是全国人大代表、享受国务院特殊津贴专家王勇超历经20余年创办的以民俗文化遗产抢救、保护、收藏、研究、展示为主和融文化事业与文化产业为一体的战略带动项目，也是陕西省、西安市“十一五”和“十二五”重大建设项目。2001年落户五台，2002年7月开工，同时解决项目征地后群众安置问题。2007年10月启动星火村征地工作，2008年10月一期工程完成并对外界开放，至年底，完成陕西白水县赵家门楼、富平县西京雄镇城门楼、大荔县阎敬铭故居等11院的迁建任务。二期工程征地17.1公顷，2009年5月交付使用，迁建古庙1座，建人工湖1个，铺青石板道路3850米。2010年，建成拴马桩展馆1.2万平方米、文物库房1.2万平方米、石槽展廊6000平方米、剧院2800平方米、博物馆1.08万平方米、广场和工作人员宿舍等约2.4万平方米，院内绿化2000平方米。至2010年底累计投资4.7亿元。

上世纪八十年代中后期，关中民俗艺术博物院收藏、抢救、保护周、秦、汉、唐以来的历史石雕、木雕、砖雕、关中古民居和群众生产、生活、习俗、风情等遗物、名人字画3万余件（套），征集保护40院近千件明、清古民居，收集整理大批地方戏曲、工艺作坊、礼仪俗规等非物质文化遗产，形成民间艺术、关中民居、民俗风情、名人字画4大系列9个类别。藏品从不同层面反映了关中地区各族人民在不同时代的艺术、审美、劳动、居住、风情等民俗历史风貌。

关中民俗艺术博物院建设突出明、清园林建筑风格，规划建设古镇游览区、民俗文化展示区、非物质文化遗产演示区、民俗文化研究中心等功能区。主要有40院迁建复建的明、清古民居、民俗展览馆、展厅、展廊、文物库房、戏楼、店铺、工艺作坊、研究中心、人工湖、祭坛广场、园林景观等。博物馆的建成将发挥陕西历史文化资源优势，为延伸文化产业链和促进文化旅游经济发展发挥示范作用。

（张普及）

关中民俗艺术博物院迁建的陕西白水县赵家门楼

五台古镇建设

长安区以关中民俗艺术博物院和南五台森林公园为依托，挖掘自然资源，打造民俗文化品牌。聘请城镇规划建筑设计院编制总体规划，采用“一心、两轴、两片区”的规划格局，建成西弥路商业步行街，将古留村与关中民俗艺术博物院连为一体，进而形成关中古城－古镇－古村－古院落的五台古镇整体格局。2009年，投资6000万元，通过实施“一个中心、一条街、一个镇”改造工程，形成街道两边500余间青砖黛瓦农家院落、13处精巧小品雕塑、流水潺潺的步行街和气势恢弘的仿古门楼，构成五台古镇古色古香的建筑风格，使其成为一座关中文化气息浓厚、村落环境古朴典雅的仿古建筑群。

步行街为南北向，全长780米，属原西弥路北段，南高北低，高差约22.6米，北入口段坡度明显，道路与民宅室内地平最大处高差约1.5米。西弥路原为自环山路进入五台镇、关中民俗博物院、南五台景区的交通要道，2009年3月，西弥路（北大街）改造开工。按照规划，步行街设置关中特色饮食商业和工艺坊，展示关中民俗剪纸、皮影、泥塑等传统工艺；结合五台山佛教寺庙，营造以佛教文化为主题的展示区，使游客亦能融入其中，与关中民俗艺术博物院形成民俗文化氛围。同时完善西弥路步行街的市政设施与旅游服务设施，改造老环山公路与西弥路交叉处两侧建筑立面；2010年，改造留村沿西弥路两侧民居约400户，配套旅游与市政设施，形成古镇格局。

步行街改造利用石砭峪水库引水流经及步行街纵向坡度较大，便于形成水自流动态景观，将“水”以“景观渠”形式引入步行街，使“水因山而秀，街因水而活”，形成西弥街一大景观特色。为避免两侧民宅改造后影响对外经营，在保证消防通道——景观渠西侧道路宽度大于4.2米前提下，将景观渠沿道路中线左右转折迂回，在两侧（步行街中部）形成休憩、绿化空间等，结合民俗雕塑、景墙、地刻，自南向北蜿蜒，形成景观主线。

五台西弥街立面改造84户。工程设计结合民房原有结构及构造特点，杜绝造型千篇一律，彰显千姿百态，使建筑物在雨棚和柱子上长短有别，高低错落。建筑色调以灰色为主，仿古门窗、仿古屋檐、砖刻浮雕将现代建筑与古代文明融为一体，体现明、清时代关中建筑文化神韵。步行街地面主体铺装为自然面青石板，效果美观。

随着西弥街外部景观环境改变，潺潺的流水声、古朴的石板路、巍巍的五台主峰等特色显现，沿街村民逐步认同并关心、参与。融合村民生活、自然风貌、人文环境的特色街区，将给五台古镇带来持久活力。（张普及）

五台古镇新貌

药家鑫撞人杀人案

2010年10月20日23时许，公安长安分局郭杜派出所接到群众报警：在西北大学长安校区西围墙外的翰林路中段靠近马路东道沿边，有1女子浑身是血倒在路边，生死不明，旁边有辆损坏的电动自行车。郭杜派出所民警、长安交警大队干警相继赶赴现场，初步判定是1起交通事故，但受害人身上有多处刀伤。后经法医鉴定：死者系胸部遭锐器刺创致主动脉、上腔静脉破裂大出血而死亡。

鉴于案情重大，干警们立即将情况报分局指挥中心。公安长安分局局长周荣生，副局长韩和平、赵新茂，刑侦大队大队长邵靖坤等立即赶赴郭杜派出所指挥，迅速抽调刑侦大队、郭杜派出所民警成立“10·20”命案专案组，全力以赴开展侦破工作。

专案组经过分析，确定侦破工作由交通事故入手，兵分三路：第一组为案件现场勘查组，由刑侦大队技术中队负责，勘察案发现场，分析电动自行车上的微量物证，做好尸体鉴定工作，确定致死原因；第二组为走访调查组，由刑侦大队和郭杜派出所抽调民警组成，主要调查受害人身份和社会关系，摸排有价值的线索；第三组以交警大队事故中队及附近各交警中队为主，以交通事故为重点展开调查。案件侦破工作随即有条不紊展开。21日清晨，第二小组确定受害人身份：张妙，女，1984年8月14日出生，兴隆街道宫子村西村人，家庭、社会关系简明，没有和任何人结怨，婚姻生活比较稳定。10月22日下午，副局长赵新茂召集交警大队事故、巡查、韦曲、郭杜中队，韦曲、郭杜、子午、细柳、滦镇、兴隆派出所及刑侦大队负责人在郭杜派出所召开案情通报、工作部署会议。刑侦大队大队长邵靖坤通报案情，刑侦大队技术中队汇报尸检和现场勘查结果。会后，各单位按照分工在各自辖区展开摸排，走访群众580余人次，排查车辆修理厂40余家，摸排车辆500余台次。

会后2小时，交警郭杜中队提供重要线索：案发当晚的附近时段、路段，还发生1起交通肇事逃逸案。1小伙驾驶1辆枣红色雪佛兰克鲁兹小轿车将1男1女2人撞伤后企图逃逸，被周围群众发现堵截并报警。交警仔细勘查发现，2人伤势不重，但肇事车车头右前方却有半个篮球大的凹坑，证明此前曾和其他物品撞击过。

经过勘查、比对，警方认定该雪弗兰克鲁兹（陕A419N0）车主药家鑫有重大作案嫌疑，随即对该车进行扣押、勘验。技术民警将车吊起，在底盘发现轻微刮痕，在车身发现少量喷射状血迹。提取车上血迹检验，和受害者血样比对，认定同一。专案组立即同嫌疑人母亲取得联系，晓以得失利弊，促使其做通嫌疑人思想工作。2010年10月23日上午，犯罪嫌疑人药家鑫在其父母陪同下投案自首。

据犯罪嫌疑人药家鑫(男，1989年11月7日出生，西安市新城区公园南路二十街付七号门5屋，西安音乐学院表演系大三学生)交待：2010年10月20日晚，他驾驶1辆枣红色雪弗兰克鲁兹轿车，前往西安外国语大学长安校区看望其女友刘某（西安外国语大学学生），22时59分返回途中，在翰林路中段（西北大学长安校区西围墙外）将骑电动车同向行驶的女子撞倒，担心受害人记住自己的车牌号码，遂下车用携带的刀具连捅受害人8刀致其死亡，后驾车逃跑。在逃跑至郭杜南村村口时，又将路边的1男1女撞伤逃跑，被周围群众堵截并报案，交警郭杜中队将车辆扣押。至此，“10·20”张妙被杀案成功告破。

案件发生后，由于药家鑫以在校大学生身份与其故意杀人的残忍手段和恶劣行径形成强烈反差，一直备受公众和媒体强烈关注。11月23日，长安区人民检察院以涉嫌故意杀人罪依法批准逮捕药家鑫。后该案由长安区检察院移送西安市检察院。

2011年3月23日，药家鑫涉嫌故意杀人案在西安市中级人民法院开庭审理，西安市检察院出庭支持公诉，全国40余家新闻媒体现场跟踪报导庭审过程。4月22日，西安市中级人民法院以故意杀人罪判处被告人药家鑫死刑，剥夺政治权利终身。药家鑫不服，以其罪行并非极其严重，系初犯、偶犯，且有自首情节，应依法从轻处罚为由提起上诉。陕西省人民检察院认为：本案事实清楚，证据确实、充分，定罪准确，量刑适当，审判程序合法；药家鑫故意杀人犯罪动机极其卑劣，手段特别残忍，情节特别恶劣，罪行极其严重，其上诉理由和辩护人的辩护意见均不能成立，建议二审驳回上诉，维持原判。5月20日，陕西省高级人民法院经审理认为：一审认定药家鑫故意杀人犯罪的事实清楚，证据确实、充分。药家鑫开车撞倒被害人张妙后，为逃避责任将张妙杀死，其行为构成故意杀人罪。药家鑫在作案后第4天由其父母带领到公安机关投案，如实供述犯罪事实，构成自首，但药家鑫开车将被害人撞倒后，为逃避责任杀人灭口，持尖刀朝被害人胸、腹、背部等处连续捅刺，将被害人当场杀死，其犯罪动机极其卑劣，手段特别残忍，情节特别恶劣，属罪行极其严重，虽系初犯、偶犯，并有自首情节，亦不足以对其从轻处罚。对其上诉理由及辩护人的辩护意见不予采纳。陕西省人民检察院的意见正确，予以采纳。原审判决定罪准确，量刑适当，程序合法，故裁定驳回药家鑫的上诉，维持原判，并依法报请最高人民法院核准。经最高人民法院核准，药家鑫6月7日上午被执行死刑。

药家鑫案件从侧面折射了当代对孩子的教育问题。首先，在家庭教育中，只注重“智”，忽视“德”，所谓“一白遮千丑”，致使孩子的法律意识、担当意识严重缺失。二是社会上一些错误思潮、信息的误导，譬如，致伤残后患无穷，撞伤不如撞死等。第三，孩子们与社会严重脱节，造成他们缺乏社会阅历，没有面对矛盾时的冷静和沉着，以及对生命的尊重和敬畏。药家鑫案绝不是一个偶然。如今对于孩子们的教育，全社会都应加一把劲，各个教育环节都应将孩子的心灵建设、普法教育抓好，形成一个无缝链条，这样才能使孩子们在健康的心态下成长。

（答贵阳　韩荣侠）

何忠信与何家营鼓乐

何家营鼓乐是西安鼓乐的重要组成部分，起源于隋唐，是以鼓为主的打击乐和吹奏乐混合演奏的大型器乐乐种，民间称“细乐”，历经宋、元、明、清仍完整保存传统演奏形式、结构、乐器、曲牌及谱式。乐器分为旋律乐器和节奏乐器两大类20多种，演奏形式主要有行乐、坐乐2种，至今已形成僧、道、俗3个不同流派，何家营鼓乐属于西安鼓乐三大流派之一的俗派，在演奏风格上，既保留宫廷音乐典雅清幽色彩，又具有民间音乐质朴浑厚、高扬壮丽的特点。1987年、2005年何家营鼓乐曾2次进京参加汇演；应邀赴约旦王国首都安曼参加世界文化论坛联盟大会，向来自80多个国家的近千名文化学者展示中国古老音乐独特的神韵和魅力；先后接待过美国、德国、奥地利等几十个国家的友好团体和音乐学者。2006年，西安鼓乐被列入国家第一批非物质文化遗产保护名录。2007年，应邀赴马来西亚演出1个月；2009年10月，被列入世界级非物质文化遗产保护名录。

何家营鼓乐代表性传承人何忠信，男，1953年出生，汉族，农民，陕西省西安市长安区何家营村人。自幼受本村老艺人熏陶，酷爱鼓乐，七、八岁起随著名鼓乐大师何生哲学习韵曲和笛子；初中毕业后进入何家营鼓乐社，长期从事何家营鼓乐挖掘整理和传授工作。2008年被评为“西安市十佳民间艺人”，2009年被授予“国家级非物质文化遗产代表性传承人”称号。

何忠信进入何家营鼓乐社40多年，经常是白天或下地干活，或在木工厂做工，下工吃完晚饭，按时到鼓乐社跟着村里的老艺人学习鼓乐。为学好韵曲，他白天干木工活时把抄的乐谱放在旁边，一边干活，一边念唱；晚上睡在床上，仍在肚子上比划。当时，由于乐器特别是笙很珍贵，初学者一般不让动，何忠信就趁着老艺人们休息时偷偷拿笙吹几下，有时甚至在大腿上练习指法。何生哲、何永顺等老艺人看他学习很用心，也很勤快，就将自己的拿手绝活毫不保留地教给他。没几年，何忠信便掌握了何家营鼓乐的全套技艺，成为同期学员中的佼佼者。

上世纪九十年代，老艺人何生哲、何生碧等相继去世，其他老艺人也因年老多病，不能演出，加之受土地大包干影响，辉煌一时的何家营鼓乐社陷入停滞状态。由于长时间没有活动，村里把鼓乐社出租给木工厂，陈列馆的铜乐器被小偷偷去卖了废铜。在外打工的何忠信听到后心急如焚，他不愿看到传承一千多年，凝聚着何家营村几十代心血的鼓乐在自己这一代人手里失传，毅然放弃在外打工不菲的收入，回到村里，承担起传承千年鼓乐的重任。他积极和村里交涉，收回鼓乐社，并收集流失的乐器，招集人员，开始重新训练。

原先，鼓乐社成员都是男的，分田到户后，男人纷纷出外打工，每次训练或演出，往往只能来五六个人。苦恼之余，何忠信想到妇女们一般在家照看孩子，不出远门，如果把她们召集起来坚持训练，她们学会了，鼓乐不就传下去了！但是，鼓乐在传统上只有男人参加，女人连乐器都不能摸。如今要让她们学习鼓乐，抛头露面演出，难度之大可想而知。为使鼓乐不在自己这一代人手里失传，何忠信顶着世俗压力和个别人的热嘲冷讽，经过多年辛勤努力，终于培养出20多名女乐手，如今正是她们挑起何家营鼓乐社的大梁，不但经常参加国内各种演出活动，还多次出国演出。

何忠信在掌握何家营鼓乐的基础上，虚心学习其他乐社的优秀乐曲，丰富本社曲目，在继承的基础上发扬光大，不断创新。1987年去北京演出，在火车上，赵庚辰老人念了一首“五十眼”，何忠信感觉很好听，就缠着老人教会他。如今，这首原属于僧派的曲子成为何家营鼓乐社的拿手曲目。他还多次去周至县南集贤，交流技艺和经验。

2004年，何忠信走进何家营小学，开展鼓乐进课堂活动，向4～6年级的学生传授韵曲和乐器演奏技艺，并组建长安少儿鼓乐艺术团参加全国会演，荣获国家教育部一等奖，被专家学者誉为民族文化传承的创举。何忠信经常接待国内外专家学者和友好人士的观摩和政府部门组织的专题采访、拍摄工作。2005年11月，他应中国音乐学院邀请作《西安工尺谱吟唱》专题讲座；12月，率何家营鼓乐社赴约旦首都安曼参加世界文化论坛联盟大会并作专场演出；同年，应香港道教联合会邀请，赴香港演出5场。2007年，应邀率团赴马来西亚演出1个月。2011年，应邀赴澳大利亚参加首届“中国日”暨澳大利亚“中国文化年”启动仪式，并在澳大利亚进行为期11天的文化交流演出。澳大利亚总理吉拉德、中国驻澳大使陈育明为演出成功发来贺电、贺词。2011年1月，鼓乐社和长安区南街小学达成协议，在南街小学成立鼓乐爱好兴趣小组，利用周三、周五下午课外活动时间，由社长何忠信为学生义务辅导韵曲和器乐演奏。

他收集整理何家营鼓乐社的有关资料、相关实物60多件，其中古老乐器23件、乐谱2本、文字资料50余本、照片资料200余张。

几十年来，何忠信甘愿牺牲个人利益，不计个人得失，把自己的全部精力投入到何家营鼓乐的继承和发展上，为保护民族优秀文化遗产做出了重大贡献，被誉为民间艺人中的杰出代表。（李七元）

何家营鼓乐演奏

北张村传统造纸技艺及传承者——张逢学

张逢学，男，汉族，72岁，农民，陕西省西安市长安区兴隆街道北张村人。多年来对手工楮皮纸制作工艺传承作出不懈努力，使古老的造纸技艺得以传承，取得良好的社会效益和经济效益。2002年，美国史密斯学会民俗与文化遗产中心特邀北张村造纸传承人张逢学参加华盛顿第三十六届民俗生活艺术节。2007年，北张村造纸技艺被列入陕西省非物质文化遗产保护名录。2008年，张逢学被西安群艺馆聘为民间艺术家；6月，被省文化厅评为“陕西省非物质文化遗产保护项目代表性传承人”；7～9月参加北京奥运会“中国故事”文化展示活动，北京奥组委，文化部颁发荣誉证书。2009年6月，陕西省为张逢学颁发“国家级非物质文化遗产传承人”证书及奖牌；10月，应邀赴南京市艺术学院人文学院和南京市莫愁中等专业学校授课并演示造纸技艺。

造纸术是中国古代四大发明之一。北张村造纸技艺可追溯到西汉时期，在两千余年的沧桑岁月中，由生息繁衍在这里的人们代代传承至今。

张逢学12岁开始跟父亲张元新学习传统抄纸技术，熟练掌握楮皮纸制作工艺和楮皮纸的全套生产技艺，终生从事传统纸制作。20世纪70年代，北张村原始造纸技艺引起国内外学者高度关注，很多考古研究成果肯定了人类纸文化遗产的根在长安兴隆街道北张村。

随张逢学学习传统纸制作技艺的是他的儿子张建昌。他对张建昌每天口传心授，特别是对楮皮纸制作工艺的核心技术进行精心指导、亲自示范，常常是十遍、八遍地手把手进行教习，直到张建昌掌握。在张逢学的精心指导和张建昌的反复操练下，张建昌对楮皮纸制作工艺中的关键性技术越来越熟练，技能、技巧已基本掌握，并能独立操作。张建昌独当一面，造出的纸质量有保证，供不应求，许多用户主动上门订纸。

近年来，张逢学、张建昌父子，除搞好自身传承教习工作外，每年还为北张村小学100余名师生传习表演北张村古法手工楮皮纸制作工艺，讲述古法造纸全部流程，使大家对造纸术进一步了解，对祖先更加热爱和敬仰，激发下一代为祖国繁荣昌盛而奋发学习的积极性和主动性。

2002年6月，张逢学应邀赴美国华盛顿参加“史密斯生活文化艺术节”，进行手工选纸展和现场表演，受到美国观众的高度赞扬。2005年9月，由省文化厅副厅长刘宽忍带队，张逢学和儿子张建昌赴北京参加华夏民俗文化节纸展表演。2006年4月，2人在秦俑博物馆参加展销会，现场表演手工造纸艺术；5月，2人再次赴北京华夏民俗文化园展示传统手工造纸技艺。2008年，张逢学4次赴北京展示造纸技艺，受到国内外观众高度评价，手工造纸技艺得到世界观众的观赏和认可，对中国四大发明之一的造纸术赞叹不已。2009年6月，张逢学、张建昌父子参加由陕西省文化厅举办的陕西省非物质文化遗产大展；11月，赴台参加两岸第一届中华非物质文化遗产大展及论坛，收到良好效果，达到预期目标。近年来，张逢学家接待参观考察传统造纸术的美国、英国、日本等考察团和民间艺术团体和个人络绎不绝。陕西电视台、西安电视台、《中国民族报》、《陕西周刊》、《西安日报》等新闻媒体对张逢学的中国传统造纸术工艺流程进行宣传报道。（李七元）

成龙与张逢学在奥运会期间

基本情况

【历史沿革】 长安历史悠久，早在原始社会就是先民繁衍、生息之地。境内的五楼村、王曲、沈家村、嘴头、杨湾、孙家崖、客省庄等地都分布着距今五六千年新石器时代人类居住的遗迹。其中客省庄遗址是陕西龙山文化的代表。

长安夏时属雍州，商代属骊戎。西周文王姬昌灭掉崇国后，在沣河西岸建丰京；后武王姬发在沣河东岸建镐京，史称“双子城”。公元前221年，秦王嬴政灭六国，建立大一统的中央集权制国家，定都咸阳，仍属古长安范畴。公元前206年，西汉定都长安，建汉长安城。西汉末年，王莽建立新朝，继续定都长安，更名“常安”。后绿林、赤眉起义军先后攻占常安，建立农民政权，推更始帝刘玄为帝，恢复“长安”，并由洛阳迁都长安。西晋愍帝时，于公元313年（建兴四年）定都长安，到316年刘曜围长安，愍帝出降，西晋灭亡为止。东晋南迁，北方十六国迭次更替之际，刘曜于318年建立前赵，定都长安。351年，苻坚在长安称天王大单于，国号大秦，翌年在长安建都，史称前秦。383年苻坚在淝水之战中败北，384年羌族姚苌自称秦王，定都长安，又更名“常安”，史称后秦。公元417年，刘裕灭后秦，开创南朝宋国，431年，撤常安县，置长安县。535年，宇文泰立元宝炬为文帝，都长安，史称西魏，至557年为北周取代。581年，隋文帝杨坚建立隋朝，取代北周，定都长安。617年隋亡，618年唐高祖李渊建立唐朝，定都长安。唐末，黄巢率农民起义军于880年攻占长安，建立大齐政权。1643年，李自成率农民起义军攻占西安，1644年，建立大顺政权，国号大顺，改元永昌，改西安为西京。

西周时，在长安境内曾置杜伯国和樊邑。春秋战国时，于秦武公十一年（公元前687年）在杜伯国首置杜县，秦庄襄王时又改置芷阳县。由《史记·秦始皇本纪》：“八年，王弟长安君成，乔将军击赵……”，元代骆天襄《序雍》：“长安之名来之久矣，乃古之乡聚名，在丰镐之间，周秦时已有之”可知，长安作为地名，当在秦王嬴政八年（公元前239年）之前已经存在。汉高祖刘邦于公元前202年首置长安县，此后，除王莽新朝，南北朝时代的后秦曾将“长安”改名为“常安”，五代时的后梁将“长安”改名“大安”外，历朝历代都设置过长安县。

与长安县毗邻，周边地区曾多次与长安有分有合。西汉时改芷阳县为灞陵县，在灞陵县南置南陵县，改杜县为杜陵县，在奉明园（今西安市东郊）置奉明县。东汉时将奉明县、渭城县（今咸阳市东）并入长安县，把南陵县并入杜陵县。三国时，魏改杜陵县为杜县。西晋时，又将长陵县（今咸阳市东北20公里）、安陵县（今咸阳市东）并入长安县，将灞陵县改为霸城县，杜县改为杜城县。北魏时曾划长安、霸城、山北三县部分地区合为万年县，后又撤霸城、杜城县并入万年县。隋改万年县为大兴县，唐又改大兴县为万年县，同时分长安县置乾封县、永昌县，分万年县置明堂县，后又废乾封县并入长安县，废明堂县并入万年县，废永昌县改万年县为咸宁县，进而又复为万年县。后梁时改万年县为大年县，后唐又恢复为万年县。到宋代改万年县为樊川县，金代将乾佑县并入樊川县，并改樊川县为咸宁县，一度又将咸宁县并入长安县。元、明、清之际，长安、咸宁两县并存。

中华民国初年，撤销咸宁县并入长安县。1928年（民国17年）从长安县划出城内及四关设立西安市，后一度撤销西安市，其辖区仍归长安县。1944年（民国33年），复设西安市，城内、四关及近郊划归市辖，周边仍为长安县。1949年6月，长安县划归陕甘宁边区咸阳分区管辖，1953年1月划归陕西省人民政府管辖，1958年12月开始划归西安市人民政府管辖。与此同时，1954～1958年，先后将长安县所属灞桥、渭滨、三桥、新筑、狄寨及韦曲、郭杜、大兆、鸣犊等地部分地区划归西安市区。2010年，将长安区所属斗门、王寺、高桥3个街道划归沣渭新区托管。

从汉代长安置县，县署一直在古长安城（今西安市）内。到1939年（民国28年）5月14日，为防止日本飞机轰炸，县署迁往大兆镇。1949年，长安县人民政府在西安慈恩寺成立，6月13日，迁往大兴善寺，7月16日，迁往韦曲镇。2002年6

月，长安撤县设区，2006年12月，区人民政府迁至西长安街中段。

【自然环境】 西安市长安区位于东经108°38′～109°14′，北纬33°47′～34°18′，地处关中平原中部，秦岭北麓。东临蓝田县，南接宁陕、柞水县，西与户县、沣渭新区接壤，北和雁塔、灞桥区为邻，从东、南、西三面拱卫西安。南北跨度55公里，东西跨度52公里，总面积1580平方公里。

地质条件复杂多样，横跨两个大地质构造单元，以秦岭北坡东西向的“蓝眉大断裂”为界，南侧为秦岭古生代褶皱带，北侧为阶梯式下降的复式地垫构造。出露地层有变质岩、沉积岩和岩浆岩，山、川、塬相间的地貌特征明显。地势东南高西北低，最高点海拔2886.7米，最低点384.7米。南部为秦岭中段北侧的终南山地区，北部为渭河断陷谷地冲击平原，东部台塬与河川相间，西部地势平坦。

【自然资源】 境内有15条河流，大多分别注入沣河、浐河，属渭河水系。渭河在户县与咸阳段间，流经长安区高桥街道曹家滩（今属沣渭新区），长约1.3公里。沣河流域主要河流有沣峪河、高冠河（过境河）、太平河（过境河）、滈河、大峪河、小峪河、太峪河、滈河、金沙河等。浐河流域主要河流有浐河、库峪河、及过境的汤峪河、岱峪河、鲸鱼沟等。秦岭南麓有3条小沟属汉江水系。另外，还有潏河、新河等。

由于地质构造的影响，地下水埋深和富水性地域差异较大。西部平原区埋深较浅，富水性好；东部台塬区富水性较差。沿山一带及韦曲等地有丰富的地热水资源。

2010年末，全区土地总面积为159406.67公顷。其中，耕地73553.33公顷，园地2520公顷，林地49140公顷，荒山草地10020公顷，城乡居民用地5918.13公顷，工矿用地754.47公顷，交通用地1892.33公顷，水域3303.13公顷，特殊用地180公顷，难利用地12125.28公顷。森林覆盖率33.98%，林木绿化率46.54%，活立木总蓄积273.50万立方米。

据1982年土壤普查资料，境内土壤有塿土、黄土、红土、淤土、水稻土、潮土、褐土、棕壤、暗棕壤9个土类，22个亚类，31个土属，97个土种。西北部的渭河及其支流的河漫滩和一级阶地主要为潮土、河淤土和潮塿土；北部的渭河及其支流的二、三级阶地和黄土台塬主要为褐塿土、黑油土和黄墡土；中部的秦岭山前洪积扇和黄土残塬主要为立茬土和水稻土；随着海拔增高，生物气候带变化，南部秦岭山区土壤呈垂直地带性分布：低山区为褐土地带，中山区为棕壤地带，秦岭主梁的山峰地区为暗棕壤地带。

长安林区地处亚热带和暖温带分界处的秦岭北麓，气候温和湿润，野生动植物资源丰富。陆生野生脊椎动物共25目78科273种。其中，两栖类2目6科13种，爬行类2目6科20种，鸟类14目40科168种，兽类7目26科72种。国家一级保护动物有大熊猫、金丝猴、羚牛、云豹、豹、金雕6种；国家二级保护动物有小熊猫、黑熊、黄羊、鸳鸯、秃鹫、猎隼、血雉、勺鸡、红腹锦鸡、斑羚、大鲵等32种。有高等植物120科1130种，南五台素有“天然植物园”之称。

2010年，全区森林覆盖率33.98%，活立木蓄积273.50万立方米，林区总面积75833.3公顷。其中集体林面积43960公顷，占全区林地总面积的57.97%。

已探明主要矿产15种。其中金属矿5种，非金属矿10种，大部分分布在南部的秦岭山区。

【气候】 西安市长安区地处暖温带半湿润大陆性季风气候区，雨量适中，四季分明，春秋略短，夏冬稍长。冬季受西北大陆性季风影响，寒冷少雨，常受寒潮侵袭；夏季受东南海洋性季风影响，炎热多雨，时有旱涝、大风发生；春秋为过渡季节，春季降水逐渐增加，气温回升转暖。但由于北方冷空气活动频仍，天气多变，时有低温、晚霜为害。秋季时有低温冷害，连阴雨较多，气温下降急速。

受地貌影响，境内气候呈垂直分布，地域差异明显。自北向南由平原到台塬、山地，随海拔递增及受坡度影响，风速逐渐加大，年降雨量逐渐增加，年平均气温逐渐降低。据统计，西北平原地区年降水量为540～650毫米，年平均气温在13℃以上，温暖少雨；东部台塬和南部沿山地区年降水量为650～800毫米，年平均气温为12.4℃～13℃，温和少雨；南部秦岭山地不仅是重要的气候分界线，而且也形成特殊的气候区域，属于温带（温凉、冷凉、寒冷）湿润的山地气候，年降水量为800～1073毫米，年平均气温在1.3℃～12.5℃之间，温度低，降水多，日照少，风速大，常有暴雨、低温冻害发生，生长期短。

【行政区划】 2002年1月，长安县进行乡镇区划调整，俗称“撤乡并镇”，共撤销7个区工委19个乡，撤并后全县辖25个乡镇。2002年7月撤销西安市长安县，设立西安市长安区。2003年5月，撤销韦曲、郭杜、引镇、子午、东大、滦镇、斗门、太乙、马王、王寺10个镇，设10个街道办事处；2007年4月，撤销细柳、杜曲、兴隆、大兆、黄良5个乡镇，设立街道办事处；2008年5月，撤销鸣犊、王曲2个镇，设立街道办事处；2009年10月，撤销五台、王莽、高桥3个乡，设立街道办事处。至2010年末，长安区辖魏寨、砲里、灵沼、杨庄、五星5个乡，韦曲、郭杜、引镇、子午、东大、滦镇、斗门、太乙、马王、王寺、细柳、杜曲、兴隆、大兆、黄良、鸣犊、王曲、五台、王莽、高桥20个街道办事处。

【人口】 第六次全国人口普查以2010年11月1日0时为标准时点。全区常住人口为108.33万人（包括外来半年以上人口，不包括外出半年以上人口）。与第五次全国人口普查（87.99万人）相比，10年增加20.34万人，增长23.12%，年平均增长率2.10%。

全区常住人口分布为：韦曲街道223840人，郭杜街道130988人，滦镇街道56975人，引镇街道33543人，王寺街道32940人，马王街道26944人，太乙宫街道32976人，东大街道39554人，子午街道29824人，斗门街道57470人，细柳街道33108人，杜曲街道37437人，大兆街道31287人，黄良街道27883人，兴隆街道45727人，王曲街道51477人，鸣犊街道34101人，王莽街道30394人，五台街道11002人，高桥街道26386人；灵沼乡21002人，五星乡28171人，杨庄乡16710人，砲里乡12336人，魏寨乡11210人。

家庭户人口：第六次全国人口普查时

全区共有家庭户26.82万户，家庭人口为91.02万人。家庭户人口占常住人口比重84.02%，平均家庭户3.39人，比2000年的3.40人下降0.01人。集体户人口数17.31万人。

年龄构成：全区人口中，0～14岁人口14.64万人，占13.51%；15～64岁人口86.16万人，占79.53%；65岁及以上人口7.54万人，占6.96%。

性别构成：全区人口中，男性54.71万人，占50.50%；女性53.62万人，占49.50%。性别比102.02。

受教育程度：接受大专以上教育的22.06万人，占20.37%；高中教育的14.17万人，占13.08%；初中教育的47.12万人，占43.50%；小学教育的16.96万人，占15.66%；文盲人口（15及15岁以上不识字或识字很少的人）为1.63万人，文盲率1.50%。

【民族宗教】 长安居民以汉族为主，属少数民族杂散居地区。截至2010年，全区有回族、满族、土家族等29个少数民族1250人；有少数民族企业45个。少数民族增多的原因：一是1953年西北民族学院曾驻杜曲西杨万；二是长安靠近西安市，流动人口较多，少数民族易定居；三是通过婚姻、工作调动等将关系迁入；四是驻区高校、清真食堂及餐饮行业的分布。

长安是全国宗教工作重点地区之一，被誉为“全国佛教第一区”。中国佛教八大宗派中，慈恩宗、净土宗、华严宗、律宗、三阶教的祖庭寺或发祥地分别在长安的兴教寺、香积寺、华严寺、净业寺、百塔寺。区内有佛教、道教、基督教三大教派，尤以“终南茅蓬修道”文化，在中国乃至世界享有崇高声望和影响。全区有宗教活动场所74个。其中，佛教56个，道教6个，基督教12个；未开放的寺庙、茅蓬328处；教职人员968名，信教群众14万余人。

【人文景观】 长安文化底蕴深厚，名胜古迹遍布，有文物点672处。其中古遗址88处，古墓葬527处，古建筑41处，石刻16处。有全国重点文物保护单位6处，省级重点文物保护单位7处，区（县）级重点文物保护单位22处。客省庄新石器遗址、仓颉造字台、沣镐西周车马坑、秦阿房宫遗址、汉杜陵、子午古栈道等文物古迹及杜公祠、马氏民居、关中民俗博物院、人面桃花等人文景观触目皆是；中国佛教八大宗派中，慈恩宗、净土宗、华严宗、律宗、三阶教的祖庭或发祥地均在长安，长安宗教文化源远流长；绵延百里的秦岭北麓苍翠神奇，植被茂盛，是西安重要的水源涵养地和生态屏障；南五台、翠华山、嘉午台、青华山等自然景观瑰丽多姿，被誉为“西安的后花园”。

客省庄遗址 位于马王街道，1951年发现，1954年发掘。由3个不同文化层构成，下层是仰韶文化，中层是客省庄二期文化，上层为周文化层，3种文化层叠压，在考古学上称为“三叠层”。其二期文化又称陕西龙山文化，发现的遗存主要有房屋遗址和圆形装状灰坑以及墓葬、陶窑、窑穴等，是流行于渭河流域新石器晚期文化的典型代表。

沣镐遗址（西周车马坑、灵台） 即西周都城遗址，位于斗门、马王一带。周文王翦灭商的附属国崇后，将国都迁至沣河西岸，称丰京；武王灭商后，在沣河东岸建立镐京，丰、镐二京同为西周国都，是在关中地区建立的第一座全国性都城，开辟西安建都1000多年的先河。是全国重点遗址保护区。

沣镐遗址跨沣河两岸，面积约10平方公里。1953年发掘，出土有宫殿遗址5座，礼制建筑房屋遗址以及窑藏、灰坑、墓葬等，文物有青铜器、陶器、石器、骨器、玉器等。为研究西周历史和社会状况提供了直接资料依据。

沣镐遗址发现10座车马坑，清理了4座，位于沣河西岸的张家坡附近，是贵族墓地陪葬坑。最具代表的二号坑，内有并列的2车6马和1个殉葬奴隶。4马驾戍车以青铜为饰，用以作战；2马驾轺车以海贝为马饰，用以乘坐。车系木质，有木辕1根，马驾两旁，为独辕马车。两车与殉葬者的骸骨现仍按原样保护。而一号坑的车马结构最完整。

丰、镐二京有很多礼制性建筑，如群雍灵台；还有园林建筑如灵沼、灵囿。群雍是国家的学校，灵台是察天象观祥瑞的地方。当时人认为文王有灵德，故称台为灵台，囿为灵囿。

仓颉造字台 位于郭杜街道长里村西北，始建于西周，高6米，周长100余米，属方形夯土建筑。相传仓颉为黄帝的史官，受兽蹄鸟迹启发，创造中国最早的象形文字，结束了刻木结绳记事的蒙昧时代，开辟了中华民族新纪元，被尊为文字始祖。周代为了纪念其功绩，在他造字的地方修建“造字台”，周穆王在此建立神庙。台前有清代陕西巡抚毕沅所立“仓颉造字台”石碑。登台四望，沣滈如膏，田园碧绿，杨柳含烟，绿波荡漾，终南山翠峰如织，观之使人心旷神怡，是一处极佳的登高赏景之地。

石颡 在长安沿山的田间地头，零星地分布着近百颗花岗岩质的石像，群众称其为社谷爷，也称石颡，是农业始祖后稷。传说社谷爷自幼好农耕，人们饥馑无食，他上山寻找谷种试播，成功后教人们播种；人们寒冷无衣遮体，他上山寻求棉麻制衣。他曾助禹治水，疏通商周以前这里的积湖，使八水流入渭河。他教民稼穑，播种百谷不辍，最后积劳成疾而死于山野。他死前曾对子孙说：我死后把我的头留在地头看庄稼。后来从他的眼、鼻和嘴里飞出了布谷鸟、黄鹂和铁老鸦3种鸟，布谷鸟和黄鹂提醒人们及时播种、收割，铁老鸦则敦促懒汉勿误农时。时至今日，每逢农历初一、十五，当地群众还自发祭拜。

《游城南记》遗址 城南指宋时京兆府城南，京兆即唐长安城之皇城，至宋时唯大小略有变化。长安城南在秦汉时即属上林苑，其中离宫别馆、池沼楼台遍布。唐时达官显贵的园林别墅鳞栃相望，寺院林立，佛事频仍，风景名胜多不计数，是唐代园林风景区和文化区，也是有名的游乐地。到宋代，国都东迁，长安城的地位有所下降，但仍保留京兆府设置，城南景区依旧存在。

《游城南记》为北宋人张礼所撰，记述其与友人于宋哲宗元年(公元1086年)闰二月游历京兆城南，即今西安南郊及长安地区的见闻，涉及自然景观、历史人物、事件数百宗。

张礼等一路步行，出城经大雁塔、曲江至少陵塬，下坡，到牛头寺、华严寺、朱坡、杜曲至樊川，再经神禾塬、瓜州村至何将军山林，最后至赤栏桥、第五桥等地，主要游历少陵、樊川、神禾塬及今郭杜等处。每到一处，极力追寻古迹，凡涉及的自然、历史、人物等都一一记述。

其中记述的城廓、坊市、村墟、山塬、河湖、园林、别墅、寺院等有120多处，涉及人物120多位，内容颇为广泛。是了解和研究长安城南自然及人文地理演变的一部重要历史地理文献。

明“十三王陵”石刻 明“十三王陵”是指分布在长安区少陵、鸿固、风栖塬上的13座明代秦藩王陵及由50余座陪葬墓组成的庞大墓群。明王朝建立后，从洪武四年（1371年）起，太祖朱元璋建藩封王，将地位仅低于宣太子的次子朱樉封为秦王，设西安府，镇守西北，号称“天下第一藩国”。在其后的200多年中，先后有13个秦藩王葬于此。

据统计，长安已知的藩王家族墓共有60余座，是全国明藩王墓分布最集中的地方。各主要陵墓前均有大型石刻，一般组合为：华表、石羊、石虎、麒麟、文官俑、武官俑各2个，马2或4个，神道碑1个。少陵塬上石刻总计90余座，时间跨度从明早期到中晚期，风格明显。各陵墓建筑宏伟，地面殿堂楼阁各自形成完整的皇家陵园，并征移大量农户居住墓区护陵，形成长安的九井十八寨。“十三王陵”及50余座陪葬墓保存基本完好，地下文物丰富，仅简王墓就出土文物320余件，陈列于陕西博物馆；地面100余件大型石刻雕刻细腻，神态生动，栩栩如生，是明代石刻保存最多最完好的地方，也是研究明代历史、石刻艺术、礼制服装的重要资料。

五台民居古镇与关中民俗艺术博物院 长安区五台街道地处秦岭北麓、佛教圣地南五台山下。依托关中民俗艺术博物院的人文资源，以灰、土黄为主色调，修旧如旧，修建精美的浮雕墙、青砖路等，营造浓厚的关中文化气息，打造集民俗文化展示、名山佛教旅游、农家餐饮休闲为一体的五台民居古镇。

关中民俗艺术博物院作为五台民居古镇主要建筑，总投资6亿元，占地33.44万平方米，修建仿古式园林建筑群13万平方米，共建设5大区域：民俗文化展览区，陈列周秦汉唐乃至明清民国的石雕艺术品、民间工艺品、名人字画等；古镇游览区，选择现存关中各地具有代表性的40院古民居以及县衙、餐馆、戏楼、画坊、工艺作坊等古建筑，原样迁建，开展各种民俗表演活动；以再现明、清关中人的生活场景，文化名人活动区，建设20院仿古院落，供文化名人进行文化交流、艺术演示活动；关中民俗文化研究、会议中心，集文物保护与展览、民间生活体验、民间艺术展演、民间祭祀和旅游功能为一体。

名刹古寺 长安区佛、道、基督三教并存，尤以佛教为盛，被誉为中国宗教工作大区之一、佛教工作第一区。

1. 兴教寺。坐落于少陵原畔，是唐“樊川八大寺院”之一，全国汉传佛教重点寺院，唯识宗祖庭。唐总章二年（669年），唐高宗敕令将玄奘灵骨从白鹿塬迁来并造塔建寺。兴教寺建成后，屡遭兵火，各代多有新建。清同治年间，寺内殿堂全为兵火所焚，唯三座灵塔幸存。1922年重建，现存山门、大雄宝殿、法堂、藏经楼等建筑。西院为慈恩塔院，玄奘及其弟子窥基、圆测的墓塔作“品”字形排列，为全国重点文物保护单位。塔北有新建的玄奘法师纪念堂。

2. 香积寺。位于郭杜街道香积寺村，佛教净土宗祖庭，全国汉传佛教重点寺院。唐永隆二年（681年），善导大师圆寂，其弟子怀恽造崇灵塔安葬骨灰，又于塔侧广建寺院，称为香积寺。寺内崇灵塔为密檐式仿木结构，平面呈正方形，原为13层，后因塔顶塌陷，现为11层，高33米。1979年重新修整，加固善导供养塔，修复牌坊、山门广场、天王殿、山门殿、善导影堂、大雄宝殿、法堂等，为全国重点文物保护单位。

3. 华严寺。位于韦曲街道东四府村，建于唐贞观年间，系唐“樊川八大寺院”之一，佛教华严宗祖庭，杜顺和清凉祖师灵骨塔所在地，为全国重点文物保护单位。因诸多原由，昔日华严寺衰落，新罗人义湘将该宗带回国，朝鲜半岛华严宗步入兴旺，后又传入日本，开创日本华严宗。该宗在东邻诸国发扬光大，其学说精华融入程朱理学。

4. 至相寺。又称国清寺，位于子午街道天子峪村，建于北周，初为法难僧人避难之所，隋代扩建，并正式命名为至相寺。隋唐以后，寺院屡次改修，清康熙年间改为国清寺。“文革”中遭到严重破坏，殿堂、经像被毁，塔、龛、墓全部被平。1985年重修大殿，新塑佛像。1998年四众弟子礼请卧龙寺方丈如诚大和尚发愿重建，先后筹资800余万元，历时6年，如法新建殿堂136间11108平方米。寺内壁画、飞天等艺术精品，仿敦煌莫高窟特色，为国内罕见。

5. 净业寺。位于滦镇街道沣峪口凤凰山，佛教律宗祖庭，全国汉传佛教重点寺院。创建于隋初，唐代因传扬律法而达极盛，后屡经兴衰，“文革”期间被毁。1978年后陆续修建天王殿、大雄宝殿、法堂、客堂、斋堂、山门、禅堂等。寺内有道宣律师所建戒坛，系唐代文物。

6. 丰德寺。位于滦镇街道沣峪口，建于唐永徽年间，唐代高僧道宣律师在此修行，被尊为佛教律宗祖庭。寺南塔林安葬历代住持，智芷、道宣、圆测3位大师的舍利塔及3座明代瓶式喇嘛铁塔尚存。

【非物质文化遗产】 长安历史悠久，人文荟萃，非物质文化遗产丰富。

北张村传统造纸工艺 长安北张村造纸始于西汉时期，相传比东汉蔡伦造纸早300年，古老歌谣“仓颉字、雷公碗、沣出纸、水漂帘”流传千年。楮皮纸生产工艺经采树皮、浸泡、打浆、入池、抄纸、揭纸、晾晒等10道大工序72道小工序手工完成。被誉为手工纸工艺演化进程的活化石，2006年列入省级非物质文化遗产名录。

七夕爱情故事发源地——长安斗门 长安是中国民间四大爱情故事之一——牛郎织女传说的故里。在斗门街道，至今仍保存着2000年前的牛郎织女石刻像，当地群众尊其为“石爷”、“石婆”，并建有庙宇。千百年来，每逢七夕，群众均自发组织为石爷石婆洗面、穿衣、献饭，举行一系列祭祀活动，以求夫妻和睦，爱情天长地久，形成独有的七夕文化传统。2006年列入省级非物质文化遗产名录。

中国十三省总城隍——王曲城隍庙 是汉高祖刘邦供奉麾下大将纪信的“地皇庙”，汉文帝时改名为“城隍庙”。相传楚汉荥阳之战中，刘邦大败。汉将纪信假扮刘邦站立城头，掩护刘邦从后门逃脱。项羽震怒火烧荥阳，纪信遇难。刘邦称帝后，封其为“地皇”，在王曲建庙立祠，以彰其忠勇，每年农历二月初八派人祭奠。后世皇帝封其为十三省总城隍，纪信成为长安城的保护神，几千年来一直享受来自川、滇、贵、鄂、蒙、藏、秦、鲁、晋、冀、豫、徽等各地城隍善男信女们的祭拜。2006年列入省级非物质文化遗产名录。

又传明嘉靖年间，长安人邹应龙刚正不阿，屡次弹劾奸臣严嵩，终遭陷害，归乡身死，被嘉靖帝敕封为十三省总城隍。

“牛老爷”社火 是独行于杨庄街道侯官寨村的群众自创民间艺术形式，起源于明代，兴盛于清代，延续至今，在传统民间社火中独树一帜，2006年列入陕西省第一批非物质文化遗产保护名录。

据当地习俗，人们最早把牛老爷叫“春官”。在农历正月十五前后，村领导不起任何作用，一切都由“春官”说了算，承担着耍社火过程中组织、协调、处理治安事件职能。“牛老爷”既是社火主体，又是灵魂化、形象化、具体化的核心人物。社火囊括刺绣、化妆、锣鼓、雕刻、绘画、戏剧、秧歌、祭祀、礼制等一系列活动，祈求一年风调雨顺，五谷丰登，国泰民安，是民间文化集成者，反映了农耕文明时期的民风民俗。

中国古代音乐活化石——长安鼓乐 长安何家营鼓乐脱胎于长安燕乐，属宫廷音乐。其历史悠久，可追溯到隋唐时期，是以打击乐和吹奏乐混合演奏的大型乐种，大气、雄浑、高雅，分僧、道、俗3个流派，乐谱沿用宋代的半字谱，全系手抄，包含唐宋元明清各代曲牌，堪称“中国古代音乐活化石”，被誉为“中国古代交响乐”，是中华文化瑰宝。1981年，同日本奈良雅乐团在西安市委礼堂同台演出。1985年，何家营村自办全国第一家民间音乐陈列馆，陈列展出的乐器有笛、笙、管、鼓、锣、铙、钹等20余种，乐谱有唐开元五年乐谱复制件以及各乐社流传下来的曲谱、曲目千余首。1987、2005年，曾2次代表陕西省赴京参加汇演。2005年12月，应邀赴约旦首都安曼参加世界文化论坛联盟大会，向来自世界80多个国家的专家学者展示中国古老音乐独特的神韵和魅力。

斗门圣旨 斗门街道中丰店村村民张振华之高祖张鹏程，祖籍陕西榆林府，清顺治二年，入籍西安府长安县斗门镇中丰店村，至今350多年，衍息子孙14代。张鹏程及其子孙7代13人，除1人中进士外，其他均为总兵武将，先后辅佐清顺治、康熙、雍正、乾隆、嘉庆、道光6位皇帝，在统一江南、平定三藩、渡海大战、扈从康熙帝巡视江南等方面战功卓著，6位皇帝先后向他们诰封圣旨15道，恩赐御笔金匾8面，诰授（封）建威将军、光禄夫人（正一品）、振威将军、荣禄大夫（从一品）等要职。现尚存9道圣旨、3面康熙御笔金匾、张鹏程及其一品诰命夫人许氏画像、历代先祖之官印8颗等珍贵文物，既是张氏家族的传世之宝，更是中华民族的文化遗产。

“人面桃花”传说 杜曲街道桃溪堡村是“人面桃花”传说故地。相传博陵名士崔护乡试落第，独自到城南踏青散心，见一所宅院四周桃花环绕，景色宜人。适逢口渴，便叩门求饮，一美丽女子开门，崔护一见之下顿生爱慕。第二年清明时节，崔护旧地重游，却见院墙如故而门已锁闭。他怅然若失，便在门上题诗一首：“去年今日此门中，人面桃花相映红。人面不知何处去，桃花依旧笑春风。”

关帝庙会和添碟子 添碟子是杜曲街道寺坡村早年在关帝庙会上用于祭祀关帝，祈祝丰稔，显示才灵的祭品。将豆、米、瓜子、杏仁、花生等原料染成五颜六色，蘸上用面和鸡蛋清配制的粘合剂，嵌叠在用竹棍、木棒等搭成的碟、塔、亭台楼阁、鸟兽鱼虫和人物造型上而成为民间工艺品。民国时期的作品有：“三娘赛翠”、“五福择寿”、“五儿哭坟”、“唐僧取经”等；解放后增加“王贵与李香香”、“兄妹开荒”、“李双双”等；后来创作的作品有八卦龙亭、戏楼、飞鸟走兽、花卉鱼虫、多层碟子和面塑人物等。1979年添碟子曾在陕西省展览馆展出。1982年寺坡村设立添碟子展馆。

社火芯子 冯村社火起源于清同治以前，后经“回乱”，社火箱全被焚烧，嘉庆、道光年间才得以逐渐恢复、兴盛。冯村社火实指芯子艺术，由三部分组成，一端叫“杆”（也称“镢”、“筒子”），另一端叫“卡子”，中间称“芯子”，是冯村社火艺术的核心和精华。凡遇喜庆节日，四邻乡社纷纷出动，选出村里的俊男俏女，装扮成戏剧、小说、故事中的人物形象，辅以山水、飞禽走兽等，表演起来惟妙惟肖，变幻无穷，享有“西秦第一”、“三秦绝艺”等美誉。1958年参加陕西民间社火芯子汇演后，作为陕西代表队出席北京全国民间艺术汇演，受到习仲勋等党和国家领导人的接见。

细柳民间社火表演以大吉村、大羊村为代表，实际参与社火组织与演出的自然村有6个：大吉村、大羊村、高家堡、岳家堡、李家桥、蔡家堡，解放前称为“吉羊保长社火”。由于多村同演，演出规模宏大，节目繁多，形式多样，各具特色，因而影响较大。解放前曾受国民党陕西督军冯清斋之邀在西安南校场演出，赠以锦旗；解放后参与西安市第一届古文化艺术节演出及长安撤县设区大联演。

人背芯子 引镇街道张寨沟村地处龙渠沟峡谷之中，村民分东西两岸靠崖而居，由于沟岸坍塌，致村道狭窄曲折，车辆通行不便。于是借鉴山区背背篓的方式，选俊男靓女装扮成故事人物，背在壮汉身后，在高昂激越的锣鼓声中翩翩起舞，演绎为风格独特的民间艺术形式——人背芯子。1992、1994年，分别在“杨虎城百年诞辰暨长安县首届经贸洽谈会”、“文化节艺术调演”中演出，获“长安东部群众艺术明珠”美誉。

“中华鼓王” 兴隆街道里杜村锣鼓正点整齐、铿锵有力，曾为电视剧《情结千千》、西康铁路开工烘托喜庆、隆重气氛，被陕西省打击乐学会吸收为会员。1994年，获西安市鼓王夺标赛金奖；2000年，参加西安市迎千禧锣鼓表演；2000年4月，在无锡影视城参加全国鼓王大赛，获得“中华鼓王”称号。

【民俗】 长安民众在长期的生产、生活实践中，逐渐形成丰富多彩的民情风俗，主要有婚姻、丧葬、喜庆、节日、村会、庙会等。这些习俗千百年来不断发展变化，呈现千姿百态的特点。

婚姻习俗 依照旧礼，长安的婚姻习俗比较繁琐。订婚时有送庚帖、合婚、相亲、过礼；嫁娶时有发脚、回搭、送红笺、置嫁妆、抬什盒、换花、打醋碳、披红插花、抱轿、踩四角、闹房、吃扁食、回门、谢媒、宁什、住对月；续亲时有递准心、追往钱等环节。现代提倡婚姻自由，礼俗上删繁就简，只沿袭少数礼仪，如什盒、披红、回门、闹房、谢媒等。婚礼多选择农历三、六、九日，取“三六九，往上走”之意。

丧葬习俗 老人倒头要剃头（女人洗

头）、洗脚、擦身、穿寿衣，移挺于门板支就的停尸床上，嘴里塞一枚硬币，脸上盖一张纸钱，双脚用红绳绊缚。若为横死或在屋外咽气，则不得登堂入室，须在大门旁搭就丧棚停尸。设灵堂，灵桌上置献恭3样及倒头饭，点香、蜡、长明灯，亲朋吊孝。由长子、长孙戴孝，提盒子，持丧棒前往舅、姑、姨家逐家报丧，其他亲友由族人报知。守灵3日，着人挖墓。倒头翌日午时入殓，出嫁女送神轴子、金童玉女、金斗银锞、摇钱树。子孙行三拜九叩礼，亲戚、族人三叩首，生前友好三鞠躬依次奠酒，瞻仰遗容，向遗体告别，而后盖棺，亲人放声大哭。傍晚，男孝子去坟地请先人亡灵，女孝子在门前迎接，至村口，同哭，将先人遗像、神匣置于灵桌之上，行叩拜礼。女婿、外甥须行祭礼、献饭。祭礼有全祭、半祭之分，最重为三牲祭，由乐人、男孝子迎回。晚上祭灵，乐人先唱三折戏，而后亲戚点戏助兴至后半夜甚至天亮。第三天早饭后先吊唁，礼成后长孙打引魂幡，长子抱神匣，孝子披麻戴孝，男持哭丧棒，依次拉绳牵引灵柩，媳、女骑马押灵。鞭炮后起灵，至什字摆路祭，唱3折戏文，摔孝子盆，化纸钱包起，一同携至墓地下葬，封堂。墓成后插引魂幡于坟上，孝子奠酒、焚纸后回家吃蒸饭。第四天孝子到墓地全山，以后逢七祭至五七，而后百日祭，周年祭，二周年祭。三年用红对联，大祭如丧葬，礼成卸孝。

喜庆习俗

1. **生子**。称“上炕”、“坐月”。产后在门帘上夹一绺红布阻外人，家人晚归要“过火”辟邪。产后三天，娘家母携醪糟、鸡蛋、红枣、红白糖给女儿下奶，十天亲戚看望，给小孩“瞌睡钱”。男孩29天，女孩30天做满月，后，小孩可出门。40天移窝窝，母亲抱孩子熬娘家，去时给小孩鼻尖上抹锅墨，回来时抹白面，意“黑娃变白娃”。舅家给小孩做新衣服，烙大、小各1个锅盔，用五色线穿起，系上压命钱，挂于小孩颈上。

2. **过寿**。一般人50岁开始过寿，女婿、外甥携烟、酒、肉、糕，其他亲戚以点心、酒、鸡蛋贺寿。宴席以蒸碗、炒菜加长寿面为多。

3. **上梁**。盖房立木（上楼板、现浇顶）必择吉日，亲友以红被面、炮仗、烟、酒相贺，乡党送红被面或凑份子钱并主动帮忙。上梁时先祭神灵，梁正中悬红布，画八卦图，书“*年*月*日吉时上梁，大吉大利”，放鞭炮，吃宴席。

驱邪习俗

1. **叫魂**。小孩受惊泣哭，长者抱之于受惊地，招手呼唤：“**回来！”，抚摸小孩头顶，小孩答应：“哎，回来啦！”，如是者三。若小孩年幼不会答应，则由亲属代答。是为“叫魂”。

2. **暮量**。突发疾病，让病者平卧，舀1碗清水，取2～3根筷子蘸湿，绕患者头3周，扶筷子试图立于水碗中，口中念：“**他爷（故去的长辈），你回来看娃咧，你现在也管不了咧，你立住，看娃一眼就走，我给你掰一蛋儿馍，赶紧走！”待筷子立住，用菜刀将其击倒，泼水于门外，水碗扣在门旁，将鬼送走。谓之“暮量”。

3. **捉鬼**。患久治不愈顽疾，怀疑恶鬼缠身，或鬼魂附体而胡言乱语，就需请神汉、巫婆发神捉鬼。神汉、巫婆天黑后乘鬼抬轿莅临，焚香化表，请天上某个神仙下凡相助，然后绕病人顺、倒各转数圈，口念咒语，手持桃木剑，骈指所指，指东打西，指南打北，“吱吱”鬼叫不绝于耳。忽然，猛地一扑，将鬼按于某个角落，以符封住，放入滚水或油锅中煎熬。炸干，置罐中埋于什字路口。

时令节气习俗　一年四季依时令不同，依次有春节、元宵、清明、谷雨、端午、乞巧、中秋、重阳、十月一、冬至等，其特点是重农历不重公历，农村重视城市淡漠。其中春节最为隆重，其次是清明、中秋，而清明、十月一是祭奠亡灵的节令，上坟烧纸必不可少。

村会习俗　忙前会即看娘会，亦称“看忙会”。谚曰：“麦梢黄，女看娘。”各村堡寨时间不一，大都集中在农历三、四月间。会日，出嫁女儿携油塔馍、点心等礼品看望父母。忙后会即姊妹会，同一村寨长大的姐妹，嫁到四面八方，常年难得会面（春节待客分初二、三、四，不易聚拢），相约在忙后农闲季节，看望父母时聚到一起。会日大都在农历六月初六至八月中旬的单日（六除外）。会前数日，家家打扫卫生，割肉买菜，酿造稠酒，招待亲戚朋友。会日，人们着新装，放电影，唱大戏，热闹似春节。会间或会后，父母再给女儿送“曲莲”，有“场里卸驳架，老娘看冤家”之说。

庙会习俗　长安庙宇众多，均有庙会，多在农历1～5月间。典型的如南五台庙会、嘴头庙会、引镇庙会等，而以王曲城隍庙会最负盛名。

【方言】　长安方言属北方官话中原方言关中片，大致分为3个方言小区，东部与蓝田话互相渗透，西部与户县方言接近，以区政府所在地韦曲为其代表方言。

声韵系统

基本声母27个：

[p]	步宝白兵	[p‘]	旁扑派朋
[m]	骂门明某	[pf]	猪砖桌种
[pf‘]	虫穿创揣	[f]	发分复风
[v]	如问无闰	[t]	大等东对
[t‘]	他腾臀同	[n]	拿奴囊弄
[ȵ]	泥娘牙业	[l]	拉列冷林
[k]	各共给刚	[k‘]	可看空哭
[ŋ]	我岸肮俺	[x]	瞎杏好红
[tɕ]	机地建店	[tɕ‘]	其钱枪区
[ɕ]	西夏训行	[ts]	指自暂增
[ts‘]	此参层仓	[s]	三死岁僧
[tʂ]	展真这制	[tʂ‘]	吃缠厂成
[ʂ]	上食扇身	[ʐ]	然仁肉让
[ø]	阿一用稳		

声母特点：

1. 特殊声母[pf][pf‘]。清代语言学家钱大昕有“古无轻唇音”的著名论断。老长安话中有两个特殊声母[pf][pf‘]，如猪、桌、床、穿等，属重唇音，这是一个古老的语言现象，在其他语系非常罕见。值得注意的是，此声母只存在于70岁以上老年人的口语中，随着时间的推移及普通话的渗透，即将为[ts]、[ts‘]所替代而走向消亡。

2. 声母[ʐ]、零声母[u]与韵母[u]、[ən]相拼时，部分变为[v]，文、武、无、仍。

3. 声母[t]、[t‘]与齐齿呼相拼时，异化为[tɕ]、[tɕ‘]，如地、电、停、体、铁。

4. 声母[n]与齐齿呼、撮口呼相拼时，其实际音值为[ȵ]，如“娘、泥、女、牙”等，[ȵ]作为一个独立声母存在。

5. [ŋ]为一独立声母，“我、按、俺、额、爱”。

6. [x]与齐齿呼相拼时，处于变化过

程中，读[x]与[ɕ]均可，如“下、瞎、杏、鞋”等。

7. [tʂ]、[tʂ‘]、[ʂ]与[ts]、[ts‘]、[s]有时不分。

8. [ʂ]与[u]及以[u]开头的韵母相拼时，在长安东部变为[f]，在长安西部变为[s]如“书、树、水、帅、顺”。

9. [ʐ]与以[u]开头的韵母、部分[ən]相拼变为[v]，如“如、润、软、瑞”“文、无、物、武”；与[uŋ]、部分[əŋ]拼读变为[i]或[v]，如“荣、容、融、绒”

基本韵母37个：

[a]	八怕大仨	[o]	博破末窝
[ɤ]	个可我末	[i]	比米你李
[u]	副不母古	[y]	驴女局曲
[ʅ]	胳咳核蛇	[ər]	而耳尔日
[iɛ]	叶捏灭血	[yɛ]	决缺雪曰
[yɤ]	角约确学	[æ]	爱改卖奶
[iæ]	阶且写岩	[uæ]	怪快淮踹
[ei]	白妹黑为	[uei]	队回雷归
[au]	报跑稿摸	[iau]	膘票苗交
[ɤu]	都努后舟	[uɤ]	多锅锁做
[iɤu]	九牛六求	[ã]	半干砍散
[iã]	遍店钱县	[uã]	馆款幻团
[yã]	元卷劝玄	[ən]	奔喷门忍
[iən]	斌民贫金	[uən]	盾滚轮稳
[yən]	君裙训匀	[aŋ]	绑忙航炕
[iaŋ]	蒋强像亮	[uaŋ]	广狂皇王
[əŋ]	蹦朋猛更	[iŋ]	病明领兴
[uŋ]	东弄龙洪	[yŋ]	炯穷兄用
[ia]	恰下家压		

韵母特点：

1. 韵母[ɤ]与声母[k]、[k‘]、[x]相拼时，古入声字的韵母音值为[ɯ]。

2. [yɤ]韵基本为古入声字。

3. [tɕ]、[tɕ‘]、[ɕ]与[iɛ]相拼，声母[ŋ]、零声母[i]与[æ]相拼时，有的音值变异为[iæ]。

4. [l]与[ei]相拼，部分[ei]变为[uei]，如“雷、累、蕾、磊”。

声调系统

长安方言有四个声调，其调值分别为阴平31，阳平35，上声53，去声55。

阴平：八　妈　居　歇　逍

阳平：拔　麻　局　协　淆

上声：靶　马　焗　写　小

去声：霸　骂　巨　泄　笑

由于秦腔高亢激越，言语粗犷奔放，说起话来粗喉咙大嗓门，缺少婉转的语气，在很多场合是没有轻声或轻声很不明显，如“八、把——巴、吧，阿——啊，了，拟——呢”。至于叠词因受普通话的影响，略显轻声的意味，如“爸爸、奶奶、爷爷”（长安话为“爸、奶、爷”）；个别词语因受前一个字声调的影响似乎表现为轻声，如“石头、姑娘”，非事实上的轻声。所以说长安话轻声字归入阴平，没有实质的轻声字。

方言字、词举例

姝[læ]：调皮、可爱。这娃长得～得很。

嗥[tʂ‘ã]，嗥和：好，安适，称心如意。这事办得～得很。

婑[uɤ]偞[iɛ]：舒适、安逸。日子过得很～。

嫽[liau]扎咧：好得很。这事做得～。

癑[nuŋ]：因含水量大而松软。泡～了。

炬[p‘a]：食物熟透而松软；软弱无力。肉煮～了。口气～多了。

悗[mən]倯[suŋ]：笨、愚蠢。你看咻～。

瓜倯：傻。

狎（黠）[xa]倯：坏。

粘[ʐã]倯：糊涂，胡搅蛮缠。

�[tʂ‘ɤ]倯：差成色。

倯管：不管。我～管。

肸[la]膸[sa]儿：肉杂，引申为最差。他在班里是～。

枵[ɕiau]薄：不坚固、结实。他的身体很～。

挼[va]：失去水分而变茶。～肉子。

禮[ts‘au]：衣失浣。黑色衣裳耐～。

傷[læ]傀[ts‘æ]：邋遢。邋遢婆娘太～。

络[lau]：用绳绑。

络[lau]口：口粗，吃东西不论粗细。浆水菜咥着～。

奸馋：口细。这头猪太～，赶紧把它出槽了。

烈蹶：不驯服。这马太～，不好骑。

齐琭[ts‘ɤu]：整齐。

乍[ka]：脾气火爆。这人是个～炸子脾气。

偾[fən]：害臊，倒霉。～死了。

崴[uæ]：厉害。这人～得很。

伧[ts‘əŋ]：态度生硬。生、冷、伧、倔。

苶[ȵiɛ]：精神不振。你看这鸡发～，得是病咧？

荃[ts‘uã]：好闻的味道。

淙[ts‘uaŋ]：雨疾下。大～～白雨。

喏[ȵiɛ]咧：腐朽。木头～。

鋑[ts‘ã]活：厉害，刀子锋利。卖肉的刀～得很。

瞀[mu]乱：烦躁，骚扰。避[p‘i滚]远，要[pau]～人。

暮囊：拖拖拉拉，不利落。

细详：细心，小气。把你的暮囊要当～。

没耳心[ɕiŋ]：没记性，白肚儿皮。

兀[u]么：像那样。一个月挣～多钱，还嫌少！

乇[tuɣ]：大。老～。～人。

劖劖子：无赖。

犊[ts‘æ]犊：畜不孕，引申为失八欻。他是个～～。

趔趄：身体歪斜，脚步不稳要摔倒的样子。

欻[ts‘ua]：象声词，无能。龙头的水～～地流。失八～。

峇[ka]：钱。

颡[sa]：头。

麸[i]：麦屑。他能发财，他能发个～子。

篾[mi]：蔑。竹～～；席～～。

地萸[vã]：地木耳。

墓子壳[k‘ʅ]寘[laŋ]，　壳寘猪

縻[mi]：接。裁短了，～一节。

焪[tɕ‘yŋ]：捂，湿热。把窗子打开，把人能～熟。

煸[ŋɤu]：湿热。天气～得很，可能要下雨了。

瘆[sən]：冷，凉。多穿件衣裳，小心受～。

懔[liən]：惨不忍睹，恶心。谁在那儿屉了一脬稀屎，把人能～死。

痨[nau]：苦，药。这药～得很。他被老鼠药～死了。

潗[ɕyɤ]：吸允，尝。～一口。

呡[miən]：略微喝一点。闲了～两口（酒）。

嗽[sɤu]：吸允。蝇子～。

痓[tɕ‘iaŋ]：喉中病，大牲口呕吐。

掫[tʂɤu]：从一端拿。他～着一方子

锅盔，算走算咥。

抠掐：艰难地获取。我好不容易～几个钱，教你给糟蹋完咧。

跐[tsʻʅ]：蹭掉异物。把脚地的痰～掉。

垪[pʻã]：用镢头或锄头挖很硬的地。～锄，～镢子。

墁[mã]：涂抹墙。～墙。

鞔[mã]：往布鞋上覆白布以成孝鞋。～孝鞋。

缏[pʻiã]：缝衣边，在很窄的布上缝。～裤带。

谝[pʻiã]：吹嘘，闲聊。～闲传。

劗[pʻiã]：劈，砍。他与人打捶，教人家～了一刀。

燷[lã]：炒。～菜，～肉臊子。

撧[ua]：抓，扶。脚爹高，手～牢，跌下来就往你舅家跑。

飙[piau]：跑。～了一个来回。～车。

跜[nɤu]：立，停，站。一般来咧，～几天再回去。

睄[sau]：目光掠过。他眼硬，～一眼，就能记住。

适：嫁。狗适的。（后借用“肏”）

失眼：难看，搡眼。

薯龟：捣腾。胡～弄棒槌。胡～掏诞[tʻã]。

湿溻：毁坏。你把我的电脑弄～咧。

悖毁：损坏。

失的：丢失。

尺罳[mu]：思量，估计。你～，这事能干不？

打鞆：抬杠。

胳[kʅ]搂：挠痒。

觳[u]觫[su]：胳搂，使人痒；痒得慌。你覅胳搂我，～死了。

龌里苔龊：不干净，心里不舒服。小食堂的饭～的，吃不下。

挌[kʅ]蹴：蹲下。

詰[tɕiɛ]蛙：滚蛋。你给我～。

诀[tɕyɛ]人：骂人。咋还～呢，想佴打咧。

揖[tɕiɛ]：打。尻干，叫人～了一顿。

缯[tsəŋ]皮：打。皮松咧？我给你～。

佴[næ]：挨。骚情！想～屎咧。

迿[ɕyən]：讨厌。他俩～得很。

抙[pau]：拨动，揽取。～过来。～堆堆儿。

磪[tɕʻyɤ]：击，打。～蒜。他被人～了一顿。

劗[tsa]：用刀剁。～刀子；～肉馅儿。

潆：有规律地抛洒。～肥料。～种。

咥[tiɛ]：吃。

蹩[piɛ]：跳。要是吃了亏，他能～三尺高。

搦[nyɣ]：握，捏。把水～干。把娃～死咧。

摠[sæ]：甩。把水～干。～手掌柜的。

谡[sæ]：沙哑。～～声。

帽絯[kæ]：发辫。

牛槅[kei]头：牛轭。说你能干，～还能擀面。

菢[pau]：孵。～鸡娃。

謏[tsau]牳[mu]：母鸡发情。老母鸡，爱～。

脬[pʻau]：尿脬；大小便的次数。屁一～。

搧：用手掌或手背击，挥打。我～你俩尻巴子。～扇子。

敹[lɤu]：用巴掌打头部。～耳巴子。

䃺[tsʻuã]：舂，蹭。～麦仁。胳膊～掉了一点皮。

揌[mau]：摸。你～我的颡得是佴呀！

揞揣：未经过允许而乱动别人的东西，想据为己有。

捏揣：缓慢地收拾无关紧要的物件。

拾掇：修理，收拾。

摲[ma]：用手按着并向下移动。～了～袖子。把官～了。

劐[xuɤ]：用手捋开，用刀子划开。把草～开。

撂：暂时放置，丢弃。～那儿，我来！把那破烂～毬了。

撂掷：哄。

失弄[luŋ]：哄，骗。狗适的，～我呢。

撇：抛，丢弃。

摞：叠在一起，打。被人～了一顿。

抠：小气，用手指挖。～门儿。

薅：拔。薅草。

撧[tɕyɛ]：用手薅。～苜蓿。

抷[tɕʻia]：用双手与腕的力量把物抱起。～苞谷杆。

拂：边洒边搅拌。～苞谷糁。

淩：用浑水浸泡。～浆水。

捼：用力使挺直的东西弯曲。拿铁丝～个钩搭。

踒：骨折。脚～了。

捩[liɛ]：扭，脱臼。跟我玩，小心把你卯～咧着。

笡[tɕʻiɛ]：歪斜，扛。把墙磊了个～～子。～粜子（粮食袋子）。

汕[fã]：把物件放入水中摆动。～羊肉。～衣裳。

磓[tuei]：碰。叫车～咧。

挏[tuŋ]：惹事，闯乱子。胡～。～了一河滩。～乱子。

傥[taŋ]：碰运气。吃了豌豆～屁呢。

撵：赶。狗～兔。

掬：用手捧。

揝：[tsuã]，同“攥”，～拳头。[tsã]，同“攒”，～钱。

瀳：溅。～了一身水。

趱[tsã]：移动位置。向前～一下。

嚽[tsã]：牲口咬人。他被叫驴～了。

赀：称秤。

捋[ly]：采。～树叶。

捋抹：挑拣归类。

剜[kʻuɤ]树：砍去树的旁枝。

墩嗒：训斥。他被领导～了一顿。

跐[tsʻʅ]：摩擦。～垢圿。

跐偎：向后缩，犹豫。覅～，麻利点！

撤趏[xua]：走，撤退。

撩乱：胡折腾。他临死～了一夜；张罗。这事全凭他～。

趧[ɕyɛ]：横。他在村里趧么[ma]歪[uei]道（横行霸道）的。

趧磨：想要而不直接说。你这几天老（经常）来，想～我的啥呢？

褫[tsʻæ]面：和面。

搽[tsæ][tsã]：把衣裳上的附加物缝上。“大前门”（裤子拉链）开咧，拿个扣针儿～上。～纽扣儿。

挡[tsʻau]：从底下给力向上推。～着不上爬着上。～尻子。

拺[pʻu]挲[suɣ]：轻轻地抚摸。把哀[ŋæ]娃跘[pã]疼了，妈给你～一下。

造[tsau]怪：说谎。给老师造个怪，

说你凉咧（感冒）。

造孽[n̡iɛ]：做恶事。

显豁[xua]：夸耀。耍～，人狂没好事，狗狂一堆屎。

搳拳：行酒令。

擂[lei]揹[k'ei]：逼迫，刁难。你耍～我。

挑权：处置，处理。

相端：看象，根据情况想办法。

见不得：讨厌。

拾翻：到处乱翻。

扎势：摆架子。

花搅：骚扰。

难场：困难。

麻眼：差劲。

失眼：难看。

合磕[ts'a]：便宜。拾～。

不卯：合不来。

认卯：甘拜下风。

哈数：码子，规矩。

没愣水：不顾脸皮。

稀岔儿：不经常见的东西。

【饮食】 长安是传统农业大区，居民饮食以面食为主，辅以大米、苞谷、小米、豆制品和薯类。麦面主要加工为面条和馍两大类。馍有蒸馍与锅盔之分，蒸馍有杠子馍、罐罐馍、蛋蛋馍、包子、油塔、曲莲之分；锅盔有甜锅盔、油旋子、饦饦馍、饼子、菜盒之别。面条的种类丰富，有臊子面、粘面、碎面、麻食、斜式面、老鸹颡等几十个品种。长安农村人习惯早饭苞谷糁、馍、浆水菜，中午面条，晚餐稀饭（拌汤、米汤）。

风味小吃简介：

1.臊子面　将猪肋条肉、红白萝卜、豆腐、黄花、木耳切丁，煸至七八成熟，加入骨头汤烧开，撒入韭菜花即为臊子；面粉中加入少许碱面和匀，饧到，擀薄，切成韭叶形。面条煮熟，浇入臊子，调盐、醋、酱及油泼辣子等佐料。特点：酸、辣、煎、汪，筋、细、醇、香。

2.麻食　将肉、菜切成小块，煸熟；将面搓成指头蛋大小，内空外麻的面团，加入适量面扑。同黄豆一起煮熟，放入熟菜、调料即食。特点：筋道、煎火，油而不腻。

3.清汤面　将大料汤烧开，放入数片花椒叶，晾凉；炒少量时令蔬菜，放入汤中，同样晾凉；将韭叶面煮熟，过凉水冷却后，入汤中。特点：清淡爽口，清热解署，是人们喜爱的消夏食品。

4.䠆䠆面　将面擀薄切宽，煮熟后捞出，加入熟菜、调料而食。也可将熟菜、调料加入汤面中。特点：面宽、长、筋，吃起来唠口，符合长安人的性格特点。陕西八大怪之“面条像裤带”，此之谓也。

5.农家凉皮　将麦面直接打成面水，在凉皮罗中蒸就。晾凉，切成细条，加入蒜泥、油辣子、香油等佐料而食。极具麦香味道，区别于面筋凉皮与米面凉皮。

6.搅团　将水烧开，锅底不停火，边搅拌边将苞谷面（可掺麦面）均匀地拌入滚水中，至面糊起纤为止。和调料水，趁热吃，谓之“水围城”；晾凉，切块，蘸调料汁吃，是凉搅团；炒适量菜，将块状凉搅团烩入，谓之“汆搅团”；还可通过鱼鱼筛，加工成搅团鱼鱼儿，拌醋汁、浆水汁吃。“长安稼娃搅团”已注册商标，形成连锁经营。

7.浆水菜　将菜蔬焯熟，捞入坛中，注入面汤、浆水引子，盖严，第二天即可食用。几乎任何蔬菜均可浸浆水，而以芹菜、芥末、芨芨菜为佳，是长安农村一种廉价、美味、特色副食。

8.蒸饭　产于东大街道民间，是用糯米加少量大米、大红虹豆拌大肉及肉汤蒸成的一种饭食，类似红豆米饭，但做工较为讲究。常用于过古会或老人去世招待宾客，口感稍咸，香润可口，风味独特。

9.肆酒　产于东大街道周边民间，用糯米加酒曲酿制而成。因酒曲含30多种中药材，有舒筋壮骨功能。农村常用于招待宾客，或在田间劳作时解饥解渴。

（陆步轩）

国民经济和社会发展

【概况】 2007～2010年，长安区城市建设全面提速，城市总体规划修编完成。投资12.5亿元，建成西部大道、神禾大道等城市道路12条，综合改造市政道路15条，打通老韦斗路等断头路6条，城市骨架不断拉大，城市建成区规模扩大到28平方公里。实施城市美化、亮化、气化工程，建成长安污水处理厂、热力公司、垃圾压缩站等重要市政设施，城市服务功能明显增强；全力支持地铁二号线建设，启动申店村改造，完成旧城拆除35.2万平方米；新建广场5个，新增绿地20.3万平方米；新修、改造雁引、滦东等公路55条，公路总里程增加513公里；硬化通村公路602.9公里，完成南长安街立面改造，实施绕城高速、西沣路长安段整治提升，实现村村通油（水泥）路目标。**新农村建设方面**，4年完成178个重点村建设任务，达到“六新”标准。发展现代农业，落实各项强农惠农政策，粮食生产连续4年丰收，农业产业结构调整不断推进，全区设施农业、绿色果业面积分别为3000公顷、3733公顷，畜牧业产值12.3亿元，2010年农民人均纯收入7389元，较2006年增加3797元；开展农村环境卫生综合整治，新建垃圾压缩站2座；累计投入2.71亿元，建成农村饮水工程505处，解决72.2万群众饮水安全问题。**优势产业构建方面**，支持高新区建设，协助省市成立航天基地和沣渭新区，中兴通讯等48个项目相继落户，比亚迪等项目建成投产，高新技术产业加快向区内聚集；**商贸服务业繁荣发展**，长安新天地、长安新市等相继建成，商业步行街、韦曲建材街等先后开街，苏宁电器、秋林商厦等知名企业入驻；**旅游业蓬勃发展**，编制修订《长安区旅游发展总体规划》，配合省市成功申报秦岭终南山世界地质公园，长安一跃成为全球旅游目的地，关中民俗艺术博物院被认定为国家级文化产业示范基地；扎实推进“九大农家”建设，全区农家乐经营户1030户，4年实现旅游收入7.74亿元；房地产业开发规模化、经营品牌化，46家房地产企业投入资金95.9亿元，累计开发商品房404万平方米，开发万科城、兰乔国际等大型楼盘，建成雅居乐、太阳新城等新型社区。**生态建设方面**，全区实施天然林保护和大绿工程，开展“三年植绿大行动”，建成环山公路绿色走廊和雁引路景观林带；创建园林式单位126个、绿色文明小区34个、生态示范村72个，累计造林7933.3公顷；**统筹推进水环境治理**，整修河道28.6公里，治理水土流失面积19.28平方公里，完成大峪水库等23座水库除险加固；整治污染企业，依法关闭取缔造纸厂15家、污染小企业183家，督促29家企业和高校建成污水处理设施，减排COD 8125吨、二氧化硫6300吨，万元GDP能耗累计下降25%，空气良好天数稳定在300天以上。（尚守玉）

【全国第二次农业普查】 全国第2次农业普查标准时点为2006年12月31日。2006年3月，长安区政府成立第2次农业普查工作领导小组。2007年3月，区统计局组织长安区3000余名普查员通过入户访问，填写普查表格、数据质量控制、查遗补漏、普查表编码录入、汇总、数据公布等，掌握长安区“三农”基本情况。并结合普查结果对原历史数据修订完善，结果显示：**农村劳动力资源** 2006年末，全区有农业生产经营户18.22万户，较1996年第1次普查增加3.6%；农业从业人员47.98万人，其中农业技术人员839人，每万人拥有10名农技人员；**农业机械化程度明显提高** 2006年末，全区有拖拉机3800台，拖拉机配套农具2903台，联合收割机796台。机耕、机播面积占总耕地面积90%以上；**设施农业成为农民增收重要途径** 2006年末，全区温室面积14.82公顷，大棚面积714.2公顷。**农村基础设施建设** 公路村村通工程开始实施，78.8%的村通公路。进村公路和村内道路以水泥路面为主；全区73.3%的乡镇、街道完成农村电网改造，98%的村通电话，26.9%的村安装有线电视；全区100%乡镇、街道有医院、卫生院，12%的乡镇有敬老院；农村环境明显改善，42.3%的村实施垃圾集中处理，12.4%的村完成改厕。**农民生活状况** 2006年末，农村常住居民户均拥有住宅面积147平方米。新型炊事燃料进入农村，1.63万户使用煤气或天然气；标志消费结构升级的通信、交通用品出现在农村居民家中，平均每百户拥有固定电话59.4部、手机88.8部、电脑1.7台、摩托车22.7辆、生活用汽车4.7辆。

【全国第二次经济普查】 2008年9月，区政府成立第二次经济普查工作领导小组并制定经济普查方案和工作细则。年底完成组建各级普查机构、选调工作人员、划分普查区、绘制地图、培训普查员、调查摸底等前期准备工作。2009年3月完成入户登记、查漏补遗、数据质量控制、普查表录入、汇总、数据公布等工作任务。利用普查结果完善全区GDP核算工作，修订全区经济总量及各行业历史数据。经济普查结果显示：2008年，全区有第二、三产业法人单位4115个。其中，企业法人单位2125个，机关、事业、社会团体及其他法人单位1990个；产业活动单位197个。其中，第二产业7个，第三产业190个；个体经营户49774户。其中，第二产业7428户，第三产业42346户。全区第二、三产业单位（包括外区法人单位在本区的分支机构或产业活动单位）和个体经营户就业人员数323484人。其中个体经营人员162421人，占总就业人员50.2%；单位就业人员161063人，占总就业人员49.8%；单位就业人员中第二产业就业人员81813人，占单位就业人员50.7%；第三产业就业人员79250人，占单位就业人员49.3%。

（姚 伟）

构建和谐社会

【概况】 2007～2010年，区政府认真贯彻落实国务院《全面推进依法行政实施纲要》、国务院《关于加强市县政府依法行政的决定》和国务院《关于加强法治政府建设的意见》，全面推进依法行政工作，不断加快法治政府建设步伐。区政府法制机构探索依法行政工作方法，依法履行行政复议、行政应诉、规范性文件审查备案、行政执法主体资格认证、落实执法责任制、行政执法人员培训、行政执法人员证件管理、行政执法案卷评查等工作职责，各项任务圆满完成。

【政府职能转变】 2007～2010年，区政府以建设服务型政府为目标，加强职能转变，强化社会管理和公共服务职能，推动政府各部门把主要精力放在提供公共产品和营造发展环境上，把公共资源更多配置到推进社会发展和解决民生问题上。区政府从实施基础设施建设、就业培训、教育帮扶、农村饮水、减灾安居等民心工程到推进民生八大工程，体现政府服务民生、改善民生的施政理念。推行政务公开，政府行政决策事项、行政审批事项、行政管理事项以及重大政策措施、大型工程招标等通过政府网站、新闻媒体向社会公布，接受社会监督，增强政府工作透明度；开通区长热线和区长信箱，编发《长安网络舆情摘报》，开展“问计于民”活动，收集市民对长安发展的意见和建议，加强政府与群众的联系，一批涉及群众切身利益的问题得到妥善解决。坚持依法行政，认真贯彻《全面推进依法行政实施纲要》、《国务院关于加强市县政府依法行政的决定》，重组法律顾问组，为政府依法管理、依法决策提供咨询意见，为政府出台规范性文件把好法律关。在46个部门推行依法行政责任制，规范部门执法行为，完善行政执法监督机制，促进政府工作走上规范化、法制化轨道。

【行政复议】 2007～2010年，区政府法制机构受理行政复议案35件，答复市政府行政复议案17件。其中，2007年受理行政复议案11件，答复市政府行政复议案3件；2008年受理行政复议案6件，答复市政府行政复议案5件；2009年受理行政复议案9件，答复市政府行政复议案5件；2010年受理行政复议案9件，答复市政府行政复议案4件。

【行政应诉】 2007～2010年，区政府法制机构参与行政诉讼案件37件，撰写行政诉讼答辩状37份，出庭应诉37次。其中，2007年参加行政应诉9次，2008年参加行政应诉10次，2009年参加行政应诉8次，2010年参加行政应诉9次。

【规范性文件审查备案】 2007～2010年，区政府法制机构审查修改区政府，区政府各部门，各直属机构发布的通告、意见、处理决定等规范性文件102件，件件合法有效，无一引起附带诉讼。

【执法主体资格认证】 2007～2010年，长安区有行政执法机关40个，受委托执法组织13个，行政执法人员588名。每年按规定对受委托执法组织资格和执法人员证件进行年审，保证行政执法主体资格合法有效。区政府法制机构每年对有关行政执法部门的行政许可、行政处罚案卷进行抽样检查评查。

【创建依法行政示范单位】 “十一五”时期，为全面贯彻落实国务院《全面推进依法行政实施纲要》、国务院《关于加强市县政府依法行政的决定》和国务院《关于加强法治政府建设的意见》，区政府开展创建依法行政示范单位活动，制定《西安市长安区政府<关于印发创建省级依法行政示范单位实施细则>的通知》、《西安市长安区政府关于印发<创建依法行政示范区考评验收标准及任务分解>的通知》，进一步完善依法行政各项制度，为创建省级依法行政示范区奠定基础。

（郑保强　刘雯慧）

精神文明建设

【概况】 2007～2010年，长安区精神文明建设工作以邓小平理论和“三个代表”重要思想为指导，落实科学发展观，围绕“实施追赶战略、谋求跨越发展，建设具有国际竞争力的城市新区”目标，开展群众性精神文明创建活动，推进未成年人思想道德建设，提高市民思想道德素质和城市文明程度，为建设经济、生态、文化、科教四强区提供思想保证和精神动力，营造良好的社会氛围。

【树立道德模范弘扬良好风尚】 2007年，区文明办在公安系统开展向公安部二级英模、秦岭中队前队长乔明友学习活动，在农村开展向省劳模、优秀共产党员、祥峪沟村党支部书记许志成学习活动，在全社会开展向全国“孝亲敬老之星”灵沼中学退休教师张诚民学习活动。2008年向中央文明委推荐“我身边的好人”8名，向省上推荐“爱岗敬业模范”1名，向市上推荐文明市民标兵6名；开展“红旗大队”、“十佳少年”等评选表彰活动，全年树立市级先进典型3人。其中公安长安消防中队中队长段永宏被评为第二届“西安市优秀青年卫士”，长安饭店经理李向阳被评为第十三届“西安市十大杰出青年”，兴国中学学生王一隆获得西安市第十二届“十佳少年”称号。2009年组织开展“我推荐、我评议身边好人”活动，郭杜街道好媳妇王月英等8名先进人物登上西安文明网“好人榜”，兴隆街道关工委干部刘恩典被评为首届省级道德模范。2010年开展“我推荐、我评议身边文明公民”、“十大道德模范”、精神文明建设“五十佳”和“文明好少年”评选活动，向市上推荐杨月华等10名文明公民、刘欣桐等8名文明好少年、王涛等5名“十大道德模范”。

【深化“我们的节日”主题活动】 2007～2010年，区文明办在每年春节、元宵节举办秧歌、灯展、社火等活动；清明节倡导文明祭奠；端午节开展中华经典诵读活动；中秋节组织机关干部开展以“爱国报国、自强不息”为主题的中华经典诗文诵读活动；重阳节协调老龄委、老年大学组织老人举办才艺表演。节日主题活动使干部群众感受传统文化魅力，增强爱国主义情感。

【多种教育实践活动】 **开展文明礼仪教育**。2007年，区文明办组织“百万市民学礼仪”活动，发放《市民文明礼仪读本》5000册，编印《创建全国文明城市宣传提纲》、《文明礼仪手册》各10000份。举办礼仪知识讲座报告会200多场次，听众3万余人次。**开展“长安文明与我同行”活动**。引导群众自觉革除陋习，养成良好行为习惯。2008年，拍摄以“迎奥运、讲文明、树新风”为主题电视宣传片12个。**开展“知荣辱、除陋习、树新风”道德实践活动**，在各社区设立道德评议栏；在《长安开发》上设“知荣辱、除陋习、树新风”专栏；在全区中小学开展“知荣辱、立大志”征文与演讲比赛；通过区电视台对辖区不文明行为曝光；**在城区开展交通行为专项整治活动**，编印“文明交通”宣传单20000份，悬挂横幅标语300多条，**开展交通三文明宣传教育活动和“文明示范路口”活动**，倡导“关爱生命、文明出行”。2009年，组织区内42个省市级文明单位，在城区10个主要什字设立文明监督岗，纠正劝导不文明交通行为；组织志愿者开展“乘车跟我排”活动，引导市民养成良好文明习惯，提升城市交通文明水平；**组织群众性文化体育活动**。2007年，全区成立文学艺术界联合会和8个书画协会、3个文学社、1个象棋协会、1个围棋协会。扶持引导城乡和社区居民开展中老年人健身活动，常年开展活动的自乐班120多个。

【开展志愿服务活动】 2007～2010年，区文明办为全区10个系统580个志愿者建立电子文档，3500名大学生志愿者登记注册。2008年，组建生态环保队、法律道德宣讲队、家教辅导队、小家电维修队、在校生服务队等6支专业志愿队伍。出动志愿者2000余人次，在秦岭北麓长安区域连续开展清洁、低碳行动和环保宣传等活动12次，发放宣传单13000页，捡拾垃圾1200余袋。组织500多人上街40多次，纠正不文明交通行为，开展“乘车跟我排”活动。玉树地震发生后，长安义工志愿者及时募集物资第一时间奔赴灾区，开展志愿服务和救援工作，并在当地建立爱心教室。新华网对这次志愿活动进行专题报道。

【全方位创建文明城市】 2007年以来，区文明办精心部署，全面动员，开展全国文明城市创建工作。广泛宣传，营造创建氛围：2007年，区文明办在主要大街、广场和城乡结合部设立大型户外广告32块，设置文化墙2500平方米，电子屏幕30块，在居民小区、城中村设立创文宣传栏200多块，编发《创建文明城市宣传提纲》等资料；区电视台和《长安开发》开设《创建文明城市共建和谐社会》专栏专刊，设专版60余个，刊发稿件380多篇，向市民发出“创建文明城市、争做文明市民”倡议书，倡导从我做起，从今天做起，从细节做起，告别不文明行为，做语言文明、举止优雅、心理健康的文明市民。2008年，在迎接中央文明委测评中，韦曲街道青年街社区接受检查，效果良好。多措并举全方位进行文明城市创建：2008年起按照《全国文明城市测评体系》要求，整理全区创建档案资料21大项100多小项卷宗；制订《长安区创建文明城市实施方案》、《西安市长安区创建全国文明城市测评工作任务一览表》和《长安区实地考察地点（单位）创建工作任务分解表》，分解工作任务，明确职能职责；举办创建文明城市培训班，开展社区

"创温馨家园"活动，84%以上小区设立"道德评议栏"，成立物业管理委员会；开展和谐社区、和谐单位、和谐校园、和谐家庭创建活动，推荐评选"廉洁家庭"、"学习型家庭"、"平安家庭"、"绿色家庭"113户；开展"关爱环卫工人"活动，提高其工资福利待遇并进行慰问；倡导扶危济困的社会风尚，开展西部助学工程；加强农民工教育，李卫东等5位农民工获"西安市优秀农民工"称号；开展"行风示范窗口"创建，结合年终行风评议，纳入目标责任制进行考核；对出租车实行星级管理，开展"争做文明使者"活动，通报表彰50名五星级"的哥"。2009年，依照创建文明城市标准，增加区档案馆馆库面积和密集架；投资20万元，为区图书馆新购图书11858册，采购地方文献846册。开展"迎双节环境卫生大清扫"、"万人擦亮长安"和"城乡环境卫生专项整治"等活动，改善城乡环境面貌。2010年开展"双十乱"整治成效显著。建立领导包抓、责任单位承包、示范板块引导、人大政协视察、市民群众评议的工作机制，成立整治专业小队100余个，巡查机构11个，形成纵到底、横到边的整治、督促、检查模式。经过3个月集中整治，取缔乱搭乱建11处，整治出店经营1000余户，查处违章车辆7943台次，规范农家乐1800余家，重点整治城乡结合部、背街小巷、垃圾收集点、公共厕所环境卫生，城乡面貌有很大转变，提升了城市形象。完善基础设施，推进城市化进程：2007年，投资2500余万元，改造城区道路、道沿和人行道；投资1700余万元改造南北长安街建筑立面和门头牌匾；投资1000多万元更新和添置环卫设施，完善城区基础设施，城市化进程明显加快。

【创建文明单位 优化城市细胞】 2007～2010年，区文明办开展文明单位、文明机关、文明校园、文明村镇、文明社区创建活动，明确目标，严格标准，规范管理。2007～2010年，创建18个省级文明单位、72个市级文明单位，330个区级文明单位。

【未成年人思想道德建设】 2007～2010年，区文明办加大未成年人思想道德建设力度，提升未成年人思想道德建设水平。**建立长效机制**：2007年，区委、区政府成立未成年人思想道德建设领导小组，明确区文明办牵头负责日常工作。区文明委半年召开一次联席会议，专题研究未成年人思想道德建设，纳入单位目标考评中。完善以学校为龙头，社区为平台，家庭为基础"三结合"教育网络，形成党委统一领导，党政群齐抓共管，文明办组织协调，部门各负其责，全社会共同参与的领导体制和工作机制。**开展道德实践**：2007年，开展"争做文明小公民"、"小手拉大手、共建文明路"，"弘扬和培养民族精神月"活动，"明辨荣耻、立志成才"读书征文活动，"知荣辱、除陋习、树新风"、"珍惜资源、崇尚节约"爱国读书征文活动，小发明、小发现、小创造、小制作、小种植、小养殖"六小"活动。中小学评选"文明小公民"、"文明学生"、"文明班级"。2008年，以"迎奥运、促和谐"为主题，组织"第三届书信大赛"、"争先创优"、"做一个有道德的人"等活动和"我为奥运祝福、我为奥运添彩、我为奥运加油"等网上签名寄语活动。命名区青少年活动中心、区博物馆、秦岭终南山公路隧道为区级爱国主义教育基地，并组织全区中小学生参观。2009年，开展"孝心"和"感恩"为主题的养成教育，全区5万多名中小学生参加全国青少年书信大赛，200余名学生获得市级奖项。庆祝建国60周年开展"我和我的祖国"活动，通过征文、书画、摄影、歌咏竞赛，激发青少年的爱国热情。2010年，以"做一个有道德的人"为主题，开展教育实践活动。一是开展"四读四做"（读理论书，做清醒人；读科技书，做知识人；读历史书，做革命人；读经济书，做现代人）读书教育活动；二是开展感恩教育活动；三是开展"百部红色电影放映周"专题活动，全区10余万青少年通过银幕增强爱家、爱党和爱国热情；四是开展"新时代我能行"主题教育，通过捡拾一袋白色垃圾、种植一棵成长纪念树、牵起一双希望小手、认养一块城市绿地"四个一"活动，增强未成年人的公民意识、社会责任感和使命感；五是发挥阵地作用，开辟青少年活动中心、柳青文化广场、第一社会福利院等青少年社会实践教育基地，举办"长安历史文化展"、"柳青文学作品展"、"中国共产党创建史展"等专题展览，全区11.8万中小学生受到教育。净化成长环境 2007年以来，区文明办与团区委、区教育局、区电信局联合开展"绿色网吧在长安"活动，开设青少年专网，规定未成年人用"小账号"登陆，在中小学中开展"文明上网"、"远离网吧"签名活动，远离不良信息。整治校园周边环境12次，检查文化市场，收缴非法出版物，低俗音像制品、压缩光碟13000多张，纠正违规行为350余起，取缔黑网吧178家，有效净化学校周边环境。**开展心理健康教育**：2007～2010年，区文明办逐步在每个学校建立心理咨询室，开通心理健康热线，开展心理健康教育。全区485所中小学均配备法制副校长，成立由100多名政法干警和教师组成的法制报告团，每年作法制报告500余场次；创建市级示范家长学校，2008年郭杜中心小学、杜曲中学、鸣犊中学、王寺中学被评为市级示范家长学校。**大力宣传营造氛围**：2007～2010年，区文明办在电视、报纸、网络开设未成年人思想道德建设专栏、专题、专版，报道，播映各单位未成年人思想道德建设工作开展情况、未成年人健康成长新闻550多篇，录播未成年人喜爱的专题专场活动20场（次），播出教育娱乐专题片400多部；电影公司坚持在中小学放映爱国主义教育片，确保区内各中小学年均放映8场，丰富学生文化生活，培养学生爱国主义思想。

【农村精神文明建设】 2007～2010年，区文明办在全区持续开展文明村镇、文明生态村镇、和谐家庭、绿色家庭、绿色村庄活动。2007年创建活动中，区文明办获西安市绿色文明示范工程先进集体称号；子午街道张村等10个新农村示范村通过市级验收，郭文芳等10个家庭获市级和谐家庭，2个家庭获省级"五好文明家庭"。各乡镇、街道通过"五好家庭"、"十星级文明户"、"好媳妇、好公婆"、"孝顺子女"创建活动，文明新风吹遍长安大地，涌现出"全国孝亲敬老之星"张诚民、"陕西省十星级文明户标兵"田广民等一批先进人物；农村自乐班、秧歌队、锣鼓队、舞狮队走向普及，何家营古乐等一批具有地方特色的民间文化进入非物质文化遗产名录得以保护发展。2008年，全区创建文明生态村20个，完成26个行政村的农民体育健身广场建设和东大街道综合文化站建设。“西部助学工程”、“希望工程”、“春蕾工程”有序推进，发放助学资金121.9万元，资助232个贫困家庭子女完成学业。郭杜街道五四村和黄良街道立元村建立乡规民约道德评议会制度。2009年，全区各乡街开展“推进乡风文明，建设和谐家园”活动，悬挂活动标语6000多条，发放各种形式宣传资料50000多份，建文化墙和展板800多块；区电视台和《长安开发》通过“推进乡风文明，建设和谐家园”刊发稿件1200多篇。68个行政村建立乡规民约评议会（占全区行政村总数的10%），设立章程，规范评议会制度，处理群众民事纠纷200余件，编发简报25期，向西安市文明办推荐典型案例15个。开展农村精神文明建设“五十佳”（即：好媳妇、好婆婆、好孝子、和谐农家、文明新村各10个）评选活动，全区推荐“五十佳”266个。经考察确定196名候选者公示，对其中事迹特别突出者制作电视宣传片，在电视台播出。2010年，全区153个行政村建立乡规民约道德评议会制度，解决邻里纠纷52件，化解家庭矛盾43件，融洽干群关系8次，制止集访事件12起，使评议会成为村民的“贴心人”，两委会的“好助手”，乡风文明的“助推器”。对“五十佳”进行表彰，在《西安晚报》、长安电视台、《长安开发》进行专题系列报道，引导村民弘扬家庭美德，争当文明村民，争创和谐家庭，建设文明新村。（吕曼云）

西长安街街景

中国共产党西安市长安区委员会

综　述

2007～2010年，中共长安区委团结带领全区广大党员干部和人民群众，深入学习实践科学发展观，贯彻落实党的十七大和十七届三中、四中、五中全会精神，以建设经济、生态、文化、科教强区为目标，以转变经济发展方式为主线，实施追赶战略，谋求跨越发展，开拓创新，真抓实干，推动区域经济社会又好又快发展。4年来，长安的发展主要体现在以下几个方面：

一是发展理念实现从融入西安大都市圈到建设大西安主城区的深刻转变。一方面，符合中央、省、市各项决策部署；另一方面，体现长安广大人民群众盼发展、快发展、大发展的美好愿望，真正起到提振精神、提升境界、提速发展的现实作用。二是发展模式实现从项目带动到板块推进的深刻转变。高新区、航天开发区、沣渭新区等国家、省、市级开发区迅速拓展，深圳万科集团、江苏悦达集团、中兴通讯等大企业、好企业纷纷入驻，形成板块互通、优势互补、产业互动的区域发展新气象，规划开发总面积接近400平方公里，真正成为支撑长安乃至大西安跨越发展的巨大引擎与活力之源。三是城市建设实现从蓄势待发到阔步迈进的深刻转变。高起点规划，形成传统文明与现代文明交相辉映、老城区与新城区各展风采、人文资源与生态资源相互依托的城市特色；大规模建设，投资近20亿元，完成子午大道、西部大道和神禾大道等20余条主干道路建设工程；科学化管理，城市功能大幅完善，城市品位大幅提升，城市形象大幅改观。四是生态建设实现从逐渐恢复到全面提升的深刻转变。积极构建资源节约型、环境友好型、生态宜居型社会，加快实施蓝天、碧水、大绿工程，累计植树造林6780公顷、完成19.28平方公里水土流失治理任务，全区森林覆盖率33.98%，顺利完成节能减排各项目标任务，形成人在绿中，城在林中，山、水、塬、林、城相依相融相生相和的生态建设新格局。综合实力实现从第二梯队到第一方阵的深刻转变。地区生产总值、财政一般预算收入、城镇居民可支配收入、农民人均纯收入等主要经济指标实现历史性跨越，连续三年进入全市目标综合考评优秀区县行列。

【经济发展】 2007～2010年，长安区经济保持平稳较快发展。**项目建设成效显著** 成功引进南洋迪克、奥特莱斯国际商务社区等重大项目189个，实际利用内资107.37亿元、外资6366.3万美元；启动重点项目509个，完成投资227.1亿元。2009年与西安建工集团签订合作协议，开创政企合作、共建民生、共同发展新模式；2010年，出台《长安区重点建设项目管理办法》，项目评审程序不断完善，跟踪服务、挂牌保护措施得到落实。**优势产业发展壮大** 5年来，成功引进雅居乐、万科等知名企业，启动房地产项目122个，完成投资230.2亿元，新建商品房560万平方米。2010年，晶海、秋林等知名企业入驻长安，太平洋影城等品牌企业引进顺利，全区新增商业经营户6260户；《长安区旅游发展总体规划》编制完成，翠华山—南五台景区资源整合进展顺利，兴教寺周边区域综合开发启动、实施；农家乐产业化发展步伐加快，总数1260户，上王村被评为国家级农家乐服务标准化示范村和陕西省农家乐服务明星村。**园区建设突飞猛进** 2009年开始，长安区协助西高新引进中兴通讯、中国国电集团热力管网等项目；协助航天经济技术开发区引进卫星导航与时间频率技术研发基地等项目。协助沣渭新区引进中建股份基础设施建设等项目，2010年王寺、斗门、高桥三个街道整建制托管工作顺利完成，大力发展区属园区，郭杜教育科技产业开发区47个重点项目，完成投资35.2亿元；2010年常宁新区被列入西安国际化大都市组团，总体规划顺利通过市上审定，将着力打造86平方公里生态环境优美、产业发展强劲、人文特色鲜明的低碳新城；引镇现代物流园区被批准为全省重点建设县域工业园区；航天长安产业园、长安新型工业园、东部建材生产基地前期工作进展顺利。**统筹城乡稳步推进** 2009年，制定出台《关于统筹城乡发展加快城乡一体化进程的实施意见》；投资9500万元完成223公里超龄油路改造和通村路建设；投资3.2亿元完成334个村村内道路和出村路硬化任务，实现平原地区村村通水泥（油）路目标；投资2.12亿元解决569个村72万人饮水安全问题。完成小城镇总体规划7个、重点村规划27个。8个乡街被列入“关中百镇”建设计划，全市小城镇建设现场会在五台古镇召开，滦镇街道被列入全省小城镇建设示范镇。强农惠农政策全面落实，粮食连续8年获得丰收，被评为全国粮食生产先进区；现代农业发展加快，引进西安鲜花港、现代农业展示中心等17家总投资5.3亿元的观光农业项目，2010年被确定为全省唯一的国家现代农业示范区。

【城市建设】 “十一五”期间，长安区城市建设水平全面提升。**城市建设步伐加快** 地铁二号线长安段拆迁任务全面完成，西成高铁、西康铁路二号线等国家、省、市重点工程建设进展顺利；投资15亿元实施城市道路建设工程，城市建成区面积由“十五”末的12.8平方公里扩展到28平方公里。投资2.3亿元建成西部大道，实现“三区一基地”有机贯通；子午大道北段、东仪路延伸段如期贯通，电子正街、朱雀大街延伸段对接工程进展顺利，长安与中心城区进一步融合；长安大道、城南大道建设启动，神禾大道等12条城市道路相继建成，对韦曲西街等9条市政道路进行综合改造，实现老韦斗路等6条断头路全面贯通，城区交通更加便捷安全。**城市功能逐步完善** 西长安街街景提升和南长安街综合改造工程全面完成，绕城高速、西沣路长安段整治提升工程效果显著，韦郭路、滈河路等道路景观绿化工作积极实施，金长安广场、柳青广场等5个城市广场建成向市民开放，城市文化主题公园启动建设，建成街头绿地小广场13个，新增绿化面积20.3万平方米，城市形象大幅提升、功能不断完善，城市美誉度和影响力显著增强。**城市内涵不断丰富** 西部大道周边区域综合开发加速推进，首帕张堡、张家村、茅坡村等城中村拆迁顺利启动；行政中心辐射带动作用有效发挥，长安新城区域综合开发加快推进，智慧城新型社区全面建成，长安万科城一期工程加速建设，江苏悦达奥特莱斯国际商务社区建设进展顺利，郭南、郭北城中村改造前期工程启动实施。**城市品位得到提升** 城市总体规划和专业详规编制完成，“四城联创”活动深入开展，创卫成果得到巩固，环境卫生综合整治持续开展，城市环境容貌水平明显提升；“城市建设管理提升年”活动不断深入，“双十乱”整治活动取得阶段性成效，广大市民对城市管理的满意度明显提升；《进一步加强城市管理工作的若干意见》制定出台，“两级政府、三级管理”的城市管理新机制逐步完善，城市管理制度化、规范化、精细化水平明显提升。

【保障和改善民生】 五年来，长安区保障和改善民生工作成效显著。**教育事业稳步发展** 2008年，长安区投资1.7亿元建成长安二中新校区并投入使用，建成6所标准化寄宿制学校，投资5亿多元改善教学基础设施，创建省级教育强乡镇2个，西区幼儿园建设进展顺利，全省学前教育、全市寄宿制学校建设现场会先后在长安区召开。**就业形势明显好转** 中央和省、市创业就业政策全面落实，新增就业再就业5.49万人次，新开发公益性岗位5300余个，城镇登记失业率保持在4.5%以内；全民创业扎实推进，发放小额担保贷款2900余万元，实现创业就业1.25万人，培训城乡劳动力22.47万人次，转移输出44.6万人次，总量居全省前列，被评为全省劳务输出工作先进区。**社保体系逐步健全** 农村安居工程深入实施，帮助3663户困难群众建成新房，全区农村基本消灭“无房户”；为940户群众发放廉租房补贴75万元，2507套限价商品房项目如期动工；长安区被列入全国新农保试点区，为8.7万名60岁以上农村老人发放养老保险金6013万元；为全区1090名农村“两委会”离任干部发放生活补贴145万元。**医药卫生体制改革不断深化** 11所乡街卫生院、8个城市社区卫生服务中心、606个标准化农村卫生室建成使用；总投资5.4亿元的区医院迁建工程启动实施；城镇居民医疗保险全面启动；新农合参合率94.7%，为173.6万人次报销医疗费4.66亿元，连年荣获省、市新农合工作先进区；广泛开展科普宣传和科技培训活动，科技对经济发展的贡献度日益提高；广播电视、文物保护等其他社会事业同步协调发展。

【维稳工作】 “十一五”期间，长安区社会秩序稳定，社会管理不断创新。**体制机制逐步健全** 先后出台《关于进一步加强维稳信访工作规范化建设的实施意见》、《社会稳定风险评估工作实施办法》和《维稳信访工作责任追究办法》等16个规范性文件。认真落实由区纪委牵头的维稳信访工作督查机制，确保维稳信访各项工作措施落到实处。**排查化解扎实有效** 区、乡街、村、组四级排查调处网络逐步健全，认真落实维稳信访重点案件“五包”责任，中央、省、市交办和区内排查的大批重点信访案件基本做到案结事了。在全市率先实行区级党政领导接访、下访制度，累计接访3700余人次、下访5万余人次，解决实际问题2320余件。2010年总投资120万元的区信访接待中心建成使用，领导干部接访下访工作经验受到周永康、李建国、赵乐际、孙清云等中央、省、市领导充分肯定。北京奥运会、上海世博会、广州亚运会期间，全区社会和谐稳定，长安区被评为省级“三无”区，省、市两个维稳信访工作现场会在长安召开。**平安创建深入开展** 投资450万元购置3台新型指挥车和13辆流动警务车，安装红外线监控探头421个，始终保持对违法犯罪活动的高压态势；构建群防群治工作网络，组建400人专职巡防队、2000人“红袖章”义务巡防队和700余人专职校园安保队伍；广泛开展安全生产“隐患治理年”活动，安全生产形势进一步好转，2010年长安区被命名为省级平安区（县）。**社会管理创新稳步推进** 认真落实胡锦涛总书记在中央党校省部级主要领导干部社会管理及其创新专题研讨班开班式上的重要讲话精神，积极构建大综治、大信访、大调解、大安全四大工作格局，加强和创新社会管理工作整体推进，取得重点突破。

【党的建设】 2007～2010年，长安区党建工作不断深入、逐步加强。领导班子和干部队伍建设不断加强建立健全“一体两翼”干部教育培训模式，与上海市委党校联合举办区域经济发展和社会管理专题培训班，对全区156名中层正职领导和区级副职领导进行轮训，在全市率先推行领导干部理论学习考试、学习笔记调阅等制度。选派52名优秀年轻干部到信访维稳等急难险重岗位及魏寨、砲里等偏远地区进行综合锻炼。认真贯彻《领导干部选拔任用条例》，建立健全“四考四评四创新”干部考察评价制度，在全市率先出台《不胜任现职领导干部调整办法》，创新解决干部队伍“能上能下能流动”问题。**基层组织建设不断加强** 2008年起，“互联共建”、“三级联创”、“旗帜工程”活动成果继续巩固，80个党建示范点创建和60对城乡基层党组织互联共建活动顺利开展，“创先争优”、“升级晋档、科学发展”、“双评晋级、科学发展”和村级组织集中整建工作走在全市前列；村级组织活动场所实现全覆盖；非公有制经济组织和学校党建工作稳步推进，基层党组织推动发展、服务群众、凝聚人心、促进和谐的作用明显增强。**作风建设不断加强** 出台《领导干部行为规范》等规章制度20余项；加强政务服务大厅建设，积极推行一厅式办公，一条龙服务，办事效率大幅提高。按照一年一个主题、一次一个重点的要求，先后开展系列主题教育活动5次，机关干部作风明显改进。**反腐倡廉建设不断加强** 2008年，在全市率先推行“量体裁衣式”党风廉政建设责任制，认真贯彻落实《建立健全教育制度监督并重的惩治和预防腐败体系实施纲要》。深入开展廉政文化建设活动，廉政文化墙受到中央、省、市纪委有关领导好评；定期组织全区中层领导赴延安接受革命传统教育，赴西安监狱接受警示教育；“十项制度”得到有效贯彻，领导干部挂牌群众点名接访制度深入推进，村民监督委员会实现全覆盖，乡街机关“廉政灶”基本落实。5年累计立案127件，结案127件，结案率达100%，给予党政纪处分138人。党风、政风和社会风气进一步好转。**常委会自身建设不断加强** 认真贯彻《中央关于进一步完善党委领导班子配备改革后工作机制的意见》，修订《区委常委会议事规则》，进一步提高决策的科学化、民主化水平；认真执行民主集中制原则，严格民主生活会制度，增强班子凝聚力、战斗力和创造力；认真落实区级领导包抓重点工作、重点项目和区委常委会直接抓落实制度，形成率先垂范、狠抓落实的良好氛围；认真履行一岗双责，区委班子成员带头贯彻党风廉政建设责任制有关规定，坚守工作圈，净化生活圈，规范社交圈，切实做到以良好作风正党风、促政风、带民风。

【区委一届二次全体（扩大）会议】 2007年7月召开。会议听取区委书记吕健关于区委常委会工作的报告，区委副书记、区长汪文展关于经济工作的讲话，在充分肯定和总结上半年工作的基础上提出下半年的总体要求：贯彻落实胡锦涛总书记“6·25”讲话精神、省党代会精神、市委十一届二次全会和孙清云书记在长安调研讲话精神，本着“优化一产、提升二产、壮大三产”的原则着力调整产业结构，做大做强优势产业；采取有力措施搞好环境建设、招商引资、综合考核和考核结果的运用；实现科学发展、对接西安、经济总量、新农村建设环境建设上实现突破；确保全年各项目标任务圆满完成、创卫工作通过“国考”、换届工作顺利进行、社会局面稳定团结；加强党的建设。

【区委一届三次全体（扩大）会议】 2008年1月召开。会议听取、审议、通过区委常委会工作报告和《区委2008年工作要点》，听取区委副书记、区长汪文展关于全区经济工作的讲话。2008年工作思路：坚决贯彻中央、省、市各项决策部署，明确“一产富民、二产强区、三产兴业”的发展思路；狠抓重点项目、新农村建设、投资环境改善、非公经济壮大、生态建设、城乡居民增收；提升城市建设水平，完善城市功能，推进“四城联创”，强化城市管理；以改善民生为重点加快推进社会建设；以改革创新精神全面加强党的建设。

【区委一届四次全体（扩大）会议】 2008年8月召开。会议听取、审议、通过区委常委会工作报告和区政府关于经济工作的总结和部署，提出下半年的工作安排和工作要求。工作重点包括：以狠抓重点建设项目、加快基础设施建设、扩大招商引资成果、壮大非公经济、促进新农村建设为重点建设经济强区；突出生态建设、注重环境保护、发展生态旅游，建设生态强区；不断完善文化设施、培育文化产业、倡导文明新风，建设文化强区；狠抓高校建设、整合优势资源、发挥科教事业，建设科教强区。把维稳信访工作作为重中之重；不断加强党的建设。

【区委一届五次全体（扩大）会议】 2009年1月召开。会议听取区委常委会工作报告，审议通过《区委、区政府关于进一步加快农村改革发展的实施意见》和《区委2009年工作要点》，全面部署2009年经济工作。总体要求是：认真贯彻落实党的十七大、十七届三中全会和中央经济工作会议精神，深入学习实践科学发展观，把保持经济平稳较快发展作为首要任务，以建设经济生态文化科教强区为目标，以扩大招商引资、实施项目带动、推进城乡一体化发展为抓手，以解放思想、更新观念、深化改革、扩大开放、转变作风、狠抓落实为突破口，牢牢把握“两大两小”基地建设、产业结构调整、非公经济、社会稳定、生态环境、民生工程和城乡居民增收等重点工作不放松，为促进区域经济社会又好又快发展而努力奋斗！

【区委一届六次全体（扩大）会议】 2009年7月召开。会议听取区委常委会工作报告和区政府关于全区经济工作的总结。提出下半年工作的总体要求：以科学发展观为指导，认真贯彻落实全省领导干部会议和市委十一届六次全会精神，以“推进科学发展，建设‘四强’新区，造福长安人民”为主题，以保增长，谋全局、抓重点、求突破，进一步认清形势、统一思想，振奋精神、坚定信心，圆满完成全年各项目标任务，努力实现“全市领先，全省进位”的奋斗目标，以优异成绩迎接新中国成立60周年。

【区委一届七次全体（扩大）会议】 2010年1月召开。会议听取、审议区委常委会工作报告、区政府关于经济工作总体安排和《区委2010年工作要点》，提出2010年总体工作要求：以科学发展观统揽全局，全面实施“追赶”战略，在转变发展方式、扩大招商引资、提升经济总量、统筹城乡发展、完善社会保障、提高居民收入、解决实际问题、强化综合治理、营造发展氛围等方面创特色、争一流，用三五年时间实现长安区经济和社会各项事业跨越式发展，为“推进科学发展，建设‘四强’新区，造福长安人民”做出更大贡献。

【区委一届八次全体（扩大）会议】 2010年8月召开。会议听取区委常委会工作报告，提出下半年区委工作总体要求：“以省委十一届六次、市委十一届八次全会精神为指导，以‘实施追赶战略、谋求跨越发展、建设具有国际竞争力的经济生态文化科教城市新区’为目标，以事关全区改革、发展、稳定大局的重点工作和重点建设项目为抓手，坚持目标不降、任务不变、力度不减，努力夺取全市目标综合考评优秀区县‘四连冠’，确保‘十一五’各项目标圆满完成，为‘十二五’规划良好开局打下坚实基础。”具体抓好几方面重点工作：狠抓招商引资和项目落实，以投资拉动提升经济总量；以主城区标准加快建设步伐；加快园区建设，以板块带动全区发展；做大做强现代服务业，以三次产业协调发展优化经济结构；坚持建管并重，以环境塑造一流形象；扩大民生投入；稳定维护发展大局；以改革创新精神加强党的建设；以规划引领发展方向。

【区委一届九次全体（扩大）会议】 2010年12月召开。会议听取区委常委会工作报告，提出“十二五”工作总体要求：“深入贯彻党的十七届五中全会、省委十一届七次全会和市委十一届九次全会精神，以科学发展为主题，以加快转变经济发展方式为主线，以实施追赶战略、谋求跨越发展、建设“四强”新区为统领，以全市领先、全省进位、西部争优为目标，以北进南拓、东西融合、中部提升为方略，以城南国际新区、合作共建区、统筹城乡示范区和秦岭北麓生态优先区四大板块为核心，以一产富民、二产强区、三产兴业为要求，以高新技术、商贸服务、科教文化、休闲旅游和现代农业为主导产业，以产业结构调整、发展环境建设、统筹城乡发展、改善和保障民生、维护社会稳定和加强党的建设等重点工作为抓手，推动区域经济社会持续快速协调健康发展，努力把长安区建设成为最具发展活力、最有竞争实力、最富人文魅力的国际化大都市新型城区。”提出2011年全区经济社会发展预期目标。（高　洁）

组　织

【概况】 中共西安市长安区委组织部（以下简称区委组织部）是区委主管党

的组织工作和干部工作的职能部门。2007～2010年，区委组织部以邓小平理论、“三个代表”重要思想为指导，贯彻落实科学发展观，以加强党的执政能力建设和先进性建设为主线，以各级领导班子、基层组织、党员队伍和组织部门自身建设为重点，紧紧围绕区委中心工作，为“四强新区”建设提供坚强的组织保障。

【领导班子和干部队伍建设】 2007～2010年，区委组织部锐意创新，不断推进干部人事制度改革。**一是创新考察形式**。制订《区级中层领导班子和领导干部考察考核工作暂行办法》。结合目标责任考核、年度考察、区级领导评议、各单位主要领导互评、单位干部职工民主评议5个方面，考察干部德才素质、工作实绩和群众认可度。**二是注重基层培养**。安排18名选调生到多个岗位强化锻炼，6名选调生被提拔为领导干部，其中1名走上正职领导岗位。筛选52名后备干部和优秀年轻干部，选派到条件较差的偏远乡街以及维稳、信访等部门综合锻炼，把基层一线作为培养锻炼后备干部的“孵化基地”。**三是推进交流轮岗**。制订《长安区领导干部任职交流工作暂行办法》和《长安区科级领导干部交流轮岗制度》。4年中，120名区级中层领导干部进行任职交流。**四是加强日常管理**。制订《交流任职干部到位工作若干纪律》、《规范领导干部出国（境）管理工作和审批程序》、《区级中层领导干部外出请销假制度》等措施，加强干部工作作风监督检查力度，严格规范干部日常行为。**五是着力“治庸、治懒”，畅通干部“出口”**。区委制订并下发《长安区区级中层领导干部问责办法》和《长安区不胜任现职领导干部调整办法》。按照规定免职3人，转任非领导职务1人。

【干部教育培训】 2007～2010年，区委组织部出台《2008～2011年长安区干部教育培训规划》、《长安区2009～2013年党员教育培训工作规划》、《关于进一步加强领导干部理论学习的意见》等文件。创新“一体两翼”干部教育培训模式，在西北大学和东大街道祥峪沟村建立党员干部培训基地和农村基层党员干部教育培训基地，实行领导干部理论学习轮训、检测、笔记调阅、综合评价制度。2010年和上海市委党校联合举办“区域经济发展与社会管理”专题培训班3期，全体区级领导和乡街、部门党政主要领导156人参加培训，召开学习成果交流汇报会，将优秀学习成果汇集成册，编辑出版《新视野　新境界　新提升》。制订《长安区深入开展领导科学发展好班子创建活动实施意见》，把任务落实到有关区级领导和各职能部门。围绕落实科学发展观、加快城乡统筹、提高领导素质等主题，4年来，举办培训班163期次，培训干部14610人次。

【基层组织建设】 2007～2010年，区委组织部在打基础、建机制、创新载体上狠下功夫，全区基层组织建设取得新成效。**一是抓基础、强根本**。按照中央、省、市有关安排，分两批在全区建设村级组织活动场所，投资7559万元，建筑总面积92330.95平方米，实现村级活动场所全覆盖；围绕“建点再拓展、管理上档次、学

用见成效”的目标，制订《长安区农村党员干部现代远程教育工作实施意见》、《长安区关于农村党员干部现代远程教育制度的通知》等，投资48万元为各乡街配置电视机。完成1个区级平台和418个电信模式、159个卫星模式终端站点建设任务。制订《关于加强村党组织书记队伍建设的意见》，明确村党支部书记选拔任用、教育培训、激励保障、管理监督机制。通过倒排摸底、逐村调查、逐人确定任职年限、前后任相互确认、查阅历史资料、个人申请、组织公示、逐级审核上报等方法，为685名60岁以上农村离任党支部书记发放生活补贴。制订《在村党支部和村委会全面推行“四议两公开”工作法的意见》。开展农村党组织“升级晋档、科学发展”和社区党组织“双评晋级、科学发展”活动。围绕“以城带乡、城乡互促、优势互补、共同提高”目标，督促各部门结合实际，做好“联”、“帮”、“扶”3篇文章。27个市级部门、71个区级部门、22个乡街与314个3、4类村结对帮扶。2010年新晋档1类村级党组织77个、2类村级党组织127个，4类村减少到8个。22个社区初步达到“三有一化”要求。**二是建机制、树典型**。制订下发《农村基层组织建设2007～2010年规划》、《村级组织规范化管理暂行办法》、《长安区农村、社区、非公有制企业、机关党支部工作记实本》、《长安区非公有制企业党建工作资料汇编》等资料，规范党的组织工作。制订《关于进一步深入开展党务公开工作的实施意见》，构建全面、系统、科学的党务公开运行机制。树立滦镇街道上王村党支部、王莽街道清北村党支部和张昭、王锁利、马健等一批先进典型，使大家学有先进，追有榜样，赶有目标。**三是设载体、求实效**。在全区开展为期3年的城乡党的基层组织互联共建活动，62个区级部门机关党组织与62个农村党组织结成对子，从党建帮联抓班子、产业帮联促发展、兴办实事聚民心、科教帮联强素质、活动互联重提高、扶贫帮困促和谐6个方面入手，在“联”上下功夫，在“建”上做文章，探索城乡党的基层组织互帮互助机制。确定80个党组织（其中村50个，社区2个，机关10个，非公企业8个，学校10个）开展创建党建工作示范点活动，提出创建目标和具体措施，通过对创建点扶持帮助、跟踪指导督促和规范管理运作，辐射带动全区党建工作。开展“党员志愿者建设新农村援助行动”，确定市级党组织志愿者31个，市级党员志愿者52名，区级党员志愿者128名，为长安区9个村出村路和4个村卫生室建设提供援助，对11名贫困学生，8名残疾人，20户因病因灾长期陷入困境的家庭，6名无人照顾的鳏寡孤独群众进行帮扶。面对金融危机，在企业中大力开展“五比五促”活动，充分发挥党组织和共产党员的聪明才智及主观能动性，与企业一起共度难关。

【党员发展教育管理工作】 2007年，区委组织部制订《长安区2007～2011年发展党员工作规划》。2009年，下发《关于建立发展党员工作台帐和发展党员工作督办制度的通知》，加大对发展党员工作程序的跟踪监督和责任追究。2007～2010年，培训入党积极分子4600多名，新发展党员2900多名。制订《长安区2009～2013年党员教育培训工作规划》，以区乡(街)党校、农村党员活动室、各类专业协会为依托，发挥党员电化教育网络作用，对党员进行科技致富信息、创业就业技能、新农村建设等培训。4年培训党务干部2000余人次，轮训党员16000余人次。“5.12”汶川大地震后，全区各级党组织和党员在做好宣传抗震救灾知识、消除群众恐慌心理、增强群众科学自救能力的基础上，奉献爱心，交纳特殊党费2008176.2元。开展困难党员“五送一建”（送精神、送政策、送技能、送医保、送关爱，建立关爱帮助长效机制）活动，对全区792名困难党员实行“一帮一”结对帮扶。每年七一、春节前，慰问建国前入党的老党员、贫困离任老支书及困难老党员。2010年，全区有党员33342名，党工委18个，党委26个，党总支56个，党支部1298个。其中，村级党（总）支部602个，社区党支部22个，非公有制企业党支部49个。

【大学生“村官”管理工作】 按照中央和省、市委组织部的安排部署，长安区于2008年实行大学生村官选聘计划，3年接收大学生村官192人，因考公务员或学习等离岗31人，现有161人。其中，在村任职149人，在社区任职12人；担任社区党支部书记1人，村党支部副书记2人，村（社区）党组织书记助理106人，村（社区）主任助理52人，是全市接收大学生村官最多的区（县）。在大学生村官管理中，坚持“下得去”上打基础，“待得住”原则、在“流得动”、“干得好”上下功夫，建立健全大学生村官管理机制。制订《长安区到村（社区）任职高校毕业生考核管理细则》，发放《工作日志》，做好规范化管理工作。实行“传、帮、带”，建立区委组织部成员分片、乡街班子成员结对、村两委会负责人指导的帮带链，做好“思想导师”、“工作导师”、“生活导师”，并定期召开座谈会、抽查工作日志、严格考勤制度。开展长安区首届“十佳大学生村官”评选活动，表彰10名“十佳大学生村官”，通报表扬14名优秀大学生村官。推荐22名优秀大学生村官参加公务员考试，其中，6人考入公务员队伍。成立5个大学生村官志愿服务团，充分发挥其专业特长。全区涌现斗门街道毛海涛、滦镇街道唐碧轩和灵沼乡欧文等一批优秀村官。

【村级党组织换届】 2008年8～10月，长安区村级党组织换届。换届中建立区级领导干部联系乡街指导工作、领导小组成员单位包抓乡街工作、信访接待分级负责、矛盾排查综合协调等制度，介入重点、难点村尽早、提前排查化解问题。10月，全区659个村级党组织按期完成换届，占应换届村的99%。在已换届村级党组织中，书记连任433人，占65%；换届后新一届村党组织领导班子整体呈现“一降低四提高”的特点，班子平均年龄、文化程度、性别比例、知识结构明显改善。

【作风建设活动】 2007年5月，区委、区政府作出《关于进一步加强领导干部和机关作风建设的决定》，在全区开展“讲学习，强纪律，树形象，促发展”作风建设活动，解决机关干部特别是科级以上领导干部思想作风、学风和工作作风方面存在的突出问题。区委组织部负责区委、区政府《决定》的贯彻落实，组成3个督查小组，采取录像、突击检查、抽查形式检查指导。从市、区人大代表、政协委员中聘请10名作风建设监督员，实行开门评议和专项监督，定期向各民主党派、工商联和无党派人士通报情况。在长安电视台、

《长安开发》开设"长安区窗口行业服务承诺"栏目，13个窗口单位面向社会公开承诺，接受各方面监督评议。在《长安开发》开设领导干部谈作风建设栏目，开展为群众办好事实事活动，全区各级机关面貌明显好转，服务群众水平大幅提高。2008年9月，为贯彻省委书记赵乐际在蓝田调研时指示精神，区委、区政府以领导干部认真履行职责、保持良好精神状态、增强责任心为内容，开展集中教育整顿。编印《长安区领导干部作风建设学习读本》、《作风建设学习手册》、《领导干部礼仪手册》等。10月，进行作风建设"回头望"，组成6个专项督导小组，设立行风评议举报信箱和热线电话、利用上下班期间电视摄像方式明察暗访，通报检查情况；从人大代表、政协委员中聘请20名作风建设监督员，采取单位互评、服务对象和群众评议，加强监督评议，严肃查处4名干部上班玩游戏、接待来访态度恶劣和1名领导干部参与赌博问题，在全区通报，促进干部作风根本好转。

【十七届三中全会精神宣讲活动】 2008年10月，区委召开"长安区选派干部驻村宣讲党的十七届三中全会精神动员会"，成立宣讲活动领导小组及办公室，印制《长安区宣讲十七届三中全会精神活动征求意见表》，开展十七届三中全会宣讲活动。省、市、区3级派出79个单位2082名干部分赴671个村集中宣讲十七届三中全会精神。各宣讲组住进农户与群众同吃同住交朋友，脱下鞋子走进田间地头与农民同劳动开展工作，宣传党的惠农政策。

【学习实践科学发展观活动】 2009年3月～2010年2月，长安区开展学习实践科学发展观活动，举办培训班267场次，参训36000余人次；开展"千名党员干部下基层调查研究"、"万名党员扶贫帮困送温暖"、"问政于民、问需于民、问计于民，我为长安发展献一策"等活动。形成调研报告1565篇，汇编优秀调研成果3集。开展谈心活动，听民声、访民情、查民意，查找影响制约长安科学发展突出问题，严格"上审下评"，形成一批目标明、内容实、质量高的分析检查报告。修改完善规章制度567项，废止125项，新建312项。其中涉及班子建设、作风建设、民生保障、社会稳定、基层组织建设等9个方面65项规章制度和政策措施，汇编成体制机制成果集。坚持整改承诺制、责任制，实行集中交办、联合承办、挂牌督办，在解决突出问题上下功夫。1516条意见建议已办理1423条，列入长期规划63条，暂无法办理向群众说明原因30条。组建"问效于民"监督评价团，通过评审问效、承诺问效、集中问效、现场问效、测评问效等形式，开展群众满意度测评，各单位群众满意率95%以上。

【创先争优活动】 2010年4月，长安区开展创先争优活动，成立7个行业指导组，建立党员领导干部联系点386个，召开创先争优活动领导小组（扩大）会议、党群共建联席会和部门党（工）委创先争优活动座谈会，举办庞玉芹先进事迹报告会，制订《关于在全区开展"找先进、树先进、比先进、学先进、争先进"活动的通知》等16个指导性文件，编发《长安区创先争优活动知识问答》5000余册。坚持创先争优与中心工作、解决实际问题、建设学习型党组织、加强基层党建工作、社区"三有一化"工作、"升级晋档、科学发展"、村党组织书记"双述双评"、建立健全长效机制相结合，使创先争优活动融入各项工作之中，成为提升全局工作的"引擎"。

【党史工作】 2007～2010年，长安区党史工作按照"广征、核准、精编、严审"的要求，发挥"以史鉴今、资政育人"作用，开展党史征集、研究和宣传教育工作。将《长安区组织史资料(第4卷)》（1998.7—2003.5）《征求意见稿》上报市委组织部征编办，并发至全区征求意见和建议，通过进一步的修改完善形成送审稿；启动《长安区组织史第4卷》续编本（2003.6—2007.5）征编，形成4卷续编本初稿。编辑出版《中共长安革命斗争简史》，启动《中共长安历史（第2卷）》征编，完成编纂提纲及长安合作化运动、长安社教等部分资料和《长安区农村经济体制改革》、《西安"三反""五反"运动》、《总路线、大跃进和人民公社化运动在长安》、《西安党委工作纪事》、《党的八大代表——蒲忠智》等专题资料征编。创新党史宣传教育方式方法，运用报刊、电视、广播媒体，借助报告会、座谈会、知识竞赛形式，展现党的伟大历程、基本经验和光荣传统。深入开展党史宣传教育"六进"活动，以纪念日活动为载体，发挥党史教育基地作用，推进革命传统教育活动。（姜亚荣）

宣　传

【概况】 中共西安市长安区委宣传部（以下简称区委宣传部）是区委综合职能部门。负责党的路线、方针、政策宣传，制订全区宣传工作规划和措施；负责全区理论学习安排部署和指导；负责制订全区精神文明建设规划，组织开展群众性精神文明建设活动；负责政工专业技术职称评审，参与新闻与系列专业技术职称评审；协助区委组织部对宣传系统科级领导干部及下属的培训和思想业务建设。内设办公室、理论宣传科、干部科、精神文明建设指导委员会办公室4个科室。2007～2010年，全区宣传工作及精神文明建设按照中央、省、市和区委部署，以学习实践科学发展观活动为主线，不断强化理论武装工作；以"抓落实年"活动为抓手，做好舆论宣传工作；以争创省级文明城区为抓手，做好精神文明建设工作；以深化思想作风建设为抓手，搞好宣传思想队伍建设。通过思想工作上水平、创一流，为建设经济、生态、文化、科教强区提供思想保证、舆论支持和文化条件。

【党委中心组学习】 指导和督促全区各个党委坚持和完善中心学习组制度，切实搞好党委中心学习组理论学习，是区委宣传部的重要任务。2007年，区委宣传部修订党委中心组学习制度。指导全区38个党委集中学习466次，举办各类专题辅导报告会216场次。聘请白永秀、余华青等省、市专家学者作"城市发展与提升城市竞争力"等6场学习辅导报告会，通过开办理论专栏、理论知识问卷、创建学习型组织等方式推动全区理论学习。2008年，邀请全国著名经济学家魏杰、陕西省人大常委会秘书长桂维民、西安交通大学教授谈民宪作《中国经济发展新趋势》、《突发公共事件的防范与应对》等专题辅导报告12场次。全区44个党委集中学习500多次，举办各类专题辅导报告会300场次。

2009年，围绕学习贯彻党的十七届三中、四中全会精神，坚持分层次、有重点地抓好理论学习。一是着力抓好区委中心组学习。邀请省、市专家学者作专题辅导报告11场次，组织专题调研2次，区级领导撰写调研报告70多份，区委中心组获得省、市两级理论学习先进单位称号。二是把“长安大讲堂”向部门、乡街延伸，组织专题报告6场次，培训92场次。三是抓好基层党委的理论学习。集中学习500余次，完成调研报告300余份，在市级以上报刊杂志发表理论文章37篇。2010年，围绕区委工作重点，一是制订《区委中心组2010年度学习计划》、《2010年全区建设学习型城区工作安排意见》和《关于做好2010年度全区党（工）委党组中心组学习的通知》，修订完善11种学习管理制度。二是邀请省委党校副教授刘旨贤，陕西师范大学国际商学院院长李忠民，省委宣传部副部长、省广播电视局局长任贤良，省生态文明促进会名誉会长陈再生等专家学者作《深入贯彻落实科学发展观，转变经济发展方式》等专题报告10场次，区委中心组集中学习9场次。47个党委中心组集中学习400多场次，举办报告会200多场次，提高全区处级以上领导干部的理论素养和政策水平。三是向各级党委（工委）中心组成员推荐《中国特色社会主义理论体系读本》，保障学习质量。四是会同区委组织部对区管中层领导363人进行理论学习考试；组织156名处级以上领导参加在上海市委党校举办的集中培训。五是组织全区1500多人通过网上投票、信件投递等方式参与《人民日报》评报活动，区教育局王平社获得全国评报活动一等奖。

【舆论宣传】 2007年，区委宣传部贯彻党的十七大、省市党代会精神，指导区电视台、《长安开发》贯彻“十七大”精神，组织紧贴长安区情的“两区”、“两基地”、“四板块”建设、新农村建设等专题专栏，播发、刊发新闻稿件5800多条（篇）。区外宣办组织开展招商引资、生态旅游等6大外宣战役，在市级以上媒体发稿2209篇。2008年，新闻宣传围绕推进长安“四强区”建设，指导协调区内各媒体开展宣传活动。《长安开发》开设“建设四强区大家谈”栏目，刊发稿件4000多篇；长安电视台开办“推动区域经济发展”栏目，组织系列报道12期、专题报道168期，播发稿件2300余条；区外宣办先后在省、市主流媒体开展优化投资环境、科学发展看长安等外宣活动，邀请中央、省、市及境外150多家媒体260多位记者前来长安采访，在主流媒体刊登专版、专题60多个，在市级以上媒体发稿2193篇。长安新闻网点击率居全市区县级网站首位。2009年，围绕学习实践科学发展观、庆祝建国60周年等重大活动，定期编发宣传提示，从不同角度展示长安经济社会发展态势，营造积极向上的社会氛围。《长安开发》开设专版79个、专栏32个，刊发稿件2500多篇；长安电视台举办专题节目96期，开设专栏10个，系列报道12期。中央政治局常委李长春、国家广电总局副局长张海涛在视察太乙宫街道水湫池村时高度评价长安的媒体宣传工作。外宣方面在市以上媒体发稿2134篇。其中，中央媒体46篇，省级媒体513篇，市级媒体1575篇，头条重点报道136篇，专版专题61个。与此同时，完成《中国长安新闻网》改版。2010年，围绕长安“实施追赶战略、谋求跨越发展”主题，引导区内媒体设置议题：《长安开发》开设四强区建设、重点项目抓落实等10个专题、47个栏目，刊发稿件4000多篇；长安电视台开设“创先争优，我为党旗增辉”等18个新专栏，制作专题节目130多期，播发新闻稿件2400条。对外宣传先后开展中外媒体长安行等九大外宣活动，在市级以上媒体发稿2378篇。其中重点稿件162篇，邀请和接待国外、中央、省、市等主流媒体40多家、200多名记者来长安采访、采风，提升长安知名度。加强网络管理，推动信息工作走上正轨。《长安区政府网》在全国区、县级网站评选中名列15名，位列西部区县政府网第1名。

【学习宣传贯彻党的十七大精神】 2007年，以迎接学习宣传贯彻十七大精神为主线，邀请十七大代表、陕西省社科院院长余华青、西安市委讲师团副团长庞江平等省、市专家学者为全区科级以上干部作了3场十七大专题报告，认真落实市委书记孙清云在郭杜街道五四村宣讲十七大精神的专题报告。组织编写宣讲通稿，组织10个宣讲小分队，分赴各乡镇、街道、部门、社区、村组，进行近100场宣讲。在区委党校开设“长安讲堂”，对副处以上干部进行8期培训。

【“继续解放思想、推动科学发展”大讨论活动】 2007年9月，根据市委统一安排，区委宣传部在全区开展“继续解放思想、推动科学发展”大讨论活动。10月，在全市大讨论活动第一阶段经验交流会上，区委书记吕健作《找准问题、突出重点，把改善投资环境当作经济社会发展的生命线》经验发言。在大讨论活动第二阶段，区委、区政府把抓整改、促工作列为活动重点，针对经济发展、投资环境、民生等6个方面存在的问题，提出实施理论武装、投资环境建设、新农村建设、城市规划编修、城市建设、生态建设、文化建设、关注民生、维护稳定、未来5年发展总体规划等10项重点工作，明确工作内容、目标任务，落实实施单位，强化保障措施，推动全年各项目标任务完成。

【“亲客商、强服务、抓落实、促发展”主题教育实践活动】 2008年，在全区开展以优化投资环境、扩大招商引资为内容的“亲客商、强服务、抓落实、促发展”主题教育实践活动，公开处理一批破坏投资环境的案件。全区各部门通过转变工作作风，提高工作质量和办事效率，为客商解决实际问题。区主题教育实践活动领导小组组织6个督导组明察暗访，编发通报6次，编发工作简报20多期。全区上下形成“亲商、安商、富商”良好社会环境。

【建国60周年庆祝活动】 2009年，区委宣传部制订建国60周年庆祝活动安排意见，组织举办专题访谈、慰问及座谈会。6月，举办长安区庆祝建国60周年“与祖国同行”大学生演唱会，“歌唱祖国 共铸辉煌”歌咏比赛；9月，举办建国60周年歌咏比赛颁奖演唱会和“盛世中国 风雅长安”诗歌朗诵会，“魅力长安”书画摄影展、爱国歌曲大家唱等活动。组织参加中宣部、中央文明办等7部委开展的爱国歌曲大家唱“激情广场——西安篇”活动，荣获市文明委“优秀组织奖”。

【学习型党组织建设】 2010年5月，区委宣传部制订《关于推进学习型党组织建设工作的实施意见》，建立领导、督查机构。以标语、专栏、远程网络等形式宣传，编发简报9期，反映动态，推广经验，树立团队学习、终身学习理念，营造创建氛围。机关、街道、社区、农村基层、教育、非公经济和“两新”组织（新经济组织、新社会组织）按照分类推进要求，结合实际，加强学习型党组织建设。区活动领导小组重点抓好“六个结合”，即与推动中心工作结合，与解决实际问题结合，与调查研究结合，与创先争优活动结合，与学习先进做示范结合，与健全长效机制结合，创建活动初显成效，党员干部思想政治素质提升，各级党组织凝聚力、战斗力增强。全区各级党组织建立长安财政局、韦曲街道凤栖社区学习示范点100多个，建立党建工作述职、激励考核等长效机制。2010年11月，西安市委督察组来长安检查工作，对长安区建设学习型党组织活动成效给予肯定。

【纪念改革开放30周年活动】 2008年，区委宣传部围绕改革开放30周年开展系列纪念活动：一是召开座谈会，畅谈改革开放伟大成就；利用长安大讲堂等平台和载体，宣传改革开放历史进程及长安30年巨变。二是开展“长安的变迁”征文，征集稿件100多篇，在《长安开发》刊登近50篇；推荐11篇优秀论文参加西安市纪念改革开放30周年征文活动，区委党校种德仁获二等奖。三是举办“长安三十年”大型图片书画摄影展，收集展出作品近400幅。四是以“长安区建设发展及远景规划”为主题的长安展厅开展，接待省市领导、各界干部群众16000多人。

【“三下乡”活动】 2007～2010年，由区委宣传部、区科技局联合文化、卫生、计生部门在科技之春“宣传月”开展科技、文化、卫生“三下乡”活动。组织文艺团体演出90场次，送戏下乡75场次；30个基层放映队放映电影9840场次，为青少年播放爱国教育片3800场次；为群众送书画、对联、图书3000多幅（册）。组织各医疗卫生单位，专家120多人次，开展“结核病防治、爱牙日、世界红十字会义诊、艾滋病防治知识”等大型宣传活动12次，发放各类资料近73万份。组织编印、发送《惠农政策解读》知识读本和《中央惠农政策在长安》张贴画各10万册（张）。截至2010年，开展十八届“科技之春”宣传月活动，每年举办各类报告会3场次，科技街头宣传咨询15次，推广实用技术12项；组织科技、文化、卫生服务队6支，年度内下乡服务1200多人次，举办科普大集2次，科普展览5场，放映科教影视片50场，新增农村科普宣传栏40个，发放各种资料9.8万册，举办实用技术培训班25期，受益群众21万人次。

【文化基础设施建设】 2008年，区委宣传部举办“春之韵”春节系列文化活动和省首届农民戏剧节分会场及闭幕式演出，长安道情剧《祥云谷》获优秀节目奖、优秀组织奖等8项奖励；举办各种书画展5场，出版书画册4000多册。加快群众文化基础设施建设，完成26个行政村农民体育健身广场建设。争取专项资金28万元，更新郭杜文化站、区文化馆、区广电中心和区剧团设备，实施“村村通”工程。2009年，争取专项资金38万元，解决黄良、东大街道文化站建设、杨庄乡“牛老爷社火”保护、柳青文学研究会专项经费和“推进乡风文明、建设和谐家园”活动实际问题。先后完成18个村农民健身广场、14个村农家书屋、3个乡街综合文化站和5个社区健身路径场地建设。完善文艺创作机制，召开全区文艺创作促进大会，制订《长安区文学艺术创作优秀成果表彰奖励办法》。2010年，以建设文化强区为目标，争取专项资金25万元，为太乙宫、滦镇、王莽等6个乡街文化站购置文化活动设备。一是文化体制改革通过西安市文改办检查验收。二是加快公共文化体系建设，完成10个乡街综合文化站建设，为1341户山区农户安装电视接收专用设备，完成42个村农民健身广场和60个村农家书屋建设。三是开展群众性文体活动。组织举办元旦越野赛、区直机关干部乒乓球比赛、“‘大爱无疆·美丽家园’中国体育彩票援助地震灾区公益文化活动”以及“唱响红五月·喜迎世园会”音乐会、全区电视歌手大奖赛、全民健身周等活动。四是举办西安艺术家“走进新长安，感受大秦岭”文艺采风活动和“中国长安——韩国晋州摄影作品交流展”。第三期《艺术长安》出版发行。五是举办以“感悟少陵文化、徜徉现代生活”为主题的长安首届金秋少陵文化活动周，通过文物保护宣传、书画摄影展、文艺表演、体育比赛挖掘少陵文化内涵，展示少陵文化遗产，弘扬发展少陵文化，对外展示长安悠久文化魅力。

六是加大文物保护和宗教场所修缮力度，非物质文化遗产保护工作取得新进展。

【宣传系统队伍建设】 2007～2010年，区委宣传部切实抓好宣传干部理论教育、业务水平、技能提高的培训。在宣传文化系统开展“三个代表”重要思想、科学发展观学习实践活动。结合思想作风建设整顿，在新闻宣传单位开展马克思主义新闻观和职业精神、职业道德的“三项教育”活动。举办全区宣传干部培训班，邀请区政协主席成德奇、区委党校副校长张湛奇为宣传干部作《宣传思想工作为长安四强区建设做好服务》、《在新形势下如何当好宣传干部》报告，提高宣传干部的能力和素质。 （韩 颖）

对外宣传

【概况】 中共西安市长安区委对外宣传办公室（以下简称区委外宣办）是区委、区政府直属事业单位，与区政府新闻办公室一套人员、两块牌子，正处级建制。负责全区对外宣传及重大活动报道、策划、组织工作，接待上级新闻媒体采访和新闻舆论监督协调工作，承办区委、区政府新闻发布会，负责全区外宣通讯报道队伍、外宣品策划制作及信息化建设等。2007～2010年，区委外宣办以树立长安对外形象，营造良好外部舆论环境为目标，以创新对外宣传工作机制、强化对外宣传工作手段为核心，突出加强外宣精品工程和信息化建设，组织开展主题性对外宣传活动，全方位、多形式对外宣传长安经济社会发展新成就，多角度地向外展示长安城乡协调发展新面貌。连续4年被中共西安市委宣传部、陕西日报社、西安日报社评为新闻宣传先进集体。

【对外宣传扩大影响】 2007～2010年，区委外宣办策划并组织开展招商引资、生态旅游、都市农业、民营企业、房地产业、党的建设及“我眼中的新长安”、科学发展看长安、建国六十周年等30多次大型、战役性外宣活动。在中央电视台、《人民日报》、《经济日报》、《陕西日报》、陕西电视台、香港《文汇报》等媒体共刊发（刊播）各类新闻报道9000余篇（条）。

【全区信息化建设全面推进】 2009年1月，长安区信息中心成立，投入400多万元，增配相关硬件设备，实现各部门、乡街、行政村三级联动和与互联网接通。为规范全区信息化管理机制，制定《西安市长安区2009～2013年信息化建设发展规划》，完善信息化建设相关规章制度和38个社区信息服务站点的建设，为109个行政村建立农业信息服务站，建立农村信息服务站671个。投资1100多万元，为各村安装电脑、打印机等办公设备，并接通互联网，实现“村村通电脑、网络全覆盖”；建设电子公文传输系统，基本实现非涉密公文在电子政务平台系统流转传输，全区无纸化办公覆盖率98%，信息化建设管理体系稳步提升。

【区政府网站获全国区县优秀网站】 2010年12月，在中国政府网站绩效评估和第五届中国特色政府网站评选中，长安区政府门户网站获“全国区县优秀政府网站”称号。长安区政府网站在突出政务公开、在线办事、政民互动版块基础上，增设重点领域、在线访谈、热点报道、绿色通道及百件实事网上办等便民服务版块，开设社区服务和具有长安特色的新农合、新农保等场景式服务，提升了网站综合服务能力。2010年，区政府门户网站接受市民网上咨询326人次，通过网站累计主动公开政府信息10800余条，网站信息内容日趋全面、规范、丰富、合理。

【中国长安新闻网打造外宣新品牌】 2007～2010年，中国长安新闻网不断丰富宣传内容，扩大各类信息容量，注重满足市民需求。在及时传递政府声音的同时，坚持从美化优化版面着眼、转变宣传表现形式入手，于首页位置开设专题报道专栏，重点加强对区委、区政府中心工作的报道，畅通网民同党委、政府沟通的渠道，开通在线访谈、问需于民大家谈和民声通道等栏目。2010年，中国长安新闻网点击率460万人次，为长安经济社会发展营造了良好的网络舆论氛围。

【精心打造对外宣传精品工程】 2007～2010年，区委外宣办精心打造对外宣传精品工程，开发制作外宣品，全面推介长安城市形象，塑造长安城市品牌。2007年编辑出版《长安概览》、《2007·聚焦新长安》；2008年编辑出版《2008·聚焦新长安》；2009年编辑出版《青春长安》、《人文长安》、《2009·聚焦新长安》；2010年编辑出版《山水长安》、《2010·聚焦新长安》等系列外宣丛书，使全区外宣工作有了新的提升。

【构建大外宣格局经验被推广】 2007年1月，长安区对外宣传工作的有关做法被西安市委宣传部作为《情况反映》上报中宣部、省委宣传部，并发送市级各大班子和13区县。中央外宣办、国务院新闻办主办的《对外宣传通讯》以《西安市长安区整合各方资源、建设大外宣格局创出新路》为专题，推广了长安外宣工作。

【《长安画报》出版发行】 2009年，区委外宣办策划出版全省市区（县）首部综合型图片新闻期刊——《长安画报》。《长安画报》凭借其新视觉、大策划、高品位的办刊理念，从多方面、多层次、多视角，展示长安经济社会发展成就和长安城市形象。《长安画报》为半年期刊，2009年出版3期，至2010年，编辑出版5期。

【国内外媒体记者来长安采风】 2007年4月，区委外宣办邀请中央媒体“春满长安”采风团在关中民俗博物院、滦镇上王村、郭杜教育科技产业开发区采风；2008年5月，区委外宣办举行国内外百家媒体总编记者长安行活动；2010年5月，再次举办国外媒体记者长安采风活动，展示了

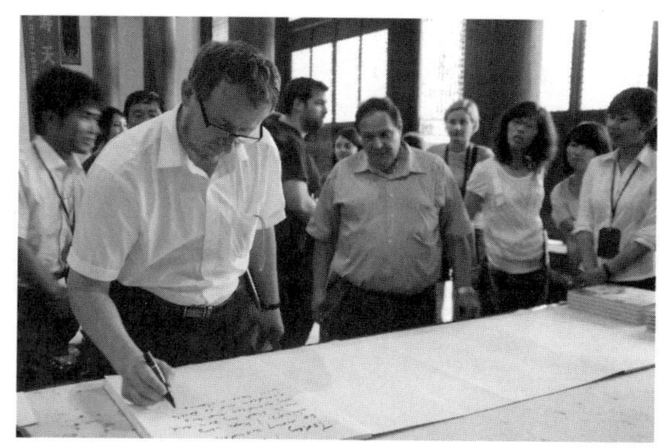

国内外媒体记者来长安采风

长安厚重的民俗历史、丰富的人文风情和现代文化发展活力。（伍媛媛）

《长安开发》

【概况】 长安开发采编中心（以下简称采编中心）是区委、区政府直属事业单位，归区委管理，正处级建制。2007～2010年，采编中心围绕区委、区政府中心工作，把握宣传导向，为推动科学发展，维护社会稳定，凝聚全区力量，振奋干群精神，促进社会和谐创造性开展宣传工作，做到动态报道大事不漏，深度报道连续不断；坚持宣传为人民服务，为社会主义服务，为区委、区政府工作大局服务方针，为长安经济社会发展和建设“四强”新区营造舆论氛围。在做好动态报道同时，重点策划组织19个方面宣传工作，唱响长安发展主旋律。出版《长安开发》206期、投送250多万份，建立读报村3个。2008年6月，被西安市委、市政府授予创建国家卫生城市先进单位。

【重点工作、重点项目宣传】 2007～2010年，采编中心开设“重点工作、重点项目巡礼”、“长安发展新名词解读”、“求实创新　和谐发展”、“十大工程建设系列回眸”、“来自重点工程一线的报道”、“新亮点　新高度　新跨越”、“抓项目建设　促跨越发展”、“冲刺四季度　大干一百天　确保四连冠”等栏目，对全区重点项目建设进展发挥舆论推动作用。

【招商引资宣传】 2007～2010年，采编中心借东西部贸易洽谈会在西安召开时机，开设“营造浓厚招商氛围　迎接十二届贸洽会”、“招商信息”等栏目，出版《招商特刊》，展示长安资源优势和招商项目、主导产业和基础设施，报道长安区招商引资项目评介会和招商项目，促进项目落实，为客商了解长安、投资长安营造舆论氛围。

【机关作风建设宣传】 2007～2010年，采编中心针对“亲客商强服务抓落实促发展”主题教育实践活动和“抓作风强纪律树形象促发展”机关作风集中整顿活动的宣传。开设“机关作风建设活动简讯”、“领导干部和机关作风建设大家谈”、“领导干部作风建设有关知识”、“亲客商　强服务抓落实求发展”、“加强作风建设促进长安发展”、“强素质树形象促发展——作风建设交流”等栏目，并配发专题言论，刊登公安、法院、检察院、地税、国税、工商、财政等部门作风建设工作经验交流系列报道，为全区营造服务、政策、社会、人文环境和建设高效廉洁干部队伍的舆论氛围。

【“两区四版块两基地”宣传】 2007～2010年，采编中心开设“走进航天开发区”等栏目，为“两区四板块两基地”发展营造舆论氛围。

【新农村建设和农业产业结构调整宣传】 2007～2010年，采编中心以“三农”为基础，一是大力宣传“一乡一业、一村一品”特色经济。二是开设“市级新农村建设示范村扫描”、“建设社会主义新农村”、“农业科技”、“关注民生　服务三农便民信息”、“名词解读”、“乡镇街道发展论坛”、“新农村建设”、“科技创新促民致富”、“推进乡风文明建设和谐家园”、“开展卫生百日整治改善农村人居环境”等专栏，按照新农村建设“20字要求”，结合农业产业结构调整，宣传71个重点村（其中36个市级重点村）四改五通五化的作法、建设六新标准举措、典型经验和乡风文明建设，为全区新农村建设整体推进提供借鉴。三是开设“调整农业产业结构，加快强区富民步伐——落实全区农业产业会精神加快发展农村经济”、“它山之石”栏目，报道长安区农业产业发展规划、调整方案、优惠政策、先进典型及产业结构的工作动态及外地典型经验，为落实区委、区政府加强农业产业结构调整，大力推进现代农业建设有关举措，加紧建立三带四板块都市农业发展格局营造舆论氛围。四是配合“三夏”、“三秋”工作，开设“三夏专栏”、“上下齐行动　全力战三夏”、“秸杆综合利用与禁烧简讯”等专栏，报道全区“三夏”、“三秋”工作安排、措施和工作进度、典型经验，为全区“三夏”和“三秋”工作发挥舆论引导作用。

【“三排查三落实”宣传】 2007～2010年，采编中心开设“开展‘三排查’力促‘三落实’”栏目，利用消息、专版等跟踪报道全区开展“三排查、三落实”工作进展情况。

【创建国家卫生城市和四城联创工作宣传】 2007～2010年，采编中心开设“全民参与创卫争先”、“加大创卫力度提升长安形象”、“乡村清洁行动快讯”、“集中开展清洁行动改善农村人居环境”、“生活常识”、“创卫健康知识问答”、“衣食住行”、“养生保健”、“争创文明城市争当文明市民”、“迎奥运讲文明树新风”、“创建全国文明城市宣传栏”、“开展创卫给我们带来什么的讨论”、“长安文明与我同行”、“家庭礼仪”、“创建国家园林城市知识问答”、“坚持科学发展建设生态强区”、“食品药品之窗”、“讲文明除陋习树新风促和谐”、“推进乡风文明建设和谐家园”、“全民参与创模争优”、“人人争当文明市民携手共建文明城市”、“开展四城联创建设美好家园”、“整治双十乱靓丽城市新区”、“开展卫生百日整治改善农村人居环境”等专栏，宣传报道全区创卫和四城联创工作布署、工作进展情况和典型经验，为全区创卫和四城联创工作发挥舆论引导作用。

【非公经济发展宣传】 2007年，采编中心与区非公局合办“提升二产水平加快兴区富民——非公经济巡礼”专栏，系列报道一批民营企业发展历程。配合区委、区政府表彰2009年度纳税突出贡献企业大会，出版《长安区表彰2009年度纳税突出贡献企业增刊》1期，表彰、报道和宣传纳税先进企业，树立一批带动经济增长、促进农民增收的“明星非公企业”形象。

【“继续解放思想 推动科学发展”大讨论活动和学习党的十七大、十七届三中全会精神宣传】 2007～2010年，采编中心开设“乡镇、街道、部门领导‘大讨论’座谈会发言选登”、“乡镇、街道学习贯彻党的十七大精神简讯”、“十七大报告解读”、“学习十七大精神贯彻十七大精神”、“十七届三中全会宣讲活动简讯”、“政策法规”、“贯彻三中全会精神推动长安农村改革”栏目，组织应约刊发区上领导和乡镇、街道领导的理论文章20多篇，结合长安区经济社会发展策划问卷调查专版1个；报道全区宣传十七届三中全会精神情况，以专版形式采访报道区人大代表学习十七届三中全会精神座谈，刊发稿件160多篇，专版7个，营造大讨论活动和学习十七大报告、十七届三中全会精神氛围。

【为加快科学发展奠定思想基础的宣传】 2008年1～2月，采编中心组织“加快科学发展长安走在前列——乡镇街道部门2007亮点回眸”和“贯彻区委一届三次会议精神建设经济生态文化科教强区——乡镇街道部门2008年工作思路”报道，结合区委一届三次全会配发“众志成城，为建设经济生态文化科教强区而奋斗”的言论。

【抗震救灾宣传】 2008年5月，四川汶川地震发生。区委、区政府紧急行动，记者深入乡镇、街道、村组、社区了解防震救灾情况和典型事迹。《长安开发》开设“众志成城抗震救灾”、“真情系灾区关爱汇暖流”、“爱心行动”等栏目，刊登稿件100多篇，组织《长安涌动爱心潮——长安区向汶川地震灾区募捐掠影》、《洒向灾区都是爱》、《长安区社会各界向汶川地震灾区捐款统计表》、《防震知识》专版4个，为全区抗震救灾工作营造舆论氛围。

【改革开放30周年宣传】 2007～2010年，采编中心和区委宣传部、区文联联合主办纪念改革开放30周年“长安的变迁”有奖征文活动，以人民群众亲历、亲见、亲闻人生故事或思想感悟，讲述改革开放中重大变化，展现全区30年成就。收到稿件100多篇，专版报道区委统战部“回顾历程、凝聚力量、发挥优势、服务大局——长安统战系统纪念改革开放30周年座谈发言，收效良好。

【学习实践科学发展观活动和基层组织建设、创先争优活动宣传】 2007～2010年，采编中心按照全区深入学习实践科学发展观活动和创先争优活动要求，围绕“推动科学发展，建设四强新区，造福长安人民”活动载体，制订宣传报道方案，开设“服务中心工作、突出实践特色”、“深入开展学习实践科学发展观活动”、“推动科学发展、建设四强新区、造福长安人民”、“科学发展观百科辞典”、“科学发展大家谈”、“科学发展在长安系列报道”、“坚持科学发展建设生态强区”、“科学发展在长安”、“强化村级班子建设加快农村发展步伐”、“创先争优进行时”、“创先争优争当时代先锋”、“组织创先进党员争优秀群众得实惠”、“推进建设学习型党组织”等7个专栏，以消息、通讯、照片、理论文章和书法等形式，报道全区深入开展学习实践科学发展观活动情况，刊发稿件400多篇，专版10余个，为全区开展深入学习实践科学发展观活动、基层组织建设和开展创先争优、建设学习型党组织活动营造舆论氛围。

【城乡一体化建设宣传】 2007～2010年，采编中心围绕加快城市化建设，促进城乡一体化，融入大都市发展主题，报道东仪路、电子正街长安段等城区路段综合改造工程，以及新建公厕、街头绿地广场、园林化单位和居民小区创建，金长城大厦周边、清凉山城市公园、常宁新区开发建设、城中村改造、引镇、五台古镇等5个重点镇建设和大兆、王寺等9个城镇纳入“关中百镇”建设情况，促进全区城乡一体化建设步伐。

【抓落实年宣传】 2007～2010年，采编中心开设“认真落实‘区委全会’精神扎实布署2009年工作”、“开展‘抓落实年’活动加快建设‘四强区’”、“部门乡街抓落实新举措”3个栏目，刊发《区抓落实年动员会要求——提升境界真抓实干确保走在全市前列》、《各项指标完成良好 存在问题亟待改进》、《抓重点破难题全面完成年度目标任务》等有关稿件240多篇，对部门乡街抓落实情况进行报道。

【改善民生宣传】 2007～2010年，采编中心在社会新闻版、政策法规版和科技教育版通过多种形式，策划组织改善民生宣传。一是推进科技进步，加大科技创新和科技转化为生产力典型的宣传，与区科技局合作，开办“科技创新、促民致富”科普栏目。二是宣传“双高普九”新举措，跟踪报道6所寄宿制学校建设和改造，关注远程教育、继续教育和职业教育发展情况。三是促进卫生事业发展，报道乡、街卫生院和村标准化卫生室建设，新型合作医疗和城镇医保管理工作发展情况。四是宣传促进就业扶持政策，关注下岗失业人员，失地农民等困难群体就业，推出大学生和务工返乡人员自主创业典型，促进全民创业的开展，受到广大读者好评。五是宣传报道长安区新农保工作开展情况，刊发区委书记吕健《在全区新型农村社会养老保险试点工作动员会上的讲话》、《统筹城乡发展 构建和谐社会——长安区新型农村养老保险试点工作启动大会剪影》、《实施方案》、《实施细则》专版4个，稿件50多篇。

【建国60周年宣传】 2007～2010年，采编中心开设“60年历程 60年巨变——祝福祖国明天更美好”、“喜迎建国60华诞简讯”、“辉煌的长安——庆祝建国60周年专题报道”、“伟大的祖国 腾飞的长安”、“回顾历史缅怀英烈——庆祝新中国成立60周年”、“光辉的历程难忘的岁月”和“迎国庆扮靓长安”栏目7个，系列报道长安区建国60年特别是改革开放以来发生的巨大变化，发稿100多篇，专版27个。“辉煌的长安——庆祝建国60周年专题系列报道”，篇幅大、版面多、图文并茂，反映长安区巨大变化。

【四强区建设宣传】 2007～2010年，采编中心为落实区委一届三次全会精神，在《长安开发》刊发区级领导关于四强区建设文章12篇，开设“理清思路，明确目标，突出重点，抓好落实——努力建设经济生态文化科教强区即建设四强区大家谈”栏目，采访部门、乡街领导刊发稿件30余篇。开设“长安发展新名词解读”栏目，对四强区内涵及建设四强区产业结构布局“两大两小，三带四坂块”、“三纵五横城市网络”等进行系列报道。区委一届四次全会召开后，为配合会议落实，开设“贯彻区委一届四次全会精神系列谈”栏目，刊发《抓落实要牢固树立时间观念》、《抓落实要牢固树立数量观念》、《抓落实要牢固树立标准观念》、《抓落实要牢固树立责任观念》四篇言论。为推进落实四强区建设要求，开设“贯彻区委一届四次全会精神，扎实推进四强区建设——聚焦乡镇”栏目，对全区18个乡街进行报道，总结上半年工作，推进下半年工作。围绕区委、区政府提出的“全市领先，全省进位”目标和抓落实年活动，开设加快建设‘四强区’”等栏目，年初组织乡、街领导撰写“四强区”建设理论文章和2009年工作设想、工作安排，发稿150多篇。组织“冲刺四季度，确保全年任务按时完成”系列报道，采访报道33个单位，为全面完成目标任务形成舆论氛围。围绕区委、区政府提出的“保持全市第一方阵不动摇”目标，刊登“充分履行职责　为‘四强区’建设建言献策”和“实施追赶战略　谋求跨越发展”专版，开设“来自乡街的报道”、“重点工作展示”、“创新工作亮点”、“实施追赶战略建设四强新区”等栏目。围绕总结2009工作、谋划2010年工作，刊发乡街、部门2009年工作亮点和工作设想、工作安排。开设“实施追赶战略　确保时间任务双过半”栏目，报道部分部门、单位上半年目标任务完成及下半年工作谋划情况。配合区委一届八次全会和区政府十六届六次全会召开，开设“实施追赶战略　谋求跨越发展　建设具有国际竞争力的经济、生态、文化、科教城市新区”、“学习主城区对接主城区追赶主城区”栏目，刊发各乡街、部门贯彻两会精神简讯，为理清思路、明确目标、突出重点，推进经济、生态、文化、科教强区建设发挥舆论引导作用。

【科技、教育、文化和精神文明建设宣传】 2007～2010年，采编中心在社会新闻、科技教育、文化艺术3个版面，开设“文明新风满长安”、“推进乡风文明建设和谐家园”、“学熊宁　见行动”、“新风赞”、“学习郭孝义　争做好党员”、“长安人物赞”、“除陋习　讲文明　树新风”、“人人争当文明市民　携手共建文明城市”、“节能减排　从我做起”、“情系灾区　风雨同舟”、“科教快讯”、“农业科技”、“科教论坛”、“长安风”、“科技创新　促民致富”等10余个栏目，系列报道长安区精神文明建设“五十佳”候选者事迹，社会反响强烈。对加强公民道德教育、树立社会主义荣辱观、增强科教兴区意识、促进先进文化和精神文明建设发展起到推动作用。

【政治文明建设宣传】 2007～2010年，采编中心宣传社会主义民主制度化、规范化、程序化及人大依法行使职权即法律监督、干部任用监督、工作监督等；政协的民主监督，参政议政、建言献策；工会、共青团、妇联作用的积极发挥，政务公开扩大基层民主，依法治区、平安创建、以法行政、维稳信访、干部作风转变，“天网工程”的组建完善、打击各种违法犯罪行为和校园安全等。开设“政策法规”、“政策解读”、“法制园地”、“法治专线”、“舆论监督”、“新闻聚焦”、“三级联创　争先创优”、“党建园地”、“创建平安西安”、“听民声　察民情　解民忧——区领导信访接待系列报道”、“中国人口普查”、“财政知识”、“军民共建鱼水情深”、“创建平安长安人人积极参与”等栏目，组织区委、区政府全委会和区人代会、政协会的宣传，报道两会议案、提案落实情况。配合村两委会换届宣传，受到区级大班子领导好评。

【读报村】 2010年，采编中心建立太乙宫街道太乙村、子午街道台沟村、滦镇街道上王村3个读报村，为每户村民赠送1份《长安开发》报。（常晓君）

统　战

【概况】 中共西安市长安区委统一战线工作部（以下简称区委统战部）是区委贯彻执行党的统一战线方针政策的职能部门。2007～2010年，区委统战部坚持以邓小平理论和“三个代表”重要思想为指导，贯彻落实科学发展观，学习贯彻党中央、省、市、区委有关统战工作会议精神，抓好统一战线成员思想政治引导，发挥统一战线凝聚人心、汇聚力量优势作用，围绕经济建设中心，服务全区经济社会发展大局，拓展海外统战工作领域，提升长安形象和对外影响力，为全区经济与社会实现科学发展做出贡献。

【开展社会主义核心价值体系学习教育活动】 2009年，区委统战部开展社会主义核心价值体系学习教育活动。召开9次动员大会，举办6次专题讲座，组织8次座谈讨论和3次成果交流，在缅怀先烈精读精典中营造浓郁活动氛围。以“坚定信念、同舟共济、参政为民、促进和谐”为载体，开展系列服务社会、扶贫帮困实践活动，增强广大统战成员思想共识，提高参政议政能力和水平。

【贯彻落实多党合作和政治协商制度】 2007～2010年，区委统战部学习贯彻《中共中央关于进一步加强中国共产党领导的多党合作和政治协商制度建设的意见》（中发[2005]5号）和省、市实施意见精神，举行学习座谈活动12次，召开协商通报会11次，聘请特约监察监督员31名，开展民主党派“三下乡”和捐资助学活动23次，捐款捐物15余万元；党外人士撰写提案建议及调研文章70余篇。建立完善《西安市长安区党外干部队伍建设五年规划》，两次向市区推荐党外后备干部48人，配备党外处、科级领导干部7人，其中处级1人，科级6人。

【区政协第十二届委员会换届】 2007年，区政协第十二届委员会换届，区委统战部成立换届工作领导小组，按照区委批转的《政协西安市长安区第十二届委员会组成方案》，严格换届程序，召开部长办公会和领导小组工作会12次，酝酿委员建议名单，建议名单经区委常委会研究后，召开政协党组会、主席会和常委会通过建议名单。换届过程中召开各界人士民主协商会和情况通报会，向各民主党派、无党派、工商联代表人士和区级各群团组织、统战成员单位通报换届工作有关情况，征求各界人士意见建议。换届后，区政协第十二届委员会委员平均年龄44.5岁，较上届下降2.4岁，大专以上学历186人，占63.1%，其中研究生学历18人，妇女委员48人，占16.2%；其中第一次进入政协的新委员138人，占46.8%，委员结构合理，知识层次高，分布地区和所属行业较为平衡。

【“温暖工程”培训计划】 2007年，区委统战部实施“温暖工程”、百县百万农民培训计划金鹰项目，新增2所培训基地，新开设电子信息技术、电器修理和家政服务等培训项目，培训1100余人，安排就业90%以上。

【吴星可慈善基金会捐助子午地区贫困农民】 2007年4月，香港吴星可慈善基金会吴碧会长为子午街道200余户贫困村民送去面粉、食用油等慰问品，现场为44位70岁以上老人每人捐赠慰问金200元，计2万余元。

【召开纪念改革开放30周年座谈会】 2008年11月，区委统战部召开统战系统纪念改革开放30周年座谈会，以“回顾历程、凝聚力量、发挥优势、服务大局”为主题，在《长安开发》宣传报道。

【举办统战系统庆祝新中国成立60周年活动】 2009年，新中国成立60周年庆典期间，区委统战部召开各界人士座谈会，组织民主党派成员和无党派人士围绕多党合作和政治协商制度确立60周年开展座谈和征文活动，宣传新中国60年辉煌成就和多党合作事业光辉历程及成功经验，进行爱国主义、社会主义和改革开放教育，增强统一战线广大成员坚持走中国特色社会主义发展道路的自觉性和坚定性。

【少数民族普查】 2010年，区委统战部普查全区少数民族分布情况及行政事业单位机关少数民族干部情况。结果显示，全区29个少数民族，1288人，80%以上分布在韦曲、郭杜、东大地区。机关少数民族干部6人，按照要求向市委统战部推荐5名少数民族后备干部，完成调研报告《长安区少数民族工作的重点和难点》。

【大兴善寺方丈释界明和兴教寺方丈释常明圆寂火化】 2008年7月，陕西省佛教协会会长、西安大兴善寺方丈释界明圆寂，圆寂火化仪式在香积寺举行。2009年4月，兴教寺方丈释常明圆寂，圆寂火化仪式在兴教寺举行。区委统战部会同市、区相关部门积极协调，妥善处理，期间无安全事故发生，受到省市领导和佛教界赞誉。

【清凉寺大雄宝殿落成】 2007年4月，清凉寺大雄宝殿奠基；2010年11月举行落成典礼暨佛像开光仪式，中国佛教协会副会长绍云长老、台湾星云大师特使及全国佛教界90余人参加活动。

【连战长安祭祖】 2007年9月，中国国民党荣誉主席连战来长安清凉山祭祖。陕西省台办副主任王康陪同，长安区委常委、统战部部长柴跟科参加接待和祭祖活动。2009年4月，连战再次来长安祭祖，国台办副主任陈云林及省市相关领导30余人陪同，区委书记吕健，区委常委、统战部部长柴跟科参加接待。

【全国政协委员、香港旭日集团董事长杨钊考察长安宗教文化】 2008年10月，全国政协委员、香港旭日集团董事长杨钊考察长安终南山宗教文化。区委常委、统战部部长柴跟科陪同杨钊一行参观净业寺、百塔寺、华严寺和清凉寺；区委书记吕健、区长汪文展与杨钊1行进行座谈，考察期间签定3000多万元投资捐赠意向。

【接待回乡台胞】 2007年12月，台胞蒋文杰夫人及3个儿子回乡探亲。区台办宣传党的对台方针政策，介绍长安发展成果和规划蓝图，赠送《长安年鉴》等书籍。2008年4月，88岁高龄台胞古礼回乡探亲。区委常委、统战部部长柴跟科专程看望，并赠送《长安年鉴》、《长安区情》。

【赴京参加“实施温暖工程，促进县域经济发展成果展览会”】 2008年4月，中央统战部和中华职教社在北京中国农业展览馆举办“实施温暖工程，促进县域经济发展成果展览会”，长安是西安市唯一参展组团，期间发放招商引资宣传册400份，接待咨询、参观1100余人。

【积极抗震救灾】 2008年5月12日，汶川大地震发生后，区委统战部4天内在全区统一战线成员中募集善款70余万元，物资价值20余万元，展示统一战线的强大凝聚力。

【协办“世界客属第22届恳亲大会”】 2008年10月，“世界客属第22届恳亲大会”在西安举行，长安作为协办单位，抽调区委统战部干部参与组委会工作，向组委会推荐科教、文化和宗教旅游开发等招商项目20个。

【接待台商黄文财一行】 2008年9月，台商黄文财一行5人来长安考察投资环境。区委统战部召开投资环境介绍会，区招商局、建设局和部分项目所在街道12个单位介绍招商项目基本情况，会后考察引镇、杜曲和郭杜街道的5个项目并签定投资意向书。

【评选表彰西安市第二届优秀中国特色社会主义事业建设者】 2009年，区委统战部推荐付合理、徐选举、贾本利、谢鸣4人评为西安市第二届优秀中国特色社会主义事业建设者，受到西安市委表彰。调动了非公经济人士投身社会主义建设的积极性和主动性。

【开展华侨华人捐赠情况普查】 2009年9月，区委统战部在全区开展华侨华人捐赠情况普查，普查侨资捐建希望小学8所，其他捐赠项目7个，激发归侨侨眷捐赠积极性。

【新社会阶层人士调研与服务工作】 2007～2010年，区委统战部积极开展新社会阶层人士调研活动，区委常委、统战部部长柴跟科先后撰写《关于我区非公有制经济的发展现状和对策思考》、《我对做好长安区新社会阶层人士统战工作的几点思考》调研报告。加强和改进新社会阶层人士服务工作，学习贯彻《中共中央国务院关于加强和改进新形势下工商联工作的意见》和区委吕健书记重要批示，召开工商联执常委会2次、商会会议4次；建立银企联谊制度，为非公企业和银行搭建合作共赢平台，召开银企联谊会2次，为32家非公企业授信贷款1亿元；邀请全国口语专家陈家戎为企业培训“口才与演讲”，推荐4家企业进入“全市百家民营中小企业发展工程”；建立非公企业项目库和异地商会互访制度，定期开展经贸交流；组织40余家企业赴上海等地招商引资，达成意向2000余万元。

【积极开展“光彩事业”】 2007～2010年，区委统战部引导新社会阶层人士增强责任意识，回报社会，投身光彩事业。开展扶贫济困、捐资助学等活动30余次，捐款捐物520余万元。

【西安市统战系统服务科学发展实践基地建设】 2009年，西安市委统战部借鉴中央统战部、各民主党派中央和全国工商联在贵州毕节地区对口帮扶建设启示，在杨庄乡设立“西安市统战系统服务科学发展实践基地”。成立市委常委、统战部部长张雷为组长的领导小组，区委书记吕健为组长、7名区级领导为副组长的支持协调领导小组，设立办公机构，落实场所、人员、经费，制定工作规划。2010年5月，实践基地在杨庄乡揭牌，出台规划和实施方案，启动“同行大道”建设，编制杨庄小城镇规划方案，“水乡农家”开工建设，落实10个项目投资3500万元。实践基地建设受到中央统战部和省委统战部高度关注。（周　勋　翁利娟）

政策研究

【概况】 2007～2010年，中共西安市长安区委政策研究室（以下简称区委政研室）、西安市长安区农村工作领导小组（议事机构）办公室、西安市长安区建设社会主义新农村工作领导小组办公室和西安市长安区统筹城乡发展工作领导小组办公室1套机构、4块牌子，是从事全区农村工作，为区委决策和中心工作服务的职能部门。内设办公室、农工科和调研科。行政编制11名，事业编制1名。2010年9月，区委将挂靠在区政研室的区农村工作领导小组办公室、区建设社会主义新农村工作领导小组办公室、区统筹城乡发展工作领导小组办公室的职能整体划归新设立的长安区统筹城乡发展工作领导小组办公室。

【新农村建设】 2007年4月，区委政研室召开长安区新农村示范村重点村建设工作现场会，总结2006年度新农村示范村建设工作，表彰新农村建设先进示范村5个；召开《西安市长安区乡村清洁行动动员大会》，制定印发《乡村清洁行动实施方案》，编印《宣传提纲》10万册。9月，2006年度10个市级示范村建设通过市上验收，争取市级奖补资金649万元。2007年度36个市级重点村完成投资5118万元，翌年8月通过市上验收，争取市上奖补资金1311万元。2008年5月，区委、区政府召开长安区新农村重点村建设工作推进会，安排部署新农村重点村建设工作。2009年度36个市级重点村完成投资4900万元；同年8月通过市统筹办检查验收，争取市上奖补资金1528.9万元。2010年度60个重点村完成投资4400万元，达到“六新”（即发展新产业、建设新村镇、创造新生活、塑造新农民、培育新组织、完善新机制）标准；同年8月，通过市统筹办第一阶段检查验收，争取市上奖补资金3006.9万元。

【农村工作】 2007～2010年，区委政研室围绕社会主义新农村建设，促进农业发展农民增收和促进农业稳定发展农民持续增收，在全区组织开展中央1号文件宣传活动，成立宣讲组深入3个街道3个村进行宣讲，累计印、发放宣传资料2万份。2010年3月完成《西安市长安区新农村建设第十二个五年规划》编写任务。

【统筹城乡综合改革试点】 2009年5月，区委、区政府召开长安区统筹城乡发展工作动员大会，安排全区统筹城乡发展工作。出台《长安区关于统筹城乡发展加快城乡一体化进程的实施意见》、《长安区关于加快城镇化发展实施办法》、《长安区关于加快区域工业化发展实施办法》、《长安区关于加快农业产业化发展实施办法》、《长安区关于民生工程实施办法》、《长安区十大工程实施方案》、《长安区加快城乡一体化进程工作任务分解表》和《长安区统筹城乡发展工作考核奖惩办法》等文件。确定“三化一工程”（城镇化、工业化、农业产业化和民生工程）和“五个一体化”（加快城乡空间布局、产业发展、基础设施、公共服务、社会管理一体化）工作思路。成立“五个一体化”推进工作领导小组，形成一项任务、一名领导、一个机构、一套办法、一抓到底的“五个一”工作责任机制。长安区财政每年划拨工作经费5万元，财政扶持资金300万元支持统筹城乡发展工作顺利开展。2010年确定五台、大兆、滦镇等11个乡街和60个市级重点村规划编制工作。制定《长安区十大战略行动实施方案》，成立调研课题组，围绕规划统领、产业振兴、区域城镇化与小城镇建设、基础设施建设全覆盖、公共服务均等化、生态环境优化、就业和社会保障全覆盖、现代文明传播、以城带乡等10个方面开展调查研究。

【《长安调研》】 《长安调研》是区委政研室主办的内部刊物，旨在刊登全区优秀调研文章，供区级领导参阅，为领导决策提供参考。2007～2010年，区委政研室发挥《长安调研》以文辅政作用，严格稿件筛选，体现刊物特色，编发《长安调研》55期。

【重点调研课题】 2007～2010年，区委政研室开展重点课题调研，完成《关于我区房地产情况的调研报告》、《加强我区体育管理工作的对策研究》、《建设公路网络促进经济社会又好又快发展》、《关于长安区生态环境保护的调研报告》、《关于长安区工业园区的调研报告》、《创建长安文化强区热点问题透视》、《关于加快区县经济发展若干问题的报告》等调研文章。组织起草《关于进一步加快改革开放的实施意见》等文件。区委政研室获西安市委办公厅2009～2010年度优秀调研成果参评活动优秀组织奖。

【专题调研】 2007～2010年，区委政研室开展专题调研，完成《秦岭北麓长安段生态旅游发展战略思考》、《关于城乡一体化发展问题的调研报告》、《浅议终南山宗教文化旅游的开发》、《长安区土地流转调查》、《长安林业工作情况调研报告》等调研文章。其中《秦岭北麓长安段生态旅游发展战略思考》在中共西安市委政策研究室《调查与研究》刊发，《关于长安区生态环境建设的调研报告》在《西安调研》刊发。

【农村政策研究】 2007～2010年，区委政研室开展农村政策研究，完成《加快农业结构调整 促进都市农业建设》、《王寺新农村建设设想》、《农家乐发展的现状和思考》、《农村基层民主管理建设的调研与思考》、《斗门街道农业产业化发展调研报告》、《杜曲街道食用菌产业发展的思考》、《长安区“农家乐”旅游产业发展调查与研究》、《建立推进机制、加快新农村建设》、《关于王莽乡生态观光农业的调研报告》、《关于建立新农村长效机制的思考》等调研成果。其中，《加快农业结构调整，促进都市农业建设》获2008～2009年度西安市优秀调研成果三等奖；与区人大农工委、区产业办联合调研形成的《长安区农业结构调整情况调研报告》，获西安市调研成果优秀奖，《关于长安区土地流转的调研报告》在《西安调研》刊发。

【黄良乡西湖村固定观察点工作】 黄良乡西湖村是中央政策研究室、国家农业部1989年选定的农村固定观察点之一。2007～2010年，区委政研室每年将40个跟踪调查户的调查报告及数据呈报上级主管部门。完成调查问卷760余份，统计汇总数据20万个，为中央统筹决策提供科学依据。2007～2009年度，连续3年被评为陕西省农村固定观察点工作先进单位。2010年固定观察点获中共陕西省委政策研究室优秀观察点二等奖；同年，马超峰被省委政研室评为固定观察点先进个人。

（杨富强）

城乡统筹

【概况】 2010年9月，根据西安市长安区机构编制委员会通知（长编发[2010]19号），设立西安市长安区统筹城乡发展办公室（以下简称区统筹办），正处级建制，列入区委机构序列。同时将原挂靠在政策研究室的区农村工作领导小组办公室、区建设社会主义新农村工作领导小组办公室职能整体划归新设立的区统筹办。区统筹办主要职责是负责全区农村工作、统筹城乡发展工作和新农村建设等相关工作。内设3个科室，核定事业编制12名。其中主任、副主任各一名，科级领导职数3名，经费为财政全额拨款。2010年末，实有工作人员10名。

【申报2011年市级新农村重点村】 2010年11月，区统筹办根据西安市统筹城乡发展工作领导小组办公室（市统筹办字[2010]31号）文件精神，按照市级重点村申报条件，采取行政村申报、乡街审核、区统筹办综合评定办法，对长安区25个乡街申报的2011年新农村建设重点村实地考察，确定62个行政村申报2011年市级新农村建设重点村。

【申报2010年统筹城乡发展重点项目】 2010年11月，区统筹办按照申报程序经过评定，确定建宏种猪厂示范园、王莽生态农业观光示范园、阳光雨露现代农业示范园、长安鲜桃基地等22个示范园和生产基地为2010年统筹城乡发展重点项目。

（刘　璐）

老干部工作

【概况】 中共西安市长安区委老干部工作局（以下简称区老干局）是负责全区老干部工作的管理部门，主要协调落实离休老干部的政治、生活待遇，为老干部的晚年生活服务。2010年，全区有离休干部153人，其中异地代管9人；抗日战争时期4人，解放战争时期149人。分布在行政机关86人，事业单位41人，企业单位26人。全区有离休干部党员122人，建立自管组（党支部）18个，老年大学1所，老年学校22个，老干部活动中心1所。2007～2010年，共接待老干部来信来访40余人(次)。

【落实老干部政治待遇】 2007～2010年，区老干局按照关于老干部政治待遇的“五项制度”，全面落实老干部政治待遇。坚持定期阅文制度，组织老干部听报告，特邀离休老干部代表参加区委重大会议；利用春节、夏忙前、中秋节走访慰问老干部；每年“七一”前夕慰问建国前老党员；定期向老干部通报本地区、本部门工作情况；老干部有病住院及时看望；组织老干部参观考察改革开放新成果，及时了解国际国内政治形势和现代化建设新进展。开展“健康快乐在行动”和“长安区老干部工作交流园地”简报活动受到好评。

【落实老干部生活待遇】 2007～2010年，区老干局建立健全离休干部“三个保障机制”，做好老干部生活待遇落实工作。截至2010年底，全区153名老干部都能按时足额领到离休费；医药费进入单位统筹，实行专户管理，足额预算，实报实销，使老干部“两费”得到保障。

【组织老干部活动】 2007～2010年，区老干局坚持每年春季为离休干部组织1次“一日游”活动。每年为老干部进行1次健康检查。七一、八一期间，召开离休老党员、老军人座谈会；老年节举办庆祝联欢会和书画展；共举办理论学习报告及保健知识讲座20场(次)。2008年5月，在为汶川地震灾区捐款活动中，区老干部及区老干局工作人员151人捐款12720元，交纳特殊党费2930元。2010年，在“情系玉树，奉献爱心”活动中，区老干局组织机关干部和离休老干部为灾区捐款10220元。

【发挥老干部作用】 2007～2010年，长安区离休干部参与关心教育下一代工作。

区领导慰问离休干部原县政协主席米思忠

离、退休干部周勃、高党民、何斌魁、王作兆等义务为青少年作报告，以自己亲见、亲历之事宣传党的光辉历史和优良作风，对青少年进行思想政治教育。张步学、张玉娥、侯一民肩负老年教育工作，使区老年大学连续4年获省市老年大学先进单位。离休干部周志善离休后承担起百家院的服务管理工作，先后被市关工委、市委老干局评为老干部发挥作用先进个人。

【老年教育】 2007～2010年，长安老年大学在提高教学质量的同时，不断拓宽渠道，整合资源发展老年教育，组织校外演出40多场（次），其中参加省市演出10余场（次）。2007年，组织30多名学员参加省市书画展，分别获一、二、三等奖和优秀奖；杨冰如、薛爱兰、崔鹤寿、陆程久等人的诗词被省市及全国《老年教育》等杂志刊登。2008年，参加西安市体协腰鼓比赛和西安老年大学舞蹈比赛，分别获二等奖。2009年，参加西安市老年大学秦腔大赛，小品获一等奖、戏曲获二等奖；区老年大学合唱团在西安“红五月”歌唱比赛中获二等奖。2010年，参加西安市老年大学第三届民族舞比赛，中老年组分别获优秀奖。2010年，长安老年大学筹资出版《霜叶红》5集，共印1500多册。截至2010年，长安老年大学共有8名工作人员，20名教师，79名班干部，20个专业，50个班级，2410名学员。2007～2010年，长安老年大学被评为西安老年教育系统先进分校，张步学校长的论文《县办老年大学的几个问题》获全国优秀论文奖。（冀一果）

机关党建

【概况】 中共西安市长安区直属机关工作委员会（以下简称区直机关工委）是负责区直机关党的思想、组织和作风建设的区委派出机构。主要职责是制定区直机关党的建设工作规划，指导区直各部门机关党的建设工作。下辖2个机关党委（长安区人民法院机关党委、长安区人民检察院机关党委），14个党总支，140个党支部（直属党支部50个），共有党员2850人。机关行政编制5人，设书记1人，副书记1人，干部3人。

【党员教育、管理及发展】 2007年1月，区直机关工委组织“迎新春”硬笔书法比赛，征集作品89幅，评选出一、二、三等奖18名；5月，下发《关于推行党费收缴公示制度的安排意见》，在区计生局、食品药监局等6个基层党组织推行党费收缴公示制试点；6月，组队参加区委组织部举办的纪念建党86周年诗歌朗诵会，获一等奖1个，三等奖1个；10月，参加区委组织部举办的迎十七大书画赛，获“优秀组织奖”，选送32幅作品，获一等奖1名，二等奖2名，三等奖4名。2008年5月，按中组部新的党费交纳标准重新核定机关每名党员党费缴纳基数；7月，举办纪念建党87周年西安革命斗争史和改革开放30年巨大成就讲座。2010年6月，举行纪念建党89周年预备党员入党宣誓仪式。全年表彰优秀党员8名，优秀党务工作者9名，处置不合格党员2名，恢复党员权利2名。完成126个基层党组织2850名机关党员信息登记工作。推行党务公开和党费收缴公示制，扩大党内民主，提高党费收缴工作透明度，增强党员党性观念。2007～2010年，区直机关工委每年召开区直机关党建工作会1次；举办入党积极分子培训班4期，培训入党积极分子292人，接收新党员237名。

【建党88周年文艺汇演】 2009年6月，为隆重庆祝中国共产党成立88周年，区直机关工委组织举办以“颂歌献给党”为主题的大型文艺汇演。文艺汇演，展现了长安区直机关党组织的凝聚力、创造力和战斗力，激发了机关党员干部的爱党爱国热情。为确保文艺汇演圆满举行，区直机关工委成立了由书记柏利民担任组长，副书记孙清志担任副组长的工作领导小组，由有关专家组成导演组，负责节目策划；节目以大合唱、诗歌朗诵、独唱、舞蹈等形式，歌颂党、歌颂祖国、歌颂长安发展。

【“盛世中国 风雅长安”诗歌朗诵会】 2009年9月，由区委宣传部牵头，区直机关工委和区教育局组织以“弘扬传统文化，讴歌时代精神，提升长安形象”为主题的“盛世中国 风雅长安”诗歌朗诵会，区直机关各部门、全区中小学600余人参与演出。演出内容包括4个部分：一是表现文明灿烂的古代长安“大秦雄风、汉唐辉煌、风雅长安、锦绣河山”等篇章；二是表现英勇奋进的近代长安“党的光辉、红军的脚印、英雄赞歌、江山多娇”等篇章；三是表现豪情激荡的现代长安“豪杰辈出、人民当家作主、长安和祖国同行、社会主义好”等篇章；四是表现腾飞崛起的新长安“改革开放的春天、蓬勃发展的长安、昂首阔步奔小康、长安大地尽朝辉、伟大祖国繁荣富强”等篇章。

【基层组织建设】 2007～2010年，区直机关工委举办党（总）支部书记和党务干部培训班5期，培训党（总）支部书记及党务干部341人。命名学习型党组织28个，规范化党支部16个，“五个好”党组织58个；评选出24个最佳党日，10个党建示范点。按照《中国共产党基层组织选举工作暂行条例》规定，有88个党（总）支部进行换届选举，调整党（总）支部委员75名。新设立18个党支部。每年与各基层党（总）支部签订党建目标责任书和党风廉政建设目标责任书。分别于2007年、2008年、2009年7月抽调基层党务干部，组成3个检查组，检查区人事局、财政局、市容环卫局等14个党总支、13个直属党支部党建工作，督促各基层党组织落实党建目标责任和党风廉政建设目标责任，加强党的基层组织建设。

【机关党建网页】 2006年7月，“中国长安新闻网”机关党建网页开通。2007年4月，区直机关工委举办网站通讯员培训班，51名通讯员参加。2008年3月，区直机关工委表彰奖励区食品药监局等单位优秀通讯员8名。2009年2月，举办机关党建网页通讯员培训班。2007～2010年区直机关工委利用机关党建网页发稿242篇，点击率40000余人次。2009年8月，区直机关工委召开2009年度党建工作经验交流会，区人民法院、区人民检察院机关党委和各党总支、直属党支部64位负责同志参加，会议期间参观学习区烟草专卖局党支部、区财政局党总支党员活动室。区财政局党总支、区烟草专卖局、区人大办、区广播电视中心党支部、区人民检察院机关党委等10个基层党组织做经验介绍。2007～2010年每年召开党建工作经验交流会1次。

【“创先争优”活动】 2010年4月，区直机关工委在基层党组织开展“创先争优”活动，通过“一名党员、一面旗帜”、“奉献在岗位，争先创一流”、“讲学习、强纪律、树形象、促发展”等系列活动，促进长安经济发展。深化“承诺制”活动，明确“承诺制”活动的指导思想、工作原则、工作目标和承诺重点内容。开展城乡党的基层组织互联共建活动。2008年7月，组织举办农家乐标准化建设启动仪式，得到西安市质监局党委、滦镇街道党工委和上王村党支部的好评。2009年8月，赠送高桥乡曹坊村价值3000余元扩音机1台、高音喇叭8个。

【扶贫帮困】 2007年，区直机关工委干部捐款6500元，帮助高桥乡2户贫困户建起新房。2008年5月汶川大地震发生后，为支援灾区，区直机关工委召开基层党组织主要领导紧急会议，奉献爱心，2718名党员交纳“特殊党费”33.8万元。2007～2010年，区直机关工委慰问贫困党员61人，送去慰问金、慰问品价值2.6万余元。

【学习实践科学发展观活动】 2009年3月，区直机关工委开展学习实践科学发展观活动。主要做法：一是成立区直机关工委深入学习实践科学发展观活动领导小组，召开动员大会；二是明确活动主题，精心安排部署，活动期间集体学习28次，听报告、看专题片12场次；三是注重联系实际，创新学习方法，要求领导干部每人记2万字以上学习笔记、写心得体会3篇，邀请西安市委党校文史研究室教授李俊岭就调查研究进行专题辅导、600多名党员参加，购价值5000元的《深入学习实践科学发展观》光盘10套，组织1200多人收看42场次；四是突出实践特色，广泛征求意见、认真查找问题，到区广电中心、财政局、药检所等28个基层党组织调研，发放征求意见表300份，发征求意见函86份，召开征求意见会5次，撰写题为《区直机关党建围绕中心，服务大局，创新工作调查与思考》调研报告1份；五是集中解决问题，建立健全规章制度。学习实践活动的开展，使区直机关全体党员统筹协调能力得到提高，求实创新意识增强，严谨高效的作风更加务实，忠诚奉献的精神更加强烈。 （刘小燕）

目标责任综合考核

【概况】 长安区综合考核办公室前身是长安区督查落实办公室。2007年6月，按照省、市统一部署，长安区成立由区委书记、区长任组长，有关常委、副区长任副组长，15个区级部门负责人为成员的综合考评领导小组；在原长安区督查落实办公室的基础上，成立长安区综合考评办公室，对全区目标任务进行督促、反馈、建议、评价。2010年9月，区委调整考核工作机构，区综合考评领导小组更名为长安区年度目标责任综合考核工作领导小组，其下设办公室为直属事业单位（以下简称区考核办），内设综合科、考核一科、考核二科3个科室。

【考核机制】 2007年，长安区将区级各部门主要工作纳入综合考核范围，实行一个机构承担、一个考核标准、一个考核结果，以新标尺考核工作业绩、衡量发展成果，引领发展方向。在指标设置上，坚持“三个原则”：即重点性原则，突出市考指标（市委、市政府下达本区的年度考核指标）和全区中心工作，把上级要求和本区重点任务细化为考核指标，凸显发展方向和重点；高标准原则，下达的主要经济社会指标高于市考要求，鼓励各单位大胆突破，争优创先；创新性原则，设置特色工作和创新工作，激励各单位立足本职，务实创新。在考核方式上，2010年，出台《西安市长安区2010年度目标责任综合考核实施办法》，把目标责任考核、领导班子和领导干部考核、党风廉政考核、领导班子后备干部调整补充纳入考核范畴，建立“四位一体”（目标责任考核、领导班子和领导干部考核、党风廉政考核、领导班子后备干部调整补充）综合考核评价体系。在考核分类上，实行同类比较，全区分3个序列：乡街组、党群部门和市管部门组、政府部门组。考核结果分为优秀、良好、一般、较差4个等次，等次评定依据综合得分，分别按3个考核序列排序定等。

【确定任务】 2007～2010年，在年度目标任务确定上，建立责任单位申报、区考核办初审、职能部门会审、区综合考核领导小组审定、区委常委会确定的机制。在目标任务体系设置上，区级部门分为职能工作、班子和队伍建设2大块，各单位根据工作性质，分别有14～20项目标任务；乡、街道分为经济发展、社会发展、人民生活、环境保护、社会安全、班子和队伍建设6大块30多项指标。下达指标时，每项指标明确分值，总分为100分。

【督查落实】 2007～2010年，建立督查落实机制。**一是区委常委会抓落实机制**。区委常委会定期听取考核办和责任单位指标进展情况汇报，每年开展3次区级领导集中抓落实活动。**二是四级包抓责任机制**。完善区级领导、责任单位、责任领导和责任干部四级包抓责任机制，做到目标任务、包抓领导、责任单位、工作标准和完成时限“五落实”。对重点项目实行挂牌保护，成立由长安区区级领导担任组长的十大工程建设领导小组，实行1个项目、1名区级领导、1套班子、1组方案、一抓到底的“五个一”工作机制。**三是重点事项解决机制**。每季度召开1次市考指标专题会议，2010年实行月例会制度，通报情况、制订方案。采取重要事项专题督办、难点问题跟踪督查、滞后指标联合督查形式掌握动态、制订措施、解决问题。组织人大代表、政协委员视察市考重点项目、民生工程及重点工作。**四是通报警示机制**。采取月公示、季评比、半年通报方法，通报情况，表彰先进，鞭策后进；对工作不力、进展缓慢的责任单位，下发督办单，由区考核办跟踪督查，限期赶上进度；对督办后仍滞后单位下发《警示单》，对区级包抓领导印送《督查提示单》重点督办，推进后进指标转化。**五是民意监督机制**。设立抓落实热线，专人接听记录群众反映问题，分类整理，及时交办，督促相关部门落实；每日摘录长安舆情，对负面曝光问题督促相关单位认真整改，并将整改情况作为年终扣分依据。**六是舆论宣传机制**。通过下发考核简报，在媒体开辟专栏等形式，宣传全区综合考核工作典型做法、特色亮点和突出成效，营造比学赶超、争创一流的良好氛围。

【年终考核程序】 2007～2010年，区考核办按照数据采集、被考核单位自查、集中考核（工作报告大会、民主测评、

个别谈话、考察核实、考核组评价）、全区领导干部大会评价、社会评价、上级部门评价和综合评定等程序和方法进行严格考核。

数据采集 组织区级有关职能部门，对各单位共性考核指标完成情况打分，作为确定各乡街和区级各部门考核等次的依据。

单位自查 组织被考核单位搞好自查，完成自查报告。

集中考核 由区委常委带队，成立多个考核组到各单位集中考核。主要工作程序：召开被考核单位工作报告大会，听取目标任务完成情况汇报；民主测评；实地核查，通过个别谈话、查阅资料、现场检查等方法，全面掌握目标任务完成情况；综合分析、评议，在区委常委主持下，由考核组对各被考核单位打分排队。

全区领导干部大会评价 召开长安区领导干部大会，进行全区领导干部大会评价。

社会评价 随机邀请党代表、人大代表、政协委员和群众代表，进行社会评价。

上级部门评价 由区考核办向市级部门发送评价表函件，由市级各部门对区级各部门评价。

综合评定 区考核办按照有关程序和要求对全区各单位年度目标任务完成情况综合评定，依据考核得分，按照3个序列排名，形成综合考核初步意见，经区综合考核领导小组研究同意后报请区委常委会审定，确定全区各单位年度目标责任综合考核结果。

【表彰奖励】 2007～2010年，区委、区政府召开目标责任综合考核工作表彰大会，表彰上年度目标责任综合考核先进单位，对评为优秀和良好等次的机关在编在岗干部职工给予物质奖励。

长安区2007～2010年目标责任综合考核结果

（以综合考核得分排名）

年度	部门（乡街）	优秀等次单位	良好等次单位
2007	党群、市管部门	地税长安分局、国税局、区委办、组织部、外宣办、人大办、政协办、纪委（监察局）、宣传部、政法委、公安长安分局、妇联、政研室（新农办）、统战部、总工会、人武部、残联	质监长安分局、区直机关工委、长安开发采编中心、团区委、检察院、国土长安分局、工商长安分局、环保长安分局、规划长安分局、法院、档案局、党校、供电长安分局、工商联、老干局、文联、信用联社、药监长安分局、邮政局、电信长安分公司、气象局、烟草局
	政府部门	财政局、建设局、劳动和社会保障局、水务局、教育局、政府办、统计局、房产局、农业局、郭杜开发区、民政局、发改委、人事局（编办）、计生局、林业局、交通局、卫生局、招商局、信访局	市容局、科技局、供销联社、民宗局、创卫办、文体广电局、高校办、旅游局、审计局、非公局、文物局、经贸局、司法局、安监局、物价局、粮食局、市场管理中心、秦岭北麓生态资源保护利用办公室、农综办、二轻总公司、滈河办
	乡镇（街道）	郭杜街道、韦曲街道、东大街道、滦镇街道、太乙宫街道、兴隆街道、子午街道、斗门街道、细柳街道、杨庄乡	五台乡、王曲镇、鸣犊镇、王寺街道、王莽乡、杜曲街道、高桥乡、魏寨乡、引镇街道、马王街道、大兆街道、黄良街道、砲里乡、五星乡、灵沼乡
2008	党群、市管部门	地税长安分局、区委办、组织部、国税局、人大办、纪委（监察局）、宣传部、政协办、公安长安分局、外宣办、政法委、统战部、人武部、政研室(新农办)、检察院、总工会、工商长安分局、国土长安分局、妇联、档案局、规划长安分局、环保长安分局	残联、法院、区直机关工委、党校、团区委、长安开发采编中心、文联、质监长安分局、老干局、供电长安分局、气象局、国家统计局长安调查队、信用联社、工商联、药监长安分局、电信长安分公司、邮政局、烟草局
	政府部门	财政局、建设局、统计局、劳动和社会保障局、农业局、水务局、政府办、民政局、教育局、发改委、信访局、林业局、交通局、人事局(编办)、执法局、安监局、房管局、科技局、经贸局、市容园林局、招商局、计生局、非公局	文体广电局、卫生局、四城联创办、审计局、供销联社、文物局、秦岭北麓生态资源保护利用办公室、司法局、市场管理中心、旅游局、高校办、物价局、粮食局、二轻总公司、民宗局、农综办、滈河办
	乡（街道）	郭杜街道（郭杜开发区）、韦曲街道、斗门街道、东大街道、太乙宫街道、滦镇街道、王寺街道、引镇街道、鸣犊街道、五台乡、王莽乡、细柳街道、兴隆街道、高桥乡	杨庄乡、子午街道、马王街道、王曲街道、黄良街道、魏寨乡、五星乡、砲里乡、大兆街道、灵沼乡、杜曲街道
2009	党群、市管部门	区委办、人大办、地税长安分局、政协办、组织部、纪委、宣传部、公安长安分局、国税局、人武部、统战部、检察院、外宣办、法院、总工会、妇联、工商长安分局、环保长安分局、供电长安分局、规划长安分局、老干局、国土长安分局	政法委、政研室（新农办）、区直机关工委、档案局、长安开发采编中心、团区委、党校、质监长安分局、文联、残联、工商联、电信长安分公司、烟草局、药监长安分局、信用联社、气象局、国家统计局长安调查队、邮政局

年度	部门（乡街）	优秀等次单位	良好等次单位
2009	区政府部门	财政局、政府办、建设局、教育局、水务局、农业局、劳动和社会保障局、统计局、民政局、发改委、交通局、人事局（编办）、市容园林局、林业局、房管局、招商局、信访局、非公局、计生局、执法局、科技局、卫生局、安监局、斗门工业园、经贸局	供销联社、常宁新区、文物局、审计局、旅游局、文体广电局、四城联创办、秦岭北麓生态利用保护办公室、引镇现代物流园区、粮食局、司法局、基础公司、物价局、民宗局、城改办、二轻总公司、市场管理中心、农业综合开发办
	乡（街道）	郭杜街道（郭杜开发区）、韦曲街道、五台街道、东大街道、斗门街道、王寺街道、高桥街道、王莽街道、鸣犊街道、杨庄乡、细柳街道、五星乡、魏寨乡、大兆街道	太乙宫街道、滦镇街道、引镇街道、子午街道、杜曲街道、兴隆街道、马王街道、黄良街道、砲里乡、灵沼乡、王曲街道
2010	党群、市管部门	区委办、人大办、政协办、组织部、纪委、地税长安分局、宣传部、统战部、检察院、人武部、政法委、外宣办、国土长安分局、总工会、国税局、编办、公安长安分局、环保长安分局、老干局、法院、规划长安分局	工商长安分局、妇联、区直机关工委、政研室、长安开发采编中心、档案局、质监长安分局、团区委、残联、文联、烟草局、工商联、党校、供电长安分局、红十字会、邮政局、气象局、信用联社、国家统计局长安调查队、电信长安分公司
	区政府部门	财政局、建设局、政府办、统计局、发改委、教育局、农业局、水务局、民政局、信访局、林业局、人社局、市容园林局、交通运输局、执法局、卫生局、计生局、安监局、房管局	科技局、招商局、审计局、经贸局、民宗局、城改办、供销联社、常宁新区、旅游局、秦岭北麓管委会、四城联创办、文体广电局、司法局、物价局、食品药监局、基础公司、粮食局、二轻总公司、引镇现代物流园区
	乡（街道）	韦曲街道、郭杜街道（郭杜开发区）、东大街道、大兆街道、王莽街道、细柳街道、五台街道、五星乡、魏寨乡、杨庄乡、滦镇街道	黄良街道、鸣犊街道、太乙宫街道、引镇街道、杜曲街道、兴隆街道、王曲街道、马王街道、子午街道、灵沼乡、砲里乡

（左小峰　肖　蕊）

党　校

【概况】　2007～2010年，中共西安市长安区委党校以机制创新为动力，围绕中心工作，服务发展大局，深化教学改革，加强学术研究，提高师资水平，稳步推进干部教育工作。2007年9月，在全市范围内率先设立“长安大讲堂”。2008年，被西安市委授予“党校工作先进单位”，被西安市委党校评为先进党校。2009年，采用“上挂下延”、“面对面”的交流培训模式，把教室搬到基层，免费送讲下乡，延伸培训触角。同年，档案工作被省档案局授予“档案管理AA级单位”。2010年，党校内设三个科室：办公室、研究室、培训科；有教职工22人，其中高级讲师4人，讲师2人。

【干部培训】　2007～2010年，区委党校以“学习实践科学发展观”活动为契机，以“金钥匙”活动为载体，围绕区委、区政府中心工作，“司阵地熔炉之职，尽资政育人之责”，依托“长安大讲堂”采取集中和分散相结合，上挂与下延（上挂上级专家教授，下延基层群众）相结合的方式，发挥干部培训“主渠道”、“主阵地”作用。聘请省、市党校及省内高等院校专家，采取讲授与互动相结合的教学方法，讲授老师与培训干部、领导干部与服务对象面对面地对话问答，保证了培训质量。4年举办各类领导干部培训班46期，培训区内处级正职领导干部、部门和乡街副职领导干部、乡街和区级部门的组织、宣传干部及科级干部、妇女干部、农村党支部书记、村委会主任共6100人。

【入党积极分子培训】　2007～2010年，区委党校在入党积极分子培训方面，采取教师竞争上岗，组织优秀党员教师调研，了解区情和基层工作实际，精心备讲；建立动态考核试题库，增加时事政治和区委工作总体部署等内容，针对不同培训对象采用不同试题；严格培训时间、培训纪律；对未达到培训时间的不予颁发合格证。4年举办入党积极分子培训班83期，培训5045人。

【函授教育】　2007～2008年，函授干部学历教育接近尾声，区委党校依旧重视函授学历班教育和教学各环节的管理，强化服务于学员的工作理念，严肃上课纪律。在校学员面授听课率由88%上升为93%；各科目作业按时上交率由91%提高到97.6%。两年共毕业学员422人。

【教学改革】　2007～2010年，区委党校在全区干部教育培训中，组织教师采取上下延伸，双向选择的培训模式。向上听取区委、区政府领导对干部培训工作的意见，弄清“要求讲什么”；向下深入乡街、部门，了解基层干部“需要听什么”。对征集的意见、建议认真梳理，制订培训计划，确定“党的十七届四中、五中全会精神辅导”、“爱岗敬业与机关作风建设”、“统筹城乡发展与新农村建设”等专题，把科研成果及长安经济社会

发展的经验和应对改革发展稳定所面临的重点、难点问题的思路和办法渗透到培训内容当中，切实做到进课堂、进教材、进学员的头脑。同时探索培训方式改革，在东大街道祥峪沟村建立新农村建设基地。在处级领导干部培训中，把服务对象“两代表一委员”（党代表、人大代表、政协委员）请到课堂，参与提问，互动培训。2010年7～8月，与区委组织部联合，分批组织部门、乡街党政正职领导干部赴上海市委党校异地培训。

【实施“名师”战略】 2007～2010年，区委党校为适应干部培训需求，提出向外借力，建立网络教师库，实行“专兼结合，内外互补，优势共享”的师资优化模式。聘请西安地区各高校、科研机构专家学者讲授理论，发挥资源共享优势；聘请区级领导干部讲授区域发展及文化渊源；聘请乡街、部门领导和具有实践经验的基层先进人物讲授长安经济社会发展的新鲜经验。每年定期选送教师参加省市党校师资培训，提高教师的理论素养，在校内开展“每周一讲”活动，鼓励教师走出校门，深入基层开展教研，转让科研成果，进培训课堂。优质的师资队伍在干部教育培训中发挥了重要作用，为长安经济社会跨越发展和“四强”新区建设提供了人才保障。

【免费送讲到基层 流动党校入村组】 2007～2010年，配合党的十七大精神学习宣传，区委党校组织教师深入乡街、村组、企业、学校、部局、社区专题进行宣讲。在区委机关作风建设年活动中，组织教师为杜曲、黄良、太乙宫等街道和区人大机关、烟草局、水务局等单位讲授作风建设的意义和实施细则，推动机关作风建设。另外，区委党校还组建新农村建设学校，成立各类培训基地，为全区的新农村建设搭建平台。2010年，区委党校组织教师，把长安讲堂的“固定讲堂”与“流动讲堂”相结合，以“流动讲堂”为主，深入基层，送讲下乡。服务基层，拓展党校的培训范围，共举办各类专题讲座、送讲下乡30场次，受教育人数1238人次。

【调研科研管理与成果】 2007～2010年，区委党校树实事求是正气，兴调查研究之风，加大对重大理论和现实问题的调研力度，将全校教职工分成4个小组，深入基层，开展教研活动。广泛搜集素材，精心选定专题，认真撰写，调研、科研成果显著。2007年，配合新农村建设，区委党校按地域和经济差异，安排教师深入9个乡街27个行政村进行调查研究，完成《壮大集体经济、增强两委会在新农村建设中的统筹能力》等4篇文章，区政府将之作为指导新农村建设的重要依据。全年完成调研论文27篇。其中2篇获省级奖励，3篇获市级奖励。在全省党校系统第21次理论研讨活动中获征文“优秀组织奖”。2008年，完成调研报告23篇，其中7篇被《当代陕西》、《西安社会科学》、《长安开发》、《长安调研》刊发，3篇在陕西省党校系统第22次理论研讨会上获奖。2009年，完成教科研论文32篇，其中发表16篇，在省委党校获奖5篇，并获省委党校第23次理论研讨会参选论文“优秀组织奖”。2010年，完成调科研论文20篇，在市级以上刊物公开发表9篇（国家级1篇、省级4篇、市级4篇）；7月，在全省党校系统第二十四届理论研讨会上，区委党校报送优秀教科研论文15篇，有3位教师的3篇调研文章获奖，党校获得征文组织工作“先进单位”奖。高级讲师李引记撰写的《长安区农民专业合作社情况的调查与思考》获西安市优秀调研成果奖，受到市委表彰；高级讲师柳正林撰写的《长安区东部塬区经济跨越式发展的着力点》一文先后被《西安调研》和《新西部》刊发；副校长董兴民、高级讲师王卫东合作撰写的《谈建设学习型政党的现实路径》被《中国商界》刊发。另有9篇紧扣长安区情，反映长安实际的调研成果分别在《长安调研》、《长安开发》、长安新闻网、长安区政府网刊发。

（安萍莉）

长安区关心下一代工作委员会

【概况】 长安区关心下一代工作委员会（以下简称区关工委）是以离退休老干部为主体，党政有关部门和群团组织负责人参加的以关心、教育、培养青少年健康成长为目的的群众性工作组织。主要任务是以科学发展观为统领，以马克思主义中国化的最新成果武装青少年，用社会主义核心价值体系教育、引领青少年、帮助青少年不断提高思想道德、科学文化和身心健康素质，树立正确的世界观、人生观、价值观，推动全社会贯彻保护未成年人法律法规，促进青少年全面成长为中国特色社会主义事业建设者和接班人。

2007～2010年，区关工委围绕中心工作，发挥优势，主动作为，急党政所急，想青少年所需，组织开展各项活动，受到党政组织、领导的重视和支持，得到青少年认同和赞许。区关工委被省文明办、关工委评为全省“关心下一代工作先进集体”。

【关爱青少年中的弱势群体】 2010年6～8月，区关工委与区工商联共同组织民营企业家捐赠资金12万元，资助长安区2010年考入全国重点大学一本特困大学生60名，每人获赠2000元。

【长安区关工委关爱资金】 2010年9～11月，区关工委组织民营企业家自愿捐赠“长安区关工委关爱资金”200余万元。其中捐资5万元以上的单位和个人有（以捐资时间为序）：

陕西太浩科技发展有限责任公司经理 李东亮 20万元
陕西长建房地产开发集团有限公司经理 付合理 20万元
西安吉源房地产集团开发有限公司董事长 兰喜吉 20万元
西安茗景置业有限公司经理 高兴明 20万元
西安市长安水利建筑工程有限公司 10万元
西安市中长实业有限公司经理 于安民 6万元
同辉·长佳公司经理 马 龙 6万元
西安美林房地产开发有限公司经理 伍汉平 5万元
陕西五龙实业集团有限公司经理 赵养乾 5万元
西安市长安建筑开发集团公司经理 王 晓 5万元
陕西南洋迪克家具制造有限公司 5万元
西安宏杰房地产开发有限公司 5万元

（张玉亭）

西安市长安区人民代表大会及其常务委员会

综　述

2007～2010年，西安市长安区人民代表大会及其常务委员会履行宪法和法律赋予的职责，以服务改革发展大局为根本，以推进民主法制建设为己任，以强化监督工作为重点，发挥区人大代表作用，围绕大局、心系民生，依法履职、促进发展。4年召开人代会5次，常委会30次，主任会议41次。对8部法律法规贯彻执行情况开展执法检查，听取和审议“一府两院”专项工作报告39个；作出决议、决定、审议意见书57个。开展视察调研56次，形成调研报告51篇，送阅件15份。依法任命长安区国家机关工作人员105人。加强人民群众来信来访办理工作，依法维护人民群众合法权益。做好代表工作，办理代表建议意见389件，对所有建议的领衔代表进行回访，检查办理情况；对重点建议跟踪督办，推动代表建议办理工作。每年4月3日代表活动日期间，确定主题，组织全区省、市、区、乡级人大代表开展活动。组织全区467名各级人大代表为“5.12”大地震灾区捐款105万元。创建代表工作室79个，其中，专用型24个，合用型53个，社区代表工作室2个。在全区开展“双先双优”即“争创代表工作先进单位、先进代表工作室，争提优秀议案建议、争做优秀人大代表”活动。在全区依法开展区乡镇两级人大同步换届选举工作、新当选人大代表初任培训工作。举办全国部分县（市、区）人大联席会第二十三次会议，20个县（市、区）的人大常委会主任参加会议。召开全省乡镇人大工作座谈会，长安区介绍工作经验，来自全省10个城市及所属部分区县、乡镇人大领导参观长安区杨庄、王莽2个乡街代表工作室。加强常委会自身建设，通过加强思想建设、作风建设、制度建设、宣传工作、信访工作，提高人大队伍整体素质。

【概况】 2007～2010年，西安市长安区人民代表大会常务委员会履行宪法和法律赋予的职责，以服务改革发展大局为根本，以推进民主法制建设为己任，以强化监督工作为重点，召开常委会30次，主任会议41次；开展执法检查8次；听取审议“一府两院”专项工作报告39次；依法任命国家机关工作人员105人（次）；作出决议、决定、审议意见书57个；视察调研56次；形成调研报告51篇，送阅件15份。发挥了地方国家权力机关的作用，推动了全区科学发展。

【区第十五届人民代表大会】 西安市长安区第十五届人民代表大会第五次会议2007年1月18～22日召开，会议选举产生42名出席西安市第十四届人民代表大会代表；听取和审议长安区人民政府工作报告；审议长安区2006年国民经济和社会发展计划执行情况报告，审查批准长安区2007年国民经济和社会发展计划；审议长安区2006年财政预算执行情况报告，审查批准长安区2007年财政预算；听取和审议长安区人大常委会工作报告；听取和审议长安区人民法院工作报告；听取和审议长安区人民检察院工作报告；审议西安市长安区第十五届人民代表大会第四次会议代表议案、建议、批评和意见办理情况报告。

【区第十五届人大常委会历次会议】 西安市长安区第十五届人民代表大会常务委员会第27次会议2007年3月16日举行。会议传达陕西省人大十届五次会议和西安市人大十四届一次会议精神；通过人大常委会2007年工作安排；接受宋耀辉辞去区人大常委会副主任职务的请求，接受司导珍辞去区人大十五届常委会委员职务的辞呈。

第28次会议2007年4月6日举行。会议任命汪文展为区政府代区长，免去杨立区长职务。

第29次会议2007年5月31日举行。会议学习省委第11次党代会主要精神；听取审议《中华人民共和国人口与计划生育法》贯彻情况；听取住房公积金收缴、管理、使用情况汇报；审议通过有关人事任免事项。

第30次会议2007年7月18日举行。会议听取和审议公安长安分局关于《中华人民共和国治安管理处罚法》贯彻情况报告；听取和审议2006年财政预算执行情况汇报和审计局决算审计情况报告，并作出决定；通过区、乡两级换届工作和选举日决定；通过区选举委员会组成人员和街道成立指导小组决定；通过乡镇人大代表分配方案；通过区乡镇换届选举工作实施方案。

第31次会议2007年9月6日举行。会议任命钱虎威、李红、兰东明为副区长，免去陈选良副区长职务；任命杨克胜为区人民法院副院长、代院长，张继锋为区人民检察院副检察长、代检察长；免去王佑勋区人民法院副院长职务，徐永安区人民检察院副检察长职务，李亚军区人民检察院检察长职务，闵合平区人民法院院长职务。

第32次会议2007年10月15日举行，会议听取并审议2007年计划变更情况报告；听取并审议2007年财政预算部分变更情况报告；听取和审议“一府两院”关于办理区十五届人大五次会议代表建议、意见情况报告；听取区政府关于新农村建设情况专项工作报告；听取《中华人民共和国治安管理处罚法》审议意见整改情况报告；听取《中华人民共和国人口与计划生育法》审议意见整改情况报告；免去石丹区人民政府副区长职务；通过关于召开区第十六届人大一次会议有关材料。

【区第十六届人民代表大会】 西安市长安区第十六届人民代表大会历次会议议程：1、听取和审议长安区人民政府工作报告；2、审议长安区国民经济和社会发展计划执行情况报告，审查批准长安区国民经济和社会发展计划；3、审议长安区财政预算执行情况报告，审查批准长安区财政预算；4、听取和审议长安区人大常委会工作报告；5、听取和审议长安区人民法院工作报告；6、听取和审议长安区人民检察院工作报告；7、审议上次人民代表大会代表议案、建议、批评和意见办理情况报告。

第一次会议2007年10月22～26日举行。选举产生：长安区第十六届人民代表大会常务委员会，主任兰竹英，副主任李映昭、温德厚、孙水池、陈振军，委员王沛侠（女）、王润年、付合理、白建民、吕性善、刘旭东、刘养宇、孙志敏、孙雪峰、杨拴鱼、李文艺、李兴民、李军平、李军胜、张权、张嘉瑞、张耀琪、耶律改（女）、周世昌、柏利民、南平利（女）、郭锁堂、郭新利、智王萌（女）；长安区人民政府区长汪文展，副区长钱虎威、杨根民、刘明军、贺乐军、李红（女）、兰东明；区人民法院院长杨克胜；区人民检察院检察长张继锋。

第二次会议2008年1月21～23日举行。会议听取和审议长安区人民政府工作报告；审议长安区2007年国民经济和社会发展计划执行情况报告；审查批准长安区2008年国民经济和社会发展计划；审议长安区2007年财政预算执行情况报告，审查批准长安区2008年财政预算；听取和审议长安区人大常委会工作报告；听取和审议长安区人民法院工作报告；听取和审议长安区人民检察院工作报告。

第三次会议2009年1月7～9日举行。会议听取和审议长安区人民政府工作报告；审议长安区2008年国民经济和社会发展计划执行情况报告，审查批准长安区2009年国民经济和社会发展计划；审议长安区2008年财政预算执行情况报告，审查批准长安区2009年财政预算；听取和审议长安区人大常委会工作报告；听取和审议长安区人民法院工作报告；听取和审议长安区人民检察院工作报告；听取和审议长安区第十六届人民代表大会第一次、第二次会议代表议案、建议批评和意见办理情况报告。

第四次会议2010年1月13～15日举行。会议听取和审议长安区人民政府工作报告；审议长安区2009年国民经济和社会发展计划执行情况报告，审查批准长安区2010年国民经济和社会发展计划；审议长安区2009年财政预算执行情况报告，审查批准长安区2010年财政预算；听取和审议长安区人大常委会工作报告；听取和审议长安区人民法院工作报告；听取和审议长安区人民检察院工作报告；听取和审议长安区第十六届人民代表大会第三次会议代表议案、建议批评和意见办理情况报告。

【建议办理】 2007～2010年，区人大交给“一府两院”承办代表议案、建议、批评和意见（以下简称建议）计389件，围绕长安经济、社会、发展、稳定和群众关心的热点问题，为“一府两院”集思广益，提高民主化、科学化水平，增强工作针对性和有效性起到积极促进作用，同时促进“一府两院”及其工作人员转变作风，加强与人民群众沟通和联系。“一府两院”对人大代表的建议认真承办，件件有答复，事事有着落。区人大常委会针对个别部门存在重答复、轻办理现象，分组对所有建议的领衔代表进行回访，检查办理情况，对重点建议进行跟踪督办，将代表对办理工作的意见反馈给“一府两院”。

【区第十六届人大常委会历次会议】 西安市长安区第十六届人民代表大会常务委员会第1次会议2007年12月12～13日举行。会议通过修订区人大常委会有关制度；任命政府组成人员24人；任命滑智文为区法院副院长，张曲利、任为农为区检察院副检察长；任命郭新利为区人大办主任、闫清善为副主任，李军胜为财经工委主任，王吉善为农工委副主任，白建民为法工委主任，郭锁堂为科教文卫工委主任，耶律改为代联工委主任。

第2次会议2008年1月8日举行，会议审议通过《西安市长安区人民代表大会常务委员会督办工作制度》、《主任会议制度》、《信访处理办法》等；审议通过区第十六届人民代表大会第二次会议有关材料；补选吕健为西安市第十四届人大代表；任命张勤社为区城市管理综合行政执法局局长；通过区十六届人大常委会关于在区人大代表中开展“双先双优”活动的决议。

第3次会议2008年1月23日举行，会议任命朱鸿为区人民政府副区长（挂职二年）。

第4次会议2008年3月20日举行，会议听取和审议《中华人民共和国传染病防治法》在长安区贯彻执行情况并进行视察；听取区人民政府关于“两劳”释放人员帮教情况的专项报告。

第5次会议2008年5月21日举行，会议听取和审议区人民政府关于贯彻实施《中华人民共和国河道管理条例》执法检查情况报告；审查批准区人民政府关于2007年财政决算报告；审议通过有关人事任免事项。

第6次会议2008年7月28日举行，会议听取和审议区人民政府关于国民经济和社会发展“十一五”规划中期执行情况评估报告；听取和审议人民法院关于《中华人民共和国法官法》在长安区贯彻实施情况及法官队伍建设情况工作报告；听取和审议人民检察院关于《中华人民共和国检察官法》在长安区贯彻实施情况及检察官队伍建设情况工作报告；听取区人民政府关于抗震救灾工作情况汇报；听取区人民政

第十五届、十六届代表会议和建议分类

会议届次	承办建议	涉及行业
十五届五次	80	财政经济46件　教科文卫11件　农林水电19件　政法4件
十六届一次	113	财政经济11件　教科文卫15件　农林水电25件　城乡建设38件　政法11件　其他13件
十六届二次	40	财政经济4件　教科文卫6件　农林水电7件　城乡建设16件　政法4件　其他3件
十六届三次	77	财政经济10件　教科文卫11件　农林水电13件　城乡建设28件　政法5件　环境保护3件　其他7件
十六届四次	79	财政经济11件　教科文卫10件　农林水电16件　城乡建设27件　政法1件　环境保护5件　其他9件

府关于《中华人民共和国传染病防治法》审议意见整改情况汇报；审议通过有关人事任免事项。

第7次会议2008年9月26日举行，会议听取审议区人民政府关于2008年1～8月份国民经济和社会发展计划执行情况和重点项目建设情况工作报告并进行视察；听取和审议区人民政府关于2008年1～8月份财政预算执行情况及部分变更情况报告；听取和审议“一府两院”关于区十六届人大一次、二次会议代表建议和意见办理情况汇报；任命马荣军、滑智武、王平等20人为长安区人民法院人民陪审员。

第8次会议2008年11月26日举行，会议听取和审议区人民政府关于依法开展第七次村委会换届选举情况工作报告；听取区人民政府关于对《中华人民共和国河道管理条例》实施情况审议意见处理情况报告；听取区人民法院关于对《中华人民共和国法官法》实施情况审议意见处理情况报告；听取区人民检察院关于对《中华人民共和国检察官法》实施情况审议意见处理情况报告；许可公安长安分局对李国梁采取强制措施。

第9次会议2008年12月22日举行，会议补选汪文展为西安市第十四届人大代表；审议决定召开西安市长安区第十六届人民代表大会第三次会议并通过有关事项；会议暂停李福浩代表职务，许可公安长安分局对李福浩采取强制措施。

第10次会议2009年3月25日举行，会议听取和审议区人民政府关于城管执法工作情况报告；听取区人民政府关于涉农资金使用情况报告；表决通过孙志敏、张权辞去区十六届人大常委会委员职务；审议通过有关人事任免事项。

第11次会议2009年5月27日举行，会议听取和审议关于区人民政府贯彻实施《中华人民共和国文物保护法》的执法检查报告；审查和批准区人民政府关于2008年财政决算情况报告；审议和批准区人民政府解决基础建设融资问题报告。

第12次会议2009年7月31日举行，会议听取和审议区人民政府贯彻实施《中华人民共和国安全生产法》情况汇报和执法检查组执法检查报告；听取区人民政府关于对城管执法工作审议意见研究处理情况汇报；听取区人民政府关于改善投资环境和招商引资工作报告；讨论通过区人大常委会关于进一步加强监督工作的四项制度规程；审议西安市公安局长安分局关于提请许可对李占辈、解全乐涉嫌犯罪采取强制措施报告，同意暂停李占辈、解全乐代表职务，许可公安长安分局对李占辈、解全乐采取强制措施。

第13次会议2009年9月24日举行，会议听取和审议区人民政府关于2009年1～8月份国民经济和社会发展计划执行情况报告；听取和审议区人民政府关于2009年财政预算执行情况及部分变更情况报告；听取和审议区人民政府关于办理区第十六届人民代表大会第三次会议代表建议、批评和意见情况汇报；听取区人民政府关于《中华人民共和国文物保护法》执法检查审议意见研究处理情况汇报；审议通过对西安市十四届人大代表邓宗生罢免案。

第14次会议2009年11月20日举行，会议听取区人民政府关于社区建设管理情况汇告并进行视察；听取区人民政府关于对《中华人民共和国安全生产法》执法检查审议意见研究处理情况汇告；审议并决定区人民政府关于长安区小城镇建设项目融资代建合作协议的请示报告。

第15次会议2009年12月25日举行，会议审议召开西安市长安区第十六届人民代表大会第四次会议决定；审议召开西安市长安区第十六届人民代表大会第四次会议有关事项；审议区人大常委会工作报告；听取和审议代表资格审查委员会《关于代表变动情况报告》；审议“双先双优”表彰奖励名单。

第16次会议2010年1月6日举行，会议补选石桂英为西安市第十四届人大代表。

第17次会议2010年2月4日举行，会议审议决定2010年区人大常委会审议议题和工作安排；审议通过有关人事任免事项。

第18次会议2010年3月30日举行，会议学习传达十一届全国人大三次会议精神；听取并审议区人民政府关于《中华人民共和国物业管理条例》在长安区贯彻实施情况报告和执法检查组的执法检查报告；听取区人民政府关于加强教师队伍建设、促进教育均衡发展情况工作报告。

第19次会议2010年6月2日举行，会议听取并审议区人民政府关于《中华人民共和国环境保护法》在长安区贯彻实施情况报告和执法检查组执法检查报告；审查和批准区人民政府关于2009年财政决算情况报告；听取区人民政府关于计划生育服务工作报告；任命15名人民陪审员。

第20次会议2010年7月3日举行，会议免去汪文展区人民政府区长职务，任命杨建强为区人民政府副区长、代区长。

第21次会议2010年7月15日举行，会议听取并审议区人民政府关于全区农村医疗卫生服务体系建设情况工作报告并进行视察；听取区人民政府关于长安区林权制度改革情况工作报告；听取区人民政府关于《中华人民共和国物业管理条例》执法检查审议意见研究处理情况报告。

第22次会议2010年9月29日举行，会议听取并审议区人民政府关于开展全民创业和促进就业情况工作报告；听取并审议区人民政府关于2010年1～8月国民经济和社会发展计划执行情况报告；听取并审议区人民政府关于2009年财政预算执行情况及部分变更情况报告；听取和审议区人民政府关于办理区十六届人民代表大会第四次会议代表建议情况汇告；审议通过有关人事任免事项。

第23次会议2010年11月24日举行，会议听取区人民政府关于流动人口管理工作工作报告；听取区人民政府关于《中华人民共和国环境保护法》审议意见研究处理情况报告；听取区人民政府关于长安区农村医疗卫生服务体系建设工作报告审议意见研究处理情况报告；听取区人民政府关于开展全民创业和促进就业工作报告审议意见研究处理情况报告；

第24次会议2010年12月24日举行，会议审议召开西安市长安区第十六届人民代表大会第五次会议决定；审议召开西安市长安区第十六届人民代表大会第五次会议有关事项；审议区人大常委会工作报告；听取和审议代表资格审查委员会《关于代表变动情况报告》；听取和审议区人民政府关于编制《西安市长安区国民经济和社会发展第十二个五年规划纲要》说明。

【换届选举】 2007年8月，区人大常委会在全区依法开展区、乡镇两级人大同步换届选举工作。67万多选民参加区人大代表选举，近20万选民参加乡镇人大代表选举，选出区人大代表310名，乡镇人大代表584名。2007年10月，区第十六届人民代表大会一次会议召开，会议依法选举产生新一届人大、政府、法检两院领导班子，为长安今后5年发展打下坚实组织基础。

【发挥代表作用】 2007～2010年，区人大组织市、区人大代表，在重点项目建设、区域经济发展、新农村建设、贫困群众救助等方面进行调研、视察15次，撰写调研报告23份；确定每年4月3日为代表活动日，每年确定一个主题，全区省、市、区、乡4级人大代表和工作人员千余人参加，通过设立代表宣传站、召开代表座谈会、政情通报会、总结安排工作、调研视察、考察学习等形式组织代表活动。2007年11月，区人大常委会组织“送温暖、献爱心”活动，得到各级人大代表响应。384名区、乡人大代表捐款30多万元，解决300多户困难群众过冬难题。四川汶川“5.12”大地震发生后，全区467名各级人大代表为灾区捐款105万元，付合理、王德义、赵志敏、贾志洲、刘旭东等17位代表和斗门人大工委在捐款、捐物活动中发挥带头作用。

【代表工作室】 2005～2007年，区人大常委会创建代表工作室，在长安区斗门街道开始试点，先后探索创建的4个代表工作室形成基本模式。2008～2009年，创建工作全面开展。2008年3月，区人大向全区基层人大组织发出《关于创建人大代表工作室的通知》，截至2009年底，全区25个乡街创建代表工作室79个。其中，专用型24个，合用型53个，社区代表工作室2个。代表工作室创建标准为“七有”：有阵地、有牌子、有制度、有计划、有活动记录、有学习资料和设施、有召集人和联络员。建立“三簿三卡两记”：代表活动考勤登记簿、小组活动登记簿、代表联系选民登记簿、代表履行职务登记卡、建议办理登记卡、接待选民登记卡、代表工作笔记、学习笔记。工作制度有：《代表工作室活动制度》、《代表联系选民制度》、《代表接待选民日制度》、《代表向选民述职制度》、《代表学习制度》、《代表评议工作制度》等。基本活动方式为：一周一次走访日，一旬一次接待日，一月一次调研日，一季一次学法日，一年一次议政日，一会一次视察日，一任一次述职日。

【“双先双优”活动】 2008年1月，区第十六届人大常委会第二次会议，审议通过区人大代联委提出的关于在全区人大代表工作中开展“双先双优”活动的建议，并作出决议。“双先双优”活动，即在全区范围内开展“争创代表工作先进单位、先进代表工作室，争提优秀议案建议、争做优秀人大代表”活动。活动开展以来，斗门、王莽、杨庄等乡街人大每年通过代表工作室开展各项活动6次以上；东大街道人大工委坚持组织人大代表资助贫困学生完成学业；代表们提出的建设斗门工业园区、保护秦岭北麓生态、建设子午大道等建议得到区委、区政府高度重视；全区各代表工作室开展活动1195次，收集建议、意见586件，426名市、区、乡人大代表接待选民2348人次，398名区乡人大代表向选民述职。2010年，区人大表彰“双先双优”活动中成绩突出的斗门街道人大工委等11个先进基层人大组织、兴隆街道代表工作室等13个先进代表工作室、刘旭东等代表提出的10条优秀议案建议及薛拴群等37名优秀人大代表。2009年12月，全省乡镇人大工作座谈会在长安召开，长安区介绍了工作经验，来自全省10个城市及所属部分区县、乡镇的人大领导参观了长安区杨庄、王莽两个乡街的代表工作室。

【自身建设】 区人大常委会始终把提高人大队伍整体素质，不断加强自身建设作为一件大事来抓，做到“五个”加强。

加强思想建设 通过参加形势报告会、法制讲座、举办各种学习交流会、坚持例会制度等方式，学习时事政治、法律法规、中央、省、市、区重大决策和人大最新理论，拓宽知识视野，改善知识结构，提高政策水平和业务素质，增强大局意识、政治意识、科学发展意识。

加强作风建设 通过开展“争先创优”活动，培养3种工作作风。一是雷厉风行作风。对区委重要决策部署，区人大常委会决议、决定第一时间予以落实。二是求真务实作风。常委会班子成员全年三分之一时间用于下基层了解情况、督促检查，完成包抓乡街重点项目和维稳信访等工作任务。三是调查研究作风。听取和审议“一府两院”专项工作及检查法律法规实施时，深入一线调查研究，广泛听取群众意见，做到言之有物、有的放矢。

加强制度建设 区人大把健全完善各项工作制度列入重要议事日程，修订、完善和增补区人大常委会工作制度，通过《常委会议事规则》、《主任会议议事规则》、《讨论决定重大事项实施办法》、《国家机关工作人员任免办法》、《乡镇人民代表大会工作细则》、《街道人大代表工作委员会工作规定》、《年度监督工作计划规程》、《监督财政决算、国民经济和社会发展计划及预算执行情况规程》、《听取和审议专项工作报告规程》、《开展执法检查规程》等18项重要规章制度，促进人大工作进一步规范化、制度化、程序化。

加强宣传工作 2007～2010年，区人大在区级媒体播发人大工作消息、稿件239条（篇）；在省、市级媒体刊发稿件59条，发表理论文章17篇；1篇稿件获陕西省人大新闻奖，2篇稿件获“三秦环保世纪行”好新闻奖，4篇稿件获市人大新闻奖。2幅作品获西安市人大组织的纪念改革开放30周年活动一等奖。

加强信访工作 区人大把加强信访工作与依法监督密切结合，促进“一府两院”依法行政、公正司法。2007～2010年，受理群众来信来访和上级人大转办、交办719件，接待群众1618人次。信访件及时转交有关部门办理。2008～2010年连续3年受到西安市人大表彰。 （李　勇）

西安市长安区人民政府

综　述

2007～2010年，长安区人民政府始终坚持以经济建设为中心，认真贯彻落实中央及省、市关于改革与发展的各项政策措施，大力发展优势产业，培育新的经济增长点，促使全区经济结构持续优化，综合实力迈上新台阶。全区生产总值连续跨越100亿元、200亿元两大台阶，2010年达到274.4亿元，是2006年的2.5倍，实现三年翻一番；地方财政突破10亿元大关，2010年完成13.2亿元，是2006年的3.4倍，实现三年翻一番；全社会固定资产投资年均增长36.6%，2010年302.3亿元，是2006年的3.5倍，实现三年翻一番；社会消费品零售总额年均增长18.9%，2010年89.2亿元，是2006年的2倍，实现四年翻一番；2010年城镇居民可支配收入19788元，同比增长20%；2010年农民人均纯收入7389元，同比增长16.5%，是2006年的2.1倍。全区主要经济指标增幅位居全市前茅，城市基础设施建设、新农村建设、民生工程等社会事业发展实现重大突破，创出一批省、市乃至全国的工作亮点，连续三年在全市综合考评中获得优秀等次，荣获全国科技进步先进区、全国粮食生产先进单位、陕西省旅游强区、陕西省星火技术密集区等荣誉称号，跻身“西部最具投资潜力百强区”，跃居“中国全面小康成长型百佳县（市）”行列，实现长安走在全市前列的目标。

【概况】 西安市长安区政府（以下简称区政府）由区长、副区长（巡视员、区长助理）及区政府各工作部门主要领导组成，实行区长负责制。区长领导区政府工作；副区长（巡视员、区长助理）按分工负责处理分管工作，将工作中的重要情况和重大事项及时向区长报告，受区长委托负责其他方面工作或专项任务。区政府全面履行经济调节、市场监管、社会管理和公共服务职能；贯彻执行国务院及省、市政府宏观调控政策，运用经济、法律和必要的行政手段，引导和调控经济运行，促进全区经济又好又快发展；严格市场监管，推进公平准入，完善监管体系，规范市场执法，形成统一开放、竞争有序的现代市场体系；加强社会管理，强化政府促进就业和调节收入分配职能，完善社会保障体系，健全基层社会管理体制，妥善处理社会矛盾，健全突发事件应急管理机制，维护社会公平正义和稳定；强化公共服务，完善公共服务政策和服务体系，增强公共服务能力，促进基本公共服务均等化。

【区政府全体会议】 区政府全体会议或全体（扩大）会议由区长、副区长（巡视员、区长助理）和区政府工作部门、直属事业单位、区政府派出机构、市级直属分局及乡政府、街道办事处主要领导组成；根据会议需要，邀请区委、区人大常委会、区政协有关领导出席。区政府全体会议原则上每年召开2次，即年中、年末各1次。年中召开全体会议的主要议题为：分析上半年全区经济运行和社会发展情况，安排部署下半年政府工作。年末召开全体会议的主要议题为：贯彻落实上级党委、政府重要会议及区委全委会议精神；讨论《政府工作报告》；安排部署下年度工作。2007～2010年，区政府召开全体会议10次，研究部署全区政治、经济、城市建设、科技、文化等方面工作，确保区域经济社会的科学发展。

【区政府常务会议】 区政府常务会议由区长、副区长、人武部长组成，办公室主任或副主任及与议题有关的委、办、局负责人列席。会议由区长召集、主持，区长不在时由常务副区长召集、主持。会议主要任务是：贯彻执行党和国家方针、政策，上级国家行政机关重要指示和决定，区人民代表大会及其常务委员会重要决议、决定；审议确定国民经济和社会发展计划、地方财政预算安排和执行情况及预算内基建项目；讨论决定区政府年度、阶段性工作布署；讨论提请区人民代表大会及其常务委员会审定的政府工作报告、议案和人事任免报告；讨论决定区政府管理的人事任免和奖惩事项；讨论区政府发布的重要命令、通知、通告和区政府领导重要讲话；讨论决定涉及全区范围和广大人民切身利益的重大行政措施；审定落户长安区国家基本建设项目的规划定点和土地征用；研究决定需要区政府常务会议决定的区属企事业单位建立和撤销；讨论决定行政区区划和地名变更；研究决定经济、教育、科技、文化、卫生、体育、城乡建设事业和财政、民政、公安、民族事务、司法行政、监察、计划生育等各项工作重大问题；讨论决定区政府工作重大改革措施；讨论决定区政府各工作部门、各乡镇人民政府请示区政府的重要事项，听取有关委、办、局工作汇报；讨论决定区政府全体会议和区政府工作会议的议题；讨论决定区政府工作中的其他重大问题。2007～2010年，区政府召开常务会议77次，分别研究决定全区政治、经济、社会、文化等工作。

【区长办公会】 区长办公会由区长、副区长、区长助理组成。区政府办公室主任、副主任列席会议。会议由区长主持；区长不在时，委托常务副区长主持。区长办公会由区长根据情况决定召开，主要任务是传达贯彻上级的重要指示、决定和会议精神；讨论、决定提交区政府常务会议或区政府全体会议讨论的议题和文件；研究区长、副区长在各自分管工作范围内不宜单独决定，需要相互沟通，集体协商决定的问题；研究有关区政府机关内部问题及有关事项；确定区政府近期主要工作。

【专题会议】 区政府专题会议是由区长

或副区长根据实际工作需要，就某个方面工作进行研究部署或协调有关事项的会议。主要任务是讨论需要区政府专题协调的重大问题；协调处理区政府或区政府主要领导已决定，需要组织实施的事项；协调处理重要活动组织和重大项目建设中有关事项；研究处理政府工作中因职能交叉，需要统筹协调的重要问题；研究处理属于副区长分管范围内需要统筹协调的工作事项；研究处理政府工作中其他需要专题研究的事项。2007～2010年，区政府召开专题会议156次，研究部署全区经济、社会发展重点，化解难点问题，推进各项工作开展。

2007～2010年区政府专题会议一览表

2007年

会议时间	主持人	纪要名称	内容梗概
2006—12—30	区长杨立	（2007）1号	乡镇企业合作基金会贷款清收问题协调会议
2007—01—12	区长杨立	（2007）2号	长安二中新校建设有关问题协调会议
2007—01—29	区长杨立	（2007）3号	长安三中国有土地使用权出让问题会议
2007—04—05	副区长贺乐军	（2007）4号	中国航天科技集团公司五院五〇四研究所征用韦曲街道崔家庄村土地有关问题的协调会议
2007—04—05	副区长杨根民	（2007）5号	申报终南山世界地质公园环境整治工作专题会议
2007—04—27	副区长杨根民	（2007）6号	太翠路通信电力线路迁改问题协调会议
2007—05—06	代区长汪文展	（2007）7号	西安野生动物园周边环境整治有关问题协调会议
2007—05—21	代区长汪文展	（2007）8号	原西安蝴蝶手表厂职工上访有关问题专题会议
2007—05—22	代区长汪文展	（2007）9号	城市污水处理厂筹建专题会议
2007—05—30	代区长汪文展	（2007）10号	对六宗已批准土地实施供地的会议
2007—06—13	政府办副主任何利民	（2007）11号	长安饲料工作站改制遗留问题协调会议
2007—07—10	副区长杨根民	（2007）12号	土地招拍挂企业欠款清缴协调会议
2007—07—17	副区长张新民	（2007）13号	解决部分驻区高校建设用地问题会议
2007—07—05	政府办副主任冯建龙	（2007）14号	经贸系统工业及商业两个国有资产管理公司职工基本养老保险金缴纳问题协调会议
2007—08—13	代区长汪文展	（2007）15号	解决关中民俗博物院项目征地遗留问题专题协调会议
2007—08—23	副区长贺乐军	（2007）16号	西安明天企业合作基金会资金清收协调会议
2007—09—11	副区长刘明军	（2007）18号	“黑中巴”整治工作专题会议
2007—09—10	副区长刘明军	（2007）19号	加快推进长安区城镇污水处理厂项目建设专题会议
2007—09—10	政府办副主任薛随亚	（2007）20号	解决西安财经学院长安校区建设有关问题协调会议
2007—09—07	代区长汪文展	（2007）21号	迎接监察部 国土资源部土地检查专题会议
2007—08—31	副区长刘明军	（2007）22号	解决原氮肥厂退休职工个人医保帐户问题协调会议
2007—09—20	副区长刘明军	（2007）23号	污水处理厂建设有关问题协调会议
2007—10—17	副区长刘明军	（2007）24号	网吧专项整治工作会议
2007—10—17	常务副区长钱虎威	（2007）25号	政务大厅建设专题会议
2007—11—14	政府办副主任薛随亚	（2007）26号	常宁宫110KV变电站项目建设协调会议
2007—11—20	副区长刘明军	（2007）27号	东长安街交通安全隐患整治协调会议
2007—11—20	副区长刘明军	（2007）28号	“黑车”等违法违规营运专项整治工作会议
2007—11—27	常务副区长钱虎威	（2007）29号	低速载货汽车三轮汽车和驾驶人档案移交会议
2007—12—14	副区长刘明军	（2007）30号	西安信达粉碎设备厂改制问题专题会议
2007—12—07	区长汪文展	（2007）31号	紫宸山庄项目用地改变用途及供地等问题专题会议
2007—12—28	区长汪文展	（2007）32号	落实乡镇卫生院全额预算有关政策会议

2008年

会议时间	主持人	纪要名称	内容梗概
2007—12—26	副区长兰东明	（2008）1号	西安绕城高速公路生态林带征地遗留问题协调会议
2008—01—10	副区长刘明军	（2008）2号	长安区城市污水处理厂设计变更协调会议
2008—01—15	副区长兰东明	（2008）3号	沣河变至庄头变330KV输电线路工程建设协调会议
2008—01—24	副区长刘明军	（2008）4号	杜陵保护工作协调会议
2008—01—30	政府办副主任何利民	（2008）5号	城市污水处理厂建设工作协调会议
2008—02—21	副区长杨根民	（2008）6号	西部大道建设拆迁安置工作协调会议
2008—02—15	副区长杨根民	（2008）7号	西部大道工程建设有关问题协调会议
2008—03—02	区长汪文展	（2008）8号	关于全国“两会”期间维稳与信访工作专题会议郭杜分会场会议
2008—02—26	区长汪文展	（2008）9号	城市基础设施建设项目利用国家开发银行贷款有关问题专题协调会议
2008—02—26	区长汪文展	（2008）10号	西部大道工程建设有关问题协调会议
2008—03—06	副区长兰东明	（2008）11号	韩城二电二期330KV送出线路工程建设协调会议
2008—03—24	副区长刘明军	（2008）12号	长安区污水处理厂建设有关问题会议

会议时间	主持人	纪要名称	内容梗概
2008—03—26	副区长刘明军	（2008）13号	张学良故居修复保护有关问题协调会议
2008—03—17	副区长杨根民	（2008）14号	长安二中新校区建设有关问题协调会议
2008—03—31	区长汪文展	（2008）15号	关于总体城市设计、街景整治规划和重要节点施工图设计经费问题专题会议
2008—04—01	副区长贺乐军	（2008）16号	滦镇街道上王村农家乐改造有关问题协调会议
2008—03—27	副区长兰东明	（2008）17号	西安有色冶金设计研究院搬迁扩建项目评审专题会议
2008—03—07	副区长兰东明	（2008）18号	洋天集团包装印刷研发及真空镀铝纸生产项目评审专题会议
2008—04—08	副区长贺乐军	（2008）19号	韦曲街道夏殿村无形改造工作会议
2008—02—09	区长汪文展	（2008）20号	关于部分土地后续供地问题的专题会议
2008—05—08	副区长李红	（2008）21号	关于长安二中迁建及十个乡镇卫生院建设专题会议
2008—05—04	常务副区长钱虎威	（2008）22号	关于道路交通安全设施设置工作专题会议
2008—05—19	区长汪文展	（2008）23号	魏寨乡白庙村滑坡隐患点群众搬迁工作会议
2008—06—05	副区长刘明军	（2008）25号	长安区污水处理厂项目建设有关问题协调会议
2008—6—13	副区长兰东明	（2008）26号	申报秦岭终南山世界地质公园迎检工作会议
2008—04—24	政府办副主任李海龙	（2008）27号	大祥峪旅游发展战略规划评审会议
2008—07—03	副区长刘明军	（2008）28号	兴教寺周边环境整治协调会议
2008—07—04	副区长杨根民	（2008）29号	西部大道工程五龙公司拆迁有关问题协调会议
2008—07—01	副区长兰东明	（2008）30号	部分景区实行门票半价优惠有关问题会议
2008—07—25	副区长刘明军	（2008）31号	王寺大气环境污染整治工作会议
2008—03—07	副区长兰东明	（2008）32号	原长安氮肥厂买断工龄职工办理医疗保险协调会议
2008—08—13	副区长刘明军	（2008）33号	长安区污水处理厂供电线路和拦河坝建设问题协调会议
2008—05—28	区长汪文展	(2008）34号	公安长安分局原复员退伍军人有关问题专题会议
2008—09—07	区长汪文展	(2008）35号	打击非法传销有关问题专题会议
2008—08—07	区长汪文展	(2008）36号	有关土地问题协调会议
2008—10—09	区长汪文展	(2008）37号	关于全区秋收、秋播及禁烧工作现场会的会议
2008—10—27	政府办主任薛随亚	(2008）38号	关于迎接国家农业综合开发办验收全区农业综合开发项目专题会议
2008—11—03	副区长李红	(2008）39号	关于滦镇中心小学等六所寄宿制学校建设专题会议
2008—07—08	副区长兰东明	(2008）40号	郭杜街道周家庄村毁田挖沙打击查处工作协调会议

2009年

会议时间	主持人	纪要名称	内容梗概
2008—12—12	政府办副主任李海龙	（2009）1号	韦曲街道上塔坡村部分村民拆迁安置有关问题协调会议
2009—02—02	区长汪文展	（2009）2号	五台古镇建设有关问题专题会议
2009—02—17	区长汪文展	（2009）3号	双高普九验收 山区寄宿制学校建设 长乐小学建设 中小学灾后重建工作会议
2009—03—09	政府办副主任李海龙	（2009）4号	全区交通站点设施建设专题会议
2009—03—10	副区长贺乐军	（2009）5号	五台乡东西街道临街建筑立面改造工作协调会议
2009—04—07	区长汪文展	（2009）6号	区少儿体校有关问题协调会议
2009—04—08	副区长兰东明	（2009）7号	西安市长安基础建设有限责任公司在区信用联社贷款有关问题协调会议
2009—04—21	政府办副主任李海龙	（2009）8号	西安翻译学院污水处理厂扩建问题协调会议
2009—05—20	副区长贺乐军	（2009）9号	夏粮收购问题协调会议
2009—07—06	政府办副主任李海龙	（2009）10号	西安火车南站扩建工程协调会议
2009—07—07	政府办副主任李海龙	（2009）11号	西安至成都客运专线建设协调会议
2009—07—14	政府办副主任常宣文	（2009）12号	省级文化先进区复查验收工作专题会议
2009—07—13	副区长杨根民	（2009）13号	长安区污水处理厂管理移交有关问题协调会议
2009—07—10	副区长杨根民	（2009）14号	西北工业大学长安校区土地征用和群众搬迁有关问题协调会议
2009—08—04	政府办副主任常宣文	（2009）15号	韦曲街道中心学校综合楼改扩建工作会议
2009—08—10	副区长刘明军	（2009）16号	区图书馆文化馆建设有关问题专题会议
2009—09—10	区长汪文展	（2009）17号	进一步做好驻区高校甲型H1N1流感防控工作会议
2009—09—14	副区长杨根民	（2009）19号	全区中小学校舍安全工作专题会议
2009—09—17	区长汪文展	（2009）20号	费巧贵反映有关问题协调会议
2009—09—24	区长汪文展	（2009）21号	城中村改造工作专题会议
2009—10—21	区长汪文展	（2009）22号	神鹤殡仪馆停炉及凤栖殡仪馆建设有关问题专题会议
2009—10—30	副区长杨根民	（2009）23号	全区建筑渣土清运专项治理工作会议
2009—12—04	常务副区长钱虎威	（2009）24号	华严寺古塔保护有关问题专题会议
2009—12—11	政府办主任薛随亚	（2009）25号	太乙宫街道交通秩序整治专题会议

2010年

会议时间	主持人	纪要名称	内容梗概
2009—12—22	副区长兰东明	（2010）1号	全区2010年城市规划区范围内建设项目用地报批问题会议
2010—01—05	区长汪文展	（2010）2号	区沣峪木材管理检查站和区种子公司有关问题的会议
2010—01—22	副区长兰东明	（2010）3号	韦曲街道徐家寨村违法占地建房查处工作会议
2010—03—01	政府办副主任李海龙	（2010）4号	五台古镇工程移交及步行街管理工作协调会议
2010—03—15	副区长兰东明	（2010）5号	研究全区2010年有关用地问题会议
2010—03—23	区长汪文展	（2010）6号	城中村改造有关问题协调会议
2010—04—21	政府办主任薛随亚	（2010）7号	原政府招待所赔偿纠纷案件执行有关问题协调会议
2010—04—28	副区长兰东明	（2010）8号	消除330KV南郊变电站输变电线路重大电力安全隐患问题协调会议
2010—05—10	副区长贺乐军	（2010）9号	夏粮收购问题协调会议
2010—05—12	常务副区长钱虎威	（2010）10号	加强中小学、幼儿园及周边安全治理工作专题会议
2010—05—10	常务副区长钱虎威	（2010）11号	公安长安分局原看守所土地用途及使用权属变更问题协调会议
2010—05—26	副区长杨根民	（2010）12号	加油站规范建设工作协调会议
2010—06—13	常务副区长钱虎威	（2010）13号	区食品稽查队人员划转问题会议
2010—06—07	常务副区长钱虎威	（2010）14号	撤销长安区新行政中心区建设指挥部有关事宜专题会议
2010—06—28	副区长贺乐军	（2010）15号	东长安街自来水加压站建设有关问题会议
2010—07—04	代区长杨建强	（2010）16号	绕城高速长安段环境整治提升工作专题会议
2010—07—07	副区长兰东明	（2010）17号	全面加快西部大道两侧土地储备工作协调会议
2010—07—10	代区长杨建强	（2010）18号	西部大道周边综合开发工作专题会议
2010—07—19	副区长刘明军	（2010）19号	研究西太一级公路兴隆段沿线通讯线杆合并工作
2010—07—20	常务副区长钱虎威	（2010）20号	研究长乐小学建设有关问题
2010—07—24	代区长杨建强	（2010）21号	研究全区城中村改造有关问题
2010—07—24	代区长杨建强	（2010）22号	研究全区土地出让有关问题
2010—07—12	常务副区长钱虎威	（2010）23号	研究“长安绿色家园”项目建设有关问题
2010—07—27	常务副区长钱虎威	（2010）24号	研究航天504研究所高新二期卫星有效荷载试验验证中心项目建设和航天504研究所拟征用长安博物馆土地有关问题
2010—08—04	代区长杨建强	（2010）25号	研究全区基础设施项目建设用地工作
2010—08—04	代区长杨建强	（2010）26号	研究长安新城二期土地出让问题
2010—08—04	代区长杨建强	（2010）27号	研究加速推进西部大道周边综合开发问题
2010—08—06	代区长杨建强	（2010）28号	研究全区招商引资有关问题
2010—08—10	代区长杨建强	（2010）29号	研究区三馆一中心、西区小学项目选址和区广电中心搬迁工作
2010—08—17	代区长杨建强	（2010）30号	研究全区小城镇建设有关问题
2010—08—31	副区长贺乐军	（2010）31号	研究城中村改造工作有关问题
2010—08—27	副区长杨根民	（2010）32号	研究滈河管理站办公用地选址有关问题
2010—09—01	代区长杨建强	（2010）33号	研究西区小学建设有关问题
2010—09—20	副区长刘明军	（2010）34号	研究王曲街道鱼包头村拆迁工作
2010—09—26	常务副区长钱虎威	（2010）35号	研究区市场管理中心整建制划转区市容园林局相关问题
2010—10—12	代区长杨建强	（2010）36号	研究电力设施建设有关问题
2010—10—20	常务副区长钱虎威	（2010）37号	研究解决原区审计服务中心工作人员养老保险费缴纳有关问题
2010—10—14	副区长兰东明	（2010）38号	研究西北工业大学长安新校区征用高冠河部分国有土地问题
2010—10—27	副区长贺乐军	（2010）39号	研究城中村改造工作有关问题
2010—10—26	代区长杨建强	（2010）40号	研究农村宅基地和村民建房审批管理有关问题
2010—11—01	代区长杨建强	（2010）41号	推进西部大道周边区域综合开发问题
2010—11—15	代区长杨建强	（2010）42号	研究六宗项目用地的供地问题
2010—11—15	代区长杨建强	（2010）43号	研究长安新城二期供地及有关地块招拍挂问题
2010—11—19	常务副区长钱虎威	（2010）44号	研究韦郭变电站和常宁变电站加快建设问题
2010—11—31	代区长杨建强	（2010）45号	研究加快推进全区旅游业发展工作
2010—10—23	常务副区长钱虎威	（2010）46号	研究教育系统新招录安保人员养老保险费缴纳有关问题
2010—12—03	代区长杨建强	（2010）47号	研究西安国际社区项目征地工作
2010—12—07	常务副区长钱虎威	（2010）48号	研究引镇消防站建设有关问题
2010—12—07	代区长杨建强	（2010）49号	研究秦岭北麓峪口整治提升工作
2010—11—22	常务副区长钱虎威	（2010）50号	研究原政府招待所与张怡租赁合同纠纷案件执行问题
2010—12—08	代区长杨建强	（2010）51号	研究郭杜教育科技产业开发区规划范围内土地利用及项目加快建设问题
1010—12—10	代区长杨建强	（2010）52号	研究查处驻区高校违法建设职工住宅楼问题
2010—12—06	代区长杨建强	（2010）53号	研究全区森林防火工作
2010—12—14	副区长刘明军	（2010）54号	研究南横线道路建设施工临时用地问题
2010—12—08	代区长杨建强	（2010）55号	研究2011年城市路网建设有关工作
2010—12—06	代区长杨建强	（2010）56号	研究建设国家现代农业示范区有关问题
2010—12—21	代区长杨建强	（2010）57号	研究2011年市容园林项目建设计划
2010—05—26	副区长刘明军	（2010）58号	研究区文化馆部分活动场地增加有关问题

【政务信息及督查督办】 2007～2010年，区政府政务信息工作人员通过强化素质，扎实工作，将全区改革开放、经济建设、社会发展、城乡管理、精神文明等方面的新举措、新进展、新情况、取得的经验和成绩以及遇到的问题和采取的措施，通过信息报送渠道及时、准确地向市政府办公厅报送政务信息1440篇，向省政府办公厅报送政务信息765篇，被省、市政府办公厅采用276篇，上报和被采用信息量均列全市前茅，为各级领导把握全局、科学决策、指导工作提供全面的信息服务。编发《长安建设》216期、《长安政讯》30期、《政府工作大事记》48期，通报全区重点工作、重点项目建设进展情况和各单位取得的工作成绩，为全区各单位提供交流工作经验的平台，加深各级领导对全区经济和社会发展动态的了解和把握，在指导基层工作方面发挥作用。先后组织并参与完成《全区未来旅游业发展调研报告》、《关于加快“两大两小”基地建设问题调研报告》、《引镇现代商贸物流产业聚集区发展专题调研报告》、《全区生态建设情况调研报告》、《全区“十一五”规划调研报告》、《全区科技产业发展调研报告》、《关于对接城区塑造城市特色问题调研报告》、《关于主导产业和产业布局问题调研报告》、《关于长安区民生工程调研报告》等69篇调研报告及《西安年鉴》、《陕西经济年鉴》、《陕西年鉴》等大型工具书的约稿任务，准确反映长安区经济社会发展情况。

为促进全区政务督查工作规范化开展，区政府制定下发《西安市长安区政府办公室政务督办工作规程》，建立完善政务督查制度体系。各乡街、各部门成立督查工作领导小组，明确分管领导和专（兼）职人员及职责，形成上下贯通、左右联动的政务督查工作网络，保证政务督查工作的层层落实。2007～2010年，办理省级人大代表建议、政协委员提案20件，办理市级人大代表建议、政协委员提案47件，省、市两级人大、政协建议提案的办结率、结案率100%，2010年被市政府评为政务督办先进单位；办理区级人大代表建议、政协委员提案1372件，办结率100%，满意率98%以上，做到事事有答复、件件有回音，受到代表和委员的一致肯定。办理各级领导批示、指示879件，下发督办单836份，编发《督查简报》171期，呈报《督办报告单》、办结报告683份，做到批则必查、查则必清、清则必办、办则必果；有力促进各级领导指令的贯彻落实，督办区政府常务会议纪要15期，督办区长办公会及专题会议纪要87期，编发《督查简报》36期，有力促进区级领导决定事项的贯彻落实。

【合作共建区建设】 2007～2010年，区政府从全市加快发展大局出发，坚持“优势互补、共建共赢”思路，全力以赴支持高新区、航天基地、沣渭新区开发建设；建立与开发区联席会议制度，成立支持开发区发展办公室，沟通协商开发区建设重大事项，协调解决开发建设中的具体问题，为开发区发展营造良好环境；支持开发区项目布点，做好土地征用、村庄拆迁安置、基础设施建设等配合服务工作，促进开发区产业项目建设；引进投资60亿元的全省最大高新技术项目——中兴通讯产业基地，美国美光应用材料、华新丽华等48个重大项目相继落户，中电投光伏太阳能光伏生产等项目加速建设，比亚迪汽车有限公司等一批项目建成投产，高新技术产业加速向区内聚集，4年开发区为长安贡献规模以上工业增加值743亿元、地方财政一般预算收入4.54亿元，分别占全区总量的80%和12.8%，形成合作共建、共同发展的良好格局。

【城市建设管理】 2007～2010年，区政府不断加强城市建设管理，投入资金12.5亿元，相继建成西部大道、神禾大道等11条道路，改造韦曲西街等15条道路，建成区面积28平方公里。全力做好地铁二号线长安段建设协调工作，确保市级重点项目顺利实施。科学编制城市重点区域的控制性详细规划，按照突出重点、梯次推进原则，集中实施西部大道周边区域综合开发，平稳完成首帕张堡、张家村、茅坡村等5个城中村整村拆迁，开辟城市建设发展新空间。改造给排水管道61公里，铺设天然气管网83公里，建成污水处理厂、集中供暖中心，城市综合服务功能显著增强。实施南长安街、西沣公路长安段改造提升，建成金长安广场等5个城市广场，绿化覆盖率42%，人居环境持续优化。坚持建管并举，成立城市管理综合行政执法局，大力开展广告牌匾、违规停车、渣土车拉运等专项整治；举全区之力深入推进“四城联创”，成功创建国家卫生城市、国家园林城市，城市文明程度不断提高。

【城乡一体化发展】 2007～2010年，区政府坚持把小城镇建设作为统筹城乡着力点，累计投资4.7亿元，实施引镇、东大等11个小城镇基础设施综合改造，修筑道路53公里，铺设排水管网41.3公里，安装路灯726盏，增加绿化面积6.5万平方米，增强小城镇承载功能。坚持树立典型、示范带动原则，投资6000余万元实施五台民俗古镇提升改造，新修旅游专线道路1082米，修建景观步行街830米，完成4条大街530户商铺1.3万平方米建筑立面的仿古改造和街区基础设施综合改造，建成建筑特色明鲜、文化氛围浓厚、商贸和旅游发展相得益彰的五台民俗古镇，成为全省小城镇建设新亮点。

落实各项农业惠农政策，粮食生产连续7年获得丰收，被评为“全国粮食生产先进县”；设施农业、绿色果业面积分别2733公顷、2487公顷，粮经比7∶3。稳步推进新农村重点村建设，累计完成投资4.37亿元，硬化村内道路251.6万平方米，修建农村文体广场12.4万平方米，完成改厕3.8万户，安装路灯1.4万盏，建设农村沼气池1.03万口，完成228个重点村建设任务。持续加大农村公路投入力度，新修和改造雁引、滦东等公路52条，全区公路总里程新增加513公里，“半小时交通圈”顺利建成；硬化通村公路94.72公里，全面实现671个行政村“村村通油（水泥）路”目标；加快城乡公交一体化进程，公交网络实现行政村全覆盖，满足广大群众方便安全出行需求。累计投资2.12亿元，建成农村引水工程551处，解决569个村72万名农村群众清洁饮水问题。加快农村生活垃圾无害化处理网络建设，建成2座农村生活垃圾压缩站。深入开展农村环境卫生综合整治活动，区财政投入3200余万元，为所有村庄配备保洁员和清洁工具，建立农村环境卫生长效管理机制，在环境卫生管理方面率先实现城乡一体化，农村环境面貌发生巨大变化。

【优势产业发展】 2007～2010年，区政府围绕满足城乡居民消费需求，加大城乡商业设施建设力度，打造区域商业消费平台。长安新市、长安新天地等相继建成，商业步行街、韦曲建材街等先后开街运营，城市新增商业经营面积13.5万平方米，增加经营户6726户，商业经营服务水平不断提升；推进“新网工程”，加快“农改超”、“集改超”步伐，新发展农村超市303个，兴办农家店及农资超市317个，建设区级日用品配送中心5个，新建、改造城镇集贸市场6个，城乡商贸服务网络不断完善；推行“家电、摩托车、汽车下乡”活动，区域消费总量持续扩大。

2009年5月，区政府以做大做强旅游经济为目标，编制《长安区旅游发展总体规划》，督促各旅游景区投资1.2亿元，实施基础设施提标改造，配合省市成功申报秦岭终南山世界地质公园，使长安一跃成为全球旅游目的地；推进旅游资源管理和开发机制创新，加强与西旅集团合作，实施翠华山、南五台景区整体提升开发，努力创建国家5A级山水旅游景区；以“丝绸之路”申遗为契机，吸引曲江文化旅游集团投资，启动实施兴教寺及周边区域综合开发，建设佛教文化旅游景区；深入挖掘历史文化内涵，实施桃溪堡开发建设，打造民俗文化休闲旅游景区。支持关中民俗艺术博物院被认定为国家级文化产业示范基地，成为全国民俗文化旅游新热点。完成小峪、子午峪、小五台等3个峪口环境综合治理，形成都市居民休闲度假新亮点。扎实推进“九大农家乐”建设，实施上王村、祥峪沟村农家乐提标改造，塑造西部闻名、全省第一的农家乐品牌。全区农家乐经营户1260户，被评为“国家农家乐服务标准化示范区”。2007～2010年，全区接待游客1552.97万人次，实现旅游直接收入8.95亿元，获“陕西省旅游强区”称号。

认真贯彻落实国家及省市关于房地产市场调控的政策措施，加大限价商品房、经济适用房和廉租房等保障性住房建设，适度扩大商品住房开发规模，不断规范二手房市场交易，促进房地产业平稳健康发展。引导房地产业规模化开发、品牌化经营，盛世长安、兰乔国际等大盘开发强劲，相继建成雅居乐、太阳新城等一批配套齐全、环境优美、品位高尚的新型社区。2007～2010年，全区房地产业完成投资95.9亿元，开工商品房面积452万平方米，销售商品房316.6万平方米，呈现产销两旺局面，拉动区域经济增长。

【招商引资】 2007～2010年，长安区创新招商引资方式，相继赴新加坡、香港等地“上门招商”，组团参加历届中国东西部投资贸易洽谈会，先后引进中兴通讯研发基地等一批重大项目。全区签约引进项目267个、总投资489亿元，实际利用市以外内资210.5亿元、外资6268万美元，有力推动区域经济持续快速增长。积极实施开放带动战略，力求在更大范围聚集生产要素、在更高层面整合发展资源，努力开创经济社会发展新局面。加强与发达地区、商会组织联系，扩大对外经济合作交流，与广州荔湾区缔结为友好区县。紧紧抓住沿海产业向西部转移、城市工业向郊区转移的历史机遇，优化投资环境，完善招商引资工作机制，规范招商行为，精心策划包装项目，开展产业招商、专业招商和以商引商，成功引进南洋迪克、奥特莱斯国际商务社区等一批重大项目。4年全区引进项目189个，实际利用内资107.37亿元、外资6366.3万美元。狠抓项目落地建设，累计实施重点项目509个，完成投资227.1亿元，推动区域经济持续快速增长。

【生态文明建设】 2007～2010年，区政府切实加强秦岭北麓生态保护，制定下发《加强秦岭北麓资源环境保护的决定》和《贯彻落实〈陕西省秦岭生态环境保护条例〉实施方案》，严格设立分级保护区域，落实生态保护责任。深入实施天然林保护、飞播造林工程、退耕还林工程，累计完成封山育林和人工造林6400公顷；控制建设项目，禁止破坏生态、污染山水的矿产开采行为，监管生态控制区内建成项目的“三废”排放，持续加大水源地保护力度，保障城市饮用水水源安全；实施山区小流域综合治理工程，从源头维护秦岭北麓生态环境，基本建成确保西安大都市科学发展的绿色生态屏障。扎实推进城乡绿化大绿工程，在四大塬畔、河道沿岸、主干道两侧、平原路网、重点区域造林7933公顷。建成环山公路绿色走廊、子午大道、雁引公路景观林带；完成40个村环村林带建设，塬坡富民工程建成核桃等经济林1200公顷；创建园林式单位126个、绿色文明小区34个、生态示范村72个，全区绿色生态体系逐步完善，城乡绿化覆盖率持续提高。切实加强水环境治理，投资4957万元，先后实施大峪水库、许家沟水库等23座水库的病险加固工程，修复加固河堤9.03公里，全区水源涵养、防汛抗洪能力显著增强。投资3578万元，完成4.6公里浐河长安段综合治理；运用BOT模式，建成长安污水处理厂，城市生活污水全部得到有效处理。结合王莽农业生态观光园建设，启动小峪河上游综合治理工程。配合市上实施沣河综合治理工程，加快推进沣河生态水系建设。认真抓好水污染防治工作，依法关停沣河流域造纸、淀粉等重污染企业49家；明确要求相关企业建成水污染减排项目58个，全区现有工业企业废水均达标排放；督促11所入区高校建成污水处理设施，全面完成污染物减排任务，辖区内滈河、沣河等4条主要河流的水质均达地表水国家III类标准。加强环保治理工作，深入开展创建国家环保模范城市活动，在全省率先建立乡街环保专干制度，筑牢基层环保防线。持续开展“整治违法排污企业、保障群众健康”环保整治专项行动，依法关闭取缔小轧钢、小炼油等污染企业152家；加强大气污染治理，集中治理王寺地区烟尘污染企业89家，拆改城区燃煤锅炉36台，督促8家造纸企业建成脱硫工程，减排COD 8200吨、二氧化硫2100吨，连续4年实现秸秆禁烧“零火点”目标，空气良好天数稳定在300天以上，全区大气质量持续好转。强化对重点用能企业的监管，做好节能工作，万元GDP能耗累计下降25%，节能减排工作取得显著成效，区域生态环境持续优化，绿色生态成为长安最具吸引力的品牌。

【社会事业】 2007～2010年，区政府坚持优先发展教育事业，累计投入资金11.88亿元，改扩建校舍23.6万平方米，校点撤并82所，新建寄宿制学校7所，长安二中新校建成使用，长安一小即将竣工招生，建成乡街中心幼儿园25所，长安第一幼儿园及5所乡街公办幼儿园启动建设，创建省级标准化高中5所，高中标准化建设位居全省前列，城乡办学条件明显改善；城乡义务教育段学生全部实现免费教育，教育资助和蛋奶工程补贴等惠民政策全面落实；推进教育教学改革，狠抓基础教育和素质教育，教育质量稳步提高，获“全国推进义务教育均衡发展先进区”称号。大力发展卫生事业，加快公共医疗卫生服务设施建设，改扩建乡街卫生院11所，改造社区卫生服务中心8个，建成标准化村级卫生室606个，健全区、乡、村三级卫生服务网络，在全市率先实现城乡公共卫生服务全覆盖；加强疾病预防控制体系建设，认真做好出血热、甲型H1N1流感等传染病防控工作；持续扩大新合疗覆盖范围，实施妇幼保健、老年人免费健康体检、农村孕产妇免费住院分娩等公卫生服务项目，推进药品“三统一”工作，提高群众健康保障水平。加强人口计生综合治理，完成22个乡街计生服务站标准化建设，建立计划生育优质服务体系，健全流动人口服务管理机制，持续稳定低生育水平，被评为“全国人口和计划生育优质服务先进区”。开展科普宣传和科技培训，推进以企业为主的科技创新，扶持和培育科技示范村，争取市级以上科技项目46个，转化科技成果78项，推广实用技术23项，科技对经济发展的贡献度日益提高，获“全国科技进步先进区”称号。发展文化事业，启动长安文化广场建设，建成乡街综合文化站15个、村级健身广场178个、农家书屋341个，完成182个山区自然村通广播电视工程，广播电视“村村通”目标全面实现，进一步完善公共文化服务体系；加强非物质文化遗产保护和开发，北张村传统手工造纸等3个项目被列入国家级非物质文化遗产保护名录；实施文化下乡、农家书屋、农村电影免费放映工程，全民健身活动广泛开展，丰富广大人民群众文化生活，营造和谐文明的社会风尚。

积极整合各类培训资源，建立政府主导、部门乡街具体实施，各类培训机构和中介组织共同参与的城乡劳动力培训工作体系，开展形式多样、层次不同的劳动技能培训和就业培训，引导、组织劳动力劳务输出和转移就业，培训城乡劳动力22.47万人次，转移输出44.6万人次，总量居全省第一。全面落实各项就业优惠政策，拓宽就业渠道，开发公益性岗位，开展再就业帮扶和援助活动；推动全民创业，累计发放小额担保贷款2900余万元，营造良好创业环境，带动就业1.25万人，新增城镇就业5.49万人，城镇登记失业率控制在4.5%以内。

协调推进养老、医疗、失业、工伤、女工生育保险，实现城乡社会保险全覆盖。推行新型农村养老保险制度，80万农村群众实现老有所养；全面启动城镇居民养老保险试点工作，推行城镇居民基本医疗保险，参保人数6.8万人；新农合累计173.6万人次，报销医疗费4.66亿元，有效减轻农民就医负担。加强城乡低保动态管理，发放最低生活保障金1.68亿元，做到应保尽保；加大困难家庭救助力度，发放医疗救助金768.45万元、教育救助金5750万元，城乡贫困群众生活得到保障。实施农村安居工程，帮助3663户困难群众建成新房，帮助1372户受灾群众修缮房屋。实行廉租住房保障制度，完成廉租住房一期工程9600平方米，解决192户低收入家庭住房问题；二期工程9000平方米廉租房正在加紧建设，有效改善城乡困难群众住房条件，人民群众享受到区域发展的成果。 （郑保强　刘雯慧）

人力资源

【概况】 西安市长安区人力资源和社会保障局（以下简称区人社局），是2010年政府机构改革后，将原西安市长安区劳动和社会保障局、西安市长安区人事局整合组成的政府职能部门。负责全区人力资源和社会保障工作。内设办公室、就业促进科、公务员管理科、专业技术人员管理科、工资福利科、劳动关系科、事业单位人事管理科、社会保险科、监察仲裁科9个职能科室，下设劳动监察大队、人才交流服务中心、考试培训中心、就业服务中心、劳动力市场、新型农村社会养老保险基金管理中心、社会保险事业服务中心、退休职工管理所、劳动就业培训中心9个事业单位，局系统工作人员220名。2007～2010年，全区城镇新增就业54930人，下岗失业人员再就业20354人，开发公益性岗位2911个，城乡登记失业率4.3%。农村劳动力转移406013人，农村劳动力培训189662人。为农民工追讨工资1200万元，处理劳动争议案件427件，时效内结案427件，结案率100%。为部分事业单位公开招聘工作人员363名。为基层振兴计划招录专业技术人才196名。选派“三支一扶”（指支农、支医、支教和驻村帮扶）人员478名。全区评审专业技术职务任职资格2631人。

【人事工资收入分配制度改革】 2007年，区人社局为进一步理顺收入分配关系，规范收入分配秩序，开展机关事业单位工资收入分配制度改革工作，建立科学合理的机关事业单位工资收入分配制度。2009年，按照《西安市事业单位实施绩效工资暂行意见》，出台《西安市长安区事业单位绩效工资实施意见》、《西安市长安区事业单位实施绩效工资补充意见》，规范全区事业单位在职人员绩效工资和退休人员补贴。全区涉调20508人次。其中在职15272人次，退休5236人次，涉及增资额1.45亿元。完成全区公务员津、补贴标准提高工作，将公务员津、补贴调至年人均26000元。完成事业单位在职工作人员绩效工资和退休人员补贴标准调资工作。完成机关事业单位工作人员正常薪级工资滚动晋升工作。2007～2010年，办理调动人员工资审批1201人；职务、职称变动人员工资审批1400人；退休审批1502人；死亡职工遗属生活困难补助和一次性抚恤金审批481人；离退休人员护理费审批483人。

【公务员管理】 2007～2010年，根据《公务员法》及相关配套法规，区人社局出台全区公务员考核、非领导职务管理、公务员交流轮岗、新录用公务员任职定级、公务员工作态度和效能问题投诉处理办法等制度。建立公务员日常登记制度和公务员信息管理库，做好全区事业单位参照公务员法管理工作。配合组织部门制订《科级干部轮岗实施方案》和《乡街干部交流实施办法》。在全区公务员中开展计算机应用能力、WTO知识、外语听讲能力、普通话、《行政许可法》、“太乙杯”公务员法知识竞赛等培训；开展公务员初任、任职和专门业务培训，与中共西安市长安区委组织部（以下简称区委组织部）联合举办科级公务员任职培训示范班。参加西安市人力资源和社会保障局组织的公务员大讲堂系列活动。举办“加强机关作风建设提升工作服务水平”、“形象设计与沟通礼仪”等各项专题报告会11

场次，组织全区公务员进行公务礼仪知识笔试考试，考试合格率100%。开展“人民满意的公务员”评选活动，4人被推荐为西安市人民满意公务员，3个单位被推荐为西安市人民满意公务员集体。通过市级招考，4年为全区补充公务员184名；公务员培训6600人次；接收计划安置军转干部13名。

【事业单位人事制度改革】 2010年，区人社局召开全区事业单位岗位设置暨机关事业单位工作人员年度考核工作会，出台《西安市长安区人力资源和社会保障局关于事业单位岗位设置及聘用工作的安排意见》及《西安市长安区事业单位岗位设置管理实施细则（试行）》，启动事业单位岗位设置工作，事业单位人事管理由身份管理向岗位管理转变。

【人才队伍建设】 2010年，区人社局会同区委组织部编制《西安市长安区中长期人才规划（2010～2020年）》，作为今后10年全区人才工作的指导依据。

人才引进 2009年，召开“人才强区科学发展”人才工作座谈会，完善吸引人才、培养人才和用好人才机制。引进硕士以上研究生66人。2010年，探索多元化引才引智路子，进入大学校园为全区直接招录急需专业人才23人。

配置人才 2007～2010年，面向社会为部分事业单位招录工作人员363人。其中，教育系统258人，卫生系统50人，计生系统9人，其他事业单位46人。为基层振兴计划招录专业技术人才196人。其中，教育系统34人，农技系统88人，卫生系统62人，计生系统12人。抽调选派478名“三支一扶”工作队员到基层农村进行为期1年的支教、支医、支农和驻村帮扶工作。

【人才服务和人事代理】 2007～2010年，区人社局（人事局）举办“未就业高校毕业生专场招聘会”24场次，参会企业152家，提供就业岗位3065个，达成就业意向1226人。接收应届毕业生档案7200份，办理人事代理11094人，开具流动人员任职资格考试报名等手续450人次。提高流动党员管理服务工作，接转党员组织关系707人，召开流动预备党员转正大会9次，转正预备党员134名；养老保险异地转移15人次；推荐就业168人，为14930名人才提供优质服务。

【专业技术人员管理和职称评聘】 2010年，区人社局成立农民职称评审工作机构，协同西安市长安区科学技术局召开全区首次农民技术职称评审工作会。2007～2010年，全区评审专业技术职务任职资格2631人。其中，高级268人、中级1141人、初级1222人。评定农民技术人员职称130人。其中，高级6人、中级54人、初级70人。 （王昱力 孙军辉）

机构编制

【概况】 西安市长安区机构编制委员会办公室（以下简称区编办）下设综合科、行政机构编制科、事业机构编制科、监督检查科（区编委督查室）和区事业单位登记管理局。截至2010年末，长安区各级党政群机关（含法院、检察院、司法等政法部门）设置行政机构51个。其中，党委系统设置工作部门9个、部门管理机构1个；人大系统设置专门委员会工作机构和人大常委会办事机构5个；政府系统设置工作部门24个（含监察局）；政协系统设置委员会办事机构5个；群众团体机关5个；法院、检察院各1个。

【行政机构变化】 2007年，长安区政府部门管理机构新增爱卫办（创卫办）、物价局、信仿局；区人大由“一办五委”减为“一办四委”，即人大常委会办公室、内务司法工作委员会、科教文卫工作委员会、财经环资工作委员会、代表联络工作委员会。

2009年，设立区城中村改造办公室、西安长安常宁新区管理委员会、长安斗门新型工业园区管理委员会、长安引镇现代物流园区管理委员会。

2010年，设立区统筹城乡发展办公室、区年度目标责任综合考核领导小组办公室、区支持开发区发展协调管理办公室，将区人民防空办公室由在区人民政府办公室挂牌调整为设在区人民政府办公室独立运作。

区政府机构改革后，区政府设置工作部门23个：区政府办公室（区信访局设在区政府办公室）、区发展和改革委员会（区物价局设在区发展和改革委员会）、区经济贸易局（挂区招商局、区中小企业促进局牌子）、区教育局、区科学技术局、区监察局（与区纪律检查委员会机关合署办公，列入政府机构序列，不计入区政府机构个数）、区民政局、区司法局、区财政局、区人力资源和社会保障局、区建设局（区城中村改造办公室设在区建设局，实际独立运作）、区城市管理综合行政执法局（挂区城市管理综合行政执法支队牌子）、区交通运输局、区水务局、区农业局（挂区畜牧兽医局、区农业综合开发办公室牌子）、区林业局、区文化体育广播电视局、区卫生局、区人口和计划生育局、区审计局、区统计局、区安全生产监督管理局、区旅游局、区食品药品监督管理局；区政府直属事业单位4个：区粮食局、区民族宗教事务局（挂区文物局牌子）、区市容园林局（挂区爱国卫生运动委员会办公室、区“四城联创”工作领导小组办公室牌子，实际独立运作）、区住房保障和房屋管理局；区政府派出机构5个：西安郭杜教育科技产业开发区管理委员会、西安韦曲航天科技产业开发区管理委员会、西安长安常宁新区管理委员会、长安引镇现代物流园区管理委员会、西安长安秦岭北麓生态保护利用管理委员会。

【事业机构变化】 2007年，设立长安区学生资助管理中心、区农产品质量检测中心、区社区卫生服务指导中心和细柳、杜曲、大兆、兴隆、黄良5个街道劳动保障所；撤销河道砂石管理站。2008年，设立韦曲街道办事处老街社区卫生服务中心、韦曲街道办事处南街社区卫生服务中心、郭杜街道办事处社区卫生服务中心、鸣犊街道劳动保障所、王曲街道劳动保障所；撤销区会计师事务所。区爱卫办（创卫办）更名为区爱卫办（“四城联创”办）。

2009年，设立区信息中心、区行政服务中心、郭杜教育科技产业开发区管理委员会财政所、西安长安常宁新区管理委员会财政所、长安斗门新型工业园区管理委员会财政所、长安引镇现代物流园区管理委员会财政所、区安全生产监察大队，区红十字会；撤销高校建设协调服务办公室、滈河管理办公室；撤销区财政局农业税征收管理所，设立区农村综合改革工作办公室（契税征收管理所）；将原文化体育广播电视局所属少年儿童体育学校牌子挂在教育局所属青少年活动中心，实行一套机构两块牌子。

2010年，撤销区种子公司、昆明办、北京联络处、市场管理中心、广电服务部；设立区新型农村社会养老保险基金管理中心、区食品稽查队、区药品稽查队。从长安区划入沣渭新区部分事业单位：漳浒寨苗圃、斗门新型工业园区管理委员会、斗门新型工业园区管理委员会财政所、斗门市场管理所、斗门房产所、斗门畜牧兽医站、斗门中心卫生院、斗门街道所属事业单位和境内教育事业单位；王寺畜牧兽医站、王寺卫生院、王寺街道所属事业单位和境内教育事业单位；高桥畜牧兽医站、高桥卫生院、高桥街道所属事业单位和境内教育事业单位。

【政府机构改革】 2010年1月，长安区召开区政府机构改革动员大会。按照市委、市政府批准长安区的机构改革方案，合并区人事局、区劳动和社会保障局，组建区人力资源和社会保障局；区机构编制委员会办公室单独设置；合并区经贸局、区招商局、区非公局，组建区经济贸易局；合并区民宗局与区文物局；区产业办、区农业综合开发办公室并入区农业局；区旅游局由区政府直属事业单位调整为区政府工作部门；食品药品监督机构由市垂直管理调整为区政府工作部门；区房产局更名为区住房保障和房屋管理局，由部门管理机构调整为区政府直属事业单位；区交通局更名为区交通运输局。将西安郭杜教育科技产业开发区管理委员会、西安韦曲航天科技产业开发区管理委员会、西安长安常宁新区管理委员会、长安斗门新型工业园区管理委员会、长安引镇现代物流园区管理委员会、西安秦岭北麓生态保护利用管理委员会调整为区政府派出机构。

按照要求，长安区政府36个部门重新制定“三定”规定。通过改革，区政府工作部门减少1个，直属事业单位减少3个，合并部门管理机构1个。按照《长安区议事协调机构管理暂行办法》，清理议事协调机构，审核327个议事协调机构（不含联席会议、办公会议及已自行撤销的议事协调机构，其中，党群系统议事协调机构58个，政府系统议事协调机构269个），

保留区直议事协调机构119个，其中党群系统21个，政府系统98个；撤销议事协调机构202个，其中党群系统37个，政府系统165个；合并12个。

【行政管理体制改革】 2008年，开展城管执法、市容园林、森林公安等体制改革。根据《西安市人民政府办公厅关于印发西安市城市管理综合行政执法试点工作实施方案的通知》和《西安市机构编制委员会关于印发临潼区阎良区长安区设立城市管理综合行政执法局的意见的通知》，经区编委会研究，区委、区政府批准，成立西安市长安区城市管理综合行政执法局。根据西安市编办《关于调整设立各区市容园林局的通知》，将区建设局承担的园林绿化管理职能划入区市容环境卫生管理局，区市容环境卫生管理局更名为“西安市长安区市容园林局”由区政府工作部门调整为直属事业单位。按照省市编办文件要求，明确森林公安机构编制性质，置换区物价检查事业编制。区编办为区森林公安机构核定政法专项编制，区林业局森林公安分局更名为西安市公安局长安分局森林公安分局，各森林公安派出所加挂森林公安警察大队牌子，收回原事业编制。同时，给区物价检查所下达行政编制，收回原事业编制。

【乡镇机构改革】 2008年10月，召开长安区乡机构改革工作动员大会，安排部署8个乡机构改革。改革后，定岗行政人数108人，事业人数141人，分流行政人员3人，分流事业单位人员9人，清退临时雇佣人员31人。长安区8个乡32个科室及32个事业单位中16个科室领导职位和25个事业单位领导职位开展竞争上岗，竞争上岗率64%。其中五台、五星、杨庄乡竞争上岗率100%。

【事业单位改革】 2007年，区编办对长安区水利工程管理提出体制改革实施意见。5个水管单位由管理处更名为管理站：沣河管理站、潏河管理站、浐河管理站、石砭峪水库管理站、大峪灌区管理站；划分水管单位类别和性质。根据水管单位承担任务和收益情况，划分为纯公益性和准公益性，沣河管理站、潏河管理站、浐河管理站属于纯公益性水管单位，经费由自收自支变为财政全额拨款。石砭峪水库管理站、大峪灌区管理站属准公益性水管单位；石砭峪水库管理站经费由自收自支变为财政差额补助，大峪灌区管理站维持原财政差额补助不变；严格定编定岗。依据水利部、财政部《水利工程管理定岗标准》，核定5个水管单位纯公益性岗位事业编制数。

2008年，按照《西安市人民政府关于推进畜牧兽医管理体制改革的实施意见》和《西安市机构编制委员会关于区县畜牧兽医机构编制有关问题的通知》印发《西安市长安区畜牧兽医管理体制改革实施方案》。

按照长安区社区卫生服务发展规划，对长安区社区卫生服务机构统一考核、审验登记，提供政策咨询宣传和技术指导服务。设立长安区社区卫生服务指导中心，为区卫生局下属事业单位。设立韦曲街道办事处老街和南街社区卫生服务中心、郭杜街道办事处社区卫生服务中心，在杜曲、斗门、滦镇、细柳、引镇、子午、马王、王曲、鸣犊中心卫生院和太乙宫、东大、王寺、兴隆、黄良、大兆街道卫生院设立社区卫生服务中心。

根据省、市政府关于农村公路养护体制改革要求，下发《关于长安区农村公路管理养护机构编制有关问题的通知》，长安区公路管理站更名为长安区农村公路管理站。

2010年，撤销区种子公司，将生产经营职能转入市场，收回事业编制，分流原有职工及离退休人员；区卫生局承担的食品卫生许可，餐饮业、食堂等消费环节食品安全监管和保健食品、化妆品卫生监督管理职责划入区食品药品监督管理局。设立区食品稽查队，调整区卫生监督所职

责、编制及领导职数；设立长安区新型农村社会养老保险基金管理中心，明确机构规格和职能职责，规范长安区农村居民养老保险基金管理，核定长安区22个乡街卫生院机构设置和人员编制；完成文化体制改革，撤销西安市长安区文化稽查队，成立西安市长安区文化市场行政执法队；设立区信访接待中心；撤销区市场管理中心，其职能、人员划入区市容园林局。

【乡镇改街道建制】 2007年，细柳、杜曲、兴隆、大兆、黄良5个乡镇撤销乡镇建制，设立街道办事处。区编办核定新设街道的机构设置、职能定位、人员编制。2008年5月，长安区鸣犊、王曲两个镇撤销镇建制，设立街道办事处。区编办下发鸣犊、王曲街道“三定”方案。2009年10月，长安区五台、王莽、高桥3个乡，撤销乡建制，设立街道办事处。区编办下发新设街道“三定”方案。

【机构编制监督检查】 2008年3月，区编办与区监察局对全区党政机关及2005年以后新设立机构进行机构编制监督检查。检查组走访区级行政机关及有关事业单位以及细柳、杜曲等5个新设街道，通过听汇报、查资料、发放调查问卷等形式，了解单位机构设置、职能运行、领导配备、编制办理、事业单位法人登记等情况。对个别单位私设机构、超职数配备中层领导、未进行事业单位法人年检等问题，要求限期整顿。4月，省编办督查组检查长安区乡镇机构编制和实有人员控制情况，抽查长安区王莽乡，通过查阅文档资料、核对编制台帐、同区乡领导座谈，省督查组认为长安区在控制乡镇机构和实有人员工作中领导重视，组织机构健全，措施到位，管理严格，做到乡镇实有人员只减不增。

2009年，区编办与组织、监察、物价等部门检查全区2008年后新成立机构的运行情况。采取“一听、二谈、三访”形式，了解各单位机构编制政策执行情况，严肃处理未按机构编制规定执行的行为。

2010年，区编办落实全区各街道职能职责、内设机构和人员编制，对2008年后设立的8个街道检查落实，了解职能转变情况，纠正个别街道内设机构不规范问题。同年，检查全区中层领导职数，分析个别部门超职数配备原因。向西安市检查组汇报长安区领导职数分配使用和管理情况。同时，接受市编办对区安监系统机构编制专项检查，市编办同市药监局、市信访局两次对长安区食品药品体制和信访体制机构运行和职能履行情况的监督检查。

【事业单位登记管理】 2007～2010年，长安区事业单位登记管理局加强对事业单位开办资金监管力度，按照“先变更、后年检”的方式，督促全区事业单位办理变更登记，完成160多家单位变更登记和2300多家事业单位年度检验；完成区财政局12个局属事业单位非法人单位向法人单位过渡工作。处理违规事业单位80家，下发行政告知书2份。2010年，举办2期事业单位法定代表人培训班，培训320多个事业单位法定代表人，提高了事业单位法人代表的法律意识和管理水平。（高江伟）

信　访

【概况】 长安区信访局主要负责接待、处理全区群众来信来访工作。内设综合接待科、办信办案科、督查科3个科室，行政编制9人。2007～2010年，接受理群众来信来访21296件次。其中，群众来信905件，网上信访事项948件，办理上级交办案件292件；接待群众来访19151人次，其中个访2416人次，集访721批16735人次。

【信访接待中心成立】 2010年6月，长安区信访接待中心成立。中心占地1280平方米，办公室21间，设立窗口单位13个，入驻工作人员52人，涉及纪委、建设、土地、民政、农业、卫生、司法等17个部门；设置视频接访室、领导接访室、协调会议室和可容纳120人的群众来访接待大厅。区信访接待中心设主任1名，由区信访局局长兼任；副主任6名，分别由区政法委1名副书记、区信访局2名副局长、公安长安分局1名副局长、区监察局1名副局长、区司法局1名副局长兼任。

【集体上访】 2007～2010年，区信访接待中心接待群众集体上访621批16735人次。上访特点：一是异常行为减少；二是群众上访活动重复率下降；三是反映群体性利益的信访事项依旧增多，主要表现为对越自卫反击战退役人员、原民办教师、农村电影放映员、复原干部、基层兽医站长期临时工、山川林业投资户、原8023部队退役人员、60年代精简下放人员、1968～1973年超期服役回乡义务兵等群体信访增加；四是城市化进程加快，导致房地产开发商和业主之间因购买合同或物业管理等纠纷产生矛盾。区信访接待中心联系相关责任单位，负责群体上访接访劝返工作，组织召开协调会，协调相关责任单位和上访群体之间的矛盾。对群众合理诉求，当场予以答复，但因上访群体期望值过高、超越政策范围等原因，部分反映群体性利益的信访案件仍未得到妥善处理。

2007～2010年长安区信访接待情况表（一）

年份	接待总数（件次）	集　访（批·人次）	个　访（人次）	群众来信（件）	网上信访（件）	中央省市交办案件（件）
2007	4637	243·3697	492	192	198	58
2008	6041	158·4863	671	217	220	70
2009	5405	168·4193	761	241	142	68
2010	5213	152·3982	492	255	388	96

2007～2010年长安区信访接待情况表（二）

年份	接待总数（件次）	解决问题类	建议类	揭发控告类	申诉类	其他类
2007	4637	16%	9%	18%	49%	8%
2008	6041	25%	6%	11%	55%	3%
2009	5405	22%	8%	10%	46%	14%
2010	5213	18%	10%	14%	50%	8%

【群众来信处理】 2007～2010年，区信访接待中心受理群众来信905件，处理网上信访事项948件。对群众来信按照“确保群众写给政府的信件件有着落”原则，一是坚持办信工作制度，认真阅办，及时转办，强化督办；二是针对重信、联名信问题，采取发函、要结果、立案督办、联合督办、会议督办、领导包案督办等形式办理，提高来信办结率；三是拓宽办信工作平台，利用互联网、电话和区长、市长信箱等形式，畅通信访渠道；四是实行每月来信情况分析制度，为领导掌握情况与决策提供服务。（钟　欣）

中国人民政治协商会议西安市长安区委员会

综　述

2007～2010年，中国人民政治协商会议西安市长安区委员会围绕中心、服务大局，以邓小平理论、“三个代表”重要思想为指导，贯彻《中共中央关于加强人民政协工作的意见》，落实科学发展观，构建社会主义和谐社会。第十二届委员会有委员304名，25个界别，召开全体会议4次，常务委员会14次，主席会议38次；调研讨论医疗服务、小学教育、供气供暖、城区停车等民生问题，收集委员提案600件，审查立案555件，组织视察35次；10名委员被聘为机关作风监督员，促进党风、政风、行风和干部作风好转。

政协西安市长安区委员会履行政治协商、民主监督、参政议政三大职能，加强各阶层团结，增进各民主党派合作，发挥人民政协改善民生、构建和谐社会作用，为公益事业捐款270余万元。做好文史资料收集整理工作，编辑出版《创业者风采》、《游长安》、《名人咏长安》、《唐诗咏长安》、《长安百村》等资料。搞好政协机关自身建设，提高履行职能能力和水平，工作彰显活力，履职富有成效，为长安建设做出了自己的贡献。

【概况】 中国人民政治协商会议西安市长安区第十二届委员会于2007年10月21～24日第一次会议选举产生，由25个界别、295名委员组成；十二届政协有主席1人，副主席5人；下设办公室、学习提案委员会、经济科技委员会、社会事务委员会、委员联络服务委员会。2010年4月，释定慧圆寂，竺海潮、肖瑜、曾志、陈全民、王军奇调离本辖区，在第十二届第十次常务会上，增补委员15名。

【政协长安区第十二届委员会会议】 政协长安区第十二届委员会第一次全体会议于2007年10月21～24日在止园饭店召开，出席会议委员295人，列席40人。会议听取并审议区政协第十一届委员会常务委员会工作报告和提案工作报告；列席区人大十六届一次会议，听取并讨论区政府工作报告及其他报告；选举区政协第十二届委员会主席、副主席、秘书长、常务委员，通过会议有关决议。

政协长安区第十二届委员会第二次全体会议于2008年1月21～22日在西北饭店召开，出席委员295人。听取中共十七大精神专题辅导报告；列席区人大十六届二次会议，听取并讨论区政府工作报告及其它报告；听取并审议政协西安市长安区第十二届委员会常委会工作报告，通过会议有关决议。

政协长安区第十二届委员会第三次全体会议于2009年1月6～8日在止园饭店召开，出席委员295人。列席63人。会议听取并审议区政协常委会工作报告和提案工作报告，列席区人大十六届三次会议，听取并讨论区人民政府工作报告及其它报告。通过会议有关决议。

政协长安区第十二届委员会第四次全体会议2010年1月12～14日在西北饭店召开，出席委员305人，列席63人。会议听取并审议区政协常务委员会工作报告和提案工作报告，列席区人大十六届四次会议，听取并讨论政府工作报告及其它报告，听取《西安市“十一五”规划实施情况和“十二五”规划展望》专题辅导报告，通过会议有关决议。

2007年10月，政协西安市长安区第十二届委员会第一次会议

【政治协商】 2007～2010年，政协西安市长安区第十二届委员会召开全体会议4次，常委会议14次，主席会议38次。在履行职能中，讲求实效，组织大量视察调研活动，集中民智，协商议政，建言献策，促进区委、区政府决策科学化、民主化。

【民主监督】 2007～2010年，政协长安区委员会80多位委员担任党风、政风、行风监督员。在全区领导干部和机关作风集中教育整顿活动中，10名委员被聘为机关作风监督员。区政协委员对市管职能部门以及各乡、街道主要工作进行测评，对促进党风、政风、行风和干部作风好转，发挥民主监督起到积极作用。

【参政议政】 2007～2010年，政协西安市长安区第十二届委员会发挥人民政协“智囊团”、“人才库”优势，履行参政议政职能。围绕区委、区政府中心工作，深入开展调查研究，组织委员开展视察调研30余次，撰写调研报告20余篇，为区委、区政府解决实际问题提供参考和建议。

【专题调研】 2007～2010年，政协长安区第十二届委员会通过委员提、主席点、会议定的方式，抓住长安经济社会发展的重点难点问题，确立调研项目。组织委员开展调研视察活动35次，形成调研报告20余份。其中，关于长安企业发展、房地产业发展、粮食加工业现状与前景、扩大农业产业规模、加强农村产业服务、城中村改造、重点园区建设等调研报告得到区委、区政府高度重视，对科学决策起到参考作用。

【提案工作】 2007～2010年，政协长安区十二届委员会征集提案600件，其中立案555件，涉及加快交通道路和城市道路建设、调整农村产业结构、改善农村基础设施、加强精神文明和民主政治建设、加快工业新区建设、加速民营经济发展、加快招商引资、整合旅游资源等方面。提案围绕区委、区政府中心工作和人民群众关注的热点、难点问题，得到区委、区政府重视和采纳。

【文史资料】 遵照全国政协文史资料工作座谈会精神，政协长安区第十二届委员会开展文史资料收集整理工作。2007～2010年，收集、编写、印发《长安政协》、《文史资料》40余期，编撰综合性文学艺术刊物《长安文苑》，编辑出版《创业者风采》、《游长安》、《名人咏长安》、《唐诗咏长安》、《长安百村》一部、二部等文史资料。

【公益事业】 2007～2010年，区政协组织委员为“5·12”汶川大地震灾区公益捐款200多万元、为青海玉树灾区捐款捐物50余万元、为陕南洪涝灾区和长安区安居工程捐款12万余元。同时，区政协每年组织干部职工、政协委员看望慰问贫困群众，尽力为贫困群众解决实际困难。

【庆祝人民政协成立60周年纪念大会】 2009年9月，区政协邀请各民主党派、各人民团体、各部门和乡街负责人以及各界人士欢聚一堂，召开庆祝人民政协成立60周年纪念大会，回顾人民政协60年辉煌历程，讴歌各族、各界人士大团结、大联合创造的巨大成就，进一步扩大共识、凝聚人心、鼓舞信心、增进政协各参加党派、各人民团体、各阶层和各界人士对中国特色社会主义的政治认同和思想认同，增强走中国特色社会主义发展道路的自觉性和坚定性。

【区政协调研讨论民生问题】 2010年7月，区政协召开民生系列问题调研座谈会，就医疗服务、小学教育、供气供暖、城区停车等进行调研，撰写调研报告4篇报送区委、区政府，为相关部门科学决策提供意见和建议。

【《长安百村》编撰工作】 2009年3月，区政协成立《长安百村》编委会，组织以政协委员、陕西柳青文学研究会长安籍会员和长安作家协会会员为主的作者队伍，深入乡街搜集整理资料。9月，出版第一部《长安百村》，收录108个村的村史。2010年10月，出版第二部《长安百村》，编撰116个行政村的村史。（吴　昊）

中国共产党西安市长安区纪律检查委员会

【概况】 2007～2010年，中共西安市长安区纪律检查委员会、长安区监察局（以下简称区纪委、区监察局）坚持以邓小平理论和“三个代表”重要思想为指导，贯彻科学发展观，落实中央、省、市纪委关于党风廉政建设和反腐败工作部署和要求，履行纪检监察工作职责，突出标本兼治，注重制度创新，坚持整体推进，狠抓工作落实，教育、制度、监督、改革、纠风、惩处等工作取得明显成效，为长安区“实施追赶战略，谋求跨越发展，建设四强新区”提供坚强保障。2007年获全市党风廉政宣传教育工作先进单位；2008年，获全市纪检监察信访工作先进单位；2009年，获全市纠风工作先进单位。在全区年度目标责任考核中，连续4年被评为优秀单位，获西安市纪检监察案件审理工作先进单位2次。

【区纪委第一届第二次全体会议】 2007年3月14日，区纪委第一届第二次全体会议召开。区纪委委员17人出席会议；区纪委调研员、纪检员，乡镇、街道和部门党政主要领导、纪委书记、纪工委书记、纪检组长、监察室主任200人列席会议。区委、区政府班子成员，区人大、区政协主要领导，区法、检两院主要领导出席会议。会议由区纪委常委会主持。会议总结2006年反腐倡廉工作，安排部署2007年全区党风廉政建设和反腐败工作任务。全会审议通过区委常委、区纪委书记徐树安代表区纪委常委会所作的《扎实推进党风廉政建设和反腐败斗争，为实施新长安战略、构建和谐长安提供有力保证》的工作报告和区纪委二次全会决议。区委书记钱引安出席会议并作重要讲话。

【区纪委第一届第三次全体会议】 2008年3月5日，区纪委第一届第三次全体会议召开。区纪委委员17人出席会议；区纪委调研员、纪检员，乡、街和部门党政主要领导、纪委书记、纪工委书记、纪检组长、监察室主任和分管纪检监察工作的领导203人列席会议。区委常委，区政府领导班子成员，区人大、政协主要领导，区法院院长，区检察院检察长出席会议。会议由区纪委常委会主持。会议总结2007年党风廉政建设和反腐败工作，部署2008年全区反腐倡廉工作任务。会议审议通过区委常委、区纪委书记徐树安代表区纪委常委会所作的《围绕中心，务实创新，整体推进，深入开展党风廉政建设和反腐败斗争》的工作报告和区纪委三次全会决议。区委书记吕健出席会议并作重要讲话。

【区纪委第一届第四次全体会议】 2009年3月17日，区纪委第一届第四次全体会议召开。区纪委委员17人出席会议；区纪委调研员、纪检员，乡、街和部门党政主要领导、纪委书记、纪工委书记、纪检组长、监察室主任和分管纪检监察工作的领导203人列席会议。区委常委，区人大、区政府领导班子成员，区政协主要领导，区法院院长，区检察院检察长出席会议。会议由区纪委常委会主持。会议总结2008年长安区党风廉政建设和反腐败工作，安排部署2009年全区党风廉政建设和反腐败工作任务。会议审议通过区委常委、区纪委书记王印郎代表区纪委常委会所作的《深入贯彻落实科学发展观，全面推进反腐倡廉建设》的工作报告，区委书记吕健出席会议并作重要讲话。

【区纪委第一届第五次全体会议】 2010年3月10日，区纪委第一届第五次全体会议召开，区纪委委员16人出席会议；区纪委调研员、纪检员，乡、街和部门党政主要领导、纪委书记、纪工委书记、纪检组长、监察室主任和分管纪检监察工作的领导205人列席会议；区委常委，区政府领导班子成员，区人大、区政协主要领导，区法院院长，区检察院检察长出席会议。会议由区纪委常委会主持。会议总结2009年工作，安排部署2010年全区党风廉政建设和反腐败工作任务。全会审议通过区委常委、区纪委书记王印郎代表区纪委常委会所作的《全面贯彻党的十七届四中全会精神，深入推进党风廉政建设和反腐败斗争》的工作报告，区委书记吕健出席全会并作重要讲话。

【党风廉政建设责任制】 2007～2010年，区纪委、监察局率先在全市探索创新"量体裁衣"式党风廉政建设责任制。每年年初，区党风廉政建设责任制领导小组与基层党委签订"量体裁衣"式党风廉政建设责任书。制订《长安区党风廉政建设和反腐败工作任务分解意见》、《建立健全惩治和预防腐败体系2008～2012年工作规划分工实施意见》，落实党风廉政建设和反腐败任务，做到目标、措施、完成时限和责任人"四明确"，目标任务、责任主体、工作措施"三到位"，在全区形成党委统一领导、党政齐抓共管，纪委组织协调、部门各负其责，依靠群众支持和参与的反腐倡廉工作领导体制和工作机制。落实陕西省纪委"十项制度"。落实党风廉政建设责任制报告制度、领导干部挂牌群众点名接访制度、新提拔领导干部任前廉政法规考试制度、乡街机关"廉政灶"制度、办案协作区制度、医疗药品"三统一"制度、村民监督委员会制度。上王村作为"全国村务公开和民主管理现场会"观摩村，村监会工作得中央、省、市有关领导一致好评。

【农村基层党风廉政建设】 2009～2010年，全区671个行政村建立村民监督委员会，为行政村总数100%。各村监会按照统一规格制作牌子，建立规章制度，明确职责、权利和义务；参与监督村级重大事务210件（次），提出意见建议326条，化解矛盾190余起，纠正不合理开支20余万元，初步形成村级反腐倡廉工作机制。

【宣传教育】 2007～2010年，区纪委、监察局把廉政文化宣传教育作为引导领导干部廉洁从政重要举措，加强廉政文化建设，构建反腐倡廉"大宣教"工作格局。在新区行政中心门前交通要道制作长300米的廉政文化墙，受到中纪委宣教室、省、市纪委领导关注和好评。在《长安开发》开设专栏刊登古代清官廉吏的廉政小故事，在长安电视台黄金时间播出廉政公益广告、开设廉政文化建设大家谈节目，在长安新闻网刊登长安区纪检监察工作动态；开展廉政宣传教育"七个一"活动，组织举办廉政长安书画展、廉政歌曲大赛，制作大型廉政公益广告、定期给领导干部发送廉政短信、开展"农业杯"党风廉政建设知识竞赛活动，为全区副处级以上领导干部赠送廉政贺卡、给全区领导干部家属发放《家庭助廉倡议书》，编写由陕西省委常委、省纪委书记郭永平和西安市委常委、市纪委书记刘春雁分别题词的《清风细雨润长安》，组织领导干部参观西安监狱接受服刑人员现身说法教育，营造以廉为荣，以贪为耻社会氛围。

【领导干部廉洁自律】 2007年，区纪委、监察局实施区级中层党政主要领导向区纪委全委（扩大）会述廉制度，率先在全市扩大至人大代表、政协委员、党风廉政监督员及工作对象代表。截至2010年，24个单位35名中层主要领导干部分3次向区纪委全委会述廉；开展区委委员、区纪委委员党内询问和质询工作，组织全区党员领导干部认真学习贯彻《廉政准则》，制订全区纪检监察干部纪律、领导干部"十个大力倡导，十个坚决不准"规定，严肃机构改革、党委换届、信访维稳、禁止公款旅游、婚丧嫁娶、揭牌庆典和元旦春节期间的纪律规定；制订党政机关、事业单位公务用车购置配备使用规定和领导干部出国出境等审批制度；会同有关部门从作风建设、行政效能、优化投资发展环境、构建和谐长安等方面入手，编印《长安区干部作风建设制度汇编》。开展制度创新工作，制订《长安区领导干部离任交接实施办法》和相关配套制度，对涉及19个单位的38名离任领导干部实施交接监督。联合公检法部门制订《关于对党员和国家公务人员违纪违法案件实行通报移送的实施办法》，有效解决涉刑案件中党员和国家公务人员漏处问题。

【警示训诫防线建设】 2007～2010年，加强警示训诫防线建设，通过警示提醒、诫勉督导、责令纠错方式，教育、保护和挽救了一批干部。区纪委主要领导与下级党政负责人谈话286人（次），对44人实施警示训诫，其中，处级干部13名，一般干部1名，教育、保护了党员干部。

【查办违纪违法案件】 2007～2010年，区纪委畅通信访举报渠道，坚持常委接待群众来访制度；推行区纪委、监察局领导干部挂牌群众点名接访制度。4年接待上访群众3000余人次，受理群众来信来访和媒体曝光636件（次），初信初访455件，办结率95%；全区纪检监察机关立案109件，结案109件，给予党、政纪处分122人，追缴违纪资金25万元，挽回经济损失1700多万元。2009年，推行办案协作区制度，全区25个乡街划分成5个协作区，解决基层纪委办案力量不足、质量不高问题；区纪委被中共陕西省纪律检查委员会确定为办案联系点。

【纠正损害群众利益不正之风工作】 2007～2010年，区纪委、监察局贯彻落实纠风工作责任制，加强对教育乱收费和违规招生、医疗服务和医药购销不正之风以及公路“三乱”专项治理。制订《长安区网上药品集中采购监督管理办法》，实行医疗药品“三统一”制度，强化药品和医疗服务市场监督管理；在交通干道设立警示牌，公布举报投诉电话，加大明查暗访力度，建立治理公路“三乱”监督网络和快速反应工作机制；加大涉农案件查处力度、投资环境整治力度；推进行风政风民主评议工作，开展“创建基层行风建设示范窗口”活动和面对面“三公开”活动，每年集中开展大型政风行风测评活动，促进政风行风好转。

【行政执法监察、效能监察、廉政监察】 2007～2010年，区纪委、监察局发挥行政监察职能作用，围绕科学发展和加快经济发展方式转变，会同国土、环保、安监部门监督检查节约用地、节能减排、环境保护、安全生产等政策落实情况，重点检查扩内需促增长、政府采购制度执行情况、政府投资、重大公共投资及国债投资项目，确保中央、省、市、区重大决策部署落实。加强对招考、招干、中考录生、三夏禁烧、校园安保、信访维稳工作监督检查，深入推进政务公开，规范区行政服务中心建设，安装电子政务监察系统，对窗口单位办事流程全程监督，推行“阳光政务”。

【队伍建设】 2007～2010年，区纪委、监察局加强纪检监察干部队伍管理，建立健全内部监督制约机制，制订完善各项管理制度20项。加大干部教育培训力度，组织机关干部参加业务培训，干部综合素质得到提高。开展学习实践科学发展观活动和“做党的忠诚卫士，当群众的贴心人”主题实践活动，打造一支政治坚强、公正清廉、纪律严明、业务精通、作风优良的纪检监察干部队伍，有6人被评为省、市纪检监察工作先进个人。

【长安二中高考考点提前响铃事故】 2008年6月7日，全国普通高校招生考试长安二中考点进行数学科考试，当考试进行到16：55分时，监铃员离开监铃岗位到考点办公室准备检查分管考场试卷，由于司铃员精神紧张，按下考点电铃按钮。铃声响后，考点52个考场中，有10个考场监考教师组织考生交卷离开考场，12个考场监考教师让学生返回考场继续答卷，个别考场也受到轻微影响。直至17时整，正式下考铃响，长安二中考点组织考生交卷。这次责任事故，给考生带来不可弥补的损失，在社会上造成难以挽回的影响。根据《国家教育考试违规处理办法》第十四条第二款之规定，经2008年6月17日区政府常务会议研究决定，建议区教育局对相关责任人员给予必要的行政处分。

（陈　瑶）

区纪律检查委员会第三次全体会议暨区政府廉政工作会议

中国国民党革命委员会西安市长安区支部

主　委：王炳哲
副主委：刘金田　王俊石（女）

【概况】 2007～2010年，中国民革长安区支部发展党员9人。现有党员20人。

【参政议政】 2007～2010年，中国民革长安区支部撰写提案13件，内容涉及对台文化交流、旅游产业开发、生态环境保护及食品安全等方面。

【重要活动】 2007年7月，中国民革长安区支部与西安高新支部联合举行“纪念七七事变七十周年”座谈会，先后开展“坚持中国特色社会主义道路，做好政治交接”学习、深入践行社会主义核心价值体系学习教育等活动。

中国民主同盟西安市长安区工委

主　委：马号武
副主委：智王萌（女）　张有梨
刘建锋

【概况】 2007～2010年，民盟长安工委共设4个支部：韦曲支部、西安旅游职专（原长安师范）支部、长安一中支部、斗门中学支部。现有盟员110人。

【参政议政】 2007～2010年，民盟长安工委撰写政协提案56件，其中《关于尽快建设开通长安大道》等6件获优秀提案奖。

【重要活动】 2007～2010年，民盟长安工委开展科教下乡和法律咨询等活动9次，涉及子午、祥峪、杨庄，受益群众3000余人。发挥盟员优势，参与书画义卖和社会公益活动，副主委刘建锋先后为北京奥组委、中国红十字会捐赠《中国龙》、《秦韵》等作品。

中国民主建国会西安市长安区支部

主　任：周　智
副主任：王　峰　杨百龙

【概况】 2007～2010年，中国民建长安区支部发展会员16人。现有会员27人。

【参政议政】 2007～2010年，中国民建长安区支部积极调研，撰写提案、议案、建议50余件，内容涉及教育、医疗、农村产业化结构调整及城市综合管理等方面，其中关于红光路改建的提案得到市政府相关领导重视，并被市政建设部门采纳实施。

【重要活动】 2007～2010年，中国民建长安区支部先后为土门峪小学、黄峪寺小学、王寺小学捐资助学4万余元；积极参与西安市统战系统服务科学发展实践基地建设，为上堡子村、李家山村捐赠健身器材、办公桌椅2万余元；先后为抗震救灾、扶贫济困捐款捐物共计22万余元。

中国民主促进会西安市长安区工委

主　委：王永平
副主委：肖忠让　魏来生
阮　平（女）

【概况】 中国民进长安工委现有西安旅游职专（原长安师范）、长安一中、长安二中、长安三中4个支部。2007～2010年，根据民进《会章》和组织发展原则，吸收发展会员21人。现有会员91人。

【参政议政】 2007～2010年，中国民进长安工委立案提案57件，内容涉及教育、文化、卫生、基础设施建设和环境治理等方面。其中，《尽快打通长安与西安连接道路，促进城区快速融合》、《整顿交通秩序，提高司乘人员综合素质》等7件提案获优秀提案奖。

【重要活动】 2007年1月，中国民进长安工委为王莽清水头小学捐赠30台电脑；2008年8月，组织会员60余人开展“看长安、话成就、献良策、谋发展”活动；2009年7月，组织全体会员参观郭杜教育科技产业开发区、国家航天民用产业基地，调研西部大道建设工程，积极为区委、区政府决策建言献策；2010年参与西安市统战系统服务科学发展实践基地建设，与杨庄小学、杨庄中学开展送教下乡活动2次；2010年12月，召开工委扩大会，民进市委会副主委刘英兰出席，区委常委、统战部部长柴跟科应邀参加并作指导讲话。

中国农工民主党长安区支部

主　委：宋秦峰

副主委：张　琳　张崇道

【概况】 2007～2010年，中国农工民主党长安区支部发展党员5人，现共有党员10人。

【参政议政】 2007～2010年，中国农工民主党长安区支部共撰写提案20件，均得到立案和答复。

【重要活动】 2007～2010年，中国农工民主党长安区支部开展送医下乡和免费义诊活动，先后在杨庄、滦镇、杜曲等乡街和长安广场举行活动5次，受益群众2000余人次；开展健康宣传活动，先后开展“三八”妇女节健康知识宣传、防治“结核病日”宣传、“世界无烟日”宣传、“接种日”宣传和“艾滋病日”宣传等活动11次，发放各类宣传资料4000余份。

九三学社长安区支部

主　委：孙朝朝

副主委：倪雅洁（女）　任飞翔

【概况】 九三学社是以科学技术界高、中级知识分子为主的具有联盟特点的政党，是接受中国共产党领导、同中国共产党通力合作的亲密友党，是进步性与广泛性相统一、致力于中国特色社会主义事业的参政党。九三学社长安支部2004年10月成立。现有社员13人，其中区政协副主席1人。

【参政议政】 九三学社长安区支部撰写提案9件，其中《关于整治秦岭野生动物园周边环境》的提案被市政协表彰为优秀提案。2010年，长安区支部被九三学社省委会评选表彰为先进单位，孙朝朝被评为省委会先进个人。

【重要活动】 2008年，九三学社长安区支部为抗震救灾捐款捐物1万余元；社员任飞翔、岳福云被省委会评选表彰为先进个人。　　（周　勋　翁利娟）

西安市长安区工商业联合会

【概况】 长安区工商业联合会（总商会）是党和政府联系非公有制经济代表人士的桥梁和纽带，是政府管理非公有制经济的助手，是中国共产党领导的具有统战性、经济性、民间性的人民团体和民间商会。2010年末，区工商联（总商会）系统会员780个，其中企业会员750个。全区乡街基层商会13个（原为16个，王寺、斗门、高桥分会划归沣渭新区后减少3个），行业商会3个。

【组织建设】 截至2010年末，长安区工商联有铸造业商会1个，房地产商会1个，家电商会1个，涉及新型建材、电缆铜材、机械制造、塑料化工、食品、包装等行业商会6个。以上商会涉及全区的支柱产业、重点优势产业和传统行业。

【参政议政】 2007和2009年，区工商联副主席董颖夫《关于沣河流域经济发展战略》、《关于应对金融危机，长安应出台的相应政策和措施，保增长，促发展》提案被列为政府督办提案。

【融资服务】 2007～2010年，区工商联召开银企座谈会7次，为民营企业提供金融信贷服务，帮助民营企业了解银行融资政策，加强民营企业与银行交流。4年为民营企业融资6亿元。

【对外联络】 2007～2010年，区工商联加强对外联络，为企业交流合作牵线搭桥。组织民营企业参加“上海创业发展洽谈会”，组织20家民营企业参加榆林招商引资活动。

【公益事业】 2007～2010年，区工商联坚持鼓励会员企业热心社会公益事业，参与新农村建设。全区非公有制企业为支助贫困大学生捐款200万元；为汶川、玉树地震灾区捐款170万元，捐物价值100万元；为学校捐款120万元。

【组织培训】 2007～2010年，区工商联举办全区工商联领导干部培训班，学习新《劳动合同法》和会计业务知识。4年组织培训5次350余人。为兴隆电力器材公司、泰峰电器厂引进技术人才100多人。组织长安企业家到外地学习经验，考察新疆、榆林等地工商联行业商会建设情况，了解新疆企业在外发展情况并看望在外创业的企业家。树立长安企业家形象，弘扬长安企业家精神，倡导长安企业家文化，打造长安企业家品牌。　　（李迎春）

西安市长安区总工会

【概况】 西安市长安区总工会（以下简称区总工会）主要职能是维护职工合法权益和民主权利；动员组织职工积极参加建设和改革，完成经济和发展任务；代表和组织职工参与国家和社会事务管理；参与企业、事业和机关的民主管理；教育职工不断提高思想道德素质和科学文化素质，建设有理想、有道德、有文化、有纪律的职工队伍。2010年6月，区总工会下设事业单位西安市长安区职工俱乐部1个，辖全区25个乡、街道总工会；11月，区划调整，将长安区斗门、王寺、高桥3个街道划归沣渭新区后区总工会辖22个乡、街道总工会、78个部局（系统）工会。

【西安市长安区工会第十次代表大会】 2008年3月30～4月1日，西安市长安区工会召开第十次代表大会，全区基层工会219名代表参加会议。大会听取并审议长安区总工会第九届委员会第一次会议以来的工作报告和第九届经费审查委员会第一次会议以来的工作报告；选举产生长安区总工会第十届委员会委员23人，其中，常务委员9人。选举产生5人组成的区总工会第十届经费审查委员会，选举产生7人组成的区总工会第十届女职工委员会和17名出席西安市工会第十三次代表大会代表。

【工会全委会议】 2008年4月1日，长安区总工会召开第十届一次全体委员会，22名委员出席会议，李文艺当选区总工会主席，魏英当选区总工会副主席。会议听取、审议《西安市长安区总工会经费审查工作报告》、《西安市长安区总工会2008年工作要点》和《西安市长安区工会工作报告》。8月5日，区总工会召开第十届二次全体委员会议，传达省、市工代会精神，通报区总工会上半年工作，征求全体委员对工会工作的意见和建议。2010年1月28日区总工会第十届委员会召开第三次全体(扩大)会议，听取、审议《西安市长安区总工会2009年度工会经费决算报告》、《西安市长安区总工会2010年度工会经费预算报告》和《西安市长安区工会工作报告》；3月17日区总工会召开第十届委员会四次全体(扩大)会议，以举手表决方式，一致同意冯俊明任区总工会第十届委员会委员、常委、副主席职务。

【基层组织建设】 2010年6月，全区25个乡、街召开会员代表大会，选举产生总工会委员会25个，全面完成总工会组建任务，乡街工会工作迈上新台阶。全区有基层工会组织1177个，会员68600人，其中农民工会员30646人。

【劳动关系和谐企业创建活动】 2009年7月，区总工会与区劳动和社会保障局、经济贸易局、中小企业促进局联合下发《关于在全区深入开展创建劳动关系和谐企业活动的通知》(长总工发〔2009〕18号)；8月斗门街道召开创建劳动关系和谐企业动员大会，号召辖区企业参与创建活动，营造和谐稳定的劳动关系；11月区总工会在斗门街道召开长安区非公企业创建劳动关系和谐企业现场会，全区各乡街、部门、系统工会和相关企业340人参加，斗门街道、协和搪瓷厂、红星搪瓷厂介绍经验，推动全区和谐企业创建活动深入开展。

【经济技术创新活动暨“工人先锋号”创建活动】 截至2010年，全区有1236个企事业单位的2730个班组开展“工人先锋号”创建活动，参赛职工6.8万人次，覆盖全区农业、工业、建筑、服务、旅游和交通运输7大行业；开展劳动竞赛活动540余项次，技术革新攻关318项，收集合理化建议3.9万条；师徒结对500对，技术比武2900人次，取得节能减排成果55项，节约和创新价值9908万元。涌现出18名经济技术创新能手、3名农民工标兵，5名优秀农民工，11个市、区经济技术创新先进集体。长安区交通运输局汽运公司905线路第3班组获2010年省级“工人先锋号”称号。

【再就业工作】 2007～2010年，区总工会联合区人力资源和社会保障局举办促进就业再就业招聘洽谈会4次，涉及机械制造、家政服务、后勤保安、经营管理等多个行业，提供就业岗位16000个，2150人达成就业协议，1025名大中专毕业生、下岗职工及农民工实现再就业。举办就业再就业招聘洽谈会，促进劳务输出、缓解就业压力、稳定就业形势。

【扶贫帮困送温暖】 2010年1月，区总工

会在困难职工援助中心为300户困难职工每户发放价值150元的米、面、油慰问品和200元慰问金；9月慰问太乙宫街道、五台街道17名因特大暴雨受灾职工(农民工)家庭。根据受灾程度分3个标准，每户分别为1200元、1600元、2000元，共发放慰问金24000元。2007～2010年，区总工会为困难职工、困难劳模和意外致困职工送去慰问物资、慰问金价值101.6万元。区总工会“金秋助学”活动不断深入，4年为122名考入大学专科以上的困难职工(农民工)子女累计发放“金秋助学金”10万元。

【依法维护职工合法权益】 为维护广大职工合法权益，区工会组织始终将推行劳动合同制作为重要工作来抓。截至2010年，全区国有、集体企业集体合同签订率100%，非公有制企业集体合同签订率60%。同时，将工资集体协议由原来隶属于集体合同的一部分单列为专项合同。2009年7～8月，区总工会在10个非公企业230名农民工中展开“维护农民工合法权益”调查问卷，为政府制定相关政策提供可靠依据。

【职工民主管理】 2007～2010年，区总工会着力抓好以改制企业为重点的职代会制度建设和企务公开工作，促进职工民主管理、民主监督工作向纵深发展。截至2010年，全区国有、集体企业和改制企业厂务公开实行率和职代会建制率均为100%，规范化率达90%以上。

【长安17人被授予市级劳动模范】 2010年，区总工会通过民主推荐，逐人审核，分类评定市级劳动模范17名，先进集体1个。9月，“2010年市级劳动模范暨先进集体欢送仪式”在长安区行政中心广场举行，区委、区政府等4大班子领导出席欢送仪式，欢送朱朝新等17名市级劳模和长安区财政局1个市级先进集体出席西安市委、市政府举办的“西安市劳模表彰大会”。至此，长安区市级劳动模范达到121人。

【职工文体活动】 2007～2010年，区总工会与区直机关工委、区文体广电局联合举办长安区第四届“元旦越野赛”和“兵乓球赛”，参加职工5900人次。2009年8月区总工会、区文联和长安区书法家协会在陕西省美术馆联合举办庆祝建国六十周年“长安风”书画邀请展，展出长安区内外长安籍老中青书画家以及区内文化艺术界名流书画作品125幅。2010年5月，区总工会与共青团长安区委、区妇女联合会等部门联合开展“迎五四青年联谊挑战赛”活动。区总工会组织职工参加市总工会举办的“寒窑之约”青年职工联谊会和“喜迎世园西安•澳门职工书画摄影作品联展”，选送作品43幅。

【调研活动】 2007～2010年，区总工会负责人经常深入基层，了解掌握工作进展情况，开展调研活动。全区工会系统撰写调研报告22篇，其中上报市总工会12篇。2010年，区总工会主席李文艺的《加强工会组织员队伍建设，推进工会干部职业化社会化的调查与思考》获西安市工运理论优秀调研成果二等奖。 （张旭元）

共青团西安市长安区委员会

【概况】 共青团西安市长安区委员会（以下简称团区委）是全区基层团组织的领导机关。2010年末，下辖乡团委4个、街道团工委18个、局（公司）团委13个、直属单位团组织16个、基层团委43个、团总支26个、团支部538个，团员30261人，专职团干部28人。主要职责是：传达贯彻上级团委和区委对共青团工作的指示及要求，负责指导制定全区共青团工作目标和任务并组织实施；代表青年参政议政，协助党组织管理、选拔和培训团干部。

【基层团组织建设】 2010年末，全区有14～35岁青年374565人。其中，14～28岁286900人，团员总数30261人，团员青年比例为10.55%。全年完成团中央团员信息统计、上传工作，收集、统计团员信息30261条，并录入团中央“共青团信息数据库”。11月，团区委、区委组织部联合下发《关于切实加强农村团组织建设的意见》，团区委下发《关于进一步加强基层团组织建设有关工作的通知》等文件，对农村、社区团组织和非公企业、两新组织团组织（即：新经济组织和新社会组织）及青年自组织（青年自发成立、自主发展、自行运作和自我治理，具备一定规模、拥有组织章程和组织框架的青年非政府组织）团建工作提出明确要求，确定年内在全区实现“1+1+X”团建新模式工作目标。

【第三届十佳青年评选情况】 2009年6月，团区委、区文明办、《长安开发》采编中心、长安广播电视中心联合开展长安区第三届“十佳青年”评选活动。经评选，组委会授予郝永康、高伟、马岗、李文辉、韩亚薇、强军、王炜、李鹏、周卫锋、李平仓第三届“长安区十佳青年”荣誉称号；授予郑东民、姜睿、石建国、兰兴勃、冯淑侠、井海河、王洁亮、郑岳亮、屈锐、华忠进第三届“长安区十佳青年提名奖”。同时授予以上20人“长安区青年突击手标兵”荣誉称号，授予田永红、刘瑜、崔卫本、冯丽芳、郭俊、王西平、张军社长安区“优秀青年”和“长安区青年突击手”荣誉称号。

【青年文明号评选活动】 2007年，团市委授予长安饭店、长乐蔬菜果品批发市场管理所、西安市地热利用农业实验中心等6个青年集体为市级“青年文明号”先进集体；同时授予陈海军、党红丽等6人“青年岗位能手”称号。2010年，团市委授予大兆土地所、王寺土地所“青年文明号”先进集体称号；团区委授予五台街道计生办、子午中心卫生院、滦镇街道景民中学、郭杜街道财政所、杨庄乡陈家岩村、电信局引镇营业部等16个青年集体“青年文明号”先进集体称号。

【树立青年典型】 全区树立“全国增收致富先进个人”高志友，“全国优秀志愿者”李军；“陕西省养殖状元”杨斌；“西安市杰出青年卫士”何新印，“西安市十大杰出青年提名奖”毛海涛，西安市“十佳中学生”董晶晶，西安市“十佳少年”侯浩琛，西安市优秀团员刘红、何明，西安市“优秀团干部”贺斯维、郝卫锋等一批优秀青年典型。

【希望工程】 2007年，西安天地源房地产开发有限公司出资20万元，为杨庄乡石佛庄天地源小学建成教学楼1栋，并捐款1万元，捐赠书籍460本、衣物200多件；陕西省银河电力有限公司西安营销分公司20多名职工为石佛庄天地源小学捐款1162元，捐赠衣物480余件、书籍800本约计价值14000元。2009年，由西安市实施希望工程办公室牵头，西安紫薇房地产公司为王莽乡清水头小学捐赠价值32999.4元的“希望书库”一所；陕西辉煌智能电子有限公司为杨庄乡库峪口寄宿制小学捐赠2000多册价值5万余元的“希望书库”一所；省、市希望工程办公室为魏寨乡中心学校捐赠笔记本电脑、打印机、投影仪等电教设备价值2万余元，为长安区争取8名教师赴上海免费参加希望工程全国教师培训暨爱普生多媒体信息培训班。2010年5月，由团区委争取，西安市实施希望工程办公室协调，航天基地管委会出资50万元、区上配套50万元建设的五台街道石砭峪“希望卫生院”建成挂牌。2007～2010年，在“芙蓉学子”、“圆梦大学”活动中，团区委争取社会各界爱心捐款，资助36名贫困大学生和200余名中、小学生共筹集12万余元。

【手拉手、五个一捐助活动】 2007年2月，团区委在全区开展“手拉手”、“五个一”捐助活动，40余所中小学参与，新增一批“手拉手”学校，捐物品8400多件，捐款7030元。2008年“5·12”四川汶川大地震发生后，团区委在全区各级团组织和团员青年、青年志愿者中开展缴纳“特殊团费”主题活动，收到特殊团费23195.8元，上缴团市委援助地震灾区和希望小学建设。在2010年“春雨行动”活动中，全区团员青年和少先队员为西南干旱灾区捐款128522.1元；4月玉树地震发生后，全区团员、少先队员为地震灾区捐款近5万元。

【共青团与人大代表政协委员面对面专题座谈会】 2010年11月16日，团区委举办“新生代农民工社会融入”专题调研座谈会，各乡街、团委、团工委书记，部分青少年工作者代表等20余人参加。参会教师、青少年、家长、社区工作者代表发表见解，就解决问题的途径发表意见。

【乡村青年文化节】 2008年1月31日，由团省委、团市委主办，团区委和东大街道办事处承办的“陕西省暨西安市第十届乡村青年文化节”在东大街道办事处举行。2009年1月20日，团区委组织的“展青春风采，建和谐长安”乡村青年文化节在王寺街道王寺村文化广场举行。

【社区、农村团干部培训班】 2010年10月24～26日，团区委在滦镇街道上王村举办长安区社区、农村团干部培训班。团省委农工部副部长王浩澍、省团校培训部讲师宋利国、张慧讲授团务、团建创新、农村青年就业、创业及小额贷款等知识。来自全区基层社区、农村的100名团支部书记参加培训。

【学习熊宁先进事迹活动】 2008年3月26日，团区委联合区文明办在长安广场开展“让熊宁重生、让爱心传递、长安区志愿者招募、签名活动”；31日，团区委、区文明办等13个单位联合召开长安区群团组织学习优秀青年志愿者熊宁先进事迹座谈会，邀请驻区高校和辖区中小学、机关、企事业单位领导、青年代表、基层团委书记、少先队辅导员参加，学习熊宁先进事迹，畅谈学习熊宁事迹的感受。

【长安区首届集体婚礼】 2008年5月4日，团区委与区民政局等5部门在长安广场举办纪念“五四”运动89周年暨“情系长安·相约郭杜”长安首届青年集体婚礼，为41对新人举行集体婚礼仪式。团省委副书记李豫奇、团市委副书记吴逸伦、中共长安区委副书记薛振虎等省市区领导出席并表示祝贺。仪式结束后，组委会还组织新人们开展花车巡游、爱情墙签名、共挂同心结、登鹊桥、集体合影等活动。

【青少年交流活动】 2009年4月20日，“民族的根源”西安历史文化与服务体验之旅到达长安区，来自香港圣公会阮郑梦芹小学的40余名小学生与兴隆街道北雷小学学生进行学习交流，体验内地农村传统文化，感受乡土风情。两地小朋友相互讲述学校生活和地方风俗，展示才艺并互赠礼物。

【农村青年技能培训】 2009年，团区委采取推荐选派参加省市培训、区内自训等方式，分期分批组织农村青年200余人参加了多期培训班。2010年，团区委选派农村青年10人参加全市“领头雁”农家乐青年经营户实用技术培训班；9月29日，与大兆街办举办“现代农业形势分析暨青年创业”农村青年“领头雁”培训班，西安市农技中心高级农艺师陈永顺为大兆街道30个行政村150余名青年进行培训。联合区人社局培训中心、大兆和兴隆街办全年免费为返乡农民工和农村青年富余劳动力550余人进行种养殖知识及生产技能培训，建立合民意种植专业合作社、兴隆机械铸造厂、陕西星座商贸管理有限公司等共青团“青年就业创业见习基地”8个，为全区青年提供就业见习岗位100多个。

【关爱大秦岭、保护母亲河活动】 2007

年，团区委在全区团员、青少年中组织志愿者开展“关爱大秦岭、保护母亲河”活动。组织志愿者在辖区秦岭北麓开展清洁、环保宣传、低碳行动、动植物多样性调研等环保行动10余次，发放宣传单9000余份，捡拾垃圾1800余袋。截至2010年，志愿者团队人数达500余人。2009年“爱在终南——秦岭生态环保行动”、2010年“关爱大秦岭—保护母亲河行动”被团省委确定为“陕西省青少年环境保护优秀资助项目”。

【清明祭英烈 共筑民族魂青少年祭扫英烈活动】 2007～2010年，团区委每年组织少先队员、共青团员代表千余人在杨虎城将军陵园开展“清明祭英烈 共筑民族魂”祭扫英烈活动，缅怀英雄业绩、铭记中华民族遭受的苦难和抗争历程，深刻体会和平生活来之不易，坚定青少年跟中国共产党走中国特色社会主义道路的信念。

【青年马克思主义者培养工程】 2008年，团区委与区委组织部、驻区高校陕西师范大学团委共同实施陕西师范大学优秀大学生骨干“青年马克思主义者培养工程”。从陕师大选派政治素质好、思想觉悟高，有服务奉献意识，专业功底扎实，实践能力强，有一定创新精神和开拓意识的优秀学生骨干到长安区相关职能部门进行锻炼培养，参与各部门活动策划、课题调研、信息采编、公文写作、文化宣传等工作。截至2010年，区委组织部、区财政局、农业局、卫生局、外宣办等30多个单位累计接收大学生147名。2010年6月24日，《中国青年报》刊载《陕西师大“青马工程”注重实践锻炼青年学生骨干在基层壮大》一文，对大学生骨干培养作了专题报道。

【迎五四青年联谊挑战赛】 2010年4月24日，团区委联合区委宣传部、公安长安分局、区直机关工委、区总工会、区妇联、区教育局、区卫生局、中国联通西安分公司等9个单位举办迎“五四”青年联谊挑战赛活动。全区150名青年报名参加，观摩特警战术动作、接警处警、反恐演练、治安巡逻展示，特警向青年们讲解展示一批新型警用装备。在素质拓展基地，参赛队员分成9个小组进行“断桥”、“高空钢丝”、“穿越电网”等10余个富有趣味性和挑战性的团队拓展训练项目；傍晚，举行篝火晚会。青年联谊挑战赛活动促进了全区青年干部职工的交流与沟通，激发了他们投身“四强区”建设的工作热情。

【长安区校园安全警示教育讲座】 2010年5月25日，团区委联合公安长安分局在滦镇街道寄宿制小学举办“加强法制宣传、确保学生安全”的“长安区校园安全警示教育讲座”。团市委捐赠《青少年自护手册》1000册，西安市公安局和长安分局捐赠警用钢叉、强光手电、喷雾剂和防割手套等校园安保器械4套8件，民警就器械使用知识技能对学校安保人员讲解演练。同时邀请市公安局警察训练支队教员从建立健全学校制度、制定安保预案、设置技防措施、青少年应对突发事件自护知识、学校家庭互动教育等方面对师生进行深入浅出的讲解。

【考前心理调适进校园活动】 2009年5月25日，团市委、团区委、“12355 青少年服务台”组织的高考“考前心理调适进校园”活动在长安三中、四中举行，1600余名师生代表参加。活动分专题报告、现场答疑和“一对一”心理咨询3个步骤。心理咨询师旁征博引、深入浅出，师生深受启发，获益匪浅。

【大学生暑期社会实践活动】 2009年6月，团区委、兴隆街办、西安电子科技大学团委组织52名大学生成立雏鹰助学服务、形势政策宣传、新农村考察调研服务、科技服务等小分队，深入兴隆街道7个自然村宣传“两会”精神、民生热点和利民政策，讲解科普知识，为农村中、小学生补习文化课，开展“科学发展新农村”暑期社会综合实践服务活动，调研“城乡发展对比”、“农民增产增收”等情况，开展小家电义务维修，计算机网络维护等活动。

【青年体育比赛】 2007年11月，共青团西安市委举办“迎奥运西安团干部‘三元杯’羽毛球联谊赛”，团区委组织青年爱好者参加比赛，获团体组织奖第四名。

【我眼中的新长安青少年摄影绘画书法作文大赛】 为庆祝建国58周年，2007年10～12月底，团区委举办“我眼中的新长安”青少年摄影、绘画、书法、作文大赛。收到作品800多幅，韦曲街道团工委等47个单位和胡时瑞等146名先进个人获表彰奖励。团区委将获奖作品制成展版，在部分中小学进行为期一个月的巡回展览。

【纪念改革开放30周年诗歌朗诵大赛】 2008年11月13日，团区委在区行政中心会议室举行“长安青年纪念改革开放30周年诗歌朗诵大赛”。经初赛、复赛，32个节目参加大赛评选活动。公安长安分局团委选送的“祖国啊，我亲爱的祖国”获特等奖，郭杜街道团工委，长安六中、区交通局、长安四中、区机关工委、五台乡等团委选送的节目分别获一、二、三等奖，团区委对参赛优秀组织单位和个人进行表彰。

【纪念建国60周年大学生文艺晚会】 2009年6月5日，中共长安区委、区人民政府主办，区委宣传部和团区委承办的“‘与祖国同行’西安市长安区庆祝建国60周年大学生文艺晚会”在陕西师范大学终南音乐厅举行。省委宣传部、团省委、市委宣传部、团市委、区级四大班子、9所驻区公办院校领导及大学生代表1300余人应邀出席晚会。晚会以“共抒爱国情怀、凝聚发展合力”为主题，抒发了大学生们对祖国的热爱之情。

【长安青年书法提名展】 2009年4月22日，区委宣传部、团区委、区文联、区文体广电局主办，区文化馆、美术馆承办的长安青年书法提名展在长安文化馆美术馆公开展览，展出书法作品110多幅。作品风格各异，饱含作者对长安本土的情感和现实感悟。 （王 美）

西安市长安区妇女联合会

【概况】 西安市长安区妇女联合会（以下简称区妇联）为社会群众团体，是党和政府联系妇女群众的桥梁和纽带。2007～2010年，区妇联围绕区委、区政府中心工作，积极发挥作用，组织、动员妇女投身改革开放和社会主义现代化建设；指导和推进“五好文明家庭”创建、农村妇女“双学双比”、城镇妇女“巾帼建功”活动；教育、引导妇女学先进，学本领，自主创业，开展妇女职业技术培训；维护妇女儿童合法权益，为妇女儿童办实事、好事，推进长安区妇女儿童事业进步和发展。2010年末，区妇联编制5人，其中主席1人，副主席1人，干部3人；下辖机关妇委会26个、街道妇联17个、乡妇联5个、农村妇代会606个；有区、乡、街道专、兼职妇联干部54人。

【落实中国妇女第十次全国代表大会精神】 2008年8月，区妇联下发《关于认真学习贯彻胡锦涛总书记在同全国妇联新一届领导班子成员及部分代表座谈时的重要讲话和中国妇女十大精神的通知》，召开基层妇女专题会议，畅谈学习感受，用中国妇女第十次全国代表大会精神统一思想，振奋精神，为推动全区妇女儿童工作发展作出贡献。

【西安市长安区妇女第一次代表大会】 2010年7月8～9日，区妇联在西北饭店召开西安市长安区妇女第一次代表大会，代表303人，特邀代表30人参加。大会审议并通过区妇联主席王沛侠所作的《坚持科学发展、共建和谐社会、团结带领全区妇女为建设四强新区而努力奋斗》工作报告，总结长安区九年来的妇女工作，提出今后五年的妇女工作任务，通过《长安区妇女第一次代表大会工作报告的决议》。选举产生区妇联第一届执行委员会委员29人，常委9人，王沛侠当选主席，马英利当选副主席。

【妇女创业就业】 2007年，区妇联在全区广大妇女中开展“全民创业、家庭创业、自主创业”活动，成立由王沛侠任队长的“长安区巾帼创业志愿者服务队”。向全区妇女和家庭发出《登上创业舞台，放飞创业梦想》倡议书。2010年，区妇联把妇女创业就业作为工作重点，坚持开展知识技能和农家乐培训活动。

【举办陕西省首期农家乐培训班】 2007年8月，陕西省妇联首期农家乐技能培训班在长安区滦镇街道上王村举办，上王村及周边村民184人参加。培训内容为农家乐礼仪、摆台技巧、厨艺技能等，采取实际操作和理论讲解相结合，培训了一支懂技术、善经营、会管理的农家乐妇女队伍。之后，区妇联把农家乐培训作为工作重点，在22个乡街进行多次培训。

区委常委、宣传部长孙杏娟（左四）在家政服务技能考试现场和培训妇女亲切交谈

2007～2010年妇女培训情况

年份	培训期数	受益妇女（人）	培训内容
2007	15	1047	实用技术、法制、健康教育、家政、农家乐培训
2008	10	868	
2009	10	605	
2010	32	3109	

【巾帼建功活动】 2007～2010年，区妇联在城镇妇女中开展“巾帼建功”创建活动；以职业道德教育为主题，在窗口行业开展争创“巾帼文明岗”活动。2007年，地税长安分局办税大厅被全国巾帼建功领导小组评为全国“巾帼文明岗”；区房产局、区计生服务中心被西安市巾帼建功领导小组评为市级“巾帼文明岗”；区财政局会计核算中心等10个单位被长安区巾帼建功领导小组评为区级“巾帼文明岗”。2009年，韦曲街道西寨村、郭杜街道周家庄村、太乙宫街道太乙村等4个村被陕西省巾帼建功领导小组评为省级“巾帼示范村”。

【庆三八活动】 2007年三八国际劳动妇女节，区妇联召开“长安区庆祝三八国际劳动妇女节暨表彰大会”，表彰和谐家庭26户。其中，市级和谐家庭10户（含标兵户1户）、区级和谐家庭16户。2008年三八妇女节，区妇联举办“迎奥运促和谐”女子健美操比赛暨表彰大会，22个参赛队285人参加。表演了《青春的旋律》、《福娃乐长安》等富有激情充满活力的健美操，展现长安妇女的精神面貌；表彰区级“廉洁家庭”21户，“学习型家庭”33户、“平安家庭”31户、“绿色家庭”28户。2009年三八妇女节，区妇联召开表彰大会，表彰“特色产业户”36户，区级“和谐家庭”30户，区级三八红旗手（集体）20名。2010年3月，由区妇联主办、长安区举办庆祝三八妇女节“妇女之歌”主题演唱会，区委、区人大、区政府、区政协4大班子主要领导出席，各乡街、部门分管妇女工作的领导及全区妇联干部、女村官、优秀妇女代表约1000人参加。庆祝大会以歌舞、快板等丰富多彩的形式，充分展示了长安丰厚的文化底蕴和女性蓬勃向上的风采魅力。

【法制宣传工作】 2007～2010年，区妇联每年利用三八妇女维权周、科技“三下乡”、普法宣传、综合治理、“12·4”法制日等时机上街下乡进行法制宣传。散发《西安市预防和制止家庭暴力》等宣传单15000份，《妇女权益保障法》、《婚姻法》单行本2300本；举办法律知识讲座11期，受教育妇女700余人。2008年三八节期间，区妇联主席王沛侠、区法院刑庭副庭长姚化鹏、陕西省妇女研究会权益部贺平在长安电视台谈话栏目举行“维护妇女权益、共建和谐家园”法制宣传。

【陕西省“妇女之家”揭牌仪式】 2008年3月，陕西省妇联与省民政厅在位于长安区长兴路的西安市收容站成立陕西省首家家庭暴力庇护所——“妇女之家”，区妇联组织基层妇女干部30人参加揭牌仪式。

【妇女维权工作】 2007～2010年，区妇联始终把法制宣传贯穿于日常信访接待工作中，坚持妇女信访、维权、维稳“三结合”，以保证社会稳定。2007年，建立区、乡（街道）、村（社区）三级维权网络。其中乡（街道）妇女维权站25个、村（社区）妇女维权点689个。2010年10月，长安区有三个街道划归沣渭新区，区妇联将乡、街妇女维权站调整为22个，将村（社区）妇女维权点改设为628个。

2007～2010年来电来访情况

年份	来电来访（件）	解决（件）	结案率
2007	280	269	96%
2008	325	316	97%
2009	252	245	97%
2010	235	231	98%

【六一慰问活动】 2007年六一儿童节，区妇联为魏寨乡11名贫困儿童赠送价值3000元的学习用品，为韦曲街道首村、高望堆村3名孤贫儿童赠送价值1600元的日常生活品。2008年六一儿童节，区妇儿工委办公室组织成员单位和部分女企业家为韦曲街道受灾学校新和小学捐资39000元。2009年六一儿童节，区妇联为杨庄乡寄宿制学校库峪口小学和滦镇内苑小学学生赠送总价值1万余元的鼓、号等乐器，为城区8所中小学、幼儿园赠送体育用品、糖果等慰问品；慰问韦曲街办西四府村优秀女学生3名，为8名贫困儿童免费在区妇幼保健院进行体检。2009年元月5日，区妇联与“逢月美”美容中心组织义卖活动，为贫困女学生筹集学费2300元。2010年6月1日，区妇联领导陪同区委、区政府主要领导前往斗门街道，为少年儿童赠送价值1万元的体育用品、玩具、糖果等慰问品，同时慰问城区8所学校和幼儿园的师生。

【扶贫帮困工作】 2007～2010年春节，区妇联慰问老妇女干部、贫困妇女、贫困老妇女工作者、特困单亲妇女217人。送去面粉、大米、油、被子、保暖内衣、现金、新春对联等价值44800元的物资。

【为残疾妇女赠轮椅】 2007年9月，区妇联获得市妇联争取的美国圣徒慈善协会支持项目，为全区8名贫困残疾妇女儿童赠送价值6500元的轮椅8辆。2010年7月，为全区42名残疾妇女儿童赠送价值20000多元轮椅和助行器，解决她们的出行难问题。

【红凤工程】 2007～2010年，经区妇联牵线搭桥，长安区女企业家捐资32000元参与“红凤工程”结对子活动，与8名贫困女大学生结成“一帮一”对子，解决她们上学难的问题。

【全国三八红旗手黄秀英】 黄秀英，女，生于1960年1月，西安市长安区人，研究生学历，无党派人士。现为西安皮薄餐饮有限公司总经理。1989年她投资5000元，在县城南街开办皮薄饺子馆。用现代企业理念发展企业，饺子风味独特，亲情服务感人，创办皮薄村味园中型酒店，营业面积从最初的10余平方米增加到500多平方米，员工由3人增加到50人，日经营额由数百元增加到上万元，年缴税费由年三四百元增加到20多万元。2007年，黄秀英被评为“陕西省下岗职工创业十大名星”，被西安市自主创业演讲团吸收为团员，并在市、区、县多次演讲。2008年3月，黄秀英被西安市妇联评为“西安市创业女性十大明星”；12月，被陕西省妇联评为“陕西省百名优秀创业女性”。2009年3月，被西安市妇联授予“西安市三八红旗手”称号、被全国妇联授予“全国三八红旗手”称号。

【全国“双学双比”女能手薄宝菊】 薄宝菊，女，生于1953年9月，西安市长安区王寺街道西杨旗寨村人；现任西安华英实业公司财务总监。二十世纪八十年代中期，薄宝菊凭着做一手家乡菜的好手艺在三桥办起了饭馆；1995年创办西安华英冶炼公司，她高薪聘请技术人员，科学管理，正确运做，2003年华英公司跻身陕西省名优民营企业。2004年投资3000万元开发房地产创建嘉欣花园。2006年华英公司成为已拥有房地产开发、物业管理、金属冶炼等子公司的有限责任公司，为当地经济建设作出卓越贡献。她的事迹分别被西安电视台、陕西电视台、《华商报》、《西安日报》、《陕西日报》报道。2009年薄宝菊被评为全国“双学双比女能手”。

【陕西省三八红旗手王沛侠】 王沛侠，女，生于1957年11月，大学文化程度，西安市长安区人，1975年2月参加工作，1991年7月加入中国共产党，现任长安区妇联主席。

王沛侠一贯重视和支持妇女工作，尤其是2006年任区妇联主席以来，围绕实施科教兴农战略，力抓农村妇女科技创新和就业技能培训工作。为农村妇女举办种植、养殖技能培训班，在城镇女职工中开展“巾帼建功”竞赛活动；积极参与法制宣传活动，切实维护妇女儿童合法权益。先后荣获全国农牧渔业丰收奖、陕西省农牧渔业丰收二等奖、西安市“双学双比”活动先进工作者、区勤廉兼优领导干部等称号；曾当选西安市第十次、第十一次党代会代表，中共长安区第一届委员会委员、区第十六届人大常委会委员。2009年被省妇联评为“陕西省三八红旗手”。

【陕西省三八红旗手郭导绒】 郭导绒，女，51岁，家住西安市长安区砲里乡上塬村三组，现任该村皂荚示范园总经理。郭导绒因开展皂荚种植试验，在本村塬坡承包土地40公倾，在鸣犊镇建起60.7公倾示范园，带领村里群众栽植皂荚树26.7公倾。目前，千亩皂荚生产基地生产、加工、销售网络在上塬村已经形成。由于她带动全村200多名妇女积极投身生态建设，走上致富之路而受到社会的普遍关注，2006年被长安区科技局评为“科技示范户”，被区政府评为“种养加工”种植能手，被陕西省广播电台“致富英雄群英会”栏目评为“致富英雄”，被陕西

市妇联领导在鸣犊街办扶贫“三下乡”发放物资现场

省电视台“村里村外”栏目组专题报道，长安电视台也多次专题报道。2008年，郭导绒被评为“陕西省三八红旗手”、“陕西省第三届绿化女状元”。

（刘水娟）

西安市长安区文学艺术界联合会

【概况】 2007～2010年，长安区文学艺术界联合会组织全区20余个艺术社团先后举办纪念改革开放30周年、纪念建国60周年系列活动，组织邀请中央电视台走遍中国栏目组到长安拍摄专题片等重要艺术活动，多次举办书画摄影展赛，组织文艺创作者采风，参与召开长安区文学艺术创作促进大会，编辑出版文联会刊《艺术长安》，成立“艺术长安”大讲堂，不断推动长安文学艺术走向繁荣。

【中央电视台到长安拍摄专题片】 2008年9月，区文联与区委宣传部、文物局、宗教局、广电中心等单位联合协助中央四套《走遍中国》栏目拍摄《寻佛问道终南山》和《封神榜上的王朝》两个专题片。其中，《寻佛问道终南山》探究终南山的过去、今天和未来，揭秘中国历史上的隐士文化以及宗教在终南山诞生、发展，展示中国佛教第一区的深厚内涵；《封神榜上的王朝》，通过《封神榜》的故事演绎出商周变迁，通过考古发现西周都城丰镐二京，揭秘3000年前周礼文化源流，展示了长安在中国历史文化长河中的特殊位置。

【改革开放30周年系列活动】 2008年，区文联举办改革开放30周年纪念活动。一是与区委宣传部、长安开发采编中心举办“长安的变迁”征文，组织长安文学类社团及文学爱好者投稿，在《长安开发》刊登20余篇。二是举办“改革开放30周年书画展”，反映长安30年巨变。三是与区委宣传部、档案局举办“长安三十年”大型图片展，展出反映长安30年来经济、政治、文化发展变化等作品百余幅。

【庆祝建国60周年系列活动】 为庆祝建国60周年，2009年8月，区文联与长安书协在陕西省美术博物馆举办“长安风”长安区庆祝建国60周年书画邀请展，展出崔振宽、茹桂、江文湛等长安籍及工作生活在长安的书画家作品130幅，并编辑出版《“长安风”长安区庆祝建国60周年书画册》；9月，与区文体局举办“长安区庆祝建国60周年书画摄影展”，收到投稿600余幅。

【“书画送农家”活动】 2007年8月，区文联联合陕西英才文化艺术交流中心举办“书画送农家”活动。著名书画家茹桂、范华、杨建果、胡西铭、张雪丹、李平逊、杨乾钊及长安区张新生、王江、王仁志、刘汉民、董晓光、田措施、孙兴荣、董寒光等70多位艺术家为祥峪沟村“农家乐”义务捐赠书画摄影作品390余幅，受到村民欢迎。同时，“陕西英才文化艺术交流中心祥峪创作基地”和“长安区文学艺术界联合会祥峪创作基地”挂牌成立。

【“首届长安农家乐节”文艺活动】 2009年4月，首届长安农家乐节开幕式在滦镇街道上王村举行。区文联与区农业局、滦镇街道联合组织文艺活动。一是区文联展出马良等50多位书画家及孙兴荣等30多位摄影家艺术作品128幅，并全部捐赠上王村128户农家乐经营户；二是联系西安中国画院副院长范华等及村民创作并捐赠书画作品30余幅，提升上王村农家乐文化内涵。三是联系西安市模特协会80多位模特为村民们表演模特走秀、时装表演。

【长安区文艺创作促进大会】 2009年5月，长安区召开“长安区文艺创作促进大会”，区文联组织艺术家160人参会；举办“长安书画摄影与文学作品展”，展出杨建果、张新生、崔浩、王江、马良、骆孝敏、刘岚、阿愚等130多名长安籍人士书画作品170余幅；展出董寒光、孙兴荣、田措施、王润年、张妮、祝普利等摄影作品百余幅；举办“文学作品展”，展出朱鸿、王渊平、李希仲、王峰、张来善、骆浩等文学作品60余种；邀请王金岭、王炎林、茹桂、柏雨果、李泛、常智奇、邢小利、朱鸿等12位文艺界专家召开文学、书画、摄影艺术研讨会。

【送欢乐下基层】 2007～2010年每年春节，区文联都组织送欢乐下基层活动。2007年春节前，组织王江、张新生、胡红旗3位获西安城门2007年书联奖的书法家在南门广场义务书写春联；2008年组织胡文华、王江等50多位书画家在香积寺为村民及寺院义写春联千余幅；2009年，与西安市委宣传部、市文联、郭杜街道组织“送欢乐下基层”义写春联暨文艺演出活动，以秦腔、相声、小品、舞蹈形式在五四村演出，80多位书画家现场义写春联千余幅；2010年，邀请西安市文联副主席、市书协副主席石瑞芳，市摄协副主席张小郁等50多人在杨庄库峪口村义写春联，义拍全家福，推进乡村文明建设。

【书画界赈灾奉献爱心】 2008年5月，汶川大地震后，区文联组织20多位长安书画家在王寺举行赈灾义捐活动，义卖2万元捐赠灾区；组织10多位长安书画家在香积寺举行“赈灾义捐超幽祈福法会”，将现场创作书画作品100余幅的善款及长安国学书画院书画家义捐义卖的1300余元全部捐给灾区；另外，长安区书画家学会20多位书画家创作作品300余幅，义卖款6500余元全部捐给灾区。

【长安首届赏花节文艺活动】 2010年4月，“美在长安首届赏花节”在王莽街道和杨庄乡开幕。区文联参与筹备活动。一是举办“美哉长安”摄影展，挑选田措施、孙兴荣、董寒光等近30位摄影师80余幅风光摄影作品，出版摄影册，为赏花节增添靓丽色彩。二是组织摄影师采风，拍摄长安美景，为赏花节活动留下影像资料。三是邀请国家一级演员侯红琴等表演两场精彩文艺演出。

【书画家为府谷摩崖石刻创作作品】 2010年5月，区文联组织举办“为府谷县摩崖石刻征稿书法笔会”3场，邀请杜中信、邱宗康、路毓贤、石瑞芳、屈应超、麻天阔、张新生、康智峰、崔浩、王江等书法家创作百幅书法作品。征集贾平凹、陈忠实、薛养贤、茹桂、杨晓阳、高建群、肖云儒等作品；作品上石后，府谷方面邀请部分书画家赴府谷进行参观交流活动。

【长安书画作品装扮区行政中心会议厅】 2010年，区文联组织董晓光、骆孝敏、马良、刘岚、李文艺、王江、张新生、崔浩等书画家创作作品26幅义务捐赠，尺寸有7米×1.2米巨幅长安山水画，有3米×1米花鸟画，书法作品均为选取古人描写长安著名诗句。

【省作家协会文学普查工作在长安】 2008年4月，省委宣传部、省作家协会开展“陕西省文学大普查活动“，区文联组织长安30多位作家参加长安普查会，就文学创作现状等问题与省、市专家交流。

【“艺术长安大讲堂”】 2010年，区文联成立“艺术长安大讲堂”，邀请西安市作协副主席、著名作家何群仓举办“电视剧创作”讲座，邀请陕西省书协教育委员会副主任、咸阳市书协副主席、著名书法家陈天民举办以“如何审视中国书法”为主题的讲座。

【“水彩祥峪”活动】 2007年，区文联组织西安水彩画学会近20名画家分别于春、夏、秋、冬到长安东大街道祥峪沟采风，创作反映祥峪新农村的优秀水彩画。北京市邮政管理局以学会会员杨乾钊创作的水彩画为题材，出版发行《中国当代艺术名家精品系列•杨乾钊水彩祥峪作品选》邮政明信片。

【艺术家沣峪采风】 2007年5月，毛泽东《在延安文艺座谈会上的讲话》发表65周年纪念日，区文联组织书画摄影家30余人到沣峪采风，围绕“新时期文艺为谁服务，怎样服务”论题展开讨论。同时，艺术家们慰问长期驻守在秦岭山区的长安公安分局秦岭中队，为其创作书画作品50余幅。

【长安临猗文艺家共迎“十七大”】 2007年11月，与长安文联喜结友好文联的山西临猗文联来长安回访。两地文联举办以“贯彻十七大精神，推进文艺创新，促进和谐文化建设”为主题的研讨会，50多位作家、书画家们展示作品及图文资料进行学术交流、书画笔会等。长安文联邀请异地客人参观长安博物馆、翠华山、兴教寺、香积寺。

【踏青赏春·休闲旅游采风活动】 2009年4月，区文联邀请陕西省广角摄影俱乐部、西安市摄协及长安摄影、书画、文学界艺术家百余人参加以“走进生态杨庄，赏花、钓鱼、登山，吃农家饭，览终南美景，品民俗文化，放飞快乐心情”为宣传口号的赏春休闲系列活动，邀请长安区职业中学艺术系学员20名为摄影师担当模特。创作书画作品30余幅，以“春•杨庄”为主题创作诗篇20余篇。

【“中国长安·韩国晋州摄影作品交流展”】 2010年5月，区文联承办“中国长安•韩国晋州摄影作品交流展”在长安广场开幕，展出中、韩摄影作品80幅。其中，长安区孙兴荣、田措施、王润年、董寒光、潘政权、张妮、姜妮、王涵梅等20多位摄影师的作品入展。活动促进了中韩两国摄影艺术的交流与提高，让市民了解韩国风土民情，感受两国文化内涵相融相通。

【“文化隧道”书画摄影展定期举办】 长安广场2座灯箱式“文化隧道”是区建设局和区文联为书画摄影界搭建的展台。2007年，区文联在此举办庆八一“鱼水情”书画作品展、喜迎“十七大”摄影展、庆祝撤县设区5周年系列书画摄影展、祝普利个人花卉作品展、魏寨社火民俗作品展、董寒光个人摄影作品展、石树森新疆民俗摄影邀请展。2008年元旦，区文联组织张新生、王江等50多位书画家在长安广场文化隧道举办“迎新年书画展”，展出50余幅作品。4月，区文联在长安广场文化隧道举办“春色满长安”摄影展，收集孙兴荣、田措施、董寒光、王润年等人摄影作品80余幅。

【“迎奥运”书画摄影展】 2008年8月，区文联与区建设局举办“圣火燃激情•万众迎奥运”书画摄影展，展出张新生、王江、马良、骆孝敏、田措施、高志德、董寒光迎奥运书画、摄影作品80余幅。作品包括“圣火到陕西”摄影部分；“全民健身运动”绘画、摄影部分；“奥运寄语”书法部分。

【“终南山下最美乡村——杨庄”摄影赛】 2009～2010年，区文联与西安市文联、市文史馆举办“终南山下最美乡村——杨庄”摄影赛，选择不同季节邀请西安市摄影师到杨庄采风，举办颁奖典礼，并编辑出版《终南山下最美乡村——杨庄》摄影册。

【“生态长安”摄影展】 2009年6月，长安区第二届王莽绿色鲜桃采摘节在王莽街道清北村生态农业观光园开幕，区文联与区农业局、王莽乡举办“生态长安”摄影展。以树为支，以竹为架，以南山为背景，以长安自然风光为主，展出长安区孙兴荣、田措施、王润年、董寒光、陈琪、祝普利、潘政权、张妮、周建昌等20多位摄影者的摄影作品百余幅。

【“长安老窖杯”全国征联活动】 2010年9月，区文联与西安市楹联协会举办首届“长安老窖杯”征联大赛新闻发布会，在《中国楹联报》等报刊和网络上面向全国征集反映长安的楹联作品，征联内容分为反映长安历史文化、自然风光、经济建设、时代风貌、民众民情和反映悠久而传奇的长安酒文化两部分，至12月底，收到全国1300多人来稿近4千件，并评出一、二、三等奖及优秀奖。

【《延河》杂志“长安书画艺术家专辑”出版】 2007年10月，区文联联合《延河》杂志与陕西英才文化艺术交流中心翻拍和收集杨晓阳、吴三大、茹桂、杨建果、刘永杰等长安名家和曹崇、李文艺、张新生、马良、董晓光、王江、刘岚、谢子敬、崔浩、王仁志、刘运卿、姚雅幸等

20多位长安书画家的作品及文字资料，出版《延河》杂志“长安书画艺术家专辑（一）”。

【文联会刊《艺术长安》】 2008年12月，区文联会刊《艺术长安》正式出版。刊物以“梳理长安文脉，构建人文长安”为宗旨，以赤子情愫关爱长安，以人文视觉观察长安，以艺术手段表达长安。有守望终南、人文长安、艺海泛舟、记忆30年、神禾塬5个版块。江文湛、茹桂、杨建果、王亚荣、李利安等知名人士供稿。2009年出版第2期，2010年出版第3期并印刷增刊《长安区行政中心捐赠书画作品欣赏》。（姜　娓）

西安市长安区残疾人联合会

【概况】 长安区残疾人联合会（以下简称区残联）依照“平等、参与、共享”宗旨，维护残疾人合法权益，为残疾人服务；代表残疾人的共同利益并承担政府委托的任务；开展残疾人扶贫解困工作，发展残疾人事业；协助区政府制定、实施残疾人事业的法律、政策、规划等，并开展残疾人康复、教育、劳动就业等工作。区残联内设办公室、业务科、教育就业科，下辖事业单位区残疾人劳动就业服务所、区残疾人用品用具供应站和5个专门协会（盲人协会、聋哑人协会、肢残人协会、智力残疾人及亲友协会、精神残疾人及亲友协会）。22个乡、街办设残疾人工作委员会和残联理事会，配备残联专干22名，残疾人专职委员44名；配备606个行政村残协残疾人专职委员606名。截至2010年，全区有各类残疾人5.82万人。其中，视力残疾6400人，占残疾人总数的11%；听力残疾18650人，占32.05%；言语残疾950人，占1.64%；肢体残疾14000人，占24.01%；智力残疾6400人，占11%；精神残疾4830人，占8.3%；多重残疾6980人，占12%。办理残疾人“二代证”9496份；连续4年完成全国残疾人抽样监测任务。

【康复工作】 2007～2010年，区残联在省博爱医院、西安脑瘫儿康复医院、区医院眼科中心、区精神病医院、区肢体残疾人康复中心等机构为全区5000名残疾人实施康复服务。其中，为930名贫困白内障患者实施复明手术；每年定期为150名特困精神病人提供免费口服药品、为15名特困家庭关锁精神病人免费提供3个月住院治疗。2010年，为近百名听力、言语障碍和低视力、肢残、智残及孤独症儿童配戴辅助器具和康复训练，对90多名残疾儿童家长进行康复知识培训，组织全区140名肢残、智残、孤独症儿童接受省专家组筛查；完成个性化适配150件；争取市残联和西安博奥假肢中心为45名截肢残疾人安装假肢；经多方协调，将精神病和白内障复明手术等作为单病种纳入合疗范围，提高医疗补助标准，同时将精神病列入慢性病报销范围。动员社会力量，兴办大众精神病人托养院、重度残疾人安养院、重度肢体残疾人托养院以及精神病患者工疗站、农疗站，使托养的残疾人“有所医、有所养、有所做、有所乐”。

【基层建设】 2007年4月，区残联出资5000元，争取市残联资助1万元，为引镇肢体康复医院配置价值1.5万元的康复器械，为五台、王曲等10个社区卫生院配送、安装残疾人康复器械300件。

【区残疾人康复器械经营中心】 2007年3月，区残疾人康复器械经营中心开业，截至2008年为残疾人供应用品用具360件。后因经营不善停业。

【残疾人就业】 2007～2010年，区残联加大残疾人职业技能培训力度，帮助残疾人掌握一技之长。为5163名残疾人提供职业技能培训，使其可在计算机、种养殖、手工制作、服务业、城镇保洁等岗位就业；推荐用人单位6个，新安置残疾人65名；组织36家企业及800多名残疾人参加市残疾人就业洽谈会。其中，104名残疾人签订就业意向书，38名残疾人实现就业。争取项目扶持资金，开展“自强绿色行动”，为330名有劳动能力的残疾人创造就业条件，帮助15名残疾人成功创业；按照“应审尽审，应收尽收”的原则，强化措施，狠抓落实，超额完成残疾人就业保障金征收任务，促进残疾人按比例就业。

【扶贫帮困】 2007～2010年，区残联扶助贫困残疾人3100名，帮扶特困残疾人300名，扶持贫困残疾学生59名，发放轮椅195辆；实施贫困残疾人危房改造90户；按照分类施保原则，完成居家安养200名，纳入城镇低保100户、农村低保2100户，新农保减免费6312人。每年春节前夕，为230户特困残疾人家庭分别送去米、面、油、棉被和慰问金；在“助残日”和“六一”期间，走访、慰问贫困残疾人和聋哑学校的残疾儿童。2009年，西京学院大学生志愿者为砲里乡贫困残疾人捐赠衣物6000余件。2010年，区残联为王莽街道残疾人郑东民的鲜桃示范园和东大街道残疾人姚小龙的生猪养殖场两个种养基地分别挂牌和资助。

【组织残疾人参加各项比赛】 2008年5月，区残联为市残联举办的“感恩生命”残疾人和残疾人工作者征文比赛和“牵手特殊群体、共建和谐社会”摄影、图片比赛展区共推荐文章21篇、摄影作品20件。其中两件摄影作品获奖。2009年4月，区残联组织长安区69名残疾人参加西安市第四届残疾人运动会，在田径、游泳、射箭、乒乓球、羽毛球、举重、轮椅篮球七大项中荣获奖牌54块。其中，金牌14块、银牌26块、铜牌14块，取得团体总分第四名的好成绩。2010年4月，在省残联举办的陕西省残疾人职业技能大赛中，长安区残疾人陈俊杰荣获陕西省残疾人技能竞赛（美发组）一等奖；区残联组织6名长安区残疾人参加由西安市残联举办的首届残疾人秦腔大赛，周学娃荣获市首届残疾人秦腔大赛一等奖。（张　涛）

西安市长安区红十字会

【概况】 西安市长安区红十字会是依法取得社会团体法人资格的公益性慈善机构，接受长安区人民政府管理，从事人道主义工作的社会救助团体，2010年2月成立，由区政府副区长李红（女）兼任会长；事业编制3名，其中副会长1职，主要业务有：人道主义宣传、募捐救助、卫生救护等。年内，发展团体会员5家，个人会员280名，志愿者900名，并建立会员、志愿者资料库。

【宣传工作】 2010年，长安区红十字会深入机关、企事业单位、乡街、社区宣传《红十字会法》和《红十字会章程》4次，借助《西安日报》、长安电视台、《长安开发》、长安新闻网播放宣传资料24期。5月，在长安广场举行“五·八”世界红十字日纪念宣传活动，倡导“低碳家庭、时尚生活”理念，展出募捐活动掠影展板6块，内容有红十字会职责、会员及志愿者的权力和义务等，散发宣传资料5万张，宣传手册200本。

【募捐救助】 2010年，长安区红十字会在全区募集善款517409.10元。其中“博爱送温暖”活动中，陕西长建房地产开发有限公司总经理付合理将区政府奖励的10万元捐给区红十字会；西安中长实业有限公司董事长于安民捐款5万元，西安奥辉纸业有限责任公司爱心捐款2万元。本着善款“取之于民、用之于民”的原则，2～12月，区红十字会向西南旱害、玉树地震、舟曲泥石流、陕南水灾等灾区捐款275363.90万元；救助长安区贫困户、下岗职工、低保家庭和残疾贫困家庭700户182843元；先后两次慰问区聋哑学校，捐赠文体用品、服装、空调等物品价值18500元。区聋哑学校向区红十字会赠送“博爱送温暖”牌匾一面。年内为5名贫困大学生救助资金8800元。9月，区红十字会资助斗门街办红十字博爱卫生室2万元。

【各项培训】 2010年，长安区红十字会组织培训会员280名。在乡街实行红十字专干例会制度。定于每月10日为会员例会日，对会员进行《中华人民共和国红十字会法》、《中国红十字会章程》、初级现场救护等知识培训；11月，特邀西安市红十字会向晓妹培训师在长安第二职业中学举办现场救护培训，用模拟人演示方法，就心脏复苏、止血、包扎、固定、搬运等指导师生进行演练。

【基层建设】 2010年，长安区红十字会为长安区各乡、街道配备红十字专干。6月，成立塔坡小学红十字会。11月，成立长安第一家红十字书库——高望堆小学红十字书库，送去800册图书及2副书架，并为高望堆小学红十字书库揭牌。

（李　易）

塔坡小学红十字会揭牌仪式

综　述

2007～2010年，长安区政法（综治）部门在各级党委领导下，维护社会稳定，为全区实现跨越发展营造和谐社会环境。4年中未发生暴力恐怖事件、危害国家安全、社会稳定的重大政治事件和有严重影响的群体性事件，刑事发案及交通、火灾事故连续5年在控制范围内，群众对政法队伍满意度持续增高。

围绕奥运、国庆60周年安保工作，维护全区社会和谐稳定。强化涉稳情报信息分析研判、预测预警，完善信息收集研判网络。对可能发生的重大群体性事件和个人极端行为实行“专案经营”。全区未发生进京非正常上访、集体上访事件，未发生影响全局稳定的重大政治事件和重大治安事件。

围绕工作大局，服务经济社会发展。高度关注国际金融危机反映到司法领域的新情况、新问题，加强能动司法，重视对社会影响重大的涉企案件和群众高度关注个案的协调，全区政法部门共同协调各类重大疑难案件数十件。

围绕社会管理创新，提升人民群众安全感。开展以打击黑恶、“两抢”和盗窃诈骗等多发性犯罪，以整治治安混乱重点行业和部位为主要内容的专项治理行动。召开全区社会治安动态视频监控系统建设会议，新建街面动态视频监控点2000余个。对全区中小学重新调整配备法制副校长，表彰优秀法制副校长。推进“平安区（县市）”、“平安街道（乡镇）”和“平安社区（村）”建设，平安创建覆盖面90%以上。经省委、省政府考核，长安区被命名为省级平安区。

围绕公正执法，促进社会公平正义。突出抓好执法责任体系、执法质量考评体系和执法监督体系建设。全区政法部门受理涉法涉诉信访上百件（次），涉及人员基本实现息诉罢访。

围绕基层基础建设，筑牢“四位一体”新机制。加强综治工作中心规范化建设，使其成为民情信息收集中心、矛盾纠纷调处中心、群防群治指挥中心、流动人口服务中心、法治宣传教育中心。至2010年，全区排查矛盾纠纷2480起，成功调处2159起，调处率87.05%。

2007年，全区有5名政法干警被西安市委、市政府、市委政法委评为人民满意的政法干警，区人民检察院、公安分局秦岭交警中队被市委政法委评为人民满意政法单位。

围绕维稳工作机制建设，区委、区政府出台《关于完善全区信访工作体制的实施方案》；根据西安市推进社会稳定风险评估工作现场会精神和相关文件要求，长安区制订出台《关于建立重大社会决策和重大工程项目社会稳定风险评估机制的实施意见》。

法制建设

【概况】 区委政法委是区委职能部门之一，负责全区政法工作，协调公、检、法、司等相关职能部门的关系，为全区改革与发展营造和谐稳定的社会环境。根据区委、区政府安排，区委政法委与长安区综合治理委员会办公室（以下简称综治办）、维护社会稳定工作领导小组办公室合署办公，区防范和处理邪教问题领导小组办公室（610办公室）与区国家安全领导小组办公室挂靠区政法委。区委政法委内设办公室、政工科、综治科、政法科4个科室。区委政法委（综治办）职能是：组织协调维护社会稳定工作；指导推动大案要案查处工作；检查监督政法部门执法情况；推动和落实基层司法改革；协助区委及组织部门加强政法部门领导和干部队伍建设；开展基层政法工作重要问题调查研究，推动依法治区进程；落实社会治安综合治理各项措施，推进社会治安防控体系建设，确保全区政治稳定和治安秩序良好。

【政法工作会议】 2007～2010年，根据区委、区政府部署与要求，每年召开年度政法（综治）工作会议。会议围绕全国、省、市政法（综治）会议精神，结合全区政法工作形势与任务，坚持以邓小平理论、“三个代表”重要思想为指导，全面落实科学发展观，持续开展平安创建活动，加快治安防控体系建设；深入开展矛盾纠纷排查调处工作，提高社会管理能力，全力维护社会稳定；全面加强政法队伍建设，切实提高人民群众对社会治安的满意率、对“平安西安”创建活动的知晓率和对政法队伍的满意率。全区政法工作会议，对确保社会安定、城乡安全、人民安居，实现全区经济与社会科学发展起到保障推动作用。

【维护社会稳定】2007年，区委政法委以区委、区政府名义制定下发《长安区维护社会稳定工作责任制考核实施细则》，同时下发《安排意见》和具体《通知》，按照年内工作要求做好维稳工作。省党代会和党的十七大期间，以及老山前线退役人员和民办教师多次赴京赴省上访期间，区政法委能迅速掌握相关信息，亲临一线做好防范、劝返和疏导工作。全区在省党代会期间实现零上访，受到市上好评。全年向上级报送《当月全区稳定情况》12期，报送《信息快报》79份，被上级采用29份，为有关部门及时准确部署稳控工作提供依据。

2008年，按照“第一要务抓发展，第一责任保稳定”工作思路，研究解决影响社会稳定突出问题，实现维稳与信访工作“一控制、两下降”目标，确保全区社会大局持续和谐稳定。为区委、区政府和区维稳5人领导小组（11月调整为6人领导小组）召开的30余次会议做好相关准备服务工作。安排部署矛盾纠纷排查化解、重点人员稳控、群体性事件预防处置、奥运会和全国两会时期稳定安保工作，出台《关于进一步加强和改进新时期信访工作的意见》、《加强和改进新时期维稳与信访工作实施办法》、《重大矛盾纠纷案件督办程序》、《长安区信访事项交办办理审核暂行办法》、《维稳信访工作责任追究办法》等10余项制度，从机构建设、矛盾纠纷排查化解、领导包案、领导接访下访、考核奖惩和责任追究方面对维稳与信访工作作出明确规定，规范了工作程序。1～10月，以维稳办名义向市上报送工作动态和重大信息83条，被市维稳办采用7条。同期全区发生各类较大的群体性事件44起，占市控目标70起的62.9%；接待群众来信来访3630件次，与上年同比减少1689件次，下降31.8%；进京访19人次，同比减少2人次，下降10%；赴省、市集访7批95人次，同比减少5批674人次，批数下降41.6%，人次下降87.6%；来区集访85批2412人次，同比减少49批2263人次，批数下降36.6%，人次下降48.4%。6月以后，全区未发生一例进京上访和赴省到市集访事件。“5.28”全市矛盾纠纷大排查大化解活动动员会后，区上6月召开动员大会，区联席办、区委维稳办制订下发《关于在全区开展矛盾纠纷大排查大化解活动实施方案》，建立区级领导牵头的督导检查工作机制，在中央、省、市交办案件基础上，对排查出的51件重点信访案件和188名重点人员，逐案逐人进行交办，签订化解稳控工作责任书。大排查大化解活动中，全区承办中央、省、市交办重点案件21件，结案21件，排名全市第一；市上确定的6件突出性共同矛盾基本得到有效稳控；区排查重点信访案件24件，办结8件，其余案件进展顺利；各乡、街道和部门自行排查矛盾纠纷245件，240件得到妥善解决。

2010年4月，区委政法委根据市委维稳领导小组文件精神和区委有关领导指示，制订《关于上海世博会期间西安市长安区维稳安保工作总体方案》。为加强对全区维稳信访工作的统一领导和综合协调，区委、区政府出台《关于完善全区信访工作体制的实施方案》，成立区维稳信访工作领导小组，负责全区维稳信访工作组织领导、综合协调，重大维稳信访事项决策部署及维稳信访奖惩、责任追究等工作。5月完成全区25个乡街、671个行政村和24个社区726名维稳信息员信息采集登记工作。9月，区编委会下达区委维稳办人员编制3名，加强区委维稳办机构建设，充实工作力量。根据西安市推进社会稳定风险评估工作现场会精神和相关文件要求，区委政法委以区委办、政府办名义出台《关于建立重大社会决策和重大工程项目社会稳定风险评估机制的实施意见》，规定从11月开始，全区重大决策和重大项目的实施必须进行维稳风险评估。截至10月，上报维稳月报10期，维稳动态4期，工作信息26期，编发信息快报15期，群体性事件统计资料10期，撰写维稳工作总结性材料9篇。

【社会治安综合治理】 2007年1～6月，全区25个乡镇、街道建立以党政一把手为主任，主管领导为副主任的乡镇（街道）社会矛盾调处中心，全区671行政村（社区）建立矛盾纠纷调解工作站，全年全区各级矛调工作站（点）排查纠纷3580起，调解3472起，调解率100%。3月与各有关部门签订社会治安综合治理目标责任书，下发《2007年政法综治工作要点》。6～12月，对各乡镇街道及各部门综治工作任务完成情况进行检查。区综治办依靠公安机关和城区巡防队员，重点对培华学院周边环境依法进行专项治理，通过巡逻守候和加大巡逻密度，打击抢劫、敲诈等犯罪行为，保证学院师生安全。参与区“扫黄打非”领导小组办公室组织的多项专项活动，查处黑网吧20多家，没收盗版光碟200多盘、书籍1000余册。参与区禁毒工作领导小组办公室及区公安分局缉毒大队组织的严厉打击吸食贩卖毒品专项斗争，查获各类涉毒案件113起（其中贩毒案件14起，刑拘15人，逮捕5人，劳教6人；行政处罚99起，其中强戒118人，处罚9人，劳教7人）。

2008年，在全区继续开展平安创建活动，平安街道（乡）创建率88%，平安社区（村）创建率89%，平安单位创建率88%。继续加大技防设施建设，投资300多万元在郭杜派出所建立三级监控平台，二、三级监控中心联网率100%。在重点地区和部位布建信息点96个，覆盖辖区重点路段和部位。全区实现重点监控地段7个，重点单位72个，主要大街10条。韦曲街道辖区60个单位自行安装监控探头（金融单位45个，宾馆饭店及其他单位15个）。郭杜产业园辖区15个单位安装内部监控系统。在区综治办协调下，驻区各大专院校技防监控网络建成，全区安装监控探头738个。制定《长安区矛盾纠纷排查化解工作细则》和《信访导（陪）访制度》，并广为发放。加强全区群众性专职巡防队建设。2007年4月成立的群防队有队员100人，分布在韦曲、郭杜、兴隆3个人口密集、经济发展迅速、治安状况复杂的街道，同时确定杨庄乡、东大街道东大村、终南山国家森林公园南五台景区、西安翻译学院、太阳新城小区5单位为2008年度乡（街）、村（社区）、旅游景点、高校和居民住宅小区综治工作示范点。依据奥运会举行的形势要求，6月召开有区委、区政府主要领导出席，各乡、街道、部门、单位主要领导、分管领导参加的“长安区迎奥运安保誓师动员大会”。期间，每乡、街抽调20名机关干部编成工作小组，由区综治办和公安长安分局负责培训指导，佩戴统一标志开展工作，共青团500名志愿者也投入工作。在此基础上，公安长安分局组织厂矿企业、学校、单位干部职工组成2000人义务巡逻队。

2009年，在平安创建活动中，开展

平安社区（村）、单位、企业、学校、市场、景区、道路、工地基层平安创建活动，加强社会治安综合治理工作。全区平安乡（街道）创建率92%，平安村创建率96%，平安单位创建率97%。围绕平安创建，全年安装400个监控探头，覆盖辖区重点路段、部位和部分乡（街道）主干道路。全区实现重点监控地段7个，重点单位72个，主要大街10条，建成驻区各大专院校技防监控网络，全区安装监控探头1207个。社会治安群众性防范力量不断扩大，671个行政村有治安中心户长3520名，厂区、学校、居民住宅小区有治安巡防人员1226名，其中专职人员415名。城区有百人专职巡防队，并与劳动部门协商，在群防队中配设14名公益性岗位。要求驻区单位及大专院校确定专职治安巡逻人员690名，村（居）委会组织专职治安巡逻队伍108支，参加巡逻人员648名。结合“2.10”交通肇事逃逸案，配合区教育局开展学生交通安全专项教育活动。结合“五一”小长假，组织沿山乡街及各旅游景点加强安全防范工作，确保旅游区治安秩序。根据培华学院反映，6月协调王曲派出所及学院保卫处，开展校园周边环境治理。9月，在全省五类场所整治治安秩序百日集中整治活动电视电话会后，召开领导会议，对区内各娱乐场所、集贸市场、居民住宅小区、车站以及校园周边环境治理安排部署，重点对发案率高的凤栖社区集中治理，社区治安面貌得到极大改观，获西安市2009年“十大和谐社区”称号。年末，全区建立矛盾纠纷排查调处工作中心25个，设立主任25名、副主任40名，配备专兼职工作人员172名，全区671个行政村有矛盾纠纷调处工作站站长676名，副站长674名，信息联络员2334名。

2010年，投资120万元建成面积1280平方米的区信访接待中心，设置综合协调部、热线室、心理咨询室等13个工作部室，抽调16个部门的工作人员进驻，实行统一集中联合办公制度。25个乡（街道）建立矛盾纠纷排查调处中心，确保场地、设施、人员、制度、职责“五落实”。671个村、28个社区建立矛盾纠纷排查调处中心工作站。全区排查矛盾纠纷2480起，调处2159起，调处率87.05%。全区平安创建工作取得成效：区建设局在城区街道实施“点亮工程”，区妇联开展创建“平安家庭”活动，2010年全区250户家庭被推荐为省级“平安家庭”。子午街道与驻区某预备役部队开展军地共建平安活动，被省军区在全省推广，中央综治委进行了调研。2010年7月长安区被命名为省级平安区。同时，对全区中小学和幼儿园进行安全排查，排查出校舍设施隐患273个，整治166个。查出非法幼儿园73处，规范保留33所，关闭40所；按照《关于做好高危重点人群排查管控工作的通知》，对6类重点人员分类排队、登记造册。

【规范执法行为】 2007～2010年，在规范政法队伍执法行为上，坚持对政法干警进行社会主义法制理念教育，即依法治国理念、执法为民理念、公平正义理念、服务大局理念、党的领导理念教育，在提高政法干警思想政治素质的基础上推动执法规范化建设，规范执法行为，取得积极成效。2007年全区有5名政法干警被西安市委、市政府、市委政法委评为人民满意的政法干警，区人民检察院、公安分局秦岭交警中队被市委政法委评为人民满意的政法单位。2008年，在规范执法行为中，排查化解中央政法委员会交办的18起涉法涉诉进京上访案件，中央政法委交办案件办结息诉率100%。信访、政法、卫生、经贸、乡街多部门联动，协调解决孔计寅信访案的经验作法在《西安政法动态》刊登推广。区委书记吕健亲自包抓重点案件，成功化解的张旭博信访案、裴志宏上访案经验受到中央领导肯定，在中联办《情况简报》上刊发。区委政法委被市委政法委推荐为全省排查化解重信重访工作先进单位，区委常委、政法委书记李洪涛、区委政法委主管排查化解工作的副书记张权被市委政法委推荐为全省排查化解重信重访工作先进个人。2010年，通过推进执法规范化建设，开展“集中清理涉法涉诉信访积案”和“百万案件评查”工作。制订《集中清理涉法涉诉信访积案活动工作安排》和《百万案件评查活动工作安排》，摸排采集建立台账，上报历年来未化解涉法涉诉信访积案36人35件，落实“定承办人员、定督办领导、定化解措施、定化解期限、定目标责任、领导包案”的“五定一包”工作责任。截至10月办结13件。确定评查案件100件，其中公安、法院各40件，检察、司法分别15件和5件，8月报市委政法委审批同意。各部门抽调专人，成立由主要领导、业务骨干、律师、执法监督员等人员组成的评查组开展评查工作，截至10月评查案件91件。在抓紧涉法涉诉信访案件清理的同时，在全国两会、处置涉日游行活动、全国深化村务公开民主管理“难点村”治理现场会等重点时期，对涉法涉诉信访重点人员逐人落实稳控责任，确保社会大局稳定。

【610办公室】 2007年，区政法委扎实做好防范控制工作，实现 “三个零”指标，无聚集、上访闹事、广播电视插播等破坏活动发生。通过教育转化瓦解“法轮功”组织，拯救练功人员，全年练功人员转化率90%以上。全区25个乡镇（街道）创建无邪教试点村（社区）29个。2010年，在防范控制、宣传揭批、教育转化等工作领域取得一定成绩：无“法轮功”进京上访滋事，无电视信号干扰和插播事件发生，无大幅悬挂、喷涂标语及大的案件发生，完成反邪教警示教育转化工作，推进无邪教社区（村）创建和无邪教乡街创建活动。

【“严打”整治】 2007年，公安机关开展命案侦破、打击“两抢一盗”、打击破坏通信设施、打击破坏投资环境、平安西安第一、二战役等专项行动。组织公安、工商、市容、交通、文化等部门对韦曲农贸市场、劳务市场、汽车客运站、学校周边和网吧等治安混乱地区进行专项整治，处置韦曲、东大等地的两起较大的聚众持械斗殴事件，刑拘45人，治安拘留76人。

2008年，区政法委围绕“平安奥运”、“平安长安”目标，以公安机关为主，先后组织开展命案侦破、“打盗抢、抓逃犯”、打击盗窃、破坏通信设施犯罪等严打专项行动，相继破获一批刑事案件，抓获一批犯罪嫌疑人。4月，在区行政中心会议室召开 “长安区严厉打击破坏投资环境违法犯罪公开处理大会”，公开处理22名严重刑事犯罪嫌疑人。5月，根据群众举报，公安机关在五台乡老龙桥龙窝子沟集体林中销毁炸药丸14枚；6月，公安机关排查出王莽街道孟家村服装市场有非法销售管制刀具、仿真枪等危险品后，随即开展集中查处；8月，严查兴隆街道长安沣惠电镀厂非法使用剧毒化学品氰化钠，收缴氰化钠40公斤。11月，区委政法委召开长安区严厉打击刑事犯罪活动公开处理大会，公开处理2案10名犯罪嫌疑人，对4案12名罪犯进行公开宣判。据统计，全区共立各类刑事案件1902起，破获879起，破获年前积案和外省案件265起，破案绝对数1114起，现发案破案率46%，命案立案数16起，破14起，破案率87.5%。2009年9月，区政法委召开“优化投资环境暨打击违法犯罪公开处理大会”，依法对谱传礼等37名涉嫌敲诈、勒索，盗窃等严重破坏投资环境的不法分子进行公捕、公判，为群众营造和谐平安的生产生活环境。2010年，开展“社会治安整治”、打击“两盗一抢”犯罪专项斗争，打击刑事犯罪工作进一步加强。全年共立刑事案件3003起，破案915起，破案率28%。其中8类案件立案477起，破案率64.6%。“两抢一盗”案件立案2296起，破案550起，破案率24%。治安案件受理2558起，查处2576起，查结2496起，查结率95.35%。全年投入警力12610人次，投入车辆4070辆次，发动群防群治力量17012人，排查发现治安重点地区28个，截至10月，整治26个地区，完成任务的93%。从中破获各类刑事案件507起，抓获犯罪嫌疑人347人。对集贸市场、车站、夜市、废旧物品收购站等重点行业和城乡结合部、城中村“四小行业”、出租房屋、建筑工地、车站、洗浴休闲场所等犯罪嫌疑人员易藏身落脚场所进行清查，检查私房出租户489户，常住村民1000余户，路边摊点61个，查验暂住证1007个，现场登记12个。检查中小旅社440家，不合格中小旅社有21家，下达停业整改通知书21份，对消防设施不完善的15家中小旅社下达限期整改通知书。加强网吧整治，依法取缔黑网吧134家。查处歌舞娱乐场所24家，其中歌舞厅2家、茶秀17家、洗浴5家、美容美发73家，刑事拘留2人，行政拘留10人，行政处罚9人。在韦曲街道何家营村、郭杜街道茅坡村开展巡逻清查行动4次，出动警力645人次，车辆120辆，清查网吧109家，中小旅店98家，出租房屋282家，美容美发6家，查验暂住人口917人，清查人口1721人，现场办理暂住证69个，现场登记32人。行政拘留53人，通过整治，治安形势明显好转。

【**政法队伍建设**】 2007年，区政法委开展以邓小平理论和“三个代表”重要思想为内容的政治思想教育活动，制订《2007年全区政法队伍建设工作要点》。执行《关于政法系统领导干部“一岗双责”责任追究的暂行规定》，落实队伍建设责任。2008年，按照中央政法委的要求加强思想政治建设，以“大学习、大讨论”活动为主线，把“大学习、大讨论”活动与忠诚教育活动、建立健全社会主义法治理念教育长效机制、“强纪律、树形像”作风整顿活动、“四好”班子创建活动，“争创”活动及执法规范化建设活动相结合，教育引导干警学习十七大报告、胡锦涛总书记与全国政法工作会议代表和全国大法官大检察官座谈时的讲话以及周永康在全国政法工作会议上讲话等，准确把握基本观点、领会精神实质，用新的思想、观点、论断武装头脑，树立以“忠诚”为核心的忠于党、忠于祖国、忠于人民、忠于法律的“政法本色”；树立以“责任”为核心的立警为公、执法为民、勤政廉洁、甘于奉献的“政法精神”；养成以“务实”为核心的雷厉风行、令行禁止、求真务实、争先创优的“政法作风”。坚持学以致用，密切联系实际，研究、找准贯彻落实上级精神的结合点、切入点、着力点，寻找服务全区经济建设、服务群众的切入点，创建条件开创服务基层、服务群众的方法措施。2010年，政法队伍领导班子建设主要目标是在各级班子内部营造一心谋发展、齐心促发展的良好格局。按照《党政领导干部选拔任用工作条例》，制订《长安区政法系统科级干部交流轮岗暂行办法》，对区人民法院中层干部进行轮岗前的考核。4月，全区执法干警“执法档案”基本信息库建立。

【**政法宣传**】2007年，在市级新闻媒体上发稿件10余篇，促进长安区政法综治工作发展。2008年，区委政法委在《长安开发》上开设政法专线专栏，宣传全区政法系统工作新动态、新做法及取得的成绩；在国家、省、市、区各级媒体发表报道100余篇。2009年，在群众休闲锻炼场所制作平安创建宣传栏，在公路两侧和入村路口刷写固定标语或悬挂横幅等，开展“小手牵大手”活动，印制平安创建宣传资料家庭篇、校园篇、警示篇10万份，邀请市平安创建宣讲团到长安区各中小学巡回宣讲，向学生发放宣传资料，并向家长和亲朋好友进行宣传。各乡街结合合疗费筹集登门入户面向群众宣传。2010年，在《长安开发》开设政法专线专栏，宣传全区政法系统工作新动态；全年在中央、省、市、区级各类媒体发稿300多篇。落实“五五”普法规划，抓好“法律六进”活动，通过三大电信运营公司向全区电话用户宣传平安创建。组织宣讲团深入学校、社区、农村集中宣传安全防范知识，入户宣传平安创建。 （贾平凡）

公 安

【**概况**】 西安市公安局长安分局（以下简称公安长安分局）是西安市公安局派出机构，处级建制，实行市、区双重领导，主要职能是维护全区社会治安稳定，打击违法犯罪活动，促进政治稳定、经济发展。分局下设秘书科等20个科、队、中心和韦曲等派出所18个。2007～2010年，公安长安分局紧紧围绕构建社会主义和谐社会目标，以牢固树立执法为民思想为核心，共立各类刑事案件10998起，破案5577起，破案率50.7%。受理违反治安管理案件12562起，查处11938起，查结率95%。各项业务工作和队伍建设取得长足发展和进步。

【**维护社会政治稳定**】 公安长安分局发挥职能作用，做好重点对象稳控，重点开展不稳定性因素、矛盾纠纷摸排、预警和研判，维护社会政治稳定。2007～2010

年，收集上报情报信息331条，开展对14名“法轮功”等邪教重点人员考察工作。2007年，配合西安市公安局邪教侦察支队侦破长安建明印务有限公司“东方闪电”世纪神书籍案，开展“12.1”专案及会道门复辟活动侦查，破获携带、散发“法轮功”反动宣传品案3起。2008年，查获“5.24”范玉洁练习法轮功案，侦破“6.16”王毅、王东善扬言破坏奥运火炬案。2009年，取缔美国基督教组织在翠华山景区天池度假村举办的非法传教活动，阻止了赵军孝、杨华等群体上访。2010年，开展吕德昌等人和老山复退人员杨华等赴省非法上访活动审查教育，“12.1”专案侦查工作、“5.13”专案摸排工作，完成“5.31”专项工作的安全保卫，查处尼日利亚籍1男子在长安非法务工行为，维护了社会政治稳定。

【公安信访工作】 公安长安分局落实信访工作第一责任人责任，把信访工作作为“一把手工程”，投资10万余元，建成设信访室、局长接待室和办公室，配备微机、监控等功能齐全的信访综合办公楼，健全信访工作领导小组，完善局长接待日制度。实行局领导包案督办、科队所长负责、落实办案民警和责任、限期结案的信访案件办理机制。2007～2010年，登记来信来访446件，经审核受理207件，查结207件，查结率100%。收到群众感谢信8封、锦旗12面。

【严打整治行动与严打经济犯罪】 公安长安分局坚持严打方针不动摇，对刑事犯罪活动保持高压态势，有力地打击了犯罪分子的嚣张气焰。2007～2010年，组织开展命案侦破、创建“平安西安”打击“两抢一盗”、打击盗窃破坏通讯电缆等严打整治专项行动。2007年，破获“1.25”马王街道客省庄绑架杀人案、“2.2”郭杜街道抢劫致人死亡案、“7.26”滦镇街道持械斗殴致人1死6伤案及“8.17”故意杀人案等涉命案件。2008年，破获“1.6”王飞团伙抢劫贩菜群众案、“3.22”郭杜街道长里村女婴被害案、“4.19”郭杜街道杀人碎尸案、“5.12”滦镇街道持枪杀人案、“5.30”王建明等团伙抢劫大学生案、并字“6.30”井永军等团伙抢劫工地案以及“11.6”团伙抢劫轮奸案等。2009年，破获“2.10”重大交通肇事逃逸案、“2.23”高新国际中学马杰被绑架案、“4.16”安有志故意杀人案、“5.7”杜曲街道三府衙村杀人案等。2010年，破获“1.21”王子臣被绑架案、“4.7”滦镇翁家寨女童被杀案、“12.16”系列抢夺抢劫金耳环案、大学城内系列抢劫案等，维护了社会稳定。2007～2010年，在严打经济犯罪中破获经济犯罪案件159起，挽回经济损失1469.4万元。2007年，破获张雄飞等租赁汽车合同诈骗案58起，涉案金额243万元。2008年8～9月，开展打击非法传销专项行动，集中清查4次，捣毁传销窝点4个，驱散、遣返传销人员105人。2009～2010年，开展打击传销、打击假币，打击假发票、银行卡违法犯罪行动，破获一批经济犯罪案件，维护了全区经济秩序。

【禁毒工作】 2007～2010年，公安长安分局以创建“无毒社区、无毒乡街”为根本，纵深开展“6.26”禁毒日宣传和禁种铲毒工作，破获毒品案件266起，查获吸贩毒嫌疑人211人，缴获毒品1244.5克。2008年，破获童应绪特大贩毒案，缴获毒品海洛因806克。将全区在册吸毒人员资料输入陕西省禁毒信息系统，做好信息维护和日常更新工作。严格易制毒化学品管理，落实易制毒化学品企业年度报告制度。全区25家使用易制毒化学品企业全部建立档案，上交了易制毒化学品企业年度报告。

【治安管理】 2007～2010年，公安长安分局坚持“打防结合、预防为主”方针，完成大型活动安全保卫工作230次，完成对中央、省、市领导警卫任务155次，均未发生不安全事故。依托“四色预警”警情研判机制，建立以巡警大队和派出所为基础，以辅警、联防队等为补充的二、三级巡控网络。完善网格化巡逻模式，为巡逻车安装全市联网的GPS系统，为基层单位配发流动警务车和电瓶巡逻车，制定“三类车”（GPS巡逻车、电瓶车、流动警务车）管理规范，遏制了“两抢一盗”案件。强化特种行业管理，对全区78家废旧收购业，6家印刷装订业，6家刻字业，63家宾馆饭店，43家美容美发，8家洗浴场所的治安管理，登记、备案率100%。特种行业未发生不安全事故。开展缉枪治爆专项行动，2007～2010年，收缴子弹2234发，枪支116支，炮弹9枚，管制刀具304把，消除治安隐患。将全区9家涉爆单位，9家涉危险化学品单位，5家涉枪单位全部纳入民爆物品信息管理及枪支信息管理系统，建立“四级”台账管理制度。

【户籍管理】 2007～2010年，公安长安分局在户籍管理中，审批办理户口迁转手续36690人，办理第二代居民身份证140118个。“四项变动”数据分别为：出生50811人、死亡34959人、迁入59090人、迁出42566人。截至2010年底，全区户籍在册总人口数980803人，其中农业人口843254人，非农业人口137549人。在人口管理中，清理登记暂住人口285000人，办证率100%。登记房屋出租户11206户，签订治安责任书100%并全部录入微机建立档案。对全区列管重点人口720人、监管对象510人全部纳入视线并列管。截至2010年底，全区建成社区和农村警务室628个，其中社区警务室21个、农村中心警务室57个、农村普通警务室550个，均实现外观标识统一化和内部标识标准化。为21个社区警务室和57个农村中心警务室配辅警78名，达到一室一警，安装固定电话、配备笔记本电脑。各警务室民警通过与辖区群众“拉家常”活动，发放宣传资料6000余份，张贴宣传标语3000余张，上门为群众送二代身份证2万个，当场解答群众问题800余件，密切警民关系，促进了社会和谐。

【交通管理】 2007～2010年，全区发生等级交通事故1594起，事故致伤1437人，致死938人，直接经济损失250.4万元。在交通管理中，分局交警大队以“降事故、保畅通”为目标，组织开展交通秩序大整治，酒后驾驶、涉牌涉证和交通事故肇事逃逸案侦破等交通整治行动，取得成效：一是校园周边交通秩序整治。按照省厅、市局通知精神，加大对全区城区、乡、街各类中小学和大学城周边摩的、汽油三轮、微型车非法运营违法行为的查处、打击力度。在相关学校新漆划校区门口斑马线条7598米，更换、维修信号灯14处，划定家长接送学生临时停泊车位360个，设置限速、慢行、让行等交通标志86个，学校周边交通环境和安全保障能力明显提高。二是交通事故多发点段综合治理。对108、210国道山区段、107省道长安段、子午大道、新雁引路、新韦鸣路、新韦斗路等7条事故多发路段进行综合治理。增设红绿灯5组、黄闪灯22组、“F”杆式大型标志牌2面、智能交通电子卡口8处、交通电视监控系统5处，增设警告、禁令等交通标志牌200余块，消除事故隐患，推进交管工作城市化进程。三是交通安全知识宣传。2007～2010年，集中开展交通安全宣传180次，市、区电视台黄金时段播放交通安全宣传稿件86次，专题宣传36次，报刊刊登宣传稿件38次；在城区、服务区、国省道沿线村庄悬挂、张贴交通安全口号、横幅、标语3500余条，散发、张贴交通安全提示20万余张。在客运汽车上张贴印有举报电话的交通安全提醒标1400张，新创建交通安全示范村(社区、学校)18个。各项交通宣传教育活动中，受教育群众65万人次。

【侦破“2009.2.10”重大交通肇事逃逸案】 2009年2月10日凌晨6时10分许，犯罪嫌疑人王双娃（男，41岁，泾阳县崔黄村3组人）驾驶陕AC3299号牌货车（蓝色、大地牌重型自卸车），沿108国道由北向南行至长安区斗门街道协和搪瓷厂门口（1320Km＋200m）处，将同方向骑自行车上学的斗门中学5名学生撞倒后逃逸，造成4死1伤的重大交通事故。“2.10”案件发生后，公安部、省、市领导高度重视，分别作出批示，要求尽快侦破此案。市局在第一时间成立专案组，抽调200余名精干警力，下设9个小组全方位开展侦破工作。公安长安分局全体参战民警快速行动，加班加点，在全区范围内对有大型货车的单位、车队、修理厂、洗车场、收费站、加油站、补胎点、废品收购站、电子监控、配件厂等辖区重点单位、部位进行地毯式走访摸排。在6天的摸排走访中，走访群众2650余人，截流、走访车辆1320余辆，摸排大货车500辆，摸排线索200条，核查群众电话提供线索100条，为案件指挥部提供了大量有价值线索。2月13日，长安分局交警大队王寺中队队长王庆安在获取大量截流走访信息基础上，经过分析，发现事故发生时间段内有大量从泾阳县向户县运送水泥熟料的车辆通过108国道长安段这一规律，认为肇事车辆极有可能为运送水泥的货车。及时将这一线索上报分局领导，分局随即安排王庆安带队赶往泾阳，经调查，发现从泾阳县冀东水泥厂近期内有大量货车给户县运送半成品水泥，部分货车与嫌疑车辆特征相符，随即将这一线索上报分局和专案组。专案组领导听后认为这一线索价值重大，当即将工作重心锁定在泾阳和户县两地。派出警力进驻泾阳、户县两地，并及时向泾阳警方通报了案件进展，要求泾阳警方全力配合。在专案组锁定犯罪嫌疑人和肇事车辆、抓捕犯罪嫌疑人途中，肇事嫌疑人迫于压力到泾阳县公安局投案自首。经突击审查，犯罪嫌疑人王双娃对肇事犯罪事实供认不讳。“2.10”重大交通肇事逃逸案经过专案组6昼夜紧张工作，于2月15日下午17时30分成功告破。

【消防管理】 2007～2010年，全区发生火灾事故751起，受伤18人，死亡10人，经济损失258万元。在消防管理中，对全区公众娱乐场所、中小学、幼儿园、车站等公众聚集场所数量和消防安全情况摸底排查，调整辖区安全重点单位123家，确定标准化试点单位60家，并建档备案；在冬季消防安全专项治理中，检查人员密集场所、易燃易爆场所及“五小”场所1291家，查出火灾隐患376处，整改355处，取缔“五小”场所13个。通过宣传《消防法》，在辖区公共场所设消防温馨提示语、维护保养室外消火栓，同时指导太乙宫、子午义务消防队对村民私拉、乱拉电线，乱丢烟头火种，柴草乱堆乱放等行为集中整治，提高了辖区群众关注消防、支持消防、参与消防的责任意识。

【公安队伍建设】 2007～2010年，公安长安分局按照“抓班子、带队伍、促工作、保平安”工作思路和队伍正规化建设要求，制订落实民警教育培训计划，一线45周岁以下民警集中训练时间均超过15天，民警参训率85%。分局记录民警教育培训，建立民警教育训练电子档案。加强警务督察、监察，开展现场督察和专项督察，不定期对分局干警贯彻执行“五条禁令”、“四个严禁”、警车违规停放和使用、内务建设和基层派出所规范执法、大型警卫任务执勤情况进行明察暗访，规范全体干警民警执法行为。

（答贵阳　梁菊英）

检　察

【概况】 2007～2010年，长安区人民检察院（以下简称区检察院）在区委和上级检察机关领导下，以科学发展观统揽全局，紧紧围绕“强化法律监督，维护公平正义”主题，按照“忠实履行职责，突出监督职能，强化队伍素质，实现创新发展”工作思路，弘扬“敬业、务实、创新、发展”团队精神，单项工作争第一，整体工作创一流，检察工作在以往工作基础上不断取得新进展，实现新突破。区检察院设政工科、办公室、公诉科、侦查监督科、反贪污贿赂局（下设侦查一科、侦查二科）、渎职侵权检察科、民事行政检察科、控告申诉检察科、驻区看守所检察室、职务犯罪预防科、纪检监察科。2008年9月，长安区区级机构改革时，区检察院编制94人。其中政法专项编制91人，工勤编制3人。至2010年末，实际在编93人。

【打击预防刑事犯罪】 2007～2010年，区人民检察院严厉打击各类刑事犯罪活动，全力维护社会和谐稳定。2007年，受理公安机关和本院提请批准逮捕289案443人，经审查批准逮捕和决定逮捕245案372人，不批准逮捕38案58人，结案率100%；受理公安机关移送审查起诉321案511人（含自侦案件13案14人），经审查起诉262案403人，不起诉8案11人，移送市检察院审查起诉34案74人，法定时限内结案率100%；追诉漏犯11人，漏罪5宗；退回公安机关补充侦查63案76人。2008年，受理公安机关和本院提请批准逮捕331案577人，经审查批准逮捕和决定逮捕316案538人，不批准逮捕6案23人。提前介入249件447人，发纠正违法通知书2份，向公安机关发提供法庭所需证据通知书245份；公诉部门受理公安机关和本院移送审查起诉案件361件641人，经审查提起公诉323件539人，报送市院审查25件59人，决定不起诉7件10人。检察长出庭公诉2件。2009年，侦查监督部门受理公安机关和本院提请逮捕案件411件597人，经审查批准逮捕和决定逮捕401件579人，不批准逮捕2件

6人；公诉部门受理公安机关和本院移送审查起诉案件432件690人，经审查提起公诉359件529人，移送市院审查起诉案件25案77人，抗诉案件1件，不起诉案件8件8人。检察长出庭公诉6件。强化追诉犯罪意识，共纠正漏捕15人，纠诉漏罪21宗，纠诉漏犯8人。适用简易程序，简化审理226件，占起诉案件总数的63%。2010年，侦查监督部门受理公安机关和本院提请逮捕的案件450件791人，经审查批准逮捕和决定逮捕448件785人，不批准逮捕1件4人，纠正漏捕62人；公诉部门受理公安机关和本院移送审查起诉的案件473件802人，经审查提起公诉383件597人，抗诉案件4件4人。

【案例】 兰卫波等人伤害抗诉案 2007年4月10日，由陕西五龙建设公司承建的西安外国语大学二期排污工程，在西安市长安区郭杜街道杜回村一组土地上开工。被告人简建辉（判处有期徒刑5年）、王春（判处有期徒刑5年）、兰卫波为了帮他人强抢工程，即受人指使，纠集人员，手持洋镐把，于当晚7时许赶至工地，将正在施工的人员及机械向外赶。追打围殴过程中，致尹×颅骨及颅底骨折、蛛网膜下腔出血、颅底血肿、脾脏破裂当场死亡。

案件提起公诉后，区人民法院以（长刑初字[2007]第101号）《刑事判决书》，判处被告人兰卫波犯故意伤害罪有期徒刑3年，缓刑5年。

区检察院审查后认为，被告人兰卫波参与纠集、带领多名歹徒，持械在他人工地现场打死1人，是案件的主犯，应依法从重处罚。一审法院对其宣告缓刑，在认定事实和适用法律上均有错误。2008年6月13日，区检察院以（西长检刑抗字[2008]第01号）《刑事抗诉书》提请抗诉。区人民法院以（长刑初字[2008]第31号）《刑事判决书》判处被告人兰卫波犯故意伤害罪，判处有期徒刑3年。

李林虎等6人聚众扰乱社会秩序、故意伤害案 李林虎，男，大兆街道康王村人，2007年10月9日，因涉嫌斗殴被刑事拘留；同年11月1日，涉嫌聚众扰乱社会秩序被依法逮捕。尤立军，男，大兆街道大兆村人，刑事拘留、逮捕日期同上。王会利，又名王莉，女，系李林虎之妻，2007年12月6日，因涉嫌聚众扰乱社会秩序罪被刑事拘留；2008年1月8日被依法逮捕。李晓权，男，系李林虎侄子，2007年12月1日，因涉嫌聚众扰乱社会秩序罪被刑事拘留；2008年1月8日被依法逮捕。李毅，男，大兆街道康王村人，2007年10月9日被刑事拘留；同年11月1日被依法逮捕。尚余仓，男，大兆街道康王村人，2007年10月9日被刑事拘留；同年11月1日被依法逮捕。

2007年2月，李林虎等人商定，让尤立军和李林虎一同参与承包已经由李毅、尚余仓、李军奇签订承包合同并经过公证的康王村六、七组砖厂。2007年2月26日，李林虎出资26000元，让尤立军纠集人强行“收回”砖厂承包权。李毅得知情况后，召集人来砖厂应对。3月1日上午，李林虎、韩松松(在逃)纠集的人会同李来喜(在逃)、尤立军纠集的人在韦曲购买洋镐把、白手套，由王会利取钱雇车领路，李林虎在村中接应。当日下午2时许，李林虎等人带领100余人手持洋镐把、砍刀，戴白手套前往砖厂，李晓权紧随其后助威。行至砖厂时，被藏匿在砖厂的近200人冲出来将李林虎一方打散。期间有人掀倒砖厂砖坯，给砖厂造成损失。事发后经鉴定，李晓权、王会利、李来喜、韩松松被致轻伤。

案件发生后，区人大代表对案件办理情况进行个案监督。区检察院检察长、主管副检察长亲自接待人大代表，听取意见、建议。案件批捕、起诉阶段，区检察院安排办案骨干审理，快捕、快诉。案件起诉后，经区法院公开审理，李林虎、尤立军、王会利、李晓权因自己经济利益，花钱聚众扰乱砖厂正常生产秩序，给企业造成重大经济损失，其行为均构成聚众扰乱社会秩序罪。判处李林虎有期徒刑4年，尤立军有期徒刑2年又6个月，王会利、李晓权各有期徒刑1年。李毅、尚余仓等人聚众殴打他人致4人轻伤，其行为均构成故意伤害罪，分别判处李毅、尚余仓各有期徒刑11个月。案件办结后，区检察院刑检部门、控申部门派出专人登门向区人大代表回馈案件办理情况，受到人大代表好评。

【惩治预防职务犯罪】 2007～2010年，区检察院坚持“标本兼治、惩防并举”方针，不断加大查处职务犯罪工作力度。2007年，区反贪污贿赂局受理贪污、贿赂、挪用公款等案件线索24件。初查21件，经初查不予立案8件，立案侦查11案11人。其中，贪污6案6人，受贿2案2人，挪用公款3案3人。移送审查起诉10案10人，不起诉1件1人，为国家挽回经济损失130余万元。渎职侵权科受理各类渎职侵权案件线索9件。经调查决定立案侦查6件，不予立案侦查3案3人。侦查终结移送审查起诉2案2人，移交公安机关办理4案4人，法院作出有罪判决1案1人。2008年，区反贪污贿赂局受理案件线索26件，立案侦查10件15人。其中，贪污5件5人，挪用公款3件4人，受贿1件1人，私分国有资产1件5人。大案要案7件7人，占立案总数的70%。所立案件全部侦查终结，移送起诉9件14人，为国家挽回经济损失304万元。渎职侵权科受理各类渎职侵权案件线索7件。立案侦查6件，侦查终结并移送起诉6件6人，不起诉1件1人，法院作有罪判决5件5人。2009年，区反贪污贿赂局受理案件线索24件，立案侦查10件12人。其中，贪污6件8人，挪用公款3件3人，受贿1件1人。大要案6件7人，占立案总数60%。至10月中旬，所立案件侦查终结率、起诉率、判决率均为100%，提前实现“三个当年”目标，为国家挽回经济损失180万元。渎职侵权科受理各类渎职侵权案件线索11件，立案侦查玩忽职守案件3件。2010年，区反贪污贿赂局受理案件线索37件，立案侦查16件20人。其中，贪污7件9人，挪用公款4件5人，受贿4件5人，挪用特定款物1件1人。所立案件均作有罪判决，提前1个月实现“当年立案、当年起诉、当年判决、当年发还涉案款物、当年立卷归档”工作目标，为国家挽回经济损失180万元。渎职侵权科受理渎职侵权案件线索13件。经调查立案侦查6案11人，立、办案件人数是去年同期的5.5倍。其中，滥用职权2案6人，玩忽职守1案2人，并案查处非法行医3案3人，立、办件数居全市第一。所立案件法院均作出有罪判决，实现长安渎检工作跨越式发展。

【案例】 牛德智受贿要案 牛德智，男，市第十二届政协委员，原西安市工人疗养院院长(正处级)。2009年6月11日，因涉嫌受贿罪被刑事拘留，随即被取保候审，同年8月19日被依法逮捕。

2009年5月，在西安市委反腐败协调小组领导下，西安市人民检察院指定管辖，西安市纪委和长安区人民检察院组成联合调查组，调查牛德智经济问题。经调查证实，牛德智在2005年7月～2008年8月任西安市工人疗养院代院长、院长期间，先后2次非法收受、索取某建筑工程队项目负责人现金12万元，用于个人集资建房及孩子学费，并为他人谋取利益。

牛德智受贿要案提起公诉后，经区人民法院公开开庭审理，以牛德智犯受贿罪判处有期徒刑11年。宣判后牛德智提出上诉；经西安市中级人民法院二审裁定：原判决认定事实清楚，定罪准确，量刑适当，审判程序合法。驳回上诉，维持原判。

鲁军孝等破坏选举案 鲁军孝、安小波、梁海宁、安亚杉4人均为长安区滦镇街道内苑村村民。2007年8月30日，滦镇街道第四选区实行差额选举区第十六届人民代表大会代表。为了使徐××在9月18日的选举中顺利当选，鲁军孝、安小波购买10公斤袋装大米410袋发给本选区选民，为徐××拉选票；梁海宁、安亚杉购买2.5升装食用油300桶，并出动宣传车给本选区选民发宣传单，送食用油，为安××拉选票。滦镇街办、派出所工作人员发现后及时制止，双方分别送出大米410袋、食用油220桶。

鲁等4人采取贿赂手段，破坏选举活动，在群众中造成恶劣影响，情节严重，已构成涉嫌破坏选举罪。区人大常委会交区检察院查处，区检察院调查后，按职能管辖将案件移送公安机关。

4人于2007年10月31日因涉嫌破坏选举罪被批准逮捕。案件起诉后，区人民法院于2008年4月29日开庭审理，区检察院检察长张继锋出席法庭支持公诉，区政法委领导，区人大常委会部分常委、人大代表，滦镇街道村民代表，西北政法大学师生800余人到庭旁听。法院以破坏选举罪分别判处鲁军孝、安小波、梁海宁、安亚杉各有期徒刑1年，缓刑1年。

鲁军孝等4人破坏选举案，是长安区查处的首例维护国家选举制度，保护公民民主权利案件，也是长安区首例检察长以国家公诉人身份出席法庭支持公诉的新罪名案件，是对区检察院《检察长出庭支持公诉制度》的具体实践，对全面提高出庭支持公诉水平起到了示范作用。

李洪涛 仝武滥用职权案 李洪涛，男，1990年2月～1998年12月任户县公安局看守所所长。仝武，男，1998年12月～2003年4月任户县公安局看守所所长。

1997年4月7日，户县公安局看守所收到户县人民法院判处唐雄伟犯故意伤害罪有期徒刑10年的刑罚执行通知书后，先后2次送其至西安新安砖厂劳教，因唐患腰椎间盘突出，砖厂拒收。后又将唐送至新安医院治疗，但病情仍未见好转。李洪涛违反已判决投劳有关规定，于1997年9月4日主持所务会，决定对唐保外就医，并经户县公安局、检察院主管领导批准。唐保外就医1年期满后，1998年10月20日，李洪涛再次主持召开所务会，以其病未愈为由，擅自决定对其延长保外就医1年(1998年10月14日～1999年10月13日)。

1998年12月仝武接替李洪涛所长职务。2000年5月13日、10月13日，仝先后2次主持所务会，违反监外执行工作审批有关规定，分别决定对唐保外就医8个月、1年。

因李洪涛、仝武违反规定，决定对不符合条件的唐雄伟保外就医，致使罪犯长期在监外活动。被害人之母认为司法不公，多年来持续不断地多次进京上访，引起中央、省、市政法委高度重视，市检察院于2008年指定由长安区检察院办理。在省、市检察机关指导下，经调查，区检察院于2008年6月26日决定对李洪涛、仝武以涉嫌滥用职权罪立案侦查，2008年7月10日依法逮捕。

案件起诉后，长安区人民法院对2人均作出有罪判决。

【强化诉讼监督】 2007～2010年，区检察院紧紧抓住司法不公、执法不严等突出问题，强化监督措施，增强监督效果。在刑事立案监督中，注重发挥刑事执法与行政执法衔接机制的积极作用。

【案例】 杨小良绑架案 2008年2月，被害人×××向区检察院口头反映：2004年6月，自己与朋友遭3人绑架，其中2人已受到刑事处罚，杨小良一直逍遥法外，要求追究杨小良的法律责任。

受理案件后，区检察院安排专人从公安机关调阅相关案件材料，调查了解案情。经审查，2004年6月4日19时许，杨小良伙同谭新刚，持刀将在陕西体育训练基地附近路边行走的耿××、柴××劫持到刘振波驾驶的面包车上，绑架到长安区太乙宫街道的新疆饭店内。谭向柴的母亲打电话索要赎金30万元人民币。随后，杨、谭2人到杜曲街办附近寻找交换赎金地点。次日早6时许，耿、柴将看守他们的刘振波打伤，逃到西安翻译学院门口报警。

杨小良参与绑架他人，情节严重，应当立案追究刑事责任。2008年2月20日，区检察院向公安长安分局发出《说明不立案理由通知书》。公安长安分局接到《通知书》后，及时对杨小良绑架案立案并展开调查，22日将杨小良抓捕归案并刑事拘留；3月13日经区检察院审查批准逮捕。

区检察院对杨小良绑架案件全程跟踪监督，引导公安机关侦查取证，熟悉案情。批准逮捕后加强与公安机关联系，继续引导完善证据，确保案件达到起诉标准。杨小良绑架案提起公诉后，长安区人民法院于2008年7月1日判处杨小良有期徒刑11年，并处罚金5000元。

2008年，杨小良绑架案被省检察院评为“全省十佳刑事立案监督案件”，被市检察院评为“十佳精品案件”，被区委、

2007～2010年长安区检察院诉讼监督情况一览表

年度	要求公安机关说明不立案理由	提前介入侦查引导取证（案）	纠正违法意见书（份）	纠正漏捕（人）	纠诉漏罪（宗）	检察建议书（份）	纠诉漏犯（人）
2007	21案22人	195	6	9	11		10
2008	21案26人	264	9	28	8	7	7
2009	22案22人	369	49	15	21	102	8
2010	42案42人	248	49	62	5	110	6

区政府授予重特大案件奖。

【民事行政检察】 2007年，区检察院民事行政检察科受理民事行政申诉案件10件。经审查决定立案6件，提请市检察院抗诉2件，做当事人息诉服判工作1件，终止审查3件。2008年，立案审查民事行政诉讼案件8件。向市检察院提请抗诉4件，向区法院提出再审检察建议1件，向企业发出整改财务制度检察建议1份，服判息诉1件，出席再审法庭1次。2009年，立案审查民事行政诉讼案件10件。向市检察院提请抗诉5件，向区法院提出再审检察建议1件，服判息诉1件，出席再审法庭3次。2010年，受理审查民事行政诉讼案件17件。经审查立案15件，服判息诉1件，不立案1件，立案后向市检察院提请抗诉6件，再审检察建议4件，督促起诉4件。

【控告申诉检察】 2007年，区检察院受理人民群众举报、控告、来信来访113件，已全部分流。其中举报中心初查案件10件，移送立案1件，办理赔偿案件1件；处理涉检信访案件5件，集体访21件。获省、市检察系统信访“文明接待室”称号。2008年，受理来信、来访121件。其中内转60件，外转32件；接受咨询，给群众提供法律服务29件；初查案件8件，办理市检察院交办案件3件。制定《关于进一步加强信访接待工作的决定》，从8个方面规范接待行为，提高接待品质，强化接待工作。在“两会”及奥运会期间制订《维稳工作和劝返工作实施方案》、《处理突发问题及群体性事件实施意见》，排查信访案件6次，制订应急预案2份，下访维稳10次，检察长下访7次。全年还成功化解任家寨村80多人的群访事件，依法妥善解决杨宗文涉法上访等案；通过“检务乡村行，服务新农村”系列活动，为近千名农村群众提供法律咨询近百件，为120多名村干部举办法制教育学习培训；制定《举报奖励制度》，在兴隆街道首次对实名举报人给予1000元奖励；在魏寨等乡街成立“检务工作联系室”，聘请法律服务联系员，方便群众控告、举报、申诉，合理解决群众法律诉求。2009年，受理群众来信、来访153件，与上年相比增加44.3%。其中内转108件，外转45件；初查案件10件，办理刑事申诉、刑事赔偿案件各1件，处理集体访15件次，开展法制宣传12次。2010年，受理群众来信来访197件次，较上年同期上升28.8%；初查案件11件，办理刑事申诉案件6件，处理集体访10件次；开展刑事被害人救助7人，奖励举报有功人员7人；开展送法下乡、法制宣传32次。

【预防职务犯罪】 2008年6月，区检察院召开全区预防职务犯罪联席会暨预防职务犯罪研究会成立大会。区委副书记薛振虎参加会议并讲话，区检察院检察长张继锋代表区预防职务犯罪领导小组作工作报告。2010年4月，区检察院为拓展工作途径，在重点行业聘请职务犯罪预防调研员8名。6月，与施工单位领导签订工程创优保廉协议，开展“工程优质、干部优秀”专项活动预防腐败工作。

【奖励实名举报人】 为鼓励人民群众向检察机关举报职务犯罪，拓展自侦案件受案渠道，2008年7月，区检察院制定《奖励举报职务犯罪有功人员办法》、《奖励举报基金管理制度》，设立首笔奖励专用基金3万元。规定：凡向区检察院举报国家工作人员涉嫌贪污、贿赂、挪用公款等经济犯罪和渎职等职务犯罪案件，经侦查属实、被举报人被依法追究刑事责任的，区检察院将依据有关规定对举报有功人员给予精神、物质奖励。物质奖励根据所举报的犯罪事实和查证属实后的案件性质和案值大小，分一般案件和重特大案件，分别奖励500～20000元。9月，区检察院副检察长荆建军带队，到兴隆街道开展第4次“检务乡村行”活动，向当地群众宣传区检察院《奖励举报职务犯罪有功人员办法》，并向经调查举报属实的实名举报人发放奖励金1000元。至2010年末，已奖励实名举报人4人，发放奖励金3000元。

【人民监督员制度】 2007～2010年，区检察院先后制定《人民监督员选任办法》、《人民监督员职责》、《人民监督员工作程序》、《关于人民监督员履行职责保障的规定》、《人民监督员办公室职责》等工作制度。2008年9月，聘请西北政法大学公安学院院长毕成，市人大代表张有梨、于安民，区人大代表李虹，市政协委员马号武，区政协委员董颖夫为区检察院人民监督员，任期3年。至2010年末，区检察院共召开人民监督员会议12次。其中讨论案件4次，讨论了韩玙贪污案、刘长学失职案；召开座谈会8次，向人民监督员通报检察工作并征求意见、建议。

【特约检察员制度】 实行特约检察员工作制度，是检察机关利用社会知识资源，充分发挥专家、学者的专业知识和技能，寻求智力支持，联系群众，推动检察理论、检察体制和工作机制创新，接受社会各界对执法办案活动监督的新机制。2008年9月，区检察院制定《特约检察员工作制度》，经驻区各高等院校推荐，区检察院党组审查，聘请西北政法大学刑事法学院副院长、教授王政勋，教授张处社，西北大学副教授王芳为区检察院特约检察员。

【纪检监察】 2007年10月，经区编办批准，区检察院设纪检监察科，配备科长、干部各1名。受理对检察人员的控告、检举及检察人员的申诉，并按照干部管理权限查处，负责错案责任追究、检务督查与党风廉政建设。2008年，纪检监察科制定《检风检纪监督员工作制度》，聘请检风检纪监督员6名。2009年，开始对本院受理案件办理流程实行动态跟踪监督，对提交检委会讨论的案件实行会前审查，会后督办。2010年4月，为拓展社会监督途径，又聘请中央、省、市、区媒体舆论监督员15名。

【建设学习型检察院】 2007～2010年，区检察院采取“请进来”与“走出去”相结合方式，以创建“学习型检察院”为载体，开展“学习型领导班子”、“学习型科室”、“学习型检察官”等主题教育活动；实行信息化培训，在院局域网开设《纪检动态》、《党建窗口》、《学习园地》、《读书》、《艺术天地》、《新法快递》等栏目，提高教育工作效果；邀请市委党校教授举行专题讲座，使“学习者智，学习者能，学习者强”的思想深入人心；成立青年检察官协会，开展检察业务知识专题讲座，对疑难案件进行研讨。4年全院共撰写调研文章100余篇，被中央、省、市级报刊、杂志刊载30余篇。

【检察工作规范化建设】　2008年为区检察院“规范化建设”年。区检察院在制度建设上，全面梳理规章制度，过时的予以废除，错漏的进行修改，空白的着手制定，形成新的《西安市长安区人民检察院规章制度汇编》，涵盖检察业务、思想教育、作风纪律、机关事务等。在实际工作中，针对各办案部门不同特点，将主要业务工作逐项加以分解，细化责任，制出批捕、起诉、职侦、渎检等7个业务科室的工作流程图，防范执法随意性，促进办案工作规范化。

【维护无名氏被害人合法权益】　多年来，因受现有法律制度缺位制约，交通肇事案件无名氏被害人权益保护问题一直是法律上的一个空白，困扰着司法实践。一方面，司法机关因无明确的法律规定和办案实践，无法启动刑事附带民事诉讼，致使无名氏被害人权益得不到有效保护，形成不合理社会因素；另一方面，犯罪嫌疑人有悔罪表现，愿意承担赔偿责任，但因缺乏必要的法律规定支持，从而丧失悔过自新，从轻处罚，回归社会的机会。

2010年，西安市长安区人民检察院大胆尝试，创新化解社会矛盾形式，民事行政检察科、控告申诉检察科协作，参照相关法律规定，草拟意见、办法，探索维护交通事故案件无名氏受害人权益的方式方法。院领导高度重视，积极协调区法院、民政局、公安长安分局给予配合支持。

2010年7月9日，由长安区人民检察院牵头，联合长安区人民法院、公安长安分局、长安区民政局等单位，在区检察院召开保障无名氏被害人权益工作协调会。会议由区检察院党组书记、检察长张继锋主持，中共长安区委政法委书记李洪涛作重要讲话，西北政法大学杜发权教授作点评。

会上联合推出《关于办理交通肇事案件无名氏被害人刑事附带民事诉讼暂行办法》。这是4部门在充分调研、酝酿，通力合作，通过对2起交通肇事案件无名氏被害人刑事附带民事诉讼进行大胆探索和创新、尝试，并根据刑法、刑事诉讼法、民法通则、民事诉讼法等相关法律规定制定出台的，共包括对无名氏被害人及附带民事原告的认定、赔偿金的缴纳与管理、无名氏被害人近亲属出现后应如何处理等16项内容。有效维护了受害人的合法权益，为制定公益诉讼法律制度提供了执法实践。

【案例】　陈岗交通肇事案　2010年4月28日，犯罪嫌疑人陈岗驾驶陕AE2468号华健牌重型特殊结构货车沿韦斗路由东向西行驶至8KM+500M（长安区郭杜街道中祝村）处，与行人（无名男氏）发生碰撞，致行人当场死亡。经事故认定：犯罪嫌疑人陈岗负事故主要责任，无名男氏负事故次要责任。

陈岗交通肇事案由区检察院依法提起公诉。但本案死者经司法机关调查并公告查找后，未能确定其身份。为使其合法权益得到法律保护，区检察院建议区民政局以社会救助主管部门的身份参与诉讼，代替无名男氏主张权利，依据《中华人民共和国刑事诉讼法》第77条和《中华人民共和国民事诉讼法》第15条之规定，向法院提起刑事附带民事诉讼。

区法院审理时，参照《关于办理交通肇事案件无名氏被害人刑事附带民事诉讼暂行办法》，按照国家规定的城镇居民人口赔偿标准，被告人陈岗按责任承担90%，无名男氏承担10%。判处肇事司机陈岗犯交通肇事罪有期徒刑2年，缓刑3年，并赔偿无名男氏死亡赔偿金、丧葬费近24万元。最终，由肇事车辆投保的保险公司赔偿无名男氏共计25万余元。判决生效后，区民政局于9月13日向区法院提出执行申请。

2010年11月10日，区检察院和区法院举行公开案款执行仪式，将全部案款执行给区民政局，由区民政局依据“暂行办法”进行管理和使用5年之后，如果无名男氏的近亲属无人前来认领这笔赔偿款，该款将自动用于社会救助。

长安区公、检、法和民政部门针对无名氏类案，制定办法，统一标准，规范操作，圆满结案，弥补了法律方面的缺失。以督促起诉方式维护无名氏受害人的合法权益，是司法实践工作的有益探索和大胆尝试，具有一定的引领和示范作用，在全省尚属首例。　（韩荣侠）

审　判

【概况】　2007～2010年，西安市长安区人民法院围绕“社会矛盾化解、社会管理创新、公正廉洁执法”3项重点工作，完成各项审判任务。2007年受理各类刑事、民商事、行政和执行案件4122件，结案4085件，结案率99%；2008年受理各类案件5021件，结案4677件，结案率93%；2009年受理各类案件5317件，结案5275件，结案率99.2%；2010年受理各类案件6105件，结案6058件，结案率99.2%。

2010年，区人民法院设办公室、政工科、监察室、刑事审判庭、民事审判第一庭、民事审判第二庭、民事审判第三庭、行政审判庭、立案庭、审判监督庭、执行工作局、执行一庭、执行二庭、综合科、法警大队15个机构；派出7个基层人民法

2010年区人民法院基层人民法庭基本情况一览表

序号	名　称	地　址	电　话	负责人	干警数（人）	管辖区域
1	鸣犊法庭	鸣犊街道	85825329	吕益民	4	鸣犊、大兆街道、砲里、魏寨乡
2	引镇法庭	引镇街道	85886322	张为华	4	王莽、引镇街道，杨庄乡
3	王曲法庭	王曲街道	85940221	李会茹	7	王曲、子午、黄良、太乙宫、五台街道
4	郭杜法庭	郭杜街道东祝村	85976108	杨占民	6	郭杜街道
5	细柳法庭	郭杜街道东祝村	85976119	赵海民	5	细柳、兴隆、灵沼街道
6	沣峪法庭	滦镇街道	85864329	杨平昌	6	东大、五星、滦镇街道
7	斗门法庭	斗门街道	85908361	刘文让	7	斗门、高桥、马王、王寺街道

庭（具体情况见左表），共有法官82人、法警7人。其中研究生学历11人，大学本科学历92人，大专学历15人；中共党员118人。

【刑事审判】 2007～2010年，区人民法院把依法严厉打击各类刑事犯罪，维护社会稳定作为首要任务，对故意杀人、绑架等严重暴力犯罪和故意伤害、抢劫、盗窃、寻衅滋事、重大交通肇事等严重危害人民生命、财产安全的刑事犯罪以及贪污贿赂犯罪依法严厉打击。按照全区工作部署，开展严厉打击破坏投资环境犯罪活动和冬季“严打”专项行动，依法严惩一批犯罪分子。2007年，共受理各类刑事案件347件，审结343件，结案率99%；2008年，共受理各类刑事案件369件，审结366件，结案率99.2%；2009年，共受理各类刑事案件381件，审结379件，结案率99.4%；2010年共受理各类刑事案件403件，审结401件，结案率99.5%。

【典型案例】 **樊军轶玩忽职守案** 被告人樊军轶，男，1981年12月生，长安区民政局婚姻登记处登记员。

长安区王寺街道跃进村农民杨婷和丈夫杨志玉离婚，让赵某帮其办理，后赵某找到张某帮忙。2008年3月27日下午，杨婷趁丈夫杨志玉外出之机，与赵某、张某携带离婚相关资料和补开的1份婚姻登记证明来到长安区民政局婚姻登记处，申请办理离婚登记手续。被告人樊军轶在办理过程中，未认真核对当事人的真实身份，对当事人提供的书面材料审查不仔细，违规办理离婚登记手续，致使杨婷利用他人冒名顶替办理离婚手续得逞。

同年4月，《华商报》等媒体对此事进行了报道，对国家机关声誉造成恶劣的社会影响。

鉴于樊军轶认罪态度尚好，2008年9月，区人民法院依法酌情对其从轻处罚，免予刑事处分，责令被告人樊军轶具结悔过。

朱永祥、代亮非法拘禁案 在长安区郭杜街道郭南村搞传销活动的被告人朱永祥为了发展下线，给其高中时的同学艾振兴（男，22岁，武汉交通职业学院学生）打电话，称其在西安一家房地产公司上班需要帮忙为由，将艾振兴于2008年5月24日9时骗至西安。被告人朱永祥、代亮从西安火车站将艾振兴接到郭杜街道郭南村租住处，才告知艾振兴他们是搞传销的。为了让艾振兴参加传销组织，在传销头目张辉（在逃）指使下，被告人朱永祥、代亮除带艾振兴听课外，还由代亮负责给其讲解相关知识，对其进行洗脑，并安排朱永祥、代亮陪同艾振兴同吃、同住、同行动，跟踪艾振兴，以防止其中途离开或报警。2008年5月25日晚11时30分，艾振兴为逃离该传销组织，趁朱永祥、代亮熟睡之机，从租住的房顶上外逃时失足摔至地面，致其头部受伤，后经医院救治无效死亡。

2008年11月，区人民法院依法判处朱永祥犯非法拘禁罪，处有期徒刑8年；代亮犯非法拘禁罪，处有期徒刑7年；被告人朱永祥、代亮在判决生效后1个月内，赔偿受害人家属经济损失249784元。

【民商事审判】 2007～2010年，区人民法院将涉及民生服务和保障“三农”的案件作为审判工作侧重点，努力化解各类矛盾纠纷，构建和谐乡街、和谐村组，和睦村民关系。依法审理了大量婚姻家庭、民间借贷、邻里纠纷、物业合同、房屋买卖、人身损害赔偿、劳动争议、土地承包等案件。同时，把“依法保护投资客商和企业的合法权益”融入司法实践，简案快审，繁案精审。对于案情清楚、法律关系单一的案件坚持依法简化审理程序，确保快立、快审、快调、快执。2007年，共受理各类民商事案件2795件，审结2749件，结案率98%；2008年，共受理各类民商事案件3210件，审结3153件，结案率98.2%；2009年，共受理各类民商事案件3481件，审结3450件，结案率99.1%；2010年，共受理各类民商事案件4387件，审结4359件，结案率99.3%。

【行政审判】 2007～2010年，按照上级法院“保护合法权益，促进依法行政，优化司法环境，化解行政争议”工作要求，区人民法院依法审理了土地使用、城市规划、治安处罚、劳动保障、交通管理等案件。2007年共受理各类行政案件40件，全部审结；2008年共受理各类行政案件108件，审结107件；2009年共受理各类行政案件40件，全部审结；2010年共受理各类行政案件93件，全部审结。

【执行工作】 2007～2010年，区人民法院规范执行行为，提高执行效率，开展“无执行积案法院”活动，执结一批长期上访案件。并将解决“执行难”纳入全区社会治安综合治理考核范围，设立特困执行主体救助基金，完善“执行难”长效机制。2007年，共受理各类执行案件858件，执行831件，执行标的额800余万元，执结率97%；2008年，共受理各类执行案件1155件，执行873件，执行标的额2300余万元，执结率75%；2009年，共受理各类执行案件1408件，执行1399件，执行标的额2100余万元，执结率99.3%；2010年，共受理各类执行案件1215件，执行1198件，执行标的额4694余万元，执结率98.6%。

【调解工作】 在处理民商事案件、刑事附带民事案件中，区人民法院将调解工作贯穿于立案、审判、执行等诉讼活动的全过程。依法、依理、以情耐心做好调解及当事人的思想疏导工作，力争以调解方式结案。同时，与区司法局召开全区调解工作联席会议，构建诉讼调解与人民调解衔接工作新机制，设立人民调解指导员制度。由法院选派25名庭长、副庭长担任25个乡街的调解指导员，对各乡街人民调解组织进行业务指导。在审判工作中，坚持“调解优先，调判结合”原则，推行立案时先行调解、小额案件速裁速调等制度，促使当事人通过调解方法解决矛盾纠纷。为了快速便捷地审理道路交通事故案件，区人民法院在区委政法委指导下，与公安长安分局、区司法局联合构建“三调联动”机制，成立“长安区道路交通事故巡回法庭”。对因道路交通事故引起的人身、财产损害赔偿案件、道路交通行政诉讼案件快调快审。通过以上举措，极大地提高了民商事案件和刑事附带民事案件的调撤率，实现案结事了。2007年，民商事审判共调解结案1393件，调解率56.9%；2008年，共调解结案1960件，调解率62.2%；2009年，共调解结案2700件，调解率65%；2010年，共调解结案2300件，调解率67%。

【稳妥化解涉诉信访问题】 2007～2010

年，区人民法院把解决涉诉信访问题作为落实司法为民，改进审判作风的一项重要工作来抓。设立院长接待室，由院党组成员每天轮流挂牌接访，负责解决信访问题；对上级有关部门转办的信访案件，落实包案领导、责任人和解决方案，使一批长期上访案件得到有效化解。区人民法院4年共处理群众来信8100件，接待来访28973人次。

原长安县氮肥厂董兴钊等66名退休职工为了落实医疗保险待遇等问题，在省、市有关部门长期上访。办案法官在办理过程中，从大局出发，不单纯就案办案，与区信访局、人力资源与社会保障局协调沟通，召开案件协调会，寻求解决方案，化解了这起群体诉讼案件。

【司法为民】 2007～2010年，区人民法院为农村“五保户”、城市低保人员、残疾人及无固定生活来源的当事人实行司法救助100余人次，减、缓、免诉讼费用30余万元；设立执行案件特困救助基金，为特困申请人支付救助基金20余万元；对关系民生的各类案件，实行快立、快审、快调、快判、快执措施，推行简易程序审理，最大限度地减轻当事人的诉讼成本和经济负担。

【立案文明窗口建设】 2007年，区人民法院强化立案文明窗口建设，建立150平方米的立案信访大厅，设置导诉台、便民服务台、院长信箱和诉讼引导、立案审查、立案调解、查询咨询、材料收转、判后答疑、救助服务、信访接待等12个服务窗口，为当事人立案信访提供更加便捷、高效的服务。同时，对前来诉讼立案群众，进行立案前劝导、立案后先行调解、小额案件由立案大厅进行速裁速调等制度，努力促使当事人通过立案环节解决矛盾纠纷，减少当事人的讼累。2010年区法院立案信访大厅被评为全市法院文明立案窗口。

【阳光司法】 在审判工作中，区人民法院开展“执法为民，满意政法”和“人民法官为人民”活动，落实司法便民、利民、为民措施，提升“两率一度”（“两率一度”是指人民群众对社会治安的满意率，人民群众对“平安西安”创建活动的知晓率，人民群众对政法机关、政法干警的满意度）工作水平。开展“百名法官大走访”活动，征求群众对法院工作的意见和建议，不断改进工作；开展审判“五进”（审判“五进”活动是指进农村、进社区、进企业、进学校、进军营）活动，各审判业务庭、人民法庭选择典型案件深入农村、社区、学校巡回开庭，以案讲法，起到审理一案，教育一片的作用。

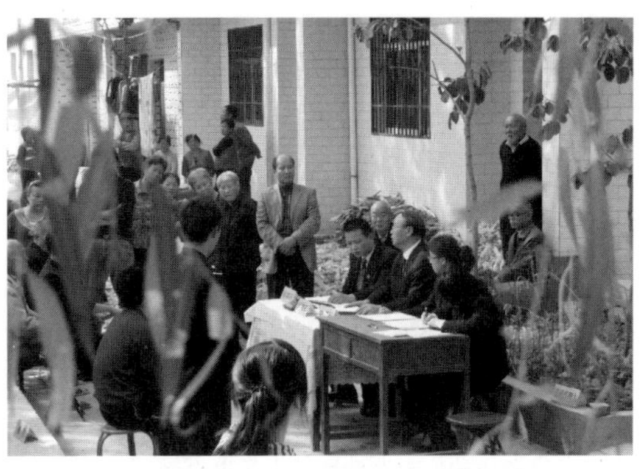

郭杜法庭法官深入中祝村审理一起赡养纠纷案

2010年，刑事审判庭选择典型案件先后到韦兆中学、魏寨初级中学、西北政法大学、陕西师范大学公开审判5场次，对加强学校周边环境及在校学生人身安全，预防和警示青少年犯罪等问题举案说法，作法制专题报告；深入陕西省戒毒所公开审理涉毒案件，使300余名戒毒人员现场接受禁毒教育，收到良好社会效果。郭杜法庭将审判法庭设在香积寺村委会办公室，对一起77岁老人的赡养纠纷案件进行公开审理，邀请村干部和村民旁听，老人当庭拿到赡养费，教育了村民，增强了其法制意识。王曲法庭注重残疾人权益保障，主动将执行回的交通事故赔偿款送到受害人家中。斗门法庭对一起外地农民工工伤赔偿案调解后，驱车300公里将赔偿款送到陇县山区农民工家中。当事人厉某因交通事故受伤后，在西安医学院附属医院紧急救治，执行工作局多方寻找被执行人，耐心做其思想工作，及时将17.5万元救命款送到厉某的病榻前，为受害人及其家人解决了燃眉之急。据统计，区人民法院各业务庭和派出人民法庭每年平均巡回开庭、下乡办案约1000余次，提出司法建议70余条，解决矛盾纠纷900余件，让群众切实感受到人民司法的关怀和温暖。

【基层法庭建设】 2007年以前，区人民法院7个派出机构均已完成征地及办公楼主体工程。2007年9月，区人民法院新一届领导班子到任后，继续将基层人民法庭建设作为重点工作任务抓紧抓好。按照基建完工一个，验收一个，决算一个，搬迁一个的工作思路，2008年上半年共投资100余万元，完成各法庭道路、车库、水电、绿化等配套设施，为每个法庭配备空调、电视机、办公桌椅等设施，配齐“四机一车”，实现基层人民法庭全部搬迁到新址办公的目标，改善了基层人民法庭的条件。

【队伍建设】 2007～2010年，区人民法院通过以下活动，加强司法队伍建设。一是结合学习实践科学发展观活动，开展司法良知主题教育活动；设立法官违法违纪投诉中心，接受社会各界监督，改进工作作风。二是建立荣誉室，增强了干警集体荣誉感。三是成立专家咨询委员会，聘请西北政法大学5位法学专家教授担任咨询委员，研究审判工作中出现的新情况、新问题及疑难案件进行研讨，并对法官进行业务培训，提高干警业务水平。四是建起图书资料室，开展创建“学习型法院”活动；树立马健为全区政法系统先进典型，开展向马健同志学习活动，严格遵守“五个严禁”和“六个不准”的规定和各项廉政制度。五是实行中层领导干部竞争上岗和轮岗交流机制。通过政治业务考试、民主测评、述职演讲、综合考察等程序选拔任用，以优化干部任用，激发队伍活力。

（王　博）

司法行政

【概况】 长安区司法局（以下简称区司法局）是主管全区司法行政工作的政府工作部门，职能是贯彻执行国家司法行政工作法律、法规、方针、政策，结合本区实际，编制司法行政工作中长期规划、年度计划并监督实施，强化法律宣传、法律保障、法律服务职能。机关设办公室、法制宣传科、基层管理科、公律管理科4个科室。下属长华律师事务所、公证处2个事业单位。局机关在编干警22人，其中研究生学历1人，大学本科学历5人，大学专科学历14人，中专学历2人。

【“五五”普法宣传教育】 2007～2010年，是依法实施“五五”普法教育年。区司法局按照长安区“五五”普法及“法律六进”（进机关、进农户、进社区、进学校、进企业、进单位）实施方案，把“法律进农户”活动作为普法宣传工作重点。指导督促全区各部门、各单位制订“法律六进”活动实施方案，推进活动深入开展。一是在全区各乡街设立法制辅导站，各行政村建立法律图书角，每月15日定期针对农民群众关心的热点、难点问题进行义务咨询；二是组织局机关干部在王曲、子午、黄良、韦曲、东大、郭杜宣传“两率一度、执法为民、满意政法”主题教育实践活动及司法行政业务工作范围，发放宣传资料8000余份，知识答卷、宣传赠品15000份；三是狠抓青少年法制教育，认真落实《中小学法制教育纲要》，完善长安区学校、家庭、社会“三位一体”的青少年法制教育体系。在全区各类学校作法制报告403场次，受教育青少年近23万人次。编印法制宣传书籍、资料8万余份发放学校。为全区50余所中小学选派80名法制副校长和法制辅导员，开展法律进校园活动，在长安二中、欧亚学院给学生不定期上法制课，加强学生自我保护意识和法律知识。四是利用综治宣传月、“科技之春”、三八妇女节、“3·15”消费者权益日、“12.4”宪法宣传日、禁毒日等组织开展宣传活动。上街设置宣传站、举办文艺演出、赠送法制书籍、散发传单等形式进行法制宣传，办宣传栏48期，出动宣传车160辆次，制作宣传画板480块次，播放法制录音带、光盘920余盒，悬挂横幅标语820余条，发放各类法制宣传材料、书籍、赠品8万余册份，受教育群众34万余人。五是每年邀请法律专家，为200多名处级以上领导干部举办法律专题讲座，组织科级以上领导干部法律知识考试4次，4年发放试卷2万余份，及格率100%，将考试成绩在全区通报并备案。长安区“五五”普法工作得到西安市普法验收小组的肯定。

2009年4月，在全区组织民族法律政策知识答题活动，4000多名农村干部群众参与；6月，抽查太乙宫街道上寨村、五星乡太原庄村、滦镇街道徐家巷村、郭杜街道五四村“五五”普法规划、“法律进农村”工作进展情况；组织公证、律师、法律援助人员在韦曲街办辖区和鸣犊集市宣传与农民利益相关的法律法规，发放宣传资料1000多份，赠送法律书籍500余本，解答群众法律疑难问题60余件，接待群众咨询2000余人次。

【“法律进大集”】 2008～2010年，区司法局针对农村热点、难点问题，创新开展“法律进大集”活动。深入全区各大集市进行法制宣传，把与农民切身利益相关的法律法规编册发放，现场解答问题。先后在引镇、滦镇、马王、子午、鸣犊、王曲、韦曲等集市开展法制宣传20余次，发放法律图书3000余本，宣传资料14000余份，接待群众咨询4000余人次。西安市“五五”普法验收小组认为该项活动搞出了长安特色，值得向全市推广。

【民间纠纷及人民调解】 2007～2010年，区司法局把民间纠纷及人民调解工作放在首位，加大矛盾纠纷排查和调处力度，消除辖区不和谐因素，维护社会稳定。一是对个别村调委会人员进行调整，利用秋夏两忙前加强培训，举办人民调解员培训180场次，受训人员8200余人，全区671个村级调委会组织机构健全，文字档案完善；二是结合全区民间纠纷现状，每年开展2～3次民间纠纷大调解、大排查活动；三是针对重点及热点矛盾纠纷，成立长安区道路交通事故调解委员会，共调处各类交通事故纠纷16起，成功13起，把民间纠纷解决在“第一道防线上”。4年来，调处全区各类纠纷13964件，成功12760件，成功率91.4%，制止群众性上访190件，400余人次。

【“千人万件”民间纠纷大排查、大化解】 2009年，区司法局组织全区25个基层司法所开展“千人万件”民间纠纷大排查、大化解活动。内容包括落实国家政策过程中引发的群体性纠纷，企业倒闭、裁员、减薪等引发的荡动合同，涉及经济困难人群、农民工工资拖欠且久拖不决存在民转刑可能的纠纷，城市拆迁、土地征用、环境保护、村民选举和涉及人民群众切身利益的各类纠纷，婚姻、家庭、邻里和房屋宅基地纠纷。各司法所将辖区排查的纠纷登记造册，按照急事急办，防范控制、主动化解要求，安排调解人员深入一线，掌握情况，做到底子清，情况明。采取说服、教育、疏导方法，发现一起，调解一起，把矛盾解决在萌芽状态。个别典型调解案例被《长安开发》宣传报导，活动结束后，一批人民调解员得到表彰和奖励。

【基层司法所工作】 2007～2010年，区司法局规范司法所运行机制，做到组织机构、人员、工作职责、规章制度“四落实”，完成全区各司法所办公用房建设并配齐办公设备；制定长安区司法所财务管理制度，健全设备、台账。2010年，全区22家基层司法所完成规范化建设，22个基层司法所理顺了工作关系；新任命9名司法所长和13名司法所负责人，进行为期3天的理论及业务培训。

2007～2010年，区司法局培训司法所长8次；组织司法所长参加市级学习培训3次；开展法制宣传570场次；接待群众法律咨询7500余人；受理各类纠纷6200件，成功调解5940件，调解成功96%以上；制止群众械斗180件，参加各项专项治理145次。

【法律援助】 2007～2010年，区司法局在全区各乡街成立法律援助联络站25个，各行政村设立法律援助联络站671个，建立了一支210人的法律援助志愿者队伍，举办法律援助宣传87场次，组织法律援助志愿者培训6次，接听群众法律咨询电话10350人次，办理各类法律援助案件420件。通过加强法律援助队伍建设，提高服务质量和法律援助知晓率，简化法律援助申请、受理和审批程序，实现司法公正。

【安置帮教】 2007～2010年，区司法局贯彻“帮教社会化、就业市场化、管理信息化、工作规范化”思路，每年与各乡街党政一把手签订安置帮教工作责任书，对无正当职业、无合法收入、无固定居住的“三无”人员，有重新犯罪倾向和“法轮功”释教人员等6类重点人员做到责任到人。发挥安置帮教工作网络优势，多项措施抓帮教，确保刑释解教人员有饭吃、有事做、减少重新犯罪。召开安置帮教工作会、研讨会、落实会议13次。区安置帮教办接受刑释解教人员469人，帮教率95%，安置率78%。西安市安置帮教领导小组办公室对长安区韦曲、郭杜、东大、太乙宫、子午5个安置帮教示范点进行检查验收，合格率98%。

【律师、公证工作】 2007～2010年，区司法局贯彻执行《律师法》、《公证法》，提高律师和公证人员整体素质和服务水平。组织律师、公证人员开展和谐社会服务主题实践活动3次，举办律师、公证人员业务培训班9次，组织律师开展法律咨询活动11次，法律咨询37000余人次；发放律师公证业务宣传品19300余份。全区律师办案1520件，担任法律顾问146家，代写法律文书1700余份，办理各类公证3800件，无差错。

【法律服务】 2007～2010年，区司法局加强内部管理，注重服务质量，提高法律服务工作者整体素质，为全区群众提供可靠的法律服务。举办法律服务工作者培训班6次，参加人员360人。清理违法法律服务所4家，委托代理案件1320起，代写法律文书3600件，调解纠纷890件，解答群众咨询9300人次。（谢　盈）

全区政法综治工作大会

综　述

长安区南依秦岭，沣峪、子午峪、大峪、库峪等峪口，雄关险踞，是南部山区出入平原的交通要塞，穿境而过的西万公路、西汤公路、包茂高速、西康铁路是陕西南来北往，通往西南、华南的必由之路；北临渭水，从东、南、西3个方位拱卫西安，军事战略地位重要，历来为兵家必争之地。唐军与安史叛军曾激战于香积寺北，清军与太平军陈得才部交战于少陵塬，中国工农红军第四方面军曾在沿山一带与国民党军酣战，红25军曾经长安北上，中共长安县委等先后建立的长柞人民游击队、长安南乡游击队、五权游击队等9支武装力量曾长期在此战斗。

中华人民共和国建立后，中国人民解放军总参西安通信学院、兰州军区西安陆军学院和61050、61345、68126、68409部队以及预备役高炮四团、武警黄金第五支队等军事院校和部队在长安驻扎。他们与区内5600余名基干民兵一道，积极支持和参与地方经济社会与精神文明建设，为长安发展做出了卓越贡献。

人民武装

【概况】 2007～2010年，西安市长安区人民武装部（以下简称区人武部）践行科学发展观，注重思想政治建设，以民兵预备役工作为中心，突出作战和完成多样化军事任务准备，狠抓基层武装部正规化建设、专职武装干部队伍建设、民兵应急救援队伍建设、民兵应急分队常态化建设，落实民兵工作“三就”试点任务，协调辖区驻军参加和支援新农村建设、开展“一部一校”帮扶活动等，受到陕西省军区、西安警备区和中共西安市委、市人民政府多次表彰；连续4年被中共长安区委、区人民政府评为“长安区年度目标责任考评优秀单位”。

【民兵整组】 2007～2010年，区人武部根据上级军事部门指示，调整民兵整组工作重点和兵员分布，改进编组方法，注重提高各民兵专业分队编组质量和应急、应战一体化建设水平。保持组编各类基干民兵分队22种80个，人数5600人左右（每年略有调整）。形成以应急分队为重点，应急救援和抢险救灾分队为骨干，专业技术分队为基础，其他分队为补充的民兵武装力量体系。韦曲、郭杜街道组建的民兵应急分队作为区级重点建设分队，人员落实、装备配套、活动经常化均达到上级军事部门要求，多次执行战备值班任务受到好评，两个街道人武部连续4年被区人武部评为民兵工作先进单位；东大街道组成以复退军人为主体的30人治安巡逻队，先后投资近80万元购置电瓶车2辆，夜间巡逻车、消防车各1辆，并配备统一服装、标志，购置部分保安器材装备，开展24小时不间断巡逻，治安案件、刑事案件日趋减少，投资环境得到明显改善。其他各乡、街结合2008年汶川大地震救援的经验教训，按照应急分队常态化标准，落实“每个乡、街必须建立建强1个应急排”的要求，达到齐装满员。区人武部和西安警备区在每年民兵整组结束后进行点验和随机抽查，到点率98%以上。

【民兵训练】 2007～2010年，根据上级军事部门指示，区人武部对经过整组的基干民兵应急分队、森林防火分队、通信分队和部分作战分队骨干人员进行技能和业务集中培训。在西安警备区组织的考核验收中，合格率99%。其中在西安市警官学校对编组在沿山区域的基干民兵森林防火分队进行防火、灭火知识培训及技能演练，涉及太乙宫、子午、滦镇、东大、五台5个街道；在西安警备区民兵训练基地，对编组在城区的民兵应急分队进行防恐、应急专业技术训练，涉及韦曲、郭杜2个街道。2010年5月，西安警备区举行民兵强化训练与“四会”教练员比武，区人武部组织军事训练骨干参加并取得团体第二名；子午街道人武部副部长付太鹤夺得专武干部“四会”教练员比武操作课教学第一名，被西安警备区授予奖牌1面，并通报表彰。

【紧急拉动演练】 2010年7月，区人武部组织韦曲、郭杜、东大街道150余名基干民兵进行带有实战背景的民兵应急分队紧急拉动演练。演练分为室内、室外两个部分。室内演练是在假设突发事件发生后，区人武部立即向上级报告，领受任务后召开紧急会议，启动应急预案，下达应急分队集结、调动命令；室外演练是应急分队按照命令所限定的时间，携带全部装备成建制在指定地点集结。由区人武部部长刘军邦宣布作战命令，政委安强进行战前动员。而后分乘5辆军车迅速前往事发地点执行战备任务。西安警备区政委胡官平等领导对演练程序进行检验，近千名群众现场观看。

【征兵工作】 2007～2010年的每年10～12月，区人武部即召开冬季征兵工作会议，利用媒体进行宣传、动员。韦曲、郭杜街道在宣传点播放彰显国威、军威的阅兵音像影碟，悬挂宣传画，设立充气彩门，烘托宣传气氛；细柳、王寺、引镇、斗门等街道在宣传车上架设高音喇叭，沿街走村宣传征兵政策，发放宣传资料万余份；其他乡街也以各自的特色进村入户宣传动员。同时，在辖区人员聚集地和流动量较大的地段设立宣传和集中报名站（点），主要负责同志为适龄青年及其家长答疑解惑。另外，组织应征青年进行政治审查和体格检查，确保入伍青年“双合格”。2007～2010年，长安区先后为部队输送新兵1468名。

【新兵回访】 2010年12月23～29日，由区人武部副部长李建荣带队，抽调现役干部和韦曲、郭杜、东大街道人武部长以及3名新兵家长共9人，组成长安区新兵回访小组，对新入伍至山东武警总队和海军工程学院的近80名新兵进行回访。分别看望在潍坊、东营、烟台等地参加集训的武警和海军部队长安籍新兵，体现了地方政府、家乡父老对新兵的关怀并寄以殷切希望。

【士官直接招收】 2008～2010年，根据部队需要和上级指示，区人武部在驻区各大专院校应届毕业生中进行广泛宣传动员，号召有志青年携笔从戎，以自己的聪明才智和知识报效祖国，献身国防事业。3年从自愿报名的265人中，为部队直接选拔、招收士官50余名。

【乡街人武部正规化建设】 2009年3月，区人武部按照陕西省军区《基层人武部规范化建设“三年规划”》，下发《长安区基层人武部正规化建设意见》，根据“办公场所固定，基本设施配套，活动功能完备，资料图表齐全，阵地作用明显”要求，确定首先重点抓好韦曲、郭杜、滦镇、东大、太乙宫、子午、细柳、引镇、黄良、五台10个乡街人武部建设和民兵营（连）部建设。王寺、王曲等有条件的乡街，也参照标准，开展前期准备工作。全区10个乡街人武部投资约30余万元，搜集资料、修订方案、规划布局和购置战备物资器材。至2009年10月，除引镇街道办公楼基建尚未结束，其他9个乡街均完成基层人武部正规化建设任务。

2010年初，区人武部党委召开“进一步抓好基层人武部正规化建设三年任务两年完成”专题会议，对其余乡街基层人武部正规化建设进行研究部署。3月，中共长安区委召开军事工作会议，区委书记、区人武部党委第一书记吕健对全面完成乡街基层人武部正规化建设任务进行再动员。会后，各乡街党（工）委书记负责抓落实，区人武部领导负责包片检查、督促。截至年底，全区25个乡街基层人武部正规化建设硬件设施全部到位，实现“基层武装部正规化建设三年任务两年完成”目标。

2009年7月，区委书记吕健在区人武部部长刘军邦陪同下，检查韦曲街道武装部正规化建设。

【协调驻军援建新农村】 2007～2010年，区人武部组织驻军参加和支援地方新农村建设，成立援建领导小组，将东大街道大寺新村作为援建试点单位，区委、区政府、区人武部下发《长安驻军援建大寺新村实施意见》。驻军各单位先后投资20余万元，建成大寺新村医务室，在村内修建多功能广场，为全村67户村民安装有线电视。同时，为村豆制品加工厂购置部分设备，为村敬老院购置部分生活用品。并对村内主要街道进行绿化，安装路灯，配置垃圾箱，并开展农村实用技能、技术培训，开展便民服务和政策、法律法规宣传，为困难群众送去致富“金点子”和多种信息。西安通信学院官兵自带医疗器械和部分药品，为大寺新村群众送医送诊；61068、61345部队为村民捐赠图书3000多册，举办科技讲座10余次；68126队为驻地群众举办农业机械操作手和维修部培训班11次，受益群众500余人。

【驻军参与长安创卫】 2008年3月，区人武部按照西安警备区统一安排，协调驻军西安陆军学院、西安通信学院、61050、61345部队和武警黄金五支队600余人，对韦曲南长安街、西街一带的公共设施和卫生死角进行大擦洗、大清理。2009年3月31日，又协调组织上述驻军出动200余人，沿韦曲正街清扫人行道，清除沿街野广告，擦拭公共设施、车站牌等，“擦亮长安，为第二故乡做贡献”。2009年6月29日，驻区61068、61345部队、武警黄金五支队240余名官兵自带清洁工具，参加区创卫办开展的“擦亮长安”活动，对韦曲西街、长安南街一带的环境卫生和公共设施进行大擦洗、大整理，受到人民群众赞扬。

【为奥运圣火保驾护航】 2008年7月，中国人民解放军总参西安通信学院派出550名学员，在雁塔西路和上林路等路段，承担奥林匹克圣火在西安区段传递的安全护送任务。

【奥运、国庆安保】 2008年，根据上级指示和区委、区政府安排，区人武部对各乡街基干民兵分队开展奥运会、国庆节期间安全保卫和维护社会稳定治安巡逻工作进行安排部署，要求各乡街人武部各组织20～30人的精干分队，配合公安部门在辖区主要街道和繁华地段进行治安巡逻，防控和应对各种突发事件，确保社会安全稳定。先后有8000余人次参与。

【抗震救灾】 根据中共陕西省委、省政府、省军区的安排部署，2008年5～12月，西安通信学院抽调干部9名、车辆17

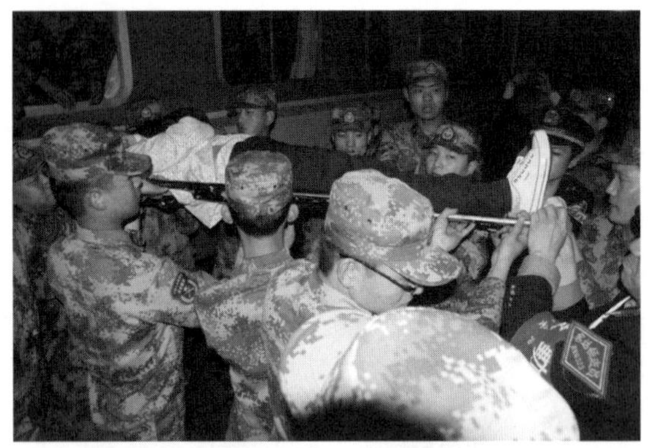

2010年4月，61345部队执行青海玉树地震灾区受伤群众转运任务。

辆、驾驶员23名，组成抗震救灾抢险车队，先后4次紧急前往汶川地震灾区，运送灾区滞留群众500余人、救灾物资约60吨。并将西安市各界捐赠的3000套棉衣、3000套棉被和2000条电热毯等价值近60万元的过冬物资，运送到成都市民政局救灾物资储备仓库。5月，西安通信学院为灾区筹款63.7349万元。2010年4月，西安通信学院组成青海玉树抗震救灾运输车队，历时6天，往返行程4400公里，将60余吨救灾物资送到灾区，姚来贵院长代表学院向灾区群众捐款1万元。

2010年4月24日，驻军61345部队接到命令，火速集结67名官兵赴西安火车站执行第二批玉树地震伤员转送任务。20时10分，“救2”次专列驶入站台，官兵迅速进入车厢将伤员抬至担架上，从车窗传递到站台，随即被抬上急救车送往医院。经过近1小时奋战，82名受伤群众全部顺利转入医院治疗。

【组织民兵参加抗旱】 2009年2月，区人武部根据农作物大面积遭受严重干旱情况，动员广大民兵以多种形式投入抗旱保苗活动。据统计，各乡街先后成班、排建制组织抗旱小分队31个，参加民兵5000余人。5日，中央电视台第7套节目对细柳街道人武部组织民兵抗旱进行报道。

【三夏“禁烧”】 每年三夏来临之际，区人武部贯彻落实市政府麦田“禁烧”令，按照区委、区政府统一部署，及早安排各乡街人武部做到灭火器材、装备落实到位，组织民兵进行田间巡逻，消除火灾隐患。2007～2010年三夏期间，长安区各乡街组编的25个基干民兵应急分队统一骑摩托车，穿迷彩服，持消防器材，巡视田间地头，发现隐患，及时消除；出现火情，迅速救援。各乡街武装部长、专武干部带领宣传车、巡查小组逐村、组宣传防火知识，检查“禁烧”措施落实情况；区人武部领导巡回检查，营造浓厚的防火氛围。连续4年，区内麦田起火点数量逐年下降，子午、大兆、砲里等乡街实现“零火点”，确保三夏安全。

【扑灭山火】 2007年5月，秦岭北麓浅山——滦镇街道牛圈沟一带发生山火。区委、区政府、区人武部成立救火指挥部，启动森林火灾扑救预案，组织当地群众、民兵森林防火分队及民兵预备役人员迅速展开扑救。17时左右，现场明火扑灭。但由于风势较大，到18时部分暗火死灰复燃，加之天黑、山势陡峭，扑火难度加大。指挥部集中沿山乡街干部群众及民兵预备役人员400余人、民兵森林防火分队105人，西安通信学院出动官兵600人，再次进行扑救。至6日清晨，山火全部扑灭，扑救人员无一伤亡。2010年3月，长安区滦镇街道沣峪口村大象湾因游客吸烟引发山火。驻军68126部队50余名官兵携带器材迅速赶赴火场，军民联手扑救近3个小时，火势被逐渐压制、扑灭。

【处置突发事件】 2010年7月，市公安局110指挥中心接警：有人开1辆油罐车欲炸毁区人武部。公安长安分局将该情况通报区人武部。区人武部领导立即向西安警备区报告，并紧急召集人员，详细分工，明确责任。对接近区人武部机关的人员加强盘查，通知应急分队立即行动，随时做好处置突发事件的准备。同时配合公安部门尽快查明情况。为防止意外，区武警消防大队还派来1辆消防车，坚守现场待命。当晚10时，公安长安分局反馈：嫌疑人已被拘审，案件告破。嫌疑人刘涛（后被确认有精神病），男，29岁，长安区引镇街道胡家寨村人。1998年入伍，一月后因思想问题被部队退回，在家务农。近年在一家加油站开车。犯病时认为部队对自己处理不公，因而口吐“狂言”。

（何养民）

陕西西安陆军预备役高射炮兵师第四团

【概况】 2007～2010年，陕西西安陆军预备役高射炮兵师第四团（以下简称高炮四团）推进部队科学发展、官兵全面发展、军地共同发展，坚持创新理论大众化宣讲，完成灭火救援分队建设、新条令试点、“一部一乡镇”平安共建和“一部一村”新农村建设等任务，被兰州军区评为“支持地方经济社会建设先进单位”、“基层正规化建设先进单位”；被中共陕西省委、省政府，中共西安市委、市政府分别评为“拥政爱民模范单位”、荣立集体三等功，并连续3年被陕西省军区评为“先进团党委”、“军事训练先进单位”。

【新条令试点】 2010年，新条令颁布后，高炮四团组织全体官兵掌握新条令的基本内容、主要精神和标准要求。围绕新条令修改、调整变动的内容，党委集体研究指定专人进行规范整改，组织科目示范，确保试点任务高标准完成；省军区组成100多名师团军事干部进行现场观摩。

【创新理论大众化宣讲】 2009年3月，高炮四团认真贯彻中央军委主席胡锦涛“关于开展中国特色社会主义理论体系宣传普及活动，推动当代中国马克思主义大众化”的指示要求，按照向预编区辐射、向基层官兵延伸、向驻地群众拓宽的思路，与预编区“两区一县”组织、宣传等部门协调，把创新理论大众化融入到地方学习实践活动中，选出7名现役和2名预任干部组成理论宣讲组，深入预编单位宣讲100余场次，听讲人数2万余人，受到驻地党委、政府和人民群众的好评。

【“一部一乡镇”平安共建】 2008年3月，高炮四团认真落实省军区、省综治委《关于开展“一部一乡镇”平安共建活动的意见》精神，与长安区子午街道结为平安共建对子，按照“领导重视想平安、健全组织抓平安、发展经济促平安、联防联治保平安、丰富载体创平安、安居乐业享平安”的基本思路，扎实开展平安共建活动，使子午街道治安满意率提高30%，犯罪率减少20%，经济增长5%。2009年6月，省军区、省综治委依托高炮四团在子午街道召开“一部一乡镇”平安共建活动试点观摩会，省军区师团政工干部理论读书班150名学员到会观摩。《解放军画报》、《中国军网》和省市多家媒体进行宣传；中央综治委、总政治部有关领导到子午街道检查平安共建活动并给予充分肯定。

【“一部一村”帮扶活动】 2008～2010年，高炮四团发挥预备役亦兵亦民优势，支援新农村建设，使4个村实现脱贫。与部队挂钩援建的子午街道台沟村，人均年收入由3年前的1000多元增加到5000多元，实现“生产发展、生活富裕、村容整洁、乡风文明、管理民主”目标，2008年7月被长安区政府确定为新农村建设示范点。

【灭火救援分队演练】 2009年，高炮四团根据兰州军区《关于组建五类应急分队的通知》要求，组建森林灭火救援应急分队。2010年6月，高炮四团联合长安区林业局，在师训练基地组织以森林灭火和建筑物灭火为主的应急分队演练，锻炼官兵和提高部队应急突发能力；12月，高炮四团预编区域滦镇街道沣峪口内200米路东发生山林火灾，高炮四团组织官兵50余人，出动消防车1辆，携带各类灭火器材50套（件），第一时间展开灭火救援，受到区政府和群众赞扬。

【西安电视台为高炮四团送来热播电视剧】 2010年3月，西安电视台主办的“2010年送优秀剧集下基层”活动启动。3月15日，西安电视台工作人员为高炮四团官兵送来《潜伏》、《便衣警察》等数十部热播优秀电视剧，深受官兵欢迎。

（白少华）

人民防空

【概况】 西安市长安区人民防空办公室（以下简称区人防办），原设在西安市长安区政府办公室，与区政府办公室一套人马两块牌子。2010年9月，西安市长安区机构编制委员会(长编发[2010]17号)文件《关于理顺区人民防空办公室机构的通知》，规定区人防办设在区政府办，处级建制，独立运作。区人防办认真贯彻落实《中华人民共和国人民防空法》和《陕西省实施〈中华人民共和国人民防空法〉办法》，坚持以“三个代表”重要思想为指导，以科学发展观为统领，积极主动开展各项工作。紧紧抓住完成军事斗争、人防应急准备这个关键，解放思想、服务大局、务实创新，推进人防建设全面发展。在人防法律法规宣传、指挥通信管理、人防工程维护管理、人防工程普查、平战结合、人防工程审批、国防潜力调查等方面取得显著成绩。

【人防法宣传教育】 2007～2010年，区人防办在长安广场开展户外宣传活动6次，展出人防知识和法律法规展板232块，散发宣传资料24000余份，解答群众对相关政策的咨询5000余人次；结合长安区民办高校实际情况，向部分院校送去国防、“三防”知识教育教材，利用新生入学军训期间，请西安市人民防空办公室“三防”知识教育专家为学生面授防空应急基本知识，提高战时安全防范意识，掌握科学的应急防护知识与技能。

【防空警报器维护管理、安装及鸣放】 2007～2010年，长安区共有电动警报器6台。其中，3台由西安市人民防空办公室防空警报指挥中心统一控制，3台仍为手动控制。为保证警报器运转正常、报警性能良好，区人防办坚持每季度请市人防办指挥通信处技术人员对6台警报器全面检查维护一次。检查项目包括线路、电机、自动控制箱等。2008年5月，汶川大地震发生后，为悼念遇难同胞，国务院定于5月19日为全国哀悼日，全国鸣放防空警报3分钟。从5月18日23时接到警报鸣放通知到5月19日14时28分鸣放警报，只有15个小时，为确保安全准时鸣放警报，区人防办检修6台警报器并指派专人负责，做到鸣放人员坚守工作岗位，保证防空警报在哀悼日安全及时鸣放。每年9月18日为全市防空警报鸣放日，按照市人防办及区政府统一安排，区人防办提前一个星期做好警报鸣放宣传工作，在主要街道悬挂横幅、张贴公告，在长安电视台黄金时间滚动播放鸣放公告；“9·18”警报鸣放时，社会秩序井然，警报音响覆盖效果良好。

【人防工程维护管理】 2007～2010年，区人防办加固维修人防工程4个，面积4900平方米；报废简易工程4个，面积1700平方米。遵循“谁利用谁维护”原则，区人防办要求各单位克服困难，自筹资金，切实把人防工事维护任务落到实处。针对检查中发现的工程渗漏和安全隐患问题，及时协调相关单位组织人力和物力进行加固维修，在保证工程战时防护功能前提下，排除安全隐患。对个别确已失去防护功能的工程，及时报经市人防办工程处同意。后予以报废，并作好回填处理。4年来，全区人防工程无一起安全事故发生。

【人防工程普查】 2008年，区人防办按照市人防办人防工程普查工作安排，结合长安人防工程建设实际，9～12月对城区建设单位和建设项目进行检查。范围包括：“单建式人防工程”、“防空地下室和普通地下室”。普查走访项目单位41个，住宅小区39个，查出已建和在建地下室112个，总面积23万平方米。其中，防空地下室57个，面积10万平方米；普通地下室55个，面积13万平方米。同以前相比长安区人防工程总面积明显增加，人均战时防护面积进一步提高。

【平战结合】 2007～2010年，区人防办狠抓人防工程开发利用。按照新时期人防工程更好地为经济建设大局服务的基本要求，开发利用人防工程6个，工事利用面积18700平方米，产值营业额828万元，上交国家利税32万元，安置就业人员113人。工程开发利用方面，区人防办坚持以市场经济为导向，在管理上下功夫，提高人防工程社会效益和经济效益，体现人防工程战时保护人民、平时服务人民的积极作用。

【人防工程审批和易地建设费征收】 2007～2010年，区人防办参与审批新建人防工程11个，新增人防工程面积12130

平方米，收取人防工程易地建设费115万元。新建人防工程属钢筋混凝土结构，均达到核六级、常六级人员掩蔽工程防护标准。人防工程审批是建设单位报批建设项目规划许可证的前置审批程序，是加强人防工程建设的重要监督环节。2005年，区政府下发《关于加强防空地下室建设的意见》(长政发[2005]31号)，规范建设项目报建程序。区人防办和各职能单位协调，人防工程逐步落实。

【国防潜力调查】 2008年，按照西安市人防办安排，区人防办利用2个月时间，调查辖区范围内国防潜力情况。区人防干部深入基层，到相关单位逐个走访，搜集资料，登记造册，所得国防潜力信息资料详细准确。完成国防潜力调查任务，准确掌握全区国防动员基本情况，为修订防空袭预奠定坚实基础。　　　　(王　植)

预备役高炮四团官兵与子午街道台沟村村民联欢

农业

综 述

长安区是全省农业大区，也是国家农业部2009年确定的农业信息示范（区）县和2010年8月确定的“全国首批国家现代农业示范区”。“十一五”以来，长安农业发展以都市农业为主线，以农业增效、农民增收、农村繁荣为目标，通过调整产业结构，转变生产方式，确立设施农业、观光农业、现代畜牧业、循环农业、农产品加工销售业为5大产业。通过推广优质良种统供、平衡配方施肥、创建粮食高产基地、一喷三防等综合配套技术措施，优良品种播种面积占粮食播种面积90%以上，全区粮食生产稳定发展，连年丰收，粮食总产41.6万吨，较2006年增长9%。在粮食稳定增长、连年丰收的同时，全区初步形成东部设施瓜菜带、西部设施蔬菜带、樊川生猪养殖带、沿山经济林带和中部食用菌示范基地发展格局：设施农业面积2733公顷；深冬草莓收入比常规草莓每公斤增加20元；大兆西瓜基地被中国果品流通协会授予“中国优质西瓜”生产基地称号，“长安草莓”在中国果蔬品牌论坛会上获金质奖。观光农业产业悄然兴起，上王村、祥峪沟等9大农家乐示范村基本形成，全区农家乐涉及92个村，1030户经营户，年接待游客620万人次，年产值1.86亿元，为1.5万人提供就业岗位。发展沿山经济林带3733公顷，王莽鲜桃、子午樱桃、滦镇葡萄3个特色区域形成规模，年实现产值1.64亿元。现代畜牧业按照“规模化、标准化、生态化、小区化、集约化、无害化”要求，形成“樊川生猪养殖带”为主的生猪产业基地和周家庄、北强村蛋鸡养殖园区为主的蛋鸡产业基地，全区规模化畜禽养殖率40%。2010年，肉类产量4.4万吨，蛋类产量3.2万吨，奶类产量2.1万吨，保障市场畜产品供应。开拓兔业、大雁鹅、狼山鸡特种养殖新领域。循环农业发展引进新型农业机械和创新沼气研发技术，全区建成户用沼气池8316余口，规模化畜牧养殖场中型沼气池7座，秸秆综合利用率100%。农产品销售打造农产品品牌、建立销售平台，采取大宗农产品订单销售，小宗农产品和特色农产品农超对接、专卖店销售，农产品附加值提高30%。“春桥”牌蔬菜被评为西安市著名商标，“天鑫”牌肉兔被评为陕西省著名商标。农信100服务全面启动农村信息点服务体系建设，为全区671个行政村全部配备电脑，实现农业信息全覆盖。2010年，全区农业总产值33.3亿元，农民人均纯收入7389元。

【概况】 长安区农业局是区政府主管全区农业、畜牧业和农村经济发展的职能部门。2010年，全区机构改革时，挂区畜牧兽医局、区农业综合开发办公室牌子，内设党政办公室、财务科、农业发展科（扶贫开发办）、种植业管理科、畜牧兽医科、农业综合开发办公室、市场信息科等7个科室。下辖区农业技术推广中心（植保植检站、土肥站）、区园艺工作站、区种子管理站、陕西省农业广播电视学校西安市长安区分校、区农产品质量安全检验监测中心、区动物卫生监督所、区畜牧兽医技术推广中心、区动物疾病预防控制中心、区农业机械管理站（农机安全监理站）、区农业信息与培训中心、区良种猪场、区良种鸡场、区奶牛场、区农机公司、区农工商开发公司、22个乡街兽医站等37个单位。区农业局坚持从长安区情出

长安区2007～2010年各项农业经济指标统计表

单位：万公顷、万吨、亿元

指标	数量 \ 年份	2007	2008	2009	2010
粮食	面积	8.04	8.09	8.14	7.89
	产量	39.8	40.7	41.60	41.60
经济作物	总面积	19.17	18.4	19.24	19.58
	蔬菜	18.8	18.00	18.80	19.10
	果树	0.31	0.34	0.37	0.40
	花卉苗木	0.06	0.06	0.07	0.08
	总产值		5.25	5.86	
畜牧业	肉	4.65	1.59	1.60	1.78
	蛋	3.57	2.94	3.19	3.45
	奶	2.26	1.78	1.76	2.02
	产值	7.92	9.03	8.59	9.55
农民人均纯收入（元）		3997	4671	5960	7389

发，把设施农业作为重点、观光农业作为方向，融入工、商业理念，坚持自我发展与招商引资并重，促使全区传统农业向现代农业转化。形成“四带一基地”格局。

粮食生产

【概况】 2007年～2010年，全面推广优质良种统供、平衡施肥、粮食高产创建、一喷三防等技术和土地托管模式，促进单产提高，保证总产稳定增长。2010年全区粮食播种面积7.89万公顷，总产41.6万吨。

【粮食生产】 2007～2010年，全区加快农业结构调整，大力推广优质良种统供、平衡配方施肥、粮食高产创建、一喷三防等技术措施和土地托管模式；实施“纯粮加工，单品入库”工程，提高粮食生产效益；推进粮食特种化生产，糯玉米试验示范推广成功，粮食生产保持稳定发展。2007年全区粮食总产39.83万吨，2008年40.7万吨，产量首次突破40万吨，被评为全国粮食生产百强区（县），2009年41.6万吨，2010年41.6万吨。全区土地托管带头人薛拓被评为全国粮食生产种植大户。

【统繁统供】 为鼓励农民种粮积极性，国家从2005年对种粮农民实行购种补贴。其中2007年全区小麦补贴面积2万公顷，每公顷补贴种子款150元，补贴方式实行折扣价统一供种，按每公顷150公斤播量计算，每公斤种子补贴1元。统供品种有小偃22、武农148、西农979、荔高6号4个品种，企业建设种子繁殖田1499公顷。

2008年，小麦补贴面积扩大到2.8万公顷，每公顷补贴种子款150元，补贴方式实行折扣价统一供种，按每公顷150公斤播量计算，每公斤种子补贴1元。统供品种有小偃22、武农148、西农979、荔高6号、陕麦139、西农889等6个品种，企业建设种子繁殖田1935.3公顷。同时实行种植玉米、水稻农户补贴，全区补贴玉米面积2.27万公顷，每公顷补贴150元，补贴水稻面积1266.7公顷，每公顷补贴225元，补贴方式为现金直补，通过“一卡通”兑付给种粮农民。

2009年，小麦补贴面积扩大到3.88万公顷，每公顷补贴种子款150元，补贴方式实行折扣价统一供种，按每公顷150公斤播量计算，每公斤种子补贴1元。统供品种再增加西农9871、西农2611，达到8个品种，企业建设种子繁殖田1606.7公顷。补贴玉米面积3.7万公顷，每公顷补贴150元，补贴水稻面积533.3公顷，每公顷补贴225元，补贴方式为现金直补，通过“一卡通”兑付给种粮农民。

2010年，因区农业产业结构调整需要，将小麦补贴面积调整到3.81万公顷，每公顷补贴种子款150元，补贴方式仍实行折扣价统一供种，每公斤种子补贴1元。统供品种在2009年基础上增加华高55，统供品种9个，企业建设种子繁殖田3273.3公顷。补贴玉米面积3.88万公顷，每公顷补贴150元，补贴水稻面积426.7公顷，每公顷补贴225元，补贴方式仍为现金直补，通过“一卡通”兑付给种粮农民。

实行国家良种补贴政策，提高了种子企业繁种能力，全区粮食生产用种水平逐年提高，增加了农民收入。

【农业实用技术】 2007～2010年，粮食生产推广小麦、玉米一体化栽培技术。小麦生产推广“四改”生产技术，即改播种偏早为适时播种、改撒播为条播、改底肥“一炮轰”为氮肥后移、改冬灌晚为早冬灌。玉米生产推广“四改一增一晚”技术，即改大穗平展型为紧凑耐密型、改软茬播种为免耕直播、改一次施肥为两次施肥、改救命水为灌好关键水，适时增加留苗密度，适时晚收。同时推广测土配方施肥技术，病虫害统防统治、小麦“一喷三防”技术（防病、防虫、防干热风）。设施瓜菜推行穴盘育苗、嫁接育苗技术、微滴灌、高垄栽培、水肥一体化应用等高产技术，配套应用物理控害技术（黄板诱蚜、铺设防虫网）、病虫害安全高效防治技术。

【基地建设】 为确保粮食稳定增长，坚持粮食基地以高产创建为依托，主攻粮食单产，辐射周边地区。2008年建立2个小麦6.7公顷示范方，斗门街道中丰店村100公顷，平均公顷产8001公斤。两个小麦666.7公顷示范方，斗门街道710公顷，平均每公顷产7101.5公斤；高桥乡673.3公顷，平均每公顷产8708公斤。2009年，夏玉米斗门中丰店村8.7公顷玉米示范田，平均每公顷产8982公斤。细柳荆二村6.7公顷玉米示范田，平均每公顷产9450公斤。2009年，斗门街道710公顷小麦示范方，平均公顷产7698公斤。细柳街道673.3公顷小麦示范方，平均每公顷产7538公斤。2010年，建设2个夏玉米666.7公顷示范方，斗门街道710公顷，平均每公顷产9124.5公斤；细柳街道673.3公顷，平均每公顷产9114公斤。两个玉米6.7公顷核心攻关田，斗门街道中丰店村8.7公顷，平均每公顷产10533公斤；细柳街道荆寺二村6.7公顷，平均每公顷产10579.5公斤。（任武平）

【病虫害防治】 全区植保工作贯彻“预防为主，综合防治”方针，以农作物病虫害监测及应急防治为中心，开展农作物病虫害预测预报及防治工作。防治工作坚持以区植保站为主体，4个病虫害监测点为辅助，对主要农作物病虫害进行系统监测，指导群众进行病虫害防治。全区常年大田病虫发生面积7.61万公顷次，防治面积17.48万公顷次，主要病虫为小麦条锈病、白粉病、赤霉病、小麦蚜虫及玉米粘虫、双斑萤叶甲。2007～2010年，发布病虫情报72期，重大病虫5日报208期，电视预报24期，经检验准确率95%以上。依托病虫害防治专业，开展统防统治，年统防面积3万公顷以上。全区建立7支重大病虫应急防治专业队，培训专业队员196人，建立健全专业队规章制度26款项，服务领域从大田粮食作物病虫防治扩展到经济作物。4年来，全区病虫害防治71.17万公顷次，挽回粮食12.01万吨。

【农资市场整顿】 全区农资市场整顿坚持“标本兼治，着力治本，打防结合，综合治理”原则，2007年，以打击高剧毒农药为重点，收缴伪劣农药12.5公斤；2008年按照“陕西省农药市场产品质量和标签抽查实施方案”要求，处理违法案件3起；2009年以宣传农药6项新规定和清查5种有机磷农药为重点；2010年倡导诚信经营，严厉打击坑农害农事件。4年出动执法人员726人次，进行农资市场大检查156次，抽检农药样品123个，发放宣传资料16万余份，净化农资市场。全区年均销售农药100吨，年销售产值1200万元。

（郑余良　张宝强）

蔬 菜

【概况】 “十一五”期间，区农业局继续实施“菜蓝子”工程，依托西安国际大都市建设，全区蔬菜种植面积不断扩大，西部蔬菜产业带、东部瓜菜产业带和中部食用菌基地建设初具雏形，蔬菜种植面积从2007年1.2万公顷发展到2010年1.27万公顷，总产量37.6万吨；其中，部、省级认定的蔬菜标准化栽培面积0.43万公顷，占全区蔬菜播种面积34.26%，在全省排名第一位；2010年，设施蔬菜面积0.3万公顷，是2007年0.15万公顷的2倍。大兆、砲里、灵沼、马王等乡街蔬菜种植面积均超过666.7公顷。期间全区注册了“春桥”蔬菜、“长塬”西瓜、“黄良”韭菜、“东湖”韭薹、“长安”草莓、“春玉”食用菌等特色蔬菜品牌。

【日光温室】 2007年，全区设施蔬菜面积667.3公顷，其中日光温室187.3公顷，各种拱棚480公顷。至2010年，全区设施蔬菜面积3000公顷，其中普通日光温室400.6公顷，大棚936.4公顷，中小棚1663公顷。

【蔬菜基地建设】 经过“十一五”期间持续努力，截至2010年，全区蔬菜种植面积1.27万公顷，占农作物总播种面积15.4%，年产量37.6万吨。建成2个产业带和2个生产基地：**西部设施蔬菜带** 位于长安西部，沣河沿岸，涉及马王、斗门、灵沼、细柳、兴隆、五星、东大8个乡街，温室主栽西红柿、黄瓜、辣椒、茄子，大棚栽植以叶菜类为主。至2009年底，产业带设施总面积1861公顷，建成2个现代化育苗点，灌溉机井33眼，修生产路45.7公里。**东部设施瓜菜带** 位于长安东部，涉及大兆、鸣犊、魏寨、砲里4个乡街。2009年11月，中国果品流通协会授予大兆“中国优质西瓜”生产基地称号，设施西瓜成为增收致富主要产业。2010年东部设施瓜菜总面积480公顷。**杜曲食用菌基地** 位于杜曲街道，樊川腹地，辖区内平菇分散种植户300余户，年生产量600余万袋。2010年杜曲街道小江村建成占地14.7公顷，容纳300栋高标准钢骨架棚体的食用菌生产基地。**马王设施草莓基地** 从露地种植模式，发展到应用设施种植。引进新品种，实施无公害栽培和四膜覆盖技术，草莓上市时间提前到4月10号左右，延长草莓销售时间近半个月。2010年马王草莓种植面积扩大到333.33公顷，年产量7000余吨，总产值2800余万元。

观光农业

【概况】 观光农业是长安现代农业的发展方向和特色。区农业局重点抓了花卉、秦岭北麓现代农业科技示范园、农家乐、沿山百里生态经济林的规模经营，推进一产与三产融合。截至2010年，重点建设的秦岭北麓环山路农业观光园产业带涉及7个乡街10个项目，总规划面积466.7公顷。单体项目投资5000万以上，以环山路长安段为轴线，南北两侧各扩展1公里，发展3大绿色果品板块（环山路东段为鲜桃，环山路西段为葡萄，环山路中段为樱桃，间种杏和石榴等杂果）。截至2010年底，全区农家乐经营户1260户，年接待人数620万人次，经营收入9970万元。观光农业收入1.8亿元，休闲农业前景可观。

【花卉】 长安区花卉产业发展势头良好，截至2010年，全区苗木面积867公顷，拥有西安鲜花港、西安星辰花卉、西安盛洲花卉等6.7公顷以上花卉种植企业16家。长安区以“一线两园”建设为核心，推动花卉产业与生态观光服务加速融合，形成产业化发展格局。

果 业

【概况】 2007年，全区果树种植面积3053公顷，产值1.27亿元，截至2010年，全区果树种植面积与产值分别增至3973公顷、1.89亿元，增幅分别为30.13%和48.81%；其中桃种植面积1600公顷，葡萄种植面积800公顷，猕猴桃种植面积487公顷，樱桃种植面积160公顷。

【优果工程】 “十一五”期间，为提升长安果品质量，全区实施优果工程，加大对高毒、高残留农药和果实膨大剂的查禁力度；提倡增施有机肥；推广太阳能振频式杀虫灯等物理防治虫害技术，及梨小食心虫、桃小食心虫、桃蛀螟性等生物防治虫害技术。全区引进水蜜桃、葡萄、樱桃新品种16个，推广鲜桃套袋、果面贴字、行间覆反光膜、套种以及行间种草等技术667公顷；推广葡萄套袋、避雨栽培、防鸟网等技术计333公顷。推广应用先进生产技术，全区果品优果率95%以上。

【沿山百里生态经济林带建设】 2010年10月，根据区政府部署，区农业局在东起杨庄乡营沟村、西至东大街道东石村34.92公里的环山旅游公路两侧，打造秦岭北麓鲜果生产绿色长廊。计划2009年发展生态经济林90公顷，2010年发展生态经济林100公顷，2011年发展生态经济林100公顷。截至2010年底，沿山百里生态经济林带建设完成栽植405.6公顷。提前一年超额39.89%完成规划任务。

【果业基地建设】 2010年，区农业局在王莽666.7公顷鲜桃基地、滦镇666.7公顷葡萄基地、子午樱桃种植基地建设中争取市级项目资金，用于提高基地档次、扩大基地规模、新品种及新技术的引进示范推广。王莽鲜桃基地种植面积933公顷，基地内“助邦”牌鲜桃获国家绿色食品A级产品荣誉称号，王莽清南村鲜桃标准化示范园2009年8月被农业部确定为国家级标准化示范园创建单位、西安市鲜桃主导产业基地王莽街道被省农业厅认定为“一乡一业”示范乡街及国家林业部平原绿化先进乡街。滦镇葡萄基地种植面积533公顷，基地获国家无公害产地认定，所产“沣峪”牌葡萄获无公害产品认证。

【鲜桃生产】 2007～2010年，全区鲜桃挂果面积960公顷，年产鲜桃2.88万吨，产值0.86亿元。鲜桃品种有沙红、未央二号、川中岛、秦王等，在鲜桃基地内推广标准化栽培管理、果实套袋、行间种草、覆反光膜、桃果实贴字技术；推广平衡施肥，增施有机肥；推广物理、生物防治病虫害；推广疏花疏果、抹芽夏剪等技术。

【葡萄生产】 全区葡萄挂果面积475公顷，年产量1.43万吨，产值0.71亿元。品种有户太8号、京亚、京秀、美人指等。在葡萄基地建设中推广葡萄高架栽培、果穗整形与套袋、防鸟网及避雨栽培等技术。

【果品宣传营销策略】 2007～2010年，区农业局在指导全区果业发展同时，通过市、区级农业信息网及媒体开展长安果品宣传促销，介绍长安果业发展、发布果品供求信息；在桃、樱桃、葡萄花期或上市初期，召开大型赏花、采摘宣传推介会，邀请媒体、客商及市民参加，吸纳客商、中间商批量收购；加强与果品加工贮藏企业合作，落实各项扶持政策，通过延伸果品产业链，实现加工企业与果农双方共赢。

畜牧业

【概况】 2007～2010年，全区畜牧业健康平稳发展，畜牧业基地、规模养殖大户不断发展壮大，生猪、家禽、良种普及率显著提高，政策性补贴得到全面落实；动物防疫、检疫、检测步入法制化轨道；动物卫生监督、饲料生产管理、畜产品安全监管进一步加强。全区无重大动物疫情，2010年，全区实现肉类产量1.78万吨，禽蛋3.4万吨，奶类2.02万吨，畜牧业产值9.55亿元。

【畜牧养殖基地建设】 2007年以来，为提升畜牧产业健康养殖水平，区农业局把畜牧业发展作为农民增收重要项目来抓，按照规模化、标准化、良种化、生态化要求，采取项目整合，资金捆绑方式，投资2000多万元。扶持规模养猪场户基础设施建设、良种引进和畜牧兽医技术推广。截至2010年，全区规模化饲养量占总饲养量40%以上。生猪年存栏3000头以上7户；1000头以上26户；200头以上230户。鸡存栏万只以上19户，5000只以上32户。新发展微生态养猪10户，虫草鸡8户，存栏鸡、猪5万头（只）。（任克昌）

【动物疫情防控】 区动物疾病预防控制中心按照省农业厅高致病性禽流感等重大动物疫病免疫方案要求，依照“行政部门保密度，业务部门保质量”，层层实行责任制，落实“五强制、二强化”措施，开展动物疫情防控，完善高致病性禽流感、W病防治工作预案。防控中心设立兽医实验室，配备检测所需设备。2010年12月，成为全省区（县）首家接受陕西省畜牧兽医局考核认证的区（县）级动物疫控中心兽医实验室；全区组建25个动物疫情测报点，形成健全的流调网络。2010年疫情监测各类血清2240份，监测化验为阴性；同年对全区存栏动物实施强制免疫，免疫密度为100%，佩戴新型数字化动物免疫标识100%，动物免疫建档率100%，全年无一例高致病性禽流感、W病疫情发生。

【现代化农业发展生猪项目】 2008～2010年，长安区现代农业发展生猪产业项目投资5520万元，其中，各级财政投资1040万元，整合各类支农资金1762万元，养殖企业自筹2718万元，新建生猪标准化圈舍48000平方米，增加生猪存栏3万余头。

【养殖补贴】 在畜牧业生产中落实养猪补贴政策，2007～2010年，全区发放养殖补贴514.48万元，其中2007年发放生猪能繁母猪补贴150万元，每头补贴资金50元；2008年发放生猪能繁母猪补贴279.24万元，每头补贴100元；发放奶牛能繁母牛补贴10.28万元，每头补贴100元；2009年发放奶牛能繁母牛补贴14.56万元，每头补贴100元；2010年发放能繁母猪临时补贴60.4万元，每头补贴20.9元。（李　浩）

【饲料生产监督管理】 区农业局坚持从饲料生产事关畜禽产品质量安全入手，加强国家违禁添加剂查处工作。2007～2010年，累计检查市场50次，检查企业13家，检查养殖户、营销网点1000余户，检查和监测未发现违禁产品。

【特种养殖】 在发展畜禽养殖中，有选择的引导农户开展特种养殖，2007～2010年，全区特种养殖场户17家，饲养有野猪、野鸡、鸵鸟、种犬、大雁、蛇、蝎，其价值为观赏、药用和经济类3个类型。2010年全区养兔户20余家。

【优良品种推广与技术培训】 2007～2010年，全区引进杜洛克、长白、大约克、PIC等优良品种，开展畜禽杂交改良工作，优化和改善畜禽品种结构。优良蛋鸡配套品系有罗曼、海兰、伊莎。规模蛋鸡开展无公害认证80%以上，绿色认证30%。同期，区畜牧兽医技术推广中心对养殖大村科技入户办班52期，培训学员3000人，专业人员进村入户指导120次，印发技术资料5000份，发放书籍1500本。（王稳占）

【动物检疫监督】 2007～2010年，全区在动物检疫监督中，一是加强产地检疫，设置报检点33个，每个报检点派驻2名产地检疫员，实行24小时在岗制度。通过对产地检疫人员培训、考试，66名在岗检疫员获产地检疫员资格。二是按照《兽药管理条例》、《动物防疫法》，审核办理《兽药经营许可证》64份、《动物诊疗许可证》20份。三是坚持产地检疫、屠宰检疫、市场检疫相结合，加大对超市、肉品市场检查力度，打击经营病害肉、注水肉及添加“瘦肉精”等违禁药物行为，4年检疫生猪31.5万头，禽类8.7万羽，确保全区畜禽产品质量安全。（董亚娟）

农产品质量安全

【概况】 为确保农产品质量安全，长安区2007年成立西安市长安区农产品质量安全检验监测中心。截至2010年，初步完成农产品质量安全4大体系建设。即：农产品质量安全检验检测体系、农产品质量认证体系、执法监管体系和风险应急体系。2008～2009年两年开展农产品质量安全专项整治活动，通过建立无公害农产品标准化生产示范基地、“三品”认证、实行产地准出和市场准入，逐步实现对主要农产品从生产到销售全程监管，保障全区农产品质量安全。

【农产品“三品”认证】 通过完成地理标志产品登记保护、申报著名商标等方式，加快“三品一标”认证。截至2010年，全区认证无公害种植业基地面积0.45万公顷，绿色食品生产基地面积0.13万公顷；认证无公害蛋鸡18万余只，无公害生猪1万头。

【农业标准化体系建设】 全区无公害标准化生产示范基地建设，在滦镇上滦村、黄良东湖等村创建8个市级标准化生产示范基地，示范面积740公顷。基地实行统一生产规程、统一技术指导、统一田间记录、统一监督管理、产品产地准出等管理制度，从规范生产抓起，落实标准化生产操作规程，执行农产品产地准出制度，确保生产基地农产品按标生产，推进农业标准化进程。2010年，开展执法宣传28次，参与群众2600人（次），技术培训13场（次），培训农民1480人（次），累计发放宣传、技术资料3000余份。

【精品品牌建设】 区农业局在培育长安农产品精品品牌中，2007年以来，累计向国家商标局申请注册“沣峪”葡萄、“建红”猪肉等农产品商标67件。组织“春桥”蔬菜、“天鑫”兔肉“金绿”山野菜、“砲里”西瓜、“沣河湾”虫草鸡蛋等优质农产品申报各级名牌产品和著名商标，截至2010年，获得西安市著名商标2个，省级著名商标2个。

【农产品质量安全监管】 2007年以来，区农业局制定《长安区农产品质量安全工作指导意见》和《长安区农产品质量安全例行监测方案》，抽样检测生产基地及销售市场，掌握全区农产品质量安全状况。监管范围在18家原有农产品销售市场，34个无公害农产品生产基地基础上，延伸到大学校园、农家乐和农产品经营门店。在全区实行农产品质量安全信息上报制度，对农产品生产基地及销售市场实行月报、季会、年总结，初步形成农产品质量长效监管机制。

【农产品质量安全检验监测体系建设】 2007～2010年，全区农产品质量安全体系基本形成：一是区农产品质量安全检验监测中心人员由8人增加到34人，技术队伍壮大；二是改善检测条件，争取中央扩大内需第3批投资建设项目即区农产品质量安全检验检测站总投资406.14万元，新建并改造实验室596.13平方米，购置检测仪器141台（批、套）。三是扩大监管覆盖面。至2010年，建成7个检测站（点），发挥保障农产品安全消费的功能。

【农产品市场开发】 依据长安农产品产销形势，区农业局树立农产品营销与农产品生产并重观念，通过营销促进生产，在全区农业领域实现了由“重生产，轻规划，轻销售”向“产前、产中、产后服务并重”的转变。一是建立流通保障组织，培育营销主体。2008年2月，设立市场信息科，培育壮大以农业局市场信息科为中心，各乡、街农业服务站为纽带，农业专业合作社、涉农企业为主体的流通队伍，促进农产品营销和生产市场对接。二是产前科学规划，解决产品集中上市问题。三是搭建销售平台，用商业化理念搞销售，确立大宗农产品总代理，小宗特色农产品走专卖店销售模式，形成畅通的农产品销售渠道，注重农产品市场信息体系建设，构建营销信息服务机制。四是打造品牌，提质增效。推行标准化生产、宣传推介、加工包装、名牌产品申报等方式，解决有量无品牌的问题，提高市场占有率。

【农业信息网络建设】 2007年，实施信息入村工程，按照“五个一”标准（即一处固定场所、一套信息设备、一名信息员、一套管理制度、一条网线），建设农村村级信息站671个，农业信息综合服务站15个，实现网络覆盖。截至2010年底，各信息站发布信息55000余条，帮助农民群众查询信息20余万条，网上直接促成交易6000余万元。2007～2010年，培训信息员2000余人次；2009年长安农业信息网改版，内容更加实用，信息服务量及访问量明显增加；2010年根据农户及市民需求，制作农家乐三维实景展示及订餐系统，当年通过网站在上王村农家乐订餐近10万人次。获得由农业部和工信部联合举办的“2010信息化与现代农业博览会”应用推广类三等奖；2010年与区气象局、邮政储蓄银行、电信局、保险等部门合作，通过信息站开展业务代理服务，拓宽信息站服务领域。截至2010年底，200余个信息站挂牌代理业务。 （宋 波）

农业机械化

【概况】 “十一五”期间，全区农业机械化水平逐年提高，至2010年底，农业机械总动力442931千瓦，拖拉机3604台（其中大中型3011台，小型593台），收获机械1117台，拖拉机及配套农机具12046台、件；种植施肥机械2964件；玉米秸杆粉碎还田机1267件；秸秆挤丝揉搓机138件。自2007年起，全区获中央财政投入农机购置补贴资金逐年增加，玉米机械化收获取得突破，2009年底全区拥有玉米收获机286台，玉米机收率24%，2010年底玉米收获机392台，玉米机收率30%。

【农机补贴】 2007～2010年，全区实施国家农业机械购置补贴政策，落实国家财政补贴资金2293.98万元，农户投入4679.37万元，享受补贴机具数量3324台，补贴范围扩大到设施农业、农产品初加工、农村建设等工程机械，如太阳能杀虫灯、生畜自动喂养机、工厂化自动育苗机械、玉米脱粒机及小型挖掘机等（各年度情况见下表）。 （赵 丰）

农村能源建设

【概况】 西安市长安区农村能源办公室采取一点带面、辐射带动方式，推动农村户用沼气发展。2007～2010年，全区建成农村户用沼气池8316口、养殖小区沼气工程8个。建成乡村级服务网点建设任务30个，市级农村沼气建设示范村2个。

【国家投资户用沼气建设】 2007～2010年，长安区承担农村沼气国债项目建设任务5300口。2007年，国债建设任务1000口。2008年，国债建设任务600口，项目总投资180万元，其中国家投资72万元；地方配套7.2万元；群众自筹100.8万元。2009年，项目建设任务2200口，项目总投资880万元。其中，国家投资330万元，地方配套33万元，农户自筹517万元。2010年，项目建设任务1500口，总投资556万

2007～2010年农机具财政补贴情况

单位：万元

年 度	财政补贴	农户投入	农机具数量（台、件）	备 注
2007	160.41	385.64	172	财政投入较上一年增长27.06%，
2008	350.74	779.14	335	农户投入和农机具数量略有下降。
2009	1047.83	2262.00	1662	财政投入增长118.65%。
2010	735.00	1252.61	1155	财政投入增长198.73%。

元。其中，国家投资225万元，省级配套23万元，区级自筹308万元。年度建设任务均按质按时完成。

【省级投资户用沼气建设】 长安区自2008年实施省级投资户用沼气建设任务。2008年，实施省级建设任务1431口，总投资394.34万元。其中，省级投资184.65万元，地方配套24.93万元，群众自筹184.76万元。2009年，省级建设任务120口，项目总投资48万元。其中，省级投资18万元，地方配套1.8万元，群众自筹28.2万元。2010年，省级建设任务1465口，省级投资219.8万元。

农业综合开发

【概况】 2007～2010年，区农业局实施农业综合开发，改善全区农业生产基本条件。在黄良、马王、灵沼3个乡街25个行政村中改造低产田（土地治理项目）3267公顷。项目投入资金3493万元。其中，中央、省、市财政资金2627万元，群众自筹资金866万元（含以劳以物折资566万元）主要工程：一、水利工程：新打机井334眼，修复配套井282眼，配置水泵616台。埋设地埋线140公里，铺设输水暗管177公里。二、农业工程：秸秆还田1667公顷，黄腐酸施肥667公顷，修建农田机耕路120公里。三、林业工程：营造农田防护林网300公顷。四、科技推广工程：培训农民技术员12000人次，示范推广免耕旋播133公顷，建设良种基地800公顷，建温室大棚微灌18栋。示范推广草莓四膜覆盖技术，栽培五彩玉米试验田20公顷。农业综合开发项目实施后，项目区改善、新增节水灌溉面积3000公顷，实现年节水量80万立方米。农田林网建设增加农田防护面积3000公顷。

农民专业合作经济组织

【概况】 截至2010年底，全区有农民专业经济组织123个，成员2.35万人。培训成员和农民2.85万人，带动农民群众9.85万户，提高农民进入市场组织化程度，帮助群众走上互助致富之路。

【农民负担监督管理】 2007～2010年，区农业局加大涉农收费监督管理力度，对农业生产性费用不合理收费、建房收费、教育收费、报刊征订费用等进行治理，妥善处理农民来信来访123起。

农业区划

【概况】 全区现有耕地面积4.67万公顷，辖25个乡、街道。农业主导产业为粮食、蔬菜、畜牧、观光。

【粮食产业】 分布在全区各乡、街道。重点在细柳街道建设666.7公顷粮食高产创建节水灌溉标准化示范区、在杨庄乡建设666.7公顷有机农庄。在东部塬区建设6667公顷旱作优质小麦产业带，在中西部灌区建设2万公顷高产粮食产业带，在沿山地区建设6667公顷一年两熟绿色粮食产业带。

【蔬菜产业】 重点发展设施蔬菜，建设西部设施蔬菜产业带、中部666.7公顷蔬菜生产基地，东部设施瓜菜产业带。中部666.7公顷蔬菜生产基地以王曲街道为核心，辐射五台、太乙宫、杜曲、王莽、黄良、子午、滦镇、兴隆等乡街；西部设施蔬菜产业带以灵沼设施蔬菜基地为主，辐射郭杜、兴隆、细柳、滦镇、五星、东大、马王等乡街，东部设施瓜菜产业带以大兆、砲里为重点，辐射鸣犊、魏寨、引镇等乡街。 （赵剑涛）

王莽荷塘

综 述

长安区位于西安城南，地貌山川各半，是西安国际化大都市的生态屏障，林业在全区经济与社会科学发展中地位至关重要。辖区林业地处亚热带和暖温带结合部的秦岭北麓，延伸至秦岭主峰以南部分区域，是长江、黄河两大水系分水岭，兼容不同水系自然风貌；林区海拔500～2886.9米，有大小沟峪105条。其中，纵深35公里以上7条，海拔2000米以上主峰40余座。全区林业面积75840公顷，森林覆盖率33.98%，林木绿化率46.52%，活立木蓄积量约273.5万立方米。长安区林业局作为全区林业事业科学发展主管部门，坚持以生态建设为中心，培育增加森林资源、改善生态环境，调整产业结构，以大绿工程、退耕还林、天然林保护为依托，促进全区经济持续、快速、协调、健康发展。2007～2010年，全区完成绿化造林852.3公顷，封山育林333.3公顷；参加全民义务植树90万人次，植树450万株。通过实施重点绿化工程即大绿工程、"三化一片林"、退耕还林、天然林保护、环山公路绿化、雁引公路绿化，完成大绿工程二期建设任务1273.3公顷（含核桃示范园113.3公顷），核桃基地853.3公顷，道路绿化306.7公顷，定向育苗16.7公顷；完成省、市下达"三化一片林"绿色家园建设示范村14个，绿化面积101.3公顷。2009年完成引镇西堡子、王莽后沟等10个村环村林带建设，造林面积23.8公顷，栽植杨树、红叶李、雪松、大叶女贞等苗木1.9万株。2010年全区30个村完成绿化任务80.1公顷（环村林带完成64.3公顷，道路、广场绿化完成15.8公顷），栽植杨树、国槐等10.5万株。2008年退耕还林工程封山育林建设任务为533.3公顷，分布在沣峪高冠峪和大峪莲花寺沟2个封育区，面积为533.3公顷。实施巩固退耕还林成果补植补造建设项目，补植面积133.3公顷；2009年，补植补造面积600公顷。其中补植466.7公顷，补造133.3公顷。同时开始退耕还林后续产业建设，新建核桃示范园533.3公顷；改造低效低产核桃、板栗园400公顷；新建采穗圃1.3公顷；截至2010年，完成核桃新建面积351.4公顷，板栗改建180公顷。2007年完成天然林保护工程人造林133.3公顷，封山育林333.3公顷。2008年完成人工造林66.7公顷，封山育林1000公顷；2009年完成人工造林133.3公顷，封山育林333.3公顷。2010年完成封山育林666.7公顷。环山公路长安段绿化带建设工程是2008年长安区重点建设项目之一，绿化里程43.34公里，涉及东大、滦镇、子午等9个乡街。绿化工程采取招投标制，栽植杨树、红叶李、栾树、紫穗槐、侧柏等苗木46.86万株。2009年春，为提高绿化效果，改善生态环境，在环山公路绿化带基础上，栽植丁香、红枫、百日红、木槿、花石榴等花灌木28130株。雁引公路绿化带建设是区政府投资建设项目，2008年列入区重点建设项目。雁引公路长安段长18.7公里，涉及韦曲、大兆、引镇、王莽4个乡街。绿化带宽度为公路两侧界桩以外各11米，总绿化面积35.8公顷，栽植红花槐、栾树、国槐等43558株。继续做好全区古树名木保护、森林资源管理整治、科技示范和推广、森林病虫害防治、林政资源管理、野生动物保护、森林防火、林权改革等工作。

【概况】 长安区林业局（以下简称区林业局）负责贯彻执行国家、省、市关于森林生态环境建设、森林资源保护和国土绿化方针、政策和法规；组织实施《森林法》等有关法律、法规，依法管理和利用森林资源；负责全区林业行政执法和执法监督工作。长安区土地总面积159000公顷，森林覆盖率33.98%，活立木蓄积量273.5万立方米，林区总面积75840公顷。其中，集体林面积43960公顷，占全区林地总面积的57.97%；集体林中生态公益林面积25800公顷，商品林面积18160公顷，林业产业总值2025万元。区林业局机关内设7个职能科室，下辖3个国有林场、3个森林公安派出所和林业工作站、森林调查设计队、林政资源管理办公室、沣峪木材检查站、杜曲苗圃、漳浒寨苗圃（2010年10月划归沣渭新区）、林业汽修厂（2008年完成企业改制）、纤维板厂14个基层单位。全系统在职干部职工512人（含高级工程师1人、中级工程师24人）。其中，行政编制49人，事业编制405人，企业职工58人。2007～2010年，区林业局以建设"生态长安"为目标，落实目标管理责任制。退耕还林工程、大绿工程、森林防火等多项工作受到省、市、区级部门表彰。

【造林绿化】 为推进大绿工程建设，改善西安生态环境，西安市人民政府决定实施大绿二期建设项目。工程主要内容分为：核桃示范园、核桃基地、道路绿化及定向育苗等。2007～2010年，全区完成大绿工程二期建设任务1273.3公顷。其中，核桃示范园113.3公顷，核桃基地853.3公顷，道路绿化306.7公顷，定向育苗16.7公顷。以核桃为主的经济林建设项目采取申报制，辖区范围内单位或个人均可申报；区大绿办对申报人申请的造林地块进行实地勘察、设计、编制作业，安排专业技术人员进行实地技术指导。“三化一片林”绿色家园建设主要是对村庄、庭院、路渠进行绿化并建一片林。2007～2010年，长安区完成省、市下达“三化一片林”绿色家园建设示范村14个，完成绿化面积101.3公顷。

2007～2010年长安区“三化一片林”绿色家园建设实施情况表

单位：公顷

年份	实施村庄	面积
2007	郭杜五四村 灵沼下南丰村	18.9
2008	兴隆钵鱼寨村 韦曲水寨村 魏寨蚕姑沟村 杨庄南佛村	32.9
2009	王莽西王莽村 太乙崔家河村	14.1
2010	细柳中等村 杨庄李家山村 滦镇乔良寨村 王莽下三官堰村 东大东大村 五星兴隆村	35.4

环村林带建设是长安区政府投资建设的生态工程。2009年，完成引镇西堡子、王莽后沟等10个村环村林带建设造林面积23.8公顷，栽植杨树、红叶李、雪松、大叶女贞等苗木1.9万株。2010年，环村林带建设被列入区级十大工程之一。区委区政府编制《长安区2010年环村林带建设实施方案》，召开动员会，全区30个村完成绿化任务80.1公顷（环村林带完成64.3公顷，道路、广场绿化完成15.8公顷），栽植杨树、国槐等10.5万株。

【退耕还林工程】 2008年，退耕还林工程封山育林建设任务为533.3公顷，分布在沣峪高冠峪和大峪莲花寺沟封育区。其中，灌木型413.7公顷，乔木型119.6公顷。封育期限为5年，始封年度2008年。主要建设任务为：补植面积8.7公顷，树种为侧柏，共33189株（包括15%的补植苗木量），机械围栏2100米，宣传牌2个，封育碑2座，护林房4处，界桩17个。2008年全区实施巩固退耕还林成果补植补造建设项目，补植面积133.3公顷。2009年，补植补造面积600公顷。其中，补植面积466.7公顷，补造面积133.3公顷。2009年，开展退耕还林后续产业建设项目。要求建设核桃、板栗经济林示范基地933.3公顷。其中，新建核桃示范园533.3公顷，改造低效低产核桃、板栗园400公顷，新建采穗圃1.3公顷。截至2010年末，完成核桃新建面积351.4公顷，板栗改建180公顷。

【天然林资源保护工程】 长安区天然林资源保护工程，2007年完成人工造林133.3公顷，封山育林333.3公顷。2008年完成人工造林66.7公顷，封山育林1000公顷。2009年完成人工造林133.3公顷，封山育林333.3公顷。2010年完成封山育林任务为666.7公顷。封山育林完成机械围栏4252米，设标准地27块，修建管护房6处面积240平方米，建封育碑8座，设宣传牌10个，刷写宣传标语4条，埋设界桩28个。2007～2010年，每年聘用集体林护林员68人，国有林护林员142人。管护期内，每年举办护林人员培训班3次，讲解有关政策、文件、制度，发放巡山纪录卡片，并组织有关乡街领导、林场场长、站长赴蓝田学习1次。

【环山公路绿化带建设工程】 环山公路长安段绿化带建设是2008年长安区重点建设项目，绿化里程43.34公里，涉及东大、滦镇、子午等9个乡街。采取招投标制，由西安鼎兴、陕西汇丰、杨凌三林等8家绿化公司承担9个标段工程。2007年11月，西段（东大～太乙宫）共完成绿化面积54公顷，栽植杨树、红叶李、栾树、紫穗槐等苗木38.72万株。2008年3月12日，区有关单位、部队300余人在引镇街道许家沟村段参加义务植树活动，启动环山公路东段（太乙～杨庄）绿化带建设，共完成面积63.5公顷，栽植杨树、红叶李、侧柏、桃树等苗木8.14万株，并进行涂白、浇水、修枝养护工作，形成一条栽植整齐、错落有致的景观大道。2009年，为提高绿化效果，改善生态环境，又栽植丁香、红枫、百日红、木槿、花石榴等花灌木28130株。

【雁引公路绿化带建设工程】 雁引公路绿化带建设是区政府投资建设并于2008年列入区政府重点建设项目。雁引公路长安段长18.7公里，涉及韦曲、大兆、引镇、王莽4个乡街。工程采用招投标制度，分6个标段，由陕西地锦溢、陕西红宝、陕西新星等6家公司中标。2008年10月施工，11月完工。总绿化面积35.8公顷，栽植总株树43558株，以红花槐、栾树、国槐为主。

【古树名木保护】 按照《关于2009年抢救保护濒危古树名木的通知》和《西安市濒危古树名木保护抢救作业设计要求》，2009年6月，区林业局实施区内21株古树名木抢救工作，采取树根保护、土壤改良、周围绿化、建立围栏、树身救护、树枝支撑等方法。2010年9～12月开始西安市第三次古树名木普查建档工作。经普查现有古树名木288株。其中，一级保护级别有79株，二级保护级别66株，三级保护级别143株，死亡古树36株；急需抢救保护古树13株。五台林场塔寺沟五佛殿门前的两株槐树，被列为一级保护古树。

【森林资源管理专项治理】 2007～2010年，全区相继开展“区域性严打”、“林区禁毒行动”、“绿盾2号行动”、“飞鹰行动”、“绿盾3号行动”、“春季行动”等活动，共受理林业刑事案件4起、逮捕4人，取保候审7人，查破率100%；林业行政案件130起，查破130起，林业行政处罚135人，罚款30.4万元。出动车辆3831台次、警力9840人次，救助群众104人，放生野生动物8只。加大《森林法》、《森林法实施条例》法律法规的宣传力度，形成揭露、打击违法犯罪行为、保护森林资源的舆论氛围。

【科技示范和推广】 长安区全面实施“生态优先、产业升级、兴林富民、和谐发展”林业发展战略，开展林业科技示范和推广工作。2007～2010年，在实施退耕还林工程中，建立太乙峧峪山、子午台沟等科技示范点，采用覆膜、生根粉等科学手段，提高造林成活保存率；引进核桃、杨树新品种；采取烟雾剂防治栗尺蠖、松扁叶蜂；举办核桃技术培训、病虫害防治等培训班12期，2500人参加培训。

【森林病虫害防治】 2007～2010年，完成全区65家苗圃产地检疫面积1766.4公顷，调运检疫苗木756车1340万株，木材36370立方米，木制品1029150件，果品2024吨；复检苗木640车1200万株，木材6438立方米，办理出省省内检疫证312份，处理检疫违章调运4起。加强华山松大小蠹、草履蚧、松树叶蜂、栎尺蠖、杨树食叶害虫监测预报工作，记录监测结果并传输给国家森防病虫信息系统；对“加拿大一枝黄花”实行重点监控，对全区鲜花店开展拉网式检查5次，检查鲜花店87家，查获加拿大一枝黄花200余枝；加强松材线虫病的检测力度，对全区松林和涉松木加工用材企业进行普查，与交通、铁路、电力、电信等部门合作，加大对木材市场、集散地及电缆、电盘松木包装箱的检疫和复检力度，共普查松林面积15713.7公顷，检查用材单位16家、松材2470立方米，尚未发现松材线虫病。

【森林旅游开发】 长安区有森林公园4处。其中，有国家级终南山国家森林公园，省级西安沣峪森林公园、西安太兴山森林公园，市级西安祥峪森林公园，经营总面积21640.87公顷。每年全区森林公园接待游客超过65万人次，受益农村人口5万多人，森林旅游业呈现良好发展前景。

【林政资源管理】 2007～2010年，西安市林业局下达长安区商品材指标蓄积量2331立方米、出材量1142立方米，实际执行商品材零采伐。受理审核建设工程使用林地项目申请5宗，报上级主管部门批准并核发《使用林地审核同意书》。

【野生动物保护】 广泛开展多种形式的宣传活动，在“爱鸟周”、“野生动物保护宣传月”、“12.4法制宣传日”等时段，出动宣传车200台次，散发传单资料3000份。定期组织学习《森林法实施条例》、《野生动物保护法》，提高执法人员业务素质，坚持持证执法。2007～2010年，救助野生动物120只。其中，国家级野生动物40只，一般野生动物80只，（包括鬣羚、斑羚、黄麂、秃鹫、大小白鹭、孔雀、环颈稚、果子狸、狍子、麂子等）。查处野生动物案件80起，春、秋两季向15家养殖场免费提供疫苗，依法审批野生动物经营加工许可证117份，审验84份。

【森林防火】 在沿山8个乡街安排防火观察员25名，组建区级半专业扑火队1支30人，乡街半专业扑火队11支454人，义务扑火队81支1400人。加强节假日戒备，坚守防火一线。2007～2010年召开各级森林防火会议200余次，下发各种森林防火文件50余份。每年区政府同乡街、国有林场、驻区单位签定各类森林防火目标责任书500余份。清明节前后，开展义务宣传活动，累计出动宣传车60辆1240台次，定制森林防火宣传扑克6000副、宣传册3000本、宣传笔3000支、宣传围裙1500条向沿山群众、免费向农家乐发放，有效增强群众防火意识。刷写防火标语1500条，散发防火传单10000份，购置灭火弹、铁扫帚、风力灭火机、对讲机等扑火工具7470件。其中，区林业局拥有1812件，沿山8个乡街、3个国有林场拥有5658件。同时，区森林防火指挥部组织防火野外演练，修订扑火预案和森林防火制度。2009年争取市财政投资90万元，在滦镇、子午沿山林缘地开挖9公里长10米宽的防火隔离带，种植三叶草3公里，滦镇三园后拉铁丝网3公里，建护林房3座，设防火宣传栏3座。2010年，在沿山24个峪口及国有林区入山路口安装森林防火语音警示器35套，用语音提示林区防火，降低火灾的发生。2007～2010年，全区共发生森林火灾1起，火警16起，过火面积14.3公顷，森林受害率控制在0.2‰以内。

【林权改革】 2009年8月，长安区启动集体林权制度改革。根据调查摸底，全区集体林面积39420公顷（未包括平原地区面积0.5公顷），主要集中在沿山8个乡街，涉及126个村、399个组、23587户。其中，自留山6426.7公顷、责任山6866.7公顷、大户承包林地5013.3公顷，集体保留林地21113.3公顷。相继完成组织机构设立、宣传动员培训、林地摸底调查、调查结果公示、林地承包方案制定、承包方案公示、外业勘界、勘界结果公示、承包合同签订、林权资料审核输机等工作。林改后，全区有自留山6233.3公顷，占林改面积的15.8%；家庭承包林地面积9460公顷，占林改面积的24%；大户承包林地面积7666.7公顷，占林改面积的19.4%；股份制林地14333.3公顷，占林改面积的36.4%；集体经营林地面积1726.7公顷，占林改面积4.4%。完成外业勘界林地面积39066.7公顷，占应勘界面积的99.1%；签订林地承包合同1794份面积30986.7公顷，占任务的98.5%；发放林地股权证3346本，占任务的98%；已输入林权证申请资料5458条面积38826.7公顷，占任务的98.5%；出现林权纠纷24件，面积1403.5公顷，已调解处理23件面积1350.1公顷，林权纠纷调处率95.8%。

（宋　娜）

综　述

长安区境内共有15条河流，大多分别汇入沣河、浐河，属渭河水系。渭河在户县与咸阳段间，长约1.3公里，流经长安区高桥街道曹家滩（今属沣渭新区）。沣河流域主要河流有沣峪河、高冠河（过境河）、太平河（过境河）、滈河、大峪河、小峪河、太峪河、滈河、金沙河等；浐河流域主要河流有浐河、库峪河及过境的汤峪河、岱峪河、鲸鱼沟等。秦岭南麓有3条小沟属汉江水系。另外，还有涝河、新河等。由于地质构造的影响，地下水埋深和富水性地域差异较大。西部平原区埋深较浅，富水性好；东部台塬区埋深较深，富水性差。沿山一带及韦曲等地还有丰富的地热水资源。

长安水利历史悠久。远在西周时期，即引水灌溉农田。西汉时修建的昆明池，唐以后修建的清明渠、永安渠、黄渠、漕渠等，已不局限于灌溉，还供城市生活及园林、漕运、排水之用，兴利与除弊并举。中华人民共和国成立后，大量修建取水、蓄水、引水工程。至1989年，全县陂塘132座，蓄水能力163万立方米；水库46座，有效库容5546万立方米；有引水渠120余条，机井10600余眼，抽水站89座，万亩以上灌区6处。20世纪90年代特别是长安撤县设区后，国家、省、市、区进一步加大水利基础设施投资力度，在搞好农田基本建设的同时，尤其注重防汛抗旱、城乡供水、水土保持、人畜饮水和水产养殖。

“十一五”期间，长安区水利建设主要以城乡供水、河道综合治理和病险水库治理等为重点，争取中央、省、市各级水利工程投资6.9亿元。其中：投资4145.3万元，发展节水灌溉7626.67公顷；投资2.03亿元，解决人畜饮水72万人；投资3.03亿元，完成河道综合治理改造28.6公里；投资709万元，治理水土流失19.28平方公里，新修基本农田500公顷，发展水保林13平方公里，营造经济林1.4平方公里；投资1.01亿元，治理病险水库23座，增加兴利库容1300万立方米，改善灌溉面积7200公顷；投资600万元，铺设电子科技大学供水管道4.5公里；投资2000余万元，新建航天供水加压站配水厂1座；投资1400万元，建设虹鳟一条沟项目，修建流水养殖池塘4.33公顷。5年水利设施固定资产投资62654万元，完成水利经济产值41312万元。其中，发展水产养殖面积84公顷，产量10514吨，渔业总产值2732万元；发电量6559万度，发电收入1956万元；地热水供应21.9万立方米，供水收入80万元；供水9115万立方米，供水收入8945万元。至2010年末，日供水能力6.5万立方米，供水面积30平方公里，人口20万人。

水　利

【概况】 西安市长安区水务局（以下简称区水务局）负责全区水资源和河道、水库、湖泊统一管理，主管全区防汛抗旱、城乡供水、水土保持、人畜饮水、农田基建、水产养殖等工作。机关设党政办公室、人事财务科、农水科、河库管理科（防汛抗旱办公室）、节水科和创建办；下辖13个基层单位。2010年有干部职工600余人。

【农田水利基本建设】 “十一五”期间，区水务局坚持把基本农田建设作为减少全区水土流失，改善生态环境，保障粮食安全的基础，全面推进南部沿山及东部川塬区农田水利建设。累计投资909.6万元，完成基本农田建设505.33公顷。其中，省级小型农田水利基本建设项目投资537.6万元，为鸣犊、五台、子午、杨庄、引镇5个乡街改造基本农田298.67公顷；巩固退耕还林成果基本口粮田建设项目投资300万元，为杨庄、太乙、王莽、东大4个乡街修建基本口粮田166.67公顷；投资72万元，实施水土保持小流域综合治理，完成坡改梯面积40公顷。

【节水灌溉工程】 “十一五”期间，区水务局加大节水灌溉新技术应用、推广，先后完成石砭峪、小峪灌区修复改造项目，引镇、高桥、五星等8个乡街53个村组的节水灌溉工程建设。新打机井600多眼，配套水泵600多套，铺设低压管道315公里、地埋线153公里，发展节水灌溉面积7627公顷，累计完成投资4145.3万元。利用节水灌溉工程示范作用，建成王庄喷灌、马王节水灌溉等示范基地，形成杨庄商品花卉基地、高桥大棚蔬菜基地等新产业区，年节水3200万立方米。

【防汛抗旱】 2007年，区水务局投资200多万元，完成正岔水库闸门、蛟峪水

2010年长安区水务局下属单位基本情况一览表

单位名称	性　质	负责人及电话	职工人数	主要职责
长安区水政水资源管理办公室	自收自支事业单位	周卫锋 85291239	17	管理全区水资源开发利用，全区水资源费征收；依法查处水事案件；协助承办行政复议、立诉。
长安区自来水公司	全民企业	张洪武 85292126	148	负责全区城镇供水工作；规划和管理城镇供水设施、水源工程、供水管网建设；监督管理水厂运行；征收排水设施使用、自来水增容、水费附加及用水户水费。
长安区水利工作队	全额拨款事业单位	权民孝 85292204	20	负责全区水利工程勘测、设计及施工技术指导。
长安区水产工作站	全额拨款事业单位	官君红 82030269	31	负责全区水产、渔政执法；水产养殖规划、建设、科技推广；渔业资源及渔业环境保护和重点水生野生动、植物保护；渔业生产发展规划、技术推广、鱼种繁殖等。
长安区水土保持监督工作站	全额拨款事业单位	党娴娥 85291740	36	负责全区水土保持工作，负责水土保持治理以及水土流失预防、监测和监督执法。
长安区水利开发服务总公司	全民企业	柏　权 85294145	59	主营水利、水电、水产、水保经营开发等。
长安区沣河管理站	全额拨款事业单位	魏　伟 85851340	53	负责沣河堤防维修养护、堤岸绿化、河床清障、沙石管理、安全行洪等。
长安区滈河管理站	全额拨款事业单位	王伍利 84168067	57	负责潏河、滈河堤防维修养护，堤岸绿化、河床清障、沙石管理及安全行洪等。
长安区浐河管理站	全额拨款事业单位	何新贤 85284188	28	负责浐河堤防维修养护、沙石管理、堤岸绿化及安全行洪等。
长安区大峪灌区管理站	差额拨款事业单位	何治国 85886387	56	负责大峪、许家沟、东沟水库枢纽工程和东水西调干渠运行管理养护；灌区田间工程配套维修和农田灌溉；水费征收及水力发电；给西安城河供水。
西安市地热利用农业试验中心	自收自支事业单位	王　新	27	利用地热水能源，提供热带优良鱼种苗及技术试验成鱼。
长安区沣峪供水站	自收自支事业单位	沈士勇 85921172	12	负责向黑河引水工程供水。
长安区机械钻井队	自收自支事业单位	王　枫 85292327	35	承担工业、农业、人畜饮水等水井工程。

库溢洪道改造工程，小峪水库溢洪道加固工程，东沟水库上坝路及坝后排水设施维修工程；投资270万元，完成沣河北四村段、潏河杜樊桥段等6处河道治理。2008年，投资155万元，完成沣河五星和迪段、沣峪乐园段等544米铅丝笼石和浆砌石护岸工程；投资70万元，完成滈河碾湾段、大峪河杏园村段等4处浆砌石堤防工程436米；投资25万元，完成浐河社教桥段浆砌石堤防280米。2009年，投资180万元，对浐河白庙段、沣河秦镇桥段、库峪河社教桥段、滈河环山公路桥上游、见子河五台段等水毁堤防1770米进行修复加固，提高河道抗洪能力。“十一五”期间，浐河、潏河、沣河20多处9030米险工段加固处理投入资金1000余万元。

在抗旱工作中，开启石砭峪、小峪灌区机井、水站、水闸，引水灌溉；大峪、小峪水库开闸放水，确保下游引镇、大兆、王莽地区浇灌用水；马王、高桥等乡街，利用节水灌溉工程因地制宜灌溉。区水务局抗旱服务队开动小型抗旱设备，深入郭杜、细柳、兴隆等街道为群众免费浇灌。区水务局争取市财政抗旱应急资金50多万元、市级紧急抗旱设备资金200万元，用于抗旱机具购置和应急供水工作。同时，鼓励群众自打灌溉井，每眼补助资金5000元。

【病险水库除险加固】 21世纪初，长安区有中小型水库31座，其中30座存在不同程度的问题和隐患，处于带病运行。“十一五”期间，区水务局累计争取中央、省、市水库除险加固专项资金1.01亿元，完成病险水库治理23座，增加兴利库容1300万立方米、水面53.33公顷，改善灌溉面积7200公顷；年增加发电20万千瓦时、供水5000万吨。

大峪水库除险加固　2008年，大峪水库除险加固一期工程完成溢洪道加固190米，拆除砼872立方米、钢筋砼4031立方米；左坝肩高边坡处理石方2048立方米，清除风化岩石坡面1200立方米；下游坝坡整修，干砌石11958平方米，排水沟砌石386立方米，放水塔开挖石方1500立方米；迎水坡整修，砌石500立方米，混合料砌筑900立方米，左坝肩灌浆进尺260米，累计投资850万元。2009年二期工程完成高边坡处理、大坝迎水坡加固、背水坡砌护、放水洞加固等任务，修建放水塔、工作桥、管理房等，完成设备安装、调试。经过西安市水务局蓄水前验收后蓄水运行，完成投资732万元。

马厂水库除险加固 马厂水库总库容239.43万立方米，渗漏问题一直未得到解决。2007年12月，区水务局投资779万元，实施水库除险加固工程。完成大、副坝加固，新修放水塔，迎水坡防渗处理及管理设施改造等项目。

翠华山水库除险加固 翠华山水库总库容168万立方米，建成后一直存在渗漏问题。2008年11月，区水务局启动水库除险加固工程，完成大坝迎水坡防渗加固处理，放水塔及工作桥、泄洪渠道改造、箱涵主体等工程，累计完成投资750万元。

许家沟水库放水塔建设 许家沟水库总库容528万立方米，调洪库容28.4万立方米。2008年，区水务局投资222万元，完成水库放水塔、工作桥、上塔路等建设。开挖土方8117立方米，钢筋砼714立方米，砌石81立方米。

东沟水库除险加固工程 东沟水库总库容266.84万立米。2009年3月，区水务局投资110万元，实施除险加固工程。先后完成迎水坡砌石、放水塔基础处理、西岸薄土梁加固、防汛道路改造等工程。

2008年3月～2010年10月，区水务局投资644万元，完成前门、六道什字、龙渠等6座病险水库的除险加固工程；投资65万元，完成小峪水库溢洪道加固、上坝路建设和黄峪寺水库除险加固一期工程；实施野狐沟、土门峪、子午峪、三合一、三合二、大寨、清水河7座水库及3座陂塘的除险加固工程。

【河道综合治理】 2009年，区水务局按照“超前规划，建管并重，合理利用”总体思路，组织水利专家技术组，对沣河、潏河、浐河流域考察10余次，规划河道建设、堤防修筑、河床疏浚、护堤地管护和设施管理，推进4河（沣河、浐河、潏河、滈河）、21节点（景观水面）综合治理，加快堤内湿地、防洪通道、拦水坝、河滩、迎水护坡和道路建设，完成136公里河道治理任务，景观水面节点水域面积达826.67公顷；加快沿山峪口（大峪、小峪等）综合治理，对河道进行拓宽加固，修建滚水坝、绿化带、小广场等设施。

2009年，区水务局投资2.6亿元，对10.7公里太平河排水渠进行综合治理。完成征地和临时占地73.33公顷，拆迁企业及农户101家7.2万平方米，完成渠道开挖衬砌工程，建设桥梁工程20座，渠道拓宽衬砌10公里。长安区《浐河生态治理工程规划》报西安市人民政府审批。2010年10月，西安国际社区良家滩段水生态治理工程启动，至年末完成投资1.5亿元，征地220公顷。

【洨河综合治理】 在2006年完成洨河城区段下游1.95公里拓宽、衬砌、阻水建筑物拆除及改建桥涵等工程基础上，2007年，区水务局投资620万元，对洨河上游2.6公里渠道进行改建。开挖土方2.5万立方米，浆砌块石0.94万立方米，新建桥梁5座，新修防汛道路1.56万平方米；又投资480万元，对洨河中游528米渠道进行钢筋混凝土浇筑。至此，全面完成洨河长安段改造工程。

【农村饮水安全工程】 “十一五”期间，区水务局累计筹资2.03亿元（中央专项资金6924万元，省市投资12376万元，区财政投资1000万元），建成各类供水工程505处。其中，集中供水工程15处，新打、修复机井428眼，新建管理房900余间3万平方米，安装抽、引水设备446台套，铺设输水管网3200余公里。5年累计解决569个行政村72万农村人口的饮水安全问题。

【农村饮水安全后续管理】 2008年，区水务局成立长安区农村供水管理总站，辖12个集中供水站和多个单村供水点；投资22.45万元，在郭杜街道香积寺村建立长安区农村饮水安全水质监测中心。以集中供水站为主，辐射、带动单村供水管理，确保群众饮用干净卫生的自来水。2009年，投资30万元，为全区集中供水站安装“CXB型二氧化氯”消毒设备，并对管理人员进行安全技术培训，讲解设备操作技能，使其掌握加药、反应、沉淀、消毒及送达等多个环节，对细菌和微生物进行有效灭杀，防止水生传染病发生；自筹资金，开发《长安区农村饮水工程管理系统》软件，以图片、文件、合同准确反映全区671个行政村饮水工程建设情况，实行网络化管理，准确查阅供水信息。

【建设节水型社会】 2007～2010年，区水务系统改善农业节水灌溉6346.67公顷，农业灌溉水利用系数达到0.72以内；建立自来水管网地理信息系统，完成自来水管网测漏107公里，改造旧管网6000多米，减少滴、冒、跑、漏现象，管网漏失率降至12%以内；封停自备井38眼，年节约地下水资源1200万吨。

【全区地下水动态观测系统】 2009年，区水务局投资10万元，购置DX—1型地下水资源监测系统，完成4眼特定区域的单井位和多井位遥测系统项目建设，实现对区域地下水的实时监测、数据采集、存储及统计分析，为合理利用地下水资源和经济建设提供科学依据。

【水利工程管理体制改革】 2007年1月，区水务局成立长安区水利工程管理体制改革领导小组，拟制《西安市长安区水利工程管理体制改革实施方案》。完成沣河、潏河、浐河、石砭峪水库、大峪水库5个水利工程管理单位的定岗定编、经费测算等工作。沣河、潏河与浐河河道管理处由自收自支事业单位改制为财政全额拨款事业单位；石砭峪、大峪水库管理处改制为财政差额拨款事业单位。

【水政执法与水资源管理】 2010年，长安区水资源总量为61682万立方米。其中地表水为46379万立方米，地下水为37453

沣河

万立方米，地表水与地下水的重复量为22150万立方米。境内河流年平均径流量为4.64亿立方米，地下水年降水补给量1.53亿立方米，地下水可开采量为29100万立方米。耕地每公顷均占有水资源量12945立方米，人均占有656立方米。

长安区水资源开发利用管理机构为区水政水资源管理办公室，与区水政监察大队合署办公。主要负责全区水资源开发、利用、调查评价和水资源保护，负责水事案件的立案和查处。“十一五”期间，区水政水资源管理办公室以水资源费征收和水资源技术管理为重点，以强化水行政执法和水资源保护为切入点，扎实做好水政水资源管理工作。2008～2010年，区水资源利用管理机构处理水事违法案件21起。其中当场处理15起，立案3起。对大峪水库、沣峪引水工程水源地水质定期监测，将监测结果通报政府相关部门。严把地下水开采审批关，推行水行政执法“六公示”制度。成立3个执法收费组，给取、用水单位安装计量设施，按量收取，足额征收。“十一五”期间，完成水资源费征收额1500多万元，征收率100%。2007～2010年，区水政水资源管理办公室先后获省水利厅授予的“全省水资源工作先进集体”；市水务局授予的“水资源管理先进单位”；共青团西安市委授予的“青年文明号”；中共长安区委授予的“先进党支部”等称号。

渔 业

【概况】 2010年，全区渔业养殖总面积362公顷(池塘271公顷，水库91公顷)。其中名特优品种150公顷，无公害水产养殖占总面积的95%；水产品自产量3100吨(池塘2568吨，水库532吨)；年生产水产苗种4.1亿尾，占全省65%；渔业经济总产值4200万元(渔业1590万元，渔业二、三产业2610万元)；休闲渔业场点每年以4%以上的速度增长，年末达200多个；全区渔业人口3000多人，渔民家庭人均纯收入5428元，增长速度超过西安农民人均纯收入增长比例。8个无公害产地12个产品经国家农业部和省水利厅检测，被认证为无公害产品。大峪虹鳟一条沟、西安市鱼苗繁殖场、东兴渔场、东沟水库被命名为“农业部健康养殖示范场”；西安市鱼苗繁殖场、东兴渔场被命名为“陕西省水产良种示范场”。

【渔业产业结构趋向合理】 2007～2010年，随着无公害健康养殖理念深入人心，冷水和地热水养殖技术推广应用以及长安区“一村一品、一场一渔”规划的实施，全区渔业养殖形成“以休闲渔业为带动，以名特优新品种为先导，以新品种引进、新技术推广、病害防治、市场监管服务为手段，常规温水鱼、热水鱼、冷水鱼养殖并举，协调全面发展”的新格局。大峪虹鳟一条沟、东大罗非鱼地热水养殖、滦镇水产苗种繁育与沣河、浐河沿岸及区内水库的常规鱼养殖优势互补，形成各具特色的水产养殖优势区，打造了具有市场竞争力品牌。

【渔业科技含量提高 发展后劲提升】 “十一五”期间，一是随着各级政府对渔业基础性投入的增加，管理得到加强，清淤改造规模鱼塘，修建一批微流水、流水池塘，使池塘老化、淤积严重、病害频发现象得到彻底扭转；健康养殖示范场挂牌，休闲渔业迅猛发展，名特优新品种引进，新式增氧机、投饵机使用，纳米增氧技术推广，鱼苗规范投放和水产技术服务质量提高，使渔业科技含量逐年增长，从而降低了行业风险。二是攻克技术难关，发挥科技带动作用。虹鳟一条沟突破鱼苗孵化技术难关，首次实现一年孵化两期冷水鱼苗，达到国内先进水平，填补了西北地区规模化冷水养殖的空白。第三，首次将纳米管微孔增氧技术应用于冷水鱼养殖中，改善池塘生态环境，提高了鱼苗成活率和成鱼出塘率，实现产量和效益同步增长。条件成熟时，此技术可在水产养殖中大面积推广，提高渔业生产养殖整体技术水平和效益，推动科技兴渔目标。

【休闲渔业新趣向】 “十一五”期间，长安区各级加大渔业基础设施投入。区水务局通过招商引资，吸引社会资金，发展了一批富有现代渔业、都市渔业特色的新型企业，成为长安乃至西安渔业的新亮点和经济增长点。除大峪沟建起的虹鳟一条沟外，以东大、滦镇为基点，在沿环山公路、子午大道两边兴建起200多个以生态绿色为亮点，以旅游休闲为招牌，集水产养殖、垂钓休闲、餐饮度假于一体的休闲渔业聚集区——“渔家乐”。从经营上改善设施环境，增加花色品种，提高服务质量，带动二、三产业迅速发展，使渔业产业链得到延伸，成为当地农民增收的主要途径，也成为广大市民休闲度假，享受渔文化的好去处，休闲文化消费的新趣向。

【库峪河国家级水产种质资源保护区成立】 2010年11月，库峪河特有鱼类国家级水产种质资源保护区成立。保护区位于长安境内浐河流域上游的库峪河及其支流，总面积611.4公顷。其中核心区面积214.6公顷，实验区面积396.8公顷。核心区特别保护期为每年4月6日～8月31日，主要保护对象为岷县高原鳅、多鳞铲颌鱼、山溪鲵、大鲵、水獭、中国林蛙等。主要任务是贯彻执行国家关于自然保护区和水生动植物保护法律法规和方针政策，制定保护区管理制度，开展水生动植物科学研究，抢救、处置和保护珍稀、濒危水生野生动物，改善水生生态环境，提高水生生物资源养护事业整体水平。

【大峪虹鳟一条沟】 2007年1月，长安区水产工作站利用大峪沟冷水资源优势，发展集冷水鱼养殖、垂钓餐饮、度假旅游于一体的休闲渔业示范园，打造具有市场竞争力的“虹鳟一条沟”冷水鱼品牌。截至2009年底，引进投资2000万元，发展养殖户9户，形成流水养殖池塘4.33公顷，年产成鱼28吨，孵化鱼苗20万尾，实现渔业产值1500多万元。

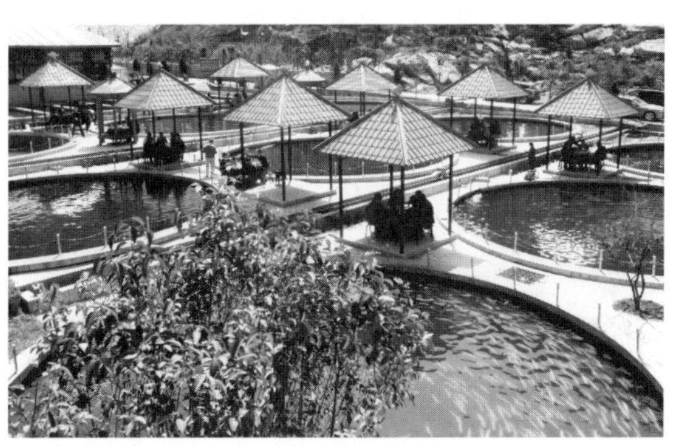

大峪虹鳟一条沟渔场

【水产品质量安全】 2008年，长安区水产品质量安全检测中心成立。区水务局争取资金30万元，购置电子显微镜、药物残留快速测等仪器设备，抽调熟悉检测业务的技术人员组建专职检测队伍，对区内各大渔场、养殖户渔用药物、渔需物资进行监督检查。使之完善生产养殖日志，建立养殖档案，填写用药记录等制度，推广健康养殖、生态养殖，从生产源头严把质量关。在全区水产苗种繁殖场、城区农贸市场、华润万家、人人家超市等涉渔场所，设立水产品质量安全监督公示岗，定期检查业主、经营户是否持有水生动物检疫部门检疫证及进货凭证等，对鲜活水产品进行现场抽样检测。发现问题，现场责令整改，坚决打击违规违法行为，逐步建立“从水产品生产销售到餐桌消费环节立体监测体系”，推进水产品检疫检验和市场准入制度。

【渔政执法】“十一五”期间，区水务局以“加强渔政执法检查，保护渔业环境，促进渔农增收”为主线，深化渔政执法，采取发放宣传资料、张贴横幅标语、组织开办学习班等形式，开展《中华人民共和国渔业法》、《水生野生动物保护实施条例》等法律法规宣传学习。2010年，出动渔政执法人员开展专项检查百余次，参加全区综合执法检查43次，查处各类违法捕鱼案件20起，收缴渔获物14件，并配合西安市渔政执法人员到区内进行渔业执法检查，打击非法电、毒、炸鱼等破坏渔业资源违法行为，保护渔业资源和渔业生产环境。（屈　毅）

综　述

长安工业持续较快增长。“十一五”期间，全区规模以上工业企业增加值5年间增加79.5亿元，实现翻三番。规模以下工业企业增加到2374家，规模以下工业增加值增加到20.05亿元。2009年面对国际金融危机冲击，区委、区政府出台《支持工业企业加快发展的若干意见》，从市场引导、财政补贴、税收减免等方面支持经济实体发展，工业生产快速回升，保持良好发展态势。

2007年，全年实现工业增加值48.48万元，比上年增长17.7%。国有及年产品销售收入500万元规模以上的非国有工业企业完成增加值2813亿元，增长32%。

2008年，实现工业增加值66.43亿元，同比增长24.2%；其中规模以上工业增加值43.97亿元，同比增加长31.5%；规模以下工业增加值22.46亿元，同比增长6.4%，规模以上工业增加值是规模以下工业增加值的近2倍。

2009年，全区实现工业增加值88.12亿元，同比增长16.5%；其中规模以上工业企业99家，实现增加值72.31亿元，同比增长24.5%；规模以下工业企业1209家，实现增加值15.81亿元，同比降低0.3%。

2010年，全区完成工业增加值112.09亿元，同比增长19.4%。2010年全区规模以上工业企业99家，完成工业增加值92.04亿元，同比增长22%。工业产销率为97.1%，主营业务收入310.8亿元，同比增长10.7%。

规模以上工业

【概况】 2007～2010年，长安区工业企业快速发展，新发展各类工业企业500多家，规模以上工业企业106户，对GDP的支撑带动作用不断增强。2010年，全区完成工业总产值430亿元。其中，规模以上工业企业完成345.34亿元，增长23.65%；规模以下工业完成84.26亿元。实现工业增加值112.09亿元，同比增长19.4%，占GDP比重的40.85%。

2009年全区规模以上工业企业103家，实现工业总产值262.99亿元。其中内资企业90家，总产值48.89亿元，年末资产总计44.38亿元，其中流动资产20.68亿元，固定资产17.96亿元；港澳台商投资企业4家，工业总产值1.43亿元，年末资产总计2.44亿元，其中流动资产1.8亿元，固定资产0.39亿元；外商投资企业9家，实现产值212.67亿元，年末资产总计104.02亿元，其中流动资产65.11亿元，固定资产33.38亿元。

2010年，全区纳入规模以上工业企业法人单位106家。其中，区属企业58家，高新区（在长安部分）企业34家，军工企业2家。在全区规模以上工业中，区

2010年长安区规模以上工业产值情况

单位：万元

产　　值	完成额	增长速度（%）
总　计	3453374	23.65
按轻重工业分		
轻工业	308190	30.63
重工业	3145183	23.01
按经济类型分		
国有企业	188974	20.03
集体企业	38828	35.67
股份制企业	620208	42.58
外商及港澳台商投资企业	2571373	20.15
其他经济类型企业	28955	5.81

2007～2010年全区规模以上工业发展情况

单位：亿元

项　目	2007	%	2008	%	2009	%	2010	%
规模以上工业产值	103.5	100	154.34	100	275.94	100	345.3	100
区属工业产值	18.7	18.1	28.43	18.4	25.51	9.2	33.17	9.6
高新区及军工企业产值	84.8	81.9	125.9	81.6	250.43	90.8	312.13	90.4

属部分完成产值38.17亿元，较上年增长31.67%，占总量9.6%；军工企业完成产值18.25亿元，较上年增长21.73%，占总量5.3%；高新开发区企业完成产值273.04亿元，较上年增长20.09，占总量的79.1%；航天地区企业完成产值20.87亿元，较上年增长77.9%，占总量的8.4%。

2007～2010年全区主要工业行业情况如下：

食品制造业

2007年，全区有规模以上食品加工业企业2家，总产值3638万元。其中区属规模以上食品加工业企业2家，总产值3638万元。区属企业中，盈利企业1家，亏损企业1家，年末资产合计4857万元，其中流动资产2819万元，固定资产2038万元；固定资产原价2248万元。

2008年，全区有规模以上食品加工业企业2家，总产值4272万元。其中区属规模以上食品加工业企业2家，总产值4272万元，销售产值1553万元。区属企业中，盈利企业2家，亏损企业0家，年末资产合计5200万元，其中流动资产3400万元。

2010年，全区有规模以上食品加工业企业4家，总产值46150万元。其中区属规模以上食品加工业企业4家，总产值46150万元，销售产值43593万元。区属企业中，盈利企业4家，亏损企业0家，年末资产合计22964万元。

造纸及纸制品业

2007年，全区有规模以上造纸及纸制品业企业8家，总产值44523万元。8家企业全部为区属企业。盈利企业8家，年末资产合计30957万元。其中流动资产6990万元，固定资产23942万元，固定资产原价21525万元。

2008年，全区有规模以上造纸及纸制品业企业8家，总产值63152万元，8家企业全部为区属企业。盈利企业5家，亏损企业3家，年末资产合计40700万元。其中流动资产11500万元。

2010年，全区有规模以上造纸及纸制品业企业8家，总产值83457万元，销售产值78592万元。8家企业全部为区属企业。盈利企业8家，年末资产合计468228万元。

非金属矿物制品业

2007年，全区有规模以上非金属矿物制品业企业3家，总产值9210万元。3家企业均为区属企业，盈利企业2家，亏损企业1家，年末资产合计17615万元，其中流动资产12228万元，固定资产5242万元；固定资产原价7649万元。

2008年，全区有规模以上非金属矿物制品业企业4家，总产值10224万元，4家企业均为区属企业，盈利企业3家，亏损企业1家，年末资产合计19500万元，其中流动资产13200万元。

2010年，全区有规模以上非金属矿物制品业企业13家，均为区属企业，总产值63506万元，销售产值63027万元。亏损企业6家，年末资产合计63782万元。

黑色金属冶炼及压延加工业

2007年全区有规模以上黑色金属冶炼及压延加工业企业2家，总产值9408万元，2家企业全部为区属企业。盈利企业1家，亏损企业1家，年末资产合计3297万元，其中流动资产2196万元，固定资产1066万元，固定资产原价1266万元。

2008年，全区有规模以上黑色金属冶炼及压延加工业企业2家，总产值9660万元。区属企业中，盈利企业1家，亏损企业1家，年末资产合计2800万元，其中流动资产1900万元。

有色金属冶炼及压延加工业

2007年，全区有规模以上有色金属冶炼及压延加工业企业2家，为区属企业，总产值1736万元。年末资产合计2715万元，其中流动资产2010万元，固定资产640万元，固定资产原价776万元。

2008年，全区有规模以上有色金属冶炼及压延加工业企业1家，为区属企业，总产值2485万元。盈利企业1家，年末资产合计1000万元，其中流动资产500万元。

2010年，全区有规模以上有色金属冶炼及压延加工业企业1家，总产值6463万元，销售产值6463万元，为区属企业。盈利企业1家，年末资产合计2401万元，其中流动资产1601万元，固定资产520万元。

通用设备制造业

2007年全区有规模以上通用设备制造业企业8家，总产值25158万元。盈利企业7家，亏损企业1家，年末资产合计15168万元，其中流动资产9956万元，固定资产5169万元，固定资产原价6807万元。

2008年全区有规模以上通用设备制造业企业7家，总产值30679万元。6家为区属企业，总产值23835万元。亏损企业0家，年末资产合计15000万元。

2010年全区有规模以上通用设备制造业企业9家，总产值48197万元，销售产值40518万元。其中区属规模以上通用设备制造业企业6家，总产值37800万元，销售产值29200万元。区属企业中，盈利企业6家，亏损企业0家，年末资产合计22500万元，其中流动资产16300万元，固定资产6200万元；固定资产原价5700万元。

交通运输设备制造业

2007年全区有规模以上交通运输设备制造业企业4家，总产值667622万元。年末资产合计620267万元，其中流动资产311829万元，固定资产260656万元，固定资产原价294144万元。

2008年全区有规模以上交通运输设备制造业企业4家，总产值1067644万元。年末资产合计743900万元，其中流动资产350400万元。

2010年全区有规模以上交通运输设备制造业企业5家，总产值2464906万元。年末资产合计1344489万元。

电器机械及器材制造业

2007年，全区有规模以上电器机械及器材制造业企业6家，总产值35513万元。3家企业全部为区属盈利企业，年末资产合计49882万元，其中流动资产33401万元，固定资产14497万元，固定资产原价23263万元。

2008年，全区有规模以上电器机械及器材制造业企业6家，总产值37215万元，销售产值3180万元。盈利企业4家，年末资产合计50900万元，其中流动资产32400万元。

2010年，全区有规模以上电器机械及器材制造业企业13家，总产值65614万元。其中区属规模以上电器机械及器材制造业企业4家，全年总产值14800万元。销售产值14100万元。区属企业中，盈利企业4家，年末资产合计11200万元。

（姚　伟）

工业国有资产管理

【概况】 西安市长安区工业国有资产管理公司隶属区经贸局，原下辖长安氮肥厂、长安造纸总厂、长安印务总厂等国有工业企业13家。1999～2008年，其中，已改制企业有长安氮肥厂、西安信达粉碎设备厂、西安水泵制造总厂、长安制药厂、西安轴承总厂、长安玻璃厂、陕西省长安白水泥厂、长安华美服装厂8家，长安印务总厂、长安塑料制品厂、长安纺织厂、长安工业物资供销处4家停产，长安造纸总厂1家关闭。改制后，全系统有职工1638人。其中，在岗职工59人，下岗职工1579人。

【工业企业改制】 2007～2010年，区工业资产管理公司根据《中共西安市长安区委、区政府关于进一步深化国有企业改制的实施意见》(长发[2004]8号)对所属企业实施“一企一策”改制。对长安印务总厂和长安华美服装厂部分厂区进行开发改造，分别建设印务大厦、华美大厦，总建筑面积22000平方米，2007年12月完成。通过该项工程建设变现资产，对长安华美服装厂75名职工全部进行货币安置，并为长安印务总厂职工缴纳养老统筹金220万元。2008年，对西安信达粉碎设备厂实施企业改制。根据区政府十六届四次常务会议精神及区发改委《关于西安信达粉碎设备厂企业改制方案的批复》（长发改综字[2007]201号)要求，由西安长盛房地产开发集团有限公司对西安信达粉碎设备厂整体兼并，并按长劳发[2008]6号文件对该厂254名职工及143名退休人员进行妥善安置，将该厂1公顷国有土地在市产权交易中心完成交易，取得交易确认书，剩余非经营性土地（家属区）共0.69公顷，建有一栋高层和三栋多层职工住宅楼，交由兼并方西安长盛房地产开发集团有限公司管理，至2009年6月底，职工货币安置、档案移交、养老统筹接续、失业金发放等工作全部完成；职工搬迁和厂区建筑物拆除，场地平整以及土地过户等工作相继于2009年底完成，厂区改造建设工程于2010年底开工。将长安物资供销处在西安骡马市的256平方米房产变现93万元，以2007年12月31日为分流基准日，对18名职工进行分流安置。

海红轴承厂西安分厂系原长安区与海红轴承厂联办企业，2008年10月6日经西安市中级人民法院宣告破产清算。该厂根据《海红轴承厂西安分厂政策性破产职工安置实施细则》，对210名职工进行货币安置，其改制方案的制定和实施指导工作由海红轴承厂具体负责，2009年6月底改制工作结束。

根据市、区关于成立沣渭新区的有关决定，从2010年10月31日起，将原区属集体企业长安纺织厂及其国有土地约6公顷（其中工业用地4.4公顷，住宅用地1.6公顷）、建筑物总面积27490.34平方米、深水井1眼、35米高水塔1座及高压专线1条、职工824人全部移交沣渭新区管理。

2010年长安区国有工业企业情况

企业名称	厂　长	地　址	职工（人）	备　注
长安造纸总厂	罗来利	杜曲街道新街146号	553	2006年1月关闭
长安印务总厂	鲁建军	韦曲街道西街150号	145	2000年1月停业
长安氮肥厂	闫安平	韦曲街道西街216号	—	2003年5月关闭
西安信达粉碎设备厂	段安民	韦曲街道西街122号	—	2008年1月改制
西安水泵制造总厂	李　涛	韦曲街道西街11号	—	2002年8月改制
长安制药厂	—	韦曲街道何家营村甲字5号	—	1999年10月改制
西安轴承总厂	—	韦曲街道西街27号	—	2002年11月改制
长安玻璃厂	—	韦曲街道西街13号	—	2005年6月改制
陕西省长安白水泥厂	石利锋	太乙街道太乙村甲字1号	—	2005年6月改制
长安塑料制品厂	刘智鹏	杜曲街道西村	74	1993年7月停产
长安工业物资供销处	权颖民	韦曲街道东街11号	18	1994年2月停产
长安纺织厂	韩义星	斗门街道北街37号	824	1994年12月停产
长安华美服装厂	肖长安	韦曲街道表厂街2号	—	2005年2月改制

【维护稳定工作情况】 2007～2010年，区工业国有资产管理公司系统接待群众来信来访1680人次。其中，30人以上群访37次，办理省、市、区交办的稳控信访、人大代表、政协委员提案22件，答复满意率达80%以上。在北京奥运会、国庆六十周年庆典、纪念改革开放三十周年等重大活动期间，全系统无进京、赴省、市上访和群体上访等重大事件发生。2007年6月《西安日报》以“党心织就彩云天”为题、《陕西日报》以“在改革中增强新活力”为题，对公司维护企业稳定，构建和谐社会工作予以肯定和报道。

【四城联创】 区工业国有资产管理公司配合市、区四城联创工作，2009～2010年投入资金8.5万元，制作宣传栏56块，安排1500人次清扫公共环境卫生，长安氮肥厂职工住宅小区被评为长安区创卫先进单位。

【抗震救灾情况】 2008年“5·12”大地震后，长安纺织厂35米高的水塔出现裂缝，影响50余户职工生活用水，3个月后修复；长安造纸总厂围墙120米倒塌，幸未造成人员安全和其它财产损失。为帮助地震灾区同胞克服生活困难、重建家园，全系统职工捐款21088元，各支部组织党员缴纳“特殊党费”18610元。　（张利民）

二轻工业

【概述】 西安市长安区二轻工业总公司（以下简称区二轻总公司）是区政府主管区属集体企业职能部门，内设党政办公室、人事财务科、生产安检科3个科室，编制15人，实有在岗人员13人；辖6户企业，（具体见下表）。职工总人数447人，其中退休183人。涉及建材、建筑、制革、服装制作、木器及金属加工制造等行业。随着市场经济发展，集体企业因技术、设备、产品及经营方式老化，生产经营普遍衰落。至2010年末，企业停产5户，运作正常的1户；公司年建筑业总产值5000万元。

【企业改制工作稳步推进】 区内二轻企业普遍成立较早。面对企业老化压力，区二轻总公司根据企业产权制度改革政策，

2010年区二轻总公司下辖企业基本情况一览表

企业名称	地 址	厂长（经理）	职工数	主要产品
区三建公司	韦曲航天大道西口	李思静	52	建筑工程
区雅图公司	老区政府十字	罗福学	48	木器业
区供销公司	东大街骡马市	杨忠道	19	物流业
区有色金属制品厂	引镇南街2号	朱保平	19	厨 具
区金属制品厂	鸣犊镇甲子1号	权战利	35	厨 具
区机械厂	郭杜南街	高宏涛	91	厨 具

实行“一厂一策”推进企业改制工作。2009年，区制革厂与西安真滋味食品有限责任公司联合，实施资产重组；2010年，区外贸服装厂被区政府整体拆除。两户企业改制完成，82名职工得到妥善安置，重组企业获得新的生机。

【企业管理机制不断完善】 2007～2010年，区二轻总公司结合“五五普法”教育，在完善制度，依法治厂基础上，创新企业管理机制，完善企业改制程序、企业内部财务审计制度、企业领导责任追究制度和企业资产管理办法，推行党务、政务公开制度，加强企业民主决策、民主管理和民主监督，促进企业党组织政治核心作用的发挥和职代会制度与厂长负责制的有机、有效统一。

【安全生产常抓不懈】 2007～2010年，长安区二轻系统重视安全生产，总公司每年与各企业签订安全生产责任书，把安全生产目标任务落到实处。同时，认真贯彻“安全第一、预防为主、综合治理”方针，搞好安全生产工作。2010年召开专题会议4次；开展宣传2次，发放宣传品2000余份；开展安全大检查5次，提出整改意见14条；开展安全消防演练1次，培训安全管理人员50人次。连续五年保持安全生产责任事故“零”记录。

【民生工程成绩显著】 2008～2010年，区二轻总公司在民生工程方面，一是充分利用有关政策，帮助4户企业52名职工解决了养老保险进入区养老经办中心数据库问题。二是在建立健全困难职工信息库的基础上，协调有关部门，完成161户低保职工年度复审工作，新增加低保户17户。三是指导企业搞好职工医疗保险工作，截至2010年底，全系统参加居民医疗保险职工702人。四是争取区财政支持，补发拖欠职工养老金263万元。五是每年给职工发放困难救助金近10万元。六是办理城镇集体户口长期临时工养老补贴40人。七是在摸底排查的基础上，为25户职工办理了廉租房补贴。

【重点项目工程建设提前完成】 朝华美域建设项目是长安区第三建筑工程公司承建的区级重点建设项目，总投资6500万元，建筑面积4.2万平方米，2007年6月开工。2010年12月建成并投入使用，提前3个月完成承建任务。

【区三建公司建筑资质升为二级】 为应对建筑市场竞争，拓展业务，提高经济效益，2009年3月，区第三建筑工程公司以提高企业技术素质为突破口，采取4条措施推进企业技术进步。一是调整职能科室，充实生产技术科和一线技术力量。二是加大专业技术人才引进和职工技术培训力度，狠抓专业技术骨干队伍建设。三是重新修订管理制度，增加量化管理措施，提高标准化管理水平。四是改造和更新施工设备，提高硬件设施技术含量和机械化施工能力。2010年11月通过上级技术升级考核，取得二级建筑资质。 （权战利）

中小企业　非公经济

【概况】 长安区非公有制经济发展局（以下简称区非公局）主要负责全区中小企业和非公经济的规划、协调、服务、指导及中长期规划和年度计划的制订与组织、实施、监督、监测工作。2007～2010年，区非公局围绕区委、区政府建设“四强”新区的战略目标和总体思路，主动转换职能，加强服务指导，实施千户私营企业建设工程和项目带动战略，推动全区中小企业和非公经济健康较快发展。截至2010年，中小企业和非公经济发展到25038户（其中个体经营户19906户），完成总产值257.1亿元，实现总收入236.3亿元，年均递增分别为16.4%和17.1%；

2007～2010年长安区股份企业发展情况一览表

年份	股份企业数	有限公司数	股份公司数	股份合作公司数
2007	—	773	28	75
2008	—	857		75
2009	—	1020	1	
2010	—	1230	3	3

2007～2010年长安区私营企业发展情况一览表

年份	企业（户）数	从业人员	营业收入（万元）	上缴税金（万元）	资产总额（万元）
2007	4038	56626	759000	8900	302000
2008	4254	63423	856000	11000	299000
2009	4868	72075	951000	14500	427000
2010	4795	73678	1345000	18800	459000

2007～2010年长安区非公有制经济发展情况一览表

年份	企业数（户）	年末人数	总产值（万元）	增加值（万元）	上缴税金（万元）	劳动者报酬（元）
2007	19473	156929	1711000	351000	16900	105000
2008	21015	161085	1957000	549000	19900	126000
2009	24818	187540	2257000	567000	24100	141000
2010	25038	189550	2571000	695000	26000	162000

实现增加值69.5亿元，完成工业增加值37.6亿元，占全区GDP比重的25.4%。其中，规模以上工业增加值92.04亿元（含高新区），上缴区内税金2.6亿元，年均递增14.9%，占全区财政收入的22.7%；从业人员18.96万人，占全区农村劳动力的47.5%；支付劳动者报酬16.2亿元，业主和员工从企业获得的收入占当年农民人均纯收入的85%。长安区中小企业、非公经济各项指标年年超额完成。

【在全市首设扶持发展中小企业专项资金】 2008年10月，中共西安市长安区委、区政府出台《关于进一步加快非公有制经济发展的实施意见》，从加强领导、强化服务、财政扶持、考核奖惩和切实放开市场准入等方面提出突破性措施。要求区财政每年拿出200万元设立中小企业发展专项资金，主要用于缴税大户企业奖励、重点项目建设和培训服务体系建设。

【表彰优秀企业家、明星企业及示范企业】 2008年10月，中共西安市长安区委，区政府为促进非公有制经济加快发展，拿出20万元现金表彰奖励优秀企业家、明星企业和示范企业。优秀企业家每人奖手提电脑一台，明星企业每户奖励1万元，示范企业每户奖励5000元。10名优秀企业家是：陕西长建房地产开发集团有限公司董事长付合理、西安吉源房地产集团开发有限公司董事长兰喜吉、西安市长安区铸造机械厂厂长贾本利、西安奥辉纸业有限公司董事长张孝普、西安下店玉米开发实业有限公司董事长兼总经理郭育民、西安美佳化工有限公司董事长刘旭东、西安翠华山旅游发展股份有限公司董事长兼总经理徐选举、长安特种钢厂厂长吕民、西安协和搪瓷有限公司董事长兼总经理张济生、长安惠宾饮食服务有限公司董事长兼总经理高宗健；10家明星企业是：陕西长建房地产开发集团有限公司、西安吉源房地产集团开发有限公司、西安奥辉纸业有限公司、西安下店玉米开发实业有限公司、西安新飞档案设备厂、西安华钦轴承合金有限公司、陕西中长建筑有限公司、西安市铸造机械厂、西安市西郊造纸有限公司、陕西彩桥电子材料股份有限公司；13家示范企业为：西安市惠强纸业有限公司、西安兄弟纸业有限公司、西安秦岭纸业有限公司、西安翠华山旅游发展股份有限公司、长安惠宾饮食服务有限公司、西安市秦皇助剂厂、西安市协和搪瓷有限公司、西安市美佳化工有限公司、长安特种钢厂、西安市秦悦实业有限公司、西安海普实业有限公司、西安市长安区自强医用材料厂、西安林洋软木有限公司。

【设立应对金融危机支持区域工业企业发展专项资金】 2009年9月，为化解国际金融危机带来的不利影响，按照区委、区政府安排和要求，区中小企业局在深入调查研究，广泛听取财政、税务、国土、工商等8个部门意见的基础上，代拟《西安市长安区人民政府关于支持工业企业发展的若干意见》，并以区政府（长政发[2009]15号）文件下发，由区中小企业局和财政局牵头实施。《意见》从扶持奖励企业、扩大社会就业、新建技改、著名商标和名牌产品等方面提出许多突破性举措，在西安市区县率先设立300万元一年期支持区域工业企业应对金融危机专项发展资金。中小企业局制定下发《西安市长安区中小工业企业项目资助和贷款贴息办法》等配套文件，并会同区发改委、财政局等部门积极落实扶持政策，为陕西兴隆电力器材制造有限公司、西安长鸣包装材料有限公司等9户企业落实中小企业应对金融危机扶持资金99.4万元，发挥了财政扶持资金四两拨千斤的作用。受扶持的9户规模以上企业当年增加值平均增长40%以上。

【首设中小企业发展专项资金】 2009年12月，区中小企业局会同发改委、财政、劳动、科技、国土等8个部门联合考察，并经区政府审查批准，为陕西公联管桩材料有限公司、陕西彩桥电子股份有限公司等15户企业落实中小企业发展项目扶持资金124万元，为陕西福万家食品有限公司等12户企业落实省、市财政扶持资金238.7万元，促进骨干企业的规模扩张和经济效益。西安泰峰电器设备有限公司等15户企业的增加值比上年同期增长30%～50%。

【评选科技企业】 2009年5月，为提高企业产品技术含量，提升企业核心竞争力，区中小企业局、科技局参照市级科技企业评选标准，聘请专家评审，对10户规模以上企业进行科技企业评选认定，并颁发科技企业牌子和证书。10户科技企业是：西安市美佳化工有限公司、陕西彩桥电子材料股份有限公司、西安长密橡胶制品有限公司、西安优耐特通风设备有限公司、西安嘉科农化有限公司、西安鲲鹏隔墙板有限公司、西安市长安区磁性材料厂、西安市南郊航天机械厂、西安亚泰气体有限责任公司、西安昌盛化工有限公司。

【实施引领工程】 2009年3月，区非公局通过全区中小企业摸底，选择100户发展前景好、就业潜力大的非公企业，从政策、资金、服务方面给予重点扶持，促其向规模企业目标提升；对规模以上企业加强科室分片联系制度，帮助解决扩建、技改、生产经营等问题，促其向更高目标迈进。先后帮助西安下店玉米开发实业有限公司等9户企业争取银行贷款4830万元，帮助西安海普实业公司等10户企业落实省、市财政贴息资金238.7万元，通过引领工程的方式促进百户骨干企业的规模扩张。使规模企业从58户增至75户，长安铸造机械厂等百户企业产值、利税同比增长30%以上。

【建立区县非公经济项目库】 2009年，长安区非公经济发展在全市区县率先建立项目库，受到省中小企业局和市工信委的通报表彰。当年全区完成新建项目39个，总投资5.96亿元。其中，3000万元以上项目3个，1000万元以上项目8个，500万元以上项目21个。陕西兴隆电力器材制造有限公司投资2190万元的自动造型脱砂项目，18秒自动完成射砂、脱箱、下芯等6个工艺流程。

【服务中小企业和非公经济力度进一步加大】 2010年，在深入调研的基础上，区政府出台《关于促进就业和全民创业的若干意见》、《长安区关于促进中小企业又好又快发展的实施细则》，落实兑现区财政每年200万元的中小企业发展专项资金。斗门、引镇两个园区申报为省政府批准的100个县域工业园区，为园区争取省、市基础设施建设配套资金600余万元，为31户企业争取省、市技改、创新项目扶持资金2200万元。通过重点扶持和服务，年产值过亿元的中小企业9户。

【实施项目带动战略初见成效】 2010年，长安区中小企业筹措资金推进项目实施、建设。建立健全项目库。通过新建、扩建及技改项目133项，完成固定资产总投资4.91亿元，培育了新的增长点。固定投资在1000万元以上的项目18项。陕西万通电线电缆有限公司先后投资3600多万元，完成引进迁建项目。西安翰鑫墙纸有限公司投资5000万元，完成五条新型墙纸生产线建设项目。达产后，年产值均突破2亿元。

【上塔坡村级工业园年收入1.6亿元】 2007年，由长安区规划建设、民间资本投资建厂，招商引资出租给自然人兴办企业的韦曲街道上塔坡村级工业园，优化投资发展环境，入驻企业增加。截至2007年底，入驻园区企业92户。其中，机加工企业65户，木器家俱企业9户，塑钢、玻璃钢加工企业10户，印刷及其他企业8户；年收入千万元以上企业3户，规模以上企业6户，300万元以上企业23户。其中西安市南郊航天安装机械有限公司，固定资产投资近千万元，年收入2000万元，上缴税金100多万元，成为园区企业之最。园区累计总投资近亿元，年产值2亿元，年收入1.6亿元，上缴税金800多万元，安置非农就业人员近千人。

【简王井专业村依靠招商引资发展壮大】 2007年，韦曲街道简王井村两委会进一步解放思想，以资源引资金，以开放促发展，先后引进木器家俱企业5户，建材商砼企业1户。其中，西安创信家具有限公司总投资5000万元，年产值8000万元，上缴税金500万元；陕西秦港木业装饰公司、西安四通家具有限公司、陕西澳迪森家具有限公司、陕西万盛家具有限公司4户均投资500万元以上，年产值1000万元以上，税金30万元以上。

【陕西长建房地产开发集团再获殊荣】 2007年，陕西长建房地产开发集团以“敢为人先，争创一流”精神，以“严谨、务实、高效、求精”为宗旨，继2006年投资5亿元，打造大学城30万平方米“智慧城”，被列为市、区两级重点建设项目以后，再次开发面积近100万平方米，实现产值2亿多元，上缴税金4000多万元。集团以雄厚的技术经济实力，取得良好经济社会效益，被市政府授予“守合同，重信用”企业；被省有关部门评为“全省质量信誉双满意单位”，被陕西省委、省政府授予“优秀民营企业”称号。截至2010年末，全区非公企业获此殊荣的仅此1户。

【西安下店玉米开发实业有限公司获殊荣】 2008年，西安下店玉米开发实业有限公司在新疆库车县投资2000多万元，新建占地13.33公顷，年消化玉米10万吨的分厂1户，4万吨淀粉全部出口西亚国家。2008年，西安下店玉米开发实业有限公司以其综合竞争实力被陕西省农业厅、省中小企业局、发改委等27个局委联合评定为“陕西省农业产业化重点龙头企业。”

【西安奥辉纸业有限公司资产达2亿元】 2008年，西安奥辉纸业有限公司依托品牌优势，走规模扩张道路，一举兼并西安秦龙纸业有限公司，企业资产2亿元。尽管受经济危机影响，当年仍实现销售收入2.98亿元，上缴税金565万元，从业人员3100人，成为全区最大规模的工业企业。

【长安铸造机械厂创汇超千万】 2008年12月，西安市长安铸造机械厂投资6000万元，生产模具车间新建3500平方米，使企业完全具备生产世界先进水平冶金附具的能力。当年总资产值1.2亿元，销售收入1.3亿元，上缴税金384万元，安置劳动就业232人。由于长期坚持“质量第一，争创一流”发展理念，生产的50～230吨冶金附具产品深受一重、二重、武钢等国内钢铁巨头赞誉，日、英、意、德、法、韩等国纷纷前来考察订货。当年出口创汇1100多万元，仅英国一家就订货350万元人民币，创西北地区同行业之最。

【西安市泰升食品有限公司首聘职业经理人】 西安市泰升食品有限公司年产“百吉猫”牌锅巴30万吨，年收入过千万元，上缴税金50万元，但经营方式一直囿于家族式管理，长期走不出徘徊的怪圈。2009年3月，董事长董立军出招，以年薪30万元聘请职业经理人王玉明，使企业当年实现产值、利税翻番，劳动就业人员增到211人；“百吉猫”牌产品进入全国市场，并获得陕西省著名商标和名牌产品，也成为长安民营企业首位经理人。

（胡建良）

综　述

2007～2010年，长安区经济贸易局落实综考指标，细化任务，夯实责任，完成各项目标任务。利用举办庙会、新春大乐购活动加强商贸服务职能，采取宣传、培训、检查、证照审查措施，加大全区成品油、生猪屠宰、非生产性再生资源、食盐、煤炭等行业管理和证照年度审查，行业经济秩序好转。争取各级扶持资金，通过贴息贷款、股权投入等多种措施扶持陕西福万家食品有限公司、西安市长安区自强医用材料有限责任公司等47户龙头企业，完成百货集团公司、长安酒厂、长安百货集团公司改制、西安信达粉碎设备厂整体兼并及食品公司股份制改制，实现企业"三无"（无差错、无上访、无遗留问题）。通过签订安全生产目标责任书、制定下发文件、加强安全知识宣传、培训和实际演练等方式落实安全生产责任，强化经贸系统干部职工安全意识。在四城联创工作中投入力量，安排部署，系统百货公司健康教育档案资料被西安市健康教育所列为"免检"资料，孙雁涛被评为先进个人。在"无吸烟单位"评选活动中，被西安市爱卫办授予"无吸烟单位"称号；惠宾一分店2007～2008年两次接受国家爱卫办检查考核。

国内贸易

【概况】 长安区经济贸易局（以下简称区经贸局）负责拟订全区经济贸易、中小企业、非公有制经济、招商引资、商贸服务业发展规划、年度计划和相关政策；是对企业发展进行宏观指导、监测分析运行情况、统计发布相关信息、进行预测预警和信息引导、鼓励支持中小企业发展，扩大招商引资成果，调节工业经济运行和全区商品流通、生活服务行业工作的区政府工作部门。

【职能职责调整】 2010年1月，按照《西安市长安区人民政府机构改革实施方案》，合并区经贸局、区招商局、区非公局，组建区经济贸易局（挂区投资服务中心牌子），将区非公有制经济发展局的职能整合划入新组建的区经济贸易局。区经济贸易局同时挂区招商局、区中小企业促进局牌子。将原区经济贸易局的散装水泥、室内装饰行业管理职责划给区建设局，将原区经济贸易局的铁路道口安全管理职责划给区安全生产监督管理局；加强内外贸融合，建立和完善统一、开放、竞争、有序的现代市场体系；加强商品市场运行和供求状况监测，深化流通体制改革，发展现代流通业；加强对中小企业和非公有经济发展的综合协调和服务职责。

【经济指标完成情况】

单位：亿元

年份	全区社会消费品零售总额	同比增长（%）	全区规模以上工业增加值	同比增长（%）
2007	53.67	16	28.13	32
2008	67.52	25.8	43.97	31.5
2009	81.5	21.23	74.47	29
2010	89.24	19.69	92.04	22

【商贸管理】 2008年，区经贸局实施"万村千乡"工程，抽查陕西盛农有限公司在长安区改建的10个农资加盟连锁店，调研全区商贸服务业情况，形成商贸行业发展情况调查报告。2009年，区经贸局起草《西安市长安区培育消费热点扩大城乡居民消费实施意见》，经区政府批准后以长政发[2009]28号文件下发，对扩大城乡消费，培育消费热点起到指导作用；举办王曲农历二月八日庙会、鸣犊嘴头庙会、引镇四月八日庙会，协助西安市商贸局和王莽街办举办鲜桃采摘节，10万余人次参加，销售额120余万元。2009年2月，区经贸局将长安区华润万家推荐为"万村千乡"市场工程承办企业；向区政府上报《关于加快农村商品流通体系建设发展农村商贸经济的实施方案》，协助陕西盛农农资有限责任公司在全区开加盟店10家。2009～2010年，为西安南郊再生资源交易市场二期工程、长安宏达家禽机械化有限责任公司申请现代服务业专项资金30万元。2010年，区经贸局《关于促进商贸业加快发展的若干意见》，明确对商贸企业的优惠政策，促使秋林公司、晶海酒店、苏宁电器等商贸服务业落户长安。2007～2010年，区经贸局联系陕西新贸物流配送连锁有限责任公司在区内建立连锁店273家；2010年2月，协助客商举办"吉祥长安—新春年华大乐购"活动，提升长安步行街发展商贸业的人气。

【国企改革】 区经贸局所属工业、商业、物资3个国有资产管理公司的37户国有企业中，截至2010年底有16户进行改制。未进行改制的有工业国有资产管理公司2户：长安造纸总厂、长安印务总厂；商业国有资产管理公司6户：中药集团长安分公司、长安区盐业公司、长安腌制厂、长安饭店、区进出口贸易公司、长安区五金交电化工公司；物资国有资产管理公司11户：长安区木材公司、长安区燃料有限责任公司、长安区建材物资有限责任公司、长安物产集团总公司西康公司、长安物产集团西秦总公司、长安物资再生利用总公司、长安物资开发总公司、长安物产集团化工实业公司、长安物产集体建筑装饰总公司、长安金属材料总公司、长安区物产机电化轻有限责任公司，涉及在职职工1656人、退休职工646人。改制后新企业运行良好。陕西长安酒业有限公司现有产品50多个品种，年销售额保持4000万元态势；西安佳诚食品有限责任公司开展新业务，利用原长安食品公司资产建设生态养殖种猪厂，存栏猪900头以上；西安兰之宝购物中心有限责任公司也已成为长安商贸业旗舰。

【思想政治建设】 2007～2010年，区经贸局在思想政治建设方面，一是深入开展创先争优、学习型党组织建设活动，确立“推进科学发展，营造和谐氛围，争当长安先进”和“立足岗位做贡献，凝心聚力谋发展”的活动载体，在系统确定10个创先争优活动示范党组织，设立维稳、安全、服务、综合方面党员示范岗60多个，开展“我是党员我承诺”活动，健全各级党组织，制定学习制度，开展慰问贫困老党员、召开座谈会、举办党务知识专题讲座、重温入党誓词等活动庆祝建党89周年。召开会议70余次，集中学习或传达领导讲话精神，参会人数2100余人次；开设活动宣传专栏70余期，悬挂横幅60余条。二是建立基层单位党建工作联系点和党员信息库，培养积极分子26名，1名优秀党务工作者、7名优秀共产党员、4个优秀基层党组织受到区上表彰。三是“5・12”汶川地震后，发起“向灾区人民捐献爱心”和缴纳“特殊党费”的倡议，党员捐款76161.61元，缴纳“特殊党费”61970元；为西南旱灾、玉树地震、舟曲泥石流灾区捐款8.1万余元。四是结合四城联创、“评选身边好人”、纪念建国60周年活动开展群众性精神文明创建活动，督促各单位制订文明行为规范，提倡文明用语，组织系统120名干部职工参加长安区建国六十周年歌咏比赛，获二等奖第一名；四城联创方面，完成五台古镇建设和地铁2号线长安段航天城站址拆迁。五是以单位和居民小区、再生资源回收站（场）为重点，加大创卫知识宣传培训力度，制定创卫过错责任追究办法，强化检查，认真整改，完成创卫工作任务。其中，长百集团创卫档案完整规范，被西安市爱卫办列为健康教育资料免检单位；长安酒厂、惠宾一分店作为全区创卫重点单位，多次接受省、市创卫检查，惠宾一分店通过了国家爱卫办的技术考核。六是筹措资金，帮助王曲镇进行新农村建设、互联共建、村级阵地建设、贫困慰问、结对帮扶等工作。贫困慰问方面，共送去价值1万余元的慰问品，选派1名帮扶领导、2名帮扶干部；服务基层包乡镇工作方面，共帮扶王曲镇贫困户170余户，送去慰问金53000余元，米、面、油4000余斤；“三夏”期间，帮助王曲街道秸秆禁烧工作，送去白糖、T恤衫、饮料等35000余元慰问品；党的基层组织互联共建方面，帮助王曲街道完成村级阵地建设2个，为王曲街道胜利村捐书1189本，给胜利村党支部购置电视机、DVD影碟机各1台，出资1000元聘请专业技术人员为村民110余人进行种养殖业知识培训，硬化出村道路200米；在“广厦工程”中，帮助2户村民建起楼房，为建房户送去6000元帮扶资金。另外，还帮助细柳街道完成总投资35万元的晨光安全饮水工程。

行业管理

【概况】 区经贸局负责国家有关生猪定点屠宰管理、成品油流通、再生资源利用和废旧金属流通、食盐、煤炭等行业法规、条例的实施与监督管理，整顿规范市场经济秩序，组织实施市场专项整治工作，招商引资等综合业务。

【成品油市场管理】 2007～2010年，区经贸局年审全区加油站84家，整治城区加油站4个，扩建5个农村乡级加油站，对不符合安全要求的4个加油站下发停业整改通知书，对新星等3家手续不全的在建加油站下发停建通知书，对杨柳桥等22家有证无站加油站建议西安市商贸局吊销《成品油经营批准证书》。聘请西安市商贸局、市安监局、市消防支队有关领导、专家举办100余人参加的加油站站长、安全员培训班，学习有关法律法规，强化加油站管理人员的安全意识。

【生猪定点屠宰管理】 2007～2010年，区经贸局对全区12家屠宰场的经营许可证进行年审，对沣西屠宰场进行技术改造，实现了半机械化屠宰，督促引镇屠宰场开展扩建改造前期准备。区经贸局每年召开各生猪屠宰场场长会议，检查各屠宰场操作程序，保证出厂肉品安全合格、“三章两证”齐全，并在元旦、春节、五・一、十・一期间，检查城区肉食市场上市肉品，确保消费者吃上放心肉。

【再生资源回收站（场）行业整治】 2007年，区经贸局建立健全再生资源市场管理回收站（场）档案资料和流动人员管理档案；调整全区再生资源回收站（场）分布，制定长安区再生资源网络体系规划。截至2010年，全区47户再生资源经营户已备案登记，结合四城联创对卫生差、管理混乱的再生资源经营站点下发10余份整改通知书，督促整改并验收。督促金朝公司完成投资2100万元，建筑面积为2.5万平方米的西安南郊再生资源交易市场二期工程建设。

【食盐市场管理】 2007年，区经贸局规范食盐市场，确保全区消费者食盐安全。检查食盐市场300余次，出动车辆1100余台次，检查经营户9800户次，查处违规经营户127户，收缴各类私盐30.84吨，罚款1.06万元。同时，盐业公司通过坚持送货上门、加大宣传、强化市场稽查力度等措施，确保盐业专营地位。2010年，全年完成盐品销售1.01万吨，同比增长15.89%；销售额完成1303.79万元，同比增长31.69%。

【煤炭管理】 2007～2010年，全区共有各类煤炭经营企业100余户。其中200万元规模以上煤炭经营企业20户。煤炭经营归属区经济贸易局管理，经营户需申办《全国煤炭经营资格证书》。区经贸局每年检查2次以上。2010年，全区开展扬尘污染大检查行动，区经贸局检查煤炭经营企业8次。2007～2010年，全区煤炭经营企业销售煤炭48.05万吨，销售额28830万元。

【酒类管理】 长安区酒类销售企业2600户（其中批发企业150户，零售企业2450户），2007～2010年，区经济贸易局每年对酒类市场专项整治4次，并为400余户酒类经营户备案登记，发放禁止向未成年人售酒宣传牌1000余个。截至2010年底，全区共销售白酒、啤酒、葡萄酒、黄酒17220吨，同比增长11.05%，销售额1.16亿元，同比增长10.95%。

【家电下乡工作】 2008年6月，国家出台“家电下乡”、“节能产品惠民工程”、“家电以旧换新”优惠政策，对农民购买纳入补贴范围的家电产品给予13%的财政补贴，以激活农民购买能力，扩大农村消费，促进内需和外需协调发展。全区家电下乡工作由区经贸局、区财政局共同承担，区经贸局承担销售网点备案、经营场所监管及检查；区财政局承担补贴资金兑付。2008～2010年，区经贸局备案家电下乡销售网点105个，家电以旧换新企业25户，发放家电下乡等宣传单15万余份；全区销售家电下乡产品43689台（部），销售额8510.1万元，落实财政补贴1078.4万元，实现财政补贴资金兑付1419.3万元，兑付率居全市第四；对家电下乡第一、二期验收合格的72个销售网点发放网络建设补贴资金41万元。

【安全生产】 2007～2010年，区经贸局视安全生产为企业发展生命线，坚持“安全第一、预防为主、综合治理”方针，与所属3户国有资产管理公司签订安全生产目标责任书，建立安全生产劳动机构，健全安全生产管理制度、《安全生产工作紧急救援预案》。制订“安全隐患排查治理年”实施方案和防震预案。对3户国有资产管理公司安全大检查21次，对本系统公众聚集场所、加油站等易燃易爆点进行为期3天的安全隐患和防震检查。组织系统企业进行防火、防震演练，举办安全知识讲座，参加“安全生产月”宣传活动，下发文件50余份。安全知识宣传11次，散发安全法律法规相关传单9500余份。防火演练12次，防震演练4次；健全完善《长安区经济贸易局重大安全事故应急预案》、《抗震救灾工作预案》、《长安区供油事故应急预案》等安全预案5个。4年未发生重特大安全生产事故。

【铁路道口安全管理】 2007～2010年，区经贸局经济运行科对新管理的西康线长安段36.6公里以内的王沟、查坡、龙渠3个监护道口，坚持一周一检查，一月一夜查制度。期间，每年被评为先进单位。2008年12月，西康线长安段被西安市长安区铁路道口安全委员会评为铁路道口安全管理先进集体。2010年6月，区经贸局铁路道口安全管理职责划归区安全生产监督管理局。 （邢聪慧）

商业国有资产管理

【概况】 西安市长安区商业国有资产管理公司隶属区经贸局，下辖长安区盐业公司、西安中药集团长安公司、长安饭店等国有工商企业13户。其中，已改制企业有长安区食品公司、长安酒厂、长安食品加工厂、长安区饮食服务公司、长安百货集团公司；停产停业的有长安腌制厂、长安区进出口贸易公司、长安石油液化气公司、长安贸易总公司；关闭企业有长安糖酒副食公司。改制后全系统有职工741人。其中，在岗职工332人，下岗职工409人。

【商业经营】 2007～2010年，长安区商业系统开拓经营，服务城乡居民。开展工业品下乡、家电下乡，利用折扣促销等形式刺激社会消费，扩大内需，社会消费品零售总额逐年提高。2010年，完成社会消费品零售总额10600万元。

长安商业企业情况

企业名称	经理	地址	职工（人）	经营业务	经营收入（万元）	上缴税金（万元）	备注
长安区盐业公司	唐炳森	韦曲街道双竹村	81	食盐专营	1306	54	
西安中药集团长安公司	冯勇	韦曲文化街38号	310	中成药、西药、药材及器械	1576	18	
长安饭店	李向阳	韦曲西街2号	214	饮食、服务	579	40.5	
长兴实业有限责任公司（食品加工厂改制）	于虎	北长安街2号					1998年10月改制
长安区惠宾饮食服务有限责任公司（区饮食服务公司改制）	高宗健	北长安街190号					2005年8月改制
西安佳诚食品有限责任公司（长安区食品公司改制）	唐聪蔚	韦曲西街25号					2006年6月改制
陕西长安酒业有限公司（长安酒厂改制）	吕选利	长兴路92号					2007年7月改制
西安兰之宝购物中心有限公司（长安百货集团公司改制）	王翠兰	北长安街119号					2008年12月改制
长安区商贸有限责任公司	王军纪	东长安街	58				2002年2月停业
长安区五金交电化工公司	刘小安	韦曲西街69号	39				2003年2月停业
长安区进出口贸易公司	曹华立	北长安街168号	41				2003年5月停业
长安区腌制厂	梁振新	福泽巷2号	56				2004年元月停业
长安糖果副食公司							2004年12月关闭

【商业企业资产转让重组】 2007年，区经贸系统本着“成熟一个改制一个”原则，改制国有商业企业，完成资产重组。长安酒厂改制为陕西长安酒业有限公司，食品公司改制为西安佳诚食品有限责任公司。2009年，长安百货集团公司完成资产重组，改制为西安兰之宝购物中心有限责任公司。

【药业管理】 西安中药集团长安公司是经营中西药、医疗器械的国有药业企业。随着市场竞争日趋激烈和省上推行“三统一”（统一购进、统一销售、统一价格）改革，2007～2010年，中药集团长安公司经营范围逐步缩小，生存十分艰难，尽管公司想方设法开展零售业务，全区4户零售药企均已通过省、市GSP质量管理认证，但收效甚微。

【食盐市场】 长安区盐业公司是盐品专营国有企业，由于冗员较多，经营管理不善，2005～2009年一直亏损。2010年，区盐业公司节能降耗，销售各类盐品10270吨，实现营业收入1306万元，企业扭亏为盈。

【长安酒业经营】 2007年，长安酒厂改制为陕西长安酒业有限公司后，企业效益每年以30%的速度递增，工业产值由2008年的1000万元增加到2010年的3100万元，产品销售由2008年的1500万元增加到2010年的4200万元，“长安老窖”系列酒由10多个品种增加到105个品种。企业机制运转正常，并解决了改制后遗留的债务清结问题。

【重点工程】 长安百货集团公司改制后，2009年筹措资金560余万元，于2010年改造原集团公司营业楼，同年9月营业。2009年，长安区惠宾饮食服务有限责任公司筹资1200万元，在长安区美林星公寓开设惠粤轩酒店，引进广式餐饮，经营态势良好；同年，长安饭店筹资240余万元，改造客房部和营业大厅，营业环境焕然一新，投入运营后，客房收入直线上升。

（程新民）

物资国有资产管理

【概况】 长安区物资国有资产管理公司隶属区经济贸易局，下辖区燃料有限责任公司、木材公司、金属材料总公司、物资再生利用总公司、机电化轻有限责任公司、建材物资有限公司、物资开发公司、物资供销总公司、化工实业公司、物产集团建筑装潢总公司、物资总公司斗门物资公司等15户；2010年全系统有职工439人，其中在岗84人，下岗355人。

【经济指标】 2010年，区物资国有资产管理公司与陕西寓晟房地产公司合作，在长兴路北段2号建设职工住宅楼，设计33层，地下一层，面积2.8万平方米，投资5600万元，完成固定资产投资2200万元（18层），计划2011年5月封顶，2012年10月竣工。2010年区燃料有限责任公司销售煤炭6000吨，完成社会消费品总额560万元。

【重点工程】 2007年，区燃料有限责任公司在郭杜街道西街（韦斗路南），郭杜煤场建设的两栋住宅楼竣工；区木材公司在北长安街142号临街建设的高层住宅楼通过质检验收。2008年，区物资国有资产管理公司为长兴路北段2号物资西区职工住宅楼建设工程一期申请、立项、备案；2009年12月，职工住宅楼一期工程动工；2010年12月，区燃料有限责任公司郭杜住宅楼二期工程动工。

【向灾区捐款】 2008年“5.12”汶川大地震后，区物资系统230名职工捐款8000元，176名党员缴纳特殊党费11565元。2010年西南旱灾，青海玉树地震，陕西特大洪灾，180名职工捐款9290元。

【解决企业困难】 2007～2010年，因企业拖欠职工养老统筹，区物资国有资产管

2007～2010年长安物资国有资产管理公司下属单位一览表

企业名称	经理	地址	职工(人)	经营业务	经营收入（万元）	备注
区燃料有限责任公司	高新明	南长安街142号	91	煤炭及加工	560	1998年半停产（业）
区燃料总公司	高忠民	南长安街142号	4	煤炭	——	2011年停业
区木材公司	杨振安	北长安街310号	87	木材、钢模板租赁	——	2000年半停产（业）
区金属材料总公司	智建勋	长兴路北段2号	30	黑色有色金属	——	2005年停业
区物资再生利用公司	李军	长兴路北段2号	37	废旧金属回收	——	1998年停业
区机电化轻有限责任公司	陈波	长兴路北段2号	32	机电化工汽车	——	1998年停业
区建材物资有限公司	刘东玲	杜陵西路2号	20	金属、建筑材料	——	1998年停业
区物资开发公司	周晓民	无	22	金属、建筑材料	——	1998年停业
区物产集团西秦总公司	王先朝	西长安街129号	18	煤炭	——	2002年停业
区物产集团西康公司	张迎利	无	15	黑色有色金属	——	1997年停业
区物资供销总公司（集体企业）	无	南长安街281号	45	黑色有色金属	——	1997年停业
区化工实业公司	任志春	无	6	化工产品	——	1998年停业
区物产集团建筑装潢总公司	张华	无	20	装饰装潢	——	1998年停业
区物资总公司斗门物资公司	杨宗道	斗门街道西街	12	黑色有色金属	——	1998年停业（2010年12月移交沣渭新区）
区生产资料总公司改制为西安茂盛商贸有限责任公司	李峰茂	南长安街281号	26	黑色有色金属	——	2007年进行改制

理公司为24名到龄退休人员申请“退一补一免三”（指国有困难企业在欠缴职工养老统筹期间，国家养老经办机构给予的优惠政策，即：困难国有企业职工到龄退休时补缴该人所欠缴的养老统筹费用，再缴企业所有参保人员3个月的养老统筹费用）。2009年用西区建设开发收益金补交西区3公司（金属、机电、再生）108名职工养老统筹188.6万元；用280万元清偿中国华融资产管理公司不良债务本金1600万元；2010年因企业拖欠职工养老统筹，为5名到龄退休人员申请“退一补一免三”。

【创卫工作】 2007年，区燃料有限责任公司、木材公司、金属材料总公司、物资再生利用总公司、机电化轻有限责任公司、建材物资有限公司、物资开发公司、物产集团西秦总公司、物资供销总公司、生产资料服务总公司、物资家属院及其居民小区成立“爱卫”、“创卫”、“除四害”、“控烟”、“健康教育”领导小组55个，办宣传专栏132期，整理资料70余册。2008年上述11个单位和居民小区成立“爱卫”、“创卫”、“除四害”、“控烟”、“健康教育”领导小组55个，办宣传专栏132期，整理资料60余册。2009～2010年，11个企业单位和居民小区的12个四城联创领导小组，兴办宣传专栏68期，整理资料20余册。（高建伟）

粮油业

【概况】 西安市长安区粮食局是区政府直属事业单位，负责全区粮油储备、粮食安全、粮食行业管理及粮食流通宏观调控等工作。2006年国有粮食企业改制后，依照《粮食流通管理条例》规定，区粮食局继续承担省、市、区三级储备粮承储任务和全区粮油市场监测、调控及行业监管等任务。2010年，区粮食局设党政办公室、监督检查宏观调控科、统计财务科，下辖国有粮食承储购销企业9户、成品粮油供应企业1户、转型企业1户。

2007～2010年，在国际金融危机和国内能源、原材料等价格大幅波动等不利情况下，区粮食局通过加强宏观调控，把握调控时点、重点和节奏，保障市场供应，避免区内粮食价格大起大落，保护农民和消费者利益，实现全区粮食供需基本平衡和粮食价格基本稳定，有效保障了全区粮食安全。

【粮油企业改制】 2007年，区粮食局(粮油总公司)对国有粮食企业实施资产整合。对竞争过于激烈的地区采取民进国退策略，将国有粮企收购市场退让给粮食加工企业，扶持非公有制粮食企业发展，集中打造西安粮食深加工基地；对因城市扩张造成粮源枯竭的粮站，采取资产整合或出租方式，盘活资产，发挥最大效益。2007～2008年，撤销细柳、王曲、杜曲、斗门、高桥、马王粮站，将资产和人员划归区粮食收储公司，成立长安现代粮食集团公司；对债务繁杂、经营困难的引镇、黄良粮站实行资产租赁经营；五星粮站挂稼禾面粉厂牌子，实行厂站合一的承包经营模式。随后，区粮食收储公司对合并后的高桥、细柳粮库实施租赁经营，盘活资产。2008年，因业务需要，恢复王曲、杜曲粮站。

2009年5月，区粮食局（粮油总公司）出台《长安区粮油总公司关于进一步深化和完善粮食企业改革转变企业经营的实施意见》、《长安区粮油总公司关于法人代表和管理人员的选聘办法》、《长安区粮油总公司关于粮企改制期间企业正职领导的使用及管理规定》、《长安区粮油总公司与基层企业目标责任书及考核奖惩办法》，撤销粮油总公司结算中心，将财权、人权下放到企业，国有粮企依照现代企业制度实行法人治企。2009年末，全区粮食价格市场形成机制逐步完善，粮食收购价格由市场供求形成，国家实行宏观调控，粮食市场价格导向作用及市场机制配置粮食资源作用进一步增强；多元化粮食市场主体迅速发展，引导国有粮食企业建立自主经营、自负盈亏经营机制；粮食企业探索出多种合作经营模式，由单一购销向代储、代销、代加工方式转变，由单纯贸易向联办经济实体转变，由代购代销向订单收购、建立基地转变。

【粮油购销】 2007年，粮食行政管理部门转变工作职能，从单一管理国有粮企向管理粮食市场转变。依据《粮食流通管理条例》和国家粮食政策，放开粮食购销，引导多元化主体进入粮食购销市场参与粮食经营。国有粮食购销企业借助资金、仓容、设备、网点和信誉优势，提高服务质量，采取灵活多样的方式，打破地域界限，开展跨区收购，并采取大购大销、快购快销、代购代销的方式扩大购销业务，巩固和提高市场占有率。

另外其他市场主体（特别是西部粮食深加工企业）先后入市收购，形成有序竞争，拉动市场价格合理回升，促进农民增收，繁荣粮食市场，强化了粮食安全。

长安区国有粮食企业情况表

名 称	性质	经营性质	职 责	负责人	地 址
长安区粮食收储公司	国有	集体承包	储备粮承储和粮食购销	肖勤章	马王街道沣京正街31号
大兆粮站	国有	集体承包	储备粮承储和粮食购销	康延胜	大兆街道西街
鸣犊粮站	国有	集体承包	储备粮承储和粮食购销	付满兴	鸣犊街道嘴头村
杜曲粮站	国有	集体承包	粮食购销	张红岩	杜曲街道甲子41号
王曲粮站	国有	集体承包	粮食购销	吕权宪	王曲街道
斗门粮站	国有	集体承包	粮食购销	赵整改	斗门街道东街9号
引镇粮站	国有	租 赁	粮食购销	王胜利	引镇街道西街100号
黄良粮站	国有	租 赁	粮食购销	张 军	黄良街道
五星粮站	国有	租 赁	粮食购销	张 军	五星乡进步村口
军粮供应管理站	国有	集体承包	成品粮油供应和军粮供应	李建利	韦曲街道西街123号
粮食工业有限责任公司	国有股份制	委托开发	房地产开发	魏武学	韦曲街道西街141号

2007～2010年长安区国有粮食企业收购情况一览表

单位：吨、元/斤

年度	小麦	均价	玉米	均价
2007	43060	0.77	3020	0.63
2008	35000	0.88	5000	0.63
2009	34830	0.91	3000	0.84
2010	34320	1.03	4090	0.94

【粮油储备】 2008年5月，区粮食局（粮油总公司）完成西安市首家区县级储备库建设，建立长安区区级粮油储备库。此后，省、市、区三级地方储备粮分别由区粮食收储公司、大兆粮站、鸣犊粮站承储，科学管理率达90%。地方三级粮食储备调节体系的形成，合理、规范区域粮食储备布局、规模及储备粮购销、轮换和库存管理。全区3000～4000万公斤储备粮优先保证口粮安全，基本与经济发展水平、人口数量、粮食供求形势和国家宏观调控相适应。

2010年，区粮食局下属国有粮食购销企业共有粮仓48间，有效仓容5287.5万吨，达到省、市、区三级储备粮“一符三专四落实”和“一符四无”的要求和标准。承担省、市两级储备粮储存2007年21739吨，2008年21739吨，2009年23739吨；2010年承担省、市、区三级储备粮储存33739吨。

【粮食供应】 长安区军粮供应站承担全区部队用粮油供应，同时也面向社会、向居民供应粮油。从2008年开始，区粮食局（粮油总公司）以区军供站为平台，在全区实施“放心粮油六进工程”，联销经营，提高放心粮油的覆盖面和市场占有率。至2010年，市场放心粮油占有率为军营100%、院校91%、城区85%、农村70%。

2007～2010年供应情况一览表

（城区居民供应部分）

单位：公斤

年度	米	面	油	杂粮
2007	437350	278480	45348	—
2008	563779	346705	223633	6000
2009	729758	334390	149207	14768
2010	412270	267120	108416	10708

【放心粮油“六进”工程】 2008年，区粮食局（粮油总公司）以区军粮供应站为龙头，在全区实施“放心粮油六进工程”（即进社区、进农村、进超市、进市场、进院校、进军营），加快配送中心建设，打造“统一品牌标识、统一采购配送、统一制度管理、统一服务规范、统一信誉承诺”的管理模式，加大“放心粮油六进工程”宣传，提高知名度。并采取联合执法形式，打击不法行为。截至2010年，与相关部门联合执法5次。另外，从2010年开始，区粮食局（粮油总公司）在粮食购销企业中发展“农户+合作经济组织+企业”的产业模式，使其从松散型逐步向紧密型经济组织转变。同时提高配送比例，增加网络内运行的粮油产品数量。2010年全区有市优粮油品牌店4家，区优粮油品牌店3家，放心粮油店5家，放心粮油市场占有率70%。

【粮油市场监管】 2007～2010年，区粮食局依照《粮食流通管理条例》，依法管理辖区粮食市场，加快区域粮食流通领域法治化建设。一是建立健全粮食收购市场准入和收购资格核查制度，完善储备粮代储资格认证制度，用制度规范粮食收购市场，加强储备粮管理。4年为符合条件的各类社会力量主体办理收购资格证29件；使全区三级储备粮承储均实现资格认定及招标承储。二是完善全区社会粮食流通监督检查机制，做到经常化、制度化、规范化。4年共出动检查人员312人次，组织各类检查40次，检查粮食企业、经营户607户。其中责令整改18户，警告11户，取消收购资格3户，取消“放心粮油店”称号2户。三是完成全区粮食质量监测体系建设。每年定期对小麦、玉米品种进行质量抽样检查，为政府出具粮食质量、卫生报告，提高市场粮食质量合格率和宜存率。

【粮食产业化发展】 2008年，长安粮食系统实施产业化战略。一是完善粮食流通基础设施条件。2008～2009年，区粮食局（粮油总公司）先后筹集400～500万元，在大兆修建仓容2000万公斤的新型粮仓，并对鸣犊粮站、区粮食收储公司等单位基础设施进行修缮，改善了粮食仓库设施。二是粮油加工业快速发展。2008～2010年，区粮食局（粮油总公司）将斗门、五星等闲置资产和场地转让或出租给粮食加工企业，采取为加工企业代收代存原粮、储备粮轮换、等量兑换等方式解决原料问题。三是扶持长安西部非公粮食加工企业，形成粮食加工基地。同时，区粮食收储公司、大兆粮站、鸣犊粮站等收储企业和斗门面粉厂、群兴面粉厂、下店淀粉厂等深加工企业初步形成规模。

【农户科学储粮工程试点】 2008～2010年，区粮食局（粮油总公司）先后在灵沼乡柳林村、马王街道大原村、韦曲街道何家营村、黄良街道下北良村启动、实施农户产后科学储粮试点。向农户发放1500个

2010年长安区有形市场基本情况一览表

市场名称	地址	负责人	经营大类	面积（公顷）	场地来源	固定经营户数	摊位数
马王综合市场	马王正街	王家轩	综合市场	1.77	行政划拨	150	60
引镇综合市场	引镇什字西北角	白小晴	综合市场	1.33	行政划拨	200	150
郭杜综合市场	郭杜什字东北角	王　坤	综合市场	1.37	行政划拨	200	60
滦镇综合市场	滦镇什字东南角	张　勇	综合市场	2.10	行政划拨	110	100
韦曲环南路综合市场	南长安街206号	杨　林	服装餐饮果品	0.87	租　地	110	50
韦曲南街蔬菜果品市场	南长安街	王小红	蔬菜果品副食	0.45	租　地	60	100

新型粮仓，使农户产后储粮损失由15%下降到5%以内，受到农户普遍欢迎。

【粮食应急和监测体系建设】 为建设长安区粮食应急和监测体系，区粮食局（粮油总公司）出台粮食应急预案，在全区粮食加工企业中筛选4户作为应急成品粮加工、供应单位，设立成品粮储备库，以备非常时期市场供应安全平稳；确定粮食市场信息直报点4个，及时监测市场信息，开展粮油供需及价格调查，健全粮油监测预警系统，为政府宏观调控和中长期规划提供决策依据和数据支持。

【粮食清仓查库】 2009年4月，根据国务院办公厅《关于开展全国粮食清仓查库工作的通知》，区粮食局在全区展开清仓查库工作。经自查、复查、国家抽查，共清查粮食1亿多公斤。全区库存粮食账账相符、账实相符，质量完好，库存安全，无违规现象，受到上级部门好评。

（李　琳）

市场管理

【概况】 2010年10月，根据区编办（长编发[2010]第16号）文件精神，原区市场管理中心整建制划转至区市容园林局。区市容园林局设市场管理科，管理、提升全区6个有形市场。

【市场管理】 2008年9月，在个体工商户管理费和集贸市场管理费停征以后，长安区市场管理经济压力巨大。区市容园林局加大从内部挖掘潜力力度，按照“收支两条线”财务管理制度，增收节支，开源节流，克服困难，逐年完成规费任务，保证职工工资足额发放。投资35万元对有形市场内水、电、路等公共设施和消防设施进行检查、更换和维修，改善市场经营环境。采取各种方式繁荣市场，引进经营户220户，促进再就业与社会稳定，为创建和谐社会做出贡献。　（田　杰）

烟草专卖

【概况】 2007年2月，西安市长安区烟草专卖局、陕西省烟草公司西安分公司长安区公司更名为西安市长安区烟草专卖局、西安市烟草公司长安分公司。其职责是贯彻执行《中华人民共和国烟草专卖法》，依法行使烟草专卖行政管理权力；负责辖区内卷烟营销服务和市场维护工作。内设综合办公室、专卖管理科、客户服务部、工会。至2010年末，区烟草专卖局（分公司）有员工85名。

2007～2010年，面对市场变化和卷烟税价政策的重大调整，区烟草局（分公司）紧紧围绕“卷烟上水平，价格求稳定，利税保增长”的中心任务，增强科学调控能力，抢抓发展机遇，4年共计销售卷烟792859万支，实现销售收入17.3亿元，实现税利27338万元，经济总量占全市烟草系统的九分之一。

【营销网络建设】 2007年3月，长安辖区3268户卷烟零售户全部实现电子结算。2008年3月，西安市烟草专卖局（公司）电子信息网络大平台推行网上订货。至年底，长安辖区3690户卷烟零售户实行网上订货。全区21名客户经理以品牌培育和客户维护为重点，推进“2570工程”（即客户卷烟品牌上柜数，农村零售户达到20户以上，公路沿线及集镇达到50户以上，城区达到70户以上），开展上门服务，引导客户扩展卷烟品牌经营宽度。为实现服务阵地前移，2008年4月，区烟草局（分公司）在引镇、斗门街道各设立了烟草销售农村服务大厅。在营销服务战略实施过程中，区烟草局（分公司）遵循“客户至上、服务至诚”的宗旨，实施首问责任制、岗位服务承诺制和局长（经理）接待日制。3个烟草服务大厅实行法规咨询、客户投诉、烟草证办理和案件处理一站式服务。至2010年末，分布在全区671个行政村的4029户持证卷烟零售户全部纳入烟草户籍管理网络，网络覆盖率100%。

2007～2010年长安区卷烟销售一览表

年度	销量（万支）	销售额（万元）	税利（万元）
2007	169900	30830	4991
2008	191714	40391	7696
2009	204694	46100	6700
2010	226551	55700	7951
合计	792859	173021	27338

【烟草市场整顿】 2007～2010年，区烟草专卖局针对长安零售网点多、分布面广、交通四通八达、管理难度大的实际情况，设立烟草稽查大队，配备稽查车辆；将全区划分为5个责任区，由2个专卖管理所和3个专卖稽查中队40名稽查人员分片包干管理。区烟草局按照动态管理和差异化服务原则，服务规范守法户，打击和取缔违法乱纪、贩售假冒卷烟的经营户。开展“示范一条街、一个村”和“卷烟示范经营户”评选活动，成立客户自律小组28个，构建客户自律、客我共管的市场管理格局，着力打造经营有序、规范和谐的区域烟草市场环境，以减少违法违规卷烟经营行为。

【案件查处和销毁假烟】 2007～2010年，区烟草专卖局共查处各类违法违规案件1011起，案值1432万元，刑拘12人，判刑4人。其中，2008年3月，根据掌控线索，区烟草局在西安市南稍门地铁工地查处的梁敏销售非法生产烟草专卖品案，涉案卷烟151万支，标值30万元，当事人梁敏被判刑3年；2010年4月，在大兆街道小寨村查处吴四学销售非法生产烟草专卖品案，涉案卷烟28万支，标值120万元，当事人吴四学被判刑6年。在公安部门的配合下，追上线，挖下线，牵出涉案人员7人，涉案金额达

2007～2010年卷烟案件查处一览表

年度	案件查处（起）	1万元以上（起）	10万元以上（起）	100万元以上（起）
2007	247	21		
2008	276	16	1	
2009	114	18	1	1
2010	374	33	1	1
合计	1011	88	3	

1200余万元，被公安部、国家烟草专卖局确定为督办假烟网络案件。

【企业管理】 2007～2010年，区烟草局（分公司）以“四个一流”（即一流的班子做表率，一流的队伍促发展，一流的标准抓工作，一流的作风树形象）为标准推动企业管理上水平。一是扎实推进ISO9000质量管理体系、职业健康安全体系认证，贯标对标和优秀县级局（分公司）创建工作，强化内部监管，抓规范，强基础；二是推进人事用工制度改革，落实员工职业发展规划，实行岗位竞争，易岗易薪；三是实行三级督察、过程与结果并重、业绩与收入挂钩的考核管理办法，开展月度工作讲评和月度岗位明星评比；四是实行公司和部门两级培训，模拟服务场景，开展岗位练兵，提升员工素质和实际工作能力；积极参与地方各项工作和社会公益活动，先后向汶川、舟曲、玉树等灾区捐款1.2万余元，组织党员交纳特殊党费3500元。 （李红斌）

供销合作商业

【概况】 西安市长安区供销合作社联合社（以下简称区供销联社）是全区供销合作社的联合组织，对全区供销社负有指导、协调、监督、服务和培训教育职能。2010年，区供销社系统有独立核算单位27家。其中，基层供销社19家（见附表）；区级公司5家：农杂公司、土产公司、棉花公司、第一物资回收公司、第二物资回收公司；商场1家：长安商场；加工厂1户：斗门棉绒加工厂；加盟企业1家：丰润农资有限公司。截至年末，区供销社系统在册职工1363人，离退休1091人。机关内设党委办公室、行政办公室、财务审监科、人事劳资科、业务科5个职能科室，工作人员32人。

2007～2010年，区供销联社实施农村现代流通服务网络建设，引领农村合作经济组织发展，改造经营网点。全系统商品销售总额分别为2007年1.21亿元，2008年2.721亿元，2009年3.33亿元，2010年3.95亿元；汇总利润依次为12.8万元、29.1万元、35.5万元、45.9万元。2007年实现本系统近20年来的首次扭亏为盈。连续4年获西安市供销社系统综合业绩考核第一名、“新网工程”建设先进单位、农民专业合作社与农民经纪人培训工作先进单位。

长安区基层供销社一览表

序号	名称	地址
1	韦曲供销合作社	韦曲街道韦曲老街74号
2	郭杜供销合作社	郭杜街道郭杜南街1号
3	细柳供销合作社	细柳街道府君庙甲字7号
4	斗门供销合作社	斗门街道斗门东街9号
5	沣西供销合作社	马王街道沣京正街27号
6	王寺供销合作社	王寺街道王寺西街1号
7	沣惠供销合作社	兴隆街道沣惠开发区
8	五星供销合作社	东大街道东大街中段
9	滦镇供销合作社	滦镇街道滦镇东街37号
10	子午供销合作社	子午街道子午东街甲字1号
11	王曲供销合作社	王曲街道王曲街中段
12	太乙宫供销合作社	太乙街道太乙宫正街65号
13	杜曲供销合作社	杜曲街道杜曲东街19号
14	韦兆供销合作社	王莽街道韦一村1号
15	引镇供销合作社	引镇街道鸿翔东街1号
16	鸣犊供销合作社	鸣犊街道鸣犊街甲字1号
17	大兆供销合作社	大兆街道大兆西街21号
18	魏寨供销合作社	魏寨乡魏寨村
19	砲里供销合作社	砲里乡砲里村甲字3号

【现代流通服务网络建设】 2006年5月，国务院为健全农村市场体系，发展适应现代农业要求的流通产业，决定由中华全国供销合作总社实施“新农村现代流通服务网络工程”（简称“新网工程”），旨在发展农业生产资料现代经营服务、农副产品市场购销、日用消费品现代经营和再生资源回收利用网络。按照中华全国总社要求，结合自身实际，长安区“新网工程”重点构建农业生产资料经营服务、日用消费品现代经营、烟花爆竹经营服务、再生资源回收利用四大网络。

2007～2010年，区供销联社按照“以现代流通促生产发展、以德经商促乡风文明、以购物环境促村容整洁”的思路，以“小超市，大连锁”模式，采取“供销社主办，社会化参与，多元化投资，市场化运作”方式，吸纳社会资源；改造超市，统一门头标识、货架配置、服务规范、物流配送，配备电脑、POS机和服装；整合流通网络，实行连锁经营。累计建成日用品配送中心7家，组建农资公司1家，农资配送中心4家，烟花爆竹配送中心1家；建成日用品集镇超市14家、农资超市19家，发展日用品标准农村超市273家、农资加盟店150家。“新网工程”连续5年列入区级重点工作（工程），至2010年末，长安农村现代流通服务网络架构初步形成。

2007年4月10日，西安市供销社“新网工程”建设现场会在长安区召开。市供销联社主任冯兆志、长安区政府副区长刘明军及10个区县供销社主任参加，随后“长安经验”在全市推广。28日，《长安区“新网工程”实施方案》印发，长安区“新网工程”领导小组成立，制定长安区“新网工程”规划、政策、措施并组织监督检查。10月，区供销联社、子午供销社和经营大户共同出资30万元，组建股份合作制形式的长安供销（子午）日用品配送中心。2008年9月，区供销联社组织区内50多家农村超市店长，培训连锁营销、经营管理、商品知识等，观摩子午、王曲等地农村超市，推进“新网工程”终端网点规范发展。2009年4月，东大农资配送中心融资300万元，升级重组成立西安市长安区丰润农资有限公司。12月，长安区“新网工程”建设座谈会召开。市供销联社主任冯兆志、长安区人大副主任温德厚、区政府副区长贺乐军、区政协副主席杨育民及区“新网工程”领导小组成员参加。2010年，子午供销社争取国家扶持资金50万元，升级长安供销（子午）日用品配送中心，建成商品展厅和配送库房1000平方米；提升丰润农资有限公司，改造办公场所，改扩建流转库1100平方米，配置货运和宣传车3辆；9月，区供销联社投资10多万元在滦镇街道上王村建成长安农特产品超市。

【经营网点建设】 2007～2010年，区供销联社把有效资产合理开发、利用作为持续发展的基础工作来抓，不断拓宽思路，灵活操作，按照大规模、高标准、全方位、多层次的要求，实施供销社形象提升改造工程。通过职工集资、基建队垫资、以住补商等方式，多渠道融资，盘活资产，加快网点建设步伐。改造、扩建、新建新增经营面积19817平方米，建成职工住宅39559平方米。

2007年1月，大兆供销社营业楼和职工住宅1期动工，历时1年，1038平方米营业楼交付使用；5月，韦曲供销社6180平方米综合楼按期完工；7月，郭杜供销社6000平方米营业楼按期完工。2008年1月，10000平方米供销职工住宅楼动工；7月，4号楼封顶；9月，3号楼封顶；10月，棉花公司综合楼、引镇供销社职工住宅楼2期、大兆供销社职工住宅楼2期、沣西供销社职工住宅楼2期动工；11月，郭杜供销社2800平方米润家购物广场开业。是年，引镇、子午、细柳供销社采用钢架改造扩大经营场地1000多平方米。2009年4月，引镇供销社改造南寨分店完工，引镇供销社职工住宅楼2期、棉花公司综合楼封顶，长安商场转变经营模式重新开业；5月，大兆供销社职工住宅楼2期封顶；9月，鸣犊供销社完成营业楼改造，引镇大家乐超市开业；10月，引镇供销社营业大楼完成改造重新开业；11月，韦兆供销社王莽分社完成改造。2010年，供销社形象改造提升工程启动。4月，杜曲供销社历时一月营业楼改造竣工开业，子午供销社营业楼加宽改造开工；5月，沣西供销社职工住宅楼2期交付使用；7月，沣西供销社灵沼分社扩建经营场地200平方米，建成300平方米“喜客来”超市开业，棉花公司引进过江龙、德福楼开业，鸣犊供销社职工住宅楼1期开工，子午日用品配送中心和丰润农资有限公司配送中心升级改造开工，引镇供销社回购原肉食门市953平方米地产，9月，滦镇供销社2号商住楼动工。

【村级综合服务社】 村级综合服务社是供销社为三农服务的延伸，是参与新农村建设的有效形式。2007～2010年，区供销联社联合社会资源，先后改造建成黄良湖村、韦曲东兆余村、王莽清水头村、王莽西王莽村、杜曲樊村、子午曹村、东大祥峪、引镇南寨村、灵沼里兆渠村等村级综合服务社，服务内容涵盖日用消费品、农资、医药诊所、电器修理、信息咨询中介、科技服务等项目。

【农资供应】 区供销社系统是全区农业生产资料供应的主渠道，承担化肥、农药等购销、储备，开展农资送货下乡、测土配方、科技辅导、举办业务培训等，配合职能部门开展质量检查、专项打假活动。

2007～2010年，区供销联社引入新型农资经营模式，完善农资连锁经营服务网络。以西安市长安区丰润农资有限公司为龙头，整合发展以基层社农资门店、庄稼医院为依托的农资连锁加盟店150家，加强全区农资供应，网络覆盖全区，辐射户县、蓝田。

化肥 区供销社系统经营的化肥种类有碳铵、尿素、二铵、钾肥、磷肥等常规肥及各类复合肥、专用肥、控释肥。按照“保证质量、稳定市场、方便群众”原则，把好进货关、质量关，严格执行价格规定，满足农业生产需求。2008年，区供销联社统筹安排，统一调配，统一价格，把省政府补贴的4732吨化肥分解配送到25个乡街70个销售网点，稳定市场价格。

农药 由各基层供销社根据当地农作物需要和农民用药习惯自行购进销售。

中小型农具 随着农业生产机械化程度提高，中小农机具销售额不断下降。各基层供销社本着为农服务的宗旨，仍保留着犁、耙、镢、锄、锨、铧、扫帚、喷雾器、喷粉器、水泵、播种机等中小型传统农机具的供应。

2007～2010年农资供应一览表

种类 年份	化肥（吨）	农药（公斤）	农地膜（公斤）
2007	45000	51920	62045
2008	30620	49120	60435
2009	31320	48010	45600
2010	30510	47257	50402

【庄稼医院】 2007～2010年，区供销联社依托集镇供销社，共设立庄稼医院14所，开展科技指导、病虫害预防诊治和咨询、配方售肥售药、农资商品供应等服务，引导农民科学种田、合理施肥、安全对症用药。4年庄稼医生坐堂问诊、田间巡诊近3000次，年均接巡诊600多次。

【农村合作经济组织发展】 2007年7月，《中华人民共和国农民专业合作社法》颁布。2007～2010年，区供销联社依照法律，针对各乡街产业结构特点，围绕生产、销售等环节，因地制宜引领专业合作社健康发展，领办注册各类专业合作社23家，入户社员2237户，带领农户3356户；合作引领14家，入户社员862户，带领农户1227户；注册“东湖春”、“大峪”、“曙光乐”农产品商标3个。终南果品、东湖四季薹韭、富农韭菜韭黄3家农民专业合作社成为2008年度省供销总社规范化建设重点指导专业合作社；终南果品、东湖四季薹韭、秦禾草制品、利民苗木瓜果、灵沣口蘑5家专业合作社入选2006～2008年中华全国供销合作总社千社千品富农工程专业合作社。

2010年5月，全区农民专业合作社发展座谈会在区行政中心召开。陕西省供销合作总社授予区供销联社“农民专业合作社建设先进单位”称号。

【农民经纪人培训】 农民经纪人是衔接千家万户小生产与千变万化大市场的桥梁和纽带，是农村新型社会化服务体系的重要组成部分。加快农村经纪人发展与培训，是适应农村经济发展要求和应对市场挑战的重要举措。2007～2010年，区供销联社发挥区农民经纪人协会职能作用，实施农村实用新型流通人才培训工程，举办培训班15期。聘请省市有关专家，免费培训农民经纪人、专业合作社从业人员2303人。其中1877人通过认证考核，取得中华全国供销合作总社颁发的职业资格证书。区供销联社连续4年获西安市农民经纪人和专业合作社培训工作先进单位。

【供销企业管理】 2007～2010年，区供销联社按照“投资多元化、运作多样化、经营连锁化、服务综合化”的要求，通过广开门路，节支降耗，开放办社，招商引资措施，提高资产使用率，增加就业岗位。郭杜、韦曲、子午、滦镇等供销社，引进和发展了一批总代理、总经销、特许经营、连锁经营门店。通过集中采购、统一标准、统一配货、统一销售，为居民提供优质商品和服务，提高经营水平和经济效益。长安商场、土产公司、沣西供销社、引镇供销社等22个单位在巩固发展原

长安区专业合作社一览表（领办：1～23，引领：24～37）

序号	名 称	负责人	地 址
1	西安市东湖四季薹韭专业合作社	王新平	子午街道子午东街甲字1号
2	西安市长安区终南果品专业合作社	赵景茂	引镇街道引镇供销社东院
3	西安市长安区富农韭菜韭黄专业合作社	简广利	韦曲街道韦曲老街24号
4	西安市长安区秦禾草制品专业合作社	陈志建	王曲街道王曲镇甲字11号
5	西安市长安区曙光雪韭专业合作社	周建春	王曲街道王曲供销社内
6	西安市秦科花卉专业合作社	罗新利	细柳街道细柳供销社内
7	长安区鹿塬苗木花卉种植专业合作社	韩安民	砲里乡砲里村7组
8	西安市长安区灵沣口蘑专业合作社	徐会省	灵沼乡里兆渠东街18号
9	西安市东星白菜专业合作社	吴小娣	东大街道五星供销社内
10	西安市长安区百盛苗木花卉专业合作社	张西院	王寺街道西街1号
11	长安区魏农核桃种植专业合作社	樊跃进	魏寨乡西坡村114号
12	西安市长安区太乙花翠杂果专业合作社	王炳社	太乙宫街道太乙宫供销社内
13	西安市长安区抱石柿子果品专业合作社	刘 涛	子午街道抱石三组
14	西安市长安区沣桥果蔬专业合作社	李岐辉	马王街道沣西供销社内
15	西安市长安区秦沣蔬菜育苗专业合作社	姚少伟	兴隆街道沣惠供销社内
16	西安市长安区兴民食用菌专业合作社	孙路成	杜曲街道杜曲供销社内
17	西安市长安区韦王果蔬专业合作社	张小东	王莽街道韦兆供销社王莽分社内
18	西安市长安区杨帆养殖专业合作社	卢香利	郭杜街道郭杜供销社东院
19	西安市长安区百盛苗木花卉专业合作社	张西院	王寺街道西街1号
20	西安市长安区兆祥西瓜种植专业合作社	何大红	大兆街道大兆供销社内
21	西安市恒丰花椒专业合作社	张 林	鸣犊街道鸣犊供销社内
22	西安江南草莓专业合作社	韩军胜	滦镇街道滦镇供销社内
23	西安市长安区利民苗木瓜果专业合作社	李省民	兴隆街道南雷西村171号
24	金波种养殖专业合作社	冯 波	东大街道西大村北四街3号
25	秦岭大樱桃专业合作社	王勇琪	黄良街道石佛寺村6号
26	刘华伟大棚西瓜专业合作社	刘华伟	大兆街道小兆寨子村
27	超林果业专业合作社	李 宁	杜曲街道中韦村3组
28	上滦葡萄专业合作社	王军永	滦镇街道上滦村72号
29	恒绿种养殖专业合作社	李治平	高桥街道阴水坊村中心街甲子1号
30	金叶蔬菜专业合作社	张社民	高桥街道西马坊村村委会
31	同舟养殖专业合作社	杨 斌	斗门街道普渡村
32	先锋园艺专业合作社	白 静	斗门街道先锋村白家巷78号
33	富西葡萄专业合作社	王晓亭	细柳街道下店村50号
34	山水园种养殖专业合作社	张 军	引镇街道南寨东村村委会
35	神鹿西瓜种植专业合作社	刘伟峰	砲里乡布村三组
36	天道兔业专业合作社	孙雅丽	鸣犊街道郭村
37	秦域养蜂专业合作社	黄寿强	杨庄乡李家山村

有业务的同时，开拓以物业管理、幼儿教育、手机专卖、家具卖场、餐饮娱乐、房产开发、租赁服务等为主的新业务，提高企业效益。

2008年9月，区供销联社为6个基层单位更换办公桌椅，改善办公条件。10月，制订、修订、完善供销社企业管理制度13项，汇编成册印发全系统各单位。2009年12月，区供销联社按照办公自动化要求，

2010年10月，区委书记吕健在区供销联社、财政、民政等部门领导陪同下视察滦镇上王村农特产品超市。

筹资近10万元为基层19个单位配备电脑、打印机等设备，降低基层办公成本，提高办公效率和工作质量。

【供销企业改革】 2007～2010年，区供销联社以提高服务功能、增强服务能力、实现经济效益为目标，提出基层供销社“强社兼并弱社，大社托管小社”的分步改革改制意见。通过整合边、远、偏社资产，集中有效资源，做强做大中心社，为重组网络资源，建立新型流通业态奠定基础。

2007年9月，引镇供销社兼并引镇合作商店。10月，区供销联社、子午供销社和经营大户共同出资组建股份合作制实体——长安供销日用品配送中心。2009年4月，区供销联社批准西安市长安区丰润农资有限公司加入供销社系统。年内，长安商场、引镇供销社完成营业场所改版升级。

【烟花爆竹经营管理】 2007年1月，长安区政府决定由安监、供销、公安、工商、技术监督等部门组成烟花爆竹管理联席会议，区供销联社理事会主任李智奇任办公室主任。烟花爆竹购进批发业务由区农杂公司负责，零售门点由各成员单位分别审核，核发《烟花爆竹定点销售证》和《烟花爆竹经营（零售）许可证》，零售商凭证进购销售。2007年11月，《西安市销售燃放烟花爆竹管理条例》公布，明确烟花爆竹由供销社归口经营。2008年1月，韦曲、郭杜城市建成区被划为限放区域；10月，区农杂公司烟花爆竹储备库通过省级专业标准化仓库验收。2009年1月，由农杂公司牵头成立烟花爆竹行业协会。

2007～2010年，区供销联社配合公安、安监、工商部门，清理整治烟花爆竹市场秩序。经过规划布点、人员培训，确定约130家符合经营资质的经营点作为常年零售点，并签订加盟协议，办理证照；在每年春节期间，核定临时零售点350～400个。4年分别销售烟花爆竹400万元、410万元、440万元、360万元。

【解决历史遗留问题】 2007年，区供销联社会同中国农业发展银行西安市长安区支行核销棉花公司和斗门棉绒加工厂等企业，因国家委托供销社收购加工棉花等历史原因，造成供销社系统棉花政策性经营贷款本息720万元。2008年，配合法院协调解决原生产资料公司与氮肥厂官司、城市信用社债务官司、端履门转让官司等。历史遗留问题的逐步解决，减轻供销社企业负担，为企业健康发展奠定基础。

【联社机关搬迁】 2008年10月，由于西安市地铁2号线长安段建设，区供销联社综合楼和韦曲供销社商住楼被列入动迁范围。18日，区政府正式通知进入拆迁阶段，区供销联社立即成立工作班子，全力配合地铁建设相关单位工作；27日，拆迁红线划定。2009年6月，区供销联社以长安发展大局为重，舍小家保大家，机关搬迁至区政府行政中心办公。

【领导视察】 2008年5月，区委副书记薛振虎，区委常委、统战部长柴跟科视察区供销联社目标任务进展情况；6月，区人大副主任温德厚带队就供销社“参与农业产业化，为农服务工作”做专题视察调研；10月，市考评办财贸组在市供销社有关领导陪同下，检查区供销联社“新网工程”建设情况；11月，市供销社领导调研区供销联社培训工作。

2009年1月，区委书记吕健在区供销联社、公安、安监等部门陪同下检查大兆烟花爆竹存储库；3月，省供销合作总社政治处处长魏胜利、市供销社纪委书记范安林来区供销社调研综合考评和人事情况；5月，区长汪文展在区供销联社、农业等部门领导陪同下调研“三夏”农资储备供应情况和村级综合服务社建设情况；6月，省供销合作总社巡视员冯斌调研区供销联社工作；12月，市供销社纪委书记范安林带队，到区供销联社专题调研国务院《关于加快供销合作社改革发展的若干意见》落实情况。

【李智奇当选全国供销社系统劳模】 李智奇，男，1962年6月生，中共党员，大学学历。自2005年任西安市长安区供销合作社联合社党委副书记、理事会主任以来，凭借独特的经营管理理念，创新思维，扎实苦干，带领干部职工克服重重困难，改造提升营业门店，强化为农服务功能，推进新网工程建设，系统经济效益明显提高，利润连年增长，使一个连续20年亏损的区县级供销社甩掉亏损帽子，各项工作在全市名列前茅，供销联社在新农村建设中的作用逐步增强，社会影响力日益提高。2008年2月，人事部和中华全国供销合作总社授予李智奇“全国供销社系统劳动模范”称号。　（张恒辉）

开发区建设

综　述

2007～2010年，长安区出台一系列支持开发区发展的政策和措施，并通过高效服务，使“西安高新技术产业开发区”、“陕西航天经济技术开发区”、“沣渭新区”3个开发区入驻长安区后，一直保持良好发展态势，共建区内的道路、管网、电力、通讯等基础设施实现对接，形成“六通一平”。西安高新技术产业开发区发展电子信息、通信设备、生物制药、光机电一体化等产业。陕西航天经济技术开发区以航天特种技术应用、信息技术、新材料与新能源、计算机软件、装备制造业、航天运载动力为主导发展民用航天产业，为颇具规模的高新技术研发基地。“沣渭新区”为省委、省政府落实国家《关中—天水经济区发展规划》建设大西安、带动大关中、引领大西北，打造全国内陆型经济开放开发战略高地的重要承载区，既是西咸一体化的重要组成部分，也是西安国际化大都市建设的重要城市功能新区。

截至2010年底，高新区共建区建成西部大道、创业大道等22条主要道路，引进各类企业490家，其中工业企业268家（含规模以上的34家），以通信、软件、先进制造、生物医药等行业为主。西安国家民用航天产业基地建成雁塔南路长安段、航天大道、神州三路等28条道路；引进项目100余个，其中外资项目13个，合同引进内资499亿元、外资33.2亿美元，完成固定资产投资88.67亿元、年均增长176%以上；注册企业400余家，吸纳就业人员2万余人，纳入统计名录的各类企业143家；17家规模以上工业企业中，年产值500万元以上的15家，年产值2000万元以上的9家。常宁新区四周交通便利，绕城高速、三环、西部大道、韦郭路、雁环路、环山路、子午大道、神禾大道、终南大道构建起交通网络体系；整体规划布局结构清晰、用地配置合理、功能分区明确、生活配套完善，黑河供水、天然气管网、电力、通讯等全部到位；投资近13亿元的公园绿地、集中供热、污水处理等设施配套正待建设；中心广场和柳青文化广场投入使用，社会服务区不断完善；道路景观绿化普及率、达标率均为100%，绿化面积36000平方米。（宋　蕊）

开发区发展协调

【概况】 2010年9月，根据西安市长安区机构编制委员会（长编发[2010]18号）文件，设立西安市长安区支持开发区发展协调管理办公室（以下简称区协调办），是西安市长安区支持开发区发展协调管理工作领导小组的办事机构，长安区人民政府直属事业单位，正处级建制；主要承担长安区与国家级西安高新技术产业开发区、国家级陕西航天经济技术开发区、西安沣渭新区的综合协调服务和管理工作。职责为：贯彻落实中共西安市长安区委、西安市长安区人民政府支持开发区建设的工作部署；拟订长安区与开发区共建合作机制和办法；落实长安区与开发区财税收入分配机制和相关经济指标划转工作；协调、督促区级有关部门、街道办事处在与开发区共建中承担任务的落实；协助开发区做好征地拆迁、农民安置及农村稳定等相关工作；承办区政府交办的其他工作。内设综合科（西安沣渭新区协调管理科）、国家级西安高新技术产业开发区协调管理科、国家级陕西航天经济技术开发区协调管理科。核定事业编制12名，其中主任、副主任各1名，科级职数3名。

【长安区部分单位托管移交沣渭新区】 2010年10月，区协调办按照西安市推进沣渭新区建设领导小组《沣渭新区街道托管移交工作方案》要求及中共西安市长安区委、西安市长安区人民政府关于托管移交工作安排，负责托管移交过程中各项组织、协调工作，负责做好人事移交工作。区协调办通过调查摸底，对涉及移交沣渭新区的单位和人员分门别类、造册登记，与长安区人力资源和社会保障局核对情况，形成托管移交汇总表。2010年11月，区协调办会同区人力资源和社会保障局、区教育局，与西安沣渭新区人力资源和社会保障局、教育局在西安沣渭新区管委会完成人员初步移交。通过与西安沣渭新区管委会办公室和西安市公安局高新分局联系，掌握托管辖区范围内国土资源和公安系统人员移交信息。截至2010年底，完成斗门、高桥、王寺3个街道范围内的人事移交。涉及65个行政村，面积101.27平方公里，人口11.54万人；行政、事业单位49个，企业10户，各类工作人员3445人。

【长安区与国家级西安高新技术产业开发

区合作共建工作】 2010年11月23日，依据西安市总体规划，国家级西安高新技术产业开发区在长安区范围内项目建设用地（即国家级西安高新技术产业开发区80平方公里总体规划范围内的长安部分）涉及长安区郭杜街道、兴隆街道、滦镇街道、细柳街道和五星乡。区协调办对共建区域进行调研，长安区人民政府与国家级西安高新技术产业开发区管委会，就共建区内合作内容、土地征用、拆迁安置、税收分成、失地农民养老保险等事项签订《合作共建西安高新技术产业开发区长安区域框架协议》；12月，区协调办配合国家级西安高新技术产业开发区完成郭杜街道恭张村村民回迁工作。

【长安区与国家级陕西航天经济技术开发区合作共建工作】 2010年10～11月，区协调办、西安市长安区人民政府办公室、西安市规划局长安分局与国家级陕西航天经济技术开发区管委会查看13.2平方公里长安自建区的地形地貌，结合现有村落、地面附着物、配套设施、地面高度与交通主干道距离等现状，对选择自建区范围、实施开发等提出意见和建议，同时与国家级陕西航天经济技术开发区管委会协商，对自建区域位置调整提出初步意见。

（郭　成）

西安郭杜教育科技产业开发区

【概况】 西安郭杜教育科技产业开发区（以下简称郭杜开发区），原为郭杜工业园区。2006年5月，陕西省人民政府以陕政函［2006］46号文件批复西安郭杜教育科技产业开发区为省级开发区。开发区规划总面积28平方公里，东邻长安区行政中心，西与高新区规划发展区域相连，南至兴隆街道，北接西安高新区，是长安区重点建设区域之一。截至2010年，郭杜开发区引进各类项目80多个，引资额260多亿元，在引进资金、集聚企业增加税收、解决就业和带动新农村建设等方面发挥了积极作用。

【基础设施建设】 2007～2010年，郭杜开发区先后建成广场、公园4座，绿化面积50多万平方米，给水、电力、电信、天然气配套齐全。建成25条总长57公里的市政道路，形成“八纵六横”的交通骨架系统。其中子午大道、长安大道、西沣公路、西部大道、学府大道、香积大道贯通全境，与绕城高速、西安三环相连，16条公交线路穿行其中。先后完成同辉路南段及西外路延伸工程1640米、广金路道路工程640米、园区南北二路排水工程400米、企业总部基础配套工程二期绿化工程绿化面积1万余平方米。

【园区规划】 郭杜开发区总规划面积28平方公里，是以教育科研及成果转化、高新技术产业和文化产业发展为主导的省级开发区。2007～2010年，结合西安市第四轮城市总体规划，按照高起点、宽视野、适度超前和现代城市经营模式，开发区聘请专家、学者和权威规划编制机构，重新修编开发区总体规划，明确开发区发展定位和实现打造“西部教育科技产业高地”目标。

【招商引资】 2007～2010年，郭杜开发区将招商引资作为发展的生命线，不断优化投资环境，拓宽招商引资领域，引进项目22个，合同引资总额82.44亿元。项目有：香港路劲公司、西安万科南唐置业有限公司、西安有色冶金设计研究院搬迁扩建和建设研发中心项目、华商传媒产业基地、中国地质调查局西安地质调查中心、中国有色金属工业西安勘查设计研究院、福建商会、西安启扬信息产业有限公司、西安洋天集团、西安市城市规划设计研究院、西安吉源企业集团、西安金金博士家居用品有限责任公司、西安众合公路改建养护工程技术有限公司、西安市机动车排气污染监督检测中心、陕西南洋迪克家具制造有限公司、西安正达电气有限责任公司等企业以及陕西工运学院新校区、陕师大附小附中、西安美术科技培训学院等。

【重点项目建设】 2007～2010年，郭杜开发区实施项目带动战略，重点项目建设及投资额逐年递增，重点投资项目65个，总投资69.39亿元。项目有：西北大学长安校区、陕西广播电视大学长安校区、西安邮电学院长安校区、西安外国语大学长安校区、陕西师范大学长安校区、西安解放军政治学院长安校区、陕西日报社、华商传媒产业基地、万科长安城、西安雅居乐花园、国色天香、金宇蓝苑、锦华园、忆江南、长安星园、三星丽座、陕西南洋迪克家具制造公司现代化生产基地建设、盛世长安、早安林庄、挚信樱花园、西安机电信息技术学院、长安国际企业总部、融发沁园住宅小区、枫丹白露苑、早安·林庄二期建设、雅居乐花园二期建设、盛世长安二期建设等项目。

【陕西新闻大厦落户郭杜开发区】 2007年10月，陕西新闻大厦奠基仪式在郭杜举行。陕西日报社新址位于郭杜开发区，规划用地22公顷，总建筑面积19.6万平方米，总投资8.5亿元。工程分两期建设，一期包括陕西新闻大厦、陕西报刊印刷发行中心及编辑记者公寓等项目；二期为西部记者俱乐部、陕西新闻研究所、新闻发布中心及陕西新闻发行网络物流配送中心。

【陕西省档案馆新馆在郭杜开发区奠基】 2007年8月，陕西省档案馆新馆奠基仪式在西安郭杜教育科技产业开发区举行。省上领导赵正永、魏民洲、桂中岳、罗振江，中共西安市委常委、副市长董军等出席仪式并为新馆培土奠基。陕西省档案馆新馆位于开发区邮电学院以南、子午大道以东、郭杜国土资源所以西、南环路以北；项目占地面积4.33公顷，总投资6400万元，总建筑面积22500平方米，由陕西省档案局及陕西省统建办投资建设。新馆设计采用现代中式风格手法，呈现新四合院式布局，由4幢地下1层、地上3～4层型建筑组成。其中，1层为档案库房，面积6200平方米；1号楼主要为科研、办公用房；2号楼为展厅；3号楼为陈列室；4号楼为培训用房及多功能厅，可满足档案存放远期规划30年的要求。2010年项目竣工验收交付使用。

（陈　伟）

西高新二次创业基地

【概况】 西安高新区二次创业基地，位于西安高新科技产业开发区新型工业园以西、韦斗路以北、西户公路以东，总面积9平方公里。2003年6月动工建设，至2010年底，区域内比亚迪汽车公司、法士特齿轮传动公司、西安海关出口加工区B区、美国美光科技有限公司半导体封装项目、美国应用材料公司纳米半导体材料生产基地建成投产，对长安区域经济发展起到辐射拉动作用。

【基地规划】 西安高新区二次创业区远景规划为建成59平方公里中心区，30平方公里辐射区。中心区将以高新技术成果研发、转化、生产为主要功能，促进科技成果商品化、产业化和国际化，成为中国西部创新科技城核心区域；辐射区由长安、灞桥、周至等科技园组成，以高新技术产业规模发展和专业配套为主要功能。长安、灞桥、周至3个园区将立足自身情况，确定发展方向，初步确定把长安科技园建成西安高科技产品、军民两用产品、传统工业产品制造加工基地；把灞桥科技园建成新材料、新型建材及新能源生产制造基地，大力发展物流业；把周至生态园建成环保产品研发、制造及高科技农业产品研发及生产基地。

【建设状况】 2003年6月，西安高新区二次创业区在高新区、长安区共建活动中，引进的比亚迪汽车公司、法士特齿轮有限公司、华新丽华1ED生产线、美国美光半导体科技有限公司、美国应用材料（西安）公司已入驻西安出口加工区B区。为了给入区企业提供投资建设环境，高新区、长安区在共建工作中，修建完成基地纬十路、纬十二路、纬十四路、纬十六路、纬十八路、经二十二路、经二十四路、经二十六路、经二十八路、经三十路、经三十二路11条路段，总里程30公里，占地面积146公顷；整体搬迁恭张、乳驾庄、羊村、东新、河池、周家庄、南新、西新8个村2500多户村民，搬迁总面积160万平方米。至2010年，恭张新村全面建成，乳驾庄新村建设主体工程已完工。

【运转状况】 高新区、长安区两区合作共建协作项目、城改拆迁进展良好。比亚迪三期计划投资1亿元，2011年完成发动机生产线设备安装、调试、配套、地下通道（二）建设、综合楼（二）完工，1104伏电站投入使用；华新丽华项目投资3.63亿元，2011年完成厂房结构建设，进行设备安装；海关出口加工B区，投资1.75亿元，完成美光二期厂房土建工程，2011年10月1日前完成投资6000万元配套公寓楼建设；五四村拆迁工作，完成入户评估150户，完成评估总户数30%，2011年可完成五四村460户拆迁工作。

【华新联合科技公司LED项目奠基】 2009年6月，“西安华新联合科技有限公司LED项目开工奠基仪式”在位于郭杜街道的西安高新技术产业开发区二次创业区举行。陕西省省长袁纯清、省委常委、西安市委书记孙清云、市长陈宝根、华新丽华股份有限公司董事长焦佑伦、西安华新联合科技有限公司董事长胡庆建等应邀出席。西安华新联合科技有限公司注册于西安高新软件园，由台湾华新丽华股份有限公司独资设立，主要致力于半导体照明研发、生产和市场推广。公司拥有自主研发能力，已完成多种大功率LED外延片的批量生产、封装模组与灯具的开发生产，产品涉及半导体照明产业链，并建成国内首个大功率LED外延片生产和芯片制造基地，带动国内LED应用产业快速发展，成为国内半导体照明产业的龙头企业。此次奠基的LED项目，总投资2亿美元，主要产品为高端LED芯片和封装光源，一期项目投资5500万美元，预计年内生产运营，营业收入5000万美元。

【入驻企业】 **比亚迪汽车有限公司** 2003年1月，比亚迪拓展产品和地域，收购“秦川汽车”（现比亚迪汽车有限公司），在西安高新技术产业开发区修建新厂房；10月，在西安高新技术开发区开建。至2010年，建成比亚迪汽车总装生产线、冲焊联合生产线、检测线、动力能源设施及生活配套设施等，完成一期工程10万辆轿车生产能力；其自主研发生产的F3轿车于2005年9月份批量投产上市。比亚迪汽车有限公司组建伊始，全心致力于燃油汽车、电动汽车、混合动力汽车研发与生产；遵循自主研发、自主生产、自主品牌发展路线，产品线由单一的福莱尔轿车扩大到包括A级燃油车、C级燃油轿车、锂离子电动汽车、混合动力汽车在内的全线产品。

西安法士特汽车传动有限公司 法士特集团公司是以重型汽车变速器、汽车齿轮及其锻、铸件为主要产品的专业化生产企业和出口基地，各项经营指标连续6年名列全国齿轮行业第一，重型变速器产销量世界第一，已跻身全国齿轮行业纳税10强、中国汽车工业50强、中国机械工业100强、中国制造业企业500强、中国大型工业企业1000强行列。法士特公司在西安高新区征地746公顷，投资10亿元的建设生产基地开始投产，成为中国最大的重型汽车变速器制造基地。

美光半导体（西安）有限公司 美国美光科技有限公司是全球最大的半导体存储及影像产品制造商之一，公司是美光科技有限公司在陕西西安出口加工B区设立的外商独资企业，总投资505亿元，建设用地93338平方米，主要业务是集成电路、封装测试、内存模块装配。

应用材料（西安）有限公司 美国应用材料（西安）有限公司是全球最大的半导体设备制造商，于2006年4月在陕西西安出口加工B区设立全球开发中心，是应用材料公司除美国本部外的又一个全球开发中心。2008年11月，应用材料公司在陕西西安出口加工B区建立具有世界水准的太阳能技术研发中心，投资总额3亿美元，中心将成为全球第一个集合薄膜和晶体硅太阳能生产技术和设备研发、展示、认证及培训中心和太阳能研发中心。

（张永峰）

西安国家民用航天产业基地

【概况】 西安国家民用航天产业基地管理委员会，为西安市政府派出机构，正局级建制。内设16个内部职能部门，具有规划、环境保护、国有土地、城市管理综合执法及市政设施管理权、室外广告设立审批及监察权、工程建设管理权、项目审批及核准备案权、市容环卫及园林绿化行政管理权和房屋管理权14项市级经济社会事务管理权限。西安国家民用航天产业基地位于长安区韦曲、大兆、鸣犊街道辖区，总规划面积86.65平方公里。其中，基地规划面积23.04平方公里，扩展区规划面积63.61平方公里。基地管委会设国土、人才服务、社保、工商、税收、交通管理、户籍登记等职能部门，为入区企业提供全方位的政府服务。西安国家民用航天产业基地（国家级陕西航天经济技术开发区）是陕西省政府和西安市政府联合中国航天科技集团公司，依托和发挥陕西航天科技资源优势和发展潜力，共同建设的以航天技术民用产业为主导的高科技产业园区，是全国最大的民用航天高科技产业基地和陕西省发展先进半导体照明及太阳能光伏产业核心区域，自2006年正式成立已成为西安“五区一港两基地”板块经济发展格局的重要支撑，被国务院批复为国家级陕西航天经济技术开发区，被国家发改委批准为国家级民用航天产业基地，被国家工信部批准为军民融合国家新型工业化产业示范基地，被国家科技部认定为国家级西安国家半导体照明（LED）工程高新技术产业化基地，被中国航天科技集团确定为航天科技（西安）卫星应用产业示范基地，被陕西省政府批准为全省大功率半导体照明产业基地以及全省“云计算”产业示范基地。西安航天基地始终坚持以科学发展观为指导，以国家战略性需求和区域经济发展为基点，以提升民用航天产业核心竞争力为引领，发展战略性新兴产业，促进军民融合，重点发展以卫星及卫星应用产业为代表的民用航天产业、以太阳能光伏及大功率半导体照明产业为代表的新能源新光源产业等产业。基地主要经济指标年均增长35%以上。截至2010年底，完成固定资产投资88.2亿元，实际利用内资15.38亿元，利用外资4572.4万美元；实现工业总产值139.4亿元，建成规模以上工业企业15家；实现大口径财政收入26.43亿元，地方留成收入1.28亿元。

【招商引资及项目建设】 2007～2010年，航天基地出台《西安国家民用航天产业基地太阳能光伏和半导体照明企业房租补贴实施细则》、《西安国家民用航天产业基地科技孵化器孵化（培育）企业房租优惠管理办法》等政策，支持、鼓励战略性新兴产业和高技术产业企业发展。引进孵化企业97家。其中毕业企业26家。截至2010年底，基地累计招商引资项目110个，实际利用内资15.38亿元，利用外资4572.4万美元。推进项目资金申报，申请国家、省、市三级专项资金32类545项，申请各类资金75.3亿，落实2.96亿。其中为管委会申请各类项目73项，申请资金6.3亿，落实1.06亿元。

【民用航天产业聚集效应明显】 西安航天基地按照现代化、国际化标准规划建设园区，将节能、低碳、环保等技术及理念应用于园区建设，打造科技、人文、生态三位一体的航天科技产业新城。截至2010年底，航天基地聚集了中国航天科技集团四院、六院、五院分院、九院（771所、7171厂）等20多家大中型航天企事业单位。通过优化整合资源，加快民用航天产业及其关联产业规模化发展，基地已成为国内规模最大的民用航天产业基地，形成以民用航天产业、太阳能光伏和大功率半导体照明产业为主，多产业跨领域错位发展的产业格局。

【新能源新光源产业高地】 截至2010年底，航天基地引进MOCVD、蓝宝石单晶片、陕西煤业化工集团等一批新能源和LED高端领军技术项目8个，实现蓝宝石单晶片项目开工，为航天基地抢占半导体照明产业领域制高点奠定基础。西安隆基硅销售收入20亿元，位列行业前三；中电投1000MW太阳能电池一期、阳光新能源、神光新能源等项目主体基本完成；陕煤化工集团入驻航天基地，为基地太阳能产业发展奠定基础，以太阳能光伏及半导体照明为主的新能源新光伏产业核心竞争力进一步提升。

【基地基础设施建设】 2007～2010年，航天基地加大基础设施建设，城市道路、水、电、气等基础设施建设投入18亿，完成雁塔南路长安段、航天大道、神舟三路等15条35公里道路建设工程，管网铺设115公里。实施330KV高压线迁改，总迁改历程26公里，是陕西省建国以来电压等级最高、里程最长的高压线迁改工程，保障了航天六院7103厂大推力火箭发动机项目、中电投1000兆瓦太阳能电池项目、航天五院504所项目等13个总投资约80亿元的重点项目建设。启动20KV配电网建设。新建开闭所1座，完成110KV慧谷变电站主体建设、航创广场配电设备安装以及110KV神舟变、航天变申报工作。园区绿化面积35万平方米，大气与环境质量不断改善，宜居宜业的生态产业基地特质初步呈现。

【国土管理】 按照国家国土政策和市政府授权，截至2010年底，基地报征批土地2039.4公顷，其中，报批建设用地973.9公顷、土地征收1165.55公顷。出让建设用地37宗总面积230.7公顷，划拨建设用地112.6公顷，基地被国土资源部确定为全国征地制度改革试点单位。

【创新政府融资模式】 截至2010年底，航天基地累计获得银行授信贷款约70亿元；联合莲湖区、未央区、灞桥区、国际港务区组建“西安财源融资增信联合体”，区域融资55亿元；与海通证券和深圳市创新投资集团等合作，发起设立总额52亿元的西安航天新能源产业基金、陕西航天红土创业投资基金和陕西德鑫资本投资基金，年度实现投资1.36亿元，为基地民用航天、新能源、新材料、清洁技术等高新技术企业和创新型创业企业快速成长提供投资、融资和资产管理的战略性服务平台。为缓解基地中小企业资金紧缺，增强企业发展后劲，为企业担保金额4.76亿元。利用反担保手段，支持西安隆基硅材料股份有限公司快速发展，为其提供贷款担保2300万元，美金600万元；基地争取陕西省支持西安加快发展专项资金（无偿资助）1000万元；为西安隆基硅公司申请获得省财政工业企业流动资金贷款贴息150万元。参与完成由国家开发银行作为主承销商的“西安市文化和科技中小企业2010年度第一期集合票据”担保发行工作，为西安隆基硅公司担保发行票据5000万元。

【履行基地政府服务职能】 航天基地管委会不断加强完善政府服务功能，公安、交警、工商、国税、地税授权到位，警力、物力得到加强，信访、安监、应急、维稳、消防机制进一步健全。2006年以来，基地管委会不断加强政府职能建设，服务辖区居民，调解处理劳动争议投诉100余起，涉及1000余人次，帮助劳动者及农民工解决拖欠工资700余万元，调处矛盾纠纷200余起，维护了社会稳定。协调引进239及260路公交车，方便辖区群众出行；做好辖区甲流等疫情防控，免费为1万多群众接种H1N1甲流疫苗，接种人数占基地总人口20%。按照市政发〔2007〕129号文件《西安市城中村改造管理办法》，制订航天基地拆迁安置方案。启动5个村的拆迁安置工作。帮助农民向集中安置区有序转移，枣园新村安置小区建设工作稳步推进，蕉村、西兆余村安置小区已完成前期工作。同时，基地落实被征地农民社会保障政策，加大失地农民转移就业培训力度，创造就业条件，拓宽就业渠道。（陈　超）

秦岭北麓生态优化区

【概况】 2010年原秦岭北麓经济开发带管理委员会更名西安长安秦岭北麓生态保护利用管理委员会（以下简称管委会），属区政府派出机构。具体负责长安区秦岭北麓区域内生态保护、项目审查；滈河桥至环山路段子午大道规划范围内建设管理、公共基础设施管理、绿化带及市容环境卫生管理。

【秦岭北麓项目协调服务】 2007～2010年，管委会协调化解秦岭北麓保留项目遗留问题，促进项目规范建设。截至2010年底，秦岭北麓经市政府审批保留已办理土地手续项目46个。其中，建成项目20个，在建5个；拿到土地证未建的11个，占地324.5公顷，投资1.07亿元；正在办理土地证的10个，占地161.5公顷，已投资1.3亿元。

【沿山采石场、砖厂专项检查】 “十一五”期间，管委会检查秦岭北麓长安段沿山13家采石场、砖厂破坏生态环境问题，对分布在高冠河、沣河、滈河、小峪河及大峪河河道，严重破坏山体和植被，引发水土流失、山体滑坡等自然灾害的采石场、砖厂进行整治，保护生态环境。

【子午大道市容环境卫生管理】 2007～2010年，管委会组建保洁队、养护队，按照城市道路标准，加强子午大道路面卫生、绿化带及两侧不规范广告牌匾管理，子午大道已成为展示长安形象的景观大道。

【《陕西省秦岭生态环境保护条例》宣传】 2007～2010年，秦岭北麓管委会加大《陕西省秦岭生态环境保护条例》宣传力度，制发秦岭北麓生态环境保护文件汇编，并在东大街道高冠河桥头和太乙宫街道环山路什字设计制作保护环境广告宣传牌两块，在辖区形成保护秦岭北麓生态环境的舆论氛围。（张永志）

常宁新区

【概况】 西安长安常宁新区是在常宁组团基础上成立的综合性开发区。位于长安区南部神禾塬，地处古樊川、御宿川之间，北靠潏河，南邻滈河，东至王曲街道兴盛村，西接子午大道。最低处位于西侧的潏河岸边，海拔约420米；最高处位于东侧，海拔约520米。规划面积17.38平方公里，其中，绿地及保护性绿地3.99平方公里，建设用地13.39平方公里。

常宁新区是西安市政府《西安城市总体规划（2008～2020年）》中西安外围城镇组团之一，承担中心市区产业、人口疏散以及城市延伸功能；是长安区委、区政府按照“一城多心，城乡一体化”发展格局在常宁组团基础上成立的综合性开发区。发展原则是“科学定位，传承历史，统筹发展，重视环境”；产业定位按照“风格鲜明，生活方便，环境优美，人文优势独特，功能配套完善”思路，重点发展教育科研、房产商贸和旅游休闲等产业，实施高定位、大规模、科学化的高品位开发建设战略。2009年2月，长安区机构编制委员会（长编发[2009]4号）《关于设立西安长安常宁新区管委会的通知》，明确常宁新区管委会为区政府直属事业单位，正处级建制，下设综合行政、征地拆迁、规划建设和招商引资4个部；另按（长编发[2009]15号）文件，设常宁新区财政所。管委会负责新区基础设施建设、招商引资、征地拆迁、资本运营和产业发展及协调、服务、管理工作。同年3月，区政府任命新区管委会主任、副主任；4月启用“西安长安常宁新区管委会”印章。

【新区规划】 在西安市第四次城市总体规划修编中，提出以西安主城区为核心，以中心城镇为节点，以快速骨架交通体系为依托，形成“一城、一轴、一环、多中心”的城镇总体空间布局。常宁组团属于“多中心”规划的新筑、洪庆、常宁、六村堡4个组团之一，位于西安外围，承担中心城区疏散产业、人口以及延伸部分功能，重点发展教育科研、房产、商贸和旅游休闲产业，实施高定位、大规模、科学化开发建设战略。2009年9月、11月，新区管委会两次委托西安市规划设计院，编制《西安长安常宁新区控制性详细规划》与《潏河综合整治规划》。2010年1月，规划草案出台，管委会组织专家、学者及项目意向单位，召开《西安长安常宁新区控制性详细规划（草案）》、《潏河综合整治规划（草案）》论证会。2月，向区政府汇报《潏河综合整治规划》。6月，市政府原则上同意将《潏河综合整治规划》纳入西安市国际化大都市总体规划。7～11月，新区管委会与相关部门协商解决规划范围内土地、规划等问题。

【工作人员编制及招聘】 2009年2月，常宁新区管委会根据（长编发[2009]4号）文件，暂定事业编制10名。其中，主任1名，副主任3名；科级领导4名。根据区政府（长政发[2009]42号）文件，成立开发公司，实行企业化管理的开发运营机制，与管委会一套机构、两块牌子。同时明确管委会可根据工作需要，经区开发区管理领导小组同意，聘用专业技术人员，工资待遇及相关费用由管委会承担；根据《长安区区级机关和事业单位编外聘用人员管理暂行办法》，按需设岗、竞争上岗、按岗聘用、按岗取酬、合同管理原则，聘用专业人员4名从事规划、招商等工作。相关员工待遇按《西安长安常宁新区管委会薪酬制度》执行。

【土地储备】 常宁新区规划建设用地13.39平方公里，其中教育科研用地3.17平方公里，建设用地10.22平方公里。

2009年6月，常宁新区管委会实施土地储备前期准备工作。8月，向国土资源长安分局呈报用地面积270.87公顷的土地储备报告，报批建设用地项目12个；9月，国土长安分局召开《常宁新区土地利用总体规划局部调整方案》听证会，将调整方案上报至西安市国土资源管理局审批。2010年，经管委会努力，将规划范围内的大部分土地调整为建设用地，其中调整允许建设用地200.93公顷，有条件建设用地821.47公顷。管委会利用《陕西省城乡建设用地指标增减挂钩试点实施方案》

常宁新区柳青广场

政策支持，6月，将相关街道城乡建设用地增减挂钩项目的53.73公顷建设用地指标调至常宁新区，完成项目实施方案、规划编制工作。8月，常宁新区管委会、国土长安分局召开城乡建设用地增减挂钩项目区实施规划听证会，上报相关材料至市国土资源局。2010年8月，管委会完成“常宁天下”3个项目共77公顷土地的项目备案、规划初审及测量勘界工作。

【基础设施建设】 2009年，常宁新区管委会在原大学城南区建设的基础上，结合原发展规划和《西安长安常宁新区控制性详细规划（草案）》，修编园区路网建设规划，启动基础设施建设与绿化、美化工作，全面提升新区品位。

2009年，新区投资24万元，完善柳青广场公共配套设施，建设广场木屋、凉亭等，更换路灯105杆。神禾大道建设工程是2010年市考重点建设项目。东起培华西路，西至子午大道，双向6车道，全长2.8公里，总投资10290万元，由区建设局承建，2010年2月启动，9月建成通车。2009～2010年，管委会在长安大道园区段栽植胸径30厘米、高6.5米的国槐1900余棵，给潏河滨河路移植垂柳692棵，新植银杏、国槐、女贞、雪松等13000余棵。新增绿化面积1万平方米，其中区域绿化面积43000平方米，绿化覆盖率45%，绿地率40%，人均公共绿地面积18平方米。

【项目建设】 2009年，常宁新区完成固定资产投资45268万元，占年度目标任务的375%。上缴国税93万元，完成任务206%；上缴地税700万元，完成任务222%。其中陕西教育学院长安校区一期工程，累计投入资金3亿元；陕西电子科技学院累计完成投资8068万元。2010年，新区全年完成固定资产投资40932万元，为年度目标任务的202%。完成耕地占用税收入2260万元，契税收入1800万元，水利基金收入80万元，占全年任务的100%。

陕西教育学院长安新校区二期建设，投资10000万元，建设图书馆、行政楼、青年教师公寓。西安财经学院长安校区8号楼学生公寓，建筑面积18243平方米，投资2800万，2009年投资500万元，2010年投资2300万元，主要进行主体、装饰施工和室外铝合金工程，2010年7月竣工。西京学院三期项目，主要建设留学生、研究生公寓楼主体工程及文体活动中心基础工程，投资8000万元。其中公寓楼建设面积约40000平方米，学生文体活动中心建设面积约15000平方米。2010年9月启动，至年末，完成基础工程建设。 （薛文涯）

斗门新型工业园区

【概况】 斗门新型工业园位于长安区西部，东起西安绕城高速，南邻鱼斗路，西与“汉昆明池”规划控制区相连，北接老108国道。2009年2月，区政府正式批准长安斗门工业新区管理办公室为“长安斗门新型工业园区管委会”，将园区规划面积2.29平方公里扩展到15.54平方公里，属区政府直属事业单位，正处级建制，事业编制8名。其中，主任1名，副主任2名，科级领导职数4名。管委会下设5个部门：综合行政部、征地拆迁部、建设发展部、招商引资部、财政所。2010年1月，长安斗门新型工业园区被陕西省政府确定为全省重点建设县域工业园区。

【园区规划建设】 2009年，市规划局长安分局确定斗门园区为东起绕城高速，西至镐五路，南邻鱼斗路，北接老108国道，园区规划总面积为3平方公里。此后，由工业园区管委会委托长安大学规划设计院完成区域内约1平方公里详细规划和修建规划及设计。按照区委、区政府要求，结合斗门园区发展实际，工业园区管委会委托西安市城市规划设计院完成园区总规划方案修编，总体规划为15.54平方公里。

【基础设施建设】 长安斗门新型工业园区道路建设工程由中冶东北建设有限公司和华山路桥工程有限公司共同承建，工程总标价1.2亿元，属西安市2009年重点工程。工程内容包括道路工程、给水、雨水及排污工程、电力及通讯工程、交通标志及标线工程、绿化工程；建设范围包括科技路、科技路西段、汇新路、汇春路、文苑路、文宁路、镐五路、汇新路北段。截至2010年10月已完成科技路西段、文苑路、汇新路铺油，总投资约7000万元。

【招商引资】 围绕“两年打实基础，三年初具规模，四年基本建成”的园区发展目标，工业园区管委会以“服务工业、开创未来”为品牌定位，规范完善工业园的VI标识体系，完成“人性化机器人”形象设计、建立网站、户外路牌、文化墙、大厅展板、招商折页等工作，通过授牌仪式、电视及报纸报道、西洽会长安区专版报道、春节贺岁影片等宣传，提升园区形象和知名度。2009～2010年，斗门新型工业园区加大招商引资力度，累计引进项目17个，引资额25亿万元，涉及车桥、工业微波炉、熔炉、钢结构、外包装、电器元件制造和家具生产等领域。 （赵　燕）

引镇现代物流园区

【概况】 引镇现代物流园区位于长安区东部，是陕西省和西安市“十一五”重点建设项目。2009年3月，经长安区人民政府批准，规划面积2.72平方公里，发展区域东邻西安火车南站，西接新雁引路，南至长安六中北侧道路，北接规划路，南北横跨引镇、鸣犊两街道部分辖区，其机构在引镇西安火车南站泰安商厦三楼办公。截至2010年末，园区建成面积约66.66公顷，完成基础设施投入11356万元。

【基础设施建设】 2009年3月～2010年12月，引镇园区投资5.2亿元，修建主干道路6.4公里、铺设供排水管道16公里、园区绿化30万平方米、安装路灯306盏，建成电力、通讯、有线网络等配套设施，基本实现“六通一平”的基础设施新布局。截至2010年，已入驻延长石油、华润化工、民生燃气等企业16家，园区发展呈现良好趋势，形成较为完整的产业链。

【园区规划修编完成】 2009年，引镇园区管委会委托西安城市规划设计研究院，编修园区一期工程2.72平方公里的规划，测量园区高程和坐标，调整区域内产业布局。其中，2007年实施引镇街办小城镇规划修编，2010年3月通过专家评审。

【招商引资】 2009年3月～2010年12月，引镇园区投入资金1.14万元，引进金源石油长安引镇2.2万平方米成品油库、长安引镇现代物流园区铁路仓储物流中心、中储粮西安物流3个项目，完成投资12.13亿元。入区企业运转良好，税收贡献显著。累计上缴国、地两税1.37亿元。

（齐　伟）

招商引资

【概况】 西安市长安区招商局（以下简称区招商局）挂区对外贸易经济合作局牌子，主要负责全区招商引资、对外开放、进出口贸易和国内经济技术合作、拟定全区招商引资、对外贸易和国内经济技术合作的有关规定、改革方案等工作。2010年1月，根据《西安市长安区人民政府机构改革实施方案的通知》(长发[2010]4号)，区招商局与区对外贸易经济合作局合署办公，挂区投资服务中心牌子；区经济贸易局同时挂区招商局、区中小企业促进局牌子。区招商局内设办公室、招商科、外资外贸科、项目科、招商协会。2007～2010年，区招商局全力打造具有国际竞争力的生态、文化、科教新长安，以四大工业园区为载体，积极做好招商工作。其中，国色天香等18个项目累计投入21.7亿元，完成建筑面积77.78万平方米；省档案馆新馆主体竣工，华商传媒产业基地、陕西日报社新闻大厦建设启动；引进陕西电视台影视基地等项目4个，合同引资31.5亿元；引进陕西华夏冶金建设有限公司等9家企业，总投资8.6亿元；西安华仪高压开关制造厂等6个项目开工建设；华润化工二期项目加速建设，完成投资6000万元；陕西延长成品油储运项目实现销售收入10亿元，上缴税金3000万元；新引进西安长通物流中心等项目3个，引资3.3亿元；常宁新区高起点编制园区总体规划，规划面积17.38平方公里，完成投资4.3亿元，成功获批国家级标准化物流园区；通过“房地产企业常宁行”活动，众多房产企业汇集长安，目前西安万科、西安经发地产、香港金马集团、上海大华地产等企业签订合作协议，总投资达220亿元。

【招商引资宣传】 2007年，区招商局在对外开放、招商引资中，着力宣传长安人文景观和自然风光、区位优势、交通、通讯、电力、水资源、地热资源、投资环境、优惠政策等。每年投入大量人力物力编写《长安投资指南》、《招商项目册》和有关宣传材料；编印《西安市长安区闲置场地招商项目册》。截至2010年，利用《长安开发》定期发布招商信息83项、《西安晚报》推介招商项目68个，发放招商宣传材料9.3万份；以承接产业转移为重点，主动上门招商，赴江苏悦达集团实施“一对一”招商，引进西安悦达奥特莱斯国际商务社区项目；参加市政府在上海组织召开的“上海—西安之夜”招商促进活动，向上海的知名企业和客商推介西安，发放招商宣传材料4.9万份。

【招商引资活动】 2007年，区招商局通过洽谈会招商，以商招商，以地招商，公告招商、网上招商、外出招商等形式开展招商活动。参加市政府组织的赴香港、新加坡、马来西亚招商活动，赴上海、杭州“珠三角”招商活动。赴“珠三角”招商活动期间，策划包装推介招商项目22个，计划总投资109.47亿元，签订项目协议3个，总投资34.7亿元，并与广州市荔湾区结成友好合作区县，充分展示、推介、宣传长安。2008年，副区长兰东明带队，区招商局参加“西安—深圳投资促进活动”，并在广东、福建两地重点考察知名房地产企业和规模较大的工业产业项目；还组团参加“厦洽会”、“广交会”等全国性、区域性的招商重点节会。2009年6月，区长助理史伟带队，区招商局赴深圳万科集团进行“一对一”重点招商，并成功与万科集团签订合作协议。同年7月，区委书记吕健带队，区招商局赴深圳、上海等地招商，并成功与万科集团签订战略合作协议，项目总投资70亿元。随市政府代表团参加“西安市民营企业项目榆林推介会”，在榆林考察知名企业和规模较大的工业产业项目。组织2009年房地产商常宁行活动，组织20余家房地产企业考察常宁新区和五台古镇。2010年，区招商局以“四个园区”为招商主阵地，以主动承接产业转移为重点，带项目，有目的走出去，主动上门招商。4月初，赴江苏悦达集团实施“一对一”招商，引进西安悦达奥特莱斯国际商务社区项目。6月初，由区政府主要领导带队，参加市政府在上海组织召开的“上海—西安之夜”招商促进活动，向上海的知名企业和客商推介西

2007～2010年长安招商引资主要经济指标统计表

年度	内资项目			外资项目		
	合同项目数（个）	合同引进外地资金额（万元人民币）	实际利用内资额（万元人民币）	合同项目数（个）	合同引进外资额（万美元）	实际利用外资额（万美元）
2007	65	635000	400000	—	—	1212
2008			292000	1	100	1166.3
2009			300000	1	45000	1220
2010			334500	—	—	1680

安。8月10～12日，在市人大副主任夏仁朝带领下，区招商局在上海世博园大明宫馆举办2010上海世博长安招商推介活动，并先后赴上海、江苏盐城等地实地考察万科翡翠别墅项目、大华锦绣华城项目、上海田子坊商业街项目、绿地集团总部、悦达集团“悦达纺织园”、东风悦达起亚乘用车生产线等项目。

【项目评审】 2008年，区招商局制定并实施《招商引资项目评审管理办法》，明确所有入区招商项目必须进行项目评审。2009年按照《长安区招商引资项目评审管理办法》，从根本上实现了从多家分头评议到一会通过的转变，做到入区项目有序进行、项目落实全程监督、项目建设畅通便捷，受到了投资商的一致好评。截至2010年底，评审通过项目43个，计划投资额81.6亿元。

【西洽会集中签约】 2007～2010年，每年4月，长安区招商局组织全区参加东西部投资贸易洽谈会，充分利用洽谈会这个平台，做好招商引资宣传工作；办好展馆，展示长安新变化、新面貌、新成就；与客商洽谈项目，对洽谈好的项目，在长安区招商局组织的长安区投资环境说明会暨投资项目签约仪式上进行集中签约。

【开展“一对一”跟踪服务活动】 2007～2010年，区招商局不断加大招商引资项目落实力度，以项目落实为突破口，加快项目建设进度，使项目早日投产、营业，促进长安区经济社会快速发展。充分发挥主观能动性，强化服务意识，机关干部每人联系一个投资项目，实行“一对一”跟踪服务，加强与项目单位的联系、沟通，全方位做好投资项目协调、服务、落实工作，力求事事有人管、件件有落实，每月汇总跟踪活动情况，对项目存在的问题及时协调解决，力求跟踪一个，建成一个。对省、市的重点项目，区级领导进行跟踪，使项目得到早日落实。

【制定招商引资政策】 2007年，区招商局与陕西中际国际城市发展研究院共同调研，编制《长安区招商引资2007～2012年规划》。2008年，区招商局制定、实施《招商引资项目评审管理办法》；2009年，区政府颁布《长安区招商引资项目评审管理办法》，明确入区招商项目评审程序，从根本上实现了从多家分头评议到一会通过的转变，做到入区项目有序进行、项目落实全程监督、项目建设畅通便捷。同年，按照建立“成立三个领导小组、落实三个任务分解、制定四个管理办法”的招商引资管理体系，在充分调查研究的基础上，制定符合长安招商引资发展的一系列文件，使全区招商引资工作步入规范化，制度化轨道。（韩 霓）

2007～2010年洽谈会集中签约项目情况表

年度	洽谈会	内资项目			外资项目	
		合同项目数（个）	总投资额（亿元人民币）	合同引进外地资金（亿元人民币）	合同项目数	总投资额（万美元）
2007	东西部洽谈会	25	39.5			
2008	东西部洽谈会	24	47.5		1	100
2009	东西部洽谈会	21	64.2		1	45000
2010	东西部洽谈会	15	59.7			

2010年秋季，长安区新项目集中开工仪式。

交通运输

综　述

“十一五”期间，随着《关中—天水经济区发展规划》与西安建设国际化大都市目标的实施，西咸一体化进程加快，西安城市骨架进一步拉伸，长安被逐步纳入西安主城区范围，交通建设实现历史性突破。至2010年末，长安区公路总里程1753.51公里，公路通车里程404.03公里。其中国道线5条，分别为210国道西万路、108国道西宝南线、绕城高速、西康高速、西汉高速，全长127.68公里；省道3条，即新环山公路、老环山线、西太路，总里程62.72公里；县道12条，总里程158.45公里；乡道43条，总里程340.884公里；专用公路9条，总里程34.62公里；村级公路814条，总里程1030.07公里，通村率95%。

随着穿越长安国、省干线西汉高速、绕城高速、西康高速（国家高速公路网包(头)茂(名)线的重要组成部分）、关中环线相继通车，长安外围环状高等级交通网络已经形成。这些道路在长安境内留出入口，使长安借梯登高，快速融入陕西乃至全国高速路网，进一步拉近与周边地区的时空距离；区境内以韦曲、郭杜为中心，北依西安向东西南辐射。东部有韦鸣路、雁引路、半引路，中南部有西汤路、西弥路、何子路、子午大道、西沣路、西太路、环山路，西部有韦斗路、西户路、西宝南线，这些省、县道将长安和主城区紧密连接，同时县、乡道、专用公路、村级公路覆盖全区，初步形成以国道、省道为骨架，县道为脉络，乡、村级公路联网干支结合、布局合理、设施配套的交通网络格局。为长安经济发展，全面建设小康社会奠定坚实基础。

【概况】 2010年1月，长安区政府机构改革，区交通局更名为长安区交通运输局（以下简称区交通局），是区政府直属交通运输行政主管部门，内设党政办公室、人事劳资科、计划财务科、公路工程科、公路管理科、运输管理科、工程质量监督科、农村公路建设办公室8个职能科室；下辖区农村公路管理站、区交通运输管理站、区出租汽车管理所3个事业单位，区客运公司、区汽运公司2家国有企业（具体见附表）。2010年末，全系统有干部职工731人（中级职称5人，初级职称56人；高级工142人，中级工121人，初级工84人），各类文明单位8个（省级1个，市级3个，区级4个）。

公路建设改造

【省市重点项目建设协调配合】

环山公路　省道107环山公路由渭南向西经阎良、三原、礼泉、武功，折而向南过周至、户县、长安，向东经蓝田，再回到渭南，构成环绕西安的公路环，是陕西省规划的"一纵三横两环"公路次骨架中的重要组成部分，也是以西安为中心关中大环线的重要组成部分。由于其连接西安市周围多个县、市，对西安经济社会发展具有重要作用。

环山公路长安段2001年11月由西安市交通局开工建设。长安境内全长43.48公

2010年末区交通运输局下属单位基本情况一览表

单位	性　质	地址	负责人	电　话	主要职责或业务
长安区农村公路管理站	全额事业	韦曲南长安街12号	高　伟	85292446	公路路政管理
长安区交通运输管理站 长安区地方海事处 长安区汽车维修行业管理站	事　业	韦曲青年南街136号	高江奇	85292444 85651341 85651341	全区道路客货运输市场监管和行业管理 水上运输安全监督管理 全区汽车维修、驾驶员培训行业监督管理
长安区出租汽车管理所	自收自支	韦曲西长安街23号	苗民利	85293882	出租汽车、从业人员资质管理，纠纷调解，违章经营处罚，受理投诉
长安区客运公司	国有企业	韦曲南长安街23号	谢毅强	85296683	农村客运
长安区汽运公司	国有企业	韦曲南环路241号	郑力军	85622300	农村客运

里，途径东大、子午、太乙宫、王莽、杨庄等8个乡镇街道。其中户县界到国泰庄园和太乙宫到蓝田两段为二级公路，路径宽17米；国泰庄园到太乙宫段12.34公里为一级公路，路径宽28米。户县界到太乙宫段，长25.94公里，2004年12月建成通车。太乙宫～蓝田段17.54公里2006年2月开工，2007年完成投资8500万元，2008年完成投资8900万元，长安段全线贯通。

西宝高速公路改扩建 西安～宝鸡高速公路4车道改8车道工程，是国家高速公路网规划中横向线连云港～霍尔果斯高速公路在陕西境内的重要组成部分。路线东起西安绕城高速公路阿房宫立交，经西安、咸阳、兴平、武功、杨凌、扶风、眉县、岐山、陈仓，止于宝鸡市千河以西南坡村，途经4市6县（区）。全长143.1公里，设计速度120公里/小时，路基宽度42米，设计总投资73.7亿元，平均每公里造价5150万元。主线桥梁58座，总长3969.3米；上跨桥9座，互通立交15座，分离式立交62座。长安区境内总长11公里，占地141公顷，途经王寺、斗门、高桥3个街道，拆迁涉及企业117户。截至2010年底仍在建，累计完成投资26119万元，拟于2011年通车。

西太一级公路 起点为西高新比亚迪大道丁字路口，向南延伸经长安区郭杜、兴隆、长安通信产业园、五星，终点为户县草堂科技产业基地，与环山公路太平峪口处连接。占地141.1公顷，全长26.85公里，宽度60米，主车道宽24米，建设总里程26.85公里。其中主线长21.57公里，支线长5.28公里。主线双向6车道，部分路段8车道；支线双向4车道，设计车速每小时60公里。全线设大桥292米2座，小桥32米2座，涵洞1836米70道。工程建设总投资4.736亿元，2009年开工建设，2010年10月主线竣工通车，支线路基工程接近尾声。

【区内重点项目建设】

鱼斗公路 是长安区西北部通往市区的主干道路，区政府规划的“五横十纵”交通主骨架之一，按平原微丘二级公路标准设计修建。起点位于宋家寨，途经田家寨、镐京、常家庄，终点接于马王沣河桥，路面净宽12米，全长8.45公里。预算投资2900万元。其中上级部门补助338万元，其余2562万元区政府自筹，为全区重点建设项目。2007年4月开工建设，2008年完成156米沣河桥桥梁安装及防护设施工程与7.56公里二灰碎石摊铺及油面铺设工程，累计完成投资3300万元。2008年8月建成通车。

半引公路 是长安区东部通往市区的主干道，按平原微丘三级公路标准设计修建。起点位于市区灞桥界，途经马连滩、郭村、嘴头、仁义堡等15个行政村，终点接于引镇高村。路面净宽7米，全长14.68公里，预算投资1900万元。其中，上级部门补助587.2万元，其余1312.8万元区政府自筹。2007年建成通车。

大杨公路 是连接长安区东部各乡街的主要道路，对促进东部经济发展起着至关重要的作用。道路按平原微丘三级公路标准修建，路面净宽6.5米。起点位于大兆街道什字，途经大兆村、东戎店、引镇、侯官寨，终点为库峪口村南端，全长16公里。预算投资1079万元。其中，上级补助640万元，其余439万元区政府自筹。2007年建成通车。

杜王公路 是长安区东南部主要道路，对促进东南部各乡街及沿山一带经济发展起着至关重要的作用。道路按照平原微丘三级公路标准修建，路面净宽6.5米。起点位于杜曲街道东江坡村连接西汤公路处，途经下红庙村、稻地江村、西王莽村、终点接环山公路，全长6.6公里。预算投资592万元。其中，上级部门补助264万元，其余328万元区政府自筹。2007年建成通车。

翠华山旅游公路 按山岭重丘区三级公路标准设计修建，路面净宽8.5米。起点位于太乙河桥西头，向南延伸经太乙村、杏园村，终点接翠华山景区门前水泥路，全长3.5公里。投资766万元，源于市交通局补助。2007年建成通车。

韦魏公路 起点位于高望堆村西口，途经杜陵、南伍村、东曹村、嘴头、侯坪、彭村等，终点至长安区与蓝田县交界处，全长19.1公里。按平原微丘四级公路标准设计修建，时速20公里/小时，路面宽6.5米，采用沥青（水泥）混凝土两种结构型式。2008年8月完成招、投标工作，2008年8月开工建设，累计完成投资1406万元。2009建成通车。

滦东公路 起点位于滦镇街道东口，终点至长安户县行政区界。按平原微丘四级公路标准设计修建，全长8.57公里。累计完成投资620万元，2009建成通车。

韦王公路 起点位于西户公路祝村什字，终点为王寺街办，途经祝村、细柳街道、荆二、上南丰、西南村、里兆渠、新旺、马王、马务、严家渠、王寺等15个村镇。2008年11月完成招、投标工作，2008年11月开工建设。祝村什字至马王街道段，全长15公里。按平原微丘三级公路标准设计修建，时速40公里/小时，路基宽度8.5米，路面宽7.5米，路面采用沥青（水泥）混凝土两种结构型式。累计完成投资1250万元，2009建成通车。

长安大道 2010年长安区十大工程之一，长安干线公路之一，西安南北中轴线延伸和补充。起点位于王曲街道鱼鲍头村北，向南与107省道——环山旅游公路相接。总长8.1公里，道路宽度33米，结构型式为沥青混凝土路面，按照一级公路标准设计修建。其中常宁宫特大桥长1267米。项目总估算投资2.52亿元，2010年8月开工建设。截至年底，完成放线、土地勘界及地面附着物赔付工作，土地清表1.6公里，施工单位进驻工地，完成4.67公顷临时预制梁场地的清表整理，累计完成投资5040万元。拟于2012年建成。

南横线长安段 西安南横线是西安市二级公路网化建设中的重要组成部分。长安区境内全长43.93公里，起于魏寨乡沐浴沟水库上游，下塬后沿浐河南岸设线，主线途经魏寨、鸣犊、大兆、引镇、杜曲、郭杜、兴隆7个乡街，终点至长安户县界秦渡沣河桥，路面宽度12～17米。按照二级公路标准设计施工，预算总投资5.86亿元。2010年8月30日开工建设，截至年底，完成42公里放线及地面附着物清点、土地勘界，1.7公里清表、部分占线房屋拆迁工作，兴隆街道沣河大桥、杜曲街道潏河中桥建设启动。拟于2012年建成。

马鸣公路（市殡仪馆专线） 马腾空村～鸣犊留公村，总长9.08公里，路基宽度17米，按照二级公路标准设计修建。2010年8月开工建设，计划投资6800万元，2010年完成投资300万元，拟于2012年建成。

西汤公路 韦曲街道樊家什字～杜曲街道洋桥，总长10.3公里，路基宽度为12

米，按照二级公路标准设计修建。2010年8月开工建设，计划投资4000万元，2010年完成投资250万元，拟于2012年建成。

何子公路 何家营～子午街道，全长10.23公里，四级公路设计标准，计划投资850万元。前期工程累计完成投资65万元。2010年因受天气影响未能按计划进行施工，10月对原有水沟进行清淤，并对特坏路段进行挖补处理，确保现有道路排水通畅、车辆通行。拟于2011年底建成通车。

申弥公路 又名何五路，起点为何家营，途经瓜洲村、王曲、窑底村、中甘村、终于五台街道。全长11.9公里，三级公路设计标准，估算投资824万元。2010年10月西安市交通运输局下达计划，至年底完成工程可行性研究报告，并通过西安市发改委审批，西安市设计院对其设计进行评审。

【通村公路 超龄油路改造工程】 2006年，按照党中央建设社会主义新农村精神及“十一五”全省农村公路发展目标，针对长安区部分县乡油路超期服役、超负荷运载，导致路面老化、道路破损严重状况，区交通局推进通乡、通村油路（水泥路）建设工程。至2010年末，全区投入资金1.17亿元，对45条218.16公里县乡道路实施超龄油路改造工程。

2009年建设任务完成后，长安区通水泥路（油路）行政村671个，实现全区行政村村村通水泥路（油路）目标。到2010年，完成66%的自然村出村路建设任务。通过五年“千亿元”工程（国家“十一五”期间投入1000亿元加大通乡油路、水泥路建设）和通乡油路改造工程，全区43条通乡油路改造完成。

在资金方面，根据省市文件精神，通村公路每公里补助15万元，区财政补助1万元，其余需乡、村自筹；通乡油路工程省市补助每公里40万元，其余由区自筹。

【水毁桥梁改造工程】 为排除安全隐患，杜绝桥梁事故发生，区交通运输局2009年投资180万元，改造水毁桥梁5座；2010年投资423.61万元，改造水毁桥梁9座，并对全区道路148座桥梁摸底调查，上报区政府；将58座需要维修、加固、改建桥梁纳入“十二五”规划，逐年实施整治。

通村路建设

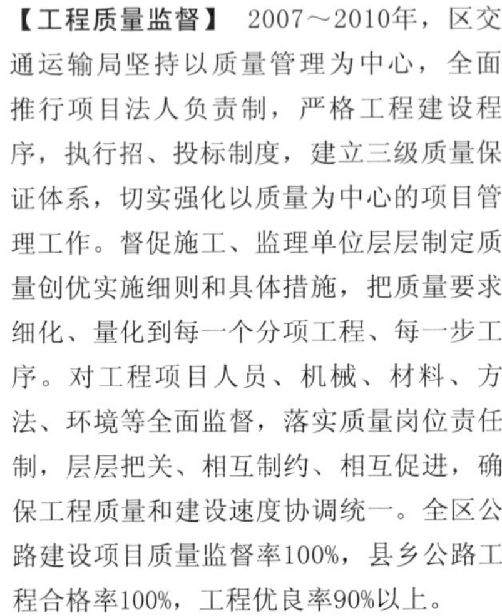

【工程质量监督】 2007～2010年，区交通运输局坚持以质量管理为中心，全面推行项目法人负责制，严格工程建设程序，执行招、投标制度，建立三级质量保证体系，切实强化以质量为中心的项目管理工作。督促施工、监理单位层层制定质量创优实施细则和具体措施，把质量要求细化、量化到每一个分项工程、每一步工序。对工程项目人员、机械、材料、方法、环境等全面监督，落实质量岗位责任制，层层把关、相互制约、相互促进，确保工程质量和建设速度协调统一。全区公路建设项目质量监督率100%，县乡公路工程合格率100%，工程优良率90%以上。

【建设资金筹措】 2007～2010年，长安区公路网络建设与乡村公路改造继续保持大规模、高水平投资，投入资金38586.31万元。其中，上级交通部门补助及区财政投入34351.19万元，乡街及村组自筹4235.12万元。

铁路建设

【西安～安康铁路】 北起陇海铁路窑村车站，经西安市灞桥、长安区，以18.46公里隧道穿越秦岭，再经柞水、镇安、旬阳县，南抵陕南重镇安康市汉滨区。途经陕西省3个市6个县（区），全长267.49公里，总投资102.5亿元，为一级单线电气化铁路，预留双线，一次建成电气化。年设计货运能力2000万吨，日均对开客车8对。是华北、西北地区进渝入川、连接大西南的新通道。西康铁路1996年12月开工，2001年10月建成，2002年12月通车运营，有车站28个。沿途车站里程为：西安0公里，长安43公里，柞水115公里，镇安141公里，安康259公里。

【西康铁路二线】 北起陇海铁路窑村（灞桥）车站经西安市灞桥、长安区，沿18.46公里双线隧道穿越秦岭后，再经柞水、镇安、旬阳至安康铁路枢纽中心——安康站，全长约248公里，基本与原线路并行。总投资112亿元，由陕西省政府和铁道部共同出资，2009年11月开工建设，拟于2012年建成运营。行政区划上依次行经陕西省西安市、商洛市和安康市。建成后，铁路年货运能力由2000万吨提高到9000万吨，日开行客车由8对增至20对，列车时速将从100公里/小时提高到160公里/小时，西安到安康运行时间将缩短至2小时。与规划中的安（康）张（家界）常（德）铁路构成一条由关中通往陕南、华中的快速铁路干线。

【西安火车南站】 原名长安站，位于西安市长安区引镇街道，西康铁路约51公里

2007～2010年长安区超龄油路改造情况

建设时间（年）	完成条数	完成里程（公里）	完成投资（万元）
2007	18	73.77	4264
2008	3	11.155	1199
2009	4	32.3	1922
2010	5	16.278	1640

2007～2009年长安区通村油路（水泥路）建设情况

建设时间（年）	完成条数	建设里程（公里）	完成投资（万元）	行政村通达率
2007年	133	182.58	5477.28	91.2%（612个）
2008年	71	72.33	1807.5	97%（633个）
2009年	122	127.49	2998.25	100%（671个）

处，距西安站43公里，2006年7月改为现名。负责接发西安往西康线方向过路车，避免在西安站换头折返。经改扩建，将原4条到发的铁路股道增加至5条，旅客日发送量2万人。2009年6月划归西安火车站管辖，纳入西安火车站管理体系，成为西安站的窗口，旅客在此站购买火车票须缴纳5元异地服务费的规定同时被取消。

公路养护与管理

【农村公路管理养护体制改革】 根据《西安市农村公路管理养护体制改革实施方案的通知》市政发([2007]163号)文件精神，2008年12月，长安区完成农村公路管理养护体制改革，建立管理责任以区为主，资金投入以政府为主，养护以市场运作模式为主的农村公路管养新体制。1.西安市长安区公路管理站更名为西安市长安区农村公路管理站，为西安市长安区交通局下属全民事业单位，经费形式为财政全额拨款。2.撤销西安市长安区公路路政稽查队，其人员、资产、职能职责、债权债务整体划入西安市长安区农村公路管理站，15名事业编制由区编办收回。3.根据西安市机构编制委员会《关于区县农村公路管理养护机构编制有关问题的通知》，(市编发[2008]5号)核定西安市长安区农村公路管理站事业编制33名。将原长安区公路管理站和长安区公路路政稽查队现有的127名人员全部划入长安区农村公路管理站。4.在各乡社会事务服务所、各街办农业综合服务站加挂公路管理所牌子，确定1名干部负责此项工作。5.管理和养护分开，把公路养护推向市场。区农村公路管理站承担本辖区农村公路管理工作；公路养护招投标工作由区交通局牵头，面向社会公开招、投标，通过竞争确定具有资质的公路养护公司。

【道路养护】 长安境内国、省道由西安市公路局所辖的长安公路段、沣峪公路段、三桥公路段养管。2007～2008年9月，区交通局担负12条156.4公里县道养护任务，养护经费来源主要为拖拉机和三轮摩托车养路费。完成农村公路养管体制改革后，县道、乡道（含专用公路）533.96公里道路交区交通运输局养护管理，由区农村公路管理站承担，养护经费来自市、区两级财政拨款，并对814条1030.07公里村道养护管理进行业务指导。

辖区内县乡公路养护，由区农村公路管理站根据区交通局下达的养护指标，分解制订养护项目，与长安公路桥梁工程公司签订路基养护合同和路面养护合同（长安公路桥梁工程公司下设7个工区和1个沥青搅拌厂）。路基实行“合同管理，考核支付”。区农村公路管理站每月按照《长安区县乡公路管理养护监督考核办法实施细则》对路桥公司路基养护工作逐项打分，根据考核结果拨付当月路基养护资金；路面实行“合同管理，计量支付”。区农村公路管理站下达小修通知单，完工后验收并按实际完成的质量、数量支付资金。

村级公路养护由区农村公路管理站指导，每个乡街设农村公路管理所，编制5～8人，规范管理，落实责任。村内公路由所在村组按季实施养管。

2010年，区交通运输局召开交通专干例会4次，培训人员100人次。年平均好路率县道92.1%、乡道84.8%，道工出勤率100%。

【农村公路养护示范区建设】 2008年，区交通局提出“服务新农村、展示新风采”口号，以“畅、洁、绿、美、安”为目标，因地制宜，科学规划，打造文明示范路段122公里。

2009年，按照省、市交通工作会议精神，区交通局进行公路示范区建设。一是确定新韦鸣路以南，半引、引大、甫十路以西，大黄路、关中环线以北，新雁引路以东区域内农村公路为长安区农村公路养护示范区范围，涵盖鸣犊、引镇、韦曲、大兆、杨庄5个乡街，总里程137.48公里。其中，县道4条63.73公里，乡道3条18.13公里，村道40条55.62公里，过境村镇48个，区域面积112平方公里。二是制订建设规划方案，明确目标任务。2009年召开示范区建设专题会议14次，实行由区交通局督导，区农村公路管理站领导包干，各股室、责任人各负其责，逐级落实责任。三是因地制宜，投资363万元，对路基、路肩、路侧、平交口、安保设施、排水沟、过村段7个环节实施综合整治。四是出台《示范区路政管理办法》、《示范区养护工作指导意见》等规范性文件，对示范区道路保洁人员实施招聘培训上岗，规范管理，提升全区三级公路整体养护水平。

2010年，区交通运输局在巩固提升2009年示范区创建成果的同时，新确定11条25.4公里养护示范路建设任务。完成对滦宋路、西五路、灵和路，斗细路、柳灵路环境整治及路肩培土工作；在滦宋路、柳灵路种草10.6公里，绿化31790平方米；对乡街农村公路管理所统一配发草籽，指导其对文明样板路进行绿化、美化。2010年创建村道文明样板路100条131.84公里。

【路政管理 超限治理】 按照省、市、区政府治超要求，2007年3月，长安区成立治理公路超限超载办公室。按照“依法严管、标本兼治、立足源头、长效治理”工作要求，区交通局将路政管理与超限治理有机结合，围绕“治超”3个阶段目标任务，首先在全区范围内组织开展多形式、多层次、全方位的宣传教育活动。其次，根据长安路网实际，成立3个路政管理巡查中队，对东、西及东南片3个区域实施分片管理。在鸣犊、引镇、子午等重点区域设超限检测点，坚持24小时检查。第三，派专人对鸣犊、魏寨地区砂石料场实施监督管理，将治超延伸到源头，监管覆盖率95%。

2010年，按照省市文件精神，长安区“治超”展开“春雷行动”，实施干支联动。区交通运输局设立7个路政管理巡查中队，联合交警部门集中整治韦斗路、鱼斗路、韦鸣路、雁引路、半引路的超限抛撒车辆；对西太一级公路、西康铁路二线工程供料车辆实施24小时监督检查，及时制止乱抛乱撒、损坏公路路产的违法行为。全年清理建筑材料、柴草粪土86处812立方米，拆除非公路标志牌30块、违章建筑1处，清理摆摊设点12处，查处违法洗砂场站2处，砂石料场巡查监管覆盖率90%以上；累计检测车辆2176车次。其中，超限车辆51车次，处罚51车次，卸载51车次264吨，处罚金14.4万元。“三夏”、“三秋”期间，按照区政府要求，巡回宣传，及时制止和清理利用公路打场晒粮、焚烧堆放秸秆等违法行为。

【恶劣天气防滑保畅】 为保障全区道路

安全畅通，2007年，区交通局制定《长安区农村公路冬季道路防滑保畅预案》，成立专门机构，统一领导，分级负责。每年从11月开始，实施公路防滑保畅物资储备工作，要求值班人员24小时信息畅通，第一时间掌握和上报冰雪路段情况；值班车辆随时待命，发现隐患及时排除；对危桥、险路、易塌方、易落石路段设立明显标志；加强雨雪天危险路段、重点路段巡查，发现险情及时采取措施，并将路况信息向上级有关部门报告。对因大雪给安全行车带来严重影响路段及时启动防滑预案，调动突击队布撒防滑料和融雪剂，用最短时间恢复交通；对交通量大、堵车严重路段及时疏通，必要时疏导绕行路线，保持公路畅通。

交通运输管理

【概况】 长安区交通运输管理站隶属长安区交通运输局，为全民所有制财政转移支付事业单位，负责全区运输市场管理工作，与汽车维修行业管理站、地方海事处一套班子三块牌子，办公地址设在长安区韦曲青年南街136号，2010年末在职人员181人。派出机构有10个基层分站，对全区25个乡街分片管理，依法行政。主要负责全区道路客货运输、汽车维修、驾培管理及水上运输等市场监管和有关许可业务办理工作。行业管理以服务广大运户为宗旨，以运输市场秩序整顿为重点，服务长安经济社会发展。

2009年1月，国家《燃油税费改革方案》实施，运管费等6项交通规费征收项目取消，运管机构职能、经费来源发生改变。

【规费征收】 2008年以前，区交通运输管理站承担全区营运客货车辆运输管理费及拖拉机、机动三轮车养路费征收任务。2009年1月，燃油税费改革方案实施后，不再征收公路运输管理费等交通规费，因交通管理体制改革未完成，经费每年由上级财政转移支付528万元，缺口672万元。

2010年长安区交通运输管理站分站设置情况一览表

分站名称	驻　地	管辖范围
韦曲分站	韦曲青年南街	韦曲、王曲街道
杜曲分站	杜曲街道正街	太乙宫、杜曲、王莽街道
引镇分站	引镇街道东街	引镇街道、杨庄乡
鸣犊分站	鸣犊街道正街	鸣犊、大兆街道，砲里、魏寨乡
子午分站	子午街道东街	子午、黄良、五台街道
沣峪分站	滦镇街道北街	滦镇、东大街道，五星乡
细柳分站	细柳街道正街	细柳街道
沣西分站	马王街道正街	马王、高桥街道，灵沼乡
斗门分站	斗门街道东街	斗门、王寺街道
郭杜分站	郭杜街道东街	郭杜、兴隆街道

2007～2008年长安区交通规费征收统计表

单位：万元

年份	运管费	拖拉机养路费	机动三轮车养路费	代征税金	违章罚款
2007	300	30	237.9	72	270
2008	370	27	227.5	65	245

客运　货运

【客运】 2008年2月，区交通局成立长安客运总公司，辖客运公司、汽运公司、交运公司3家运输企业；其车辆分别为红、蓝、黄色标识。客运企业经过改制，实现公交化运营模式、公司化经营管理。

2007年8月，916、917、918路公交线路正式投入运营，随后又开通韦曲至马厂、韦曲至彰仪村2条农村班线。2008年完成7条公交线路改制，5条投入运营，2条筹备开通。2009年，全区运输企业实行公司化经营。

2010年，长安区有29条客运线路404辆客车，日均发班车1400辆/次，运送旅客3.6万余人/次；西安长安公交有限责任公司经营5条公交线路199辆公交车，日平均客运量11.5万人/次；西安通长安区公交线路18条，投入车辆600余辆。以通村公交车为主的农村客运班线覆盖全区25个乡街，农村客运班线行政村通车率85%，乡政府街办所在地通车率100%。

【客运线路改制】 为规范运营、优质服务、方便群众出行，2006年12月，长安区客运行业分步骤启动线路改制工作，以期达到农村客运线路公司化经营、公交化运营管理目的。改制确定两个原则，一是制订车辆报废措施和计划，做好挂靠车辆处置工作。对经营到期车辆该下线的坚决退出客运市场，该报废实施强制报废；对接近报废车辆，作价提前收购；把还有1年以上经营期限的车辆分流到支线经营。二是明确线路改造投资股份和利润分配。按照“投资主体多元化，经营管理公司化”原则，以公司股份占大头、个体股份占小头的投资比例共同投资入股，由企业购买车辆，实现利益共享，风险共担。在改制过程中，为减少矛盾，给予原参营车主相应优惠政策。在核实参营中巴车辆剩余经

2007～2010年长安区货物运输统计表

年份＼项目	汽车、农用车（辆）	拖拉机（辆）	机动三轮（辆）	货运量（万吨）	货物周转量（万吨/公里）
2007	2453	329	5470	1725	44578
2008	2080	231	4233	1812	46807
2009	1562	311	3719	3642	43910
2010	1521	314	2929	1903	49147

2007～2010年长安区客运统计表

年份＼项目	客运中巴车（辆）	客运量（万人次）	客运周转量（万人/公里）	客运班线（条）
2007	341	1829	17964	28
2008	367	4840	20886	28
2009	379	2392	32971	28
2010	404	2450	35187	29

注：客运车辆不含西安市公交总公司在长安营运的大客车

营年限的基础上，明确投资分配办法。1.对改制线路在原中巴车主剩余经营年限之内，由原中巴车主全额投资，企业逐步按车辆剩余到期年限与原中巴车主进行投资比例转换（企业占总投资额60%，挂靠中巴车主保留40%），解决企业资金紧缺，稳定个体的情绪。2.在利润分配上，扣除未到期报废和分流车辆补偿，按各自投资额进行再分配。3.对原车主经营期满后顺延2年分红期，以调解经营许可中的矛盾。通过以上方法措施，在确保企业控股权前提下，逐步清理挂靠经营，使产权结构调整和股份制改造工作顺利进行。至2010年1月，完成客运线路改制工作。公司投入新购大型公交客车124辆，相继开通905路、916路、912路、922路、923路、924路城乡一体化6条公交线路；投入中型公交车255辆，开通906路、917路、918路、4—08路、4—12路、4—1路、4—16路、4—19路等23条农村客运班线公交车。减少经营矛盾，提高线路服务质量，企业实现自主经营和绝对控股。长安形成以城区为中心，辐射全区各个乡街、行政村的城乡客运发展格局。

【巴士春风活动】 为改善乘车环境，树立典型，打造服务品牌，构建文明诚信、和谐美好的长安新客运，2009年3月，区交通局在区行政中心广场举行“巴士春风”活动启动仪式。向社会公示司乘人员服务承诺，公布参赛线路、车辆及春风形象使者参赛人员，接受社会监督。通过评比考核，2010年确定4—06、917、921路3条为“巴士春风”公交线路，表彰形象使者19人。

【货运】 至2010年，长安区从事道路运输经营的货运业户374户，货运汽车1512辆，由迪昌、万盛等8个货运车队管理。全区尚无较规范的货运有形市场。

【站场建设】 2010年，全区有城区二级客运站1个（长安汽车站，2007年，区交通局投资27万元，新建150余平方米的候车大厅），农村及旅游景区五级客运站7个，农村招呼站（候车亭点）562个，全部投入使用。

2007～2010年长安区客运五级站建设情况

时间	名称	地点
2007	动物园客运站	秦岭野生动物园
2008	魏寨客运站 五台客运站	魏寨乡政府 南五台景区
2009	祥峪客运站	祥峪森岭公园景区
2010	未建	

2007～2010年长安区客运招呼站及候车亭、点建设情况

单位：个/万元

建设年份	招呼站及投资		候车亭及投资		候车点及投资	
2007	12	4	7	3.5	5	0.5
2008	70	25.4	46	23	24	2.4
2009	233	133	144	115.2	89	17.8
2010	231	153	178	142.4	53	10.6

【西安市长安公交有限责任公司】 2004年4月，由西安公交总公司（持股49%）、长安区客运公司（持股48%）、陕西平安高速客运公司（持股3%）参股，联合组建成立西安市长安公交有限责任公司。至2010年末，有员工527人，大型客车209辆，开通运营游9（320）路、321路、322路、323路、324路5条公交线路，累计完成客运量3929万人次，运营1491万公里。公司是长安客运线路改制，实行农村客运线路公司化经营、公交化运营管理的产物，对于促进新农村建设、推进城乡公交一体化建设进程发挥先行作用。

行业管理

【出租汽车行业管理】 2010年，长安区有营运出租汽车344辆。其中捷达187辆、天语114辆、爱丽舍37辆、富康5辆、比亚迪1辆，分别隶属于吉祥、永恒、商联、地平、鸿达、青稚6家出租汽车公司。作为城市“名片”，出租汽车全部更新成双燃料环保型车型，统一车身颜色和出租标志。

长安区出租汽车管理所内设6个科室（队），有工作人员34人。为区交通运输局下属全民事业单位，经费来源为自收自支，负责区域内出租汽车行业服务与管理，处理群众投诉。

【阳光的士活动】 2009年6月，区交通局在区行政中心广场举行长安区“阳光的士”活动启动仪式。旨在树立典型，打造服务品牌，改善营运环境，把优质服务提供给广大人民群众。60台更新车辆张贴活动标识、驾驶员佩戴统一袖章，展示长安区出租汽车行业新形象。活动持续至2010年，涌现出一批优质服务、拾金不昧、助人为乐的好人好事，展现出长安出租汽车行业的良好精神风貌。其典型代表——“全国出租汽车优秀驾驶员王涛”成为行业的一面旗帜。

【地方海事管理】 长安区地方海事处主要负责翠华山天池138000平方米水域的水上安全监督工作。2010年，西安翠华山旅游开发公司有快艇2艘（救生艇1艘、巡逻艇1艘）、旅游船49艘、持证船员5人、救生衣260余件。为保证水上旅游安全，海事处对营运船舶逐船建档。2009年初，重新修订海事公示牌，循章运行；采取日常动态监管与节日现场监管相结合加强管理。2007～2010年无一例安全事故发生。2007年，长安区地方海事处被陕西省海事局评为“文明地方海事处”。

【机动车维修和驾驶员培训行业管理】 2010年，长安区纳入行业管理的机动车维修户100余家（含企业48家）。其中，一类维修企业2家，二类维修企业24家，从业人员3000余人；驾培机构8家，训练场地面积53万平方米，教练车总数从2007年的150辆增至742辆，教练员从2007年130人增至800余人，年培训能力从2007年的3000余人增至20000余人。

西安市长安区汽车维修行业管理站负责本辖区汽车维修，驾驶员培训行业的规划、协调、服务和检查监督等管理工作。2007～2010年，管理站以“安全第一，预防为主，精心组织，严格监管”为指导，促进辖区维修、驾培行业走向“服务周到、公平竞争、健康有序”的发展轨道。

依法行政

【概况】 长安区交通运输局下辖区交通运输管理站、区农村公路管理站、区出租汽车管理所、区地方海事处4个行政执法单位。其中，区出租汽车管理所为受委托执法单位，其余为法律法规授权执法单位；涉及客货运输、路产路权、出租汽车管理、水上安全监督。共有一线行政执法人员167人，均取得行政执法资格和交通行政执法证件。其中，持部级执法证41人，省级执法证126人。

2007～2010年，区交通运输局每年年初与各执法单位签订目标责任书，定期考核，落实执法检查错案追究制，建立完善社会监督机制。每年组织1次执法人员法律知识讲座，举办岗前与岗位培训、教育不少于3次，经考试合格方能上岗执法；组织执法人员军训2次，增强纪律观念，提升执法和服务水平；建立以主管领导为组长，2名工作人员为成员的行政复议机构，处理行政复议案件；区交通运输局执法人员持证上岗，亮证执法，4年未发生一起行政复议及行政诉讼案件，行风评议群众满意率100%。

【投诉处理】 2007～2010年，区交通运输局在做好依法行政工作的同时，认真搞好群众举报、投诉接待处理工作。各执法单位本着“群众利益无小事”原则，对群众举报或投诉案件认真对待，一一查实回复，做到件件有落实，事事有回音，并合理解决、逐一建档。区出租汽车管理所从2006年开始，建立每天8小时接待与24小时受理电话投诉制度，按照投诉处理程序，15日内予以答复。为及时上传下达，解决问题，各出租汽车公司每日24小时有人接听电话，做到对投诉案件详细登记，及时上报。区出租汽车管理所4年受理投诉案件200余起，接听咨询及投诉电话1200余个，处理结案率100%，群众满意率98%。

【打击非法营运】 2007～2008年，长安区“黑中巴”非法营运现象猖獗，造成客运市场混乱，给群众生命财产安全造成威胁。2008年，结合全省开展代号为“搜狐行动”的运输市场专项整治，在公安交警、治安民警配合下，区交通运输局抽调稽查人员420人次，出动稽查车16辆，制作打击“黑车”宣传横幅20条，印刷宣传资料1000份，查扣强制报废非法营运“黑中巴”33辆，非法营运“黑中巴”被彻底清理出市场。2009～2010年，区交通运输局调整工作重点，把微型面包非法载客营运作为运输市场整治的重中之重，制订整治方案，严管重罚，查处微型面包车790辆；重点打击城区电瓶车、三轮车非法载客行为；在出租汽车行业内多次集中开展打击“黑车”“黑摩的”等非法营运专项整治行动，4年查扣各类非法营运车辆468辆次（包括小型轿车、电瓶三轮车、机动三轮车、人力三轮车）。通过打击非法营运，长安区运输市场得到规范和净化，合法经营者利益得到保护。

（张群力）

综　述

长安邮寄始于西周。中华民国3年（1914年）省属10条邮路过境，长安县设邮寄代办所和邮局，只邮寄信件、包裹。民国23年（1934年）始有电话，民国36年（1947年）有民用电报，为长安地方电信之发端。中华人民共和国成立后开辟农村投寄，韦曲、大兆开办长途电话、话传电报业务。1954年，韦曲邮局改为长安邮电局。1978年，市话实现自动化。20世纪90年代，“大哥大”、数字、汉字寻呼系统相继昙花一现，终为GSM、CDMA手机代替而退出市场。1998年长安邮政、电信分营，电信实行公司化运营；1999年移动通信剥离长安电信，成立中国移动通信集团陕西有限公司长安分公司；2001年8月，长城电信长安分部并入中国联通长安营业厅，2003年8月成立中国联合通信有限公司长安分公司；2003年11月，在原长安区广播电视局有线电视服务中心的基础上，成立陕西省广播电视信息网络股份有限公司长安区支公司。长安区信息服务业逐渐形成由区邮政局担负邮政服务，电信、移动、联通、广电网络传媒分担电信及综合信息通信业务的局面。至2006年末，全区22个电子化邮政营业网点实现与全国联网，有城乡投递段道68条2063.15公里，自办汽车邮路3条264公里；有固定电话用户20万户，宽带用户2万余户，移动电话普及率达60%以上。全区25个乡街671个行政村实现乡乡通宽带，村村通电话。

邮　政

【概况】 长安区邮政局2010年有职工202人，设经营服务部、综合办公室；营销体系设客户部及专业公司2个，生产班组4个，邮政支局17个，邮政所10个，代办点4个；另有自办汽车邮路3条全长226公里，共有城乡投递段道57条，全长2083公里。

2010年，长安区邮政局业务收入完成3671.38万元，在全省83个区县局中位列第一。

【机构设置变革】 2007年3月，西安市邮政局将郭杜邮政支局、产业园邮政支局、大学城邮政支局及所辖5个邮政所从长安区邮政局划出，设立工业园邮政分局，人事、财务、业务直属西安市邮政局，机构建制规格同长安区邮政局。2008年9月，邮政储蓄银行西安市长安区支行成立，人事、财务、业务直属邮政储蓄银行西安市分行。2010年6月，邮政速递业务实行专业化经营，邮政速递公司长安区分公司成立，人事、财务、业务直属西安邮政速递局。

【函件业务实现创新发展】 函件作为邮政最根本的基础业务，在传统函件市场逐步萎缩的不利因素下，长安区邮政局通过找准定位、抓住项目，将函件发展重点放在校园招生市场，向各院校推荐开发学生

长安区邮政局2007～2010年生产经营情况一览表

指标名称	单位	2007年	2008年	2009年	2010年
邮政业务收入	万元	3456.98	3216	3241.96	3671.38
函　件	万件	92.67	49.37	44.11	37.27
函件收入	万元	144.83	194.37	255.74	200.86
包　件	万件	6.37	5.53	5.67	9.06
包件收入	万元	115.87	125.35	168.37	162.2
特快专递	万件	10.42	12.84	13.63	10.32
特快专递收入	万元	217.47	256.64	274.23	242.95
报　纸	万份	975.13	922	962.92	985.25
报纸收入	万元	134.95	173	168.59	177.2
杂　志	万份	41.71	34	38.32	36.53
杂志收入	万元	51.57	46.89	45.72	51.22
邮政储蓄余额	万元	145502	130087	132390	143527.34
集邮收入	万元	81.87	181.39	164.61	284.03
物流收入	万元	16.65	44.56	16.05	10.95
人均劳动生产率	万元	13.82	17.74	13.09	18.18

成绩单商函、“致家长的一封信”等，提升了校园函件使用率。2010年，利用全国近30万条组织机构库，营销制作院校商函24.7万件。区邮政局还联合区文明办、区教育局、团区委，开展4届“青少年书信文化活动”，累计接收信件27万枚。2010年，长安区邮政局为辖区59家用户定制邮政贺卡，项目营销创收120万元，实现百万元历史突破；2007～2010年，邮政贺卡定制客户数量增加50家，定制金额增收97万元。

【包裹业务】 2007年，区邮政局揽收毕业生包裹4253件，创收15.48万元；2008年，毕业生包裹收寄量为5218件，收入18.9万元；2009年，扩大入驻校园数量，确保无一空白点；2010年揽收包裹12800余件，项目收入29.68万元。

【机要业务】 机要通信的主要任务是传递党和国家的机要文件、秘密资料和其他物品，其密级分“绝密”、“机密”、“秘密”三种，寄递区域分为本埠邮件和外埠邮件。长安地区使用机要业务的单位大多为部队、科研院所和学校，使用时需持机要通信部门核发的“机要通信寄递证”办理注册登记手续。2007～2010年，长安区邮政局年均机要业务收寄量保持在1100件左右。

【集邮业务】 为普及集邮知识，给集邮爱好者提供更多的交流机会，2007～2010年，长安区邮政局在西京学院、西安培华学院、7103厂家属院等院校和社区开展形式多样的讲座和集邮知识培训，新发展西京学院、7103厂等集邮协会20个。在邮票个性服务业务上，2007年，区邮政局制作香积寺个性化邮折300册，实现收入1万元。2008年，制作《长征系列运载火箭第100次成功发射纪念》个性化邮票3020版。项目开发被陕西省邮政局选为优秀营销案例。

【邮政储蓄】 2007～2010年，长安区邮政局落实“增量前移、增收前移”思路，通过劳动竞赛推动，时点（注：把某一阶段突发的不确性业务增长点，称为时点）、热点营销，中间业务带动，重点项目拉动等方式，促进（代理）储蓄业务发展。至2010年末，邮储余额规模143527.34万元，活期比例37%，较2007年初提升2.3%；依托时点、热点机遇，实施金融多元化发展，4年累计代理基金1.5亿元，其中2007年资本市场活跃期代理基金1.18亿元；加强代发类业务开发力度，4年成功揽收各类代发资金累计2.3亿元。2010年，发挥网络优势，参与国家新农保惠农资金项目营销代发，共代发新农保资金4872万元。

【邮政服务质量改善】 邮政通信是国民经济的基础设施，是地方公共服务设施的重要组成部分。区委、区政府新长安战略的推进，城市化进程的加快，对全区邮政通信提出了更高要求。2007～2010年，区邮政局从局容局貌、仪容仪表、文明服务和基础管理等方面入手，推进服务管理工作。首先，推进网络优化整合，规范现有营业网点，加大城区网点技术投入，融合产品设计、科技开发与业务应用，提升基础支撑能力；对全区17个邮政营业网点进行标准化改造，累计更新、增添ATM机13台，全面普及网点ATM机。其次是加强对重点客户和潜在客户的服务，开展营业网点“三进”工程。通过自办、委代办形式，把服务触角延伸到规模社区、大型商业集中区、新入驻校园，填补地方邮政服务的空白。第三是按照投递网建设标准，优化城区投递网络格局，新增投递段道11条（含1条汽车段），城区投递段达25条（含1条汽车段）。在投递内部作业现场实行“5S”管理，投递人员做到“五统一”，即着装统一、佩带工号牌统一、出归班时间统一、服务标准统一、装备统一。城区实行一日三班、早报早投，实现服务无死角，投递无缝隙。

【《民间传说——牛郎织女》特种邮票首发】 2010年8月16日（农历7月7日），《民间传说——牛郎织女》特种邮票首发仪式，在牛郎织女民间传说的发源地——西安市长安区举行。

陕西省政协副主席张伟，原陕西省常务副省长徐山林，陕西省邮政公司党组书记、总经理马凤炯，陕西省邮政公司副总经理王俭，西安市邮电办主任、工信委副巡视员王平刚，省集邮公司经理宋小林，西安市长安区政协主席成德奇，西安市长安区人民政府副区长刘明军，市邮政局局长梁军等领导出席了首发式。首发仪式由梁军主持，王俭宣读《民间传说——牛郎织女》特种邮票发行通告，宋小林宣读中国邮政集团公司关于举办首发活动的批复，马凤炯、刘明军分别致辞。在揭幕仪式上，张伟与马凤炯共同为《民间传说——牛郎织女》特种邮票揭幕，徐山林与王俭为《民间传说——牛郎织女》小本票揭幕，王平刚与成德奇为《民间传说——牛郎织女》首日封揭幕。

《民间传说——牛郎织女》特种邮票是继《梁山伯与祝英台》、《许仙与白娘子》、《董永与七仙女》、《柳毅传书》等邮票后，中国邮政集团公司发行的第五套以民间传说为题材的特种邮票。该邮票一套四枚，图序分别由“盗衣结缘”、“男耕女织”、“担子追妻”、“鹊桥相会”4个故事情节组成。构图采用中国民间美术的造型手法、色彩特征，吸收了汉画像砖的形式美感，又借鉴皮影做出了牛郎、织女的人物造型，亲切、鲜活，富有感染力。（周瑞江）

中国电信股份有限公司西安长安区分公司

【概况】 中国电信股份有限公司西安长安区分公司（以下简称中国电信长安区分公司）是中国电信股份有限公司西安分公司下属的非法人性质单位。2006年，长安区电信局更名为中国电信股份有限公司。2010年设综合办公室、市场营销部、维护建设部、政企客户部4个职能部门，有设备维护班、测量中心、市话交换中心、转型支撑班、线路维护班、社区中心、中心营业部、客户服务中心、欠费管理中心、资源管理班10个班组，辖16个电信支局（具体见附表）。正式员工241人。其中大专以上文化程度49%。主要经营固定电话、小灵通、数据宽带（ADSL、光纤+LAN、专线）、2M数字电路、光纤接入、裸光纤租用、可视电话会议、IPTV、全球眼、移动电话、翼卡通、3G手机、118114号码百事通、商务领航、网站建立、广告信息发布、电子政务等电信和综合信息通信业务，是长安区通信行业的主导运营商，有服务网点300多个。至2010年末，固定电话用户20多万户，宽带用户近10万户，手机用户近20万户；交换设备总容量25万门，业务收入1亿多元，位居陕西省县局榜首。2007～2010年，连续4年荣获中国电信西安分公司“先进单位”、“特殊贡献奖”等20余项奖项；荣获陕西省电信公司“十佳县级分公司”荣誉称号2次。

【个性化营销】 2007～2010年，中国电信长安区分公司开通小灵通、固定电话彩铃业务，成为长安对外宣传的有声名片；商务领航、118114等业务为企业宣传、推销搭建平台，为客户餐饮、娱乐、休闲度假提供信息，方便人民群众；绿色宽带、教育宽带、娱乐宽带、校园宽带为在校学生健康上网提供便利；“全球眼”电子监控、翼卡通、企信通等业务，满足特殊行业用户需要。

【天翼手机与3G无线上网业务】 2008年10月，中国电信长安区分公司3G牌照发放，12月开通“天翼手机”移动业务；2010年推出3G手机业务，实现手机下载、阅读、定位、办公、视频及看电视、听音乐、办会议、通邮箱新型业务功能，原联通133、新增电信天翼153、189号段手机成为集手机、邮箱、QQ号三号为一体的“一号通”第三代智能手机，给群众工作生活、休闲娱乐带来方便。中国电信长安区分公司以宽带品牌带动市场，实现有线、无线通信全业务运营，成为全区宽带市场主导的品牌。构成传输光缆化、交换程控数字化、数据宽带化、城乡一体化、业务综合化、服务个性化的现代化信息网络平台。

公安长安分局“金盾网”监控室一角

【综合信息应用 服务地方政府】 2007～2010年，中国电信长安区分公司累计投资400万元，一是打造“天网工程”，建设金盾网。在全区建立治安监控点50个，完成社会治安监控二期、三期工程。二是于2010年开通首批49所学校“平安校园”安全系统，建设平安校园工程。三是开通政府“企信通”应用系统，建成电子政务办公系统。四是配合区委组织部开展的党员教育活动，为23个乡街建立党员远程教育系统点位82个。五是开通长安区政府、旅游、金融、金盾、医疗合疗、教育、国土资源、烟草专卖等网站、区域网。其中区政府网站设立“区长信箱”、“在线投诉”、“政务公开”等栏目与“长安旅游开发”等板块，介绍长安投资环境、招商引资政策、法规；搭建网上观景系统平台，游客足不出户，即可揽尽长安胜景。

2010年中国电信长安区分公司分支机构基本情况一览表

名称	地址	负责人	电话	服务区域
大兆支局	大兆街道	武勃	85891888	大兆、酒辅、
鸣犊支局	鸣犊街道	张辉	85835300	鸣犊、魏寨、砲里、马兴
引镇支局	引镇街道	丁强	85885666	引镇、杨庄、韦兆、大峪
王曲支局	王曲街道	高毅	85940300	王曲、贾里村、常宁宫、
杜曲支局	杜曲街道	成立新	85937583	杜曲、王莽、小峪河
子午支局	子午街道	王远	85954300	子午、内苑、黄良、王庄、205、动物园
太乙支局	太乙街道	王利明	85891888	太乙宫、五台
细柳支局	细柳街道	朱虎	85962799	细柳、义井
郭杜支局	郭杜街道	王武平	85843300	郭杜、祝村
青华支局	滦镇街道	李珂生	85921000	滦镇、喂子坪、大坝沟、大坪村、紫薇山庄
五星支局	五星乡	徐仁利	85860369	五星、东大、和迪村、关山、西工大
沣西支局	马王街道	孟小栋	85851303	马王、灵沼
斗门支局	斗门街道	贺博	85908998	斗门、镐京
王寺支局	王寺街道	曹宏	85808600	王寺、高桥
沣惠支局	沣惠桥	孟卫社	85960341	沣惠、兴隆
局连支局	局连村	杨西平	85990001	局连、杜陵、航天基地

【建设农村信息服务站】 2007～2010年，中国电信长安区分公司配合区政府、区农业局，通过自筹和向上级争取项目资金，相继投入11900万元，加快农村信息服务站建设。2007年，建成滦镇街道上王村、子午街道张村等信息服务站。区政府在上王村召开现场会，通报表彰首批建成的10个农村信息服务示范村和2个示范乡街。农村信息服务站建设在全区推开，电脑知识、信息下乡入户同步进行；同时解决大坪村、小峪河村、黄峪寺、天子峪等13个偏远山区村的通信问题。至2010年底，全区建立农村信息服务站670个，培训农村信息服务站信息员650余名。实现全区乡乡通宽带，村村通电话。 （谢梅菊）

中国移动通信集团陕西有限公司长安分公司

【概况】 2007～2010年，中国移动通信集团陕西有限公司长安分公司（以下简称长安移动分公司）坚持以科学发展观为指导，按照“追求客户满意服务”经营宗旨，秉承“沟通从心开始”服务理念，树立“正德厚生，臻于至善”企业核心价值观，突出“服务与业务双领先”经营战略重点，努力工作，拼搏进取。运营收入、市场份额均保持了良好增长势头，进一步巩固了区域通讯市场主导地位。2007年，长安移动分公司通话客户49万户，运营收入2.53亿元。至2010年末，通话客户数增至86.87万户，运营收入突破4.34亿元。在西安移动15个分公司中排名第五。

2010年，长安移动分公司设3个管理部室：综合部、市场经营部、集团客户部，7个业务班组：财务室、网络支撑中心、VIP客户服务中心、客户投诉处理服务中心、业务支撑中心、校园营销中心、家庭客户中心；有9个自建营业厅：韦曲营业厅、区委什字营业厅、凤栖路营业厅、郭杜营业厅、斗门营业厅、滦镇营业厅、子午营业厅、引镇营业厅、杜曲营业厅，8个乡街营销分部：郭杜营销分部、斗门营销分部、细柳营销分部、滦镇营销分部、子午营销分部、引镇营销分部、鸣犊营销分部、杜曲营销分部；共有员工174人。其中，中共党员24人，共青团员62人；研究生学历2人，大学本科学历12人。

【经营业务】 2007～2010年，长安移动分公司在加强创新力度，培育增值业务的同时，融合移动三大品牌“全球通”、“神州行”、“动感地带”，顺应市场变化，推出“集团信息化应用”、“企业专线”、“企业彩铃”、“小区宽带”、“视频会议”、“我家计划”“号簿管家”、“移动MM应用商场”、“139手机邮箱”、“手机电视”、“手机支付”等产品，推动业务进一步发展。连续4年被省移动公司评为“收入增长十佳县”和“业务发展十佳县”，2009年被长安区委区政府评为“纳税突出贡献企业”。

长安移动分公司2007～2010年经营情况简表

年份	通话客户数（万户）	经营收入（亿元）
2007年	49	2.53
2008年	59.67	3.23
2009年	76.34	3.53
2010年	86.87	4.35

【网络建设】 2007～2010年，长安移动分公司积极争取上级部门资金，加大网络建设力度，增强信号覆盖率，提升高校网络承载容量。4年累计投资13389万元，新建宏基站102个，区境宏基站总数量达353个；为减少网络盲区，保证通讯畅通，又在偏远地区、山区新建小型直放站297个；在校园及热点地区新建、改建、扩建3G和WLAN（高速无线局域网）28处。实现区内所有乡镇街道、重要交通道路、重点开发区、教学区的移动通信网络全覆盖，无盲区。

2010年4月，西安培华学院举办首届春季校园招聘会，为缓解通讯高峰，避免信号盲区，长安移动分公司派出1辆应急通信车进校，连续15天每天工作12小时，保证通讯畅通无阻。

【移动宽带进万家】 2009年末，中国移动通信集团推出小区宽带业务。2010年初，长安移动分公司由领导带队，集团客户部牵头公关，家庭客户中心负责落实，组成8个宣传安装小组，深入区内各住宅小区上门服务。至年末完成信息点建设18318户，试装用户5327户，试装机率近30%。

【拓展电子业务渠道】 自2009年起，长安移动分公司为方便客户办理简单业务，将相关信息发布到中国移动门户网站（http://10086.cn/service/），推广网上营业厅、掌上营业厅以及短信营业厅等电子信息渠道业务。用户可以直接登陆，进行话费查询，了解中国移动最新业务、活动热点及新业务优惠情况，并办理简单业务。

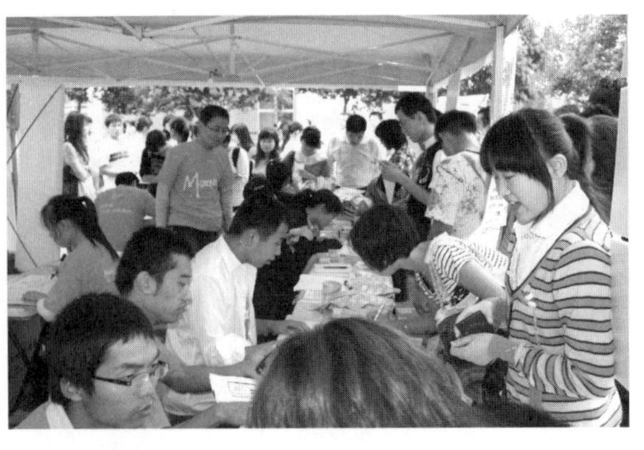

【清晰透明账单 明明白白消费】 2010年，长安移动分公司新增电子账单业务。每月初，利用139邮箱将上月消费账单与清单发送给用户，让用户通过清晰透明的电子账单，实现明明白白消费。

【绿箱子环保计划】 2010年，为推进中国移动“绿色行动”计划，长安移动分公司在积极配合上级公司开展节能环保宣传活动的同时，还将节能环保理念付诸实践。在韦曲营业厅、凤栖路营业厅、西京体验店和西北政法体验店4个营业网点开展“绿箱子来到你身边”活动。全年共收集废旧手机电池595块、废旧手机充电器236个。

【优化服务】 长安移动分公司以“站立式、低柜台、即买即通”赢得用户赞誉。2010年，又采取新措施，优化服务。首先，提高全员服务意识，按照“服务市场、服务经营、服务客户”原则，落实“客户为根，服务为本”理念，实行一岗一位，责任到人，形成分工合理、职责明晰、相互配合、环环相扣的现代服务体系。其次，加强对员工的业务知识培训与职业道德教育。每月组织召开一线员工培训会，并及时进行考试考核。以此提高员工综合素质，强化业务能力，力争实现办理“全球通VIP会员”业务不超过5分钟，办理单项业务不超过10分钟，优质高效。第三，建立、健全考核制度、投诉处理流转制度和服务质量通报制度。对全体员工进行周通报、月考核、半年评比、年终总评，同时开展“微笑天使”，“服务明星”评选活动，做到有据可依、有章可循、有责可究。 （谢爱霞）

中国联合通信有限公司长安分公司

【概况】 2007～2010年，中国联合通信有限公司长安分公司（以下简称长安联通）以利润为主线，围绕省公司管理上收，资源下沉的服务要求，重点考核主营业务收入，用户有效率及利润率，锁定4大市场，落实6项工作。截至2010年末，公司有业务发展部门4个：长安集团营销中心、2G郭杜营销中心、2G韦曲营销中心、长安家庭/数固业务营销中心业务；业务支撑部门1个：长安营业核算中心。基站337座，员工102人，连续4年完成联通西安分公司下达的各项任务。

2007～2010年联通长安区分公司经营情况表

单位：万元

年份	收入	税金
2007	9577	295
2008	9500	291
2009	11891	313
2010	9600	292
合计	40568	1191

【资源整合】 2007年，中国联通西安分公司精简机构，整合资源，撤消大兆、杜曲、马王、王曲办事处；7月，采取竞聘上岗，重新整合韦曲、太乙、王寺、黄良分部；为提升自建厅服务水平，12月将自建外租的郭杜、滦镇营业厅收回，筹建鸣犊、太乙、马王营业厅。2008年，长安联通增设家庭客户部和建设维护中心；撤销太乙办事处，合并至黄良营业部。为做好服务工作，设乡镇自建营业厅10个。2010年7月，成立长安集团营销中心、2G郭杜营销中心、2G韦曲营销中心、长安家庭/数固业务营销中心，各中心在区域内建立基层服务网络；至年底，全区有信息服务站147家、专营店17家、零售店76家、专营卖场2家。

【优化服务】 2007～2010年，长安联通以“站立式、低柜台、即买即通”等服务，赢得广大用户赞誉。首先，强化全员服务意识，按照服务市场、服务经营、服务客户原则，落实“首问责任制”，形成分工合理、职责明确、相互配合、环环相扣的服务体系；其次，加强员工业务知识培训、职业道德教育，提高员工综合素质；第三，建立、健全考核制度、投诉处理流程和服务质量通报制度，做到有制可依、有章可循、有责可究，同时评选“微笑之星”，“服务之星”；第四，依托长安区高校资源，成立14个校园WO店，为学生提供办卡、缴费、办理业务；第五，发挥网上营业厅缴费、选号、业务受理功能，为客户提供便捷的通信服务。2007年联通长安分公司荣获中国联通公司（总部）先进集体称号。2007～2010年，联通长安分公司完成总收入40568万元，上缴营业税金1191万元。

【电子农务】 2007年，长安联通推广电子农务业务，建成电子农作物推广站22个，配备电脑系统（含电脑、无线上网设备、打印机）22套，农业信息专家25人、信息员450余人，形成近500人的专业服务队伍。2008年，新建联通业务与电子农务联建站115个，并加强人员培训，提高业务能力和营销水平。电子农务的推广，解决了偏远农村用户缴费难问题。

【新业务拓展】 2009年5月，联通3G业务开通。长安联通遵循“三领先、六统一”(即：业务领先、服务领先、网络领先，统一品牌、统一业务、统一包装、统一资费、统一终端政策、统一标准)发展战略，以客户专属服务为突破口，为客户提供无线上网卡、手机音乐、手机电视、手机搜索、可视电话等业务，让用户感受到联通3G“精彩在沃”的魅力。

【基站建设】 为扶持“三农”，解决边远山区农村信息沟通困难，促进全区经济发展，2007年，长安联通投资2600余万元，建成并开通基站16个，解决了砲里东岭、杨庄、引镇南寨、滦镇下滦、鸡窝子、东大罗汉洞和祥峪沟、五台石砭峪等边远山区的通讯问题。成立网络维护站，维护境内通信网络设施，保障通讯畅通。至2010年，长安境内基站337座，其中室内分布系统34座；铺设光缆1000余公里，基本实现全区网络覆盖无缝隙。

（张军凤）

广电网络传媒

【概况】 2007～2010年，陕西广电网络传媒股份有限公司长安区支公司（以下简称陕西广电网络长安区支公司）累计发展有线电视用户42924户，发展有线数字电视用户52201户，发展个人数据用户1002户，建设专网专线52条。至2010年末，长安区有线电视用户102080户，其中数字电视用户59607户，发展个人数据用户2100户，专网专线185条。

【数字电视第二平台】 2007年，长安区推行数字电视整体转换。最初，有线数字电视的传输采取直接停止模拟有线电视的方式，用户中出现长安本地节目和部分中央台节目无法收看现象。为解决这一问题，2007年2月，陕西广电网络长安区支公司投资9万元，建成数字电视第二平台，实现长安台和中央台节目在模拟、数字系统的双重传输，使全区数字电视用户收看到完整、稳定、高质量的数字电视节目。

【有线电视数字化整体转换】 根据区政府办公室《关于加快长安区有线电视数字化整体转换工作实施意见的通知》（长政办发［2008］146号），2008年9月，陕西广电网络长安区支公司按照“网不好不整转，改好网再整转”原则，启动全区有线电视数字化整体转换。2008～2010年，新建光节点134个，改造115个小区的有线电视网络。至2010年底，基本完成城区楼栋用户和集团单位用户的有线电视数字化整体转换工作，全区数字电视用户达59607户。

【“十七大”安全传输保障】 2007年党的“十七大”召开期间，陕西广电网络长安区支公司成立有线电视安全传输领导小组，下设巡查小组，将全区分为东、西2个大片，开展线路巡查工作。同年10月，出动90多人次、50多车次，巡线7000多公里，确保了信号安全传输。

【北京奥运会安全传输】 2008年，为确保北京奥运会期间广电网络的安全传输，7月，陕西广电网络长安区支公司在中心机房、各乡街分机房以及主干线路安装避雷器250个，防雷接地棒1000多个。期间，累计出动120多人次，排除大小故障330起，完成本次保障任务。

【非法卫星地面接收设施查处】 2009年3月，区政府成立长安区卫星地面接收设施专项整治领导小组，区政府办、区委610办、区文体广电局、工商税务局、公安长安分局和陕西广电网络长安区支公司为成员单位，于3月、4月、12月先后联合执法3次，查处非法销售点48家，收缴非法卫星接收设施220台（套），遏制了非法卫星地面接收设施的泛滥。

【温馨服务进万家】 为规范客户服务，提高服务质量，完善监督渠道。2010年，陕西广电网络长安区支公司聘请薛拴群、郑培荣、郝随年、金姝婷等人为客户服务监督员。5月，组织全体员工开展用户“大回访”活动。至月末，走访城市用户823户，农村用户214户，集团单位15家，征集各种意见和建议327条。据此，陕西广电网络长安区支公司建立客服工作评议制度，围绕用户接待、业务受理、故障维修、电话回访等环节，采取内部推荐、部门互评方式定期评选“服务明星”并进行表彰。同时按照新制订的《客户服务投诉(暂行)管理办法》，出现用户投诉，对直接责任人进行经济处罚并通报全公司，坚持“奖罚并重”，严格落实有关规章制度。截至年末收到感谢信1封、锦旗2面。

（张友良　赵梦迪）

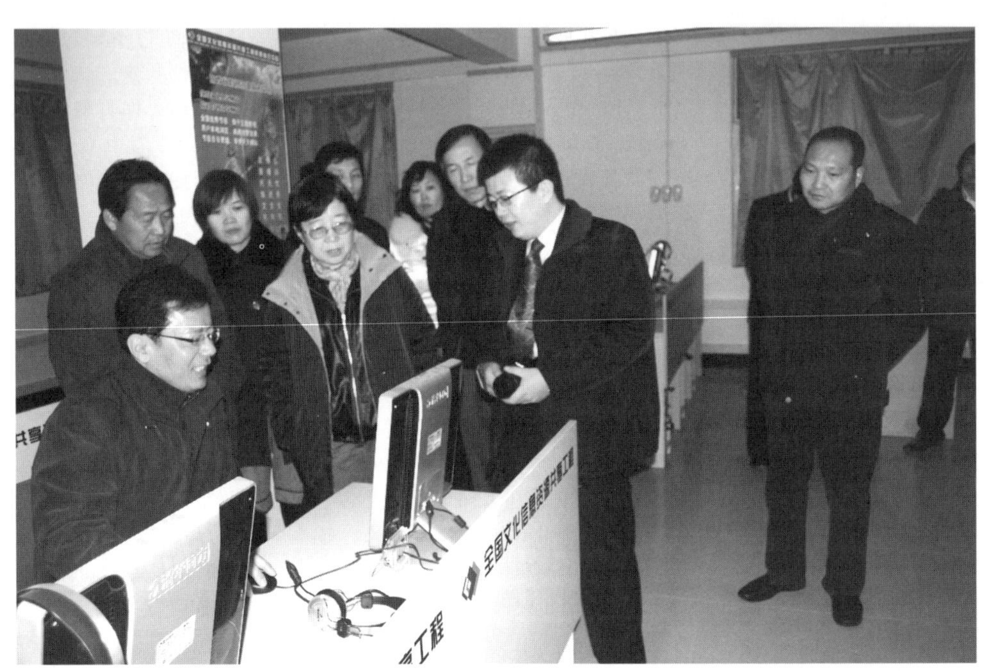

2009年11月29日省文化厅副厅长蒋惠莉（前排中）视察长安区文化资源共享工程

综　述

长安区南依秦岭主峰，包容长江黄河两大水系分水岭形成的不同风土人情；北瞰西安城区，是西安国际化大都市建设至关重要的生态屏障。山川秀美的自然风光底蕴，深厚的人文历史资源和史称“天下福地皇家内苑”的优越区位彰显了长安旅游业的独特魅力。改革开放后，长安区委、区政府始终把旅游作为长安经济与社会发展的新兴产业抓住不放。截至2010年底，形成了以西安秦岭野生动物园和秦岭终南山世界地质公园——翠华山景区为代表的山岳型风景区；以兴教寺和香积寺为代表的宗教文化区；以上王村和祥峪沟村农家乐为代表的乡村田园风光旅游区；以东大地热为代表的温泉旅游度假区；以长安饭店和常宁宫休闲山庄为代表的商务接待服务区的5大主要旅游区。2008年，长安区获“陕西省旅游强区”称号，成为西安乃至关中地区休闲度假旅游目的地。区内有文物景点672处，沿山旅游景区17个；国家级重点文物保护单位6处，省级重点文物单位7处；国家A级旅游企业3家，2A级旅游企业1家，3A级旅游企业2家。2007～2010年，全区旅游接待1332.98万人次，旅游总收入8.07亿元。

长安区旅游景区一览表

景区名称	地址	电　话
西安秦岭野生动物园	滦镇街道内苑村	85670044
翠华山国家地质公园	太乙宫街道	85891750
南五台森林公园	五台街道星火村	85949234
太兴山	杨庄乡库峪	85986569
常宁宫休闲山庄	王曲镇鱼鲍头村	85679139
沣峪庄园	滦镇街道青岗树村	85920125
广新园民族村	滦镇街道北石槽村	13389261066
九龙潭	滦镇街道北石槽村	85929307
龙潭戏水	滦镇街道	85921085
高冠瀑布	东大街道祥峪口村	85865131
南山温泉酒店	东大街道温泉度假区	85868447
秦龙温泉酒店	东大街道温泉度假区	85868158
绿园山庄	东大街道	85865688
长安饭店	韦曲北长安街	85292278
祥峪森林公园	东大街道祥峪沟村	85865069
上王村	滦镇街道上王村	85921036
小坝谷	滦镇街道北石槽村	13152179797
连珠潭	滦镇街道北石槽村	13152116338
万华山	滦镇街道北石槽村	13991120268
二郎山森林公园	太乙宫街道	13319188468
青华山	滦镇街道新二村	85864444
关中民俗博物院	五台街道	85829182
兴教寺	杜曲街道	85937335
香积寺	郭杜街道香积寺村	85973357

【概况】 西安市长安区旅游局（以下简称区旅游局）是区政府工作部门。内设办公室、行业管理科、规划发展科3个科室。负责全区旅游发展规划编制、实施，负责区委、区政府关于发展旅游业各项重要决策落实；为辖区各大旅游景区（点）及旅游企业经营管理提供服务。

【旅游接待及收入】 2007～2010年，全区接待游客1332.98万人次。其中，2007年接待游客230万人次，旅游收入1.62亿元；2008年接待游客290.5万人次，旅游收入1.78亿元；2009年接待游客364万人次，同比增长25%，旅游直接收入2亿元，同比增长12%；2010年接待游客448.48万人次，完成年度任务同比124.5%，与上年同比增长23.2%；旅游直接收入2.67亿元，为年度任务的133.5%，与上年同比增长33.6%。（马　薇）

2007～2010年长安区旅游接待收入情况统计表

年份	接待人数（万/人次）	旅游收入（亿元）
2007	230	1.62
2008	290.5	1.78
2009	364	2.00
2010	448.48	2.67
合计	1332.98	8.07

【长安区创建省级旅游强区】 长安区地处陕西省关中平原中部，秦岭北麓，西安市南部；地形地貌多样，山、川、塬皆有；河流主要有15条，分属渭河、汉江水系，自然、人文景观资源丰富。改革开放后，按照省市旅游发展总体规划，长安区结合旅游资源分布和产业格局，以23个主要景点为基础，将全区规划为6个功能发展区域，即东南名山古洞旅游区、中部自然观光区、西南部沣峪休闲度假和东大温泉开发区、樊川古寺庙旅游区、西部古遗址旅游区、东部古陵墓旅游区。

2006年4月，长安区人民政府办公室印发《长安区2006年度创建旅游强区整顿与规范旅游市场秩序工作方案的通知》，成立由各职能部门和乡镇、街道组成的旅游市场秩序整顿领导小组，为创建旅游强区进行准备。

2007年，省旅游局发出《陕西省旅游局关于开展创建旅游强区工作的意见》（陕旅[2007]58号），决定在全省范围内开展创建省级旅游强区活动，建设一批知名度高、深受游客喜爱的旅游强区，从而树立旅游形象，实现旅游业持续、健康、快速发展。

2007年4月，区旅游局通过分析长安旅游业发展现状和基础，认为具备“创建省级旅游强区”的条件，按照《陕西省旅游局关于开展创建旅游强区工作的意见》（陕旅字[2007]58号），向区政府提出报告，制定《西安市长安区创建旅游强区工作实施方案》。向省旅游局上报《西安市长安区创建旅游强区工作实施方案》及相关文件、材料，完成全部申报手续，加入创建省级旅游强区的行列。为推进旅游强区创建工作深入开展，做大做强旅游产业，促进长安经济社会又好又快发展，区政府成立由区长汪文展任组长的创建旅游强区工作领导小组，为创建协调工作服务。4月，区旅游局成立创建旅游强区工作小组，实行责任制管理，争取创建工作成功，并编辑《西安市长安区创建陕西省旅游强区简报》4期。区旅游局以创建省级旅游强区为契机，“五一”黄金周前协调区假日协调领导小组组织成员单位对全区旅游市场秩序进行联合执法大检查、大整治；各旅游服务接待单位召开动员会，开展自查自纠，将各种安全隐患消除在萌芽状态，“五一”黄金周长安各景区、景点接待游客130万人次，旅游收入7901.4万元，分别比上年同期增长29.3%和30%。

8月，为全面贯彻落实全国旅游市场整顿规范专项行动电视电话会议精神和省、市领导关于加强旅游市场管理工作指示，规范旅游市场，实现创建陕西省旅游强区和区委、区政府建设具有国际竞争力的生态文化科教新区目标，区政府成立工作领导小组，制订以营造优美旅游环境，规范旅游市场，推行标准化管理，提升旅游服务水平为主要内容的工作方案，按照“统一规范，依法行政，各负其责，整体联动”方针，坚持整顿与规范并重，规范与发展结合，打击与建设并举，标本兼治原则，为迎接党的十七大胜利召开营造良好环境和氛围，为长安成为全省旅游强区打下坚实基础。10月，通过专项整治和各职能部门及景区的努力，长安区旅游行业安全、顺利度过国庆黄金周。节前，区政府召开常务会议和黄金周工作会议2次，安排部署黄金周工作。期间，区委书记吕建、区长汪文展到西安秦岭野生动物园视察；市政府督察组和市假日办检查组对长安区黄金周旅游市场秩序全面检查，对动物园门前秩序整治成绩表示肯定和赞扬。

2007年，区委、区政府加大工作力度，完善旅游基础设施建设，全力打造长安旅游品牌。市、区政府投资800多万元拓宽太乙宫——翠华山山门3.4公里旅游道路，开通翠华山905路旅游专线车，投资60多万元修建翠华山高等级游客客运站，完成终南山世界地质公园申报前期准备工作；投资300多万元改造通往南五台景区1.5公里道路；投资3500多万元硬化、修建南五台景区11公里景区道路及山门和广场；投资1000万元改造完善西安秦岭野生动物园门前3000多平方米广场、600多辆车位的生态停车场、40多间营业用房；投资260万元进行上王村部分农家乐仿古式改造，投资200多万元修建环村公路、上下水等基础设施。同时充分发挥区域优势和旅游资源特点，不断加大宣传力度，拓宽旅游销售途径，促进各旅游产业之间的互动、对接，实现旅游产业优势到经济优势大转变。年内，全区接待中外游客284.73万人次，旅游直接收入1.62亿元，综合收入达亿元。其中，农家乐接待游人210万人次，收入3210万元，户均收入6万元。

2008年2月，省旅游局授予长安区省级旅游强区称号。

【翠华山万人登山节】 2007～2010年，区旅游局与翠华山地质公园举办翠华山万人登山节活动，由三秦大地及豫、晋、甘、宁、鄂等周边省区群众参加。2007年度第7届翠华山万人登山节以百万市民重游翠华山，看翠华山巨变为主题，分3个阶段进行：第一阶段在省体育场举行启动式，百名摩托车骑士冲刺太（乙宫）翠（华山）公路1洞3坡10大弯挑战赛；第二阶段百名山地车车手自我挑战翠华山天池公路；第三阶段万人登山挑战赛及历届冠军赞“翠华”。社会参与有效拉动客源，与上年同期相比入区人次增长60%。2008年度，第8届万人登山节，以“人文奥运，旅游西安”为主题，西安市政协主席程群力等市区领导亲临现场，1.3万余名市民参加。举办“百万大专院校学生迎奥运，翠华山门票半价登山健身”、“迎奥运，百家知名企业翠华山登山接力赛，挑战翠华山五条特色登山线”，面向社会征集翠华山“宣传口号”等活动；让游客感受“人文奥运，旅游西安”的时代脉膊与翠华山改革开放30年神奇魅力。2009年度第9届万人登山节，以体现全民健身旅游主题，通过一系列节庆活动，吸引游客，拉动旅游市场。2010年度第10届万人登山节，切合回归自然，体现和谐主题，让不同层次游客全面感受翠华山巨大变化和分享和谐社会幸福生活。

【秦岭终南山世界地质公园】 2007～2010年，区旅游局负责秦岭终南山世界地质公园申报工作并获成功。申报工作启动后，市委副书记、市长陈宝根多次到翠华山视察指导工作。区旅游局以5A景区为标准，聘请相关部门专家参与、论证。太乙宫街道2007年7月启动公园大门前太翠路拓宽改造工程，全长3.5公里，总投资766万元，历时5个多月竣工，并新修翠华山旅游车站，协调长安交通部门将905路公交车延伸至公园大门口，解决困扰公园发展的交通难题。2008年度申报工作中，区旅游局督促太乙街道整治公园景区环境，设置50块广告牌、300余块地质遗迹点解说牌、景区导游标志等。2009年，长安区

“秦岭终南山世界地质公园”申报成功。授牌后，区旅游局受到区政府表彰。

规划与扶持

【编制规划】 2008年3月，区旅游局编制《长安区旅游总体规划》。西安建筑科技大学吕仁义教授等主持编制，规划期限2008～2025年。经前期搜集资料、现场踏勘，2008年8月，形成规划初稿。区政府召开2次征求意见会，修改完善后，形成《长安区旅游总体规划》评审稿，送上级有关部门审批。2009年规划通过区政府审批，规划实施方案在制定之中。

【政策扶持】 2009年，区旅游局对环山路沿线的祥峪沟村、上王村、北豆角村、留村、太乙村、凤祥沟村的农家乐专业户实施提标改造，培训农家乐经营户550户，乡村游成为农家的致富载体。2009年，区政府出台《关于支持旅游业加快发展的若干意见》，制定对景区半价游、宣传促销和建设通讯设施费用实行3项补贴措施，对各景区报表登记、审核、汇总，检查指导，确保3项补贴政策落实到位。12月，翠华山地质公园、南五台等10家半价游景区门票收入（黄金周除外）1800.42万元；广新园民族村、西安沣峪庄园等10家企业宣传促销费用328.5万元；电信、移动投资约171.6万元，新建基站19个。按照全价门票总额20%、宣传促销费15%、建设通讯设施费10%的补贴比例，市、区财政补贴景区资金1071.69万元（其中，市级补助1025.63万元，区级补助46.06万元），区旅游局协同市、区有关部门认真做好补贴兑付工作，保持全区旅游业稳定发展。2010年，区旅游局支持上王、祥峪沟等农家乐专业村开展村容村貌整治行动，使村内硬件设施得到进一步完善。

【旅游基础设施建设】 2008年，区旅游局以西安市开通东、西两条环山假日旅游公交线路为契机，分别在环山旅游公交线路长安段西太路、子午大道、西沣路3个交汇处设置3个导示牌，对沿山12个重点峪口进行导示。2009年，区旅游局引导并促成翠华山、青华山、祥峪森林公园等重点景区投资1.36亿元，加强景区道路和设施建设。2010年，区旅游局按照区政府部署，实施秦岭北麓10大峪口整治工作。启动子午峪、小峪和台沟3个峪口整治工程，提升秦岭北麓旅游环境。

【旅游行业培训与管理】 2010年，区旅游局提高旅游从业人员业务素质，引导旅游企业采取自主培训和组织集中培训相结合方式，举办6次培训班，邀请专家教授就旅游法规、旅游管理、景区规划与发展举办专题讲座，翠华山、南五台、关中民俗博物院等20个景区的38名中层管理人员参加培训，为提高景区经营水平奠定基础。按照农家乐标准化服务标准，分批对经营户进行技能、服务培训。2010年，为滦镇街道黎元坪、上王等村培训农家乐经营户320户，占全年培训任务总量的107%。培训中，组织农家乐星级经营户赴宝鸡市胜利村、扶风关中风情园考察学习，拓宽农家乐经营户视野。

旅游景点开发

【旅游项目开发】 “十一五”期间，区旅游局推动辖区旅游项目开发，促成全区旅游新兴产业蓬勃发展新格局。2009年，区旅游局与王莽街道开发“桃花园”、“荷塘月色”特色旅游项目；协助马王、大兆、砲里、滦镇、子午、王莽等乡街举办草莓、西瓜、樱桃、鲜桃、葡萄、猕猴桃等时令果蔬采摘节，开展农业观光采摘活动，推进长安乡村游稳步发展。2010年，区旅游局对子午古栈道项目进行资料收集、现场勘察和市场分析工作，完成项目规划设计并进行评审，大祥峪旅游区总体规划进行对外推介招商；协助市、区有关部门规划建设东大温泉旅游产业园区。引进投资1.35亿元，包括宾馆、会议中心、温泉休闲区等设施在内的华圣御温泉度假村项目，占地20公顷，其中12公顷办好用地手续。会同王莽街道、杨庄乡成功举办首届赏花节，增强长安区旅游魅力。全年各景区投入建设资金5200万元，完成年度任务的104%。

【申报A级景区】 2010年，长安区有3家景区申报参加A级景区评定。其中，关中民俗博物院申报4A级通过省、市两级初审，待国家旅游局验收；祥峪森林公园和常宁宫休闲山庄申报3A级通过市级评审。

旅游推介

【会展推介】 “十一五”期间，区旅游局利用省、市各类经济会展推介长安旅游项目，提升长安旅游品牌。2008年3月，组织部分旅游企业参加第4届“西安旅游博览会”，推介各企业旅游活动与服务项目，发放宣传推介资料千余份。2009年，组织旅游企业参加第13届中国东西部经贸洽谈会，发放旅游宣传品17万份；引导扶助滦镇街道上王村作为“一村一品游长安”特色观光农家乐代表参加杨凌农博会；组织区内重点景区参加全国旅游宣传周西安大雁塔北广场分会场的大型宣传咨询活动，发放旅游宣传品、纪念品3万余份（件）；组织旅游企业与景区参加陕西省第二届旅游商品博览会，区旅游局获得最佳组织奖。2010年组织区内旅游企业参加西安市旅游交易会和第6届旅游博览会，印制《幸福生活天天游·西安市民旅游休闲指南》画册，向市民发放宣传资料50万册，荣获举办方“秦岭山水好去处”奖牌。

【媒体推介】 “十一五”期间，区旅游局注重推介长安旅游产生良好社会效应。2008年4月“2008中国奥运畅游长安”大型媒体采风活动中，西安市迎奥运办公室常务副主任李德省、市旅游局纪检组长邵运荣、陕西省文联副主席肖云儒、国家“奥运健将”郭洁等参加启动仪式，《陕西日报》、《中国旅游报》、省广播电台、西安电视台等21家新闻媒体记者参加活动，使长安旅游进一步走出三秦，走向全国。2009年，西安广播电台推出“中国乡村游进长安”专题节目；与西安电视台合作，拍摄播放“游在长安”、“快乐旅游走进长安”电视专题片和“走进长安”区长访谈专题片。2010年，创建“长安旅游网”，及时、准确、快捷地更新长安旅游相关信息，赢得社会广泛赞誉。

【活动与节庆推介】 2008年，区旅游局在西安秦岭野生动物园举办“2008大西安动物庙会”、“大金刚国际动物欢乐节”、“2008大金刚动物奥运会”、“大金刚国际动物欢乐周”等主题活动8次，推介长安旅游资源。2009年，协助市、区相关部门举办“长安首届农家乐节”，通过摄影、书法、绘画、笔会、演唱会及模特表演等形式，为创建长安旅游新产品集思广益，提升长安旅游景区知名度。2010年，依据区委、区政府部署与区级相关部门合作，组织宣传展示、休闲观光、文化体验3大类38项旅游促销活动。把滦镇街道上王村和东大街道祥峪沟村作为全区农家乐专业村典范，创建“省级乡村旅游示范村”活动，2010年11月通过省旅游局验收，获得“省级乡村旅游示范村”称号。

旅游市场监管

【旅游市场监管】 2007～2010年，区旅游局开展旅游市场监管工作，国庆黄金周和法定假日、旅游旺季期间，督促各景区、各旅游企业依法经营，用优质服务赢得游客。修订完善《区旅游系统防控甲型H1N1流感工作预案》，安排防控流感疫情工作，为各旅游景区购置体温测量仪。区旅游、公安、工商、卫生、物价、交通、质监、安监、广电等9个假日办成员单位节前对全区旅游接待单位执法检查，现场对存在问题进行反馈，监督限期整改；黄金周期间，区假日办组建2个巡查组，每日巡回检查各旅游景区（点），现场协调解决有关问题，重点整治环境卫生，开展旅游投诉接待，规范从业人员文明待客行为，强化社会治安管理。（马　薇）

翠华山滑雪场

综　述

2010年，长安区生产总值为274.41亿元，是2006年的2.5倍；地方财政一般预算收入完成13.2亿元，较2006年增长235.9%；全区社会固定资产投资完成302.26亿元，较2006年增长247.8%；社会消费品零售总额完成89.24亿元，较2006年增长100%；全区城镇居民人均可支配收入为19557元，较2008年增长50.96%，农民人均纯收入为7389元，较2006年增长78.35%。一、二、三次产业结构由2006年的16.7∶46.1∶37.2调整到2010年的8.93∶50.01∶41.06，呈现出一产下降、二产发展、三产提升态势；规模以上工业增加值完成92.04亿元，较2006年增长526.55%。

经济发展改革

【概况】 西安市长安区发展和改革委员会（以下简称区发改委）属区政府工作部门，主要职责是研究分析全区国民经济和社会发展运行情况，制定长安区经济社会发展年度及中长期发展计划，加强宏观调控，承担全区经济社会发展改革工作。内设办公室、综合体改科、固定资产投资科、项目科4个科室，行政编制14人；下辖事业单位：西安市长安区经济信息中心，在编人员11人。

【主要经济指标】

指标 名称	GDP		规模以上工业增加值		财政收入		社会消费品零售总额		固定资产投资	
	实际完成(亿元)	同比增长(%)	实际完成(亿元)	同比增长(%)	实际完成(亿元)	同比增长(%)	实际完成(亿元)	同比增长(%)	实际完成(亿元)	同比增长(%)
2007	112.4	15.6	28.13	32	5.38	36.8	53.67	16	125.4	44.4
2008	148.69	17.5	43.97	31.5	6.77	51	67.52	25.8	169.98	35.55
2009	223.07	15.8	72.31	24.5	9.51	40.5	81.5	20.7	226.4	33.2
2010	274.41	16.1	92.04	22	13.2	39	89.24	19.6	302.26	33.5

指标 名称 年份	旅游直接收入		农民人均纯收入		实际利用外资		粮食总产量	
	实际完成(亿元)	同比增长(%)	实际完成(元)	同比增长(%)	实际完成(万美元)	同比增长(%)	实际完成(万吨)	同比增长(%)
2007	1.66	37.3	4143	15.3	1212	24.9	39.83	−0.2
2008	1.78	7.2	4926	18.9	1166.3	−3.8	40.7	2.2
2009	2	12.4	5965	21.1	1219	4.5	41.58	3.7
2010	2.67	33.6	7389	23.9	1680	37.8	41.48	−0.2

【预算内投资】

单位：万元

年份	总投资	中央预算内（国债）	省预算内配套	市预算内配套
2007	1400	1039	52	309
2008	2940	2067	113	760
2009	5525	4198	1017	310
2010	10771	9015	1046	710

【以工代赈】

单位：万元

年份	项目个数	总投资	以工代赈资金	省预算内配套	市预算内配套	受益情况
2007	14	204	128	10	66	新修农村道路42公里，改善农村道路13.2公里，新打深井2眼，新建水塔1座，埋设供水管网5000米，解决1580人饮水困难。
2008	6	78	56		22	新修农村道路16.5公里，改善农村道路5公里。
2009	9	141	100		41	实际完成新修、改建砂石路23.1公里，新增硬化道路面积28000平方米。
2010	9	150	95		55	新修砂石路15.5公里，改造渠道4公里，改善灌溉面积66.67公顷。

【重点建设项目】

年份	名称		项目个数	年度计划投资（万元）	实际完成投资（万元）	实际占年度计划（%）
2007	区级项目	合计	65	424969	510159	120
		在建项目	58	424269	508877	119.9
		前期项目	7	700	1282	183.6
	市级项目	合计	7	163000	207052	127
2008	区级项目	合计	82	434823	509329	117.2
		在建项目	59	432523	504556	116.7
		前期项目	23	2300	4773	207.5
	市级项目	合计	6	71000	113901	160.4
2009	区级项目	合计	90	423353	487214	115.1
		在建项目	74	421753	484871	115
		前期项目	16	1600	2343	146.4
	市级项目	合计	6	46000	57825	125.7
2010	区级项目	合计	139	674063	771665	114.5
		在建项目	112	671663	769117	114.5
		前期项目	27	2400	2548	106.4
	市级项目	合计	5	29000	41800	144

【固定资产投资管理】 2005年8月，国家投资体制改革后，区政府办公室转发区发展计划委员会《关于投资体制改革后项目管理实施意见的通知》（长政办发[2005]89号），对固定资产投资项目实行审批、核准、备案管理；对政府投资、补助和贴息的项目，继续实行审批制；对重大项目和限制类项目以及《陕西省政府核准的投资项目目录》内的项目实行核准制。其余项目无论规模大小，按照“谁投资、谁决策、谁受益、谁承担风险”原则，落实企业投资自主权，对企业不使用政府投资建设的项目，一律不再实行审批制，均实行项目备案制。2007～2010年，区发改委备案、核准、审批固定资产投资项目227个，总投资362.7亿元，总建设规模387万平方米，项目涉及工业、房地产、旅游、社会事业等行业。其中，完成固定资产投资项目备案166个，总投资318.1亿元，总建筑面积531万平方米；核准7个，总投资9.83亿元，总建筑面积58.4万平方米；审批54个，总投资34.36亿元，总建筑面积17.87万平方米。

【长安区污水处理厂建设】 长安区污水处理厂项目位于韦曲街道首帕张堡村，占地7.1公顷，总投资13400万元，设计日处理污水10万吨。一期计划投资7000万元，设计日处理污水5万吨；采取氧化沟处理技术，项目于2004年经西安市发改委批准立项，2006年区政府研究安排由区发改委组织实施，2007、2008年度被陕西省列为考核西安市3个治污项目之一；2007年，招商并确定由北京桑德环保集团采取BOT模式负责投资建设和管理运营，建成投产后，由北京桑德环保集团经营30年，全部资产移交区政府经营。项目于2007年6月开工。为使项目按期完工，区发改委安排一名主要领导和两名工作人员，日夜坚守工地，实行倒排工期，检查工程质量，督促项目进度，协调解决各种矛盾和问题。经过15个月的紧张施工，作为陕西省渭河流域综合治理首批开工的6个项目之一，在全省率先建成并通水试运行；2009年6月，试运行结束后整体移交区建设局管理。项目全部建成后，可解决长安城区生活污水达标排放问题。

【企业改制】 截至2008年底，长安区共有71家国有企业，对41家实施改制，其中：拍卖1户，被兼并6户，人资分离15户，股份合作制2户，转换有限责任公司12户，内部兼并2户，其它形式改制3户。

【企校分离】 按照市政府[2006]20号文件和区政府办公室[2006]59号文件精神，进行省、市属企业与社会职能分离，将省、市属企业承担的社会职能从企业分离出来。区政府成立工作机构，研究制订风雷仪表厂子校和西安造纸网厂子校接收方案；区发改委会同区财政局、人事局、教育局等部门进行调研，开展企校分离和企办子校接收工作，至2008年底，长安区与风雷仪表厂、西安造纸网厂签订子校移交协议，接收两所子校资产和85名教职工。

【“十二五”规划】 2009年12月，区政府就“十二五”规划工作做出专门安排。2010年初，成立由区政府主要领导任组长，发改委等28个部门和乡街参与的工作领导小组，印发《长安区“十二五”规划编制工作方案》；成立编制小组，确定15个专项发展规划，邀请陕西中西部经济发展规划研究院承担“十二五”规划编写工作。2010年3～7月，编制小组进行实地调研，拟定“十二五”规划编制方案，包括：指导思想、基本原则、工作任务、目标要求和时间安排5大内容；7～11月，编制小组与区委、区人大、区政府、区政协及相关部门多次讨论，修改确定长安区“十二五”规划基本框架，完成《规划纲要》草案编制。经区委、区政府领导及知名专家、学者多次讨论修改，后经区政府常务会、区委常委会讨论通过，2011年1月提交长安区第十六届人民代表大会第五次会议审议通过。

【节能降耗】 2007～2010年，长安区从工业、建筑、商业和民用、农村、党政机关5个方面推动节能工作。连续4年开展“节能宣传周”活动，组织环保、科技、教育、经贸、质监、广电等13个部门进行宣传，悬挂节能宣传标语132幅，发放节能宣传单9900余份，制作节能宣传展板112块，现场推广节能灯3000盏，长安电视台宣传及播放公益广告60余次，4年推广节能灯20.5万盏。**工业节能方面** 突出整治高能耗企业，组织区属工业企业57家实施节能行动，推动企业调整产品结构，加快节能技术改造，降低能耗；**建筑节能方面** 推行新型墙体材料和新建建筑严格实施节能50%的设计标准，实行项目建设前节能施工图纸审查制度，推动建筑节能改造，新建建筑推行新型墙体材料89万平方米；**商业和民用节能方面** 强制在公用设施、宾馆商厦、写字楼、居民住宅中推广采用高效节能办公设备、家用电器、照明产品等；**农村节能方面** 发展农户用沼气和小水电以及农业秸秆综合利用，推广节电、节油农业机械、农产品加工设备及农业节水、节肥、节药技术，推广沼气3100户，购置秸秆还田机138台；**党政机关方面** 在采暖、空调、照明、景观设施、办公设备及公务用车等方面开展节能工作。2009年和2011年，长安区分别被西安市人民政府评为“西安市2007年度节能先进区（县）”、“西安市2008～2009年度节能先进区（县）”。

【民生八大工程】 2008年，长安区贯彻省市民生八大工程实施意见，成立由区长任组长，各副区长任副组长的领导小组，向全区下达民生八大工程项目52项。其中，补助类20项、建设类32项。涉及教育、医疗卫生、群众饮水、农村道路、村级公共服务设施、救助站、敬老院、社区服务、社会保障等方面，工程项目于2009年10月底全部完成。2010年，市发改委、财政局分别以市发改社发[2010]774号和市财发[2010]916号文件下达长安区民生八大工程项目9大类155个单体项目，总投资64593.33万元。其中，中央及省级投资42957万元，市级投资10556.07万元，长安区自筹11080.26万元。

【灾后重建】 2008年“5.12”汶川地震后，长安区发改委根据市发改委《关于做好地震灾害灾后恢复重建项目规划编制工作的紧急通知》精神，以3年为期启动灾后恢复重建项目规划编制工作。编制辖区内灾后重建项目1007个，所需总投资12601万元。其中，2008年重建项目470个，2009年重建项目330个，2010年重建项目207个。按照市发改委(市发改投发[2008]369号)文件精神，全区乡街及农村供水设施应急修复项目4个，投资45万元，2008年10月底完成，解决59700人饮水问题。（尚守玉）

统　计

【概述】 长安区统计局（以下简称区统计局）是区政府工作部门，负责全区国民经济和社会发展统计调查、统计分析和统计咨询服务工作。内设办公室、综合科、能源工业科，下辖事业单位长安区统计调查中心。2007～2010年，区统计局立足长安发展，夯实统计工作基础，拓宽统计服务领域，强化统计队伍建设，发挥统计监测和服务功能。2008年3月，区统计调查中心更名为区普查中心，与社会经济调查中心实行一套人马两块牌子合署办公，负责国家、省、市、区各项普查和抽样调查工作。2010年4月，经区政府批准，区统计局增设能源工业科。负责组织实施能源和工业、交通运输统计调查；收集整理和提供有关调查统计数据；对有关统计数据质量进行检查和评估。

【统计基础建设现场会】 2010年10月，区政府在魏寨乡召开统计基础建设现场会。代区长杨建强和省、市统计局领导出席会议。全区25个乡街主要领导、统计站站长和有关部门领导90余人参加。观摩魏寨乡统计站基础建设情况，听取区统计局局长张锋侠介绍全区各乡街统计基础建设情况。魏寨乡与会交流统计基础建设经验，滦镇、引镇、细柳3个街办主任大会发言。现场会推动了全区建设高标准基层统计作站工作。

【统计信息化建设】 2008年8月，区统计局在西安市开通25个乡街统计内部业务网站和FTP数据报送服务平台，对计算机硬件及网络设备全面升级，购置Intel(R) Core(TM)2 Duo CPU E4600 2.40GHz电脑13台，惠普2015打印机3台，服务器1台，网络设备专用机柜2台；将2MB宽带升级到4MB专用宽带，设立专用机房，为乡街统计站配备统计专用电脑和打印机25台。2009年接入10MB广电专用网络通道，市局配送服务器1台。2010年购置电脑11台，打印机4台，复印机1台，相机1台。全面实现统计工作网络化、无纸化和信息化。

【统计制度改革】 2007年，区统计局按照西安市统计局要求，修订能源和工业统计报表制度。2008年，区统计局为控制统计范围变动对工业定期报表统计数据的影响，保持规模以上工业企业统计名录在报告期内相对稳定，进一步规范工业定期报表统计范围。2009年，执行《西安市区、县城乡居民收支调查数据质量评估办法（暂行）》，准确反映全区城乡居民收支状况；2010年，建立统计法制工作报告制度。

【全国第六次人口普查】 第六次人口普查将查清自2000年第五次人口普查10年来长安人口变化情况，为科学制定全区国民经济和社会发展规划、统筹安排人民物质文化生活、构建“四强新区”提供科学准确的统计信息支持。第六次人口普的查标准时点为2010年11月1日零时。2009年9月，区政府成立第6次人口普查工作领导小组制订普查方案和工作细则。2010年6月，区人口普查办结合长安驻区大专院校多，分布广，人口结构复杂，普查工作难度大的特点，在郭杜街道开展大专院校专项试点。8～9月，对全区6000余名普查员进行系统业务培训。10月，开展人口普查摸底工作，完成户口姓名底册登记。代区长杨建强在长安电视台发表第六次人口普查动员讲话。11月，第六次人口普查正式入户登记，并完成光电录入、质量审核、数据上报等任务。（2011年陆续公布人口

普查结果）

【统计法宣传教育与贯彻执行情况】 2007年，为提高统计人员持证上岗率和业务素质，区统计局在全区范围内举办统计从业资格和继续教育培训。2008年，区统计局结合统计报表中存在问题，针对房地产行业报表数据质量开展为期20余天的统计执法大检查，检查房地产企业15家，立案查处统计违法案件6起，警告违纪行为1起，警告并处违纪违法行为罚款5起。在全区举办“五台杯”统计法知识竞赛，宣传新颁布的《统计违法违纪行为处分规定》。2009年12月，将新修订的《中华人民共和国统计法》通过西安市长安区政府网和长安区统计信息网向社会公布，2010年1月，组织全区各乡街统计人员参与“我与《统计法》征文活动”，提高社会公众对新《统计法》的知晓率；通过专业年报会，发放《统计法》单行本，并学习讲解，增强广大统计人员的统计法律意识。

【统计基础建设】 2009年，区统计局下发《关于加强统计基础建设的通知》，5月，组织乡街分管统计工作领导赴长沙市雨花区考察基层基础建设工作。2010年，长安区按照省、市“八有八化”（“八有”即：有机构、有编制、有人员、有资格、有台账、有经费、有场地、有设备；“八化”即：统计管理制度化、统计人员专业化、统计报表标准化、统计资料档案化、统计手段信息化、统计工作法制化、统计宣传法制化、统计服务优质化）标准进行统计基础建设。截至年末，25个乡街设立统计工作站，共有独立办公室34间，电脑63台，电话15部；统计人员96人，其中专职干部57人，大专以上学历87人；各项规章制度健全，制度统一装框上墙；统计资料、档案管理完善。

【经济运行监测】 2007～2010年，区统计局加大保增长、促发展及宏观经济政策落实监测力度。认真分析全区经济运行情况，每季度拿出分析报告，提出合理性建议。根据惠农政策不断深入和长安区房地产市场升温，撰写《长安区以特色产业为突破拓宽农民增收渠道》、《长安区房地产开发投资高速增长，商品房销售面积趋缓》等文章。2010年，根据上半年生猪市场大幅波动，撰写《长安生猪养殖成本加大》，被省、市统计网和市委政策研究室采用。

【统计调研】 2007～2010年，区统计局撰写统计分析和调研报告110期，其中，《长安区流动人口中妇女抽样调查》、《浅谈“三农”问题和新农村建设》、《2007年经济运行分析及2008年趋势判断》、《西安市长安区规模以上工业企业发展现状及存在问题分析》、《西安市长安区特色农业发展调研“农家乐”——富民的大产业》、《长安“一村一品”发展现状及对农民收入的影响》、《来自“南桃汉塘”的报告——“王莽乡生态农业观光园”发展调查》、《对长安区生猪价格周期性波动的调查》等调研文章，受到区领导重视和赞扬。

【统计服务】 2007～2010年，区统计局更新观念展示统计之为，不断开发新的统计产品。在《长安统计资料》、《统计年鉴》、《经济动态》基础上开发《统计信息》、《统计报告》、《长安调查》、《数据经纬》，形成有分析、有调研、有对比的系列统计产品，服务长安发展。

（姚　伟）

国家统计局长安调查队

【概况】 2007年4月，国家统计局长安调查队成立，是中华人民共和国国家统计局派出机构，正处级建制，参照国家公务员管理，经费、人事、业务归国家统计局陕西调查总队垂直管理。长安调查队依法履行国家统计调查行政职能，独立行使统计调查、统计报告、统计监督的职能，独立向国家统计局上报调查结果；承担地方党委、政府委托的各项统计调查任务，为地方党政领导科学决策和经济社会发展服务。调查队设综合科、业务科2个职能处室，机构编制10名。

【重大信息和调研报告】 2007～2010年，长安调查队采取定课题、定任务、定人员、定时间、定质量的办法，把专题调研和信息工作当作“优质服务、提升形象、扩大影响、领导决策依据”的重要工作来抓。4年来共编写重大信息和调查报告300余篇。其中，国家统计局采用42篇次，中办、国办采用26篇次，温总理批示2篇次，其他中央领导批示2篇次；省级及省两办采用218篇次，市级及市两办采用96篇次；区级及区两办采用19篇次，区领导批示2篇次。分别获省、市调查队一等奖和二等奖。

【统计执法培训】 2008年，按照省调查总队统计执法检查培训会的要求，长安调查队对全队所有未持统计执法检查证的统计调查工作人员进行统计执法培训。一是邀请西安市统计局法制科科长对工作人员进行统计执法知识培训。二是由副队长余炳善辅导统计员学习省总队《统计执法检查与违法案件查处》和《统计违法行为与法律责任》等材料。使工作人员明确统计执法作用和特点；统计执法检查的主题、内容和对象；统计执法检查的一般要求；统计违法案件的查处机关及基本要求。三是看案卷，熟悉执法流程。调查队组织工作人员传阅执法案卷，了解统计执法及办案过程中履行的法律手续，使工作人员熟悉统计执法工作。

【样本轮换工作】 2010年，按照陕西调查总队工作要求，长安调查队采取多项措施切实搞好样本轮换工作，为下一轮社会经济调查工作的开展打好基础。采取组织专人参与各专业摸底工作，召开样本轮换业务会，选聘辅助调查员，选好调查户及配强辅调员等方法，在国家要求的3个月内完成农村住户、面积、农产品价格等专业样本轮换，确定农村住户、记账户并进行培训，11月进行试记账，保证新老住户点有机衔接。并对畜禽监测的养殖户、生产单位进行摸底。

【专业季报工作】 2010年，长安调查队完成农村住户、畜禽监测、农民工监测、农户固定资产投资、面积调查、农产品中间消耗等专业4个季报和夏、秋粮产量调查工作。统计执法实现“零”的突破。

（卢旭日）

国有资产管理

【国有资产管理】 2009年，区财政局制定《西安市长安区行政事业单位资产管理办法》和《西安市长安区行政事业单位国有资产有偿使用和处置及收益管理暂行办法》，并在区建设局、交通局等10个单位进行试点。2010年，完成全区行政事业单位国有资产信息数据录入工作。

（袁　刚）

2007—2010年全区行政事业单位国有资产统计表

单位：万元

类别＼年份	2007	2008	2009	2010
土地	1521	1521	1521	1521
房屋建筑物	71884	74309	75982	77221
通用设备	761	863	923	1090
专用设备	3874	4274	4699	5560
交通运输设备	8993	9823	10802	11851
电气设备	1262	1311	1557	1716
电子产品及通信设备	8786	9409	10256	10839
仪器仪表及量具	851	887	964	1108
文艺体育设备	690	720	778	856
图书文物及陈列品	1845	1858	1987	2103
家具及其他类	4126	4395	4863	5261
国有资产合计	104593	109370	114332	119126

长安区国有企业国有资产年度统计表

单位：万元

年份	资产	负债	固定资产	销售收入	利润总额	实收资本
2007	46766	47451	11080	17837	45	8071
2008	39605	35456	96522	16556	-88	6671
2009	44599	40159	10035	21872	-221	6671
2010	48460	44972	9255	16565	-274	5610

工商行政管理

【概况】 西安市工商行政管理局长安分局(以下简称工商长安分局），直属市局领导，同时接受中共长安区委、区政府领导；主管辖区各类工商企业注册登记，合同、食品、商标广告、商品交易市场信用监管及消费者权益保护，整顿和规范市场经济秩序等工作。2007年，分局机关内设办公室、组织人事科、监察室、计划财务科、法制科、企业个体注册科、企业个体监管科、市场合同监管科、商标广告监管科、公平交易科（挂消费者权益保护科、打击传销办公室牌子）10个科室和全民事业机构“12315”消费者申诉举报中心、信息档案咨询服务中心、咨询服务中心各1个；下辖韦曲、韦曲南街、韦曲西街、大兆、鸣犊、引镇、杜曲、太乙、王曲、子午、滦镇、五星、郭杜、细柳、马王、斗门工商所16个，机动车辆营运管理所、经济检查大队各1个。2010年5月，根据西安市工商局《关于各分局内设机构调整的通知》，分局增设食品流通监管科。9月、11月，市局先后以（市工商发[2010]）29、41号《通知》，将长安分局辖区韦曲工商所部分区域和斗门工商所区域分别划归市局国家民用产业基地分局和沣渭新区分局。2007～2010年，工商长安分局围绕区委、区政府工作大局，按照“单项工作创一流，全面工作争先进”工作目标，调整工作思路，理顺工作体制，转变工作职能，履行新“三定”方案赋予的五大职能，在维护长安市场经济秩序、促进市场繁荣和经济发展方面作出积极贡献。

【注册登记】 2007年，工商长安分局着力打造登记窗口“阳光工程”，畅通“绿色通道”，办理下岗失业再就业职工、大学毕业生、退伍军人等个体工商户登记310户，免收各种费用19.3万元；协调私营企业吸纳下岗再就业人员305人，减免各种费用30万余元。放宽季节性、临时性经营准入条件，登记烟花爆竹经营户396户，农民专业合作社21户，为69户农村经纪人建立登记档案，为193户农家乐颁发营业执照。全年，依法登记各类企业303户、个体工商户2790户，办理企业变更登记并换照1546户、注销登记16户。2008年，围绕“效能建设年”主题，开展“审批提速，服务提质，工作提效”活动。由分局领导带领登记人员深入引镇、东大、灵沼等地区，宣传《农民专业合作社法》，散发相关资料500余份，登记农民专业合作社18户。4月下旬，分局局长张鲁豫、副局长张宏涛带领相关科、所负责人，深入滦镇街道喂子坪等13个行政村，宣传市局鼓励全民创业的优惠政策措施，为当地100余户农家乐举办工商法律法规和职业资格培训班，就近登记经营户349户；“两费”改革后，开展“送优惠政策进校园”活动，深入西安翻译学院、陕西师范大学等驻区高校结对帮助，宣传落实就业扶持政策，为下岗失业人员、高校毕业生、退役士兵、失地农民等办理营业执照388户，共免收各种费用23万余元。10月召开长安非公经济发展座谈会，就发展中的主要问题及困难进行探讨，研究对策，向区政府提交《关于长安非公经济发展动态的报告》。2009年，分局围绕“服务发展年”、“抓落实年”两大主题，严把市场准入关，确保主体登记质量；认真落实有关优惠政策，服务长安经济又好又快发展。开展送优惠政策进大学、进农村、进街道、进社区活动，发放宣传资料3000余份，举办重点帮扶对象创业知识培训班2期，办理大学毕业生、失地农民、下岗失业再就业人员营业执照64户，免收各种费用1035元；采用上门服务，登记各类企业324户、个体工商户2764户、农民专业合作社44户。以促进农村经济发展为重点，与相关部门研究制定《大力发展大都市农业的实施意见》；结合辖区产业特点，对全区12个农业重点项目，实行一对一帮扶。邀请有关部门一起深入山区，对10个行政村的“两委会”干部、120余户农家乐经营户进行工商法规和经营技能培训；深入农村宣传《农民专业合作社法》，发放登记表格300份，面对面指导农民组织专业合作社，促进特色产业规模发展。2010年，分局以贯彻执行国家工商总局新修订的《企业、个体工商户注册登记材料规范》为契机，对局、所两级注册登记场所政务公开的形式和内容进行统一、规范和完善，在区行政服务中心大厅设立工商登记提交材料规范LED滚动屏、样表填写示范台。认真贯彻执行中央、省、市促进中小企业和工业产业经济发展的有关政策，落实市局促进经济发展的各项措施，全年登记各类企业390户、个体工商户2451户、农民专业合作社34户，办理股权出质登记3件，帮助企业实现小额担保贷款2350万元。支持公有制企业改制重组，指派专人全程跟踪服务，做好国有、集体企业兼并重组、改革改制的登记注册工作，办理西安市长安区农村信用联社分支机构改制登记21户。认真落实国务院、省、市关于经营性文化事业单位转企和支持文化产业发展的有关政策规定，与区文化、财政等部门协调分工，于9月26日为西安市长安区剧团有限责任公司、西安市长安区影视实业有限公司核发企业法人营业执照。积极支持长安“四个园区”、“九大农家乐”发展，深入园区、农家乐认真调研，针对其不同特点，分别制定《关于提升服务水平促进农家乐发展的具体意见》、《关于强化服务管理促进长安四个园区加快发展的二十条意见》。并组织相关科、所人员，深入滦镇街道沣峪沟黎元坪村，举办农家乐法制和职业技能培训班，发放《农家乐注册登记明白书》40余份。继续加大对国家扶持全民创业、收费减免、市场准入等政策的宣传力度，努力壮大经济队伍。4月下旬，深入陕西省警官学校，向应届毕业生宣讲大学生创业优惠政策和企业、个体户注册登记知识。配合区有关部门清理整顿辖区产能过剩、技术落后、破坏资源、污染环境和不具备安全生产条件等企业，办理企业变更登记530户、注销登记24户。

2010年长安区内资企业基本情况表

单位：户、万元

行业分类	期末实有户数	其中：企业法人					
		户数			注册资金本（金）		
		期末实有	本期登记	本期注销	期末实有	本期登记	本期注销
合计	2312	1114	14	19	136477.50	18895.00	19111.50
农、林、牧、渔业	40	24	1	1	2387.00	15.00	15.00
采矿业	—	—	—	—	—	—	—
制造业	914	610	4	7	45880.00	420.00	452.00
电力、燃气及水的生产和供应业	12	9	—	—	2187.00	—	—
建筑业	151	87	—	—	21063.00	—	—
交通运输、仓储和邮政业	170	8	—	—	2709.00	—	—
信息传输、计算机服务和软件业	15	1	—	—	5.00	—	—
批发和零售业	597	171	3	5	24433.50	350.00	534.00
住宿和餐饮业	2	—	1	1	1000.00	—	1000.00
金融业	134	35	—	—	—	—	—
房地产业	14	11	1	1	3153.00	1000.00	1000.00
租赁和商务服务业	7	5	1	1	1021.00	10.00	10.00
科研、技术服务和地质勘查业	36	29	—	—	1979.00	—	—
水利、环境和公共设施管理业	1	—	—	—	—	—	—
居民服务和其他服务业	200	112	—	—	27204.00	—	—
教育	17	11	—	—	411.00	—	—
卫生、社会保障和社会福利业	2	1	—	—	26.00	—	—
文化、体育和娱乐业	—	—	2	2	—	1100.00	1100.00
其他	—	—	—	—	—	—	—

2010年长安区私营企业基本情况表

单位：户、人、万元

行业分类	期末实有									其中：本期开业				独资企业				
	合计					其中：城镇												
	户数	其中：分支机构	投资者人数	雇工人数	注册资本(金)	户数	投资者人数	雇工人数	注册资本(金)	户数	投资者人数	雇工人数	注册资本(出资金额)	户数	其中：分支机构	投资者人数	雇工人数	出资额
合计																		
农、林、牧、渔业	2714	387	3034	5247	364822.48	1745	2384	4491	235746.51	416	571	2913	59548.20	739	8	731	2958	43029.56
采矿业	142	5	208	426	22658.80	100	185	388	17498.80	43	75	280	8590.00	52	—	52	338	7493.00
制造业	9	1	9	8	991.00	5	6	8	501.00	—	—	—	—	2	—	2	8	181.00
电力燃气及水的生产和供应业	975	97	1131	2160	128578.00	586	860	1722	75877.30	115	167	927	17342.00	351	—	351	1525	20238.00
建筑业	7	—	10	—	2610.00	6	10	—	2110.00	—	—	—	—	—	—	—	—	—
交通运输、仓储和邮政业	291	20	324	455	47297.50	196	264	405	28347.70	45	67	352	9310.70	30	—	30	97	1581.00
信息传输、计算机服务和软	7	—	5	7	529.00	6	5	7	479.00	—	—	—	—	1	—	1	7	50.00
件业	158	19	183	344	6520.00	100	121	303	4749.00	23	34	131	870.00	83	7	76	252	4020.00
批发和零售业	613	165	585	718	51917.16	385	444	626	29381.26	107	95	461	3138.00	117	1	116	303	4003.26
住宿和餐饮业	65	13	72	376	5034.00	48	58	341	2628.00	11	14	229	425.50	25	—	25	142	1035.50
金融业	—	—	—	—	—	—	—	—	—	—	—	—	—	—	—	—	—	—
房地产业	114	33	127	217	65968.04	86	110	179	57701.00	18	23	206	15190.00	3	—	3	3	42.00
租赁和商务服务业	135	10	171	227	11802.60	99	148	212	9018.60	28	51	153	2668.00	18	—	18	74	823.00
广告业	8	—	12	11	1054.00	7	12	11	1003.00	5	7	11	273.00	—	—	—	—	—
科学研究、技术服务和地质	34	3	40	44	2554.60	23	33	44	1196.60	6	10	25	606.00	8	—	8	19	108.00
勘查业	19	2	5	26	5189.53	6	4	26	618.00	2	1	18	400.00	2	—	2	8	150.00
水利、环境和公共设施管理业	120	19	131	161	5794.25	85	115	156	3568.25	16	32	68	1148.00	37	—	37	106	1519.20
居民服务和其他服务业	1	—	2	—	30.00	1	2	—	30.00	—	—	—	—	—	—	—	—	—
教育	6	—	5	69	1795.00	4	4	69	1757.00	2	2	63	60.00	5	—	5	69	1765.00
卫生、社会保障和社会福利业	18	—	26	9	5553.00	9	15	5	285.00	—	—	—	—	5	—	5	7	220.00
文化、体育和娱乐业	—	—	—	—	—	—	—	—	—	—	—	—	—	—	—	—	—	—
其他行业																		
补充资料	本期吊销409户																	

2010年长安区个体工商业基本情况表

单位：户、人、万元

行业分类	期末实有						其中：本期开业			本期注销	
	合计			其中：城镇							
	户数	从业人员	资金数额	户数	从业人员	资金数额	户数	从业人员	资金数额	合计	其中：城镇
合　计	25242	77842	116692.00	8924	24979	39290.00	2961	8159	19499.34	2961	1964
农、林、牧、渔业	300	919	4741.00	74	289	1234.00	415	1351	1820.40	415	296
采矿业	9	52	162.00	—	—	—	—	—	—	—	—
制造业	3093	16982	30773.00	1030	3801	12393.00	663	2544	2500.95	663	452
电力燃气及水的生产和供应业	—	—	—	—	—	—	—	—	—	—	—
建筑业	172	710	1593.00	54	197	405.00	19	84	533.50	19	13
交通运输、仓储和邮政业	3487	6308	3445.00	3	5	7.00	2	7	20.00	2	1
信息传输、计算机服务和软件业	182	495	1063.00	114	354	759.00	7	16	40.00	7	5
批发和零售业	11129	26148	46262.00	4428	8419	14035.00	1241	2318	4467.09	1241	756
住宿和餐饮业	3261	9905	9429.00	1672	5297	7.71.00	170	593	2092.30	170	121
金融业	—	—	—	—	—	—	1	2	58.00	1	1
房地产业	15	28	34.00	8	14	21.00	4	10	9.30	4	3
租赁和商务服务业	659	1017	2627.00	159	426	900.00	97	297	528.20	97	65
广告业	4	13	14.00	2	6	1.00	—	—	—	—	—
科学研究、技术服务和地质勘查业	—	—	—	—	—	—	1	5	30.00	1	1
水利、环境和公共设施管理业	—	—	—	—	—	—	—	—	—	—	—
居民服务和其他服务业	2829	14060	12345.00	1330	5960	2123.00	336	878	7166.10	336	246
教　育	—	—	—	—	—	—	—	—	—	—	—
卫生、社会保障和社会福利业	2	1	1.00	—	—	—	—	—	—	—	—
文化、体育和娱乐业	61	297	358.00	39	172	173.00	5	4	233.00	5	4
其他行业	143	320	2859.00	13	45	169.00	—	—	—	—	—

【企业个体监管】 2007年，工商长安分局结合工商企业主体资格大检查，上门年检各类企业1586户，其中上网年检86户；办理个体户验照贴花7093户，吊销700户连续三年未年检企业的营业执照。责令个体户343户补办营业执照、限期变更登记506户，处罚主体资格不规范个体户114户。安排联络员登门为长安酒厂等4户企业提供改制咨询和登记指导服务，帮助内资企业深化改革。2008年，贯彻落实市局《工商所日常监管工作规范》，利用“3·15”开展年检验照宣传活动，发放《年检须知》500份，提高年检验照工作的透明度和知晓率。坚持年检验照与企业个体日常监管、信用等级分类监管结合，基层所登门为企业发放年检通知书及相关资料4800余份，办理个体户验照贴花6440户；监管科上门办理企业年检、并对涉及前置行政许可的资料严格把关；验照贴花率96.2%，年检验照资料网上录入率100%；524户企业在法定时限内未补办前置审批手续被吊销营业执照。结合年检验照工作，从3月16日起集中3个月，加强执法行为检查，以行政不作为、乱作为，职能不落实、监管不到位、违法行政为重点，引入效能监察机制；截至6月15日，检查各类企业1439户、个体户3719户。其中，停业关闭669户、督促换照714户、取缔无照经营796户、依法吊销营业执照395户、行政处罚53户，经市局检查验收，以《通报》给予肯定。2月，迎接省市“城市创卫”明查，加大对城区“六小行业”的检查、整治力度，共检查各类街道61条、经营户1706户、规范经营行为107户、取缔无照经营18户。3月，按照区政府统一安排，开展“‘创卫’成果巩固提升月”活动，以经营门店有无营业执照、卫生许可证等前置审批手续，是否亮证经营、超范围经营、验照贴花为重点，再次检查“六小行业”经营户990户、规范经营行为17户、取缔无照经营17户。“三鹿奶粉事件”发生后，按照市局统一安排，立即对辖区乳制品市场、牛奶、奶粉及化工原料生产经营企业进行逐户检查，对省工商局提供名单的企业加强重点检查，并加大流通领域兴奋剂监管和专项整治力度，截至8月底，共出动检查人员853人次、车辆215台次，检查各类化工企业107户，并与其中31户签订《不生产经营兴奋剂承诺书》。根据区政府提供的名单，以王寺地区为重点，依法整治污染企业22

户，对塑料颗粒拉粒等污染企业全部下发责令停业通知书，拆除用于违法生产的电机38台，并强制其彻底清理自产垃圾，使当地的环境和大气污染得到有效治理。结合清理企业“死户”，对区政府提名关闭的58户砖窑全部吊销营业执照。2009年，分局结合各类市场主体资格清理整顿，年检企业1687户，年检率95%；办理个体户验照贴花6522户，验照贴花率96%，企业年检及个体户验照贴花信息网上录入率均达100%。以“六小行业”、网吧、电子游戏厅及歌舞娱乐等公共聚集场所、食品生产加工销售、危险化学品、大气及水污染等生产经营单位为重点，开展主体资格大清查、大整顿行动，清理取缔无照经营426户。在摸清全区加油站（点）、电玩城、非法砖窑整顿底子的基础上，查处企业、个体户违法违章案件209件。按照区政府统一安排，在区环保、公安部门的配合下，集中整治王寺、斗门地区环境和大气污染企业35户，查扣电机等生产设备35台。5月，按照“促监管，抓落实”要求，局领导带领干部多次深入天鑫食品有限公司等企业，宣传党的经济政策和国家法律法规，帮助企业解决发展难题。针对《孟家村贼村帽子何以难摘》的媒体报道，局领导亲自带领监管干部冒着连日大雨深入孟家村，宣传市场管理法律法规及有关政策，教育自发经营户守法经营，并搬去复印、摄像等设备现场办公，为自发经营户提供服务。经过多日的不懈努力，自发经营的129户村民陆续办理营业执照，实现经营户持照率100%。以此为契机，分局落实索证索票制度，与该村经营户逐户签订《不经销假冒伪劣商品责任书》，协调有关方面在该市场设立投诉站、警务室（合署办公），使孟家村市场步入健康有序的发展轨道。西安市黑网吧专项整治工作会议后，针对辖区高校比较集中，黑网吧分布量约占全市300多户的四分之一且大多分布在城乡结合部、乡镇政府或街办所在地这一实际，分局作为查处取缔的牵头单位和执法主体，争取区文化、电信、公安等部门支持，以禁止非法经营为核心，查扣没收经营设备为重点，大力营造彻底取缔黑网吧的执法氛围，并提出将黑网吧网线彻底掐断、标志牌彻底拆除、经营设备彻底清理出经营场所的“三条标准”，依法规范网吧经营户2户，取缔黑网吧83户，查扣电脑主机及其它经营设备230台。2010年，分局以“主体资格合法、经营规范、监管到位”为监管工作目标。截至10月底，年检各类企业1538户，办理个体户验照贴花8100户，个体户验照贴花率达95%以上；企业个体户年检、验照信息网上录入率100%。结合年检验照，制定“十项个性化服务措施”，实施滚动年检，延续年检时间，支持更多市场主体健康发展，帮助生产经营出现暂时困难的私营企业、个体户减轻负担；落实分局促进园区、农家乐发展的《二十条意见》和《具体意见》，实施“定期上门，主动服务；柔性监管，高效服务；预约年检，上门服务”三项承诺，提高年检验照工作水平和服务发展效能。制定《开展主体资格整顿创建监管示范街活动的安排意见》，成立专门工作领导小组，由局党委书记、局长张鲁豫任组长、领导班子其他成员任副组长、副局长王胜利兼任办公室主任，从3月16日起，层层落实责任，在全区开展主体资格大检查大整顿、创建监管示范街活动。截至7月中旬，共清理取缔无照经营126户，规范经营行为85户，创建监管示范街15条。同时，把重点行业监管作为第一要务。一是制定重点行业监管指导意见，制订监管措施，落实监管责任；二是完善重点行业档案，落实等级监管，实行“一行一册、一户一档”制，对辖区所有高危重点行业按分类和风险等级实施监管；三是锁定土炼油、土炼钢、污染企业、砖瓦窑、网吧、危险化学品、食品生产经营等九大行业，制作高危行业登记册，实施重点监控；四是通过严把市场准入关、先期介入，化解监管风险，对重点行业实施全程监管。检查各类重点行业生产经营户1100余户次，下达《责令整改通知书》260余份；组织联合执法行动6次，查处取缔土炼油、珍珠岩生产及塑料颗粒拉粒等涉污高危企业29户。按照省、市工商局和区委、区政府的安排部署，以整顿规范主体资格为重点，先后开展动漫市场，黑网吧、高危重点行业、校园周边环境、企业登记代理机构、盗窃破坏“三电”犯罪、污染企业、无照经营及“餐饮业提升服务水平百日行动”等专项整治行动10余项。截至10月底，累计出动执法人员3200人次、车辆460台次，查处取缔各类无照经营175户，向有关部门函告违法经营38户，依法取缔涉污企业29户，捣毁非法炼油生产设备27套，暂扣无照经营电脑39台。其中5次专项整治行动被省、市、长安等电视台、电台宣传报道。

【合同监管与“守合同，重信用”活动】 2007年，工商长安分局以强化企业诚信理念为目标，加大企业信用分类与合同签、履约行为监管力度，把参加“守、重”活动企业合同示范文本使用率推进到100%。共审查、登记企业动产抵押物27份、抵押物总值3052万元，帮助企业贷款1035万元；监督当事人履行合同512份、总金额2343万元；查处违法合同2份总金额40万元，罚款0.5万元；调解合同纠纷16起，为当事人挽回经济损失9万元。继续开展“守合同，重信用”活动，经企业申请，分局初审并报请省、市政府及市工商局审批，命名长安区2006年度“守、重”企业省级1户，市级8户，市局级28户。2008年，分局进一步落实合同“三级监管”制度，创新、完善“权益保农”机制，指导企业签订合同28份。多次召开全区良种统繁统供会议，推广使用优良品种合同示范文本；要求涉农企业积极服务“三农”，建立“两帐一卡一书一袋一票”制度，确保种籽质量，扩大订单农业的覆盖面。深入宣传“三农”政策，在制定制度、建立专门机构、确定重点帮扶对象的基础上，积极帮助涉农企业发展，落实合同帮农43户。以农副产品订购、种子、农药、化肥等重要农资、商品房买卖、超市供货等合同为重点，开展合同专项执法大检查，成功调解合同纠纷19起。进一步完善诚信管理机制，创造优惠条件，帮助企业营造良好外部环境，把“守、重”活动不断引向深入。推荐省、市政府、市工商局批准命名长安区2007年度“守、重”企业50户。其中，省级1户、市级19户、市局级30户。依照《企业动产抵押物登记管理办法》，共办理各类企业动产抵押物登记27份，抵押物总值7473万元，主债权金额2800万元；办理抵押物变更登记2份，抵押物值1220万元；办理抵押物注销登记3份，抵押物值2100万元，主债权金额940万元。2009年，分局针对长安农业大区实际，创新、完善服务“三农”机制，发放合同示范文本650份，指导企业签订合同59份；深入开展“合同帮农”活动，率先在12个涉农工商所设立基层农业合同指导站，指导涉农企业、农民专业合作社与农民签订订单合同，发展订单农业43户，推广使用合同示范文本267份。大力倡导“市场富农”，促进辖区农业特色产业发展，协调市场开办单位发挥专业市场的辐射力，广泛吸纳经营者及从业人员入场经营、产销对接，促进长安特色产业向规模化方向发展。联合区供销社等部门举办经纪人知识培训班，培训农产品经纪人1670人次，并为1304名经纪人颁发资格证书，引导68户经纪实体（或企业）积极为当地优势农副产品开辟销售渠道，帮助农民切实解决卖果、卖菜难问题，带动全区各部产业带和六个专业种植基地持续快速发展。坚持公平公正原则，积极介入，调解合同纠纷32起。以强化企业诚信理念、规范企业签履约行为和狠抓ABCD四个信用等级分类监管为重点，吸引更多企业参加“守合同，重信用”活动。经分局考核、推荐省、市政府、市工商局批准命名长安区2008年“守、重”企业54户。其中，省级2户、市级22户、市局级30户。共办理企业动产抵押物登记20份，抵押物总值2亿余元，主债权金额8500万元；办理抵押物变更登记3份；与金融部门协调，帮助涉农企业融资8000万元。2010年，加快订单农业推广速度，充分发挥12个基层农业合同指导站作用，面向农户推行农业合同示范文本，宣传党的农业政策，开展合同指导工作。以合同监管为抓手，推行“公司+基地+农户”经营模式，积极扶持天鑫食品有限公司、长丰种业有限公司等43户涉农企业发展多种型式的订单农业。指导天鑫食品有限公司与周边农户签、履行“肉兔养殖收购合同”，将签约农户由最初的100余户发展到300户。帮助企业和上王村等农家乐建立供销关系，逐步形成“产—供—销”产业链。全年办理企业动产抵押物登记25份、主债权金额6379万元，帮助涉农企业4户融资1210万元；共推荐命名“守合同，重信用”企业49户，其中省级2户、市级13户、市局级34户，超额完成市局下达的任务。

【商标广告监管】 2007年，工商长安分局为强化商标行政指导职能，举办商标监管人员培训班3期；推行“商标注册建议书”和“三位一体”的商标监管机制，建议企业申报商标注册8件。以食品、药品、种子、农药、化肥等商品为重点，打击商标侵权行为，立案查处违法案件35件，收缴假冒商标标识3000张，审查登记户外广告36件。结合“城市创卫”，治理经营门店容貌，拆除不符合规定标准的广告牌匾200余块，并对户外烟草广告进行全面清理。加大“反误导，打虚假”执法力度，净化广告市场，查处各类广告违法案件60件。2008年，围绕辖区重点企业和特色产业，制订《商标广告工作要点》，进一步完善商标行政指导机制，推行“三书”（商标注册建议书、商标策略提示书、商标法制告知书）制度，帮助企业实施商标战略，培育注册商标，争创著名商标。3月15日，与长安电视台联合制作、滚动播放公益广告两套，进一步扩大商标法的宣传面和影响力。“4·26”世界知识产权日，在长安广场设立宣传站，设置展板6块，展示知识产权保护成果，组织干部上街宣传知识产权保护法律法规，发放宣传资料2000余份，受理群众咨询、投诉15人次。指导企业申报各类商标注册70件，将辖区注册商标从上年的757件提高到827件，其中含农产品商标105件。积极落实著名商标培育计划，推荐省级著名商标3件、市级著名商标5件，其中含农副产品商标4件。组织辖区3户省、市著名商标企业参加设在大雁塔北广场地下通道的“中国驰著名商标超市”，集中展示群体形象，提高长安商标在广大市民、客商、游客中的认知度。4月上旬，组织长安5户省级著名商标企业、30名商标监管干部，参加省政府和国家工商总局在陕西省宾馆举办的“东西部企业商标战略论坛”，推动长安商标战略向更高层次发展。贯彻落实全国工商系统“一所一标”工作现场会精神，加大“商标富农”工作力度，促进对“公司+农户+商标”规范化、产业化、品牌化经营模式的运用。5月27～6月3日，聘请陕西华林商标事务所业务人员，采取上门培训、座谈等方式，对12个涉农工商所辖区的农民专业合作社、专业户、协会负责人，乡镇、街道主管农业领导，逐乡、街，按产品、分批次进行农副产品地理标志和商标注册知识培训，共培训涉及24个乡镇、街道，协会和29个农民专业合作社的领导、负责人158人。为创新完善“商标富农”、“经纪活农”机制，对东湖薹韭、灵沼食用菌、高桥蔬菜、砲里西瓜等农副产品基地的68户已注册经纪人进行重点培训，帮助其提高品牌意识，增强服务意识，发挥牵线搭桥作用，帮助农民提高对商标注册重要性的认识，指导农民专业合作社、专业户申报农副产品商标注册12件。在“银桥”商标专项检查中，立案查处侵权案件8件，暂扣乳制品两种38箱，共处罚没款1.42万元。根据杭州市灵安工商局6月5日来电，查处辖区某食品有限公司侵犯浙江小王子食品有限公司注册商标专用权案件1件。“小王子”食品有限公司主要负责人专程从杭州来到长安，赠送工商长安分局锦旗1面。结合“城市创卫”审查登记户外广告58件；规范门头牌匾及户外广告牌120余块，拆除违规广告牌20块，取缔隐形烟草广告40余处。根据国家工商总局规范和加强广告监测工作的《指导意见》，发布电视广告《监测通报》4期，责令立即停播并查处药品违法广告1条。全年查处广告违法案件7件，罚没款2.09万元。在环山大道上王村村口建起大型公益广告牌1块。2009年，分局加大商标行政指导工作力度，提高企业自主创新能力，申报商标注册110件，其中农副产品商标14件；鼓励涉农企业、经营户运用地理标志和农副产品商标发展特色产业，促进长安农业产业规模化发展，使辖区18种蔬菜通过国家无公害产品认定，42种特色农产品在西安市场产生品牌效应。帮助辖区企业培育、申报省、市级著名商标19件。争取区政府支持，协调区财政局召开全区“省、市著名商标企业表彰暨实施品牌战略促进经济强区建设培训会”，对10户省、市著名商标企业进行隆重表彰，奖励24万元。在组织著名商标企业利用大雁塔地下广场设立灯箱广告，借助《西安日报》、红盾信息网展示风彩的基础上，与省电视台联系，拍摄长安著名商标企业专题片，在陕西电视台《经济全方位》开办《长安著名商标企业巡礼》专栏，进一步提高长安企业和特色产品的知名度与竞争力。严厉打击违法“傍名牌”行为，查处假冒六年、十年西凤白酒、津成电缆、长城干红葡萄酒、中华肥皂等商标侵权案件56件。以整顿和规范药品、保健食品、医疗及媒体广告为重点，发布媒体广告《监测通报》4期；

结合“四城联创”，拆除不符合规定标准的广告牌匾292块。全年，查处广告违法案件68件，其中立案查处15件。2010年，分局利用广播电视、网络等媒体和“3·15”消费者权益日、“4·26”世界知识产权保护日，以多种形式组织开展商标法律法规宣传培训活动，推进商标战略，增强企业及全社会的知识产权保护意识。组织辖区著名商标企业参加市局开设的驰著名商标广告一条街，借助广告加强商标品牌宣传推广工作，进一步提高长安著名商标的知名度和影响力；制订年度商标发展计划，实行商标注册任务制。为实现全年商标注册不少于60件的发展目标，将任务分解落实到工商所，落实到人；按照“三书”制度，建立企业商标注册“联系卡”，主动登门进行行政指导，帮助企业申报商标注册。进一步加强“商标富农”工作，继续推行“一所一标”制度，要求各所至少帮助本辖区企业、农民专业合作社或农村专业户申报1件商标注册。年内，共申报商标注册116件。其中农副产品商标13件，超额完成全年发展任务的93%。实行“省、市著名商标培育计划任务制”，对商标企业进行再回访、再培育，有针对性地给予帮助和支持，增强其竞争能力，带动更多企业健康发展。全年推荐省级著名商标8件、三年期满延续2件，市级著名商标6件、三年期满延续15件，超额完成市局下达的著名商标发展任务。以区政府名义制发《关于推进商标战略的实施意见》，提出多项鼓励企业商标注册、争创驰著名商标的政策措施。协调区政府有关部门召开著名商标企业表彰大会，对2009年度产生的14户著名商标企业奖励50万元。实行广告办案工作责任制，对违法率居高不下，发布影响市场秩序和社会稳定等性质恶劣、情节严重的广告媒体，依法采取警示告诫、限期整改，暂停广告业务等行政监管和处罚措施。会同区有关部门取缔经营门店门头牌匾52块，查处虚假医疗宣传广告4起、违法案件13件。

【流通环节食品安全监管】 2007年，工商长安分局以国务院《关于加强食品等产品安全监督管理的特别规定》（简称“特别规定”）为教材，举办工商所长、监管人员培训班2期；开展食品安全宣传活动，印发“特别规定”5000份。采取局领导包所、所长包片、监管人员包经营户等措施，落实食品市场“两个100%”、“一个彻底解决”的监管目标责任。以韦曲工商所为示范，召开食品专项整治现场会；以引镇地区为重点，探索农村集市、庙会食品流动商贩监管措施，在全区建立“食品安全示范店”50余户，指导食品经营户推行“两票两帐”、“一书一卡”制度，开展食品经营户“自律”落实情况大检查6次，取缔非法经营161户。开展节日食品市场、保健食品、夏季饮品、陈化粮、校园周边食品、猪肉、禽、蛋等市场专项执法行动50余项，查处伪劣食品2000余公斤，捣毁制假售假黑窝点39个。2008年，以强化农村食品安全、巩固提升城市“创卫”成果为重点，实行食品质量安全分类监管，共为辖区食品经营户发放进货台账1300余本；利用食品快速检测设备检测大类食品712批次，并及时完成网上录入，消除食品消费安全隐患。落实“五方联动、六落实”监管举措，进一步提升食品安全监管质量，建立食品质量责任、不合格食品召回、食品安全内部管理等制度。按照“五统一”标准和要求，经工商所初审推荐，分局考察验收，批准42户食品经营户为“农村食品安全示范店”，使全区食品安全示范店突破100户。在探索农村集市、庙会食品流动商贩监管措施的基础上，试行备案登记和市场巡查记录制，登记集市、庙会食品流动商贩109户，并将这一监管举措延伸到农村家宴食品，收到全年辖区内未发生一起重大食品安全责任事故的效果。2009年，以《食品安全法》施行为契机，开展食品法律法规咨询、宣传活动，采取上门送法、集中培训、以考代培等措施，使全区836户食品经营户《食品安全法》培训率达到100%。依照国家工商总局规范食品索证索票制度、进货台账制度的《指导意见》，市局《食品流通许可方案》和《关于在食品流通户推行“一票通”制度的通知》，在摸清辖区食品经营户底数的基础上，为836户免费发放流通领域食品“一票通”票据。7月，将“食品索证索票”和“流通领域食品‘一票通’”制度在辖区全面推行；截至11月5日，共核发《食品流通许可证》69户。全年检测大类食品1173批次，协助市局检测月饼5批次，其中不合格各1批次及时按规定处理。按照市局关于加强农村集市、庙会食品流通商贩管理的要求，印制业主实名登记卡、身份证登记牌和市场巡查记录本；对食品流动商贩逐一排查，逐户登记建档，督促其全部挂牌经营；认真落实“一日一查一签字”制度，切实保障辖区集日和农村集市、庙会食品安全。全年，实名登记食品流动商贩130余户。2010年5月，分局增设食品流通监管科，对食品流通许可范围、时限、资料填写标准等进行统一和规范，并对许可程序进行优化调整，缩短许可审批的时间，做到群众来局办理食品流通许可证只要资料齐全立等可取。在对全区食品经营户经过16次专门培训的基础上，开展食品“一票通”制度落实情况自查、交叉检查，增强食品经营户的食品安全第一责任人意识。加强地沟油、餐厨废弃物管理，严禁地沟油流入流通环节。对辖区3户废弃油加工单位实行产出物销售登记制度。先后组织开展节日食品、夏季饮品、乳制品市场及废弃食用油、食品添加剂、校园周边食品、蛋奶工程等专项执法大检查33次，累计出动执法人员2605人次、车辆848台次，检查各类市场43个次、经营户4609户次，查处食品违法案件8件，查扣问题奶粉172盒、不合格食品67盒（袋）；开展食品抽样检验14批次；快速检测1080批次，对检验不合格1批次（含乳饮品）的销售单位及供货商进行了立案查处。为营造安全放心、和谐的消费环境，在有购物车、购物篮的13家超市、商场推行购物车、篮消毒制度。截至12月中旬，分局共核发《食品流通许可证》1062户，变更2户，注销5户；创建《食品安全示范店》178户。

【商品交易市场信用监管与文明市场推荐】 2010年，工商长安分局全面开展商品交易市场信用分类监管工作。在辖区7个市场评选星级信用商户68户。其中，二星级9户，一星级59户。按照市局下达的推荐任务，结合“四城联创”，推荐省、市级文明市场4个，其中华润万家长安新都市店为省级文明市场。

【打击传销】 2007年，工商长安分局取缔传销窝点16个，遣散传销人员668人，向公安机关移送传销骨干2人。2008年，分局针对辖区地处城乡结合部，传销活动相对猖獗的形势，在区委、区政府支持下，召开全区“打传”工作会议，成立打击传销工作领导小组，制定方案，建立多方联合、快速出击的打传机制，对传销始终保持露头就打的高压态势。充分发挥基层所（队）和“12315”网络作用，组织执法人员深入传销多发的韦曲、杜曲、郭杜、斗门等地区，多次召开街道办、城中村、驻区高校负责人座谈会，利用鲜活生动的事例宣传传销的危害性；采取散发、张贴宣传资料，免费发放“打传”购物袋，借助电视、报纸等媒体办专栏、专刊，出动宣传车逐村、逐街、逐巷宣传等多种形式，帮助基层干部群众增强防范意识，为打击传销营造浓厚的社会舆论氛围。要求各工商所加强调查摸底工作，全面掌握传销窝点、组织、人员、活动等情况，从中排查案件线索，确定打击、防范目标；告诫群众不要将房屋租赁给传销人员，发现传销及时举报，使传销活动无藏身之处。成立“打传队”，对城中村、高校周边等重点区域逐村进行排摸，建立一日一村全方位、全时段、多层次监控体系，使传销活动无可乘之机。在全市统一开展的“雷霆行动”中，分局累计出动执法人员500余人次、车辆90台次，发放宣传材料1.5万份；取缔传销窝点42个，遣散传销人员2480人次；抓获传销头目、骨干分子22人，移送公安机关19人；解救被困群众13人。9月上旬，分局落实中共陕西省委、西安市委领导重要指示、批示，与公安长安分局联合行动、快速出击，在韦曲茅坡村一举摧毁四川省一杨姓举报人举报非法拘禁传销人员的传销组织1个，当晚选派执法人员驾车直奔四川绵阳、内江、巴中、巴州等地，对该传销组织头目龙××及受害人、举报人进行解救和调查取证。传销受害人赠送工商长安分局“打传卫士办案高效”锦旗1面。2009年，是工商系统全面落实新“三定”转变职能的一年。分局召开全区“打传”工作会议，制定全年“打传”工作方案；以区政府名义，与各乡镇政府、街道办、村委会和各有关部门签订《打击传销工作责任书》，明确全年“打传”责任和重点区域，扎实开展打击传销“百日联合执法行动”和“2009年冬雷行动”。先后出动执法人员698人次、车辆320台次，散发“打传”资料6000份；在小居安、大居安、茅坡、岔道口、郭北、郭南、张康7个村制作墙体反传销标语16条面积847平方米；取缔传销窝点103个，驱散传销人员2982人次、遣返还乡138人，解救被困群众47人，向公安机关移送传销骨干5人，并对提供传销场所的当事人实施经济处罚。2010年，分局协调有关各方联合行动，参加省、市统一开展的打击传销专项行动2次，区内组织的“2009年冬雷行动回头看”、“2010年集中打击传销专项行动”各1次。在各次行动中，分局对传销多发地及重点地区实施快速出击，共出动执法人员859人次、车辆378台次，取缔传销窝点91个，遣散传销人员2317人次，解救被困群众43人，移送公安机关拘留传销骨干62人。3月11日，配合区民政局救助传销受害人11人，并将他们送到西安火车站安排返乡。

【整顿和规范市场经济秩序】 2007年，工商长安分局以经济户口为基础，开展市场主体资格专项大检查，依法取缔无照经营700余户（含城中村29户）。以节假日、集贸、农资、旅游市场和校园周边环境及烟花爆竹、危险化学品行业，违法排污、非法砖瓦窑等企业为重点，开展专项整顿和集中执法行动23项，查处伪劣食品2000余公斤，捣毁制假售假黑窝点39个，取缔王寺地区土炼油、小轧钢、塑料颗粒加工企业14户，查处农资违法案件13件、商业贿赂案件3件。全年查处各类市场经济违法案件686件。其中，案值在万元以上的23件，9～10万元的2件，罚没款入库150.88万元。2008年，分局以服务“三农”、规范市场主体资格行为、强化重要商品质量和农村食品安全监管、打击传销和不正当竞争为重点，组织开展专项执法整治行动20余项，共清理取缔无照经营796户。在清查含“三聚氰胺”乳制品行动中，下架封存问题奶粉、鲜奶975.93公斤；春节期间，会同供销、公安、安监部门联合执法，查处烟花爆竹超范围经营户10户，责令302户补办营业执照。“三秋”大忙前夕，根据群众举报，抽调执法人员日夜兼程，多次往返西安、三桥、长安，9月19～26日，成功查处涉及长安8个乡镇、街道30多个自然村，数百户农民购回三种质量不合格化肥的大案1起，共为农民群众退换化肥50余吨、赔偿经济损失8000余元；依法没收劣质化肥60吨。避免了群体上访，受到区政府好评，群众以集体名义敲锣打鼓动，赠送工商长安分局牌匾1面、锦旗5面。全年查处各类市场违法违章案件551件，其中立案查处363件，罚没款入库111.2万元。2009年，先后开展节假日市场、重点行业和重要商品市场、大气污染企业、走私贩私和卫星接收设施非法制售、盗窃“三电”设施和“五类场所”治安秩序百日整治、欺行霸市、假冒伪劣商品制售、商业贿赂等专项整治和集中执法行动40余项，规范农资经营网点24个，取缔无照经营8户，责令不规范农资经营户23户停业；抽检农资产品20批次（基数400万公斤）；通过对全区69户加油站经营的成品油进行质量检测，查处质量违法案件20件，共罚款20万元；端挖“黑心棉”商品制售黑窝点2个，没收“黑心棉”被443床、原料5000公斤；取缔兜售煽动民族分裂及内容低俗书刊、音像制品的游商地摊2个，收缴非法光碟21盘；查处商业贿赂案件2件，家电下乡单位以次充优的坑农案件1件。全年查处市场经济违法违章案件547件，其中立案查处471件，罚没款入库128.5万元。2010年，分局依照市局《经济检查执法工作要点》，整顿和规范市场经济秩序，先后开展反不正当竞争、治理商业贿赂、重点行业和高危企业主体资格大检查、红盾护农、扫黄打非、流通环节食品安全、无照经营等专项整治和集中执法行动30余项，查处取缔无照经营（含黑网吧）301户、非法高危企业29户；查处各类市场经济违法案件415件，其中案值在万元以上的31件，罚没款入库124.47万元。

【执法监督】 2007年，分局加大执法监督工作力度，先后组织依法行政、行政执法大检查4次，将局、所（队）各级干部行政执法行为纳入规范管理。发挥局、所两级作用，加强自查案件核审工作，全年核审自查案件683件，核审率100%，做到结案案件无复议或诉讼发生。2008年，按照市局统一安排，先后举办5类干部法律法规培训、岗位全员大练兵、执法技能培训、案件分析、案例研究等活动10余次。根据国家工商总局28号令和市局关于执法程序的有关规定，制定《行政处罚案件重大事项集体讨论决定制度》、《行政强制措施实施细则》等四项制度，利用红盾信息网发布工商法规及执法办案指导意见45条，为科所队规范行政处罚提供工作标准。贯彻国家工商总局58.59号令，组织案件评审活动，各科、所、队案卷由分局集中评审，发现问题边查边改；年底前，由分局组织科、所、队进行案卷交叉检查，对带有普遍性或不易纠正的问题，提出改进的具体意见和措施。截至11月14日，全局系统共查办各类行政处罚案件551件，其中立案案件363件。经自查、评审、交叉检查，退回补证15件，提出修改意见29条、规范处罚文书166份，使系统内行政处罚办案质量明显提高。2009年，分局先后举办春季法规业务、行政处罚文书、执法办案、《食品安全法》、食品流通许可实施等培训班（会）26次，培训执法干部1300余人次。按照市局统一安排，10月24日，在区行政中心组织执法证资格考试，分局172名干部参加，参考率和考试成绩合格率均为100%。为规范各类执法行为，分局制定《关于适用一般程序办理罚没款3000元以下无照经营和主体资格违法类行政处罚案件程序暂行规定》。按照市局关于指导帮助案件核审、查处程序与文书应用工作的要求，法制科先后下所（队）30次，指导帮助基层单位解决执法问题35个，提供咨询服务50余次，共指导基层法制员核审委托案件341件，提出指导意见109条，规范处罚文书369份。9月16日，区纪委、监察局、纠风办在工商长安分局召开“面对面三公开”现场会，56位企业、个体户代表应邀参加，公安长安分局等26个单位37位相关领导现场观摩，西街工商所正、副所长和5名执法干部分别作述职述廉报告、公开服务承诺，现场接受监督；经现场测评，满意率100%。11月9日，区依法行政领导小组办公室在对工商长安分局依法行政和案件评查工作全面检查后，给予“领导重视、制度完善、落实有力、成绩显著”的好评。2010年，分局按照市局“服务提升管理落实年”要求，立案查处经济违法案件347件，其中万元以上的大要案31件。无复议或诉讼发生。

【岗位技能竞赛】 2010年，工商长安分局通过加强队伍建设和岗位练兵，涌现出分局系统注册登记能手7名、基层监管能手8名、食品监测能手5名、执法办案能手6名、计算机操作能手5名。经市局考核、评比、竞赛，李娟、冯华、孙建平、赵越、王源5名干部分荣获食品监测、注册登记、执法办案、基层监管、计算机操作“岗位能手标兵”称号，工商长安分局成为全市工商系统17个分局中唯一一个5个岗位都有能手标兵的单位；按照“政治上过硬、业务上过硬、作风上过硬”标准和要求，10月底，分局3名干部顺利通过市局统一考试，取得审查员、核准员资格。

【消费者权益保护】 2007年，工商长安分局加强“12315”三级消保维权网络建设，充分发挥红盾执法维权职能，畅通投诉举报渠道，接待群众咨询1150余次，受理消费者申诉案件169件、举报案件139件。其中，成功调解130件，依法查处178件，共为消费者挽回经济损失16.54万元。2008年，分局以“效能建设年”为主题，深入开展学习宣传《消费者权益保护法》活动，增强全社会维权意识，提高消保维权工作效能。每逢重要节假日，对各旅游景点、人群密集超市、市场都要抓好市场巡查与“12315”咨询接待和申诉举报受理工作，以消费者满意为标准，扎实履行消费维权职责。9月，特别是国家质检局、工商总局“认真清查含三聚氰胺婴幼儿配方奶粉清查工作”的《紧急通知》下发后，分局立即安排“12315”申诉举报中心及其各站、点坚持每日全天侯值班，每天定时向市局上报一次咨询和消费投诉受理情况。仅在一个月时间里，接待群众咨询135人次，受理婴幼儿奶粉投诉案件23件，为消费者挽回经济损失15.68万元。全年，分局“12315”系统接待群众咨询1627人次，受理消费申诉案件87件、举报案件86件。其中，成功调解76件，依法查处11件，为消费者挽回经济损失36.24万元。2009年，按照国家工商总局要求，分局努力把12315建设成为工商部门与广大消费者和人民群众信息互动的平台、畅通民意的平台、接受社会监督和听取群众意见的平台和解决人民群众最关心、最直接、最现实利益的平台（简称“四个平台”）。2月，制定12315工作要点，召开各所、队12315工作人员培训会，学习领会全国工商行政管理工作会议及国家工商总局有关文件精神，充分认识搞好“四个平台”建设对保持社会稳定、维护消费者合法权益的意义和作用。积极推进12315进商场、进超市、进市场、进社区、进农村、进景区（即：“六进”）活动，将执法维权职能向更加广泛的市场领域延伸。按照市局关于在全市推广12315消费纠纷和解制度、创建消费放心示范单位的《实施意见》，及时建立高效的12315投诉处理机制，提高消费申诉案件的调解成功率；成立创建消费放心示范单位活动领导小组，制定申报消费放心示范单位的行业标准及条件，安排各所按标准条件在经营户中开展创建活动。7月，申报市局批准长安区30户经营户为“消费放心示范店”。其中，市级27户，区级3户。截至10月底，分局12315系统接待群众咨询2113人次，受理消费者申诉举报案件69件。其中，成功调解67件，查办2件，共为消费者挽回经济损失7.4万余元。2010年，分局以“消费与服务”为主题，利用“3·15”世界消费者权益日，联合区消协开展宣传咨询活动，出动执法人员150名、车辆20台次；在长安步行街设立主会场，设置展板8块，展示打假维权和服务“三农”成果，现场发放《消费指导手册》、《中国消费者》等资料、杂志1万余份。以经济检查大队为执法主体，成立“3·15”快速反应行动分队。下设14个分会场，同时开展“3·15消费维权执法月”活动，针对各类消费者、经营者、农家乐经营户等不同对象，宣传有关法律法规与消费维权知识，增强整个社会消费维权、守法经营、诚信服务理念。按照市局《关于加强“一会两站”规范化建设的意见》，分局创新工作机制，完善工作制度、严格工作程序，大力推进“四个平台”、消费者协会基层分会、12315消费者投诉站与消费维权联络站建设，严格“八个基本条件”、健全“六项制度”，确保社会维权网络作用的有效发挥。建立消费者投诉站140个，将12315消费维权联络站增加到139个，使红盾执法维权的触角由“六进”延伸到企业、大中专校园。在服务行业中，建立消费纠纷和解制度、开展创建消费放心示范单位活动，引导企业强化行业自律，自觉接受社会监督。全年，申报区级消费放心示范单位18户、市级消费放心示范单位2户。分局12315系统，全年接待群众咨询2650人次，受理消费者申诉案件154件。其中，成功调解135件，分流查办19件，共为消费者挽回经济损失15.9万元。3月16日，分局“12315”申诉举报中心调解查处的“自动温热医疗器”夸大功效、虚假宣传误导消费案，被录入“陕西省工商系统2010年消费打假维权十大案例”（见《工商周刊》2011年3月18日2版）。

（吴春茂）

长安区消费者协会

【概况】 2007年，长安区消费者协会共有分会15个。2008年，区消协将分会调整为14个，重新设立联络站14个、工作站17个、投诉站3个。2010年10月，随着西安市工商局部分分局监管区域的调整，区消协撤销斗门分会；为保证13个分会作用的正常发挥，并与工商长安分局保持密切联系，分会会长分别由所在地工商所所长或副所长担任。

【宣传活动】 2007～2010年，长安区消费者协会联合工商长安分局，深入宣传《消费者权益保护法》及相关法律法规，先后以“和谐消费”、“消费与责任”、“消费与发展”、“消费与服务”为主题，利用“3·15”国际消费者权益日，开展大型宣传活动，在区政府门前广场、华润超市门前广场、长安步行街设中心会场4次，在分会所在地、“农家乐”村、驻区高校校园、居民社区、0六七基地等设立分会场54次，设置法律法规知识、展示打假维权成果、服务“三农”等展板28块，散发《消费指导手册》、《家庭生活消费丛书》、《3·15专刊》等书刊资料4.7万余份，接待群众咨询1532人（次），受理消费投诉166件，当场解决67件。其中，2010年3月15日，工商长安分局与区消协联合，以“消费与服务”为主题开展的消费者权益日宣传咨询活动，成立以经检大队为主体的“快速反应行动分队”，现场处理消费者投诉32件，收到良好效果。

【社会信用体系建设】 2007年，区消费者协会在工商长安分局的配合下，推荐评定2006年度“诚信单位”21个。先后选派消费者代表，参加区物价局主持召开的翠华山门票、自来水调价听证会2次。按照中国消协、市消协要求，开展母乳代用品市场监督活动，走访医院6所，母乳专卖店、超市各6户，查出存在问题的6户。2008年，充分发挥分会作用，向市消协推荐长安区2007年度“诚信单位”7户，完成邮政营业窗口调查问卷35份。2009年，在全区评选“诚信单位”3个。按照市消协要求，完成“三鹿奶粉”赔偿兑现，经核实、核对，严格按照法律程序，为53名受害婴幼儿家庭发放赔偿金10.4万元；调整消费者维权义务监督员8名，并组织参加了西安市维权义务监督员培训。2010年，开展邮政窗口服务情况专项体察活动，发放问卷30份；开展停车收费服务行业消费评议活动，在长安区大学城西安政法大学、陕西师范大学、西安电子科技大学各设立投诉站1个。选派消费者代表参加五台山门票调价听证会。（吴春茂）

物价管理

【概况】 西安市长安区物价局（以下简称区物价局）设在区发展和改革委员会，负责全区各类价格监管调控和行政事业性收费及经营性收费管理工作，依法查处各类价格违法行为，整顿规范市场价格秩序，开展价格鉴证评估和价格咨询服务等工作，依法保护消费者、经营者合法权益。区物价局内设办公室、价格科（下设监测中心）、收费科3个职能科室；下辖物价检查所（举报中心）、价格认证中心、沣峪、引镇物价检查所4个基层单位。全系统干部职工41人。2007～2010年，区物价局共审验《收费许可证》3560个，制定和调整价格53次，取消行政事业性收费46项，查处各类价格违法案件160余件，办理涉案物品价格鉴定833起。

【《收费许可证》年审】 2007～2010年，区物价局清理整顿涉农、涉企、涉及民生收费和各项收费优惠减免政策的落实；审查收费许可证申领、变更及注销，对无证收费、提高标准收费、扩大范围收费、搭车收费及时予以制止、纠正。截至2010年底，累计审验《收费许可证》3560个，涉及收费项目128项；变更和注销《收费许可证》398个，取消不合理收费项目56项。

【“价格服务进万家”活动】 2006年，区物价局推进“价格服务进企业、进医院、进景区”活动，强化公共服务意识，规范市场秩序。落实明码标价制度，倡导诚信兴商，禁止价格欺诈；督促全区所有医院设立物价员、健全收费公示和每日收费清单制度；要求各景区落实景区票价公示制度，引导旅游企业严格执行景点收费标准；协助景区设立价格服务站，建立快速价格举报机制。

【价格监控】 2007年，区物价局建立包括超市、农贸市场、石油公司在内的价格监测点12个，对米、面、粮、油、石油、液化气、副食品、蔬菜、药品价格，医疗、教育收费等进行重点监测。强化价格监测点规范化建设，及时上报市场价格监测数据，进行市场价格走势分析，为上级部门和领导决策提供价格依据。2008年，因受雨雪天气影响，市场价格波动较大，区物价局启动监测预警快速反应机制，严格价格监测报告制度，密切关注市场价格变化，及时向区政府和上级物价部门上报，供政府决策。同年5月，汶川大地震发生，市场价格异常波动，区物价局加大价格监测和价格监督检查，召开价格警示会、下发价格提醒函，严禁擅自提价、哄抬价格等价格违法行为，保持社会和市场价格基本稳定。

【推进水价改革】 2007年5月，区物价局召开长安区自来水价格调整听证会。消费者代表、人大代表、政协委员和区自来水公司、区物价局等有关人员参加，会议认真征求社会各界的建议、意见。后经区政府同意，西安市物价局批准，从2008年10月1日起，调整长安区自来水价格：1、综合平均基本水价每立方米由现行1.49元提高到1.91元。其中：居民生活用水由1.35元调至1.65元，工业用水由1.95元调至2.45元，行政事业用水由2.25元调至2.80元，经营服务用水由2.65元调至3.20元，特种行业用水由6.20元调至7.60元。2、水资源费不分用户类别每立方米0.10元不变，由供水企业代收代缴。3、污水处理费不分用户类别每立方米由0.20元调至0.60元，均按销售水量由供水企业代收代缴。4、用户平均负担价由现行1.79元调至2.61元。

【强化调定价管理】 2007～2010年，区物价局按照科学、合理、客观、公正和构建和谐社会原则，制定、调整价格53次。其中，2010年17次。制定长安区富力城黄河国际小学收费标准、廉租住房实物配租金标准、长安区出租车燃气附加费价格；重新核定长安七中收费标准，调整西安终南山国家森林公园南五台景区、西安祥峪森林公园、广新园民族村门票价格；制定圣合家园、喜居园、美林星公寓、吉泰物业、秦岭山水、国色天香、长安相府等小区交通工具停放价格，并付诸实施。

【规范收费标准】 2007～2010年，区物价局规范窗口单位收费项目和标准，推进环境优化年活动。全面清理整顿行政事业性收费。截至2010年，取消行政事业性收费46项，降低行政事业性收费标准8项。2006年春季、2008年，落实义务教育阶段农村免收学杂费、课本费，城市免收学杂费政策，加强中小学教材价格监管；制定长安一中、二中、三中、四中、六中、十中、职业一中取暖费标准，全面落实教育收费公示制度。

【涉房价费管理】 2007年12月，区物价局实行商品房预售价格备案制度，认真落实商品房销售“一价清”和明码标价制度。2007～2010年，受理住房价格备案26起，涉及商品住房面积30余万平方米。

【规范客运价格秩序】 区物价局与交通、交警等部门配合，宣传客运价格政策，增加检查频次，加大处罚力度。2007～2010年，出动检查人员600多人次，检查客运车辆350多辆次，纠正客运价格违法行为100多起。对擅自提高客运票价、不按规定张贴《客运票价表》行为予以处罚和严厉批评，对客运票价乱涨价行为起到震摄作用，价格秩序明显好转。每年春运前，区物价局制定并公布区内公路客运票价，印发《春运客运市场价格政策提醒函》和明码标价表，发至区客运公司及客运车辆，要求各客运车辆明码标价，严格按核定票价执行，不得擅自提价。

【开展价格专项检查】 2007～2010年，区物价局开展农资价格、农机服务收费、农村义务教育收费、药品价格、医疗收费检查，清理不合理收费项目，规范农村价格秩序；开展对国土资源分局、气象局、建设局、房管局、自来水公司的涉企收费检查及国家明令取消收费项目、降低收费标准的检查；对教育收费、就业收费、医疗服务和药品价格、殡葬收费、供电和供水价格及电信、移动、联通、邮政等收费加强专项检查，确保国家惠民政策落实。截至2010年底，共查处各类价格违法案件160余件、违法金额800余万元，实施经济制裁900余万元；受理价格咨询、举报328件，办结率100%。

【加强节日市场价格监管】 2007～2010年，为优化节假日消费环境，区物价局对重点区域、行业、品种进行价格检查，引导经营者加强自律，合理定价；对不执行明码标价规定、虚假标价及模糊标价等价格欺诈行为严厉查处，确保市场价格秩序稳定。同时关注市场价格动态，跟踪粮、油、肉、蛋、菜、奶等居民生活必需品的市场供应和价格变化，防范和妥善处置市场价格异常波动。

【畅通诉求渠道】 2007～2010年，区物价局发挥价格投诉举报电话“12358”的窗口作用，对群众举报认真接听、耐心解答、快速办结、妥善回复。其中，对群众举报的“晶鑫丽座”小区收取天然气初装费及数字电视工料费问题进行查处，通过对开发商宣传商品房“一价清”政策、召开座谈会，最终“晶鑫丽座”开发商在《华商报》公开承诺退还100多户业主的天然气初装费及数字电视工料费，受到业主好评。

【价格认证工作】 2007～2010年，区物价局办理涉案物品价格鉴定833起，涉案金额999万元；受理道路交通事故车物定损2690起，定损金额2302.69万元，案件办结率100%，进一步推进全区规范化认证工作。 （卫红艳）

质量技术监督

【概况】 西安市质量技术监督局长安分局稽查队前身是质监长安分局的下属单位——质量计量监督检测所，2008年7月，更名为质监长安分局稽查队。2010年，质监长安分局内设办公室、综合业务科、食品质量卫生监督管理科、特种设备安全监察科、计量科5个科室和1个直属事业单位—西安市质量技术监督局长安分局稽查队，在职干部职工37名。其中男23名，女14名。

2007～2010年，质监长安分局围绕“和谐长安、质量兴区”战略部署，以科学发展观为指导，一心一意抓质量，创新思路谋发展，实现综合管理水平、行政执法水平和服务水平全面提升。2007年，在食品质量安全专项整治中被陕西省政府评为“先进集体”；同年，特种设备安全监察工作被评为长安区安全生产先进单位；2010年被西安市质量技术监督局评为“先进单位”。

【质量共建】 2007～2010年，质监长安分局在做好质量监督管理工作的同时，推进与企业的质量共建活动，同时开展全区家具行业排查摸底工作，检查家具厂56家，联系质检所为企业进行家具免费检验，向30家较大企业发放“安全承诺书”及“三项制度”标牌，提高家具企业的产品质量。帮扶区内136家食品生产企业获得食品生产许可证；帮助25家化学制品、金属制品、建筑外窗生产企业和16家眼镜店获得工业产品生产许可证。

【实施名牌战略】 2007～2010年，质监长安分局以质量兴区为平台，培育和扶持区内生产企业、服务业争创名牌，提升企业产品和酒店餐饮、旅游、商贸物流等服务业的知名度和竞争力。采取与重点企业对口帮扶的方法，帮助企业建立研发、生产、营销、售后服务一体化的质量管理和保证体系。至2010年末，区内新增2个陕西省名牌产品、5个西安市名牌产品和4个西安市服务业名牌企业称号。

【标准化管理】 2008年，质监长安分局推进“标准化良好行为”确认工作，在辖区193家企业中建立技术标准体系。帮扶西安好快活饮水有限公司、西安科力饮水有限责任公司采用国际标准，取得采标证书；开展工业生产许可证企业、家具企业管理人员、糖果新标准培训3次；结合新农村建设，支持“三农”发展，完成了大棚西瓜2个农业地方标准制定任务。2009年，申报并获批引镇现代仓储物流园区为国家级服务标准化试点；帮扶3家企业采用国际标准和国外先进标准；制定《虹鳟食用鱼养殖技术规程》。2010年，完成辖区代码证新办1045家，变更、换证365家，年检1159家。全区有7家企业采用国际标准，90%以上的企业建立技术标准体系，规模以上企业产品标准覆盖率99%，其中食品生产企业产品标准覆盖率100%。

【国家级农家乐服务标准化示范区建设】 2007年，质监长安分局与区旅游局合作，制定《农家乐开业基本条件》、《农家乐星级评价标准》，编写《农家乐标准化工作手册》。2008年3月，上王村农家乐服务标准化示范区被国家标准化委员会批准为全国第六批农业标准化示范区。2009年，质监长安分局围绕在农家乐观自然风光、享农家之乐、体验农耕文化功能，制定《农家乐餐饮原料》、《农家乐客房服务》等7项地方标准，并吸纳《环境空气质量》、《农村住宅卫生》等7项国家、行业标准，建立服务综合标准体系。2010年7月，国家农业标准化示范区检查验收组对长安区农家乐服务标准化示范区采取查看现场、走访农户、听取汇报、查阅资料、项目实施质询等方式考核，通过检查验收。

【计量监督管理】 2007年，质监长安分局开展计量器具普查、登记与建档工作，涉及企事业单位1591家，共普查登记计量器具5792台（件）并进行档案信息录入，强化了重点计量器具监管。推进企业采用“C”标志（即定量包装商品计量保障能力评价），帮扶西安市代代福制粉有限公司、西安市沣源制粉有限公司获得省质量技术监督局“定量包装商品计量保障能力合格证书”。深化集贸市场、加油站计量专项整治。对韦曲、郭杜、细柳、马王等10家集贸市场563台（件）在用计量器具进行检定，受检率和主要市场公平秤设置率100%。对全区80家加油站720台加油机进行每年2次的周期检定，检定率100%。完成56000台件水表、电能表等重点计量器具检定，检定率95%以上。2008年，帮助大光明眼镜行、胜东加油站、航天集贸市场完成诚信示范单位试点。航天集贸市场通过“陕西省百家信得过集贸市场”评审。2009年，全区有强检计量器具2360台（件），强检计量器具受检率90%，3家企业通过定量包装商品计量保证能力合格确认。2010年，质监长安分局配合西安市计量所开展眼镜制配企业专项检查，共检查48家，查处违法案件2起；开展环山路计量器具检查，共检查51个流动摊位，没收不合格电子秤10台，度盘秤2台，杆秤1把，确保消费者的合法利益。此外，还协助企业完善检验、检测条件，督促企业建立检验机构，确保所有产品出厂检验合格。

取缔土炼油现场

【食品质量安全监督管理】 2007年，质监长安分局在全区范围内开展产品质量和食品安全专项整治行动。通过抓重点产区、重点产品、重点问题，完成食品质量安全专项整治目标任务，被省政府评为“先进集体”。2008年，推进食品生产市场准入制度，落实区域监管责任制，督促、帮扶19家企业获新证，29家企业进行年审，4家企业到期换证。2009年，质监长安分局采取许可准入、改造提升、定期检查、监督抽样、专项整治、年度审查、推行“三本台帐”等举措，加强全区食品生产企业监督管理。2010年，质监长安分局强化日常监管，落实获证企业监管“六项制度”。与140家获证企业签订目标责任制书，专项整治肉制品，组织开展6家肉制品企业质量管理现场观摩座谈会，抽检高危企业17家。通过年审、企业自查、日常巡查、监督抽查，违法查处等多种方式，履行监管责任，落实企业主体责任。至2010年末，全区获证企业142家，获证率与建立电子档案率100%。

【特种设备安全监察管理】 2007年，长安区拥有特种设备的单位共计324家，特种设备2021台。经过安全大检查，共发现安全隐患34处。至年末有30家整顿，4家停产。协助特种设备使用单位建立《特种设备管理制度》，制定不安全事故应急预案。2008年，在巩固各类气体充装站、气瓶检验站专项整治成果的基础上，突出重点，狠抓薄弱环节，对全区32家重点监控单位的96台重点监控设备进行检查。另外，还查处“三土”设备，排查隐患。全区特种设备未发生一起安全责任事故。2009年，共下发特种设备主体责任告知书188份，与70家使用单位签订安全目标责任书，共检查146家788台特种设备。国庆前后开展以核心区为重点的节前专项检查，并协助西安市质监局开展动物园游乐设备应急演练。2010年，质监长安分局制订《西安市长安区创建特种设备安全管理达标区工作实施方案》，成立了工作领导小组。

【打假治劣】 2007～2010年，质监长安分局狠抓打假治劣工作，重点对农资、建材以及地条钢、土炼油等进行监管查处。大力开展“查农资，保春耕”、“查建材，保建设”、“查食品，保放心消费”专项整治，深入开展打假治劣工作。行政执法案件结案率100%，无错案及行政复议案件。做到对假冒伪劣产品“早发现、早查处、早控制，”促进了市场净化。

（刘小飞）

审计监督

【概况】 2007～2010年，长安区审计局完成审计项目141个，查出违规资金89388万元，促进财政增收750万元，收缴上解财政的违规资金115万元；提交审计工作综合报告及审计信息稿件43篇。其中被上级机关和区级主要领导批示或新闻单位采用28篇。荣获区以上党政机关授予的先进集体荣誉称号24项，先进个人11人次。2010年，区审计局设办公室、财金基建科、行政事业科、综合科，在职人员18人，全部为中共党员。

【财政预算执行情况审计】 2007～2010年，区审计局坚持“揭露问题、规范管理、促进改革、提高绩效”原则，把查处问题与促进整改、强化管理结合起来，从促进改革、完善制度、改进体制机制上提出审计意见和建议。全区财政预算执行情况审计每年度1次，审计资金总额1020699万元，查出违规资金31593万元。

【乡镇政府、街道财政决算审计和行政事业单位财务收支审计】 2007～2010年，区审计局对乡镇政府、街道财政决算审计完成13个，行政事业单位财务收支审计完成27个。查出违规资金2811万元。主要问题有：不合规票据（白条）进账，招待费超支，部分行政事业单位未落实收支两条线和专户管理规定，超预算、超标准、超范围支出会议费、考察费、医疗费及发放职工福利费；部分乡镇政府、街道主管干部违反《政府采购法》，未经审批购置交通工具、计算机，擅自抬高标准违规发放补助补贴等。对于违规问题，均依法进行了处罚。

【党政领导干部经济责任审计】 2007～2010年，区审计局对乡镇政府、街道和行政事业单位党政领导干部在职经济责任审计、离任审计共完成41个单位，涉及党政领导干部47人次。对41个乡镇政府、街道、行政事业单位主管领导干部任期内各类经济指标、任务完成情况、重大决策、执行财经法规以及领导干部个人遵守廉政纪律情况进行审计。对违规行为依法进行处理，为上级领导机关考核、考评、任用干部提供依据。

【专项资金审计】 2007～2010年，区审计局共完成各类专项资金审计34项，涉及审计调查单位63个，查出管理不规范资金9571万元，不合规票据（白条）入账37万元，滞留农村新合疗资金4314万元，违规发放项目补助资金等问题。通过审计调查，对违规资金依法进行处理，对存在问题提出审计意见和建议。

【农业资源和环保审计】 2007～2010年，区审计局共完成农业资源和环保审计7项。主要对长安区农业综合开发、农业产业化调整、土地治理、退耕还林、封山育林、天然林资源保护工程、节能减排环境保护项目专项资金进行审计。查出配套资金不落实452万元，巩固退耕还林成果资金292万元未拨付到退耕还林户等，专项资金管理使用部门截留、挤占、挪用专项资金用于平衡财政支出或弥补单位经费不足等。通过审计，追回被截留、挤占、挪用的专项资金200余万元归还原资金渠道，确保专项资金的专款专用。

【企业审计】 2007～2010年，主要审计长安区自来水公司财务收支情况、高校建设协调服务办公室（常宁新区）资产负债情况。查出自来水公司应收未收水资源费45万元，以及违规罚款等问题，并为其加强财务管理，严格执行财经法规和财务制度，改进经营管理提出审计意见和建议。

【审计执法】 2007～2010年，区审计局每年均举办审计法规学习培训班2次以上，深入学习法律法规，提高、强化审计人员的法律观念和执法意识，定期接受上级审计机关审计项目质量检查和区政府依法行政案卷评查。完成审计项目141个，无一被提出行政诉讼或复查。（杨　阳）

食品药品监督管理

【概况】 2010年1月，西安市食品药品监督管理局长安区分局由西安市垂直管理变为长安区政府工作部门，更名为西安市长安区食品药品监督管理局（以下简称区食品药监局）。区食品药监局设办公室、药品医疗器械监督管理科、食品监督管理科3个科室；下辖2个事业单位即长安区药品稽查队、长安区食品稽查队。

2010年，全区共有药品生产、经营企业215家，医疗器械生产企业9家，“两网”药品配送中心与医疗器械专营企业各3家，隐形眼镜店15家，各级各类医疗机构648家。食品行业中，有通过国家农业部认证的无公害农产品27个、绿色产品认证1个，省农业厅认证的无公害农产品基地25个，生猪定点屠宰场9家，奶站1家，食品生产加工、流通经营、餐饮消费企业2566家。

2007～2010年，区食品药监局发挥食品安全组织协调和综合监管作用，突出食品安全整治，开展整顿和规范药品市场秩序整治，打击药品、医疗器械行业违法违规行为，强化药品认证和药房规范化管理，完善农村“两网”建设；突出政风、行风建设和党风廉政建设，规范行政执法行为。连续4年辖区无食品药品安全事故发生，获得“西安市食品安全工作先进集体”、“西安市食品药品安全监管工作先进单位”等称号。

【食品安全综合监督体系建设】 2007年，长安区在各乡街设立食品安全监管工作办公室，并在各行政村设食品安全信息员。2007～2010年，每年初由区食品安全委员会办公室（以下简称区食安委办公室）制订当年《长安区食品安全工作要点》，召开全区食品安全监管工作会议，对全年工作进行具体安排部署。区政府与各相关部门、25个乡街签订目标责任书，明确职责，落实任务，形成由区政府统一领导，乡街政府具体负责，各部门分段监管，相互协作的工作机制。区食品药监局还制订《乡镇街办食品安全监管工作办公室职责》、《乡镇街办食品安全联络员职责》、《行政村食品安全信息员职责》。从2010年开始，区政府将食品药品安全工作纳入全区综合目标考评，由区食安委办公室每季度对各乡街进行考评。至年末，全区食品安全综合协调机构全部建立健全，食品安全监管网络覆盖率达到100%。

【食品安全综合监管】 2007～2010年，区食品药监局对食品安全综合监管采取集中整治与日常监管结合方式，集中整治查处突出问题，日常监管巩固整治成果并发现问题。日常与集中并重，点与面结合，职能部门各负其责，全区上下齐抓共管，使辖区内4年未出现重大食品安全事故。

2007年，共检查食品加工企业182家、食品经营户1508户、餐饮单位1034家、集贸市场8个，共查处各种违法违规行为127起。在日常监管中，全年共接食品、保健品举报案件8起，均转交相关部门在规定时限内结案。2008年，共检查食品生产加工企业及经营户1723户，查处不合格食品53公斤，价值3000余元。“三鹿奶粉”事件发生后，出台《关于开展婴幼儿奶粉安全专项检查的紧急通知》，协调有关部门做好问题奶粉的清查下架工作。同年，区食品安全委员会办公室获“西安市食品安全工作先进集体”称号。2009年，区食安委办公室开展“食品安全百日整治”活动。组织各职能部门联合执法5次，检查食品生产、加工企业359家，餐饮店1486户，农家乐231户，度假村11所，旅游景点3处，托幼机构27家，中小学及大专院校170所，学校食堂342家，建筑工地食堂13家；检查食品经营户6586户次，集贸市场8个，定点屠宰场27个，规模养殖场3场（户）次；取缔违法经营食品的小商贩21户，没收不合格小食品168袋。要求43户经营单位限期整改，其中2户停业整顿；要求12户无卫生许可证的经营单位停业。2010年，区食药安委办公室开展专项检查整治活动24次。共监督检查餐饮经营单位1000余户次，学校食堂83家，建筑工地食堂6家，旅游景点4处，农家乐经营户185户次，检查保健食品经营户20余户。下达监督意见书368份，受理群众举报32次，结案率100%。

【食品安全监督员制度】 2010年，区食品药监局为强化食品安全监管，将监管触角从区、乡街、村三级监管延伸至食品生产、流通等各个环节。在全区食品生产加工、种养殖基地及餐饮服务行业设置食品安全监督员620名，对食品质量安全全程监管。

【食品法宣传】 2010年6月，区食药安委会办公室开展《食品安全法》实施一周年宣传活动。发放宣传资料1万余页，接待群众咨询150余人次，受理投诉举报1起。年内，区食药安委会办公室共组织《食品安全法》宣传活动6次，累计悬挂横幅63条，制作展板37块，发放食品安全知识读本3000余本、宣传彩页2万页，参与群众近3万人。

【规范化片区管理责任制】 结合长安区医疗机构点多、面广、线长，更换证照由卫生部门实施等实际情况，区食品药监局把医疗机构的监管与药房规范化管理结合起来，实行“规范化片区管理责任制”。将全区划分为东西两片，由6名干部分片包干监管、帮扶，同时将工作任务细化量化，明确分工，责任到人；实行每月定期汇总，通报工作进展，最后检查验收。使得在进行医疗机构规范化管理验收的同时也推进了药房规范化管理工作，促使二者同步推进，得到监管相对人的好评。2010年共检查全区二级以上医疗机构5家，社区卫生服务中心3家，乡街卫生院22所，村卫生所及个体诊所615家，检查覆盖率100%；有451家医疗机构药房达到规范化管理要求。

【农村药品两网建设】 2007年1月，区食品药监局成立农村“两网”（即农村药品监督网络和配送网络）建设执法检查小组，对全区175名协管员、信息员进行专业培训。按照《陕西省农村药品配送中心设置办法》，审核3家配送中心，经陕西省食品药监局验收合格。2008年3月，区食品药监局制订《长安区农村食品药品安全责任监督网络建设和药品配送网络建设工作实施方案》。9月，成立区食品药品安全委员会，聘任协管员25人、信息员671人，并对其进行业务知识培训。同时，向各乡、街下发《长安区食品药品安全协管员信息员考核办法（暂行）》、《长安区食品药品协管员信息员会议制度》、《长安区食品药品安全协管员信息员管理办法》、《长安区食品药品安全委员会会议制度》。

在药品配送网络建设中，按照西安市食品药监局“两网”建设“五统一”规定，统一配送中心店牌和配送车辆标识，向农村各药品配送供应点下发“五统一”的牌子、制度、验收养护记录、购进票据封面，药品配送乡级覆盖率100%，村级覆盖率97%。至2010年末，全区25个乡街都建立了食品药品安全管理办公室，共有食品药品安全协管员25名；671个行政村各有1名食品药品安全信息员，监督网覆盖率100%。由斗门、滦镇、引镇3个药品配送中心，对全区农村各类医疗机构和78家便民药店进行药品配送，配送品种1000余种，配送村覆盖率100%。实现了“标识、制度、台帐、票证、价格”五统一，“两网”运行良好。

2010年各职能部门联合检查

【药品专项整治】 2007～2010年，区食品药监局在药品监管中，坚持日常监督管理与专项整治相结合，狠抓药品市场秩序整治，确保了辖区居民用药安全。

2007年，开展专项整治7项，集中整治活动8次。全年食品药监局出动执法人员2460人次，检查涉药单位789家，受理群众举报33例，查处违法违规案件32起。2008年，开展医疗机构非标制剂、特殊药品等专项检查和集中整治行动18项。发现违法违规行为3起，下达责令整改通知书1份，查扣问题中药饮片16个品种，移交工商行政管理部门处理涉嫌非法药品宣传广告案1起。全年出动执法人员2957人次，检查涉药单位和医疗器械经营企业1319户次。受理群众举报15例，立案查处6例，口头答复9例。查处违法违规案件92起，其中简易程序案件30起，一般程序案件62起。2009年，开展药械专项整顿13次。出动执法人员2868人次，检查药械企业1392户次，查处违法违规案件51起。全年受理举报案件14例，立案4例，口头答复10例，回复率100%。2010年，出动执法人员2367人次，开展药品生产企业处方工艺核查、药品经营企业分类管理专项行动14次，紧急检查14项。受理举报案件30例，查处违法违规案件108起。案件查办、结案率100%。（赵　歆）

安全生产监督管理

【概况】 长安区安全生产监督管理局（以下简称区安监局）为长安区人民政府工作部门，主要负责辖区安全生产综合监督管理、非煤矿山、危险化学品及烟花爆竹的安全生产、宣传、执法工作。内设办公室、监督科、危化科，编制14人；下辖长安区安全生产监察执法大队，编制9人。2007～2010年，区安监局执行安全生产法律法规，坚持“安全第一，预防为主，综合治理”方针，以科学发展观和“安全发展”理念统领全局，深化专项整治、加大执法监察、加强源头管理，全区安全生产形势持续稳定好转。

【安全检查】 2007～2010年，区安监局组织开展全区性安全生产隐患排查20余次；以道路交通、建筑施工、特种设备、非煤矿山、公众聚集场所、危险化学品以及农机、旅游、电力、校园、防汛、燃气等为重点，开展专项排查200余次，各行业排查900余次，查出隐患千余处，除现场责令整改外，全部下发隐患整改指令书，并建立隐患整改台帐，实行跟踪监督、逐项销号。

【专项整治】 2007～2010年，区安监局在安全专项整治活动中采取以下措施：一、非煤矿山专项整治：对所有非煤矿山企业安全评估，评出A、B类企业进行分类指导，重点监管；规范尾矿库安全管理，按照《非煤矿山建设项目安全设施设计审查与竣工验收办法》、对新建、改建、扩建项目实施“三同时”（即：建设项目中的安全设施设备与主体工程同时设计、同时施工、同时投入使用）审查验收。二、危险化学品专项整治：对涉危单位摸底排查、建档登记；督促、协助涉危单位安全评价；加强危险化学品道路运输安全整治，处置多起危化品运输交通事故。三、烟花爆竹专项整治：自2006年将烟花爆竹安全监管职责调整至区安监局承担后，区安监局重新规划全区烟花爆竹销售网点，稳定烟花爆竹零售秩序；对烟花爆竹销售人员进行安全培训，核发烟花爆竹零售许可证；每年春节前进行烟花爆竹专项检查，对非法生产、经营、运输、储存行为严肃查处。协调、配合相关部门开展道路交通、建筑施工、民爆物品、公众聚集场所消防等专项整治。

【执法监察工作】 2007～2010年，区安监局加大执法检查力度，严肃查处各类安全生产事故。按照《安全生产法》、《陕西省安全生产条例》的规定，根据“四不放过”的原则，（即：事故原因未查清不放过、事故责任人未受到处理不放过、事故责任人和周围群众没有受到教育不放过、制订切实可行的事故整改措施没有落实不放过）查处安全生产违法案件及违法行为10余件，查处安全生产责任事故36起，追究相关责任单位和责任人的责任，结案率100%。

【安全生产许可工作】 2007年3月，按照《长安区人民政府办公室关于全面实施安全许可制度切实加强安全生产工作的通知》，区安监局对非煤矿山、危险化学品、烟花爆竹企业安全许可制度实施进行全面检查，对已取证企业安全生产再次审查。2007～2010年，在非煤矿山、危险化学品、烟花爆竹等行业开展安全生产许可工作，对各企业申报材料进行初审。截至2010年末，全区非煤矿山应持证1个，已取证1个；危化品应持证企业77户，已取证77户；烟花爆竹生产、经营应持证2户，已取证2户，取证率100%。

【隐患排查治理工作】 2007年7月，区安监局转发国务院安委办《关于煤矿、金属非金属矿山、冶金、有色金属、化工、烟花爆竹、建筑施工、民爆器材、电力等工矿商贸企业安全生产隐患的指导意见》，对隐患排查治理的内容、行业领域排查整治的重点等做出明确要求。

【宣传教育培训工作】 2007～2010年，区安监局以安全生产法律、法规、政策宣传教育为主线，面向基层、面向企业、面向社会、面向普通职工，开展知识竞赛、演讲赛等系列活动，强化人民群众的安全责任意识和全区各级干部职工的安全素质。组织各类培训9次，培训企业安全管理人员1120余名，特种作业人员340余名，提高了企业安全管理人员和安全技术人员的安全管理水平和安全技术操作能力。组织乡街分管安全生产的领导和乡街安监站人员安全教育培训10余次。

【重大危险源应急救援体系建设】 2007年1月，区安监局代区政府起草印发了《长安区安全生产事故灾难应急救援预案》。要求所有企业制订相应应急预案，并对制订情况备案登记，依托矿山企业建立安全生产应急救援队伍。2010年，区安监局经初步普查全区重大危险源，建立健全重大危险源档案。10月，印发《关于切实加强重大危险源监督管理工作的通知》，明确重大危险源申报登记范围、网上申报及日常监控责任。（裴　阳）

综　述

2007～2010年，长安区财税工作运行整体较好。在收入方面，财税部门狠抓税收征管，组织收入，财政收入实现高速增长。2010年财政一般预算收入突破10亿元大关，完成13.22亿元，较2007年的4.48亿元增长3倍，实现两年翻一番。4年间，财政一般预算收入累计完成33.98亿元，年均增长41%。在支出方面，不断优化支出结构，全力以赴保重点支出。全区地方财政一般预算支出由2007年的8.5亿元增长到2010年的24.46亿元，增长2.88倍。4年累计完成支出64亿元，保障了经济社会各项事业的发展。

全区财政管理体制机制进一步完善，公共财政运行体系日益健全，推进包括部门预算、国库集中支付、国有资产信息化管理、政府采购、非税收入网络化征管、一事一议财政奖补、“金财工程”等在内的一系列改革创新，财政管理水平和工作效率大幅提升。

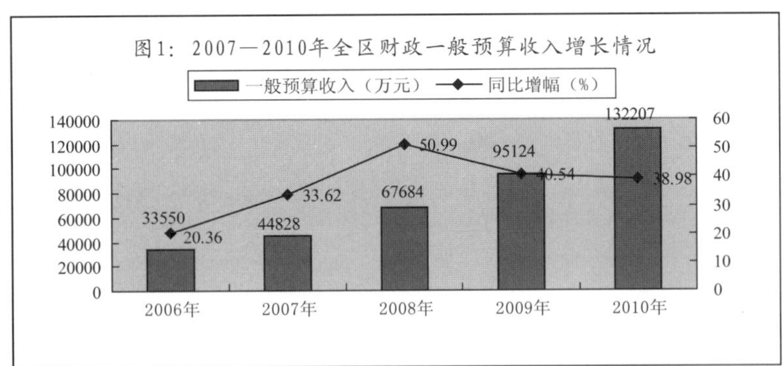

图1：2007—2010年全区财政一般预算收入增长情况

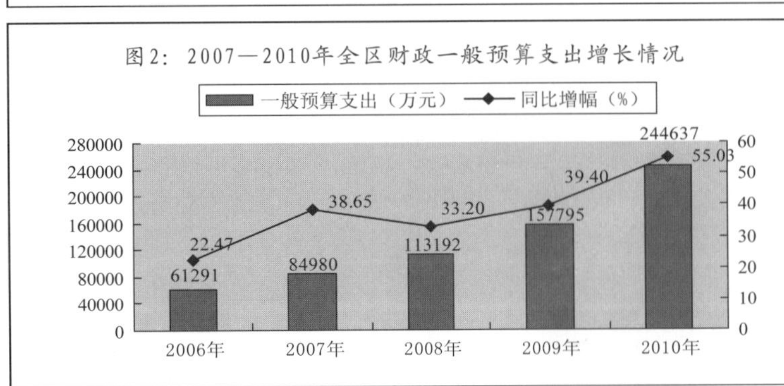

图2：2007—2010年全区财政一般预算支出增长情况

财　政

【概况】 长安区财政局是区政府组成部门，主管全区财政收支、财税政策、国有资产管理、财政监督检查等业务。2010年经机构改革，局机关设办公室、预算科、国库科、行财综合科、社会保障科、农业财务管理科、经建城建科、监督检查科8个行政科室，政府采购中心、企业财务管理所、乡镇财务管理所、收费管理中心、园区财政所5个参照公务员法管理事业单位和会计核算中心、会计管理中心、农村综合改革工作办公室（契税征收管理所）、财政投资评审中心、中华会计函授学校长安分校5个全额拨款事业单位，辖22个乡（街道）财政所、3个园区财政所（见附表）。2010年，区财政局机关在编干部职工142人。其中男68人，女74人；中共党员88人。

【财政收入及结构】 2010年，全区地方一般预算收入完成132207万元，完成预算117.77%，较上年增长38.98%，增收37083万元。受上级改变基本建设拨款方式和后期集中下达专款影响，全年一般预算支出累计完成244637万元。2010年，市财政局核准长安区财政决算结果是：地方财政一般预算收入132207万元，上级补助收入37041万元，上级专款72500万元，债券转贷收入4667万元，收入总计246415万元；地方财政一般预算支出244637万元，上解支出4541万元，支出总计249178万元，加上以前年度累计结余27203万元，滚存结余24440万元，减去结转到下年使用的专款12879万元，年终净结余11561万元。税收收入118895万元，完成年度预算133.67%，增收29951万元。其中：增值税7902万元，营业税41967万元，企业所得

长安区财政局乡街、园区财政所基本情况一览表

序号	名称	地址	电话	负责人	职工数
1	韦曲街道财政所	韦曲街道	85652024	魏建利	41
2	杜曲街道财政所	杜曲街道	85937301	高　湃	12
3	郭杜街道财政所	郭杜街道	85833767	万　凯	20
4	细柳街道财政所	细柳街道	85962302	王永利	5
5	兴隆街道财政所	兴隆街道	85849100	孙　骥	9
6	马王街道财政所	马王街道	85851000	毛新四	6
7	灵沼乡财政所	灵沼乡政府	85856333	薛新荣	3
8	滦镇街道财政所	滦镇街道	85864272	廖　斌	10
9	五星乡财政所	五星乡政府	85860304	张大鹏	4
10	东大街道财政所	东大街道	85925386	王　毅	8
11	子午街道财政所	子午街道	85954301	王　鹏	5
12	王曲街道财政所	王曲街道	85940202	闵巴金	7
13	五台街道财政所	五台街道	85949203	龚　伟	4
14	黄良街道财政所	黄良街道	85959302	刘小峰	6
15	太乙宫街道财政所	太乙宫街道	85891769	贺毅刚	2
16	引镇街道财政所	引镇街道	85886382	张　红	6
17	王莽街道财政所	王莽街道	85934560	王　震	2
18	杨庄乡财政所	杨庄乡政府	85887359	薛胜敏	1
19	鸣犊街道财政所	鸣犊街道	85835324	韩　刚	5
20	大兆街道财政所	大兆街道	85879303	郑刚利	4
21	魏寨乡财政所	魏寨乡政府	85831071	陈养建	1
22	砲里乡财政所	砲里乡政府	85837001	郑均利	3
23	常宁园区财政所	常宁新区管委会	85621188	乔　峰	4
24	郭杜园区财政所	郭杜园区管委会	85842556	赵　鹏	4
25	引镇园区财政所	引镇园区管委会	84181280	张建平	2

2007～2010年财政收入统计表

单位：万元

年份	收入合计	一般预算收入		基金收入
		税收收入	非税收入	
2007	53788	36690	8138	8960
2008	78784	53008	14676	11100
2009	105352	69085	26039	10228
2010	176907	118895	13312	44700

税7155万元，个人所得税1513万元，城市建设维护税4499万元，土地增值税6944万元，耕地占用税、契税4.14亿元，其它税收7508万元；非税收入1.33亿元。其中，行政性收费及罚没收入9078万元，其它非税收入4234万元。基金预算收入完成4.47亿元，完成预算的392%。

【财政支出及结构】 2007～2010年，区财政部门不断优化财政支出结构，强化预算管理，保障重点支出需要，压缩一般性支出，保证“两个确保”、“两个保证”、“一个低保”和区内重点建设项目、农村道路建设等重点项目资金需求，促进全区经济和社会各项事业发展。

4年全区财政一般预算支出累计完成64亿元。主要支出项目有：一般公共服务10.98亿元，公共安全3.18亿元，教育15.29亿元，科学技术3981万元，文化体育与传媒7555万元，社会保障和就业9.79亿元，医疗卫生4.88亿元，环境保护3342万元，城乡社区事务3.56亿元，农林水事务6.98亿元，交通运输1.95亿元等；基金6.32亿元。

2007～2010年财政支出统计表

单位：万元

项目年份	2007	2008	2009	2010
一般公共服务支出	20360	24884	31840	32671
公共安全支出	6754	6666	8043	10366
教育支出	23305	29251	44270	56099
文化体育与传媒支出	1155	1457	2142	2801
社会保障和就业支出	12616	15840	23987	45486
医疗卫生支出	4793	10096	10534	23345
城乡社区事务支出	5228	5971	8713	15728
农林水事务支出	6147	11898	17615	34093
交通运输支出	1527	2548	4178	11213
基金支出	6674	11018	15109	30387
支出合计	91654	124210	172904	275024

【财政改革】 2007～2010年，长安区加大财政改革力度，在财政管理体制机制方面进行一系列改革创新，各项改革措施均取得预期效果，公共财政运行体系日益健全。

部门预算编制改革 2007年，继续扩大试点范围，全区实行部门预算编制单位27家；2008年，区级部门实行部门预算编制；2009年，全区预算单位实行部门预算改革。2010年，纳入部门预算改革的一级预算单位124个（含22个乡街和3个园区管委会），二级预算单位78个。

政府非税收入管理改革 2007年，长安区开展政府非税收入征管网络建设，初步实现财政、银行光纤线路连接；2008年，完成区财政与西安市商业银行长安支行、中国银行长安支行和建设银行长安支行3家代收银行的网络连接；2009年，根据收费项目变化，区财政局更新项目数据库，对公安部门交警收费和罚款实行电脑开票、汇总；2010年，强化“收支两条线”管理力度，深化政府非税收入改革。

乡（街）财政管理体制改革 2007年，在充分调研和借鉴经验的基础上，起草新的区乡财政体制方案，为全区经济持续发展和鼓励乡镇（街办）税源建设打下坚实的基础。2008年，制定新的区乡（街）财政收入超额部分分成办法，调动乡、街培植财源、发展经济的积极性；2010年，在总结现行区乡财政管理体制的基础上，出台新一轮区乡（街）财政体制，报经区政府下发至各乡（街办）。

国库集中支付改革 按照省市关于推进国库集中支付改革相关文件精神，2010年11月，区财政局制订《西安市长安区国库集中支付改革实施方案》，在水务、民政、经贸等6个部门开展国库集中支付改革试点，实现部门预算、指标管理、集中支付和在线监督一体化管理，提高财政资金运行效率，加强预算执行过程中的监督控制，增强预算执行信息透明度。经区政府批准，2010年11月，区财政局成立国库科，将涉及专项资金的财政专户移交国库统一管理，在确保财政资金安全的同时，减少资金流通环节，提高财政资金的使用效益。

农村综合改革 2010年，深化农村综合改革工作取得新成绩，长安区被省综改办确定为全省村级公益事业建设“一事一议”财政奖补工作试点区县。全年203个申报项目全部完工，足额兑付奖补资金2701万元，惠及25个乡街的203个行政村，受益人口300330人，促进了农村公益事业的发展。

【财政支农】 2007～2010年，长安区财政累计筹集支农和扶贫生产性资金60690.5万元。其中上级补助资金45624.7万元，区财政配套15165.8万元。主要用于农村饮水、农田改造、大绿工程、移民搬迁、产业结构调整、新农村建设等方面。2007年，长安区作为西安市财政支农资金整合试点，将市财政预算安排的都市农业专项资金、节水灌溉资金、小型农田水利建设资金纳入市级整合范围，将全区新农村建设资金、区级产业结构调整资金、地方水利工程建设资金、大绿工程资金和造林工程资金、农村道路建设资金纳入区级整合范围。累计建成农村饮水工程594处，硬化村内村际道路9340条。2008年，区财政加大对全区农业产业结构调整支持力度，以六大种、养殖基地为核心，建设西部沿渭河蔬菜带、秦岭北麓杂果生态旅游观光带、标准化养殖小区，集中打造王莽生态观光园、高桥千亩蔬菜设施示范园等财政支农亮点。2009年，重点整合沿山生态旅游观光农业产业带、西部设施蔬菜产业带、东部设施瓜菜带3个项目区，投入各类资金27901.64万元。其中，整合各级财政资金7919.08万元，含中央财政资金499万元，省市财政资金5592.12万元，区级财政资金1827.96万元，社会各界投入及群众自筹投入资金19982.56万元。集中打造上王农家乐、王莽生态农业观光园、高桥万亩无公害蔬菜基地、大兆万亩设施西瓜基地等产业，创出“王莽鲜桃”、“春桥蔬菜”、“长塬西瓜”、“天鑫肉兔”等一批优势品牌，提升农业产业化水平。此外，累计发放粮食直补及综合补贴资金1.53亿元、良种补贴3238.2万元、退耕还林补助705.4万元，兑付农机具补贴1228万元，兑付家电下乡、家电以旧换新和汽车摩托车下乡财政补贴资金4047.5万元。

【社会保障】 2007～2010年，全区社会保障和就业支出累计完成97929万元。2007年，全区推行农村低保制度，将年纯收入不足650元的特困户纳入农村低保范围。2009年12月，长安区被确认为全国新农保试点区。

4年中，区财政**在医疗卫生事业发展方面**，累计改扩建乡街卫生院11所，改造社区卫生服务中心9个，建成标准化村级卫生室606个，建设中心敬老院1个、区域性敬老院1个，实现城乡公共卫生服务全覆盖；**在促进就业方面**，累计投入资金5550.9万元，开展职业介绍、职业培训、创业培训、农民工培训、下岗失业培训等，促进就业形势好转；**在养老保险方面**，累计拨付全额养老统筹57732.1万元、差额及自收自支养老统筹7536.1万元，保证离退休人员按时足额领取基本养老金；**在城乡低保方面**，累计拨付城镇低保9229.3万元、农村低保6745.1万元；**在城乡医疗救助方面**，累计拨付城镇医疗救助资金390.1万元，农村医疗救助资金1063.3万元；**在城镇职工医疗保险方面**，累计拨付资金9257万元；**在失地农民补助方面**，累计拨付资金2330.8万元；**在女工生育保险方面**，累计拨付资金128万元；在新型农村合作医疗方面，累计拨付资金26663.5万元；**在新型农村养老保险方面**，累计拨付资金8346.7万元；从城镇职工医疗保险、机关事业养老保险、女工生育保险、城镇居民医疗保险、工伤保险、企业职工养老保险到新合疗、新农保等各类社会保障制度逐步完善，在全区基本实现医疗、养老等社会保障全覆盖。

【财政监督检查】 2007～2010年，区财政局建立健全财政法规制度，出台《西安市长安区区级行政事业单位专项资金管理办法》、《西安市长安区财政投资评审管理暂行规定》，并在预算编制、执行、监督和内部控制方面制定管理制度。同时，采取事前、事中、事后相结合方式，深入检查各项重大政策落实、部门预算执行、财政专项资金使用情况，提高财政资金安全性和绩效性。

2007年，在全区教育系统开展中小学经费使用及教育系统会计执法检查。2008年，与市财政局联动检查乡街卫生院和社区服务中心建设资金使用情况，规范基层医疗单位财务管理。2009年，开展地方财政资金安全、乡街财政所财政农业专项资金管理情况以及收支两条线执行情况、“乡财乡用区监管”推行情况检查。2010年，深入开展“小金库”专项治理，扩大重点检查范围，将治理范围延伸至社会团体、国有及国有控股企业。

【支持城乡建设】 2008年，区财政局争取上级基本建设项目资金5958.96万元。其中，预算内基本建设资金4028.9万元，国债资金1930.06万元。主要用于农村卫生基础设施、天然林资源保护、农村饮水安全、农村沼气建设、乡镇综合文化站建设、农村道路建设等方面。2009年，争取中央、省、市基本建设资金12382万元，支持交通道路建设、基层文化站建设、农村饮水安全、农村沼气建设等项目。综合运用财税政策，安排资金223.4万元，设立中小企业发展基金，全力支持中小企业发展。加大重点项目资金拨付力度，足额落实韦斗、韦鸣、韦魏、韦王、鱼斗等道路建设资金5338万元，支持区级重点项目建设。36个市级重点村实现“四改五通五化”，启动农村生活垃圾“村收集、乡街转运、区消纳”的集中收集网络建设，2座垃圾压缩站建成投运。2010年，直接拨付基本建设资金1.18亿元，支持全区农村服务中心建设、公路建设、农村饮水安全、廉租房建设中央补贴、农村交通站点建设、农村卫生院建设及农民健身工程等，支持朱雀大街延伸段、金长安广场、五台古镇、神禾大道、长安大道等项目建设。

【会计管理】 2007～2010年，区财政局对全区教育系统68个单位开展会计执法检查。作出财政检查报告68份，查出不规范会计事项100余项，提出整改意见80余条，纠正会计人员无证上岗等违法违纪现象，制止不规范会计事项发生，维护财经纪律。在全区开展会计基础规范化考评工作，制订《长安区会计基础规范化考核工作三年计划》，对全区6个部门的50个单位进行实地考核验收。查出违法上岗人员16人，涉及单位11个，违纪资金70多万元，不规范会计事项100多项，提出整改建议16条。开展会计人员业务培训，累计举办会计业务培训班20期，参训人员500多人次。落实新会计证换发工作，举办财政系统换证人员继续教育培训班，培训局机关干部91人、乡街财政所干部140人，为全区595人换发新版会计证。做好会计考试报名工作，累计办理会计从业资格证报名13034人，办理会计职称考试报名1394人。

【融资及债务】 2009年4月，区财政局制定《长安区关于加强政府建设融资资金管理意见》和《长安区BT模式建设暂行管理办法》，加强对融资工作的指导。2008年，向国家开发银行陕西分行申请贷款1600万元，用于区市容园林局环境卫生综合治理项目。2009年，以长安新城范围内经市上预审通过的55.6公顷土地做预期抵押，以基础公司为平台向区信用联社申请基础设施建设贷款6.5亿元，用于区内农业交通等重点工程；向国家开发银行陕西分行贷款3.56亿元，用于小城镇建设和农村垃圾处理项目。2010年4月，组建日盛小额贷款公司，缓解了小额资金融资难问题。

截至2010年末，全区债务余额5.76亿元，均为长安基础建设投资有限责任公司融资资金。包括2006年取得西安市商业银行贷款1.2亿元，用于长安区道路基础设施建设和土地周转金项目。2008年取得国家开发银行陕西省分行贷款0.16亿元，用于长安区市容局环境卫生综合治理项目。2009年取得建设银行贷款2.90亿元，用于长安区市政道路建设项目。2010年取得国家开发银行贷款1.5亿元，用于长安区小城镇建设项目。

【投资评审】 2009年11月，区财政局制定《西安市长安区财政投资评审管理暂行规定》，前移评审关口，对评审内容、程序作了明确、规范，强化立项评审、工程招标、事中监管、事后问效等环节，实现财政投资项目的事前评审、事中监控、事后评价有机结合，加强了财政部门对政府投资项目的监管。2010年，同西格玛等工程造价咨询及会计师事务所签订协议，加强投资评审工作。累计评审长安步行街、东长安街、雁引路、子午大道、西部大道、垃圾压缩站、五台古镇建设等项目44个，涉及建设资金62948万元，审减资金9944万元，审减率15.8%。

【政府采购】 长安区政府采购部门按照“公平、公开、公正”原则，不断扩大采购规模和范围，采购效益逐年提高。2007～2010年，完成统一采购工作9060次，计划采购金额13017.2万元，实际采购金额11869.18万元，节约财政资金1148.02万元，节约率8.82%。从采购类别上看：完成货物类采购4966次，主要包括一般设备、专用设备、交通工具、办公自动化设备等；完成服务类采购2292次，办理公务车辆商业保险；公务车辆定点维修6280次。

【机关建设】 2007～2010年，区财政局开展创先争优和创建学习型党组织活动，组织座谈交流、考察学习、扶贫帮困和问计于民活动，开展财政文化建设活动，举办经济形势讲座、业务工作培训、健康知识讲座等，并进行财政调研及交流评比；加强财政干部教育培训，组织财经专业知识、法律法规、软件操作培训，鼓励干部提高学历和职称水平，机关大专以上学历占81%，中级以上专业技术职称占21%，高级职称5人；规范机关管理，完善考核办法，加强纪律检查，提高依法理财水平。

（袁　刚）

国家税务

【概况】 西安市长安区国家税务局（以下简称区国税局）为长安区国家税收行政管理机构，负责辖区2885户纳税人（其中企业1704户、个体工商户1181户）增值税、消费税、企业所得税、车辆购置税的征收、管理及增值税专用发票、普通发票和其他税收票证管理工作。局机关设9个科室（办公室、税政管理科、征收管理科、收入核算科、办税服务厅、人事教育科、离退休干部管理科、监察室、机关党办）、1个直属机构（稽查局）和2个事业单位（信息中心、票证中心），下辖9个税务所（鸣犊、引镇、太乙、子午、沣峪、马王、细柳、郭杜、杜曲税务所）和1个征收分局（韦曲税务分局）。2007～2010年，区国税局坚持“聚财为国、执法为民”理念，把确保年度税收任务作为重中之重，组织税收收入3.6亿元，其中2010年组织税收1.45亿元，为地方经济建设做出贡献。

2007～2010年长安区政府采购统计表

年份	统一采购（次）	计划采购金额（万元）	实际采购金额（万元）	节约财政资金（万元）	节约率（%）
2007	1972	2188.72	1953	235.72	10.8
2008	2098	2184.94	2040.75	144.19	6.6
2009	2428	3960.94	3580.26	380.68	9.61
2010	2562	4682.6	4295.17	387.43	8.27

日盛小额贷款公司成立仪式

长安区国税局2007～2010年组织收入情况统计表

单位：万元

年份	计划收入	实际收入	超收	完成额
2007	3538	4335	797	122.53%
2008	5335	6322	987	118.5%
2009	7520	10778	3258	143.32%
2010	12849	14528	1679	113.07%

【税务管理】 2007～2010年，区国税局进一步加大基础税源管理力度，深化国地税联合办证工作，完善征管信息资料共享，从源头上加强纳税人户籍管理。落实税收管理员制度，印发《税收管理员操作手册》，规范涉税流程，夯实所得税管理。按照“抓大、控中、定小”原则，实行分类管理，促使企业建帐建制。为确保“家电下乡”政策实施，向涉及家电下乡纳税人开通发票管理绿色通道，从票种核定、发票领购、发票使用和验旧环节做到及时办理。

【税务检查与依法治税】 继续整顿和规范税收秩序，做好重大案件审理工作。一是认真审理案件，确保税收政策法规正确执行。二是执行《执法过错追究考核办法》和奖惩措施，提高执法质量。三是整顿规范税收秩序，重点检查对办理出口货物退（免）税业务、3年以上未实施稽查的重点税源企业、建筑安装企业及钢材销售企业。在依法治税中落实税收优惠政策，清理到期优惠政策，加强对减免税纳税人的后续管理，开展对减免税政策落实、一般纳税人认定及废旧物资经营、民政福利等政策执行情况检查，落实税收执法监督措施。

2007～2010年长安区国税局税收检查情况统计表

单位：万元

年份	审理执行（件）	检查户数	查补税款	罚 款	滞纳金
2007	143	161	214	137	27
2008	139	177	88	78	10
2009	67	148	250	82	27
2010	63	150	199	76	26

【纳税服务与税收宣传】 提出“为纳税人服务没有终点”口号，从纳税人最不满意的事情改起，从纳税人最需要的事情做起，拓展办税服务厅综合服务功能，推行“征管电子档案”、“一站式”服务和涉税事宜“一窗通办”业务，从根本上解决纳税人排队等候等问题。全面落实首问责任制，确保涉税程序“内转外不转”，杜绝纳税人在各业务科室之间周转来回跑，为纳税人提供综合性服务，减轻纳税人负担。通过创新税收宣传方式，开展向纳税人送培训、送宣传、送服务的“三送活动”。送培训即每年免费为纳税人举办10期税收和财务知识培训班；送宣传即利用一年一度的税收宣传月活动，每名税务干部上门为3户纳税人提供面对面服务；送服务即组织税收管理员进企业、入社区，送税收政策上门，抓好企业所得税、增值税转型、出口退税调整的宣传服务。

（郝永康　张建国）

地方税务

【概况】 西安市长安区地方税务局（以下简称区地税局）是主管长安区地方税收工作的行政管理机关，内设6个科室（办公室、政治工作科、纪检监察室、计划财务科、税收政策科、税收征管科）；4个直属单位(韦曲征收局、办税服务厅、基金征收所、老干部管理科)；14个基层税务所，在职138人，负责全区4367户纳税人的地方税收、基金社保费的征收管理。

【税收任务】 2010年，区地税局累计入库全口径税收收入102890.39万元，同比增收27961.82万元，增长37.32%，完成市局下达税收计划86300万元的119.22%，超收16590.39万元。组织入库纯口径税收收入68358.35万元，较上年同期增收18839.35万元，增长38.02%；完成市局年初计划58100万元的117.66%，超收10258.35万元，提前48天完成市局年度税收任务。组织入库区级税收收入63247万元，完成区政府年度计划59095万元的107.03%，超收4152万元，较上年同期增收15620万元，增长32.8%。

累计入库基金及社保费21089万元。其中，社保费18667万元，完成年度计划的149%，同比增长34%，增收4816万元；各项基金2422万元，完成年度计划的157%，同比增长46%，增收763万元。

【税务管理与税务检查】 2010年，区地税局对全区建筑施工企业实行拉网式清查，加大违法行为处罚力度，严把建筑行业税收“立项关、付款关、结算关”。推进房地产税收一体化管理，建立“部门协作、先税后征、以票控税、源泉控管”房地产税收管理新模式；10月，在区房地产交易大厅设立办税窗口，对全区境内发生的土地使用权出让、转让和房地产开发、转让以及二级房地产交易等涉税行为实行一体化管理。开展“政府协调、宣传现行、街办代征、税务查处”的农家乐税收综合治理。加强房地产、建筑业网络在线发票推广工作，简化纳税人票种变更办税流程，提高网络在线发票推广效率。加强对年所得12万元以上个人所得税自行申报管理。同时，重点监管房地产行业、辖区重点开发项目及支柱产业，防止税款流失，确保各项税收入库。

【纳税服务与税收宣传】 2007～2010年，区地税局开展“送税法、送政策，征意见、促服务”企业大走访活动，深入企业面对面恳谈；调查了解执法过程存在的问题；开展纳税服务需求调查，拓宽纳税服务渠道，融洽税企关系，为纳税人提供个性化服务。针对纳税人反映办税环节多的现象，经调查研究，区地税局简化《外经证》开具流程，实行“一次受理，一次办结”。同时，简化纳税申报流程，实行一次申报。在税收宣传中，开展税收进校园、进社区、税收宣传万里行、发放税收

2007～2010年长安区地方税务局税收任务完成情况表（全口径）

年份	入库税款数（万元）	年初计划数（万元）	完成比例（%）	较上年增收（万元）
2007	41129	31850	129%	13667
2008	59300	48500	122.29%	18171
2009	74928	71512	104.78%	15628
2010	102890	86300	119.22%	27962

宣传册、税收知识大奖赛、税收知识讲座等活动，重点开展与群众生活密切相关的税收政策宣传。如：大学生创业税收优惠政策、个人所得税基础知识、个人住房转让税费缴纳知识、纳税人的权利义务、基金社保费知识等；加强对办税常识、税法咨询和纳税实务等知识宣传，使纳税人明确纳税事宜。辖区民众纳税、护税、协税意识明显增强。（徐彦军）

2007～2010年长安区地方税务局社保费基金入库情况

单位：万元

名称 年份	养老保险费	失业保险费	医疗保险费	工伤保险费	水利建设基金	残疾人保障金	水资源费	文化事业建设费	工会经费	总计
2007	8770	347	161	111	616	28	433	5	119	10590
2008	12241	632	213	172	986	57	354	12	167	14834
2009	12915	588	125	224	1402	71	—	17	168	15510
2010	17705	459	222	281	2157	71	—	23	172	21090

综　述

2008年5月，中国邮政储蓄银行陕西省分行长安支行从区邮政局剥离后，成立邮政储蓄银行长安支行；2005年9月～2009年1月，区工行、建行、中行、农行相继完成股份制改革；2008年12月，撤消各乡镇信用社一级法人资格，实行区级信用联合社一级法人治理；2009年11月，兴业银行在长安设支行；2010年8月，中国人民银行长安县支行更名为中国人民银行长安支行；2010年9月，西安市商业银行长安支行更名为西安银行长安支行。

在全区各商业银行实施股份制改制、农村信用合作社产权改革中，为了电算化支付清算、安全管理、降低成本、风险防范需要，撤并金融服务网点301个。信贷资金实行集中管理使用，统收贷款的调查、审批、发放权，由上级银行直接营销，区内各商业银行资金融入西安金融圈，实行统一调拨。

2010年，长安区共有金融机构18家，分支机构及营业网点119个，从业人员1100多人。其中银行类机构有人民银行、工商银行、农业银行、中国银行、建设银行、西安银行、农业发展银行、邮储银行、兴业银行9家区县级支行及长安区农村信用联合社共计10家；非银行金融营业机构有中国人寿、中国人民财产、平安人寿3家区县级保险支公司，平安、新华2家保险公司办事处，西部、华安2家证券公司营业部共计7家。至年末，全区金融机构资产总额2333998万元，当年结益21495万元。

中国人民银行长安支行

【概况】 中国人民银行长安支行（以下简称人行长安支行）是中国人民银行总行派出机构，依法履行《中华人民共和国中国人民银行法》所赋予的职责。内设办公室、监察室、国库会计股、综合业务股，有干部30人。其中党员12人。2007～2010年，人行长安支行以创建“平安支行”和市级“文明单位”为切入点，加强班子能力建设和干部队伍素质建设，强化内部规范化管理，提高履职能力；围绕“一行两库”，执行国家货币政策，全力构建和谐支行；引导辖区各金融机构调整信贷结构，支持区域支柱产业和三农经济发展；强化对辖区各商业银行、农村信用社检查指导，维护区域金融稳定，支持长安经济发展。

【货币政策】 2007年，人行长安支行认真贯彻执行国家稳健的货币政策，调整和优化信贷结构，支持地方经济发展。首先是围绕长安区和西安国家民用航天科技产业基地发展规划，根据地方经济发展需要和经济金融运行中存在的问题，召开经济形势分析例会、金融联席会、银企座谈会，引导金融机构加强银企合作和金融创新，促进金融政策与产业政策、财政政策的协调配合。其次是按照营管部《金融支持社会主义新农村建设的指导意见》精神，强化央行窗口指导作用，引导金融机构加大支持新农村建设力度。与区信用联社联合，通过开展特色产业专题调研，创新支农方式，组织资金5000万元，推出“农家乐助业贷款”新品种，解决农家乐经营户开办、改造及经营周转需要。

2008年，人行长安支行在落实国家宏观调控政策的基础上，采取有效措施疏通货币政策传导渠道，加强金融风险监测、分析、调研。在货币“从紧”时，按照“有保有压”要求，改进指导方式，加强分类指导，利用与政府部门的定期沟通制度、银企对接会等平台，传达央行政策意图，引导市场主体行为，合理把握信贷投放力度、重点和节奏，在促进经济增长的同时防范金融风险。在“灵活审慎”时期，与区非公经济发展局联合召开中小企业融资座谈会，灵活解决其资金短缺问题。国家适度宽松货币政策实施后，及时向区政府汇报辖区金融运行情况及下一阶段拟采取的措施，并与政府有关部门联合举办区重点建设项目融资对接会。5月，配合区政府在滦镇街道上王村召开现场会，启动金融支持新农村建设及“一村一品”工程。区信用联社现场为3个信用示范村授牌，为15户农家乐经营户发放贷款31万元，并推出2500万元专项信贷资金支持涉农中小企业。

2009～2010年，人行长安支行围绕国务院“保增长、扩内需、调结构”目标，认真执行央行“适度宽松”货币政策，引导辖内金融机构加大对经济发展支持力度。2009年11月，人行长安支行、邮政储蓄银行西安分行、区工商业联合会召开“精英汇聚共谋长安发展、银企携手共创美好未来”座谈会，区政府与邮政储蓄银行西安分行签订合作框架协议。至2010年末，辖区银行业金融机构累计发放贷款771436万元。其中对符合国家产业政策、环保达标、信用度高、生产经营状况良好、具有发展潜力的中小企业发放贷款16500万元，较上年增加8854.1万元；向航天装备制造、卫星通讯及导航、新能源、建材、中国水电建设集团十五局等行业、企业授信贷款47950万元，同比增加14500万元；向房地产业及个人住房发放贷款108354万元；发放涉农贷款456278万元。

【金融运行】 2007～2010年，长安区城乡居民收入稳步增加，人民币各项存、贷款呈增长态势，现金收支两旺，金融运行平稳。2010年，全区金融机构各项存款余额2466100万元，较上年增加478206万元，增长24.06%。其中储蓄存款余额887408万元，增长3.34%。各项贷款余额771436万元，较上年增加149336万元，增长24.01%。金融机构累计现金收入566818万元，支出568616万元，收支相抵累计净投放1798万元。同比净回笼1316万元，增加38.73%。

2007～2010年长安区银行业金融机构
人民币存贷款增长情况表

单位：万元

年度	各项存款		各项贷款	
	当年净增	年底余额	当年净增	年底余额
2007	154339	1299882	122137	407775
2008	283176	1582057	73116	480965
2009	404837	1987894	141105	622070
2010	478206	2466100	149336	771436

2007～2010年长安区银行业金融机构
人民币现金收支情况表

单位：万元

年度	现金收支		回笼（投放）	
	累计收入	累计支出	当年净回笼	当年净投放
2007	2078619	2173590	—	94971
2008	3104933	3243127	—	138194
2009	3416336	3414187	—	—
2010	566818	568616	2149	1798

【金融风险预警监测】 2007～2010年，人行长安支行在拓展业务，支持地方经济建设同时，加强辖区金融风险预警监测工作，实行风险贷款预警制度。根据长安区财政、经济、金融等8个项目的指标数据及房地产监测数据，采集、编制各类金融统计报表860份，撰写月度金融运行简析44份，绘制《长安区经济金融景气监测图表》。同时，按年度撰写《长安区经济金融运行分析报告》、《长安区金融稳定报告》。4年协助辖内各商业银行依法清收不良贷款1707.2万元，收息456.1万元，处置抵押资产、盘活资金2696.5万元，核销呆账15337万元。

【金融稳定】 2007～2010年，人行长安支行认真履行职责，支持辖区金融企业改革，维护金融稳定，关注辖内商业银行改革进程中存在的问题，开展政策性金融机构改革调研，为上级行提供决策参考。2008年，在区信用联社改制组建区级法人单位过程中，对其兑付考核资料在认真讨论的基础上形成考核意见，并上报分行营管部。得到总行批准后，共兑付中央专项票据资金1.304亿元，促进了“花钱买机制”政策目标的实现。

【金融服务】 2007～2010年，人民银行长安支行按照“巩固、完善、夯实、提高”的工作思路，完善岗位职责、业务制度和操作流程，防范业务风险。主要做了以下工作：一、以“两管理，两综合”为切入口，改进服务方式，提高服务质量，把国库直接支付涉农粮补作为业务创新内容之一。为区财政部门安装“国库直拨专用工具程序”，建立严密、规范的业务流程。以五台、东大街道办为试点乡镇，通过国库直接拨付直补资金12696户262.14万元，当日到达信用社农户粮食直补“一折通”专户。二、组织召开改进金融服务工作座谈会，出台创优评差办法，促使辖内各商业银行创建优质文明服务窗口。三、召开全区财税库银联席会，加强沟通协作，增进工作交流。至2010年末，累计办理两库业务273107笔，入库资金80.82亿元，财政拨款68.11亿元。四、设立会计业务内部监督岗，严格操作规程，加强风险防范，发挥基层央行督查职能。累计办理会计核算业务899笔335436万元、银行结算账户开销户业务11953笔。五、开展政务公开和金融知识宣传活动。先后开展以“培育信用文化，维护合法权益”、“青春共建和谐社区（乡村）——金融知识进社区（乡村）”等为主题的宣传活动。在支行办公地设置3面金融业务宣传文化墙，办宣传专栏48期；在社区、乡村悬挂横幅454幅，张贴标语1332条，发放宣传单28000余份（册），现场解答群众问答13140人次。4年组织开展83次以政务公开、金融知识为主要内容的宣传活动，行政村宣传面达到35%以上。

【征信工作】 2007～2010年，人行长安支行与辖内各商业银行、农村信用联社以及所属的23个基层信用社签订《长安区银行金融机构信贷登记咨询系统目标管理责任书》，对企业是否持有效贷款卡办理业务、金融机构是否在“咨询系统”查询企业信息、是否为企业保密及“咨询系统”是否正常运转等6个方面进行考核。同时，与区信用联社配合，推进征信宣传，建立农村、农户信息系统。至2010年末，建立农户经济档案16.6万户，建档面89.4%，办理“家乐”信用卡2003张，授信额度14733万元，信用额度8859万元。

【依法监管】 2007～2010年，人行长安支行依照《中国人民银行法》、《商业银行法》等法律规章制度，切实履行央行监管职能，加大金融执法力度。定期、不定期地对辖区各商业银行、信用社的人民币结算账户、重要票据使用、现金管理、支付结算、国库经收业务、反洗钱工作等进行依法监督检查。4年共检查银行业金融机构15次，查处违规操作9起，均予以通报批评，责令限期整改，促进辖区金融业健康发展。

【TCBS、TIMS支付结算系统推广上线】

2010年，人行长安支行开展辖内TCBS系统推广工作，组织相关单位召开TCBS上线动员会、横向联网系统协调会。随即TCBS、TIMS支付结算系统推广上线工作在财政、国税、地税及各商业银行全面铺开，11月完成上线。实现了大小面额转存转账结算电算化、自身网银与央行系统互联、跨行支付实时到账、一站式管理所有账户等功能。

【长安日盛小额贷款公司揭牌】 按照区政府筹建长安区小额贷款公司的工作部署，人行长安支行协助区金融办成立长安区日盛小额贷款公司。2010年4月16日，公司揭牌仪式隆重举行。省市金融办、长安区人民政府领导出席仪式并揭牌。长安金融机构、区农业局、工商联、中小企业、科技产业开发区、常宁新区及省、市、区主要新闻媒体有关人员参加。

该公司隶属于陕西日盛小额贷款公司，为民营性质，最高可贷60万元，主要为农民、个体户、中小企业提供小额贷款。其成立能有效缓解私营企业融资及农户贷款问题，为长安经济发展、城乡一体化建设注入新的活力，开启了民间资本规范化服务于地方经济发展的新篇章。

【内部管理】 2007～2010年，人行长安支行在内部管理上，依据《业务风险控制管理体系》，对工作制度、岗位职责、业务操作流程进行梳理，补充完善各类制度23项。加强制度执行情况的检查监督，做到周检查，月小结，年总结，确保各项制度落到实处。抓重点，促难点，加强对工作目标任务完成情况督查督办。内外监督并举，加强行风建设。在党政机关、经济部门、金融系统聘请12名监督员，对领导干部廉洁自律、支行金融服务质量、干部职工履行岗位职责等方面进行监督。通过执行《行长接待日制度》，定期开启意见箱等多种形式，自觉接受各界群众监督。加强社会治安综合治理，确保安全无事故。结合辖区金融运行特点，调整人民银行长安支行应急处置管理领导小组，制订《创建平安支行实施方案》，完善防汛、防火、防盗、防暴方案及计算机应急管理处置预案，切实做到有备无患，防患于未然。

【调查研究】 2007～2010年，人行长安支行发挥基层人民银行“神经末梢”作用，向上级领导和决策部门反馈长安区经济发展和金融支持“三农”经济发展遇到的新情况、新问题，加强调查研究和宣传报道工作。2009年9月3日，人行长安支行行长强晓卫带领相关业务人员，深入斗门街道中丰店村、马王街道生态农业科技园，对农村土地流转情况进行专题调研。2010年4月，人行长安支行与区信用联社深入滦镇街道上王村，围绕长安区信用联社业务创新品种——农户助业贷款，进行信贷支农专题调研。4年全行在各类报刊发表调研文章68篇，动态信息315篇。其中126篇文章在市级以上经济金融刊物发表。 （王孝君）

中国工商银行股份有限公司西安长安区支行

【概述】 2010年，中国工商银行股份有限公司西安长安区支行内设公司业务部、运行管理部、个人金融业务部和办公室，有5个营业网点（见下表），在册员工96人。其中研究生学历2人，本科学历12人，大专学历56人；有专业技术职称人员83人。其中，中级职称30人，初级职称53人。

【业务发展】 2007～2010年，工商银行长安区支行各项业务取得长足发展。存款由2007年的16.74亿元增加到2010年末的27.22亿元。其中综合营业室存款13.23亿元（储蓄存款5.68亿元，对公存款7.55亿元）。根据国家金融政策，向067基地、西安邮电学院等单位提供贷款，同时为雅居乐、万科城等房地产项目提供贷款，支持地方经济发展。

【网点建设】 2007～2010年，工商银行长安区支行为了提升网点形象，方便群众，促进业务发展，投资340万元，对支行综合营业室、航天城分理处、紫薇田园都市分理处、广场储蓄所进行装修改造，安装18台ATM自动取款机。区域分布更加合理，服务功能得到改善，综合竞争力大幅提升。

【案件防范管理】 2007～2010年，工商银行长安区支行认真落实党风廉政建设和案件防范工作责任制，加强员工法制和规章制度教育，实施“扫雷工程”、《员工行为动态管理办法》，提高员工素质；

2007～2010年工商银行长安区支行业务发展情况一览表

单位：万元

年度	各项存款	各项贷款	中间业务	经营利润	人均利润
2007	167400	35767	591	1687	17.76
2008	196000	35000	589.67	2502	26.61
2009	250000	15296	748	2590	26.98
2010	272200	5400	855.02	2944	30.99

2010年工商银行长安区支行营业网点基本情况一览表

名称	地址	电话	负责人	员工数（人）	主要业务
支行综合营业室	长安区北长安街8号	85291954	韦小朝	26	办理存贷款、支付结算、票据承兑、贴现、汇兑、代理政府债券，办理代收、代付和银行卡、电子银行、网上银行、手机银行
航天城分理处	长安区宇航街69号	85643550	刘　莺	11	
紫薇田园都市分理处	高新区田园公寓8号楼	88172011	孙小旭	11	
北街分理处	长安区凤栖东路1号	81562144	张　鹏	8	
广场储蓄所	长安区韦郭路288号	85639941	李向华	10	

按照银行业安全规范要求，加强安全防范，5个营业网点安全设施达标。4年无案件发生。（雷建军）

中国农业银行股份有限公司西安长安区支行

【概况】 中国农业银行股份有限公司西安长安区支行（以下简称农行长安区支行）是中国农业银行股份有限公司陕西省分行辖属的一级支行。2010年，设综合管理、财会运营、个人金融、公司业务4部；下辖14个分理处和1个营业部，在岗员工206人。

【存贷款中间业务】 2007～2010年，农行长安区支行采取各种措施，开展各项存款组织工作。完善考核制度，推行各个岗位绩效考核办法，按季进行考核评比；建立大客户联系制度，实施差异化服务，提高优质客户比例；开展两项存款、惠农卡、信用卡竞赛活动，提高市场竞争力。2009年农行长安区支行被省分行评为年度经济增加值十大支行；被省行营业部评为年度第三方存管业务联合营销先进支行和银行卡业务综合考核评比先进支行；“三农”业务在省行营业部评比中获得第一名。

【资产业务】 2007～2010年，农行长安区支行拓展优质新客户，开展资产营销。先后给西安航天基地投资发展有限公司、西安长韦青海石油长安住宅小区建设有限公司、中国水电建设十五工程局等企业发放贷款2亿多元；发放农户小额贷款800多户，贷款金额1700多万元；发放个人住房按揭贷款9000多万元。

【中间业务】 2007～2010年，农行长安区支行发挥网点优势，利用柜面销售能力，开办网上银行、手机银行、电话银行、短信通、支付通、个人理财、大学生优卡、惠农卡、黄金买卖、三方存管等业务。并新增自助设备21台，中间业务收入得到快速发展。

【股份制改造】 2007年，中国农业银行加快股份制改造步伐。至2008年末，完成资产清理、外部审计、法律审查、不良资产剥离等股改准备工作。2009年1月，中国农业银行股份有限公司成立，农行长安区支行更名为中国农业银行股份有限公司西安长安区支行。2010年7月，中国农业银行股份有限公司股票在上海、香港两个证券交易所同时上市。（李 明）

2010年农行长安区支行分支机构基本情况一览表

名 称	主 任	职工人数	网 点 地 址	电 话
支行营业室	王建斌	34	西安市长安区北长安街6号	85292155
韦曲分理处	苟少立	14	西安市长安区北长安街100号	85291257
二零六分理处	米正超	9	西安市长安区韦曲凤栖路	81562024
韦曲南街分理处	张 涛	11	西安市长安区南长安街160号	85292555
青年南街分理处	何军蓉	6	西安市长安区青年南街	85291481
引镇分理处	惠立正	8	西安市长安区引镇街道	85886373
太乙宫分理处	肖 燕	10	西安市长安区太乙宫街道	85891731
子午分理处	左 雷	8	西安市长安区子午街道	85954314
沣峪分理处	赵亚群	10	西安市长安区滦镇街道	85864249
郭杜支行	谢长红	11	西安市长安区郭杜街道东街	85843335
大学城分理处	冯军华	7	西安市长安区西长安街	85280179
科技园分理处	张 立	13	西安市长安区韦郭路	88170930
斗门分理处	赵翠萍	9	西安市长安区斗门街道	85908365
沣西分理处	何兴宏	8	西安市长安区马王街道	85851408
王寺分理处	郑舒文	9	西安市长安区王寺东街11号	85808073

2007～2010年农行长安区支行存款、贷款、中间业务情况统计表

单位：万元

项目／年度	各项存款		各项贷款		中间业务收入	
	当年净增	年底余额	当年净增	年底余额	较上年净增	年底数
2007	35447	242779	11908	40980	333	824
2008	27203	269982	−27688	13292	89	913
2009	66197	336179	−2569	10723	101	1014
2010	63228	399407	17653	28376	578	1592

中国建设银行股份有限公司西安长安区支行

【概况】 2001年10月～2008年2月，中国建设银行股份有限公司西安长安区支行（以下简称建行长安区支行），隶属于建设银行陕西省分行郊区支行管理部；2008年3月与建设银行西安市郊区支行管理部合并，直属建设银行陕西省分行。2010年，建行长安区支行内设办公室、人力资源部、计划财务会计部、公司业务部、个人金融部、住房金融与个人信贷部、风险管理部、营业部8个部门，下辖6个营业网点（见附表），有在岗员工105人。其中中长期工97人，短期工6人，劳务用工2人；中共党员52人。

【存贷业务】 2007～2010年，建行长安区支行坚持“以市场为导向，以客户为中心”的经营理念，结合自身特点，积极研究发展战略，围绕业务目标加大营销力度，优化工作流程，各项业务呈快速发展态势。

【中间业务】 2007～2010年，建行长安区支行认真分析市场环境和客户需求状

建设银行长安区支行营业网点基本情况一览表

名称	地址	电话	负责人	员工数	业务范围
支行专柜	南长安街98号	85291420	张澄宇	7	储蓄业务
航天中路支行	吉泰路中段	85208009	范丽琳	9	综合业务
北长安街支行	北长安街90号	85292784	李晓军	7	储蓄业务
长乐小区支行	长乐大厦1号楼	85656704	王卫厚	9	储蓄业务
西长安街支行	西长安街57号	85291230	朱　安	8	储蓄业务
杜陵东路储蓄所	7171厂住宅小区	85641700	侯　锋	7	储蓄业务

2007～2010年建设银行长安区支行存、贷款增长情况统计表

单位：万元

项目/金额/年度	各项存款		各项贷款	
	当年净增	年底余额	当年净增	年底余额
2007	14963	181313	2052	6820
2008	47936	229249	3027	9847
2009	80605	309854	42074	51921
2010	52162	362016	13594	65515

况，明确营销重点，确定营销策略，紧抓元旦、春节、五·一、十·一黄金周有利时机，以开展劳动竞赛、理财讲座等活动为载体，有重点、有目标地推进金融产品销售，中间业务稳步快速发展。实现收入2007年1097.3万元，2008年675.9万元，2009年993.3万元，2010年1174万元。

【龙卡发行】 建行长安区支行坚持把发行龙卡作为建行发展的一项重要内容，加强新客户拓展和重点客户挖潜，积极寻找新的客户增长点。2007～2010年，龙卡平均发行量始终保持在25000余张，排名省建行系统前列。

【网点建设】 为提高营业网点服务质量和工作效率，2007～2010年，建行长安区支行加大网点改造投入力度，先后投入100余万元对航天中路支行、支行营业室专柜进行装修改造。添置、更新自助设备5台，延伸服务窗口，扩大网络覆盖面。

【内控管理】 2007～2010年，建行长安区支行在大力发展业务的同时，加强基础管理。按照实用可行、条理清晰和简明易操作原则，对制度的充分性、有效性和适宜性展开评价；激发员工潜力，同时进行有效约束，与之签订《廉洁合规从业承诺书》、《案件防控工作责任书》，并定期组织自查、排查、互查；开展“柜面业务百日无差错”竞赛，“廉洁从业、守法合规”演讲比赛等活动，提升员工合规经营意识和案件防控能力，推动经营管理水平全面提升；加强对办公场所技防、消防、物防的投入和管理，构筑防御外部侵害阵地，促进业务健康发展。

【教育培训】 2007～2010年，建行长安区支行在加强员工思想道德、法律、政策教育的基础上，以业务发展和技能提升为重点，对员工进行业务知识、技能培训。4年累计参加各类培训120余期1697人次。其中，参加总、省行培训70余期200余人次，社会培训10期20余人次，邀请系统外培训机构举办培训班5期，培训600余人次，自办培训30余期，培训846人次。年均在网站发布培训心得、学习感想近70篇。（李　敏）

中国银行股份有限公司西安长安区支行

【概况】 2010年，中国银行股份有限公司西安长安区支行（以下简称中国银行长安区支行）内设个人金融、公司业务、综合管理3个部室，下辖6个经营性分支机构（见下表），有员工104人。其中编内合同工68人，派遣制代理员工36人；研究生2人，本科生78人，大专生25人；中级以上专业技术职称36人。

中国银行长安区支行位于韦曲凤栖塬什字西南角，地铁二号线凤栖塬站建设对业务有一定影响。除2010年储蓄存款未按时间进度达到目标外，2007～2009年其资产总额、企业存款、中间业务收入、利润等指标均实现翻番，提前完成省行下达目标任务。

【存贷业务】 2007～2010年，中国银行长安区支行存款余额市场份额逐年递增，尤以2009、2010年增速较快，占比分别为20.93%、13.94%，位列全区四大国有银行之首。至2010年末，各项存款32.63亿元。其中储蓄存款17.59亿元，企业存款15.04亿元。与2008年相比，新增存款13.7亿元，市场份额提高1.84%。贷款总额11.2亿元，较2008年新增6.7亿元。2010年实现拨备前利润4109.94万元，较上年增长1336.57万元，增长率48.19%。

【业务拓展】 2008年底，中国银行长安区支行新一届班子成立，面对区属工商业基础薄弱，支行客户结构不合理，存贷比仅为25%（企业贷款仅有1亿元占22%，零售贷款有3.5亿元占78%），业务发展后续乏力等问题，围绕省行“调结构、扩规模、防风险、上水平”工作思路，按照新

2010年中国银行长安区支行分支机构基本情况一览表

名称	地址	电话	负责人	员工数
樊川路支行	长安区韦曲南长安街283号	85622204	李亚军	11
凤栖路支行	长安区航天西路南段	85643911	董　军	13
太阳新城步行街支行	长安区太阳新城步行街36号	85655030	杨　红	10
韦郭路支行	长安区韦郭路115号	85657499	张新兰	8
新街支行	长安区西长安街46号	85291202	成　钧	13
营业部	长安区北长安街258号	81562020	杨平利	17

增市场份额争第一，发展速度高于区内平均增速的原则，采取“走出去”策略。在吸储上，重点培育高新科技产业客户，辖区单位的行政事业存款得到拓展，并保持基本稳定，新营销的一批千万级客户成为存款主力军。在贷款上，2009年向民用航天产业基地和曲江新区投放4.5亿元贷款，同时确定一批公司授信项目。改善了支行的资产结构，提高了经营利润。

【中小企业授信】　2009年10月～2010年末，随着国家宏观政策的逐步调整，政府融资平台授信等受到严格控制，中国银行长安区支行压缩投向开发区的1.6亿元贷款。为弥补因总量减少对经营利润的影响，支行调整工作思路，加大对航天装备制造、卫星通讯及导航、能源、建材等产业的授信投入，开展中小企业授信业务，优化信贷结构。同时，零售贷款重点支持区域重点项目、总行级战略合作伙伴和优质开发商，争揽纯零售按揭楼盘，调整零售贷务产品，遏制零售贷款、公司贷款市场份额下降局面。到2010年末，公司贷款余额4.5亿元，零售贷款余额接近7亿元，较2008年底增长255%。资产不良率低于省行平均水平，资产业务稳步发展。

【内控工作及风险管理】　2007～2010年，中国银行长安区支行注重内控工作及风险管理，构建风险管理长效机制。一是成立内控领导小组，建立每季1次例会制度。二是制订《长安区支行2010年内控合规工作实施意见》、《长安区支行2010年内控检查工作计划》、《长安区支行2010年绩效管理办法》。规范风险控制范围、职责与权限、处罚标准及检查例会制度。三是组织员工深入学习《中国银行员工守则》、《中国银行员工违规处理办法》、营业网点“双十禁”等。四是每月对辖区各经营网点进行全面检查，并运用网点监督支行条线机制，做好条线管理后评价工作。（操梦雨）

中国农业发展银行长安区支行

【概况】　中国农业发展银行西安市长安区支行（以下简称农发行长安区支行）是长安地区唯一一家农业政策性银行，主要为区域农业和农村经济提供信贷支持。2010年设办公室、客户业务部、会计结算部，共有员工36人。其中中共党员17人，团员18人，合计占职工总数的76%；大专以上文化程度37人，占总人数的95%。

【存贷款业务】　2010年末，农发行长安区支行贷款余额65610万元。其中，政策性贷款余额55055万元，准政策性贷款余额5132万元，商业性贷款余额5423万元。实现净利润1312万元。保证全年区域粮食收购资金供应，累计发放粮食收购贷款6190万元，支持企业收购粮食3048万公斤，全区粮食库存5893万公斤。

2007～2010年农发行长安区支行业务发展情况统计表

单位：万元

年份	存款余额	贷款余额	粮食收储量	利　润
2007	1499	19342	4599	227.55
2008	32488	63536	6151	2021.28
2009	4690	67553	7629	2016.81
2010	1629	65610	5022	1311.51

【业务拓展】　2007～2010年，随着国家支农惠农力度加大，支农范围不断拓展，农发行长安区支行业务发展至地方粮食储备贷款、粮食收购贷款、农业产业化龙头及加工企业短期贷款、农产品调销贷款和农村基础设施贷款等。

2008年5月，农发行长安区支行向西安航天基地投资发展有限公司发放4.5亿元农村基础设施建设中长期贷款，用于国家级民用航天产业基地——西安航天科技产业基地内18个自然村的农村基础设施建设。

【中间业务】　2010年，农发行长安区支行“企业网上银行”和非现金结算工作成效显著。“牡丹金山卡”和“企业网上银行”得到大力推广，政策性、准政策性贷款企业100%与农发行签订网银协议，商业性企业全部开立网银账户，网银现金流量3亿元。继续扩大融资渠道，节约资金成本，加大同业存款营销力度，日均余额12000万元；代理保险业务巩固老用户，发展新用户，年代理保费收入6万元。

【柜员制】　根据中国农业发展银行《综合柜员暂行管理办法》，按照省分行营业部安排，2009年3～4月，农发行长安区支行对营业室进行综合业务柜员制改造装修。工程质量、安全和功能设置均受到上级好评。结合薪酬制度改革，实行综合柜员制，增强员工的竞争意识和责任意识，提高业务办理速度，方便广大客户，促进门柜业务的快速增加。

【总行级青年文明号】　2007～2010年，农发行长安区支行团支部坚持每年引导团员青年开展业务学习、岗位技能、服务态度竞赛，把个人成长进步与农发行的事业紧密联系在一起。2009年，农发行长安区支行被农发行总行授予“总行级青年文明号”荣誉称号。2010年12月，全行35岁以下的青年员工全部通过中国银行业从业考试，职工业务素质得到进一步提高，为更好地服务长安区农村经济发展打下基础。（张　娜）

西安银行长安支行

【概况】　2010年9月，西安市商业银行长安支行更名为西安银行长安支行。为推动地方经济社会发展，又成立长安吉泰路支行和长安区青年街支行。至2010年末，西安银行长安支行有员工41人，各项存款、贷款分别达到140679万元、53422万元，实现净利润2098万元。多次被总行评为盈利、安全保卫、客户服务、党风廉政建设等先进单位；2009、2010年被长安区政府评为政风行风建设先进单位，被人民银行长安支行评为优质服务窗口单位。

【存贷业务】　2007～2010年，西安银行长安支行通过加大宣传力度，培养员工服务意识，向客户提供多方位、高效率、高水平服务来稳定和赢取客户，存、贷业务稳步增长。

2007～2010年西安银行长安支行存贷业务一览表

单位：万元

年份	储蓄存款	对公存款	贷款余额
2007	12467	59738	29000
2008	18059	63127	40000
2009	28091	69080	35096
2010	43051	97628	53422

【风险资产管理】 2007～2010年，西安银行长安支行坚持“风险为本，从严管贷，规范操作”风险管理制度，要求客户经理遵循“贷前认真调查，贷后系统管理”规程，严格按照操作程序执行信贷制度，确保贷款质量，有效避免宏观经济环境发展中的周期性波动对信贷资产质量带来的负面影响。截至2010年末，贷款余额53422万元，全部为正常类贷款，综合收息率100%。

【业务创新】 2010年，在个人业务方面，西安银行长安支行推出“金丝路”品牌个人金融服务业务，涵盖理财产品、个人贷款、银行卡及中间业务。其中“金丝路”理财产品服务含稳健型、增值型和进取型3个系列；“金丝路”个人贷款服务含一手商住房按揭贷款、个人综合消费贷款、个人助业贷款、个人质押贷款、保证保险个人小额信用贷款、个人汽车消费贷款、国家助学贷款、下岗失业人员小额担保贷款等。在公司业务方面，推出“盈动力”中小企业融资综合解决方案，全面解决处于创业、成长、成熟等各阶段中小企业的资金需求。营销服务模式方面，在财政资金的归集、支付、调度、核算服务，廉租房项目贷款和知识产权质押贷款等项目上积极探索，设计推出具有针对性的金融服务解决方案，满足多个领域不同地区的资金需求。

【案防工作】 2007～2010年，西安银行长安支行及时修订《预防职务犯罪预案》，制订《案件防控实施方案》；定期邀请西安市检察院反贪局预防犯罪处专家对员工进行“防腐拒变”教育，提高员工认识与自我约束能力；建立员工家庭联系机制，加强对员工八小时以外活动的掌控，防患于未然，预防员工涉足“黄、赌、毒”等，保证资金安全。

【中共西安银行长安支部成立】 2010年5月，经西安银行党委批准，成立中共西安银行长安支行支部，尹红梅为党支部书记。该支部有正式党员5名，积极分子2名。支行以此为契机，发挥基层党组织的战斗堡垒和党员的先锋模范作用，开展党性实践创建活动，完善党风廉政建设量化管理目标考评办法，提升各项工作。

（朱　宏）

中国邮政储蓄银行有限责任公司西安市长安区支行

【概况】 2008年6月，邮政储蓄银行从长安区邮政局剥离，成立中国邮政储蓄银行有限责任公司西安市长安区支行（以下简称邮储银行长安区支行）。9月，其人事、财务、业务从长安区邮政局划出，直属邮储银行西安市分行，是中国邮政储蓄有限责任公司陕西省西安市分行辖属的一级支行。2010年，下辖1个信贷业务部，1个直属营业部和2个二级支行。在岗职工38人，平均年龄32岁。其中中共党员13人；男员工10人，女员工28人；大专学历18人，本科学历10人。

【提升转型】 邮储银行长安区支行成立初期，确定发展战略：一年打基础，两年上台阶，三年赶同业，五年建成一流商业银行。首先，按照省、市分行关于网点改造的规划，于2010年5月将西安翻译学院支行迁至西长安街46号美林星广场一楼，更名为长安区西长安街支行；支行营业部由长安商业步行街迁址到绿园什字西南角；青年南街支行由韦曲环城南路名园小区迁址到青年南街什字西南角。3个网点均设立现金区、公司业务区、理财专区、VIP贵宾区、客户休息区、自助银行区、网银体验区等全功能服务区，配备大堂、理财经理，硬件设施达到最新行业标准。其次，严格执行管理制度，狠抓服务流程管理，提升服务水平，向商业银行转型。第三，举办各种活动，扩大邮储银行影响，支持地方经济发展。与区工商联共同组织“中国邮储银行长安区第一届政银企三方座谈会”；与区政府签订邮储银行支持地方经济发展框架协议；与区文化馆合作举办第一届“邮储银行杯”电视歌手大赛；与区农业局、灵沼乡政府共同组织“落实区政府19号文件精神，推进灵沼设施蔬菜精品基地建设”启动大会；与区财政局联手举办第一届“财政杯”羽毛球比赛。2008～2010年，邮储银行长安区支行收入连年翻番，2010年度排名全省邮储支行第2名。

【存款业务】 2008～2010年，邮储银行长安区支行多项措施并举，开展各项存款组织工作。加大网点改造装修力度，以一流的硬件设施及优质服务吸引客户；加强培训，督促柜员以高效、一流、规范的服务拓展市场；客户经理做好分层分级维护，建立大客户联系制度，实施差异化服务，提高VIP占比及营业网点居民存款、对公存款自然增长；开展优质文明服务窗口评比活动，提升邮储银行服务品牌认可度。

【资产业务】 2008年9月，邮储银行长安区支行开办小额贷款业务。为让更多客户了解业务内容，支行利用总行信贷宣传片，在长安电视台黄金时段播放为期1年的电视广告；租用区内6条公交线路车体

邮储银行长安区支行分支机构基本情况一览表

名称	负责人	职工数	网点地址	电话
信贷业务部	王应生	8	西安市长安区西长安街46号二楼	85297577
直属营业部	王晓敏	11	西安市长安区西开发区1号	85283105
青年南街支行	李阿妮	6	西安市长安区青年南街什字	85286126
西长安街支行	刘　莉	6	西安市长安区西长安街46号一楼	85288128

2008～2010年邮储银行长安区支行存款、贷款、金融业务收入情况统计表

单位：万元

项目/年度	各项存款		各项贷款		金融业务收入	
	当年净增	年底余额	当年净增	年底余额	较上年净增	年底数
2008	—	34697.98	—	1312.15	—	560.64
2009	17792.94	52490.92	1283.66	2595.81	420.11	980.75
2010	40893.31	93429.77	5235.91	7831.72	841.29	1822.04

广告，宣传小额、二手房、商务贷款；在全区各主干道和专业村制作墙体广告180条；租用长安广场LED屏黄金时段，进行为期6个月的广告宣传；印制5000份邮政DM广告，向区内各商户和农村专业户投放。与区农业局联合举办“小额贷款乡下行，服务三农献真情”活动，走访全区40个“一村一品”专业村，召开信贷推介会110余场，参会农民8000余人次，联动开发信用专业村30多个。其中，为草莓种植专业村——黄桥村发放小额贷款18笔167万元，为高桥日光大棚专业村放款45笔503万元，为大兆大棚西瓜专业村放款13笔161万元，为砲里设施农业专业村放款19笔367万元。通过全方位、立体式宣传及对专业村、专业市场开发，至2010年末，共建成对口信用专业村137个，累计发放贷款5056笔，金额近2亿元，受惠群众18535人次。

【中间业务】 2008～2010年，邮储银行长安区支行秉承“进步与您同步”的服务宗旨，发挥网点优势，在大力发展绿卡、保险、基金、国债等代理业务的同时，先后开办理财计划、电话银行、网上银行、绿卡通卡、“钱管家”短信、基金定投、“金银鼎”信用卡等新业务。为配合新产品推广，组织理财产品推介会、大客户沙龙；加快电子银行建设，新增自动取款机3台、存取款一体机1台、补登折机1台、网银自助机2台，中间业务收入快速发展，先后开发区内“一村一品”专业村如上王村等绿卡村15个、商业步行街等绿卡街5条、培华学院等绿卡校园7个，发放绿卡、绿卡通卡、淘宝绿卡近5万张。2010年末，个人网银注册结存8339户，账务类交易102187笔，被市分行评为业务明星支行。

【银团贷款】 2010年6月，邮储银行长安区支行与西安国家民用航天基地达成5亿元的专项融资项目意向；区财政局新农保基金专户、失地农民养老基金专户、航天基地拆迁专户、基投公司资金专户陆续开立，支行公司业务得到快速发展。

【服务社会】 2009年，邮储银行长安区支行相继承担低保金、军人优抚金、计生奖励、退伍军人补贴发放工作，为全区灵活就业人员代收养老统筹等。2010年，承担全区60万农民新型农村社会养老保险保费代收以及近10万符合新农保条件农民养老金的发放工作，为全区3000余烟草经营户开办烟草款在线电子扣划业务，为区电信公司、移动公司、电力局、人寿保险开办资金归集业务，月归集资金超过4亿元。　　　　（吕永强）

长安区农村信用合作联社

【概况】 2008年，长安区农村信用合作联社（以下简称区信用联社），改制组建为区级法人单位，基层信用社由原法人单位改制为区信用联社的派出机构。2010年，区信用联社设综合管理部、业务发展部、财务会计部、风险管理部、监察审计部、安全保卫部和营业部7个管理部门；设资金营运、科技信息、结算3个业务中心；下辖22个信用社、13个直属分社和31个信用分社。有正式职工502人，短期合同工145人。其中，研究生2人，本科生89人，大专生386人；有专业技术职称人员308人，其中中级以上职称36人。

2007～2010年，区信用联社按照“保增长，防风险，促发展”的要求，抢抓发展机遇，加强企业管理，创新金融产品，保持了平稳健康的发展态势。

【组建区级联社】 组建区（县）级信用联社，统一法人工作是实现信用社系统集约化、扁平化经营管理，增强服务功能以及发挥整体优势，提高抵御风险能力的重要举措。2007年7月，长安区各信用社合并组建西安市长安区农村信用合作联社。8月，西安市长安区信用联社改制筹建委员会成立。期间，区信用联社筹委会重点做好以下工作：一、增资扩股。全辖累计规范股金19589.24万元，较原定规范计划增扩2589.24万元；二、清产核资。全区信用联社系统资产清查值为456736万元，负债清查值为446464万元，所有者权益清查值为10272万元；三、完善专项票据兑付及相关工作。2008年12月西安市长安区农村信用合作联社开业。

【存贷业务】 2010年末，区信用联社系统各项存款余额660438万元，占全区各

2007～2010年区信用联社经营效益情况统计表

单位：万元

项目 / 金额 / 年度	总收入	总支出	账面盈余			考核利润		
			计划盈余	实际盈余	增盈	计划利润	实现利润	增盈
2007	16701	15948	-500	753	1253	400	1677	1277
2008	22133	21791	300	1293	993	500	677	177
2009	22051	45014（扣除增提拨备25840实际支出19174）	400	2877	2477	800	2891	2091
2010	34165	54294（扣除增提拨备金26688实际支出27606）	22000	6555	-15445	2300	4819	2519

注：拨备——呆、坏账准备金提取。

2007～2010年区信用联社存、贷款增长情况统计表

单位：万元

项目金额 / 年度	各项存款		各项贷款	
	当年净增	年底余额	当年净增	年底余额
2007	35297	331381	61408	244671
2008	68807	400188	28636	273307
2009	102377	502565	49366	322673
2010	157873	660438	109640	432313

基层信用社分社（部）基本情况一览表

社名	主任	职工人数	社址	电话	下辖分社	
					名称	地址
韦曲信用社	高卫峰	33	南长安街10号	85295889	北塬分社 南街分社 老街分社 里王分社 西崔分社	韦曲街道北长安街 韦曲街道南街 韦曲街道老街 韦曲街道南里王村 韦曲街道西崔家庄村
申店信用社	高玉明	21	南长安街252号	85622630	局连分社 徐家寨分社 南环路分社	长安一中门口 韦曲街道徐家寨村 韦曲街道南环路什字
杜陵信用社	牛军训	10	韦曲街道东兆余村	85640224		
大兆信用社	蒋崇军	17	大兆街道大兆村	85879322	酒铺分社	大兆街道孟家岩村
鸣犊信用社	何小亮	15	鸣犊街道南街中段	85835335	马兴分社	鸣犊街道马连滩村
斗门信用社	吴小静	12	斗门街道北街	85908328	东街分社	斗门街道东街
纪阳信用社	周晓户	11	王寺街道西街	85808312		
马王信用社	唐东峰	12	马王街道马王村	85851338		
细柳信用社	答养利	9	细柳街道	85962370		
郭杜信用社	胡海涛	24	郭杜街道东街	85843261	周家庄分社	郭杜街道周家庄
五星信用社	全　平	11	五星乡灵感寺	85860346		
滦镇信用社	徐宇轩	17	滦镇街道西街	85864380	滦镇分社 新村分社 西留分社	滦镇街道东街 滦镇街道新村 滦镇街道西留堡村
东大信用社	曾小武	22	东大街道八亩地	85925897	东大分社 祥峪分社	东大街道东大村 东大街道祥峪
子午信用社	智党旗	18	子午街道	85954330	王庄分社	子午街道曹村
内苑信用社	南恩民	15	西万公路23公里处	85931666	内苑分社	滦镇街道内苑村
王曲信用社	梁晓逊	18	王曲街道	85940164	皇甫分社	王曲街道皇甫村
五台信用社	张甲善	11	五台街道留村	85949225		
杜曲信用社	王建民	17	杜曲街道	85939688	樊村分社	杜曲街道冯家村
王莽信用社	王　斌	17	王莽街道桥头	85936119	韦兆分社	王莽街道韦一村
太乙宫信用社	王建社	11	太乙宫街道	85891759	九院分社	省结核病院
引镇信用社	保志信	18	引镇街道引驾街	85886370	大峪分社 留村分社	引镇街道大峪口村 引镇街道北留村
城区信用社	姚保安	26	韦曲街道长兴路286号	85293342	青年街分社 文化街分社 零六七分社 环南路分社	韦曲街道青年街34号 韦曲街道新华路 韦曲街道北塬零六七基地 韦曲街道南环城路
联社营业部	种正光	13	韦曲街道青年北街71号	85292484		
祝村信用分社	王广昌	10	郭杜街道中祝村	85975334		
灵沼信用分社	田保虎	8	灵沼乡里兆渠村	85856558		
杨庄信用分社	毛养峰	9	杨庄乡杨庄村	85887356		
魏寨信用分社	朱成玉	8	魏寨乡魏寨村	85831070		
砲里信用分社	焦　利	8	砲里乡砲里村	85837004		
高桥信用分社	王海民	10	高桥街道曹坊村	85859043		
贯里村信用分社	姚军安	9	王曲街道贯里村	85947126		
塔坡信用分社	刘　军	11	韦曲街道上塔坡村	85653610		
黄良信用分社	田增利	10	黄良街道黄良村	85919839	湖村分社	黄良街道西湖村
镐京信用分社	秦小伟	9	斗门街道太平村	85901383		
义井信用分社	白卫涛	11	细柳街道义井村	85965339		
沣惠信用分社	杨建朋	9	兴隆街道沣惠开发区	85960611		
东甘河信用分社	李　鹏	14	兴隆街道东甘河村	85913721	甘河分社	兴隆街道高桥村

金融机构存款总额2466100万元的27%，较2007年初存款余额296083万元增长123.06%；较2009年末余额502565万元增长31.41%。各项贷款余额432313万元，占全区各金融机构贷款总额771436万元的55%，较2007年初余额183263万元增长了135.9%；较2009年末余额322673万元增长34%。在贷款余额中，农业贷款283896万元，占全辖贷款总额的65.7%，其中农户贷款167459万元，占全辖农业贷款总额的60%。

【中间业务】 为提高信贷资金安全系数，2007年，区信用联社在全区开展安贷保险业务（注：对借款人的人身意外伤害保险业务）。有13个基层社开办借贷者人身意外伤害保险，参保人数650人，保费收入10万元。2007～2010年，全区安贷保业务参保人员6728人，代收保费204万元，代办费收入41万元。

【信贷支农】 2007～2010年，区信用联社剔除贴现外，累计发放各项贷款410385万元。其中，发放农业贷款360767万元，占贷款投放总额的87.9%；投放农户贷款232961万元，占支农贷款投放额的64.6%。2010年，投放农户贷款107129万元，占全区各金融机构投放农户贷款总额的95%以上。重点支持农民种植业、养殖业、粮食加工业及购车、购房、农家乐、旅游服务业和下岗失业人员再就业等。

【贷款营销】 2008年8月，区信用联社制订《长安区信用社贷款营销管理办法》，明确职工营销贷款的责、权、利。当年全辖职工营销贷款543笔8180万元；2009年营销贷款503笔7737万元，收回到期贷款498笔7667万元，收回贷款利息801万元，收回率99%；2010年，全辖职工营销贷款870多笔6.3亿元，至年底收回到期贷款1.5亿元。

【资金营运】 2010年，区信用联社全年累计办理贴现和回购184亿元，实现收入9394万元；理财7.7亿元，实现投资收益886万元；在人民银行办理再贴现7720万元，实现收入244万元。

【票据业务】 2009年3月，区信用联社成立票据业务中心，实行票据业务专业化。全年共办理票据贴现521笔，交易金额129亿元，同比翻一番；办理理财产品22亿元。全年票据、约存、理财等业务实现总收入5497万元。

【风险管理】 2007～2010年，区信用联社把不良贷款清降作为信贷管理的中心任务。2007年7月成立风险管理科，出台《长安区信用社资产风险管理办法》、《长安区信用社不良贷款管理办法》等10余个办法、制度和规定；按月召开不良贷款清降工作例会，汇报分析清降形势，安排部署新一轮清降措施；实行联社领导包片，机关科室包社，社主任包大户，信贷员包散户的方法，以点带面，以面促点，点面互动，上下联动，齐抓共管。2010年，仅领导抓大户就收回不良贷款96户1696.2万元，收回利息456.1万元；同时对50万元以上的贷款提前1个月实行预警通知，提示信用社及时催收，防范风险。2007年8月开展专项清收，一个月收回不良贷款1600多万元；开展以法收贷，收回不良贷款26户431.9万元。2008年9～11月，清降不良贷款16064万元；开展清收党政机关人员拖欠信用社贷款专项活动，2009年，收回涉政不良贷款110笔1189万元，其中区监察局协助收回14笔30.9万元。2010年清收不良贷款9663万元，其中收回信用社内部职工及家属贷款16笔73万元。之后，全区不良贷款实现“双降”，不良贷款占比从2007年初的40.7%降至2010年底的17.1%，下降了23.6个百分点；不良贷款余额下降，2010年末不良贷款余额较2007年初下降了25396万元。

【“一村一品”建设】 2007年，区信用联社制订《长安区农村信用社“一村一品”贷款管理办法》。至年底，涉及“一村一品”的13个信用社26个自然村，共建立农户经济档案8850户，评定信用户1134户，发放贷款331户244万元。重点支持环山旅游带、花卉产业带、农家乐、西部蔬菜、东部瓜果、畜牧业。2009年5月，区信用联社在滦镇街道上王村召开“信用村授牌暨‘一村一品’现场会”。

【为农户建档评级】 区信用联社整合重组后，坚持为农户建档评级。截至2010年底，全区建立农户经济档案16.6万户，建档面89.4%；评级8.2万户，评级面44.4%。

【农家乐专项贷款】 区信用联社2010年出台《长安区农村信用社农家乐专项贷款管理办法》，解决农家乐经营户无担保贷款难的问题。截至2010年末，已建档农家乐经营户542户，发放贷款250户1822万元。

【财政涉农资金“一折通”】 2007年，区信用联社开展财政涉农补贴资金业务。由区财政局将财政补贴农业的资金划拨到区信用联社户头上，再由区信用联社利用自身的网络机构，按照各乡街提供的各农户情况，核定每户农户的补贴数额，通过“一折通”划拨到用户的账户内。该年完成全区19.6万农户1228万元补贴资金的制折、发放和支取工作。2007～2010年，累计为全区19.6万户农户通过“一折通”，发放涉农资金7965万元。

【下岗失业人员再就业小额贷款】 2007～2010年，区信用联社累计向下岗失业人员发放小额贷款4133户2939万元。其中2010年发放200户953万元。重点支持下岗失业人员从事小商品经营、种植、养殖、饮食服务业等，支持区委、区政府下岗失业人员再就业工程实施。

【富秦家乐卡】 富秦家乐卡是具有银联标识的人民币磁条借记卡，具有现金存取、转账结算、自助存取款、信息查询、POS消费、贷款使用和还本还息等功能。其贷款功能是按照“一次核定，随用随贷，余额控制，周转使用”的管理原则，一次授信额度最高为20万元。2009年全区富秦家乐卡发卡829张，授信6593万元，实际使用贷款5022万元；2010年发卡2003张，授信14733万元，用信8859万元。

【农民工银行卡特色服务】 在2006年实现与全省农信系统综合业务网络联网运行，开通农民工银行卡特色服务业务的基础上，2007～2010年，区信用联社继续加大银行卡业务的宣传、发行和运用，宣传“打工地挣钱，家门口取款”的农民工银行卡服务特色，得到广大农民尤其是农民工群体的认可。2009年卡发行量18026张，完成年度任务10000张的180%；卡存款额23088万元，较年初增加5555万元。至2010年末，全辖卡发行量111004张，卡存款额57352万元。

【电子化建设】 2008年，针对基层信用社网络线路凌乱问题，区信用联社对60个基层营业网点进行线路改造，配合信贷系统上线给47个网点安装设备和网络布线；安装身份证核查仪68台，实现全区信用社系统居民身份证和公安网对接；柜员卡上线，保护综合网络和信贷系统网路安全。同年自助设备取得突破，全辖开通自助银行4个，安装穿墙式ATM机13台。至2010年末，全辖有18个基层信用社2个分社装配了ATM机，全辖共安装ATM机34台，安装POS机40余台。

2008年，全区各社（部）开通农信银行支付结算系统，可办理全国农村合作金融机构与所属营业网点之间的实时电子汇兑业务、银行汇票业务、个人存款账户通存通兑业务。至2010年末，全辖各社（部）、分社开通大小额支付系统，实现不同银行营业网点的互联互通。

【扁平化管理】 2010年，区信用联社针对全辖信用分社由各信用社主管，管理不到位，核算不直接，业务发展缓慢的现状，将11个信用分社收回，实行直属管理，独立考核。调动员工的积极性，激活发展活力，存、贷业务猛增。不到一年时间，11家直属分社存、贷款分别净增加2.2亿元和1.2亿元，利息收回1502万元。

【薪酬制度改革】 2010年，区信用联社打破“干与不干一个样，干好干坏一个样”的薪酬分配办法，按照“基本工资保吃饭，岗位工资靠实干，效益工资靠贡献”的思路，转换观念，分别制订《客户经理及主任考核办法》、《内勤人员考核办法》，除基本工资外，其余收入全部与工作任务和业务量挂钩，上不封顶，下不保底，收入差距拉大，调动广大职工的工作积极性，出现相互争客户，想法拉客户的局面。全年业务发展迅猛，职工收入明显增加，形成你追我赶的局面。

【柜员制】 亦称综合柜员制，是指银行专设的接柜员在受理业务时，兼办出纳、记账、复核等项工作的劳动组织形式。具有操作方法直观，办理业务快捷，经营责任明确，优化人力资源等特点。主要适用于电算化程度较高的银行业营业机构，在一定程度上可以从服务端提高柜面窗口的利用率。2010年，区信用联社把实施柜员制作为柜面业务改革的主要工作来抓。在充分调研，先行试点的基础上，克服人员不够，业务不熟，设备不足等各种困难，于6月末在全辖所有机构全面实行综合柜员制。打破以往信用社落后的柜面操作模式，提高业务办理速度，方便广大客户，增强柜员的竞争意识和责任意识。结合薪酬改革，促进门柜业务的快速增加，也促进信用社各项业务的发展。

【唱响信合曲】 2010年，区信用联社投巨资进行形象宣传。分别在西沣路、长安路等主干道设立大型立柱宣传牌7个，刷写墙体宣传标语400多条，租用公交车体喷制宣传广告130辆，在城区候车厅设宣传栏45处。同时利用存款超50亿元、60亿元的时机，印制宣传单，定制宣传品，走上街头，走进社区进行宣传。2011年元宵节，区信用联社在长安广场搭建3层楼高的宫灯楼阁，配备喷射形幻灯立柱2个以及灯迷宣传墙体、兑奖台等。通过全方位、立体式宣传，在长安大地唱响“陕西信合”品牌。（白希荣）

长安—高新共建区

中国人寿保险股份有限公司西安市长安支公司

【概况】 中国人寿保险股份有限公司西安市长安支公司，隶属于中国人寿保险股份有限公司西安分公司，负责长安地区中国人寿寿险业务拓展和理赔工作. 支公司设1室6部：经理室、综合管理部、客户服务部、个险销售部、团险销售部、中介代理部及2008年底设立的区域收展部、下设38个营销服务部。2007～2010年，长安支公司在网点建设、险种拓展、保险理赔等方面取得显著业绩。

【险种拓展】 2007年推出国寿金彩明天两全保险（A款）（分红型）、国寿金彩明天两全保险（B款）（分红型）、国寿新简易人身两全保险、国寿瑞丰两全保险（万能型）等险种；2008年推出国寿稳健一生团体年金保险（万能型）、国寿安享一生两全保险（分红型）、国寿瑞鑫两全保险（分红型）、国寿智力人生两全保险（分红型）等险种；2009年推出国寿小额团体定期寿险（B型）、国寿美满一生年金保险（分红型）等险种；2010年推出国寿福满一生两全保险（分红型）、国寿福禄金尊两全保险（分红型）、国寿福禄满堂养老年金保险（分红型）、国寿福星少儿两全保险（分红型）、国寿福禄双喜两全保险（分红型）、国寿福禄尊享两全保险（分红型）、国寿鸿盈两全保险（分红型）、国寿新鸿泰两全保险（分红型）等险种。

【寿险理赔】 2007年共赔付各类赔案6587件，赔款720万元；2008年共赔付各类赔案8245件，赔款1078万元；2009年共赔付各类赔案9684余件，赔款近1000万元；2010年共赔付各类赔案9800余件，赔款近1100万元。 （王少玲）

2007～2010年长安寿险业务发展统计表

单位：万元

年份	总保费（股份）	个险期交/十年期及以上期交	团寿险	中介/中介期交	收展	续期
2007	14669.5	1708/1044.8	1750	5621.3/37.7	—	5152.7
2008	21066.1	2315.1/1499	2390.1	9630.5/138.3	—	5896.5
2009	23661.9	2323/2090	302.6	10744.21/1386.44	110.57	7058.5
2010	25538	1748/1220	0	13400/3966	0	9522

中国人民财产保险股份有限公司西安市长安支公司

【概况】 中国人民财产保险股份有限公司西安市长安支公司是商业财产保险公司，隶属于中国人民财产保险股份有限公司西安市分公司和长安区人民政府双重领导，受中国保监会西安保监局监管。2009年12月，中国人民财产保险股份有限公司西安市长安支公司内设经理室、综合部、营业一部、营业二部、营业三部等6个科室，在岗职工22人。

【险种拓展】 2007～2010年，支公司主要承担长安区域内及周边地区大型企业机动车保险业务，同时扩大险种覆盖面，增加财产险及家庭财产险，意外险、健康险及责任险等。配合区政府开办政策性能繁母猪保险，为全区90%以上养殖户能繁母猪承保。 （赵 峰）

人保财险长安支公司2007～2010年保费、利润、理赔统计表

单位：万元

年份	保费	利润	理赔
2007	1600	165	1100
2008	1790	166	1540
2009	1960	210	1750
2010	3026	260	1970

平安人寿保险股份有限公司陕西分公司长安营业部

【概况】 中国平安人寿保险股份有限公司陕西分公司长安营业部（以下简称平安保险长安营业部），位于长安区韦曲北长安街灯具厂什字丽景大厦2层。平安保险长安营业部以市场为导向，以发展为重点，以客户为中心，坚持专业化、商业化、现代化发展方向，开拓市场，发展业务。2007～2010年，平安保险长安营业部承担长安区域内平安永利两全、平安福寿两全、平安长青终身养老年金、平安幸福定期、平安育英年金、平安附加万寿两全、平安附加定期、子女教育、机动车辆、企业财产、家庭财产、船舶、货物运输、建设安装、建筑安装工程、出口信用、机动车辆、雇主责任、人身意外、农业保险和各种责任险等百余种。平安保险长安营业部是覆盖长安行政区域的保险公司，专职理赔人员热情服务，简化理赔流程。同时，消费者可注册中国平安一账通，进行中国平安保险理赔查询，享受平安一账通提供的账户整合，一站式服务，方便、快捷，省心省力。　（宋　蕊）

王莽桃花

综　述

1939年前，长安作为农业县，县治所多设在古西安，一直无长安县城，城市建设无从谈起。解放后，县政府迁至韦曲镇，韦曲遂成为全县政治、经济、文化中心，建设不断发展，面貌迅速变化。2002年长安撤县设区后，区委、区政府抢抓机遇，先后实施“一带九园”工程、重点项目带动战略及新长安发展战略等，遵循建设“经济、生态、文化、科教四强区”总体思路，开展“两区四板块两基地”建设，全区经济社会持续快速发展，城市化步伐明显加快，城市服务功能与人居环境显著改善。至2006年末，城区面积由2002年的6.8平方公里扩大到43平方公里。

2007～2010年，随着西部大开发，关中—天水经济带、西咸一体化战略的实施，长安区按照“丰富内涵、提升品位”的城市经营理念，先后实施东长安街延伸段、竹园路、长乐南路、航天西路南段、西北政法大学西侧规划路与郭杜南环路连接，西部大道、韦曲西街改造，大学西路综合改造，神禾大道、韦斗路延伸段、区检察院新行政办公楼南侧等60多条城市道路的改造、建设工程，从东、西、南3个方位陆续拉大城市骨架，使中心城区面积由43平方公里扩展到74平方公里；修建延安大学西安创新学院、老区委什字、金长安、美林星、柳青等城市休闲广场，建成城市雕塑5座。实现城市建设质与量的突破，品和位的升华。

（冯卫东　高　波）

城乡规划

【概况】 西安市规划局长安分局（简称规划长安分局）主要负责长安区规划编制工作；受理建设项目用地选址、定点报建，提出审理初步意见；依据城市总体规划、分区规划和详细规划，调查研究并提出有关辖区市容、市貌的预可性规划方案；按职责范围对辖区规划建设实施监督管理，负责本辖区建设项目的规划审批和管理，核发《建设工程规划许可证》、《建设工程竣工验收合格证》；协助市局对辖区规划建设实施监督检查，依法查处违法建设。分局内设规划科、监察科、村镇科、综合科4个科室，在编人员12名。

【基础设施建设规划】 2007～2010年，规划长安分局先后完成神禾大道、西部大道、东仪路、电子正街、韦斗路、中央大道、广金路、香积大道、同辉路、惠民路、竹园路的规划，子午、航天、沣峪3个水厂的规划，韦郭、南雷、蒲阳3座变电站的规划，郭杜天然气调压站、长安热力公司的规划，金长城、竹园路、西部大道3个广场前的规划，以上设施，均已建成投入使用。

【重点建设项目规划】 2007年，规划长安分局办理了长安区人民检察院业务综合楼、陕西福地置业有限公司、长安相府等多项区重点项目规划定点手续，为解放军西安政治学院长安校区等重点高校项目办理了规划用地手续，为盛世长安、长安相府等大型建设项目办理了规划审批手续，并办理了圣合家园经济适用住房、长安区卫生局下属10个卫生院改造工程规划审批手续。审批了航天基地航天时代电子公司7171厂电动舵机、航天集团7103厂液体火箭发动机厂建设等航天项目的规划手续。2008年，完成了长安区分区规划，并以关中民俗博物院为龙头，完成了五台古镇整治概念规划，使其形成文化产业新亮点。办理了水岸新城、国色天香、西北工业大学、南山庭院等多项区级重点项目及兰乔国际城、30米星载大型天线、国家广播电影电视总局西安监测台配套设施等大型建设项目规划审批手续。2009年，完成了长安区城区城市总体设计任务，配合市局完成规划编制工作。进一步深化、细化并完成五台古镇修建性详细规划，对规划修建五台古镇进行监督。2010年，完成东大温泉旅游产业园区意向性征求规划——绿温泉休闲会都、常宁新区控制性规划、清凉山控制性规划及西部大道两侧用地规划，配合西安市城市建设管理提升年，完成了西长安街、南长安街中段的街景整治工作和长安正街金长城广场周边、西长安街（老区委什字—高杆灯）城市提升及街景改造规划的编制。

【建设项目审批】 规划长安分局在抓重点任务落实中，全面加强规划管理工作，依照《中华人民共和国城乡规划法》和《行政许可法》，核发全区建设项目的“一书两证”。截至2010年底，核发选址意见书29份，《建设用地规划许可证》40份，总面积1597.163公顷；核发

《建设工程规划许可证》81份，面积总计3416275.15平方米。审批市政项目50件，审批管线总长115.512千米。

【村镇建设规划】 截至2010年底，长安分局全面规划全区25个乡街。郭杜、韦曲已纳入城区总体规划，高桥、王寺、马王、斗门已纳入沣渭新区规划，太乙宫、滦镇、鸣犊、引镇、大兆、杜曲、王曲、东大、子午规划修编已完成。其中，子午、太乙宫、滦镇规划经过专家评审，区政府已下达批复；引镇待上报区政府批准；鸣犊、大兆、杜曲、王曲、东大规划正准备材料，待评审。细柳、五星、黄良已编制完成。五台、灵沼、兴隆、砲里、魏寨、杨庄、王莽规划尚未完成。671个行政村村庄规划编制已完成。

【违法建设查处】 规划长安分局严格按照《中华人民共和国城市规划法》、《西安市城市规划管理条例》、《西安市违法建设处罚办法》绘制《长安区规划监察巡查线路分布图》，分线路、分区域严格按照规定进行批后管理及行政执法。对长安区规划区域进行全面巡查，发现违法建设及时查处。截至2010年底，处罚违法建设45处，违法建设面积118429平方米，处罚金额916.264万元；拆除违法建设35处，建筑面积约294963.61平方米；拆墙透绿9处4300延米。

【秦岭北麓保护】 2007～2010年，规划长安分局严格按照省、市政府有关文件及相关技术规范，对秦岭北麓的建设项目进行审查，坚决打击秦岭北麓新增违法建设，全面做好野生动物园门前、沣峪口、上王村农家乐等几个重要地段的整治规划，进一步规范各类开发建设活动，全面做好秦岭北麓的生态环境保护工作。

（刘　庆）

城市建设

【概况】 西安市长安区建设局为长安区城乡建设行政职能部门，担负城乡建设与管理、建筑业管理、建设执法监察等

长安区建设局下属单位基本情况一览表

性质	单位名称
事业	长安区建设工程招标管理办公室、长安区建筑管理处、长安区市政公用设施管理所、长安区燃气管理办公室、长安区路灯管理所、长安区城镇住房制度改革委员会办公室、长安区建筑业劳保费用统筹管理办公室、长安区城乡建筑工程设计室、长安区城乡建设档案馆、长安区村镇建设管理站。
企业	长安区房地产开发总公司、长安区建筑工程公司、长安区市政工程公司、长安区建设工程造价咨询部、长安区机械化施工处、长安区建筑开发集团公司、长安区天然气供应处。

2007～2010年长安区城市建设项目完成情况一览表

年份	投资额（亿元）	投资完成情况
2007	1.18	城市道路建设：主要完成东长安街延伸段道路（续建）、航天西路南段道路、博物馆西侧道路、长乐小区南侧道路、政法学院西围墙外与郭杜南环路连接道路、新行政中心东侧高压走廊道路、竹园路（续建）等8条道路建设工程。城市综合改造：实施长兴路北段、杜陵西路、商业街、大学西路、韦曲西街、长安饭店什字至雁塔交界处路面及人行道修补工程近82000平方米。城区绿化、亮化和城市气化工作：安装路灯586盏，景观灯860组，栽植苗木65万株（棵），新增绿地4.4万平方米，绿化覆盖率41%。城市美化及公用事业：城区街道累计摆放鲜花37万盆，铺设天然气管道6.5公里，发展用户5010户。
2008	3.13	城市道路、设施建设：完成西部大道建设工程、韦曲西街改造工程、大学西路综合改造工程、延安大学门前和老区委什字东南角2个城市休闲小广场建设工程，完成东仪路长安段、朱雀大街长安段、电子正街长安段道路工程勘测设计和长安新城131.73公顷规划区域内5条道路的勘察设计。市政设施综合提升：打通竹园路、信合路及长乐路，完成韦斗路与子午大道开口对接及政法西路、政府广场东路与韦斗路的开口对接，改造路面1240平方米，修补人行道1450平方米，刷新道沿15万米，更换井盖420套，全面改造排水管道，消除城区内涝隐患，改造路段8公里，疏通管道3000米，清理雨污水井460座，清理淤泥320立方米，更换井箅400多个。城市绿化、亮化和城市气化工作：新增绿化面积8.3万平方米，补栽行道树2344棵，城区街道累计摆放鲜花35万盆；安装路灯670盏，更换草皮灯40盏；铺设天然气主体管网7.3公里，敷设小区管网12.3公里，发展用户5580户。
2009	4.53	完成五台民俗古镇、东仪路、电子正街、金长安广场等城乡建设重点工程；完成地铁拆迁面积5300平方米，朱雀大街长安段拆迁面积5780平方米。市政设施综合提升改造：完成南北长安街、青年街、文化街、韦曲西街等20余条城市道路的路面修补、道沿更换和人行道改造近5万平方米；清淤疏通城区排水设施，更换下水道井箅、井盖300余套。城市亮化、气化工作：完成五台民俗古镇、长安西街、大学西路、商业建材街路灯管线埋设，敷设线管12806米，新安装路灯338盏；城市气化完成主体管网建设10.6公里，小区管网建设18.9公里，发展天然气用户8004户。
2010	3.63	完成神禾大道、韦斗路延伸段、城区立面改造、五台古镇二期、太乙宫、滦镇小城镇建设工程。市政设施综合提升改造：完成对南北长安街、西部大道、西长安街、新华街、青年街、环城路等城区主要市政道路的综合改造，修补地砖2565平方米，新铺设人行道地砖1.1万平方米，栽设阻车桩160个，更换道沿507个，更换下水道盖板68套，修补沥青路面4万平方米。城市气化、亮化工作：完成主体管网建设18公里，新发展天然气用户8400户；完成神禾大道、韦斗路等路灯管线埋设和路灯安装，敷设线缆1.1万米，新安装路灯456盏。

职责。2010年，局机关编制24人，设党政办公室、开发建设管理科、村镇建设管理科、人事劳资科、财务审计科、质量安全监督管理科6个科室；辖17个事企业单位（见附表），共有干部职工593人。其中具有专业技术职称的153人。

2007～2010年，长安区继续加快城乡建设步伐。全区完成城乡基础设施投资17.5亿元。其中城市建设投资累计约12.5亿元，完成60多条城市主要道路的建设改造，铺设人行道地砖20多万平方米，安装路灯2500余盏；修建休闲绿地广场6个，新增绿化面积13万平方米，绿化覆盖率41%。村镇建设投资累计约5亿元，完成村内村际道路硬化220公里，人行道改造8万平方米，新修排水管道56公里，绿化面积20万平方米，新安装路灯1000余盏。

【城市建设投资完成情况】 2007～2010年，随着长安区与西安都市圈接轨，长安区的城市化进程明显加快。区建设局根据城市建设项目进展情况，结合“四城联创”工作要求，在实施新修道路、拓宽改造道路建设资金投入的同时，加大对广场建设、沿街外立面改造、村镇建设等市容市貌综合整治的投入。至2010年末，全区城市建设项目累计完成投资12.5亿元。

【市政基础设施建设与改造】 长安撤县设区后，新城建设重点随区治西移。区建设局在重视新区建设同时，加大对旧城区改造力度，保持新、老城区同步发展。2007～2010年，累计投资12.5亿元，先后完成60多条城市道路工程建设改造任务（主要项目见2007～2010年主要基础设施建设工程一览表）。

【市政公用设施维护养护管理】 2007～2010年，长安区市政基础设施维护累计完成投资约5600万元。其中：2007年投资1952万元，维护青年街、航天南路、航天中路、航天东路、大学西路、韦曲西街、凤栖路、老街道、韦曲东街等多条损坏的市政道路及排水工程。累计平整土方1.44万平方米，铺设面砖1.1万平方米，垃圾外运1700立方米，敷设污水、雨水管道2500米，铺设沥青4万平方米，完成砼道面2850平方米。先后组织防汛20余次，出动人员200人次、车辆53台次，巡查600人次；更换井箅盖300余个，疏通污水井50余处，完成区内防汛任务。

2008年投资880万元，打通竹园路、信合路、长乐路等一批断头路；完成韦斗路与子午大道开口对接以及政法西路、政府广场东路与韦斗路的开口对接；实施航天西路的排水改造及道路工程；整修改造韦曲老街古建门楼；修补改造西区高杆灯什字人行道和破损路面。改造路面1240平方米，修补人行道1450平方米，刷新道沿15万米，更换井盖420套；投资110万元，改造老区委什字排水管道，解决东长安街排水不畅和老区委什字遇大雨雨水横流现象；全面排查城区主要路网的排水系统和各居民住宅小区的排水设施，改造路段8公里，疏通管道3000米，清理雨污水井460眼，清理淤泥320立方米，更换井箅400多个。

2009年投资1000万元，维修南北长安街、青年街、文化街、韦曲西街等20余条市政道路，实施人行道改造工程5万平方米；清淤疏通城区排水设施，更换残缺下水道井箅、井盖300余套；修补华美什字、步行街等路段的城市雕塑、绿化围栏和广告宣传牌，并对城区照明设施进行全面检修维护。

2010年投资1700万元，综合改造西长安街高杆灯什字至郭杜什字段、南长安街樊家什字至申店潏河桥段等城区主干道的破损路面，修补沥青路面4万平方米。

【点亮工程】 2007～2010年，长安区路灯管理所为新建和改造道路安装路灯2500余盏，城区路灯点亮率99%。

2007年安装路灯586盏，景观灯860条。主要实施东长安街、老韦斗路504段、政法学院西围墙南北路、新华街西段、盛世商都东侧道路、青年北街北段、长安西街西段7条大街的点亮工程。拆除旧电缆390米，拆除混凝土路基403平方米，开挖和回填土方5586立方米，安装PVC硬塑管1.36万米，敷设电缆1.5万米，浇筑混凝土路灯基础250个，架设160千瓦箱式变压器2台，吊立路灯杆250根，安装路灯接地线258根、灯头421套、变色筒灯165套、满天星景观灯860条。同时，完成长兴路北段电缆管线改造、陕师大校门两侧绿化带管线敷设、区委大院和步行街满天星景观灯的安装工程。

2008年安装路灯670盏，更换草皮灯40盏。

2009年完成五台民俗古镇、长安西街、大学西路、商业建材街的路灯管线埋设工作。敷设线管1.3万米，新安装路灯338盏。完成投资600万元。

2010年完成神禾大道、韦斗路路灯管线埋设和路灯安装工作。敷设线缆1.1万米，新安装路灯456盏。

【建筑平改坡与外立面整治】 2010年5月，区建设局启动南长安街立面改造工程。工程南起滈河，北至老区委什字，全长1326米，涉及产权单位35家。改造内容包括沿街立面改造，拆除不规范招牌，统一门头牌匾，建筑物平改坡并对沿线主要建筑进行点亮改造等。至12月末，累计改造大小建筑41栋，新贴瓷砖2.3万平方米，粉刷外墙涂料3000平方米，平改坡900平方米，更换铝合金门窗150余副，移装空调320台，安装风格统一的空调外机箱罩630套，改迁落水管1800米，规范门头牌匾4300平方米。累计完成投资1610万元。

【城市休闲小广场建设】 2007～2010年，区建设局完成延安大学西安创新学院门前和老区委什字东南角2个城市休闲小广场建设，总面积3100平方米。铺设富陶砖1200平方米、花岗岩380平方米，修建停车位13个，新建绿化带2500平方米。完成投资近100万元。

【金长安广场建设工程】 2009年2月开工建设，12月底竣工开放。拆迁工程共拆除民房26户、商铺30个，拆迁面积2.5万平方米，涉及产权单位4家。工程建设中挖填土方3.4万立方米，做混凝土垫层1000平方米，预埋上下水管道850米，砌筑景观墙425米，铺设石材5000平方米，安装各种灯具68套、音响15套、景观灯带500米，设置景观石凳、垃圾桶各50套，建成喷泉水系景观1200平方米，新建公厕1座。广场绿化采用自然种植方法，结合坡地竖向变化和水系形态，新栽树木230株，新植草皮3000平方米，新建绿化面积4500平方米。工程累计完成投资7300万元。

2007～2010年主要基础设施建设工程一览表

工程名称	年份	投资量（万元）	工程简介
东长安街延伸段（原区委什字至103厂路）道路工程。(续建工程)	2006～2007	2200	西起区政府什字，东至宇航路延伸段，全长1470米，宽40米。2006年3月开工，2007年9月底建成通车。
竹园路道路工程(续建工程)	2006～2007	315	南起大学中路，北至南环路，全长1100米，宽20米。2006年6月开工，2007年10月建成通车。
长乐小区南侧道路工程	2007	600	东起信合路，西至西区2号路，全长820米，宽30米。2007年3月开工，10月建成通车。
航天西路南段道路工程	2007	400	北起航天南路，南至韦鸣路钼业公司门前，全长330米，宽25米。2007年3月开工，10月建成通车。
政法学院西围墙道路与郭杜南环路连接工程	2007	380	北起政法学院西围墙新修道路，西至南环路，全长450米，宽40米。2007年6月开工，12月建成通车。
博物馆西侧道路工程	2007	180	南起西长安街，北至土地局住宅小区，全长300米，宽20米。2007年3月开工，5月竣工通车。
新行政中心东侧高压走廊道路工程	2007	900	北起韦斗路，南至韦郭路，全长860米，宽30米，两边人行道各宽5米。2007年3月开工，10月主车道通车。
长安饭店什字至雁塔交界处道路改造工程	2007	360	南起长安饭店什字，北与雁塔交界，全长1368米，路面宽11.6×2米。2007年7月开工，9月建成通车。
长兴路北段、杜陵西路道路改造工程	2007	1500	南起西街什字，北到酒厂什字，东至华美什字，全长1497米，宽30米。2007年6月开工，10月竣工。
西部大道建设工程	2008	23500	全长5680米，规划红线宽60米。2008年2月开工，10月竣工。
韦曲西街改造工程	2008	960	全长2900米，宽14米。2008年8月开工，9月竣工。主要完成道路面层改造和全段排水管道管网改造，加铺路面补强层及沥青层，完成商业街段人行道铺设。
大学西路综合改造工程	2008～2009	1068	西起西区2号路，东至南长安街，全长1233米，宽30米。2008年12月开工，2009年6月竣工。
东仪路长安段道路工程	2009	4960	北起西部大道，南至韦曲西街，全长988米，宽40米。2009年2月下旬开工，9月建成通车。
电子正街长安段道路工程	2009	3490	北起西部大道，南至韦曲西街，全长932米，宽40米。2009年2月开工，9月建成通车。
韦曲商业建材街综合改造工程	2009	400	东起504研究所东围墙，西至子午大道。2009年7月开工，9月完工。完成破损面层及部分人行道综合改造，新栽绿化带，更换路灯和下水井盖。
朱雀大街长安段拆迁工程	2009	3010	南起西部大道，北至雁塔交界处。12月，拆除韦曲供电所厂房、办公用房980平方米，拆除下塔坡村厂房4800平方米。
神禾大道工程	2010	11500	东起培华学院北侧，西至子午大道，全长2836米，规划红线宽40米。2010年2月开工，9月底建成通车。
韦斗路延伸段道路工程	2010	7680	南起韦郭路，经周岔路至韦斗路子午大道什字，全长2592米（长安段长1882米，雁塔段长710米），宽40米。2010年2月开工，11月中旬竣工。
检察院新行政办公楼南侧道路工程	2010	320	西起区检察院新综合楼西侧，东至政法大学西侧路，全长210米，宽20米。2010年6月开工，10月底完成主车道建设工程。

金长安广场

【旅游景点周边环境整治】 为打造整洁靓丽的市容环境，有效净化旅游景点周边环境，提升服务质量，营造良好的旅游氛围，2007～2010年，区建设局先后完成滦镇上王村农家乐示范街改造工程、五台关中民俗古镇建设工程。

上王村农家乐示范街改造工程 即滦镇街道上王村西街建筑改造工程。2007年8月动工，9月完工。完成25户149间房屋统一建筑风格、迎面翻新、庭院围墙美化等改建及仿古门楼建设和绿化工程。投资主体总投入资金210余万元，拆除废旧瓷片1750平方米、地砖1520平方米、围墙护栏420米，清除建筑垃圾170多车595立方米，拆装旧空调64台，浇筑钢筋混凝土1080立方米，砌墙720米，飞檐、围墙挂瓦1500平方米，涂料刷新1650平方米，墙面围墙贴瓷2680平方米，修建古式门楼25个，定制古式实木大门25套，铺设地砖1520平方米。在外部装饰中，砌磨菇石材25件，制作DRC装饰造型25套、其他圆型、方型装饰造型计38件，装饰线条75米、窗套75个、围墙小窗27个、门楼吊垂25对，新做造型防盗窗（网）98个356平方米，砌文化石1100平方米，庭院绿化280平方米。

五台关中民俗古镇建设工程 2009年2月开工，9月竣工。工程一是对东、西、南、北4条大街的排水设施和人行道进行提升改造，敷设排水管道5500米，铺设人行道石材1.1万平方米，安装青石道沿4000米。二是按照分户设计、一户一案的要求，对510间布局混乱的沿街商铺和驻镇单位房屋建筑立面进行综合改造。新装风格、色调统一的门窗500余套、仿古浮雕2600件。三是将原来错综零乱的通信、广电等各种强电、弱电悬空线缆全部落地埋设。四是加强古镇绿化、亮化等基础设施配套建设，安装路灯109盏，新栽行道树450棵，新增绿化面积3000平方米。五是在实施老街综合改造基础上，将古镇北街建成一条长830米、宽12米的步行街。步行街以景观渠为主线，沿街设置13处古色古香、构思精巧的景观墙和小品雕塑，并在步行街北口新建3层仿古门楼1座。六是在东、西、南、北大街综合改造和步行街建设的同时，对五台什字通往民俗博物院的专线路进行加宽改造。七是为完善古镇旅游交通配套设施，在步行街和旅游专线交汇处新建1600平方米停车场1个，在镇区新修公厕2座。工程累计完成投资6050万元。 （冯卫东　高　波）

五台古镇

市容环卫

【概况】 西安市长安区市容园林局是全区市容环境卫生、园林绿化、户外广告和

区市容园林局下属单位基本情况一览表

名　称	性质	负责人	电　话	职工数	职责·管辖
区建筑垃圾管理所	事业	雷养峰	85284901	47	全区渣土整治
长安区环境卫生服务站	事业	沈建伟	85652951	92	韦曲、常宁地区保洁
郭杜环境卫生服务站	事业	蒲辉鹏	85846891	22	郭杜地区道路保洁
区城镇园林管理所	事业	谢旭东	85629352	32	城区道路、广场绿化
区广场设施服务中心	事业	王党建	85650344	15	城区广场管理
引镇市场管理所	事业	白晓晴		16	引镇、杨庄地区
韦曲综合市场管理所	事业	王小红		13	韦曲综合市场
郭杜市场管理所	事业	王　坤		18	郭杜地区
环南路市场管理所	事业	杨　林		2	韦曲环南路市场
滦镇市场管理所	事业	张　勇		12	滦镇地区
马王市场管理所	事业	王家轩		14	马王地区
新华路市场管理所	事业	胡军升		8	长安新市
子午市场管理所	事业	孙向涛		10	子午五台地区
直属市场管理所	事业	孟国栋	85622328	22	渣土车辆检查
杜曲市场管理所	事业	高光明		10	杜曲地区
凤栖路市场管理所	事业	李雄伟		16	凤栖西路地区
太乙市场管理所	事业	张随平		6	太乙、王莽地区
长乐市场管理所	事业	冯小荣		1	长乐市场
祝村市场管理所	事业	胡乐阳		8	绿色无公害市场
鸣犊市场管理所	事业	张　峰		10	鸣犊、魏寨地区
区绿化工程处	企业	张青智	85652930	50	城区道路、广场绿化

市场管理工作的行政主管部门。局机关内设办公室、计划财务科、市容环卫管理科、园林绿化科、综合管理科、城中村环境卫生管理科、市场管理科7个科室，下辖21个基层单位（见下表），有干部职工439人。主要负责全区市容环境综合整治、城区道路清扫保洁和40个城中村环境卫生管理；城区道路、广场绿化建设和日常养护；户外广告设置规划、审批和监督管理；全区市场规划、筹建和日常管理；建筑工地和渣土车管理等。2010年平均日清扫保洁面积347.4万平方米，日清运垃圾500吨，绿化养护面积66.12万平方米，管理9个有形市场。

【清扫保洁】 2007～2010年，区市容园林局为提升道路清扫保洁水平，在推行"插标亮界"与"扫、拖、洗"相结合办法的基础上，绘制《清扫巡查员路段责任管理区域表》，推行人员、工具、任务三落实措施，强化巡回检查和流动保洁力度，做到清扫过的路面见本色，路根无积土，人行道无杂物，树坑和绿篱无可视垃圾；完善考评奖罚机制，建立健全局级周检查、月考评，站级周巡查和巡查员日检查三级负责网络体系；对主要大街实行冲洗与洒水清扫相结合的办法，将机械清扫范围延伸至小街小巷；加大城区垃圾收集频次，扩大集中收集辐射面，垃圾清运做到日产日清，清运率达到100%。城区道路清扫、垃圾清运工作达到"六净六无一不入"标准（六净：路面净、人行道净、果皮箱内外净、电杆净、树坑净、下水道井口净；六无：无白色垃圾、无漏扫、无堆积物、无积水、无积冰、无积雪；一不入：垃圾渣土不入下水道）。

【农村垃圾压缩站建设】 2007年，区市容园林局将全区划分为9个垃圾收集片区，按照"统一规划、分步实施"的原则建设。至2010年末，累计投资2000余万元，建成上塔坡村、吉源路、滦镇和王曲4座垃圾压缩站，购置钩臂车4辆，摆臂车18辆，吸污车1辆，垃圾箱350个。在建的郭杜、黄良2个垃圾压缩站已完成前期选址，正在进行租地、地面附着物清理补偿和项目招标工作。长安区实现农村生活垃圾集中收集处理，三级收集网络建设稳步推进。

【公厕管理】 2007～2010年，区市容园林局投资650万元，在城区建设公厕29座。在公厕管理中执行《西安市市容园林局城市公共厕所管理规范》，定期对公厕进行维修；公布监督电话和管理人员姓名、联系方式；悬挂醒目的"免费入厕"标志牌，坚持每日2冲2扫，全天保洁；定期投放药具消杀"四害"，做到"五净（地面净、墙壁净、蹲位净、蹲坑净、门窗净）"、"四无（无溢流、无苍蝇蚊虫、无蛹、无臭味）"。

【建筑工地和渣土车整治】 2007～2010年，区市容园林局将建筑工地和渣土车整治作为重点，4年检查建筑垃圾清运车辆700余辆次，现场教育、纠违450余辆次，暂扣处理8辆；签订《市容环境卫生责任书》4份；派驻建筑工地容貌监督员260余人次；对城区所有建筑工地围挡墙设置、出入口硬化、冲洗设施及垃圾、污水排放进行不定期检查。4年责任书签订率、工地出入口硬化率、五证持证率均达到100%；实现建筑工地自动冲洗、挖掘机GPS锁定、视频监控"三位一体"管理，有效遏制了建筑渣土拉运车辆乱抛撒、乱倾倒行为。

【野广告治理】 2007～2010年，区市容园林局严格按照全市"城市管理提升"活动部署落实责任，调整作息时间，开展建筑物外立面整治10余次，集中整治道路广告、楼宇广告，配合相关单位拆除违法广告；加大野广告清除力度，根治城市"牛皮癣"，确保每日早8点前将野广告覆盖、清除；同时，协同相关部门启动"呼死你"系统，从源头遏制野广告滋生蔓延。4年共清理非法及不合格户外广告牌400余块，清除野广告约15万余处。使户外广告设置合格率达到100%，提高城市品位。

园林绿化

【概况】 2008年，按照区编办（长编发[2008]第12号）文件精神，将原区建设局下属的城镇园林管理所划转至区市容园林局，其相应职能也一并划转。2008～2010年，区市容园林局按照"园林绿化与市政道路建设同步"工作思路，累计投资5236万元，新建、改建西部大道等16条道路绿

2008～2010年道路新建改建绿化统计表

序号	道路名称	新改建	起　止	投资额（万元）	时间
1	西部大道	新建	东起杜陵西路西口，西至五龙车城	800	2008
2	文化广场	改建	老区委什字西北角	38	2008
3	大学西路	新建	东起西寨村口，西至吉源路南口	76	2009
4	建材街	新建	东起步行街北口，西至子午大道	85	2009
5	电子正街延伸段	新建	南起建材街，北至西部大道	150	2009
6	东仪路延伸段	新建	南起建材街，北至西部大道	205	2009
7	青年街与环城路	新建	青年街与环城路什字	3	2009
8	绿园转盘	改建	绿园转盘	18	2009
9	西长安街东段	改建	东起高杆灯什字，西至樱花广场	793	2010
10	吉源路	改建	北起高杆灯，西至大学西路西口	197	2010
11	广场西路	改建	西起高杆灯，北至建材街	153	2010
12	杜陵西路	改建	东起华美什字，西至西部大道东口	145	2010
13	长安广场	改建	长安广场	355	2010
14	绕城高速	新建	绕城高速斗门段	95	2010
15	神禾大道	新建	西起子午大道，东至培华现状	825	2010
16	区政府四合院	改建	区政府四合院内	80	2010
17	504所南门—韦郭路		南起韦郭路，北至504所南门	15	2010
18	韦斗路延伸段		东起子午大道，西至周岔路	650	2010
19	西长安街西段		东起子午大道，西至樱花广场	852	2010

化工程，新建金长安广场等16个绿地广场。全区新增绿地面积14.23万平方米，拆墙透绿1.5万延米，公共绿地率42%；栽植胸径20公分以上的大树2500株，超额完成植绿任务。

【新建改建道路绿化】 2007～2010年，区市容园林局重点对城区西部大道、神禾大道、东仪路延伸段、电子正街延伸段等8条新建道路实施绿化。投资1811万元，栽植国槐、银杏、广玉兰、皂角等树2500株，移植10公分的樱花、紫薇、桂花等6000株，6公分以上乔木、亚乔木10万株，花灌木35万余株，增加绿地面积8.07万平方米。

【新建广场绿化】 2008～2009年，区市

容园林局投资1664万元，完成6处街头绿地小广场绿化工程，同时在绿地广场摆放鲜花50万盆向市民开放，为市民提供更多休闲娱乐场所。

【西沣路景观提升】 2010年9月，区市容园林局按照区委、区政府要求，通过

2008～2009年长安区城区新建广场、绿地统计表

序号	名称	地址	绿地面积（平方米）	时间
1	金长安广场	樊家什字	8800	2009
2	创新广场	延安大学门前	2500	2008
3	美林广场	西北饭店什字	3400	2009
4	新市广场	步行街北口	2300	2009
5	国家电网门前绿地	国家电网门前	1200	2009
6	老房管局门前绿地	明珠幼儿园丁字口	600	2009

“拆、提、绿”改造方式，打造西沣路“一轴、三点、三段”城市生态景观大道。至年末，拆除道路沿线不符合设计要求的建筑物、广告牌匾85450余平方米，粉刷、装修和提升改造建筑物外立面62720余平方米，统一规划，新栽、补植绿化带苗木37430平方米。

【园林单位创建】 为提升景观效果，改善城市环境质量，给广大市民创建舒适的工作、生活环境，区市容园林局按照市级园林式单位和居住区标准，对全区所有申报单位进行审核、验收。2007～2010年审定省、市级园林式单位和居住小区23个。

（田　杰）

城管执法

【概况】 西安市长安区城市管理综合行政执法局（以下简称区城管执法局）2008年2月成立，加挂西安市长安区城市管理综合行政执法支队牌子。局机关设办公室、法规宣传科、执法监察科，下设城管执法大队4个和公安城管大队1个，全系统职工90人。承担长安区市容环卫、城市绿化、违法建设、户外广告、环境保护、无证占道经营的执法工作。截至2010年，区城管执法局按照“内强素质、外树形象、打造和谐城管”的要求，以“建一流队伍、树一流形象、创一流业绩”为目标，树立“城管执法就是服务、就要服务、必须服务”理念，为长安人民提供整洁优美、和谐有序的城市环境。先后荣获“西安市创建国家卫生城市先进单位”、“西安市文明机关”等称号。

【取缔占道经营】 2008年2月～2010年底，区城管执法局按照疏堵结合，以疏为主；教育与处罚结合，以教育为主；守点、巡查和集中执法相结合的原则，对市民反映强烈的重点街道、重点路段进行监控和集中整治，加大对临时占道和乱停乱放行为的整治力度，引导马路市场及流动摊点就近进入市场规范经营，从源头遏制占道经营和乱停乱放现象，杜绝各类自发市场产生和流动摊点形成。通过划清“063黄线”规定经营范围，设立时令水果便民点，设置非机动车临时停放点等方法，缓解城市道路压力，做到还路于民。查处占道、出店经营5680起，行政处罚1239起。

【依法拆除违法建设】 2008年2月～2010年，区城管执法局把查处违法建设作为重中之重，做到精力、人员、保障向规划执法倾斜。加强部门间的沟通与协调，与区建设局、规划长安分局、国土长安分局、公安长安分局等相关部门和街办开展联合执法行动，遏制违法建设蔓延势头，为全区重点工程和基础设施建设工作顺利进行奠定基础。截至2010年，3年累计查处违法建设320处，停止施工280起，立案204起，行政处罚165起，拆除违法建设面积约15.6万平方米。

【规范机动车辆停放】 2008年2月～2010年，区城管执法局通过锁车、贴黄条，先警告后处罚等方式，控制人行道车辆乱停乱放现象。累计教育劝离8560起，贴条6096张，强制锁车2465辆，行政处罚4256起。

【建筑垃圾综合整治】 区城管执法局严把建筑垃圾源头关、运输关、消纳关（简称“三关”），按照突击整治，综合治

理，重点突破，整体推进步骤，强化渣土车拉运管理。重点加大对各建筑工地的监管力度，签订《建筑工地渣土车辆目标管理责任书》，通过定时间、定路线、定倾倒点，严防高尖、未覆盖、车身不洁车辆带泥上路；实行“5+2”、“白+黑”工作机制，定点值守和机动巡查，不定期开展集中整治，加强扬尘管理，严查随意倾倒垃圾行为；采取定期检查和不定期巡查了解各合法建筑垃圾消纳场现状，对违规设置建筑垃圾消纳场、非法倾倒建筑垃圾行为严肃查处。将“三关”有机结合，逐步实现建筑工地及建筑垃圾拉运倾倒长效管理。截至2010年底，查处各类违法拉运及倾倒建筑垃圾行为3465起，行政处罚1099起。

【城市管理网格化】 2008年2月～2010年，区城管执法局实行网格化管理，建立城市管理长效机制。按照“大队包片，中队管块，队员包段”的管理模式，采取“定人员，定责任，定区域，定标准，定奖惩”措施，按照“巡查街区、网格管理、综合执法、责任到人”的要求，以城市道路为界，划分为多个城市管理行政执法网格，做到城市管理无缝隙全覆盖和“横到边、纵到底”的管理格局，使街面管控水平得到明显提高。为方便市民参与城市管理工作，形成齐抓共管局面，向广大市民群众发送《城管网格化联系卡》。

【户外广告和门头牌匾综合整治】 2008年2月～2010年，区城管执法局按照高起点规划、高水平设计、高标准设置要求，整顿不规范户外广告和门头牌匾960余块，行政处罚230起。做到户外广告、门头牌匾美观、大方、整齐、有序，取缔乱摆乱放乱挂标牌、灯箱、广告、条幅、门头牌匾、楼体广告，实现一、二类道路设置合格率95%以上，三类道路设置合格率85%以上。

【门前“三包”与整治“九乱”】 区城管执法局根据《西安市市容环境卫生门前“三包”责任制管理暂行办法》和城市管理相关规定，与沿街商户签订《门前三包责任书》。同时，加强与区市容园林局、区爱卫办等部门协作，结合推行门前“三包”责任落实与开展整治城市“九乱”工作，定期开展野广告、乱贴乱挂、乱堆乱放、一店多牌清理整治活动。截至2010年末，累计清除野广告、沿街门店乱贴乱挂等行为6780余起。

【开展“双十乱”整治活动】 2010年8月，区城管执法局创新工作思路，扎实推进“城管+商户”共管模式，与沿街商户签订《长安区城管执法局“双十乱”活动整改单》，切实增强守法意识，确保人人有责任，事事有人管，形成齐抓共管格局；9月，区城管执法局联合区四城联创办、工商长安分局、公安长安分局、区市容园林局和郭杜、黄良、子午、滦镇街办，整治子午大道和环山旅游路沿线两侧市容环境卫生。出动执法人员150人，执法车32辆，动用吊车、装载机等大型机械5台，拆除非法广告牌45块、违法搭建3处。

【创建城市管理综合执法示范街】 2008年2月～2010年，区城管执法局按照建设国际化大都市新型城区工作目标，制定完善《长安区城市容貌管理综合行政执法工作标准》，创建城市管理综合执法示范街。截至2010年底，创建西长安街等城市管理综合执法示范街10条。

【法律法规宣传】 2008年2月～2010年，区城管执法局开展城管“进社区、进学校、进商户、进工地、进机关”活动，突出一线执法，实行家门口服务、零距离执法，使执法管理与群众需求相统一，调动市民自觉遵守城市管理法规和自觉维护市容环境的意识。每年3月为“城管法律法规宣传月”，区城管执法局设立宣传点，利用展板、发放宣传单、播放相关音像资料、讲解城管法律知识，接受市民的咨询。至2010年底，3年累计发放《致广大市民朋友的一封信》、《西安市城市管理综合执法条例》、《西安市绿化管理条例》、《西安市建筑垃圾管理办法》、《标准化执法》等宣传资料10万份，受教育群众26万人以上。

【执法与服务】 2008年“5·12”汶川特大地震发生后，区城管执法局启动应急工作预案，在老区政府什字、华美什字、新区政府广场、长安广场设立宣传点4个，进行防震知识宣传，消除群众恐慌情绪，为滞留群众营造宽松平和、秩序井然的城市环境。同时，由局领导带队，40余名执法队员全副武装，配挂胸牌，定点值守和机动巡查相结合，昼夜上街维护城市管理和公共秩序。2010年8月，长安突降暴雨，韦曲街道下水道堵塞，路面大量积水。区城管执法局20余名执法队员，在积水中帮助推出被淹车辆，撬开污水井盖，疏通积水，受到过往群众和周围商户好评。

【投诉办理工作】 2008年2月～2010年，区城管执法局按照“及时、便民、服务”原则，认真处理投诉案件，做到“件件有答复，事事有回音”。3年办理人大议案、政协提案26件，市、区领导批办件38件，“12342”投诉1024件，市、区信息中心等部门来信来电224件，及时处理率100%，满意率95%以上。

【推进行风建设】 2008年2月～2010年，区城管执法局推进城管行风建设，聘请15名人大代表、政协委员担任行风监督员，定期召开行风建设工作会议，听取行风监督员意见建议；面向社会，接受社会监督，接受群众咨询投诉。区城管执法局与各科室、执法大队签订《行风建设目标责任书》，加强服务体系建设，改进工作作风，提高城市管理服务质量和工作效率。

【执法队伍建设】 2008年2月～2010年，区城管执法局着眼城市管理综合执法新体制、新职能、新要求、新形象的特点，按照创新观念、创新思路、创新方法、创新工作和“内强素质、外树形象”的要求，采取市局培训与局组织培训结合、骨干培训与全员培训结合、学习法律法规与交流经验结合、技能培训与队列训练结合，分类分批培训执法人员，3年举办培训班60多批次，培训执法人员2800人（次），提高执法人员的政治理论、政策法规、业务水平、依法行政和文明执法水平。

【依法行政与规范执法】 2008年2月～2010年，区城管执法局制定《内务管理规定》、《行政执法审批程序和内部管理工作若干规定》、《查处案件日报制度》、《检查考评日报制度》、《城管执法人员八条禁令》和“三个不准”，建立健全管理制度，强化责任落实，完善制约机制，加大监督力度。运用科学管理制度和管理方法对执法队伍严格管理；牢固树立执法为民理念，规范执法行为，办理各类行政违法案件7885件，无一例因执法不当引起行政复议或行政诉讼。

【和谐城管与文明执法】 2008年2月～2010年，区城管执法局坚持以人为本，落实亲民、为民、利民、便民服务举措，把关注民生、服务民生作为城管工作的着眼点和落脚点。拓宽服务渠道，服务市民群众；强化城管“三个服务”（城管执法就是服务，城管执法就要服务，城管执法必须服务）执法理念，树立教育与处罚结合、教育在先理念，做到语言文明、行为端正、依法行政、以理服人，树立城管文明执法新形象。2008年7月，百姓小厨经营户赠送城管执法支队一大队“文明执法、情暖商户”锦旗一面。

【吕健书记调研视察】 2008年4月，中共长安区委书记吕健，区委常委、政法委书记李洪涛，区委常委、副区长杨根民深入区城管执法局进行调研，先后观看执法局队列会操汇报表演，视察局机关各科室、直属大队及公安大队，翻阅各类执法案卷、案件查处日报表。随后吕健书记一行和执法局中层以上领导干部进行座谈，对区城管执法局的工作和成绩给予充分肯定。

【执法车辆发放仪式】 2010年10月，长安区政府斥资百万元为城管执法局配发14辆执法车。西安市副市长钱引安，市政府副秘书长焦维发，市综合执法局局长吕强，市市容园林局局长田高社，中共长安区委副书记、代区长杨建强等市、区领导出席车辆发放仪式，向执法人员颁发车钥匙。钱引安宣布开车令，区委常委、副区长杨根民主持发放仪式。（赵亚军）

四城联创

【概况】 2004年12月，长安区成立创建国家卫生城市工作领导小组，组建办公室，开展“创卫”工作。2007年7月，长安区成立由区级领导包抓的市容环境卫生、“六小”行业、集贸市场、居民社区、拆除乱搭乱建及废品收购、门头牌匾及临街建筑立面、城中村、城乡结合部8个专项整治督导组，解决“创卫”工作中的重点、难点问题。2008年5月，全国爱国卫生运动委员会命名西安市为“国家卫生城市”。随即，中共西安市委、市人民政府决定再接再厉，加快推进“四城联创”工作，全面提升城市品位，改善城市形象，为建设“人文西安、活力西安、和谐西安”奠定基础。

2008年12月，为加强对全区创建国家卫生城市、环境模范城市、园林城市、文明城市工作的领导，按照市委、市政府《关于加强推进四城联创工作的决定》（市发[2008]18号）精神，长安区设立四城联创办公室，与区爱国卫生运动委员会办公室实行一套人马，两块牌子，负责全区爱国卫生和四城联创工作。区四城联创办主任由区委常委、副区长杨根民兼任，副主任由区爱卫办主任王正权担任；正处级建制，编制13人，为事业编制，参照公务员管理；内设办公室、爱卫科、卫生环保科、园林文明科4个科室。至2010年末，实际在岗6人。其中党员4人。

【四城联创宣传】 区四城联创办成立伊始，即重视宣传工作。一是会同长安电视台联办“多棱镜”栏目，报道全区四城联创工作情况。截至2010年末，播出新闻、消息298条，播出宣传短片和口号100小时，制作创建专题片8期；二是会同长安开发采编中心联办“创园林城市，建绿色长安”征文活动。收到稿件75篇，刊登29篇。在《长安开发》刊登创建知识问答，2010年共刊登156条；三是会同《长安开发》、长安电视台举办“践行科学发展观、加快推进四城联创”知识竞赛。活动分为报纸答卷和电视大赛两部分。报纸答卷收回93个单位1300余份答卷，评选出市级优秀答卷15份，区级优秀答卷35份；电视大赛有12个代表队参赛，6个代表队进入决赛，决出一等奖1名，二等奖2名，三等奖3名；四是向全区各部门、25个乡街、9个社区免费发放《四城联创工作市民手册》4万册。

【创建卫生城市】 2007年8月，西安市居民社区整治现场会在长安区召开。10月，长安区通过国家爱卫办专家组技术评估。2008年4月，西安市通过“国家卫生城市”考核验收，经过半年公示，10月获得“国家卫生城市”荣誉称号。

在“创卫”过程中，长安区委常委会将其提上议事日程。一是加强领导，健全机构。成立西安市长安区“创卫”领导小组，由区委书记、区长任组长，认真落实“创卫”“一把手工程”。全区512个单位成立“创卫”机构1073个，体现“全民动员，积极参与”的“创卫”宗旨。二是层层落实责任，将“创卫”成果与单位实绩、领导政绩挂钩。采取签订《目标责任书》，推行领导包片、干部包门店制度，形成齐抓共管工作机制。三是建立《城区道路保洁制度》等管理机制，强化监督检查，严格管理。成立各类专业检查队伍46支，做到检查经常化、制度化。把集中整治与日常检查结合，组织联合执法38次，出动执法人员8000多人（次），共拆除乱搭乱建15万平方米。四是加强宣传，营造舆论氛围。在长安电视台、《长安开发》设立“创卫曝光台”、“创卫在线”栏目，报道新闻1200篇。五是建立激励机制，把“创卫”工作与各经营户、私营企业经营权利和工作人员经济利益挂钩，推动“创卫”工作深入开展。六是开展“创卫”培训，组织各类培训班860余次，培训人员2.7万人，使之掌握“创卫”标准，提高从业人员的业务素质。七是将“创卫”活动向城中村、城乡结合部乃至农村延伸。2009年2月，制订《西安市长安区市容环境卫生综合考核实施办法》，出台《考核办法》和“周巡查”等管理办法。2010年9月，区委、区政府召开千人农村环境卫生百日整治动员大会，拉开全区农村环境卫生整治活动的序幕。10月，区人大代表视察了杨庄乡和五星乡6个示范村环境卫生整治效果。12月，市政府在郭杜街道甫张村，东、西第五桥村召开全市城乡结合部和城中村环境卫生整治现场会，推广长安经验。

【创建园林城市】 长安区创建国家园林城市的主要做法：一是区四城联创办会同区市容园林局补栽行道树3000余株，完成西部大道、电子正街延伸段、东仪路延伸段等5条道路绿化。二是实施拆墙透绿、拆墙建绿。在城区主干道沿街拆墙透绿11条路段，涉及单位31家。至2010年末，完成信合路、长乐巷等重点路段拆墙透绿、拆墙建绿工作；城区其他路段90%以上单位开始实施。三是开展创建园林单位、园林小区活动。区四城联创办制订《创建园林单位园林小区方案》，会同相关部门对区内269个居民小区排查摸底，创建金堆城花园等市级园林小区11个、区级园林小区25个。四是开展三年植绿活动。2009年全区义务植树55万株，种植经济林56.67公顷；乡村路网绿化100.03公顷，道路绿化带补植57.33公顷，环路林带建设10公顷；天保工程封山育林666.67公顷。全面完成市政府下达的植树造林任务。

2009年9月，国家住房与建设部对西安市创建国家园林城市工作进行为期3天的技术评审。专家组一致认为：西安市各项园林绿化指标均已达到国家园林城市标准，通过评审。2010年2月，西安市获得“国家园林城市”荣誉称号。

【创建环保模范城市】 长安区在创建省级、国家级环保模范城市方面，一是完成长安污水处理厂建设并投入使用。二是在双减排方面，区四城联创办协同环保长安分局等单位，督促西京学院等5所驻区院校完成生活污水处理设施、9家10吨以上锅炉脱硫设施建设任务。三是开展建筑渣土清运专项治理活动。2009年6～9月，区四城联创办抽调专人，参与整治工作，并向区政府汇报。四是结合“碧水工程”，对辖区内滈河、沣河、太平河、浐河等水域卫生和沿线周边卫生进行专项整治。五是2009年11月，区四城联创办下发《关于开展扬尘污染集中整治工作的实施方案》，在全区范围内开展为期2个月的扬尘污染集中整治行动。

2010年6月，区政府召开“迎接省级环保模范城市考核验收暨加快推进国家环保模范城市创模工作动员大会”，部署全区创模工作。10月，省级环保模范城市考核评估组对长安污水厂建设及运行情况进行评估，提出指导性意见和建议。12月，西安市通过“陕西省环境保护模范城市”考核验收，为创建国家环境保护模范城市奠定了基础。

【创建文明城市】 2009～2010年，区四城联创办一是针对中央文明办在文明城市创建测评中向西安市反馈的问题，制订《长安区文明城市创建十大项重点工作整治方案》，细化部门责任，对照标准，督导检查，短期内将重点问题整治到位。二是普查、规划全区农村文化馆（站）。2009年，东大、黄良、杨庄、细柳、马王5个乡街已建成农村文化馆（站）；对未建设的，协调相关部门予以规划、建设。三是开展文明单位和文明小区创建活动。截至2009年底，全区创建省级文明单位6家，市级文明单位15家，区级文明单位75家。

2010年1月，区委召开动员大会，安排部署迎接创建文明城市检查工作，区委常委、宣传部长孙杏娟作重要讲话。3月，区四城联创办在常宁宫举办“创文”业务培训班，邀请市文明办主任杨毅波、市四城联创办专家李溯进行专题讲座。全区101个单位122名“创文”业务骨干参加培训。4～6月，区四城联创办检查全区各乡街文化馆（站）建设情况。6月，新建王寺、兴隆等16个乡街文化站。8月，针对城市管理“十大顽疾”和“火车站、汽车站（场）周边十大乱象”（简称“双十乱”），区委、区政府决定在全区范围内建成10条“双十乱”整治示范街和五个示范板块，通过典型示范带动全区整治工作。相关部门集中开展了为期100天的专项整治行动。

【爱国卫生】 2009年4月是全国第21个爱国卫生月，区四城联创办以“清洁城乡，保护健康”为主题，组织各部门、乡街、驻区部队和大专院校开展“万人擦靓长安”活动，对城区和乡村环境卫生进行集中整治。2009～2010年，区四城联创办在全区开展卫生先进单位、先进村创建活动，全区有100个单位申报。经检查验收，其中获得市级卫生先进单位16个、区级卫生先进单位40个、先进村10个。在病媒生物防治方面，2009、2010年，市、区爱卫办分别在常宁宫举办病媒生物防治业务骨干培训会，培训业务骨干128人。区爱卫办对重点乡街、公共场所、餐饮业及大中型企业进行“四害”密度监测2次；按照环境治理和化学防治并重的原则，大搞环境卫生；在农村改厕3000户；在防治重点地段发放灭蚊、蝇、蟑螂、鼠等11类害虫的专用消杀药物5吨。2010年11月，在全区开展集中灭鼠活动2次，受到市四城联创办《简报》表扬。 （付小栋）

城中村改造

【概况】 2007年3月，西安市长安区人民政府成立城中村改造工作领导小组。2010年长安区城中村改造领导小组组长由区长杨建强担任，副组长由区委常委、副区长杨根民，副区长贺乐军，区长助理、公安长安分局局长周秦生担任。2009年5月，西安市长安区城中村改造办公室（简称区城改办）成立，主要负责全区城中村改造控规编制、工作方案制订、用地申报手续和村民安置楼建设监管。2010年区城改办内设3个科室：行政秘书科、社会事务科、规划建设科；编制工作人员12名。其中，主任1名、副主任1名、科级领导职数3名。

根据西安市城市总体规划，长安区主城区范围东至长安路，南至滈河，西至西沣路，北至雁塔区交界，实际规划面积51.75平方公里。城区规划范围内有行政村36个，总户数14999户，总人口57099人，村庄占地936.5公顷。2010年区城改办按照政府主导、整村拆除、以人为本、安置先行的原则，完成恭张村安置回迁、申店村整村拆除。恭张村安置楼建设面积7.95万平方米，投资1.1亿元；申店村整村拆除面积11.18万平方米，安置楼奠基仪式于2011年1月4日举行。

【区政府召开城中村改造专题会议】 2010年4月，区长汪文展、副区长贺乐军带领相关部门和乡街负责人组成专题调研组，对全区城中村改造工作进行调研。实地查看韦曲街道申店村、夏殿村的村容村貌和整体环境，了解村庄人口情况、占地面积、地理环境等。2010年6月，区委书记吕健主持召开专题会议，研究全区城中村改造工作。会议指出：城改工作要进一步理清思路，突出重点，将政府主导贯穿于城中村改造的前期准备、招商引资、无形和有形改造、拆迁安置等各环节，加强管理、审批、监督力度，确保全区城改工作健康、稳定、有序开展。区政府召开全区城中村改造会议，要求城中村改造坚持三个原则：即政府主导原则，确保群众利益原则，区街联动、以街为主原则；抓住四个重点环节：在旧村拆除上下功夫，在无形改造上下功夫，在回迁安置上下功夫，在专业团队组建上下功夫。

【市城改办主任贺登峰调研城中村改造工作】 2010年10月，西安市城改办主任贺登峰到长安区专题调研城中村改造工作，副区长贺乐军陪同。贺登峰表示：近年来长安区城中村改造工作有四个特点：一是领导更加重视，二是思路更加清晰，三是工作更加扎实，四是效果更加明显。同时强调：城中村改造工作要坚持“政府主导”不放松，发挥区街联动机制的作用；在改造过程中要严格实行规范化操作；在拆迁过程中要坚持文明拆迁，拆迁后要把老百姓安置工作放在首位，切实做好安置楼建设；在有形改造的同时启动无形改造工作，要进一步明确目标，科学规划，规范操作，健全机制，建立目标责任制，突破难点，抓住重点，有序推进城中村改造工作。

【制发城中村改造配套文件】 2010年，中共长安区委、区人民政府出台《关于加快主城区城中村改造工作的意见》，提出城中村改造原则：坚持政府主导、市场运作原则；坚持以人为本、让利于民原则；坚持区街联动、以街为主原则；坚持有形改造和无形改造同步实施原则；坚持依法行政、严格问责原则。《西安市长安区城中村无形改造工作实施方案》，确定开展无形改造的8个行政村：韦曲街道上塔坡、下塔坡、张家村、蒋家村、首帕张堡、首帕张6个村；郭杜街道茅坡、岔道口2个村。《西安市长安区城中村改造工作规则(试行)》文件，明确城中村改造组织机构及职责和城中村改造工作流程。《西安市长安区城中村改造拆迁安置办法（试行）》文件，明确被拆迁人补偿与安置按照产权调换或货币补偿方式进行，以房屋产权登记载明的合法安置面积和用途作为补偿安置依据，可由被拆迁人选择其中一种方式。《西安市长安区城中村改造开发建设规定（试行）》文件，明确城中村改造开发商准入规定、城中村改造整村拆除规定、城中村改造承建商准入规定、开工建设规定、竣工验收规定。

【城中村改造项目招商和审批】 2010年4月，区城改办举办“魅力长安行活动暨长安区城中村改造项目签约仪式”。陕西玉龙房地产开发有限公司、西安汇鑫置业有限公司等5家公司同夏殿、下塔坡等5个城中村签署投资协议。2010年，长安区韦曲街道6个村：首帕张堡、蒋家村、何家营、下塔坡、上塔坡、首帕张村经市城改办同意进行城中村改造前期准备工作。

【申店村城中村改造项目】 申店村是长安区实施城中村改造的第一个村，是区政府2010年重点建设项目和市考指标之一。同年4月，区城改办、韦曲街办共同组织申店村两委会干部和群众代表召开申店村城改工作会，通过《申店村城中村改造安置方案》。9月，区城改办与陕西长建地产集团开发公司签订申店村城中村综合改造协议。10～12月，区城改办与韦曲街办按照区政府统一拆迁补偿方案和统一安置楼建设要求，完成整村拆除，拆除面积11.18万平方米，计划安置房总面积约12万平方米，2013年7月回迁。

【西部大道周边村综合改造】 2010年7月，区政府召开西部大道周边综合开发工作专题会议，代区长杨建强作总结讲话。8月，区政府召开西部大道周边城中村无形改造工作会。区委常委、常务副区长钱虎威就西部大道沿线城中村的无形改造工作进行安排。同年张家村、首帕张堡村经济体制改革完成。（肖　峰）

村镇建设

【概况】 2007～2010年，长安区结合“千村百镇”建设、新农村建设和“关中百镇”建设工程，积极稳妥地推进村镇建设。2007年，完成滦镇上王村西街建筑改造工程，实施村内村际道路硬化和全区新农村建设及村庄环境整治工程。筹集、投入资金7242.6万元，硬化134个行政村内道路798条142.4公里。至年末，全区道路硬化的行政村436个，占行政村的63%；投入资金798万元，硬化村际道路29条22公里。新修排水渠道3.61万米，装修路边道沿1.63万米，蓬盖街道明渠盖板6800米，铺设人行道地砖2.68万平方米，镇区、村庄、街道绿化植树3.68万棵，栽植花木3万余株，补植草坪2800平方米，修装路灯520盏，修建村委会办公楼9座、公厕23座，整改低压线路1.6万米。2008年，区建设局指导有关乡、街累计完成投资1820万元。完成郭杜、细柳等乡街“百镇建设”资料申报、项目包装、建设审批及工程建设任务；编制《农村民居抗震设防工程实施方案》，完成东大街道大寺新村10户、滦镇街道上王村102户村民房屋的抗震设防工作，并通过西安市建委勘察设计处验收。2009年完成五台关中民俗古镇建设、五台街道“百镇建设”项目2.4公里道路改造工程；指导鸣犊街道完成街区排水、道沿及人行道改造工程，滦镇街道街区道路、人行道改造和绿化工程；指导有关乡街修建、改造街区干道16.3公里、人行道3.4万平方米、排水管网14.8公里，新安装路灯382盏，新增绿地面积1.5万平方米。2010年，一是在上年五台古镇改造基础上，实施步行街沿线15个巷口的门楼工程、部分巷口延伸段立面改造和道路铺装工程、步行街至旅游专线4条对接道路硬化工程以及五台污水处理厂工程（五台民居古镇二期工程）等，累计完成投资600万元。二是完成滦镇、太乙宫街道基础设施提升改造项目。其中滦镇街道硬化路面2.3万平方米，铺设人行道1.7万平方米，新修排水管道3700米，新安装路灯78盏，完成投资2480万元；太乙宫街道主要实施太乙东街道路二期工程，涉及排水渠、主街立面、环山路至黄大路道路拓宽改造等工程，完成路面硬化2.6万平方米，新修排水管道6000米，完成投资3840万元。三是实施18个村庄计31公里的村内道路建设。四是投资80万元，完成兴隆街道钵鱼寨村立面改造4200平方米。五是完成全区25个乡街4996户的危房统计工作及920户村民的危房改造工程。

【千村环境整治】 2007年，区建设局在韦曲老街整治改建和农村环境容貌整治中，使用装载机60台次，运输车辆500多辆，投入劳动力2200多人，清运垃圾600多吨，拆除占道房屋232间，清理占道经营户2200余户，拆除门楼23个、围墙5600米、厕所28个，设置垃圾填埋坑86处，修建垃圾台380多个，新建门店2300间。对街道堆放的柴草、建筑材料进行全面清理。2008年，指导各乡、街累计完成投资2.61亿元。分别完成郭杜街道南小张村、斗门街道花园村、马王街道大泥河村等28个村镇的“千村百镇”建设整治任务；向乡、街共投资近100万元，完成23个市级新农村建设重点村的村容村貌整治任务；协助魏寨乡蚕姑沟村规划设计并修建两委会办公楼、村内公厕、垃圾台，安装路灯；帮助王莽街道修建村庄道路；对动物园、御苑入口处进行综合改造；实施滦镇街道上王村东一路绿化改造提升工程。2009年，累计完成投资2980万元，占年度计划的119.2%。完成西安市建委下达的25个村与3个镇的“千村百镇”建设整治任务及36个重点村的村庄规划编制工作，指导督促有关乡街新修村内道路15公里，硬化道路56.3万平方米，修建排水管网48公里，安装路灯2382盏，修建垃圾台232个，改厕6933户，粉刷墙体9.7万平方米，村庄绿化15万平方米。其中33个村基本完成“四改五通五化”工作。2010年，指导韦曲街道双竹村、滦镇街道乔良寨村等25个村和魏寨、引镇、马王3个乡街开展“千村百镇”建设工程，并开展重点乡、街环境整治工作。硬化水泥道路1.8万平方米，新修排水渠5.3公里，粉刷墙体1.7万平方米，绿化2.1万平方米。完成投资574万元。

【村镇基础设施项目包装与融资】 2008～2010年，区建设局创新思路，积极探索村镇建设投资新途径。利用已有的融资平台，以省、市补助和其他方面筹措的资金为资本金，在国家开发银行陕西分行等金融机构融资，从而推进政府推动、市场运作、专业化管理的小城镇建设投融资新机制建立，开展小城镇基础设施建设项目包装与融资工作。2008年，指导8个乡街30个行政村完成申报国家开发银行陕西分行贷款项目包装工作。2009年，对全区25个乡街的小城镇基础设施、垃圾处理设施及开发银行陕西分行贷款项目进行包装申报，申请融资额度6.4亿元。完成11个小城镇52个基础设施建设项目的资料准备，并与银行成功对接，融资3.52亿元。2010年，利用银行贷款，实施滦镇、太乙宫、大兆、引镇、郭杜、五台等街道的基础设施改造项目，完成投资1.16亿元。

（冯卫东　高　波）

西安市长安基础建设有限责任公司

【概况】 西安市长安基础建设有限责任公司，是经长安区人民政府研究同意，2005年10月10日（长政发[2005]57号）文件批准成立的国有独资企业和直属机构。注册资金2.4亿元，经营范围为房地产开发、物业管理、土地开发、基础建设工程等，是区政府授权的城市基础建设和投资平台，负责城市基础设施建设项目资金筹措和相关债务清偿等业务。2008年，根据长编发[2008]12号批复，公司始设综合行政部、计划财务部、项目评审部和工程管理部。2010年8月，经西安市长安区十六届人民政府第57次常务会议讨论决定，成立西安市长安区城市统一建设领导小组，组长由区政府主要领导担任，领导小组办公室设在长安基础建设有限责任公司，办公室正、副主任由公司主要领导和分管领导担任。职责是统筹安排全区城市建设项目，协调、指导项目管理；实施区政府交办的各类工程建设和融资任务。至2010年末，完成政府融资5.76亿元，主要用于城市道路建设、城市环境卫生提升、民生工程和小城镇建设。

【确定政府信用】 2008年5月，公司通过查阅档案，收集资料，完成国家开发银行陕西省分行2008年长安区政府信用等级评审。经确认，2008年度长安区政府信用等级为A－，信用额度为20亿元（2007年度信用等级为BBB，额度为6.4亿元）。

【融资】 **市容综合项目** 2008年5月，国家开发银行陕西省分行为长安区提供市容综合项目贷款1600万元，占项目总投资2477万元的65%。项目由5个子项目构成，即：新建固定式垃圾压缩转运站4座（其中远期规划1座），设置移动式垃圾压缩转运站3座，添置密封式垃圾运输车辆，购置二级清运多功能车辆，改造原有的部分二级清运车辆，新建10座卫生公厕。2009年贷款资金到位500万元，2010年到位1100万元。**市政道路建设项目** 2009年，长安基础建设有限责任公司与建设银行长安区支行达成2008～2009年度西安市长安区市政道路建设项目有关问题纪要。支行同意为长安区东仪路延伸段、朱雀大街延伸段、电子正街韦斗路至西部大道段、河堤路、大学园东西路、大学园培华路至子午大道6条道路融资2.9亿元。2010年，建设资金全部到位，公司按照工程进度，累计向施工单位拨付信贷资金2.275亿元。**小城镇建设项目** 2009年，经西安市政府出面，国家开发银行陕西省分行为长安区太乙宫、滦镇、引镇、五台、东大、斗门、细柳、大兆、王寺、郭杜、子午11个乡和街道实施小城镇建设项目贷款金额2.5亿元。其中包括路网建设、污水处理、新建广场等。公司制定项目进度及资金申请和资金使用程序。至2010年末，落实贷款资金1.5亿元。

【奖励资金】 2008年，西安市政府奖励长安融资平台1200万元，公司将135.5万元用于西安市长安区市容园林局10座公厕改造补助，其余资金用于建行贷款资本金。根据西安市建设委员会（市建发[2009]10号和271号）文件精神，市财政专项安排1亿元，用于2009年郊3区4县融资平台奖励，其中奖励长安区资金2200万元，已全部到位。2009年，争取市建委奖励资金700万元，用于五台古镇建设。

【BT模式建小学】 2010年9月，经长安区政府常务会议通过，以BT模式与西安建工集团合作建设西区小学。西区小学位于长安城区东至长乐路、西至中药集团新征地、北至玉秦苑小区、南至规化路，占地2.8公顷，建筑面积10814平方米，建成后共开设24个教学班，可容纳学生1080人。10月举行项目启动仪式，市政府咨询员、市建工集团董事长杨广信，建工集团总经理卫勃及长安区委、区政府主要领导参加。11月正式破土动工，2011年9月新生入校。项目为区统建办和西安建工集团合作的首个BT建设项目。　（郝　伟）

综　述

西安市长安区位于西安南郊，秦岭北麓，总面积1580平方公里，其中土地面积15.9万公顷；常住人口密度642人/平方公里。撤县设区后，区委、区政府将长安定位于“经济、生态、文化、科教”四强新区，加快城市建设力度，完善配套设施，改善人居环境，建筑与房地产业有了长足发展。

“十一五”期间，在长安区投资开发的房地产企业由2000年的2家发展到50余家。万科、雅居乐、富力等全国知名的房地产企业都投资长安，打造出万科城、富力城、雅居乐花园、兰乔国际城、盛世长安等一批精品项目，助推长安房地产业向规模化、精品化、成熟化方向发展，居民住房水平大幅度提高。至2010年，全区已逐渐形成3个中心居住区域：以韦曲为中心，含航天产业基地，适合各阶层人士生活的高、中、低档商住区；以郭杜为中心，含西高新二次创业基地，适合中等收入者购买的高中档商住区；依托秦岭，以沣峪为中心，适合高收入家庭居住的高档别墅区。

“十二五”期间，随着《关中——天水经济区发展规划》与西安建设国际化大都市目标的实施，西咸一体化建设步伐加快，西安城市骨架进一步拉伸，长安将逐步纳入西安主城区范围。同时，西安高新技术产业开发区、陕西经济技术开发区、西安沣渭新区落户长安，区内常宁新区、郭杜科教产业开发区、斗门新型工业园、引镇现代物流园4个园区产业逐步发展，推动全区房地产业进程。　　（程选成）

建筑业

【概况】 2007～2010年，长安区共有381项报建工程。其中，2007年57项，2008年72项，2009年192项，2010年60项。所有报建工程手续齐全，建设工程规范，建筑质量合格，勘察设计、工程招标、竣工工程合格率均为100%。4年实现建筑业总产值50.35亿元，房屋建筑施工面积389.42万平方米。

【工程招标管理】 2007～2010年，区建设工程招标管理办公室完成招投标监管381项，总建筑面积389.42万平方米，工程总造价50.35亿元。其中，公开招标20项，占5.2%；邀请招标361项，占94.8%。2007年，监督招投标项目57项，总建筑面积120.29万平方米；2008年，监督招标项目72项，总建筑面积110万平方米；2009年，监督招标项目192项，总建筑面积85万平方米；2010年，监督招标项目60项，总建筑面积75万平方米。

【建筑勘查设计】 2007～2010年，区城乡建筑工程设计室严格建筑施工图纸审查，累计完成审查备案203份面积296万平方米。同时，工程设计工作持续发展。其中，2007年完成设计项目12项，设计春天花园3号、5号楼，长安区棉花公司综合楼工程；设计五星、东大、黄良、魏寨、大兆、五台、高桥、杨庄、兴隆、王莽等10家乡街卫生院改、扩建工程，设计面积3.5万平方米；勘查设计区政府新征130.67公顷土地的道路排水工程。2008年完成建筑设计项目6000余平方米，包括东仪路长安段、朱雀大街长安段、电子正街长安段道路工程勘测设计工作和长安新城131.73公顷规划区域内5条道路的勘察设计任务。2009年完成建筑工程设计项目5项，即培华学院北侧至子午大道段道路工程（西起子午大道，东至培华北路，全长2835.6米）的勘察设计工作。2010年完成建筑工程设计项目5项。

【行业统筹】 2007～2010年，区建筑业劳保费用统筹管理办公室按照陕西省政府《关于进一步推进建筑业劳保费用统筹管理工作的意见》精神，采取预交和补交相结合的方法，强化征管力度，4年均超额完成建筑业劳保基金征缴任务。区有关部门主要采取以下方法：1.设立公示栏，公开监督电话，将收费标准和依据向社会公布，实行公开、透明、公平、公正的办事制度。2.规定新立项的建设项目须在审批完成前交纳劳保统筹费。3.已办理完审批手续的工程项目，在办理招标手续时交纳劳保统筹费；没有交纳的，不予发放《建筑工程施工许可证》。4.清理检查遗留竣工项目，漏缴和未缴纳的要求补交，竣工前未缴完的不予质检，情节特别严重的下达处罚通知单，收取滞纳金。

【房改管理】 2007～2010年，长安区房改工作持续健康、稳定发展。区城镇住房制度改革委员会办公室在做好公房出售、经济适用房初审等工作的同时，认真抓好嘉华小区、毓秀园小区的物业管理，促使其文明化、规范化管理迈上新台阶。2007年，审批房屋产权由标准价向成本价过渡1家，公房出售1家1828户；审批2006年度集资建房遗留问题2家324户；初审经济适用房建设计划2家180户。2008年，审批7171厂职工住房建设项目计划2栋500套，建筑面积59000平方米，总投资8700万元；审批航天六院、504研究所等单位公房出售1064户；审批地税长安分局、区房产局单位房改遗留问题2户。2009年，审批宁东林业局职工住房建设项目计划；审批航天六院1026套公有住房出售；审批区交管站、504研究所共98套职工住房由部分产权向全产权过渡。2010年风雷仪表厂、504研究所2个单位房改遗留问题得到解决。

【城建监察】 2007～2010年，区建设局执行建设行业有关法律法规，严格行政审批和建筑市场准入制度。2007年检查在建工地40个，下发停工通知15份，查处各类违章建筑50余处；下发违法建筑拆除通知书3份，协调基建纠纷12起。2008年查处各类违章建筑70余处，下发停工通知40份。2009年查处违规建设工程40项，发放催办通知单30份、停工通知10份。2010年开展建筑市场执法检查25次，查处违规建设工程23项，下发催办通知10份、停工通知13份。

【质量安全管理】 2007～2010年，长安区完善和落实各项监管措施，加大对建筑市场的监管力度。2007年开展质量安全大检查6次，办理建设工程竣工备案手续216项、质量安全监督手续74项，总面积288.6万平方米。2008年开展质量安全大检查11次，办理建设工程竣工备案手续320项、质量安全监督手续82项，总面积165.8万平方米。2009年开展质量安全大检查9次，办理质量安全监督手续90项，总面积210万平方米。2010年开展质量安全大检查9次，办理建设工程竣工备案手续431项（含往年遗留项目）、质量安全监督手续99项，总面积310万平方米。

【城建档案管理】 2007～2010年，长安区城建档案管理工作进一步加强。2007年办理档案移交手续33项，将近10年的基建工程档案清库上架。2008年办理档案移交手续41项，参加竣工备案验收51次，拍摄、制作工程宣传影像图片近万幅。2009年办理档案移交手续46项，参加竣工备案验收42次。2010年办理档案移交手续37项，参加竣工备案验收25次。

【“文明工地”创建】 2007～2010年，长安区加大建筑工地精神文明建设力度。太阳新城小区、圣和家园小区、金堆城郭杜小区等55个工地相继被评为市级“文明工地”；西工大长安校区、雅居乐花园小区、智慧城小区等35项工程被评为省级“文明工地”。

【优质工程】 2007～2010年，在西安市建筑工程“雁塔杯”评选活动中，智慧城、国色天香等12项工程被市建委评为“雁塔杯”优质工程；西安电子科技大学长安校区公共教学楼群、西北工业大学长安校区教学楼等13项工程在省级优质工程评选活动中获“长安杯”奖；西安电子科技大学长安校区公共教学楼群G栋实验楼工程荣获全国2009年度建筑工程“鲁班奖”。（冯卫东　高　波）

房地产业

【概况】 2010年，西安市长安区房产管理局更名为西安市长安区住房保障和房屋管理局。据区政府办公室《关于印发西安市长安区住房保障和房屋管理局主要职责内设机构和人员编制规定的通知》（长政办发[2010]69号），区房管局承担全区住房保障、住房制度改革、房屋产权产籍管理等12项职责。内设办公室、住房保障科、产权产籍管理科、房屋市场管理科、房屋物业管理综合科5个科室；下辖长安区房地产交易服务中心、长泰房地产价格评估中心、长安房地产测量事务所、长安区房屋租赁管理所和长安区物业管理公司、长安区城西区物业管理所2个物业公司及沣峪、郭杜、引镇3个基层房管所（注：原斗门房管所划归沣渭新区）。2010年末，有职工198人。其中党员105人，退休职工12人。

2007～2010年，区房产局围绕区委、区政府“实施追赶战略、谋求跨越发展”目标，遵循“和谐人居、生态人居”理念，立足区情，内强素质，外树形象，突出抓好住房保障、房屋产权产籍管理等工作，依法查处房地产开发、交易、使用和物业管理等活动中的各种违法违纪行为。连续被西安市住房保障和房屋管理局评为“住房保障工作先进单位”、“物业管理先进单位”；被西安市房地产协会评为“优秀会员单位”；被区委、区政府评为“文明单位”、“目标责任综合考评优秀单位”和“财税工作先进集体”；被区总工会评为“先进集体”等。

【住房保障】 根据《西安市城镇廉租住房管理办法》及《实施细则》，结合长安区实际，2007年9月，区房产局出台《长安区城镇廉租住房管理办法》及《实施细则》，规定资金筹措渠道以及相关部门职责、保障方式、年审办法等。采取以租金补贴为主，实物配租为辅，租金补贴与实物配租相结合的方式，分年度逐步解决城镇低收入家庭住房困难问题。2008年，西安市长安区经济适用住房和廉租住房建设领导小组成立，副区长杨根民为组长，区政府办副主任李海龙和区房产局局长贺金田为副组长。2009～2010年，全区共发放廉租住房租金补贴271.8万元，累计保障城镇低收入家庭住房2871户。

【商品房建设管理】 2007～2010年，长安区加快商品房建设步伐，天都、太浩、长建、吉源等23家知名房地产企业在长安从事商品房开发。富力城、国色天香、雅居乐、长安相府、吉源晶鑫丽座、太阳

2007～2010年住房保障工作有关情况

年份	保障城镇低收入家庭（户）	发放廉租住房租金补贴（万元）	占全年总任务（%）	入住廉租房（户）
2007	—	—	—	—
2008	732	55	112.6	—
2009	1020	99.8	115	—
2010	1119	117	102	105

2007—2010年商品房建设情况

年份	开发量（万平方米）	销售量（万平方米）	二手房交易（户）
2007	80.8	60	850
2009	135.4	50.6	618
2009	84.8	62.8	889
2010	101	94.2	1166

水岸新城等一批设计合理、环境优雅、配套齐全的楼盘相继建成。商品房开发与销售保持较快增长速度，推动了长安房地产业的持续快速发展。4年全区房地产开发面积402万平方米，销售面积267.6万平方米；二手房交易3523户。

【经济适用房建设管理】 经济适用住房是指政府提供政策优惠，限定建设标准、供应对象和销售价格，具有保障性质的政策性商品住房。根据《西安市经济适用住房管理办法》及《实施细则》规定，长安区的经济适用住房纳入市级管理，从项目审批到个人资格准入，均由西安市住房保障工作领导小组办公室统筹管理。

至2010年末，长安区开工建设的经济适用住房项目有圣合家园、长安星园、青海石油长安住宅小区3个。

圣合家园项目 位于长安区广场西路，占地28.93公顷，计划投资16亿元，建设经济适用住房5359套57万平方米，由陕西圣合实业发展有限公司分三期开发建设。一期投资5.5亿元，建筑面积26万平方米。其中建设经适房2310套22万平方米，容积率1.89。2009年11月交付使用。二期计划投资6亿元，建筑面积18万平方米。其中建设经济适用房1611套13万平方米，并按照规定配建廉租住房42套，计划2013年5月竣工。三期投资4.5亿元，建筑面积13万平方米。其中建设经济适用房1438套11万平方米，配建廉租住房96套（含一期配建）4700平方米。计划2011年底竣工。

长安星园项目 位于长安区郭杜教育科技产业开发区文苑中路，占地面积5.87公顷，计划投资4.18亿元，建设经济适用房2096套21万平方米，由西安森特置业有限公司建设。至2010年末，一期5.5万平方米已经封顶，二、三期准备开工。

青海石油长安住宅小区 位于长安区航天西路，占地面积4.87公顷，规划建设经济适用房1301套15万平方米（其中内部职工建房1086套11万平方米，对外销售215套1.88万平方米。）容积率3.5，投资2.6亿元，由西安长韦青海石油长安住宅小区建设有限责任公司建设，至2010年末已交付使用。

【廉租房建设管理】 按照《西安市城镇廉租住房管理办法》及《实施细则》，城镇廉租住房是指政府实施社会保障，为城镇最低收入家庭的住房困难户提供租金补贴或者租金相对低廉的住房。

长安区实施城镇廉租住房保障分两步走：首先，在未建成廉租住房之前，由区财政为城镇最低收入家庭住房困难户提供租金补贴。自2009年实施廉租住房补贴，补贴标准为：2010年9月底以前，每人每月40元；当年10月1日起，按照西安市住房保障工作领导小组要求，提至55元。其次，按照市政府要求，2009年7月，长安区在韦曲街道双竹村征地1.6公顷，建设廉租住房372套18600平方米。其中一期工程占地0.67公顷，建筑面积9600平方米，共3幢6层192套住宅楼。2010年7月，区建筑管理处验收合格。2010年11月，分次举行分房仪式。经审核、公示，符合入住条件的105户城镇低收入家庭，经过摇号、抽签，领到廉租房钥匙。至2010年末，二期廉租房项目已经完成各项前期准备工作。

【产权产籍管理】 2007～2010年，区房管局加强房屋权属登记发证工作，依照《中华人民共和国产权产籍管理办法》，通过严格登记审核、准确测量、完善产籍资料，规范档案管理等步骤，建立房屋产权产籍管理体系。以“让群众满意”为宗旨，按照廉洁、务实、高效的要求，规范办事程序，严格依法行政，改善服务态度，提高办事效率。在房屋交易、拆迁和城中村改造评估中，根据项目性质、用途、权属、面积、结构、成新（建筑年代）、层高等实际，科学合理地进行评估与价格认定。

2007～2010年区房管局房产登记办证及交易评估情况

年份	登记办证（户）	交易评估（户）
2007	7986	4140
2008	2800	1560
2009	19812	2917
2010	17654	2062

2009～2010年，区房管局共办理二手商品房交易1927户，交易面积17.8万平方米。

【房地产市场管理】 2007～2010年，区房管局从四个方面完善房地产市场的监督管理体制，加大房地产市场管理力度。一是加强商品房预售管理。要求开发企业和中介服务机构在未取得商品房预售许可证情况下，一律不得预售；取得预售许可证的商品房项目，要在10日内一次性公开全部准售房源，严格依照所申报价格明码标价进行销售。二是加强商品房买卖合同管理。区房管局完善合同示范文本，推行商

2007～2010年长安区房屋市场管理情况统计表

年份	处理房屋纠纷（件）	发放商品房预售证(宗)	办理商品房合同备案（户）	开展房产联合执法检查（次）
2007	49	29	5262	4
2008	30	42	4350	4
2009	38	28	12275	6
2010	74	33	9513	6

品住房买卖合同网上备案制度。三是加强对房地产销售代理和房地产经纪的监管。规定：实行代理销售商品住房的开发企业，必须委托在房管局备案的房地产经纪机构代理；房地产经纪机构和执业人员不得炒卖房号，不得发布虚假信息和未经核实的信息。四是加大执法检查力度，加强房地产广告管理。未经备案的房地产广告一律不得发布，严厉处罚违规发布者。2008年5月，区房管局内设政策法规科，进一步加大房地产市场政策宣传和市场监察力度，严厉打击无预售许可证提前销售和发布虚假广告欺骗消费者等违法行为，妥善处理房屋纠纷，净化和规范了全区房地产市场秩序。

【房产推介】 2007～2010年，区房管局组织相关单位、地产商先后赴汉中市、安康市、延安市、榆林市、宝鸡市，甘肃兰州市和青海西宁市举办“长安房产行”活动，并参加西安市春季、秋季住宅产业博览会，展示“经济、生态、文化、科教四强区”成果及融发心园、富力城、盛世长安、雅居乐等20余个精品楼盘。

【房地产发展论坛】 2009～2010年，区房管局连续在曲江国展中心举办“长安房地产发展论坛”。来自房地产行业的专家学者、政府领导以及辖区内30多位房地产开发企业负责人共同回顾“十一五”时期全区房地产业发展历程，总结、交流经验，对“十二五”时期房地产业发展规划提出意见和建议。

2007～2010年长安房产行活动成果一览表

活动时间	活动地点	发放宣传单（份）	接待购房咨询者（人）	意向销售房屋（套）
2007年9月	汉中市　安康市	200000	20000	120
2008年9月	宝鸡市　兰州市	300000	40000	50
2010年9月	延安市　榆林市	13000	15000	89

2007～2010年长安区参加住宅产业博览会情况一览表

时间	地点	发放宣传单（份）	接待购房咨询者（人）	意向销售（套）	签订购房合同（份）
2007年	—	—	—	—	—
2008年9月	曲江国展中心	100000	20000	200	18
2009年春秋季	曲江国展中心	100000	30000	240	15
2010年4月	曲江国展中心	100000	30000	240	9

2007～2010年长安区物业管理一览表

年份	物业培训（次）	查验物业资质证（家）	收缴房屋维修基金（万元）
2007	3	16	1634.21
2008	1	17	2887.71
2009	1	18	3385.59
2010	1	19	10922.96

【物业管理】 2010年，长安区共有物业管理企业52家，管理小区70个，建筑面积390万平方米。2007～2010年，区房管局对物业公司引入竞争机制。2006年3月，制订《前期物业管理招投标实施方案》，并付诸实施。至2010年末，全区有15个房地产项目实施招投标，对物业管理从业人员，采取观摩学习和在岗培训，举办6期物业管理培训班，系统培训全区物业管理从业人员。2009～2010年，全区先后有3个单位获得“市级文明小区”和“省级示范小区”称号。同时，区房管局遵循“业主所有，专户存储，政府监管，规范使用”原则，制订维修资金管理制度，做到分户建账计息，专款专用。2007～2010年共收缴房屋维修资金18830.47万元。

【一厅式办公　一条龙服务】 2007年6月，区房产局实行“一厅式办公、一条龙服务”，办理二手房交易、过户、办证业务。2009年3月，针对全区商品房销售增多，产权产籍登记手续繁复，工作量大的现状，区房产局调整产权产籍科与交易中心办公地点，简化房产初登、抵押、按揭、打印、发放房产证手续，方便群众办理。同时，采取由交易大厅1个科室负总责的方法，解决办理环节繁多、效率不高的问题；建立长安房产信息网站，设置新闻动态、阳光售房、政策法规、中介服务、公示公告等5个专栏。并在交易大厅设立办事程序栏、政务公开栏、机关科室平面图、咨询台。

【契税收缴】 2007～2010年，区房管局依照《中华人民共和国契税暂行条例》，严格执行区政府、地税长安分局关于契税收缴的有关规定，分别收缴财政契税1500万元，1500万元，4123万元和6612万元。

（程选成）

公用事业

综　述

2007～2010年，长安供电分局以建设“一强三优”供电企业为目标，把科技领先，加快企业发展作为发展“硬件”和“骨架”，紧抓国家拉动内需及新一轮农网改造机遇，加快农村电网建设与改造。在“依法治企年”活动中，以节能降损为中心，全面提高安全管理水平，有针对性地开展营销及普查工作，加大电网建设资金投入，努力构筑坚强电网；加强行风建设，提高优质服务水平，进一步推进“专业化、标准化、规范化”建设，加强农电管理，并以创建“降损节能示范县（区）”为目标，努力降低能源损耗，提高供电优质服务水平和员工队伍综合素质；深入践行科学发展观，超前规划农网建设，加大人力、物力、资金投入，推进农网工程标准化建设。以“电力先行官”身份，认真践行“新农村、新电力、新服务”农电发展战略，规范用电管理，大力推进农村电气化基础设施建设和改造，保障电力供应，促进和谐发展。2010年，按照陕西省电力公司安排，长安供电分局启动电气化建设工程，为改善农村电网结构，加速农村城镇化建设，始终把长安新农村电气化建设作为一项重要内容，本着“科学规划，分步实施，注重实效，整体推进”原则，从实地考察入手，制定规划和实施方案；从加强行风建设、职工培训和加大科技投入入手，不断提升电网运行质量，提高服务水平。经过一年时间的建设，全面完成12个乡街204个村新农村电气化建设任务。通过进一步优化农村电网结构，消除用电瓶颈，提高供电质量，降低低压线损，提高供电可靠性，实现线路架设规范、电压稳定、电能质量优良和供电服务优质的农村安全用电环境，不仅为农村经济发展提供有效供电保障，同时也为供电系统赢得良好经济效益。

电　力

【概况】 长安供电分局是西安市供电局直属的驻区全民所有制企业，担负长安区25个乡、街道和蓝田县史家寨乡工农业生产、人民生活供电任务。2008年8月，长安供电分局机关由韦曲街道西长安街38号搬至韦郭路新址。内设办公室、安监科、生技科、营销科、农电科、财务科6个职能科室和临时机构农网改造办公室1个；下辖20个班组、32个供电所、3个农电电费核算中心。截至2010年末，共有主业职工179人，农电员工561人。

【电网情况】 截至2010年末，长安供电分局电网运行情况为：35千伏变电站5个，分别为马王、蒲阳、杜曲、太乙、鸣犊。共有主变11台，总容量92兆伏安；35千伏送电线路9条/95.5千米；10千伏开闭所9个；10千伏配网线路89条/1473.35千米；局管配变1642台/295.57兆伏安；用户自管配变1545台/408.38兆伏安；电力电缆264条/6.2千米，400伏低压线路4400千米。

【电力经营】 2007～2010年，长安供电分局加大电网建设投入，加强电力经营管理，供售电量连年大幅增长。2010年供电量11.23亿千瓦时，售电量9.66亿千瓦时，供售电量位居西安市县级供电企业首位。

长安供电分局2007～2010年供售电量统计表

单位：亿千瓦时

年　份	供电量	售电量
2007	7.3	6.69
2008	8.2	7.62
2009	9.4	7.91
2010	11.23	9.66

【电源点建设】 2008年，长安供电分局配合西安供电局在长安区完成330千伏上苑变电站新建主变压器2台总容量720兆伏安，新出330千伏线路6条，110千伏10条；完成110千伏南雷变电站升压改造：新建主变2台总容量100兆伏安，新出110千伏乳南一线、二线。2010年，向西安市供电局申报110千伏韦郭变电站和常宁变电站建设项目。预计韦郭变电站占地面积6000平方米，主变2台总容量100兆伏安；常宁变电站占地面积18000平方米，主变2台总容量100兆伏安。

【35千伏变电站过负荷改造】 2007～2010年，长安供电分局投资600万元，完成鸣犊变电站主变增容两台10兆伏安，将沣峪变电站降压改造为沣峪开闭所，新建10千伏线路2.1千米，敷设电缆0.5千米，安装高压配电柜13面，太乙变电站增容主变1台容量5兆伏安，马王变电站过负荷

改造增容主变1台容量5兆伏安，更换高新开发区1～5号开闭所保护装置开关。

【城农网改造】 2007～2010年，长安供电分局紧抓国家拉动内需及新一轮农网改造机遇，加快农村电网建设，持续进行电网改造。总投资2亿元，完成农网改造项目223项。其中，农村低压电网改造项目157项，10千伏线路改造及改善电网结构等项目65项，35千伏线路改造项目1项。新建35千伏线路1条7.5千米，新建、改造10千伏线路26条310.25千米；新建及改造400伏低压线路674.56千米，改造村组236个/75000余户；新架及更换配电变压器683台容量164兆伏安，安装无功补偿装置136台容量约13兆乏。通过电网改造和建设，优化长安城乡电网结构。2010年，农村供电可靠率99.7069%，电压合格率98.51%。

【电力服务】 2007～2010年，长安供电分局深化优质服务，坚持供电服务“十项承诺”和员工服务行为“十个不准”，加强规范化服务窗口建设，推出电费邮政储蓄、信合等便民服务手段。定期召开行风监督员座谈会，走访客户，加强行风自律，行风建设连续4年获得长安区公共服务类第一名。2008年，在雨雪冰冻灾害、“5·12”汶川大地震中，长安供电分局履行社会职责，加强灾后线路抢修维护，赢得政府和当地群众称赞。北京奥运会保电期间，长安供电分局协调农村生产、生活用电与迎峰拉闸限电关系，加大资金投入，进行负荷转移，对城南线、县西线、韦四线过负荷线路进行分网，缓解韦蒲线和南雷变电站过负荷问题，确保奥运保电工作完成。2008年，长安供电分局被评为长安区行风测评公共服务类免评单位。

【窗口建设】 2007～2010年，长安供电分局加强服务窗口软、硬件建设投入，推进供电站、供电所、营业大厅标准化建设。各营业窗口执行国家用电政策，实行用电管理“三公开”、“四到户”、“五统一”制度；向社会公布“十项供电服务承诺”，开通95598电力服务热线，公布电监会投诉电话，推行24小时受理辖区客户故障报修、用电咨询等业务；设立VIP服务区，制作服务连心卡、微笑服务小图标、备用雨伞等设施；缩短业扩报装工作流程、报装时限，加大对营销岗位人员服务质量的监督、检查和考核；严格执行“三不指定”，让客户自由选择设计、施工、供货单位，营造“三不指定、办事公开”的业扩报装环境。2007～2010年，子午供电所被评为省级样板供电所；城区、沣峪、斗门、韦西、引镇供电站被评为市级样板供电站；东大、黄良供电所被评为市级样板供电所；韦曲、郭杜、细柳等22个供电所被评为省级标准化供电所。

【安全生产】 2007～2010年，长安供电分局按照“整治设施隐患，防范安全风险”的要求，对事故隐患进行超前控制，杜绝电力生产人身伤亡事故、重大电网事故和人员责任设备事故发生。截至2010年末实现安全生产1883天。

【节能减排】 2008年，长安供电分局开展“节能降损示范县”创建工作，累计投资690万元，从管理、技术方面把节能降损建设要求贯穿于营销管理和电网规划、设计、运营过程。坚持细化管理，加大新技术、新产品应用，完成建设、改造10千伏线路8条43.5千米，新增配电变压器27台，调换过负荷配电变压器58台，新建400伏低压线路8.1千米，改造下户线162千米；安装农村低压计量表箱3269台，户表改造860户。10千伏功率因数达0.90以上；10千伏线损率降低2.36个百分点；400伏线损率降低6个百分点。

【新农村电气化建设】 2010年，长安供电分局启动电气化建设工程，成立新农村电气化区建设工作组，投入资金1500万元，采用集抄预付费系统、集束导线等新技术、新设备、新工艺，在电网末端推行标准化台区建设。实现城区公网“手拉手”供电，变电设备完好率及10千伏、35千伏线路完好率均为100%。11月，完成204个C类电气化村、12个电气化乡街建设任务，并通过省、市新农村电气化考评验收。

【科技与信息化】 2008年，长安供电分局投资244万元，完成县调升级改造，建成集控站监控、电网管理于一体的县级电网调度自动化和全区无功优化系统。以蒲阳地区为试点，在变电站、10千伏线路和400伏台区加装SVQR调压调容器1台，10千伏馈路加装无功补偿装置13台，400伏就地无功补偿箱38台，实现蒲阳地区电网无功自动优化；在10千伏线路和低压线路上安装扣式计量箱654台、在线监控装置208台。通过客户终端对配电变压器、计量表计以及附属的计量箱进行不间断监控，掌握和存储配变电压、电流、有功、无功、功率因数等参数，实现对高供客户远程抄表、用电异常实时监测报警。10千伏镐四线、镐五线安装计量箱后，线损率降至4.26%和4.81%，较2007年同期降低了6.78和1.14个百分点；依靠电力载波和智能IC卡技术，实现预付费IC卡售电、远程集中抄表、客户用电监控、台区线损同步计算等功能，改变了传统用电营销模式，提高用电管理水平和服务质量。（李　凤）

城市供水

【城区供水】 “十一五”期间，区水务局坚持“优质供水，服务用户”原则，确保城区供水安全。投资3500万元，建设西安航天国家民用产业基地用水工程，建成加压站2座，配套水源井3眼，新增供水能力3万立方米/日；投资343万元，实施城区旧网改造3500余米；投资1600万元，完成长安三水厂二期、三期和秦沣水厂二期工程建设，提升城区供水能力。至2010年末，长安城区供水管线130公里，年供水能力1500万立方米，供水面积30平方公里，供水人口30多万人，供水普及率90%

以上，管网水质综合合格率100%。

针对冰冻灾害和意外事故造成的供水突发性事件，区自来水公司结合全区供水管网地理分布信息，制定《长安区供水应急预案》、《长安区自来水管网抢修应急预案》，成立专、兼职抢修队伍，确保第一时间赶赴现场抢修。2007～2010年，抢修、改造损毁管线百余处，累计投入抢修资金500多万元。（屈　毅）

天然气

【城市气化工程】 2007年，全区完成天然气气化工程建设投资2560万元，铺设主体网管6.8公里，发展用户5350户。2008年完成投资3330万元，铺设主体管网7.3公里，敷设小区管网12.3公里，发展用户5580户。2009年完成投资2700万元，建设主体管网10.6公里、小区管网18.9公里，发展天然气用户8004户；组织开展天然气、液化气安全专项检查6次，入户检查300余户。2010年，完成投资2600万元，建设主体管网18公里，发展天然气用户8400户。4年无安全责任事故发生。

城市供热

【城市供热】 2006年2月，西安市长安新区热力有限公司成立，2008年10月安装2台蒸汽锅炉并投产使用，填补了长安区集中热力供暖项目的空白。2010年，热力公司有员工46人。投资累计约1.5亿元，建成占地约10公顷，建筑面积1.6万余平方米的供热车间，设计安装8台35T蒸汽锅炉，总供热能力达到280吨/小时，供热面积300余万平方米。其中已敷设供热管道6000余米，正式对外供热面积48万平方米。（冯卫东　高　波）

富力城小区

综 述

2007～2010年，西安市国土资源局长安分局作为全区国土资源管理职能部门，围绕区委、区政府“实施追赶战略，谋求跨越发展，建设四强新区”目标，贯彻执行《土地管理法》《矿产资源法》，用科学发展观统揽全局，妥善处理局部与整体、当前与长远、开发与保护关系，采取“五强五保”举措，促进长安社会经济发展。强储备，保增长：以土地收购储备为手段，推进闲置低效土地盘活利用，提高土地节约集约利用水平；建立国土资源交易市场服务体系，把国土交易大厅创办成土地、矿产信息“集散地”，定期公布市场供求信息、价格信息；储备土地216公顷，聚集建设资金11亿元。强服务，保发展：树立“提前沟通、超前介入”服务理念，畅通项目用地快速通道，实行一次性告知、科室主办、内部封闭式运行模式，做到服务项目到位、保障发展及时；批回土地1468公顷，保障区域发展用地需求；强监管，保稳定：建立共同监管责任体系，推行全方位、全覆盖、无漏洞、无缝隙排查办法，构建联合执法体系，严厉打击各类国土资源违法犯罪行为，形成依法有序用地环境。强基础，促和谐：基础能力逐年提高，办事效率和业务水平不断提升。强管理，保全盘：精细管理，优化服务，推行服务承诺、首问负责、一次性告知、并联审批、限时办结、效能投诉、失职追究、绩效考核8项制度，做到“首当其责、首见必应、首办必成”，以用地单位和群众少跑一次路，少等一分钟，少费一点心、少误一次工为服务标准，持续开展干部作风教育整顿活动。加强廉政建设，提高反腐能力，国土部门新形象明显提升，行风评议名列前茅。

国土长安分局在加强耕地保护，推进土地节约集约利用上，多措并举，扎实工作，继续以科学发展观为指导，以发展为中心，以创新为动力，增强国土资源管理能力，提高保护耕地和节约集约利用土地水平，促进长安经济社会可持续发展。

【概况】 西安市国土资源局长安分局是西安市国土资源局垂直领导，同时接受区政府领导的政府工作部门。分局机关设办公室、计划财务科、地籍地政科、建设用地科；直属事业单位有国土资源执法监察队、国有土地储备供应中心、土地整理中心、地矿资源管理办公室；全区设立22个国土资源管理所。国土长安分局肩负实施三大基本国策之一即“节约资源”重要使命，通过认真贯彻落实国家土地管理方针政策，保护资源、保障发展、维护权益、服务社会，推进长安经济与社会实现科学发展。

【建设用地报批】 2007～2010年，国土长安分局以建设用地报批为工作重点，树立“提前沟通、超前介入”服务理念，按照“安排早、执行快、用得好”原则，科学统筹安排年度用地计划指标，畅通项目用地快速通道，实行一次性告知、科室主办、内部封闭式运行办理模式，做到服务项目到位、保障发展及时。在国家土地政策日益趋紧情况下，批回73宗1564公顷土地，保障重点工程、民生工程、基础设施建设等项目用地，为长安加快发展做出贡献。

2007～2010年长安区划拨供地情况

年度	宗数	面积（公顷）
2007	4	42.7
2008	4	82.8
2009	3	25.3
2010	5	46.4
合计	16	197.2

【土地利用总体规划修编】 按照国务院办公厅、国土资源部及市政府办公厅关于开展土地利用总体规划修编工作精神，2008年5月，区政府成立长安区土地利用总体规划工作领导小组，区长、主管副区

2007～2010年长安区农用地转用和土地征收上报、审批情况

年度	上报		国务院（省政府）审批		
	宗数	面积（公顷）	宗数	面积（公顷）	
					其中：农用地
2007	49	768.9	23	397.5	370.7
2008	48	693.3	11	344.8	302.5
2009	5	103.5	31	640.2	618.1
2010	16	185.4	8	181.5	177.1
合计	118	1751.1	73	1564	1468.4

长和国土长安分局局长分别担任组长、副组长，成员包括区政府办、发改委等16个部门领导。区政府办印发《关于做好土地利用总体规划修编工作的通知》、《关于印发西安市长安区土地利用总体规划修编工作实施方案的通知》（长政办发[2008]83、84号），部署国土分局负责完成修编准备工作。修编范围为长安行政区土地总面积1580平方公里；各乡街土地利用总体规划范围为乡、街行政管辖权范围。2009年，依据第二次农村土地调查底图，调查核定农用地、建设用地、违法占用耕地、临时用地、未规划建设村庄用地面积。采取“上山、下滩、进湖”举措，落实耕地保有量、基本农田保护面积和建设用地规模。2010年4月完成区级规划，领导小组组织专家及相关部门进行修改、完善后获省、市原则通过。

【土地征用】 2007～2010年，全区征地65宗1337公顷。其中，2007年17宗218.8公顷，2008年25宗532.6公顷，2009年8宗279.6公顷，2010年15宗306公顷。在土地征用中，首先确保国家重点工程用地。如西康铁路二线工程长安段建设征地，2009年11月省政府召开西康铁路二线建设动员大会，2010年1月区政府办下发《关于印发<西安至安康铁路增建第二线长安段工程建设项目征地拆迁安置补偿实施办法>的通知》，国土长安分局拟定《西康铁路增建第二线工程项目征地拆迁安置补偿工作的实施办法》和《关于西康铁路二线工程建设临时用地有关问题的通知》，启动征地工作。年末，征用永久用地50公顷，拆迁房屋12817.93平方米，完成设计的100.21%，完成实际的66.7%，得到省国土资源厅及区政府肯定。

【土地储备与土地出让】 2007～2010年，国土长安分局以保障长安经济与社会科学发展为目标，建立国土部门牵头，乡街、部门参与的土地储备工作机制与土地规划、计划、供应、储备紧密衔接的管理体制，树立“适度储备、深度储备、梯度储备”理念，土地储备成为长安经济建设的基础资源库。同时，根据全区经济社会发展需要，确保省、市、区重点项目建设用地，适时出让，增加土地出让收入。

【土地开发与整理复垦】 2007年开发整理土地17宗26.3公顷。其中，开发1宗2.9公顷，整理15宗23.2公顷，复垦1宗0.2公顷。2008年开发整理土地16宗23.5公顷。其中，开发11宗16.2公顷，复垦5宗7.3公顷。2009年开发整理土地4宗13.3公顷。2010年开发土地3宗11.5公顷。

【国有土地使用权登记与建设用地预审】 2007～2010年，国土长安分局依据国务院及省、市、区各级政府颁布的法律、法规及相关文件，完善国有土地使用权登记、建设用地预审制度。执行情况见下表：

【第二次土地调查】 根据《国务院关于开展第二次全国土地调查工作的通知》（国发[2006]38号）及省、市政府精神，2007年启动长安区第二次土地调查工作。区政府成立领导小组，组长由区长担任，副组长由主管副区长和国土分局局长担任，成员由区发改委、财政局等11个政府部门领导组成。区政府下发《关于开展第二次土地调查工作的通知》《关于批转西安市国土资源局长安分局开展全区第二次土地调查实施方案的通知》并召开动员大会。2007年完成调查准备工作。2008年完成辖区45平方公里1400余宗土地权属调查、地籍测量及内业整饰；完成农村土地调查试点乡（杨庄乡）权属调查、地类调查和边界调绘工作。2009年完成城镇地籍调查宗地表格填写、界址标志设立和数据库建设，并于4月、9月通过市级监理和验收。农村部分地籍调查工作有序开展，完成1：10000外业调绘图86幅，填写集体土地所有权调查表590本，数据库全面建成，11月上交国土资源部。2010年1月完成外业调绘工作，3月完成内业建库，形成标准分幅土地利用现状图、基本农田分布图等18种图表，第二次土地调查工作报告和技术报告等6种报告。

【基本农田保护】 国土长安分局采取4项措施，确保全区基本农田面积不减少，质量不降低。一是完善乡街第一负责人为

2007～2010年长安区土地储备情况

年度	组织实施		批回	
	宗数	面积（公顷）	宗数	面积（公顷）
2007	41	211.1	21	98.4
2008	29	179	1	13.3
2009	14	123.1	3	23.9
2010	40	344.1	4	80.3
合计	124	857.3	29	215.9

2007～2010年长安区有偿出让土地情况

年度	挂牌出让		协议出让		收缴土地出让金（亿元）
	宗数	面积（公顷）	宗数	面积（公顷）	
2007	16	6.79	7	7.49	1.1
2008	2	3.33	6	10.84	1.8
2009	2	16.05	1	39.71	2.2
2010	3	21.14	6	4.33	6.2
合计	23	47.31	20	62.37	11.25

2007～2010年长安区国有土地使用权登记、建设用地预审情况

年份	国有土地使用权登记		抵押登记		土地确权、纠纷、复议案件		建设项目用地预审	
	宗数	面积（公顷）	宗数	面积（公顷）	受理宗数	办结宗数	办理宗数	面积（公顷）
2007	106	249.9	21	162.7	19	10	24	312.42
2008	75	126.5	29	125.07	2	2	40	8614.21
2009	69	115.6	23	77.26	10	9	29	627.37
2010	86	196	14	132.60	3	3	32	369.65
合计	336	688	87	497.63	34	24	125	9923.65

行政区域内耕地和基本农田保护责任人考核机制，区政府与各乡街、分局与各国土所签订目标责任书。建立基本农田信息化管理系统和基本农田保护台账，做到档案、图件、数据齐备，图、表、实地相一致。二是坚持耕地保护制度和节约用地制度，实行农地用途管制，依照土地利用总体规划和国家供地政策等规定，审查项目用地各项指标，凡不符合规定的，坚决予以退回。三是执行区政府《关于进一步规范全区土地征收工作的通知》（长政办发[2009]199号），建立健全“批前早介入，批中严把关，批后重监督”机制。四是大力宣传土地法律法规，强化土地执法监察措施和力量，增加巡查频次，将违法用地降到最低。

【土地执法监察】 2007年，为贯彻落实国土资源部《关于进一步从严土地管理的紧急通知》精神，区委、区政府作出《关于进一步加强土地管理工作的决定》（长发[2007]31号），区政府办下发《关于进一步开展查处土地违法、违规案件专项行动实施方案》（长政办发{2007}92号）文件，开展查处土地违法违规案件专项行动和百日行动，依法拆除并恢复土地24宗。对涉嫌非法批地的59宗案件，向西安市监察局移送10宗，向区监察局移送49宗。对4个乡镇、街道涉及违法违规用地行为的7名村干部提出处分建议。同年9月，国家监察部和国土资源部督查组莅临长安检查指导，评价专项行动达到预期效果。2008年，国土长安分局巩固专项行动和百日行动成果，全年查处土地违法案件61宗，移送公安机关21宗，申请法院强制执行56宗，对4宗小产权房严肃查处。2009年开展土地执法“春季行动”，对13宗违法用地进行查处，通过市局验收；开展全国第9次卫片执法检查工作，拆除违法建筑物28525平方米，恢复土地14公顷，移送公安机关3宗，提出党政纪处分建议书4人，申请人民法院执行6宗，追缴罚款59.76万元，通过省厅和国家土地督察西安局的检查验收；开展土地执法专项行动，拆除违法用地10宗，恢复土地5.5公顷，立案查处7宗；重拳打击毁田挖沙，对王莽乡6户采石场房屋和设备进行拆除、捣毁，拆毁、击沉兴隆、五星、细柳非法采砂船30余艘，对临建设施依法进行强制拆除取缔。对违法用地行为始终保持严打高压态势，组织较大规模联合执法行动34次。12月，区政府组织7个部门出动680余人，动用机械6台，拆除18宗违法用地。查处违法案件136宗，立案率100%；申请法院强制执行108宗，提出党政纪处分建议书3宗，移送公安机关20宗，结案率96%。核查第十次卫片检查涉及图斑，对4宗违法用地采取拆除、移送、提出党政纪处分和处罚处理。建立和完善土地执法监察责任制、每周巡查报告制度、国土所与公安派出所联合办案机制等10多项规章制度，土地执法工作日趋规范，长效管理机制基本形成。

【地质灾害防治】 逐年编写“地质灾害防治方案”和隐患点防、抢、撤方案，与有关乡街签订《地质灾害防治责任书》，坚持“预防为主、群测群防”方针，把《地质灾害防灾工作明白卡》和《地质灾害防灾避险明白卡》发放到群众手中。2007年11月，引镇街道胡留村发生滑坡，分局连夜开展抢险工作，并对全区85个隐患点进行拉网式排查，及时处理3处险情。2008年“5.12”汶川大地震后，分局领导带领有关干部赴鸣犊、魏寨、大兆、砲里等地质灾害多发区检查防灾工作，利用双休日对全区82个地质灾害隐患点进行拉网式排查，制订防治预案。2009年8～9月，大兆街道常兴村、王曲街道南堡寨等8处出现崩塌、滑坡等灾情、险情，分局组织人员赶赴现场，协助街办和乡政府做好应急处置。2010年对82处地质灾害隐患点全面排查5次，在40个主要地质灾害隐患点设立永久性警示标志。帮助74户群众在安全地带建起新房。

【整顿砖瓦黏土资源开发秩序】 2007年，调查全区砖窑数量、位置、面积、生产情况，关闭高速路两侧1公里范围和城市规划区砖窑42户，拆除非法窑体45个，完成市局下达的关闭任务。2008年协助市局编制《西安市砖瓦黏土资源规划》，关闭砖窑10个。2009年调查全区砖窑数量、分布、用地、生产等情况，制订《长安区砖瓦黏土资源开发利用规划》、《长安区关闭砖窑的意见》和《长安区砖瓦黏土资源管理办法》，选择10处资源存量好的地段为1期中低产田改造点。2010年，《长安区沙石资源开发利用规划》通过市国土资源局专家评审。

【集体建设用地清查与农村宅基地管理】 2010年7～10月，国土长安分局印发《长安区农村宅基地暨集体建设用地专项整治行动实施方案》，在公、检、法及城管执法局配合下，抽调110人，分成10个小分队，完成全区农村宅基地、出租用于非农建设的村集体土地、村两委会阵地建设用地以及农村教育、交通、卫生、计生、人饮等民生工程用地调查登记，为加强农村建设用地管理提供翔实的基础资料。在宅基地管理中，严格审查申请户条件，坚持两次公示制度，确保宅基地审批公开透明、规范有序。2007年审批宅基地685户，2008年审批宅基地1095户，2008年12月宅基地审批冻结。2007年在100个村开展村民宅基户籍化管理试点，完成150个村村民宅基户籍化管理任务。2010年根据土地管理有关法律、法规，起草《长安区宅基地管理办法》。

【农村集体土地使用权流转】 2007年，省、市同意将流转范围由原来的6个街道、乡镇扩大到全区。2008年区政府下发《农村集体建设用地使用权流转实施意见》。2010年组织干部赴成都、重庆学习集体建设用地使用权流转经验，制订《西安市长安区集体建设用地使用权流转管理暂行办法》。2007～2010年办理流转农村集体建设用地31宗29.5公顷。（南明涛）

综　述

2007～2010年，环保长安分局在长安区委、区政府和西安市环境保护局领导下，围绕建设生态强区大局，以治污减排和“创模”为重点，强化环境监管，治理环境污染，辖区环境质量保持持续改善态势。2007～2008年，环保长安分局连续2年被西安市环境保护局评为环保系统精神文明建设先进单位，获2007年度培训教育工作先进单位称号。2008年，环保长安分局修订《环保长安分局工作制度汇编》，完善档案室建设，分局通过陕西省档案管理AAA级资格认证。2009年，长安区内4条主要河流水质保持地表水Ⅲ类标准，达到功能区划标准，地表水体考核断面监测值好于2008年。2010年2级以上良好天数304天，比2007年增加10天。2007～2010年，长安区饮用水源地水质达标率100%；12369热线24小时畅通，环保长安分局设立信访接待室，建立领导干部挂牌群众点名接待制度；“六·五”世界环境日纪念宣传活动期间，环保长安分局组织20次以上大型宣传活动，发放宣传资料5万余份，30余万人受到教育。环保长安分局在市区环境保护目标责任考核中，连续4年获一等奖。

【概况】 西安市环境保护局长安分局（以下简称环保长安分局）主要职责是对辖区环境保护实施监督管理。内设办公室、管理科、综合科3个科室；下辖环保长安分局环境监理站（以下简称长安监理站）、环保长安分局环境监测站（以下简称长安监测站）2个事业单位；有干部职工57人，其中公务员及参照公务员管理27人；中高级以上职称13人。2007～2010年，环保长安分局在西安市、长安区环境保护目标责任考核中，连续4年获一等奖；2007、2008年连续2年被西安市环境保护局评为环保系统精神文明建设先进单位，并获2007年度培训教育工作先进单位称号。

【环境状况】 2007～2010年，环保长安分局执行《西安城市饮用水源污染防治管理条例》，每月对长安区石砭峪、沣峪地表水源地保护区和沣浥地下水源地保护区进行环境安全检查，长安区饮用水源地水质达标率100%。4年全区空气质量保持持续良好态势，2010年2级以上良好天数比2007年增加10天，达到304天。

2007年，在全区关闭造纸企业5家，拆除4家造纸企业的化学制浆生产系统；实施造纸企业零排放工程3家、节水减排工程5家、安装在线监测设备3家，消减COD3277吨，节水2700万吨。

【水污染治理】 2007年，环保长安分局首先启动驻区各高校污水处理厂建设项目，7所高校生活污水处理设施建成投入运行；二是对水源地周边的养殖、造纸、印染、淀粉、化工等行业情况进行登记，建立重点污染源档案，规范水源地标识和标志，通过陕西省、西安市专项行动检查组和西安市创卫检查组验收；三是制订长安区医疗废水专项整治工作方案，在医疗单位开展“创卫百日整治行动”，全区有4家医院完成医疗废水处理工程建设。2008年，西北大学现代学院和西京学院2所高校建成生活污水处理设施；完成长安区污水处理厂建设并投入试运行；环保长安分局启动长安区“三河”（沣河、滈河、浐河）治理工作。2009年，西北大学现代学院、西京学院生活污水处理工程投入运行，西安翻译学院和西安三资职业学院生活污水处理工程开工建设；陕西职业技术学院完成生活污水处理设施建设项目规划；长安区污水处理厂通过陕西省环境保护厅验收，正式运行，处理能力达到设计能力的70%以上，城区生活污水得到有效处理。区内4条主要河流水质保持地表水Ⅲ类标准，达到功能区划标准，地表水体考核断面监测值好于2008年。环保长安分局在210国道沣峪口设置危险化学品检查站，加强对过境运输车辆监管，禁止运输危险品、爆炸品和有毒有害化学品车辆通行210国道沣峪口以南路段，防止饮用水源污染事故发生。

2010年，环保长安分局贯彻执行《西安市渭河流域水污染补偿暂行办法》，治理“三河”沿线排污口，“三河”出境断面水质达到西安市规定指标；11月，环保长安分局绘制了长安区水污染源分布图。

【环境监察】 2007～2010年，环保长安分局严格执行环境影响评价和“三同时”制度（建设项目中防治污染的措施，必须与主体工程同时设计、同时施工、同时投产使用），扶持技术先进、无污染的清洁生产工艺和高科技项目，否决“两高一资”（高耗能、高污染和资源性）行业、不符合国家产业政策和选址不合理的污染项目。实施环境监理站各中队包重点行业和乡镇、街道责任制，开展“整治违法排污企业保障群众健康”环保专项行动，重点解决长安饮用水源、造纸、电镀、涉铅冶炼等环境违法问题，组织执法行动30余次，依法关闭、取缔和逼退污染企业70多家。中、高考期间，环保长安分局开展“绿色护考”行动，出动百余人次，对学校周边100米范围内的工地、舞厅、音像店、金属加工厂、汽车修理店等噪声污染场所巡回监督检查，为广大考生创造良好的应考环境。对辖区危险废物产生单位的申报、标识、转移联单制度定期检查并规范转移联单制度，督促各单位完善环境污染事故应急预案。城区医疗垃圾由西安卫达公司集中处置，感光材料废物由陕西康泰回收处理公司集中处置，处理率100%。

2007年，环保长安分局完成西安航天总医院等3个单位的《排污许可证》核发工作；接待项目单位49家，审批35家，拒绝审批8家，对4家建设项目进行竣工验收；出动执法人员176人次，检查企业单位58个，对8家下达停产通知书并责令限期补办环境影响评价手续；完成韦曲科技产业基地规划环境影响评价和郭杜教育科技产业开发区规划环境影响评价编制工作。2008年，接待项目单位54家，审批5家；在各乡街配合下，入户调查、数据录入实施污染源普查工作。经调查，全区有各类污染源1819个。2009年，环保长安分局参加区政府招商引资项目评审会4次，评审项目16个，其中通过14个总投资额30.68亿元；联合区质监、工商、公安等部门和斗门街办开展环境污染综合整治，关闭东盛防水材料厂等重污染企业5家，捣毁非法塑料炼油企业5家。2010年，下达限期验收通知书和行政处罚事先告知书单位10家，下达实施行政处罚单位4家，9月完成项目验收。开展城乡结合部环境综合整治，开展联合执法行动4次，取缔违法排污企业74家，拆除绕城高速公路两侧燃煤设施89台。钱引安副市长先后组织各区县分管领导在长安区召开现场会2次。

【污染减排核查监管】 2007年，长安区完成COD减排量3227吨，超额完成任务1052吨，超额48%；完成SO_2减排2780吨，超额完成任务664吨，超额31%。2009年，环保长安分局以区政府名义制订下发《西安市长安区2009～2010年度主要污染物总量减排实施方案》（长政办发〔2009〕54号）。长安区17个减排项目按计划投入运行，COD削减7120吨、SO_2削减984吨。2010年，全区18个减排项目实现COD削减6100吨、SO_2削减1736吨。

【环境信访】 2007～2010年，12369环保投诉热线24小时畅通，环保长安分局设立信访接待室，建立领导干部挂牌群众点名接待制度。4年接到各类污染投诉2198起。其中，水污染77起、大气污染744起、噪声污染1321起，承接省、市环保部门批转的污染投诉信访件37起、生态环境破坏类投诉4起、固体废弃物污染6起、其他类39起，办结率100%。办理人大建议5件、政协提案3件，办结率和满意率100%。

【环保宣传教育】 2007～2010年，每年“六•五”世界环境日，环保长安分局通过邀请区领导电视讲话、设立宣传点、广播宣讲、发放传单、摆放展板、集体签名、大学生环保志愿者和新闻媒体参与等形式，组织大型宣传活动20次以上，发放宣传资料5万余份，30余万人受到环境保护教育。2007年，“科技之春宣传月”活动中，环保长安分局在杨庄乡向群众发放环保书籍400多册；联合区教育局在全区中小学开展“我爱美丽的西安，我爱美丽的校园”作文竞赛，39名学生获奖，环保长安分局获组织奖。2008年，环保长安分局在长安电视台开设环保宣传固定栏目，每天播出《美丽地球 精彩生命》生态纪录片，至2010年，播出800多集。2009年，环保长安分局建设“环保一条街”、“环保一条路”和大型国策宣传牌；组织“每周少开一次车”《倡议书》宣传活动；开展“四进”（环保知识进校园、进企业、进社区、进村庄）宣传活动，发放宣传资料1万余份；开展“西安康明斯杯”公众节能减排优秀技艺评选活动，推荐20名参赛者参加市级评选，获得一等奖1名，三等奖2名；编印《环保知识宣传手册》，长安区区长为书作序并下发全区。

【绿色文明示范工程】 2007～2010年，长安区建立由11个部局参加的长安区创绿联席会议制度。196个单位被长安区“创绿”办命名表彰，16个单位受到西安市“创绿”办命名表彰。2007年，长安二中通过省级绿色单位验收；2009年，长安六中接受省级绿色单位验收。

【农村环境保护】 2007～2010年，环保长安分局每年召开农村环保工作及业务培训会议，对全区乡街负责人和环保专干集中培训。

2007年，在25个乡街各建成1个农村水源地保护示范工程，截至2009年，建成农村水源地保护示范点75个；环保长安分局对1个生态文明镇和8个生态文明村进行命名表彰，在杨庄乡启动环境优美乡镇创建工作，完成规划编制；将杨庄乡南佛村确定为农村小康环保示范村。2009年，环保长安分局完成陕西迪隆生态科技有限公司畜禽养殖污染防治，陕西强健复合肥有限责任公司废弃物资源化利用示范工程建设；完成引镇街道、五台乡2个市级环境优美乡镇和引镇街道西堡村等5个市级生态村创建工作；在滦镇街道上王村建成集中式农家乐生活污水处理工程；在灵沼乡上南丰村建设秸秆综合利用示范基地，集中处理农作物秸秆，配套建设600户沼气池；启动农村生活垃圾三级收集网络建设，实施“村收集、乡（街）转运、区消纳”网络建设，完成沿山8个乡街收集网络建设工作，并在滦镇和王曲街道各建成1座垃圾压缩站。2010年，环保长安分局启动引镇、细柳2座垃圾压缩站建设；完成陕西竹园种猪场畜禽养殖污染防治和宏达禽业有限公司屠宰场废弃物资源化利用示范工程建设；建成王莽、子午街道2个市级环境优美乡镇和东大街道庆镇村等5个市级生态村；筹集资金136万元，在五台街道建成1000吨/日的生态法生活污水处理工程。

【环境监测】 2007～2010年，环保长安分局通过对全区所有河流断面、自然降尘监测点位、重点水气污染源、承担减排任务的单位和烟控区内锅炉、营业性炉灶定期现场监测，出具监测报告1000多份。2007年，环保长安分局通过陕西省计量认证考核组考核评审。同年，长安区政府与西安市环境保护局签订协议，建设长安区空气自动监测子站。2010年9月，长安监测站在西安市环保局基层环境监测站业务竞赛考核中，获团体第一名。

【秦岭北麓生态保护】 2007年，根据区委、区政府《关于进一步加强秦岭北麓资源及生态环境保护工作的决定》，环保长安分局结合“乡村清洁行动”，联合区市容、卫生部门检查沿山农家乐及休闲垂钓场所，要求对生活垃圾分类袋装集中处置，禁止向河道堆放和随意倾倒，生活污水必须按规定处理后排放。联合区国土资源局对6家矿产开采企业进行全面检查。2008年，定期检查非煤矿山和尾矿库设施，遏制无序开发和违规建设现象。2009年，查处西安建业有限公司胡留村石料厂和西安天赐矿业有限公司破坏山体问题，东大街道新联村违法建设问题和杨庄乡小庙村土法炼金问题。2010年，以长安区西安建业石料有限公司胡留石料厂等4家矿山为重点，坚持每月检查秦岭北麓区域建设项目“三同时”情况，严把秦岭北麓建设项目环境影响评价审批关，有效保护秦岭北麓生态环境。

【大气污染防治】 2007～2010年，环保长安分局组织扬尘污染控制大检查20余次，拆除燃煤锅炉45台。在夏秋两季秸秆禁烧工作中，出动车辆400余台次，人员1500余人次。2008～2010年，长安区连续3年实现全区秸秆禁烧“零火点”，综合利用率98%。

2010年，制订《长安区扬尘污染防治工作实施方案》和《长安区扬尘污染防治工作考核办法》，与建筑施工工地签订扬尘污染控制目标责任书，由区环保、建设、市容、城管执法部门每周检查1次，每2周组织1次联合检查并出1份简报，发至各责任单位和施工工地，落实“三级挂牌”制度。同年，环保长安分局联合相关部门和街办，排查辖区交通干道沿线冒黑烟污染问题和建筑工地扬尘污染防控措施落实情况，重点整治绕城高速河池寨地区冒黑烟污染问题，对河池寨地区16个单位的22台燃烧设施进行查处、分类治理，拆除燃煤设施12台（套）；在全市组织的大检查中，长安区是唯一一周内无一处冒黑烟、未受到处罚的区县，受到市扬尘污染防治领导小组办公室通报表扬。

【环保知识培训】 2007～2010年，环保长安分局始终把环保知识培训作为队伍建设重要工作来抓。每周组织职工集体学习2次，聘请专家、教授举行环保法律法规辅导讲座10次以上。2010年，聘请市环境监测站老师对长安环境监测站工作人员进行为期2个月的业务培训。

【省级环保模范城市创建】 2010年，长安区政府启动“创模”（省级环保模范城市创建）活动。环保长安分局成立由主要领导任组长的“创模”工作领导小组，下设办公室，制订《环保长安分局“创模”工作实施方案》，分解指标任务，分工负责落实；制作“创模”专题片8集，在长安电视台循环播放，提高公众对“创模”的知晓率；组织相关部门和企业整理创模专业技术档案资料，建立8个现场考核备选点，接受省级环保模范城市技术核查。西安翻译学院污水处理厂检查考核点受到省级专家组一致好评。

【环境应急能力建设】 2007年，环保长安分局成立应急领导机构，制订突发环境污染事件应急预案，购买应急装备器材；联合区公安、消防、卫生等部门开展水源地突发环境事件现场应急演练。

2009年11月，在西安嘉科农化有限公司进行的农药原药菌毒清泄露事故突发事件应急演练中，环保长安分局按照接受情况、组织出动、现场处置、总结讲评4个步骤，全面检验和提高了长安区对突发环境污染事件快速反应、组织协调、应急处置的能力。

【环保队伍建设】 2007年，长安区委、区政府为各乡镇、街道配备环保专干，在各乡镇政府、街办增设环保办公室，健全环保工作网络，开展环保专干培训。在政风行风建设问卷测评宣传活动中，环保长安分局发放宣传资料3000多份，测评表1000多份，接受社会舆论对环保工作的监督。

2008～2010年，环保长安分局每年聘请5名行风监督员，监督干部职工履行职责、依法行政等情况。2008年，环保分局向马王街办捐赠科技经费1000元，向郭杜街道甫张村党支部捐赠党建书籍80多本，为郭杜街道农村“广厦工程”捐款6000元，计划生育贫困户捐款1000元。“5·12”汶川大地震后，向灾区捐款10830元、衣物90多件。2009年，环保长安分局建立环境管理动态监管系统，通过信息化形象、直观、动态地反映长安区环境管理“科学化、制度化、规范化、经常化”建设成果；进一步监督“四化”建设运行情况，促进全区环境管理“四化”建设向纵深发展。（唐燕荣）

教育

综　述

2007年以来，长安教育事业依靠政府统筹、教育主导、各部门联动机制，本着大力发展幼儿教育，高质量、高水平普及九年义务教育，积极推进高中标准化建设，努力扩大职业教育的发展思路，通过“省级教育强区”创建工程、“两基”迎国检，“双高普九”暨教育强区复查工程等载体，实现稳步、持续、快速发展，建立了比较完备、和谐的教育体系，形成普、职、成、幼教育协调发展的格局。

各类教育成效显著，教育质量稳步提升　幼儿教育发展迅猛，全区幼儿园54所，小学附设学前班200余个。其中，公办幼儿园2所，乡街中心幼儿园25所，学前3年幼儿入园（班）率93%。义务教育巩固提高，2010年全区有小学185所，在校学生53324名，适龄儿童入学率100%。初中38所，完全中学和职业中学初中部9个，在校学生37372名，初中学龄生入学率100%，初中三年巩固率98.94%以上。高中教育优质发展，2010年全区有高中12所，在校学生22248名，高中阶段教育普及率87%，70%以上学生享受到优质教育资源。特殊教育稳步发展，聋哑学校办学条件不断改善，2010年在校生65名。职业教育规模扩大，全区有中职学校7所，在校学生由2005年的4520名增至2010年的7000余名。成人教育体系进一步完善，全区形成以职教中心为龙头，以职业学校为骨干，以乡村成人文化技术学校为辐射点的为农服务网络，每年完成农民实用技术和劳动力转移培训4万余人次。教育质量稳步提高，全区创建“教育强乡镇”18个，省级示范幼儿园2所，省级标准化高中6所，省级重点职校1所，省级示范农技校7所，市级素质教育优秀学校3所；小学毕业合格率100%，初中毕业合格率98%以上；“十一五”期间，全区为大中专院校输送合格新生3万多名，24名学生被北大、清华大学录取。

干部教师队伍结构得到优化，整体素质显著提升　干部选拔任用机制改革迈出新步伐，建立“两荐、三考、一公示”后备干部选拔机制，398名优秀青年教师进入后备干部人才库；健全干部管理、业务知识培训和综合知识测试制度；完善新任领导异地任职、示范学校领导与薄弱学校交流、领导公开选拔制度，激发了干部队伍活力。教师队伍结构进一步优化，全区教师人数9515名，其中专任教师7939名。师资整体水平显著提高，小学、初中、高中专任教师学历达标率分别为100%、96.9%、88.9%，小学、初中、高中教师学历提升率分别为77.9%、65.6%、6.97%，培养出国家、省、市级骨干教师370人。

教育改革不断深化，素质教育稳步推进　强化教育教学督导与指导，深入开展“素质教育百校行”活动、“陕西省学校发展水平316工程”督导评估活动，制订《中小学教育家教学管理基本规范》，修订完善质量评估方案、奖励方案，形成教育教学质量管理体系。坚持育人为本，德育为先，建立爱国主义教育基地，对中小学生进行以爱国主义为核心的主题教育呈现规范化、制度化；创办家长学校200余所，聘请法制副校长377名，创建省级示范家长学校9所，形成学校、社会、家庭三位一体的德育体系。教育科研成果显著，完善区、乡街、校三级教科研网络，建立教研员培养骨干教师、上示范课制度，开展送教下乡、观摩研讨、优秀教学成果评选等活动，倡导以开发智力、培养能力为主的教学方法。组织全区教师、教育工作者参与国家、省、市课题研究12个，其中3项获国家一等奖，1700余篇论文在全国及省、市获奖。

学校基础设施建设成效显著，办学条件显著改善　把布局调整与危房改造相结合，2007～2010年，全区投入资金2.8亿元，撤并学校60所，改造学校9所，完成20所学校灾后危漏校舍加固工程，建成山区标准化寄宿制小学7所。筹资3亿余元，长安二中、三中整体搬迁，13所高职中实现校舍全新化、设施现代化、校园园林化。借鉴高校后勤社会化经验，保障中、小学住校生伙食、住宿，保证饮食安全与校园安全。全力推进现代教育技术网络体系建设，在全区中小学建成微机室323个，装机10412台，电子备课室193个，多功能教室25个，语音室167个，多媒体教室344个，建成校园网34个，82所学校建立“校校通”；全区高中、初中信息技术教育课开设率100%；建立以区网络中心为平台，辐射全区中小学的现代教育技术网络体系。普及中小学实验教学，定点中小学内部设备全部达到省颁一类办学标准。

【概况】　长安区教育局是区政府职能部门，负责全区教育工作的规划、统筹与管理，局机关内设党政办公室、组织监察科、人事劳资科、财务审计科、普教科、职业与成人教育科、安全法规科、规划建设科8个职能科室，管理电大、修学、督导室、招生办、教研室等14个事业单位。全区中小学幼儿园297所，其中，高中12所，职业中学7所，初中38所，小学185所，幼儿园54所，特殊教育学校1所，在校学生117476人，教职工10495人（含民办学校）。

2007～2010年，区教育局坚持依靠政府统筹、教育主导、各部门联动机制，发展幼儿教育，高质量、高水平普及九年义务教育，推进高中标准化建设，扩大职业教育，通过“省级教育强区”创建工程、“两基”迎国检、“双高普九”暨教育强区复查工程，实现稳步、持续、快速发展。

【教育资助】 2007～2010年，区教育局通过加强三项工作，推进全区教育资助工作：1.全面落实义务段两免一补政策。2007～2010年，全区义务段享受免杂费学生49.97万人次，减免杂费11494.68万元；享受国家免费提供教科书学生42.09万人次，免收课本费2611.01万元；2007～2009年，全区义务段享受住宿生生活补助贫困生13450人次，补助生活费454.27万元。2.全面落实高中、职中贫困家庭学生教育资助工作。2007年为2034名高中、职中贫困生发放资助金171.85万元；2008年为445名高中、职中贫困生减免学费77.26万元；2009年为普通高中1571名贫困生发放助学金151.7万元，为中职学校3196名学生发放助学金565.88万元；2010年为45名普通高中学业优秀贫困生发放资助金4.5万元，为中职学校4491名学生发放助学金634.95万元。3.协助做好大学生生源地信用贷款工作。2009～2010年协助落实大学生生源地信用助学贷款1010万元。

【教育经费投入】 2007～2010年，随着长安创建“经济、生态、文化、科教”四强新区目标确立，区政府加大教育事业投资，区财政预算内教育拨款分别为24425万元、35796万元、45831万元、57424万元，分别比上年增长11.21%、46.55%、28.03%、25.30%；生均预算内教育费用分别为1892元、2934元、4066元、5250元，分别比上年增长64.54%、55.07%、38.58%、29.12%；生均预算内公用经费中学分别为352元、457元、622元、722元，小学分别为258元、298元、398元、498元；2007～2010年，全区用于教育事业支出依次为6084万元、11371万元、10035万元、11596万元，分别占新增财力的68.22%、71.41%、33.05%、27.61%。教育费附加，全区4年应征5873.8万元，实征5873.8万元，全部用于教育。农村税费改革财政转移支付资金50%以上用于教育，其中40%用于中小学危房改造和补助学校公用经费不足。

【蛋奶工程】 2009年，区委、区政府成立全区义务教育阶段“蛋奶工程”领导小组，成立“长安区教育局蛋奶工程管理中心”，新增编制3人；完善具体制度和刚性要求，统一标识、统一制度、统一培训、统一程序；实行专人负责、专室储藏、专柜管理；实行鸡蛋定购招标制、蛋奶验收索证制度、享受对象公示制度，建立蛋奶进购、验收、发放情况台账。至2010年，全区义务段266所学校享受学生41495名，占义务段学生47.78%，实现“蛋奶工程”寄宿生全覆盖。

【撤校并点】 2007～2010年，区教育局按照布局调整规划，实施学校布局调整，撤并小学77所（具体情况见下表）。

【校舍安全工程】 2007～2010年，区教育局制订《长安区中小学校舍安全工程实施方案》，对全区中小学校舍及附属设施场址安全、防洪安全、建筑安全进行排查、勘察与技术鉴定，对全区302所中小学2072栋共计113万平方米校舍进行鉴定。依据排查鉴定结论，编制3年总体规划，分年度实施加固改造方案。全区规划校舍改造面积76.1039万平方米，规划改造资金6.502342亿元。截至2010年，完成改造122406平方米（其中加固B、C级危房72112平方米，重建D级危房50294平方米）。正在施工20556平方米（均为D级危房重建）。

【地震危房处置】 2008年“5·12”汶川地震发生后，全区实施中小学灾后重建项目。2008年6月，排查163所中小学563栋单体建筑，鉴定需维修加固C级危房32栋42688平方米，涉及学校20所；需拆除重建D级危房52栋27118平方米，涉及学校28所。经区政府研究批准，实施灾后加固、

乡、街道	撤并学校
马王街道	沙河小学、曹寨初小、河头初小、石桥初小、黄桥初小、泥河初小
滦镇街道	翁家寨小学、徐家巷小学、红庙小学、喂子坪小学、小新村小学、原中心小学、新二小学、陈村小学、沣姚小学、黄裕寺初小
东大街道	索庄小学、祥峪口小学、祥峪沟小学
子午街道	西岭小学、甫店小学、九村小学、水寨小学、王庄小学
细柳街道	团结小学、肖里初小、向阳小学
兴隆街道	童家寨初小、里杜小学、贺家小学、高桥小学、南堰小学、楼子小学
王曲街道	北堡寨小学、北江兆小学、
五台街道	星火小学、家乐福青岔小学、西尧小学、团结小学
太乙宫街道	温家山初小、水湫池教学点、东升小学、上寨小学、三湾小学、翠华山崇仁希望小学.
引镇街道	南留小学、光明小学
杨庄乡	十里庙小学、四联小学、营沟小学、西木斯小学
王莽街道	刘秀初小、土门峪初小
鸣犊街道	南街小学、侯坪小学、郭村小学、新查小学、二圣宫小学、高寨小学、段村小学、将军庙小学
大兆街道	常兴小学
灵沼乡	柳林初小、石榴小学、南丰小学、东南正庄初小
五星乡	兴晓小学、河头小学、兆丰小学、江南小学、共同小学、跃进小学
魏寨乡	耶柿小学、老凹庄小学
砲里乡	南桑小学、佰坊小学、远光小学

重建工程。截至2010年，20所学校灾后重建项目完成12所学校，消除危房51757平方米。

【山区标准化寄宿制学校建设】 2007～2010年，区教育局根据《长安区中小学布局调整方案》，在南部沿山9个乡街自东向西规划12所寄宿制学校，至2010年底已建成杨庄乡库峪口小学、王莽街道清水头小学、五台街道中心小学、东大街道祥峪小学、太乙宫街道中心小学、子午街道曹村小学、滦镇街道中心小学7所寄宿制小学，总投资5671.1万元，总建筑面积28090.45平方米。7所寄宿制学校投入使用后，撤并学校31所（含山区学校15所），在校学生3778名（其中山区学生1180名）。2010年，西安市政府在子午街道曹村小学举行首批寄宿制学校竣工仪式，市长陈宝根，副市长李秋实及部分省人大代表参加仪式并视察。

【教育信息化建设】 2007～2010年，全区中、小学建成微机室323个，装机10412台，电子备课室193个，多功能教室25个，语音室167个，多媒体教室344个，校园网34个，82所学校建立“校校通”；高中、初中信息技术教育课开设率100%；建立以区网络中心为平台，辐射全区中小学的现代教育技术网络体系；普及中、小学实验教学，定点中、小学内部设备全部达到省颁一类办学标准。

【教师队伍建设】 2007～2010年，区教育局狠抓教师队伍建设，1.开展师德教育活动。制订《长安区教师师德师风考核办法》，规范和完善教职工管理制度，举行师德师风演讲比赛，开展向李继硕和全国模范教师张昭等先进人物学习活动；2.推进继续教育工作，鼓励教师在职进修。全区参加各类培训教师25787人次，至2010年，小学、初中、高中专任教师学历达标率分别为99.97%、99.13%、95.15%，培养国家、省、市级骨干教师370人；3.坚持通过公开招聘、考试、试讲、评课、面试等方法，引进优秀大学毕业生。“十一五”期间，全区考试招录补充教师434名，引进硕士研究生以上人才33人；4.开展教师岗位设置管理工作，按照“先入轨、再规范、后完善”思路，实现教师由身份管理向岗位管理转变，实施教师岗位聘任制；5.实施教师转任交流，安置“三支一扶”人员到山区学校工作，每年选送20名城区优秀教师到沿山乡街薄弱学校支教，促进城乡教育交流和薄弱地区教育教学工作。

【义务教育学校实施绩效工资分配政策】 2009年1月，全区中小学教职工实施事业单位绩效工资制度。3月，区教育局出台《西安市长安区教育局关于教师绩效工资中奖励性津贴分配实施意见（试行）》，7月，转发《区人事局、区财政局关于印发事业单位绩效工资实施细则的通知》。学校在制订二次分配方案时，校委会提出草案，在征求教职工意见的基础上，由教代会通过形成方案，按照“多劳多得，优劳优酬”分配原则，合理拉开差距，坚持向教学一线人员倾斜，向关键岗位和优秀骨干教师倾斜，鼓励和支持教师立足本职工作多做贡献。

【创新干部选拔任用制度】 区教育局在干部选拔任用工作中，采取公开竞争上岗，面向全系统为12个中等学校选聘校长；建立“两荐、三考、一公示”后备干部选拔机制，398名优秀青年教师进入后备干部人才库；调整全区直属单位和中小学552名领导岗位，组织300余名校长参加教育管理综合知识测试，将考试结果作为干部考察重要内容；通过民主推荐、演讲、公示，选拔机关内设副科级干部6名。

【教育科研】 2007～2010年，区教育局通过完善区、乡街、校三级教科研网络，建立教育实验基地，促进教科研工作有序开展；提高教研员教育科学素质，实现教研员专业化，建立教研员培养骨干教师、上示范课制度，开展送教下乡、观摩研讨、优秀教学成果评选、新课程课堂教学展示评优等活动；2007～2009年，区教研室组织专家和骨干教师500多人次，在全区25个中心校和49所初级中学开展“实施新课程校校行”活动，组织听取课改汇报64场（份），听课326节，示范课163节，研讨课163节，召开座谈会326场，参与教师2500多人次；区教研室申请承担国家级课题7个、省级课题3个、市级课题4个、本校教研课题286个，其中3项获国家一等奖，形成“校校有课题、教师齐参与、群体搞科研”格局。在教育科研活动中，全区教师1700余篇论文在全国及省、市获奖，区教研室被授予陕西省教育科研工作先进单位，长安一中、四中、六中被评为陕西省科研兴校明星学校。

【教育质量】 2010年，全区创建“教育强乡镇”18个，省级示范幼儿园2所，省级标准化高中5所，省级重点职校1所，省级示范农技校7所，市级素质教育优秀学校3所；小学毕业合格率100%，初中毕业合格率98%以上；学生操行合格率95%以上，实验和计算机操作合格率90%，学生近视发病率低于4%，学生《音乐、美术课程标准》合格率90%以上；每年有1000余名学生在全国、省、市各类比赛活动中获奖；“十一五”期间，全区为大中专院校输送合格新生3万多名，24名学生被北大、清华录取。

【招生考试工作】 1.普通高校招生考试：2007～2010年全区报名参加全国普通高校统一考试考生39942人，普通高校全区录取新生19134人，录取比例分别为42.1%、49.1%、46.9%、55.1%；2.初中毕业升学考试：2007～2010年全区初中毕业升学报名考生56404人，中招录取学生44007人，其中，普通高中录取30706人，职业高中报名考生（含综合高中）10635人，普通中专录取2666人，录取人数占报考人数78.02%；3.成人高校招生考试：2007～2010年全区参加成人高校招生人数39967人；4.自学考试：2007～2010年全区报考人数分别为50942人、56492人、58915人、46944人，考试科目分别为105174科、120538科、123393科、100641科。

【素质教育】 2007～2010年，区教育局加强青少年思想道德建设，组织中小学师生参观爱国主义教育基地，开展“迎奥运、促和谐”读书教育、科技创新大赛、十佳百优千达标竞赛、纪念建国60周年系列教育、中小学生第三套广播体操比赛、捐款献爱心等活动，引导广大青少年增强道德意识，提高思想素质；编辑出版《长安区中小学思想道德教育经验材料汇编》和长安区中小学生书信大赛优秀作品集——《我有一个梦想》，展示素质教育成果；创办家长学校200余所，聘请法制副校长377名，创建省级示范家长学校9所，形成学校、社会、家庭三位一体素质教育体系；开展“素质教育百校行活动”，采取听、查、看、谈、知识技能检测方式调研全区151所中小学素质教育实施情况，制订《长安区中小学教学管理基本规范》。

【长安区青少年活动中心落成投入使用】 长安区青少年活动中心坐落于长安区大学路西段，占地1公顷，建筑面积3300余平方米，绿化面积2660余平方米，是区政府通过省、市校外联办的国家彩票公益金投资项目，2003年立项，2005年10月开工，2007年5月开放。中心兼具科技、文化、艺术、娱乐、体育、社会实践、生活体验等功能，体现综合性、开放性、社会性时代特征，已建成天文观测、乒乓球训练、跆拳道训练、微机、音乐、美术、舞蹈、器乐、电教、图书阅览、电影、汽车模拟驾驶等17个部室。2009年，长安区青少年活动中心被评为陕西省一级活动中心。

【体卫艺国防教育】 在全面贯彻党的教育方针中，区教育局注重3个方面的工作：1.体卫工作实施《国家学生体质健康标准》和“一小时校园健身工程”，每年与区卫生局协作完成中小学常规体检，与区疾控中心开展肺结核、腮腺炎、水痘、麻疹等传染病防治；配合乡村清洁活动，开展“保洁保绿”、校园周边环境卫生和食品安全整治活动；2.艺术教育突出地方特色，在全国第二届中小学艺术展演活动中获国家级奖2项，省级奖7项，市级奖13项，何家营小学古乐表演获教育部艺术表演类节目一等奖，教师张昭的论文《西安古乐要走进中小学课堂》获省级一等奖、教育部二等奖；3.将国防教育渗透到学科教学和课外活动之中。开展以“三热爱”为中心内容的国防教育，高中结合入学教育，开展7～10天军训活动。2010年长安实现双拥模范区“六连冠”，区教育局被评为市级“双拥”工作先进单位。

【长安区被评为“全省‘两基’工作先进区”】 2007年，长安区按照“填平补齐、巩固提高”原则，对照“两基”评估验收标准查漏补缺，整改薄弱环节，集中解决重点问题。编印下发“两基”宣传手册4000余册，完善1996～2006年“两基”档案；投入资金1300余万元“填平补齐”经费缺口，配置仪器设备。全区中学和三分之一小学内部设施达到省颁一类标准，其他完小达到省颁二类标准。小学适龄儿童入学率100%，初中巩固率98.7%，高中阶段教育普及率85%，青壮年非盲率99.8%。2007年12月，长安区获“全省‘两基’工作先进区”称号。

【“陕西省学校发展水平316工程”督导评估活动】 2009年区教育局依据《陕西省学校发展水平督导评估316工程指标体系》，制订《长安区学校发展水平督导评估方案》、《长安区关于实施陕西省学校发展水平督导评估316工程的安排意见》，下发《长安区学校发展水平316督导评估计划》，将全区311所中小学、54所幼儿园分3年划分编组，明确各中小学、幼儿园评估时间。2009～2010年，区政府教育督导室评估中学44所，小学166所，幼儿园34所；召开汇报会218次，教师、学生、家长座谈会680次，问卷3200人次；查阅各校教师教案2000多本，学生作业近万本，领导听课记录1200本，档案和各类活动记录9000盒；听课900节次；召开评估反馈会200余次，评出优秀学校49所，良好学校85所，合格学校71所，不合格学校14所。

【双高普九】 2009年，区政府启动“双高普九”工程，区教育局制订实施方案，对照验收标准，逐项自查，完善充实3年档案资料。3月，通过市级督导；4月，开展整改工作。期间，区政府分批对全区中小学领导干部和档案管理员进行4场专题培训，6月，督察“双高普九”、“316工程”及教育强区复查验收准备工作。区政府依据省级“双高普九”标准投资1500万元，补充中、小学内部设施，全区定点中、小学内部设施达到省颁一类标准；11月，长安区“双高普九”通过省政府教育督导团评估验收，被省政府授予“高水平、高质量普及九年义务教育区”称号，区级领导教育工作考核为优秀，教育强区复查结果为陕西省合格教育强区。

【义务教育均衡发展】 “十一五”期间，区教育局按照“统筹规划，分类实施，整体推进，提高质量，均衡发展，努力实现城乡教育一体化”思路，围绕“四个优先”推进义务教育均衡发展：坚持投入优先，教育经费向农村学校倾斜；坚持项目优先，加强农村学校基础设施建设，均衡配置城乡教育资源；坚持师资优先，创新农村教师补充长效机制，建立农村师资培训制度，实行城乡教师、领导干部交流制度，加大对农村教师奖励力度，保证农村教师资源；坚持科研优先，开展城乡校际帮扶和教研员送教下乡活动，加强薄弱学校和农村学校教育教学科研管理指导，实现城乡教育质量同步提高。2009年10月，在“陕西省县级党政领导优先发展教育吴起现场会”上，长安区政府作教育优先发展经验交流；11月，教育部授予长安区“全国推进义务教育均衡发展工作先进区”称号。2010年5月，《中国教育报》报道长安区义务教育工作专题，刊发局长辛小权《关注精神层面，做细均衡文章》一文。

【校园安全专项整治】 区教育局在全区建立中小学幼儿园安全管理工作联席会议制度、安全隐患排查、专项检查制度和“安全隐患排查整改台账”，制订《长安区中小学安全事故预防简明提示一览表》；在规模以上学校建立校园警务室和700多人校园安保队伍，为107所学校幼儿园安装视频监控系统，全区校园安全管理实现安保人员制服、门房布置、安保器材、巡护标识、安全制度、应急预案“六统一”；开展学校领导、班主任及安全管理全员培训，提高学校领导、教师安全管理水平，分级开展消防、防汛、防震等逃生演练，强化安全预警措施；配合有关部门和乡街做好校园周边环境专项整治，形成齐抓共管，群防群治格局。至2010年，创建区级“平安校园”190所，市级平安校园9所，省级平安校园3所。

【甲流防控】 2009年，长安区教育局与卫生部门联合，开展学校甲型H1N1流感防控工作，召开8次专题会议，安排部署各中小学校、幼托机构甲型H1N1流感防控工作。督促各校（园）坚持晨检、午检和疫情“零报告”制度，落实门禁制度，实行因病缺课（勤）病因追踪与登记报告制度，加大校内甲型H1N1流感防控知识宣传普及力度，消除师生恐慌心理。通过甲型H1N1流感防控检查和学生甲型流感疫苗接种，使甲型流感得到有效防控。

【外来务工子女就学】 按照国家有关规定，区教育局督促指导各校安排外来务工人员子女免试就近入学。2010年，全区132所义务段学校就近接收农民工随迁子女5968人免试入学。其中，外省2437人，省内其他区县3531人。

初等教育

【概况】 2010年全区有幼儿园54所，其中公办2所，民办52所，教职工1406人，专任教师813人，在校学生12789人，学前3年幼儿入园（班）率93%。全区有小学185所，其中公办184所，民办1所，在校学生45382人，教职工3765人，专任教师3191人。适龄儿童入学率100%，毕业生升学率100%，小学教师学历达标率99.97%。

【全国农村基础教育发展与建设研讨会代表参观长安幼儿园】 2008年4月，“全国农村教育发展与管理研讨会”在西安召开，长安区学前教育发展经验在会上交流；参加会议领导和代表200余人视察郭杜天宝幼儿园、海伦幼儿园、东大彩色童年幼儿园。西安市教育局副局长李忠良主持在海伦幼儿园召开的长安区农村学前教育工作情况介绍会，副区长李红致欢迎词，局长辛小权介绍全区幼教发展情况。《华商报》报道了“小幼教，大课题——西安市长安区破解农村幼儿入园难题”。

【全省农村学前教育工作现场会在长安区召开】 2009年，全省农村学前教育工作现场会在长安区召开。陕西省教育厅厅长杨希文、副厅长吕明凯，西安市教育局局长张建国、副局长黄新南，全省各市、区（县）教育局局长等200余人参加。会议主题是总结、交流、推广农村幼儿园建设经验，推进农村幼教事业健康发展。与会人员参观大兆街道小燕子幼儿园、王莽乡梦想幼儿园、韦曲街道文语幼儿园和斗门街道新星及小博士幼儿园、东大街道彩色童年幼儿园、郭杜街道海伦幼儿园。会议期间，西安市教育局、长安区政府、洛南县政府、吴起县政府、旬阳县教育局、凤翔县教育局就学前教育工作进行交流。杨希文厅长要求各地明确农村学前教育发展改革任务，提高认识，总结经验，提升农村幼儿园办园水平，保障农村学前教育质量。

【何家营小学鼓乐表演荣获殊誉】 长安鼓乐历史悠久，音调优美，扎根周秦汉唐的古都长安，代代相传，绵延不息。改革开放后，为拯救濒临灭亡的长安鼓乐，何家营鼓乐社恢复活动，搜集整理乐谱，成立乐队练习演奏。何家营小学为文化遗产后继有人，将长安鼓乐引进音乐课堂，从小培养长安鼓乐演奏人才。2007年，在全国、省、市第二届中小学生艺术展演活动中，何家营小学的《座乐——将军令》和《行乐——番调》，在市、省、国家展演中均获一等奖。

中等教育

【概况】 2010年全区有高中12所，其中，公办10所、民办1所、其他部门办1所，在校学生21257人、教职工1515人，专任教师1251人，专任教师学历合格率99.13%；本科以上学历74.12%。有初中38所，其中公办37所，民办1所，在校学生29646人、教职工2866人，专任教师2463人，专任教师学历合格率95.15%；研究生学历教师105人。

【实行优质资源生分配制度】 2008～2010年，区教育局将长安一中、长安二中统招计划的15%、20%、30%分配到各初中，推进全区优质高中教育资源共享进程，促进初中学校均衡发展。

【实施初中学生综合素质评价方案】 2007年区教育局制订《西安市长安区基础教育课程改革实验初中学生综合素质评价实施方案》，成立初中学生综合素质领导小组，各学校成立由校长、教师、家长代表组成的学校评价委员会，班级成立评价小组负责班级综合素质评价。评价坚持贯彻党的教育方针，从德、智、体、美综合评价学生发展。内容分为6个维度：道德品质、公民素养、学习能力、交流与合作、运动与健康、审美与表现。评价方法有自评、互评和班级评价小组评价。结果有“等级评价”和“综合评语”两种，评价结果报学校评价委员会审核确认。

【高中新课程改革在全区启动】 2007年9月，高中新课程改革在全区全面启动。区教育局成立长安区普通高中新课程改革领导小组，下设领导小组办公室，负责全区普通高中新课程改革。办公室下设专家指导组、宣传组和资金保障组，负责普通高中新课程改革。改革要求各学校按照国家普通高中课程方案规定的学习领域、科目和模块要求实施课程，按照区高中课改准备方案要求开齐必修和限定选修课程，开发具有地域及学校特色的校本课程。高中新课程改革以课堂教学改革为重点，探索课程教学改革，推进教师教学方式和学生学习方式转变，倡导自主、探究、合作的学习方式，提高教学质量和效益。实验工作为期3年，至2010年8月第一轮实施结束，第二轮普通高中课程改革启动。

【长安二中新校区建成投入使用】 2008年长安二中建设列入区级重点建设项目、区级十大重点工程之一。工程总投资1.6853亿元，总建筑面积71000平方米。工程于2006年动工，2007年7月竣工，9月投入使用。12月，长安二中举行改革开放三十年成果展暨新校区落成庆典。

【长安四中、六中、五中晋升省级标准化高中】 2008年12月，陕西省教育厅评估验收组领导和专家评估验收长安四中、六中创建省级标准化高中工作。副区长李红致欢迎词。长安四中、六中校长作创建工作汇报，专家组检查学校基本设施，查阅档案资料，召开师生座谈会，随机听课，观看学校发展专题片。经评估验收，长安四中、六中晋升为“陕西省标准化高中”。2009年9月，省教育厅组织省级标准化高中评估验收专家组对长安五中创建省级标准化高中评估验收；10月，长安五中晋升为省级标准化高中。至此，全区省级标准化高中达到5所。

职业与成人教育

【概况】 2010年，长安区有职业学校7所，其中公办3所，民办4所；省级重点职校2所，市级重点职校1所。职校在校学生8336人，教职工723人，专职教师489人。长安区自学考试办公室1年举行4次考试，2007～2010年参考人数为211494人次。

【职业教育】 截至2010年，长安职业教育开设数控、工民建、汽车维修与保养、幼儿教育、工美、酒店服务与管理等24个专业，年毕业生安置率95%以上。职业教育为农服务，形成以区职教中心为龙头，统领全区各职业教育机构和乡街农科站、成人文化技术学校的服务培训网络，每年开展各类实用技术培训或劳动力转移培训近5万人次，促进了农村产业结构调整和农民增收。

【深化职教改革】 1.扩大职校招生自主权。取消指令性招生计划，由学校自主确定招生规模，允许职校在招收初中应届毕业生同时招收同等学历人员，允许普通高中学生在接受1～2年普通高中教育后进入职校学习，允许职校在规定时间内补充生源，允许职校跨学区、跨地区招生。全区职校在校学生由2006年的3340名增至2010年的8336名。2.优化专业设置，形成幼教、工美、电子电器、汽车修理、工民建等符合市场需求的专业。3.调整课程设置。鼓励职校根据市场需求，在保证课时总量前提下，结合专业特点，调整课程设置。4.灵活教学制度。实行全日制与学分制并举的弹性选课制度，允许学生分段完成学业，工学交替。5.推行“双证书”制度。鼓励学能并举，毕业学生基本能取得学历证书和职业资格证书。

【成人教育培训】 1.长安区有乡街农技校25所。2007～2010年，各农技校结合产业结构调整，开展养殖种植、果树栽培、家政服务、餐饮服务、外出务工常识等实用技术培训12.8万人次。2.实施“温暖工程李兆基百万基金农民培训资助项目”，申请国家专项资金18万元，对农民进行实用技术培训，帮其脱贫致富。3.扫盲工作常抓不懈，至2010年长安区青壮年非盲比率99.85%。

【长安电大】 长安电大开设本科、大专、中专3个层次专业52个（专科28个、本科24个），在校生2548人（其中开放教育2328人，奥鹏教育220人）。学校坚持“以质量求生存，以信誉谋发展”宗旨，办学成果显著，为长安及周边地区经济建设培养专本科毕业生12000多人，短期培训10000人以上。2007年10月长安电大被中央广播电视大学评为“全国统一考试优秀考点”，2009年被中央电大授予第一批全国50所“基层示范性教学点”。

特殊教育

【概况】 长安区有特殊教育学校1所（长安区聋哑学校），8个教学班，在校学生66人，年龄6～17周岁。教职工41人，专任教师21人。

【区聋哑学校标准化建设】 2007年西安市教育局、规划局为区聋哑学校投资106.5万元，改善办学条件，实施标准化建设。其中投资36万余元建成多媒体教室、律动室、语训室、微机室、美工室、教学仪器室等8个部室，配备计算机、投影机、语言训练机、编织机、钢琴及架子鼓；投资40余万元改善活动环境，铺设1500平方米的塑胶操场，增设体育器械和健身器材；投资30余万元改造楼房墙面、门窗、围墙和学生食堂、宿舍、厕所。2007年，区聋哑学校被评为“西安市特殊教育先进集体”。

【区聋哑学校管理迈上新台阶】 区聋哑学校坚持“以人为本，全面发展，特色发展”理念，按照特殊教育规律办学，进行文化课教育，同时开设健康教育，设缝纫、编织等课程，对学生进行心理缺陷补偿和职业技能教育；坚持面向全体，因材施教，成立舞蹈、美工、乒乓球、篮球、羽毛球等兴趣活动小组，展示学生个性特长，丰富学生课余生活；狠抓教师业务培训，组织教师学习《聋校义务教育课程设置试验方案》、《聋童心理学》，认真抓好中国手语等基本功训练。2008年11月，在西安市首届特殊教育教师说课大赛中，教师刘小花、陈晓瑜分别获二、三等奖；2010年，教师刘小花被评为2010年西安市年度人物。2009年，区聋哑学校被区妇联授予“三八红旗集体”；2010年，区聋哑学校被授予区级文明单位。

表1 2010年长安区各类学校概况表

单位：人

全区合计			学校数（所）	班数（个）	毕业生数	招生数	在校学生数	教职工数	专任教师数
			297	2999	32159	34034	117476	10495	8228
	教育部门合计		237	2441	27736	25073	96860	8525	7005
	普通中学	小计	47	937	17473	14474	45525	4034	3427
		初中	37	573	11013	7565	24707	2588	2221
		高中	10	364	6460	6909	20818	1446	1206
	职业中学		3	92	1061	2322	5525	478	348
	小学		184	1384	8932	7946	45018	3716	3163
	特教		1	8	—	6	66	41	21

全区合计		学校数（所）	班数（个）	毕业生数	招生数	在校学生数	教职工数	专任教师数
		297	2999	32159	34034	117476	10495	8228
教育部门办	幼儿园	2	20	270	325	726	77	46
	其他单位	—	—	—	—	—	179	—
民办	民办合计	59	555	4423	8843	20498	1921	1198
	高中	1	5	—	321	321	20	20
	职业中学	4	45	446	946	2811	245	141
	初级中学	1	82	1743	1657	4939	278	242
	小学	1	15	18	145	364	49	28
	幼儿园	52	408	2225	5774	12063	1329	767
其他	高中	1	3	—	118	118	49	25

表2 2010年长安区幼儿园概况表

园名	班级数量（个）	幼儿人数（人）	教职工数（人）
长安区第一幼儿园	10	391	51
长安区第二幼儿园	10	380	51
长安区第三民办幼儿园	23	780	93
长安明珠幼儿园	12	505	49
长安区童瑶幼儿园	16	500	61
长安区文语幼儿园	9	280	29
长安区星光幼儿园	16	461	46
军艺幼儿园	10	396	39
实验幼儿园	7	218	29
长安区蝴蝶表厂幼儿园	7	245	27
长安区昌祥幼儿园	5	153	22
长安区乐轩幼儿园	9	272	38
智慧城三宝双喜幼儿园	12	318	55
长安区金花幼儿园	3	60	12
高新国际幼儿园	25	750	110
海伦国际幼儿园	20	682	83
品格紫薇幼稚学园	25	720	93
郭杜天宝幼儿园	11	330	44
郭杜街道红太阳幼儿园	5	130	14
郭杜街道阳光幼儿园	4	142	16
郭杜街道嘉翔幼儿园	7	135	18
郭杜街道宝宝乐幼儿园	4	90	9
郭杜街道春苗幼儿园	5	110	18
杜曲街道子乐幼儿园	4	120	12
杜曲街道希望之星幼儿园	3	130	14
灵沼乡灵楠幼儿园	6	167	19
马王街道阳光贝贝幼儿园	6	173	25
马王街道环宇幼儿园	8	230	24
滦镇街道贝贝乐幼儿园	9	280	20
滦镇街道明珠幼儿园	4	120	15
滦镇街道特钢厂幼儿园	4	60	10
东大街道启航幼儿园	4	143	15
东大彩色童年幼儿园	9	330	33
子午街道爱心幼儿园	5	142	16
子午街道天赐明珠幼儿园	6	185	18
细柳街道新星幼儿园	9	286	29
细柳街道博爱幼儿园	5	150	16
兴隆街道菩乐幼儿园	5	126	13
王曲街道爱心培幼儿园	10	260	25
黄良街道小太阳幼儿园	5	126	17
黄良街道启蒙幼儿园	7	145	13
西安翻译学院幼儿园	4	109	16
太乙宫街道翠华幼儿园	4	120	14
引镇街道新开发幼儿园	8	220	22
引镇街道盼盼幼儿园	7	198	20
杨庄乡新蕾幼儿园	5	118	12
王莽街道梦想幼儿园	6	178	21
鸣犊街道新苗幼儿园	8	300	23
鸣犊街道金星宝宝幼儿园	4	120	10
鸣犊街道天使幼儿园	12	305	21
小燕子幼儿园	9	254	22
魏寨乡中心街幼儿园	6	175	14
魏寨乡早教实验幼儿园	5	185	16
砲里乡晨曦幼儿园	4	168	14

表3 2010年长安区街道、乡街办及中心校情况一览表

校 名	校数（个）	班数（个）	学生数（人）	教职工数（人）
长安师范附小	1	18	879	50
南街小学	1	32	2418	82
韦曲街道	17	180	8959	448
韦曲街道中心学校	1	37	2385	109
郭杜街道	23	157	5052	355
郭杜街道中心学校	1	19	1034	53
马王街道	5	39	1219	131
马王街道中心学校	1	12	501	54
滦镇街道	12	89	2818	253
滦镇街道中心学校	1	18	916	76
东大街道	7	53	1535	142
东大街道中心学校	1	12	506	38
子午街道	5	49	1616	142
子午街道中心学校	1	13	471	46
太乙宫街道	2	24	1215	97
太乙宫街道中心学校	1	18	958	77
引镇街道	11	75	2211	192
引镇街道中心学校	1	15	682	58
杜曲街道	11	68	1707	156
杜曲街道中心学校	1	12	509	34
细柳街道	10	66	4588	183
细柳街道中心学校	1	12	458	46
王曲街道	9	65	1780	169
王曲街道中心学校	1	11	476	43
鸣犊街道	7	49	1347	158
鸣犊街道中心学校	1	12	436	42
兴隆街道	11	77	1718	193
兴隆街道中心学校	1	6	132	23
灵沼乡	6	43	1233	136
灵沼乡中心学校	1	15	592	49
五星乡	6	38	1126	117
五星乡中心学校	1	8	277	31
黄良街道	4	30	883	95
黄良街道中心学校	1	13	474	42
五台街道	2	18	665	83
五台街道中心学校	1	12	502	58
王莽街道	8	54	1476	154
王莽街道中心学校	1	6	241	33
杨庄乡	6	36	1028	94
杨庄乡中心学校	1	6	152	17
大兆街道	10	62	1483	137
大兆街道中心学校	1	8	325	32
魏寨乡	5	32	720	73
魏寨乡中心学校	1	12	360	38
砲里乡	5	30	585	76
砲里乡中心学校	1	6	113	19

表4 2010年长安区高中、完中概况表

校 名	地址	类别	学生总数（人）	初中（个、人）		高中（个、人）		教工数（人）
				班数	学生数	班数	学生数	
长安一中	韦曲	高中	3608	—	—	60	3608	237
长安二中	韦曲	高中	4446	—	—	69	4446	257
长安三中	韦曲	完中	3091	42	2110	16	981	221
长安四中	细柳	高中	2206	—	—	42	2206	166
长安五中	五星	完中	2669	3	61	43	2608	161
长安六中	引镇	高中	2445	—	—	44	2445	158
长安八中	王曲	完中	1585	12	474	21	1111	151
长安九中	鸣犊	完中	1348	9	340	22	1008	124
长安十中	黄良	完中	1846	7	372	30	1474	176
长安十二中	马王	高中	931	—	—	17	931	91

表5 2010年长安区乡镇（街道）初中概况表

校 名	地 址	班数（个）	学生数（人）	教工数（人）
韦曲街道初中	韦曲街道	12	542	67
韦曲街道杜陵初中	韦曲街道	15	566	59
韦曲街道申店初中	韦曲街道	12	353	55
郭杜街道初中	郭杜街道	24	962	93
香积寺逸夫初中	郭杜街道	18	810	78
郭杜街道祝村初中	郭杜街道	12	450	58
滦镇街道景民初中	滦镇街道	19	773	78
滦镇街道泉子头初中	滦镇街道	12	516	69
滦镇街道鸭池口初中	滦镇街道	10	367	48
东大街道初中	东大街道	18	801	83
东大街道祥峪初中	东大街道	6	164	25
子午街道初中	子午街道	24	1173	95
子午街道王庄初中	子午街道	6	300	40
引镇街道初中	引镇街道	18	1024	76
引镇街道留村初中	引镇街道	13	646	48
引镇街道大峪初中	引镇街道	4	122	19
杜曲街道初中	杜曲街道	18	818	72
杜曲街道樊村初中	杜曲街道	13	556	60
细柳街道初中	细柳街道	17	715	88
细柳街道义井初中	细柳街道	9	351	44
兴隆街道初中	兴隆街道	15	569	72
兴隆街道沣惠初中	兴隆街道	12	425	64
五星乡五楼初中	五星乡	17	753	78
五星乡江村初中	五星乡	8	300	42
王莽街道初中	王莽街道	9	316	34
王莽街道韦兆初中	王莽街道	7	286	40
马王街道初中	马王街道	20	1055	93
太乙宫街道初中	太乙街道	14	599	61
王曲街道皇甫初中	王曲街道	7	247	54
鸣犊街道初中	鸣犊街道	12	468	59
灵沼乡初中	灵沼乡	18	895	79
五台街道初中	五台街道	12	482	54
杨庄乡初中	杨庄乡	21	1179	68
大兆街道酒铺初中	大兆街道	6	151	23
魏寨乡初中	魏寨乡	12	488	41
砲里乡初中	砲里乡	12	474	58

表6 2010年长安区职业中学概况表

学校名称		班数（个）	学生数（人）	教职工数（人）	专任教师数（人）
市属	西安旅游职业中等专业学校	31	1840	244	150
区属	长安区职教中心	29	2094	119	104
	长安区第二职业中学	15	772	76	62
	长安区第十一中学职业班	10	539	26	22
	长安区第十二中学职业班	7	280	13	10
民办	西安工程职业学校	10	1377	126	68
	长安电子信息职业学校	20	790	53	35
	长安博奥职业技术学校	13	613	50	32
	西安武术职业学校	2	31	16	6

表7 2010年长安区民办及其他部门办中学概况表

校名	地址	班数（个）	学生数（人）	教职工数（人）
长安区第一民办初中	韦曲街道双竹村	41	2406	136
兴国中学	韦曲街道	43	2807	158
武术职校（初中部）	细柳街道	3	47	4
西安八一民族中学	王曲街道	3	118	49

（姚雪佳）

寄宿制学校子午曹村小学餐厅

综 述

长安区科技工作坚持“科学技术是第一生产力”指导思想，认真贯彻落实中央、省、市关于科技工作有关精神，实施新长安战略和“四强”新区建设，加大科学技术研究与开发投入；推广科技实用新技术，实施科技项目支持计划，申报国家、省、市级科技项目，争取上级科技资金扶持，结合全区社会经济发展，扩大区级科技计划项目覆盖面，发挥科技引领和支持作用。2007～2010年，长安区开展科技特派员工作，搭建转化科技成果、引进新品种、推广新技术工作平台取得良好成效。围绕新农村建设，开展科普宣传和农村科学实用技术培训，提高科技致富创新能力，扶持和培育科技示范基地、示范村、示范户。开展“科技之春”、“科普活动周”、“科技金秋”、“全国科普活动日”活动，科普宣传栏覆盖全区各乡、街。发挥长安电视台“科技金桥”节目和《长安开发》“科技创新，促民致富”栏目宣传作用，每年制作播放“科技致富金桥”节目24期，刊发“科技创新，促民致富”12期并不定期刊登长安区科技专版。开展地震监测预报工作，确保区境监测台设备的运行，及时准确提供地震信息；借助“5·12”防震减灾日、“7·28”唐山地震纪念日宣传防震减灾知识。开展科技“三下乡”活动，使科技事业进步渗透到农业、工业和三产服务业中，收到良好社会经济效果。

科 技

【概况】 长安区科技局（以下简称区科技局）是长安区人民政府工作部门，与长安区地震局、区科学技术协会一班人员，三个牌子。局机关设办公室、科技科、综合科；下辖长安区生产力促进中心、西安市长安区地震办公室。2007～2010年，区科技局坚持科学发展观，围绕建设“四强新区”目标，按照“自主创新，重点跨越，支撑发展，引领未来”方针，以“服务三农”为出发点，以创建全国科技进步先进县（市）、建设农业科技示范园、示范村、示范户为重点，以科技计划项目为抓手，不断加大科技经费投入，开展科技科普宣传、技能培训，扶持高新技术产业和龙头企业，实施长安科技计划和项目计划，促进区域经济发展。

【创建全国科技进步考核先进县（市）】 2007～2008年，区科技局归纳整理全区科技工作，从领导重视、经费投入、科技计划项目验收检查、目标考评及科技创新服务体系、多元化科技投入、科普工作、信息化建设、利用资源优势做好科技成果转化等方面，组织上报考核资料。经专家初审，省、市科技部门评定，通过国家科技部考核，长安区两次被国家科技部评为国家科技进步先进区。

【创建区级农业科技示范园（基地）】 2010年，区科技局根据《关于创建长安区科技示范园的指导意见》和《西安市长安区科技计划项目管理办法》，创建市级科技示范园（基地）4个，区级科技示范园（基地）35个，市级科技示范村6个，区级科技示范村53个、科技示范户51个，并在全区推广，发挥示范带动作用。

【科技项目资金扶持】 2007～2010年，区科技局以扶持高新技术产业和龙头企业为重点，为企业包装和挖掘有前景的科技项目，争取国家科技计划项目2项扶持资金40万元；争取陕西省科技计划项目3个扶持资金34万元；争取西安市科技计划项目30个扶持资金552万元。其中，长安区鹿塬皂荚种植专业协会申报的市级重点创新支撑计划“皂荚示范与推广项目”，占地面积23.3公顷，以示范、推广皂荚新品种为主，带动砲里塬及秦岭北麓山坡农户大量种植皂荚。项目单位年产值120多万元，辐射周边新发展皂荚树种植100公顷，安排农村剩余劳动力400余人，促进了当地的农业增效和农民增收。

【项目带动战略】 2007～2010年，区科技局坚持以项目带动发展，征集区级科技计划项目160个，经过筛选和专家评审论证，下拨科技发展资金1436万元。项目落实后，4年实现产值35763.5万元，创利税13748万元。

【农村实用技术培训】 2007～2010年，区科技局每年拿出科学技术研究与开发经费的20%作为培训资金，按照富民计划，在细柳、马王等街道以集中培训、田间地头现场讲授等形式，为群众举办新产品推广、种植养殖基础知识、农作物病虫害防治、果树栽培与管理、无公害蔬菜规模化经营、蔬菜越冬等技术培训班265期，培训24560人次，发放资料2万余册，引进推广新技术、新产品101项。

【科技服务中介】 2007～2010年，长安区科技系统依托区生产力促进中心，创建科技创新服务体系网络，设立科技开发服务中心、农技推广中心、各种专业协会等，项目包装、服务、评审、监理等系统同时运行，开设7个科技远程教育网点。至2010年，推广新技术101项，制作幻灯片40期，包装项目30个，聘请专家组织区级科技项目评审会4次，并汇总项目评审意见。发挥科技服务中介人才、专家服务团、科技培训和咨询服务体系网络作用。至2010年，接待群众咨询2000人次，为基层提供专家技术服务200余次；请西北农林科技大学教授刘朝斌、陕西省首席葡萄专家刘兆强等进行指导、培训，推动辖区葡萄种植业发展。发挥大专院校、科研院所作用，促进科技成果转化和区域经济发展。2007年，长安区开展科技特派员工作，4年下派市级特派员15人次，市级特派员转化科技成果和引进新品种、推广新技术23项；区级科技特派员40人次，转化科技成果和引进新品种、推广新技术78项。

【科技宣传】 2007～2010年，区科技局注重科技知识宣传，加强未成年人思想道德教育。举办第22届～25届青少年科技创新大赛，征集作品1058件。其中，获市级一等奖13项，二等奖16项，三等奖81项。举办第四届“科技之春”宣传月活动。在科技活动周和全国科普活动日，发放科技资料286592册，制作科技展板835块。开展科技、文化、医疗“三下乡”活动，加大“三农”工作力度。区科技协会在第4届学术金秋活动中，举办学术报告会、经验交流会8场。2010年10月，邀请长安大学教授、博士生导师王毅江，举办新农村民居建筑抗震技术及结构安全讲座。

（马耀军）

气　象

【概况】 长安区气象局隶属西安市气象局管理，同时挂长安区防雷减灾管理办公室、长安区人工影响天气管理办公室牌子；内设办公室、气象台、气象观测站、科技服务中心、气象执法大队。区气象局职能是按照中国气象局规范、规定，对云、能见度、天气现象、气压、空气温度和湿度、风向和风速、降水、日照、蒸发、雪深、浅层地温和冻土等气象要素对全区天气形势的影响进行观测，并由省级气象主管机构指定根据当地农业生产需要进行农业气象观测。2007年～2010年，区气象局在鸣犊、喂子坪、青岗树、高冠峪、石砭峪、上红庙、小峪、库峪建立19个雨量监测点，设立3个6要素、8个2要素自动气象站，建成固定火箭增雨点3个、流动点6个、增雨燃烧炉1处、显示屏42块，按照规定编发气候旬月报和雨情报，适时为区政府及其相关部门和农业生产服务，为地方经济发展当好气象参谋。

【气象服务】 气象台站主要做好预报传递服务工作，并根据上级气象台指导和当地气象要素变化规律，通过广播、电视等新闻媒介发布天气预报。2007～2010年，区气象局围绕长安经济与社会科学发展大局，发挥气象参谋作用，年均向政府及其他部门发送重要天气预报270份、雨情报390份、节假日预报180份、人工影响天气信息30余份；利用显示屏年均发送各类气象信息5000份。

【人工影响天气】 2007～2010年，在实施人工影响天气过程中，区气象局年平均进行人工增雨、防雹作业15次，年均发射增雨火箭弹40～50余枚，影响面积覆盖全区，社会经济效益显著。2010年进行人工增雨、防雹作业18次，发射增雨火箭弹65枚，影响面积覆盖全区，直接社会经济效益2000万余元，减轻了气象灾害给农业生产、生态建设、森林防火带来的不利影响。

【防雷减灾】 2007～2010年，区气象局组织气象科技工作者开展雷电研究、监测和防护，向社会提供避雷装置安全检测、防雷电环境评价和防雷工程质量监督服务，防止和减少雷电灾害发生。在防雷减灾中，区气象局成立行政许可办公室，负责建筑物（构筑物）防雷行政许可工作，严格把关，报批审查逐步规范。2010年检测加油站80余家、新建建筑物（构筑物）130余栋，并对加油（气）站、液化气站等易燃易爆场所进行防雷安全检测。

【依法行政】 2007～2010年，区气象局依据《中华人民共和国气象法》开展行政执法活动。2010年度，局行政执法队巡查辖区25次，查处违法私放升空彩球4次，封存彩球30个，杜绝非法彩球升空活动，保障了人民生命财产安全。，

【气候概况】 2010年，长安区平均气温13.5度，与历年年平均气温13.2度相比偏高0.3度，基本正常。全年降水量735.4毫米，与历年平均降水660.6毫米偏多74.8毫米（11.3%）。其中1月无降水，5月、6月、11月降水偏少2～7成，其余月份均偏多。全年日照总数为1769.1小时，比历年日照总数2031.5小时偏少262.4小时。光照时间除1月、11月、12月偏多外，其余月份均偏少，尤其8月偏少91小时。2010年全年气候特征为：气温正常，降水偏多，光照时间短；年初温度适宜。由于4月气温偏低，光照时间短使冬小麦抽穗开花比历年偏晚5～7天。夏季温度适宜，降水充沛。初秋9月下旬阴雨天气对玉米成熟有一定影响，使玉米成熟期推迟10天左右。

（苟拥军）

地　震

【地震监测】 2007～2010年，区地震办公室确保地震监测仪器正常运转，完成区地震监测数字化地震前兆台站运行管理，为西安市提供观测数据；利用地震监测点资料开展综合分析，及时参加市级震情会商，掌握全市震情动态；召开新农村民居建筑抗震技术及结构安全座谈会。“5·12”防震宣传日，在长安文化广场设宣传站，宣传“地震基本知识”、“震灾防护知识”、“家庭地震应急一二三”等知识，发放宣传资料2万余份，接待群众咨询2400余人次。

（马耀军）

综 述

2007～2010年，长安区委、区政府贯彻落实党的十七大“推动社会主义文化大发展大繁荣”目标，提出创建经济、生态、文化、科教四强区目标，编制并颁布《西安市长安区文化发展规划》，指明全区文化事业与文化产业协调发展方向。区文化体育广播电视局在贯彻落实“四强新区”目标中，以文化大繁荣、大发展为主线，着力构建公共文化服务网络，提高公共文化供给能力和服务水平，优化文化产业结构，增强文化软实力，以巩固文化先进区成果，促进文化事业长足发展，丰富满足人民群众日益增长的精神文化需求。在文化体育基础设施建设，群众性文化、体育活动开展，非物质文化遗产保护和利用，规范文化市场经营秩序等工作中取得突出成绩。区文化馆、图书馆、博物馆、青少年活动中心、长安展馆，社区文化广场、乡街综合文化站、农民体育健身广场、村级文化室等“三级”文化基础设施网络逐步完善并发挥作用。五台关中民俗艺术博物院、郭杜教育科技产业开发区等文化产业正在培育壮大。文学艺术创作百花齐放，百家争鸣。非物质文化遗产普查出103项基础项目，47项重点项目，成功申报世界级项目1项、国家级项目2项、省级项目9项、市级项目10项、区级项目13项。

文 化

【概况】 长安区文化体育广播电视局（以下简称区文体广电局），是长安区政府主管文化、体育、广播电视事业发展与管理和行政执法的职能部门。2010年，局机关设5个科室：办公室、社会文化科、文化市场科、体育科、广播电视科；下属单位8个：区广播电视中心、区文化行政执法队、区文化馆、区图书馆、区体育场、区影视实业有限公司、区剧团有限公司、区广播电视服务部；托管单位1个：西安市新华书店。长安辖区内有乡、街道文化站22个，专兼职文化干部400人，专职体育工作管理人员34人。截至年末，全区共有文化市场经营单位284家。其中，网吧135家，印刷企业40家，歌舞厅11家，打字复印企业43家，图书店31家，音像店20家，游艺娱乐场所3家，影院1家，主要分布在韦曲、郭杜地区和大学城周边。

【文化体制改革】 2010年5月，长安区实施文化体制改革。在区财政、劳动资源和社会保障、编办、工商、税务等部门协调配合下，区文体广电局于9月提前完成文化体制改革各项任务。一是适应文化市场管理工作需要，撤销长安区文化稽查队，成立长安区文化市场行政执法队（为区文体广电局下属全民事业单位），科级建制。二是实行公益性文化事业单位内部改革，明确长安区广播电视中心为副处级建制，区文化馆、图书馆为科级建制，并设定岗位，制订岗位职责，引入竞争机制，确定上岗人员；实行全员聘用制，绩效工资与岗位业绩挂钩。三是加快经营性文化事业单位事转企改革，将长安区剧团、长安区电影发行放映公司、长安区广播电视局服务部3个经营性文化事业单位转为企业，核销事业编制，注销事业法人，同职工签订劳动合同，做好职工养老保险等衔接工作；办理税务登记，工商企业登记注册等法律手续，领取企业法人营业执照。

【文化事业建设】 2007～2010年，区财政投入一定资金，为长安区图书馆购置各类书籍及服务器材，订阅各类报刊杂志百余种，使馆藏图书量达5万册。2010年，区图书馆晋升为国家三级馆。2007年1月，区电影发行放映公司与北京世纪东方数字电影院线合作，投资100万元，成立“陕西世纪长安数字电影公司”；投资2000多万元建设长安影视大厦15000平方米，2010年底竣工。2007年7月，新华书店长安分店投资117万元建成600平方米综合办公楼。同年，区电影发行放映公司实现由胶片电影到数字电影转化，拥有数字电影放映设备33套，流动放映车4辆，组建30个放映队覆盖全区25个乡街820个自然村，覆盖率100%，实现1村1月放映1场电影目标，全年放映公益电影9840场，年受益群众300多万人次。

【长安首个数字电影放映厅建成】 2007年6月，长安区电影发行放映公司投资40万元，在长安区青少年活动中心建成可容纳220人的首个数字电影放映厅。

【全国“农村电影放映工程·卫生公益宣传项目”首映式在长安区举行】 2009年7月，由国家卫生部和广电总局主办的“农村电影放映工程·卫生公益宣传项目”全国首映仪式在长安区东大街道东大村举行，观看群众3000人。

【文艺创作促进会】 2009年5月22日，“西安市长安区文艺创作促进大会”在长安区行政中心召开。会议由长安区政府主办，展出长安区优秀摄影、书画和文学作品；率先在全省区（县）出台《长安区文学艺术创作优秀成果表彰奖励暂行办法》，规定长安籍文艺创作者的作品或以长安相关历史、文化背景为题材的文艺作品，若获取由国家新闻出版总署、广电总局、全国文联及其他国家级单位主办或牵头设立的比赛和评比奖项，由长安区财政出资，对一、二、三等奖分别给予5000、4000、3000元的奖励；省级一等奖最高奖励4000元；全市性一等奖，最高奖励2000元。省作协党组书记、常务副主席雷涛，省委宣传部副部长岳少锋，省文化厅艺术处副处长崔天民，西安市委宣传部文艺处处长马锐，市文化局副局长马金山，市文联党组副书记、副主席吴克敬等应邀出席，长安区168名文学、书画、摄影爱好者代表出席会议。

【石匣村被授予“陕西书法村”】 2007年11月，陕西省书法家协会授予长安区细柳街道石匣村“陕西书法村”称号。石匣村盛行书画，经常书写者80多人。2007年春节前，在西安古城墙面向全球征集春联活动中，村民刘兴瑞、孙山获得优秀奖，胡红旗获得书联三等奖，并经市民推荐和专家评选特邀为国务院总理温家宝书联。孙山曾用1个月时间以不同书法字体完成长134厘米，宽68厘米的大书。

【长安首届七夕文化节】 牛郎织女传说是中国四大爱情传说之一，最早起源于星辰崇拜：牛郎织女本是天上银河系的两颗星辰，逐渐演变为妇孺皆知的民间故事。相传每年农历正月十七为牛郎织女结婚日、七月初七为牛郎织女相会日，当地群众都要举行大型祭祀活动，西安、咸阳、宝鸡、渭南等周边地区群众前往祭拜。长安斗门是牛郎织女传说的发源地，南丰村保存有两千多年的牛郎织女石刻两尊，当地群众称其为石爷、石婆，1956年，被陕西省人民政府确定为第一批保护文物。

2007年8月18～19日（农历七月初六、初七），首届“长安七夕文化节”在斗门南丰村石婆庙举办。“七夕”文化节以“让爱永驻人间”为主题，开展“万对情侣相连爱”、“牛郎织女传说文化展示”、“传统七夕祈福”、“陕西名巧才艺展示”、陕西白鹿原文化研究院7位书画家书画展示等活动，吸引周至、户县、西安、咸阳数以万计的群众。文化节保留民间为石婆洗面、献饭、耍灯、拜四方神、敲打锣鼓、扭秧歌等传统项目，邀请秦腔戏剧团演出《天河配》，还有21位民间巧姑才艺展示和77位长安巧姑赛巧比赛。

【百名文艺工作者宣传杨庄】 2009年4月，长安区杨庄乡举办“踏青赏春”休闲旅游活动。杨庄乡地处长安区东南，山、川、塬地貌兼容，山清水秀、风景优美，具有丰富的人文旅游资源和独具特色的农业产业。活动邀请观光摄影采风团、书画家拍摄采风，现场作画；组织游客参与垂钓比赛、观民间工艺、听农家戏、踏青赏油菜花、体验农家生活，游库峪、登太兴山，饱览终南美景。全区文艺界百名书画、摄影、文学爱好者参加活动。

【上王村文化活动室获“全省村级示范文化活动室”称号】 2010年10月，全省农村基层文化工作会在延安市宜川县举行。陕西省文化厅评选表彰全省13家村级示范文化活动室，长安区滦镇街道上王村文化活动室获“全省村级示范文化活动室”称号。上王村文化活动场所配有农家书屋35平方米，收藏图书6000册；广播室面积20平方米；棋牌娱乐室40平方米；书画艺术创作展览室面积150平方米，展有群众书画作品；文体广场面积1500平方米，配有健身器械10套、乒乓球台2台、篮球架1副等，全村共有文化墙2000平方米。

【长安区组团参加文化产业博览会】 2010年10月，第五届中国西部文化产业博览会在西安曲江国际会展中心开幕。长安区应邀首次参会并设专厅展出。文博会长安展厅面积54平方米，分宣传展示和实物展示两部分，全面展示长安创建文化强区的建设成果，向外推介中华传统纸制作技艺展览馆、兴教寺佛教文化景区、五台民俗文化街区、杜公祠开发等20多个招商项目。期间，长安展厅接待参观咨询人数6万余人，发放宣传资料上万份。

【长安区文化馆举行电视歌手大赛】 2010年9月，长安区文化馆举办“2010长安区邮政储蓄银行杯”电视歌手大赛，发放传单5000余份，210名歌手参加比赛。经过初赛、复赛，27名选手进入决赛。西安工程技术学院张瑜获一等奖，长安一中姚冰和西安通信学院柳慧获二等奖，选手吝方、蓝天艺术培训中心贾李媛和长安区广电中心耶莎获三等奖。

【长安碎戏剧本成绩斐然】 2010年8～9月，在第二届陕西省农民文化节西安分会场碎戏剧本评选活动中，长安区文体广电局推荐15个碎戏剧本获奖。曹文平创作的《养儿防老》，刘志贤创作的《冤家宜解》、《好心有好报》3个剧本获一等奖；王建平创作的《冒牌继父》，单海英创作的《刁妇回头》，李明创作的《胎儿作证》、《日本女婿》，毋东汉创作的《盼人穷》5个剧本获二等奖；刘志贤创作的《织女情怀》，李明创作的《爱上姐夫》，王建平创作的《我爱哑巴》、《狗欢人闹》，单海英创作的《好媳妇》，毋东汉创作的《婆媳和》、《兽医医人》7个剧本获三等奖。

【纪念柳青活动】 2007年4月，由区文体广电局组织的纪念柳青活动在王曲镇皇甫村柳青墓前举行。陕西省作协主席陈忠实、副主席雷涛和长安区委副书记薛振虎与文化界人士、皇甫村干部群众300余人参加纪念活动。2009年4月，由陕西省作家协会、省柳青文学研究会共同举办的首届柳青文学颁奖典礼暨第二届柳青文学奖评奖启动仪式在神禾塬畔常宁宫举行。全省11部作品获奖。陈忠实、雷涛、贾平凹等省市文学界知名作家、学者及长安区政协主席成德奇、长安区人大副主任陈振军，副区长朱鸿等参加颁奖典礼。

【全省社区文艺调演在长安广场举行】

2007年9月，“喜迎十七大建设新社区”文艺调演在长安广场演出2场，由省委宣传部、省文化厅主办。陕西省文化厅副厅长蒋惠莉，西安市文化局副局长马金山，长安区副区长刘明军等和群众一起观看舞蹈《好收成》、小品《捉鳖》等节目。

【省万场国产优秀影片展映启动仪式在长安广场举行】 2007年11月，由陕西省文化厅主办的“万场国产优秀影片展映活动”启动仪式在长安广场举行。陕西省文化厅厅长秦天行、副厅长乐可锡，长安区副区长刘明军等参加活动。国家广电总局为长安区电影发行放映公司赠送数字电影放映设备22套并放映国产优秀影片《我的长征》。

【民间文化艺术社团】 2007年，长安区成立6家民间文化艺术社团，即长安区国学传习会、牛背梁书画院、长安画家公社、长安国学书画院、长安人文研究所；2008年成立长安汉唐书画院、长安书画研究院、马王街道客省庄农村文化大院、长安青年美术家协会；2010年成立长安楹联书画院、长安壹号美术馆、长安窦氏历史文化遗产研究会3家民间文化艺术社团。至2010年底，长安区有民间协会组织18家。民间艺术社团的成立对于长安区书画、文学艺术的交流、研究、发展起到促进作用。

【春节文化活动】 2007年2月，由区委、区政府主办，区文体广电局承办的“春和长安”春节文艺晚会在郭杜举行。区委书记钱引安、区长杨立等领导与环卫工人们一起观看文艺节目。2008年1月，长安区委、区政府和陕西省戏剧家协会主办“2008春之韵”大型戏曲晚会，通过陕西卫视向全国播放；2月，区文体广电局在长安广场举办 “元宵节戏曲演唱会”。2009年2月，区文体广电局在韦曲街道长乐街举办6场秦腔名剧演出，1万余名观众观看。2010年2月，区文体广电局在长安广场举办长安区2010年元宵节戏曲和综合文艺节目6场，受到群众欢迎。

【长安区文化发展规划】 2009年6月，区文体广电局与西安市社会科学院联合组成课题组，通过调查和编制、修改，完成《西安市长安区文化发展规划（2010～2025）》编写工作。2010年1月，组织召开专家评审会，5月，区政府正式颁布《西安市长安区文化发展规划（2010～2025）》。《规划》分8章5万余字，提出“五龙腾飞兴长安”理念。即：倾力打造以丰镐周文化和昆明池汉唐文化为代表的长安古文化“龙头”；以郭杜教育科技产业开发区为载体的当代创意文化“龙头”；以秦岭北麓自然生态景观为依托的生态文化旅游“龙头”；以关中民俗博物院及五台古镇为基地的长安民俗文化“龙头”；以樊川兴教寺、香积寺、观音寺等为特征的长安佛教文化“龙头”。明确发展大文化功能区奋斗目标：即分类指导、有序发展丰镐及昆明池遗址功能文化区；沣峪东大自然风光及温泉度假文化功能区；五台、子午古镇民俗风情及自然风光旅游文化功能区；翠花山、嘉午台、太兴山为主体的东南名山古洞胜景游览文化功能区；“两塬夹一川”的浐河流域文化功能区，樊川寺院及自然景观文化功能区；当代特色创意文化功能区。为全区文化事业科学发展提供依据。

【民间文化艺术展】 2007年1月，“首届长安书画精品展”在长安区文化馆举行。参加开幕式的领导有西安市文化局纪委书记马金山，长安区委常委、副区长陈选良以及省、市书画艺术界的画家、学者，征集展览32位书画作者作品62幅，印刷“首届长安书画精品集”2000册，参观人数8000余人次。

【个人书画展】 2007年，刘超、赵柱子、徐九大、刘岚个人书画展分别在长安文化馆举行，参展作品170幅，参观人数9000余人次。

【庆祝建国60周年文化活动】 2009年6月，由西安市群众艺术馆、长安区文体广电局主办的庆祝建国60周年“祖国颂”夏日广场文艺演出活动在长安广场举行，8000余名观众观看演出；9月，由长安区委、区政府主办的“歌唱祖国、共铸辉煌”主题歌咏比赛，有区级四大班子领导和全区22支合唱队参加，千名党员干部用嘹亮的歌声为祖国六十华诞献上最美好祝福；10月，长安区文化馆举办庆祝建国60周年书画展，展出作品150幅，观者5000余人。

【大型娱乐演出活动】 2009年5月，陕西电视台“秦之声”栏目在长安广场举办大型秦腔演唱会，5000多名观众观看。2010年9月，西安市夏日广场活动与陕西省第二届农民艺术节西安分会场活动启动仪式在长安广场举行，长安区表演的《逛长安》、《老两口谝闲传》风趣幽默，受到好评；11月，西安市千场戏剧惠民演出活动闭幕式在长安区马王街道举行，西安市文化广电新闻出版局局长王凯利、副局长马金山在区文体广电局局长聂小林陪同下，观看了演出；同时，西安市首届“大秦腔”戏曲自乐班电视大赛在西安曲江广电中心大剧院举行，长安区西安秦韵剧社获一等奖、长安新华自乐班社获二等奖。年内，长安剧团免费演出50多场，受到称赞和欢迎。

【对外文化交流】 2008年北京奥运会期间，长安区北张村传统造纸技艺传承人张逢学、马松胜在陕西“祥云小屋”进行传统造纸技艺现场展演。通过中央电视台向世界各地转播。在20多天时间里，每天制作三四十张成品纸送给游客。使20万人感受到中国神奇伟大的创造。

【非物质文化遗产宣传日活动】 2007～2010年，长安区于每年6月在长安广场等地开展“非物质文化遗产宣传日”主题活动，通过专题展板、泥塑、彩陶、石刻及相关资料、宣传材料等展示长安区“非遗”保护利用成果，增强广大群众非遗保护意识。

【长安道情】 长安道情是古长安道教徒以道教故事为题材，通过唱词诵经、敷演道中情理而得名，也称“拉皮戏”。1960年，省新剧种汇演后，定名为长安道情。清乾隆、嘉庆时期，道情演唱活动已十分兴盛，除“登山行唱”、“围桌坐唱”外，还出现皮影形式和“广场踏席”的化妆演出，其中一些艺人的演唱足迹遍及关中以至陕南。20世纪50年代，长安剧团先后将《槐荫媒》、《四岔捎书》、《八仙上寿》、《隔门贤》等搬上舞台，为10周年国庆献礼。其中《隔书贤》剧本由原长安新华书店、陕西人民出版社出版发行。1960年，又以大型道情戏《墙头马上》（丁洁、卢恺改编）参加省新剧种汇演。1970年，移植排演长安道情大戏《孝子冤》、《鸳鸯谱》及现代戏《江姐》。2008年，大型现代戏《祥云谷》参加省第五届艺术节，获多项奖励。终南山北麓太兴山下的原杨庄乡魏家岭道情社，是全区唯一能组班坐唱长安道情的原生态活体，有成员9人，年龄最大的73岁，最小的56岁。其中，主奏笛手2人，板胡、二胡演奏员3人，渔鼓、简板、三才板、碰钟演奏员各1人。除笛手外，都兼工各色行当演唱。现道情班能演唱羽化仙道类、神化故事类、历史题材类、民间故事类曲目20多部，还存有40多部曲目手抄本。长安道情的发展史承载着民间音乐、戏曲艺术、乡俗礼习、宗教文化方面的衍变信息，具有艺术科学研究价值。2009年，长安道情成功申报为省级非物质文化遗产保护项目。

【长安道情《祥云谷》】 2008年9月，长安剧团编排的大型长安道情现代戏《祥云谷》在陕西省首届农民戏剧节上获省委宣传部、省文化厅等5部门颁发的新农村建设“优秀剧目奖”。《祥云谷》以地处长安大山深处祥峪沟村十几年来的巨大变迁为题材，以村党支部书记许志成为原型，讴歌再现勤劳智慧的长安人民在党的领导下，建设社会主义新农村的创业实干精神。10月，剧团代表全区和西安市参加由陕西省政府主办的陕西省第五届艺术节，长安区政府获组织工作奖，长安区剧团获剧目奖、编剧奖、舞美设计奖。

【沣峪口老油坊榨油技艺】 老油坊位于秦岭北麓长安区滦镇街道沣峪口村，是传统手工榨油作坊。油坊创建于清光绪十三年（公元1887年），距今120多年。创始人为长安斗门镇齐益礼，至今已有张倍亮、郭积善、高让让等7代传承人，是全国唯一在原址继续生产的百年老油坊。油坊建于此处，一因水利资源丰富，便于利用，二因沣峪口自古为交通要道，连接关中巴蜀，便于商贸交流。

老油坊完整地保存着手工榨油传统技艺。工具是长15米、直径近50厘米的油梁，运用杠杆原理压榨；榨油工艺经采集原料（选料、晾晒、去尘去杂）、磨胚、油草制作（选草、通草、烫草）、油圈制作、蒸胚、包坨、榨油、成油等30多道工序，无添加剂，出油色亮、质优、醇香，堪称关中地区传统手工榨油工艺的活化石。2009年，列入陕西省非物质文化遗产保护名录。

【长安仓颉造字传说】 长安仓颉造字传说起源于仓颉造字台。长安郭杜街道长里村北，有一座青砖围砌的夯土台，坐北朝南，坡面陡立，台高10余米，周长百余米，即传说中的仓颉造字台。仓颉，陕西白水县人，原姓侯冈，名颉，是轩辕黄帝的左史官。上古时期没有文字，仓颉初用结绳记事，但年久日深难以辨识，遂决心创造一种便于记录的符号。他在长安高阳塬上仰观奎星环曲走势，俯看龟背纹理、鸟兽爪痕、山川形貌，从中受到启迪，创造出最早的象形文字。周代为纪念他的功绩，在他造字的地方修建造字台。周穆王在此建立神庙，汉淮南王刘安、史圣司马迁、文学家许慎都是仓颉造字及造字台的传播者。唐武则天、中宗李显等亲临此地吟诗赋和，清代陕西巡抚毕沅在台前立“仓颉造字台”石碑。近代康有为、蒋介石、张学良、杨虎城、邵力子等都曾到此考察缅怀。仓颉造字的传说，在长安地区传播久远，当地至今流传着：“仓颉字、雷公碗、沣出纸、水漂帘”和“仓颉造字一石粟，孔夫子认了九斗七，剩下三升无处用，洒在边疆教彝民”等古老民谣。从民间习俗和日常生活，诸如入学拜圣、枕书避邪、写字治病、习字励志等，都可看到人们对文字的崇尚和对仓颉的敬仰。仓颉在长安“增土造字”，终结人类“结绳记事”的历史，掀开中华文明崭新的一页。

【南五台观音菩萨传说】 长安南五台是中国佛教文化圣地，千百年来流传着许多生动、有趣的典故，其中观音菩萨传说最为引人入胜。相传，隋仁寿年间，有一毒龙在南五台火龙洞修炼，时常变化成人形到长安城用丹药哄骗世人，伺机吃掉，涂炭生灵。毒龙的恶行惊动观音菩萨，为拯救众生，菩萨化身一白衣秀士来到长安，与毒龙斗法，毒龙大败，逃至南五台被擒碾为粉末。与碑文传说同时流传的还有丰富多彩的民间口头传说，如五台留村秀才刘彦真游历南海，被水母变化的少女迷惑，与其成婚，生育五子。后水母在长安城以卖化骨丹为由哄骗世人，残害生灵。观音大士得知后，显比丘身，从长安城追赶其至南五台以智慧与法力将其降伏，拯救众生。南五台观音菩萨传说，是根植于史料、文物上的传说，具有地域的原生性和情节的神奇性。传说涉及生活各个层面，内容丰富多样，反映民众喜怒哀乐，贴近人民生活，具有鲜明的群众性。

【文化执法】 2007年，长安区文体广电局与工商等部门检查文化市场118次，查处违规经营20家，停业整顿4家，取缔无证黑网吧6家、地摊2家，收缴销毁非法音像制品400多盘、非法出版物2000多册。2008年，长安区成立文化市场综合协会，严厉打击文化市场违规经营行为，查处违规经营20家，停业整顿经营户4家、地摊2家，收缴销毁非法音像制品400多盘，查处取缔黑网吧78家。2009年，区文化市场稽查队开展私设电玩厅清理整治工作，查出带赌博性质的电玩厅26家，全年检查文化市场各类经营商300余家，规范违规行为56起，收缴非法出版物2200册，低俗音像制品、压缩光盘6000张，取缔黑网吧76家。2010年10～11月，区文体广电局在全区开展文化市场专项集中整治，区行政执法队出动检查人员325人次、检查车辆35台次，检查网吧214次、印刷企业123次、图书碟片门店82家、歌舞厅13家，查处违规案件21起，取缔游商地摊12处，收缴非法出版物1211册（张）。

【广州市文化局调研长安区农家书屋建设工作】 2009年6月，广州市文化局一行20人，由西安市新闻出版局副局长陆朋陪同，到长安区东大街道郭南村调研农家书屋建设工作，对农家书屋规范化建设给予高度评价。 （李七元）

文学艺术

【2007～2010年长安出版的文学作品书目】 （以出版时间为序）

【张三民杂文引网友广泛关注】 2007年3月，长安杂文学会会长、《新凤凰》主编

书 名	作 者	体 裁	出版时间	出版社
《斗争在死亡线上》	徐 来	小 说	2006年12月	太白文艺出版社
《苍莽神禾塬》	崔 皓	小 说	2007年1月	作家出版社
《河湾梦》	王 峰	小 说	2007年3月	太白文艺出版社
《文心绣凤》	樊耀亭	随 笔	2007年9月	作家出版社
《同窗俊友》	毋东汉	儿童文学集	2007年3月	作家出版社
《孤独的青春》	贯楚风	诗 集	2008年5月	中国文联出版社
《红裤带》	李绪民	长篇小说	2008年4月	北京大众文艺出版社
《方子渡纪事》	张军峰	长篇小说	2008年4月	陕西旅游出版社
《秦・赋》	骆 浩	赋	2008年12月	人民文学出版社
《映日荷花别样红》	王小虎	短篇小说散文集	2009年10月	中国文联出版社
《热血春秋》	张三民	杂文集	2009年2月	中国文联出版社
《命运》	张来善	长篇小说	2009年2月	中国文联出版社
《苔沟村纪事》	王稳年	长篇小说	2010年4月	中国文联出版社
《风的墓志铭》	贯楚风	诗 集	2010年5月	中国文联出版社
《金秋飘香》	张海建	散文集	2010年10月	中国文联出版社

张三民创作的杂文《论王蒙的‘官气’》被湖南红网和《西安晚报》登载后引起热烈反响；11月，《华南虎传奇》系列杂文被新华网、人民网、新浪网、美国中文网等200多家网站和报纸转载，一度引起广泛关注。

【王渊平、田措施、薛亚利文学作品发表并获奖】 2007年，王渊平散文《想起父亲我有点怕老》在《天涯》杂志2007年第6期发表；田措施小说《你杀死了一只蝴蝶》在《延河》杂志2007年第12期发表；同年，薛亚利报告文学《从‘美佳之路’到‘绿园效应’》、《开拓路上景色新》分别获全国第六届“新世界之声”征文金奖、全国第七届“中国世纪大采风”活动银奖；王渊平的散文《绝症》获《中国作家》杂志社征文二等奖。

【吕虎平等人荣获全国散文作家论坛征文奖】 2009年7月，中国散文学会、北京市写作中心、华夏博学国际文化交流中心主办的2009年全国散文作家论坛征文等级奖评选结果揭晓，长安区作家吕虎平《雪・归家》获二等奖；范来利《老闷》获等级奖。张军峰、王小虎、吕建平、王红艳等多位作家获奖。

【长安五人参加西安市青年作家创作会】 2007年11月，长安田措施、张三民、贾楚风、刘牧之、张晗5人参加西安市委宣传部、市文联联合主办的西安市青年作家创作会。参加青创会的有从北京邀请的专家、学者以及西安市70余位青年作家代表，对文学所处地位以及青年作家努力方向探讨研究。

【王渊平长篇小说《日暮乡关》获奖】 2008年4月，第三届海内外华语文学创作、书稿交易笔会在北京举行，长安作家王渊平长篇小说《日暮乡关》获最佳小说特别奖。

【张三民杂文《华南虎传奇》获《红辣椒评论》佳作奖】 第三届中国红网《红辣椒评论》年度佳作评选在湖南长沙揭晓，长安区杂文学会会长张三民杂文《华南虎传奇》（陕西快板）获2007年度佳作入围奖。

【长安骆浩原创歌曲《花亭》现身“中国原创音乐基地”网】 2008年11月，长安骆浩根据陕西秦腔《花亭相会》故事情节作词，引用日本吉他大师岸部真明吉他曲，采用秦腔新秀张宁《花亭相会》一句秦腔唱词作为引子创作的《花亭》，在“中国原创音乐基地”网络上播出，得到网友支持。

【刘欢散文入选“我与文联”征文集萃并获西安印象征文奖】 2009年，刘欢散文《文缘》入选由中国文联主办的庆祝中国文联成立60周年“我与文联”大型征文集萃《美好回忆・盛世华章》，散文《烟雨书院门》获西安日报与陕西省作协散文专业委员会联合举办的“中华新好散文联展・60年西安印象”有奖征文三等奖。

【范来利获全国散文论坛征文大赛一等奖】 2010年，长安区作者范来利的散文《杨庄，我的半个故乡》获由中国散文学会、中国散文学会写作中心、华夏博学国际文化交流中心主办的2010年全国散文作家论坛征文大赛一等奖。

书法绘画

【李文艺等人获西安市文联大奖】 2007～2010年，李文艺、张新生获市文联“德艺双馨”奖；骆浩、刘岚、王江获西安市文联“新人新作”奖。

【王江、张新生获城门书联奖】 2007年，长安区书法家王江、张新生、胡红旗过关斩将，从全球3000多名书法家中脱颖而出，获西安城门2007年书联奖。

【王江策划并参与“笔墨无疆”陕西十人展】 2007年12月，由陕西省青年书法家协会、西安中国画院、北京博联社等主办的“笔墨无疆”陕西青年书法家10人“咏南山”新作展在亮宝楼开展。作者群体为国家级书协会员和青年书法家。长安书法家王江策划并参与。

【王江作品多次入展中国书协主办的展赛并获奖】 2007年，长安青年书法家王江作品入展中国书协主办的“纪念傅山诞辰400周年书法展”、“纪念老子诞辰2578周年书法展”，获“中华情”全国书画展优秀作品奖。

【李正平画作获中国消防文化艺术展优秀奖】 2007年6月，由中国文联国内联络部、全国公安文联等4单位联办的中国消防文化艺术展在北京国家博物馆展出。陕西长安书画艺术研究院常务副院长、长安区美协副主席李正平创作的巨幅人物画《烈士慈母》入选参展并获优秀奖。

【张新生获全国第十四届“群星奖”书法创作奖】 2007年11月，由文化部主办的全国第十四届“群星奖”在湖北荆门揭晓。长安书学院院长张新生立轴作品《行草郑板桥论画竹》获“创作奖”，成为本届“群星奖”陕西唯一获奖者。此外，张新生还入展中国书协主办的“全国老年书法作品展”和“首届全国西部书法展”。

【王江、董敏毅获陕西省第六届人才杯书画大赛奖】 2007年8月，由陕西省人事厅、省文化厅、省教育局、省文史研究馆、省文联、省美协、省书协等单位联合主办，省人才交流中心承办的“陕西省第六届人才杯书画大赛”评选结果揭晓，长安区王江、董敏毅分别获书法组二等奖、绘画组三等奖。

【刘超、赵柱子、刘岚在长安美术馆举办个展】 2007年，刘超、赵柱子、刘岚分别在长安美术馆举办“刘超山水画展”、“赵柱子画展”、“刘岚水墨境像展”。各展出近年新作数十幅，其作品从构图、用笔、着色及技法意境充分展现了长安深厚的书画底蕴。

【刘超参加“乡土写意——六人水墨作品巡回展】 2007年11月，长安山水画研究院院长刘超参加由陕西省美协、省山水画研究院在西安亮宝楼（中国美协西安展览中心）举办的“乡土写意——六人水墨作品巡回展”。有3000余人参观展览，同时出版《“山水画坛”六人山水画作品集》。

【张新生、王江作品入展“全国首届册页书法展”】 2008年5月，全国首届册页书法展在河北省廊坊市进行评选，长安书法家张新生、王江、骆浩3人进入终评，最终张新生、王江作品入展。

【张新生、陈炜等6人作品入展“陕西省迎奥运美术书法摄影作品展”】 2008年7月，由陕西省委宣传部、省文化厅、省体育局、省文联、陕西日报社以及省美术家协会主办的陕西省迎奥运美术书法摄影作品展在省美术博物馆开幕，长安张新生、陈炜、张广庆、张尚毅、呼延小舟、刘勇6位书画家作品入展。

【刘超、谢子敬等人书画作品入选“中国·芮城首届永乐宫国际书画艺术节”并获奖】 2008年9月，由中国书协、中国美协、山西省文联等单位联合主办的“中国·芮城首届永乐宫国际书画艺术节”在山西芮城开幕，长安刘超的国画作品获优秀作品奖，谢子敬、张新生、刘勇等书画作品入选。

【王江作品入展“第五届陕西省艺术节陕西省中青年书法家、画家优秀作品展”】 2008年10月，由陕西省人民政府主办，陕西省文化厅承办的第五届陕西省艺术节陕西省中青年书法家、画家优秀作品展在陕西省美术博物馆开幕，长安书法家王江作品入展。

【胡少峰画作《松林集趣》被典藏】 2008年10月，胡少峰国画《松林集趣》被加拿大中国美术家协会陈列馆典藏展出；2009年胡少峰一行5人赴河南省开展创作交流活动，为河南翰园碑林和韩国碑林博物馆创作《和谐》、《紫气东来》等国画作品。

【王江书法作品入展第三届中国书法兰亭奖】 2009年，由中国书法家协会主办的全国书法艺术最高奖第三届中国书法兰亭奖评选揭晓，长安区青年书法家王江书法作品入展，同期入展第二届青年书法篆刻展；江锦世、王江合著论文入选全国第八届书学讨论会。

【刘超国画喜获第二届中国（芮城）永乐宫国际书画大赛优秀奖】 2009年11月，由中国书协，中国美协，芮城县委、县政府等联合主办的中国（芮城）永乐宫第二届国际书画大赛评选活动揭晓，长安区刘超国画作品获优秀奖，入编《中国（芮城）永乐宫第二届国际书画艺术作品选》。

【骆浩荣获2010年第二届中日议员公务员书法展入展奖】 2010年10月，第二届中日议员公务员书法展评选揭晓，长安区骆浩书法作品获入展奖。

【张新生喜获九成宫全国书法大赛优秀奖】 2010年8月，由中国国家画院主办，中国国家画院书法创作研究院、沈鹏书法艺术基金，麟游县委、县政府承办的“九成宫全国书法大赛暨全国书法名家学术邀请展”系列活动在西安拉开帷幕，长安书法家张新生获大赛优秀奖，这是他继文化部第十四届群星奖“创作奖”之后获得的又一奖项。

【康智峰等入展市退休职工书画摄影展并获奖】 2010年，由区人力资源和社会保障局及区文联组织退休人员参加市退休职工书画摄影展，45幅书法、绘画、摄影作品入选。其中，康智峰、芮德山书法作品和王文质摄影作品获一等奖，孙兴荣、张宽占、吴少华、周建昌摄影和张新生、宋建章、崔浩、魏连升书画作品获奖，作品入编《庆祝中国共产党建党八十九周年西安市退休人员书画摄影作品集》。

【张新生等人书法作品入展“陕西省第二届书法篆刻临作展”】 2010年6月，陕西省第二届书法篆刻临作展在陕西省美术博物馆开幕，长安区张新生、张书聪、芮德山、呼延小舟、秦兴、江锦世、刘勇、金鑫、高继承、孙晓涛、蔡维11位作者的书法作品从6000余件作品中脱颖而出，入选展览。

【王江入展全国第三届扇面书法艺术展】 2010年6月，由中国书协主办的全国第三届扇面书法艺术展终评工作在江苏省张家港市进行，长安区书法家王江册页作品从30479件作品中脱颖而出，入展展览，长安骆浩作品入围。

【张新生、王江、王应珂书法作品参展“墨舞奥运2008——王蒙师友书法展”】 2008年5月，由陕西省文联、省文史研究馆、省体育局、省青年联合会、省书协等单位联合主办的“墨舞奥运2008——王蒙师友书法展”在省美术馆举行。长安区书法家张新生、王江、王应珂的作品参展。

摄影雕刻

【田措施、董寒光等人入选“绿色现代和谐新陕西”摄影·DV影视作品展并获奖】

2007年9月，由陕西省委宣传部、省电视台和陕西广角摄影俱乐部联合举办的“绿色现代和谐新陕西”摄影•DV影视作品展评选活动揭晓，长安区田措施、董寒光作品被评为佳作奖。田措施、董寒光、孙兴荣、朱改芳、张宽占、高宗汉作品入选“绿色现代和谐新陕西”摄影•DV影视作品展，并被编入作品集。

【苗春生泥塑组《关中记忆》在市群艺馆亮相】 2008年7月，苗春生创作的《关中记忆》泥塑组在西安市群艺馆亮相，1030个神态各异、活灵活现的泥塑人物立体化地再现上世纪50年代关中农村看戏、赶集、耍社火的三大经典生活场景。

【长安区五人获西安市首届“十佳民间艺人”奖】 2008年1月，西安市首次评选“十佳民间艺人”，长安苗春生获“十佳民间艺人”称号；何忠信获“十佳民间艺人特别奖”；张昭获“民俗文化优秀志愿者”称号；老油坊第七代传人高飞，北张村手工造纸传人张建昌成为市群艺馆特聘民间艺术家。

【董寒光等获“西安市第三届职工艺术节”摄影等级奖】 2009年9月，西安市第三届职工艺术节在边家村工人文化官开幕，长安区董寒光、田措施、王润年、刘欢等12位摄影师作品入展并获奖。

【田措施等人摄影作品荣获中日友好文化艺术展奖项】 2009年9月，由陕西省人民对外友好协会、西安市摄影家协会主办的第12届中日友好文化艺术展评奖揭晓，长安区田措施、孙兴荣、王润年、董寒光、魏连升、刘欢、祝普利获奖。

【魏银升等获秦岭终南山最美世界地质公园“紫薇地产杯”摄影大赛奖】 2010年6月，西安市国土资源局与秦岭终南山世界地质公园管理办公室联合举办的秦岭终南山最美世界地质公园“紫薇地产杯”摄影大赛在新城广场举行颁奖仪式，长安区魏银升、孙兴荣、田措施、刘欢等获等级奖，王润年、祝普利、董寒光获优秀奖。

【孙兴荣等获秦岭终南山最美世界地质公园“紫薇地产杯”摄影大赛奖】 2010年12月，在《中国国土资源报》报社、西安秦岭峡谷休闲旅游度假村有限公司、陕西广角摄影俱乐部主办的“秦岭峡谷杯摄影赛”评选活动中，长安区文联获组织奖。孙兴荣作品《终南神韵》获三等收藏奖；田措施《南山不老松》、《南山观石》（组照）、王润年《南五台》、高宗汉《金丝奇峡》、潘政权《雪落山村》、张妮《霓光丽影》、姜妮《秋水湖畔》入选。

群团活动

【长安诗词学会举办诗词吟诵暨书画展活动】 2007年4月，长安诗词学会在长安广场举办诗词吟诵暨书画展，吟诵诗歌30余首，展出书画作品40余幅，诸多爱好者和市民驻足观看。

【《西部书画》刊登长安中国画院作品选】 2007年11月，区文联和长安中国画院共同组织，在《西部书画》刊登长安中国书画院马良、骆孝敏、阎沫、张新生、董晓光、刘超、刘岚、宋建章、刘汉民、薛战柱、王江、阿愚等13位艺术家的作品，并作3个版面专题介绍，展示和彰显长安书画派实力。

【“金鼠迎春”书画联展】 2008年2月，“‘金鼠迎春’长安中国画院、长安青年美术家协会书画联展”在陕西亮宝楼开幕，展出作品50余幅，展期4天。

【长安中国水墨画院成立】 2008年6月，长安中国水墨画院成立，谢子敬任院长，胡少锋任常务副院长，有会员50余名。并在亮宝楼举办“长安中国水墨画院成立暨首届作品展”，展出谢子敬等20余位书画家作品50余幅，展期3天。

【长安文学艺术学会召开颁奖会】 2008年10月，长安文学艺术学会召开两年一度的《长安文苑》“文学作品奖”颁奖会，表彰奖励2007年度优秀作者和作秀作品，就进一步加强创作，繁荣长安文学进行座谈。

【国学书画院举办“改革开放三十周年书画展”】 2008年10月，长安国学书画院在长安美术馆举办“改革开放30周年书画展”，展出作品100余幅，展期7天。

【长安文学社团定期出刊物】 长安诗词学会、长安杂文学会、文学艺术学会、小品学会、柳青文学研究会等分别定期出版《长安诗刊》、《新凤凰》、《长安文苑》、《鹊起城南》、《长安》等报刊杂志。

【长安诗词学会换届】 2010年12月，长安区诗词学会召开换届大会，83名会员参加会议。会议总结诗词学会5年工作，提出今后5年工作任务；修改学会章程；选举产生以张振琪为会长的新一届学会理事会。 （姜 妮）

文 物

【长安博物馆】 2000年，长安博物馆建成，2002年作为全区有史以来的第一座博物馆，陈列的大量珍贵文物对外开放，充分发挥其爱国主义教育基地的作用。2007～2010年，免费接待参观团267个，人数3万余人次。其中，青少年参观团13个，人数16500余人次。

【杜公祠】 杜公祠位于长安区韦曲街道东南1.5公里的少陵塬畔，是纪念唐代诗人杜甫的祠堂，为四合院式建筑群，建于明嘉靖元年（公元1526年）。山门仿唐代系砖木结构，深3米，高6.7米，宽4.3米；院内有腊梅、紫荆、紫薇（痒痒树）等名贵花木；祠院现有大殿3间，正中供有新塑的杜甫铜像，高约2米，面容瘦削苍老，忧心忡忡，真切地表现出诗人“穷年忧黎元，叹息肠内热”的心境；殿内另有一块清代雕刻的杜甫遗像碑，上有杜甫半身朝服像，轮廓清晰，线条疏朗、传神；两廊有明、清修祠碑6通，还有唐乾元二年（公元759年）杜甫书《府太中严公九日南山》诗碑拓片及杜甫长安行迹图、屈太均诗碑等。

【杜公祠滑坡治理方案专家论证会】 2009年11月20日，区民宗局举行杜公祠滑坡治理方案专家论证会。参加会议的专家有西安电子科技大学教授王伟、西安建筑科技大学设计院教授王顺礼、西安滑坡专家李居西、西安市文物局文物处处长黄伟和干部冯宾、长安区文物局局长田晓利、工会主席王小妮等。在听取设计方关于杜公祠滑坡治理方案后，与会专家进行讨论并提出修改意见。杜甫纪念馆1960年建成，现为省级重点文物保护单位。因地处黄土塬畔，1995、1997年两次发生滑坡。四川汶川大地震后，滑坡趋势更重。滑坡治理花费很大，诚望社会各界有识之士携起手来共同努力，把杜公祠保护好。

【长安郭氏民宅馆】 长安郭氏民宅馆亦称马厂民宅馆，位于西安市长安区王曲街道马厂村，是目前西安地区规模最大、保存较完整、馆藏文物最多、唯一能够全面反映关中地区农耕文化的庄园式民居，也是京畿之地二百多年间仅存的一座农耕文化载体和中国封建社会典型的亦官、亦商兼地主庄园式民居建筑，保留着关中地区民居四合院建筑的基本风貌。馆内现有文物太师椅18把、普通木椅6把、炕柜4个、立柜2个、丝绸衣物29件、鞋帽10件、瓷器285件、宫灯6架、方桌1张、马车1架、牌匾3块。

【奖励主动上交文物群众】 2009年11月，黄良街道北仁村李再峰在新批的宅基地盖房时挖出数件文物并主动上交。次日，长安区文物局、博物馆的工作人员和民警赶到现场，在对古墓址进行清理时发现一面铜镜、一把铁剑和7枚古币。经考察，古墓长约4米、宽2米、高2米，为西汉后期墓。因李再峰保护文物得力，区文物局、博物馆奖励其人民币1500元。

【国家文物局安全司领导来长安检查文物保护工作】 2010年10月27日，国家文物局安全司领导来长安检查文物保护和打击文物犯罪工作活动情况。省、市文物局、公安处，区民宗局、公安长安分局、司法局领导陪同。检查组一行先后到区打击盗窃文物专项行动组组长办公室、文物稽查大队、案件侦破组查看各项工作制度和文物案件侦破专用工具，随后召开座谈会。区文物局、公安长安分局领导分别汇报长安区依法保护文物、开展打击文物犯罪活动等情况。听取汇报后，检查组对长安区的工作给予肯定，并表示会进一步向中央财政申请专项资金，全力支持长安区文物保护和打击文物犯罪工作。同时希望长安区进一步健全组织机构，壮大基层文物保护队伍，加强沟通协作，让文物收藏工作健康有序发展。

【区委书记吕健调研文物保护工作】 2009年8月12日上午，区委书记吕健由副区长刘明军等陪同，调研长安文物保护工作。区委书记一行首先来到杜陵塬畔第一代明秦王朱樉墓，登上墓冢实地查看陵墓周边环境和墓冢排列状况，并与考古专家交流，了解长安文物遗存的历史渊源、文物保护工作的重要意义及陵墓勘探保护等情况，随后参观西安市杜陵文物管理所和长安博物馆，了解长安建制的历史和当前长安文物的分布、保护及馆藏文物收集管理情况。吕健要求文物保护及相关部门要在合法的基础上，进一步加强文物的抢救、保护、管理和利用工作，特别是神道两侧石刻的保护，防止珍贵文物流失。在座谈会上，区文物局采取领导汇报与放映幻灯片相结合的形式，介绍长安的文物资源概况、文物保护工作现状和今后一个时期文物保护利用工作的总体设想。

【区文物局举行文物鉴定培训会】 2009年12月，区民宗局组织举办文物鉴定培训会，邀请市博物院副院长王峰均作题为“西安历史文化”专题讲座。王峰均结合大量珍贵图片和史实资料，介绍西安自仰韶文化、龙山文化至隋唐时期的历史地位、城池变迁、自然环境、社会经济、文化艺术、宗教流派、中外交流等方面的发展和变化情况，并对各个时期出土的石器、玉器、青铜器鉴定、识别以及文物的历史价值和科研价值进行讲解，同时对长安部分出土文物进行现场点评。

【长安区顺利通过第三次全国文物普查验收】 2008年11月，长安区政府召开第三次文物普查总结大会，省、市文物普查办负责人、专家组成员、文物普查队员和部分文物工作者参加。长安区副区长刘明军，市文物局副局长孙福喜出席会议并讲话。会议分别听取市文物普查队、区文物局关于长安区第三次全国文物普查情况汇报；经过讨论，省文物普查办专家组宣读对长安区第三次全国文物普查的验收结论：“根据省文物普查办文物普查验收标准，认定长安区为第三次全国文物普查优秀区”。

【破获石雕佛像被盗案】 2010年5月，长安区某村一尊石雕佛像被盗。案件发生后，省文物局、省公安厅高度重视，要求市、区文物部门和公安机关结合打击文物犯罪专项行动，加大案件侦破力度，采取各类技术手段和措施全力追捕涉案嫌疑人，追缴涉案文物。在省文化局和省公安厅的督办、指导下，区打击文物犯罪专项工作领导小组办公室、公安长安分局、区文物稽查大队加大案件侦破力度，走群众路线，深入调查摸排，经过20多天的艰苦努力，于6月11日将1名犯罪嫌疑人抓获，并将被盗的石雕佛像追回。经初步鉴定，这尊石佛像雕塑的时代为唐末五代时期，高约1.9米，宽约0.6米，头顶有圆形发团，双手下垂，神态端庄严肃，造型丰满圆润，在长安地区首次发现，具有较高的历史研究价值，已被运回文物部门保管。

【斗门街道发现清代武将家族墓】 2008年11月，国家文物普查人员在长安区斗门街道发现一处清代家族墓地。墓主张氏为清代望族，祖籍榆林，迁居长安七世13人，经历顺治、康熙、雍正、乾隆、嘉庆、道光六朝，除1人为进士外，均为总兵武将。据介绍，张氏家族墓地由南、北两处墓地构成。北墓地位于今咸阳市渭城区一带，埋葬张鹏程、张玉麒、张祖谟三

工作人员将被盗的石雕佛像从地里拉起

代，现存封土。1994年，张鹏程墓被盗，墓内文物被洗劫一空，后人祭祀重殓后将其墓志及墓室部分石构件运回长安斗门家中。张氏后人张振华后在当地寻找墓地遗物，将道光年间所立张鹏程与夫人合葬墓碑买回保存。南墓地位于长安区斗门街道中丰店村西南沣河东岸高地上，埋葬张国桢、张大成、张廷彦、张锡奎四代，墓地遭严重毁坏，封土被平，墓前石刻、石碑被砸，但墓室保存完好，现存少量墓地石质文物，保存于张家老宅内，有墓碑两方，石牌坊残件数块，石人1尊。其中，石人头部残缺，但雕工细腻、刀法洗练，脚蹬步云履，宽袍大袖，双手共执一提梁壶，胸前及后肩雕出莲瓣状垂饰，石刻背部平直。西安市文物保护考古所考古专家认为，张氏世居要职，家族墓延续时间近一个半世纪，见证清代兴衰，在长安区乃至整个西安地区都十分罕见，为研究清代丧葬制度提供了重要的实物资料。

【长安新发现文物点891处】 在第三次全国文物普查中，西安市文物保护考古所工作人员在长安共记录文物点1049处，复查254处，新发现文物点891处。其中，郭北村老官台文化遗址、姚家寨汉代遗址、高阳塬曹魏十六国墓群、南五台宋代摩崖石刻等6处为重大发现；上堡子仰韶文化遗址、青禅寺村仰韶文化汉代遗址、北强村北龙山文化西周遗址等8处为重要发现，填补了长安地区新石器时代早期遗存的空白；在杨庄乡上堡子东台地发现的新石器时代遗址、黄良街道西北部聂家河村的周代遗址、滦镇街道观坪寺行政村玉皇坪以西约1公里发现依山而建的南静池寺庙、太兴山南寺岭上发现的十里庙摩诃慈恩寺遗址、还有在兴隆街道北张村发现的南、北两座戏楼亦在新发现之列。另外，普查组发现长安地区57处文物点已不复存在，说明了文物保护工作的艰巨性。

（李小栋）

广播电视

【概况】 长安区广播电视中心（以下简称区广电中心）是长安区文化体育广播电视局下属单位，2010年有工作人员70人，固定资产440万元；内设办公室、编辑部、事业技术部、“村村通”办公室。

2007～2010年，长安电视台共播发新闻9970条，专题456期，向上级媒体发稿920条，《长安戏苑》播放戏曲专场185场、电视剧210余部4200多集；长安2套播放少儿教育节目960期、电视剧120部4200集；长安3套播放电影4000部。期间，《长安新闻》由每周3期增至6期；专题节目由每周3期、每期10分钟增至每周6期、每期15分钟；自办节目增设《一周新闻回顾》、《魅力长安》、《长安警讯》等专栏板块121个。

2010年，长安广播电视中心大楼投入使用，电视节目总长由每日15小时增至18小时。

【队伍建设】 2007～2010年，区广电中心不断提高员工文化素质，持续强化各类人员综合素质培养，通过组织各类专业技术人员参加专业知识与业务技能培训，共培训新闻采访、编辑、制作、机房执机人员195人次、通讯员200余人次、“村村通”维护员180人次。16人获得国家新闻出版总署颁发的新闻记者证书。坚持从规范管理、改善作风、提高服务水平和广播电视节目质量入手，开展作风建设和创佳评差活动，树立广电行业新形象。4年先后荣获市级精神文明建设、事业建设和省级社会管理、“村村通”建设先进集体等奖18项。

【事业发展】 2007年，区广电中心筹资30万元，将电子管发射机更新为全固态发射机，将长安一套和二套硬盘播出设备改造为主、备双机硬盘播出系统，将长安三套硬盘播出更换为单机硬盘播出。提高了播出安全系数和音视频播出效果。至2010年末，长安电视台播控机房拥有5套硬盘播出系统，新闻、专题、广告3个部室拥有5条非线性制作线；更新补充摄录像机17台，56平方米的演播室实现虚拟场景更替，提示词实现电脑控制，全台基本实现节目制播数字化、规范化、科学化。

【广电宣传】 2007～2010年，长安电视台共播发新闻稿件近万条，向中央省市新闻媒体送稿920条，其中56条新闻稿件获奖；重大事件报道率99%以上。栏目设置为新闻、专题、综合3大类。新闻栏目以《长安新闻》为主，保留“辉煌长安”、“辉煌60年”、“建设大都市 长安怎么办”、“‘十一五’回眸与‘十二五’展望”等121个专栏，2009年增加《一周要闻回顾》、《十大新闻》；结合北京奥运会、反腐倡廉活动拍摄了《全民健身走近你我他》、《廉政文化大家谈》等系列专题节目；综合性栏目增设《公民与法》和《健康大讲堂》。

【李长春视察长安“村村通”】 广播电视“村村通”是党和政府实施的一项文化惠民工程。2007～2010年，长安区累计投入建设资金135万元，安装直播卫星接收设备4953套，为128个行政村建立标准化广播室，建成5个“村村通、户户通”示范村，直接受益24000多人。20户以上自然村实现广播电视“户户通”。

2009年5月，中共中央政治局常委李长春、国家广电总局副局长张海涛一行视察了太乙宫街道水湫池村广播电视“村村通”工程，并对取得的成绩给予肯定。

【广电大楼建设和整体搬迁】 长安广播电视中心大楼采用现浇钢筋混凝土剪力墙结构体系，建筑面积34600平方米，建筑

2009年5月，中共中央政治局常委李长春（左四）视察水湫池村广播电视“村村通”。

高度99.75米，建筑层数为地上28层，地下1层，抗震设防烈度7度，工程总投资8350万元。2007年大楼建设启动，当年投资3000万元，完成大厦主体工程16层。2008年，投资3400万元，大厦主体完工。2009年完成“三通”。2010年11月，进行中心演播室、新闻制作室、专题制作室、播控机房、广播播音室的技术改造与装修，购置技术设备，12月全面完工。

（孙春晓　陈　耿）

档　案

【概况】 长安区档案馆（局）是区委直属事业机构，负责全区党政部门档案业务指导、监督和馆藏档案保管利用及地方志编纂工作。区档案馆（局）设办公室、监督指导科、保管利用科、区志办及自设的执法科、信息科6个科室，在岗人员26人。2007～2010年，全区档案工作在基础设施建设，规范化管理，开发、利用等方面取得显著成绩。2008年被区综考办评为全区综合目标考评优秀单位；2010年成功创建国家二级馆，晋升省AAA级档案管理先进单位。区档案馆馆藏全宗165个，13万余卷（册）档案、资料。按历史时期划分主要包括清朝、民国、革命历史和建国后档案等，馆藏档案数量居全市区县之首。

【业务培训】 2007～2010年，区档案馆（局）组织举办综合业务培训班3次；国家档案局“第8号令”、机关档案管理目标认证、林权体制改革档案业务专题培训3次。培训对象覆盖区级机关各部门、各基层单位、村级档案干部，累计培训491人；区档案馆（局）27名干部参加省、市岗位专业培训。全区档案干部的综合素质和业务能力明显提高。

【实施国家档案局“第8号令”】 国家档案局“第8号令”即《机关文件材料归档范围和文书档案保管期限规定》（以下简称《规定》）发布后，区档案局结合长安档案工作实际制发《关于认真学习贯彻落实国家档案局“第8号令”的通知》，成立领导小组和审批机构，组织举办培训班并全面开展新标准的编报指导审批工作。2008年起，按新《规定》将档案保管期限由原来的永久、长期、短期修订为永久、定期（定期分为10年和30年）。新《规定》体现人本思想，细化档案保管期限时段，适应新时期档案事业发展需求。

【档案目标管理认证】 档案目标管理认证是推动档案工作规范化、现代化管理的重要手段。2007年，区档案馆（局）执行陕西省档案目标管理办法和标准，为对各部门单位档案目标管理认证工作加强指导，开展“档案目标认证突击月”活动，至2010年，全区有52个区级机关单位达到陕西省档案工作管理目标认证标准。其中，AAA级8个，AA级23个，A级21个。

【行政村建档】 2007～2010年，区档案馆（局）围绕服务“三农”工作大局，立足构建农村和谐社会，着眼维护集体和村民利益，积极推进行政村建档。工作中，注重收集村务公开、宅基地管理、经济合同、拆迁补偿等归档资料，同时加强规范化管理，打牢工作基础。至2010年，全区671个行政村365个建立档案，建档率54%。18个行政村档案工作通过陕西省档案管理目标管理认证，其中AA级5个。

【上王村档案管理工作晋升省AA级先进单位】 2010年，配合全国深化村务公开和民主管理“难点村”治理工作现场会在上王村观摩，区档案馆（局）根据村庄实际制订档案室建设方案，并指导帮助上王村通过文字、图片、实物等资料完整展示农家乐发展历程，提升档案管理工作水平。2010年9月，上王村档案管理工作通过验收认证，晋升省AA级先进单位。

【档案信息化建设】 2008年，区档案馆（局）加快档案信息化建设步伐，建立档案信息化管理中心；区财政拨款80万元配置“世纪科怡”服务器、存储器、电脑等设施，对馆藏档案资料进行计算机录入、存储、管理。录入案卷级条目98106条，文件级条目1154039条，全文扫描民国档案60027页，照片档案1624页，婚姻档案972页，录入各类资料、图书目录6240条。截至2010年，区档案馆所有案卷级目录和资料目录等文件级目录实现计算机管理、查询、服务。

【开通长安档案网站】 2009年，区档案馆（局）开设长安档案网站，设9个栏目：档案馆概况、政务公开、档案荟萃、在线展厅、政策法规、服务之窗、档案查询、档案学会、交流服务。档案网站围绕区委、区政府工作及时更新网站内容，发布全区档案工作动态信息，点击率72082多次。极大地方便了社会各界对档案信息的查询、利用，拓展了区档案馆的综合服务功能。

2007～2010年长安区档案目标认证情况一览表

年度	AAA	AA	A
2007	区法院 区残联	区教育局 太乙宫街道 区文物局 韦曲街道东韦村 西韦村 五台中学	郭杜社区　郭杜产业园　太乙宫街道新南村 下湾村 沙场村　郭杜街道五四村　郭北村 大峪林场
2008	区环保局	出租车管理办 王莽乡	长百商厦　区文化稽查队　区直机关工委 区招标办　大兆街道庞留村　王莽街道清北村 韦曲街道高望村
2009	区财政局 区人事局 区林业局 郭杜产业园	区司法局 区总工会 区交通局 区水务局 区人大办 区委党校 区经贸局 斗门街道 王寺街道 韦曲街道侯家湾村 郭杜街道高庙村	区物价局　王曲街道　兴隆街道张牛村 五台乡团结村　王莽乡南坡村
2010	区档案馆（局）	区农业局 区供销联社 区委统战部 滦镇街道上王村	鸣犊街道

【开放档案】 2010年，区档案馆按照《中华人民共和国档案法》规定，对保管期限已满30年的馆藏档案即：1949～1979年原中共长安县委、县人民政府及各级机关、乡镇等117个单位形成的38544卷档案进行整理鉴定，编制开放目录，向社会开放档案25535卷。

【档案抢救】 2007～2010年，区档案馆争取国家、省市专项资金30万元，对馆藏破损严重的民国时期文书档案、地籍图等分期分批进行抢救。全文扫描民国时期档案60077页并建立电子文档；修复、裱糊地籍图1905页，维护了珍贵历史档案安全。

【档案编研】 2007～2010年，区档案馆围绕区委，区政府中心工作，先后编写《长安区档案馆指南》、《长安区档案利用实例选编》、《长安区经济社会发展概况》、《长安主要旅游景点简介》、《长安区大事记》、《长安区非物质文化遗产简介》、《长安区机构改革文件汇编》、《长安区古树名木简介》、《长安建设成就及远景规划展厅》、《辉煌长安》图册等35种编研资料，从不同角度揭示馆藏档案内容，反映长安区情、社情，为社会各方面开发利用档案信息提供二次文献。

【创建国家二级档案馆】 2010年6月，区档案馆（局）全面开展创建国家二级档案馆活动。按照国家《市、县级国家综合档案馆测评办法》和《细则》，制订《长安区档案馆创建国家二级档案馆实施方案》，投入资金87.8万元，购置档案设备，改变区档案馆办公和档案保管条件，改善档案基础设施。接收档案2.4万卷，丰富了馆藏；建立档案数据库，录入案卷级条目98106条、文件级条目1154039条，全文扫描6027页，照片档案1624页；集中人力，对馆藏165个全宗档案进行整理、鉴定，优化馆藏；建立健全档案管理制度30多项，各类台账20余种；编写各类检索工具和编研材料35种。8月，顺利通过国家、省、市专家组的测评验收，晋升为陕西省AAA级综合档案馆和国家二级档案馆。 （谭增会）

地方志

【概况】 长安区地方志办公室（以下简称区志办）是长安区档案馆（局）下设科室，负责编修长安区地方志书，组织、指导全区各行业专志（专业年鉴）编辑出版，负责本区综合年鉴编纂等。2007～2010年，区志办完成长安区首部年鉴——《长安年鉴（2007卷）》编辑出版工作。加强对全区129个地方志稿承编单位的稿件资料收集、整理；全员配合区档案馆（局）创建国家二级馆工作，对多年未整理的史志古籍进行整理、登记、造册等；撰写编研材料22篇，收集地情区情资料18类；被市志办地情处评为地情信息工作先进单位。

【《长安年鉴（2007卷）》编辑出版】 2007年，《长安年鉴（2007卷）》正式出版发行。作为长安区首部地方综合年鉴，全面系统反映长安区2001～2006年自然、政治、经济、社会、文化各项事业发展取得的新变化、新成就。全卷分10个版块、42个类目、151个分目、1196个条目，95万字。涉及全区104个区级部门，驻区企事业单位，25个乡镇、街道；《长安年鉴》由西安出版社出版，西安市政协主席程群力题写书名，区委书记吕健题写创刊词。

【年鉴资料收集】 2008～2010年，区志办每年以区委办、政府办名义发文收集全区各承编单位年鉴资料，对供稿员进行业务指导。资料收集实行责任编辑负责制，将全区129个单位分成3组，每组落实责任编辑1人，负责承编单位的业务指导和资料收集。3年收集整理资料380份，照片2000余张。

【《长安统计年鉴》】 《长安统计年鉴》是由西安市长安区统计局根据各年统计年报和全区有关部门提供的业务统计资料整理编辑而成的专业年鉴。主要记载各年度长安区国民经济和社会发展的基本情况，是一部了解、研究长安经济和社会发展的工具书。《长安统计年鉴》创刊于1990年，此后，逐年编辑出版。1993～1995年，全区国民经济和社会发展的基本情况以统计资料形式存在。之后，坚持一年一鉴，至2010年，共编纂出版19期。其中2008～2010年，先后编纂出版《长安统计年鉴》2008卷、2009卷和2010卷3期。

【第二轮区志编修工作】 2007～2010年，区志办坚持以《地方志工作条例》精神为指导，围绕建设四强新区的要求，做好区志续修工作。调整充实编委会组成人员；聘请特约编辑加强区志续修队伍，落实承编任务；讨论、修改和完善《长安区志》编纂大纲；召开评议会、座谈会，集思广益对初稿资料进行补充完善。先后在区委统战部、区文体广电局、区招商局等22个单位召开初稿评议会22次，撰写评议意见22份，收集修改意见236条。

【《长安教育志》出版】 2009年，《长安教育志》出版，是长安教育史上第一部专业志书。上溯教育事业发端，下限至公元2005年。全志分古代教育，基础教育，职业、师范、成人、高等、特殊教育，教师，教育行政与教育经费，创建省级教育强区，教育人物7编。客观翔实、系统完整地反映了长安教育发展的历史轨迹。编纂工作始于1987年，至1990年完成部分资料搜集整理后，因故搁置15年。2006年初，重新启动，前后历时七八年，参与编纂者二三十人。西安市政协主席程群力等领导题词，长安区委书记吕健、区长汪文展、教育局长辛小权作序，西安出版社出版，97.3万字。《长安教育志》的出版，为社会各界研究长安教育，了解和建设长安教育、发展长安教育发挥积极作用。

【邹圣周诗歌《北张颂》受到媒体关注】 2008年北京奥运会期间，《西安晚报》以《长安两农民将进京展示中华造纸术》为题，报道长安区兴隆街道北张村传统造纸的两位代表性传承人，在奥林匹克公园中心区“祥云小屋”展示中国传统造纸工艺。这是此次非物质文化遗产展示活动中西安入选的唯一项目。长安区82岁离休老干部邹圣周读到此文，念及故乡北张村造纸历史传承之悠久，遂作五言长诗《北张颂》。2008年7月，诗歌在《西安晚报》刊登，引起各界媒体广泛关注，《陕西地方志》以《北张·中华造纸术颂》转载，

《西安史志撷英》加编者按转载，新浪、腾讯、天涯等多家网站相继转载，一度引起广泛关注。

【全力做好创建国家二级馆工作】 2010年，围绕区档案馆（局）创建国家二级馆工作要求，参与区林业局、建设局、鸣犊街道等6单位档案指导、整理、归档工作。编撰完成《长安大事记》、《档案馆指南》、《长安区档案馆全宗介绍》、《组织机构沿革》、《史志古籍简介》等22篇；收集《长安军事志》、《长安教育志》、《艺术长安》、《长安百村》等18类反映区情社情的图书资料；对区档案馆（局）6800多册史志古籍资料进行分类整理、造册登记、装订归档。 （王水娥）

长安区《长安年鉴（2011卷）》编纂工作会

综　述

2007～2010年，长安区卫生局依据党和国家相关法规政策，统筹规划和协调全区卫生资源配置，规范卫生行政执法，做好全区卫生应急、疾病预防控制、妇幼卫生、社区卫生、新型农村合作医疗工作，完善全区城乡医疗卫生服务体系，提高人民群众健康水平，医疗卫生服务公平性和可及性明显改善。

医疗卫生事业稳步发展。完成11所乡街卫生院、8个社区卫生服务中心、606个标准化农村卫生室建设，实现“防病有人管，疫情有人报、小病有人治、大病及时转”的公共卫生和基本医疗服务行政村全覆盖，荣获省市标准化农村卫生室建设先进区称号。

医疗服务功能细化，服务水平不断提升。与南京医科大二附院、市红会医院等18家省、市级医疗机构建立对口支援和技术协作。通过业务培训、选派进修，开展技能竞赛、“三好一满意”活动，提高医务人员技术水平。

在区医院120急救分站基础上，建立郭杜、细柳、子午、引镇4个急救点，对急救医护人员进行应急救护专业培训，提高急救服务能力。

妇幼保健、计划免疫、社区卫生服务不断完善，建立健全25个乡街卫生院和韦曲老街社区卫生服务中心公共卫生科，提高公共卫生服务能力。

全面推行卫生监督协管工作，全区3家社区卫生服务中心、23家乡街卫生院成立卫生监督协管机构，卫生监督协管机构建立率100%。

贯彻落实国家医药体制改革政策，全区23个乡街（中心）卫生院、3个社区卫生服务中心和606个村卫生室基本药物实现统一配送和零差率销售，乡街卫生院、社区卫生服务中心基本药物配送到位率均增86%，使用率90%，村卫生室申购药品品种规格14271种，为患者节约费用597.3万元。2007年以来为179.1万人次报销医疗费3.13亿元，连年荣获省市新农合工作先进区。农村孕、产妇免费住院分娩、社区五免、免费健康检查、复明工程等惠民政策得到落实，有效缓解了群众看病贵问题。

卫　生

【概况】 西安市长安区卫生局（以下简称区卫生局）是负责全区卫生工作的行政管理部门，内设党政办公室、人事劳资科、计划财务科、医政科、执法监督科5个科室。2010年末，全区卫生系统有主体医疗机构32所，其中区级医疗机构7所（含中医医院、韦曲老街社区卫生服务中心）、中心卫生院11所（含韦曲、郭杜卫生院与韦曲南街、郭杜街道社区卫生服务中心）、乡街卫生院14所；驻区职工医院3所。全区主体医疗机构有卫生工作者1948人。其中，卫生技术人员1297人、高级职称33人、中级职称259人、初级职称1005人。全区编制床位数2413张（含驻区职工医院及辖区内医院），承担全区98万人的医疗、疾病预防控制、妇女儿童保健、中医管理、社区卫生、公共卫生监督、新型农村合作医疗工作。医疗机构总门诊人数从2007年的950644人升至2010年的3058131人，住院人数从2007年的49034人升至2010年的60225人，病床使用率从2007年的63.94%升至72.56%。全区民营医疗机构75所（不含市卫生局审批的民营医疗机构），其中民营医院6所，门诊部5所，诊所64所。

【卫生三级网络建设】 2008年，全区建立健全25个乡街卫生院和韦曲老街社区卫生服务中心公共卫生科，利用中央扩大内需资金2136万元及国债资金601万元，完成韦曲老街、南街、郭杜等8个社区卫生服务中心18269平方米标准化改造和大兆、杨庄、王莽、砲里等11所乡、街卫生院8939平方米建设，并投入使用。完成乡、村二级网络建设，实现以乡街为单位城乡居民医疗全覆盖；2009年8月，全区提前完成总投资4724万元、总面积49780平方米的606个(含沣渭新区63个)标准化村卫生室建设任务(含甲级村卫生室368个，占60.4%，合格村卫生室238个)，其余65个村由邻村卫生室兼管或乡街卫生院设点，实现“防病有人管、疫情有人报、小病有人治、大病及时转”的公共卫生和基本医疗服务行政村全覆盖；2010年，全区5个乡、20个街道、671个行政村均设有医疗机构。

【新型农村合作医疗】 2010年，全区新农合参合人数77.51万人，参合率94.4%（较上年增长0.33个百分点），参合人数较上年增加0.77万人；新农合基金人均

150元，筹集合疗基金1.16亿元。全年补偿64.25万人，补偿总额9404.51万元。（其中家庭账户8.61万人次、107.98万元；门诊补偿49.67万人次、625.98万元；大病统筹补偿（住院+特殊慢性病）5.97万人次、8670.5467万元；基金使用率98.8%（高出区考指标6.8个百分点）。门诊统筹定点村卫生室483个，省、市、区实行报销直通车医疗机构112家。

【卫生支农工作】 2007年，南京医科大二附院、西安市红十字会医院、西安交大一附院、高新医院等40家省、市级医院与区医院等医疗机构建立对口支援和技术协作关系，借助对方技术优势，培养业务骨干，带动特色科室、特色业务发展。开展业务培训163期，选派进修人员150人次，对987名乡医进行预防保健、基本技能操作、急诊急救、医学法规常识、中医适宜技术规范等培训。

【公共卫生服务体系建设】 2009年，区卫生局在全区3个社区卫生服务中心和23个乡街卫生院建立公共卫生科，其中6个标准化公共卫生科通过市级验收。健全全区公共卫生管理网络，组建11支医疗救治预备队和6个工作组，使甲型H1N1流感、手足口病、出血热等疫情得到有效控制。全年各项传染病报告率、报告及时率98%以上。

【群众健康教育】 2007年以来，区卫生局开展艾滋病、结核病、职业病、精神病等健康教育宣传20次，发放宣传材料4万余份，接受群众及患者咨询10000余人次，受益群众4.8万余人次，使健康知识家喻户晓。建立艾滋病咨询及初筛实验室，开展高危人群行为干预工作，自愿检测7人，现代结核病控制策略覆盖率100%，涂阳病人发现率70%，治愈率94.1%。

【计划免疫工作】 2007年，区卫生局认真贯彻《计划免疫管理工作规范》，全区0～7岁儿童建证建卡率巩固在100%，卡介苗、糖丸、百白破疫苗、麻疹疫苗、乙肝疫苗、乙脑疫苗、流脑疫苗七苗全程及单苗接种率90%以上。免费接种流行性出血热疫苗433769针次，为6月龄以上人群接种甲流疫苗27.5万支，为8月龄～4岁儿童接种麻疹疫苗9.29万人次，接种率96.4%；补种乙肝疫苗16853针次，乙脑疫苗16256针次。全区形成有效免疫屏障，遏制相应传染病在区内扩散。

【地方病防治】 2008年，区卫生局完成1000例碘缺乏病治疗任务。对辖区内7岁以上人群开展地方性甲状腺肿普查，对查出Ⅱ°以上患者免费治疗。完成陕西省农村安全饮水工程评估工作的1340余份水样采集化验。

【妇幼保健工作】 2007年，区卫生局开展妇幼保健进社区活动，实现城区围产保健服务，完善儿童系统管理，推进婚前、孕前、孕期、婴幼儿保健。2010年，区卫生局严格技术准入，加强产科质量建设，母婴保健技术考核培训108人，发证108人。孕产妇系管率从2007年的91%提高至95.93%（高出区考指标5.93个百分点），死亡率下降至0.282‰（低于标准3.5/万），幼托机构集体儿童保健率100%（高出区考指标2个百分点），儿童系管率提高至95.6%（高出区考指标5.6个百分点），婴幼儿死亡率控制在5.25‰以下（低于标准10‰）。

【公共卫生惠民政策落实到位】 2008年5月，区卫生局启动落实社区五免优惠政策（普通门诊挂号费、普通门诊诊查费、门诊肌肉注射费、住院诊查费、Ⅱ级护理费），至2010年，享受优惠政策970214人次，金额152.60万元。2009年5月，启动农村孕产妇免费住院分娩补助项目，至2010年，13650名农村孕产妇享受免费住院分娩，补助金额1040.30万元，住院分娩率99.9%；8月启动降低孕产妇死亡率和消除新生儿破伤风项目，为孕前及孕早期妇女补服叶酸79233瓶，8917人，为65岁以上老年人提供免费健康检查49378人，实施贫困白内障患者复明工程300例，建立居民健康档案642178份（高出区考指标5个百分点），城乡居民卫生保健体系进一步完善。

【社区卫生】 2008～2010年，区卫生局投资2110万元，完成韦曲老街、南街、郭杜、东大、马王、杜曲、滦镇、斗门8个中心（街道）卫生院19453平方米的社区卫生服务中心转型改造建设任务。投资100万元，完成鸣犊、引镇、太乙宫等6个中心（街道）卫生院的社区卫生服务中心转型改造前期有关手续办理；组建社区卫生服务团队登门入户，开展健康教育、建立电子健康档案，对高血压、糖尿病、重性精神病等慢性病人进行筛查，适时监测，跟踪服务，实现“家家拥有社区责任医师，人人享受社区卫生服务”目标。

【卫生监督】 “十一五”期间，区卫生局发挥卫生监督三级网络作用，以打击非法行医，公共场所、创卫、六小行业卫生专项整治为重点，开展小餐桌托管机构摸底调查、医疗机构专项检查、校园周边环境整治等20次。2010年，全区范围建立打击非法行医联席会议制度，检查合法医疗机构178个，取缔非法医疗机构169个，下发监督文书221份，清理超范围执业11起，没收药品194箱，器械117件，捣毁门头85个；卫生许可证、健康证两证办证率100%；社会办医疗卫生机构从业人员持证上岗率100%；检查大中专院校、中小学及幼托机构237所。开展餐饮业卫生检查，重点检查各类学校周边餐饮单位264户。检查餐饮业从业单位2991家，建筑工地食堂16家，集中供水单位8家，二次供水单位14家，规范全区医疗机构和公共场所卫生监督管理。实行公共场所量化分级管理，全年评出住宿、沐浴、游泳、美容美发场所单位A级7家、B级28家。

【医院管理】 2007年，区卫生局以开展医院管理年活动为契机，狠抓医疗质量与安全。2010年，以医院目标责任制管理为载体，强化工作督导与检查，规范医疗行为，优化就医环境，提高医疗服务质量。一是依法加强医疗机构准入管理和从业人员准入制度，专业技术人员持证上岗率100%。二是在医院门诊大厅建立医院服务信息公示制度，包括医护资质、专业特长、医疗质量、导诊、药价等。三是制订黄金周及汛期医疗救护防疫工作预案、群体性不明原因疾病应急处理预案、重大传染病疫情应急预案，实现传染病疫情网络直报；以长安“120”急救分站为核心，成立细柳、子午、引镇、郭杜4个急救点，加强医疗救护队管理工作。急诊急救成功率70%以上，治愈好转率95%以上。四是开展医疗质量专项整治、医疗质量万里行、全员岗位大练兵大比武活动，提高服务质量，创造良好就医环境。五是从2010年11月起，在3个社区卫生服务中心、25个乡街卫生院和606个村卫生室使用国家基本药物目录内药品，实现药品零差率销售。六是认真开展医药购销领域商业贿赂专项治理，杜绝回扣，降低药品价格。对麻醉药品实行“五专”管理，毒、麻、限、剧、放射性药品实行科学规范化管理。

【精神文明建设】 2007年，区卫生局开展创先争优和推进学习型党组织建设活动，按照分类带动原则，构建党工妇团协调发展，互为一体的工作机制：一是建立领导干部与困难职工结对帮扶机制，组织慰问困难职工26人次，救济困难职工家庭7户，为因病致贫困难职工募集捐款1.1万元；二是开展“关爱妇女健康”宣传活动，开办妇幼保健知识讲座，提高女性自我保健意识；三是巩固和健全团的基层组织建设，重新组建团支部5个，换届选举3个，将团干部纳入党的后备力量，党支部书记一对一辅导，定期培训，提高年轻干部素质。四是全系统党员干部职工为受灾地区累计捐款6万余元；五是以各种形式慰问帮扶黄良街道、计生双女户、贫困户、贫困党员、困难职工、离退休老干部100余人，帮扶资金4万元；六是帮扶黄良街道葛村党支部开展基层组织建设，资助3万元协助黄良村、东古城村、解家庄村党支部完成村级组织活动场所建设；七是结合创先争优活动开展“千名干部下基层”和“万名党员扶贫帮困”、“问需于民”活动，征集分析群众意见和建议，解决人民群众实际问题4件。机关干部走访慰问黄良街道困难群众20户，送去近万元的慰问品；活动中全系统帮扶资金7.8万余元；八是配合四城联创办做好“双十乱”整治工作，获得先进集体称号。九是党风廉政建设、平安医院建设、信访、工会、计生、社会治安综合治理、安全生产及维稳工作取得新成效。2010年，获省、部、市、区荣誉称号22项，其中省、部、市集体荣誉7项，个人5项。国家二级甲等医院2个。 （郭　燕）

体　育

【基础设施建设】 2007～2010年，全区完成180个村级农民体育健身工程，1个省级标准乡镇农民体育健身工程，14个社区路径安装任务。

【区级机关乒乓球赛】 2007～2010年，长安区连续4年分别在太阳新城文体中心和区行政中心举行干部职工乒乓球赛。比赛分为机关、社会2个组别，全区300多名运动员参加比赛，赛出友谊、赛出风格。

【体育活动】 2009年9月，长安区承办“耐克赛跑全人类”西安站活动。由西安市体育局、广州高晋市场推广有限公司主办，5000多名运动员参加比赛。

【参加西安市第五届农民运动会】 2007年8月，长安区副区长陈选良、贺乐军任团长，86人组成的代表团参加西安市农业局、体育局、农民体育协会主办的西安市第五届农民运动会。参赛项目有：田径、篮球、武术、中国象棋、乒乓球、健身等。大会授予长安区“体育道德风尚奖”和“优秀组织奖”。

【参加西安市第十四届运动会】 2009年7～9月，西安市第十四届运动会在西安举行。长安区130多名运动员参加青少年组柔道等7个大项、28个小项比赛，获4金、6银、9铜的好成绩，并获组委会颁发的“体育道德风尚奖”。

【北京奥运火炬传递】 2008年7月，长安区文体广电局局长聂小林、农业局农业技术推广站干部卢巧英、动物疾病控制中心干部田文革，参加北京奥运会西安段火炬传递仪式。

【全民健身周】 2007～2010年，长安区每年8月8日举办全民健身周活动。现场进行健身秧歌、跳绳、拔河等全民健身成果展示，参与人数每年2000多人。

【社区趣味运动会】 2010年6月，长安区文体广电局组队参加西安市社区趣味运动会。全市11支代表队参赛，233名运动员进行角逐。比赛分为团体拔河、单绳竞速、两人三足迎面接力、螃蟹跑接力4个项目。区文体广电局选拔19名运动员参加除团体拔河外其他3个项目，长安区代表队获2010年西安市社区趣味运动会3个单项项目比赛第一和比赛团体总分第一的成绩。

【元旦越野赛】 2007～2010年，区总工会、区直机关工委、区文体广电局主办的全区元旦越野赛，每年有1000多名干部职工参加。参赛人员分为男、女成年和青年4个组别比赛，带动全民健康活动开展。

【体育彩票】 2007年，中国体育彩票在长安区有25台终端机，年销量1290万元。2008年，有48台终端机，年销量1720万元。2009年有64台终端机，年销量1898万元。2010年，有85台终端机，年销量2492万元。 （李七元）

综 述

2007年，长安区首次进行城镇住户调查。城镇住户调查属于抽样调查，将抽中调查户按人均收入水平标识排队，再用等距抽样方式抽选出经常性记账户，对掌握全区城镇居民收入、支出水平，了解城镇居民生活状况、幸福指数提供可靠数据分析资料。经布置任务、试记账、访户调查、辅调员记账、集中记账、审核账本、编码培训等过程，12月正式开展城镇住户调查工作。全区经常记账户70户，其中韦曲街道65户涉及9个小区，太乙宫街道5户。调查结果显示：长安区城镇居民人均可支配收入：2008年13108元，增速22.5%；2009年16490.25元，增速25.8%；2010年19557元，增速18.6%。长安区城镇人均消费性支出：2008年8748.84元（其中食品消费支出2802.4元；衣着682.03元；居住1815.58元；家设备用品及服务631.67元；医疗保健966.91元；交通和通信583.28元；教育文化娱乐用品及服务888.69元；其他商品及服务378.29元）；2009年10822.78元（其中食品消费支出3473.44元；衣着1059.82元；居住1012.01元；家设备用品及服务1112.95元；医疗保健1210.78元；交通和通信1044.11元；教育文化娱乐用品及服务1580.6元；其他商品及服务329.07元）；2010年13885.14元（其中食品消费支出3985.95元；衣着1226.86元；居住1212.7元；家设备用品及服务1275.96元；医疗保健1203.56元；交通和通信2880.33元；教育文化娱乐用品及服务1778.92元；其他商品及服务320.86元）。

农村住户调查始于1984年，为国家制定关于三农问题各项政策，提供翔实准确的数字依据。2007～2010年，随着农村住户调查制度改革完善，调查体系也日趋科学合理，更能真实反映地方农民生活状况。“十一五”期间长安区农民人均纯收入同比增长速度较快，2010年较2006年翻两番，生活质量提升明显。调查结果显示：农民人均纯收入：2007年4143元，增速15.3%；2008年4926元，增速18.9%；2009年5964元，增速21.0%；2010年实现7389元，增速23.9%。农村居民平均每人生活消费性支出：2007年3576.44元（其中食品消费支出1363.84，衣着224.94元，居住591.64元，家设备用品及服务164.99元，医疗保健307.61元，交通通讯支出283.54元，文化娱乐用品及服务534.11元，其他商品及服务85.77元）；2008年3722.91元（其中食品消费支出1387.42元，衣着245.6元，居住706.47元，家设备用品及服务177.1元，医疗保健328.66元，交通通讯支出132.99元，文化娱乐用品及服务485.93元，其他商品及服务85元）；2009年4315.62元（其中食品消费支出1457.96元，衣着277.74元，居住1106.27元，家设备用品及服务269.54元，医疗保健404.38元，交通通讯支出257.18元，文化娱乐用品及服务457.21元，其他商品及服务85.35元）；2010年5491元（其中食品消费支出1687.51元，衣着284.64元，居住1417.34元，家设备用品及服务366元，医疗保健658.99元，交通通讯支出364元，文化娱乐用品及服务601.69元，其他商品及服务110.04元）。 （姚 伟）

人口和计划生育

【概况】 长安区人口和计划生育局（以下简称区人口计生局）是长安区政府主管人口和计划生育工作职能部门。2007～2010年，区人口计划生育局以稳定

2007～2010年全区人口计划生育情况表

年份	期末总人口（人）	出生人口（人）	一孩出生（人）	2孩出生（人）	人口出生率（‰）	人口自然增长率（‰）	符合政策生育率（%）	出生人口性别比
2007	1000124	12955	10013	2942	13.28	6.97	96.8	110.0
2008	1002079	12253	9643	2610	12.24	6.91	97.0	108.8
2009	1007992	12086	9840	2241	12.03	5.72	97.4	108.0
2010	1008241	12073	9318	2748	11.97	6.55	98.2	108.6

低生育水平、提高出生人口素质、促进人的全面发展为目标，强化基础，健全机制，重点突破，整体推进，全面提升人口和计划生育管理服务水平，促进全区人口和计划生育事业健康持续稳定发展，连续19年完成市上下达的人口控制计划。2010年荣获“陕西省人口和计划生育信息化项目区”称号。

区人口计划生育局内设行政科（室）：办公室、宣传教育法规科、科技基层科和计划统计财务科。下辖事业单位：区流动人口计划生育管理办公室、区计划生育服务中心。区计划生育服务中心有专业技术人员35人。其中，副主任医师2人，主治医师5人，主管检验师1人。可开展男女结扎术、引产术、人流、无痛人流、药流、上取环、皮埋和妇科各类手术、手术近远期并发症诊治，早孕诊断、优生检测等业务。

全区25个乡街均设计划生育办公室和计划生育服务站，有计划生育工作人员251名，其中医疗技术人员89名。各村（居）委会配备1～2名计划生育专干，各村民小组有计划生育中心户长。

【健全统筹解决人口问题机制】 2007年初，区人口计生局贯彻《中共中央国务院关于全面加强人口和计划生育工作统筹解决人口问题的决定》（以下简称《决定》）精神，以区委、区政府名义转发中央《决定》），出台贯彻《决定》实施意见、《人口和计划生育工作责任追究实施办法》、《综合治理出生人口性别比工作实施方案》、《关于加大计划生育经费财政投入的通知》和《关于加强计划生育利益导向机制建设的意见》等文件，研究解决打击“两非”（非法中止妊娠、非法鉴定胎儿性别）、关爱女孩和乡街人口计划生育服务站建设、奖励扶助政策落实、信息化建设、技术人员配备等影响人口计划生育工作整体水平提升等重要问题。

【计划生育清理清查】 2007～2010年，区人口计生局每年在全区开展以“十清理十落实”为主要内容的计划生育清理清查活动。2007年落实避孕节育措施5162例。其中，结扎3653例，征收社会抚养费40.4万元。2008年重点对党政机关、社会团体、事业单位和国有、集体企业共产党员干部职工生育情况清理清查。全区建立128个单位22712名党员干部职工生育文书及电子档案，清理出党员干部职工违法生育8例，并做到社会抚养费、避孕节育措施和党政纪处分3落实。在农村计划生育清理清查中，对1997年后违法生育的209人补征社会抚养费43.68万元。2009年，清理漏报出生人口1156人，清理政策外怀孕192例、应落实而未落实节育措施2710例，征收社会抚养费63万元。2010年，落实节育措施4138例。其中，上环2355例，结扎1562例，补救221例，征收社会抚养费80余万元。

【综合治理出生人口性别比偏高问题】 2007年，区人口计生局组织协调区治理出生人口性别比偏高问题和打击“两非”工作领导小组，出台《关于开展集中整治“两非”行动实施方案》、《综合治理出生人口性别比工作实施方案》和《关于实行计划内2孩生育定点分娩的通知》，落实14家2胎定点分娩医院，开展2胎跟踪服务，严格执行生育2胎只给一次机会。制定各项有利于女孩家庭的优惠政策；同年12月，区人口计划生育局举办全区“关爱女孩”文艺汇演及女孩才艺展示决赛，韦曲街道获艺术类一等奖，兴隆街道获综合类一等奖，细柳街道推荐的小品《归宿》荣获“全省关爱女孩文艺汇演三等奖”。2008年7月，区人口计划生育局协助组织全省“关爱女孩‘三秦行’”演讲报告会在长安举行。2007～2010年，全区对1423名农村独女户和双女户家庭的女孩中考实施加10分的照顾；筹资56.3万元，对204名应届高考贫困女学生实行教育资助。落实28名计划生育困难家庭女孩参加免费就业技能培训。与卫生、药监、公安部门联合行动，对区内56台B超机、159家相关执业机构和569名执业人员调查登记，联合执法检查16次，立案查处“两非”案件3例。

【计划生育宣传】 2007～2010年，区人口计生局在学习宣传计划生育“一法五规”、中央《决定》和省、市、区《实施意见》及新修订的《国家流动人口计划生育工作条例》和《陕西省人口与计划生育条例》的基础上，把“关爱女孩”、“关爱母亲健康”、“农村计划生育家庭奖励扶助”、“春季集中整治活动”作为宣传重点，利用“春季集中整治活动”启动仪式、“7·11”世界人口日、“9·25”公开信发表纪念日等，集中宣传各项优惠政策及法律法规。同时利用电视、网络、报纸、宣传栏、标语、宣传车等形式广泛宣传。4年，在市、区电视台播放计划生育专题宣传节目16期、滚动播放计划生育公益广告32条，在《长安开发》刊登计划生育宣传专栏20期，在市级以上新闻媒体发稿426篇，在长安人口网更新计划生育信息336条，点击率14.6万次；发放各种计划生育宣传品78种100万份（册），刷写宣传标语1600余条，制作宣传文化墙380多处；举办计划生育法律、生殖健康培训班18场次，参加人员3.6万人次，知识竞赛6期，参加人员8650人次；组织大型文艺演出5场、大型上街宣传15次，出动宣传车150辆次，组织区、乡干部进村入户上门宣传服务1.2万人次，提高干部群众人口计划生育政策知晓率。

【依法行政】 2007～2010年，区人口计生局清理历年废弃性文件，建立健全《计划生育行政执法责任制》、《错案追究制》、《计划生育有奖举报制度》，坚持依法行政。推行政务公开，依法查处党员干部职工超生案件，依法严格审批2胎生育指标，依法征收社会抚养费，依法清理清查流动人口。实行干部提拔任用、职称评定和奖励评先时计划生育审核制度。4年，区人口计划生育局审批计划内2孩生育指标6985例，调整2孩生育指标476例；受理病残儿医学鉴定9例；出具无子女证明11例，签订送养、收养协议书15件；出具拟提拔任用干部计划生育鉴定298份；做到严守程序和准则，未出现一起行政乱作为事件，实现计划生育执法“零投诉”目标。接待群众来信、来电、来访及网上咨询1181人次，受理上级批转计划生育信访案件16件，办结16件；处理本级信访案件32件，办结32件，处理落实率100%。

【计划生育服务体系建设】 2009年，区人口计生局筹资120万元，完成区计划生育服务中心改扩建任务，新增业务用房592平方米，调整科室布局，实现行政、办公、病房、门诊区域化；购置电脑、投影机、DVD等数字音像设备，完善计划生育宣教室设备；增添前列腺治疗仪、自凝刀、灭菌操作台、精液分析仪、微量元素测量仪、生物芯片诊断系统和可视人流机医疗设备7台，新配置B超机、心电图机和便携式电子阴道镜各6台；在门诊大厅安装多媒体触摸屏，方便群众就医就诊。年门诊接待4280人次，接受咨询服务1174人次，优生检测1050例。2007～2010年，区人口计划生育局争取资金458万元，新建及改扩建25个乡街计划生育服务站，实行计卫联合建立高标准村计划生育服务室。通过实施事业单位招考和“农村人才振兴计划”，为乡街计划生育服务站配备专业技术人员16名，加强基层计划生育服务专业力量，形成以区计划生育服务中心为龙头，乡街服务站为依托，村计划生育服务室为基础的技术服务网络。先后有王曲、斗门、王莽、杨庄、鸣犊、兴隆6个计划生育服务站通过市级精品站验收，鸣犊计划生育服务站通过省级示范站验收，区计划生育服务中心、王莽街道计划生育服务站获“全国计划生育优质服务示范站”荣誉称号。2010年10月，落实行政区划调整，长安区将高桥、王寺、斗门3个计划生育服务站移交沣渭新区。

【计划生育服务】 2007～2010年，区人口计生局开展以生殖健康系列服务为内容的计划生育服务。举办生殖健康、优生知识讲座82场，培训群众2万余人，为2万余人免费发放叶酸制剂，开展优生检测9703例。区乡计划生育服务站接待门诊20.74万人次，咨询服务9.22万人次；免费落实节育措施35996例，术后实行随访服务，落实避孕措施及时率90%以上；免费实施“三查”服务99.87万人次，重点对象“三查”率95%以上。2008年8月，区人口计划生育局启动育龄妇女健康检查，对全区农村实行计划生育的已婚育龄妇女免费进行妇科、乳腺、B超、内科检查，后改名为“农村母亲健康工程”。截至2010年，3年服务计划生育群众41.87万人，查出各类疾病23.03万人，其中21.87万人得到及时治疗。

【基层基础工作】 2007年，区人口计生局召开计划生育中心户长现场会，印发《西安市长安区村（居）计划生育中心户长管理办法》，明确中心户长职责，落实中心户长6210人。采取“区管、乡聘、村用”工资转移支付发放办法加强基层队伍建设，为671个村选配计划生育专干738名，为21个社区配备协管员50名。2008年，区人口计划生育局组织村专干业务培训，指导乡街逐人确定责任目标并签订责任书，年终进行实绩考核、兑现奖惩；投入资金22.5万元，举办计划生育干部培训班31期，培训干部1138名。其中培训村（居）专干25期738人。2009年，区人口计划生育局出台《长安区计划生育村级计划生育专干、中心户长目标责任量化考评管理办法》。提高计划生育专干和中心户长报酬，实行报酬与绩效挂钩，加强对计划生育专干考核，落实工作责任，提高工作积极性。新增专项资金106.826万元，计划生育专干和中心户长平均工资分别达到130元和50元，比2008年分别提高50元和40元。2010年，出台《长安区基层人口和计划生育工作规范》，实行乡街、村组计划生育专干、中心户长每10天一次集中办公制度，全面提高基层计划生育队伍业务素质和服务能力。

【奖励扶助优惠政策】 2007～2010年，长安区推行以农村部分计划生育家庭奖励扶助制度试点工作为主的优惠政策项目。落实资金2030.33万元，受益9万余人。其中落实2194名农村计划生育奖励扶助对象奖扶金459.9万元；落实71名独生子女意外伤残或死亡家庭对象补助资金19.3万元；落实2193户放弃2胎生育权家庭奖励资金458.4万元；落实农村532户双女户绝育奖励资金53.2万元；落实1.79万户农村、无业居民及下岗职工独生子女保健费622.42万元；免除计划生育家庭参合补助款357.76万元，62968人受益；落实“三结合”帮扶资金59.35万元，帮助238户计划生育家庭发展经济。全区已初步建立起多层次计划生育利益导向和社会保障机制，实行奖励少生和处罚多生并重原则。

【计划生育信息化建设】 2008年，筹资29.7万元，区人口计生局增配服务器、照像机、交换机、VPN客户端、指纹识别仪、移动硬盘和电脑等设备；为计算机安装安全隔离卡，将育龄妇女个案信息和技术服务信息录入微机，改版《长安人口网》。2010年，按照省级信息化项目区建设标准，投资85.2万元更新区、乡街机房、设备。全员人口信息库录入114.1万人，10年出生录入11.5万人，入库率98%；信息完整率、准确率和信息变更及时率98%以上，实现生育登记、“三查”、节育手术落实，生殖保健科学管理，获“陕西省人口和计划生育信息化项目区”称号。

【流动人口计划生育服务与管理】 2007年，区人口计生局制定《流动人口计划生育工作规范》和“六个一”工作制度，与公安、民政、卫生等部门联合建立流动人口计划生育管理与服务机制，发放宣传品19430份、安全套900盒，协调解决流动人口就业保障、子女入学等困难问题120多件。建立流动人口信息交换管理平台，加强流出地与流入地之间的联系。截至2010年，提交流动人口信息1868条，反馈信息3796条，反馈率98%。2008年，全区流动人口36556人。其中，流出人口12868人，流入人口23688人。计划生育与公安、民政、卫生等部门实现信息共享，建立查验婚育证制度，全年通报流动人口信息86条。2009年，长安区制订流动人口管理“一盘棋”工作方案，建立完善流动人口区域协作制度，与省内外50个市、县、区签订双向协议。规范完善社区居委会流动人口管理档案资料，开展流动人口全员人口信息采集工作，录入36288人，录入率100%。（孙　萌）

民　政

【概况】 2007～2010年，长安区民政局坚持“以民为本、为民解困、为民服务”工作理念，认真履行“解决民生、落实民权、维护民利”工作职责，初步建立并形成以城乡最低生活保障制度为基础，临时救助为补充，教育、医疗救助制度相配套，覆盖城乡的新型社会救助体系；以传统居家养老为基础，敬老院为骨干，社区居家养老为依托，社会广泛参与的社会化养老服务体系；以民主选举、民主决策、民主管理、民主监督为核心的基层政权体制；以落实拥军优抚安置政策为框架的服务保障体系；以依法规范行政事务为重点的社会事务管理服务体系。长安区民政局是区政府职能部门，负责全区民政工作。局机关内设办公室、财务科、救灾科、社会救助科、基层政权建设科、社会福利与社会事务科、优抚安置科（区“双拥”办）7个科室，下辖区救助管理站、殡葬稽查队、福利企业管理所、募捐服务所、社会福利院、老龄工作委员会办公室、婚姻登记管理处、杨虎城将军烈士陵园管理处、长安区离退休军人干部休养所、长安区神鹤殡仪馆10个事业单位。

【医疗救助】 2008～2010年，区民政局根据西安市长安区人民政府办公室《关于印发西安市长安区农村医疗救助实施意见（试行）的通知》（长政办发〔2007〕65号）文件要求，开展医疗救助工作。

2008～2010年医疗救助情况统计表

年度	救助人数（人）	救助资金（万元）
2008	2686	142.7
2009	3733	280.05
2010	3355	346.7

【教育资助】

2007～2010年教育资助情况统计表

年度	资助人数（人）	资金（万元）
2007	232	58.3
2008	239	123.8
2009	227	116.6
2010	234	125

【流浪乞讨人员救助】

2007～2010年流浪乞讨人员救助情况统计表

年度	救助人数(人)	救助资金(万元)	备注
2007	420	5.6278	其中救助流浪儿童76人次
2008	324	16	其中救助流浪儿童68人次
2009	340	17	其中救助危重病人及精神病人32人次
2010	527	12.64	其中救助危重病人及精神病人38人次，流浪儿童16人

【安居工程】 2007～2010年，长安区安居工程（广厦工程）被区委、区政府定为十大民生工程之一，由区政府组织、民政局牵头、区政府相关部门参与并动员社会各界人士捐款，政府投资4099.2万元，帮助3663户农村贫困家庭解决建房困难问题，得到西安市民政局及区委、区政府肯定。

【慈善事业】 2007～2010年，区民政局在“慈爱孤儿工程”活动中争取市慈善会资助贫困儿童554名，发放资金111280元，学习用品554套，衣服96件。市慈善会批准修建慈善便民桥9座，全部投入使用。此外，按照市慈善会安排，对唇腭裂矫治患者做矫正手术13例，解决贫困家庭手术难问题，社会反应良好。

【救灾工作】 2007～2010年，区民政局下拨各项救助物资价值1161.16万元。其中，发放面粉15899袋、棉衣3553套、棉被3450床、菜油2853桶、大米2839袋、电热毯2373条、大肉560公斤。以区政府名义召开送温暖献爱心活动动员大会，动员全区社会各界募捐筹集资金，解决3000户困难群众取暖问题，为每户发放取暖炉1个、蜂窝煤300块。

【“5·12”地震救灾】 2008年5月12日，汶川发生大地震后，长安区因余震死亡3人，受伤30人；农村居民住房倒塌239户、480间，严重损坏604户、1518间；一般损坏1343户、3361间。区民政局根据区政府部署，发放4642袋救灾面粉，为699户灾后重建户下拨灾后重建款2097万元，为1343户一般受损户下拨民房修缮款134.44万元。截至2009年底，灾后重建及受损房屋修缮全部完成。积极开展向地震灾区募捐活动及送温暖献爱心活动，共接收捐款985.85万元，捐物折款85.45万元，款物合计1071.39万元。

【福利企业】 截至2010年底，全区有社会福利企业10家，年生产总值5400万元，完成利税500万元，安置残疾人192人，残疾职工与健全人员同工同酬，全部办理了社会保险。

【退伍军人安置与优待抚恤】 2007～2010年，区民政局认真贯彻“统一计划、分级负责”安置工作原则，采取“按系统分配任务，包干安置”的办法安置，鼓励多渠道就业和自谋职业一次性安置。为3600余名优抚对象发放优抚金3712万元；为乡村退伍军人发放医疗救助金92万元。2010年，区民政局、财政局、人力资源与社会保障局、卫生局联合下发《关于印发西安市长安区优抚对象医疗保障办法实施细则的通知》，加大对退伍军人的医疗救助力度。

【烈士褒扬工作】 2007～2010年，区民政局多渠道筹资，加强对烈士墓的维修和保护，改造陵园基础设施。2009年对烈士墓碑、亭子翻新改造；2010年新修建杨虎城将军纪念馆，并完成布展工作，社会效益良好。

【“双拥”工作】 2007～2010年，区民政局与双拥办于每年“双节”和“八一”前

2007～2010年接收退役军人统计表

年份	接收城镇户口人数	待业生活费（元）	接收农村户口人数	优待金（元）
2007	83	124700	254	756200
2008	121	154800	217	775500
2009	101	142800	228	766100
2010	126	待发	234	待发

2007～2010年优抚事业费发放情况统计表

年份	优抚金		慰问金		医疗、临救金	
	人数	金额(万元)	人数	金额(万元)	人数	金额(万元)
2007	1724	523.5	600	18	132	15.91
2008	3352	838.59	660	19.8	176	23.4
2009	3663	970	696	20.88	156	24.9
2010	3649	1380	670	20.1	166	27.85
合计		3712.09		78.78		92.06

2010年长安区社会团体登记情况统计表

社团名称	法定代表人	地　址	业务主管单位	联系电话
区珠算协会	温德厚	区财政局	财政局	85299952
区会计学会	胡民升	区财政局	财政局	85645905
区财政学会	胡民升	区财政局	财政局	85645905
区社会治安见义勇为协会	兰竹英	区综合治理委员会	综治办	85292507
区机动车驾驶协会	陈亚军	区交警大队	公安局	85292876
区个体劳动者协会	张东庆	区韦曲街道军民路	工商局	85292302
区终南山佛教协会	释宽旭	长安区香积寺	文化局	85840357
区私营企业协会	王军省	区工商局	工商局	85653923
区秦王桃协会	恒安余	长安区鱼鲍头村委会	科　协	85946242
区计算机爱好者协会	许学光	区老年活动中心院内	科技局	85651861
区殡葬协会	郭运超	区老年公寓办公楼一楼	民政局	85293640
长安印社	刘德源	德源美术工程公司	文化局	85298998
区社会福利协会	李　伟	区福利企业管理所	民政局	85657061
区科学技术协会	董建峰	区委什字科技大楼	科　协	85292365
区消费者协会	张生杰	区工商局一楼	工商局	85292302
区书画家协会	马德馥	区水务局家属楼	文化局	85291430
区农机学会	陈德运	区种子公司	农业局	85292434
西安市长安区航天摄影协会	魏银升	韦曲航天六院办公楼４２５房间	文化局	83047752
长安文学艺术学会	贾利民	区工商局家属院	文化局	85298490
西安市长安区食用菌果业协会	杨德召	韦兆三村	科　协	85992099
区诗词学会	张振琪	区老年大学办公楼	文化局	85286979
长安柳青文学研究会	王长红	长安青海第二干休所	科　协	85658612
西安市长安区灵沼乡多种经营协会	孙权社	西安市长安区灵沼乡里兆渠街道	科　协	13379201949
西安市长安区杜曲韦村果业协会	李　宁	杜曲街道中韦村	科　协	13087593041
长安小品学会	张　含	韦曲街道公安新村（区政协文史委）	文化局	85280121
西安市长安区国学传习会	宋耀辉	韦曲街道嘉华小区	文化局	85293382
区鸡窝子村立体养殖协会	宋平和	滦镇街道鸡窝子村	科　协	85920502
长安画家公社	杨永生	滦镇街道喂子坪	文化局	82512862
区道教协会	贾慧法	长安区金仙观内	宗教局	
长安东大果业协会	冯　波	东大街道西大村	科　协	13992885238
区文化市场综合协会	李　宁	韦曲街道樊家什字军人服务社综合楼	文化局	85280199
区预防职务犯罪研究会	李　健	区人民检查院职务犯罪预防科	检察院	85650617
区老科技教育工作者协会	宋耀辉	区政府办公楼西八楼815室	科　协	85292365
长安鹿塬皂英种植专业协会	王社利	砲里乡上塬村三组	科　协	13468885376
长安青年美术家协会	骆孝敏	韦曲街道文化街南巷17号	文化局	85282378
区烟花爆竹行业协会	魏小利	韦曲长兴路178号院内	供销联社	85292088
长安上王村农家乐协会	王二虎	上王村村委会	农业局	
长安大兆西瓜协会	王西平	大兆街道庞留井村村委会	科　协	13891822616
长安鑫山苗木协会	王　靖	太乙街道新庄村	科　协	13571926550
区城乡供水协会	吴　辉	区水务局四楼	水务局	85289980
长安滦镇街道枣岭村扶贫互助协会	王保民	滦镇街道枣岭村	扶贫办	13772089219
长安滦镇街道关石村扶贫互助协会	王裕民	滦镇街道关石村	扶贫办	85920375
长安太乙宫街道西岔村扶贫互助协会	王安安	太乙宫街道西岔村	扶贫办	13992852898
长安杨庄乡扯袍峪村扶贫互助协会	屈俊录	杨庄乡扯袍峪村	扶贫办	85988059
长安子午街道东村扶贫互助协会	刘平安	子午街道东村	扶贫办	13484816489
长安自行车运动协会	张小刚	韦曲西街2号二楼	文化局	13720600088
长安围棋协会	桑林灏	长安广场商业街d1—3处	文化局	13572145627

乡，协调区级4大班子领导走访慰问驻区官兵，开展拥军活动，给12个驻军单位赠送图书、电脑、冰柜、洗衣机、蔬菜、鲜肉等慰问品，帮助驻军解决用水、排污、营区外围环境整治以及驻军官兵子女入学入托、军转干部工作等困难。2008年建军节举办长安区军民联欢文艺演出；2009年建国60周年，举办“长安区庆祝建国60周年拥军优属、拥政爱民知识竞赛”，有13万人参与，102人获奖。2010年7月，长安区分别被省委、省政府，市委、市政府授予“双拥模范区”称号，实现双拥创建“六连冠”。

【区划、地名、勘界】 2007年4月，长安区撤销5个乡镇：细柳镇、杜曲镇、大兆乡、兴隆乡、黄良乡，设立细柳、杜曲、大兆、兴隆、黄良街道；2008年5月撤销鸣犊镇、王曲镇，设立鸣犊、王曲街道；2009年11月撤销王莽乡、五台乡、高桥乡，设立王莽、五台、高桥街道。2010年，将王寺、斗门、高桥3个街道划归沣渭新区。2010年，区民政局为韦曲城区、常宁新区、郭杜教育科技产业开发区的新建道路命名，对韦曲城区部分道路更名。2007年，完成创建平安边界工作；2008年开展第二轮行政区域界线联检等工作；2009年2～3月份，检查全区51条行政区域界线，对因撤乡镇设街道等后的行政区域界线变化进行变更。

【婚姻登记】 2008年5月，区民政局联合郭杜教育科技产业开发区、共青团西安市长安区委、西安市长安区妇联、西安市长安区婚姻家庭协会联合举办“情系长安相约郭杜”2008长安首届青年集体婚礼，41对新人参加。2009年7月，按照全省统一部署开通了婚姻登记全省联网在线实时登记。（注：联网登记结婚、不是预约）

【社会团体管理】 2007～2010年，区民政局对全区48个民间组织进行复查，对新登记的民间组织进行培训，散发宣传资料1000多份。扶持、培育科技含量高的民间组织，提高民间组织服务质量。

2007～2010年全区结（离）婚情况统计表

年份	结婚人数（对）	离婚人数（对）	出具无婚姻登记记录证明（份）
2007	8639	828	37
2008	10066	1052	68
2009	10647	1517	379
2010	11292	1687	1422

【农村基层政权建设】 2007～2010年，长安区农村基层政权建设以村委会换届选举为重点，在村务公开、民主管理和“难点村”治理方面不断创新，增强村民自治能力、提高村民依法自治水平。将土地征用补偿、土地承包、惠农支农政策落实、村内筹资筹劳“一事一议”、新型合作医疗、兴办集体公益事业等事项纳入村务公开内容，全年公开2次；随时公开村务事项，重大事务做到全程公开。区政府成立村务公开民主管理和“难点村”治理工作领导小组，由区民政局牵头，相关部门各司其责，完善村民会议及村民代表会议、民主评议、村务公开、民主理财、财务管理、民主监督和村民自治章程、村规民约等规章制度，保证村务公开民主管理和“难点村”治理工作健康有序进行。

【2008年第七届村委会换届选举】 2008年，全区进行第七届村委会换届选举。区民政局督促指导各乡街如期完成村委会换届选举，并检查验收，为当选干部发放当选证；指导辖区各村做好村民小组长、村民代表选举及各村新老村委会手续移交工作。2009年3月，区民政局对全区新一届村委会主任分3期集中培训，提高其综合素质和政策水平。

【社区建设】 2007～2010年，区民政局抓住“民生八大工程”建设项目机遇，争取省、市、区3级财政拨款544.2万元，为东大、细柳、子午、马王、太乙宫、鸣犊、引镇7个街道新建街道社区服务中心。为韦曲街道长乐社区、凤栖路社区、南街社区、太乙宫街道正街社区、马王街道沣京中路社区、滦镇街道东街社区、鸣犊街道南街社区、杜曲街道新街社区、引镇街道鸿翔街社区、东大街道温泉路社区和细柳街道祝秦路社区11个社区新建社区服务站。为各社区居委会订购《社区》杂志，指导各社区完善各项规章制度。

【2010年第四次社区换届选举】 2010年，按照省、市统一部署，由区政府成立选举指导机构，8月召开动员大会，印发文件，划拨资金，启动第四届社区换届选举工作。10月完成全区社区换届选举任务，产生社区“两委会”干部199名；12月，对新当选的社区干部进行为期2天的培训学习，组织社区干部参观学习新城区咸东社区、雁塔区红专南路社区和大唐社区先进经验。

【中福在线营业厅开业与福利彩票销售】 2010年8月，中国福利彩票“中福在线”销售厅在长安区西长安街正式营业并发行彩票。中国福利彩票“中福在线”是经国家民政部、财政部批准，采用计算机和通讯网络系统作为发行载体，通过彩票销售厅集中销售的即开型视频彩票，遵循全国统一发行销售、统一形象管理、统一资金结算、统一购票方式、统一服务规范即“五统一”发行原则。返奖率为销售额的65%，头奖25万元。所筹集的公益金（销售额的20%）将全部用于社会福利事业，帮助社会弱势群体和灾区重建。

2007～2010年全区福利彩票销售情况统计表

单位：元

年份	彩票销量	中福在线销　量	公益金
2007	25108430	—	1506505
2008	29986280	—	1799176
2009	36222672	—	2173360
2010	44215842	3505590	3354068
合计	135533224	3505590	8833109

（肖　攀）

劳动就业

【就业再就业工作】 2007年，在省、市出台优惠政策基础上，区人社局成立由23个职能部门主要负责人为成员的长安区全民创业工作领导小组，制定《长安区改善创业环境推进全民创业实施意见》，从明确指导思想、降低创业门槛、培育创业主体、打造创业平台、营造创业氛围5个方面提出34项政策措施。2009年，下发《西安市长安区人民政府关于促进就业和全民创业的若干意见》、《关于开展创建回乡农民工创业示范区的实施意见》；区农民工工作联席会议办公室下发《2009年农民工创业工作安排意见》。一系列优惠政策的出台，加强了政府促进就业职能，为稳定全区就业形势发挥了巨大作用。2007～2010年，区人社局开展"上门走访、送就业政策、送就业岗位、送职业指导、送培训信息、送困难补助"的"一走五送"再就业援助活动、"春风行动"系列活动、"高校毕业生就业服务"系列活动等，开发资源密集型产业就业岗位。在全区开展公益性岗位就业工作大检查活动，建立"能进能出、渐进渐出、岗位固定、人员流动"管理机制，推动服务、培训、维权"三位一体"工作模式，协助12个行政村成立劳务输出协会，转移就业工作由粗放型输出转变为技能就业，运作模式由政府组织过渡到市场化运作。开展家政服务、电焊、计算机操作等职业技能培训考核，促进农村劳动力就业再就业。全区召开各类就业招聘推荐会50余场（次），参会企业410余家，涉及化工、机械、电子、文秘等30余个专业和工种，提供就业岗位12000个，达成就业意向7820人。确立区人才交流服务中心、西安德济责任有限公司、西安市长安区妇幼保健院、翠华山国家地质公园4个就业见习单位，为高校毕业生提供就业见习岗位100个。全区农村劳动力转移406013人，农村劳动力培训189662人。

【全民创业工作】 2007～2010年，区人社局建立长安区创业项目数据库。经过筛选，向西安市创建创业型城市领导小组办公室推荐花卉、苗圃、养殖、加工、服务业等27个优秀创业项目，其中3个项目入选西安市创业项目数据库。培植上王村"农民工创业孵化基地"，解决周边地区520名农村富余劳动力就业问题。在全区开展十大创业明星和创业新星评选活动，实施"能人带动计划"，发挥能人典型带动作用。举办第二届"鲁桑源"杯中国西安创富实践家创业大赛长安航天赛区分赛活动、创建创业型城市大型宣传活动，现场近千人咨询，发放宣传资料2000余份。全区农民工创办经济实体1675个，投资总额1.58亿元，带动约9000人就业。

长安区2007～2010年就业再就业情况表

单位：人

年份	城镇新增就业人数	城镇失业人员再就业人数
2007	11185	4768
2008	13360	5240
2009	15321	5148
2010	15064	5198

长安区2007～2010年农村劳动力转移和培训情况表

单位：人

年份	农村劳动力转移就业人数	农村劳动力培训人数	创业培训
2007	78492	45430	400
2008	89938	46692	400
2009	113140	50531	587
2010	124443	47009	459

【人事劳动仲裁监察及维权】 2007～2010年，区人社局在监察执法工作中确立"预防为主、主动监察、确保和谐"方针，实行"日巡查工作制度"。争议仲裁工作坚持"重调解、慎裁决"原则，建立主办监察员和主办仲裁员制度，实行主办人员负责制。开展农民工工资支付情况、非法使用童工等专项检查活动，维护劳动者合法权益。2007年，针对山西出现的使用童工和强制劳动现象，多部门联合，在全区开展"整治非法用工"专项活动，对全区1124家砖窑、小作坊、小餐饮等用工情况进行拉网式排查，涉及外来农民工28000余人。2008年，针对汶川大地震四川籍民工返乡问题，在全区开展专项活动，集中解决四川民工工资纠纷和返乡问题，为百余名四川籍民工追讨工资89万元。连续4年，检查用人单位3825户，查处各类违法案件165起，为农民工追讨工资1200万元，处理劳动争议案件427件，时效内结案427件，结案率100%。

（王昱力　孙军辉）

社会保障

【社会保障】 新型农村社会养老保险（以下简称新农保） 2009年12月，长安区被陕西省人力资源和社会保障厅批准为全国新型农村社会养老保险试点区，属国家试点区级统筹。为做好新农保启动工作，区人社局制定《西安市长安区人民政府关于新型农村社会养老保险试点工作实施方案》和《西安市长安区新型农村社会养老保险试点实施细则》。2010年2月，新农保工作正式启动。至年末，全区完成参保507486人，参保覆盖率96.5%。

机关事业单位养老保险 2010年末，全区机关事业单位养老保险参保单位301个，参保人员24288人。养老保险基金收入11336.08万元，养老保险基金支出11179.86万元。

城镇职工基本医疗保险 2010年末，全区参加城镇职工基本医疗保险单位523个，参保职工5.12万人，医疗保险基金收入5100万元，支出3672万元，基金累计结余8116万元。

城镇居民基本医疗保险 2008年7月，长安区启动城镇居民基本医疗保险工作，城镇居民基本医疗保险实行市级统筹。2010年末，全区城镇居民基本医疗保险参保6.83万人，缴费3.27万人，基金征缴收入305万元，基金支付180万元。

失业保险 2010年末，全区参加失业保险单位408个，参保人员4.25万人，失业保险基金收入1025.55万元（含上级补助收入），支出939.54万元，基金累计86万元。

工伤保险 2010年末，全区参加工伤保险单位188个，参保人员1.89万人，基金收入190.64万元，支出142万元。

生育保险 2007年10月，长安区启动生育保险工作，生育保险实行区级统筹，覆盖区内城镇各类企业、国家机关、事业单位、社会团体和民办非企业单位及其职工。2010年末，全区生育保险参保人员1.34万人，基金收入66万元，支出52万元，基金累计17万元。

新征地农民养老保险 2008年，西安市长安区人民政府办公室印发《西安市长安区新征地农民就业和社会保障工作实施办法》（长政办发[2008]171号），将新征地农民纳入社会保障范围。新征地农民养老保险属区级统筹，属地管理。2010年末，新征地农民养老保险参保1059人，享受新征地农民养老保险待遇870人。新征地农民养老保险基金收入9215万元，支出203.60万元。新征地农民养老保险基金累计8910万元。

社保基金监管 2007～2010年，西安市长安区社会保险事业服务中心加强基础管理，规范业务流程，完善社保基金财务管理制度和基金收支两条线管理办法，加强与财政、审计部门联系，达到基金收、支通畅目标。严格执行财经纪律，杜绝挤占挪用基金问题。同时建立社会服务承诺、首问责任、限时办结、效能考评、效能投诉等制度，确保社保基金安全运行。

退休人员社会化管理工作 2007～2010年，西安市长安区退休职工管理所组织开展创建退管示范小组活动、庆"五一"退休人员健身表演活动，召开"老有所为奉献长安"庆祝老年节座谈会。在建党89周年全市企业退休人员书画摄影大型评展活动中，全区入选作品45幅，参展作品获一等奖3个。在全区成立退休人员自管委员会24个，下设自管小组235个，确立新华街、凤栖、表厂和马王4个社区为示范社区。全区退休人员社会化管理率99%。

【城镇居民与农村居民最低生活保障】 2007～2010年，区民政局在"执政为民造福于民"理念指导下，落实城镇居民最低生活保障与农村居民最低生活保障政策。在城市低保中发放城镇最低生活保障金9715.7万元，2010年，城镇低保标准由230元/(月·人)提高到360元/(月·人)；在农村低保方面，区民政局按照《西安市人民政府关于进一步提高农村居民最低生活保障标准的通知》（市政发〔2010〕46号）文件精神，2010年度，两次提升全区农村低保标准，由750元/（年·人）提高到1260元/（年·人）和1680元/（年·人）。2007～2010年发放农村低保金6698.3万元。城市低保与农村低保政策全面落实。

2007～2010年城镇低保情况统计表

年度	户数（户）	人数（人）	年发放保障金（万元）
2007	4598	9601	1410.5
2008	3957	8060	2397.6
2009	4998	10154	2770.8
2010	4965	10144	3136.8

2007～2010年农村低保情况统计表

年度	户数（户）	人数（人）	年发放保障金（万元）
2007	9536	32116	615.7
2008	8534	28386	1559
2009	9171	30422	2109.6
2010	9174	31024	2414

【养老服务体系建设】 截至2010年底，区民政局审批建设养老服务机构7所。其中公办敬老院3所：西安市长安区中心敬老院、西安市长安区王莽区域敬老院、西安市长安区子午区域敬老院；民办敬老院4所：长安锦绣佳苑老年公寓、陕西常乐老年公寓、西安华岳老年公寓、西安天成老年公寓。

【五保供养】 2007～2010年，长安区根据省市政策多次上调五保供养标准。2010年，五保供养标准为分散255元/(月·人)、集中300元/(月·人)。截止2010年末，有五保供养对象926户，966人。同年10月启用王莽区域敬老院，集中供养五保老人80人。（肖 攀）

扶贫开发

【概况】 长安区扶贫开发领导小组由区农业局、财政局等单位组成，领导小组下设办公室（以下简称区扶贫办），设在区农业局，负责全区低收入村扶贫工作。2007～2010年，全区有1.85万人脱贫。

【扶贫项目】 2007～2010年，全区累计投入扶贫资金1995.15万元。扶贫项目有重点村建设、面上移民、千村移民、互助资金、雨露计划、支援不发达地区等。2010年，长安区两项制度衔接工作和"千企千村扶助行动"获全省先进区（县）称号。

【重点村建设】 2007～2010年，启动滦镇街道黄峪寺村、杨庄乡扯袍峪村等14个重点村建设，总投资830万元。

【移民搬迁】 2007～2010年，长安区投资753.1万元，面上移民完成436户1806人搬迁任务；千村移民按照"六统一"即统一规划、统一设计、统一标准、统一质量、统一面积、统一实施标准完成引镇街道五里庙村和滦镇街道黄峪寺村145户530人搬迁任务，移民生活较前有很大改善。

【科技扶贫】 2007～2010年，长安区以贫困地区富余劳动力为对象，使其掌握一门实用职业技能，并取得结业证和劳动部门的技术等级证，培训内容涉及计算机应用、汽车修理、电子电工、电气焊等专业。

民族宗教

【概况】 长安地区是周、秦、汉、唐等十三个王朝的京畿之地，历史悠久，人文资源、文化遗存丰富，原记载文物点672处。其中，古遗址88处，古墓葬527处，古建筑41处，石刻16处；国家级重点文物保护单位6处，省级文物保护单位7处，区级文物保护单位22处。2008年，在全国第三次文物普查中，长安区新发现文物点891处。其中，重大发现8处，重要发现8处；新石器时代遗址38处，西周时期遗址34处，秦汉时期遗址20处，墓葬群106处，隋唐时期遗址12处，墓葬群51处，明清时期古建筑146处，墓葬群24处。长安地上或地下珍贵的文化遗存宛如一个天然历史博物馆，不愧为"神州首邑"之称。长安也是全国宗教工作重点地区之一，中国佛教八大宗派中，慈恩宗、净土宗、华严宗、律宗、三阶教的祖庭或发祥地分别在长安兴教寺、香积寺、华严寺、净业寺、百塔寺，被誉为"全国佛教第一区"。区内有佛教、道教、基督教三大教派，尤以终南山"终南茅蓬修道"文化在中国乃至世界都享有崇高的声望和影响。全区有宗教活动场所74个。其中佛教56个、道教6个、基督教12个，未开放的寺庙、茅蓬328处；有教职人员968人，信教群众14万余人。长安居民以汉族为主，属少数民族杂散居地区，截至2010年底，全区有回、满、土家族等少数民族29个1250人，分布在全区范围的少数民族企业有45个。少数民族增多的原因：一是1953年西北民族学院曾驻杜曲西杨万；二是长安靠近西安市，流动人口较多，少数民族易来定居；三是通过结婚、工作调动等将关系迁入；四是驻区高校、清真食堂及餐饮行业增加。2007～2010年，长安区博物馆充分发挥其爱国教育基地作用，免费接待参观团267个，参观人数3万余人次。其中接待青少年参观团13个，人数16500余人次。

2010年1月29日，长安区政府将区民族宗教事务局与区文物局合并（挂区文物局牌子，以下简称区民宗局），主要职责为依法管理民族宗教事务，推进民族团结进步事业；积极引导宗教与社会主义相适应，全力维护社会稳定；管理和指导全区文物及博物馆工作，依法查处文物违法案件；负责全区文物调查、勘探、考古发掘工作，并指导社会文物的管理、抢救、征集等工作。局内设办公室、文物管理与文物认定科、考古调查与行政执法科、民族与宗教事务科4个科室；下辖长安博物馆、文物稽查大队、杜公祠管理所、长安区马厂民宅馆4个单位。2007～2010年，区民宗局以“保护为主，抢救第一，合理利用，加强管理”为工作方针，全力做好文物保护工作，维护长安历史完整；加大文物保护知识宣传力度，增强全民文物保护意识，开展文物宣传12次；完成华严寺、杜顺塔、郭氏民宅馆、张学良故居修缮；开展宗教交流活动9次；配合公安部门破获文物被盗案9起；举办文物鉴定会1次。

【清凉山公园建设】 清凉山公园位于长安区上塔坡村凤栖塬与雁塔区交界处，东临朱雀路南延伸段，西与东仪路相接，南临西部大道，规划面积76.8公顷，其中建设用地67.4公顷。2009年投资约3亿元，建成一个集自然人文环境、生态园林于一体的休闲森林公园，并形成“一轴、五区、六点”景观布局。

【净业寺基础设施建设】 2009年，区民宗局配合区建设局、规划长安分局协调香港旭日集团，为净业寺投资2800万元，进行庙宇建设前期工作。其中，投入资金280万元，完成水、电等基础设施建设。

【华严寺举行修复重建仪式】 华严寺地处长安区少陵塬坡上，可鸟瞰樊川，西眺神禾塬，南观终南山玉案、雾岩诸峰，为中国佛教华严宗发祥地，始建于唐贞十九年（公元803年），寺址存有两座砖塔：东塔为华严宗初祖杜顺禅师塔，方形七层，塔上刻有“无垢净光宝塔”及“严主”字样；西塔为华严宗四祖清凉国师塔，六角五层，塔上刻有“大唐清凉国师妙觉之塔”字样。两塔下层均有瓷筑龛堂并石刻影像，石下部有清宋伯鲁等人所书的重修记。由于塬体滑坡影响，华严寺塔身有不同程度倾斜，尤其是“5·12”汶川大地震致杜顺塔严重受损，塔基出现10厘米左右裂缝，后欲对其修复，多方筹资500万元，2009年10月15日上午，华严寺举行修复重建奠基仪式，地方各级政府领导、诸山长老、各界名流及弟子近千人出席仪式。重建的华严寺仍以寺院传统布局为主，根据地理环境，采用窑洞式建筑与唐式建筑相结合的寺院模式。2010年，区民宗局协调供电长安分局完成华严寺变压器架设工作；联合公安长安分局、韦曲街办、杜曲街办处理华严寺与村民的纠纷问题。

【省政协副主席刘新文视察华严寺修复重建工作】 2010年11月11日，省政协副主席刘新文、省政协民族宗教事务委员会主任赵向东一行，视察、调研华严寺修复重建工作，区政协副主席王百忍陪同。刘新文指出：华严寺是我国佛教华严宗祖庭，具有极高的宗教文化地位，在海内外有很高知名度和影响力，由于客观原因寺院渐趋荒落，令人痛心。要求长安区相关部门加快华严寺修复重建工作，为加强海内外佛教文化交流，促进陕西宗教文化事业发展做出贡献。

【金仙观建设】 金仙观位于长安区子午街道西侧终南山子午峪内，属道教全真道观之一。2007～2010年，贾慧法道长四方筹资50万元，用于基础建设。建设寮房8间，并完成相应配套设施。

【道安寺建设】 道安寺位于长安神禾塬畔鸡子山，西安市长安区杜曲街道彰仪村塬上。2007～2010年，释宽严住持多方面筹资600余万元，用于寺院建设和尊客楼彩绘工作。

【观音禅院建设】 终南山观音禅院是经长安区人民政府批准登记的合法宗教活动场所，位于西安市长安区滦镇街道原二道桥村陕西鹏豪大观园内，占地约2.4公顷，建筑面积6234平方米，总投资5000万元，常住僧尼、居士30余人，是一座集旅游观光、养生休闲、禅修体验、文教弘法等多功能的佛教丛林。2009～2010年，释果宣住持四方筹资550万元，完成天王殿主体建设。

【世界文化遗产知识竞赛综艺晚会】 2010年6月12日晚8时，区民宗局在长安广场举行世界文化遗产日知识竞答综艺晚会，陕西省文物局法规处处长李斌、副处长薛锐生，西安市政协副主席、市文物局副局长、西安博物院院长向德，西安市文物局副巡视员郃亚琴，长安区政协主席成德奇，区委常委、宣传部部长孙杏娟，区长助理史伟及区政府办、民宗局负责人，兴教寺、香积寺住持，山东精益石料塑雕有限公司总经理及各社会团体代表近500人参加，观众2000余人。6月12日是世界文化遗产日，2010年的主题是“文化遗产在我身边”。区民宗局为进一步宣传丝绸之路申遗，使申遗深入人心，创造性地将知识问答与文艺表演有机结合，群众参与热情很高，取得良好宣传演出效果。被《陕西日报》、《西安日报》、《三秦都市报》、西安电视台、长安电视台、《长安开发》及时报道。

【原国民党主席连战清凉山祭祖】 2007年9月4日，中国国民党荣誉主席连战抵达故土西安，5日携夫人一行到韦曲清凉山祭祖。10时许，首先祭拜祖母沈太夫人，之后，拜谒佛教贤首宗祖庭——清凉寺。在百名居士的梵唱声中，连战及夫人参拜佛祖，并现场题词“追远怀德”。清凉寺住持祝愿连战和夫人身体健康、两岸和平。

【区民宗局与香港佛教界开展佛教文化交流】 2010年4月13日下午，长安佛教界与香港佛教参访团在西北饭店举行佛教文化交流座谈会。香港佛教联合会副会长上永下惺长老、常务董事上绍下根长老携香港佛教文化交流参访团一行126人，与西安市长安区民宗局有关领导及长安终南山佛教协会会长宽旭法师、副会长宽池法师、本昌法师、传恒法师等高僧大德参加。净土宗祖庭香积寺住持本昌法师、律宗祖庭净业寺住持本如法师、华严宗祖庭华严寺住持宽昌法师、清凉寺住持传恒法师、观音禅院住持果宣法师、护国道安寺住持宽严法师与香港佛教文化交流参访团成员进行交流。

【加大监管力度，保持各民族和谐稳定】2009年，区民宗局对辖区内清真企业、大专院校清真食堂坚持每季度定期检查1次。1月，长安区民族企业福万家投资100万元，新增两条生产线，为台湾加工“统一”清真方便面；5月，区民宗局组织宗教场所负责人80余人参加培训班，提高他们的宗教政策水平和遵纪守法意识；7月，针对新疆“7·5”事件教训，及时组织辖区民族宗教界人士传达有关精神，增强大家的责任感和使命感；10月，组织50余人参加清真食品培训班，提高他们的民族意识和规范操作水平。

【创建和谐寺观教堂活动】 2009年，区民宗局以打造长安五台民俗古镇为契机，进一步整合人力资源，成立终南山南五台宗教场所管委会，规范五台山庙宇管理；在全区各宗教活动场所深入开展“创建和谐寺观教堂”活动，切实做好宗教场所建设工程安全监管和村庙、社庙规范管理工作，创建和谐寺观教堂10个。

【《长安古刹》出版】 2008年，在区佛教协会、区佛教研究所和陕西省社科院的配合、帮助下，区民宗局深入辖区各个宗教场所采集文字、图片资料，2009年11月，着手编印长安宗教文化宣传画册——《长安古刹》；2010年底，正式出版《长安古刹》2000余册。 （李小栋）

老龄工作

【老龄工作】 2007～2010年，区民政局坚持“党政主导、社会参与、全民关怀”方针，抓重点、抓落实，推进全区老龄事业长足发展，办理老年证58165本。2009年，修改《西安市长安区90周岁以上老年人保健补贴发放管理细则》，将90岁以上老年人高龄保健补贴标准提高到80元/人·月，百岁老人提高到210元/人·月；2010年，出台《西安市长安区关于加快发展养老事业的实施意见》，制定《西安市长安区高龄老人生活保健补贴发放管理细则》，从2010年10月起，80周岁以上老年人高龄保健补贴标准为60元/人·月，将90岁以上老年人高龄保健补贴标准提高到120元/人·月，百岁老人健康补贴标准提高到360元/人·月。

殡　葬

【西安殡仪馆搬迁与神鹤殡仪馆闭馆】 2009年10月，西安市人民政府会议决定将位于三兆的西安市殡仪馆搬迁至长安区鸣犊街道凤栖山公墓建设。新市殡仪馆一期工程占地面积600公顷，建筑面积41861平方米，投资1.7亿元，设业务区、殡仪区、火化区、骨灰寄存区、后勤服务区等，年处理遗体能力3.5万具。同时，对区神鹤殡仪馆实施搬迁，2009年11月前区神鹤殡仪馆停炉。停炉后，由西安市三兆殡仪馆承担区神鹤殡仪馆火化任务。

（肖　攀）

2007～2010年高龄老人人数及生活保健补贴发放情况统计表

年份	80～89周岁（人）	90～99周岁（人）	100周岁以上（人）	补贴金额（万元）
2007		603	7	35.43
2008		660	8	39.56
2009		690	7	55.55
2010	7274	561	4	200.14

注：80—89岁老人从2010年第四季度开始发放）

长安区境内殡葬机构登记表

序号	机构名称	地　址	创办年代	占地（公顷）	安葬数	管理单位	清明节期间总车次和总人次
1	区凤栖山墓园北区	鸣犊街道留公一村	1994	20	33000	区民政局	车次26000 人次96000
2	区凤栖山墓园南区	鸣犊街道高寨村西	1995	8	12800	区民政局	车次9500 人次31000
3	区枣园山墓园	引镇街道枣园村北	1992	6.67	12000	区民政局	车次8700 人次25500
4	区神禾骨灰墓园	王曲街道贾里村何子桥东	1995	10	5200	区民政局	车次4200 人次13500
5	长安慈恩园开发有限责任公司	五台街道什字向西200米	2001	9.3	1605	区民政局	车次1250 人次4800
6	西安市寿阳山骨灰墓园	砲里乡西坰村北	1982	13.3	20000	市民政局	车次17000 人次58000
7	镐京公墓	斗门街道镐京村	1998	12	3000	省民政厅	车次3000 人次12550

五星乡

乡政府地址：五星乡五楼什字
邮政编码：710114

【概况】 五星乡位于长安区西南部，距区政府16公里。东以210国道为界，南靠滦镇街道，西与东大街道隔河相望并与户县秦渡镇接壤，北与兴隆街道以滈河为界；沣河、滈河在乡西北部汇合，210国道、西太路穿境而过。境内有新石器时期人类居住的五楼遗址。辖区总面积25.2平方公里，其中耕地面积1673.8公顷；辖17个行政村96个村民小组，总人口27926人，其中农业人口27700人。2010年全乡社会生产总值4.34亿元，农业总产值9548万元，工业总产值7259万元，招商引资5460万元，固定资产投资完成7530万元，社会消费品零售总额10000万元，财政收入226.9万元，农民人均纯收入7284元。

【农业与农业经济】 五星乡是传统农业大乡。2010年全乡种植小麦示范田733.3公顷，推广优质麦种11万公斤。在农业产业结构调整过程中，乡党委、政府大力支持发展特色农业和生态农业，全乡蔬菜种植66.7公顷，果树种植9公顷，家禽养殖102900只，畜牧养殖1452头，水产养殖3.3公顷。

【工业与工业经济】 2008～2010年，乡党委、政府全力支持区域经济发展。全乡有工业企业660户，职工3700人，全年营业收入3.63亿元，总产值3.77亿元，缴纳税金330万元。

【太原庄非标准件生产基地】 太原庄村位于五星乡西南角，与原五星乡政府相邻。村有机械加工企业68户。其中，规模以上企业1家，年收入300万元以上企业5家，百万元以上企业7家，50万元以上企业33户。太原庄村非标准件加工起源于1987年，主要生产普通非标准件，还生产铜铝、特钢、耐磨钢等系列非标准件产品及压力容器、输电变配套设备等产品。加工非标准件生产业集群从粗放型管理逐步向质量、规模、效益方面发展，与多个国营大中型企业建立长期稳定合作关系。非标准件制造业发展到65户，安置就业335人，被评为陕西省"一村一品"专业村。太原庄村西安时晨机械制造有限公司主要给西电开关电气有限公司配套生产钢结构件，现有职工58人，技术人员12人，年产值1000余万元。2008年销售收入1386万元，利润3万元，上缴税金46万元；2009年销售收入1410万元，利润5万元，上缴税金48万元。同时，安置当地剩余劳动力和招收大中专毕业生就业，树立了良好的企业社会形象。

五星乡2007～2010年主要经济指标统计表

单位：万元

年份	生产总值	农业总产值	工业产值	招商引资	固定资产投资总额	社会消费品零售总额	财政收入	农民人均纯收入（元）
2007	26000	5700	20000	4440	2800	7000	155.6	4025
2008	30000	7287	23300	4220	5210	9850	95	4676
2009	37400	10805	36462	6934	6720	9930	15.6	5910
2010	43400	9548	7259	5460	7530	10000	226.9	7284

【新农村建设】 2007～2010年，乡党委、政府贯彻《西安市建设社会主义新农村行动纲要》，全力推进新农村建设。采取村筹乡补机制，鼓励各村加快村内外道路硬化步伐。2008年全乡投资327万元，硬化村内道路43条，出村路3条；政府各方筹资300万元，完成6.2公里乡道—西五路硬化工程；7个村完成新农村建设任务（2007年江南村，2008年晓阳村，2009年进步村、兴隆村，2010年跃进村、太原庄村、北张堡村等）；争取国家补助资金450万元，吸纳民间资金2300万元投入新农村建设，完成15个村标准化阵地建设，完成12个村健身广场建设任务，建筑面积2.8万平方米。硬化村内道路31.3万平方米，修筑排水沟4.5万米，安装路灯1100盏，改厕2600户，改变了农村基础设施面貌。投入60万元，采取村出资和乡补助办法，组建专职保洁队伍，购买2台摆臂车、75辆三轮车及其他清扫工具，建立"户集、村收、乡运转、区消纳"工作机制。

【水利设施建设】 2008年，全乡新打机井23眼，修复机井8眼，完成配套井20眼，新增灌溉面积76.7公顷，为农业发展提供保障。投资1万元完成一干渠清淤工程，确保汛期行洪通畅。同时，在区水务局支持下，实施人畜饮水工程，修建集中供水站，解决6个村村民饮水困难。

【全球IT百强企业——中兴通讯入驻五星】 2009年5月，长安区与西安高新区共建园区达成协议，投资500亿人民币，开发建设占地7平方公里的长安通讯产业园。入驻长安通讯产业园的中兴通讯为综合性通讯制造上市公司和全球通讯解决方案提供商之一，产品涵盖核心无线电产品，承载业务、终端产品等5大类。中兴通讯计划总投资60亿元人民币建设研发基地，占地153.3公顷，招收员工2.6万名，计划年产值600亿元。项目于2010年1月举行开工典礼，2010年7月动工建设，建筑面积22万平方米。

【五楼白菜】 五楼为原来的村名，现由北张、姜家、安留、周家堡4个行政村组成，位于五星乡西部沣河东岸。五楼地理位置特殊，形成独特的小环境气候以及沙土结构的土壤层，近靠沣河，灌溉便利，又易于排水，不涝、不旱，昼夜温差大，造就五楼优质白菜。五楼白菜个儿大，帮儿长，色白味甜，脆而无丝，远近闻名。2010年，种植面积40公顷，年产量2250吨，年收入115万元。

【沣河麻鸭养殖带】 2008年，乡党委、政府根据沣河水无污染、沿河空地开阔、水丰草茂的地理特点，引导扶持沣河两岸村民沿河岸空地养殖林下生态循环麻鸭。在长4公里、宽1公里沣河沿岸7个村，发展12户养鸭户10个养殖场，存栏蛋鸭3万羽，为西安市场供应鲜鸭蛋及鸭肉，效益可观。2009年，存栏鸭、鹅6万羽，形成沣河养鸭产业带，蛋鸭每羽年纯收入70元，肉鸭、肉鹅每羽纯收入20元。2010年，麻鸭养殖发展到10万羽规模。

【太原庄回归虫仔蛋养殖有限公司】 太原庄回归虫仔蛋养殖有限公司位于西太路与进五路交汇处西南角，占地面积约1公顷，建筑面积1000平方米。2010年公司有鸡舍12间，林地0.47公顷，蛋鸡6000只，雄鸡1000只，年产蛋10.5万余斤，年产值168万元。公司采用先进技术，无菌繁殖蝇蛆，同粗粮饲料搭配合成特色饲料喂养蛋鸡。其鸡生长快，疾病少、产蛋早，鸡蛋品质优良。

【江南村草莓】 江南村位于五星乡东南角，人口1600人，耕地面积113.3公顷，其中草莓种植57公顷，占耕地面积50%。草莓种植从1982年群众自发种植开始后，在政府的倡导支持下，规模逐步扩大，已发展到57公顷，其中53.3公顷为地膜草莓，3.7公顷为拱棚草莓，全村草莓年产值600多万元。2008年被陕西省评为“一村一品”示范村。

【农村社会保障】 2007～2010年，五星乡培训农村富余劳动力4期1100人次，组织劳务输出3200人，新增城镇就业人员110人；为251户低保户和24户五保户发放生活补贴3.65万元；完成3户安居工程建设任务；新农保参保率95.6%；投资50万元建成乡计划生育服务站，完成17个村卫生室创建达标工作任务，2个村卫生室被推荐为市级样板卫生室。

【行政村名】 太原庄村、胡家寨村、燎原村、江南村、跃进村、进步村、兆丰村、共同村、晓阳村、兴隆村、河头村、和迪村、南留村、北张堡村、姜家堡村、安刘堡村、周家堡村 （田军战）

灵沼乡

乡政府地址：里兆渠村甲字1号

邮政编码：710115

【概况】 灵沼乡地处长安区沣河西岸，西与户县苍游、五竹乡接壤，南与户县秦镇为邻，北与马王街道相连，东与细柳、兴隆街道隔沣河相望，南北狭长8公里。交通四通八达，西汉高速公路穿境而过，沣秦、灵细、灵正、灵苗、灵海路贯穿全境。坐落于沣河西岸的周文王灵台遗址、平等寺景点2007年整修对外开放；丰镐遗址、西周景区已列为全区重点招商项目。灵沼乡辖20个行政村107个村民小组，总面积22.5平方公里。其中，耕地面积1933.33公顷，林业面积42.67公顷，土地肥沃，地势平坦，水利条件优越，是一个以粮食、蔬菜、果业生产为主的农业乡。截至2010年底，全乡总户数6421户，总人口27104人。其中农业人口26706人。有国营、联办、私营、个体企业1428户，其中工商业421户，涉及工业、建筑、交通运输、商业、饮食、服务、产品深加工、储藏八大行业，从业人员18500人。

【基础设施建设】 2009年5月，乡政府筹资50万元，建成8间2层550平方米办公楼。2010年，在区计生局和区文体广电局支持下，投资60万元，建成9间2层600平方米计生、文化广电服务大楼，并配备办公桌椅、文件柜、电脑等设施；7月，投资220万元，硬化灵秦路4.5公里，协助区交通局完成沣灵路、灵细路全长3.5公里柏油路面铺设任务。2007～2010年，全乡村级道路硬化率95%；为15个村安装路灯；实现阿底—小丰、阿底—上南丰、小丰—东正庄、小丰—南正庄、上南丰—

灵沼乡2007～2010年主要经济指标统计表

单位：万元

年份	生产总值	农业总产值	工业产值	非公经济产值	招商引资	固定资产投资总额	社会消费品零售总额	财政收入	农民人均纯收入（元）
2007	52274	9870	11875	42404	1000	4876	5320	117	4084
2008	61524	12726	13086	48528	1400	6640	7038	139	4744
2009	74339	16684	14790	57655	885	8230	10652	156	5790
2010	77365	18475	16580	58890	1600	9567	23019	168	7203

下南丰、西石榴—南石榴6条连村路和冯村、苗驾、东石榴、南石榴、鲁坡头、西石榴、柳林、上南丰、下南丰9个村出村路硬化。

【灵沼设立集市日】 2008年2月，为活跃农村集市贸易，在里兆渠村灵沼什字以北路西，乡政府租里兆渠村1.04公顷土地，建设集贸市场。乡政府每年投入资金5万元用于租地费用、保洁员工资及垃圾清运等支出。每逢周三集日，有户县、咸阳等周边客商300余户摆摊设点，日客流量7000余人次。主要经营服装鞋帽、百货日杂、农特产品，经营品种1025种；乡文化广播电视卫生服务站组织秦腔爱好者，举办演唱活动，丰富群众文化生活。

【农业产业结构调整】 2007年7月，灵沼乡苗驾村、冯村、西石榴村开始发展双孢菇产业，逐渐形成规模。2008年4月，灵沼乡无公害双孢蘑菇产业基地通过国家农业部认证。2010年2月，无公害标准化双孢蘑菇栽培技术推广应用获陕西省农业技术推广成果奖，双孢菇产业列为长安区重点发展项目。2009年在下南丰村建立设施农业基地，完成8个日光温室大棚建设；在官道村建立占地9公顷设施草莓基地。乡政府投资110万元为基地提供路网、电力、水利设施，建成124栋钢构草莓大棚，种植“章姬”“红颜”“丰香”等品种，建立草莓协会、注册“红美灵”商标，召开产品推介会。

【公开招聘村级计生专干和中心户长】 2007年3月，灵沼乡首次公开招聘村级计划生育专干和中心户长。招聘计生专干20名，报区计生局登记备案；招聘中心户长107名，由乡政府审批后颁发聘书。受聘人员培训后上岗，任期3年，乡政府按行政村大小将误工补贴分为3个档次，每月分别发给计生专干100元、95元、90元，发给中心户长50元、45元、40元的误工补贴。

【基层两委会阵地建设】 2010年3月，灵沼乡在苗驾、南石榴、海子、西南、阿底、东正庄、南正庄、回鹤庄、里兆渠、鲁坡头、西石榴11个村共投资255万元，实施村级阵地建设，完成吴家、邱家、上南丰、下南丰、回鹤庄、里兆渠、鲁坡头、冯村8个村群众文化娱乐休闲广场建设。年底全乡20个村级标准化卫生室经上级检查验收达标，同时为19个村配备党员远程教育设备，实现党员教育规范化、经常化。

【能源开发建设项目】 2007年，灵沼乡发挥资源优势，采取政府补贴与群众自筹资金相结合，鼓励全乡群众兴建沼气池，实施能源建设项目。以上南丰、下南丰、阿底村为重点，由专业队施工，技术员现场指导，配备沼气服务车4辆，沼气池建设项目示范基地落成。2010年末，全乡累计投资260万元，兴建沼气池1834个。

【人畜饮水工程】 “十一五”期间，灵沼乡加快人畜饮水工程进度，实现里兆渠、回鹤庄、海子等6个村6000多人村民集中供水；在冯村、西石榴、南石榴、下南丰等12个村建立群众自给供水系统，人畜饮水安全得到保障。2009年4月，长安区百村饮水工程现场会在灵沼乡召开。

【抗震救灾献爱心活动】 2008年“5·12”汶川大地震发生后，为帮助灾区同胞重建家园，灵沼乡广大干部群众和当地市、区、乡人大代表捐款18900元、救灾物资约8万元；上南村党支部书记崔亚权、吴家村党支部书记赵志敏冒着余震危险，第一时间主动赶往宁强县青木川镇捐送救灾物资。2010年，西南干旱、玉树地震和舟曲泥石流相继发生，为帮助灾区同胞战胜自然灾害，灵沼乡组织机关干部捐款24000余元；4月，官道村村民王旭东患白血病无钱医治，为帮助其解燃眉之急，度过难关，灵沼乡组织党员干部开展献爱心活动，捐款2800元。

【灵沼乡第十一次妇女代表大会】 2010年6月，灵沼乡召开第十一次妇女代表大会，44名代表参加。会议听取并审议灵沼乡妇女联合会上届执委会工作报告，确定今后5年工作目标和主要任务，通过投票选举，产生乡妇联新一届领导班子；花颖艳当选乡妇女联合会执行委员会主席，姜华当选副主席。

【灵沼乡总工会成立】 2010年6月，灵沼乡总工会召开成立大会，会议听取灵沼乡总工会筹备工作报告，审议并通过工会工作报告、工会财务和经费审查报告、乡总工会第一次会员代表大会选举办法草案；确定今后5年乡总工会工作目标和主要任务；选举产生乡总工会委员会委员和经费审查委员会审查人员。提名并通过总工会女职工委员会组成人员；以无记名民主投票形式，选举李强为灵沼乡总工会首届主席，胡明琛为副主席。

【60岁以上农村老人领到养老金】 2010年7月，灵沼乡在苗驾村举行新型农村养老保险金发放仪式，140名60岁以上的老人第一次领到每月80元的基础养老金。灵沼乡20个行政村共有60岁以上农村老人3591名，至年底，累计发放养老金112.31万元。

【80岁以上老人领到高龄保健补贴】 2010年10月，灵沼乡在全乡范围内摸排建档，对320位80岁以上老人（其中90岁以上30人）发放高龄保健补贴。按照规定，80岁以上老人每人每月60元，90岁以上每人每月120元。至年底，全乡累计发放高龄保健补贴60540元。

【农业综合开发】 2010年，灵沼乡苗驾、冯村等9个村在农业综合开发中实施农田节水灌溉配套设施和稳产高产基本农田建设、中低产田改造项目2个。项目实施后，新增灌溉机井80眼，修复旧井70眼，配套水泵150台，新增灌溉管网近万米。700公顷农田得到灌溉。

【沣河良家滩改造项目建设】 良家滩水生态保护利用工程既是沣河流域保护利用规划“一带六片十节点”的组成部分，又是西安国际社区一期项目的先导工程。工程位于沣河中游良家滩片区，上自西户公路桥，下至西汉高速桥，河道长3.3公里。治理内容有三项：一是对河道进行生态化治理，防洪标准为百年一遇，堤防级别为Ⅰ级；二是在河道右岸（东岸）建设综合湿地公园；三是在河道左岸（西岸）建设国际运动公园。项目规划设计及河道防洪治理由西安市水利规划勘测设计院实施；左岸的国际运动公园由皮特·戴公司设计，建设工期2年，静态总投资6.4亿元人民币。2010年，灵沼乡实施沣河良家滩改造项目建设，前期征地工作涉及阿底和上南丰村。其中，阿底村712户2790人，上南丰村561户2301人。一期征地44.3公顷，二期征地90.2公顷，计134.5公顷。已完成地面附着物清表及青苗补偿，架设变压器1台、电杆47根，硬化水泥道路1100米6600平方米；土方施工55万方，1号、2号人工湖建设竣工，3号湖正在施工。

【区乡人大换届选举】 2007年7月，按照区人大统一安排，灵沼乡区、乡两级人大代表换届选举实施，依照法定程序选举产生乡人大代表58名、区人大代表9名。10月，召开乡第十七届人民代表大会第一次会议，依法选举产生乡第十七届人民政府乡长1名、副乡长2名；选举产生乡人民代表大会主席团主席和副主席各1名。

【基层两委会换届选举】 2008年，灵沼乡党委完成20个村基层党支部和19个村村委会换届选举。20名村党支部书记连任者7人；村党支部书记、村委会主任“一肩挑”者3人。在新当选的两委会干部中，高中以上文化程度占70%以上；年龄最小者30岁，最大58岁。新当选的两委会干部，除参加区级培训外，乡党委还采取集中学习、专题讲座、以会代训、参观学习等形式进行业务知识培训和法律法规教育，提升农村基层干部执政能力和管理农村事务水平。

【行政村名】 苗驾村、冯村、西石榴村、南石榴村、东石榴村、鲁坡头村、柳林村、里兆渠村、回鹤庄村、海子村、西南村、官道村、下南丰村、上南丰村、阿底村、小丰村、东正庄村、南正庄村、邱家庄村、吴家村。 （左生昌）

杨庄乡

乡政府地址： 杨庄村甲字2号

邮政编码： 710103

【概况】 杨庄乡地处长安区东南部，东隔库峪河与蓝田县史家寨乡相望，南依秦岭与柞水县接壤，西北与引镇街道为邻。全乡总面积129.8平方公里，地貌以山地为主，其中山外区域面积36平方公里。境内有著名的太兴山旅游景区。辖24个行政村106个村民小组，5400余户，总人口1.94万人，其中农业人口1.89万人。引库公路、107省道关中环线穿乡而过，乡内形成“申”字状乡村水泥路网；雁引路通车后杨庄乡距西安城区30公里，交通更加便捷，近郊休闲旅游区位优势凸显。围绕“打造生态休闲旅游之乡”目标，2007～2010年，乡党委、政府坚持经济建设不放松，推动区域经济与社会科学发展。2007、2009、2010年全区年度综合目标考评中，杨庄乡均获“一类等次”单位。

2007～2010年杨庄乡主要经济指标统计表

单位：万元

年份	生产总值	农业总产值	工业产值	非公经济产值	招商引资	固定资产投资总额	社会消费品零售总额	财政收入	农民人均纯收入(元)
2007	41460	4500	36960	24051	3234	1695	4200	57.73	4400
2008	45073	5934	39139	35723	3882	5550	4800	65.23	5760
2009	47370	6812	40558	37185	4625	6316	5569	56	6260
2010	49638	8547	41091	37598	5550	8400	7400	60	7090

【农业产业结构调整】 2007～2010年，乡党委、政府结合乡情、村情实际，实施“一村一品”战略，发展“干花种植、鲜杂果种植、肉猪养殖、生态渔业、农家乐、生态旅游”6大特色主导产业。至2010年底，新发展农家乐（渔家乐）15户、示范垂钓库塘3户，其中挂牌农家乐经营户10户，全乡休闲垂钓农家乐总数25户。新增规模以上手套加工户3户、个体私营企业12户、干花种植15.33公顷（其中新品种2.33公顷）。全乡干花面积56.67公顷，库塘总面积90公顷，水面养殖面积90公顷；新增杂果经济林47公顷，肉猪养殖小区1个，肉猪专业村1个，年出栏500头以上肉猪养殖小区7个，以高山庙等为代表的“一村一品”专业村5个。高山庙、小庙村被区农业局授予“一村一品”示范村称号。

【招商引资】 2007～2010年，杨庄乡引进太兴养殖生态观光园、太兴山庄、太兴山生态养殖苑、扯袍峪大鲵养殖园、美果樱桃示范园5个农业企业，实际利用内资3486万元，占年度目标计划2600万元的134.1%；实际利用外资10.8万美元，占年度目标计划10万美元的108%。固定资产投资完成9475万元，占全年目标任务7863万元的123.3%；社会消费品零售总额完成8780万元，占全年目标任务6900万元的127.2%。全乡完成财政收入68.5万元，占计划46.5万元的147.3%；实现农民人均纯收入7880元，占年度目标任务6860元的114.9%。

【好山好水好资源】 杨庄乡依山傍水，旅游和矿产资源丰富，具有投资开发前景。据地质勘查，地下有黄金、石墨、铅、铁等矿产资源。据陕西省水文地质队勘测资料表明，杨庄乡沿山一带有丰富的地热资源，并与汤峪同处一个断裂层，属同一水系，水温高、水质好、富含多种矿物质，是兴建温泉洗浴、疗养保健场所之地。境内库峪河、扯袍峪河流经全乡，有东沟、许家沟、三合、野狐沟4座较大水库和80余座大小塘库，水域面积150公顷，为发展水产养殖业和休闲旅游产业奠定基础。旅游资源丰富，有以油菜花为代表的农业旅游景观、星罗棋布的河库鱼塘等水景资源、风景秀丽的太兴山、人头山两大山地森林景区。太兴山是陕西省道教名山，素有“终南第一峰”之美誉。

【新农村建设】 2007～2010年，乡党委、政府按照市、区新农村建设工作要求，推进新农村建设，完成李家山、侯官寨、库峪口、南佛沟、上堡子、库峪口、高山庙7个村新农村建设任务。期间，不断加大基础设施建设，至2010年底，修建通村水泥路51248.4平方米，排水渠51301米；新建群众健身广场5980平方米，安装路灯209盏；改厕改灶456户。全面完成年度目标任务，通过市新农办验收。在新农村建设中，乡党委、政府坚持把改善群众生产生活条件放在重要位置，至2010年底，完成西木斯至十里庙山区公路硬化5公里，杨庄、南佛沟等村庄道路硬化503公里，汪庄至扯袍峪沙石硬化3公里，修筑库峪口跨河桥1座，改善群众生产生活条件。

【“二元母猪”养殖】 2010年，乡党委、政府结合乡情和市场供求相关信息，争取区农业局专项扶持资金发动群众扩大肉猪养殖。新发展肉猪养殖小区3个，全乡养猪户321户，新增规模养殖大户3户，散户50户，二元母猪存栏量23460头，年出栏量15300头。在扶持高山庙“二元母猪”专业村建设方面，为群众投资优质“二元母猪”300头，发放种猪补贴资金15万元。

【“美在长安”第二届赏花节】 为加大生态休闲旅游产业宣传推介力度，2010年4月，杨庄乡与区农业局、区文联、区外宣办、区旅游局协作，举办“美在长安第二届赏花节”休闲旅游活动。活动期间，前来旅游观光、踏青赏花的垂钓、摄影、登山爱好者及游客超过万人。《华商报》、《西安晚报》、《长安开发》、陕西电视台、西安电视台、长安电视台等多家新闻媒体予以关注和报道。赏花节活动为推动杨庄休闲旅游产业和招商引资工作快速健康发展搭建平台，奠定良好基础。

【侯官寨村“牛老爷”社火】 坐落在终南山下的侯官寨村民间文艺活动活跃，尤以历史久远的“牛老爷”社火著称。民间社火兴于元代，至清朝同治年间已具规模。内容为封建社会县官带领全体僚属，携当地百姓，旌旗仪仗，敲锣打鼓到先农神坛前祭祀先农，祈求丰收的民间农事活动。在传承演变中，立春祭祀先农逐渐演变成社火活动，祭祀先祖的主祭官演变成社火指挥官——“牛老爷”。侯官寨社火“牛老爷”，2007年成功申报为“省级非物质文化遗产项目”后，搜集整理相关资料，拟申报“国家级非物质文化遗产”。

【太兴山旅游胜景】 铁顶太兴山地处杨庄乡库峪境内，距西安市区40公里。主峰岱顶海拔2340米，是秦岭北麓旅游带八大名山之一。太兴山险如华山，秀似黄山，观庙庵殿、苍松翠柏曲径通幽，群峰挺拔，可游览和开发的景观有百处之多，已开发景观有“一寺二庙三座庵，四座楼台五座殿，六观七宫八个洞”，景区可与湖北金顶武当山媲美，素有“铁顶武当”之称。景区内有国有林地约5300公顷，繁衍生息着国家保护的二、三级野生动物棕羊、盘头羊、青鹿、中华大鲵、狗熊等，具备建立天然森林公园条件。

【建设文明和谐新家园】 围绕建设社会主义新农村主题，突出公民思想道德教育和塑造新农民核心，以“推进乡风文明、建设和谐家园”活动为主线，杨庄乡开展“文明乡村”、“文明校园”、“文明市民”、“好媳妇、好公婆”等群众性精神文明创建活动及举办社火表演、扭秧歌、健身操大赛、科技电影下乡、庆“七一”文艺汇演、农民运动会等文化娱乐活动，提高全乡村民思想道德素质和文明意识，促进乡风、村风文明及社会和谐稳定。2007～2010年，全乡开展各类文化活动32场次，评选表彰好媳妇42名，申报创建市级文明村1个、区级文明单位3个、区级文明校园2个、区级和谐农家10户。

【行政村名】 侯官寨村、上堡子村、营沟村、杨庄村、李家山村、付家塬村、汪庄村、魏家岭村、凤翔沟村、虎峪村、井家湾村、石佛庄村、库峪口村、小寨村、大寨村、小庙村、高山庙村、南佛沟村、北佛沟村、陈家岩村、扯袍峪村、十里庙村、红庙子村、西木斯村 （骆科军）

魏寨乡

乡政府地址：魏寨东街6号

邮政编码：710102

【概况】 魏寨乡地处长安东部塬区，东南与蓝田县前卫、焦岱、汤峪、史家寨等镇相邻，西北与砲里乡、鸣犊街道接壤，北依白鹿塬，南靠八里塬，浐河自东向西穿境而过，“两塬夹一川”是其地貌特征。全乡总面积21平方公里，辖15个行政村，86个村民小组，3770户，1.5万余人，耕地面积1166.7公顷。2010年，全乡社会生产总值8969万元，其中农业生产总值4180万元；固定资产投资7696万元；社会消费品零售总额6980万元；人均纯收入6859元。全乡经济发展呈现速度加快、结构优化、质量提高的良好态势。

【农业示范园建设】 2007～2010年，建立“浐水源现代农业示范园”、“鹿塬果林生态养殖园”、“白鹿塬优质核桃种植园”，成立3个农业专业合作社，对周边村发展城郊型现代农业起到引路、示范作用。境内浐河沿岸被列为“省级无公害农产品生产基地”；建成高标准日光温室5000余平方米，全乡核桃种植面积超过133.3公顷，葡萄种植面积达到20公顷。

【生猪和渔业养殖】 2007～2010年，在巩固长沟、老凹庄、耶柿3个生猪养殖专业村同时，建成规模以上养猪场12个，全乡年出栏肉猪8000余头；利用浐河水资源优势，全乡发展渔业养殖面积33.3公顷。

【纺织品加工业】 纺织品加工是魏寨乡的一项传统优势产业。2007～2010年，采取“公司＋农户”经营模式，以西安佳美纺织品有限公司为龙头，引进生产设备，整合资源，形成品牌优势。全乡有销售大户56户，年销售额达1.6亿元，转移农村富余劳动力2000余人，直接增加农民收入2150余万元。

【新农村建设】 2009年，魏寨乡全面完成市级新农村建设重点村——魏寨村的各项建设任务，并通过市、区两级验收。2010年将彭村纳入市级新农村建设重点村

2007～2010年魏寨乡主要经济指标统计表

单位：万元

年份	社会生产总值	农业总产值	工业产值	非公经济产值	招商引资	固定资产投资总额	社会消费品零售总额	财政收入	农民人均纯收入（元）
2007	5460	3100	16500	210	730	4700	5700	32	4000
2008	6290	3400	13900	310	960	5800	6200	35	4450
2009	7090	4000	19800	390	900	7100	7600	38	5659
2010	8969	4180	22800	450	1600	7700	7000	39	6859

建设规划，投资240余万元，硬化道路1.2万平方米，新修排水沟5000米；实现全村自来水入户、改厕206户；建垃圾台4个；安装路灯100盏；完成252平方米的村两委会办公楼建设，并配齐办公设备投入使用。截至2010年，全乡有7个村列入市、区两级新农村建设计划，5个村完成建设任务。实现村级活动场所全覆盖目标。

【农村道路建设】 2007～2010年，乡政府通过发动村、组及群众自筹与争取上级扶持相结合的方法，先后投资270余万元，完成6.6公里侯白路建设；投资500余万元，完成6公里魏鸣路改造工程；投资188万元，完成耶柿村2.8公里、长沟村1.6公里的上塬路硬化和白庙村4.8公里砂石路铺设。累计完成全乡15个村38公里的村际道路硬化，全乡农村道路硬化率90%以上。投资120万元，建成横跨浐河的耶柿大桥；投资47万元，完成乡汽车站建设，修通连接蓝田县温泉名镇——汤峪的魏（寨）汤（峪）公路，改变魏寨在长安区域经济格局中的"死胡同"状况。同时完成"南横线"前期工作，为改变魏寨乡无等级公路的现状创造条件。

【移民搬迁】 2009年，纳入区级重点项目的白庙村18户移民搬迁工程如期实施。该工程总投资550.34万元，包括18户村民房屋主体建设和水、电、路等配套设施。为配合移民新村建设，在区水务局帮扶下，投资270余万元完成700米河堤修复工程。2007～2010年，全乡完成耶柿村移民搬迁150户，实施危房改造260户。

【小城镇建设】 2010年，魏寨乡投资150余万元，完成区级重点项目——魏寨乡小城镇建设。硬化道路1800平方米，翻修乡政府门前道路、铺设沥青混凝土2322平方米，修建排水沟366米，栽植乔木51株，提升了市镇环境。

【机关规范化建设】 按照机关规范化建设要求，魏寨乡对原有办公楼进行改造，粉刷墙壁，购置办公桌椅。在区建设局和郭杜街办帮助下，投资120万元，建设两层42间综合办公楼，面积1200平方米，实现集中办公，方便群众办理各项业务，提升机关工作效率和服务水平。

【农村社会保障】 2010年，魏寨乡农村新型合作医疗参合率和新农保参保率96%，为群众报销合疗款60余万元，发放养老金190余万元。辖区现有农村低保户256户877人，五保户28户31人，实现应保尽保；高龄老人生活补助168人；粮食直补、综合直补400万元；蛋奶工程惠及850余名中小学生。14个村拥有农村标准化卫生室，6个村卫生室达到甲级标准，群众看病难、看病贵问题得到解决。

【行政村名】 蚕姑沟村、彭村、老凹庄村、长沟村、朱村、西坡村、魏寨村、崔家街村、李家窑村、辛尚坡村、白庙村、古刘村、耶柿村、侯一村、侯二村。

（陶思君）

砲里乡

乡政府地址： 砲里村甲字1号
邮政编码： 710102

【概况】 砲里乡位于长安区东北部浐河东白鹿塬上，属塬坡地貌。东邻蓝田，西北与灞桥区狄寨街道隔鲸鱼沟相望，南接鸣犊街道、魏寨乡，辖区面积24.3平方公里，耕地面积1523公顷，主要农作物有小麦、玉米、西瓜。辖19个行政村，86个村民小组，5263户，总人口20691人，其中农业人口20391人。2010年实现社会总产值8932万元。其中，农业总产值5739万元，占任务109%；工业总产值9479万元、固定资产投资7921万元，占任务105.3%；社会消费品零售总额7100万元，占任务100%；非公有制经济收入24179万元，利润724万元，增加值6904万元；财政收入29.8万元，农民人均纯收入7019元。

【农业与农业经济】 砲里乡是传统农业乡，主要农作物有小麦、玉米、西瓜；经济作物有皂荚、花卉苗木。其中小麦、玉米种植广泛，西瓜、皂荚和花卉苗木为特色产业。西瓜是砲里乡主导产业，每年种植面积133.31公顷，纯收入800万元。根据区委、区政府规划，砲里乡以发展都市农业为主线，建设东部瓜菜基地。2010年，布村建成育苗温室2栋，设施西瓜7.3公顷，当年实现西瓜丰收，每公顷产6万余公斤，实现销售额80余万元；前村6.6公顷大棚的水、电、路全部配套到位，投入使用；伯坊村7公顷日光温室大棚投入生产，无公害黄瓜、茄子、西红柿等销往西安。同时，乡党委、政府加大产业化调整力度，确立"打绿色牌，走特色路，创建以优质核桃为主的特色产业"发展新思路，把核桃种植作为砲里又一支柱产业，增加核桃种植面积51.3公顷45000余株。

【一村一品】 南桑村西瓜、上塬村皂荚和砲里村花卉苗木产业初具规模，是砲里乡农业产业结构调整示范村。南桑村地势平坦，土地肥沃，昼夜温差较大，是西瓜种植适生区和优生区。2002年，南桑村村民高典涛带头在自家承包地种植西瓜0.2公顷，每公顷收入4.5万元。之后，村民纷纷效仿，种植面积逐年扩大，成为南桑村主导产业，并辐射带动全乡大范围种植。目前，西瓜已经成为砲里乡的一个主导产业。经过瓜农多年摸索，种植技术不断提高，并采用嫁接育苗新技术，2010年，每公顷平均纯收入6万元。2005年上塬村建成皂荚科技示范园，随后成立皂荚协会，发展种植户47户；2010年，村内皂荚树种植33.3公顷，每公顷收入3万元，辐射到答咀、新村、西凹、杨魏、前村、砲里等周边村庄。砲里村以种植花卉苗木为主，"砲里白鹿月季园"花卉良种基地位于砲里村，种植月季8大类，有大花系列、丰花系列、地被系列、藤本系列、微型系列、切花系列、矮花系

砲里乡2007～2010年主要经济指标统计表

单位：万元

年份	生产总值	农业总产值	工业产值	非公经济产值	招商引资	固定资产投资	社会消费品零售总额	财政收入	农民人均纯收入（元）
2007	5430	4363	4550	19230	540	1364	1040	12	3430
2008	6258	5240	4586	22868	720	5310	6238	15	4547
2009	7121	5314	7843	23250	1200	6599	5784	19	5427
2010	8932	5739	9479	24179	1824	7921	7100	29.8	7019

列和超级玫瑰等1300多个品种，2010年，种植面积53.3公顷，每公顷收入15万元，年产值800万元。

【砲里无公害西瓜】 砲里乡所处白鹿塬地势平坦，土壤肥沃，昼夜温差大。独特的自然条件适合西瓜种植，品种有西农8号、千岛王、丰抗8号、新红宝等。砲里西瓜含糖量高，品质优，口味好，享誉关中地区，主要销往西安等地，产品供不应求。2006年8月，农业部根据相关标准认定砲里乡为无公害西瓜生产基地。2010年，全乡种植西瓜330公顷以上，布村发展6.7公顷供货期大棚西瓜和小西瓜种植。大棚种植将西瓜成熟期提前到5月份上市，获得更高收益。同时，引进西瓜嫁接育苗技术，将西瓜嫁接在南瓜茎上种植，成功解决西瓜倒茬和病虫害困扰。

【新农村建设】 2007～2010年，砲里乡在区新农办、水务局、交通局等部门支持下，加大农村基础设施建设力度。道路建设方面：2008年，完成乡级留答公路2公里、韩西路9.35公里建设任务和7.6公里出村路、24.67公里村内道路建设任务，修建农村道路43.4公里，为群众生产、生活提供便捷条件。**集中供水方面**：2008年，投资350万元建设砲里集中供水工程，2009年竣工投入使用，留村、布村、南桑、北桑、砲里、伯坊村实现集中供水，解决近万人生产、生活用水问题；建成杨魏村供水工程。**电网改造方面**：2007年，韩家村、布村完成电网改造，2008年完成答咀村、新村、西岭村电网改造，2009年完成姚车村、砲里村、前村、伯坊村、寨子村电网改造，辖区农村低压电网改造全部完成，提高农网供电能力，实现农网改造全覆盖。**改善乡村医疗卫生方面**：2010年，乡卫生院投资93万元，新建650平方米八间两层住院综合楼，改建250平方米门诊楼，改善卫生院基础设施；完成16个村标准化卫生室建设。其中，新建4个，改扩建12个，建成甲级卫生室8个。村级标准化卫生室建设实现全覆盖，为当地群众就近看病就医带来便利。**村庄基础设施建设方面**：2007～2010年，西坰村、南桑村、北桑村和砲里村完成新农村建设任务，并通过验收。4个村完成村内道路硬化24公里，村级组织活动场所建设面积1383平方米，新建文化体育广场7120平方米，4个村800户完成双瓮式卫生厕所改造，修建垃圾台22个，修建水渠6500米，安装路灯398盏，村内道路绿化植树6000株，实现村庄主要街道绿化、亮化和村容整洁。

【小城镇建设】 2008年，砲里乡在区财政局和韦曲街道支持下，投资100万元进行小城镇改造建设。排水渠清淤改造800多米，铺设人行道地砖1200平方米，新建300平方米小型农贸市场1个，更新绿化街道树木154棵，硬化街道路面，改变砲里街道旧面貌。砲里乡投资475.8万元，完成全长9.35公里留答路（留村至答咀村）工程建设。留答路是贯穿砲里东至蓝田前卫镇，西到灞桥红旗街道的大动脉，给沿线12个村万余群众出行带来便利。2009年，砲里乡及西坰、寨子、杨魏、韩家4个村筹措资金93万元，建成韩西路（连接以上4个村的出村道路），解决4个村交通不便问题，改善群众生产生活条件。主干道路建设形成四通八达交通网络，促进小城镇建设。

【农村社会保障】 2007～2010年，砲里乡社会保障体系逐步建立，普及合作医疗和新型社会养老保险。2010年全乡农村新型社会养老保险参保人数12876人，收缴保费1240500元，参保率93.6%；合作医疗参合人数18862人，收缴合疗款565860元，参合率95.6%。建立健全农村最低生活保障制度，为符合最低生活保障条件的村民建档立卡，及时给予救助。2010年，救助1500户农村低保、五保户，发放救助资金120余万元。区民政局、新农办资助资金130万元，完成危房改造103户，解决部分群众居住问题。社会救助从单一低保救助扩展为临时救助、医疗救助、教育救助和公益救助相配套的救助体系，全年发放救助金5.2万元。

【行政村名】 砲里村、前村、后村、北桑村、留村、南桑村、布村、东岭村、西岭村、姚车村、韩家村、杨魏村、寨子村、西坰村、上塬村、答咀村、古沟村、新村、伯坊村。

（刘国章）

韦曲街道

办事处地址： 长安区新华街275号
邮政编码： 710100

【概况】 韦曲街道位于长安路南端、地铁2号线终点、韦郭大道起点，是中共长安区委、区政府所在地，长安政治、经济、文化中心。东毗大兆街道，南邻王曲街道，西连郭杜街道，北接西安市雁塔区。公路交通便利，西柞高速公路从东部贯穿南北，西部大道、子午大道、韦鸣公路、韦斗公路在境内纵横交错；街道总面积51.18平方公里，耕地面积1440.5公顷，林地面积104公顷。地势东高西低，有川道（樊川）和土塬（少陵塬、神禾塬），滈河、潏河从境内流过，主要农作物为小麦和玉米。街道下辖46个行政村，10个社区居委会，188个村民小组。2010年全街道16079户，总人口168583人，其中农业人口58243人。社会总产值24.99亿元，农业总产值3.6亿元，工业产值11.64亿元，招商引资3.5亿元，固定资产投资41.3亿元，社会消费品零售总额35.7亿元，非公经济23.99亿元，财政收入5.27亿元，农民人均纯收入7520元。辖区有工业和商贸企业8745户（工业企业480户）。其中资质以上企业有陕西长建地产开发集团有限公司、西安吉源地产集团开发有限公司等9户，长安酒厂、西安新飞档案设备厂、区自来水公司等5户年产值2000万元以上规模企业。境内有清凉寺、牛头寺、杨虎城将军陵园、汉宣帝陵、华严寺等旅游、文物景点，有长安一中、二中、三中3所省级标准化高中和西北政法大学、西安培华学院、西京学院、延安大学创新学院等10所驻区公、民办高等院校及在校师生近10万人，成为推动辖区经济与社会发展的智力资源和知识源泉；有部、省、市属重点科研机构多家，实力雄厚的中国航天六院、中国空间技术研究院504所、中国兵器工业集团第206研究所等科研机构，在航空航天和电子通讯领域居国内主导地位。2010年，韦曲街道成为西安市产、学、研一体化教育基地。利用地处城区，交通便利的区位优势，韦曲街道将产业发展方向定位于都市农业、房屋租赁业、服务业、贸易业、餐饮业5大板块。

2007～2010年韦曲街道主要经济指标统计表

单位：万元

年份	生产总值	农业总产值	工业产值	非公经济产值	招商引资	固定资产投资总额	社会消费品零售总额	财政收入	农民人均纯收入（元）
2007	146600	13000		139900	—	150300	175200	21441.895	4150
2008	153100	15800	58900	145900	61600	262900	225000	22732.448	5300
2009	210700	21700	116400	203500	28000	350000	269000	36528.589	6170
2010	249900	36000	116400	239900	35000	413000	357000	52728.607	7520

【人口与计划生育】 2007年，韦曲街道总人口167853人，出生率7.4‰，自然增长率5.2‰，计划生育率99%；性别比106∶100。2008年总人口168975人，出生率8.1‰，自然增长率5.8‰，计划生育率99%；性别比105∶100。2009年总人口168745人，出生率9.24‰，自然增长率5.9‰，计划生育率99.2%；性别比105∶100。2010年总人口168583人，出生率7.1‰，自然增长率3.9‰，计划生育率99.6%；性别比107∶100。

【新农村建设】 2007年，韦曲街道投资500余万元进行村级道路硬化建设，韩家湾、四府井、枣园、朱坡、旧寨子等村完成道路硬化任务，其余各村启动道路硬化工程；投资260万元建成贯通东塬5个村的高四路、朱焦路；投资300余万元，完成连接东塬6个村的枣新路建设。2010年，投资600多万元实现上塔坡、南伍、皇子坡、东韦等村道路硬化并通过验收。2007～2010年，韦曲街道约投入500万元，在局连、栲栳、韩家湾、首村、皇子坡、东四府、大府井、西崔家庄、新和、西北、徐家湾、新寨子、旧寨子、幸驾坡等村实施人畜饮水工程，解决13936人饮水问题。2007年，水磨村通过新农村建设验收；2008年，南里王、蒋家村、崔家营、水寨、东兆余5个村通过新农村建设验收；2009年申店、侯家湾，2010年双竹、首堡通过新农村建设验收。

【村级组织活动场所建设】 2010年，韦曲街道8个村列入长安区第二轮村级组织活动场所建设规划。其中，省计划建设村2个（徐家寨、东四府）、区自建村6个（鲁家湾、幸驾坡、双竹、申店、局连、新和），通过招标方式由有资质的单位承建。街、村共同筹集资金878万元，分别建成8个村村级组织活动场所总面积4490平方米。其中，鲁家湾村210平方米、东四府村270平方米、徐家寨500平方米、幸驾坡村240平方米、双竹村1500平方米、申店村2300平方米、局连村300平方米并全部投入使用。

【驻地规模以上工商企业】

西安吉源房地产集团开发有限公司 是地处韦曲街道9个资质以上建筑企业之一，注册资金6000万元，流动资金3800万元，总资产1亿元以上，经营范围涉及房地产开发经营、建筑、建材、装饰装修、物业管理、游乐、会议接待等。年开发建设面积15万平方米以上，年产值1亿元，工程合格率100%，优良率85%，先后被省、市、区政府评为“文明单位”、“明星企业”、“先进单位”、“守合同、重信用”企业等，并通过ISO9001质量体系认证。

长安酒厂 是全区国有三大支柱企业之一，占地4.33公顷，固定资产3200万元，年产优质白酒1500吨。长安酒厂继承古长安传统酿酒技艺并结合现代酿造技术，用“凤栖泉”优质水源酿制的浓香型“长安老窖”、“十三帝王”等25个产品，荣获省、市“优质产品奖”“世纪明星酒”称号，在历届中国食品博览会上获得铜奖、银奖和金奖。

西安市新飞档案设备厂 1998年创建，注册资金1500万元，占地面积19200平方米，主要产品为图书馆设备、办公文件柜、移动密集架、工位器具、仓储货架等9大类百余个品种，可承接各式非标钣金类产品设计制作。经多年发展，拥有8条独立生产线，各类设备60余台及自动化喷塑流水线2套。该厂是陕西省“守合同、重信用”企业，陕西省经济明星企业，西安市管理先进企业和国家图书用品设备质检中心质量监督定点厂、中国图书馆学会会员单位，陕西省家具协会理事单位。新飞产品是西安市质量先进产品，企业商标被认定为西安市著名商标，新飞生产体系通过ISO9001—2000质量管理体系和ISO14001：2004环境管理体系双认证。西安市新飞档案设备厂是国家技术标准中密集架和书架国家标准参与制定单位，2010年销售收入约4000万元。

【重点项目建设】 2007年，陕西太浩公司、西安地勘院、航天504所201工程等重点建设项目完成投资1.67亿元，占计划投资的115%；西区商贸街开工楼位33家；上塔坡综合市场建设竣工。2008年，正源网络商务中心完成投资6730万元，占计划投资的104%；悦明园2号住宅楼完成投资5200万元，占计划投资的116%；吉源美郡1号住宅楼完成投资6500万元，为计划投资的108%；樊川湖生态都市花园项目的土地规划许可证和土地设计手续办理结束。2009年，宇恒国际计划投资6000万元，完成15层主体楼建设，实际完成投资1.1亿元，为计划投资的183%，主体楼封顶；金堆城小区综合楼计划投资2000万元，完成主体楼封顶，实际完成投资3000万元，为计划投资的150%，完成主体封顶和部分装修；太阳水岸新城计划投资1.2亿元，完成2栋高层各建主体15层，实际完成投资1.8亿元，为计划投资的150%，已完成26层封顶；西部大道两侧开发建设计划完成项目规划、设计、论证和项目产业布局规划，实际完成106.7公顷土地新一轮利用总体规划、项目规划论证以及部分项目产业布局规划；丽景家园计划投资4000万元，实际完成投资5600万元，为计划投资的140%，完成主体楼15层建设；樊川湖生态都市花园完成区以内规划、土地设计手续办理工作。2010年，泰华、顶秀风尚住宅楼完成投资7300万元，为年度计划的146%；君悦花园商住楼完成投资7600万元，为年度计划的152%；樊川湖生态都市花园完成工地相关手续工作；完成地铁拆迁1.2公顷，赔付资金2063万元；完成七院、八院征地23.43公顷，赔付资金2390.2万元，并完成清凉山城市公园征地72公顷。

【支援西部大道建设】 西部大道建设是2008年区委、区政府重点工程。韦曲街道西部大道建设涉及的4个村用地20余公

西部大道拆迁动员会

项，拆除规划内企业49家，拆除民房103户，面积近4万平方米。拆迁赔偿做到公正、公开、透明、合法，未出现一例上访事件。2008年9月，西部大道竣工通车。

【劳动与社会保障】 2007年，韦曲街道落实各项社会保障政策，50689人参加农村合作医疗，参保率93%；为5973人办理城镇低保、3582人办理农村低保，发放低保金额966万元，为15个村2000多名失地农民发放生活补助金124万元，完成社会保障各项指标任务；为328户救济对象发放救济款59万元；组织社会各界募捐资金16万元，争取上级配套款7万元，为70户住房困难群众实施"广厦工程"；全年培训劳动力4000人，劳务输出和就地流转6100人，城镇新增就业岗位2100个；街道和村承担帮扶任务192项，帮扶内容包括为失地农民解决就业门路，对多种经营户进行技术指导，为困难群众解决住房、子女上学、生活救济等问题。2008年，办理城镇居民医疗保险49563人；办理城镇低保2400户6000人，农村低保901户2638人，为2700户失地农民发放生活补贴1200万元；慰问困难家庭214户，为322户贫困家庭发放补助36800元；举办招聘活动3次，登记求职人数2600人，进行就业指导1600人次，走访就业援助对象427户，开发岗位1300个，安置下岗人员623人，办理优惠证2600人，为75名下岗失业人员提供小额贷款担保110万，公益性安置18人；培训失业人员2481人，农民工技能培训2100人，转移剩余劳动力6000人，实现劳务收入800万元。2009年，城镇居民医疗保险参保人数48000人，农村合作医疗参合率98%；实施助残、养老工程，扩大社会求助覆盖面，发放各类社会求助资金1550万，为5321户22000人提供基本生活保障，将860户纳入农村低保范围；发放粮食补助218万元，为2400户群众以及购买的156辆汽车发放家电补贴6.5万，汽车补贴111万；实施农村安居工程，投入96万元为55户困难群众建新房；投资10万元建立全区首家就业服务中心，发布就业信息6000余条，完善就业帮扶和就业援助制度，开展技能培训和就业培训75期，培训6000人次，转移输出劳动力4400人次，新增就业岗位1320个，开发公益性岗位348个，发放小额贷款约1200万元，为9876名参合农民报销医疗费用698万元；建设46个标准化村卫生室，畅通区、街、村三级卫生服务网络。2010年，培训劳动力4800人次，实现劳动力转移4900人；新增就业3146人。下岗再就业1300人，87749人纳入低保范围，城镇居民参保40000人，新农保参保30000人，廉租房补贴727人，大病救助115人。

【流动人口管理】 韦曲街道计生办成立流动人口管理小组，将流动人口管理情况同计划生育目标责任制考核挂钩。各村、居委会与流动人口零距离接触，对辖区住户上门服务；对外来务工人员逐人登记、建档、拍照、发证，发函到户籍所在地核对。为流动人员建立档案，微机管理，提交信息平台，反馈所需信息；各村、居委会要求出租户主办理私房出租许可证，签订治安责任状，实行"谁出租、谁管理；谁经营、谁负责；谁用工、谁担保"，杜绝外来人员以租赁房屋为据点进行违法犯罪活动。2008年，辖区流入人口9131人，流出人口547人，提交流入信息131人、流出信息反馈97人。定期对各村及居委会流动人口进行免费"三查"（查病、查孕、查环）。其中，对流入人口"三查"1307人次，流出人口"三查"265人次；为323名流出人口办理婚育证，定期邮寄"三查"证明26人次，返乡"三查"78人次。指导流动人口中已婚育龄妇女选择避孕节育措施，提供随访服务，开展人口计划生育宣传。2009年，辖区流动人口8055人，流入人口7873人，流出人口182人，流入育龄妇女2964人，已婚育龄妇女1584人。查验流入人口婚育证明，为流动人口办理婚育证明，办证率100%；与外来务工育龄妇女签订计划生育合同，做到村不漏户，户不漏人；联合计生、公安、综治等部门采取"滚动式"流动人口清查整治，全年清查4次。2010年，街道有流动人口8069人。其中流入人口7887人，流出人口182人；育龄妇女3046人，流入2964人，流出82人；已婚育龄妇女1621人，流入1584人，流出37人；婚育证查验1504人次，重点对象"三查"561人次。以流动人口属地化管理为重点，街道党工委、办事处每年与村、社区、驻街单位签订《人口与计划生育综合治理目标管理责任书》，2010年签订72份，对流动人口与常住人口实行"同宣传、同管理、同服务、同考核"管理机制，专人负责日常管理工作。全年组织人员上街宣传6次，发放避孕节育等宣传资料3万余份；在长安广场进行生殖健康咨询活动，发放避孕药具13箱。举办主题为"关爱关怀流动人口""流动人口均等化服务"等大型宣传活动，与相关企业签订计划生育合同书23份。各村、社区成立流动人员管理机构，有专兼职管理服务人员286人。

【创建国家卫生城市迎接国家测评】 2008年，全区创卫迎"国考"区域大部位于韦曲辖区。韦曲街道全力以赴，制定完善创卫活动规章70余个，整理城中村、社区和非重点环境整治村创卫资料2600余份；组织4支120人的队伍，出动工作人员1320人次、车辆290车次，集中整治上塔坡市场、东西韦占道经营，何家营、杜陵马路市场；宣传创卫政策，发放资料4000余份；邀请专家举办创卫知识讲座4次。街道工作人员坚守岗位，在10个城中村、180个街巷清扫路面、洗刷墙体、运送垃圾，保证"国考"顺利验收。

【创建国家文明城市】 2009年，韦曲街道成立创建全国文明城市领导小组，制订创建国家卫生城市实施方案，开动46台广播，宣传创建国家文明城市意义，布置黑板报183期，制作宣传栏200多块、文化墙650余块，悬挂条幅230余幅，制发《市民公约》1万余册、《市民行为规范》1万余册、问卷调查表格1万份、文明公约宣传牌43块，发放公益宣传画5000张，印发《推进乡风文明建设和谐家园倡议书》33万份。在创建活动中，评出5个文明新村、32个和谐农家、38个好媳妇、38个好婆婆、32个好孝子。组建业余文艺团队87支，打造何家营村少儿鼓乐队和爷爷奶奶秧歌队及广场社区常乐艺术团，奖励补助16支基层优秀业余文艺团体；构建文明和谐社区，成立社区联席会组织机构，制定社区联席会章程和议事程序，制订《韦曲街道居民小区文明养犬公约》、《文明养犬协议》。开展移风易俗，倡导“厚养薄葬、文明祭奠、丧事从简”文明风尚。2010年，街道悬挂横幅标语390余条，制作宣传栏400余块，设置文化墙850余块，印发《市民公约》等2.6万册；投资5万元为市民学校配置电脑，配备兼职教师9人，在幸驾坡、东兆余、广场社区举办劳务培训、蔬菜种植、科普宣传讲座78期；实施“阳光工程”，举办越野赛、纳凉晚会、篮球赛310余次，辖区成立锣鼓队52个，老年舞蹈队24个，老年协会16个，秧歌队55个；组建54个基层调解委员会，选聘160名社区居民和农村村民担任调解委员，调解矛盾纠纷163件；街村开展互联共建活动，各党支部帮扶党员、群众271名，解决群众宅基地、子女上学困难140多起，为西南旱灾区、玉树灾区捐款26万元；投资220万元，为65户困难群众实施安居工程；开展“迎世园、讲文明、树新风”教育实践活动，编印《创建全国文明城市宣传提纲》3万余份，宣传交通“三文明”，倡导“关爱生命，文明出行”，在主要路段设立文明监督岗，纠正劝导不文明交通行为；成立志愿者队伍18支，出动志愿者2000余人次，举行环保宣传活动13次；在“双十乱”整治工作中，以26个城中村为主线，以10个社区为重心，成立56个工作小组，悬挂标语420余条，制作板报44块，出动宣传车辆1100车次，发放《环境卫生整治倡议书》3500余份，取缔摊点125处，拆除门头牌匾154块，纠正出店经营130余家；投资45万元，更换西长安街韦曲段门头牌匾170余块，清运垃圾210余吨，粉刷墙壁4500多平方米，购买垃圾桶、垃圾车840余件，完善《建房材料堆放》、《卫生保洁制度》等规章制度9个；增加专职保洁人员34人，改善人居环境，提升城市形象。

【抗震救灾】 2008年“5·12”汶川地震发生后，街道成立以党工委书记、办事处主任为组长的抗震救灾工作领导小组，设立抗震救灾宣传站，散发抗震救灾宣传资料6万册；深入村、组、社区、学校、居民住宅小区及广场等人口密集区，排除险情36处，登记受灾户87户；连续50昼夜在樊家什字、长安广场维护秩序，为群众提供服务；向灾区捐款、交纳特殊党费698185.5元，捐物4231件；向街道辖区23户受灾群众拨付资金42万元修建房屋。

【韦曲商贸建材街投入使用】 新韦郭路建成后，韦曲街道规划、整合、升级、改造老韦郭路韦曲段，重修氮肥厂至504研究所间1.1公里城市道路，铺设地下水电管网，2009年9月建成韦曲商贸建材街并投入使用。建材街入住商户120余户，经营范围涉及五金、水暖、线材及家装材料，总投资1亿元，营业面积5万平方米，年销售额2亿元，上缴利税1500万元，每年可安排1000人就业。

【鲁家湾村龙须菜种植专业合作社】 鲁家湾村龙须菜种植专业合作社成立于2006年，由合作社法人代表邓建超和5户种植户组成，种植面积约3.3公顷，是长安区龙须菜种植专业合作社，种植技术已申请国家专利。合作社有2眼灌溉井，5个种植大棚，每个占地约0.13公顷。产品采用签订供销合同、以销定产的订单式经营，规避经营风险。

【重建清凉寺】 清凉寺位于韦曲街道上塔坡村北凤栖塬畔，隋朝始建，唐朝时为华严宗四祖清凉国师弘化的重要道场，曾名真寂寺、崇福寺，后毁于兵火；明嘉靖28年（公元1549年）重修。清凉寺距今1400余年历史，土地面积5.3公顷。1971年寺庙被毁，余南北两排僧房20间。1997年，清凉寺被批准为宗教活动场所。20世纪40年代，台湾前国民党主席连战祖母沈太夫人从上海至西安，在清凉寺附近居住，去世后葬清凉寺南侧。2005年5月，连战一行访问大陆，并祭拜祖母。2008年，韦曲街道办事处提出修复清凉寺的规划申请，根据规划，修复清凉寺约5.3公顷，建筑面积30000余平方米，分为寺院礼佛区、僧众活动区、居士活动区、佛学院和闭关院5个区域，建筑风格为仿唐式，1期建筑大雄宝殿面积1096平方米。2010年11月，清凉寺举行大雄宝殿落成暨佛像开光祈福法会，海峡两岸高僧和信众数千人共襄殊胜，台湾星云法师托弟子寄言勉励僧众精进修学，慈悲济世。

【行政村、居委会名】 东韦村、西韦村、皇子坡村、西寨村、上塔坡村、东崔家庄、西崔家庄、侯家湾村、下塔坡村、北里王村、南里王村、夏殿村、枣园村、简王井村、高望堆村、西兆余村、蕉村、崔家营村、鲁家湾村、幸驾坡村、水磨村、申店村、何家营村、瓜洲村、水寨村、徐家寨村、蒋家村、张家村、首村、首堡村、东兆余村、韩家湾村、西北村、大府井村、南伍村、羊村、旧寨子村、新寨子村、四府井村、新和村、栲栳村、双竹村、西四府村、东四府村、局连村、朱坡村，凤栖社区居委会、新华街社区居委会、友谊街社区居委会、东街社区居委会、青年街社区居委会、教师小区社区居委会、长乐小区社区居委会、广场社区居委会、表厂社区居委会、航天社区居委会。

（赵　敏）

郭杜街道

办事处地址： 郭杜东街45号

邮政编码： 710118

【概况】 郭杜街道地处长安区中部，东连韦曲街道，南接兴隆街道，西与细柳街道毗邻，北邻西安高新技术产业开发区；子午大道、西部大道、西沣公路、西户公路贯通全境，与环山公路、绕城高速及西安三环路相接。潏河、滈河穿境而过。辖41个行政村，186个村民小组，1个居民委员会，总户数18012户，总人口66998人。其中，农业15487户，农业人口61993人。区域面积57.48平方公里，耕地面积2880公顷。其中，林业面积570.6万平方米，潏河、滈河流域面积9公里。有高等院校8所和景点香积寺，有企业357户、个体工商户4689户，主要作物有小麦、玉米。

【香积寺成旅游新亮点】 香积寺坐落于

郭杜街道2007～2010年主要经济指标统计表

单位：万元

年份	生产总值	农业总产值	工业产值	非公经济产值	招商引资	固定资产投资总额	社会消费品零售总额	财政收入	农民人均纯收入（元）
2007	225612	31896	76510	193716	260000	270000	63162	13401	4918
2008	251396	32500	81000	218896	119340	241000	83000	24125	5360
2009	289339	39583	92975	249756	352000	480000	117245	26735	5896
2010	327650	41840	107922	285810	177000	440000	151505	51700	7334

郭杜街道神禾塬畔潏河之滨，始建于唐中宗李显神龙二年（公元706年），寺名来源于佛经“天竺有众香之国，佛名香积”，是佛教净土宗众门徒为安葬和祭拜其第二代祖师善导和尚修建的佛教净土宗祖庭。近年来，郭杜街道办事处对寺院多次整修改造。每年春节期间，该寺院游人如织，香火旺盛，7天接待游客上万人次，成为长安佛教资源的新境地和旅游新亮点。

【联合国官员来郭杜考察改厕工作】 2006年8月，郭杜街道五四村对全村342户农户厕所实施无公害化改造，改变村民生活卫生习惯。2007年4月，联合国儿童基金会驻中国办事处高级项目官苏汉斯先生一行，到长安区改厕示范村——郭杜街道五四村考察，实地查看了3户农家厕所。

【“郭杜杯”千人围棋大赛】 2007年5月，以“人文奥运、魅力郭杜”为主题的“迎奥运、长安郭杜杯千人围棋大赛开幕庆典”在郭杜街道樱花广场举行。大赛由区政府主办，西安郭杜教育科技产业开发区和西安棋院承办，邀请全市8家棋院528名小学生棋手参加比赛。棋圣聂卫平九段，中国西安棋院院长，原长安区区委常委、副区长、西安郭杜教育科技产业开发区管委会主任陈选良等领导及各界人士1000多人莅临庆典，参与比赛。

【创建西安海伦国际幼儿园】 西安海伦国际幼儿园位于西安郭杜教育科技产业开发区同辉路，总投资4000多万元，占地面积13500平方米，建筑面积19600平方米，设置30个教学活动室、两个多功能大厅，电子办公设施齐全，可容纳1600名幼儿，是一所国际化幼儿园。

【率先启动全市党史宣传教育进农村活动】 2007年6月，郭杜街道党工委在五四村启动全市党史宣传教育进农村活动。市委党史研究室赠送《中国共产党西安历史》、《光辉的历程》、《光辉的楷模》等书籍上百本，向党员讲解辛亥革命到第一次国内革命战争时期，西安地下党组织领导西安地区人民开展工农运动的革命历程，教育党员牢记党的宗旨，增强党性观念，进一步发挥党员带头作用。

【市农运会郭杜选手勇夺3金】 2007年8月，在西安市第五届农民运动会上，陕西省红拳研究会副秘书长、西安市武术协会委员、郭杜武术协会印武堂堂主、郭杜街道赤兰桥村党支部书记王保印，凭借世传武术和娴熟技艺，夺得“阎良信合杯”西安市第五届农民运动会武术男子传统拳术（四类）一等奖，同时获武术男子传统器械（二类）项目一等奖；代表长安区参赛的郭杜选手蔺羊娃获武术男子传统拳术（三类）一等奖。郭杜选手代表长安区在全市第五届农运会上勇夺金牌3块。

【奖励大学新生和优秀教师】 2007年8月，郭杜街道办出资13万元，组织辖区内130名被国家统招的二本以上大学新生参观郭杜开发区建设成就、合影“全家福”并进行表彰奖励：每人发旅行箱一个，奖学金1000元；对计划生育双女户及独生子女户大学生每人奖励1500元。5年来累计奖励大学生545人，发放奖学金70.9万元。2010年9月，郭杜街道召开“庆祝教师节暨表彰大会”，对辖区26所中小学的51名教师进行表彰奖励，并出台《郭杜街道教育教学工作奖励办法》。

【孙清云在五四村宣讲十七大精神】 郭杜街道五四村是西安市社会主义新农村建设示范村。2007年10月，中共陕西省委常委、西安市委书记孙清云到五四村宣讲党的十七大精神，重点解读村民们关心的“三农”问题。并强调，各级党组织要认真组织党员干部和群众深入学习党的十七大精神，帮助党员群众掌握十七大基本内容，使学习教育覆盖各个社会群体。

【表彰文明卫生示范户】 2007年12月，郭杜街道召开健康教育示范户、卫生模范户表彰大会，表彰文明卫生示范户22户。邓店北村被西安市卫生局命名为“健康教育示范村”，卢建志、郭巧凤被西安市卫生局命名为“健康教育示范户”。同时，街办授予张永本等10户为健康教育示范户，郑安平等10户为卫生模范户。

【五四村荣获“全国绿色小康村”】 2008年3月，郭杜街道五四村被全国“创绿色家园、建富裕新村”行动工作领导小组授予“全国绿色小康村”称号；孙印地等6户村民被授予“全国绿色小康户”称号。区人大副主任温德厚、区政协副主席王百忍向该村村委会及6户获奖村民颁发奖牌和荣誉证书。

郭杜街道2008年度教育教学工作表彰暨大学生奖励大会

【“检务宣传乡村行”活动】 2008年5月，长安区“检务宣传乡村行”活动在郭杜街道香积寺村启动，区检察院向香积寺村赠送学习资料，市检察院反贪局领导对41个村的党支部书记和村委会主任进行预防职务犯罪知识培训。区检察院在全区各乡镇举办村级干部预防职务犯罪培训50期，教育村干部自觉依法行政、廉洁行政。

【发展中国家城镇政府管理研修班官员到郭杜考察】 2008年5月，由国家发改委小城镇发展改革中心副主任魏唯和市外事办副主任李德文，长安区委常委、常务副区长钱虎威及区发改委主任成省民陪同，来自巴基斯坦等23个国家政府官员组成的“发展中国家城镇政府管理研修班”学员一行45人，到郭杜考察学习小城镇建设经验。郭杜街道党工委书记、西安郭杜教育科技产业开发区管委会副主任介绍小城镇发展改革试点基本情况，现场回答外国友人关于小城镇建设资金来源、农民收入、招商引资、政府监管等问题，邀请外宾参观陕西法士特汽车齿轮制造公司、西北大学和西安外国语大学长安校区。

【台商吴荣华捐资助学】 2001年，台湾爱国商人、清华大学客座教授吴荣华先生捐资20万元，为杜永村达兴小学修建两层综合教学楼一栋。2008年10月，吴荣华回到达兴小学，受到原省教委主任、国家督学、现省高教学会会长刘炳琦，省台办副主任赵有奇，区教育局和郭杜街办领导及杜永村群众的欢迎。在捐资助学揭牌暨捐赠奖学金仪式上，吴荣华先生捐款3万元，帮助杜永村达兴小学设立奖学金。

【中央综治委领导检查郭杜工作】 2008年11月，中央综治委综治工作检查组来长安检查矛盾纠纷排查调处工作，检查验收组组长、中国青少年犯罪研究会秘书长操学诚，中央综治委特邀巡视员陈国政，国务院国资委机关安全委员会办公室主任张忠凯，中央综治办协调室处长丁后盾等查看郭杜街道信访接待室、综合治理办公室和矛盾纠纷调处中心，对郭杜街道维护区域稳定、促进经济发展的经验给予肯定。

【公开招聘村级计生专干】 2009年3月，郭杜街道首次公开为各村、居委会招聘计划生育专干，并在街道中心学校举行招聘考试，合格者报区计生局登记备案，街道办颁发聘书，建立管理档案。规定应聘人员接受培训后正式上岗，任期三年，工资由街道计生办发放，月工资40～60元。对工作出现严重失误的，街办有权解聘。

【韩国客商考察郭杜投资环境】 2009年4月，韩国未来环境能源集团等企业考察团一行11人到郭杜考察投资环境。郭杜街道办事处、西安郭杜教育科技产业开发区领导介绍了本辖区的基础建设、资源优势、建设规模、发展前景情况，韩国客商希望郭杜能够对他们在发展上给予扶持，在项目上给予倾斜，达到互利互惠，促进双方共同合作发展。此次由韩国（株）未来环境能源公司代表尹大焕、理事李炳学，中央劳动经济研究院理事薛镇泳、院长薛勇洙，世宗大学博士李花等人组团到郭杜考察的主要目的，是拟在长安区潏河以南区域建设一个在东南亚范围内规模最大的综合娱乐项目。

【华商传媒基地签约郭杜】 2009年5月，华商传媒基地签约仪式在郭杜开发区管委会举行。华商传媒产业基地项目规划占地23公顷，建筑面积20万平方米，总投资7.5亿元，为华商传媒集团及其所属各单位提供办公基地。

【组团参加CCTV“爱国歌曲大家唱”】 2009年7月，中央电视台著名栏目《激情广场》在西安大雁塔北广场举行“爱国歌曲大家唱”群众文艺活动。由中共长安区委宣传部、郭杜街道办事处、西安郭杜教育科技产业开发区联合组成的440人长安组团方阵，与全市5600名市民一起，搭建了CCTV“激情广场大家唱”西安篇的恢宏场面。

【周家庄无公害鸡蛋通过省级认证并注册商标】 2009年7月，陕西省畜牧技术推广总站、省无公害畜产品认证分中心、西安市农检中心在郭杜街道举行“长安区无公害蛋鸡养殖基地证书发放仪式”，向周家庄村6户蛋鸡养殖户和五星乡1家虫仔鸡养殖公司颁发《无公害农产品产地认定证书》。同年11月，周家庄村潏河养殖专业合作社7户养殖户申报的“周家庄”无公害鸡蛋商标成功注册。

【组队参加全国小城镇篮球赛】 2009年12月，“华锋杯”第一届全国小城镇篮球邀请赛在广东省中山市小榄镇体育馆举行，郭杜开发区管委会领导率队代表陕西省应邀参赛。这次邀请赛，有国家发改委城市和小城镇改革发展中心队、陕西省西安市郭杜街道队、广东省中山市小榄镇队等12支代表队144名运动员参加，郭杜街道队获得比赛第六名。

【爱心捐款】 2010年4月，郭杜街道办组织机关干部，为西南旱灾地区捐款17332元；全街道党员干部群众及驻地企业捐献爱心款36693元。青海玉树地震后，开展“情系玉树、奉献爱心”活动，全街道捐款273584.20元。

【郭杜街道第一次妇女代表大会召开】 2010年6月，郭杜街道第一次妇女代表大会召开。会议听取并审议街道妇女联合会上届执委会工作报告，确定今后5年街道妇联工作目标和主要任务；通过投票选举产生街道妇联新一届领导班子，付彩玲当选街道妇女联合会执行委员会主席，骆乐当选副主席。

【郭杜街道总工会成立】 2010年6月，郭杜街道总工会召开成立大会。会议听取《郭杜街道总工会筹备工作报告》，审议并通过《工会工作报告》、《工会财务和经费审查报告》、《街道总工会第一次会员代表大会选举办法》（草案）；确定今后5年街道总工会工作目标和主要任务，选举产生街道总工会委员会、经费审查委员会组成人员，提名并通过总工会女职工委员会组成人员。通过无记名投票，选举孟航海为郭杜街道总工会首届主席，张永峰为副主席。

【60岁以上农村老人领到养老金】 2010年6月，郭杜街办在河池寨村举行新型农村养老金发放大会，183名60岁以上老人第一次领到每月80元的基础养老金。郭杜街道41个村5634名60岁以上农村老人全部领到每月80元的基础养老金。全街道发放

农村养老金45.072万元，实现农村养老社会化。

【启动改厕工程】 2010年3月，长安区创卫办、郭杜街道办在南小张村召开“农村无公害化卫生厕所改造启动仪式暨现场培训会”，全区计划完成1500户改厕工程，郭杜街道任务为750户。在启动仪式上，区创卫办、郭杜街道领导分别向试点村南小张、赤兰桥、前锋村党支部书记、村委会主任和村技术员讲解改厕工作的目的和意义，并由供货方技术员表态：及时供货到位，为实施改厕的群众提供科学的技术指导。在供货方技术员指导下，与会人员集中到该村一户村民家中，现场观摩学习“双瓮式无害化卫生厕所”建造技术，启动郭杜全街道改厕工作。

【表彰村级标准化卫生室】 2010年7月，郭杜街道召开“标准化卫生室建设总结表彰会”，表彰东祝等10个先进村和邓北等10个先进卫生室。年内，全街道承担村级卫生室建设任务41个，建成甲级卫生室33个、合格卫生室6个，完成村级标准化卫生室建设任务。根据“一事一议财政奖补政策”，对村级卫生室标准化建设中新建面积80平方米以上的补助1.5万元，改建面积80平方米以上的补助0.8万元，改建面积80平方米以下的补助0.5万元。全街道村级卫生室建设共享受上级奖补资金35.7万元。

【南洋迪克公司生产基地开工建设】 2010年10月，陕西南洋迪克家具制造公司生产基地开工典礼在郭杜开发区举行。区委常委、常务副区长钱虎威，著名表演艺术家唐国强，区招商局、环保局、郭杜开发区、陕西省家具协会领导出席。基地项目总投资3亿元，建筑总面积6.3万平方米，建设周期3年，将建成两条实木家具生产线，安装生产设备50台套以及员工食堂、宿舍等，建成后年生产总值4亿元可实现税收1000万元，转移劳动力1200人。

【重点项目建设】 2010年9月，位于郭杜街道的盛世长安三期项目开工。盛世长安位于西高新区紫薇田园都市南侧，总投资15亿元，项目占地16.3公顷，总建筑面积约43万平方米。一期开发10万平方米已交房；二期开发11万平方米主体结构即将封顶，已售60%；三期郎郡总建筑面积17万平方米，投资6亿元，将建成14幢18层板式高层。同时开工的还有：总投资6亿元、总建筑面积12万平方米、主要建设8栋高层住宅楼的雅居乐花园二期工程；总投资6亿元、总建筑面积7万平方米，主要建设3栋27层和1栋11层商品住宅楼及相关配套设施的早安林庄二期工程；总投资6亿元、总建筑面积15万平方米，主要建设7栋26层和1栋10层商品住宅楼的金宇蓝苑工程3个项目。

【全省首家社区矫正工作站挂牌】 2010年5月，全省首家社区矫正工作站在郭杜挂牌成立。社区矫正是与监禁矫正相对应的行刑方式，是将符合社区矫正条件的罪犯置于社区内，由专门的国家机关在社会团体、民间组织、社会志愿者的协助下，在判决、裁定或决定确定的期限内，矫正其犯罪心理和行为恶习，促进其顺利回归社会的非监禁刑罚执行活动。推行社区矫正工作，是把那些不需要、不适宜监禁或继续监禁的罪犯转到社区，利用社会力量有针对性地对其实施矫正，促进其顺利融入社会，最大限度地增加和谐因素，维护社会和谐稳定。

【撤销郭杜收费站】 西沣一级公路北起西安市太白南路南口，南至长安区沣峪口，全长17.3公里，是在原210国道基础上改建而成的西安连结陕南的主要通道之一。

二十世纪九十年代，路段沿线人口稠密，村镇较多，道路狭窄，混合交通现象严重。为改善西安市西南出入口交通状况，1997年，陕西省交通厅《关于西万公路太白路南口—沣峪口段工程可行性研究报告的批复》(陕交计[1997]299号）要求，由陕西省交通厅和西安市交通局共同组建公司筹措资金开发建设，将原西（安）万（县）三级公路改建为西（安）沣（峪口）一级公路。1999年，陕西省人民政府《关于合资建设经营西安市太白路口至沣峪口一级公路的批复》(陕政函[1999]96号）要求：由陕西交通资产物业有限公司与西安公路交通设施建设有限公司共同出资，组建西安西沣公路发展有限公司经营管理西沣公路。工程1997年完成设计，1998年4月开工，年末完成工程建设，1999年建成。1999年5月，省政府下发省交通厅《关于合资建设经营西安市太白路至沣浴口一级公路》批复，原则同意陕西交通资产物业有限公司与西安公路交通设施建设有限公司合资建设经营西安市太白路至沣峪口一级公路，并要求依照《公司法》规定组建公司；5月，成立西沣公路发展有限公司，利用银行贷款1.34亿元，建设西沣公路郭杜收费站，经营管理西沣公路；8月，开始通车收费，期限从1999年7月1日开始，到2019年7月30日结束，为期20年。

西沣公路郭杜收费站，位于西沣公路太白南路南口到沣峪口8公里处，由西沣公路发展有限公司负责经营，实行双向收费。费用按车辆吨位收取，标准为1元到25元不等，日均昼夜车流量9000辆。西沣公路建成通车，改善了西安市西南出入口交通状况，推动了秦岭北麓的旅游开发进程，为促进当地经济发展、资源开发和社会进步发挥作用，同时也促进长安区的城镇化进程。

郭杜收费站南北两边同属长安区，但状况截然不同。收费站以北高楼林立，项目开发如火如荼，融入西安大都市圈；收费站以南，仍为乡村景象。依据交通部1999年9号文件规定：收费还贷公路，其收费站（点）设置必须符合一级公路新建连续里程20千米以上或改建连续里程40千米以上的公路技术等级和规模；收费经营公路收费站（点）设置必须达到一级公路连续里程60千米以上的公路技术等级和规模。无论是以收费还贷公路的标准，还是以收费经营公路的标准，西沣一级公路都达不到设立收费站的标准。对此，社会各界人士在西安市人大十四届三次会议上提交议案，建议政府撤消郭杜收费站。2008年9月，就是否撤销郭杜收费站问题，市政府办公厅召集市交通局、财政局、审计局等部门召开专题会议。经会议讨论认为，站在全省、全市发展的角度来看，随着西安经济社会的快速发展，城市化进程逐年加快，西安高新区不断扩展，长安撤县设区后发展迅猛，秦岭北麓旅游业蓬勃兴起，特别是西安市政府公共财力的不断增长，西沣公路郭杜收费站已严重制约西安城市的南扩进程，影响高新区及长安、雁塔等区的经济发展和秦岭北麓旅游开发。故，市政府决定2008年9月28日撤销西沣公路郭杜收费站，将西沣公路划为市政路，移交高新区管理，由政府出资管理建设西沣公路，按照城市道路标准进行管理养护。西沣公路郭杜收费站从1999年8月4日起收费，至撤站前共计收费8年零10个月。

郭杜收费站撤销后，收费站以南地区的群众出行更加方便，投资商大批拥入，休闲旅游业得到长足发展，经济明显改观。

【泥塑艺人苗春生】 苗春生，男，汉族，1951年生，长安区郭杜街道周家庄北村人，从1975年开始钻研泥塑，没有专门的指导老师，没有系统的理论培训，全凭个人想象力和多年的经验积累形成自己的泥塑风格。苗春生把泥塑作为一种爱好自娱自乐，所用的观音土从黄陵取来，其特点为质感细腻。可塑性强，不会干裂；和泥时还需配上糯米汁、棉花等物，能使泥塑的保存时间更长。他的泥塑或专注地挑起筷子吃面，或叼着老烟袋凝神远思，或牵着小孙孙知足地看大戏，或敞开衣服大方地给怀里的婴儿喂奶……简单的构图，就把“面条似裤带”、“凳子不坐蹲起来”等关中风情表现得淋漓尽致。历经三十年的苦心琢磨与努力，苗春生现已颇有成就，他的代表作“七十二行”、“关中民俗风情系列”、“梁山好汉108将”、“秦镇”等长期在西安市文化旅游景点展出，他以栩栩如生的人物和活灵活现的物件，真实地再现上世纪50年代关中农村的生活场景，向人们展现了许多现在很少见甚至已经失传的行当。

他的作品“劁猪”，造形为五十多岁光头老汉身着对襟衣服灯笼裤，脚穿解放鞋，腰缠草绳，左手抓猪仔一后腿，只见小猪张开大嘴在挣扎，老者急忙用右手去抓猪仔的另一只腿，嘴里叼着一把明晃晃的剃刀，一条似乎是刚擦过血的红色毛巾随手搭在身边自行车的车把上，再现50年代农村“劁猪”行当人的生动形象！作品“补风箱”：一位大手大脚的大爷，旁边放着拆开的风箱，一只手按着风箱把，另一只手拿着一个篾片，正在鼓捣着鸡毛，嘴里叼着自己卷的粗旱烟棒，也许是旱烟有些呛人，眼睛几乎眯在了一起，正起劲儿地干着手上的活儿。还有手提胡琴、腿绑竹板的“卖唱”人，小碗里边的银元已经装得满满的，沧桑的唱腔，吸引着一旁的小孩伸长脖子目不转睛地看着这位白胡子老人。还有“修锅”、“补碗”、“箍桶”、“杀猪”、“捏面人”等。

他的“关中记忆”大型泥塑作品历时14个月完成，在西安市群众艺术馆展出；泥塑作品“水浒108将”在小雁塔、西安群众艺术馆展出；“关中民俗风情”系列泥塑作品有1300多个人物造形。其泥塑作品总量达2万多个，被誉为“立体的关中民俗教科书”。2010年，他代表陕西民间艺人在上海世博会上展示他的泥塑技艺，并到台湾开展文化艺术交流活动，曾被陕西电视台一套、二套、西安电视台一、二套，《中央电视台新闻三十分》、《西安日报》、《西安晚报》、《三秦都市报》、《陕西老年报》、《长安开发》等媒体多次报道；其泥塑作品曾在“陕西省人才杯”、“陕汽杯”、“陕西首届花鸟画展”及“邓小平诞辰100周年”等省内外书画展中获奖。

2007年，苗春生被评为“西安十大杰出民间艺人”、“陕西民间艺术一绝的泥塑状元”、“农民艺术大师”等称号，是陕西省第二届农民艺术节特等奖获得者。苗春生现为长安民间雕塑艺术研究院常务副院长，陕西省工艺美术大师，长安区书画协会副会长，陕西太白书画院副院长。他的泥塑作品“水浒108条好汉”、“关中记忆”、“赶集”等佳作，分别陈列于西安文博院、西安市非物质文化遗产保护名录展厅。

苗春生的泥塑作品《老腔》

【行政村、居委会名】 郭杜南村、郭杜北村、杜回村、张康村、大仁东村、大仁西村、小仁村、南小张村、北小张村、周家庄村、岔道口村、茅坡村、温国堡村、任家寨村、杜永村、香积寺村、大居安村、小居安村、甫张村、长里村、邓店南村、邓店北村、赤兰桥村、东第五桥村、西第五桥村、前锋村、五四村、羊塬坊村、高庙村、东祝村、中祝村、西祝村、南新村、西新村、东新村、河池寨村、李宅村、河池周家庄村、乳驾庄村、羊村、恭张村，郭杜城镇居民委员会。

（张永峰）

滦镇街道

办事处地址：滦镇东街39号

邮政编码：710111

【概况】 滦镇街道地处长安区西南部，西连五星乡、隔沣河与东大街道相望，东邻子午、黄良街道，北同兴隆街道以滈河为界，南与宁陕县接壤，是西安市规划建设中的十大卫星城镇之一；总面积244.63平方公里，其中山区面积200平方公里；210国道纵贯南北，107省道横穿东西，高（桥）鸭（池口）公路北起西沣公路沿东南方向直通终南山北麓、与环山公路107省道连接，构成环绕街道全境、四通八达的交通网。滦镇街道依山傍水，旅游资源丰富，有汉“上林苑”、唐太宗李世民避暑行宫“翠微宫”遗址及青华山、丰德寺、净业寺、观音山、西安秦岭野生动物园、西安沣峪庄园、广新园民族村、九龙潭等景点景区。街道有中央、省、市、区企事业单位65个，驻有西安人文经贸学院、西安体育学院沣峪校区、西北工业大学明德学院、陕西青年职业学院、西北大学现代学院等公、民办院校。2010年末，街道辖52个行政村、1个居委会，176个村民小组，总人口5.3万人，其中农业人口4.7万人，占总人口88.6%；耕地面积2067公顷，盛产桃、杏、核桃、柿子、葡萄等数十种特优果品。另外，街道内还有各类工商企业100余户。

【基础设施建设】 2007～2010年，滦镇街道投资4000万元，完成西留堡、东留堡、下滦、乔村等20个村的道路硬化和大

滦镇街道2007～2010年主要经济指标统计表

单位：万元

年份	生产总值	农业总产值	工业产值	非公经济产值	招商引资	固定资产投资总额	社会消费品零售总额	财政收入	农民人均纯收入（元）
2007	141372	16000	18387	106985	19403	64771	43343	1314	4536
2008	159120	18000	20227	120893	21344	99820	45000	1315	4698
2009	180864	21400	22855	136609	23478	117100	76718	1315	5820
2010	203331	24502	25827	153002	26530	130936	27080	1527	7414

门村移民搬迁一期工程，王家沟、关石村水电网改造和村内道路绿化工程；新打机井17眼，惠及15个村9552人。改厕80个，修建垃圾台90个，安装路灯360盏，建设群众文化广场10个5000平方米，村内绿化2000平方米。

【寄宿制学校】 滦镇街办动员社会各界多方筹资，于2010年2月建成寄宿制学校——滦镇街道中心小学；3月正式开学，接收撤并后原喂子坪、沣姚、陈村、新一、新二、小新、黄玉寺7个小学910余名师生入住。

【教育教学工作】 2007～2010年，滦镇街道中小学300余名教师教学成果获省市区大奖；教师在教育刊物发表论文270余篇；17名教师获国家级教学论文奖，中考成绩连续四年获全区十强，景民中学依次获全区一、二、五、五名，鸭池口中学依次获全区八、四、一、一名，泉子头中学依次获七、五、八、八名；中心学校被区教育局评为教学质量优异单位。

【招商引资】 2007～2010年，滦镇街道引进西安秦岭野生动物园、紫薇山庄、鹏豪大观园、鸿禧山庄、南山庭院、西北工业大学明德学院、西北大学现代学院等一批投资大、有影响力的项目。截至2010年底，引进25个项目。其中，投资3亿元的荣华山庄工程完成30%，投资3亿元的嘉祥地产工程完成20%。

【农家乐经营】 2007～2010年，区农业局、旅游局协助滦镇街道投资2000万元，实施上王村农家乐全面改造。改造后的上王村汲取清代建筑精华，保留中式宅院的恢弘典雅风格，融入关中农家生活，形成以上王村为中心，分布于内苑、乔村、陈村、沣峪口及沣河上游山区35公里范围内的大农家乐，从业人员4000余人，户均纯收入60000元，经营户人均年纯收入12000元。农家乐向体验农家生活为主的方向发展，新增爬山、耕种、采摘、垂钓、烧烤、剪纸、刺绣等趣味性项目，营造中国传统农耕社会“外有田园，内有书香”的田园生活，打造都市人返璞归真，体验农家休闲度假的理想场所。截至2010年底，全街道有农家乐经营户388户，占全区农家乐经营户总户数半数以上，年接待游客75万人次。

【上王村农家乐被列入国家农业服务标准化示范项目】 2007年，区旅游局、质监长安分局、滦镇街道等部门单位联合开展上王村农家乐服务标准化试点调研工作。根据上王村农家乐发展具有环境优、民风淳、起步早、政府重视、管理到位、发展态势良好等特点，遂将其列入长安区服务标准化重点项目。针对“农家乐”处在发展和亟待规范阶段的现状及存在问题，围绕功能定位，及时制订《农家乐开业基本条件》、《农家乐星级登记评价准则》两项标准，通过在上王村宣传贯彻收到良好效果。在省、市质量技术监督局的指导下，2008年，上王村农家乐被列入国家级“农业服务标准化示范项目”，为辖区乃至全国的农家乐探索了一条规范经营、彰显特色的新途径。

【杨家庄村通村公路破土动工】 2009年，滦镇街道将杨家庄村通村路建设列入为群众办实事的重点项目。先后召开杨家庄、党旗寨两村干部及数户村民土地调整协调会5次，在各方达成用地协议的基础上，10月12日区交通局投资15万元，街、村自筹20余万元，举行开工典礼，长1000米、宽4米的通村水泥路破土动工。

【省人口发展战略课题组调研】 2009年6月，陕西省人口发展战略课题组到滦镇街道社区调研计生户贫困问题。课题组分为5个组，采取入户问卷调查方式深入小区各贫困户家中询问其生活情况，宣传各项扶助政策，并与户主交流，探讨新形势下如何尽早摆脱贫困等问题。此次调研收回问卷200份，收集群众意见30余条。课题组对问卷和群众意见进行分类整理，为省委、省政府制定计生优抚政策提供依据。

【学习实践科学发展观活动民主生活会】 2009年12月，滦镇街道召开深入学习实践科学发展观活动民主生活会，区政协副主席王百忍、区第三指导小组组长杨茂长等参加会议。会上，滦镇街道党工委书记成谦做剖析性发言；其他领导干部结合各自工作实际，分别从思想、作风、工作、生活等方面做自我剖析。区领导及指导小组对滦镇街道前一阶段学习实践活动开展情况给予充分肯定，一致认为滦镇街道学习实践活动扎实认真、方法多样、不走过场、特色鲜明，希望在下一步工作中继续狠抓学习，解放思想，结合街道和村组实际，多做调研、多听取干部群众意见和建议，在实践上多下功夫、在解决群众关心的问题上下功夫、在加强基层组织建设上下功夫、在兴村富民上下功夫，使学习实践活动切实取得实效。

【葡萄产业】 2010年末，滦镇街道8个村

上王村西一街农家乐

种植葡萄267公顷，平均每公顷产量60000公斤，总产量1600万公斤，每公顷收入22.5万元，年总收入6007.5万元。品种有美人指、维多利亚、奥古斯特、白鸡心等30多个。

【60岁以上农村老人领到养老金】 2010年1月，滦镇街道60岁以上老人第一次领到每月80元基础养老金。全街道52个行政村共有60岁以上农村老人5843名。2010年底，发放养老金560.92万元。

【开展新农保宣传】 2010年3月16日，滦镇街道养老保险所开展新农保宣传活动，利用文艺汇演宣传相关政策，受到广大群众欢迎。文艺汇演在一曲“好日子”中拉开帷幕，整场汇演以喜闻乐见的相声、快板、小品等节目宣传新农保政策；区人力资源和社会保障局领导亲临现场，了解新农保政策落实情况，并为当地老人发放新农保宣传资料。

【80岁以上老人领到高龄保健补贴】 2010年10月，滦镇街道在辖区内摸排建档，对416位80岁以上老人（其中90岁以上49人）发放高龄保健补贴。按照80岁以上老人每人每月60元、90岁以上老人每人每月120元标准，截至年底，全街道累计发放高龄保健补贴83700元。

【村级组织活动场所建设】 2010年，滦镇街道党工委召开村组和包村干部专题动员会，要求各村两委会把村级组织活动场所建设作为当前主要工作行动起来，尽早尽快保质保量完成建设任务。制订《滦镇街道党工委关于第二轮村级组织活动场所建设资金补助实施方案》（滦发[2010]39号）下发各村。街道根据原材料和人工费上涨、村组地域区别等情况，按11月底封顶、12月底投入使用时限分三个等级追加补助（平原地区1万元/村、山区喂子坪以下1.5万元/村、喂子坪以上2万元/村）。动员会之后，在补助优惠措施鼓励下，参与第二轮村级组织活动场所建设的村组纷纷圈地、奠基，组织工程队施工。截至年底，全街道有3个活动场所建成投入使用，5个活动场所封顶，5个活动场所正在施工，12个活动场所开始划线开挖地基，其余各村也分别提交建设方案并积极协调用地事宜。12月底全街道有30多个村级活动场所建成并投入使用。

【举办第六次人口普查“两员”培训班】 2010年6月，滦镇街道举办第六次人口普查“两员”培训会，辖区72名指导员、176名普查员参加培训。会上，街道人口普查领导小组组长、办事处主任杨引信对第六次人口普查工作提出具体要求。此次培训邀请区统计局干部吕欣、赵昕讲课，采取举例讲解、体会交流及互问互答等形式，从摸底、抽样、登记、复查及普查表填报等方面作辅导。整个培训深入浅出，通俗易懂。参培人员认真听讲，仔细记录，部分普查员还就本普查小区存在的问题与区统计局干部进行讨论。第六次人口普查涉及滦镇52个行政村、1个社区、6所大专院校，普查对象超过7万人。

【滦镇街道第一届妇女代表大会】 2010年6月22日，滦镇街道召开第一次妇女代表大会，46名代表参加。会议通过投票选举，产生街道妇联第一届领导班子，王华、高导花、宗红侠、杨维、王娟当选第一届妇代会委员；王华当选街道妇女联合会执行委员会主席，高导花当选副主席。选举王华、高导花、宗红侠、杨维、王娟、门娟利、安英侠、李春云、郭蝴蝶、强惠娟、童彩云为长安区第一届妇代会代表。

【滦镇街道总工会成立】 2010年6月23日，滦镇街道召开总工会成立大会，会议听取滦镇街道总工会筹备工作报告，审议并通过工会工作报告、工会财务和经费审查报告、街道总工会第一次会员代表大会选举办法草案；确定今后五年街道总工会工作目标和主要任务；选举产生街道总工会委员会委员、经费审查委员会审查人员，提名并通过总工会女职工委员会组成人员；以无记名民主投票形式，选举卢巧侠为滦镇街道总工会首届主席，王利妹为专职副主席，贺群昌为兼职副主席。

【第四届葡萄采摘节】 2010年8月7日，滦镇街道在国泰山庄举办“第四届长安区滦镇葡萄采摘节”活动，邀请省、市农业、科技系统领导30余人，客商代表50余人，省、市主流媒体30余家。与会人员称“沣峪牌”葡萄口感好、甜味足，并通过媒体进行宣传报道。2007～2010年，滦镇街道连续举办葡萄节四届，使滦镇葡萄知名度不断提高。

【产业结构调整】 滦镇街道依据地形，从南至北逐步形成山区景点旅游、杂果林绿化带；沿山别墅、高校开发群和旅游接待、生态果林带；平原果蔬粮食种植、花卉苗木栽培、渔业养殖带三个结构层面。2009年，全街道在原有葡萄种植面积基础上新栽植新品种20公顷，品种改良20公顷，低架改高架20公顷。葡萄优良新品种有美人指、维多利亚、奥古斯特、奥迪利白鸡心等30多个。改造过的优良品种具备品质上乘、色泽鲜亮、果味醇美、果形多样等特点，每斤10元，与普通葡萄相比，其经济效益净增三倍以上。截至2010年底，种植猕猴桃133公顷、小果林1000公顷，同时开展水面养殖及水生菜种植等项目。

【老油坊】 位于滦镇街道沣峪口，是清光绪三十三年留学日本归来的齐益礼先生创建。其利用落差，以流水作动力，运用机械杠杆原理加工生产，省力省时，反映120年前关中地区榨油作坊的工艺水平且一直沿用至今，颇具规模，为国内罕见。其油梁、磨盘、木滑轮、水磨车、石山等古老生产设备，现为一种“活态”文物，属于物质文化遗产；传统手工榨油生产工艺则属于非物质文化遗产。2010年，陕西省文物局、旅游局和长安区政府组织专家考察论证老油坊，设想围绕旅游开发、活态展示等环节对老油坊实施保护。届时游人游览老油坊，在欣赏水流带动水磨转动、体验传统榨油工艺的同时，不知不觉中加深了对中国榨油发展史和民族工业创建史的认识。

【名胜古迹】 滦镇街道地理位置优越，依山傍水、风光秀丽、民风淳朴、胜迹遍布，自古就有“天下福地”之美誉。辖区名胜古迹繁多，有远近闻名的唐太宗李世民避暑行宫——翠微宫，有汉时修建的“上林苑”、我国佛教南山律宗祖庭丰德寺、唐代佛教律宗圣地净业寺以及卧佛寺、青华山、观音山、九鼎万华山、石羊关、大坝沟等多处名胜古迹，皆为旅游观光佳地。

【广新园民族村】 广新园民族村坐落于滦镇街道沣峪沟内，距西安城区48公里，是集餐饮、客房、游乐、民族歌舞观赏、民族风情鉴赏为一体的旅游度假村。这里山青水秀，景色宜人，有西双版纳傣族竹楼，摩梭人别具一格的寨楼，精彩的少数民族歌舞和民族餐饮，长盛不衰的泼水节，热闹非凡的篝火晚会，有趣诱人的民族风情活动，让人耳目一新，流连忘返。

【全国深化村务公开和民主管理“难点村”治理工作现场会】 2010年11月9日，全国深化村务公开和民主管理“难点村”治理工作现场会在西安召开。会议期间，与会人员到长安区滦镇街道上王村实地观摩村务公开、民主管理工作取得的成绩。中央书记处书记、中央纪委副书记何勇，全国各省、自治区、直辖市纪委领导，分管民政工作的领导参加观摩。中共陕西省委书记赵乐际，省委副书记、省长赵正永，省委常委、纪委书记郭永平，省委常委、西安市委书记孙清云，副省长姚引良，市委副书记王成文，副市长朱智生以及长安区委书记吕建，区委副书记、代区长杨建强等陪同。

【阳光雨露现代农业开发有限公司】 阳光雨露现代农业开发有限公司位于滦镇街道高鸭路西、环山路北，占地66.7公顷，总投资8000万元。2010年投资3000万元，栽植樱桃树3.3公顷，桃树3.3公顷，葡萄3.3公顷；育果树苗3.3公顷，阳光温室蔬菜、瓜果大棚15000平方米，种植各类蔬菜13.3公顷，预留自耕田3.3公顷；建成科研实验楼120平方米。基础设施初具规模，水、电、路三通一平。园区内修水泥路面10000平方米，砖铺道路5000平方米，钢构防护围栏2000米，排污管道1000米，铺设电缆线1300米，架设1000千伏变压器1台并投入使用；建成阳光温室蔬菜瓜果大棚6.7公顷、休闲娱乐广场5000平方米及能容纳300人的老年公寓。阳光雨露现代农业开发有限公司成为集种植、旅游、度假、观光、科研为一体的现代农业生态园。

【来信来访接待工作】 2010年，滦镇街道矛盾协调中心接待群众来信来访86件（次），化解各类矛盾纠纷47件，转交有关部门调解38件，办结率98%；街道领导下访452人次，下访接待群众457人次，当场解决矛盾纠纷43件，实行包案29件，落实责任单位19件，将矛盾纠纷解决在基层。

【行政村、居委会名】 鸭池口村、内苑村、乔村、花园村、乔良寨村、王里村、东王村、西王村、东石村、西石村、酒务头村、兴张村、施张村、白杨寨村、泉子头村、杨家庄村、党旗寨村、北八元村、南八元村、小新村、新一村、新二村、徐家巷村、下滦村、上滦村、红庙村、东留堡村、西留堡村、小留堡村、翁家寨村、官堰村、陈村、上王村、姚家滩村、沣峪口村、黄峪寺村、二道桥村、黎园坪村、石峡沟村、碌碡坪村、枣岭村、大门村、王家沟村、佘家湾村、喂子坪村、松花沟村、观坪寺村、北石槽村、关石村、青岗树村、鸡窝子村、大坪村，街道社区居民委员会。 （杨 勇）

东大街道

办事处地址： 东大街道八亩地

邮政编码： 710114

【概况】 东大街道位于长安区西南部，东邻滦镇街道，南依宁陕县，西与户县草堂镇接壤，北与五星乡相接，距西安城区32公里；107省道横贯东西，沣河、高冠河、太平河穿境而过。汇入沣河。辖区总面积138平方公里。其中，山地面积114平方公里，耕地总面积1173.6公顷。辖22个行政村、129个村民小组，1个居民委员会，2010年总户数8186户，总人口31187人，农业人口30764人。境内有西北工业大学、西安三资学院等大专院校；有中小企业162户。其中，非公企业146户，个体工商户1527户。农业主产玉米、小麦和水稻等粮食作物，经济作物有蔬菜、核桃、板栗、花卉苗木等，畜牧业以养殖猪、鸡、羊、鱼为主。境内有国家ＡＡＡ级旅游景区—祥峪森林公园，秦龙温泉度假区、休闲垂钓园区和农家乐接待区。2010年，街道社会生产总值99076万元，其中，农业总产值5684万元，非公经济总产值46949万元，地方财政收入1768万元，农民人均纯收入7351元。

【农业与农业经济】 2007～2010年，东大街道按照“调整产业，培育基地”发展思路，投入200余万元专项扶助资金，培育北强村虫草蛋鸡养殖、西大村绿色大米种植、落庄村特种养殖和反季节蔬菜种植、庆镇村设施蔬菜种植、新联村野猪养殖、郭村苗木花卉、祥峪沟村农家乐、郭北村葡萄种植、祥峪沟村山野菜加工10大生产基地，实现集约化经营。街道制订实施农业和农村经济发展奖励办法，鼓励扶

东大街道2007～2010年主要经济指标统计表

单位：万元

年份	社会生产总值	农业总产值	工业总产值	非公经济产值	招商引资	固定资产投资	社会消费品零售总额	财政收入	农民人均纯收入（元）
2007	—	4200	—	36400	95000	118800	39000	1021.40	3551
2008	45500	4800	21000	38900	53900	173300	49000	1317.40	4750
2009	56500	5500	22200	44600	32300	208500	52400	1583.70	5785
2010	99076	5684	18049	46949	224000	57100	23200	1768	7351

持现代农业园区、订单农业、农产品经纪人大户、农业专业协会建设，以先进经营模式和营销理念推动现代农业发展。北强村和祥峪沟村被评定为省级“一村一品”示范村。2010年，全街道新增葡萄种植面积73.3公顷，设施蔬菜6.7公顷。

【工业与工业经济】 2007～2010年，东大街道推行工业经济“一把手”工程，制定领导定点联系骨干企业制度，及时解决工业经济运行中的矛盾和问题，搭建服务平台，培植壮大规模企业。引导社会资源向优势企业、优质品牌和优秀企业家集聚，加强对重点骨干企业生产要素、人才引进等方面的组织协调，引导骨干企业争创行业领先。截至2010年，辖区工业企业66户，其中农副产品加工业27户。工业企业中，规模以上3户，规模以下63户。2010年，街道工业总产值18049万元，增加值6712万元，利润840万元，上缴税金901万元。

【生态旅游业】 生态旅游是东大街道优势产业，至“十一五”末，依托自然生态环境和交通网络，基本形成以生态旅游、休闲垂钓、温泉度假为特色的大祥峪旅游区框架，构成东大街道旅游业的“金三角”。2010年，启动大祥峪旅游区域合作机制，开发生态旅游、健康旅游、文化旅游等特色项目，发展周边“农家乐”休闲游，培育中高端旅游，增加旅游资源供给，推进旅游产品多样化、区域旅游一体化，促进旅游产业转型升级，推进祥峪森林公园和高冠瀑布景区资源整合和设施改造工程。改造祥峪森林公园观光线路和周边景观，完成景区环形步道建设200米，搭建空架桥100米、安全围栏500米，更换添置提示标牌201块，种植绿化苗木5000余棵，全年接待游客20万人，收入200万元。祥峪沟农家乐凉棚改造109户，墙体立面改造90户；全年接待游客20万人次，收入1200万元。环山路冠水园休闲垂钓园区全年接待游客26.3万人，收入1720万元。

【盘活温泉资源】 东大温泉上世纪八九十年代就聚集大量开发单位，但由于各自为政缺乏统一规划，温泉资源开发处于粗犷经营阶段，温泉的文化、休闲、养生、度假等众多功能难以充分发挥。2007～2010年，东大街道对温泉度假区资源进行摸底调查，重新规划定位，利用闲置资产，编制项目推介书面向国内外招商，引导地方企业找市场、上项目，自主开发利用闲置资产，形成二次开发热潮。2008年，改造机场疗养院等温泉企业，开发康乐淋浴、商务度假、水疗保健等服务项目。2009年，秦龙石油集团有限公司投资收购沣园度假村和奇梦园，按国际星级标准设计营建集温泉洗浴、住宿、餐饮、娱乐等为一体的综合性温泉度假酒店。2010年，秦龙温泉度假区二期改造工程完成，全年接待游客20余万人，收入1747万元。

【重点项目建设】 2010年，东大街道实施以“项目带动、招商引动、三产拉动、服务促动”为重点的“四轮驱动”战略，对重点建设项目实行全程跟踪服务，建立“项目建设服务110”工作机制，全天候受理服务诉求，协调解决在建项目的困难和问题。建设完成西北工业大学长安新校区三期工程，投资26.1亿元，建筑面积90余万平方米，建成教学楼、实验楼、学生公寓、餐厅、教职工住宅楼、综合楼及运动场馆等，完成校区内外路网、管网及绿化等设施建设，入住师生10000余人。文华景苑、栗园山庄、祥峪风景苑、华圣御温泉度假村等项目均超额完成年度建设任务。

【新农村建设】 2007～2010年，东大街道按照“街建带村建”的整体思路和“规划、建设、治理”并重原则，持续加大新农村建设力度。2007年，投资504万元，硬化21个行政村道路6.3万平方米；投资170多万元，完成郭南、新联等村人畜饮水工程，完成南强、北强、西大村低压线路改造。2008年，投资80万元，建成郭村太平河生产大桥，解决郭南、郭北两村5000多群众、200公顷农田的生活、生产困难；投资105.2万元，建成面积1109平方米社区综合办公楼，解决社区“一部三室三站一场所”用房问题，改善社区办公条件，为居民创造办事环境；投资400万元，完成友谊路建设，与南北东祥路形成十字路网。2009年，祥峪沟污水处理系统投入使用。2010年，硬化村内道路11公里49793平方米。全街道22个行政村中11个村通过市、区新农村建设验收，祥峪沟村获市级“新农村建设示范村”称号。

【新农村电气化乡通过验收】 东大街道按照“新农村、新电力、新服务”发展战略，将新农村电气化建设纳入总体规划，遵循“科学合理、适度超前”原则，形成“政府发动、电力推动、街道主动、群众互动”的工作格局，通过实施配网自动化、智能负控管理终端系统、电能量采集系统等新技术，优化电网结构，降低电能损耗，提升新农村电气化水平和农电管理水平。东大街道投入资金8800多万元，建成110千伏变电站1座，变压器48台，变电容量3000万开位；完善主网结构，优化低压电网，改造电网50公里，电网入户率100%。2007年，被西安市人民政府授予“新农村电气化乡”称号。

【默克石油（中国）有限公司落户东大】 2010年，德国默克石油授权中国唯一生产厂家默克石油（中国）有限公司陕西实业有限公司在东大街道郭南村落户。默克兰诺润滑油2006年进入中国市场，承诺向客户提供最好的产品与服务，建立国际质量管理体系，伴随市场变化，推出符合中国市场的产品与服务策略。默克兰诺公司的入驻将在解决劳动力就业、创收利税等方面为东大经济发展做出贡献。

【省级劳模许志成】 许志成，男，汉族，1954年1月生，陕西长安人，中共党员，省人大代表、祥峪旅游开发区党总支书记、东大街道祥峪沟村党支部书记。1984年任村委会主任，带领祥峪沟村群众保护山区生态、建设祥峪森林公园、发展休闲农家乐。在他的带领下，祥峪沟村集体经济资产4000多万元，人均年收入由500元提升到8000多元，增长16倍。居住条件由草、瓦房，变为两层楼房和别墅式洋房，人均住房面积翻了三番。交通由羊肠小道变为6米宽的水泥马路。祥峪沟村被评为国家级绿委“千佳村”，国家级“农家乐标准化示范村”；陕西省“先进基层党组织”，陕西省“文明村”；西安市“新农村建设旗帜村”等。许志成先后被评选为陕西省第十、十一届人大代表，西安市第十次党代会代表，市级劳动模范，陕西十大新闻人物，入录《中华英杰》，2007年5月被评为陕西省劳动模范。

【行政村、居委会名】 庆镇村、太平河村、北强村、南强村、郭北村、郭南村、落庄村、北大村、东大村、西大村、索庄村、水磨村、北石村、南石村、东石村、罗汉洞村、新联村、惊驾村、降南村、大寺新村、祥峪口村、祥峪沟村，温泉路社区居委会。（齐　龙）

马王街道

办事处地址：沣京中路8号
邮政编码：710115

【概况】 马王街道位于长安区西北部边界沣河西岸，相距区行政中心25公里，东与斗门街道隔沣河相望，西隔新河与户县大王镇为邻，南与灵沼乡相接，北与沣渭新区毗邻，总面积28.55平方公里，辖14个行政村，1个居民委员会，6042户，总人口30672人。其中，农业人口26920人，非农人口3752人。境内有西余铁路，新老108国道及沣灵、沣高、鱼马公路贯穿全境，是西安到户县、周至、眉县、宝鸡的交通要道。

【建设沣京生态农业观光园】 2007年7月，由西安君恒科技有限公司开发建设的沣京生态农业观光园在马王街道客省庄村破土动工。一期投资1000万元，占地23公顷，是集设施农业、旅游休闲于一体的观光农业项目。项目集生态、休闲、科普“三位一体”，发展工厂化育苗、日光温室蔬菜、花卉苗木和特种动物养殖。2010年完成投资近1300万元，实施道路硬化25000平方米，搭建主电网3800米，配套井18眼，透视围墙2000米，设立展示牌4块。以发展西瓜、草莓、蔬菜等设施农业和名贵景观苗木培育为主，建成温室大棚50栋，大拱棚20栋，苗木繁育面积10公顷。

【重点项目建设】 陕西润海物流有限公司建设项目，是陕西兄弟实业集团下属子公司为经销钢材、有色金属、煤炭交易仓储物流建设的项目，2009年11月在陕西省工商局注册，2010年落户马王。项目占地18公顷，计划总投资8亿元，可产生1.2亿元国税和0.8亿元地税收入，带动交通运输、金属加工、餐饮等产业链发展，为社会提供1000个营销、服务就业岗位。陕西万通电线电缆有限责任公司项目，利用曹寨村原废弃硅厂用地建设，主要产品为铜铝分项电缆，总投资7000万元，2010年完成投资300万元，厂房主体完工，两个车间正在修建。

【农业综合开发】 2008年9月，马王街道对新旺村、曹寨村、马王村457公顷土地实施一期综合开发。水利设施方面：新打机井72眼，修复配管井60眼，配备水泵132台，铺设地埋管27.5公里，埋设地埋线31.7公里，新修机耕路25.5公里，栽植农田防护林网15000棵。2009年，马王街道西北片沙河、大泥河、小泥河、黄桥、联庄、客省庄、新庄7个村实施农业综合开发项目，项目总任务改造中低产田867公顷，总投资944万元，新打机井100眼，配套井80眼，配套水泵180台，铺设地埋线40千米、地埋管40千米，修机耕路30公里，栽植树木1.8万棵。2010年，在新庄村4个组及黄桥村4个组实施农业综合开发项目，新打机井40眼，铺设地埋线45千米，输水管道11千米，修机耕路5.7公里，栽植树木2540棵。

【新农村建设】 2008年，市级新农村建设示范村大泥河村按照建设要求，完成8条总长3.25千米的村内道路硬化工程，修排水渠9.3千米，安装路灯68盏，新建7间两层两委会办公楼1座，新修文化健身广场3200平方米，总投资131万元，2009年通过市新农村办公室验收。2009年示范村为联庄村，完成道路硬化1074米，安装路灯23盏，修健身广场600平方米、垃圾台5个，绿化村内道路，环村林带栽植国槐1260棵，2010年7月通过验收。2010年示范村为马王村，完成道路硬化1.5千米，安装路灯80盏，绿化村内道路3条，新建村级活动场所150平方米，占地0.67公顷的健身广场投入使用。为大原村整修排水设施，新建健身广场，完成新农村建设第一阶段工作任务。

【村级活动场所建设】 2010年，马王街道完成村级活动场所建设任务。沙河、新旺村2个省建项目和张海坡、曹寨、马王、客省庄村4个自建村阵地建成。

【街道改造工程】 2009年，马王街办投资760万元，改造长1.5公里的马王街道，重修年久失修的下水管道，硬化街道破损路面，改善了交通环境。

【重建沣河大桥】 建于1965年的沣河大桥由于上游采砂过量，河床遭到严重破坏，已不能满足现代交通运输需要。2007年6月，总投资560万元拆除重建全长156.08米，设计荷载：公路－Ⅰ级，桥面宽度12米，洪水频率1/100。新建成的沣河大桥为沣河两岸群众生产、生活提供便利条件。

【举办三届草莓采摘节】 2008年4月和2009年4月，马王街道两次举办草莓采摘节，省、市、区电视台、广播电台、报纸跟踪报道，拓宽了农产品销售渠道，增加了农户收益。2010年4月，举办马王第三届草莓采摘节新闻发布会，吸引各地客商620户、商贩1200户，游客4万余人，草莓每公顷收入12～15万元，总产值3000万元。

【一村一品】 2007～2010年，大原村水

马王街道2007～2010年主要经济指标统计表

单位：万元

年份	生产总值	农业总产值	工业产值	非公经济产值	招商引资	固定资产投资总额	社会消费品零售总额	财政收入	农民人均纯收入（元）
2007	34600	9700	25000	900	—	9400	15200	1600	4136
2008	65200	10800	27600	1800	13000	14500	21100	2600	4740
2009	76300	11700	36100	3100	12500	18600	23600	3400	5168
2010	81100	12600	40200	3900	87000	21200	32100	5800	7160

2010年黄桥草莓喜获丰收

泥制管企业由3户发展到23户，初具规模的4户。产品有50米浅井管、100米深井管和排水管；排水管口径由0.5米增加到1.8米，年总产值300万元。新旺村木器加工以实木家具、沙发架为主导产品，沙发架为光明沙发、金金博士等企业供货。

【专业村建设】 黄桥村是马王街道的草莓种植专业村，现有387户1403人，耕地面积112公顷，草莓种植面积80公顷，种植方式已发展到大方棚草莓，收获期提前到每年的4月10日左右，延长销售期近半个月。2000年黄桥村成立黄桥草莓协会，会员240人。2007年7月经陕西省农业厅认定，马王草莓生产基地为“无公害农产品生产基地”。2008年7月，马王街道投资15万元，引进氯化苦抗重茬新技术，落实氯化苦推广1.3公顷，对黄桥村草莓地进行氯化苦抗重茬实验。2009年6月，黄桥村引进四膜草莓种植技术，建设四膜设施大拱棚120栋，种植四膜草莓3.3公顷。2010年黄桥村增加四膜草莓种植面积2公顷，9月，引进丰香、杏香、章姬、红颜、甜查理等新品30万株，试点种植4公顷。在黄桥村带动下，草莓种植发展到9个村，种植面积200公顷，年产量5000余吨，总产值超2000万元。

【行政村、居委会名】 马王村、大原村、新旺村、曹寨村、河头村、沙河村、张海坡村、石桥村、客省庄村、新庄村、小泥河村、大泥河村、联庄村、黄桥村，沣京中路社区居委会。

（谢 楠）

斗门街道

办事处地址：斗门镇北街34号

邮政编码：710116

【概况】 斗门街道地处长安区西北部，东邻雁塔区鱼化寨街道，西依沣河，南接细柳街道，北与王寺街道相连，是长安传统农贸集镇。西（安）余（下）铁路、西（安）宝（鸡）公路及韦斗、鱼斗公路贯通全境。街道总面积52平方公里，辖28个行政村，1个居民委员会，199个村民小组，总户数14955户，总人口57500人，其中农业人口55162人。耕地总面积3100公顷，主要作物有小麦、玉米；有各类民营、个体企业2800多户，其中资产1000万元以上企业20余户，形成以粮食加工、造纸、搪瓷制品、建筑材料等4大优势产业集群。辖区内有国家级重点文物保护单位沣镐遗址、汉武帝为训练水兵开凿的昆明池遗址。2010年11月，划归西安沣渭新区托管。

【农业与农业经济】 2010年，斗门街道办事处配合区农技中心，完成测土配方施肥任务；街道发展千头以上生猪养殖场3个，为能繁母猪养殖户发放补助11.33万元。在种植方面，形成以太平、北常、花园村为重点的蘑菇、双孢菇种植基地，建起设施大棚50余座；斗门北街、张村、新常、南丰、先锋等村种植苗木166.75公顷。张村引进陕西华凌园林观光有限公司，种植苗木4公顷。沿韦斗路建成花卉苗木基地，种植面积50公顷。中丰店村优质粮种植面积253.46公顷，中丰店村和落水村的“一村一品”通过省级达标验收。先锋村花卉种植户60户。街道小麦统一供种面积2134.4公顷，小麦供种量32万公斤；秸秆综合利用率95%。街道万亩优质粮基地建成面积1000.5公顷，中丰店村被确定为土地流转示范村。街道建起50公顷彩色植物基地。花园村完成6.7公顷日光温室基地建设，设施蔬菜认证示范基地初见规模；街道建成农户用沼气池360口。

【基础设施建设】 2007年，斗门街道和市人大代表袁安生共同投资20余万元，在斗门四条大街安装节能路灯98盏，配合区交通局完成鱼斗路7.4公里改造工程拆迁、征地、补偿任务，迁移电线杆30根，处理道旁树木280棵，拆迁房屋44家；完成斗咸路北段、落高路东西两端3.5公里水泥路硬化。8月，斗门街道和区水务局实施集中供水工程在普渡村启动。工程计划总投资320万元，受益群众涉及普渡、白家庄、花园、上泉、下泉、落水、南丰、北丰、镐京、北常10个村，2008年6月完工，水站日供水量1500立方米，解决4100多户群众的饮水安全问题；工程开工前，斗门街道市人大代表贾富过、薛拴群每人为工程捐资10万元。

【沣渭新区与西咸一体化】 沣渭新区作为陕西省委、省政府落实关中——天水经济区建设的重要承载区，以及国际化大都市建设的核心引领区，按照“一年成名，

斗门街道2007～2010年主要经济指标统计表

单位：万元

年份	生产总值	农业总产值	工业产值	非公经济产值	招商引资	固定资产投资总额	社会消费品零售总额	财政收入	农民人均纯收入（元）
2007	149874	14146	78895	56833	30874.92	25513.81	20519	369.76	4140
2008	161864	16680	85207	59977	20740	33190	30800	539	4795
2009	180186	18339	99467	62380	13580	44345	35200	620	5872
2010	199075	19673	107067	72335	10280	43656	42712	683	7139

三年成型，五年成势，十年成城”的推进速度，显现出继上海浦东、天津滨海之后中国又一新经济引擎的初步态势。

西咸新区建设是以省为主、省市共建，解决行政划分阻碍，使西咸楼市项目开发有明确市场定位，为开发商提供更大的发展空间。西咸新区依托两个国家级历史文化名城，承载“完善城市功能、提升城市产业、优化城市空间形态”作用，最终实现西咸一体化。是城市建设区和绿色空间高度融合，城市建设、产业发展、城乡统筹、文化传承以及实现人类追求的田园牧歌式生活理想的集中体现地。

西咸新区位于陕西西安、咸阳结合部，规划范围为：以渭河为中轴线，西起规划中的西咸环线，东至泾渭交汇口，北至西咸北环线，南至310国道西宝线，东西约50公里，涉及西咸两市6个县（区）22个乡镇（街道），总人口51万人。规划控制范围560平方公里，规划建设用地220平方公里（占西安国际化大都市主城区规划总面积25.8%），其中新增建设用地面积150平方公里（其余约70平方公里在西安和咸阳主城区内），河流、保护区、生态区、基本农田等其他用地面积约340平方公里。具体包括：西安市户县大王镇，长安区马王街道、高桥街道、斗门街道、王寺街道，未央区三桥街道、六村堡街道；咸阳市渭城区北杜镇、底张镇、周陵镇、渭城镇、窑店镇、正阳镇；秦都区钓台街道、陈杨街道、沣东街道；泾阳县泾干镇、三渠镇、崇文镇、太平镇、高庄镇、永乐镇。

2010年2月，西安沣渭新区挂牌成立。西安沣渭新区是陕西省委、省政府落实国家《关中—天水经济区发展规划》，建设大西安、带动大关中、引领大西北，打造全国内陆型经济开放开发战略高地承载区，是西咸一体化组成部分，也是西安国际化大都市建设城市功能新区。2010年10月，沣渭新区召开未央区六村堡、三桥，长安区斗门、王寺、高桥5个街道办托管后首次全体干部大会，沣渭新区正式接管5个街道133个行政村18个社区的党群、行政、经济和社会事务管理权限。

托管后范围内街道办事处及其附属机构、公办学校、医院及区级职能部门在托管街道设立的管理服务机构，整体移交沣渭新区及相关机构管理，继续履行相关管理服务职能。托管交接过程中不进行机构撤并、职责变更和人员调整变动；托管移交机构各类工作人员及离退休人员，保持托管移交前身份和待遇不变，人事行政、社会保障、党组织关系等整体移交沣渭新区；西安市级各相关部门通过行政委托、管理授权，授予沣渭新区相应的行政管理权，明确沣渭新区和未央区、长安区相关业务管理权限的交接时限，避免出现职责交叉、职责不清。托管后，沣渭新区将把保障群众利益、方便群众办事、确保区域经济发展和社会稳定放在突出位置，加强托管移交中的协调、沟通和工作衔接，确保交接工作有序推进，交接期间群众的生产生活不受影响。

根据省委省政府安排，西安沣渭新区规划范围内位于咸阳的70平方公里区域，按照先托管后划转方案，并入西安沣渭新区管理。沣渭新区管制职能日渐完善，将对推动关——天经济区发展规划的实施与西咸一体化的推进起到带动作用。

西安市委、市政府落实陕西省《西咸新区规划建设方案》，加快推进新区管理体制创新的重大举措，主要是为便于对托管街道统一开发建设和管理，保持托管街道发展和干部群众利益的整体平衡。由于街道的整建制托管，沣渭新区实际管理范围扩大至约264平方公里。

此次乡镇街道托管后，沣渭新区党工委、管委会负责托管乡镇街道的党群、行政、经济和社会事务等管理。托管乡镇街道(含有关机构)工作人员，其原有身份保持不变，待遇将根据其经济发展与工作实绩适当提高。街道托管前财政收入，由沣渭新区划转相关行政区；托管街道所需财政支出(含转移支付)，由相关行政区全额划转给沣渭新区，以2010年收入和支出数为基数。托管街道在托管后新增工商税收形成的财政收入，由沣渭新区和相关行政区在一定年限内按照一定比例分成。另外，沣渭新区则通过创新机构设置，建设精简、高效管委会机关、支撑服务体系和乡镇街道管理机构，推行“大部制”和管委会—街办两级管理机构，实现小机构大服务，小政府大社会，推动区域经济社会发展。

《方案》要求相关单位力争2010年10月31日前完成托管移交工作，沣渭新区按照新的托管体制运行。对托管范围内街道办事处及其附属机构、公立学校、医院等机关事业单位，按照2010年12月31日的在册人数，由未央区、长安区移交沣渭新区；2011年1月1日起，托管范围按新的财政体制执行。各托管街道所属的资产，由市推进沣渭新区建设领导小组统一组织审计和清产核资后移交沣渭新区管理。

【中小企业“创建劳动关系和谐企业”】 2009年4月，斗门街道党工委在中小企业中开展“创建劳动关系和谐企业”活动。西安红星搪瓷厂遵守《劳动法》、《工会法》和《公司法》，坚持“以人为本”发展理念，通过在岗培训、知识讲座、读书自学、座谈交流等活动提高职工素质，加强就业培训，同时加强企业安全生产，构建和谐安全环境。该公司职工从2007年的156人增加到2009年的230人，人均年收入从2007年13000元增加到2009年的15000元。斗门街道把维护职工权益、协调劳动关系、促进企业发展与构建和谐社会作为重要工作内容，成立创建领导小组，采取先易后难、分类指导方法，选择不同性质、不同规模企业作为创建单位，按照大、中、小分为5个层面推行责任制，做到职责到人；健全劳动合同制度，由街道工会牵头，会同街道人大工委、劳动和社会保障所成立劳动合同检查组。全街道企业劳动合同和集体合同签订率94%。同时，进一步完善管理机制，建立维权帮扶机制，推动企业、员工和社会共同发展。

【多部门联合执法取缔排污企业】 2010年7月，环保长安分局联合公安、工商、电力、质监、城管执法部门，依法取缔斗门街道官庄村和落水村违法排污企业。出动执法车20余辆（台），执法人员100余名，推倒土炼油小高炉，填平储油池，剪断电缆，取缔落水村贾××炼油厂、官庄村福鑫防水材料厂、三龙防水材料厂、东胜防水材料厂、京源防水材料厂和三龙顺达材料厂6家“作坊式”高污染排污企业。

【拆毁19家砖窑】 2007年2月，按照上级部门整治砖瓦企业要求，斗门街道成立领导小组，出动300余人次，动用大型装载机、挖掘机20余台次，集中拆毁西安绕城高速斗门段两侧1公里范围内19家砖窑，清理被占用土地近200公顷。

【太平河改造工程】 太平河综合治理工程属西安市2008年重点建设项目。6月，斗门街道配合市、区水务局，改造太平河岸斗门段6.1公里路面，完成30.7公顷征地、3万余平方米建筑物拆迁任务，涉及农户43户，企业45户。

【创建土地流转示范基地】 2009年，斗门街道中丰店村成立土地流转专门机构——陕西中丰农业合作社。5月，依据《陕西中丰农业合作社章程》，农业合作社吸纳全体村民以财产、货币和土地作价入股，每公顷土地作价7500元，以50元为一股，全村土地托管面积266.8公顷。按农事时节，合作社组建起农技、农机、植保、水电4个专业作业队，分别承担托管耕地的机耕、机播（灭茬）、中耕施肥、适时灌溉、病虫草害防治、机械收割等，提高农业生产效率和农业生产组织化程度，促进农民增收。在中丰店村土地流转示范基地带动下，先锋、张村、南丰、斗门北街、镐京、马营6个村土地流转51.2公顷，集中发展特色花卉、生态苗木和设施蔬菜。

【温家宝总理考察中丰店村】 2009年6月，温家宝总理到中丰店村考察小麦高产示范田。温总理走进麦田，询问正在收割的农户小麦收成，又与农机手亲切交谈。随后温总理深入农户，与村干部和村民促膝交谈，询问村民们生产生活中存在的问题，对群众提出的农村新型合作医疗、农村养老保险等问题作了解答，并欣然为村民马耀斌的孙子题字“好好学习”，勉励其好好读书，将来建设富强国家。

陕西中丰农业合作社成立

【区委书记吕健调研农业土地流转情况】 2008年10月，中共长安区区委书记吕健到斗门街道中丰店村、马王街道沣京生态农业科技园调研农业土地流转情况。2010年，地处斗门街道中丰店村的陕西长丰种业有限公司先后对5个乡街、14个村3200多户农民的1073.3公顷土地进行托管，10月，《陕西日报》进行报道。吕健在听取村党支部书记薛拓介绍后，向村干部和群众代表宣讲十七届三中全会精神，并对长丰公司及薛拓的做法予以肯定。

【电视文献纪录片《杨尚昆》在斗门牛角村拍摄】 为纪念杨尚昆百年诞辰，2008年9月，由中央党史研究室、中央电视台组成的电视文献纪录片《杨尚昆》摄制组，对1964年10月～1965年5月杨尚昆在斗门街道牛角村蹲点进行“四清”工作的情况进行采访拍摄。摄制组采访时任长安县委副书记、牛角大队社教工作组组长安于密和斗门公社书记张柏栋。在牛角村，摄制组对杨尚昆蹲点时房东的女儿潘爱爱、儿子潘宽孝和当时村中干部群众进行采访拍摄。

【先锋村园艺专业经济合作社成立】 2007年10月，斗门街道先锋园艺专业合作社注册挂牌。这是《农民专业合作社法》颁布后长安区首个农民专业合作社。合作社采取“协会+公司+农户”模式，吸纳16户农民加入，引进园林彩色苗木速生法桐等十几个种植品种。

【薛拓获“全国粮食生产大户标兵”荣誉称号】 薛拓，长安区斗门街道中丰店村人，现任村党支部书记、陕西长丰种业有限公司经理，曾获西安市新长征突击手、西安市科技致富能手称号。公司曾被省、市种子管理站评为2006年度种子经营系统诚信企业，被长安区政府评为小麦统繁统供先进单位。薛拓两次获“全国粮食生产大户”称号。

【举办首届七夕文化节】 2007年8月，首届长安七夕文化节在斗门街道石婆庙旁七夕文化广场开幕。文化节以“让爱永驻人间”为主题，活动由“万对情侣相连爱”、“牛郎织女传说文化展示”、“传统七夕祈福活动”、“陕西名巧才艺展示”、“陕西白鹿塬文化研究院七对画家书画展示”等内容组成。陕西省人大副主任桂中岳宣布文化节开幕；省民俗协会主席傅功振，西安市名城研究会会长张富春，长安区领导薛振虎、柴跟科、王永平等参加开幕式；区长助理崔锦秀为文化节致开幕词。文化节由斗门街道办事处和文化节组委会主办，十万多群众参加。

【牛郎织女传说成功申报为国家级非物质文化遗产】 公元前120年，汉武帝为征讨南方诸国操演水兵开凿昆明池，为向沣河排泄池水设“斗门”。斗门因此得名。在斗门昆明池遗址南丰村，有两尊民间尊称为“石爷”、“石婆”的牛郎织女石刻雕像，距今已有二千一百多年历史，是国内现存最早的大型石刻艺术瑰宝。1956年被列为省级第一批重点保护文物。斗门因此成为围绕牛郎织女传说形成的传统节日——“七夕节”发源地。公元798年，这里就建有“石爷庙”、“石婆庙”，千百年来香火不断，每年农历正月十七和七月初七前后，前来看戏、祈求、烧香、叩头的人如潮涌，高峰时每日数万人，敲锣打鼓、扭秧歌、耍社火。2007年，斗门街道办事处与陕西省民俗协会、西安市名城研究会等部门多次召开研讨会，挖掘整理相关材料，申报省级非物质文化遗产，2010年申报为国家级非物质文化遗产。

【爱心捐款扶贫帮困】 2007年，斗门街道解决27户贫困户就业，为20户贫困户办理低保。在“爱心帮扶建广厦”活动中，街、村两级干部募集帮扶资金8万元，帮助贫困户35户；在“送温暖、献爱心”活动中，街道动员机关干部，辖区人大代表、政协委员以及民营企业代表，为贫困群众募集资金8万余元，按每户500元标准，将捐款购买成面粉、棉衣、棉被、取暖炉等，发放到158户贫困户手中。2008年“5·12”汶川大地震后，组织辖区党员干部向灾区捐款947808.8元。

【精神文明建设】 2009年，斗门街道开展“推进乡风文明，建设和谐家园”活动，印制活动倡议书1万余份，每户分发1份；制作宣传画20幅。评选乡风文明建设“五·十佳”（十佳文明新村、十佳和谐家庭、十佳好媳妇、十佳好婆婆、十佳好孝子）25个。其中，3个村被区电视台采访宣传，花园村被评为“长安区十佳文明新村”。

【创建文明机关】 2008年，斗门街道开展“树斗门新风，塑良好形象”、创建“四优机关”文明单位活动。通过加强组织领导，完善制度，围绕发展搞创建，在机关深入开展思想教育，弘扬文明风尚，机关面貌焕然一新。同年，斗门街道办事处被授予市级“文明机关”称号。

【行政村、村委会名】 八一村、先锋村、梦白村、太平村、五星村、斗南村、中丰店村、张村、齐曹村、马营村、沣滨村、冯三村、牛角村、官庄村、张旺渠村、下泉村、上泉村、普渡村、落水村、镐京村、北丰村、南丰村、花园村、新庄村、斗北村、白家庄村、新常村、北常村，斗门城镇居民委员会。 （李高峰）

王寺街道

办事处地址：王寺街道北田村甲字1号

邮政编码：710116

【概况】 王寺街道位于长安区西北部西安市区主干道红光路西端，北邻咸阳市秦都区，东接未央、雁塔区，西与高桥街道隔沣河相望，南与斗门街道为邻，距西安市中心11公里。境内有著名的古秦阿房宫遗址，唐代的西山寺、归元寺遗址，西周都城—沣镐西京遗址。王寺历史悠久，名胜古迹荟萃，历史上久为都城建设开发区域或王畿重地。相传周朝时，这里就是祭天拜神的皇家寺院，故名王寺。王寺地理位置得天独厚，交通四通八达，108国道、绕城高速穿境而过。2010年10月，成建制划入西安沣渭新区。辖区总面积21.7平方公里，耕地面积1530公顷，其中蔬菜、果园面积16公顷。辖21个行政村，112个村民小组，1个居委会，街道总户数6650户，总人口30000人，其中农业人口27000人，人口自然增长率3.5‰，暂住人口3200人。2010年，辖区有各类工商企业400余户，形成以造纸、建材、电器、房地产、机械加工、复合材料制造六大支柱产业，占王寺区域经济成分80%以上，民营经济成为王寺经济发展的主力军。

【小城镇建设】 2007～2010年，王寺街道加大小城镇建设力度，提升辖区城市化水平。2008年，街道投资6550万元，完成区级重点建设项目即市主干道红光路与王寺段道路对接改造工程，7月竣工通车。同时完成三条大街道路、排水、路灯及绿化工程。2009年，争取市政资金750万元，对南街路面，给排水设施进行全面改造；投资160万元，实施南街点亮工程；投资130万元，绿化王寺东西街面；投资30万元，在王寺什字安装红绿灯；街道自筹资金46万元，完成北街排水工程；自筹资金23万元，完成桃园路什字至太平河段排水改造工程。2010年街道自筹资金91万元对农场路进行改造；投资80万元，拓宽王寺北街三王路；12月，在沣渭新区大力支持下维修王高路、园区路、桃渠路中的破损积水路面，街道面貌明显改观。同时，配合西宝南线改扩建工程，拆迁企业54家，农户39家，征地61.3公顷，并按政策妥善处理拆迁企业和农户的赔付安置工作。

【新农村建设】 2007年，辖区市级新农村建设重点村黄堆村、狮寨村通过市区验收，完成黄堆、冯联、跃进、七渠4个村组织阵地建设。2009年，争取区水务部门专项资金300余万元，完成王寺、庙店、南陶、西苏、和平、中寨、狮寨、七渠8个村人畜饮水工程。争取电力部门专项资金544万元，完成五一、大苏、南陶、北陶、庙店、中寨、七渠7个村的低压线路改造，辖区累计20个村完成低压线路改造任务；争取交通部门专项资金62.4万元，完成庙店、七渠、狮寨、桃园、东杨5个村出村路硬化工程。2009年王寺街道争取上级专项资金总计3200多万元。

【秦阿房宫前殿遗址】 王寺境内秦阿房宫前殿遗址，始建于公元前212年。遗址位于王寺街道小古城村东边，现存一座大土台基，周长约310米，高约20米，面积约26万平方米，用夯土筑起，当地人称为“始皇上天台”，又被称为“郿坞岭”，为全国重点文物保护单位。1994年联合国教科文组织实地考察，确认秦阿房宫遗址属世界奇迹和著名遗址之一，被誉为“天下第一宫”。

【归元寺】 归元寺遗址位于王寺街道五一村，东有秦阿房宫遗址，西依沣水河畔、南见悠悠秦岭，北临渭水之滨，始建于唐贞观年间，是玄奘法师西去印度求法回归后晋见太宗皇帝前驻锡之地。随着寺院的恢复和规模不断扩大，前来参学、进香者络绎不绝。归元寺被当地政府确定为宗教活动场所。

【西山寺】 西山寺位于王寺街道黄堆村与七渠村之间，东接阿房宫遗址，西

王寺街道2007～2010年主要经济指标统计表

单位：万元

年份	生产总值	农业总产值	工业产值	非公经济产值	招商引资	固定资产投资总额	社会消费品零售总额	财政收入	农民人均纯收入（元）
2007	—	6162	—	—	23640	30290	358280	4473	4700
2008	11700	6395	85600	7300	13100	36500	31000	7600	5200
2009	162300	7275	15510	7510	14130	58500	46800	7900	5700
2010	—	7250	—	8350	13650	64000	49500	8200	6300

邻沣河，南靠斗门街道，北与咸阳市接壤。寺前有黄堆潭，水面约0.66公顷，色绿清澈，四季不涸。据《长安县志》卷二十三载：“西山寺，在西乡黄堆潭，去城三十五里，山门外有圣女泉即今黄堆潭也。”即指此。寺院坐东向西，东西长，南北宽，原占地8余公顷。有南井、北井浇地用；有大佛殿7间，大雄宝殿5间，厢房6间，斋堂3间；寺东南角有13层佛塔1座。西山寺建于唐太宗贞观二十年(646年)。唐代高僧玄奘法师西行印度取经时从长安城出发，在潭中给马饮过水，玄奘视潭水清幽，环境优美，取经回到长安后奏于朝廷，修建了这座寺院，称“西山寺”。

【行政村、居委会名】 王寺村、周吴村、小古城村、大古城村、纪杨寨村、中隆寨村、跃进村、五一村、细柳营村、黄堆潭村、七渠村、冯党村、庙店村、狮寨村、大苏村、西苏村、西杨旗寨村、东杨旗寨村、和平村、北陶庄村、南陶庄村，王寺社区居委会。（刘　晓）

高桥街道

办事处地址：曹坊村甲字1号

邮政编码：710115

【概况】 高桥街道位于长安区西北部，渭、沣、新、沙4条河流汇集淤积的三角地带，西与户县接壤，东隔沣河与王寺街道相望，北同咸阳市毗邻，南连马王街道，距西安市区16公里。高桥自秦汉以来就是西入长安的大门和历代王朝军事要地，也是长安八大古镇之一的马坊镇和西渭古渡所在地。文物古迹有西江渡汉唐西渭桥遗址、西高桥遗址；历史人物有清末刑部尚书薛允升。2009年12月撤销乡建制设立高桥街道办事处，2010年10月划归西安沣渭新区。街道辖16个行政村，116个村民小组，6940户，28821万人。全街道总面积28平方公里，耕地面积2133公顷，其中蔬菜面积800公顷。农作物以蔬菜、小麦、玉米为主，蔬菜种植尤为突出。2010年，全街道社会生产总值85200万元。其中，农业总产值16106万元，工业产值21447万元；固定资产投资11477万元，引进内资3710万元；地方财政收入294.43万元，农民人均纯收入7090元。有乡镇企业和个体私营企业32户，从业人员1820人。

高桥街道2007～2010年主要经济指标统计表

单位：万元

年份	生产总值	农业总产值	工业产值	固定资产投资	社会消费品零售总额	财政收入	农民人均纯收入（元）
2007	59200	11870	16407	3701	5069	225.78	4672
2008	69800	13652	17153	4500	6540	247.35	4910
2009	72200	16302	20433	9614	7563	271.21	5969
2010	85200	16106	21447	11477	9631	294.43	7090

【农业产业结构调整】 2007～2010年，高桥街道确立“以蔬菜立乡，建一流基地，创一流品牌，富一方百姓”发展目标，调整农业产业结构，连续4年实行“以奖代补”政策，并与信用社联系为部分困难群众解决小额信贷，扶持群众种植蔬菜，在土地调整、兑换、租赁方面给予优惠，形成万亩无公害蔬菜基地。2008年完成高桥农业科技示范园一期工程；2009年投资140万元，完成占地4公顷的高桥蔬菜育苗中心，建成占地3.3公顷的阴水坊草莓新品种示范基地，完成高桥现代农业示范园二期工程；阴水坊、西马坊等村成立恒绿、金叶等4个专业合作社，街办对标识进行统一规划、设计和管理，印制“春桥”系列包装箱5类2.5万件。2010年，全街道蔬菜面积发展到800公顷。其中，日光温室2088栋，大拱棚7500余栋，实施滴水灌溉122栋。基地内形成五席坊、西马坊、东马坊、曹家庄4个千亩示范小区和五席坊千亩设施栽培中心、严大百棚、严小科技、马务双孢菇4个示范基地。万亩无公害农产品生产基地经省农业厅检测，认证为“陕西省无公害农产品生产基地”；主栽品种西红柿、黄瓜、叶类菜通过国家农业部检测认证；2009年、2010年“春桥”商标先后入选市、省级农产品著名商标。同时，建成东马坊蔬菜产地批发市场，实现产销联动，方便菜农供销。

【招商引资】 2007～2010年，引进昌祥色拉油厂、浙瑞编织袋厂、宏达电热丝厂、西安明迪工贸有限公司、西安市金强五金弹簧有限公司等9家企业，引资1.2亿元。通过引导、扶持个体私营企业发展，形成各类加工企业32户，辖区电器产品、五金建材、小食品加工等行业涌现一批骨干企业，泰峰电器厂、长安精密仪器厂产品通过国家质量认证；无公害净菜加工、酥麻花、石子馍等产品加工成为高桥独特品牌，促进了区域经济的快速发展。

【新农村建设】 截至2010年底，完成西马坊村、屯铺村新农村建设任务。计家村、南江渡村、阴水坊村一期新农村建设通过验收。为解决群众出行难问题，2007年街道投资400万元，完成1公里乡道油路改造工程，庄摆樊、南江渡出村路及曹坊、韩麻连村路建设，全年硬化村内道路24条20.5公里。2008年辖区道路建设累计投入资金200多万元，完成严大村2公里主干路、屯铺村6条街道硬化，五席坊、马务村6.8公里蔬菜基地路砂石化铺设，全年硬化村内道路13条11.5公里。2009年加快农村道路建设及养管力度，完成高桥现代农业科技示范园2.4公里基地路硬化任务，新修砂石路1.5公里。在其他惠民工程建设上，2007年投资350万元，完成覆盖曹坊、严小、严大、西马坊、东马坊、屯铺6个村集中供水和引水入户工程；在计家、韩麻、韩南等村实施安全饮水工程，阴水坊、南江渡村筹措资金各新打机井1眼，完成饮水管道铺设。投资40多万元建起曹坊、西马坊两个村级组织活动场所和健身广场；2008年完成马务、西江渡两个村级活动场所建设；2010年完成屯铺村办公楼改建及广场建设；投资420余万元，完成阴水坊、韩麻、计家、东马坊4个村阵地和健身广场建设。2009年在西马坊、韩麻、马务等村推广沼气池649口。

【小城镇建设】 2010年6月，投资完成机关办公楼建设工程及灶房、餐厅和机关院内改建，改善机关办公条件；投资28万元完成街道综合文化站建设并投入使用；投资100万元改善街办驻地街道设施，新修给水管网1公里、排水管网2公里，安装路灯50盏，栽植绿化树木2000棵，铺设道沿2公里、地砖5000平方米，改变了街道面貌。同时，聘请专业人员编制高桥总体发展规划，拓宽城镇发展空间。

【农民工实用技术培训】 2007～2010年，街道依托高桥农民实用技术培训学校，举办讲座和培训会20场，培训群众4000人次，培养农民技术员120名。其中，32人获得农民技术人员资格认证，12人被斗门街道花园村、东大街道庆镇村、户县大王镇聘为技术员。全街道年组织劳务输出3700多人，使外出务工成为群众增收的重要来源。

【行政村名】 曹坊村 阴水坊村 计家村 马务村 韩麻村 韩南村 严家渠村 严小村 五席坊村 东马坊村 西马坊村 屯铺村 庄摆樊村 西江渡村 南江渡村 曹家庄村

（马　锋）

细柳街道

办事处地址： 府君庙村甲字4号

邮政编码： 710117

【概况】 细柳街道地处长安西部平原，东接郭杜街道，西邻灵沼乡，北与斗门街道为邻，南与兴隆街道接壤，是西安高新区二次创业控制区。2007年4月，撤销细柳镇建制设立细柳街道。辖区总面积35平方公里，耕地总面积2206公顷，共29个行政村，108个村民小组，1个居民委员会。2010年，街道总户数8900户，总人口3.78万人，（其中农业人口3.68万人）。社会生产总值44591万元，实现农业总产值16634万元，完成年任务的135%；固定资产投资18741万元；规模以上工业总产值22990万元，完成任务的103%，规模以下工业总产值24343万元，完成年任务的120%；全年实际引进外资72.8万美元、内资2995万元，农民人均收入7089元。

【新农村建设】 2009年，细柳街道为新农村建设基础设施投资660万元，完成街道路面水泥硬化12200平方米，下水道网改造2200米，街道绿化2200米，安装路灯28盏。投资80万元，完成社区服务中心、综合文化站建设。投资202万元建设出村路，完成荆一至义井寨、徐家寨、中等、南等、南三角至花卉路道路建设5300米，全街道出村路通达率100%。投资131万元，完成荆一、中等等6个村村内道路建设18680平方米，硬化率85%。村级公共服务设施投资100多万元，东渠、石匣、蒲阳完成服务设施建筑面积1100平方米，文化健身广场面积1600平方米。2009年初，新农村建设市级示范村小兆村通过市级验收；东渠村完成路灯、排水等6项硬件设施建设。28个村级标准化卫生室完成建设任务，区委书记吕健等实地考察后，在细柳街道召开全区村级卫生室建设工作现场会。2009年初，街道实施安全饮水工程，投资460万元，新打机井13眼，旧井配套16眼，完成杨柳、义井、小兆、下店、中等、北等、府君庙西、训善、南等、杨庄10个村的安全饮水设施，2000多户群众用上安全、方便、纯净的自来水，全街道安全饮水覆盖率65%。

【农村社会保障】 2007～2010年，细柳街道落实各项社会保障政策。2008年，办理农村低保245户1237人，完成安居工程20户12万元，发放地震危房补助42户65万元，累计城镇居民进入低保62户；医疗救助26人次，临时救济35户，发放各项救济金16.7万元；参加新型合作医疗群众35952人，参合率97%。投资100万元改建10间3层楼房总面积1100平方米，社区服务中心竣工。“5·12”汶川地震发生后，全街道筹捐善款18余万元，其中缴纳特殊党费5.3万元，帮助灾区人民抗震救灾，重建美好家园。

【计划生育】 2007～2010年，街道坚持计划生育基本国策，实现计划生育规范化管理。2007年出生285人（其中一孩225人，二孩60人），计划生育率100%；全年计划生育手术305例（其中：放置宫内节育器214例，女性绝育87例），人工流产4例。2008年，开展“新农村，新家庭”建设活动，创建计划生育新家庭示范村2个（义井寨村、石羊村）、新家庭示范户30户，计生贫困帮扶户10户；对7名符合条件奖励扶助对象进行调查审核并发放光荣证。2009年人口出生率6.92‰，符合政策生育率100%，出生人口统计准确率100%，出生人口性别比为100：103；细柳街道被陕西省人口和计划生育委员会、陕西省计划生育协会评为2009年宣传工作先进集体。

【创建科技示范街道与农村文化生活】 2007年，细柳街道启动创建科技示范街道工作。2009年举办长安区大型科技之春月宣传活动，培育科技示范户40户，聘任科普宣传员30名，2010年通过市、区“科技示范街道”验收。建成文化体育健身广场3个和市级综合文化站。辖区农民群众文化活动异彩纷呈，石匣村被陕西省书法家协会授予“书法村”称号。

【花卉之乡与“长安花卉盆景园”】 细柳街道素有“花卉之乡”的美誉。2009年引进花卉苗木企业4户，新增花卉苗木面积140公顷，新增设施面积10.6公顷；全街道入驻花卉企业36户，花卉苗木种植面积440公顷，普贤、姜仁、训善村花卉苗木发展迅速，韦斗路细柳绿色生态长廊初具规模。颇具特色的长安花卉盆景园，位于府君庙西村南500米，苗圃种植面积10公顷；投资250万元，2007～2010年盆景园引进白皮松5万株，拥有绿花类、花木类、观叶类、盆景类等品种。

细柳街道2007～2010年主要经济指标统计表

单位：万元

年份	生产总值	农业总产值	工业产值	招商引资	固定资产投资总额	社会消费品零售总额	财政收入	农民人均纯收入（元）
2007	23129	9870	34107	7600	9919	11350	854	4025
2008	27992	12971	50479	7280	13200	12034	476	4676
2009	33670	15503	60198	8228	15855	13750	539	6009
2010	44591	16634	71214	8106	18741	17301	881	7089

【五彩糯玉米示范基地落户细柳】 2009年，细柳街道引进陕西蓝海农业科技有限公司，投资建设五彩糯玉米种植基地，并代表长安展团在杨凌农高会展出，受到众多客商青睐。五彩糯玉米示范种植3.3公顷，市场收益每公顷9万元。

【汉皇昆明池生态园】 西安市长安区汉皇昆明池生态园位于细柳街道石匣村，是一个集花卉、林苗、蔬菜、养殖垂钓、餐饮和观光游乐为一体的绿色生态园。2007年投资1900万元，完成栽植大规格名贵木本花树3万株、大规格风景园林用树1.5万株、彩叶小灌木70万株，培育良种红玫瑰6万株及其他多年生大田花卉1万株，占地20公顷。至2009年，昆明池生态园总投资5000万元，用地66.7公顷。

【行政村、居委会名】 南三角村、北三角村、孙家湾村、徐家寨村、府君庙西村、府君庙东村、肖里村、等驾坡南村、荆寺一村、荆寺二村、义井寨村、等驾坡北村、等驾坡中村、训善村、石羊村、东渠村、西渠村、杨柳村、姜仁村、蒲阳村、下店村、杨庄村、普贤寺村、小兆村、大羊村、晨光村、石匣口村、李家桥村、蔡家堡村，祝秦路居民委员会。

（王倩茹）

兴隆街道

办事处地址：东甘河村甲字一号

邮政编码：710118

【概况】 兴隆自西汉即为长安入蜀必经之途，因商贾云集，生意兴隆得名。2007年4月撤销兴隆乡建制，设立街道办事处。兴隆街道距区行政中心12公里。街道东、北与郭杜街道相接，西与户县秦渡镇隔沣河相望，南同五星乡以滈河为界，辖区面积36.74平方公里，耕地面积2775公顷；辖25个行政村、139个村民小组，总人口41652人。西沣公路、西太公路和西户路穿境而过；沣河、洨河、沣惠渠贯穿境域，其交汇处形成“三河口”有20多公顷镜面水域和落差瀑布，周围绿树环绕，风景宜人。街道驻地有长安区西部最大的1.6万KVA变电站。

兴隆街道2007～2010年主要经济指标统计表

单位：万元

年份	生产总值	农业总产值	工业产值	非公经济产值	招商引资	固定资产投资	社会消费品零售总额	财政收入	农民人均纯收入（元）
2007	57300	10631	12938	120413	38800	63449	15200	340	4120
2008	65400	12530	19300	147000	14500	87217	25000	420	4676
2009	74600	12991	22500	177400	6000	74885	36500	454	5772
2010	85000	13918	30000	204808	6620	72050	47000	582	6999

【农业与农业经济】 2010年街道农业总产值13918万元，粮食总产量24904吨（其中夏粮11913吨、秋粮12991吨），蔬菜总产量8891吨，禽类163000多只，生猪存栏6000多头，牛90头，羊530只。

【工商企业】 截至2010年底，兴隆街道有铸造企业76户，从业人员4362人；有预制企业108户，从业人员2257人；木器企业16户，从业人员124人；涉农企业有陈氏庄园和闻天集团。2010年，街道完成规模以上工业总产值30000万元；非公有制经济完成增加值37000万元、营业收入136031万元、实现利润3975万元；社会消费品零售总额实现47000万元；固定资产投资72050万元；农民人均纯收入6999元。辖区有3个商业集中区域。沣惠商业区以经营木器、建材为主；高桥商业区以餐饮及商业批发为主；南雷村凭借与西安电子科技大学紧邻的优势，形成以零售、服务和餐饮为主的商业区，3个商业区从业人员1436人。辖区有常年在外建筑大户20个，建筑从业人员3000人；从事运输车辆786台；批零贸易餐饮总额5760万元。

【重点项目】 市级重点建设项目西太路（西安—户县太平峪）工程，2010年5月开工建设，年底竣工。其中兴隆段长2.8公里，途经东甘河、堰渡、张王、张牛4个村。街道集中人力和时间，按时完成征地、地面附着物赔付等工作。210国道西沣路沿线景观改造项目，涉及北雷、南雷、堰渡、宫子、钵鱼寨5个村，拆迁150户，拆迁面积38200平方米，同年10月完成。梁家滩国际商务区项目2010年在北张二村征地；南横线项目兴隆段开始放线和地表清除；闻天房地产项目在北雷启动。

【支柱产业—铸造业】 兴隆有长安“铸造之乡”之称，有铸造企业76户（其中规模以上企业4户），从业人员4362人，规模以上企业在铸造行业中具有一定知名度。主要产品是为大型企业配套生产零部件，产品级别0.5～329吨，产品远销日、韩、欧美市场。2009年街道引导帮助铸造企业通过技术创新、技工培训、产品更新、生产安全管理，加快优化升级，提升企业自身素质。聘请知名经济学家钟卫国教授，西安工业大学赛云秀书记等为全街道企业厂长、经理举办兴隆企业大讲堂2期。铸造专业村东甘河村兴办铸造企业8户，其中规模以上企业1户，从业人员700人，铸造产品销售全国各地及国外，具有良好产业信誉和市场效益。

【一村一品】 养殖专业村贺家村，畜类养殖近4000头，从事养殖产业160人，产业总收入约占农村经济收入30%以上。已建成1个占地1.3公顷发酵床的千头规模养猪场，百头奶牛饲养场及奶制品加工厂在建。楼子村建设设施蔬菜3.6公顷，建成7个日光温室、3个大拱棚。张高村、张牛村养鸡和北雷村、东甘河村养猪具有一定规模。

兴隆街道2007～2010年农业主要指标统计表

单位：公顷、吨

年份	耕地面积	夏粮面积	夏粮总产	秋粮面积	秋粮总产	蔬菜面积	蔬菜产量	瓜类面积
2007	2322	1996.7	8850	1996.7	11800	374.4	12043	19.1
2008	2322	1996.7	11800	1996.7	11800	375.3	13100	57.3
2009	2322	1996.7	11682	1996.7	12685	375.7	8580	6.3
2010	2322	1996.7	11913	1996.7	12991	382.7	8891	6.1

【新农村建设】 2007～2010年，街道完成市级重点村钵鱼寨、张王、童家寨3个村新农村建设任务。2009年，25个行政村完成规划编制工作。至2010年，街道25个行政村建成农村信息服务站，完成低压线改；20个行政村完成人畜饮水工程，北张4村建成农村集中饮水源地保护示范工程；街道投资45万元，改造东甘河主街道路；北张一、北张二、北张四、贺家、牛坡、楼子、张王等村借助农村“一事一议”财政奖补政策资金，完成生产路、出村路硬化；24个村完成村内道路和出村路硬化工作；2010年钵鱼寨村沿西万路立面改造争取上级投资100万元，完成一期投资40余万元。25个村完成卫生室标准化建设，街道卫生院建成新门诊楼并投入使用；全街道179户546人进入低保范围，办理五保户21户24人、城镇低保户17户，全年发放各类救济金70余万元，城镇居民医疗参保人数486人。重点优抚对象171人，进行危漏房屋改造23户；新型农村合作医疗参合率95%以上，新农保参保人数24196人，参保率92%。

【北张原始手工造纸术】 北张村原始造纸术相传比东汉蔡伦造纸术早300年。村里每年农历大年三十举行盛大蔡伦庙会，吼秦腔、逛集市，村里男女老少闹庙会。村上每隔3年摇签确定穰行“摇秤人”（即穰行总经理），每个纸工都来纳银报名抽签。穰行在手工造纸行业中具有行业协会作用，“摇秤人”从秦岭的“穰商”中收购构树皮，用构树皮制成半成品纸的穰由穰行统一管理、统一价格、统一收购或统一代贮。人民公社时期北张村几乎家家造纸，公社将工匠集中起来统一生产，由供销社统一销售，用作包装纸。原始造纸以构树皮为原料，经过72道工序方成纸，北张村仍有13户群众以原始方法造纸谋生。北张村原始手工造纸术2008年申报国家级非物质文化遗产保护项目名录，村民张逢学、马松胜作为手工造纸术传承者代表，在北京奥运会陕西祥云小屋，向国内外人士展示原始手工造纸术。2010年，街道在北张村建立北张手工造纸博物馆。

【创建计划生育精品服务站】 2010年，街道通过集中清理、清查计划外生育，征收社会抚养费3万元，结扎34人，落实节育措施297例，性别比为107：100。投资58.3万元，新建兴隆街道计划生育服务站，新站为砖混结构11间2层，占地586平方米，设手术室、观察室、红外线治疗室、药具室、人口学校、政务大厅，配备B超、乳腺诊断仪、红外线治疗仪、高温消毒设备、冲洗设备等诊疗器械，被列为“西安市精品服务站创建单位”并召开全市现场会。

【农村精神文明建设】 2007～2010年，街道通过开展平安创建活动，在各村和3户街办企业及14所中小学建立治安领导小组、巡逻队48个，为提高“平安创建”工作的“两率一度”，街道印制宣传画册和便民通讯录，发放群众入户率100%；加大15所中小学、幼儿园安保工作力度；街道建立独立信访接待大厅，配备专职信访干部和办公、通讯器材，完善维稳、信访、综治、司法“四位一体”工作机制。街道注重发挥老年协会、关工委、老年大学、退管委作用，开展丰富多彩的文化体育活动。辖区18个村组成立文艺团体，里杜、张牛、张王等村文艺队应邀到周边区县演出，街道老龄委主任刘恩典被评为全省第一批十佳道德模范。街道在张牛、钵鱼、南埝3个村进行乡风文明工作试点，成立乡风评议会，调解纠纷130余起；张王村好媳妇石彩娥、南雷村好婆婆杜玉芳受到区委、区政府表彰。全街道为汶川“5.12”地震灾区捐款162178元，其中农村群众捐款88954元；长安铸造厂为灾区捐物价值20余万元；全街道党员缴纳特殊党费45579元。

【西安电子科技大学新校区】 市考重点项目——西安电子科技大学坚持“花园式、数字化、现代化、国内一流”建设目标，通过3次国际、国内招标，确定校园总体规划、公共教学楼群与园林景观3大设计方案。新校区经国家教育部，省发改委、教育厅审批立项，西安电子科技大学长安校区2004年3月在兴隆破土动工。新校区占地200公顷，总建筑面积70.5万平方米。截至2010年底，项目完成投资30亿元，入驻学生6.5万余人。

【行政村名】 钵鱼寨村、宫子村、里杜村、南雷村、北雷村、堰渡村、东甘河村、西甘河村、枣林寨村、童家寨村、张高村、张牛村、张王村、楼子村、东楼子村、南埝村、三埝村、沣惠村、贺家村、安丰村、牛坡村、北张一村、北张二村、北张三村、北张四村。 （薛利战）

子午街道

办事处地址：子午街道南街3号

邮政编码：710109

【概况】 子午街道位于长安区正南秦岭北麓，距区行政中心13公里；东与五台、王曲街道为邻，南靠滦镇、五台街道，西与滦镇街道接壤，北与黄良街道相连，山区平原各半地貌。境内有建于隋唐的金仙观、百塔寺、至相寺、双柏后稷像等名胜古迹。驻地高校有西安陆军学院、西安印刷技师学院、西安理工技师学院等。子午大道、长安大道、何子公路直通韦曲，环山旅游公路贯穿东西。街道总面积66平方公里，辖19个行政村，99个村民小组，1个居委会，总人口3.4万人。2010年，全社会固定资产投资15926万元；招商实际引进内资6930万元，外资55万美元；农林牧副渔业产值24000万元；社会消费品零售总额完成41265万元；中小企业完成经营收入79240万元，增加值21438万元，利润总额1511万元；规模以下工业产值完成24280万元。

【农业产业结构调整】 2007～2010年，子午街道加大农业产业结构调整力度，筹资建成子午66.7公顷樱桃基地，引进红灯、艳阳等优质品种，在环山路两侧发展樱桃种植；新增经济林种植面积76.67公顷。南村发展小杂果5.33公顷，甫店种植花卉苗木3.33公顷，东水寨发展山野菜3.33公顷，西水寨引进翠之源公司种植温室蔬菜7.76公顷，曹村发展大路菜4公顷。大力推进北豆角、台沟、抱龙峪等村农家乐产业发展；实现甫店装订、张村木器等“一村一品”新突破；子午、张村养殖业有较大发展。

【新农村建设】 2007～2010年，子午街道全力推进新农村建设。2008年张村、曹村、南豆角村完成新农村建设任务；2009

2007～2010年子午街道主要经济指标统计表

单位：万元

年份	生产总值	农业总产值	工业产值	非公经济产值	招商引资	固投资产投资	社会销费品零售总额	财政收入	农民人均纯收入(元)
2007	23230	9818	48614	51481	1900	8750	22167	—	4143
2008	27876	13000	56974	58187	2500	10500	26600	140.8	4920
2009	32891	16000	62636	65867	3200	13267	32170	146.1	5780
2010	42184	24000	67928	70241	6930	15926	41265	152.3	7032

年市级新农村建设示范村——子午村完成健身广场、水泥路硬化、路灯安装等任务并通过市、区验收。2010年新农村建设示范村——甫店村完成全村硬化道路5978平方米和健身广场建设，安装路灯185盏，自来水进户率95%；西水寨村以阵地建设和道路硬化为工作重心，完成7间1层占地0.2公顷阵地建设任务，村内主干道硬化2863平方米，群众生产、生活条件得到改善。

【农村社会保障】 子午街道配合区民政局、卫生局落实农村社会保障政策，开展爱心帮困建广厦活动，捐款14.4万元，为43户贫困户建起新居，完成安居工程26户，每户补助3万元；区民政局安排12户，每户补助15000元。2010年，将年收入785元以下的农村贫困人口全部纳入低保范围，发放农村五保户、低保户资金80万元，发放救济面粉220袋救助235户，发放救济款186850元；城镇居民医疗保险参保560人，新型农村社会养老保险参保16463人，缴纳社会保险金1873900元，参保率97.5%。

【集体林权制度改革】 子午街道地处秦岭北麓沿山地带，集体林权制度改革涉及17个村46个村民小组3580户。“十一五”期间，完成林改任务3077.3公顷，落实林改政策。2010年，完成绿化造林面积112.1公顷，环村林带建设在东水寨、西水寨、石砭口3个村栽植长4500米占地6.18公顷的国槐，优化了沿山农村生态环境。

【“有线电视村村通工程”全覆盖】 子午街道在抱龙峪、天子峪实施民生“八大”工程之一的有线电视“村村通”工程，解决山区群众信息闭塞，看电视难问题。历时2年完成天子峪、抱龙峪村卫星地面接受站安装，安装卫星地面接受设备108套。区政府在子午街道召开长安区“村村通”工程推进会。

【获省“教育强乡镇”】 2007～2010年，子午街道加强基础教育设施建设，新建子午曹村寄宿制小学，占地面积2.13公顷，建筑面积6834平方米，总投资1095万元。学校建成后，开设18个教学班，810名学生就读。撤销子午东片天子峪、天子口、水寨、王庄、九村、甫店6所小学。2010年3月，全市40所山区标准化寄宿制学校建设工程第一批项目学校竣工，竣工仪式在长安区子午曹村寄宿制小学举行。西安市委常委、副市长李秋实，陕西省教育厅副厅长张雄强，长安区区长汪文展，副区长李红等省、市、区领导出席竣工仪式并为曹村小学揭牌。子午中学教学成绩保持全区前茅，王庄中学教学成绩稳步提升，街道被省教育厅命名为“教育强乡镇”。

【名胜古迹】

金仙观 位于子午峪内2.5公里处的金仙峰（当地人称石楼山），此处两水夹峙，奇峰百仞，松杉蔽日，乱石穿云，是修道者理想的洞天福地。据唐代摩崖石刻记载，新罗人金可记于唐开成年间来长安留学，中进士第，后隐居终南山子午峪中得道成仙。本世纪初，韩国研习仙道文化的学者寻访千年遗迹，朝谒先人修真之地，在金可记“升仙”之处与陕西道教协会共建金仙观。拾阶而上，苍松翠柏中掩映着大殿3间、金可记纪念馆等建筑，山颠的望鹤亭，椽牙翘角，气势宏伟。近几年成为中、日、韩道教文化交流基地。

小五台 位于子午街道正南2公里，山峰陡峭，松涛起伏。玉皇楼、五佛殿、白音殿、红丝殿、睡佛殿等庙宇多建于山顶绝壁之上，形势险要。1949年5月20日西安解放前夕，国民党西安守备司令部及胡宗南残部逃窜至终南山，盘踞小五台负隅顽抗，企图同国民党马鸿逵、马步芳部反扑西安。中国人民解放军六十一军一八一、一八二师对国民党十七军十二师残部守军形成夹击之势；7月11日凌晨，向盘踞在小五台的国民党守军发起总攻，直插五佛殿取得小五台战役胜利，故小五台山又称胜利山。

百塔寺 千年古刹百塔寺位于子午街道天子峪口村，既是佛教三阶教流派祖庭，也是华严宗至相道场。古寺始建于西晋太康2年，隋开皇14年（594）复建，原名淳化寺，隋唐时期盛极一时，规模宏大，有“骑马关山门”之美誉。东晋王羲之曾在此寺写《心经》石碑（现存西安碑林博物馆内），北宋苏轼、清王弘度曾作百塔寺诗。寺内银杏树为隋代栽植，高50米、树围15米、树冠100余米，经1500年仍枝繁叶茂、郁郁葱葱，被称为“千年活化石”、“中国第二大银杏树”，西安古刹名木编号为0405，为城南一景。

至相寺 位于子午街道天子峪内3公里处，碧峰叠翠，林木繁茂，寺内存碑赞曰：“终南正脉，结在其中。”至相寺建于隋开皇年间，是华严宗的重要寺院。现占地约2公顷，门外古槐森森，由天王殿进门，先是大雄宝殿，后为法堂建筑，殿宇轩敞整齐，金装佛像尊严传神。寺西南有一经幢为“曹洞正宗第三十世灵源紫谷大和尚涅塔”，记载紫谷大和尚道心纯正，戒行精严，弘扬佛法，终生不懈的功德。常有日、韩及台湾地区僧众来此谒拜。寺后有一宽敞石洞曰“裴公洞”，是唐初宰相裴休与静海禅师谈经论道处，裴休笃信佛学，并将儿子送到该寺出家，学成后到镇江金山寺任住持，即大名鼎鼎的法海和尚。

双柏后稷像 后稷曾作过夏朝大禹王的农官，被周人视为农神。他临终前嘱咐后人在埋葬他时要将头留在外边，以便观察物候，督促子孙种好庄稼。供奉在子午街道南豆角村子午古道口的后稷石雕头像刻工精细、刀法纯熟、线条流畅，虽经数百年风雨剥蚀，其剑眉怒竖、端庄凝重的神态依然逼真传神。石像后边，有2棵双人合抱粗的古柏，根部突起连结如筋骨暴起，主杆伟岸高耸，枝叶遮天蔽日，巍巍然如2尊守护神并肩屹立。

【行政村、居委会名】 子午村、曹 村、甫店村、王庄村、递午村、张村、东水寨村、西水寨村、石砭口村、南豆角村、北豆角村、东村、抱石村、台沟村、天子口村、天子峪村、抱龙峪村、西村、七里坪村，子午社区居委会。

（刘卫峰　辛田虎）

黄良街道

办事处地址：黄良镇甲字1号

邮政编码：710109

【概况】 黄良街道位于长安区政府以南8公里处，北依郭杜街道和常宁新区，南接子午街道，东与王曲街道相邻，西和滦镇街道接壤。子午大道、何子公路穿越南北，黄湖公路贯通东西，20.3公里环街公路纵横交错。街道总面积19.31平方公里，耕地面积1206.2公顷，辖21个行政村，77个村民小组。2010年辖区总户数4864户，总人口18771人，农业人口18181人。2007～2010年，黄良街道立足区位优势，加大招商引资力度，发展现代设施农业，辖区城镇化进程逐年加快。

【无公害设施西瓜落户黄良村】 黄良街办引导黄良村运用科技成果，采取两委会与个体投资户合资形式，发展无公害设施西瓜。2009年，投资80万元，建设占地5.33公顷无公害设施西瓜示范园。2010年，建成设施西瓜大棚50栋。设施大棚功能齐全，西瓜种植脱离传统农业的限制，提高了产量和品质。

【现代花卉产业初具规模】 2009年，黄良街道与西安秦岭农业科技发展有限责任公司签约，发展现代花卉产业。2010年投资3194.80万元，在下北良村建成占地6.5公顷的西安鲜花港，建成每栋占地3500平方米的智能花卉大棚4栋。2009年与西安木禾林农业生态园有限公司签约，总投资3000万元，在下北良与北堀垛村之间建成占地13.33公顷的西安木禾林农业生态园，同年建成占地5068平方米的智能花卉大棚1栋。

【撤乡设街道】 2007年2月，省民政厅批复撤销黄良乡建制设立黄良街道办事处；根据4月4日区政府文件《通知》，6月27日，黄良街办举行揭牌仪式。

【小城镇建设】 2007年投资80万元，实施商贸街排水工程，彻底解决商贸街、西古城村、黄良镇村和中心小学排水问题。2009年投资150万元，对何子路至南仁村路段环街公路5.6公里进行柏油路改造。2010年投资190万元，完成葛邵路路段2公里环街公路水泥硬化改造；投资240万元，完成黄石路路段2公里环街公路水泥硬化改造。

【新农村建设】 在新农村建设中，2009年投资400万元，修建黄良村200米深井并投入使用，解决了辖区剩余12个村1.5万人的集中供水，并对水质进行净化、软化处理，为各户铺设自来水管道，实现辖区人畜饮水工程全覆盖。共投资35万元，分别建成黄良村5间2层、东古城村3间2层村两委会办公楼总面积500平方米。2010年累计投资312万元，分别建成黄良镇村6间2层、南堀垛村5间2层、石佛寺村7间2层、聂家河村5间2层、北仁村5间2层、解家庄村5间1层、西仁村5间2层、大邵村6间2层村两委会办公楼总面积2870平方米。黄良街道21个行政村全部实现村内道路水泥硬化。

【西安科技大学高新学院落户黄良】 西安科技大学高新学院位于黄良街道下北良村与西仁村之间，占地面积33.33公顷，2006年7月动工建设，总投资3亿元。西安科技大学高新学院入驻黄良，带动了下北良村及周边村庄第三产业的发展。

【气象观测项目落户黄良】 2009年，陕西省气象局投资4600万元，占地2公顷的气象观测项目落户黄良镇村。2010年气象站建成后，由西安市气象局直接管理，测定长安地区的云、能见度、天气现象、气压、空气的温度和湿度、风向和风速、降水、日照、蒸发、地面温度、雪深、冻土等。

【中国针刀名家——聂伯泉】 聂伯泉，男，1953年4月2日生，黄良街道聂河村村民。聂伯泉自幼酷爱医学，1975年创办诊所。2006年7月，他的论文《腰骶部疼痛与脊神经后支卡压》被中华医药学会评为首届中医微创学术大会优秀论文奖。2007年，聂伯泉投资300万元建成占地1200平方米的西安聂河颈腰腿痛医院。该医院先后被北京汉章针刀医学研究院第三届国际针刀医学学术交流大会及2010年“中国针刀名家·十大针刀专科医院”年度颁奖大会授予2010年度“十大针刀医院”称号。

【行政村名】 东湖村、西湖村、北湖村、立元村、小邵村、东古城村、西古城村、大邵村、葛村、石佛寺村、南仁村、西仁村、北仁村、聂家河村、解家庄村、黄良村、黄良镇村、上北良村、下北良村、南堀垛村、北堀垛村　（冯卫平）

黄良街道2007～2010年主要经济指标统计表

单位：万元

年度	社会生产总值	农业总产值	工业产值	非公经济产值	招商引资	固定资产投资	社会消费品零售总额	财政收入	农民人均纯收入（元）
2007	17219	8980	17916	38586	4110	11639	5436	290	4285
2008	20012	10590	22415	43992	4490	16019	9246	330	4800
2009	21026	11431	30781	48982	6000	18370	10000	350	5830
2010	36347	12650	37635	54141	6300	20941	13013	460	7087

王曲街道

办事处驻地：北堡寨村

邮政编码：710106

【概况】 王曲街道位于长安区行政中心

南10公里处，北接韦曲街道，南依五台街道，西邻子午、黄良街道，东连太乙宫、杜曲街道，是长安八大古镇之一；神禾塬、滈河贯通南北，何子路、西弥路、环山路穿境而过。2008年撤销镇政府建制设立街道办事处。驻地有军事院校——西安通信学院，普通高校——西安财经学院、西安电子科技学院。境内有王曲十三省总城隍庙、张学良公馆、太师洞、子牙亭、马厂民俗馆、柳青墓、常宁宫等历史遗迹。辖28个行政村，142个村民小组，社区居委会1个，总户数10170户，总人口41280人，其中农业人口39600人。辖区总面积43.21平方公里，耕地面积2214公顷，林地面积290公顷，主要农作物有小麦、玉米、水稻、油菜。2010年有工商医贸260家。全街道生产总值8.92亿元，农业总产值1.3亿元，工业总产值2.16亿元，招商引资0.68亿元，固定资产投资总额1.58亿元，社会消费品零售总额1.5亿元，非公经济5.4亿元，财政总收入705万元，农民人均纯收入6795元。

【农业与农业经济】 王曲街道为传统农作区，主产小麦、玉米，一年两熟，粮食作物复种率95%；苗木、蔬菜、油菜、水稻约占耕地总面积的25%；2010年粮食总产量21957吨。滈河两岸村庄建成胸径10公分以上以速生杨为主的林业苗圃300公顷；蔬菜面积155公顷，其中日光大棚80栋，总产量12860吨。养殖业稳步发展，蛋、肉、奶年产量分别为500吨、700吨、400吨。积极开展农业领域的招商引资，截至2010年底，引进西安郎丰现代农业公司、西安丰源果蔬专业合作社、千聚成现代农业公司等现代农业企业，在曙光村、高湾村、新民村、胜利村协调承租土地近66.7公顷，推进王曲666.7公顷蔬菜博览园建设。

【重点项目建设】 2007～2010年，街道成立重点项目协调工作组，确保西安财经学院长安校区、西京学院二期扩建工程和神禾大道、长安大道等重点建设项目顺利进行。2010年，西安财经学院完成投资6.3亿元，12项主要工程全面完成；西京学院二期建设全面展开；引进西安真之味食品有限公司，建起厂房。区级重点项目长安大道王曲段，北起常宁新区，南与107省道环山公路相连，全长8.097公里，路基宽度30米，双向8车道，总投资2.52亿元。其中，王曲街道辖区内4.1公里，涉及4个村征地拆迁，土地丈量、地面附着物折价赔偿、插标亮界等工作，为保障长安大道工程顺利进展，跨度1.27公里的常宁宫大桥正在施工；区级重点工程神禾大道王曲段1.2公里建成通车，为常宁新区的扩展奠定了坚实基础。

王曲街道2007～2010年主要经济指标统计表

单位：万元

年份	生产总值	农业总产值	工业产值	非公经济产值	招商引资	固定资产投资总额	社会消费品零售总额	财政收入	农民人均纯收入（元）
2007	51526	8496	10872	32158	585	2202	9693	578	4378
2008	59814	9260	13730	36824	613	4780	9980	612	4865
2009	78594	12053	1876	47781	644	12650	13684	639	5980
2010	89217	13004	21637	54576	679	15830	14976	705	6795

王曲街道2007～2010年道路硬化建设情况表

年份	村际道路		村内道路	
	长度（米）	面积（平方米）	长度（米）	面积（平方米）
2007	16450	57600	7000	28000
2008	2200	7300	4000	16000
2009	1960	6800	72002	288008
2010	—	—	18200	69500

【新农村建设】 “十一五”期间，王曲街道围绕新农村建设“二十字方针”，编制28个村发展规划，开展各村每年为群众办一件实事活动，努力解决生产发展中的重点问题。2007～2009年，完成市级新农村建设重点村——南堡寨、南街、新民3个村建设任务，经市级检查验收合格。2010年市级新农村建设重点村——藏驾庄，新建9间2层村级组织活动场所556平方米，建设群众文化活动广场1300平方米，完成环村绿化林带2000米，人畜饮水工程自来水入户安装380户，硬化村内道路400米；皇甫村投资60多万元，硬化村内大街小巷道路2800米。围绕新农村建设，全街道筹措资金3840万元，水泥硬化乡村道路75.4公里，油路改造4.55公里，整修村组砂石道路18公里，主干道硬化率94%，乡村道路硬化率88.63%。按照区卫生局建立基层医疗保障体系要求，建成27个行政村标准化卫生室。

【计划生育工作】 2007年，王曲街道投入资金27万元，建成标准化计划生育服务站。一是开展“母亲健康工程”活动，邀请区计生服务中心和市级医院为辖区内妇女进行免费健康检查2次，查出疾病3569人，治疗3029人次，治疗率85%。二是实施计生贫困家庭创业工程，帮助8户计生户建房24间，救助独女、双女户贫困家庭20户，指导扶持30户计生户落实产业结构调整任务。三是优生促进工程，开展生殖健康知识培训12次400多人，生育妇女培训率85%，做好200多名孕前妇女优生筛查和管理工作。

【优抚救济】 “十一五”期间，王曲街道完善《民政低保工作流程》，建立全街道救济保障信息档案。为69位在乡老复员军人、6位三属人员发放春节慰问品32份，为34名复原军人审核办理涉核参战人员补贴，发放农村义务兵优待金30600元。为39户低保户、17户困难户实施安居工程帮扶，建成房屋。2009年王曲街道被区政府评为优抚工作先进单位。发放各项救助款262000元，为五保户30户30人发放供养金56700元，节日慰问品6300元；5人实现集中供养。为24户办理发放医疗救助金40600元，办理农村低保户458户1404人。2010年发放低保金604797元。为城镇70户119人低保对象发放保障金62339元，为2户发放城镇低保医疗救助金1.2万元。2010年筹集新型农村养老保障金229.72万元，参保率98%，为全街道4451名60岁以上老人每月发放80元养老金。

【建成王曲综合文化站】 2009年，经王曲街道申报，区文化局立项，市、区、街道三级投入资金，在常宁新区长安大道东侧规划建设王曲街道综合文化站。项目占地0.5公顷，2010年10月动工，12月竣工，建筑面积300平方米。文化站楼房为上下两层20间，设有多功能厅、图书阅览室、电脑室、会议室。经验收合格，2011年投入使用。

【建成王曲垃圾压缩站】 2008年底，王曲街道配合区市容园林局在窑底村协调建设垃圾压缩站，占地0.46公顷，2009年动工，2010年6月建成。在辖区28个行政村放置大型垃圾中转箱68个，在西弥路王曲段及王曲城镇街区安装新型果皮箱20个，提升市容环卫设施水平。建立卫生保洁长效机制，固定卫生保洁人员52人。在市容整治中，出动大型机械210余台次，人力1850人次，清理各类垃圾630立方米，拆除西弥路沿线违章建筑27户面积220平方米，提升了西弥路王曲段保洁水平。

【王曲街道辖区开通公交车】 2008年7月1日，市、区交通局为王曲街道辖区开通4—18路公交车。通行线路起点为王曲中甘村，终点为西安高新区付村花园，全长28.5公里，设站50个，投入营运车辆20台，15分钟发车一趟。2010年1月，线路延伸南至太乙宫街道上寨村始发，北至西安高新区华新丽华小区，全长33.5公里。4—18路公交车的开通，方便了辖区群众出行和生产生活。

【撤镇设街道办事处】 2008年4月，西安市政府批准王曲撤镇建制设立街道办事处。5月16日，王曲举行街道办事处挂牌仪式，长安区委副书记薛振虎、常务副区长钱虎威、人大副主任李映昭及区人事局、编办、民政局等单位领导参加挂牌仪式。

【市委领导调研王曲街道工作】 2008年11月，西安市委副书记王成文在长安区调研指导乡街班子和基层组织建设工作，区委书记吕健、区长汪文展、组织部长王福林参加调研。王成文在王曲街道党政办向工作人员了解群众办事流程，在农业信息服务站与工作人员促膝交谈，对服务工作提出指导意见。在与王曲街道党政领导干部座谈中，王成文希望乡街党政班子要把党的政策学习、宣传、贯彻好，把公共服务和社会管理工作组织、安排、开展好，把党的群众路线理解、运用、落实好，使乡街工作逐步实现规范化、标准化。

【创建市级文明机关】 2007年，王曲镇政府结合建一流班子、树一流形象、创一流业绩创建市级文明机关。党委书记担任创建工作领导小组组长，从思想作风、组织建设等方面加强自身建设，工作讲奉献，团结当模范，练就一支“文明高效、团结奋进”的干部队伍。创建过程中，推进党的建设、机关文化娱乐活动、扶贫帮困献爱心活动，组织外出参观学习，取长补短，不断改善机关整体环境，强化职业道德，增强服务意识，为创建工作注入活力，全面完成年度任务。经西安市文明委检查验收，《西安日报》公示，王曲镇被西安市委、市政府授予“文明机关”称号。

【张学良公馆抢救修复工程】 1935年，国民党爱国将领张学良在蒋介石不抵抗政策逼迫下率部入陕，驻扎在王曲镇南村。期间，张学良在村内建起1座砖木结构5间1层欧式住宅，办公兼居住。西安事变后，张学良护送蒋介石回南京即被扣押。这座被当地人称为“张学良公馆”的房屋因年久失修倒塌。《三秦都市报》报道后，西安市市长陈宝根作出抢救性修复批示。2007年10月，由陕西省古建设计研究所设计，西安市园林古建公司监理，西安市古代建筑工程公司承建的张学良故居抢救恢复保护工程开工。按照文物古迹恢复原貌、修旧如旧原则，修复工程投资137万元，建筑面积303平方米，恢复爱国将领张学良在西安事变期间的珍贵文物，为长安大地增添了一处爱国主义教育基地。

【郭氏民宅保护修复工程】 建于清康熙年间的郭家地主庄园，位于王曲街道西马厂村，距解放前夕郭守约辈时已300余年，是西安地区农村保存较为完整的明清风格民宅大院。大院占地1.34公顷，11进，现残存6院40间，有正院、偏院、客厅、厨房，青砖铺地，花圃相隔，墙壁拱门有各种砖雕，做工精细，因年久失修大多建筑倒塌损毁严重。2007年3月，市、区文物部门决定对郭氏民宅局部修复，由省文化遗产保护研究中心和古建设计研究所设计，10月动工。一期工程投资138万元，重建西院后楼146平方米，东院后楼西厢房75.6平方米、后院哨楼、挡土墙等，新建面积33平方米厕所和化粪池1个。工程由西安市古代建筑工程公司承建，砖木结构，本着修旧如旧、恢复原貌，在不改变文物原状原则下进行。2010年底竣工，再现了清代郭氏民宅的历史原貌。

【王曲十三省总城隍庙资源保护与开发】 名扬华夏的十三省总城隍庙相传为西汉开皇刘邦为供奉汉将纪信所建。在荥阳之战中，纪信假扮汉王吸引西楚霸王人马掩护刘邦从后城门逃脱，霸王震怒火烧荥阳，烧死纪信。刘邦称帝后感念纪信忠勇，封纪信为十三省总城隍，遂在王曲镇建庙立祠，每年二月初八派人祭奠。两千余年历史变迁中形成的总城隍庙会一直延续至今。民间还有另一传说：明嘉靖年间，长安人邹应龙为官铁面无私，因屡次弹劾贪官严嵩而归乡身死，嘉靖皇帝敕封邹应龙

五曲十三省总城隍庙会

为十三省总城隍。王曲总城隍庙原占地6.67公顷，有房舍百余间，道士近百人，明、清年间扩建修葺，庙产十分丰富。民国时期，胡宗南部队入驻后胡拆乱卸，原貌及建筑、器物逐年丧失殆尽，解放前仅存合抱松柏近百棵、城隍大殿、山门、戏楼多处。解放后将原址改建为解放军西安通信学院。城隍庙最后的道长刘长乐被北堡寨村收养，并盖起现在的3间大厅和1院庄基。每年农历二月初八，外省、市各地及当地群众十多万人到王曲参加庙会，庙会从二月初六聚集，二月初八形成高潮，二月初九进入尾声。庙会期间，百余家杂耍、歌舞、戏班、百货、小吃、摊点汇聚，商贾云集、声势浩大，影响深远。2005年，王曲镇着手搜集有关历史影像文字资料，申报非物质文化遗产。经过区、市、省文化部门审定，2006年总城隍庙被收入陕西省非物质文化遗产名录。2008年2月，区政府在常宁宫召开王曲十三省总城隍庙会研讨会。区级领导王作兆、孙水池、刘明军、王百忍，省民间艺术家协会会长、陕西师大文学院教授傅功振，市社科院研究员赵宇拱，西大街都城隍庙住持刘世天等专家学者和省、市电视台，西安日、晚报社等新闻单位参加。会议认为王曲十三省总城隍庙祭祀活动源远流长，需继续加强考证，在民间发掘实物和资料，条件成熟后申报国家级非物质文化遗产项目。

【行政村、居委会名称】 贾里村、鱼包头村、高家湾村、罗家湾村、皇甫村、兴盛村、新民村、新庄村、柳家寨村、胜利村、西王曲村、曙光村、满江红村、中甘村、窑底村、南堡寨村、北堡寨村、藏驾庄村、南江兆村、中江兆村、北江兆村、王曲村、永兴村、西马厂村、南街村、枣园村、堡子村、东庵村，王曲街道居委会。（王志安）

五台街道

办事处地址：五台留村甲字1号

邮政编码：710107

【概况】 五台街道地处长安区南部秦岭北麓，半山半塬地貌。南与柞水县营盘镇毗邻，北连王曲街道，东接太乙宫街道，西同子午、滦镇街道接壤。107省道横贯东西，西康铁路、西柞高速公路纵穿全境，滈河从石砭峪发源向北流去。旅游景点有南五台山风景区、关中民俗艺术博物院。2009年11月撤销五台乡设立五台街道，区域总面积162.9平方公里。其中，森林面积7000公顷，耕地面积577公顷，水域面积2.4公顷；辖17个行政村，82个村民小组，总户数3384户。2010年总人口13093人，其中农业人口12590人。主要农产品有小麦、玉米；全街道有工商企业和商贸业392户。其中，企业29户，工商户363户。

五台街道2007～2010年主要经济指标统计表

单位：万元

年份	生产总值	农业总产值	工业产值	非公经济产值	招商引资	固定资产投资总额	社会消费品零售总额	财政收入	农民人均纯收入（元）
2007	33077	1571	8306	23200	11220	7750	5720	166	3914
2008	42989	2234	14950	25805	8900	14719	8610	206	4565
2009	45176	2464	12162	30550	6900	36500	9625	657	5751
2010	58107	2337	21560	34210	7260	40540	11020	737	6963

【新农村建设】 五台街道在完成东甘、西尧、新农、留村、星火5个市级重点村建设规划的基础上，2010年，东甘、西尧、新农市级重点村建设通过验收，留村、星火村通过第一阶段验收；建成村级活动阵地5个、标准化卫生室5个、健身广场两个5650平方米、健身器材50件（套）；建设人畜饮水工程5个，覆盖率100%；硬化村道8.32万平方米全长21218米，装路灯419盏。

【西柞高速五台服务区投入使用】 西柞高速南五台服务区位于国家高速公路网包茂线陕西境内西康高速22K处，占地12公顷，是一个集餐饮、住宿、购物、休息、加油、汽修为一体的综合性服务区。2007年9月落户长安区五台乡，由西（安）镇（安）公司交电集团勘察、征地，总投资9740万元，进行基础设施建设，2009年11月投入使用。服务区有工作人员70人，设停车场、加油站、修理厂、餐厅、招待所、卫生间，并有篮球场、健身器材等设施，为过往司乘人员提供各项便利服务。

【植树造林】 2007～2010年，五台街道加强大绿工程、退耕还林、天保工程项目管护。至2010年，完成林改任务6567.5公顷，新增绿地64公顷，荒山绿化52.7公顷，107省道环山路绿化15公顷，路旁植树14261棵，新增杂果林73公顷，退耕还林93公顷；街道办与山上及沿山村签订《森林防火责任书》，组织常年灭火队13支200人，出动森林防火宣传车80台次，刷写固定防火标语25条，制作固定制度及管护牌102个，确保绿化面积增加，保护生态环境。

【五台街道编写党员学习资料】 2009年5月，五台乡党委编写《学习实践活动应知应会100问》、《学习实践活动问答100题》。资料采取一问一答形式，简明扼要、通俗易懂，对多角度、多层次、多方位科学发展观进行讲述，便于理解掌握，受到广大党员欢迎。

【秸秆禁烧与综合利用】 2007～2010年每逢三夏、三秋，五台街办都要提前出动宣传车，村村张贴标语，悬挂横幅，给收割机、播种机驾驶员及农户发出公开信，宣传生态农业与环保知识；与五台中心学校开展“小手拉大手，争做环保小卫士，共建美好家园”活动，教育动员中小学学生自觉参与环境保护；与各村签订《目标责任书》，成立街道、村防火巡逻队，落实责任与奖惩措施。4年来群众节能和环保意识增强，夏秋期间，田地未有着火点，秸秆回收利用率90%以上。

【为贫困户送温暖活动】 2009年，五台街道把“抗风雪、送温暖、保民生”作为学习实践科学发展观的重要内容。入冬下雪降温后，组织领导和机关干部分片包村

五台·乡改街道办挂牌仪式

排查险情，在对生活困难党员、群众调查摸底的基础上，在17个村确定慰问对象50户。11月，街道领导班子为困难党员、群众送温暖共计现金10000元，棉衣、棉裤、棉被50套。

【撤销五台乡设立五台街道】 2009年1月，五台乡向区政府提出《关于撤销乡建制设立街道办事处的请示》。11月，经区政府研究并报省、市政府批准，撤销五台乡设立五台街道建制，其行政区域不变，办公驻地仍在五台古镇留村。12月，五台举行乡改街挂牌仪式，区委副书记徐树安、常务副区长钱虎威等领导揭牌。

【街道召开新农保工作动员会】 2010年2月，五台街道召开新型农村社会养老保险工作动员大会，传达区委、区政府新农保工作启动大会精神，要求各村两委会在春节来临之际借走亲访友之机，大力宣传、深入动员，切实做好新农保工作，把实事办好、好事办实；规范操作，摸清底子，专款专用，配好配强协办员，做到村不漏户、户不漏人，集中时间、集中精力办好国家惠民工程。会后，五台街道老龙桥村采取集体补助方式，第一个完成10000元新农保资金收缴任务。

【街道领导带领留村群众赴礼泉县袁家村学习取经】 2010年3月，五台街办从留村筹办农家乐的100余户群众中挑选20户代表，赴礼泉县袁家村学习农家乐经营模式及管理经验，开拓视野，并作为排头兵，带动更多群众加入到农家乐经营中。同时借助关中民俗艺术博物院及南五台景区旅游资源，探索五台民俗古镇产业定位，挖掘五台古镇发展潜力，为五台街道经济发展添砖加瓦。

【街道召开计划生育集中整治动员会】 2010年4月，五台街道召开2010年工作暨春季计划生育集中整治活动动员会。街道领导就五台街道全年经济和社会各项事业发展安排部署，发布春季计划生育集中整治活动《实施方案》、安排集中整治工作；宣讲计划生育奖励政策，对实施计生手术者给予每例100～200元的营养补助。计生办主任及村委会主任、村计生专干代表分别表态发言。会后，街道领导上街向群众发送《告育龄妇女的一封信》、避孕节育药具等。

【特色农业】 2010年，五台民俗古镇改造完成，吸引大批游人前来休闲旅游。街道适时引导当地农民发展特色农业，一些山民利用房前屋后闲置空地散养土鸡，石砭峪、四岔、关庙村村民采摘灰灰菜、蒲公英、马齿苋出售，吸引菜贩到田间收购。村民看到特色农业带来的商机，准备规模养殖土鸡，大面积种植山野菜，为农民致富拓宽道路。

【举办“四中全会”精神学习会】 2010年4月，五台街道邀请预备役高炮四团报告团，为全体机关干部及各村两委会成员宣传党的十七届四中全会精神。学习会上，预备役高炮四团政委何征以《学习贯彻四中全会精神，加强和改进新形势下党的建设》为题，从“为什么党的十七届四中全会要专题研究党的建设”、“党的建设的基本经验和新形势下党建的总体要求”两个方面，阐述基层党建工作重要性，为与会人员上了一堂生动的党建知识课。

【集中发放新农保养老金】 2010年5月，五台街道为辖区1362位60周岁以上符合条件的老人发放新农保养老金。同时，新农保工作小组完善辖区群众2010年新农保参保手续。2707户8076人参保，为1362位60周岁以上老人办理新农保养老金存折，发放养老金130.752万元。

【五台街道总工会第一次代表大会召开】 2010年6月，五台街道总工会第一次代表大会召开，43名代表参加。大会通过民主选举产生街道总工会第一届委员会委员11名、经费审查委员会委员3名，总工会主席韩凯，副主席高博，并通过《五台街道总工会第一次代表大会决议》。大会要求各基层工会发挥职工主力军作用，加强基层组织建设，关心职工生活，维护职工合法权益。

【五台街道召开第一次妇女代表大会】 2010年6月，五台街道召开第一次妇女代表大会，31名代表参加。按照街道党工委“农业稳街，商贸活街，旅游强街、生态美街”总体要求，审议并通过五台街道妇联上届执委会工作报告，选举产生五台街道妇女联合会第一届执委会成员5名，执委会主席1名和出席区妇代会代表3名。

【西尧村党员参与人畜饮水工程建设】 五台街道西尧村人畜饮水工程，是区委、区政府确定的农村公益性事业一事一议财政奖补试点项目之一。2010年6月，五台街道西尧村启动人畜饮水工程建设，全体党员参加义务劳动。7月竣工，使西尧村群众用上干净卫生的自来水。

【石砭峪希望卫生院挂牌】 2010年8月，五台街道石砭峪希望卫生院举行挂牌仪式。西安市实施希望工程办公室主任张伟民，长安区卫生局局长王小虎，团区委书记孙雪峰参加。石砭峪希望卫生院位于五台街道青岔村，占地0.17公顷，2008年10月破土动工，2009年3月竣工投入使用，改善了石砭峪地区医疗卫生服务条件。

【五台街道留村污水处理厂建成】 五台街道留村污水处理厂建设项目，是农村环境综合整治项目之一，占地0.35公顷，投资78万元，其中，50万元从省环保专项资金争取，下余部分由区、街筹措。2010年9月开工，年末建成。新建污水处理厂采用“沉沙+厌氧+人工湿地”等先进处理工艺，日处理污水能力1000吨，满足留村及五台古镇周围农家乐发展的日常生活污水处理。

【信访维稳促和谐稳定】 2007～2010

年，五台街道坚持督促检查与综合治理相结合，每年与各村、驻地单位签订目标管理责任书，组织干部参加法律知识考试，开展无“邪教”村创建活动和“平安创建”宣传活动；按照“群防群治”原则，建立治安巡逻联防队，开展“平安五台”创建活动，遏制治安案件发生，并加大矛盾排查化解力度，完善领导信访接待日制度，发挥街、村、组三级矛盾调处网络作用，做到“大事不出街、小事不出村”，尽量将矛盾化解在基层。截至2010年底，辖区无重大治安、刑事案件发生，无不安全事故发生；不稳定因素排查率、领导处理信访事件到位及时率100%，无进京、到省、赴市上访，无到区集访事件。

【五台留村部分群众申请国务院行政复议最终裁决】 西安灏文堂文化有限公司2000年在留村征地，部分群众认为：无征地批复手续及群众满意的补偿安置政策，且所征地属基本农田，在村民小组及群众不知情的状况下灏文堂强行圈地并打伤群众。群众先后向县、市、省土地部门及省政府反映，省政府2005年做出行政复议决定，群众仍不服，向国务院申请行政复议。国务院经实地调查，2006年9月作出行政复议裁决（国复[2006]32号）：1.征用的原由　申请人使用的土地为一般耕地，不属于基本农田。原县政府设立的有关基本农田保护碑未按照土地利用总体规划正确标识基本农田保护区范围，被申请人（省政府）应当责成有关行政机关予以纠正。2.关于征地程序　农用地转用方案、补充耕地方案、征用土地方案，逐级上报符合法定权限和程序。3.关于征地补偿安置程序问题　征地审批与征地补偿安置是两个不同的具体行政行为，审批在前，补偿安置在后。对于申请人反映的征地补偿安置程序问题，被申请人应当责成有关行政机关认真调查核实，并采取必要的补救措施。综上所述，被申请人批准征用申请人使用的农村集体土地，认定事实清楚，证据确凿，适用法律依据正确，程序合法。被申请人作出的维持其批准征地行为的行政复议决定正确。根据《中华人民共和国行政复议法》第二十八条规定，裁决如下：维持被申请人作出的陕政复决字[2005]第13号行政复议决定和陕政土批[2003]117号征地批复。本裁决为最终裁决。最终补偿安置政策：1.土地征用补偿费每公顷27万元；2.乡村划拨1.87公顷土地供失地农民耕种；3.每公顷耕地每年补偿面粉4125公斤。4.为失地农民办理失地补贴，男60岁、女55岁每人每月50元。5.免费办理新型合作医疗50年。

【行政村名】 留村、西甘村、东甘村、和平村、星光村、新农村、星火村、东尧村、西尧村、团结村、关庙村、大瓢村、四岔村、青岔村、小马杓村、老龙桥村、罗汉坪村。（张普及）

太乙宫街道

办事处地址： 太乙宫正街1号

邮政编码： 710105

【概况】 太乙宫街道位于长安区南部秦岭北麓，东邻王莽街道，西接五台街道，南与柞水县接壤，北连杜曲街道，距西安城区25公里。辖区面积60.1平方公里，耕地面积1300公顷，林地4000公顷。境内有太乙河、蛟峪河及蛟峪、翠华山、正岔、四皓水库，西柞高速、西康铁路、环山路、西太路纵横穿过。辖23个行政村，10个社区，34个驻街道单位，总人口5万人，其中农业人口2万人。驻有全国知名的民办高等院校——西安翻译学院。2009年8月，AAAA级风景区——翠华山国家地质公园被联合国教科文组织命名为终南山世界地质公园，成为西北首个世界级地质公园。2010年街道社会生产总值65000万元，引进工商注册资金30万元以上规模企业5户，实际利用内资12020万元，外资40万美元。地方经济呈现出以旅游业为龙头，一、二、三产业协调发展的格局。

【农业产业化调整】 “十一五”期间，太乙宫街道退耕还林面积106公顷，荒山造林200公顷，扩大蔬菜种植面积153公顷，核桃133公顷，板栗67公顷，柿子33公顷，猕猴桃7公顷，另有山楂、葡萄等作物。先后引进、建成集园艺、现代观光农业、苗圃为一体的嘉艺园林、大华园林、长青园等生态农业园，西太公路两侧为主的花卉、苗木基地总面积46.67公顷。依托翠华山旅游景区发展三产服务业，在水湫池村建成翠华山“天池食坊”，在杏元村建成商贸“一条街”，创

太乙宫街道2007～2010年主要经济指标统计表

单位：万元

年份	生产总值	农业总产值	工业产值	非公经济产值	招商引资	固定资产投资	社会消费品零售总额	财政收入	农民人均纯收入（元）
2007	43000	3515	5437	—	—	12869	31440	502.71	2775
2008	49000	4649	6331	22081	10800	17480	33638	—	4670
2009	56000%	5231	10960	32055	12980	27665	39034	—	5420
2010	65000	4556	15615	34703	10000	25963	35404	520.00	6432

出“西安太乙民俗农家乐”品牌。截至2010年底，发展经营户150余户。

【重点项目建设】 2007～2010年，省、市、区在太乙宫街道辖区实施的重点项目主要有：1、西安翻译学院污水处理厂项目，占地0.67公顷，投资1000万元，2009年11月动工，2010年8月完工，新污水厂日处理量5000立方米，年节约用水60万吨。2、秦岭终南山公路隧道安全检查站项目，位于太乙宫收费站北，涉及路段1.4公里，总占地面积4.13公顷，其中房建区0.36公顷，由陕西交通集团投资建设，总投资6000万元，2009年2月动工，2010年8月竣工，9月投入使用。3、翠华山水库除险加固工程项目，主要包括大坝防渗加固处理，泄洪道改造加固，放水设施改造，增设大坝安全检测设施及管理设施，工程总投资840万元，2009年实施，2010年4月经西安衡陆水利水电工程检测有限公司检测，符合规范标准。

【农家乐经营】 2007～2010年，太乙宫街道加强太翠路沿线农家乐规范化管理和周边环境卫生综合整治力度。先后组织农家乐从业人员技能培训，提高从业人员素质；组织农家乐开办者外出考察，学习先进经验，开阔视野；整治农家乐环境卫生，建立农家乐经营环境卫生管理机制；启动水湫池村农家乐综合改造项目。通过软环境建设，提升太翠路沿线农家乐整体发展水平及形象，增加旅游附加值，并促进农民增收，同时优化翠华山周边环境。制订太乙宫街道农家乐经营管理须知，促进经营户文明经营、优质服务；与信用社共同举办农家乐专项资金贷款会，解决农家乐开办、改造及经营周转之需。截至2010年底，全街道发展农家乐经营户150余户，从业人数达460人，年接待游客20余万人次，营业收入累计1100余万元。

【小城镇建设】 太乙宫街道2007年被列入陕西省100个小城镇建设重点扶持镇。4月，启动3.5公里太翠公路拓宽改建工程，历时4个月，总投资700余万元，建成6000平方米旅游车站和260平方米候车室。2008年投入资金16万元，在太乙街安装垃圾箱21个，修补道沿130块，粉刷道沿3000余米，更换排水渠盖板9块，修补人行道花砖38平方米、绿化带700平方米。2009年，完成长790米、宽9米的太乙东街一、二期路面硬化工程，实现太翠公路与环山公路对接。完成太乙宫新镇区及太乙宫总体规划编制工作。2010年完成太乙东街改造二期工程，硬化、绿化道路1800米，铺设城镇排水管道1500余米。“十一五”期间街道累计投资2500多万元，拓宽改造和硬化太乙宫大街2000米，修建连接东西大街的大桥和“田”字型公路，完成人行道铺设，修建排水暗渠，在主干道安装高杆双挑路灯50多盏，建成绿化林带；沿街修建门面房800余间，建成出租商业门店400多间。城镇街区取缔出店经营和占道经营，规范车辆停放和经营门店广告牌匾。治理农村“脏、乱、差”、“三堆”、“五乱”现象和消灭卫生死角，辖区农村环境面貌明显改观。

2007～2010年太乙宫街道路面铺设情况

年份	施工路段	总投资（万元）	长度（千米）
2007	太翠路扩建	700	3500
2008	太乙东街旧路改造	400	1000
2009～2010	太乙东街二期	810	1800

【新农村建设】 “十一五”期间，太乙宫街道积极推进新农村建设。投资368万元，硬化村内道路30公里、村际道路28公里，截至2009年底，完成辖区出村路及村内主干道路硬化；2010年，实现23个村自来水全覆盖。投资100多万元，完成温家山、崔家河、杏元等10余个村人畜饮水工程，解决农村10000余人饮水安全问题；投资33万元，争取翠华山天池水库除险加固资金947万元，完成蛟峪山水库溢洪道、正岔水库闸门和翠华山天池水库排洪渠修复工程。投资20万元，建成沼气池101口；落实重点村建设资金150万元，加强水湫池、正岔、西岔村扶贫重点村建设，农村基础设施建设成效显著。实施村级公益事业建设“一事一议”财政奖补，7个村完成农业基础设施建设、低压线改等建设工程。

【村级阵地建设】 2007～2010年，太乙宫街道党工委开展“升级晋档、科学发展”及“创先争优”活动，兴建人畜饮水工程，新建群众文化活动广场，硬化村内道路，新建垃圾台、标准化公厕，改圈、改厕、改灶，各村环境面貌和群众生活水平得到提升。2008年启动第一轮阵地建设省计划，有3个村两委会阵地建设投入使用。2010年启动第二轮自建项目11个村，经多方筹资，先后完成下湾、崔家河、西岔、新北、东升等村党支部阵地建设，新建、改建两委会办公室1300平方米，实现村级阵地建设全覆盖。

【杏园村移民搬迁工程】 杏园村三组村民居住位区于易发生山体滑坡地段。太乙宫街办与杏园村村委会协调征地，从区民政局和村民中筹措资金56.5万元，为3户搬迁低保户争取9万元生活补助资金，解决困难群众生活问题。2009年7月搬迁，2010年4月建房，年底完成移民搬迁工程，解决了24户113人的居住安全问题。

杏园村委会赠送街办“扶贫搬迁 情系百姓”的牌匾

【农村社会保障】 2007～2010年，太乙宫街道将年收入785元以下的农村贫困人员纳入低保范围。2010年底全辖区有低保户361户1118人，五保户32户32人；城镇居民医疗保险参保人数483人，新农保参保人数12770人；落实残联扶持资金2.5万元，完成二代残疾证集中换证160人次；贫困户对接工作确定低收入人数4182人；建成25户安居工程和8户危房改造；落实惠农资金，发放粮食直补、综合补贴资金106万元、失地农民补助资金4.1万元、各类民政资金180万元；兑付玉米良种补贴资金13.8万元、退耕还林补助资金16万元，兑付家电、汽车、摩托车下乡补贴资金50万元，各项惠农资金及时兑付，确保了社会稳定。

【太乙宫寄宿制学校建设】 太乙街道中心小学始建于1949年，经历一次搬迁，三次合校。2009年在市委、市政府大力支持下，投资1000万元，街道投资160多万元，新建一所标准化寄宿制学校——太乙宫街道中心小学。校园占地1.8万平方米，总建筑面积7013平方米（其中新建综合楼2272平方米、学生宿舍楼1297平方米、教师宿办楼1440平方米、食堂浴室638平方米、厕所170平方米），2010年3月投入使用。同时撤并三湾、上寨、东升、沙场、杏园、温家山6所小学，中心小学覆盖23个行政村，34个驻街道单位1.95万人口。现有教学班18个，在校学生916人，专任教师62人。学校设有一部十八室，即少先队大队部、图书室、阅览室、仪器室、实验室、微机室等。

【行政村名】 关家村、新北村、新南村、下湾村、上湾村、牛家村、上寨村、下寨村、西辛庄村、东升村、白家湾村、黄岱湾村、四皓村、沙场村、崔家河村、吴家沟村、温家山村、蛟峪山村、太乙村、杏园村、正岔村、西岔村、水湫池村。 （庞 宇）

王莽街道

办事处地址：王莽街道西王莽村甲字1号
邮政编码：710104

【概况】 王莽街道地处长安区东南部，东邻引镇街道，南与柞水县接壤，西连太乙宫街道，北接杜曲街道，自然环境优美，森林覆盖率达46%以上。西汤公路横贯辖区北部东西，省道107环山公路从辖区南部横穿而过，西汤至小峪口公路纵贯辖区南北，形成H形公路网络；西康铁路及复线从辖区南部自东向西进入山区。境内有河流5条、水库8座、水泉30余处，小峪灌区配套渠系12240米。共辖34个行政村，170个村民小组，总面积92.54平方公里（其中山区面积46平方公里），耕地面积2060公顷，主产鲜桃、莲藕、小麦、玉米、水稻。2010年街道总户数8602户，总人口33245人，其中农业人口32108人。2010年辖区粮食总产量22860吨，农村人均产粮688公斤，位居全区前列；个体私营企业1285户，规模以下工业企业187户，产值20038万元，实现利润2061万元；农业总产值17319万元，工业总产值18400万元，非公有制企业实现总产值20038万元，实现社会生产总值8.6亿元、社会固定资产投资10149万元、社会消费品零售12178万元，财政收入235.2万元，农民人均纯收入6850元。

【东沟水库与水利基础设施建设】 作为传统农业和长安现代观光农业主要基地，水利设施建设在王莽街道辖区至关重要。2007～2010年，在实施病险水库、堤坝除险加固改造中，争取上级资金95万元，完成土门峪水库、花子沟水库、小峪水库闸门修复工程；投资45万元，完成西王莽、后沟、二里、东新庄村抗旱及人饮深井钻探、水塔建设及主管网铺设工程。实施小峪水库溢洪道修复及南坡村人饮等6项工程。争取中央、省、市资金240万元，完成刘秀、下红庙等9个村人畜饮水工程；投资50万元在上三官堂、清北等村新打抗旱深井20眼；投资30万元完成西王莽南河桥河堤修复工程300米；投资13万元为小峪水库安装水位自动运程监测仪和雨量自动运程监测仪。水利基础设施的修复与建设对防汛工作起到很大作用。2008～2010年，投资350万元改造东沟水库放水塔和放水闸，进行水库坝体加固，修建管理办公室，修筑上坝水泥路800米，保证了水库安全运行和下游农作物的有效灌溉。

【王莽撤乡设街道】 2009年7月，西安市民政局批准撤销王莽乡建制，设立王莽街道办事处。2010年12月15日，长安区四大班子领导、本辖区各行政村干部和驻街单位领导参加王莽街道党工委、办事处授牌仪式。

【小城镇建设】 2008～2010年，以提升王莽对外形象为目标，先后对王莽商贸区、韦兆商贸区、园艺场什字和34个行政村进行规划编制。园艺场什字道沿铺设、乡敬老院和王莽供销社大楼改造工程如期完成。进行街道道路硬化，修建排水渠，加盖盖板，统一整治沿街门头牌匾、拆除乱搭乱建、提升商贸街区市容水平。狠抓沿山峪口环境卫生治理，建立长效管理机制，集中开展环境卫生大整治活动20场次，维修道路10000米，补植路旁行道树3800株，设置固定垃圾箱15个。

【新农村建设】 2007年，投资592.3万元，完成6.6公里兴王路油路改造工程；投资257.25万元，完成5.38公里韦王路硬化工程。投资425万元，硬化江村、江柳、王家、上三官堂、清北、土门峪、东坡、西坡村、后沟至尹村、韦一村村际道路10公里。2008年，南坡、韦一、韦三、韦四、东新庄村投资265万元，修建村内、村际道路5500米，并通过上级验收。截至2010年底，全街道所有村道路全部硬化。2008～2010年，市级重点村清北、清南、后沟、南坡、东新庄村按照新农村建

王莽街道2007～2010年主要经济指标统计表

单位：万元

年份	生产总值	农业总产值	工业产值	非公经济产值	招商引资	固定资产投资总额	社会消费品零售总额	财政收入	农民人均纯收入（元）
2007	50900	10400	11500	10200	4800	6000	7800	200	4860
2008	61000	12400	13800	13500	5500	6800	8800	200	5580
2009	75000	15400	16500	17600	6700	8600	10000	200	6120
2010	86000	17319	18400	20038	7800	10149	12178	235.2	6850

王莽街道生态农业观光园

设“二十字”标准、“十九个方面”加大投入力度，相继完成道路建设、文化广场建设、村内道路建设、改厕改水等任务，并通过市上检查验收。按市上统一要求，34个行政村改建或扩建村级卫生室，韦三村卫生室达到区级优秀卫生室标准。

【现代农业生态观光园】 2007年投资40万元，在清北、清南村莲菜基地和鲜桃基地修建砂石道路宽4米、长8000米，新修配套渠系6000米，新打机井11眼。政府出台优惠政策，为连片鲜桃种植10公顷以上村的村干部奖励4000元，免费提供苗木，每公顷补助管护费2250元；莲菜种植5公顷，给村干部奖励2000元，每公顷给群众补助3750元。聘请专家对现代农业观光园进行科学规划设计，制作效果图。2008年，王莽乡生态农业观光园区建设被列为长安区十大工程之一；投资48.5万元，完成园区概念规划、景观设计和10.3公里园区道路施工设计。园区建设规划经区政府审定通过，命名为“南桃汉塘”。截至12月，投资145.75万元实施园区基础设施建设。王莽生态观光农业园区建设和产业结构调整工作受到省、市领导的高度关注。4月，西安市农业工作现场会在王莽乡召开；8月，姚引良副省长率省、市农业、交通、水利等10余个部门对王莽乡产业结构调整进行调研。西安市政协主席程群力、市委副书记王成文、市长助理乔高社等多次深入园区调研，对王莽发展现代农业、都市农业给予肯定。2009年王莽乡鲜桃总产1.6万吨，实现销售收入3200万元，全乡人均增收800元，被省“一村一品”发展办公室评为“一村一品”特色乡镇。2009年，中国果品流通协会授予王莽鲜桃“中华名果”称号。2010年，园区修筑电瓶车道1500米、步行观光道500米，廊道、休闲座椅等景观设施20处。同年5月，中组部副部长张纪南和西安市委书记等领导在王莽调研，给予农业观光园以充分肯定。

【鲜桃采摘节与首届美在长安赏花节】 2008～2010年，王莽街道举办鲜桃采摘节3次。2008年6月“首届王莽鲜桃采摘节”，西安摩尔农产品有限责任公司等批发商，华润万家、人人家超市等10余家客商到会签售。全年实现销售收入3312万元。2009年和2010年6月，王莽街道先后举办第二届、第三届“王莽鲜桃采摘节”，2010年实现销售收入3800万元。同年4月，由王莽街道、杨庄乡政府主办，长安区农业局、旅游局、文联协办的“美在长安首届赏花节”在王莽街道举行。活动以“畅游五彩花海 品味魅力长安”为主题，确立“环保·创意·浪漫·时尚”活动主题，营造美丽乡村景象，使游客印象深刻。

【桃园农家乐】 2009～2010年，清北村22户桃园农家乐新建、改建项目被列为区级2010年沿山九大农家乐建设之一。该项目新建12户，改建10户，计划总投资598.2万元。其中群众自筹418.2万元，包括公共设施、管网、电力、排水及绿化。其中“桃园农家”规划第一期改建8户、第二期新建12户农家乐完工，第三期规划正在建设。

【集体林权制度改革】 2010年，王莽街道集体林权制度改革，完成地形图编绘和勘界工作（勘界面积3000公顷）。10月，通过省级检查验收。

【创建市级计划生育精品服务站】 2010年，全乡出生人口135人，符合政策生育率98.8%，节育措施及时率98.5%，人口出生率7‰，出生人口统计误差率2.2%。在此基础上，多方争取资金45万元，建成13间304.848平方米的计划生育服务站，达到设备完善、科室齐全的标准。创建市级计划生育精品服务站，为广大育龄妇女提供更加优质的服务。

【中国美协西安希望小学揭碑挂牌】 中国美协西安希望小学即王莽清水头小学，是中国美协资助的一所寄宿制小学，旨在从根本上解决辖区南部沿山8个村学生上学难问题。建设过程中，西安市副市长李秋实曾来校进行调研并指导工作。2009年5月，学校建成并举行揭碑挂牌仪式，中国美术家协会双年展办公室主任杨家永、陕西省美术家协会党组书记吕俊涛等出席仪式。

【全省领导干部教育培训基地教学点在王莽乡建立】 “十一五”期间，西北工业大学领导干部培训处在王莽乡实地考察论证后，决定将王莽乡定为全省领导干部教育培训基地教学点。2009年，开展集中培训教学，召开研讨会2次。

【行政村名】 江村、东新庄村、上红庙村、下红庙村、东王莽村、西王莽村、刘秀村、水寨村、上三官堂村、下三官堂村、清水头南村、清水头北村、郑家坡村、小峪河村、洋峪口东村、洋峪口西村、二里村、清禅寺村、江柳村、孟家村、土门峪村、圪塔村、王家村、竹沟口村、韦一村、韦二村、韦三村、韦四村、东坡村、南坡村、西坡村、常旗寨村、后沟村、尹村。（张小祥）

引镇街道

办事处地址：引镇鸿翔东街23号
邮政编码：710103

【概况】 引镇街道位于长安区东部3区县接合点，东连杨庄乡与蓝田县史家寨接壤，南同柞水县毗邻，西依王莽和杜曲街道，北与大兆、鸣犊街道相连。辖43个行政村，1个居民委员会，总面积112平方公里。其中，山区面积50平方公里，耕地面积27平方公里。因位于秦岭北麓，地形地貌多样且交通方便，古文化遗址、寺庙、旅游景点较多，素有“千年古镇万人集”美誉。全街道有西汤、雁引、引鸣、半引

引镇街道2007～2010年主要经济指标统计表

单位：万元

年份	生产总值	农业总产值	工业产值	非公经济产值	招商引资	固定资产投资总额	社会消费品零售总额	财政收入	农民人均纯收入（元）
2007	60653	5397	27785	27471	9570	18000	17100	134.2	5066
2008	71357	6465	30543.80	34349	8560	22489.88	20209	560.2	5650
2009	83950	11544	42352	30054	8000	37582	30281.40	1104	6355
2010	98765	12563	46623	39597	6800	42200	36344	3945	7150

4条公路与西安城区相连，西安火车南站坐落于古镇北侧，环山旅游公路从辖区南部横穿而过，西康铁路从北向南经胡刘转向西去、穿越秦岭通往南方各地。2007～2010年，引镇街道坚持发展现代都市农业、商贸物流业和生态旅游业，主要作物有小麦、玉米、葡萄、鲜桃等。2010年街道总户数9789户，总人口4.2万人，其中农业人口39155人；有各类企业478户，个体工商户1251户。

【基础设施建设】 2007～2010年，引镇街道总投资900万元，完成35个村41.7公里村内和12个村40.5公里村际道路建设，辖区道路硬化率93%。其间，2007年5月，完成环山路至新雁引路连接工程；2008年3月完成引库路引镇段路面、引大路路面改造工程；2009年8月，完成咸宁南街拓宽改造工程，累计投资2276万元。引镇街道投资1400万元，拓宽改造长1027米、宽28米的十大重点工程咸宁南街，铺设排水管道2054米、给水管道2100米、水泥硬化路16400平方米、人行道道沿1028米；11月，引镇街道完成辖区新贯寺、板庙子山区移民搬迁工程，迁出66户。2010年3月，完成塬畔大绿、道路绿化工程48.9公顷，造林30.5公顷。5月，环山林带建设通过区级验收，生态环境得到改善。

【农业产业化】 2007年2月，引镇街道确定农业产业发展新思路：扩大南寨东村水蜜桃基地和许家沟“柳溪”葡萄基地种植面积；中部以镇区小城镇发展为依托，带动周边各村设施蔬菜种植66.7公顷，在西堡村建立引镇现代农业示范园，引进设施瓜菜、草莓新品种4种；北部以大兆西瓜基地为依托，发展以光明、胡家寨等村为主的北塬西瓜种植面积100公顷以上，利用区位优势加快胡家寨村现代农业发展步伐，建立日光温室蔬菜6.7公顷。

【一村一品】 2007～2010年，引镇街道调整产业结构，引导群众发展二、三产业。以车家岩手套加工、南寨桃果、许家沟“柳溪牌”葡萄种植、天王“兰草牌”卫生香、以及“引镇一绝”——泥娃娃冻肉等一村一品产业形成规模，带动了当地经济发展和农民增收。

【现代农业养生园】 2010年9月，引镇街道在秦岭北麓引镇段大峪口、胡刘等村建立占地33.3公顷的现代农业养生园，计划投资1.19亿元。项目涉及现代农业种植、特种养殖、旅游观光、休闲度假、自然养生等多项内容，将建成集“特种养殖、特色药材花卉种植、观光旅游、休闲度假、科研培训、自然养生”于一体的综合性多功能新型生态农业产业园。

【虹鳟一条沟】 2005年，引镇街道兴建的“虹鳟一条沟”全长约13千米，分布在大峪河境内杏园、五里庙、新贯寺、板庙4个行政村；累计投资600万元，建成亲鱼池、鱼苗池、净化池及各类规格鱼池41个。2007年1月，首期投入鲑鳟鱼3.1万尾。每年可为西安市提供商品鱼1500吨、鲑鳟鱼苗80万尾，并带动周边经济，形成以垂钓、烧烤为特色的“农家乐”、“渔家乐”30户。

【陕西省农民戏剧节】 2008年7月，陕西省首届农民戏剧节在引镇影剧院举行开幕式。群众自编、自导、自演的秦腔、眉户、碗碗腔、阿宫腔、线偶戏、皮影、弦板腔、汉调二黄、陕南花鼓、曲子、道情等剧目从不同视角、不同层面反映了新时期、新农村、新农民的精神风貌。2010年8月，在西安举行的陕西省第二届农民戏剧节上，引镇社区自乐班眉户小戏《老两口谝闲传》，获得戏剧节组委会颁发的二等奖。

【古文化遗址和旅游景点】 引镇街道文化遗址和著名旅游景点较多。新石器时代的孙家崖遗址，黄土台塬半塬上露出的文化层长150米，宽1.5～3米，具有专业开发与研究价值。嘉午台仙境，位于大峪沟和白道峪之间，由东、西、南、北、中5峰组成呈莲花状，因山势险峻又称“小华山”，隋唐时为佛教圣地。从白道峪入山至岱顶，有新庵寺、老虎口、破山石、喇嘛洞、回心石、朝天梯、兴庆寺、南天门、龙口等胜迹30余处。大峪沟义谷古栈道即古长安五大栈道之一，沟内有人头山、试剑石、擂鼓石、别窝、佛爷掌、莲花洞等，尤以海拔2300米的天池高山草甸最为著名。（杨 丽）

【农家乐】 2009年，引镇街办引导群众科学发展农家乐。4月，组织57名农村青年到滦镇街道上王村、沣峪口实地考察学习。10月，邀请农家乐经营专家在大峪口

虹鳟一条沟

村举办专业知识、基本技能培训班，45名青年参加培训。截至2010年底，全街道有农家乐30户。

【环境卫生百日整治】 2010年11月，引镇街道在43个行政村进行统一宣传，悬挂横幅标语，开展环境卫生百日集中整治活动，对村庄、道路、峪口、河道、沿街路面等环境卫生进行整治清理，各村村民积极配合，彻底改变以往“脏、乱、差”卫生面貌，营造了清洁、文明、和谐人居新环境。

【60岁以上农村老人喜领养老金】 2010年5月，引镇街道在西堡村举行“新型农村养老金发放大会”，155名60岁以上老人第一次领到每月80元基础养老金。引镇街道43个村共有60岁以上农村老人4312名，累计发放农村养老金35万元，实现农村养老社会化。

【引镇中心校“红领巾孙子队”】 引镇中心校“红领巾孙子队”是引镇中心校少先队大队部1982年建立的为孤寡老人服务的组织。该队以“孝敬老人，为孤寡老人送温暖，当孤寡老人好孙子”为活动内容，通过课余帮老人做家务、拜年、庆生日，关心老人生活等形式，教育广大少先队员养成尊老敬老，心中有他人等良好思想品质。2007～2010年，“红领巾孙子队”先后为东堡村89岁孤寡老人刘志儒、西堡村84岁老人王玉贤等送温暖、献爱心；2008年，89岁的刘志儒老人双目失明，“红领巾孙子队”担负起照顾老人的责任，用平时积攒的零花钱为孤寡老人购买方便面、鸡蛋、水果等食物，被《人民日报》、《陕西日报》、《华商报》、《西安日报》宣传报道，并得到团中央书记处书记赵勇及团省委、团市委领导的表扬与称赞。

（曹兴强）

【引镇街道胡刘村湾沟山体滑坡】 2007年11月10日，引镇街道胡刘村湾沟处发生山体滑坡，垮塌碎石将3名正在维修机械的工人掩埋。事发后，引镇街办迅速组织抢险人员展开搜救行动，并在第一时间将情况上报区政府。当天傍晚，省市专家在区政府及有关部门领导陪同下赶赴现场，全力开展搜救工作。经专家现场勘查，根据湾沟山体及地貌特征，确认滑坡为自然灾害所致。

胡刘村湾沟在引镇街道以南，嘉午台以北，位于两座山梁之间，植被茂密，山势陡峭。灾害突然发生，山民恐慌不安。当晚，省、市、区领导及有关专家在引镇街办召开紧急会议，成立现场救援指挥领导小组，制订抢救方案，成立救援组和事故调查组，同时紧急调来12台大型机械和车辆，经过一个昼夜，清理清运碎石6000立方米，但被埋的3名工人依然没有找到。

由于湾沟地貌复杂，山体疏松，救援时现场上方多次出现大面积坍塌，碎石数次将沟内道路堵塞，给搜救工作带来很大困难。引镇街办抽调干部对湾沟周边各进山路口实行24小时封锁，严禁群众上山。同时，进村入户，做好沿山群众安抚工作。救援人员11月12日清理现场碎石时，又遭遇山体坍塌，未造成伤亡，但救援进度受到影响。据国土资源部门专家测算，截至12日，坍塌石头20万立方米。

经过72小时的全力搜救，截至11月13日，被埋3名工人尸体全部找到，救援工作告一段落。随后，引镇街办对事故认真分析，完善紧急救援预案，避免类似事故再次发生。

（张　博）

【行政村、居委会名】 东庄村、东堡村、南堡村、北街村、西堡村、张寨沟村、姚家寨村、枣园村、光昌村、天王村、高村、屈家斜村、常沟村、碥子村、塬上村、甫江村、前门村、岔道口村、车家岩村、孙家岩村、大峪口村、安上村、羊健村、许家沟村、龙渠村、黄土坡村、上河滩村、下河滩村、西河滩村、胡刘村、白道峪村、太平村、南寨东村、南寨西村、杏园村、五里庙村、板庙子村、新贯寺村、北留村、南留村、光辉村、光明村、胡家寨村。

（曹兴强）

杜曲街道

办事处地址： 杜曲新街9号

邮政编码： 710104

【概况】 杜曲街道位于长安区东南部少陵塬、神禾塬之间，潏河与省道西汤路、西太路穿境而过，境内有著名的大唐护国兴教寺，寺内有大雄宝殿、藏经楼、大唐高僧玄奘灵塔；有唐代著名诗人崔护的爱情诗篇“人面桃花相映红”的历史遗迹。2007年4月，撤销镇建制，设立街道办事处。全街道总面积41平方公里，耕地面积2146公顷。辖28个行政村，123个村民小组，1个居民委员会。2010年全街道总户数10412户，总人口42789人，其中非农人口6990人；实现社会生产总值5.26亿元，财政收入652.5万元，农民人均收入7010元。

【农业产业结构调整】 2007～2010年，杜曲街道围绕确立城郊型经济结构，逐年加大产业化调整力度，取得成效。2008年，西江坡村引进投资850万元，建成占地16.5公顷的光华苗圃，形成以西江坡村为中心的花卉苗木产业基地，面积153.3公顷；形成东韦、寺坡、冯家村、夏侯村

杜曲街道2007～2010年主要经济指标统计表

单位：万元

年份	生产总值	农业总产值	工业产值	非公经济产值	招商引资	固定资产投资总额	社会消费品零售总额	财政收入	农民人均纯收入（元）
2007	61000	15100	46900	45900	5800	9500	10900	203.92	4088
2008	68900	15400	53500	53500	6500	11200	12000	323.24	4685
2009	78100	18200	59900	59900	7200	13100	16500	566.00	5786
2010	52600	19600	67900	67900	7900	16000	24500	652.50	7010

4个养殖小区，辖区30头以上的养殖户28户，千只以上养鸡大户29户，生猪存栏1.4万头，牛存栏170头，羊存栏230只，鸡存栏34000只，同时完成能繁母猪保险1798头。2009年，以小江村金光大道兔业基地为依托，发展兔产品深加工，年出栏兔2.5万余只，年底兔存栏5000只，形成兔业养殖、销售、深加工网络；街道发展设施农业、生态农业，形成以新村、小江村、夏侯村、三韦为中心的大田菜、食用菌、茶树菇、优质杂果产业基地，面积200公顷，新增大田菜40公顷，食用菌新增50多户。小江村投资125万元，建成占地2.7公顷食用菌基地，建设标准化大棚75栋，建造2座环保消毒锅炉，硬化通往蘑菇基地道路1.4公里，打深井2眼并铺设水管400米，引进茶树菇、鸡腿菇、姬菇3个新品种，年装袋500万袋，实现产值600万元；夏侯村茶树菇基地建大棚4栋，完成液体灭菌试验培育工作，实现收入80万元。2010年，小江村蘑菇种植发展到560户，投资300万元，食用菌年装袋量突破1200万袋，种植户入棚种植，产业基地初具规模。

【招商引资】 2007年，辖区引进招商项目3个：投资185万元的西安华光锅炉有限公司落户寺坡村；投资108万元的食用菌茶树菇基地落户夏侯村，一期工程新建的3个大棚育种出菇，当年取得效益；投资210万元的无缝免烧砖厂落户东江坡村，投入生产。2009年以盘活闲置企业为突破口，引进占地2.5公顷，建筑面积1.21万平方米的西安市公安局精神管理处业务技术综合楼，项目投资3000万元，当年建成并完成内部装修及设施安装；投资1800万元的夕阳红养老院完成项目圈地，地面附着物赔付；通过盘活原长安钢厂，引进华安铸造有限公司，总投资3000万元，年上缴税金50万元，解决附近农村近百人就业。2010年重点项目夕阳红养老院建设完成土地征用、注册、立项等工作，完成投资3250万元。

【东韦竹园村养猪场】 2004年9月动工修建，占地面积2公顷，通过科学养殖和专业管理，2007年形成规模。有畜牧专业技术人员30多名，建成种猪棚、保育棚、育肥棚等12栋；出栏商品猪6500头、子猪1200头，经济效益200多万元；年底生猪存栏4300头，其中种猪1010头。至2010年底，东韦竹园村种猪场扩建新场区4.7公顷，实现年出栏1.1万头生猪目标。

【绿化工程】 2007年，杜曲街道加强生态环境建设，以大绿工程、道路绿化、退耕还林为主线，在滈河两岸、神禾塬、少陵塬植树39600株36公顷；道路绿化新栽树木5500株6公顷；对76公顷退耕还林进行补植，义务植树25000株。区上全年下达任务20公顷，实际完成43公顷，占任务213.3%。

【新农村建设】 2007年，杜曲街道新村被确定为区级新农村建设示范村，筹资10万元，修建容积30吨的水塔一座，解决群众吃水问题；投资4000元，在村南修建4个垃圾台，改善村内环境；投资4万元装修村两委会6间办公室；建成1102平方米健身广场，丰富群众业余生活；投资3万元，安装路灯63盏；投资15万元，新打抗旱机井16眼，增加有效灌溉面积86公顷；投资82万元，修复人畜饮水深井1眼，新打机井1眼，解决东韦、大长胜坊村2000多人饮水安全问题。2008年，牛家湾村被确定为区级新农村建设示范村，投资近30万元，硬化村内道路800余米，安装路灯12盏，修垃圾台2个；投资60万元，实施人畜饮水工程，铺设管道5000余米，自来水入户率100%；投资7万元，新建3间1层两委会办公室，绿化休闲广场面积3000平方米，被区政府授予“绿色村庄”荣誉称号。街道投入95万元，完成桃溪堡、牛家湾村230户人畜饮水工程，修复配套机井22眼，新打抗旱机井13眼，修田间路5000米，更新500千瓦变压器2台，架低压线2300米，完善村民生产、生活基础设施。2009年，市级新农村建设示范村增至2个、寺坡村完成道路硬化1300米，安装路灯139盏，新建村级组织活动场所200平方米；大长胜坊村建设村级组织活动场所150平方米，硬化道路4500平方米，建设群众文化活动广场硬化面积1000平方米，安装健身器材5套，安装路灯20盏，完成138户人畜饮水入户工程，年底均通过市上验收。2010年，新农村建设市级重点村岳村、西江坡村、小江村、西杨万村完成第一阶段建设任务，均通过市区检查验收。桃溪堡、夏侯、彰仪等9个村“一事一议”项目，投资280万元硬化道路42421万平方米；杜北、薛家堡、彰仪、西樊等11个村，总投资160万元建设村级文化健身广场。

【农村社会保障】 2007年，农村合作医疗参合人数3.34万人，参合率95%，完成任务100%。2009年，农村卫生网络服务能力全面提升，新型农村合作医疗工作稳步推进，群众参合率95%。2010年，城镇居民医疗参保1191人；新农保参保34730人，参保率95.8%。落实农村各项社会保障政策，关注农村低收入人群和特殊群体生活困难问题，办理农村低保421户1394人，城镇低保402户821人。

【张季鸾先生诞辰120周年祭扫活动】 张季鸾先生祖籍陕西榆林，1905年赴日留学，辛亥革命前夕回国，协助于右任创办《民立报》。1912年孙中山在南京担任临时大总统，张季鸾就任孙中山秘书，1926年接任民国《大公报》总编辑，主持《大公报》笔政15年之久。他和于右任、李仪祉被誉为“陕西三杰”，1941年病逝于重庆，终年54岁。病逝后，全国新闻界与陕西各界办理公葬，墓地选在长安县竹园村（现杜曲街道东韦竹园村）。为纪念我国新闻事业奠基人张季鸾先生诞辰120周年，2008年4月5日上午，杜曲街道知会全国新闻界、陕西省各界人士前往著名报刊政论家张季鸾先生墓地祭扫。陕西省新闻工作者协会、陕西日报社、西安日报社、《大公报》、上海《新民晚报》等单位媒体和西安外事学院、西北大学传媒学院300余名师生参加祭扫活动，区委常委、宣传部长孙杏娟应邀参加。

【行政村、居委会名】 东韦村、中韦村、西韦村、东江坡村、西江坡村、牛家湾村、桃溪堡村、寺坡村、杜东村、杜西村、杜北村、夏侯村、东杨万村、西杨万村、大长胜坊村、小长胜坊村、新村、彰仪村、三府衙村、南一村、南二村、师家村、冯家堡村、薛家堡村、张家堡村、西樊村、岳村、小江村，杜樊社区居委会。

（王　迪）

鸣犊街道

办事处地址：鸣犊正街7号
邮政编码：710102

【概况】 鸣犊街道位于长安区东部，东邻砲里、魏寨乡，西连大兆、引镇街道，南接引镇街道及蓝田县，北望大兆街道及灞桥区。库峪河、汤峪河、浐河由南向北纵贯全境，半引、韦鸣、马鸣、鸣魏公路及西康铁路穿境而过。辖区地形为三塬加三川：即少陵塬、八里塬、白鹿塬；库峪河川道、汤峪河川道、浐河川道。2008年撤镇设立街道，街道总面积43.5平方公里，辖39个行政村，一个居委会，189个村民小组；总户数9092户，总人口39048人，其中非农业人口1070人。耕地面积2541公顷，渔业养殖面积220公顷，主要农作物为小麦、玉米。

【农业产业化调整】 鸣犊是传统农业乡镇，街道贯彻农业产业化调整政策，确立多种经营思路，发展种植、养殖业，2010年夏粮播种2133.33公顷，秋粮播种1866.67公顷；生猪存栏4346头（强坡李雷存栏500头、孙家场王彩盈存栏350头、马莲滩李文燕存栏400头），牛存栏585头（其中郭小军牧场奶牛存栏300头，为农业产业化龙头企业），羊存栏920只，鸡存栏13万只，兔存栏5000只，蔬菜种植423公顷（其中蔬菜大棚7.73公顷），渔业养殖220公顷，苗木3公顷，花卉2.67公顷，核桃等小杂果44公顷。吊钟沟花花馍、嘴头挂面、桥头陈醋为鸣犊特色品牌。

【工业企业】 鸣犊街道现有工业企业51户，主要涉及纸制品、农药、砖厂、食品加工等。其中，规模以上企业为西安长鸣包装有限责任公司、西安嘉科农化责任公司。西安长鸣包装有限责任公司从事普通包装箱生产销售，年产值1060万元，年上缴利税16万元；西安嘉科农化责任公司主营果蔬农药、新型杀菌剂，年产值520万元，年上缴利税17万元。

【商贸服务业】 鸣犊街道有殡葬服务企业西安市殡仪馆、凤栖山南区墓园、凤栖山北区墓园3户，商贸服务经营户198户，涉及餐饮、购物（105户）、维修、加工等行业。有聚仙酒家、沣源酒家2户限额以上商贸服务企业。聚仙酒家年营业收入889万元，沣源酒家年营业收入269万元；限额以下商贸服务企业196户，年产值7935万元，利税550万元。“十一五”期间，鸣犊实施“一产富民、二产强街、三产兴业”发展战略，逐步形成“两带两基地两种三加工”产业格局。“两带”即凤栖殡葬文化产业带、三塬建材产业带；“两基地”即水产养殖基地、畜牧养殖基地；“两种”即蔬菜种植和小杂果种植；“三加工”即吊钟沟花花馍、嘴头挂面、桥头陈醋农副产品加工。

【重点项目建设】 2008年，西安煤航PS版印刷公司完成规划论证和报批，完成投资110万元；水产养殖完成投资150万元。2009年，西安煤航PS版印刷公司完成当地注册、税务登记及环保初评，完成投资100万元；西安长鸣包装箱有限责任公司投资860万元，完成车间建设、设备安装；水产养殖完成投资170万元。2010年，投资17000万元的西安市殡仪馆建设项目完成围墙圈地、迁坟、清表、地质普探、文物普探工程，征地各种款项全部发放到户，项目正在施工中。2009～2010年，完成西康铁路复线建设工程鸣犊段沿线10个村征地协调工作，保证了国家重点工程顺利进行。

【新农村建设】 2007～2010年，鸣犊街道加大新农村建设力度，改善农村基础设施。投资240万元，硬化杨将路3.63公里；投资180万元，硬化鸣晓路4公里；投资160万元，硬化黎明村出村路3.2公里。王乐、师一、师二、师三、强坡、二圣宫、东高堡、嘴头三、高寨、查坡10个村硬化出村路14条6.25公里；硬化村内道路267条，全街道道路硬化里程70公里，95%行政村贯通水泥路。留公一、鸣犊、黎明、查坡、侯坪、嘴头一、张坡、马莲滩、强坡、师二等村建成村民健身广场。市镇沿线8个村打百米深水井1眼，建成200立方米蓄水池1座，实现集中供水；张坡、任坡、许坡、杜坡4个村打百米深水井1眼，建成150立方米蓄水池1座，实现集中供水；将军庙、马莲滩、师三、段村、嘴头一、侯坪、查坡等11个村实施人畜饮水工程，解决了1.5万人安全饮水问题。新打抗旱井6眼，农田节水灌溉面积增加93公顷；10个村沼气应用整体推进，446口沼气池建成投入使用。2007～2010年，留公一、马莲滩、侯坪、查坡完成新农村建设任务；鸣犊村、嘴头一村、黎明村、强坡村完成示范村建设任务，通过市级验收；师二村、留公二村、高寨村完成第一阶段建设任务。

【小城镇建设】 2008年，小城镇建设取得“关中百镇”规划立项，总投资400万元，完成街道和10个村发展规划，街道文化站建成投入使用，3条主街完成清淤、破损盖板更新，补植沿街绿化树162棵，购置垃圾箱12个。2009年，修复排水渠3900米，铺设人行道地砖14500平方米，安装太阳能路灯40盏，新修街心花园1个面积246平方米，规范门头匾额126块，城镇面貌明显改观。

【农村社会保障】 鸣犊街道落实各项社会保障制度，建成村级标准化卫生室37个。社保方面：2009年开展农村新型养老保险试点工作，2010年参保23187人，参保率95.5%；享受农村最低生活保障571户

鸣犊街道2007～2010年主要经济指标统计表

单位：万元

年份	生产总值	农业总产值	工业产值	非公经济产值	招商引资	固定资产投资总额	社会消费品零售总额	财政收入	农民人均纯收入（元）
2007	46705	13464	5560	26550	7735	6988	6322	105	3816
2008	69159	15175	6887	34462	7063	10046	12800	—	4579
2009	85757	17059	20020	46705	6270	10489	12585	—	5542
2010	101193	20550	35395	62730	6710	12212	16139	28	6708

1974人；享受五保户待遇62户67人；城镇居民医疗保险办理315人。

【行政村、居委会名】 将军庙村、张家坡村、任家坡村、许坡村、杜家坡村、杨沟村、二圣宫村、郭村、马莲滩村、强坡村、师一村、师二村、师三村、王乐村、赵家顶村、侯坪村、嘴头一村、、嘴头二村、嘴头三村、黎明村、塔山村、段村、晓村、桥头村、张雷村、吊钟沟村、孙家场村、鸣犊村、鸣犊镇村、东高村、东高堡村、留公一村、留公二村、留公三村、查坡村、新庄村、高寨村、仁村、仁义堡村，南街社区居委会。（张春红）

大兆街道

办事处地址：大兆北街12号

邮政编码：710101

【概况】 大兆街道位于长安区东部少陵塬，东接鸣犊街道，西连韦曲街道，北邻雁塔区曲江街道，南畔杜曲街道。境内有新雁引、新韦鸣公路、西康铁路等，浐河流经境内。2007年2月撤销大兆乡建制，设立大兆街道办事处。辖30个行政村，139个村民小组，9193户。户籍人口34230人，其中农业人口33017人。辖区总面积44平方公里，其中耕地面积2800公顷。主要农作物有小麦、玉米、西瓜。2010年完成农业总产值1.83亿元，工业产值约6.72亿元，主要工业企业475户，商贸业244户；招商引资0.97亿元，完成固定资产投资2.33亿元，实现社会消费品零售总额1.31亿元，非公经济收入7.98亿元，财政收入795万元，农民人均纯收入6796元。

【“中国优质西瓜生产基地”认证】 大兆是长安农业大乡。2008年，街道确立“川果塬瓜”的城郊型农村经济发展思路，制订《大兆街道产业结构调整发展规划》和设施农业发展奖励办法。规划长安区设施西瓜示范基地和长安区节水灌溉示范基地，成立长安区刘华伟蔬菜西瓜专业合作社、长安博兴种植专业合作社、长安区雁岭生态种植园等7个专业合作社；注册“长塬”牌设施无公害西瓜商标，获国家农业部“中国优质西瓜生产基地”认证。2009年在长安广场举办第一届大兆“长塬”牌设施西瓜推介会；2010年以“健康引领时尚”为主题，举办第二届大兆“长塬”牌设施西瓜推介会，开展“欢乐长安行西瓜采摘节”活动，使“长塬”牌无公害西瓜在西安地区形成品牌效应。截至2010年底，投资1000万元建成设施大棚1100栋，占地146.6公顷；投资1000万元，建成长安区有机蔬菜示范园，以大兆村、寨子村、庞留村为中心的3个现代产业板块基本形成，设施农业年产值1320万元。

【“一村一品”专业村】 2007～2010年，遵循“一村一品”思路发展工业企业，形成甘村、章曲、甘堡3个木器加工专业村，有木器加工户94户，从业人员640余人，生产民用及办公家俱，年产值1100万元；形成兆寨子、大兆村2个钢网加工专业村，有钢网加工户55户，从业人员220余人，业务为拉丝、鸡笼加工、网片加工，产品远销甘肃、云南、青海等省，年产值913万元。2010年，辖区工业企业386户，其中，产值300万元以上121户，个体工业户89户。主要涉及建材业，机械加工业，木骨加工业等；非公企业占93%；实现企业税收260万元。

【招商引资】 2007～2010年，街道引进企业28户，合计投入资金37420万元；投入生产的企业26户，形成年产值7800万元。其中，天平机动车驾训学校园林训练基地投资6002万元，完成总投资的133%；陕西省高中压阀门厂迁建项目投资5320万元，建成两个成品库主体部分，完成总投资的106%；石英多晶硅项目投资700万元，完成围墙修建，地面平整，规划设计等工作；顺兴电子项目投资500万元，完成厂区平面规划、厂房翻建，围墙建设等工作。

【小城镇建设】 大兆街道2008年7月入围陕西省第三批“关中百镇”；2009年9月入围西安市“优先发展镇”。小城镇规划区域面积约为3.2平方公里，规划用地面积1.5平方公里，规划区域人口1.36万人。城镇规划区四条大街提标改造建设总投资1370万元，建成区面积1.1平方公里。2010年投资874万元，完成东街600米的水泥路面硬化，启动北街和西街的提标改造，投资33万元完成大兆文化站建设。完成30个行政村的规划编制，其中7个村完成手续审批。

【新农村建设】 2007～2010年，完成6个市级新农村建设重点村：庞留村、大兆村、郭庄村、三益村、高寨村、小井村；申报在建村2个：司马村、新庄村。4年全辖区新农村建设工作共硬化村内道路210375平方米，硬化出村道路13.7公里，修排水渠84150米，修建休闲广场10个，安装路灯230盏，建垃圾台132个，改厕553户，建成标准化卫生室26个，完成“农民安居工程”208户，完成30个村委会办公场所改造、30个村低压电改、26个村人饮工程。

【共建和谐家园】 2007年～2010年，辖区30个行政村成立乡规民约评议会，开展“推进乡风文明、共建和谐家园”活动，协助市摄影家协会和区文联开展文化采风活动，举办首届金秋少陵文化周，在街办机关开展“展示才艺、提高素养”主题活动。建立农家书屋2个，有自乐班8个，文艺骨干43名；制作宣传栏6期、宣传牌76块，发放宣传品15600余份；举办体育比赛12场次；组织社火等大型活动4次，节庆日

大兆街道2007～2010年主要经济指标统计表

单位：万元

年份	生产总值	农业总产值	工业产值	非公经济产值	招商引资	固定资产投资总额	社会消费品零售总额	财政收入	农民人均纯收入（元）
2007	65377	10700	30600	53749	6600	19900	6600	101	3818
2008	76396	15490	35648	59124	16720	25673	8800	210	4510
2009	87473	16900	56264	65768	440	25470	10925	685	5584
2010	98605	18300	67170	79737	9700	23300	13134	795	6796

及纳凉晚会等文艺活动96次。创建区级行风示范窗口2个，市级文明单位3个，区级文明村4个，区级文明生态村2个。

【美国中学生庞留村夏令营】 2007年7月，美国新英格兰地区中学生访问团一行20人在庞留村度过为期一周的夏令营，受到庞留村村民及庞留小学师生的热情接待。这是大兆街道首次接待来自太平洋彼岸逗留时间最长的一批客人。夏令营期间，访问团师生和村民学生同吃同住同劳动，相互交流，增进了解，结下了深厚情谊。

美国中学生庞留村夏令营

【劳动和社会保障部检查劳动用工情况】 2007年8月，由国家社会和劳动保障部副部长陈昌智带队的检查组一行对春风木器厂、康王砖厂等企业劳动用工情况进行检查。具体查看了农民工的工作环境，对企业是否签订劳动合同、办理工伤保险，有无雇用童工及非法用工、侵犯农民工权益，工资能否按时发放，有无休假制度，特殊工种是否持有上岗证等问题逐一进行询问，听取企业负责人汇报，走访农民工，查看合同、台账等资料。增强了企业经营者和农民工依法用工、依法维权意识。

【取缔7户违法电镀企业】 2008年5月，大兆街办配合区环保、城管、公安、工商、电力等部门集中取缔辖区内7户非法小电镀企业。通过没收其生产设备，破坏性拆除生产坑槽和临时厂房，并对有关人员进行处罚，保证了周边3个村7000人的饮水安全。

【省、市领导关注大兆经济与社会发展】 省、市领导对大兆街道经济与社会发展极为关注。2008年7月，市委常委、高新区党工委书记、管委会主任岳华锋，副市长黄省身一行，由区委书记吕健、区长汪文展陪同，到大兆街道杜家岩村实际调查“5.12”地震波及受灾的灾后重建。走访两户受灾户，为每户送救灾款一万元，鼓励他们自强不息，战胜困难，重建美好家园。2009年5月，市委副书记王成文由长安区委书记吕健，区委副书记、区长汪文展陪同，在大兆街道设施西瓜产业基地进行调研，实际查看生产情况，与种植户交谈。2010年3月，省委政策研究室副主任郑梦熊、省农业厅副厅长高爱平及省委政研室农业处处长董顺利等领导深入大兆，向辖区农民群众宣讲中央一号文件精神，鼓励农民群众在推进农村经济与社会科学发展中建功立业。

【西安市春季农业现场会】 2009年4月，西安市农业局组织全市13个区县分管农业的领导及主管部门干部100多人，在大兆街道召开春季农业现场会。组织与会人员参观设施大棚西瓜示范园，发送大兆设施大棚西瓜示范园宣传材料130多份，会议肯定了大兆农业产业结构调整取得的成绩。

【查处东伍村土地违法案件】 2009年3月，大兆街办接国土资源部第九次土地违法卫星图片检查中发现的一宗改变耕地用途违法案件，即东伍村3家私营企业涉嫌非法占用可耕地0.85公顷。街道领导高度重视，会同大兆国土所、派出所、供电所和东伍村组成联合执法组，抽调21名干部，调集2台推土机、1台挖掘机、18辆运输车，对3家企业违法改变耕地用途建成的5332平方米地面建筑、3600米围墙和1万余平方米水泥地面进行拆除与清理，恢复了土地原貌。

【民间红拳传人曹印武】 曹印武，男，（1916～2010），大兆街道新庄村人。十一岁拜王家沟红拳大师杨天成为师，二十岁考入陕西国术馆习武，拜师“三杨”即杨瑞轩，杨杰、杨文轩，主要学习四把捶、粉红拳、四门捶等红拳套路，成为当时的红拳新秀。1958年曹印武参加十三县运动会获武术第一名。他一生致力于普及和弘扬中华武术，在西安地区他的徒弟和学员多达300余名。

【抢救性发掘敬陵】 敬陵，位于大兆街道庞留村西，为武惠妃即唐玄宗贞顺皇后武氏（699年～737年）之墓。敬陵墓室内因盗掘受损严重，2008年10月省历史博物馆、省文物研究院等部门对唐武惠妃墓进行抢救性发掘，2009年5月结束。墓室内出土一些壁画、1块石椁残块、9块哀册残片等部分残存文物。2010年4月，国家一级文物、原敬陵重达27吨的被盗石椁由省公安机关从美国追回，现存于省历史博物馆内供游人参观。

【大学生村官建成首家村级综合网站】 2010年10月，庞留村大学生村官张秉会在市、区农业部门和村两委会支持下，用半年多的时间建成长安区首家村级网站—庞留村综合信息网站，网址是www.pangliu.com。网站设“走进庞留”、“村务公开”、“民主管理”、“特色经济”、“致富之路”、“庞留小学”等栏目，内容丰富，图文并茂，为村务管理，农民致富提供有效、快捷、准确的信息服务。

【举办首届少陵文化周】 2010年10月，大兆街道以“感悟少陵文化，畅扬现代生活”为主题举办首届金秋少陵文化周活动。举办书画摄影展，参展作品146幅；召开文物研讨会，组织专家、知名人士对科学利用文物资源、加快大兆旅游开发进行探讨；成立少陵书画艺术院，汇集大兆籍书画名家和爱好者23名，由画家骆孝敏担任院长；组织各村文艺骨干举行文艺汇演2场，邀请临潼秦剧团演出节目4场、市儿艺为小学生演出情景话剧1场；举行篮球、乒乓球、象棋等比赛24场次；在大兆中心广场宣传党的十七届五中全会精神、计划生育国策、国防知识、平安创建等，共发放宣传品4800份，接受咨询400余人次。

【行政村名】 大兆村、司马村、小兆寨子村、新庄村、郭庄村、甘寨村、甘寨堡村、东伍村、三益村、东曹村、中兆村、西曹南村、西曹北村、二府井村、小井村、兆寨村、康王村、章曲村、高寨子村、庞留井村、庞留村、友联村、三联村、孟家岩村、倪家滩村、酒铺村、杜家岩村、常兴村、秦沟村、赵家湾村。

（白小鹏）

中国航天科技集团公司第六研究院

【概况】 中国航天科技集团公司第六研究院（以下简称航天六院）位于西安市长安区韦曲航天科技产业园，创建于1965年，是国家液体火箭发动机研制中心，承担为运载火箭和导弹武器提供液体火箭发动机任务。航天六院拥有先进的科研、生产和试验设施，雄厚的综合技术实力和完善的质量保证体系，形成液体火箭发动机科研、生产和试验的专业化分工和一体化布局。2007～2010年，航天六院完成各型号研制生产任务，交付产品质量稳定，大型地面试车和飞行任务参试成功率保持良好水平，大推力无毒无污染发动机的研制为新一代运载火箭奠定了基础，预先研究和固定资产投资均按计划完成。

【柔版印刷机研制成功】 2007年，航天六院加快军民品生产结合，军需、民用协调发展步伐，继2006年开发卫星式柔版印刷机后，推出宽幅卫星式柔版印刷机，被列入陕西省“13115”重大科技产业化项目。并启动大型高效管道输油泵研制工作，全年获国防科技成果6项，申请专利26项，获专利授权8项。

【嫦娥一号卫星升空】 2007年10月，第一颗月球探测卫星由长征三号甲运载火箭在西昌卫星发射中心发射，航天六院研制的火箭发动机准确将卫星送入预定轨道，发射获得圆满成功。至此，长征系列运载火箭实现了100次发射的历史跨越，成功率100%，为推动中国航天事业在空间领域的发展，提升自主创新能力做出贡献。

【安全生产成效显著】 2007～2010年，航天六院坚持每月一次安全例会和安全检查，开展落实安全生产责任制、全员安全培训、隐患排查治理、危险点定级评估、重大隐患整改、安全月活动等重点工作。连续4年未发生重大安全生产事故。

【液体动力技术专业重组】 2008年7月，中国航天科技集团公司将原航天推进技术研究院、北京航天动力研究所、北京航天试验技术研究所和上海空间推进研究所组建成航天推进技术研究院，成为国内唯一的集导弹武器和运载火箭主动力系统、负责动力系统、轨姿控动力系统以及空间飞行器推进系统研究、设计、生产、试验于一体的航天液体动力技术专业研究院，被誉为航天液体动力的“国家队”。

【各类产品形成规模】 2007～2010年，航天六院研制的长输管线大型高效输油泵项目取得突破性进展，首批产品交付中石化集团，并开展输油系统及其配套产品的立项研发；多晶硅产业，精馏塔、气体焚烧、特种阀、热媒炉等为代表的产品已形成规模配套；以高速泵、反应器、反应炉、结晶机、破渣机、安全阀、烧嘴等产品在化工、石化和煤化工装备领域形成优势；大功率液力传动系统研制取得重大突破，成功向军用领域拓展；印刷包装设备完成柔版印刷机研制和批产，多项技术处于国内领先水平；特种化工和材料取得市场优势。

【联合成立西安航天泵业有限公司】 2008年，航天六院围绕长输管线大型高效输油泵项目研发，与航天投资、航天动力联合成立西安航天泵业有限公司，注册资本金1.1亿元；实施宝鸡泵业与宝鸡水泵厂资产重组，并通过宝鸡水泵厂破产和剥离债务，整合净资产5000余万，扩大了生产能力。

【举行建院40周年庆祝活动】 2009年12月，航天六院成立40周年。全院干部职工欢聚一堂，总结科研技术、组织管理等经验，出版纪念文集《征程》和大型画册《中国动力》，举办“纪念航天六院成立40周年座谈会”、青年论坛、体育活动、文艺汇演、演讲征文、摄影大赛、书画展览、红歌演唱等活动。 （周晨华）

陕西省地质矿产勘查开发局西安地质矿产勘查开发院

【概况】 西安地质矿产勘查开发院（以下简称西安地勘院）由原陕西省地矿局第七地质队、第八地质队和综合研究队

西安地勘院陕北红墩界和海则滩井田项目野外施工现场

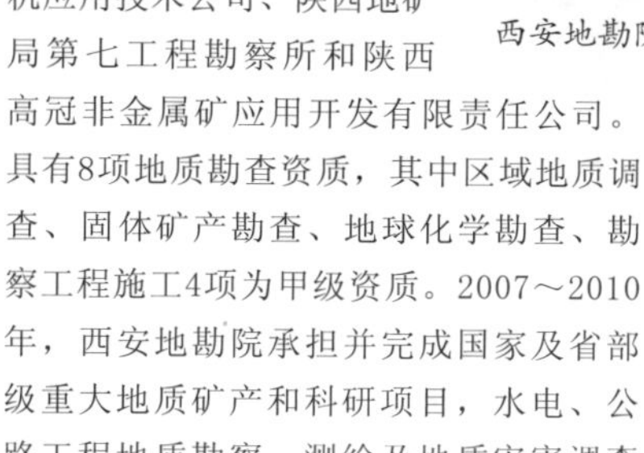

于1997年实行资产重组后成立，长期从事金属、非金属矿产勘查，全院现有1027人。其中，技术人员311人，教授级高工3人，高级工程师31人，工程师68人。下设地质矿产调查所、地质工程公司、矿产开发公司及经营管理中心和9个职能管理部门，下辖西安青鸟计算机应用技术公司、陕西地矿局第七工程勘察所和陕西高冠非金属矿应用开发有限责任公司。具有8项地质勘查资质，其中区域地质调查、固体矿产勘查、地球化学勘查、勘察工程施工4项为甲级资质。2007～2010年，西安地勘院承担并完成国家及省部级重大地质矿产和科研项目，水电、公路工程地质勘察、测绘及地质灾害调查等项目100多项。

【地质勘查】 2007～2010年，西安地勘院承担并完成榆林小纪汉、府谷西王寨井田勘探，陕西省重点项目——陕北尧峁井田勘察，陕北石炭二叠纪煤田吴堡矿区柳壕沟井田，陕北侏罗纪煤田榆神矿区金麻矿区柳巷等100多个煤炭勘查项目，提交煤炭资源储量1200多亿吨；区域地质调查承接并完成内蒙古赤峰市桥头等四幅1：5万区域矿产地质调查，青海省格尔木市大格勒沟地区J46E023021等十幅1：5万水系沉积物地球化学及地面高精度磁法测量，青海省德令哈市察汗哈达地区J47E015007、J47E016007、J47E017007三幅1：5万地质矿产调查项目，青海省格尔木市雪水河地区I46E001021、I46E002021两幅1：5万区域地质矿产调查，内蒙古赤峰市土城子等四幅1：5万区域矿产地质调查，新疆1：5万苏立杰（K44E009022、K44E009023、K44E009024、K45E009001）等60多幅区域地质调查和矿产地质调查，累计完成地质调查面积6000多平方千米。 （刘福宏）

【工程勘察施工】 2007～2010年，西安地勘院工勘公司深入陕北、宁夏、内蒙、河南等地，先后承揽内蒙阿拉善左旗金矿、宁夏同心煤田、青海江仓煤矿和祁连县阴挖槽铜铅锌矿勘探等7个项目。在搞好横山芦殿井田、天云煤矿、子长余家峁和榆林麻黄梁等煤炭资源勘查同时，承揽金矿、铁矿、铝土矿以及铜矿的普查勘探项目。开展河南新蔡铁矿勘探、兰州铁路隧道勘察项目，宁夏中卫煤田勘探项目和子长项目。2008年，投资500多万元购置4台（套）钻探设备并投入生产，完成陕北地区各类项目普查及详查20多个。2010年承接十（堰）天（水）高速公路二、三标段初勘及宝（鸡）汉（中）高速公路汉中—陕川界段初勘，完成工程勘察产值1000万元。 （王　乐）

【矿产开发】 2007～2010年，西安地勘院在做好院属探矿权证延续保留、年检工作的同时，探索性地进行陕北侏罗纪煤田榆横矿区朱家峁、柳巷等井田的探矿权转让。2007～2008年，西安地勘院分别与陕西中太能源投资有限公司、陕西竹园嘉源矿业有限公司、黄陵县江源有限责任公司、陕西腾晖矿业有限公司签订朱家峁、柳巷、千树塔、双山井田探矿权转让合同。对“陕西省宁陕正河一带金矿详查保留”、“陕西户县岳长沟一带金矿详查”探矿权转让和联合勘查开发，进行了实质性前期工作。完成《750Kv乾县～渭南送电线路及变电站站址压矿评估报告》、《陕西省镇安县沙湾一带铁矿详查地质报告》、《陕西省周至县安家岐银金矿床9-28勘探线详查地质报告》、《陕西省太白县白云石矿矿产资源开发方案》编制工作，参与“陕西省商洛市商州区瓦房沟铅锌矿普查”地质勘查服务的野外地质工作，在秦岭地区金属矿产勘查数十项，累计提交黄金资源量100余吨，其他铜、铅锌、钼钒等金属矿产资源量100多万吨。高冠非矿公司从事非金属矿粉体精细加工，其主要产品有：碳酸钙粉、重晶石粉、滑石粉、白云石粉、腻子粉、粉体改性活化产品。2007～2010年，加工销售各类粉体产品43660吨。

【多种经营】 2007～2010年，西安地勘院利用土地规划甲级资质，多种经营稳步发展。完成向省国土资源厅申报土地开发整理项目设计单位的工作，完成陕西省秦岭终南山申报世界地质公园资料工作。与青鸟公司合力拓展土地规划、地质三维应用等领域，完成《西安市地质灾害预警预报系统》、《全国三维城市地质项目成果WEBGIS服务系统》项目；完成榆林市定边县、延安市宝塔区、西安市灞桥区、宝鸡市扶风县第二次土地大调查项目，总面积11552KM2。同时承揽扶风县、安塞县的城镇地籍调查和宁夏吴忠市土地利用规划修编等项目及陕西省12个县（市）土地利用数据库建设及更新等工作。 （薛巧英）

陕西省宁东林业局

【概况】 陕西省宁东林业局位于宁陕县境内，辖区面积18.1万公顷，森林管护面积8.36万公顷，林地面积7.93万公顷，森林蓄积734万立方米。是国家135个重点森工采育企业之一，属国有重点林区，隶属陕西省林业厅和陕西省森林资源管理局。局机关办公地址位于长安区韦曲凤栖西路69号，内设党委办公室、行政办公室、人事教育科、计划财务科、社会保障科、资源管理科、公益林建设科、产业发展科及平河梁自然保护区办公室9个职能部门；基层单位有沙沟、高桥、旬阳坝、火地塘、新矿5个林场，长安管理处和旬阳坝管理处。主要职能为国有林区森林资源保护管护及公益林建设。2007～2010年，先后荣获“陕西省第七次森林资源清查先进单位”、“陕西省天然林保护工程档案管理工作先进单位”、“全国一类森林资源清查先进单位”、“陕西省森林防火先进单位”等荣誉称号。

【森林资源管护】 2007～2010年，省

宁东林业局认真贯彻“预防为主，积极消灭”防火方针，以人为本，加强组织领导，层层落实责任，加大防火宣传力度和联防工作，强化各项防火措施，狠抓专业森林消防队伍建设，提高防火意识和科学扑救森林火灾能力。制订《森林资源管理办法》，明确各级管护职责。林政稽查队加大稽查和检查力度，采取集体巡护制度，GPS巡护定位，确定巡护范围，创建护林员巡护辖区影像个人资料档案，得到上级部门肯定和认可。通过对森林资源有效管护，森林资源得到休养生息，三大效益明显凸现，将森林病虫害成灾率控制在3.9‰以内，森林火灾控制在0.2‰以内，无公害防治率77.3%以上，监测准确率91.6%以上，林木种苗产地检疫率94%以上。

【公益林建设】 2010年，省宁东林业局系统完成天保一期工程国家级、省级验收工作。通过抓管理、抓质量、抓落实，完成封山育林23333.3公顷；人工促进天然林更新21333.3公顷；人工造林6666.7公顷；珍稀树种改造培育213.3公顷。完成珍稀树种培育基地建设示范项目，定向改培珍稀树种213.3公顷，森林抚育补贴试点项目2666.7公顷，中幼林抚育377.8公顷；灾后重建森林封育333.3公顷，人工促进天然林更新1333.3公顷，人工造林66.7公顷。

【产业发展】 2007～2010年，省宁东林业局把产业发展作为富裕职工的根本点和落脚点，以项目争取政策，以产业促发展，把转变发展方式，寻求发展途径作为改革突破口，把改善职工生活、确保森林生态建设成果，推动企业发展，实现“民富局兴”作为发展目标。按照“先放开搞活，后规范完善”，“大产业兴局，小产业富民”，“先富职工后兴局”发展思路，倡导职工发展“四小产业”；遵循“自愿、自主、自营”原则，开展“我为宁东献计献策”等活动，增强职工忧患意识，激发职工工作激情，达到企业稳步发展，职工队伍稳定，职工收入提高，实现民富局兴的目标。（陈　伟）

驻区高校简介

【西北大学长安校区】 位于郭杜街道学府大道1号，占地总面积103公顷，总建筑面积64万平方米，主要包括教学楼、图书馆、院系教学、实验、办公楼、体育馆、学生活动中心、艺术中心、交流中心、学生公寓、食堂、教职工住宅及其他附属设施。属国家教育部直属综合大学，现为国家“211工程”重点建设院校和国家“一省一校”计划重点建设院校、教育部和陕西省共建高校。设有文学院、新闻传播学院、公共管理学院、经济管理学院、数学系、应用社会科学系、信息科学与技术学院（软件学院）、外国语学院、城市与环境学院、法学院等22个院（系）74个本科专业，是国家批准的首批博士、硕士学位授权单位及博士后流动站建站单位，具有教授资格审定权和自行遴选确定博士生指导教师权，是一所文、理、工、管、法多学科的综合大学。

【西北工业大学长安校区】 是教育部、国防科工委、陕西省政府、西安市政府四方共建重点项目，位于新环山旅游公路（107省道）以北东大街道段，占地面积260.7公顷。截至2010年，完成新校区一、二、三期工程建设，建筑面积90余万平方米，入驻师生10000余人。

【西安电子科技大学长安新校区】 是经国家教育部，省发改委、教育厅审批的立项项目，2004年3月在兴隆破土动工。新校区占地面积200公顷，总建筑面积70.5万平方米。截至2010年底，累计完成投资30亿元。2004年以来，陆续入驻学生6.5万余人。

【陕西师范大学长安校区】 位于郭杜街道韦郭路中段，系教育部直属、国家“211工程”重点建设大学，是国家培养高等院校、中等学校师资和教育管理干部的重要基地，被誉为西北地区教师的摇篮。学校创建于1944年，前身是陕西省立师范专科学校，1954年定名为西安师范学院，1960年与陕西师范学院合并成立陕西师范大学，1978年划归教育部直属。学校立足西部，面向全国及港、澳、台地区招生。已发展成为综合性一流师范大学，为国家培养各类毕业生13万余人。长安校区从2000年开始建设，已成为学校主校区，主要承担本科三、四年级和研究生教育培养任务。学校设有21个学院，2个基础教学部，63个本科专业，12个博士后科研流动站，15个一级博士学位授权点，103个二级博士学位授权点，40个一级硕士学位点，185个二级硕士学位点，1个教育博士专业学位点，20个硕士专业学位点（含工程硕士8个领域）。在国家现有13个学科门类中该校学位授权点覆盖哲学、经济学、法学、教育学、文学、历史学、理学、工学、管理学、农学、医学、艺术学等12个学科门类；有国家重点学科4个、国家基础学科人才培养和科学研究基地2个、国家工程实验室1个、国家级实验教学示范中心2个和教育部人文社会科学研究基地1个、国家体育总局体育社会学重点研究基地1个、教育部重点实验室和工程研究中心3个，陕西省重点实验室和工程研究中心6个、陕西省人文社会科学重点研究基地3个、陕西省实验教学示范中心6个，各类研究中心（所）60个。学校设有远程教育学院、教师干部教育学院等办学机构。此外，还设有教育部西北高师师资培训中心、教育部西北教育管理干部培训中心、教育部基础教育课程研究中心、陕西省基础教育资源研发中心以及中国唐史学会、中国古都学会等几十个学术团体和学术机构，并设有教学实验性质的附中、附小、幼儿园。其中附中是陕西省重点中学，附小、幼儿园是省级示范小学和幼儿园。

【西安外国语大学长安校区】 位于郭杜街道翰林路，是新中国最早创建的4所外语院校之一，也是西北地区唯一的一所主要外语语种齐全的普通高校。其前身是西北大学俄语系与兰州大学俄语系、中共西北局党校俄文班合并组建的西北俄文专科学校，招收俄语专业本科生，1958年更名为西安外国语学院，1979年开始招收研究生，1986年经国务院学位委员会批准，成为硕士学位授权单位。2006年2月，经教育部批准，学校更名为西安外国语大学，实现了由单科外语院校向突出外语特色，以人文学科为主体，社会学科、管理学科和理学学科协调发展的多学科外国语大学的转变，是国家西部重要的外语人才培养基地。学校设外国语言文学研究所、外语教育研究所、人文地理研究所等22个学术和研究机构，形成较为完整的外语及跨学科科研体系，承担一批国家级、省部级及外国文化部资助的科研项目，出版大型辞书、专著、译著、论文和教材，在西北地区外语教育教学和研究领域发挥不可替代的作用。该校设有10个二级学院、11个系、部、所教学单位，开设英语、俄语、法语、德语、日语、西班牙语、意大利语、汉语言文学、国际政治、工商管理、旅游管理、新闻学等13个四年制本科专业。英语语言文学、俄语语言文学、法语语言文学、德语语言文学、日语语言文学、外国语言学及应用语言学及人文地理7个专业具有硕士学位授予权；设有外国语言文学研究所、外语教育研究所、人文地理研究所、西外－外研社双语词典研究中心、辞书编译研究所、文化艺术研究所、高等教育研究所、美国问题研究中心、比较文化研究室、澳大利亚问题研究中心、西班牙拉丁美洲研究室、奥地利文学研究室和长城金融研究所等研究机构。出版核心期刊《外语教学》、《人文地理》和《西安外国语学院学报》等学术刊物，外语音像教材出版社的出版物受到广泛好评。该校科研气氛活跃，不断有高质量的学术专著、译著、教材、工具书和论文问世。

【西北政法大学长安校区】 位于韦曲街道西长安街，占地面积90公顷，设有哲学与社会发展、经济管理、刑事法、民商法、经济法、行政法、国际法、政治与公共管理、公安、外国语、新闻传播、马克思主义教育研究、研究生教育、司法官教育、继续教育学15个学院和体育教学部等24个本科专业，辐射哲学、法学、公安、经济、管理、人文等专业大类。学校面向全国31个省、自治区、直辖市和港、澳、台地区招生，具有留学生招收权。现有全日制本科生12000余人，硕士研究生3000余人，教职工1300余人。

【西安邮电学院长安校区】 位于郭杜街道韦郭路中段，原属信息产业部管理，现由陕西省人民政府与工业和信息化部共建以陕西省人民政府管理为主的高等院校，是一所以工为主，以信息科学技术为特色，工、理、经、管、文、法多学科协调发展的普通高等院校和中国人民解放军后备军官培养选拔基地，在校研究生、本科生、高职生1.6万余人。设有通信与信息工程学院、电子工程学院、计算机学院、自动化学院、理学院、经济与管理学院、管理工程学院、人文社科学院、马克思主义教育研究院、国防教育学院、国际教育学院、物联网与两化融合研究院、外语系、数字媒体艺术系、继续教育学院、体育部等教学研究机构。有10个一级硕士点、28个二级硕士点，5个工程硕士授权领域和专业硕士点，41个本科专业，6个省部级重点学科。有1个国家级特色专业建设点，4个省级特色专业建设点，3个省级名牌专业。设有5个原信息产业部重点实验室，4个陕西省重点研究中心，9门省级精品课程，3项省级优秀教材奖，3个省级应用型人才培养模式创新实验区，2个省级实验教学示范中心。学校拥有“计算机核心课程”国家级教学团队，3个省级教学团队。

【西安财经学院】 是中央与地方共建、陕西省主管，以经济和管理学科为主，经、管、文、法、理、工相互支撑、协调发展的多学科普通高等学校。学校位于西安长安常宁新区，占地面积84.67公顷，校舍建筑面积52.45万平方米；藏书153万册，有中外文期刊2225种，教学仪器设备总值6629万元。建有中央与陕西省共同资助建设的金融与证券投资实训中心、财税信息化管理实训中心、企业策划与设计实训中心、ERP实训中心、大学物理实验室等22个基础实验室（实训中心）；有特色优势学科实验室12个，校内外实践教学基地102个。学校设有经济、统计、管理、商学、文法、信息、公共管理、国际教育、高等职业暨继续教育学院9个，二级学院和研究生、公共外语、思想政治理论教学科研、体育4个教学部。另有与陕西文信教育投资有限责任公司联办的三本院校——西安财经学院行知学院。拥有统计学、企业管理、财政学、产业经济学、经济法学5个学科的硕士学位授予权。2010年，学院有专职教师905人。其中具有副教授以上职称教师431人，近百名外籍专家和国内著名统计学家、经济学家、人文学家受聘担任兼职教授；全日制本科在校生14416人。开设经济学、金融学、统计学等36个本科专业，涉及6个学科门类。拥有统计学、管理科学与工程、财政学、经济法学、应用经济学5个省级重点学科和统计学、金融学、法学3个省级名牌专业。

【陕西教育学院】 是经国务院批准、陕西省人民政府直属、陕西省教育厅主管的综合性高等师范院校，是陕西省培养与培训基础教育师资和行政管理干部重要基地。创建于1956年。1963年由陕西省教师进修学校更名为陕西教师进修学院，文革停办，1978年恢复，定名“陕西教育学院”。近50年来，学院立足三秦，辐射西北，突出教师教育特色，已发展成为一所办学特色鲜明、学科门类齐全、教学设施完备、师资力量雄厚、内部管理严格的高等院校，为基础教育、职业技术教育培养和培训了大批中学教师、中学校长，各类毕业生共计9万余人。学院新校区位于长安区神禾塬，占地42.73公顷，投资近4亿元，建筑面积23万平方米，是设施先进、功能齐全、环境优美的现代化校园，2009年10月投入使用。2010年，学院有教职工574人。其中：专任教师290人，具有副教授以上职称100余人。学院调整人才政策，加强教师队伍建设，聘请多名国内著名学者如贾平凹、钟明善、畅广元、白永秀、罗艺峰、尹少淳、吴文虎等担任兼职教授，一支知识渊博、教学能力过硬、结构合理的师资队伍日臻成熟。

【西安体育学院沣峪校区】 位于秦岭北麓长安区滦镇街道沣峪口，规划占地面积38公顷，校舍建筑面积9649平方米。2001年实行中央与地方共建，以地方管理为主，现为国家体育总局与陕西省共建院校。校区实行“条块结合，以块为主”运行体制和半封闭管理模式，注重养成教育。校内拥有篮球馆、排球馆、体操馆、武术馆、田径场、篮球场、网球场、地掷球场，设有多媒体教室、语音教室、电子阅览室、图书室等教学及辅助设施，后勤保障与服务配套设施齐全。学院面向全国招生，现有全日制在校生7474人，本科生7010人，硕士研究生370人。现有体育、运动、武术、社会体育、运动人体科学、人文学、艺术7各系和研究生部（高等职业技术学院、继续教育学院、附属竞技体育运动学校）17个本科专业，涵盖文、理、经、管、教5个学科门类。体育教育专业、运动训练专业和民族传统体育专业为陕西省普通高等学校名牌专业；运动训练专业、运动人体科学专业为陕西省特色专业，田径、体操、篮球、足球和散打被评为陕西省精品课程。拥有体育学一级学科硕士授予权和体育教育训练学等7个硕士学位授权点和体育专业硕士学位首批试点单位，并与上海体育学院合作培养博士研究生。田径和体育测量与评价是原国家体委重点学科，体育教育训练学和运动人体科学是陕西省重点学科。

【陕西广播电视大学长安校区】 位于郭杜北街，是综合性现代远程教育开放大学，1978年12月成立，隶属陕西省人民政府，由陕西省教育厅主管，实行统筹规划、分类指导、分级管理、条块结合的办学体制，在全省10个地市建立电大分校，在省级厅局系统建立56个电大工作站，在70多个县市和90多个大中型企业建立电大工作站和辅导站，有500多个教学班（点），形成覆盖全省城乡的远程教育网络。已建成能满足学生自主学习，融广播、电视、卫星、计算机互联网为一体，利用在线平台、网上VOD、双向视频等设施开展远程教学的现代化教学系统。实现了教学信息传输、接收、反馈和教学管理的现代化。全省电大先后开设了8科26类70多个专业，累计培养大专以上学历毕业生22万余人，并对32万余名在职人员分别进行了不同层次的大学后继续教育和岗位培训。

【陕西职业技术学院】 位于西汤公路杜曲段沿线，占地面积47.70万平方米，建筑面积27.75万平方米。学院前身是陕西省“九五”重点建设项目陕西省职业教育中心，2001年，经省政府批准成立。是陕西省教育厅直属的全日制公办普通高等学校，现有教职工621人，在校生9000余人。

【西安翻译学院】 位于长安区太乙宫街道正街，占地面积133.33公顷，总建筑面积70万平方米。1987年经陕西省教委批准成立，2005年经国家教育部批准为以实施本科学历教育为主，同时可举办专科层次高等职业技术教育，涵盖文法、理工、经管、艺术等多学科多专业的一所综合性民办本科高校。该院内设外国语学院、国际关系学院、经济管理学院、信息工程学院、人文艺术学院和翻译研修学院六个二级学院，开设近60个计划内本科、高职和计划外自考本科专业及有关专业方向。在校生近4万人，有健全的教学生活设施和价值10亿元的公益性自有校产，为维护就读学生学习、生活和就业等合法权益提供了坚实的保障。2007年10月，西安翻译学院被《中国翻译协会》授牌命名为“中国翻译协会外语教学实验基地”。

【西京学院】 是经教育部批准的普通本科高校和国家自考综合改革试点主考院校，以实施本科教育为主，同时开展专科层次的高等职业教育。学校位于西安长安常宁新区西部大学城南区，占地92.67公顷，校内建有集教学科研、生产实习于一体化的4个大型教学科研中心，是陕西省高等学校实验教学示范中心；有各专业教学实验室180多个，纸质藏书122万册，电子图书7000GB，教学仪器设备总值1亿多元。学院下设9个系（部），28个教学科研机构，开设22个统招本科专业、22个统招专科专业和30多个高等教育自学考试专业。有专职教师1083名，博士、硕士研究生681名，具有副高级以上职称的占教师总数31%；全日制在校生3万多人。有4门省级精品课程、3个省级重点专业、2个省级特色专业、2个省级教改试点专业、1个省级优秀教改试点专业。连续3年，毕业生就业率92%以上，名列陕西高校前列。2009年，学校获准纳入全国第二批次本科院校招生。获得省级以上政府和科研机构批准立项项目13项，承担横向合作课题7项，开展校级科研基金课题31项；出版教材10部，申请专利6项，师生公开发表论文453篇，其中权威期刊及核心期刊135篇；机电工程系被确立为“陕西省机电类应用型人才培养模式创新实验区”、“2009年全国教育系统先进单位”。

【西安培华学院】 是经国家教育部批准成立的西部12省市区首家民办本科普通高等学校，也是西部首家拥有学士学位授予权的民办高校。学院位于西安长安常宁新区，占地51.53公顷。开办本、专科专业60余个，涵盖财经、商贸、文学、艺术、法律、医学、电子、信息、建筑等九大职业门类，在校生逾32000名。其前身为1928年由陕西女子职业教育促进会筹办、陕西省教育厅批准设立的西安第一平民女子职业学校。1935年由著名和平老人邵力子先生及夫人傅学文女士、爱国将领杨虎城将军的夫人谢葆真女士以及宋美龄女士等捐资再次建校于西安后宰门，改名陕西培华女子染织科职业学校，并报请教育部备案。后相继更名为陕西培华职业学校、培华财经学校（男女生兼收）、西安市财经学校。1984年，由陕西省政协倡导，经陕西省人民政府批准，国家教委备案，由著名教育家姜维之教授创建西安培华女子大学（民办公助），纳入国家计划内统招。2003年，经国家教育部批准升格为本科高校，更名为西安培华学院（男女生兼收）。

【西安电子科技大学长安学院】 位于郭杜街道新什字，经国家教育部批准设立，由西安电子科技大学（原“西军电”）与西安耀德顺实业有限公司合作办学，实行新型办学模式的全日制独立学院。依托西安电子科技大学综合办学优势开设通信工程、电子信息工程、自动化、软件工程、计算机科学与技术等15个电子信息本科专业，面向全国招生，实行四年制本科教育。学生毕业后发给国家统一印制的西安电子科技大学长安学院毕业证书。教学管理、师资队伍、行政管理、学生管理等工作全部由西安电子科技大学负责组织，设有通信工程、电子信息工程、生物医学工程、测控技术与仪器、机械设计制造及其自动化、计算机工程、电子商务等专业，鉴于长安学院办学条件现状，经西安电子科技大学研究并与教育厅商榷，决定暂停长安学院2010年招生，要求长安学院对办学条件进行整改。

【陕西通信技术学院】 位于西安郭杜教育科技产业开发区，占地面积约7公顷，建筑面积4万余平方米，是国有全日制通信和信息类职业技术学院，其前身是陕西省邮电技术工人学校，1963年成立，中途因故停办。1982年3月，经原国家邮电部批准恢复建校。1998年邮电分营整建制划归陕西省邮政公司。2002年经陕西省人民政府批准，更名为陕西通信技术学院，是全省首批升格为技术学院的十二所学校之一。学院设通信线路、邮政电子信息化、邮政金融、计算机技术应用、电子技术与装配、物流、市场营销专业。其中，通信线路和邮政电子信息化专业被省政府确定为“名牌专业”和“骨干特色专业”。另外，还是全国邮政远程教育培训网（二级）中心。

【西安机电信息学院郭杜校区】 位于西安郭杜教育科技产业开发区，占地33公顷，文艺中心、语音室、网络中心、图书馆、运动场等设施一应俱全。创建于1984年，是陕西省人力资源和社会保障厅与德国巴登符腾堡州职业教育协会重点支持建设的新型高等职业技术学院，又是中德两国在职业技术教育领域合作的示范院校。学院设汽车工程系、印刷工程系、建筑工程系、电力及自动化系、口腔医药系、机电工程系、能源工程系、数字通讯系、西部影视传媒学院、中德国际学院、大专预科院11个二级院系，开设汽车、数控、模具、印刷、建筑、口腔工艺、医药、3G通讯、能源、电力、影视传媒等专业30余个。在校学生5000余人，拥有专兼职教师200余人。其中，学科带头人40余人，外籍顾问教师4名，“双师型”教师占67%、高级职称的教师占73%以上。

【西北工业大学明德学院】 位于西安市长安区西工大沣河校区，占地面积36.7公顷，建筑面积17.8万平方米，是经国家教育部批准设立按新的机制和模式举办的本科层次的独立学院。学院申办方为西北工业大学，合作方为陕西金叶科教集团股份有限公司和陕西金叶西工大软件股份有限公司。学院依托西北工业大学雄厚的综合办学优势，根据国家和地区经济与社会发展需求以及现代科技发展趋势设置专业，设有计算机科学与技术、软件工程、电子商务、通信工程、电子信息工程、电子科学与技术、自动化、信息与计算科学、信息管理与信息系统、机械设计制造及其自动化、测控技术与仪器、工业设计、英语（含民航服务方向）、德语、国际经济与贸易、市场营销、公共事业管理、会计学18个本科专业。学生毕业后发给国家统一印制的西北工业大学明德学院毕业证书。西北工业大学负责学院的教学组织和管理并保证办学质量，任课教师、院领导、教学负责人等主要从西北工业大学选聘。已聘任教师中高级职称者占60%以上，40%的教师具有硕士以上学位。

【西北大学现代学院】 位于滦镇科教园陈北路1号，占地面积66.7公顷，由西北大学申办，国家教育部批准设立以创建新模式兴办的独立本科院校，现有直属专业18个，分别为汉语言文学、英语、计算机科学与技术、工商管理、国际经济与贸易、数学与应用数学、制药工程、食品科学与工程、广告学、公共事业管理、播音与主持艺术、艺术设计、人力资源管理、行政管理、新闻学。西北大学派出院级领导来学院主管教学工作，学院设总督学全面负责教学质量监督，西北大学10多位专家学者担任学院各专业的学科带头人，任课以西北大学教师为主体，来自重点一本大学的教师占80%以上，高级职称高于50%。

【陕西青年职业学院】 位于滦镇街道青华山下，占地29公顷，隶属中国共产主义青年团，是由共青团陕西省委和陕西省教育厅共建，以地方管理为主的普通高等院校。1984年经陕西省教育厅批准，2000年开办招收普高专科（高职）学生，在校学生4000余人。开办专科学历教育，拥有现代化的计算机室、语音室、多媒体室、专业实验室、电视演播、教学实习实训基地和满足教学需要的教学设施及学生公寓、食堂、运动场、形体训练中心、浴室等保障学生生活、活动需要的基础设施。图书馆藏书45万余册、期刊杂志500余种、电子读物1500余套，录音录像带900盒。为适应高等职业技术教育发展需要，建设了一支实践经验丰富的专业技术人员和管理人员组成的“双师型”教师队伍。

【西安人文经贸学院】 位于西安南郊滦镇辖区，是由陕西省教育厅批准设立的全日制高等学院。校园分为南北两区，南为教学区，北为生活区。有图书楼、教学楼、餐饮中心、公寓楼、多媒体教室、计算机房、语音室、画室、制图室、电子电路实验室、物理实验室、化学实验室、音频实验室、形体训练室等。建起录音棚、播音室、音乐工作室、影视制作中心等和各种类型的运动场及配套医疗、洗浴、购物、理发、邮政、通讯、银行等服务设施。

【陕西电子科技职业学院】 始创于1992年，是经陕西省教育厅批准，国家教育部备案的以工科为主，涵盖经、管、文等多学科领域的全日制民办普通高等院校，纳入国家统一招生计划，具有独立颁发高等教育学历文凭资格。学院位于西安长安常宁新区，占地面积37.93公顷。2010年，设6个系，42个本、专科、中专专业，1个成人高等教育学院，1个学习中心（西安交通大学远程教育陕西电子科技职业学院学习中心），有专职教师357名。其中具有副教授以上专业技术职称86人。在校学生6000余人。学院以培养适应市场需要的高技能应用型专门人才为目标，逐步形成以现代电子计算机信息技术学科群和计算机通信学科群为主的专业群，构建一批独具优势的品牌专业。

【西安三资职业学院】 位于东大街道，创建于1993年，是经陕西省人民政府批准、国家教育部备案，具有独立颁发国家高等教育学历证书资格，并是纳入国家计划内招生的一所全日制民办普通高校。占地面积15.3公顷，在校生6000余人，专兼职教师300余人。

【西安高新技术学院】 位于东大街道辖区，占地面积26.7公顷，建筑面积3.72万平方米，是一所以现代化高新技术教育为主的综合性全日制高等院校和教育部信息中心ITAT教育工程专业人才联合培养基地，国家职业资格鉴定考核机构，2008年列入陕西省人力资源与社会保障厅重点支持建设的职业示范院校，晋升为国家重点扶持职业院校之列。现有专兼职教师300余人，在校学生5000人。

【西安工程技术学院】 位于子午街道辖区，占地面积12.2公顷，建筑面积4.8万平方米。学院以培养中、高级技能人才为主，设数控工程系、机械工程系、电气工程系、焊接工程系、计算机工程系、旅游和学前教育系、大专（本科）培训部、省级职业技能鉴定站，开设有数控机床加工、模具制造与装配、机械维修、机电一体化、电气维修、铆焊等社会热门专业。被国家教育部、劳动部、经贸委授予“全国职业教育先进单位”，被劳动部确定为“国家高技能人才培训基地”、劳动部定点教师培训教育基地。在校师生4000余人。

【西安华美专修学院】 位于长安区韦曲街道航天大道，创建于1999年，是经陕西省教育厅批准成立的民办普通全日制高等教育院校。学院分为南北两个校区，占地面积21.8公顷，建筑面积约12万平方米。现有教职员工200余名（在编教职员工100余人、外聘教师100余人），其中，具有高级职称的20余人，博士、硕士近30人。在校生10000余人。

【延安大学西安创新学院】 位于长安区韦曲环城路，占地面积25.6公顷，2003年建成，是由延安大学申办，经教育部批准（教发函[2004]72号）成立的一所全日制普通本科独立学院。学院现设7个系，25个本科专业，涵盖文、理、经、管、工、农、医7个学科门类，在校生8300余人。现有教职工480多人，其中教授24人，副教授66人，博士、硕士259人。

【西安科技大学高新学院】 位于黄良街道下北良村、西仁村之间，占地面积33.33公顷，总投资3亿元，在校师生11000人。

【西安理工技师学院】 位于子午街道张村，是一所以培养高级技术工人为教学目的的省级重点院校。学院占地8.47公顷，拥有实习、教学、生活建设面积50000余平方米，设有4个系20多个专业，在校生4000余人。

【西安印刷技师学院】 位于子午街道辖区，占地面积20公顷，建筑面积80000平方米。学院附设机械工程学院、新闻出版学院、经济管理学院、艺术设计学院、材料工程学院、包装工程学院、印刷工程学院、基础部八大院部及国际交流、企业培训、科研、实验、实训、计算机网络等六大中心。

【中国人民解放军西安陆军学院】 位于子午街道东部，是一所军队初级指挥院校，建筑面积16.8万平方米。学院设步兵分队指挥、炮兵分队指挥两个专业，分为大学本科、大学专科、中专等培训层次，主要培训军事指挥专业人才，辖后勤干部训练大队、通信士官训练大队等，有学员及教职工4000余人。

【中国人民解放军西安通信学院】 位于王曲街道王曲村，占地面积25.5公顷，建筑面积10万平方米，有各类实验室、专修室、军用机房、作业场50余处，投入教学的各种装备、设备、仪表4300余部（套、台）。是一所指挥、技术合训，培养有线电通信干部的初级指挥院校，设置专业有有线通信分队指挥、程控交换通信分队指挥、通信数据终端、光纤通信分队指挥。1987年以来，学院积极开展科学研究，研制XT－2程控模拟教学系统获军队科技进步二等奖，研制的微型模块式快速充电机、全自动长途电话接续机等成果通过部、省级鉴定；“院校部队紧密结合，共育合格通信人才”及“学导式教学法的实践”获军队优秀教学成果二等奖。申请和获国家发明专利4项。

全国、省、市重要荣誉获得者

2007年

吕　健　长安区委，被国家科技部评为“科技进步先进个人”
汪文展　长安区人民政府，被国家科技部评为“科技进步先进个人”
王　平　长安区科技局，被国家科技部评为“科技进步先进个人”
吕性善　长安区审计局，被中国审计报社评为“审计宣传先进个人”
许志成　东大街道祥峪沟村，获“陕西省劳动模范”称号
刘　智　长安区交通局，获“陕西省劳动模范”称号
张孝礼　公安长安分局，被陕西省公安厅授予“优秀民警”称号
赵军孝　长安区黄良街道，被西安市委授予“党员致富带头人”称号
张公民　五台街道留村五一服装厂，被西安市委授予“党员致富带头人”称号

2008年

吕　健　长安区委，被国家科技部评为“科技进步先进个人”
汪文展　长安区人民政府，被国家科技部评为“科技进步先进个人”
王　平　长安区科技局，被国家科技部评为“科技进步先进个人”
田新民　长安区统计局，被国务院全国第二次农业普查领导小组办公室、国家统计局评为“第二次农业普查先进个人”
郑　琦　长安区统计局，被国务院全国第二次农业普查领导小组办公室、国家统计局评为“第二次农业普查先进个人”
周荣生　公安长安分局，被国家公安部评为 “公安信访长效机制建设先进个人”
李智奇　长安区供销联社，被国家人事部和中华全国供销合作总社授予“供销社系统劳动模范”称号
薛　华　公安长安分局，被陕西省公安厅授予“公安系统执法标兵”称号
李先志　公安长安分局，被陕西省公安厅授予“优秀民警”称号
张军旗　长安区总工会，被陕西省总工会授予“优秀工会积极分子”称号
张军成　王迎春　雷彦利　杨小雅　刘保卫　孙雁萍　长安区统计局，被陕西省第二次农业普查领导小组办公室、陕西省统计局评为“第二次农业普查先进个人”
权改利　五台街道，被陕西省第二次农业普查领导小组、陕西省统计局评为“第二次农业普查先进个人”
郭导绒　长安区砲里乡，被陕西省妇联分别授予“三八红旗手”、“第三届绿化女状元”称号
杨宗池　长安区王曲街道，被西安市委授予“党员致富带头人”称号
胡　泊　长安区统计局，被陕西省统计局评为“县域经济社会发展统计监测工作先进个人”

2009年

杜碧顺　公安长安分局，被国家公安部评为“排查化解矛盾纠纷工作先进个人”
黄秀英　皮薄村味园，被全国妇联授予“三八红旗手”称号，被西安市妇联授予“三八红旗手”称号
薄保菊　长安区王寺街道，被全国妇联评为“双学双比女能手”
李　俊　公安长安分局，被陕西省公安厅授予“优秀民警”称号
王沛侠　长安区妇联，被陕西省妇联授予“三八红旗手”称号
胡　泊　长安区统计局，被陕西省统计局评为“县域经济社会发展统计监测工作先进个人”

2010年

赵忠明　长安区灵沼乡，家庭获“第七届全国五好文明家庭”、“陕西省第六届五好文明家庭标兵户”称号

张朝红　国土长安分局，被陕西省国土资源厅评为“国土资源管理系统先进工作者”

周维红　质监长安分局，获“全国组织机构代码工作二十周年爱岗敬业工作者”称号

宋智峰　长安区委组织部，获“陕西省农村党员信息库建设工作先进工作者”称号

刘培栋　公安长安分局，被陕西省公安厅授予 “优秀民警”称号

王　涛　公安长安分局，被陕西省公安厅授予 “优秀民警”称号

刘保卫　长安区统计局，被陕西省统计局授予“第二次经济普查先进个人”称号

罗香玲　长安区杨庄乡，被陕西省妇联评为“妇女权益保障先进个人 ”

苟拥军　长安气象局，被陕西省气象局评为“行政执法先进个人”

朱朝新　西安市长安区建设工程机械施工处，获“西安市劳动模范”称号

张娟萍　西安市长安区自来水公司，获“西安市劳动模范”称号

左　强　西安市长安区园林绿化工程处，获“西安市劳动模范”称号

刘宝平　长安公路桥梁工程公司，获“西安市劳动模范”称号

付合理　陕西长建房地产开发集团，获“西安市劳动模范”称号

李前进　长安区人力资源和社会保障局，获“西安市劳动模范”称号

刘新志　长安区第五中学，获“西安市劳动模范”称号

王锁利　长安区滦镇街道，获“西安市劳动模范”称号

王　俊　长安区郭杜街道，获“西安市劳动模范”称号

贾富过　长安区斗门街道，获“西安市劳动模范”称号

薛　拓　长安区斗门街道，获“西安市劳动模范”称号

杨齐英　长安区灵沼乡，获“西安市劳动模范”称号

刘华伟　长安区大兆街道，获“西安市劳动模范”称号

周小利　陕西南洋迪克家具制造有限公司，获“西安市劳动模范”称号

梁希峰　长安神禾墓园，获“西安市劳动模范”称号

马　龙　西安奥辉纸业有限公司，获“西安市劳动模范”称号

董建梅　长安区韦曲街道，获“西安市劳动模范”称号

高成泉　中国电信长安区分公司，获“西安市劳动模范”称号

曹晓瑞　西安国家民用航天基地，获“西安市劳动模范”称号

王永强　西安国家民用航天基地，获“西安市劳动模范”称号

杨　涛　公安长安分局，入选“感动古城的十大民警”

李晓冰　公安长安分局，获“全市政法系统执法为民标兵”称号

领导名录

说明：

1、区级领导班子收录区委、区人大、区政府、区政协2007年1月～2010年12月期间在职领导名录；

2、区委和区级国家机关部门、各直属事业单位、各人民团体及乡、街道收录2010年12月底在职领导名录；

3、本书收录的领导均以任职时间先后为序排列，凡选举产生的领导按选举产生的名次顺序排列，凡任命的领导以文件中的排名为序排列。

区级领导班子

中共西安市长安区第一届委员会

书　记　钱引安（2007.01～2007.04）
　　　　吕　健（2007.04～2010.12）
副书记　杨　立（2007.01～2007.04）
　　　　薛振虎（2007.01～2009.02）
　　　　汪文展（2007.04～2010.07）
　　　　徐树安（回族，2009.02～2010.12）
　　　　杨建强（2010.07～2010.12）
常　委　钱引安（2007.01～2007.04）
　　　　杨　立（2007.01～2007.04）
　　　　汪文展（2007.01～2010.07）
　　　　薛振虎（2007.01～2009.02）
　　　　徐树安（回族，2007.01～2010.12）
　　　　陈选良（2007.01～2007.09）
　　　　陆　军（2007.01～2007.06）
　　　　孙杏娟（女，2007.01～2010.12）
　　　　王福林（2007.01～2010.12）
　　　　李洪涛（2007.01～2010.12）
　　　　柴跟科（2007.01～2010.12）
　　　　吕　健（2007.04～2010.12）
　　　　刘军邦（2007.06～2010.12）
　　　　钱虎威（2007.09～2010.12）
　　　　杨根民（2007.10～2010.12）
　　　　王印郎（2009.02～2010.12）
　　　　杨建强（2010.07～2010.12）

西安市长安区第十五届人民代表大会常务委员会

主　任　兰竹英（女，2007.01～2007.10）
副主任　王作兆（2007.01～2007.10）
　　　　李映昭（2007.01～2007.10）
　　　　宋耀辉（2007.01～2007.03）
　　　　温德厚（无党派，2007.01～2007.10）

西安市长安区人民政府

区　长　杨　立（2007.01～2007.04）
代区长　汪文展（2007.04～2007.10）
副区长　汪文展（2007.01～2007.04）
　　　　陈选良（2007.01～2007.09）
　　　　张新民（2007.01～2007.10）
　　　　杨根民（2007.01～2007.10）
　　　　刘明军（无党派，2007.01～2007.10）
　　　　贺乐军（2007.01～2007.10）
　　　　石　丹（女，挂职，2007.09～2007.10）
　　　　钱虎威（2007.09～2007.10）

	李　红（女，2007.09～2007.10）
	兰东明（2007.09～2007.10）
区长助理	崔锦绣（女，2007.01～2007.07）
巡视员	苗玉瑞（2007.01～2007.10）

西安市长安区第十六届人民代表大会常务委员会

主　任	兰竹英（女，2007.10～2010.12）
副主任	李映昭（2007.10～2010.12）
	温德厚（无党派，2007.10～2010.12）
	孙水池（2007.10～2010.12）
	陈振军（2007.10～2010.12）
巡视员	王作兆（2007.10～2009.08）

西安市长安区人民政府

区　长	汪文展（2007.10～2010.06）
代区长	杨建强（2010.07～2010.12）
副区长	钱虎威（2007.10～2010.12）
	杨根民（2007.10～2010.12）
	刘明军（无党派，2007.10～2010.12）
	贺乐军（2007.10～2010.12）
	李　红（女，2007.10～2010.12）
	兰东明（2007.10～2010.12）
	朱　鸿（挂职，2008.01～2010.09）
区长助理	周荣生（2007.11～2010.12）
	史　伟（2009.02～2010.09）
巡视员	苗玉瑞（2007.10～2010.12）
副巡视员	张新民（2007.10～2010.12）

中国人民政治协商会议西安市长安区第十一届委员会

主　席	成德奇（中共，2007.01～2007.10）
副主席	王百忍（中共，2007.01～2007.10）
	孙水池（中共，2007.01～2007.10）
	智王萌（女，民盟，2007.01～2007.10）
	孙朝朝（无党派，2007.01～2007.10）
	王永平（民进，2007.01～2007.10）

中国人民政治协商会议西安市长安区第十二届委员会

主　席	成德奇（中共，2007.10～2010.12）
副主席	王百忍（中共，2007.10～2010.12）
	智王萌（女，民盟，2007.10～2010.12）
	孙朝朝（无党派，2007.10～2010.12）
	王永平（民进，2007.10～2010.12.）
	杨育民（中共，2007.10～2010.12）

区委和区级国家机关各部门、各直属事业单位、各人民团体

区纪律检查委员会、区监察局

书　记	王印郎
副书记、监察局长	魏永寿
副书记	张苍良
监察局副局长	张光武
	姚建章
常　委	王印郎
	魏永寿
	张苍良
	田　强
	张光武
	山金萍（女）
	肖金柱
	曹永毅
	孙利民
纪检员	王乃学
纪检监察室主任	李骞旭
纠风室主任	贾　炜（女）
副调研员	孙　毅

区委办公室

主　任	张利学
副主任	刘正军
	田亚军
机要保密局局长	李　强
区委督察员	田明福
	杨悦辉（女）

区人大常委会各委办

办公室

主　任	郭新利
副主任	刘红颖（女）
调研员	田　涛
	闫清善
副调研员	何省利

内务司法工作委员会

副主任	吴慧萍（女）
调研员	白建民

科教文卫工作委员会

主　任	姜文斌
副主任	牛隽娜（女）
调研员	秦小琪
	郭锁堂

财经环资工作委员会

主　任	李军胜
副主任	王吉善
调研员	张建国

代表联络工作委员会

主　任　答贵龙
副主任　童更升
调研员　南平利（女）
专职委员　吕性善
　刘养宇

区人民政府办公室

主　任　薛随亚
副主任　常宣文
　张　涛
调研员　樊友军
　张广治
副调研员　程雅芬（女）

区政协各委办

办公室

主　任　李　瑛（女）
调研员　党文德
　杜文华
副调研员　李利宁（女）

学习提案委员会

主　任　李府战

经济科技委员会

主　任　薛　毅
调研员　吕希盈

社会事务委员会

主　任　闫玉政
调研员　秦俊凯

委员联络服务委员会

主　任　袁安平
调研员　伍联社
　祝利民

区委组织部

部　长　王福林
副部长　韩艾军
　霍玉芬（女）
区委组织员　郭　峰

区委老干部工作局

局　长　霍玉芬（女，兼）

区委宣传部（文明办）

部　长　孙杏娟（女）
副部长　王润年（兼）
副部长、文明办主任　李本健
副部长　李文琪
区委宣传员　王旭东

区委对外宣传办公室

区政府新闻办公室

主　任　王润年

长安开发采编中心

主　任　何演宏
副主任　张海建
调研员　李康良
　薛亚利

区委统战部

部　长　柴跟科
副部长、工商联党组书记　冯建龙
副部长　冯银虎

区委政策研究室

主　任　郝民仓
副主任　姚雅幸
　张保兴
　陈建富
区委研究员　蒋智怀
　马超峰
调研员　吴学德
副调研员　张选华

区委政法委员会

书　记　李洪涛
副书记、综治办主任　李新良
副书记、610办主任　周顺利
副书记　张永超

区直属机关工作委员会

书　记　柏利民
副书记　曹红梅（女）
调研员　李志文
　张振琪
　孙清志
　陈建民

区机构编制委员会办公室

主　任　田学让

区目标责任综合考核办公室

主　任　王福林（兼）

副主任	师新宁
	于理余

区委党校

校　长	徐树安（兼）
常务副校长	张景新
副校长	董兴民
调研员	李常民
	徐大明
	李采本
	张湛奇

区档案馆（局）

馆（局）长	王建都
副馆（局）长	赵信辈
	富润国
调研员	张民武
	胡引来
	宗　峰
	孙合法

区关心下一代工作委员会

主　任	王作兆
常务副主任	苍军民
副主任	刘子琛
	侯一民
	宋耀辉
	张玉娥（女）
	张耀富
	张民生
	骆忠学
	袁勘定

区总工会

主　席	李文艺
副主席	冯俊明
副调研员	张金瑞

团区委

书　记	孙雪峰

区妇女联合会

主　席	王沛侠（女）
副主席	马英利（女）

区文学艺术界联合会

主　席	田措施

区残疾人联合会

理事长	周爱琴（女）
副理事长	王小虎
副调研员	杜恩选

区红十字会

会　长	李　红（女，兼）
副会长兼秘书长	王小妮（女）

区工商业联合会

党组书记、主席	冯建龙
副主席	于丛民
调研员	范更学
	杜尊武
会　长	兰喜吉
副会长	于丛民
	马宏毅
	付合理
	吕　民
	张孝普
	张耀琪
	赵养乾
	李建英
	陆保元
	贾本利
	范亚峰
	董颖夫
	蒋　海
	郝随年
	郭育民
	薛栓群
秘书长	于丛民（兼）

中国人民解放军长安区人民武装部

部　长	刘军邦
政治委员	安　强
副部长	李建荣

西安市公安局长安分局

党委书记、局长	周荣生
党委副书记、政委	费　林
副局长	陈亚军
	韩和平
	赵新茂
	高少军
纪委书记、督察长	张　波
副巡视员	张中法
调研员	杨　军
副调研员	何晓良
	王建绪

郑培荣
张　鹏
杜碧顺
王随言
毋　宏

区人民检察院

党组书记、检察长	张继锋
副检察长	张曲利
	任为农
	荆建军
纪检组长	张德军
政工科长	任敏毅

区人民法院

党组书记、院长	杨克胜
副院长	滑智文
	姚均平
执行局局长	刘尚军
纪检组长	王　健（女）

区发展和改革委员会

主　任	成省民
副主任	张崇喜（兼）
	王君良
	侯选利
调研员	李平安
	高拴勤
副调研员	苗广哲

区经济贸易局

党工委书记	张水平
党工委副书记、局长	刘小平
副局长	袁西民
	曹孝功
	杨高智
	李朝喜
	王　茹（女）
调研员	张　鹏
	李亚民
	李逢茂
	马随让
	张耀民
	余小进
	李民安
	李胜利
副调研员	杨向震
	黄养田

区教育局

局　长	辛小权
党委副书记、纪委书记	贾亚建
副局长	刘永康
	李文涛
调研员	谢尊严
	张　谦
	陈　琪

区科学技术局

局　长	王　平（女）
副局长	赵忠良
科协副主席	王战奇
调研员	贾润仓
	米文远
	程寿鹏
副调研员	孟德敏

区老龄委

主　任	贺乐军（兼）
副主任、老龄办主任	王治涛（兼）

区民政局

党组书记、局长	王治涛
副局长	晁兴运
	吕明理
调研员	关永海
	赵康奎
	樊廷德
	王振启
	陈民昌
	陈志益
副调研员	郭省昌

区司法局

党组书记、局长	张　宁
副局长	智王萌（女）
	魏小平
调研员	田德良
	张　萍（女）

区财政局

党组书记、局长	胡民升
副局长	勾军理
	张民朝
调研员	闫天云
	索治文
	田新民

区人力资源和社会保障局

党组书记	李前进
党组副书记、局长	李国栋
副局长	乔海洋
	张选利
调研员	张惠民
	张培新
	张宝贵
	肖继龙
副调研员	王化平
	赵　元（女）
	仇长华
	周进社
	郑新生

区建设局

党委书记	刘俊非
党委副书记、局长	张军省
纪委书记	万勤辉
副局长	田根龙
	杜新建
	李强民（兼）
	吴海军
调研员	杨茂长
	益力男
	李建华
	翟文林
	贾　平
副调研员	王建平
	魏来生
	韩具文

区交通局

党委书记	马兴民
党委副书记、局长	雷　鸣
党委副书记、纪委书记	雷岁民
副局长	马　博
	高友良
调研员	杨世杰
	辛　宽

区农业局

党委书记	程忍民
党委副书记、局长	杨建利
党委副书记、纪委书记	高立平
副局长	辛安平
产业办副主任	王文虎
	惠甫民
调研员	单刘田
	田日东
	罗建成
	周学辉
	王耀利
	朱建龙
	查保刚
副调研员	黄桂珠（女）

区林业局

党委书记	王盈盈（女）
党委副书记、局长	高志建
党委副书记	王富强
副局长	曹明纲
	陆　海
调研员	安　军
	孙新仓
	李炳社
	袁文艺

区水务局

党委书记	陈俊民
党委副书记、局长	方和平
党委副书记、纪委书记	成　毅
副局长	周云武
	王宝琦
调研员	陈小云（女）
	冯海勤
	王养民
	骆志远
	李　宁

区文体广电局

党组书记	王乃练
党组副书记、局长	聂小林
副局长	孙朝朝
	高永涛
工会主席	惠东生
调研员	范永恒
	迟风文
副调研员	梁引乾

区广电中心

主　任	王乃练（兼）

区卫生局

党委书记	赵长利
党委副书记、局长	王小虎
党委副书记、纪委书记	杜喜洲
副局长	杨选民

调研员　张安春
孙忠民
杨兴奎
副调研员　刘保胜

区人口和计划生育局
党组书记、局长　孙志敏
副局长　刘　平
耿小侠（女）
调研员　李勤生
副调研员　张建勋
强继实

区审计局
局　长　左刚利
调研员　黄文德
姜社院
副调研员　张鹏坤

区市容园林局
党组书记、局长　薛旭明
副局长　石桂芹（女）
王山录
薛克民
调研员　苍军民
薛振龙
刘治昌
韩继汉
副调研员　冯琨花（女）

区城市管理综合行政执法局
党组书记、局长　张勤社
副局长　吕育民
潘政权
调研员　高万虎
左小保
肖本元
副调研员　沈　卫

区统计局
党组书记、局长　张逢侠（女）
副局长　张军成
调研员　李存喜
郑　琦
副调研员　辛浩民
左平虎

区安全生产监督管理局
局　长　王小健
副局长　沈西安
调研员　王红旗
副调研员　郝联营

区旅游局
党组书记、局长　崔建明
副局长　吕俊涛
张宁生
调研员　侯筱奇
张举林
副调研员　张美林

区食品药品监督管理局
局　长　王逢厚
副局长　胡新胜
白稳贤（女）
调研员　翁凤民
副调研员　李郑堂
陈思明

区民族宗教事务局（文物局）
党组书记、局长　田晓利（女）
副局长　吕引全
王绍辉
调研员　魏　伟
副调研员　王平安
张义选

区招商局
局　长　李朝喜
副局长　王　茹（女）

区住房保障和房屋管理局
党组书记、局长　贺金田
副局长　何茂旗
调研员　郝明亚
魏　英
副调研员　戴永正

区物价局
局　长　张崇喜
副局长　刘买道
副调研员　罗茂盈
韩孝民

区粮食局
党委副书记、局长　侯生慧
调研员　侯新奇

金鹤国
刘振宏

区人防办

主　任　李海龙

区信访局

局　长　李遵席
副局长　陈其中
蒋国强
严智博
副调研员　卢　凯

区爱国卫生运动委员会办公室（区四城联创办公室）

主　任、四城联创办副主任　王正权
副主任　阎军琪
副调研员　龚智凯
宋选利

区供销联社

党委书记　张　宁
党委副书记、理事会主任　李智奇
理事会副主任　卢忠誉
工会主席　薛　辉
调研员　何孝俊

区二轻工业总公司

党委书记、总经理　高春勇
副总经理　李　周
副调研员　高利康

区商业国有资产管理公司

党委书记、总经理　刘小平（兼）
党委副书记、副总经理　王翠兰（女）
刘小安

区工业国有资产管理公司

党委书记、总经理　杨高智（兼）
党委副书记、副总经理　马军省
工会主席　张利民

区物资国有资产管理公司

党委书记、总经理　曹孝功（兼）
副总经理、工会主席　杨新利
党委副书记、副总经理　张育生
卫小岗

西安长安常宁新区管理委员会

主　任　窦小龙
副主任　冯生民
梅春满

西安郭杜教育科技产业开发区

主　任　黄鸿武（兼）
副主任　薛亚洲

长安斗门新型工业园区

主　任　关奎元
副主任　李平顺

引镇现代物流园区

主　任　魏养毅
副主任　李峰波

区城中村改造办公室

主　任　李强民
副主任　刘沛民

秦岭北麓生态保护利用管委会

主　任　韩联合

区支持开发区发展协调办公室

主　任　邱　宏

西安市长安基础建设有限责任公司

董事长、总经理　乔日辉
纪检组长　李小虎

区城乡统筹办公室

主　任　钱振龙
副主任　宋其正

乡、街道

五星乡

党委书记、人大主席　李军平
党委副书记、乡长　张娓婵（女）
党委副书记、纪委书记　李孝斌
副乡长　郭美群
肖　锋
赵伦宏
武装部长　何建毅
副调研员　白省民

灵沼乡

党委书记、人大主席　刘秋生
党委副书记、乡长　辛　楷
党委副书记、纪委书记　成延青

人大副主席　秦选民
副乡长　刘利民
　冯进博（女）
武装部长　李　明
调研员　靳顺乾
副调研员　贺勃荣

杨庄乡
党委书记、人大主席　屈保健
党委副书记、乡长　贺　军
党委副书记、纪委书记　胡秀花（女）
人大副主席　任　涛
副乡长　侯荣军
　石　峰
　罗香玲（女）
武装部长　杭治坤
调研员　全作周

魏寨乡
党委书记、人大主席　骆　虎
党委副书记、乡长　刘　允
党委副书记、纪委书记　胡发军
副乡长　惠新宁（女）
　闫　薇（女）
武装部长　魏　强
调研员　刘征务

砲里乡
党委书记、人大主席　吴建波
党委副书记、乡长　杨　辉
人大副主席　赵　力
副乡长　张小秋（女）
　王　涛
武装部长　朱日平

韦曲街道
党工委书记　张嘉瑞
党工委副书记、办事处主任　贠孝民
党工委副书记、纪委书记　左连忠
人大工委主任　权稳战
办事处副主任　王建英
　成社孝
　褚怀利
武装部长　王新民
调研员　苗广余
　郭军升
　郭明华
　党孝安

郭杜街道
党工委书记、人大工委主任　黄鸿武
党工委副书记、办事处主任　关生才
党工委副书记、纪工委书记　闫小安
街道办副主任　李逢仓
　王宏芳（女）
　贾军幸
　乔建宏
武装部长　汪小军
调研员　郭民良
　张耀峰
　石战昌

滦镇街道
党工委书记　成　谦
党工委副书记、办事处主任　孟航海
党工委副书记　卢巧侠（女）
人大工委主任　贾占全
人大工委副主任　卢朝侠（女）
办事处副主任　赵小平
　王景民
武装部长　魏忠涛
调研员　靳百胜
副调研员　刘乙海
　杨民政

东大街道
党工委书记　肖　健
党工委副书记、办事处主任　赵晓民
党工委副书记、纪工委书记　马耀东
人大工委主任　庞学堂
人大工委副主任　郭队部
办事处副主任　董全周
　张　辉
　张根计
武装部长　安　孝
调研员　徐军民
副调研员　张买社

马王街道
党工委书记　王俊鹏
党工委副书记、办事处主任　周　琦
人大工委会主任　贺林生
党工委副书记、纪工委书记　王立安
办事处副主任　鲜曙涛
　范建军
武装部长　林立昌
副调研员　涂建武
　刘保生

斗门街道

党工委书记	宋亚森
党工委副书记、办事处主任	曹吉锋
人大工委主任	姚建军
党工委副书记、纪工委书记	张森宏
办事处副主任	徐少华
	闫　民
	王敏浩
武装部长	刘　东
调研员	高省茂
	崔茂生
	柳社瑞
	孟思文
副调研员	侯佰宏
	张拴印
	薛振南

王寺街道

党工委书记、人大工委主任	祝普利
党工委副书记、办事处主任	李高峰
人大工委副主任	刘智理
办事处副主任	蒲绪战
	温玉峰
武装部长	安宇祥

高桥街道

党工委书记、人大工委主任	王春利（女）
党工委副书记、办事处主任	苏小鹏
党工委副书记、纪工委书记	王元杰
办事处副主任	乔日立
	关　强
武装部长	蔡胜利

细柳街道

党工委书记、人大工委主任	滑军涛
党工委副书记、办事处主任	冯永刚
党工委副书记、纪委书记	王占国
办事处副主任	赵宝权
	宋林坛
	王　浩
	杨广宇
武装部长	孙小民
副调研员	胡金炼
	郭志诚

兴隆街道

党工委书记、人大工委主任	董兴利
党工委副书记、办事处主任	任　浪
党工委副书记、纪工委书记	刘尚平
办事处副主任	胡平浩
	韩利敏
	赵晓薇（女）
武装部长	侯民兴
调研员	郑康喜
副调研员	苗战义
	滑智武

子午街道

党工委书记、人大工委主任	王栋勇
党工委副书记、办事处主任	姚旭升
办事处副主任	徐道志
	赵亚军
	任永军
	刘　毅
调研员	王晓民
	李新武
副调研员	王金星

黄良街道

党工委副书记、办事处主任	韩利波
党工委副书记、纪工委书记	王建强
办事处副主任	阎建旗
	王晓丹（女）
	许北平
武装部长	王　晖
调研员	张　涛

王曲街道

党工委副书记、办事处主任	张　颖
党工委副书记、纪委书记	董军利
人大工委副主任	冯　健
办事处副主任	刘卫东
	葛　莹（女）
武装部长	杨建文
调研员	肖永利

五台街道

党工委书记、人大工委主任	权改利（女）
党工委副书记、纪工委书记	韩　凯
办事处副主任	刘省海
	贾　元
	王　健
调研员	马和兴
副调研员	李广群
	郑孝俊

太乙宫街道

党工委书记、人大工委主任	李　辉

党工委副书记、办事处主任 赵日恒
办事处副主任 闫健康
师小奇
苗旭东
调研员 杨拴鱼
副调研员 周世民

王莽街道

党工委书记、人大工委主任 李鹏程
党工委副书记、办事处主任 王 莉（女）
党工委副书记 张东安
人大工委副主任 何绪民
办事处副主任 郭宝琦
调研员 乔更银
秦芳印
主任助理（正科级） 田琳玮

引镇街道

党工委书记、人大工委主任 王超峰
党工委副书记、办事处主任 范阿利（女）
党工委副书记、纪工委书记 孙水泉
人大工委副主任 高双田
办事处副主任 王孟军
徐学斌
高小善
调研员 何安民

杜曲街道

党工委书记、人大工委主任 薛忍才
党工委副书记、办事处主任 张 权
党工委副书记、纪工委书记 童建宇
办事处副主任 谢 亭
强喜松
孔晋华（女）
武装部长 杨永锋
副调研员 胡海群

鸣犊街道

党工委书记、人大工委主任 杨引信
党工委副书记、办事处主任 姜鹏懿
党工委副书记、纪工委书记 姜建平
办事处副主任 杨 波
左斌昌
张鹏飞
武装部长 马亚洲
副调研员 高玉茹（女）
李伟民
王小鹏

大兆街道

党工委书记 肖忍利
党工委副书记、办事处主任 秦伟立
党工委副书记、纪工委书记 张 平
人大工委主任 晁 强
办事处副主任 王养池
樊号民
武装部长 赵建利
副调研员 薛 斯

垂直管理单位

西安市质量技术监督局长安分局

党组书记、局长 曹中胜
副局长 蒲伟华
杨晓伟
纪检组长 王育善
局长助理 吴大义
调研员 姚福民
梁晓健（女）

西安市工商行政管理局长安分局

党委书记、局长 张鲁豫
党委副书记 张宏涛
副局长、纪委书记 秦连喜
副局长 刘晓莉（女）
王胜利
赵宝安

区烟草专卖局（西安市烟草公司长安分公司）

书记、局长（经理） 赵永武
副局长 张有为
副经理 雷莉萍（女）

区国家税务局

局 长 王福志
副局长 姚玉群
李映霞（女）
李保平
纪检组长 赵胜利
总经济师 何自力
副调研员 张 岩
高建平

区地方税务局

党组书记、局长 黄树荣
副局长 杨养安
纪检组长 周康劳
副局长 严致峰

	王社平
韦曲征收局局长	田小军
总经济师	黎克俊

西安市规划局长安分局

局　长	邵　晔
副局长	董永红
	孟　扬
调研员	梁志清
	王　军

西安市国土资源局长安分局

党委书记	卫旭峰
党委副书记、局长	杨建勋
副局长	黄永辉
	邵尊昌
	张　博
纪委书记	何兆达
调研员	肖智平
	李长茂
	贾美兰

西安市环境保护局长安分局

党组副书记、副局长	杜炳缠（主持工作）
副局长	王　辉
工会主席	姚化南
调研员	李　龙
	杨宗茂

国家统计局长安调查队

队　长	罗　昌
副队长	余炳善

区邮政局

党委书记、局长	毛建勋
局长助理	康思淼（女）

中国电信长安区分公司

经　理	高成泉
副经理	毛全本
	柳　明
	田　浩

长安移动分公司

总经理	王　华
副总经理	王　勇
	田列果（女）

中国联通长安分公司长安集团营销中心

经　理	王　军

长安2G韦曲营销中心

经　理	刘金宇

长安2G郭杜营销中心

经　理	栗　仑

长安家庭/数固中心

经　理	焦　勃

陕西广电网络传媒股份有限公司长安区支公司

总经理	张东亚
副总经理	姚晓荣
	吕　航
工会主席	骆忠义

西安市供电局长安分局

局　长	何熊旺
党支部书记	郭建利
副局长	左剑飞
主任经济师	梁无忌

区气象局

局　长	程　恺
局长助理	谢　钰

人民银行长安支行

行　长	强晓卫
副行长	田力强
	龙小海
调研员	何小红

工商银行长安区支行

行　长	金　鑫
副行长	刘宏林
	罗晓敏

农业银行股份有限公司西安长安区支行

行　长	任和平
副行长	詹养民
	林　洁（女）
	张　启

建设银行长安区支行

行　长	李　旸
副行长	解超社
	徐孟君
	牛儒军

中国银行西安长安区支行

行　长	周军荣

副行长　何永强
　王协卉（女）
　梁　军
督导员　曹志颖（女）

农业发展银行长安区支行

行　长　孙小团
副行长　刘建波
　李矿源

西安银行长安支行

行　长　尹红梅（女）

邮储银行长安区支行

行　长　强波民

区农村信用合作联社

理事长　常新元
主　任　贺乾荣
副主任　杨方成
　梁瑞红（女）
监事长　李继宏

人保财险长安支公司

经　理　胡建行
副经理　王亚明
　张小琪

人寿保险长安支公司

经　理　李志明
经理助理　屈雪玲（女）

驻区单位

西安航天民用产业基地

党工委书记、管委会主任　赵红专
党工委副书记、纪工委书记　逯雁春
管委会副主任　李　岩（兼）
　张新民（兼）
　张继学（兼）
　赵　舰

陕西陆军预备役高射炮兵师第四团

团　长　田方银
政　委　何　征
参谋长　李宏林
政治处主任　陈争刚
副政委　卢晓彬

陕西省地质矿产勘查开发局西安地质矿产勘查开发院

院　长　陈　磊
党委书记、副院长　贺志银
副院长　武智远
　邹文良
工会主席、纪委书记　张月树
总工程师　陈陇刚
总会计师　郑　云
院长助理　王　军

陕西省宁东林业局

局　长　方有为
副局长　刘普林
党委副书记、纪委书记　胡秀文
副局长　张　松
　长孙根亭

驻区高校

西北大学

党委书记　乔学光（教授）
党委副书记　李映方（研究员）
　黄建民（研究员）
党委副书记、纪委书记　李焕卿（研究员）
校　长　方光华（教授）
党委常委、副校长　杨春德（研究员）
　任宗哲（教授）
　李　浩（教授）
　王尧宇（教授）
党委常委、工会主席　王望弟（研究员）
副校长　陈　超（教授）
　高　岭（教授）

西北工业大学长安校区

党委书记　叶金福
校　长　姜澄宇

西安电子科技大学长安校区

校　长　段宝岩

陕西师范大学

党委书记　甘晖（研究员）
党委常委、校长　房喻（教授）
党委副书记、副校长　王涛（教授）
党委副书记、纪委书记　张渭淮（研究员）
党委副书记　司晓宏（教授）
党委常委、副校长　张建祥（研究员）
　赵　彬（教授）
　萧正洪（教授）

	王武海（研究员）

西安外国语大学

党委书记	郝　瑜（教授）
校　长	户思社（教授）
党委副书记、纪委书记	王　颖（女，教授）
副校长	褚凤林（研究员）
	龙治刚（副研究员）
	王　峰

西北政法大学

党委书记	朱开平
校　长	贾　宇
党委副书记	宋　觉
	马永侠
副校长	宣　力
	马积生
	郭　捷
	王　瀚
	杨宗科
纪委书记	李邦邦
	刘鹏伟

西安邮电学院

党委书记	董小龙（教授）
院长、党委副书记	卢建军
党委副书记	刘永昌（研究员）
纪委书记	孙冰红（副研究员）
副院长	温小郑（教授）
	苏　华
	贾明远
	范九伦（教授）

西安财经学院

党委书记	杨学义（教授）
党委副书记、院长	胡　健（教授）
党委副书记	贾崇吉（教授）
	张进平
副院长	周作斌（教授）
	王国梁（教授）
	薛小荣（教授）
工会主席	吴志勇
纪委书记	陈　宁（女）

陕西教育学院

党委书记	杨成军（研究员）
党委副书记、院长	周庆华（女，研究员）
党委副书记	王天平（高级工程师）
	朱选朝
纪委书记	王　凯（副教授）
副院长	张栓升（教授）
	文　明（教授）
	刘宏佺（教授）
	唐　宏（副研究员）

西安体育学院

党委书记	杜平（研究员）
院　长	苏明理（教授）
党委副书记	朱元利（副教授）
党委副书记、纪委书记	苏义民（教授）
副院长	权德庆（教授）
	雷新生（教授）
	周里（教授）

陕西广播电视大学

党委书记	董祥林
党委副书记、校长	王振龙（教授）
党委副书记	赵剑（副研究员）
党委委员、纪委书记、校长助理	徐晓曦（讲师）
党委委员、副校长	杜开展（讲师）
	田季生（高级经济师）
	郭红霞（女，副教授）
	张新华（高级政工师）

陕西职业技术学院

党委书记	彭三民
院　长	赵怀玉

西安翻译学院

党委书记	翟振东
院　长	丁祖冶
党委副书记、工会主席	王小惠
党委副书记、纪委书记	易晓瑜
	赵兴刚

西京学院

党委书记	何安聚（教授）
院　长	任万钧（教授）
理事长、党委副书记	万瑞椴（教授）
执行院长	任　芳（女，讲师）
副院长、党委副书记	唐娣芬（女，副教授）
副院长	黑　林（教授）
	武素珍（女，教授）
	门向生（教授）
	周继春
	马成胜
	赵虎成（讲师）

西安培华学院

党委书记 王斗虎（高级工程师）
院　长 陈明华（教授）
副院长 陈胜秋（教授）
杨定君（教授）
段茂贤（教授）
王根性（高级工程师）
刘应南（教授）
王拴才（研究员）
理事长 姜　波

西安电子科技大学长安学院

院　长 计新科

陕西通信技术学院

党委书记 齐宗保
党委委员、院长 蔡润祥（讲师）
党委委员、副院长、工会主席 余天民
党委委员、副院长 刘　珂（讲师）

西安机电信息学院

院　长 王振峰
副院长 苏向东（高级工程师）
陈　蓉（教授）

西北工业大学明德学院

党委书记 陈汉英（教授）
副书记 霍国元（教授）
院　长 孙树栋（教授）
副院长 梁育科（教授）
张文辉（教授）

西北大学现代学院学院

院　长 刘家全（教授）
党总支书记 谷亚成（副研究员）
副院长 吴　航（副教授）

陕西青年职业学院

党委副书记、院长 安　强
党委副书记 杨　滨
副院长 张逊德
杜兵社

陕西电子科技职业学院

院　长 张　明
党委书记 顿长印
副院长、副书记 李伯成（教授）
副院长 涂益杰（教授）
易兴芝
薛志强
董保利
曹华民（教授）
姚文明

西安三资职业学院

党委书记 尹向东
院　长 穆建国

西安高新技术学院

党委书记 张国强
院　长 胡　列

西安工程技术学院

党委书记 陈昌根
院　长 徐　明
副院长 梁文侠（女）
郭德政
郭培华
刘　涛

延安大学创新学院

党委书记、院长 马　勇
副院长 邵思飞
封学军

西安科技大学高新学院

院　长 赵建会
党总支书记 汪　仁
董事长 孙龙杰
常务副院长 张淑萍（女）

西安印刷技师学院

理事长 甄文龙
院　长 王见亲
执行院长 任弘罡
副院长 王洪茹（女）

西安理工技师学院

院　长 王　坚
副院长 马党库
陈　春
史郁文
白　力

西安市长安区第十六届人民代表大会代表名单（310人）

（2007年9月选举产生）

吕　健　兰竹英（女）　汪文展　成德奇　徐树安（回族）　薛振虎　钱虎威　王福林
孙杏娟（女）　杨根民　柴跟科　刘军邦　李洪涛　王作兆　李映昭　温德厚
孙水池　陈振军　智王萌（女）　杨克胜　张继锋　李文艺　张利学　李东亮
贠孝民　史平彦　方和平　权稳战　张天善　李　翔　田世荣　何小宁
刘君继　张　涛　李清梅（女）　高建民　李国梁　何永康　雷宁善　解全乐
李成祖　张七军　曾光化　米小敏（女）　辛小权　崔建明　柏利民　任　浪
耶律改（女）　周世昌　黄必婵（女）　王军才　王治涛　高志建　李前进　郝明亚
张　权　李民安　冯西安　王小虎　李智奇　刘小平　张军省　何安聚
黄鸿武　马兴民　孙志敏　关生才　王君旺　张耀琪　段亚莉（女）　刘俊哲
王　俊　释本昌　王保印　任文田　冯迎春（女）　付合理　孙战计　李晓凤（女）
胡根善　王海权　邢金民　郝彩元（女）　刘宏斌　陆保元　王爱社　张卫荣
贾让全　谢宝钢　贺先锋　马建伟　祝普利　肖忍利　王俊鹏　张嘉瑞
李浩学　李小龙　周平利　李战本　惠春社　张民利　薛毅国　马　龙
薛旭明　孙雪峰　王春利（女）　刘智民　贺林生　董万寿　王德义　闫战绪
张忠信　魏文利　葛东武　周继愚　李治平　薛军良　康军辉　李引利
宋亚森　关奎元　成　谦　王沛侠（女）　姚建军　王民曹　薛会鹏　薛崇喜
翟连劳　张兴良　王社社　张晓峰　贾志洲　薛勤虎　魏建凯　左毛娃
赵　慧（女）　薛权利　姚务臣　高富强　王荣琪　张钢铁　王小周　刘贵民
任　杰　刘康选　郭育民　李富相　张水平　韩艾军　左刚利　李国栋
李随贤　童岁民　韦亚朝　贾占全　杨建民　宗红侠（女）　李春云（女）　安三杰
徐存绳　肖小平　张国平　王景民　李海军　强惠娟（女）　毛剑平　刘玉社
周爱芹（女）　张茂楼　李军平　南平利（女）　刘新志　李彬杰　张齐民　郭民民
杨建利　白建民　肖　健　邱　宏　庞学堂　袁有仓　刘建宏　杨建侠（女）
卓景乐　刘海龙　钱文国　李　明　权改利（女）　卢康生　郭新利　刘养宇
董乃会　安　强　姚金海　杨亚民　宋其正　刘俊非　闫玉政　柏敏谦
高谦实　赵志敏　童步升　郭安民　张　明　南盈利　赵卫平　李福浩
陈晌民　彭三民　刘玉仓　李陇旭　乔日辉　成省民　徐稳学　李　辉
耿改贤（女）　杨拴鱼　党养民　关存兰（女）　张小平　徐选举　李　虹（女）　王玉海
贺　军　屈保健　吕性善　李安民　李小军　王夏叶（女）　惠娟红（女）　屈养池
韩利波　张逢侠（女）　郭锁堂　王盈盈（女）　赵军孝　刘生计　张应都　刘旭东
李新武　牛秀英（女）　刘　璇　田友均　肖伟毅　李铁昌　肖建军　罗春财
葛　莹（女）　何绪民　张　宁　张　颖　田兴武　孟耀军　王润生　雷小爱（女）
张平志　权　利　雷建新　王恒武　王超峰　杨引信　王栋勇　张宁生
姚春红　高兴昌　何玲芝（女）　屈小平（女）　张福印　黄定安　赵兴民　冯富勤
徐养正　程武学　王亚茹（女）　高秀玲（女）　魏养毅　王润年　骆　虎　强忠明
姜文斌　李军胜　晁　强　李鹏程　蒋宝海　解秋石（女）　王西平　成选民
赵民民　屈春峰　武润祥　张　青　李朝喜　肖百虎　侯生慧　滑军涛
李稳利　高彦学　李兴民　雷会玲（女）　商缠芳（女）　郭振利　陈安昌　阮稳平
高斌孝　韩联合　周秦生　吴建波　韩恩孝　党森民

政协西安市长安区第十二届委员会委员名单（295人）

常务委员（47人）

成德奇　王百忍　智王萌（女）　孙朝朝　王永平　杨育民　杜文华　李　瑛（女）
阎麦焕（女）　魏永寿　张勤社　郭长虎　魏来生　宋秦峰　周小利　蒲稳平
肖　瑜　韩亚薇（女）　兰喜吉　郝随年　贾本利　林　坤（女）　贾慧法　霍玉芬（女）
马号武　杨续琛　程战良　魏　英　解选社　张生禄　刘彩娟（女）　王乃练
齐小宁　段文科　郑余良　杜慧敏（女）　周　智　王　华　释宽池　柏茂义
刘小虎　张宝仓　张军良　曹怀斌　释传恒（女）　谢　鸣　严明选

（注明：2008年4月杜文华因职务变动，不再担任秘书长职务。肖瑜因调离本辖区，2009年12月不再担任常委职务。）

委　员（295人）

成德奇　王百忍　杨育民　杜文华　陈俊民　薛随亚　李　瑛（女）　李府战
吕西营　秦俊凯　魏永寿　贾亚建　李新良　张勤社　阎麦焕（女）　郝民仓
张惠民　郭长虎　王俊石（女）　马号武　智王萌（女）　刘建峰　李建章　杨晓燕（女）
刘永安　李　彬　何彩利（女）　闫康婵（女）　周　智　杨百龙　王　峰　王永平
肖忠让　魏来生　梁君朝　刘宝祥　张育青（女）　李正平　侯雨呈（女）　胡　刚
宋秦峰　张崇道　张　琳　孙朝朝　邓东兵　马荣琦　丁　辉（女）　胡海云（女）
张松龄　骆永平　刘竹文（女）　周小利　张其实　蒲稳平　刘小玮　李　文（女）
杨怡凡　姚应龙　解孟春　李凌燚　石建国　田婉利（女）　田海军　翟建浩
张金瑞　张　妮（女）　李亲学　张利民　强利荣（女）　王养利　郑保贤（女）　王翠兰（女）
韩亚薇（女）　田桃花（女）　李思静（女）　姚莲叶（女）　杜尊武　兰喜吉　于从民　郝随年
刘拥军　吕　民　贾本利　赵养乾　李岳宏　杨续琛　伍永宪　孙占京
马　龙　张尚林　张宪良　程战良　蒋　海　马明鸽（女）　史建平　张福社
刘军社　史小益　魏　英　蒋信选　郑权利　何导会（女）　王小刚　任创虎
滑炳存　田措施　王　江　高永涛　郑治军　解选社　孙易天　马　良
张宝省　李友善　卢　涛　王健全　赵长利　李耿欣　成小利（女）　王忠义
张劲松（女）　张养孝（女）　张慧君（女）　张春利（女）　王润田　张生禄　牛海波　解　军
聂伯泉　刘小明　李保祥　强选民　李文涛　赵根厚　董聪娥（女）　叶耀民
王小洲　王应民　施选利　何德贤　刘彩娟（女）　王乃练　张湛奇　张海建
骆孝敏　张昵施　高志德　王　平　高战武　齐小宁　刘永华　曹战学
谭　霞（女）　苏博毅　姚战信　石锦强　乔军辉　杨　光　魏文龙　权恩民
段文科　黄金杰　杜慧敏（女）　宋宽峰　郑余良　徐斌荣　张民安　孟均昌
伍联社　张逢喜　史勤汉　张来奎　刘保善　刘新宝　柏茂义　徐义学
刘小虎　陆国正　王建英　何　冬　柏敏劳　张小荣　姚战计　张　军
杜乃荣　董耀东　石云星　简广利　赵军儒　刘新浩　张五政　朱军昌
牛建辉　赵　贤（女）　董来虎　薛军毅　郑德新　郑　超　杜智会　张顺利
董平社　于民营　张会民　李顺安　王　涛　张建忠　白宝森　田广民
辛小平　张宝仓　刘建利　薛战柱　邹占亭　张京平　苗坤茂　常新宜
闫绪民　尚孝民　蒋顺虎　李博利　孟俊祥　代平先　魏百政　王雨洲
张军良　严明选　孙育生　周福昌　高建平　张红立　魏　伟　释宽池
释宽渡　释演德　释传恒　贾慧法　孟信慧　张宪生　张改利　张尔忠
马振亭　陈小云（女）　陈　琪　高成泉　陈亚军　周意衡　霍玉芬（女）　胡民升
秦伟立　高力平　吕选利　王二虎　王　华　谢　鸣　郑青海　董颖夫

薛天牢	董训利	樊跃良	张文宽	薛选毅	禄永民	晋　锋	张宗普
王金保	贾利民	牛宝成	马彦荣	郑随社	尹红梅（女）	张引钱	屈　勇
陈筱燕（女）	李世华	许海峰	蒲辉鹏	唐聪尉（女）	张占奇	曹怀斌	毋利娟（女）
乔彦江	付建利（女）	张百银	姚俊玲（女）	林　坤（女）	张前进	苗淑梅（女）	张亲霞（女）
姚振民	释定慧（女）	竺海潮	肖　瑜（女）	曾　志（女）	陈全民	王军奇	

（注明：释定慧2010年4月圆寂。竺海潮、肖瑜、曾志、陈全民、王军奇因调离本辖区，2009年12月23日十二届十次常委会议上取消委员资格）

2009年12月23日政协长安区第十二届第十次常委会增补政协委员（15人）

马占选	程忠民	李公利	周志勤（女）	高平周	孙利军	崔利社	郭　锐
张康全	张素娥（女）	李　宁	陈海民	穆晓军	郭铁荣	陈家戎	

2007～2010年长安区考入北大、清华学生名录

2007年

北京大学	孙　耿	高　婷（女）			
清华大学	杨　攀	李博文	惠大亮	姬佩君	郭　磊

2009年

北京大学	汪基炜		
清华大学	高　扬	李兴隆	王哲夫

2010年

北京大学	杨　芸（女）			
清华大学	王悦昶	孟　丹	董晶晶（女）	杨思谦

荣誉录

（集体）

2007年

长安区被陕西省政府授予“2007年农村劳动力转移就业工作先进县（区）”称号

区检察院信访接待室被最高人民检察院授予“文明接待室”称号

区审计局被国家审计署中国时代经济出版社评为“审计宣传工作先进单位”

西安地勘院被国家国土资源部授予“先进集体”称号

区邮政局被国家邮政局授予“函件业务发展百强县局”称号

中国电信长安区分公司创新校园翼卡通获“国家第八届经济信息论坛金奖”

联通长安分公司被中国联通有限公司（总部）授予“先进集体”称号

大兆街道庞留村计生协会获“全国先进计生协会”称号

何家营小学获教育部“全国第二届中小学生艺术展演活动一等奖”

长安区被陕西省政府办公厅评为“‘两基’工作先进区”

区教育局被陕西省文明办、省教育厅、省作协、省妇联、省少工委、省关工委评为“陕西省第五届青少年文学创作大赛先进组织单位”

区农业局被陕西省农业信息站评为“农业信息服务工作先进站点”

区文体广电局被陕西省文化厅授予“社区文化工作先进集

体”称号

区人民法院被陕西省高院评为“调研工作先进单位”

区委老干局被陕西省委老干局评为“离退休干部宣传工作先进单位”

区粮食局被陕西省储备粮管理公司授予“工作突出单位”称号

区粮食局被陕西省粮食局评为“连续33年巩固‘一符四无’粮仓县”

区档案馆（局）被陕西省档案局考核为“年度优秀单位”

区邮政局被陕西省邮政局授予“邮政代收话费十佳县局”、“邮政电子商务业务十强县局”、“邮政短信业务十佳县局”称号

区文联获陕西省委宣传部、省电视台和陕西广角摄影俱乐部联合举办的“绿色现代和谐新陕西摄影•DV影视作品展赛组织奖”

西安地勘院被陕西省委、省政府授予“先进集体”称号

五星乡被陕西省委依法治省领导小组办公室评为“法律六进”先进集体

王莽乡被陕西省一村一品工作领导小组授予“发展‘一村一品’工作先进乡镇”称号

长安六中被陕西省教育厅评为“中小学德育工作先进集体”

长安区被西安市政府评为“2007年度加快非公有制经济发展先进单位”

长安区被西安市委授予“创建文明村镇工作先进区县”称号

长安区被西安市政府评为“2007年度节能先进区（县）”

长安区目标责任综合考核获“西安市目标责任综合考核优秀区县”

区市容局被西安市委、市政府授予“文明机关”称号

区劳动和社会保障局被西安市政府评为“2007年农村劳动力转移就业工作先进集体”

区文明办被西安市政府命名为“绿色文明示范工程创建活动优秀组织单位”

东大街道被西安市政府评为“2007年度消防工作先进单位”

东大街道被西安市政府授予“新农村电气化乡”称号

东大街道获西安市“预备役工作先进单位”

子午街道被西安市委、市政府评为“‘三夏’暨禁烧工作先进单位”

五台街道被西安市政府评为“秸秆禁烧与综合利用工作先进单位”

太乙宫街道党工委被西安市委评为“农村基层组织建设‘五个好’街道党工委”

太乙宫街道被西安市政府评为“民政工作全优街道”

砲里乡计划生育协会被西安市委、市政府授予“人口与计划生育先进集体”称号

高桥乡被西安市政府评为“两劳帮教安置先进单位”

南街小学被西安市委、市政府评为“教育系统先进集体”

2008年

长安区被国家科技部评为“科技进步先进区（县）”

长安区被农业部评为“粮食生产先进区（县）”

区教育局教研室被全国教育科学“十一五”规划课题《学生学习素质构成与培养研究》总课题组评为“试验研究先进集体”

区教育局被全国青少年爱国主义读书教育活动组织委员会授予“第十五届全国青少年爱国主义读书教育活动组织特等奖”

区农业普查办公室被国务院全国第二次农业普查领导小组办公室、国家统计局授予“第二次全国农业普查先进集体”称号

国土长安分局获“全国村级干部土地法律法规知识培训先进单位”称号

韦曲街道西寨村被司法部、民政部命名为“民主法治示范村”

韦曲街道长乐社区被中宣部、中央文明委、文化部、中国文联评为“文化先进社区”

杜曲街道韦村果业协会被中国科协、财政部授予“科普惠农兴村先进协会”称号

王曲街道被国务院第二次全国农业普查办公室、国家统计局评为“第二次全国农业普查先进集体”

区电影公司被国家广电总局评为“农村电影放映工作先进集体”

长安区获“陕西省第五届艺术节组织工作奖”

长安区被陕西省检察院授予“规范化办案工作区”称号

区发改委被陕西省发改委、省人事厅评为“2006～2008年度发展改革暨物价系统先进集体”

区农业局被陕西省农业厅评为“农业综合统计、农业物价调查先进单位”

区农业局被陕西省扶贫开发领导小组评为“扶贫开发工作先进单位”

区教育局获陕西省教育厅“第七届全国多媒体课件大赛（陕西赛区）组织单位奖”

区法院被陕西省高院评为“调研工作先进单位”

区法院获全省法院系统“人民法庭建设先进单位”称号

公安长安分局被陕西省公安厅授予“命案侦破工作先进集体”称号

公安长安分局交警大队秦岭中队被陕西省公安厅授予“公安机关抗震救灾先进集体”称号

西安供电局长安供电分局被陕西省委、省政府评为“文明单位标兵”单位

长安一中被陕西省教育厅评为“科研兴教明星学校”

长安四中被陕西省委综治委、陕西省教育厅评为“平安学校”

区委老干局被陕西省委老干局评为“离退休干部宣传工作先进单位”

区文体广电局被陕西省文化厅评为“非物质文化遗产保护工作先进集体”

区文体广电局被陕西省文化厅评为“2008年度文化系统‘创佳评差’最佳单位”

区总工会获陕西省总工会“区县工会单项工作创新奖”

区档案馆（局）被陕西省档案局评为“2008年度档案宣传通讯工作先进单位”

区档案馆（局）被陕西省档案局考核为“年度优秀单位”

区广电中心获“2007～2008年度全省20户以上自然村广播电视‘村村通’建设先进集体”

区文体广电局获陕西省委宣传部、省文学艺术界联合会、省文化厅、省农业厅、省戏剧家协会“首届农民戏剧节优秀组织奖”

长安剧团获“陕西省第五届艺术节编剧奖、舞美设计奖”

长安剧团获“陕西省首届农民戏剧节优秀剧目奖”

区广电中心获“陕西省广播电视社会管理工作先进单位”

区邮政局南街支局被陕西省邮政公司评为“邮政服务年活动先进基层单位”

区地税局被陕西省委、省政府授予“文明单位”称号

区地税局被陕西省地方税务局评为“‘创佳评差’竞赛活动最佳单位”

区地税局被陕西省财贸系统职工道德建设委员会评为“‘诚信服务’最佳单位”

王寺街道被陕西省农业厅、陕西省安全生产监督管理局评为“平安农机示范乡镇”

细柳街道获陕西省计生委“第二届人口与计划生育汇演三等奖”

滦镇街道被陕西省劳动和社会保障厅授予“充分就业社区”称号

五台街道被陕西省第二次农业普查领导小组、陕西省统计局评为“第二次农业普查省级先进集体”

兴隆街道被陕西省统计局评为“第二次全国农业人口普查先进集体”

黄良街道被陕西省统计局授予“投入产出调查先进集体”称号

太乙宫街道被陕西省委、省政府评为“农村基层党风廉政建设工作先进集体”

长安区被西安市政府评为“2008年度促进非公有制经济加快发展先进区县”

长安区获西安市“森林防火一等奖”

长安区获西安市“大绿工程一期建设三等奖”

长安区被西安市政府办公厅授予“科技工作先进区”称号

长安区获“西安市目标责任综合考核优秀区县”称号

长安区被西安市政府评为“2007年度节能先进区（县）”

区政协办被西安市委、市政府评为“创建国家卫生城市先进单位”

区人民法院被西安市委、市政府授予“文明单位”称号

区人民检察院被西安市委、市政府评为“创建国家卫生城市先进单位”

区委宣传部被西安市委、市政府评为“创建国家卫生城市先进单位”

区教育局被西安市委、市政府评为“创建国家卫生城市先进单位”

区科协获西安市第二十三届青少年科技创新大赛组委会“优秀组织奖”

区科技之春组委会被西安市第十六届“科技之春”宣传月活动组委会评为“先进集体”

环境保护局长安分局被西安市委、市政府评为“文明单位”

西安供电局长安供电分局被西安市委、市政府评为“创建国家卫生城市先进单位”

区烟草专卖局（分公司）被西安市委、市政府评为“创建国家卫生城市先进单位”

区人事局被西安市委、市政府评为“创建国家卫生城市先进单位”

区劳动和社会保障局被西安市委、市政府授予“文明机关”称号

区劳动和社会保障局被西安市委、市政府评为“创建国家卫生城市先进单位”

区交通运输局被西安市委、市政府评为“创建国家卫生城市先进单位”

区审计局被西安市委、市政府评为“创建国家卫生城市先进单位”

区卫生局被西安市委、市政府评为“创建卫生城市先进单位”

区人口和计划生育局被西安市委、市政府授予“文明单位”

区林业局被西安市委、市政府评为“创建国家卫生城市先进单位”

区林业局获“全市大绿工程二期建设一等奖”

区城管执法局被西安市委、市政府评为“创建国家卫生城市先进单位”

区市容局被西安市委、市政府评为“创建国家卫生城市先进单位”

区人口和计划生育局被西安市委、市政府评为“创建国家卫生城市先进单位”

区统计局被西安市委、市政府评为“创建国家卫生城市先进单位”

区总工会被西安市委、市政府评为“创建国家卫生城市先进单位”

区供销联社被西安市委、市政府评为“创建国家卫生城市先进单位”

工商长安分局被西安市委、市政府评为“创建国家卫生城市先进单位”

区粮食局被西安市委、市政府授予“文明单位”称号

团区委被西安市委、市政府评为“创建国家卫生城市先进单位”

区妇联获西安市“三八红旗集体”称号

长安开发采编中心被西安市委、市政府评为“创建国家卫生城市先进单位”

区文体广电局被西安市委、市政府评为“创建国家卫生城市先进集体”

区广电中心被西安市委、市政府评为“创建国家卫生城市先进集体”

区地税局被西安市委、市政府评为“创建国家卫生城市先进单位”

韦曲街道被西安市委、市政府评为“创建国家卫生城市先进单位”

郭杜开发区被西安市委、市政府评为“创建国家卫生城市先

进单位”

郭杜街道党工委被西安市委授予“抗震救灾先进基层党组织”称号

郭杜街道被西安市委、市政府评为“创建国家卫生城市先进单位”

黄良街道办事处被西安市委、市政府授予“文明机关”称号

斗门街道被西安市政府评为“秸秆禁烧与综合利用工作先进单位”

东大街道被西安市政府评为“消防工作先进单位”

东大街道被西安市农村两委会换届选举工作领导小组评为“农村两委会换届选举先进乡镇（街道）”

兴隆街道被西安市委、市政府授予“创建国家卫生城市先进单位”称号

魏寨乡获“西安市维稳信访‘三无’乡”称号

2009年

长安区被国家科学技术部评为“2007～2008年度全国科技进步先进县（市）”

长安区获国土资源部“地质灾害群测群防十有县”称号

长安区被教育部评为“推进义务教育均衡发展先进区”

区司法局被司法部基层司评为“人民调解先进单位”

区鹿塬皂荚种植专业协会被中国科协、财政部评为“2009年科普惠农兴村先进单位”

韦曲供销社被中华全国供销合作总社评为“文明服务示范单位”

韦曲街道长乐社区被中宣部、文化部、中央文明委、中国文联评为“文化先进社区”

马王街道被国家民政部评为“基层低保规范化建设典型单位”

太乙宫街道被国务院第二次全国农业普查领导小组评为“第二次农业普查先进集体”

大兆街道被中国果品流通协会授予“‘中国优质西瓜’生产基地”称号

长安区被陕西省普法依法治区领导小组评为“‘法律六进’先进单位”

长安区被陕西省政府授予“新型农村合作医疗制度建设先进区”称号

长安区被陕西省政府教育督导团评为“高水平、高质量普及九年义务教育区”

区委组织部被陕西省委党史研究室评为“党史工作先进集体”

区法院被陕西省高院评为“法院系统司法宣传工作先进单位”

国土长安分局被陕西省国土资源厅评为“地质灾害防治先进单位”

环保长安分局环境监理站被陕西省环保厅评为“环境监察先进集体”

区审计局被陕西省审计学会评为“审计宣传工作先进单位”

区农业局被陕西省农业厅评为“农业基点调查先进单位”

区农业局被陕西省扶贫开发领导小组评为“扶贫开发工作先进单位”

区委老干局被陕西省委老干局评为“离退休干部宣传工作先进单位”

区委老干局党总支部被陕西省委组织部、省委老干局评为“先进离退休干部党支部”

区文物局被陕西省第三次全国文物普查领导小组授予“第三次全国文物普查田野调查工作先进集体”称号

区文体广电局被陕西省体育局评为“‘全民健身与奥运同行’活动先进单位”

区文体广电局被陕西省文化厅评为“‘创佳评差’活动最佳单位”

区广电中心获“全省广播电视‘村村通’工作先进单位”称号

区档案馆（局）被陕西省档案局考核为“年度优秀单位”

区妇联被陕西省妇联授予“‘双学双比’先进集体”称号

区科协被陕西省科协评为“科技之春先进集体”

区供销联社被陕西省供销合作总社授予“农民专业合作社建设先进单位”称号

长安区被陕西省秦东护林联防委评为“护林联防先进单位”

区气象局被陕西省科技服务中心评为“先进集体”

区地税局被陕西省委、省政府记“集体一等功”

区地税局被陕西省地税局评为“‘创佳评差’竞赛活动最佳单位”

长安一中被陕西省教育厅评为“科研兴教明星学校”

长安四中被陕西省教育厅评为“全国普及中小学试验教学工作先进单位”

长安四中被陕西省综治委、省教育厅评为“平安学校”

建设银行长安区支行获陕西省建行“2008～2009年度‘两项指标’翻番突出贡献奖”

长安移动分公司被陕西省委、省政府授予“文明单位”称号

区邮政局西区支局被陕西省邮政公司评为“‘文明服务窗口’单位”

郭杜街道被陕西省委、省政府授予“人口和计划生育工作先进集体”称号

郭杜街道办事处被陕西省政府授予“民政工作先进街道办事处”称号

郭杜街道被陕西省政府授予“园林城镇”称号

郭杜开发区被陕西省政府授予“园林城市（城镇）”称号

细柳街道被陕西省计生委、计生协会评为“计划生育宣传工作先进单位”

太乙宫街道被陕西省人口和计划生育委员会评为“年度协会宣传工作先进集体”

滦镇街道上王村被评为陕西省“‘一村一品’农家乐明星村”

王莽街道被陕西省一村一品工作领导小组评为“‘一村一品’特色乡镇”

高桥街道被陕西省农业厅评为“‘一村一品’先进乡镇”

长安区被西安市政府评为“2009年度工业保增长优秀单位”

长安区被西安市委、市政府评为“2008～2009年度节能先进

区县”

长安区获“西安市目标责任综合考核优秀区县”

区财政局被西安市委、市政府授予“文明单位”称号

区劳动和社会保障局被西安市政府授予“就业和社会保障工作先进集体”称号

区林业局获“西安市退耕还林先进单位”称号

区科协在西安市第二十四届青少年科技创新大赛活动中获“优秀组织奖”

区“科技之春”组委会被西安市“科技之春”宣传月活动组委会评为“先进集体”

第十三届西洽会长安展团获市政府“招商引资优秀奖”

韦曲供销社被西安市委、市政府授予“文明单位”称号

细柳街道被西安市委、市政府授予“文明单位”称号

子午街道被西安市委、市政府评为“老龄工作先进街道”

子午街道被西安市委、市政府授予“文明单位”称号

鸣犊街道被西安市委、市政府、西安警备区授予“爱国拥军模范单位”称号

大兆街道被西安市委、市政府授予“文明单位”称号

高桥街道被西安市政府评为“两劳帮教安置先进单位”

长安五中被西安市委、市政府评为“教育系统先进集体”

区农业机械公司被西安市政府授予“劳动和谐企业”称号

2010年

区检察院被最高人民检察院授予“检察宣传工作先进单位”称号

区教育局获“第五届全国少年儿童书信大赛西安赛区优秀组织奖”

区审计局被国家审计署中国时代经济出版社授予“审计宣传工作先进单位”称号

区经济普查办公室被国务院全国第二次经济普查领导小组办公室、国家统计局授予“第二次经济普查先进集体”称号

区文物局被国家文物局授予“文化遗产日活动组织先进集体”称号

区文体广电局获中国西部文化产业博览会组委会“第五届西部文化产业博览会最佳组织奖”

区文化市场行政执法队（原文化稽查队）获中宣部、文化部、新闻出版总署、国家广电总局“基层文化市场管理和执法先进集体”称号

区计划生育服务中心被国家人口和计生委评为“计划生育优质服务示范站”

区妇联被全国妇联授予“维护妇女儿童权益先进集体”称号

农行长安区支行被全国金融工委授予“金融系统职工代表大会制度建设示范单位”称号

长安区被陕西省委、省政府、省军区评为“双拥模范区”

长安区被陕西省人口和计生委评为“人口和计划生育信息化项目区”

长安区被陕西省委、省政府评为“2010年度陕西省发展非公有制经济先进单位”

长安区被陕西省绿化委员会授予“绿化工作先进集体”称号

长安区被陕西省秦东护林联防委评为“护林联防先进单位”

区委组织部被陕西省委党史研究室评为“革命遗址普查工作先进集体”

区法院被陕西省高院评为“法院系统司法宣传工作先进单位”

区法院被陕西省委政法委、省高院授予“无执行积案法院”称号

区检察院被陕西省检察院授予“司法警察编队管理示范单位”称号

公安长安分局在全省公安机关执法质量考核评议中获“优秀公安局”称号

区教育局被陕西省委、省政府、省军区评为“爱国拥军模范单位”

区教育局被陕西省文明办、省教育厅等5部门评为“第五届全国少年儿童书信大赛陕西赛区优秀组织单位”

区教育局被陕西省青少年素质教育研究会评为“2010学年度学术交流活动优秀组织奖”

区教育局获“陕西省第七届文学大赛优秀组织奖”

区教育局、长安六中分别被省教育厅评为“陕西省‘五五’普法先进单位”

区农业局被陕西省工信厅、农业厅、通信管理局评为“‘信息入村’工程建设先进单位”

区农业局被陕西省扶贫开发领导小组评为“扶贫开发工作先进单位”

区农业局被陕西省农业厅评为“农产品质量安全专项整治先进集体”

区农业局被陕西省农业厅评为“农民教育培训管理工作先进集体”

区农业局被陕西省农业厅评为“‘十一五一村一品’工作先进单位”

区交通运输局被陕西省劳动竞赛委员会评为“2009年度职工经济技术创新工程先进集体”

区交通运输局被陕西省交通安全委员会评为“2009年平安畅通先进单位”

区卫生局被陕西省卫生厅评为“村卫生室规范化建设先进集体”

区烟草局被陕西省委、省政府授予“文明单位”称号

区委老干局被陕西省委老干局评为“离退休干部宣传工作先进单位”

区气象局获“陕西省科技服务中心先进集体”称号

区安监局被陕西省人社厅、陕西省安监局授予“安全生产监督管理系统先进集体”称号

区档案馆（局）被陕西省档案局考核为“年度优秀单位”

区科协获陕西省科协“西安市第二十五届青少年科技创新大赛优秀组织奖”

区老龄办被陕西省老龄办评为“老年宣传工作先进单位”

区妇联被陕西省妇联授予“维护妇女儿童权益先进集体”称号

团区委被共青团陕西省委评为“团建先进区”

团区委获共青团陕西省委、陕西省青年志愿者协会“青年志愿者优秀组织奖”

区红十字会获“陕西省红十字示范校创建工作组织奖”

区卫生监督所被陕西省卫生厅评为“卫生监督打击非法行医先进集体”

杜曲中心卫生院被陕西省卫生厅评为“白求恩精神先进集体”

杜曲中心卫生院被陕西省卫生厅评为“创建人民群众满意基层卫生医疗单位活动先进单位”

区地税局被陕西省委、省政府授予“文明单位标兵”称号

区地税局被陕西省地方税务局评为“‘创佳评差’竞赛活动最佳单位”

农行长安区支行被陕西省农行评为“2010年度保险代理工作先进支行”

农行长安区支行营业室被陕西省妇联授予“巾帼文明岗”称号；被农行省分行女工委员会授予“女职工文明示范岗”称号

区邮政局被陕西省邮政公司评为“模范职工之家”；太乙宫、子午邮政支局分别被评为“模范职工小家”

中国电信长安区分公司被陕西省委、省政府命名为“文明单位”

长安移动分公司获全省移动通信系统“数据增值业务发展‘十佳’县”称号

长安区支行党支部被陕西省建行党委分别评为“先进基层党组织”，“创建‘四好’领导班子先进集体”

邮储银行长安区支行党支部被邮储银行陕西省分行党委授予“先进基层党组织”称号

长安移动分公司获全省移动通信系统“数据增值业务发展‘十佳’县”称号

长安区第一、四、六中分别被陕西省教科研规划领导小组办公室评为“科研兴校明星学校”

区教育局教研室被陕西省教科研规划领导小组办公室评为“教科研工作先进单位”

长安一中被陕西省教育厅、省科协评为“中小学科普工作先进集体”

长安一中被陕西省教育厅、教育工会评为“师德建设先进集体”

长安六中被陕西省教育厅评为“依法治校示范校”

长安区南街小学获“陕西省校园文化建设优秀成果奖”

区汽车运输公司905路第三班组被陕西省劳动竞赛委员会命名为“工人先锋号”

韦曲街道长乐小区被陕西省地震局命名为“地震安全示范社区”

西安吉源企业集团被陕西省委、省政府授予“优秀民营企业”称号

西安下店玉米实业有限公司被陕西省委、省人民政府授予“优秀民营企业”称号

韦曲街道总工会获“陕西省‘百家示范乡镇（街道）’工会”称号

郭杜街道被陕西省政府授予“园林城镇”称号

子午街道被陕西省军区评为“基层人民武装部正规化建设先进单位”

子午街道被陕西省军区、省综治委评为“‘一部一乡镇’平安共建活动先进单位”

滦镇街道上王村文化活动室被陕西省文化厅评为“村级示范文化活动室”

西安航天基地管委会被陕西省工商行政管理局、环卫厅、商务厅、经济学会授予“经济最具影响力区域”称号

长安区被西安市委、市政府、市警备司令部评为“双拥模范区”

长安区被西安市政府授予“2010年度农村劳动力转移就业工作先进集体”称号

长安区目标责任综合考核获“西安市目标责任综合考核优秀区县”称号

区民政局被西安市委、市政府、市警备司令部评为“爱国拥军模范单位”

区检察院被西安市委、市政府授予“文明单位”称号

区财政局被西安市委、市政府评为“先进集体”

区市容园林局被西安市委、市人民政府、西安警备区授予“爱国拥军模范单位”称号。

区林业局获“西安市退耕还林先进单位”称号

区城管执法局被西安市委、市政府授予“文明单位”称号

区安监局被西安市政府授予“2010年度安全生产先进单位”称号

区供销联社被西安市委、市政府授予“文明单位”称号

西安地勘院被西安市委、市政府授予“文明单位”称号

西安航天基地管委会被西安市政府授予“工业保增长优秀单位”称号

西安航天基地投资发展有限公司被西安市委、市政府授予“先进集体”称号

区地税局被西安市委、市政府评为“先进集体”

杜曲中心卫生院、东大街道卫生院获西安市政府办公厅“人民满意基层卫生站所”称号

郭杜街道被西安市委、市政府授予“爱国拥军模范单位”称号

王寺街道党工委被西安市委评为“‘升级晋档，科学发展’活动先进街道党工委”

东大街道党工委被西安市委评为“‘升级晋档，科学发展’活动先进街道党工委”

杜曲街道被西安市委、市政府授予“文明机关”称号

太乙宫街道被西安市委、市政府评为“人口和计划生育工作先进集体”

五台街道党工委被西安市委评为“‘升级晋档，科学发展’活动先进街道党工委”

灵沼乡被西安市委、市政府授予“人口和计划生育工作先进集体”称号

魏寨乡被西安市委、市政府评为“‘三夏’暨禁烧工作先进单位”

砲里乡西坰村被西安市委评为“‘升级晋档、科学发展’活动一类示范村”

统计资料

长安区2006～2010年经济社会发展统计数据分析表

指　　标	单位	2006年	2007年	2008年	2009年	2010年
年末总人口（常住人口）	万人	100.73	101.36	102	103.37	108.3
地区生产总值（GDP）	亿元	86.45	136.43	173.61	227.09	274.41
第一产业增加值	亿元	13.13	14.28	17.59	19.21	24.5
第二产业增加值	亿元	41.51	57.05	76.39	108.84	137.24
#工业增加值	亿元	31.62	45.00	60.74	88.49	112.09
第三产业增加值	亿元	31.81	65.10	79.63	99.04	112.67
地区生产总值增长速度	%	15.0	15.6	17.5	15.8	16.1
人均生产总值	元	8650	13502	17074	21724	26546
全社会固定资产投资	亿元	86.84	125.4	169.98	226.41	302.26
地方一般预算财政收入	万元	35590	44828	67684	95124	132207
地方一般预算财政支出	万元	61291	84980	113192	157795	2466100
#农、林、水和气象支出	万元	4305	6147	11898	17615	34093
#教育支出	万元	19341	23305	29251	44270	56099
#社会保障补助支出	万元	1611	12616	15840	23685	45486
农村居民家庭人均纯收入	元	3592	4143	4926	5965	7389
农村居民家庭人均生活消费支出	元	2971	3576	3723	4316	5491
城乡居民储蓄存款余额	亿元	85.87	129.99	114.86	139.97	169.86
常用耕地面积	公顷	46874	46780	46723	46502	46265
有效灌溉面积	公顷	23490	25814	27080	27092	22521
农林牧渔业总产值	亿元	19.96	23.04	28.36	30.48	38.21
农林牧渔业总产值增长速度	%	17.6	7	23	6.8	7.3
规模以上工业企业数	个	58	71	69	103	106

指　　标	单位	2006年	2007年	2008年	2009年	2010年
规模以上工业总产值	亿元	41.11	103.55	152.16	262.99	345.3
规模以上工业增加值	亿元	12.54	45	62	72.31	92.04
规模以上工业增加值增长速度	%	37.9	32	31.5	24.5	23.27
社会消费品零售总额	亿元	44.61	53.67	67.52	81.52	89.24
实际利用外商直接投资	万美元	970.70	1212	1166.3	1219	1600
旅游者人数	万人次	214	291	290.5	364	448
旅游总收入	万元	12106	16624	17800	20000	26652
普通中学在校学生总数	人	72757	65500	61300	54777	50929
小学在校学生总数	人	65859	60721	56805	53324	52562
初中升学率	%	80	75	84.31	85.2	86.5
高中升学率	%	62	54	53.4	54	56
医院、卫生院数	个	53	12	12	13	14
医院、卫生院床位数	床	2169	940	891	1125	1135
医院、卫生院技术人员数	人	2179	2660	2874	3395	1555
#医生	人	785	1001	1122	1223	561
城镇居民最低生活保障人数	人	7830	9601	8060	10154	10144
农村居民最低生活保障人数	人	24524	32116	28412	30422	31306
工业废水排放量达标率	%	100	100	100	100	100
工业烟尘排放量达标率	%	100	100	100	100	100

（姚　伟）

规范性文件

西安市长安区人民政府关于促进都市农业加快发展的若干意见

长政发[2009]18号

（2009年3月10日）

各乡政府、街道办事处，区政府各部门，各直属机构：

为进一步加快我区都市农业发展步伐，促进农业增产、农民增收，在认真贯彻落实上级有关政策规定的前提下，结合长安区实际，特提出如下意见：

一、加大对发展设施农业的补助

（一）区内设施农业示范基地内，集中连片种植蔬菜、瓜果、花卉50亩以上的，建设标准日光温室每米补助100元，建设标准大拱棚每米补助20元，建设中小拱棚每亩补助200元。

（二）加大对设施农业示范基地的基础设施配套力度，重点示范基地每50亩配套一眼机井，每眼机井补助5000元；百亩以上连片种植区，每修建100米沙石路补助3000元。

二、加大对发展观光农业的补助

（三）加快推进区内农业生态观光园区建设，并按照年度实施的具体项目给予相应的补助。

（四）加快推进沿山经济观光林带和东部塬区杂果带建设，新发展集中连片种植面积在200亩以上的（含200亩），每亩补助200元。

（五）区内农家乐经营户按照区政府统一规划实施房屋立面改造的，由经营户提出申请，相关部门审核批准，按照规划建设的不同标准，给予不同档次的补助。

（六）区财政安排一定数量的专项资金，按项目对农家乐重点村实施的基础设施建设工程给予补助；新农村建设专项资金中已安排的，不再重复安排。

三、加大对发展循环农业的补助

（七）扶持建设3个乡街沼气服务站，每个补助2万元。

（八）扶持建设15个村级沼气服务站，每个补助1万元。

（九）扶持建设3000口农村户用沼气池，在国家及省级补助的基础上，每口补助200元。

（十）加大对农户购置秸秆粉碎机械的补助，凡本区户籍农户，每购置一台新型小麦秸秆粉碎机补助500元，每购置一台联合收割机配套秸秆切碎机补助500元，已享受国家及省、市农机补贴的不再补助。

四、加大对发展现代畜牧业的补助

（十一）区内农户新建设存栏猪百头以上养猪场补助1万元，新建设存栏鸡5000只以上养鸡场补助3000元。

（十二）扶持建设3个圈舍面积1000平方米以上的微生态养殖示范场，按新建面积每平方米补助50元。

（十三）扶持建设3个存栏数万只以上的虫仔、虫草蛋鸡生产示范养殖场，每个养殖场补助3万元。

（十四）扶持建设2个蛋鸡存栏10万只以上的村级鸡粪无害化处理站，每个处理站补助设施建设费5万元。

（十五）扶持建设2个存栏千头以上生猪养殖标准化小区，每个小区补助基础设施建设5万元。

五、加大对农产品基地建设、品牌建设、市场建设和宣传推介的补助

（十六）新获得省级无公害农产品基地认证的，奖励申报单位5000元；新获得省级绿色食品认证的，奖励申报单位1万元。

（十七）新注册优质农产品商标的，奖励注册单位2000元；新获得省级以上（含省级）名牌产品称号的，奖励申报单位3万元；新获得市级名牌产品称号的，奖励申报单位2万元。

（十八）新获得省级以上（含省级）龙头企业认定的奖励2万元，市级龙头企业认定的奖励1万元。

（十九）扶持新建设2个无公害蔬菜和鲜桃产地批发市场，每个市场补助设施建设费用10万元。

（二十）扶持发展5个年产值在200万元以上的农产品加工、包装企业，每个企业补助资金10万元。

（二十）凡乡政府、街道办事处或区农业部门组织举办的都市农业主导产品宣传推介会，每举办一次补助主办单位1万元。

六、加强现代农业服务体系建设

（二十二）凡当年依法新成立一个农民专业合作社，能够有效促进主导产业加快发展、带动社员200户以上、年人均增收1000元以上的，补助合作社1万元。

（二十三）凡乡政府、街道办事处或区级部门举办农业技术培训班且参训人数达到100人以上的（含100人），每期培训班补助主办单位1000元。

（二十四）凡新申报市级（含市级）以上“一村一品”示范村并通过验收的，省级示范村每村奖励2万元；市级示范村每村奖励1万元。

七、本意见执行期间为二〇〇九年度。意见实施期间，上级有新政策出台，按新政策执行

八、本意见由西安市长安区人民政府负责解释

附：实施《西安市长安区人民政府关于促进都市农业加快发展的若干意见》的审批程序　　　　（农业局提供）

实施《西安市长安区人民政府关于促进都市农业加快发展的若干意见》的审批程序

（2009年3月13日）

一、都市农业项目实施单位向区农业局提出资金补助的书面申请（附申报项目可行性研究报告、财政支农资金标准文本等资料）；

二、区农业局对都市农业项目进行审核，提出初审意见，报区政府分管区长审核；

三、区政府分管区长审核后提出明确意见；区政府每半年组织召开一次专题区长办公会，对都市农业项目资金补助事项进行研究审批；

四、区农业局、区财政局按照区政府研究审批意见，联合办理都市农业项目资金补助事项。

（农业局提供）

西安市长安区人民政府关于印发西安市长安区贯彻落实陕西省秦岭生态环境保护条例实施方案的通知

长政发[2009]34号

（2009年6月5日）

有关乡政府、街道办事处，区政府有关部门：

《西安市长安区贯彻落实〈陕西省秦岭生态环境保护条例〉实施方案》已经区政府第36次常务会议研究通过，现印发给你们，请认真遵照执行。

西安市长安区贯彻落实《陕西省秦岭生态环境保护条例》实施方案

为了进一步保护秦岭长安段生态环境，维护秦岭长安段水源涵养、水土保持功能，保护生物多样性，规范秦岭长安段资源开发利用活动，促进人与自然和谐相处，实现经济与社会可持续发展，根据《陕西省秦岭生态环境保护条例》和有关法律、法规，结合我区实际，制定本方案。

一、指导思想期

以生态功能保护为先导，以改善秦岭长安段生态功能和社会经济为目标，以促进可持续发展为中心，以增强秦岭长安段生态环境保护和监督能力建设为重点，统一规划、分类指导、加强治理、严格监管，使秦岭长安段生态环境状况得到保护和改善，切实保障秦岭长安段生态环境安全。

二、基本原则

（一）坚持统筹规划原则。在秦岭长安段开发与建设过程中，正确处理资源开发与生态环境保护的关系，充分考虑生态环境的承载能力，遵循生态经济规律和生态功能区划原则，实现秦岭长安段生态环境与经济协调发展。

（二）坚持保护优先原则。对秦岭长安段生态功能良好的区域，实行严格的保护措施，防止造成新的破坏；对生态功能遭受一般性破坏的区域，采取封禁为主的保护措施，使之逐步恢复；对生态功能遭受严重破坏的区域，采取人工重建、技术处理等修复措施，使之基本与周边环境相匹配。

（三）坚持科学利用原则。以政府

主导与市场主体相结合，合理确定重点项目，对秦岭长安段生态资源加以节约利用；鼓励和督促秦岭长安段周边企业加强环保设施建设，科学开发秦岭长安段矿产资源，加快秦岭长安段水资源的循环利用，切实做到科学规划、逐步投入、有序开发。

（四）坚持严格管理原则。根据秦岭生态功能区的特点，突出涵养水源和维持生物多样性的主导功能，兼顾水土保持的辅助功能，尽可能消除人类活动对重要生态功能区的破坏，达到维护秦岭生态功能的目的。

三、主要措施

（一）高度重视秦岭生态环境保护工作

秦岭是我国南北气候的分界线，也是我国最重要的生态安全屏障，具有气候调节、水土保持、涵养水源、净化空气、维护生物多样性等重要生态功能。加强秦岭长安段生态环境的依法保护，对我区、我市乃至全省经济社会发展提供生态安全保障将具有重大而深远的意义。区政府将秦岭长安段生态环境保护工作纳入国民经济和社会发展规划，各乡街及部门要从贯彻落实“三个代表”重要思想和科学发展观的高度，充分认识加强秦岭生态环境保护的重要意义，统一思想，密切配合，大力营造保护秦岭植被、水资源、生物多样性和开发建设生态环境的社会氛围。建立多种投融资渠道，吸引国内外资金用于秦岭生态环境保护，鼓励社会组织和个人捐助、资助秦岭生态环境保护工作。区科技、林业、农业、水利、环保等有关部门应当鼓励和支持秦岭生态环境保护的科学研究，加强生物多样性保护、水土保持和生态恢复等科学研究工作，推动科技成果在秦岭的应用。鼓励企业、事业单位、社团组织、个人参与秦岭生态环境保护工作。有关秦岭生态环境保护的专项规划以及按照规划进行的资源开发等建设项目，涉及当地居民切身利益的，应当征求当地居民的意见。长安开发采编中心、长安电视台等新闻单位和文化、教育等有关部门应当加强秦岭生态环境保护的宣传教育工作，通过各种形式，多层次、全方位、生动活泼地宣传秦岭生态环境保护的迫切性，提高公民对秦岭生态环境保护的意识，充分调动全社会各方面的积极性；新闻媒体应当加强对秦岭生态环境保护的舆论监督，强力推进秦岭长安段生态环境保护工作，确保秦岭长安段生态环境保护目标的实现。

（二）成立长安区秦岭生态环境保护管理委员会

为确保秦岭长安段生态环境保护各项措施的顺利实施，区政府成立长安区秦岭生态环境保护管理委员会，全面负责秦岭长安段生态环境保护工作。区秦岭生态环境保护管理委员会组成人员和组成单位如下：

主　任：区　长

副主任：常务副区长、分管副区长

成员单位：区政府办、区发改委、区教育局、区科技局、区民宗局、区司法局、区财政局、区人事局、区建设局、区交通局、区水务局、区农业局、区林业局、区文体广电局、区旅游局、区文物局、区城管执法局、区秦岭生保办、区综考办、公安长安分局、国土长安分局、环保长安分局、规划长安分局、滦镇街办、引镇街办、东大街办、子午街办、太乙宫街办、王莽乡、杨庄乡、五台乡。区秦岭生态环境保护管理委员会下设办公室，对秦岭长安段生态环境保护工作实施统一监督管理，办公室设在区发改委；各成员单位在各自职责范围内，履行秦岭长安段生态环境保护工作职责。

（三）加强秦岭长安段生态功能区的生态环境保护

秦岭长安段开发建设应当遵循先规划、后建设的原则。涉及秦岭长安段开发建设的各类专项规划须通过环境影响评价，并与秦岭长安段生态环境保护总体规划相衔接，对不符合规划要求的建设项目不得办理相关手续。区域经济发展规划也应当与秦岭生态环境保护目标相结合，优化产业结构，发展特色优势产业。

海拔2600米以上的秦岭中高山针叶林灌丛草甸生物多样性生态功能区为禁止开发区；海拔1500～2600米之间的秦岭中山针阔叶混交林水源涵养与生物多样性生态功能区为限制开发区；海拔1500米以下的秦岭低山丘陵水源涵养与水土保持功能区为适度开发区。

秦岭生态功能区的禁止开发区内，不得进行与生态功能保护无关的生产和开发活动。

秦岭生态功能区的限制开发区内，严格限制房地产开发和对生态环境影响较大的工业项目。

秦岭生态功能区的适度开发区内，应当采取有效措施减少各类开发建设和生产活动对生态环境的负面影响。适度开发区内的建设控制地带不得建设有污染的工业项目，依照规划严格控制房地产开发。

（四）加强秦岭长安段植被保护

通过天然林保护、封山育林、退耕还林、植树造林和预防火灾、防治病虫害等措施，提高森林覆盖率，改善秦岭长安段生态环境。按照天然林优先保护的原则，制定落实天然林保护的优惠政策和措施，做好天然林的保护工作，加强对天然林的管理，依靠自然更新、封禁，使秦岭长安段植被得到有效恢复和增加；采取人工造林、飞播造林、退耕还林等措施，提高秦岭长安段森林覆盖率；认真落实森林资源管护责任制，采用多种措施植树造林，将植树造林成活率纳入对管护单位的目标责任制考核范围，提高植树造林成活率和保存率；明确封山育林区域四至、封育期限，设置界桩、标牌，并向社会公布；禁止在封山育林区开垦、采石、取土、剥皮、挖根等毁林行为；鼓励在坡度25°以下的坡耕地进行退耕还林，没有退耕的应当修建梯田或采取其他水土保持措施，防止水土流失；制定森林防火应急方案，明确防火责任，全力抓好森林防火值班、检查和扑救预案的落实，搞好区域联防，杜绝森林火灾隐患；加强对病虫害和有害生物的监测，及时做好病虫害防治工作，确保秦岭长安段森林植被安全，建设好秦岭绿色生态屏障。

（五）加强秦岭长安段水资源保护

区秦岭生态环境保护管理委员会组织相关部门制定并完善秦岭长安段水源地保护规划和政策措施，规范区域内水资源开发利用活动，强化水污染防治和水土保持。建立水源地保护区制度，加快推进以天然林、防护林、自然保护区及野生动植物保护为重点的秦岭水源地保护工程。加强重点水源涵养地林区建设，大力开展植树造林及种草活动，使林地草地植被得到恢复；加强对大峪、石砭峪、沣峪等水土保持综合治理力度，使秦岭长安段水源涵养功能得到充分发挥。严格划定饮用水水源地保护区，明确保护范围及标准，禁止使用不符合国家规定防污条件的运载工具运载油类、粪便及其他有毒有害物品通过地表水水源保护区；禁止运输危险化学品的车辆通过饮用水地表水水源保护区；确需通过的，应当采取有效安全防护措施，报公安部门依法办理有关手续，并通知水源保护区管理机构；禁止在一级保护区内建设与供水设施和保护水源无关的项目，在二级保护区内不得新建、扩建向水域排放污染物的建设项目，在准保护区内污染物必须经过处理，做到达标排放；严格控制水源地保护区内农药、化肥使用量，减少面源污染。建设一批小流域水土保持治理项目和污水处理厂、垃圾处理场等项目，严格开发建设项目审批制度和水土保持方案报批制度，落实建设项目“三同时”和水土保持“三同时”制度等，坚决防止产生新的污染和水土流失。编制秦岭长安段重点水污染物排放总量控制计划和实施方案，加强秦岭长安段水质状况的监测，严格控制重点水污染物排放总量。切实治理水土流失，建设山川秀美的生态环境；健全水土保持综合防治体系，强化对建设项目及人为活动的监管，在河道、荒地（坡）大力植树种草，使现有水土流失面积逐步减小。

（六）加强秦岭长安段生物多样性保护

加大对秦岭长安段野生动植物及其生息地环境保护力度，继续实施人工造林和封山育林，恢复森林植被，在国家和省重点保护野生动物主要生息繁衍的地区和水域，国家和省重点保护野生植物物种的天然集中分布区，具有特殊保护、科学研究价值或者代表性的湿地以及集中连片、面积较大的天然林区，重要的自然遗迹，建立自然保护区或者种质资源保护区，并设立保护标志，拯救濒危物种，达到“扩大保护，减少破坏，促进发展”的目的。禁止任何单位和个人进入自然保护区的核心区和缓冲区内开展生产经营活动；在自然保护区的实验区开展旅游活动应当符合自然保护区管理要求；禁止各类危害野生动植物的行为，加大依法管理力度，定期对野生动植物集中分布区进行清理。禁止非法猎捕国家和省重点保护的野生动物，非法采集、采挖国家和省重点保护的野生植物；禁止在国家和省重点保护的野生动物主要生息繁衍地使用污染其生息环境的农药；禁止采集、破坏国家和省重点保护野生动物的卵、巢、穴、洞；禁止损坏保护设施和保护标志；禁止擅自引入外来物种以及法律法规禁止的其他危害野生动植物的行为。同时，要扩大宣传，提高公众参与意识，积极争取各方支持，加大对野生动植物保护工作的投入力度。坚持“预防为主，综合治理”的方针，加强对自然保护区内森林病虫害检疫检验力度，建立有害生物防治体系，及时掌握病虫危害的动态，坚决杜绝重大疫情人为传播和有害生物进入秦岭自然保护区。

（七）加强秦岭长安段开发建设的生态环境保护

按照高水平、集约化、少污染的要求，科学有序地开发利用矿产资源。根据秦岭长安段矿产资源的分布情况和生态环境保护总体规划，限制新建、扩建、改建矿产资源开采项目，禁止在自然保护区、风景名胜区、森林公园、重要地质遗迹保护区、重点文物保护区内勘探、开发矿产资源。积极做好闭坑矿山矿坑、废渣、废水的污染治理，限期做好复垦还绿；建立地质灾害隐患点监测预报系统，严防因采矿诱发地质灾害，防止地质灾害对生态的破坏。在秦岭长安段从事矿产资源开发的单位应采用先进技术和工艺，提高资源综合利用率，减少污染物排放；按照“企业所有、专款专用、专户储存、政府监管”的原则，提取环境治理保证金，用于本单位生态环境治理方案的实施；缴纳生态环境综合治理补偿费，用于水系破坏、水资源损失、水体污染、植被破坏、水土流失、生态退化、土地破坏等方面的生态环境综合治理，生态环境综合治理补偿费纳入财政预算管理；因矿产资源开发造成生态环境破坏和地质灾害的，开发单位应当依法承担治理和赔偿责任，开发单位不履行治理责任或者治理不符合要求的，由有关部门代为治理，所需费用由开发单位承担；对生态环境有严重影响和破坏的，责令其限期改造、停产或者关闭。

秦岭长安段交通设施建设必须符合秦岭生态环境保护总体规划的要求，道路建设必须避免或者减少对生态环境的破坏，落实环境影响评价文件提出的各项生态环境保护措施，对建设周期长、生态环境影响大的建设工程实行工程环境监理；不得向河道、水库等水体倾倒废弃物，保护秦岭生物多样性和水源涵养功能；修建野生动物通道等防护措施，减少对野生动物栖息环境的影响；做好护坡防护，取、弃土场要及时覆土绿化，防止水土流失；在公路两侧大力植树种草，建设绿色通道。

秦岭长安段有关乡街的城镇、乡村总体规划必须与土地利用总体规划和秦岭生态环境保护总体规划相衔接，落实秦岭生态功能区的禁止和限制开发区的管理措施；严格控制在秦岭进行房地产开发。秦岭城镇乡村建筑物及环境设施的设计和建设，应当与当地生态环境相协调。根据全区经济社会发展状况和秦岭生态环境保护的需要，制定移民搬迁规划，有计划、有步骤地组织实施，做好移民的安置工作。逐步建立完善生活污水处理、生活垃圾无害化处理、供排水等公共设施，推广和普及使用沼气，人口相对集中的村庄应当加强生态环境保护和公共卫生管理，统一规划建设生活垃圾、污水排放等收集处理设施。秦岭生态功能区的禁止开发区、限制开发区不得新建、扩建宗教活动场所，其他地方扩建、改建宗教活动场所应当符合秦岭生态环境保护和城乡建设规划的要求。

科学规划秦岭长安段的旅游景区、景点，与当地生态环境相协调，合理利用生态资源和旅游资源。对有损自然生态环境和景观的旅游景点和设施，责令其关闭或拆除。对秦岭长安段农家乐休闲旅游统一规划，合理布局，在农家乐经营集中的地方，对生活垃圾和污水统一处置，污水排放达到渭河一级排放标准。加强景区、景点的公共卫生管理，对生活垃圾分类收集，专人管理，统一处理，禁止随意弃置和堆放。优先选择电能、太阳能、风能、水能、天然气、液化气等清洁能源，相关服务设施燃煤废气应当达到功能区标准。

四、具体分工

区发改委负责制定并实施贯彻落实《条例》的具体办法和政策措施，会同有关部门编制秦岭长安段生态环境保护总体规划；制定秦岭长安段产业发展规划；会同有关部门争取国内外金融组织对秦岭长安段保护的资金支持；督促协调有关部门建设一批小流域水土保持治理项目和污水处理厂、垃圾处理场等项目；会同有关部门组织开展对《条例》的宣传和执法人员的培训；对落实《条例》和规划的情况进行执法检查。

区司法局负责审核、修改与秦岭长安段生态环境保护相关的规章和规范性文件；配合有关部门做好秦岭长安段生态环境保护的各项工作，维护秦岭长安段生态环境。

区财政局负责制定环境治理保证金的预算安排；设立秦岭长安段生态环境保护专项资金；做好对于禁止和限制开发区域财政转移支付和省、市资金的安排；会同有关部门建立并制定对水源地补偿的具体办法，依法对水源保护地区给予经济补偿。

区建设局负责落实《西安市村镇规划建设管理条例》，协助指导秦岭长安段有关乡街严格按照村镇规划实施项目建设；配合有关部门做好秦岭长安段生态环境保护的各项工作，维护秦岭长安段生态环境。

区水务局负责制定秦岭长安段水土保持规划和水资源保护利用规划；会同有关部门制定和落实秦岭长安段水土保持“三同时”制度。科学划定秦岭长安段水源地保护区范围，对水源地水质水量进行监测，与环保长安分局共同保护好秦岭长安段水源地生态环境，建立健全水土流失监测网络，在库峪河、大峪河、太乙河、沣河等河流建立径流观测点，进行全方位水土流失动态监测；加强秦岭长安段水土流失综合治理，对侵占河道、影响排洪、存在安全隐患的建筑设施依法予以拆除；对秦岭建设项目编制《水土保持方案》，经批准的《水土保持方案》所确定的水土保持设施必须与主体工程同时设计、同时施工、同时交付使用。对向河道、湖泊、水库等水体倾倒废弃物的，责令其停止违法行为，排除阻碍或者采取其他补救措施，可处1万元以上5万元以下罚款。

区农业局负责协调国土长安分局及秦岭长安段有关乡街，按照省、市有关文件要求，统一规划，逐步实施，积极开展移民搬迁工作。对生态保护区、生态控制区居住分散、生活条件差的村民逐步实施搬迁。鼓励引导农民加快农业产业结构调整，大力发展果品产业等高产、优质生态农业，培育绿色食品加工企业，打造绿色食品品牌。加强对农业病虫害的监测，及时通报病虫害发生信息，采取措施做好病虫害的防治工作。

区林业局负责制定秦岭长安段封山育林规划；制定秦岭长安段生物多样性保护规划。加强天然林管护，继续实行禁伐、限伐和合理性间伐措施，依靠自然更新、封禁，使植被得到有效恢复和增加；大力开展植树造林，建设和恢复森林植被，提高森林覆盖率；加强对森林病虫害和有害生物的监测，及时通报森林病虫害和有害生物发生信息，采取措施做好森林病虫害的防治工作，防止有害生物的侵入；加大森林防火知识宣传力度，强化监管，严防森林火灾发生。一旦发生森林火灾，要及时组织人力扑灭，最大限度减少火灾对森林资源的损害；严厉打击盗伐行为，保证秦岭长安段森林面积及林木蓄积量、覆盖率稳定增长；加强野生动物保护法律法规的宣传，严厉打击非法捕猎野生动物的行为，维护秦岭长安段生态平衡。对致使森林、林木受到毁坏的，责令其停止违法行为，补种3倍毁坏的树木，可处毁坏树木价值1倍以上5倍以下罚款。

区旅游局负责制定《长安区旅游总体规划》，重点突出秦岭长安段的旅游开发与生态保护；对各景区内不符合规划的景观，配合相关单位，坚决予以拆除；对纳入等级管理的旅游企业，根据国家标准进行监督管理；加强各景区（点）环境卫生的监管，倡导文明旅游，防止游客对秦岭长安段环境的污染及生态的破坏；在秦岭长安段生态控制区和生态协调区，规范发展以“回归大自然”为特色的自然观光、休闲度假、科学考察、探险等生态旅游，打造秦岭生态旅游品牌；制订秦岭长安段“农家乐”管理办法，规范引导，提升标准。

区城管执法局负责对秦岭长安段违法建设项目及严重影响村镇环境、形象的建设项目依法进行查处；配合有关部门做好秦岭长安段生态环境保护的各项工作，维护秦岭长安段生态环境。

区综考办负责制定秦岭长安段生态环境保护考核办法，将考核内容进行分解细化，定期对责任单位进行考核评价。

公安长安分局负责根据国家有关法律、法规，对违反《条例》规定，造成秦岭长安段生态环境破坏、构成犯罪的单位和个人，依法追究刑事责任；配合有关部门做好秦岭长安段生态环境保护的各项工作，维护秦岭长安段生态环境。

国土长安分局负责制定秦岭长安段矿产资源开发规划，加强日常监管，对存在严重违法行为、严重破坏生态环境的采矿企业，坚决依法关闭；禁止在自然保护区、水源地保护区、风景名胜区、文物保护区内勘察和开采矿产资源；做好闭坑矿山矿坑、废渣、废水的污染治理，实施复垦还绿；加强秦岭长安段村民宅基地管理，秦岭长安段生态保护禁止区、限制区及环山公路两侧300米范围内，不得划拨宅基地，村民原有宅基地及住房，不得以任何理由向外延伸；协助区农业局和有关乡街解决好移民搬迁的用地问题；坚决拆除秦岭长安段所有违法用地项目，严格控制秦岭长安段“农家乐”及其他新建项目的用地审批；配合相关单位，坚决禁止在现有鱼塘及“农家乐”周边新建固定建筑物；建立地质灾害隐患点监测预报系统，对可能造成山体滑坡的区域进行必要预防和处理，防止地质灾害对生态的破坏。对勘探矿产资源的予以警告，责令其停止违法行为，可并处1万元以上10万元以下罚款；对开发矿产资源的，责令其停止开采、赔偿损失，没收采出的矿产品和违法所得，可并处1万元以上10万元以下罚款。

环保长安分局负责制定生态环境综合治理补偿费征收和管理的具体办法；会同有关部门制定和落实秦岭长安段项目建设“三同时”制度；编制和实施重点污染物排放总量控制计划；严格审查秦岭长安段所有建设项目的环评手续，发现无环评手续的，应立即报请市环保局，责令其停止建设，限期补办相关手续。对逾期不办的，坚决予以取缔；对现有分布的企事业单位进行清理整顿，对生态环境造成影响、不符合环保要求和标准的项目，协同相关职能部门坚决采取关停并转措施，特别是对水源地保护区、风景旅游区、自然保护区内的企事业单位要按照国家和省市政府文件规定从严要求；积极配合区水务局，严格按照水源地保护要求，维护好水源地生态环境，确保城市用水安全。

规划长安分局负责秦岭长安段区域内城乡规划的编制、管理和协调工作；根据我区具体情况，在适度开发区内划定一定区域的建设控制地带，牵头负责查处违法建筑，加强巡查监管，严格审查市政府保留项目建设容积率，确保其按照市规划局批准的容积率施工，坚决制止违反规划的建设行为；严格限制各类房地产项目的规划审批手续；指导秦岭长安段有关乡街修编城镇、乡村总体规划，推进社会主义新农村建设。

滦镇街办、引镇街办、东大街办、子午街办、太乙宫街办、王莽乡、杨庄乡、五台乡负责制定并组织实施贯彻落实《条例》的具体办法和政策措施；围绕社会主义新农村建设，编修城镇、乡村总体规划，协同国土长安分局加强对村民宅基地的管理，规范村民建设行为；大力推广农村沼气工程，做到改厕、改灶、改圈到户，禁止乱堆乱放，提升沿山各村容貌水平，建设具有山区特色的社会主义新农村；组织开展对《条例》的宣传和执法人员培训；处理好经济发展与生态保护的关系，树立大局意识，克服短期行为，防止以牺牲环境为代价求得一时经济发展行为的发生。积极开展辖区内秦岭资源及生态环境保护的宣传教育，提高群众的资源及生态环境保护意识，形成良好的秦岭长安段资源及生态环境保护舆论氛围；推广使用高效、低毒、低残留农药和可降解农膜，逐步减少化肥施用量，防止农村面源污染；加强环山路两侧垂钓鱼塘的监管，防止环山路两侧新建和扩建鱼塘；监督辖区企事业单位、村组对固体废弃物、生活垃圾设置分类收集点，派专人管理，统一处理，禁止随意弃置和堆积阻塞河道；健全资源及生态环境监管制度，及时发现和制止破坏秦岭长安段资源及生态环境的违法违规行为；积极配合各职能部门，开展秦岭长安段资源及生态环境保护的各项工作，并依照相关法律法规，坚决打击破坏秦岭长安段资源及生态环境的违法行为。

五、几点要求

（一）加强组织领导

各成员单位在区秦岭生态环境保护管理委员会的统一领导下，建立健全相应工作机构，完善工作制度，夯实工作责任，充实工作人员，加强组织领导，强力推进秦岭长安段生态环境保护工作，确保各项工作任务落实到位。

（二）密切配合，落实责任

秦岭长安段有关乡街及部门要密切合作、明确责任、精心组织，按照“谁主管、谁负责”的原则，对照本实施方案所确定的工作任务，根据各自的职责，制订具体的落实方案；要将目标责任进一步细化分工，做到定责任人、定完成时限、定工作进度。对于在保护工作中出现的问题，要及时研究、及时解决，切实保护秦岭长安段生态环境。

（三）建立秦岭生态环境保护目标责任制

区政府将根据我区实际，把秦岭长安段生态环境保护工作纳入全区目标责任制考核，区综考办将考核内容分解细化，定期进行考核评价，年终进行统一考评。区秦岭生态环境保护管理委员会将不定期组织有关部门对落实《条例》和目标任务完成情况进行检查。

（四）建立秦岭生态环境保护联席会议制度

由于秦岭长安段线路长、覆盖面大，保护工作任务重、责任大。由区秦岭生态环境保护管理委员会办公室牵头，建立秦岭生态环境保护联席会议制度，进一步强化各部门之间的配合与协调，定期组织召开秦岭生态环境保护联席会议，听取秦岭长安段有关乡街及相关部门工作开展情况的汇报，研究讨论、协商解决秦岭长安段生态环境保护工作中出现的问题，扎实推动秦岭长安段生态环境保护工作。

（政府办提供）

西安市长安区人民政府
关于加快常宁新区建设和发展的意见

长政发[2009]42号

（2009年7月31日）

各乡政府、街道办事处，区政府各部门，各直属机构：

为了实现常宁新区的健康运行，建立科学高效的管理体制，依据省、市有关政策，结合我区实际情况，现就进一步加快常宁新区（以下简称“开发区”）建设和发展提出如下意见。

一、优化开发区运行机制，实行开发区封闭式管理

（一）设立开发区管理委员会（以下简称管委会），作为区政府的派出机构，代表区政府行使对开发区的管理职权，组织实施开发区内的各项开发建设事项。

（二）开发区是长安区内的特别经济区域，享受特殊的优惠政策。开发区实行封闭式管理，统一规划、统一开发、统一管理、统一运作资金；统筹实施基础设施建设，加快完善基础配套条件；高标准规划策划和包装推介，高水平引进项目和吸纳投资，通过快速发展，把开发区建成具有较高水平的经济社会发展载体。

（三）开发区管委会行使区级有关部门行政管理权。经区政府同意，区级有关职能部门将其部分行政管理权和行政执法权及市级职能部门下放的管理权委托给开发区，由开发区管委会行使相应的行政管理权和行政执法权。开发区管委会在行使相应的行政管理权和行政执法权时与区级职能部门具有同等的效力。

（四）开发区管委会依法成立开发区开发公司。开发区开发公司实行企业化管理，主要开展开发区内的基础设施项目建设、市政配套工程建设、资金融通等业务。开发区管委会与开发区开发公司实行一套机构、两块牌子。

二、明确开发区管理职能，建立开发区管理体制

为使开发区管委会更好地开展各项工作、处理各项事务，开发区管委会在开发区范围内行使如下管理职能：

（一）项目引进和项目管理

1、开发区管委会组织实施开发区的招商引资工作。开发区管委会依据国家及省、市、区的产业政策和开发区的产业发展方向，大力开展招商项目的策划包装、宣传推介、考察洽谈、引进等工作；对已达成投资意向的招商项目，开发区管委会须报经区招商引资项目评审会审定通过后，方可与投资单位签订《招商项目引进合同书》。

2、开发区内的项目单位接受开发区管委会的统一管理和监督，规范建设，依法经营，照章纳税，按时填报各项统计报表，并承担相关社会义务。

（二）规划管理

开发区管委会根据市、区城市总体规划，编制开发区总体规划和详细规划，经区政府审定报市规划部门批准后组织实施。

1、入区项目的规划定点需经开发区管委会审定并出具意见后，方可报市、区规划部门办理项目用地规划选址和《建设用地规划许可证》。在开发区内开展项目用地界址测量工作，规划长安分局应会同开发区管委会共同进行。

2、开发区管委会安排专门人员对开发区进行规划巡查，发现违反开发区规划管理规定的行为，及时向规划长安分局通报，由规划长安分局对违规单位做出行政处罚、处理，开发区管委会协助规划长安分局进行处理。

3、开发区内项目的建设工程报建由开发区规划部门初审同意后，报规划长安分局审核，规划长安分局审核通过后发给《建设工程规划许可证》。

（三）市政建设和管理维护

1、开发区管委会依据开发区总体规划和详细规划，组织实施开发区内的市政设施建设。

2、开发区管委会负责开发区范围内市政设施管理和维护、违法建筑管理、建筑工地管理工作，按照有关规定收取城市道路挖掘占用费。

3、开发区管委会依据市、区城市基础设施配套费收取相关规定全额收取开发区内建设项目的城市基础设施配套费。开发区管委会对照建设项目的《建设工程规划许可证》批准的建筑面积收取项目单位城市基础设施配套费并出具收费证明后，区建设局方可按相关规定办理项目施工许可手续。

4、由区城管执法局委托，开发区管委会在开发区范围内对未经批准擅自修建临街建筑物、构筑物等行为以及建筑施工中影响市容环境的行为进行查处。

5、开发区管委会收取的城市基础设施配套费、城市道路挖掘占用费由开发区管委会使用，主要用于开发区的市政公用配套设施建设。

（四）土地管理

1、开发区管委会依据城市总体规划和土地利用总体规划，对开发区规划范围内的土地实行统一规划、统一配套、统一开发和统一管理。

2、由国土长安分局根据《陕西省建设项目统一征地办法》监督指导开发区管委会实施开发区范围内土地征收的前期各项工作。

3、开发区内的项目用地报批工作，由开发区管委会协助用地单位向国土长安分局提供用地预审、征收的相关资料，经国土长安分局审核后组织报送上级国土部门审批；对上级国土部门审核批准的土地，由国土长安分局确认被征地农民安置补偿到位后按相关规定程序实施供地，并办理土地使用手续。

4、开发区管委会负责项目征地与村民的洽谈，承担土地补偿费、安置补助费、青苗补偿费和附着物补偿费等费用标准的洽谈和资金支付。

5、开发区内协议出让土地所得资金，由开发区管委会上解政策性税费后，其余资金用于开发区土地开发、市政配套建设。

6、开发区内工业用地拍卖所得资金，除按规定向区财政缴清各种税费外，剩余资金返还开发区用于基本建设。

7、四类经营性用地拍卖事项，开发区管委会负责前期土地储备费用以及对农村群众的征地补偿等费用的投入，国土长安分局负责组织拍卖；拍卖所得资金扣除国家规定的有关税费外，剩余资金由区财政按一定比例返还开发区，区财政局在一个月内将资金返还开发区管委会。资金返还具体比例由区政府确定。

（五）市容环卫管理

开发区管委会负责开发区范围内的市容环境卫生清扫保洁、生活垃圾清运、城市绿化建设和维护、户外广告设置管理工作。

（六）税收管理

开发区税收管理按现行体制运行，各项税收由相关税务部门依法征收。为提高开发区培植税源的积极性，使开发区有固定收入来源，增强开发区的发展后劲，对开发区内实现的税收，区财政每年以税收总额的一定比例返还开发区，作为开发区的市政设施建设、管理和日常维护经费。税收返还具体比例由区政府确定。

（七）机构编制和人事管理

由区编办对开发区管委会的机构设置、内设科室职能、人员职数编制等提出“三定”方案。开发区管委会编制内的科室负责人按正科级配备，编制职数内的人员工资待遇由区财政负担。

开发区管委会可根据工作需要，经区开发区管理领导小组同意，聘用专业技术人员，工资待遇由开发区管委会确定，费用由开发区管委会承担。

（八）财政管理

1、在开发区管委会设立财政所。开发区财政所由开发区管委会和区财政局双重管理，以区财政局管理为主，实行“相对独立、代行职能、单独核算、专户管理、封闭运行”的管理体制。

2、开发区财政所依据区政府及区级职能部门委托给开发区管委会行使的行政管理、行政执法、行政事业收费等具体事项，统一在区财政收费部门办理相关票据事宜，集中管理，登记使用。开发区产生的各项收入全部纳入财政所专户管理，实行收支两条线，由开发区按管理和建设需要直接进行安排和使用。区级收费项目的留区部分由财政所向上划解。开发区财政所按月将财务报表与区财政收费报表合并。

三、建立开发区大宗资金使用和重大项目建设报告制度

（一）开发区引进的重大建设项目，经区招商项目评审会审定通过后，必须报经区政府审查同意后，方可进入合同程序。

（二）开发区财政一次性投资200万元以上的项目，开发区管委会必须书面向区政府报告，经区政府批准同意后，方可实施项目建设。

（三）凡开发区内建设项目的城市基

础设施配套费政策性减免事项，必须按规定程序报区政府批准。

四、建立开发区检查制度

为了维护开发区的封闭式管理，切实改善开发区的投资环境，除公安消防、质检、安监部门外，区级其他部门须持区监察局核发的检查许可证，方可对开发区相关事宜进行检查，否则开发区管委会和项目单位有权拒绝；有关部门的专项检查经区监察局许可后，须由开发区管委会派人陪同，方可进行。

五、全力支持开发区建设、促进开发区快速发展

充分授权于开发区、建立健全开发区管理和运行机制、促进开发区加快建设和发展是区委、区政府加快建设经济强区的重大战略决策，是培育区域经济增长点、提升区域综合实力、实现长安经济社会可持续发展的重要举措。各部门、各单位要从全区加快发展的大局出发，加强协调配合，强化扶持服务，全力支持开发区加快建设和发展，努力推动区域经济社会又好又快发展。

（政府办提供）

西安市长安区人民政府
关于加快西安郭杜教育科技产业开发区建设和发展的意见

长政发[2009]43号

（2009年7月31日）

各乡政府、街道办事处，区政府各部门，各直属机构：

为了实现西安郭杜教育科技产业开发区的健康运行，建立科学高效的管理体制，依据省、市有关政策，结合我区实际情况，现就进一步加快西安郭杜教育科技产业开发区（以下简称“开发区”）建设和发展提出如下意见。

一、优化开发区运行机制，实行开发区封闭式管理

（一）设立开发区管理委员会（以下简称管委会），作为区政府的派出机构，代表区政府行使对开发区的管理职权，组织实施开发区内的各项开发建设事项。

（二）开发区是长安区内的特别经济区域，享受特殊的优惠政策。开发区实行封闭式管理，统一规划、统一开发、统一管理、统一运作资金；统筹实施基础设施建设，加快完善基础配套条件；高标准规划策划和包装推介，高水平引进项目和吸纳投资，通过快速发展，把开发区建成具有较高水平的经济社会发展载体。

（三）开发区管委会行使区级有关部门行政管理权。经区政府同意，区级有关职能部门将其部分行政管理权和行政执法权及市级职能部门下放的管理权委托给开发区，由开发区管委会行使相应的行政管理权和行政执法权。开发区管委会在行使相应的行政管理权和行政执法权时与区级职能部门具有同等的效力。

（四）开发区管委会依法成立开发区开发公司。开发区开发公司实行企业化管理，主要开展开发区内的基础设施项目建设、市政配套工程建设、资金融通等业务。开发区管委会与开发区开发公司实行一套机构、两块牌子。

二、明确开发区管理职能，建立开发区管理体制

为使开发区管委会更好地开展各项工作、处理各项事务，开发区管委会在开发区范围内行使如下管理职能：

（一）项目引进和项目管理

1、开发区管委会组织实施开发区的招商引资工作。开发区管委会依据国家及省、市、区的产业政策和开发区的产业发展方向，大力开展招商项目的策划包装、宣传推介、考察洽谈、引进等工作；对已达成投资意向的招商项目，开发区管委会须报经区招商引资项目评审会审定通过后，方可与投资单位签订《招商项目引进合同书》。

2、开发区内的项目单位接受开发区管委会的统一管理和监督，规范建设，依法经营，照章纳税，按时填报各项统计报表，并承担相关社会义务。

（二）规划管理

开发区管委会根据市、区城市总体规划，编制开发区总体规划和详细规划，经区政府审定报市规划部门批准后组织实施。

1、入区项目的规划定点需经开发区管委会审定并出具意见后，方可报市、区规划部门办理项目用地规划选址和《建设用地规划许可证》。在开发区内开展项目用地界址测量工作，规划长安分局应会同开发区管委会共同进行。

2、开发区管委会安排专门人员对开发区进行规划巡查，发现违反开发区规划管理规定的行为，及时向规划长安分局通报，由规划长安分局对违规单位做出行政处罚、处理，开发区管委会协助区规划分局进行处理。

3、开发区内项目的建设工程报建由开发区规划部门初审同意后，报规划长安分局审核，规划长安分局审核通过后发给《建设工程规划许可证》。

（三）市政建设和管理维护

1、开发区管委会依据开发区总体规划和详细规划，组织实施开发区内的市政设施建设。

2、开发区管委会负责开发区范围内市政设施管理和维护、违法建筑管理、建筑工地管理工作，按照有关规定收取城市道路挖掘占用费。

3、开发区管委会依据市、区城市基础设施配套费收取相关规定全额收取开发区内建设项目的城市基础设施配套费。开发区管委会对照建设项目的《建设工程规划许可证》批准的建筑面积收取项目单位城市基础设施配套费并出具收费证明后，区建设局方可按相关规定办理项目施工许可手续。

4、由区城管执法局委托，开发区管委会在开发区范围内对未经批准擅自修建临街建筑物、构筑物等行为以及建筑施工中影响市容环境的行为进行查处。

5、开发区管委会收取的城市基础设施配套费、城市道路挖掘占用费由开发区管委会使用，主要用于开发区的市政公用配套设施建设。

（四）土地管理

1、开发区管委会依据城市总体规划和土地利用总体规划，对开发区规划范围内的土地实行统一规划、统一配套、统一开发和统一管理。

2、由国土长安分局根据《陕西省建设项目统一征地办法》监督指导开发区管委会实施开发区范围内土地征收的前期各项工作。

3、开发区内的项目用地报批工作，由开发区管委会协助用地单位向国土长安分局提供用地预审、征收的相关资料，经国土长安分局审核后组织报送上级国土部门审批；对上级国土部门审核批准的土地，由国土长安分局确认被征地农民安置补偿到位后按相关规定程序实施供地，并办理土地使用手续。

4、开发区管委会负责项目征地与村民的洽谈，承担土地补偿费、安置补助费、青苗补偿费和附着物补偿费等费用标准的洽谈和资金支付。

5、开发区内协议出让土地所得资金，由开发区管委会上解政策性税费后，其余资金用于开发区土地开发、市政配套建设。

6、开发区内工业用地拍卖所得资金，除按规定向区财政缴清各种税费外，剩余资金返还开发区用于基本建设。

7、四类经营性用地拍卖事项，开发区管委会负责前期土地储备费用以及对农村群众的征地补偿等费用的投入，国土长安分局负责组织拍卖；拍卖所得资金扣除国家规定的有关税费外，剩余资金由区财政按一定比例返还开发区，区财政局在一个月内将资金返还开发区管委会。资金返还具体比例由区政府确定。

（五）市容环卫管理

1、开发区管委会负责开发区范围内的市容环境卫生清扫保洁、生活垃圾清运、城市绿化建设和维护、市容环境卫生管理、建筑垃圾倾倒管理、渣土拉运管理、户外广告设置管理、城市占道经营管理工作，依照有关规定收取开发区范围内城市道路经营占用费、城市生活垃圾处理费、建筑垃圾处理费、户外广告设置空间使用费等行政事业性收费。

2、由区城管执法局委托，开发区管委会在开发区范围内对市容环境卫生、建筑垃圾倾倒、渣土拉运、户外广告设置、城市占道经营方面的违法行为进行查处。

3、开发区管委会收取的上述行政事业性收费用于开发区市容管理队伍建设、环卫设备及车辆购置等经费支出，经费不足部分由开发区管委会自行解决。

（六）税收管理

开发区税收管理按现行体制运行，各项税收由相关税务部门依法征收。为提高开发区培植税源的积极性，使开发区有固定收入来源，增强开发区的发展后劲，对开发区内实现的税收，区财政每年以税收总额的一定比例返还开发区，作为开发区的市政设施建设、管理和日常维护经费。税收返还具体比例由区政府确定。

（七）机构编制和人事管理

由区编办对开发区管委会的机构设置、内设科室职能、人员职数编制等提出“三定”方案。开发区管委会编制内的科室负责人按正科级配备，编制职数内的人员工资待遇由区财政负担。

开发区管委会可根据工作需要，经区开发区管理领导小组同意，聘用专业技术人员，工资待遇由开发区管委会确定，费用由开发区管委会承担。

（八）财政管理

1、在开发区管委会设立财政所。开发区财政所由开发区管委会和区财政局双重管理，以区财政局管理为主，实行“相对独立、代行职能、单独核算、专户管理、封闭运行”的管理体制。

2、开发区财政所依据区政府及区级职能部门委托给开发区管委会行使的行政管理、行政执法、行政事业收费等具体事项，统一在区财政收费部门办理相关票据事宜，集中管理，登记使用。开发区产生的各项收入全部纳入财政所专户管理，实行收支两条线，由开发区按管理和建设需要直接进行安排和使用。区级收费项目的留区部分由财政所向上划解。开发区财政所按月将财务报表与区财政收费报表合并。

三、建立开发区大宗资金使用和重大项目建设报告制度

（一）开发区引进的重大建设项目，经区招商项目评审会审定通过后，必须报经区政府审查同意，方可进入合同程序。

（二）开发区财政一次性投资200万元以上的项目，开发区管委会必须书面向区政府报告，经区政府批准同意后，方可实施项目建设。

（三）凡开发区内建设项目的城市基础设施配套费政策性减免事项，必须按规定程序报区政府批准。

四、建立开发区检查制度

为了维护开发区的封闭式管理，切实改善开发区的投资环境，除公安消防、质检、安监部门外，区级其他部门须持区监察局核发的检查许可证，方可对开发区相关事宜进行检查，否则开发区管委会和项目单位有权拒绝；有关部门的专项检查经区监察局许可后，须由开发区管委会派人陪同，方可进行。

五、全力支持开发区建设、促进开发区快速发展

充分授权于开发区、建立健全开发区管理和运行机制、促进开发区加快建设和发展是区委、区政府加快建设经济强区的重大战略决策，是培育区域经济增长点、提升区域综合实力、实现长安经济社会可持续发展的重要举措。各部门、各单位要从全区加快发展的大局出发，加强协调配合，强化扶持服务，全力支持开发区加快建设和发展，努力推动区域经济社会又好又快发展。

（政府办提供）

西安市长安区人民政府关于印发西安市长安区新型农村社会养老保险试点工作实施方案的通知

长政发[2010]2号

（2010年1月28日）

各乡政府、街道办事处，区政府各部门，各直属机构：

《西安市长安区新型农村社会养老保险试点工作实施方案》已经区政府第16届47次常务会同意，现印发给你们，请认真遵照执行。

西安市长安区新型农村社会养老保险试点工作实施方案

根据国务院《关于开展新型农村社会养老保险试点的指导意见》（国发[2009]32号）、省政府《关于开展新型农村社会养老保险试点工作的实施意见》（陕政发[2009]55号）及市政府《关于印发西安市新型农村社会养老保险试点实施办法的通知》（市政发[2009]152号）精神，结合我区实际，现就开展新型农村社会养老保险（以下简称“新农保”）试点工作制定本实施方案。

一、基本原则和目标任务

（一）基本原则。以科学发展观为指导，按照加快建立覆盖城乡居民的社会保障体系的要求，坚持“保基本、广覆盖、有弹性、可持续”的原则，统筹安排城乡社会保障制度，逐步解决农村居民老有所养的问题。一是从我区农村实际出发，低水平起步，筹资和待遇标准与经济发展及各方面承受能力相适应；二是个人（家庭）、集体、政府合理分担责任，权力与义务相对应；三是政府主导和农民自愿相结合，引导农民积极参保；四是对参保的农村居民实行区级统筹管理。

（二）目标任务。建立个人缴费、集体补助、政府补贴相结合的新农保制度，实行社会统筹与个人账户相结合，与家庭养老、土地保障、社会救助等其他社会保障政策措施相配套，保障农村居民老年基本生活。2009年12月底开展试点启动工作，2010年元月正式实施，年底参保达到应参保人60%以上，2011年达到80%以上，2012年基本实现全覆盖。

二、参保范围

具有本区行政区域内农村户籍，年满16周岁以上（不含在校学生），且未参加其他社会养老保险的农村居民，可以在户籍地自愿参加我区新农保。

三、基金筹集

新农保基金由个人缴费、集体补助和政府补贴构成。

（一）个人缴费。参加新农保的农村居民按年缴纳养老保险费。缴费标准设为一年100元、200元、300元、400元、500元5个档次，由参保人自主选择档次缴费，多缴多得。

（二）集体补助。有条件的村集体应当为参保人缴费给予适当补助，补助标准由村民委员会召开村民会议民主确定。鼓励其他经济组织、社会公益组织、个人为参保人缴费提供资助。

（三）政府补贴。省市区三级财政对参保人员按所选缴费档次给予适当补贴。对选择100元、200元缴费档次，补贴标准为每人每年30元；对选择300元缴费财政补贴40元；400元缴费财政补贴45元；500元缴费财政补贴50元。省财政承担50%，市、区政府财政各承担25%。对符合领取条件的参保人员由中央和区财政每人每月补贴80元。

四、建立个人账户

为每个新农保参保人建立终身记录的养老保险个人账户。个人缴费、集体补助及其他经济组织、社会公益组织、个人对参保人缴费的资助、省市区三级财政的缴费补贴，全部记入个人账户，并做实，分别记载。个人账户储存额每年参考中国人民银行公布的金融机构人民币一年期同期存款利率计息。

五、养老金待遇

养老金待遇由基础养老金与个人账户养老金组成，支付终身。

（一）基础养老金标准每人每月80元。

（二）个人账户养老金的月计发标准为个人账户全部储存额除以139。

（三）参保人终止养老保险关系的，个人账户中的资金余额，除政府补贴外，可依法继承；政府补贴余额用于继续支付其他参保人的养老金。

六、养老金领取条件

年满60周岁、未享受城镇职工基本养老保险及其他社会养老保险待遇且其符合参加新农保条件的家庭成员均已按规定参保并正常缴费的农村户籍的老年人，均可享受养老保险待遇。

2009年12月31日已年满60周岁的我区农村居民，不用缴费，可直接根据相关规定享受养老保险待遇；至2009年12月31日距领取年龄（满60周岁）不足15年的我区农村居民，应继续按年缴费至60周岁，方可根据相关规定享受农村养老保险待遇，也可选择一次性补缴够15年的模式进行补缴，但加上应缴年限累计不能超过15年，补缴年限部分不享受财政的缴费补贴，补缴资金计入养老金个人账户。

到2009年12月31日，距领取年龄（年满60周岁）超过15年的，应按年缴费，且累计缴费年限不少于15年，缴费按相关规定享受财政的缴费补贴至60周岁。到退休年龄（年满60周岁）期间因各种原因缴费不足15年的，可选补缴或退保，补缴或退保不享受政府财政补贴部分。

七、待遇调整

基础养老金标准根据国家和省、市、区统一规定适时调整。

八、基金管理

（一）建立健全新农保基金财务会计制度。新农保基金纳入社会保障基金财政专户，实行收支两条线管理，单独记账、核算，按有关规定实现保值增值。试点阶段，新农保基金实行区级管理。

（二）新农保个人账户中的储存额，只能用于支付参保人员年老时的养老金，不得提前支取挪作他用。

九、基金监督

（一）区人力资源和劳动保障部门要切实履行新农保基金的监管职责，制定完善新农保基金管理各项制度，规范业务程序，建立健全内控制度和基金稽核制度，对基金的筹集、上解、划拨、发放进行监控和定期检查，定期公布信息，做到公开透明。财政、监察、审计等部门要按各自职责加强监督，严禁挤占挪用，确保基金安全。

（二）区新农保经办机构和村民委员会要在行政村范围内每年对村内参保人缴费和待遇标准进行公示，定期对村民待遇领取资格审批情况进行公示，自觉接受群众监督。

十、经办管理服务

区新农保经办机构要认真记录农村居民参保缴费和领取待遇情况，建立参保档案，长期妥善保存；建立统一的新农保信息管理系统。统一经办规程、管理方式和服务标准，并核发《新型农村社会养老保险缴费手册》和《新型农村社会养老保险金领取证》，方便参保人缴费、领取待遇和查询本人缴费信息。要切实做好新农保的参保、登记、初审、发证、基金管理等管理服务工作。

新农保工作经费纳入同级财政预算，不得从新农保基金中列支。

十一、组织实施

新农保是惠及全区农民群众的“惠民工程”，是彻底解决农民群众最关心、最直接、最现实的养老保险问题的重要举措。要将新农保工作列入区委、区政府为人民办的实事之一，各乡街、各部门要高度重视，统筹兼顾，通力协作，狠抓落实，确保圆满完成试点工作任务。

（一）加强组织领导。为加强对全区新型农村社会养老保险工作的组织领导和政策协调，区政府决定成立西安市长安区新型农村社会养老保险工作领导小组，由区委常委、常务副区长钱虎威同志任组长。

领导小组下设办公室，办公室设在区人力资源和社会保障局，负责各项日常工作，办公室主任由区人社局党组书记李前进兼任，常务副主任由人社局副调研员王化平兼任。办公室成员由各成员单位相关科室负责人组成。领导小组全面领导试点工作，研究制定政策措施，及时解决重大问题，协调指导，检查考核各乡街试点工作。各乡街也要成立相应的工作机构，领导本乡街新农保试点工作，确保工作的顺利开展。

（二）强化部门协作配合。区人力资源和劳动保障局要切实担负起组织实施职责，并会同财政、民政、计生、农业、国土、公安、残联等部门制定相关政策和措施，及时提出工作意见和建议。

区委宣传部、广电文体局要充分发挥宣传媒体作用，采取群众喜闻乐见的形式广泛宣传新农保，使新农保优惠政策家喻户晓。

区财政局要将新农保补贴资金列入财政预算，加大并确保计算机信息管理硬件配置、乡街劳动保障服务平台建设及新农保启动资金的投入。

区民政局、人口和计划生育局、残联要积极协助有关部门做好农村低保户、独生子女户、双女户、重度残疾人群的确定工作。

公安长安分局、国土长安分局、区农业局要积极协助有关部门做好农村各类人员基本情况的摸底调查工作。

区新农保经办机构要紧紧依托乡街劳动保障（站）所、村委会，做好农村适龄人员参保登记、审核、征缴、发放等各个环节的服务工作，加快建立征缴管理向农村延伸的服务网络，方便广大农村适龄参保人员缴费参保，确保试点工作顺利进行。

区金融机构负责新农保资金存储并及时将资金归集到财政专户，提供优质、快捷的结算服务，确保养老金社会化发放正常运转。

区政府将把推进新农保工作作为统筹城乡发展、促进社会和谐的重要内容，列入对乡街年度目标责任制考核。

（三）组建新农保试点工作督促指导组。区政府成立25个新农保试点工作督促指导组，由区级领导担任组长，抽调具有农村工作经验的副处级领导担任副组长，每个区级部门选调3至5名个人素质高、农村工作经验丰富的年轻干部为成员，工作采取区领导、部门包乡街、乡街包村组、村组包户，做到村不漏户，户不漏人，实施“三集中”，集中时间、集中精力、集中办理，确保我区在春节前每乡街至少有一个村全面完成参保登记和待遇发放工作。

（四）做好宣传动员。实施新农保制度直接关系到广大人民群众的切身利益，是一项重大的民生工程，政策性强，涉及面广。要结合宣传学习十七届四中全会精神，充分利用长安开发、长安电视台、长安新闻网等各类新闻媒体，广泛宣传新农保制度的重大意义、基本原则、政策措施和具体规定；编印发放通俗易懂的宣传材料，进村入户，使广大农村群众了解、熟悉这项惠民政策，做到家喻户晓，妇孺皆知，正确引导农民积极参保。

（五）严肃工作纪律。各乡街、各有关部门要认真遵守本方案的有关规定，不得在人员界定、基金征缴、待遇享受等方面擅自放宽或提高标准，严格按照有关政策规定执行。同时，要切实加强维护社会稳定工作，认真排查可能引发矛盾的重点人员，及时化解矛盾，为新农保政策顺利实施营造一个稳定有序的社会环境。

（六）确定实施步骤。我区新农保

试点工作分六个阶段进行。第一阶段：2009年12月底，成立区、乡街、村三级实施组织机构，制定实施方案，并报区新型农村养老保险试点工作领导小组审定；第二阶段：2010年1月上旬，对领导小组各成员、督导组抽调人员、各乡街负责人、乡街劳动保障所及村新农保经办人员进行全面培训；第三阶段：1月下旬，召开全区新农保试点启动大会，试点工作全面启动；第四阶段：2月各乡街组织劳动保障所及村新农保经办人员进行新农保宣传摸底工作；第五阶段：3月底完成参保缴费工作；第六阶段：4月开始待遇审核发放工作。

（卫生局提供）

西安市长安区人口和计划生育局
西安市长安区人力资源和社会保障局
西安市长安区财政局
关于转发《西安市城市独生子女父母补助金发放办法》的通知

长人计发[2011]21号

（2011年3月29日）

各乡政府、街道办事处，各有关部门：

为了认真贯彻计划生育基本国策，全面落实计划生育奖励优惠政策，现将《西安市城市独生子女父母补助金发放办法》转发给你们，请遵照执行。

附：西安市城市独生子女父母补助金发放办法

西安市城市独生子女父母补助金发放办法

根据《陕西省人口与计划生育条例》（以下简称《条例》）的有关规定，现就我市城市独生子女父母补助金发放工作制定如下办法：

一、发放范围

全市城市独生子女父母中，男年满60周岁、女年满55周岁的，均列入补助金发放范围。具体包括：

（一）机关、事业单位人员中符合领取补助金条件的独生子女父母；

（二）参加企业职工基本养老保险并符合领取补助金条件的独生子女父母；

（三）上述范围以外的其他城市居民中符合领取补助金条件的独生子女父母。

二、发放标准

补助金标准为每人每月106元。今后根据经济社会发展情况适时调整。该补助金不计入家庭收入。

三、资金来源

（一）参加市、县（区）机关、事业单位养老保险，符合领取补助金条件的城市独生子女父母补助金发放所需资金，暂从机关、事业单位养老保险基金中垫支，年终根据资金决算审核情况，由同级财政将资金下达机关事业单位养老保险基金专户。

（二）未参加养老保险的市、县（区）机关、事业单位人员中独生子女父母补助金发放所需资金由同级财政承担。

（三）参加企业职工基本养老保险并已办理退休手续，符合领取补助金条件的城市独生子女父母补助金发放所需资金（含中央、部属、省属企业参加我省及我市、县区企业职工养老保险人员），暂从养老保险基金中垫支，年终根据资金决算审核情况，由省财政将资金下达养老保险基金专户。企业在职人员（指达到法定退休年龄但尚未办理退休手续人员）补助金由所在企业承担。

（四）上述范围以外其他城市居民独生子女父母补助金发放所需资金，按属地管理原则，除高新区自行承担外，其余区县由市与区县财政共同承担，具体负担比例如下：市财政对新城区、莲湖区、碑林区、雁塔区、未央区、灞桥区、阎良区和沣渭新区按4：6的比例分担；市财政对长安区、临潼区、高陵县、户县、周至县、蓝田县按6：4的比例分担。

四、发放程序及渠道

（一）机关、事业单位列入发放对象的人员

参加市、县（区）机关、事业单位养老保险的在职人员，本人向单位提供《独生子女父母光荣证》或《独生子女证》，填写《西安市机关事业单位领取独生子女父母补助金人员审批表》（附件1），由所在单位审核并填写《西安市领取独生子女父母补助金人员花名册》（附件4）报经同级主管委、办、局同意后，报同级人口计生委（局）审核备案，本单位依据人口计生部门审批资料负责发放。各级人口计生部门按要求汇总并填报《______年度西安市机关事业单位及其他城市居民领取独生子女父母补助金人数汇总表》（附件5）。

参加市、县（区）机关、事业单位养老保险并办理退休的人员，本人向单位提供《独生子女父母光荣证》或《独生子女证》，填写《西安市机关事业单位领取独生子女父母补助金人员审批表》（附件1），报经单位及单位上级主管单位同意，由单位填写《西安市领取独生子女父母补助金人员花名册》（附件4），报同级人口计生委（局）审批备案。各级人口计生部门按要求审批后汇总填报《______年度西安市机关事业单位及其他城市居民领取独生子女父母补助金人数汇总表》（附件5），统一报送同级养老保险经办机构。养老保险经办机构根据人口计生部门审批资料负责发放。

未参加市、县（区）机关、事业单位养老保险的人员本人向单位提供《独生子女父母光荣证》或《独生子女证》，填写《西安市机关事业单位领取独生子女父母补助金人员审批表》（附件1），由所在单位审核并填写《西安市领取独生子女父母补助金人员花名册》（附件4）报经同级主管委、办、局同意后，报送同级人口计生委（局）审批备案，由本单位根据人口计生部门审批资料负责发放。各级人口计生部门按要求汇总并填报《______年度西安市机关事业单位及其他城市居民领取独生子女父母补助金人数汇总表》（附件5）。

（二）企业列入发放对象的人员。

参加企业职工基本养老保险、符合领取补助金条件的在职人员（指已达到法定退休年龄但未办理手续人员），本人向单位提供户籍证明、身份证、《独生子女父母光荣证》或《独生子女证》，由其单位或养老保险机构填写《西安市企业领取独生子女父母补助金人员审批表》（附件2）、《西安市参加企业职工基本养老保险领取独生子女父母补助金人员花名册》（附件6），经《独生子女父母光荣证》或《独生子女证》原发证机关属地县区人口计生局审核《独生子女父母光荣证》或《独生子女证》真实有效性并出具意见，原发证机关无法出据证明意见时，由本人目前户籍所在地县、区人口计生部门对其生育状况进行走访摸底，确认无误后，由所在企业统一报送同级人口计生委（局）审核备案，本单位依据人口计生部门审批资料负责发放。

参加企业职工基本养老保险、符合领取补助金条件并已办理退休手续人员，由本人向单位或养老保险代理机构提供户籍证明、身份证、《独生子女父母光荣证》或《独生子女证》，由其单位或养老保险机构填写《西安市企业领取独生子女父母补助金人员审批表》（附件2）、《西安市参加企业职工基本养老保险领取独生子女父母补助金人员花名册》（附件6），经《独生子女父母光荣证》或《独生子女证》原发证机关属地县区人口计生局审核《独生子女父母光荣证》或《独生子女证》真实有效性并出具意见，原发证机关无法出据证明意见时，由本人目前户籍所在地县、区人口计生部门对其生育状况进行走访摸底，确认无误后，报参加企业职工基本养老保险所对应的同级人口计生委（局）审批备案。人口计生部门将审批资料统一提供给养老保险经办机构按月代发。人口计生部门要定期向同级人力资源和社会保障部门通报情况。各级人口计生部门逐级上报汇总并填报《______年度参加企业职工基本养老保险领取独生子女父母补助金人数汇总统计表》（附件7）。

（三）上述范围以外的城市居民，由本人提供身份证、户籍证明、《独生子女父母光荣证》或《独生子女证》，填写《西安市领取独生子女父母补助金人员审批表》（附件3），经《独生子女父母光荣证》或《独生子女证》原发证机关属地县区人口计生局审核《独生子女父母光荣证》或《独生子女证》真实有效性并出具意见，原发证机关无法出据证明意见时，由本人目前户籍所在地县、区人口计生部门对其生育状况进行走访摸底，确认无误后，由户籍所在地社区居委会报乡镇政府（街道办事处）逐级审核并填写《西安市领取独生子女父母补助金人员花名册》（附件4），统一报县、区人口计生局审批备案。区县人口计生部门批准后，由财政部门安排专项资金支付，由户籍所在地乡镇政府（街道办事处）负责发放。各级人口计生部门按要求汇总并填报《______年度西安市机关事业单位及其他城市居民领取独生子女父母补助金人数汇总表》（附件5）。

高新区参照以上程序执行。

五、要求

（一）各区县要高度重视，统筹安排补助金发放工作，深入扎实地搞好宣传，并于2011年7月1日前完成2009年及2010年被补助对象的补助金发放及人员汇总统计上报工作。以后每年度1月15日前将上年度汇总情况上报市人口计生委，由市人口计生委将汇总情况提供市财政局、市人力资源和社会保障局，并上报省人口计生委。

（二）各区县财政部门要将独生子女父母补助金所需资金列入年度财政预算，包括参加机关、事业单位养老保险符合发放条件人员和按比例承担的辖区内城市居民中符合发放条件人员的补助金。市财政按照各区县提供的上年度符合条件发放人数及负担比例，及时将资金拨付区县财政，确保资金及时、足额发放。

（三）各有关部门、单位要认真把好审核和发放关，对补助对象严格按照初审、复审、确认，公示、告知程序进行。及时做好被发放对象增减核对以及停发工作，每年末公示人员增减情况。对弄虚作假、徇私舞弊、把握政策不严的单位，实行人口与计划生育"一票否决"，并追究各有关单位主要负责人和直接工作人员的责任。

（四）被补助对象应向发放单位如实反映本人情况，经查实通过瞒骗手段获取补助金的，除追回补助金外，视情节轻重，依有关法律、法规追究责任。

六、其他

已退休并享受加发5%退休金或基础养老金人员发放独生子女父母补助金按以下办法衔接：

1、截止2009年6月30日，符合《条例》规定男年满60周岁、女年满55周岁的，原已享受加发5%退休金或基础养老金部分停止执行，从2009年7月1日起改按《条例》规定执行。

2、截止2009年6月30日未达到《条例》规定补助年龄的，原已享受的加发5%退休金或基础养老金政策的继续执行至男年满60周岁、女55周岁，从到达《条例》规定补助年龄的下月起，原享受部分停发，改按《条例》规定执行。

本办法从2009年7月1日起执行。与本办法不一致的规定停止执行。

（计生局提供）

西安市长安区人民政府
关于印发西安市长安区加强项目建设工作相关规定（试行）的通知

长政发[2010]44号

（2010年11月29日）

各乡政府、街道办事处，区政府各工作部门，各直属机构：

《西安市长安区加强项目建设工作相关规定（试行）》已经区政府研究同意，现印发给你们，请认真贯彻落实。

长安区加强项目建设工作相关规定

（试 行）

第一章 总 则

第一条 为实施追赶战略，加快“四强区”建设步伐，促进区域经济跨越发展，结合我区实际，现就加强项目建设做如下规定。

第二条 项目建设要遵循规划先行原则，按照城南国际新区、合作共建区、统筹城乡示范区、生态优先区“四大板块”进行布点和落实。

第三条 项目建设工作要按照项目收集、项目包装、项目评审、项目推介、项目落实的环节开展。

第四条 项目经过包装和评审后，分为一般项目和重点项目。一般项目由各乡街、开发区和区级相关部门负责落实，重点项目由区发改委负责落实，各相关部门密切配合。

第五条 项目建设年度任务结合市上工作任务和区上年度目标任务由区政府下达给各乡街、开发区和区级相关部门。

第二章 项目建设分工和责任

第六条 项目建设工作按照各单位职能、各区域特点、各环节工作进行分工，具体由各相关单位负责落实。

第七条 各相关部门负责面向本系统开展项目征集和策划包装工作，年度任务由区政府下达；招商局负责项目收集、评审、洽谈及奖惩等工作；各乡街、开发区负责项目的包抓落实及后续环境保障等工作。

第八条 建立区级项目库制度。

1、各乡街、开发区及区级相关部门按照职能，分别筛选和深度包装基础设施（水、电、路、气、供热等）、房地产、城中村改造、生态农业、水利、林业、旅游、现代服务（商贸、餐饮、娱乐等）、工业制造、文化教育、医疗卫生、小城镇建设等项目，定期报送区招商局。

2、区招商局成立项目评估机构，对上报的项目进行评估，建立区级项目库，并随时更新，实行动态管理。

第九条 建立区级客商库制度。

1、各乡街、开发区及区级相关部门要统计历年来在我区投资的外地客商详细资料，以及虽未在我区投资、但与我区往来比较密切的外地客商基本信息，进行汇总，报送区招商局，建立我区客商库。

2、区招商局要从项目库中筛选重大项目，充分利用客商库，点对点或“一对一”进行项目洽谈，加快项目引进和建设。

第十条 建立区级资源库制度。

1、各乡街、开发区和区级部门要深化对区情的再认识，不定期进行区情分析研讨会，求新思变，强化能快则快的发展意识。

2、各乡街、开发区和区级部门要抓住机遇，发挥优势，结合实际，有重点的策划包装一批适合自身区域发展的特色项目，推动经济的快速发展。

第三章 项目评审和落实

第十一条 建立项目评审制度。

1、在我区范围内新建、扩建、再建的投资项目需要进行评审。

2、评审项目为用地15亩及以上，投资1000万元人民币及以上，外资、中外合资、中外合作等非经营类项目。

第十二条 实行项目评审例会制度。

1、项目评审会每半个月召开一次，每月十五日和三十日为评审会议时间（遇节假日时间顺延），由区招商局组织。

2、投资额在1亿元以下的项目，由区评审会议审定，投资额在1亿元以上（含1亿元）的项目，评审会通过后还须报区政府常务会议审定。

3、区招商局下发项目评审会议纪要等文件后，各职能部门办理相关手续。

第十三条 实行项目登记备案制度。

1、采用招拍挂方式取得土地使用权

的商业、旅游、娱乐和商品住宅等经营类项目进行登记备案；

2、不改变土地用途的农业类项目进行登记备案；

3、不符合评审条件的，占地15亩以下、投资1000万元以下的非经营类项目进行登记备案。

第十四条 投资单位有意向实施商业、旅游、娱乐和商品住宅项目的，区招商局出具项目土地储备建议书报区政府审定后，土地部门进行土地储备。

第十五条 建立项目落实工作制度。

1、项目落实责任制。实行区级领导负总责，责任单位负全责的项目落实责任制。重点项目由区级领导包抓落实，实行挂牌保护制度，一般项目由责任单位全责落实，由区项目落实工作领导小组向包抓领导、责任单位下达书面通知。

2、项目落实督办制。项目落实过程中存在的问题，由区招商局负责收集、整理、汇报；并就项目落实过程中存在的问题，对涉及的相关单位下发项目落实督办通知单，明确项目落实中需要解决的问题、承办单位的责任、解决问题的时限要求等。

3、项目落实通报制。项目落实的整体进展情况和项目单位反映问题的解决情况，由区招商局定期通报，并报区委、区政府。

第十六条 项目手续办理流程

非经营类项目手续办理流程图

招商局项目评审意见—签订项目合同—环保局环评初步意见—

规划局用地规划初审—国土局土地预审

发改委审批、核准、备案

工商局营业执照—质监局代码证—国（地）税局税务登记

环保局环评审批—规划局选址意见书、用地规划许可证—国土局土地出让合同、土地使用证

规划局建筑工程规划许可证

建设局建筑施工许可证

经营类项目手续办理流程图

国土局土地使用证

招商局登记备案—发改委核准备案—环保局环评审批

规划局建设用地规划许可证、建设工程规划许可证

建设局建筑施工许可证

房管局房屋权属登记

第十七条 各职能部门在办理项目手续时，需出具项目单位提交资料的书面清单，并承诺局内审批办理时限。

第四章 奖惩

第十八条 区政府设立项目建设专项资金，用于在项目建设工作中完成好的乡街、开发区及区级相关部门的奖励。

第十九条 各乡街、开发区及区级相关部门通过努力，使项目追加投资、提高投资强度等，将一般项目升格为重点项目，对区域经济发展有较大贡献或较大带动作用、工作成绩突出的，给予奖励。

第二十条 通过产业结构调整，实施对当地行业发展有较大推动提升作用的建设项目，给予乡街、开发区及区级相关部门奖励。

第二十一条 项目建设年度工作任务未完成的乡街、开发区及区级相关部门，年度综合考评进行扣分，不能评优。

第二十二条 项目建设奖励方案由区招商局提出报区政府审定后兑现。

第五章 附 则

第二十三条 本规定由区招商局负责解释。

第二十四条 本规定自发布之日起试行，此前与本规定不符的相关文件自行作废。

（招商局提供）

中共西安市长安区委
西安市长安区人民政府
关于进一步加强项目建设改善投资环境的意见

长发[2010]38号

（2010年12月3日）

为贯彻落实项目带动战略，加快项目建设进度，提升项目建设质量，不断改善长安投资环境，实现区域经济社会又好又快发展，现就进一步加强项目建设、改善投资环境提出如下意见：

一、充分认识加强项目建设、改善投资环境的重大意义

项目是资本、技术、劳动力等生产要素的组合和载体，项目建设是贯穿于经济社会发展始终的基础性、长远性工作。投资环境是区域发展的核心竞争力。加强项目建设、改善投资环境是贯彻落实科学发展观，抢抓新一轮西部大开发和西安建设国际大都市历史机遇、加快经济发展方式转变的基本要求，是扩大投资、拉动区域经济持续快速增长的关键所在，是展示长安社会文明和新型城区良好形象的有效举措，是保障和改善民生、保持经济社会长期平稳较快发展的根本途径。全区各级各部门要充分认识加强项目建设、改善投资环境的重大意义，始终把加强项目建设、改善投资环境作为各项工作的重中之重，摆在重要位置，不断增强责任感和紧迫感，抢抓机遇，创新思路，强化措施，狠抓落实，促进区域经济社会持续健康协调快速发展。

二、加强项目建设、改善投资环境的总体要求和基本原则

（一）总体要求

按照“四大发展板块”协调推进的总体思路，以实施基础设施建设项目、新农村建设项目、高新技术产业项目、现代服务业项目、社会事业项目为重点，加快项目编制、开工和建设速度，不断优化投资环境，增强区域经济发展后劲，持续壮大长安的经济发展实力。

（二）基本原则

1.坚持政府引导与市场推动相结合的原则。在加强项目建设和改善投资环境工作中，要充分发挥政府的引导作用，强化政府提供基础公共服务和优化发展环境的责任，为项目建设创造良好的外部环境；要充分发挥市场配置资源的基础性作用，以市场为导向，促进生产要素的合理流动和优化配置。

2.坚持改善环境与壮大产业相结合的原则。改善环境是壮大产业发展经济的必由之路，必须大力提高政府的服务水平和办事效率，切实改善投资环境，积极吸引更多的项目落户长安，形成一定规模的主导产业和产业集群，从而进一步夯实区域经济社会加快发展的基础。

3.坚持加强管理与强化服务相结合的原则。要切实加强项目管理，加强对项目招商、准入、落地、准备、建设、竣工的管理，提高项目运行质量，确保引进项目早落地、早投产、早运营；要主动做好项目服务工作，在全区营造亲商、安商、扶商、富商的良好氛围，打造西部投资最佳发展区域，实现寓管理于服务、以服务促管理的工作要求。

4.坚持经济建设与社会建设相结合的原则。促进长安经济建设和社会建设是加强项目建设和改善投资环境的最终目标，必须注重经济效益、社会效益的统一。在保持区域经济较快发展的同时，优先发展关系民生的社会事业，形成经济增长、社会进步的良性发展格局。

三、切实加强对项目建设，改善投资环境工作的组织领导

（一）强化项目管理。各级各部门要围绕“四大发展板块”，积极开展项目调研、论证、策划、包装、推介和引进工作，严格控制项目注册资本、投资强度、容积率、绿地率、建筑密度等约束性指标，坚决杜绝高耗能、高污染、低档次的项目落户长安；建立健全项目调研制度、项目储备制度和项目评审制度，实行重点项目月进度报告、重点项目季度例会、重点项目挂牌保护、重点项目绿卡、重点项目规范化管理等制度，切实履行项目监管职能，确保项目管理制度化和规范化。

（二）主动改善投资环境。各级各部门要简化审批程序，提高办事效率，坚持急事快办、特事特办，对重大项目实行跟踪服务、上门办公；各乡街要切实加强项目建设环境协调保障工作，做好村民务工、建材拉运等事务协调工作，不断树立群众的环境意识，形成人人都是投资环境的良好社会氛围。实施重大项目社会稳定风险评估制度，落实预防处置预案，切实做好纠纷疏导化解工作，确保项目顺利推进。

（三）加强组织领导。为进一步加强对项目建设和改善投资环境工作的组织领导，区上成立加强项目建设和改善投资环境工作领导小组，由区委、区政府主要领导担任组长，成员由区级相关职能部门和各乡街负责人组成。领导小组下设办公室，办公室设在区招商局，主要负责制定工作方案，安排部署工作，定期召开会议，研究解决工作中存在的突出问题，总结通报工作进展情况，推动项目顺利建设。各乡街要加强本辖区内项目建设的征地、拆迁以及施工环境协调保障等工作，配合有关部门和项目单位全力推进项目建设；各有关部门要根据自身工作职责，切实做好各项工作，共同维护好长安区的投资环境。

（四）严格考核督查。各级各部门要重点做好对加强项目建设和改善投资环境工作的督查，建立行政效能监察制度，由监察部门对项目手续办理过程中“吃、拿、卡、要”、“乱罚款、乱摊派、乱收费”等违法违纪行为进行行政效能监察。对在重大项目前期工作和重点项目建设中做出显著成绩的单位和个人，给予表彰奖励；对列入年度重大项目前期工作计划、并按期保质完成目标任务的项目责任单位，给予一定的前期费用补助；对争取到省级以上重点建设项目并安排用地计划指标的部门，给予表彰奖励；对工作不力的单位，严肃追究相关人员的责任。

（招商局提供）

西安市长安区人民政府
关于印发西安市长安区重点建设项目管理办法的通知

长政发[2010]45号

（2010年12月8日）

各乡政府、街道办事处，区政府各部门，各开发区管委会，各直属机构：

现将《西安市长安区重点建设项目管理办法》印发给你们，请结合实际，认真贯彻执行。

西安市长安区重点建设项目管理办法

第一章 总 则

第一条 为加强和规范重点建设项目管理，确保各类项目顺利实施，促进区域经济社会又好又好发展，根据《西安市重点建设项目管理办法》，结合区情实际，制定本办法。

第二条 本办法所称的重点建设项目，指项目或企业的工商注册地、税务登记地和外资申报单位在我区行政区域内，对全区经济社会发展有重大影响的项目。具体包括：

（一）能够明显提升和增强城市综合服务功能的市政道路、给排水、供电、供热、供气、通讯等总投资2000万元以上的城市基础设施项目；

（二）能够优化城乡路网布局，促进城乡一体化，总投资1000万元以上的交通道路建设项目；

（三）能够有力推进新农村建设，优化农业产业结构，总投资500万元以上的农业项目；

（四）能够改善区域生态环境，提高森林覆盖率，总投资500万元以上的林业项目；

（五）能够发挥水资源优势，改善河流生态环境，提高防洪保安能力，保障生产生活用水，带动种植、养殖、旅游等产业发展，总投资2000万元以上的水利项目；

（六）能够推进第二产业发展，总投资1000万元以上的工业项目；

（七）能够优化产业结构的商贸、旅游、物流、餐饮等总投资2000万元以上的服务业项目；

（八）能够推进城市化进程，统筹城乡发展，总投资2000万元以上的小城镇建设项目及总投资8000万元以上的城中村改造项目；

（九）能够改善城市人居环境，提升城市品位，总投资1亿元以上的房地产项目；

（十）能够推动教育、卫生、就业、社会保障等总投资500万元以上的社会事业发展项目；

（十一）能够促进循环经济发展、节能降耗，推动节约型社会建设，总投资1000万元以上的环保项目；

（十二）能够发挥高校科研优势，促进产学研一体化，总投资1000万元以上的高校科研成果转化项目；

（十三）国家、省、市鼓励的其他重点项目和在我区布局的重点项目。

第三条 区重点建设项目领导小组统一管理和协调全区重点建设项目工作，领导小组下设办公室，负责全区重点建设项目的综合管理和协调工作。办公室设在区发改委，具体履行下列职责：

（一）拟定全区重点建设项目管理的政策和措施；

（二）提出全区重点建设项目年度计划的初步意见；

（三）对全区重点建设项目进行动态督查及警示通报；

（四）对全区重点建设项目完成情况进行动态督查、检查、考核、警示通报以及综合分析研究；

（五）了解全区各重点建设项目进展情况，及时向领导小组汇报重点项目建设情况，协调解决重点建设项目实施中的重大问题。

第二章 项目确定

第四条 区级重点建设项目分为在建

项目和前期项目两类。

在建项目指已经完成建设项目的各项审批手续，在当年施工建设（包括续建、新开工）的项目。

前期项目是指在当年年度内进行前期各项文件的报批和各项手续办理的项目。

第五条 区级重点建设项目每年确定一次，按下列程序办理：

（一）各乡街、区政府各部门、各开发区管委会、各直属机构及项目业主，根据项目的隶属关系及属地原则，于每年10月底前向区发改委提出列入全区重点建设项目计划的申请；

（二）区发改委会同有关部门审核各乡街及部门上报的重点建设项目，起草全区重点建设项目年度计划草案，报区重点建设项目领导小组研究；

（三）区发改委对符合重点建设项目条件，但有关部门未申报的项目，在报区重点建设项目领导小组研究后，可直接将其列入区级年度重点建设项目计划草案；

（四）区级重点建设项目计划草案经区政府常务会议同意，并经区委常委会议审定后下发全区执行。

第六条 申报列入区级重点建设项目须按规定申报格式填报，并附以下书面材料：

（一）项目概况和项目单位工商注册、税务登记资料及项目法人情况。

（二）项目审批、核准或备案的有关文件。

（三）项目规划选址、土地审批或预审、环境评价等有关文件。

（四）招标核准和招标投标实施情况的有关文件。

第七条 需列入省、市重点建设项目，由区发改委提出初步意见，报区政府同意后上报。

第三章 项目管理

第八条 实行重点建设项目区级领导包抓制度。包抓项目的区级领导负责项目的督办，协调解决项目建设中的困难和问题。

第九条 实行重点建设项目挂牌保护制度。区政府统一向项目单位颁发“长安区重点建设项目”标志牌，并向社会公开。

第十条 实行重点建设项目绿卡制度。区政府为区级重点建设项目颁发《长安区重点建设项目绿卡》，开通办理相关手续的“绿色通道”。

第十一条 实行重点建设项目协调和督查制度。区发改委定期组织和召集有关责任单位、项目业主召开重点建设项目协调会议，及时解决项目实施中存在的困难和问题；加强计划执行情况的跟踪和管理，对进展缓慢的项目，发放督办通知单，督促责任单位按期完成计划任务。

第十二条 实行重点建设项目月报制度。重点建设项目责任部门、项目业主在每月25日前，及时准确地向区发改委报送重点建设项目的工程形象进度、投资完成情况等材料。

第十三条 实行重点建设项目动态管理制度。对未列入年度计划的一些重大项目，年中具备开工条件的，区发改委按相关程序将其纳入重点项目计划；对确因不可抗拒或不可预见因素造成项目无法实施，或无法完成当年计划的项目，由项目责任部门提出书面申请，经区发改委审查，报区政府批准后，进行适当调整。

第十四条 凡经过区项目评审会通过的项目，土地、规划、环保等有关职能部门要按规定时限加快办理项目前期手续（初审意见），促成项目尽快建设。区发改委负责每月召开一次项目前期手续办理协调会，将项目前期手续办理情况以书面形式报送区委、区政府。

第四章 政策措施

第十五条 区发改委、区建设局、区财政局、区审计局、区市容园林局、区城管执法局、公安长安分局、国土长安分局、规划长安分局、环保长安分局等部门优先为重点建设项目办理各种审批事项。

第十六条 重点建设项目所在地的乡政府、街道办事处、开发区管委会负责做好重点建设项目施工现场周边环境的综合治理；区发改委会同监察、司法、综合执法等部门负责查处打击破坏和扰乱区重点建设项目实施的行为。

第十七条 严禁对区级重点建设项目乱摊派、乱罚款、乱收费。

第十八条 区级各有关部门在争取国债及中央、省、市建设资金和安排本级财政性资金以及银行贷款贴息时，优先向重点建设项目安排资金。

第十九条 区发改委定期向驻区各金融机构发布重点建设项目的融资信息，鼓励和引导各商业银行贷款投向重点建设项目。

第二十条 供电、交通、通信、供水、供热、供气等单位应当优先保证重点建设项目的施工和生产用电、运输、通信、供水、供热、供气等方面的需求。

第五章 附 则

第二十一条 本办法由区发改委负责解释。

第二十二条 本办法自公布之日起施行，原《西安市长安区重点建设项目管理办法》同时废止。

（招商局提供）

长安区人民法院、长安区人民检察院、公安长安分局、长安区民政局关于办理交通肇事案件无名氏被害人刑事附带民事诉讼暂行办法

（2010年7月）

为切实维护交通肇事案件中身份不明的已死亡被害人（以下简称“无名氏”）及其亲属的合法权益，促进社会和谐，保障社会公平正义，根据刑法、刑事诉讼法、民法通则、民事诉讼法等相关法律规定，参照国务院有关社会救助的法规，结合实际，制订本暂行办法。

一、无名氏被害人是指在交通事故中被致死的，经公安机关依法侦查，多方查找仍不能确定其身份的刑事案件被害人。

二、为避免交通肇事案件无名氏的民事权益失去法律保护，人民法院认可依法承担社会救助职能的区民政局作为附带民事诉讼的原告人。

三、公安机关办理致人死亡的交通肇事案件应采取多种方式、方法查明死者身份，确实无法查明的才能认定为无名氏。

公安机关认定为无名氏的，应提取并保存死者的DNA、指纹等检验材料、死者的遗留物、死者的照片等资料信息，为进一步查找、确认死者身份建立档案资料。

四、公安机关办理无名氏交通肇事案件，应督促犯罪嫌疑人或车主预交赔偿金；依法采取扣押、诉讼保全等措施，为办理刑事附带民事诉讼创造条件。

五、案件移送起诉后，人民检察院应对无名氏的认定及是否留存相关资料进行审查，认为需要补充侦查的，应当向公安机关提出；犯罪嫌疑人或车主预交事故赔偿金的，应当接受并随案移送人民法院；人民检察院公诉部门受理案件后应及时通知本院民行部门介入附带民事诉讼工作。

六、人民检察院民行部门介入后，应围绕附带民事诉讼开展工作，收集相关证据资料，具备提起附带民事诉讼条件的，应书面通知区民政局代表无名氏的近亲属向人民法院提起附带民事诉讼。民行部门审查认为需要公安机关补充附带民事诉讼证据资料时，应当通过公诉部门提出。

七、民政局收到人民检察院书面通知后应当确定专人负责附带民事诉讼工作。积极与人民检察院民行部门联系，做好诉讼前的准备工作，人民检察院应当给予协助、支持。

八、民政局应当在法定时限内，制作附带民事诉状，依照有关标准计算赔偿数额，依法提出请求赔偿的具体要求和事实根据，向人民法院提起附带民事诉讼。肇事车辆参加交强险的，应将保险公司列为附带民事诉讼被告人。民政局应当书面委托代理人参加诉讼活动，积极依法维护无名氏的合法权利。

九、本着公平合理和充分保护无名氏合法权益的原则，赔偿金数额的确定，按照国家规定的城镇居民人口赔偿标准计算。十、人民法院审理无名氏附带民事诉讼案件，可以调解，调解达成协议的应当制作调解书；调解不得损害无名氏的合法权益。

十一、人民法院判决前，无名氏的近亲属出现的，人民法院核实后，应当告知其依法重新提起附带民事诉讼。民政局原告人身份自然终止。人民法院核实被害人近亲属的身份，必要时可以要求人民检察院和公安机关提供协助。

十二、附带民事诉讼判决生效后，民政局应当在法定时限提出执行申请。人民法院对执行取得的财物，可依法拍卖，拍卖款抵作相等数额的赔偿金由民政局领取。

十三、案件的赔偿金由民政局单设会计科目保管，并建立财务账册。赔偿金的支付一般采取银行转账方式，民政局领取的现金应即时入账，不得挪用。每个案件的赔偿金至少保存五年，从款项进入民政局账户之日起计算。五年后仍无人认领的，该案件的款项可以转入社会救济基金账户，用于社会救助。超过五年前来认领的，由民政局从该账户中调剂资金支付。

十四、判决生效后，无名氏的近亲属出现的，应当向公安机关提出确认申请，公安机关应当审查、核实，提出书面审查意见并连同相关材料移送人民检察院、人民法院分别审核并签署意见。经过上述审核，被确认为无名氏近亲属的，民政局在收到确认材料后，向其发放赔偿金；无名氏近亲属是多人的，应当一并审查确认；必须共同办理领取赔偿金手续。

十五、无名氏的近亲属如果对原附带民事诉讼请求事项、赔偿数额有异议的，可以依法另行提起民事诉讼，人民法院应予受理。

十六、本办法自印发之日起执行。

本办法由区人民法院、区人民检察院、区公安分局、区民政局共同解释。

城乡居民生活便览

名牌产品　著名商标

2007～2010年西安市长安区新增名牌产品一览表

产品名称	注册商标	企业名称	时间（年）	称号级别
蜂产品	融氏王	陕西老蜂农生物科技有限责任公司	2008	陕西名牌
金属文件柜	XF	西安市新飞档案设备厂	2009	西安名牌
防盗安全门	万叶	陕西万叶门窗制造有限公司	2009	西安名牌
饮用纯净水	天天好快活	西安好快活现代饮品有限责任公司	2009	西安名牌
电线电缆	双新	陕西万通电线电缆有限公司	2009	西安名牌
家　具	南洋迪克	陕西南洋迪克家具制造有限公司	2010	西安名牌
玉米淀粉	育林	西安下店玉米开发实业有限公司	2010	陕西名牌

2007～2010年西安市长安区新增服务业名牌一览表

服务业类别	企业单位名称	时间（年）
旅游景区管理业	西安秦岭野生动物园（西安大汗上林苑实业有限责任公司）	2009
旅游景区管理业	翠华山（西安翠花山旅游发展股份有限公司）	2009
旅游景区管理业	西安关中民俗艺术博物院	2010
酒店餐饮业	西安常宁宫休闲山庄有限公司	2010

便民服务电话

区长热线：	85291360
区信访局：	85291360
区纪委纠风办：	85297508
区纪委监察局信访室：	85289003
企业投诉：	85292141
区检察院投诉举报：	
法律服务：	12348
区公证处：	85294314
电力抢修：	85650100
电力服务热线：	95598
自来水抢修：	85292126
天然气抢修：	85291777
天气预报查询：	12121
区教育局办公室：	85292420
教育收费监督：	85290644
区自考办：	85291074
区招生办：	85292235
区卫生局办公室：	85292580
区爱卫会办公室：	85290461
区疾病预防控制中心：	85292228
区卫生监督所：	85290868
物价举报：	85280128
消费者投诉举报中心：	12315
区消费者协会：	85284882
质量技术监督：	85288310
文化市场稽查：	85292496
残疾人法律援助：	85623371
妇女儿童维权：	85292326
森林防火与野生动物保护：	85292331
水政水资源管理：	85291239
抗旱防汛办公室：	85292147
禽流感防控：	85652544
区种子公司：	85292435
区农机管理站：	85292435
区农技推广中心：	85622271
区规划局监察队：	85653973
城建监察：	85292813
区建筑管理处：	85292287
区招投标办公室：	85293745
区人才服务中心：	85294016
区考试培训中心：	85280129
劳动监察：	85297529
劳动仲裁：	85290249
区社会保险服务中心：	85292934
区劳动就业服务中心：	85292179
区劳动就业培训中心：	82031366
区退休职工管理所：	85286802
区养老经办中心：	85283531
区劳动力市场：	85291606
《长安开发》采编中心：	85299689
长安电视台新闻热线：	85652321
创卫热线：	85294600
市容监察：	85290431
环保投诉：	12369
路政管理：	85292446
运证管理：	85292444
区出租汽车管理所：	85299283
区客运公司：	85282659
区汽运公司：	85622300
邮政服务监督：	85298302
再生资源管理：	85651292
定点屠宰管理：	85651292
区电信局投诉咨询：	85653180
电话障碍申报：	85292400
电信服务咨询：	10000
旅游咨询投诉：	85292244
粮食市场投诉举报：	85293267
烟草投诉举报：	85295548
房产业务咨询：	85292576
医疗卫生监督：	85292580
档案查询利用：	85296352
区文化馆图书室：	85291240
文化稽查：	85651240
区博物馆：	85656143
韦曲派出所：	85650956
婚姻登记：	85657062
收容救助：	85623253
区农村新型合作医疗办公室：	85293538

定点医疗机构

一、住院定点医院

（一）省级“直通车”定点医院

1、陕西省人民医院

2、武警陕西省总队医院

3、陕西省结核病防治院（结核专项）

（二）省级非“直通车”定点医院

1、西安交通大学第一附属医院

2、西安交通大学第二附属医院

3、第四军医大学西京医院

4、第四军医大学唐都医院

5、第四军医大学口腔医院
6、陕西中医学院附属医院
7、陕西省中医医院
8、陕西省妇幼保健院（妇科专项）
9、陕西省肿瘤医院（肿瘤疾病专项）
10、中国人民解放军第451医院（妇产科、血液透析专项）
11、延安大学附属医院
12、咸阳市中心医院

（三）市级三级及长安区确定的三级定点医院

1、西安市第一医院
2、西安市第四医院
3、西安市第八医院
4、西安市中心医院
5、西安市铁路中心医院
6、西安市中医医院
7、西安市儿童医院
8、西安市精神卫生中心
9、西安市红十字会医院
10、西安市结核病胸部肿瘤医院
11、高新医院长安医院
12、西安医学院第二附属医院
13、西电集团医院
14、陕西省第二人民医院
15、陕西省友谊医院
16、西安古城眼科医院
17、中铁二十局医院
18、西安泰恒眼科医院
19、西安医学院附属医院
20、陕西省结核病防治院
21、核工业215医院
22、陕西中医学院第二附属医院

（四）市级二级及长安区确定的区外二级定点医院

1、西安市第二医院
2、西安市第五医院
3、西安市铁路医院
4、阎良铁路医院
5、西安141医院
6、陕西省博爱医院
7、陕西省第四人民医院
8、中铁一局西安中心医院
9、西安航空发动机集团医院
10、北车集团西安车辆厂医院
11、中航工业西安医院
12、西安航天总医院
13、兵器工业五二一医院
14、东郊第一职工医院
15、西安西郊纺织医院
16、西安昆仑医院
17、西安华山中心医院
18、西安黄河医院
19、民航西安医院
20、陕西正和医院
21、西安阎良精神病医院
22、西安阎良630医院
23、西安冶金医院
24、陕西省交通医院
25、西安电力中心医院
26、西安市东方医院
27、陕西航天医院
28、西安北环医院
29、西安肛肠医院
30、西安市北方医院
31、西安唐城医院
32、西安济仁医院
33、陕西省森工医院
34、西安同济医院
35、西安肾病医院
36、长安秦通医院
37、西安市工人疗养院
38、咸阳市妇幼保健院
39、武警工程学院医院
40、西安皇城医院（外科专项）
41、西安步长医院
42、西安中医脑病医院（脑病专项）
43、西安市安康医院
44、陕西省新安中心医院
45、西北有色医院
46、西安国医肿瘤医院

（五）长安区确定的区内定点医院

1、长安区医院
2、长安区妇幼保健院
3、长安区中医医院
4、长安北里王骨科医院
5、25个乡街卫生院
6、中国兵器工业第二〇六研究所职工医院
7、泰和医院
8、长安友谊医院
9、长安妇儿专科医院
10、利盈里王骨科门诊部
11、子午牛海波骨伤专科诊所
12、北里王应海骨伤门诊部
13、长安斗门专科门诊部
14、长安镐京骨科专科门诊部
15、户县中医院大王骨科分院
16、户县中医院许氏骨科分院
17、西安张春生医院
18、长安鸿康医院
19、子午牛宝成门诊部

20、高桥丰京医院
21、西安航天一七一医院
22、长安区金城门诊部
23、西安未央瑞康医院
24、西安长安易草圣方中医医院
25、西安天坛医院
26、西安市长安区大千医院
27、西安长安盛唐医院
二、门诊统筹定点医疗机构
25个乡街卫生院
469个村卫生室
泰和医院
长安友谊医院
长安镐京骨科门诊部
子午牛海波骨伤专科诊所
长安斗门专科门诊部
子午牛宝成门诊部
长安鸿康医院
利盈骨科门诊部
高桥丰京医院
长安区中医院

（卫生局提供）

邮政编码

西安市长安区邮政编码表

局所名称	所辖地域名称	邮政编码
长安区邮政局	韦曲街道、大（小）常胜坊（杜曲街道）、贾里村、鱼鲍头、常宁宫休闲山庄（王曲街道）、22所、凤栖路、局连。	710100
大兆邮政支局	大兆街道	710101
鸣犊邮政支局	鸣犊街道、炮里乡、魏寨乡	710102
引镇邮政支局	引镇街道、杨庄乡	710103
杜曲邮政支局	杜曲街道、王莽街道	710104
太乙宫邮政支局	太乙宫街道、五台街道	710105
王曲邮政支局	王曲街道	710106
子午邮政支局	五台街道及子午街道靠山地区	710107
	陆军学院	710108
	子午街道、黄良街道	710109
滦镇邮政支局	滦镇街道、东大街道	710111
	喂子坪	710112
	祥峪沟村	710113
五星邮政支局	五星乡	710114
沣西邮政支局	马王街道、高桥街道、灵沼街道	710115
斗门邮政支局	斗门街道、下店村、杨家村、王寺街道	710116
细柳邮政支局	细柳街道、兴隆街道	710117
郭杜邮政支局	郭杜街道	710118
	郭杜科技产业园	710119

长安特色旅游景点介绍

自然景区类

一、翠华山国家地质公园

位于西安市南23公里的秦岭北脉，为首批国家AAAA级旅游景区，2009年晋升为秦岭终南山世界地质公园，主峰2604米，以“终南独秀”和“中国地质地貌博物馆”著称。自秦汉唐王朝起辟为皇家的“御花园”。

门票：70元/人 咨询电话：029-85892176 87805625

二、沣峪庄园

地处秦岭北麓，距沣峪口22公里，国家AAA级旅游景区，被誉为“秦岭深山的梦幻山庄”，占地66.67余公顷，是集原始生态、自然山水旅游、会议、度假、娱乐、登山、狩猎、滑雪、为一体的综合性宾馆式庄园。

门票：30元/人 咨询电话：029-85920122 85920123

三、祥峪森林公园

位于距西安36.9公里的秦岭北麓，相传为观音道场，因常现瑞云而得名，诗仙李白曾慕名游历。园内有形态各异的9帘曲叠秀瀑，6眼神秘洞穴，被誉为“瀑布之川”，是关中罕见、具有江南风韵的原始生态游览区。

门票：30元/人 咨询电话：029-85865075

四、常宁宫休闲山庄

位于长安区正南五公里处，是由西安饮食股份有限公司投资的集餐饮、住宿、娱乐、休闲、旅游为一体的大型度假山庄，占地20余公顷，原为唐朝皇家御苑，后由胡宗南改建为蒋介石西北行宫。

门票：15元/人 咨询电话：029-85679988 85679888

五、广新园民族村

坐落在秦岭深处沣峪沟内，距离古城西安48公里，国家AA级景区，西安市国内旅游定点单位。是由西安广新实业有限责任公司独资开发的集餐饮、客房、游乐、民族歌舞观赏、民俗风情活动鉴赏等为一体的旅游度假村。

门票：20元/人 咨询电话：029-85920319 85533652

六、南五台

位于西安正南约25公里，是秦岭终南山世界地质公园佛教文化景区，终南山国家森林公园特级景区，全国文物重点保护单位，有清凉、文珠、现身、灵应、观音五峰，顶平如台故称南五台，辟于隋、胜于唐，被誉为“西部庐山”。

门票：50元/人（旺季）50元/人（淡季） 咨询电话：029-85949234

七、太兴山

距西安市中心45公里，山景由香炉峰、东西腊台山、天门峰、无量遥、望主峰和瀑布组成。庙宇由八宫、一观、七殿、九洞、两楼、两庵及宝丰寺、慈恩寺构成。自隋唐即为道教圣地，险如华山，秀似黄山，有“铁顶武当太兴山”之称。

门票：25元/人 咨询电话：029-85986569

八、万华山

距离西安46公里，海拔1988米，兼华山之雄险、黄山之奇秀，相传为万历皇帝为纪念在此修行成仙的母亲而建宫殿以为纪念，赐名“万花山”，又因有9个形态各异，丰姿秀美的险峰又名九鼎万华山。

门票：30元/人 咨询电话：029-62280010

九、连珠潭

位于距西安市区40余公里的喂子坪附近，整个景区，曲通幽径，溪水潺潺。1条飞瀑倾泻而下形成10个天然水潭，潭潭之间如佛珠般相连，潭水清澈见底。茂密丛林深入山谷，是消夏避暑的绝佳去处。

门票：20元/人 咨询电话：13152116338

十、高冠瀑布

位于秦岭北麓长安区与户县交界处，由于山内石帽峰恰似巨人头戴高帽，遂以“高冠”命名。水流自瀑布上沿被岩石夹成一股，一波三折，喷泻而下。峪河水流丰盈，水质清澈，青山绿水相映衬，河谷蜿蜒通幽。

门票：15元/人 咨询电话：029-85865131

十一、二郎山森林公园

位于长安区太乙宫大峪西侧的蛟峪沟内，与翠华山一梁之隔。绝壁上有一神秘山洞，形似竖起的眼睛，人称“二郎担眼”。相传是当年二郎神担山撵太阳时，用扁担扎进山崖留下的，有“终南仙境”美誉。

门票：10元 咨询电话：13319188468

人文景区类

一、西安秦岭野生动物园

地处滦镇街道东南秦岭北麓，园内有300余种、上万头（只）野生动物，10小时互动不间歇欢乐大戏台，国际马戏表演等，为国家AAAA级景区，全国野生动物保护科普教育基地、全国青年文明号。

门票：成人：80元/人 儿童：1.2～1.4m40元/人 咨询电话：029-85670040

二、关中民俗艺术博物院

位于隋唐佛教圣地南五台山脚下，国家文化产业示范基地，是以民俗文化遗产抢救保护、收藏、研究、展示为主，集文化事业与文化产业为一体的战略带动项目，是关中地区千年来多民族文化交流融合的历史见证。

门票：120元　咨询电话：029-85829182

三、兴教寺

地处长安少陵塬畔，是唐代樊川八大寺院之首、著名高僧玄奘法师长眠之地，全国第一批文物保护单位，周总理曾陪同印度前总理尼赫鲁来此瞻仰。寺内藏有以玄奘法师从古印度取回的巴利文书写的《贝叶经》，堪称稀世珍宝。

门票：10元　咨询电话：029-85937335

四、香积寺

位于终南山子午谷正北神禾塬西畔，潏河与滈河交汇处，是汉传佛教八大宗派之一——净土宗祖庭，被国务院确定为全国重点寺院之一。始建于唐中宗神龙二年，唐代诗人王维曾游历与此。

门票：20元　咨询电话：85973357

五、金仙观

金仙即"金刚不坏之仙"，是道教神仙称谓，位于长安区子午峪。道观风格与中国其他道观大不相同，因为韩国道教界人士到此寻根问祖，留下颇多韩国文字痕迹，最令人称奇的是藏经阁，具有强烈韩国气味和清朝圆顶风格。

门票：10元　咨询电话：029-85988038　13991218611

六、终南山观音禅院

历代皆有修行人在禅院隐居修道，"八仙"之一韩湘子就曾在此修仙。禅院四围山如八瓣花，而禅院坐落中央之莲台上，后山供奉的3面观音宝像高16米，已成终南一景。观音阁内供奉的万尊观音神态各异、圣洁庄严，为国内罕见。

门票：20元　咨询电话：029-84168105　15029616559

宾馆度假村类

一、秦龙温泉度假村

位于长安区沣峪口风景区，距西安25公里，是集温泉洗浴、住宿餐饮、会议接待等为一体的四星级综合性温泉酒店。环境清幽，设施完备，设有规模宏大的温泉洗浴中心，设备先进的大中小会议室，容纳500余人就餐的大宴会厅。

咨询电话：029-85868000　8586811185868085

二、西部机场集团南山温泉酒店

位于长安区东大温泉度假区，依山傍水，温泉井口出水温度69℃，富含对人体有益的矿物质和微量元素，有消除疲劳、保健强身、延年益寿之功效。拥有超音波、躺椅按摩浴等先进温泉设施，是远离都市喧嚣，体会快乐的绝佳去处。

咨询电话：029-85868447

三、绿园山庄

位于秦岭北麓，长安区东大街道境内，环境优美，距西安38公里，集住宿、餐饮、娱乐、旅游于一体。山庄最令人称道的是其人气最旺的拓展训练基地，内设有高空、地面训练器械20余种，可同时容纳350余人进行训练。

咨询电话：029-85865688

（旅游局提供）

说 明

一、本索引采用分析索引方法，按主题词汉语拼音字母顺序排列。

二、类目、分目标题采用黑体字。“特载”、“大事记”“专记”、“长安概览”、“统计资料”、“文件”等内容不作索引。

三、索引款目用宋体字表明，数字表示内容所在的页码，其后的拉丁字母（a、b、c）表示栏别（从左到右）。

四、索引款目的“附见”内容于次行缩后一格起排，“参见”内容只标页码和栏别。

D

E

F

K

L

M

N

T

编后语

《长安年鉴（2011卷）》经过各方面的共同努力，终于正式出版了。这是继《长安年鉴（2007卷）》之后编纂、出版的第二部地方综合年鉴。该书全面、系统、准确、翔实地记述了本行政区域内自然、政治、经济、文化和社会的历史与现状，为社会各界人士了解长安、认识长安、研究长安提供了真实可靠的地情资料。《长安年鉴（2011卷）》的编纂、出版工作，得到区委、区人大、区政府、区政协领导及各部门、乡街、事企业和驻区单位领导的高度重视与大力支持，各承编单位的撰稿人员付出了艰辛努力，孙兴荣、魏连升、高宗汉、董寒光等同志无偿提供摄影作品，王润年、田措施、于理余、雷蕻等同志在审稿及彩页图片征集方面给予很大的帮助。值此《长安年鉴（2011卷）》出版之际，我们一并表示诚挚的谢意！诚望各级领导、社会各界人士和广大读者对长安地方志工作继续给予关注和支持。

编者

2011年12月

图书在版编目（CIP）数据

长安年鉴. 2011卷 / 长安区地方志办公室编写. --西安：陕西人民出版社，2011

ISBN 978-7-224-10042-6

Ⅰ. ①长… Ⅱ. ①长… Ⅲ. ①区（城市）—西安市—2011—年鉴 Ⅳ. ①Z524.11

中国版本图书馆CIP数据核字(2012)第001361号

《长安年鉴（2011）》

编　者　西安市长安区地方志办公室
地　址　西安市长安区韦曲东长安街15号
电　话　（029）85652977　85285077
出版发行　陕西出版集团　陕西人民出版社
（西安北大街147号　邮编：710003）

印　刷　中煤地西安地图制印有限公司
开　本　889mm×1194mm　16开　29.125印张　68插页
字　数　1090千字
印　次　2012年1月第1版　2012年1月第1次印刷
印　数　1～2000册
书　号　ISBN 978-7-224-10042-6
定　价　198.00元